马克思主义法学原理读书笔记

第1卷
法意识原理

MA KE SI ZHU YI FA XUE YUAN LI DU SHU BI JI

刘瑞复◎著

中国政法大学出版社

2018·北京

图书在版编目（ＣＩＰ）数据

马克思主义法学原理读书笔记. 第1卷，法意识原理/刘瑞复著.—北京：中国政法大学出版社，2018.10
（2020.10重印）

ISBN 978-7-5620-8061-9

Ⅰ. ①马… Ⅱ. ①刘… Ⅲ. ①马克思主义－法学－研究 Ⅳ. ①D90

中国版本图书馆CIP数据核字(2018)第107198号

出　版　者	中国政法大学出版社
地　　　址	北京市海淀区西土城路 25 号
邮寄地址	北京 100088 信箱 8034 分箱　邮编 100088
网　　　址	http://www.cuplpress.com (网络实名：中国政法大学出版社)
电　　　话	010-58908285(总编室)　58908334(邮购部)
承　　　印	北京九州迅驰传媒文化有限公司
开　　　本	787mm×1092mm　1/16
印　　　张	50.5
字　　　数	1166 千字
版　　　次	2018 年 10 月第 1 版
印　　　次	2020 年 10 月第 3 次印刷
定　　　价	136.00 元

说　明

一、为完整、准确地掌握和理解马克思主义法学原理，本书选录了《马克思恩格斯全集》和《列宁全集》里的法学论述，未同法连在一起的其他论述，一般没有选录。按原文摘录，未作改动。《马克思恩格斯全集》的选录，采用中文第 1 版。凡选录于《列宁全集》第 1 版的，夹注"第 1 版"字样，未夹注的，均选录于第 2 版。

二、本书具体内容的体例，分经典作家论述和读书笔记两个方面。凡论述内容中涉及需要说明、解释、考据和体会等方面的，均放在读书笔记里。为保证内容和提法的准确性，本书使用了《全集》中前言和注释的相关文字。笔记的段落之间和每一段落中的文字，可独立成文，不必囿于逻辑联系。

三、整个法的体系，按法意识、法制度、法关系三个方面编排。这三个方面是不可分割、不可或缺的有机整体。经典作家"三位一体"的论述，客观地反映了法的全貌，能够改变把法等同于法律法规、法的体系等同于法律法规体系的因袭理解。

四、书中的大小提示性标题，根据所摘录的内容概括。经典作家集中论述的原话适合做标题的，尽量使用原话。

五、选录的顺序，按法学原理的逻辑编排，未按经典作家及其写作时间的顺序排列。

六、对于综合性论述的摘引，以其论述的重点，置于具体分类的主题项下，未做重复摘引。个别场合除外。

七、在版面设计上，对经典作家的论述与个人的读书笔记作了不同的处理。为了表示区别，凡是马克思恩格斯和列宁的论述，都用华文仿宋体标出，并用宽行距隔开。

八、马克思主义法学原理，应当包括全部马克思主义经典作家的论述。待毛泽东著作全部公开出版和中央领导人的著作系统出版后，其法的论述另行编排出版。

目　录

导　言
法学理论的伟大创新

在法的领域，人们所认识的马克思，是作为革命家的马克思。这很容易理解。因为法学界没能提供作为法学家的马克思更多的法学思想材料。马克思博大精深的体系化的法学思想被忽略了。

应当说，法学家的马克思和革命家的马克思集于一身。离开了革命家的马克思的法学思想和离开了法学家的马克思的革命精神，同样是不可思议的。石破天惊的革命精神和深邃无比的法学思想，这就是马克思伟大的法学品格。革命性，是对旧法学根本性改造的前提；学术理论性，是对旧法学整体性超越的条件。而只有通过对旧法学的根本性改造和整体性超越，才能实现法学理论的创新。

马克思主义法学理论，是真正科学的法学理论，是人类法学理论的伟大创新。我们学习研究马克思主义法学理论，坚持马克思主义法学理论的中国化、时代化、大众化，正是马克思主义法学理论创新的继续，正是法学理论在当代的创新。这种创新，一定能够开辟法学理论研究的新境界，一定能够把反映时代特征和要求的、具有中国特点的、社会主义的法学理论建立起来。

一、对旧法学的根本性改造和整体性超越

在 1843 年 5 月的《摘自〈德法年鉴〉的书信》中，马克思提出："就是要对现存的一切进行无情的批判"，"什么也阻碍不了我们把我们的批判和政治的批判结合起来，和这些人的明确的政治立场结合起来，因而也就是把我们的批判和实际斗争结合起来，并把批判和实际斗争看作同一件事情。"在 1843 年末至 1844 年 1 月的《〈黑格尔法哲学批判〉导言》中，马克思指出："应该向德国制度开火！一定要开火！这种制度虽然低于历史水平，低于任何批判，但依然是批判的对象，正像一个低于做人的水平的罪犯，依然是刽子手的对象一样。在同这种制度进行斗争当中，批判并不是理性的激情，而是激情的理性。它不是解剖刀，而是武器。它的对象就是它的敌人，它不是要驳倒这个敌人，而是要消灭这个敌人，因为这种制度的精神已经被驳倒。"同时，马克思清醒地认识到，"批判的武器当然不能代替武器的批判，物质力量只能用物质力量来摧毁；但是理论一经群众掌握，也会变成物质力量。理论只要说服人，就能掌握群众；而理论只要彻底，就能说服人。所谓彻底，就是抓住事物的根本。"

对林木盗窃法的研究，推动了马克思从批判资本主义走向共产主义。

在《第六届莱茵省议会的辩论》的第三篇论文《关于林木盗窃法的辩论》中，马克思第一次直接研究了贫苦劳动群众的物质生活条件，探讨了物质利益同国家和法的关系，公开捍卫贫苦群众的利益，抨击了普鲁士的国家和法律制度。针对一项把在森林中捡拾枯枝的行为以盗窃论罪的法案，马克思从法学角度为一无所有的贫苦群众辩护。

马克思把矛头直指莱茵省议会立法，认为林木盗窃法是"撒谎的法律""法定谎言"。马克思的批判，开始是指向执法，现在开始指向法律了。思想风暴、认识革命，使马克思法的观念发生了激变。林木盗窃法的辩论，预示了马克思向共产主义的转变。

正是这种转变，使马克思实现了对旧法学的根本性改造和整体性超越。

对旧法学的"根本性改造"，是对法的理念、法的原理和基本理论的改造。

在法的理念上，历来的法学理论都把法说成"圣物"，其目的在于，使整个社会充分实现对法律的迷信和崇拜。社会的对立和分裂，抹去了法的神圣光环，剩下的只是一张张铅印的白纸。马克思明确指出，法律是阶级统治的工具。随着社会的发展和进步，一些法律淘汰了，一些新的法律出现了，对法的迷信和崇拜化为泡影。法的废改立，社会革命中旧法律的摧毁、新法律的产生，昭示着法律不会像迷信和崇拜的上帝和圣经那样永恒。从"圣物"到"工具"的转变，是法的理念的根本变革。

在法的原理上，马克思提出，法是统治阶级的意志，不是被统治阶级的意志。法的统治意志性原理，而不是"神的意志""公共意志""全民意志"的原理，揭示了法的本质属性。

法不是"神的意志"。法律不是"圣物"，法的权威性、强制性，只产生遵守和服从的效果，不产生神圣化和迷信的效果。这是"意志"的规定性所决定的。法律是人制定的，不是神制定的，君主是人，不是神，这在统治者那里非常清楚。将法律神圣化、将君主神化的目的，无非是要人们像崇拜神那样崇拜君主、崇拜法律，从而维护自己的统治。

资产阶级鼓吹法是"公共意志"。他们要建立"生意人"共和国，不需要请出神来出面遮掩。说法是"公共意志"，就把自己的统治意志掩藏起来了。

"全民意志"术语出现于18世纪。马克思1849年1月在《柏林〈国民报〉致初选人》中，针对德国资产阶级自由派报纸《国民报》提到的"全民意志"指出，所谓人民的意志，多数人的意志，并不是个别等级和阶级的意志，而是唯一的一个阶级和在社会关系即在工业和商业关系方面都从属于这个唯一的统治阶级的其他阶级以及阶级的某些部分的意志。所谓全民意志就是统治阶级的意志。

在法的基本理论上，马克思深入论证了属于法学自己的特殊属性，明确地从其特殊性出发把握理论基本点和理论环节。这是马克思之前的法学家没能做到的。在法的发生学中，明确指出了社会发展不同阶段质的规定性，分析了法现象产生的历史动因及形成完备形态的条件；在法的地位论中，通过法与国家的关系、法与社会的关系的分析，指出法没有自己独立的历史，研究了法的历史性变迁和法的结构变动，在界定传统法律特性和功能的基础上分析新法的特殊本质和功能；在法的对象论中，从社会化大生产所造成的社会经济联成一体及其形成的总体运行出发，而不再像别的法学家那样，把一个一个的社会关系对象化，分别划定对象；在法的调整论中，研究了法的总的联系和具体联系，特别注意到它们彼此联系的有机性。

特别是在法的阶级性、社会性问题上，马克思并不认为它们是法的本质属性，而是坚持阶级性是法的本质特征，社会性是法的表现形式和实现方式的观点，并将两者结合起来加以考虑。马克思从社会运行的历史和现状出发，研究法律调整的规律性；从法与阶级和社会的关联性出发，研究社会关系、法律关系的统一性及具体表现形式、实现方式；从社会矛盾和阶级矛盾的观点出发，研究法律本身的矛盾和社会与法的矛盾的解决途径、手段和方式；从法的历史性、社会性、阶级性出发，研究人与人之间的利害关系、阶级利害关系、不同阶级对法的不同要求；从社会发展规律出发，研究法的发展变化的规律；从社会实践的规定性出发，研究法的实践意义。

"根本性改造"，是马克思对传统理论和现实理论的理念、原理和基本理论的根本性否定。任何理论形态的核心和实质，都是属于该理论根本性的东西。不触动根本性的东西，便不存在根本性改造问题。当然，根本性改造实际上是批判地继承，就是在批判的基础上继承，在继承的条件下批判。因此，根本性改造不是否定一切、排斥一切，而是有所保留、有所抛弃。

对传统理论和现实理论进行了"根本性改造"，那么在学术上，新理论与传统理论和现实理论相比，是前进了还是倒退了呢？这就涉及是否做到"整体性超越"问题。"整体性超越"，是指高于传统理论和现实理论的系统性升华。整体性超越，既表现为理论的水平和层次问题，也表现为理论的优化和高级化问题。

法学的传统理论和现实理论，是剥削阶级法学理论，是旧法学理论。马克思主义法学就是在对这种旧法学的根本性改造和整体性超越中，创建了全新的法学理论。我们知道，任何学术理论建树都是有破有立，破字当头，立在其中的。马克思主义法学理论，是革命的批判的法学理论，同时，又是具有高度科学性、真理性的法学理论。

既然旧法学已经被驳倒，新法学的科学性、真理性已经照亮了法的天空，那么为什么旧法学仍然大行其道呢？为什么新法学不能摆脱被默杀、被打杀的命运呢？魔鬼隐藏在旧意识形态里。旧法学已经输了理，它的落后性、低劣性（马克思说只是"小学生作业"水平）早已成为历史定论。然而，它却依靠旧意识形态支撑着，离开了旧意识形态，一天都不能维持。

马克思主义法学理论创始人所处的那个时代，是自由资本主义时代。法学被资本主义意识形态笼罩着。现在不同了。历史开始了资本主义不断走向终结，社会主义不断走向胜利的新时代。这个新时代，使根本改造旧法学成为天经地义的事情，并为马克思主义新法学开辟了无限广阔的发展道路。

二、科学的法学理论的创立

在对旧法学的根本性改造和整体性超越中形成了新法学，而马克思主义法律观，是科学的法学理论创立的思想条件。

马克思主义法律观是唯一科学的法律观，是人类法学思想的最大成果。经典作家把辩证唯物主义应用于法律观，使它成为完备的科学的法学思想。马克思主义法学是马克思主义的重要组成部分。

按照列宁的思想，可以认为，首先，马克思主义法律观第一次使人们有可能科学地对待法律问题和社会问题。在此以前，法学家们不善于往下探究像作为法律关系的生产关系的这样简单和这样原始的关系，而径直研究法律形式，一碰到这些形式是由当时人类某种思想产生的事实就停置下来，结果似乎社会关系是由人们自觉蠹立起来的。

其次，马克思主义法律观第一次把法学提到了科学的水平。在此以前，法学家总是难于分清错综复杂的社会现象中的法律现象，不能找到这种划分的客观标准。辩证唯物主义提供了一个完全客观的标准，它把"生产关系"划为社会结构，使我们有可能把主观唯心主义认为不能应用到法学上来的一般科学的规律应用到这些关系上来。以往的法学家，始终不能发现各国法律现象中存在重复性和常规性的原因，他们的研究至多不过是记载这些现象，收集素材，进行注释。他们不去分析物质的社会关系。

最后，马克思主义法律观之所以第一次使科学的法学理论的出现成为可能，是由于只有把社会关系、法律关系归结于生产关系，把生产关系归结于生产力的高度，才能有可靠的根据把社会形态和法律形态的发展看作自然史过程。不言而喻，没有这种法律观，也就不会有法律科学。以往一切法学理论，至多是考察了人们活动的思想动机，没有研究产生这些动机的动因，没有发现社会关系和法律关系发展的客观规律，没有寻找社会关系和法律关系发展的物质生活条件根源。只有辩证唯物主义法律观才第一次使我们能以自然历史的精确性去考察社会条件以及这些条件的变更。

马克思主义法律观就是用辩证唯物主义原理说明法和法现象，把辩证唯物主义原理应用于法律生活，应用于法学研究，应用于研究法和法学发展的历史。

辩证唯物主义法律观，改变了人们过去对于法律所持的极其混乱和武断的见解，成为一种极其完整严密的科学的法的观念。用辩证唯物主义从根本上改造全部法学，是法学战线的根本任务。

古今中外的法学理论林林总总，但只有马克思主义法学理论具有先进性、科学性、真理性特点。这是因为：

第一，马克思主义法学理论不是旧法学的翻版。它是在人类法制文明成果的基础上，去粗取精，去伪存真，由此及彼，由表及里，实现了法学理论的深化、细化和专门化。它研究的不是个别问题，得出个别结论，而是研究全局性问题，得出规律性认识，从而创立了法学理论的体系。这个体系，否定了公法私法划分的旧体系。马克思主义法学理论实现了对旧法学理论的超越，表现了无与伦比的优越性。

第二，经典作家在法学研究中，还广泛研究了哲学、经济学等其他社会科学，研究了数学、农业化学和许多有关技术史、文化史的著作。经典作家对任何科学领域中的每一步发展都非常注意，而且利用批判地掌握的人类思想的一切新的成就，使法学根植于肥沃的科学土壤。

第三，马克思主义法学实现了思维方式的变革。辩证法是马克思主义认识论。法学一般理论，认识论包括其中。没有认识论，法学理论便失去科学意义；没有本体论，便脱离了法的实在性实质。正是认识论，把法与客观规律联系起来，与方法论联系起来。认识包括从具体到抽象、从抽象上升到具体。揭示法的本质，并没有完成法的一般理论构成，需要从理论上把握依附于社会现实层面的具体法现象，使其再现出来。

第四，在法的领域，马克思主义法学成功地使经验向理论转变、理论向实践转变。马克思主义是工人阶级和人民大众的"圣经"。马克思主义法学理论是先进的工人阶级和人民大众摧毁旧法制，建立新法制伟大实践的锐利武器。

第五，马克思主义法学理论是社会的时代的。在实践中，它是不断丰富、不断发展的。它一定为新经验、新论证、新结论所补充。这是马克思主义法学理论本身的继续。

马克思主义法学理论的上述特点表明，这种法学理论是伟大创新的法学理论。

所谓"理论创新"，有原始创新、综合创新和实验创新。原始创新是原创性创新。这种创新理论，在基本范畴、基本原理方面都是完全新型的，是此前没有出现的，表现为对旧理论的否定。综合创新，是在传统理论和现有理论基础上，经过综合分析而产生的新思想、新观点、新论述。这种新思想、新观点、新论述是体系化的，是对现成理论补充、修正、完善而形成的。同中求异、异中求同，是综合创新的特征。实验创新，是通过科学实验的成果而得出新结论。这种科学实验的新结论，经过科学的系统化而形成理论成果，亦属于理论创新。只有经过理论创新，新理论较之传统理论和现有理论才具有真正的进步性。

马克思主义法学理论，是体系化的法学理论。

经典作家建立了新法学的范畴和范畴体系、论证和论证体系、逻辑和逻辑体系。这三个体系，是法学之所以为理论的标志，也是新法学之所以为创新理论的标志。

第一，马克思主义法学理论建立了新的范畴体系。

任何具体科学都有自己的基本概念和范畴，是否形成由概念和范畴所构成的理论体系，是这门科学能否独立的重要标志。在建立新法学的范畴体系中，经典作家成熟地解决了以严格可靠的概念、范畴为依据；形成或引进新概念、新范畴；明确范畴体系的逻辑起点；确定范畴序列和联系链条等。这是新法学范畴体系的标志和根本要求。

第二，马克思主义法学理论建立了完整的论证体系。

旧法学的一个显著特征，就是没有建立起论证体系。注释法学是对法律进行解释的法学，把法律描述、复制为讲义性的东西，理论就完成了。我们知道，没有论证就没有理论本身。只有论证，才能把握理论的目的性，才能有说服力。经典作家在处理与其他学科的关系中，确定了属于不同学科的科学材料在法学体系中的性质、地位和功能。从体系的整体上处理这些材料，使之具有本学科所要求的本质规定性和表现形式，从而根据整体综合的结果去把握体系的总目，并调节各结构分支的具体目的。而这一切，都是通过论证完成的。

论证需要全面地联系社会实际和立法实际。在经典作家关于法的论述中，对完整的社会规律体系的综合作用、社会过程不可分割的联系、立法的趋势、法律体系的统一性等的认识程度，达到了炉火纯青的地步。经典作家深知抽象本身并不是目的，因而他们建立的体系，是符合实际需要的体系。

第三，马克思主义法学理论，建立了无懈可击的逻辑体系。

逻辑体系一定是结构严谨、体现法学与逻辑统一的理论链条。旧法学的体系是"板块结构"，新法学的体系是逻辑结构，有逻辑起点、逻辑主线，其理论内容的联系，是逻辑联系。把这些联系作为法学中相关内容的基础，并作逻辑的安排，则论证结构是一种逻辑结构。在逻辑链条中，有作为"网上纽结"的范畴，这是对法的本质联系认识的一个个小阶段；有理论环节和理论细节，这是作为理论支撑的关键。

什么是理论，什么是理论创新，看看经典作家新的法学再造就一目了然了。

然而，目前在我国，在阻碍法学理论创新问题上有两个突出的表现，就是轻易地提出学说学派和对新词语的过分偏好。

学说是学术上系统化的独立观点。"系统化"的核心问题，是形成了范畴体系、论证体系和逻辑体系。没有范畴和范畴体系，没有论证和论证体系，没有逻辑和逻辑体系，是不可能形成学说的。而且，学说是自己的"独立观点"。与其他观点混同的观点，或者旧观点的混合，都不能称为学说。

有人说我国法学理论有几十个学说，其实仔细推敲起来，哪一个都不能构成"说"。应当认为，在没有学说的地方提出和划分学说，是不符合法学理论创新要求的。如说墙是水做的，就说成"水墙说"，说太阳是方的，就说成"日方说"，实在是不得了的事情。大家都说墙是砖砌的、太阳是圆的，说墙是水做的、太阳是方的，这是完全可以的，但起码要有论证和论证体系。如果学说的产生如此简单，那便句句是"学说"，句句是"理论"，句句是"创新"了。还有一种情况，就是以为"A说、B说、C说、我说"是理论创新。对于同一个概念、定义、提法或论题，孜孜以求于"我说"，而这类"我说"，只是迷恋于"打概念仗"，在概念里的"词句"相异上兜圈子。理论创新是法学学术品格的集中表现。随意提出新说法、换一个说法，或者对现有理论的个别环节修修补补、画蛇添足等，都是谈不上理论创新的，因为它们丧失了法学应有的学术品格。知识的体系是观点，观点的体系是学说，学说的体系是理论，理论的体系是思想，思想的体系是主义。看来，只有学说是不够的，务必要使学说形成系统而上升为理论体系形态。法学理论一定是法学学说的总和。学派是学说之派。学派是基于相同或相似学术观点而形成的学术派别。无学说，无以形成学派。学派是学术流派，不是"学术宗派"。"学术宗派"是学界一种脱离于学术研究的小团体、小圈子，既具有排外性，也具有排内性，不仅严重影响理论工作者队伍的团结，而且也扼杀了学术理论可能的进步。

至于以为制造新词语就是理论创新，更是一种学术轻佻和浮躁的表现。把电灯泡说成"火茄子"，是这种"理论创新"的典型表现。

我国目前法学研究的另一个突出问题，是对新词语的过分偏好。有些著述追求新词语，以为大量采用新词语便是理论创新。使用新词语有三种情况：①日文汉字；②英文汉译；③自造词语。

汉语语文中存在使用日文汉字的情况，但都是词义确定、约定俗成的。当前，法学著述中"以降""晚近""规制"等新词语已经很常见了。

我国辞书中没有"以降""晚近"词汇，其词义不得而知。在日文中，"以降"大致是"以来"的意思,"晚近"大致是"最近"的意思。汉文已有相应词汇,换一个说法实无必要。"规制"是古汉语,在日本法学中,日文汉字"规制"是在"一定政策意义上的国家限制"含义上使用的。"规制"一词出口转内销后,人们当作动词用,以为"规制"就是"规一下制一下",就一路传开了。如果"规制"当动词用,有"国家限制"的意味,殊不知"调整"与"一定政策意义上的国家限制",在内含和外延方面均不相同,而且,我国现有辞书中"规制"连语义学上的词义都没有,何以引为法学范畴使用。

来自英语译文的"信息偏在""法的边界""路径依赖""制度变迁"等新词语也需要研究。

"信息偏在"译得很蹩脚。在社会生活中,人与人之间的信息不可能不"偏在",因为法律关系中相对人的信息不是同一的。在买卖关系中,卖方财产类标的的信息是名称、型号、规格、品种、等级、花色、安全标准等,买方的信息是货币的真伪、数量,双方的信息是"偏在"的。在法律上,问题的关键不在于信息是不是"偏在",而在于是否有"信息披露"的规定。将"信息偏在"改为"信息不对称"似适当些。语义学将"边界"解释为"两个地区交界的地方",是一个区域性地理名词,而作为法上的用语,通常采用"界限"一词。权力、义务的界限,指的是权力、义务的范围,其法律后果是"越权""法外义务"等问题,如说成权力、义务的"边界",人们便不知是什么和什么交界了。很显然,采用"界限"比"边界"准确,更具范畴意义。"路径依赖""制度变迁"是连在一起的。熊彼特、道格拉斯·诺恩(D. C. North)等研究制度变迁中的依赖性,认为变迁选择方式存在路径依赖。结论是"制度变迁一旦走上某一变革的道路,那么无论该道路的好与坏,变革都有沿着这一路径继续下去的'惯性'"。这些话语属于很费解的政治意识形态,已超出法学研究领域。其实,法律制度变动受制于社会形态变动,资本主义法律制度只能变动为社会主义法律制度而不是相反,这是法律制度发展合乎规律的表现。

至于我们自造的"法律接轨""法律转型""法市场"等新词语,因为不是严格可靠的法学术语,其自身无法定义,也不能作定义性说明,故不可采用。

"接轨"语义学上指"轨道接合",对于何为"法律的轨道接合",无法理解,也无法定义和说明。语义学上的"型"是指"铸造器物的模子"或"样子、类型",把"法律转型"理解为转换法律的"模子""样子",是无法理解和操作的。波斯纳等人讲过"法律与市场相连"之类的话,是经不住推敲的。如果"法市场"是指"法律交换的场所",那么"法律"在什么"场所""交换"、如何进行"交换",便不幸地成为一个世纪性难题。

理论创新需要有新范畴,但新范畴同新词语不是一回事。法学新范畴是艰苦的思维抽象的结果,是对客观事实和法律事实进行科学的概括和总结的结果。如果指望采用语义学上的新词语就能够解决法学的理论创新问题,那就把理论创新理解得过于惬意了。

在学术理论上,还是马克思主义法学理论靠谱,其他的法学理论都是不靠谱的。这就是结论。

马克思主义法学理论是由剥削阶级法学理论经过革命性改造而来的。马克思主义法学理论是关于法的发展规律的科学,是关于剥削阶级法发生、发展和灭亡的规律的科学,是关于社会主义法制建设规律的科学。马克思主义法学理论是伟大的理论创新,具有巨大的理论优越性和历史进步性。

三、马克思主义法学的中国化、时代化、大众化

应对反马克思主义、假马克思主义、非马克思主义思潮严峻挑战的经验和教训表明，巩固和加强马克思主义在意识形态领域的指导地位，必须坚持马克思主义中国化、时代化、大众化。这是唯一正确的选择。法学领域也不能例外。

马克思主义中国化，就是将马克思主义的基本原理和中国革命和社会主义建设的实际情况相结合，从而找到适合中国国情的发展道路。马克思主义法学理论中国化，就是学习马克思主义法学理论，运用马克思主义的立场、观点和方法研究和解决中国法学的实际问题，总结中国的立法经验，揭示中国立法和法学发展的规律，以中国的文化形式和表达方式来阐述马克思主义法学理论，使之成为具有中国风格、中国气派、中国话语的马克思主义法学理论。

为此，法律制度和法学理论必须符合中国国情，从实际出发，正确反映客观现实。若立法和法学理论研究符合实际，必须做艰苦细致的调查工作，研究中国国情和实际情况，而不能闭门造车。那些马克思讥讽过的"坐在天堂里喝啤酒的"的人，那些"像玄学家一样随心所欲地兜圈子"的人，是不能寻找到法学真知的。

我国立法和法学理论，应当正确处理社会发展方向与当前阶段的关系；外国立法的借鉴吸收与"法律西化"的关系；新中国立法传统与立法创新的关系。做到以上三点，最为关键的，是不能以西方法和法学理论为圭臬。

实现法学理论的"中国化"，应当处理好两个关系，一是中国法学同西方法学的关系，二是中国当代法学同中华法律传统的关系。

其一，对于"西方的法学"，我们应当将作为西方法学文明成果的法学同"西方法学"亦即西方资产阶级法学加以区别，分别采取不同的态度。

在中国，"西方法学"术语，指的是西方的资产阶级法学。这个术语是从"资产阶级法学"术语演化而来的。50年代、60年代和70年代，称"资产阶级法学"；80年代、90年代改称"西方法学"，后来就统称"现代法学"了。无论术语怎样变换，"资产阶级法学"的内涵始终没有变。"西方的法学"是西方国家的法制和法学理论。在长期的历史发展中，"西方的法学"积淀了法制文明成果，这是人类法制文明的组成部分。我们不能拒绝，应当取借鉴态度。但对于"西方法学"亦即西方的资产阶级法学糟粕，必须排斥和批判。舍此，社会主义法学便成为一句空话。

当前，对西方法学的不正确态度，表现于照抄照搬。一是，以抄搬大陆法系为主，英美法系为辅，重点是德、日和我国台湾地区的法学。二是，抄搬的全面性、持续性特征，包括西方国家的法学理念、基础理论、体系和结构、名词术语。三是，西方当代法学理论即垄断和国家垄断时期的法学理论不抄或很少抄，专门去抄自由资本主义时期法学理论。这样下来，只好言必称西方，死不谈中国了。

应当指出，任何社会占主流地位的法学理论都是为统治阶级服务的，不同的统治阶级

需要不同的法学理论，是不可以抄来抄去的。照抄法学理论与照抄立法是同步的。而立法，即使同一法系的各国立法，又一定为一国的政治、经济的性质、状况和发展阶段所规定，为地理的、民族的和历史传统等因素所制约，不可以抄来抄去。全国人大提出"绝对不能照抄照搬西方国家立法"，特别加上"绝对"两个字，可见立法机关的指导思想是十分明确的。提出这个要求很重要，但关键是落实。

耶林说，如果要寻找罗马法的起源，那就必须研究巴比伦法。《汉穆拉比法典》是古巴比伦王国第六代国王汉穆拉比（公元前 1894～1595 年）颁布的法律，而这一时期，欧洲人刚刚学会从埃及传来的青铜冶炼技术。怎样去寻找罗马法的起源呢？

罗马法包括从传说公元前 753 年罗马建城到公元 476 年西罗马帝国灭亡时期的全部法律制度。按照美国历史学家斯塔夫里阿诺斯（L. S. Stavrianos）著《全球通史》的说法，公元前 753 年，罗马城是"一片沼泽地，周围有七个山丘"，而我国当年正是周平王十八年，已进入春秋时期，早已经立法遍地了。

有些人任意拔高罗马法，主要着眼于市场经济。公元 529 年，罗马公布《查士丁尼法典》，公元 533 年公布《学说汇纂》，而我国早在公元前四世纪的《秦律》，在行政、经济、民事、刑事、诉讼等方面的规定已经相当完备。在秦简秦律即《睡虎地秦墓竹简》中，有关经济的法规占相当大的比重，如《田律》《厩苑律》《仓律》《牛羊律》《工律》《工人程》《均工》《效律》《金布律》《关市》《司空律》等。这充分表明，秦利用法律对市场经济的调整已达到相当高的水平，是举世无双的。

市场经济是交易经济，这是从原始社会末期已经开始的人类社会的一种经济形式。显然，资本主义市场经济同市场经济本身并不是一回事。任意拔高罗马法的法学家所言"市场经济"，实际上是指资本主义市场经济，只是他们把其中的"资本主义"字样隐去了。

其二，中华法制源远流长，博大精深，是大陆法系和英美法系不可相比的，其民主性精华、法文化积淀和人类法制文明优秀成果，不仅具有重大继承意义，而且也是尚待完成的历史任务。我们应当在前人研究的基础上，致力于中华法系的深入研究，使之与中华民族的伟大复兴同步前进。

对待中华法系的态度，一概排斥是不正确的，应当采取取其精华，去其糟粕的态度。中华法系的精华是很鲜明的。

一是法理念文明。

"法治主义"是西方近现代法理念的总纲，而这在我国古代便存在了。

"以法治国"，是战国时期《管子》提出的，"威不两错，政不二门，以法治国，则举措而已"（《管子·明法》）。西方法治主义的重心在于标榜反对"人治"，但先秦思想家就有防止君主随心擅治的主张，如商鞅"法之不行，自上犯之"（《史记·商君列传》），要求君主"慎法制""令顺民心"（《管子·牧民》）。明黄宗羲提出"吾以谓有法治而后有治人"（《明夷待访录·原法》）。这种思想，由先秦而至明清从未中断。以法治国，使君主服从法律的思想之早、之全面、之历史连贯性，西方学者都是承认的。

法治主义的重要表现，是"罪刑法定主义"。罪刑法定主义排斥有罪推定、私刑、擅断入狱等，是进步的法理念。早在公元前 536 年，郑子产铸刑书，公元前 513 年，晋铸刑鼎。我国第一次公布成文法，改变了"临事议制，不预设法"的状况，定罪、量刑"皆有法式"，从而使我国法制文明进入一个新的阶段。这项法制原则，比西方提出的"罪刑法定主义"整整早2000多年。

"德法结合，德主刑辅"，是中华法系的独有特征。这也是文明进步的法理念。

二是法制度文明。

中华法系的法制度门类齐全，规范全面，体系完善，结构严谨，充满了立法成熟性、先进性，为世界所仅见。中华法系的法制度文明，带来了人类法文明的新曙光。

在经济立法上，包括农业管理法、农田水利法、土地租赁法、手工业管理法、漕运法、市场贸易法（市场管理法、专卖法、外贸法）、金融法（钱法、纸币法、禁止高利贷法）、财政法、赋税法，等等。先有生产尔后有交易，自古无西方国家的以"交易立国"之理。中华法系对生产从来都是高度重视的。我国对手工业生产、经营和管理的法律是相当完备、发达的。其中的《工律》《均工律》，有关于计划生产的规定、关于手工业者的规定、关于器物制造规定、关于"评比""竞赛"的规定，等等。

在民事立法上，包括主体资格、权利能力和行为能力、物权（佃权、质权、典权、抵押权）和所有权（占有权、使用权、收益权、处分权）、债权（侵权行为之债、不当得利之债、合同之债）。我国西周时期就有了书面合同，合同形式有书、契、券、据等。券由竹木制成，一劈为二，双方当事人各执一半，债务人执右券，债权人执左券。唐《永徽律》把契约作为法律制度固定下来。在西方，书面合同形式，只是在公元472年希腊国王利奥的谕令中得到认可。

在行政立法上，中央行政管理体制、中央监察机关、官职制度（任免制度、考绩制度、俸禄制度、科举选官制度、退休制度、休假退休制度、职官考课制度）等，早已成型。我国文官制度历代相习相改，缜密、发达、完善，为西方各国所不及。孙中山说英国的文官制度是从中国传去的，有案可查。可是，我们却把英国的这种文官制度当作新发现搬过来，让英国人前来传经送宝。

在刑事立法上，治乱世用重典、重法地（是对盗贼罪从重判刑的地区。《宋史·刑法志》载开封府几地、京西滑州、京东应天府、淮南宿州、河北澶州等。公元1078年后，河北、京东、淮南、福建皆用重法地）、法律时效、犯罪的主观要件和客观要件、类推、数罪并罚、犯罪后果和情节、故意和过失、偶犯和惯犯、公罪和私罪、共犯之首犯和从犯、刑罚减免（特定犯罪减免、老幼病残犯罪减免、自首减免）、疑罪惟轻、正当防卫、援法适用，等等。上列所述，如不指明出自中华法系，人们还以为是外国现代刑法哩。

公元6世纪始，拜占庭帝国刑法规定的"断肢刑"，有砍手、割舌、割鼻、挖眼、去势、鞭打6种。汉景帝时，将不应弃市的罪犯，改用笞刑替代黥、劓和斩左趾，同时规定了笞刑刑具的规模和受刑部位，而汉景帝时期始于公元前156年，两者相差七八百年。很显然，当时欧洲的刑罚是落后的、野蛮的，其刑事立法的指导思想乃是报复主义，未向惩戒教育主义转变。

三是法体制文明。

法体制，是法制度的表现形式和实现方式。法制度表现形式的多样性、法制度实现方式的特定性，能够体现法系文明的程度和发展水平。西方国家后世的立法，是我国已存既久的事实，充分说明了中华法系的影响力。

中华法系法体制的创新，可以列举以下几例：①判例法。比，是一种判例。通过比附、类推方式裁判，是比照同类案例判决。汉凡"律无条，取比类以决之"（《汉书·刑法志》）。唐继承汉比形式，有所发展。宋起始也是一案一例，从庆历起改为编例，至南宋各朝，共编七例。判例是律法的重要补充，具有法律效力，是中华法系的创造。因为地域广大，判例复杂，判例法容易破坏法律的统一，因而我国没能形成像英美法系以判例法主导的立法局面。②法典化。法典是体系化的法律文件，它要求该体系内的规范系统而详尽。秦简秦律、汉律、唐律、宋编敕、大明律、大清律，都是当朝的法典形式。法律、法规的法典化，必须具备法律规范大体系条件、立法技术条件。一部部诸法合体的综合性法典，确是先人的立法壮举。③法规汇编。起初，是将各种法律形式汇编，以便于学法和法律适用。这种汇编形式，"其书散漫，用法之际，官不暇遍阅，吏因得以容奸"（《宋史·刑法志》）。以"法规"汇编而进化到以"事"汇编，始于南宋编"条法事类"。这是把相关的敕、令、格、式等，按事分门别类，汇编成书。这是法典编纂体例的新成就。

马克思主义时代化，就是在马克思主义原理指导下，适应时代要求，通过新总结、新概括，不断从时代发展中丰富和发展自己，使之进一步升华。中华民族伟大复兴，是时代潮流。在这一时代潮流中，马克思主义必将获得新的生命力和无限创造力。马克思主义法学理论时代化，就是坚持马克思主义法学理论的指导地位和在当代条件下的新发展。

马克思在《对民主主义者莱茵区域委员会的审判》里说："现在我手里拿着的这本Code Napoléon〔拿破仑法典〕并没有创立现代的资产阶级社会。相反地，产生于十八世纪并在十九世纪继续发展的资产阶级社会，只是在这本法典中找到了它的法律的表现。这一法典一旦不再适应社会关系，它就会变成一叠不值钱的废纸。你们不能使旧法律成为新社会发展的基础，正像这些旧法律不能创立旧社会关系一样。"

这里，马克思明确指出了法律与时代的关系。任何法律和法思想，都是时代的产物。有什么样的时代条件，就有什么样的法律和法思想。经典作家说，历史从哪里开始，思想进程也应当从哪里开始。同样地，历史从哪里开始，法律和法思想的进程也应当从哪里开始。

马克思主义法学理论产生于资本主义时代。资本主义进程有两次大的时代关节点，就是自由资本主义、垄断资本主义。马克思主义法学理论是紧紧跟随时代前进的。

资产阶级夺取政权后，成立"生意人"共和国，开始了自由资本主义时代。在法的领域，实行自由放任主义立法。企业自治、物权绝对、契约自由成为法的基本原则。在"夜警国家论""小政府论"指导下，法在自由市场经济下起消极作用，即对社会经济生活不予干预。在这样的社会条件下，立法和法思想的中心概念，是"个人本位"。个人本位的核心是个人权利本位。权利本位论主张把权利的地位放在实在法（制定法）之上，也放在国家最高权力之上；权利是法学的中心概念；弘扬权利是法文化的核心和基本任务；权利是现实的人（"经济人"）进行社会活动的工具和出发点。利益、自由、平等三要素是权利本位论的立论基础。

然而，失去自律性的自由资本主义，引爆了1848年的欧洲大革命，自由资本主义被打得落花流水。经过"十年时代"的调整之后，竞争的主体、手段和后果都发生了变化。19世纪下半叶起，转变为垄断资本主义，从而开启了资本主义新的时代。

自由放任、权利本位的弊害，在于在个人与社会的关系上采取了"个人中心主义"的立场，这已不适合时代要求。时代新思潮认为，社会利益就是个人的真正利益，个人的生存、发展依赖社会的生存、发展。因此，在个人与社会的关系上，应以社会为本位。

在垄断资本主义条件下，资产阶级法律和法思想的中心是"社会本位"。社会本位的要点是：把社会权概括为权利的首要含义；应对私人所有权作出明确的限制；对"对压制的抵抗权"要从它所具有的全部权利的本质属性方面进行考察；以人民主权原理为指导。主张人民是主权者，政府是人民的作品，政府工作人员是人民的仆人；必须对自然权利论做出批判。由上述可见，社会本位法思想，是以社会权为核心的权利思想，是以社会权为基础构建社会政治、经济和法律制度的法思想。社会本位法思想不是一般地排斥权利，而是权利不再处于本位地位。这种新的权利论，不再以社会契约论和自然权利论为前提。以自由权为中心的权利本位法思想向以社会权为中心的社会本位法思想的演变，反映了资本主义发展的一般进程，这是巨大的历史性进步。这种以"个人"为载体的传统法思想向以"社会"为载体的新的法思想的转变，是新时代法律和法思想变化的基本背景。

由权利法向社会调节法的演变表明，权利法再也不能像先前那样占统治地位了，一种新的法律在摆脱传统法的束缚，为新的社会关系的发展开辟道路。这便是变化了的法律和法思想的现实基础。

马克思主义法学理论，是在批判资本主义社会制度和法律制度的过程中产生并发展的。

我们现在所处的时代，是十月革命所开辟的社会主义新时代。这个时代，是社会主义立法从无到有，不断完善的新时代，也是社会主义法学走向胜利和繁荣的新时代。在我国，中国特点的社会主义也走入了新时代。在这个时代，马克思主义法学理论并没有过时。作为马克思主义法学思想直接继承者的习近平法律思想，亦是世界法律变革的先导、法学理论改造的动力。时代需要马克思主义法学理论。马克思主义法学理论的时代化，就是贴近时代的精神，贴近人民心灵的呼声。

马克思主义大众化，就是把马克思主义原理同人民群众的实践活动相结合，使科学理论进入社会实践，成为人民群众强大的思想武器和行动指南。推进马克思主义大众化，首先要让马克思主义从书斋里解放出来，回答和解决人民群众实践中的实际问题。这不是把马克思主义"庸俗化"。

马克思主义法学理论大众化，就是坚持走人民法学、实践法学道路，把法学还给人民，让马克思主义法学理论在实践中落地生根。

马克思主义法学是人民的实践的法学。这样的法学应当表现以下几个特点：

第一，马克思主义法学是在摧毁旧法制、否定旧法学基础上产生的完全新型的法学。旧法学是为剥削阶级服务的，其目的是为统治者和有产者的统治提供和寻找法律根据。人民法学一定是替人民说话的法学。人民法学从根本上解决了法学理论"为什么人"的问题。

第二，马克思主义法学是保障人民通过各种途径和方式，管理国家事务，管理经济和文化事业，管理社会事务的法学。人民的统一意志、社会主义道路、人民民主政权，这是法学的核心和实质。

第三，马克思主义法学是坚持人民群众是法的活动的主体，是立法、执法和司法的实践都是人民群众参与的法学。人民群众是决定国家和法律命运的根本力量。法学理论不是法学家和贵人、贤人、智者、杰出人物从统治阶级那里获取法的隐蔽动机之后创造出来的，人民群众法律实践生活的基础，准备了法学理论和法律文化的丰富源泉。

第四，马克思主义法学还应当是人民群众喜闻乐见的法学。用晦涩难懂的词句特别是西方话语的词句开路，再涂抹些"理论"色彩，内容是在注释上抄来抄去，绕来绕去，这根本不属于理论范畴，更不是什么学术创造。如若把我们的法学搞成这个样子，那就糟糕透了。

人民性、实践性是"大众化"的鲜明表现。建立大众化的法学话语体系，关系到马克思主义法学理论的普及。马克思的法学理论是人类法学思想的最高成就，但从来都是用平实的语言表达深刻的思想的。

话语与语言不同。语言本身是作为生物体的人的发音机能，同骨骼活动、血液流动一样，属于人的本能，没有阶级性。话语则不同，它是利用语言表达思想，是意识形态的组成部分和表现形式。话语是人类文明的结晶。基本话语是全社会的、共同的、统一的话语，是历史的产物，不是时代的产物。特定话语是具有特定含义的话语。恩格斯在《英国工人阶级状况》一书中说，工厂主有一套方言，工人们有另一套方言，有另一套思想和观念，讲的就是特定话语。新话语是时代的产物。话语是不断变化的。随着社会的发展，新话语不断产生，人们将用新话语充实话语体系。

综合上述可以认为，马克思主义法学中国化、时代化、大众化，是中国社会的内在要求，是法学发展的合乎规律的结果。法学的西化、十八世纪化、精英化，是逆历史潮流而动的、落后于时代的，是违背人民意愿的。它的鼓噪和虚假繁荣，只不过是旧法学的复燃和回光，充满了历史暂时性。

作为导言，以上三部分的标题和内容，是依据经典作家和我们党的论述做出的。马克思主义法学理论是人类认识史上的伟大创新，在马克思主义法学理论指导下的法学创新，一定是这个伟大创新的继续。

第一部分

法的统治意志性——法的本质属性

"统治意志性"是法的本质属性。

法的本质属性，指的是法的质的规定性，它一定是法固有的内部联系。法的本质属性术语，是用于揭示法的本源的。我们的任务，是把作为法的"这一个"本源找出来。"这一个"，就是法的"统治意志性"。只有"统治意志性"才能揭示法的本质，从而同其他社会现象相区别。

那么，"这一个"的外部联系是些什么呢？经典作家把人类活动分为"自然的关系"和"社会的关系"，法的关系是重要的社会关系。在阶级社会里，任何"社会的关系"都具有阶级性和社会性。阶级性、社会性，是法的本质的征象、标志。就是说，作为法的本质属性，通过阶级性、社会性表现出来。阶级性，归结为社会"地位"范畴。我们知道，人们在社会中的"阶"别、"级"别，就是他们各自的地位。不同地位的阶级，对法有不同的要求。法一定反映特定阶级的要求。这就是法的阶级性。社会性，归结为"表现形式和实现方式"范畴。社会是法的载体，法的"统治意志性"是在社会表现出来的。在法学理论上，法的社会性首先是以法的基础来表现的。这是说，法以社会为基础；法的性质取决于一定社会形态；法的内容和范围受制于社会结构；法的动因来自社会要求和社会新需要。在此前提下，使法获得了法的对象的社会性、法的作用后果的社会性。法的调整对象是社会关系，法具有积极社会后果或消极社会后果、法推动社会进步或阻碍社会进步的作用。

由此说来，法的阶级性是法的根本特征，法的社会性是法的表现形式和实现方式。把法的本质属性归结为阶级性或社会性，就使法同其他社会现象相混淆了。因为在"社会的关系"里，任何人、社会现象和事物都具有阶级性和社会性。

马克思恩格斯在《德意志意识形态》中再清楚不过地论证了法的统治意志性本质：

在现实的历史中，那些认为权力是法的基础的理论家和那些认为意志是法的基础的理论家是直接对立的，这种对立，也是圣桑乔可以认为是唯实主义（儿童、古代人、黑人）和唯心主义（青年、近代人、蒙古人）之间的对立。如果像霍布斯等人那样，承认权力是法的基础，那么法、法律等等只不过是其他关系（它们是国家权力的基础）的一种征兆，一种表现。那些决不依个人"意志"为转移的个人的物质生活，即他们的相互制约的生产方式和交往形式，是国家的现实基础，而且在一切还必需有分工和私有制的阶段上，都是完全不依个人的意志为转移的。这些现实的关系决不是国家政权创造出来的，相反地，它们本身就是创造国家政权的力量。在这种关系中占统治地位的个人除了必须以国家的形式组织自己的力量外，他们还必须给予他们自己的由这些特定关系所决定的意志以国家意志即法律的一般表现形式。这种表现形式的内容总是决定于这个阶级的关系，这是由例如私法和刑法非常清楚地证明了的。这些个人通过法律形式来实现自己的意志，同时使其不受他们之中任何一个单个人的任性所左右，这一点之不取决于他们的意志，如同他们的体重不取决于他们的唯心主义的意志或任性一样。他们的个人统治必须同时是一个一般的统治。他们个人的权力的基础就是他们的生活条件，这些条件是作为对许多个人共同的条件而发展起来的，为了维护这些条件，他们作为统治者，与其他的个人相对立，而同时却主张这些条件对所有的人都有效。由他们的共同利益所决定的这种意志的表现，就是法律。十八大以来，中央提出宪法和法律是"国家意志"的表现的思想，是完全符合马克思主义关于法的论述的，而且，对于新时期的法学研究，是有特别重要的意义。

关于法的本质属性，国内大致有两种看法：一是法的本质"分层论"，另一个是"对立论"。"对立论"就是纠缠于要么只是阶级性、要么只是社会性，论者们的论点和说法相互排斥，都认为自己的说法是唯一正确的。其实，法的阶级性和社会性是统一的，不是对立的，两者相辅相成，共同表现和实现法的统治意志性本质。

所谓"分层论"，是说法的本质不是一个，要划分层级，这些层级都是法的本质。这是苏联法学家雅维茨 1976 年提出的，后传入我国。

雅维茨认为法的本质分为三个层级。法的第一个层级是以物质关系为基础的上升为法律的统治阶级意志；法的第二级本质是个人和阶级关于对它们的利益给予法律承认的要求；实际的财产关系构成了第三级的法的本质。这种三级划分，实际上是把"利益"和"财产关系"也纳入了法的本质之中。利益是法的动因，不是法本身，法的本质是解决法"是什么"，而利益解决法"为什么"。至于财产关系，马克思讲过的财产关系是生产关系的法律用语，只是表明法与经济的关系，不可能把经济作为法的内涵提出来。

雅维茨为了使自己的"三层论"站住脚，摘引了列宁在《黑格尔〈逻辑学〉一书摘要》下面这段话：人的思想由现象到本质，由所谓初级的本质到二级的本质，这不断地加深下去，以至于无穷。就本来的意义说，辩证法就是研究对象的本质自身中的矛盾：不但现象是短暂的、运动的、流逝的、只是被假定的界限所划分的，而且事物的本质也是如此。雅维茨错误地理解了列宁这段话的本意。

列宁讲的是本质本身的分级，本质本身之外的与本质相关的其他因素，不包括在本质之中。本质是什么？是质的规定性，是事物的性质和固有的内部联系。法的"统治意志性"本质的分级，是对"统治意志性"这个本质的进一步分级。"统治意志性"是法的本质，与上升为法律的东西相联系，是法的内部联系。这种联系的机制，是统治阶级的意志上升为国家法律。雅维茨讲的"利益""财产关系"，只是统治意志概念的外延，而"物质生活条件"是统治意志的基础，也不是统治意志本身。事物的本质是在与其他事物特别是相近或类似的事物的比较中存在并被揭示出来的。"权力""利益""财产关系""物质生活条件"等对于法是十分重要的，但不是法的本质本身，如同阳光和空气对于人是十分重要的，但它们并不是人的本质本身一样。把法的本质的外延当作法的本质的层级，显然是不正确的。只有法的本质才从根本上决定了法的特殊性，从而决定了全部法的内容和法的形式，决定了法与其他社会现象普遍联系的机制。

至于法的阶级性、社会性问题，会在本卷第二部分和第三部分阐释。

还有一种情况，就是有的法学家把经典作家关于法的意志性原理，说成"唯意志论"。

他们没有提出任何理由，没有论证，却这样下结论。如果只看了马克思开头一句话中的"意志"两个字，没能看到接着说的话，即"这种意志的内容是由你们这个阶级的物质生活条件来决定的"，就无知地跑出来大喊大叫，那就过于轻率了。其实，不懂什么是"唯意志论"，是不能谈论什么"唯意志论"的。"唯意志论"的要害是颠倒物质与精神、客观与主观的关系。马克思谈的是法的意志性"本身"，即法的精神过程、主观过程，"这里"没有谈也没有必要谈法的意志性的"引申"，即法是物质过程与精神过程、客观过程与主观过程的统一。我们知道，在经典作家那里，法的基础和出发点，是物质生活条件。"唯意志论"者完全把事情弄颠倒了。

关于物质生活条件决定性的论述，几乎贯穿《马克思恩格斯全集》和《列宁全集》全篇，而且，经典作家特别指出了是"统治阶级的物质生活条件"。"统治阶级的"前置词十分必要。决定法的内容和形式的，并非一般的物质生活条件，而一定是统治阶级的物质生活条件。

一、法是被奉为法律的统治阶级意志

"统治意志"术语，是从"你们的法不过是奉为法律的你们阶级的意志，而这种意志的内容是由你们这个阶级的物质生活条件来决定的"引出的。马克思恩格斯在《共产党宣言》里概括的这一论述，后来成为法的定义的直接来源。

这里应当说明，马克思恩格斯在《德意志意识形态》里明确指出：统治者的共同利益所决定的这种意志的表现，就是法律；在批驳圣桑乔混淆自我意志、统治者的意志、国家意志三者的区别时，马克思恩格斯深刻把握了统治者的意志、国家意志与法律的关系。列宁在《社会民主党在俄国革命中的土地纲领》里，直接指出了法律是统治阶级的意志的表现，法律就是取得胜利，掌握国家政权的阶级的意志的表现。这几则概括，表明了法的定义和一般范畴。经典作家的论述，完整体现了关于法的定义、法的一般范畴思想，实现了法的定义、法的一般范畴理论的科学化、体系化。

1938年，在全苏法律科学工作者会议上，苏联法学家具体地确定了法的概念，即"法是经国家制定或认可的、体现统治阶级意志的、由国家的强制力为了保护巩固和发展有利于并适合于统治阶级的社会关系和社会秩序而保障其适用的行为规则（规范）的总和"。概念和定义不是一回事。这一概念，包含了法的内含和外延，其涵义超越了法的定义，但全面概括了法现象的本质、特征和作用，科学地体现了马克思主义关于法的定义。我国20世纪50年代至70年代沿用了这个概念。80年代后，西方法学大举进入中国，总体上这一概念就不被采用了。

那么，说马克思主义没有法的定义，法的定义只有特定范畴，没有一般范畴。说《共产党宣言》里的定义，是资产阶级法的定义，是特定范畴，可不可以呢？是不可以的。又是没有法的定义，又是没有法的一般范畴，那马克思主义法学还称得上法学么？于是，"马克思主义没有法学""没有法学体系"谬说相袭。在这样的新潮中，马克思主义法学不见了，法学真理被掩埋了。然而，中央提出的认真学习"马克思主义法学思想"，是法学界和法学研究前进的方向。这是历史的潮流。

法学理论是关于法的概念和原理的观念体系。法的概念和原理是系统化的理性认识，是法的客观本质和规律的反映，因而是一种意识形态。任何意识形态都是历史的、社会的、阶级的。法学理论也不例外。在法的领域，当代法学区分为资产阶级法学亦即西方法学、马克思主义法。西方法学属于资本主义意识形态，马克思主义法学属于社会主义意识形态。

（一）统治意志属于法意识范畴

1. 马克思在《〈黑格尔法哲学批判〉导言》里提出"法意识"术语

在《第六届莱茵省议会的辩论（第三篇论文）》里，马克思分别用"法的意识"和"法律意识"来说明作为意识的法现象，其提到的"法的意识"已经具备概念特征，与"法意识"概念的含义是相同的。考虑到概念的规范性要求，采用马克思在《〈黑格尔法哲学批判〉导言》里，谈到德国的国家哲学和法哲学时，提出的"法意识"术语，是合适的，是符合马克思主义法学原理的。

马克思认为黑格尔的《法哲学》，对于否定当时德国政治意识和法意识的整个形式，具有巨大的作用，但同时认为"思辨的法哲学"，关于现代国家的抽象，是脱离生活的思维。黑格尔是客观唯心主义者。他把"绝对观念"看成是唯一独立存在的主体，认为客观物质世界是由这个"绝对观念"外化出来的。这种观念，是和他对世界本原的唯心主义解释直接联系着的，是由他对法哲学基本问题的唯心主义回答所决定的。

提出"法意识"术语，表明了马克思把除了作为实在法的法律之外，也把作为精神关系的法意识包括在法的涵义之内。这是马克思关于法的学说的创见。因此，说"马克思早期接受了自然法学派特别是孟德斯鸠的思想，将法律和法区分开来"，是不符合实际的。实际上，法律和法的区别，马克思之前谁都没有说清楚，只有马克思说清楚了。马克思在另外场合讲的立法者"用有意识的实在法把精神关系的内在规律表现出来"，正是把法意识包括在"法的精神关系"之中。当时法学界讲的法和法律的区别，是基于自然法与实在法的区别。实际上，自然法只是"自然规则"，是自然的、理性的东西，是看不见、摸不到的，而实在法即法律是制定出来的。这是两者的区别。应当说，马克思使用了"法律和法"这一术语，但对于两者的区别，讲的是法不仅包括法律，还包括法意识。这就把对于"法体系"的认识向前推进了一大步。看来，以为马克思因袭地用自然法的"自然规则"思想理解两者的区别，仍是因袭的错觉。

因此，说"马克思对法律与法的关系的初步认识"讲的是"立法不能违背事物的本质和规律"，显然是乱说一气。到马克思那个时代，欧洲法学界专门讨论过"法律与法的关系"，已有共识，马克思没有必要讨论"法律与法的关系"。况且，马克思认为法是法意识、法制度和法关系的总和的思想，已成定论，根本不存在什么"初步认识"问题，这是第一；第二，当时将法与法律加以区别，是从外延考虑的，认为法的外延大些，法律的外延小些。两者外延范围的比较，同"事物的本质和规律"是不搭界的。马克思从来没有从"法律与法的关系"推导出"立法不能违背事物的本质和规律"，因为这是两码事。

自马克思提出"法意识"术语后，被西方法学界接受并广泛应用。

我们注意到，西方法学家在谈论法意识时，只是谈论"法律本身的法意识"。应当认为，"法意识"是从意识—存在这对范畴中抽象出来的，"法意识"是总概念，包括所有的法的意识现象。因此，作为法律本身的法意识，是应当统一于作为意识的法意识的，而不是把法意识归于法律。此外，西方法学家从与法源相关联的角度出发，提到英美法的法意识同大陆法的法意识的不同特点。认为英美法的法意识是具体的、实际的法意识，其思维方式，是由法官对具体案件作出判断，根据不同案件的实际情况，采用不同的处理方法，从而形成案件构成要件的规范即判例法；认为大陆法的法意识是抽象的、思辨的法意识，其方法是逻辑演绎，以法律为大前提，以事实为小前提，最后得出结论。这种法律优先的思维方式，必然导致法律规范的法典化倾向，而不能导致对马克思关于法是法意识包含其中的科学思想的深化。

法的意识和法律意识是莱茵省人的最显著的地方特点。

马克思：《第六届莱茵省议会的辩论（第三篇论文）》，

《马克思恩格斯全集》第 1 卷上册第 289 页。

德国的国家哲学和法哲学在黑格尔的著作中得到了最系统、最丰富和最完整的阐述；对这种哲学的批判不但是对现代国家和对同它联系着的现实的批判性分析，而且也是对到目前为止的德国政治意识和法意识的整个形式的最彻底的否定，而这种意识的最主要、最普遍、升为科学的表现就是思辨的法哲学本身。如果说，思辨的法哲学，这种关于现代国家（它的现实还是彼世，虽然这个彼世不过只在莱茵河彼岸）的抽象的、脱离生活的思维只在德国才有可能产生，那末反过来说，德国人之所以有可能从现实人抽象出现代国家的思想形象，也只是因为现代国家本身是从现实人抽象出来的，或者只是幻想地满足整个的人。德国人在政治上考虑过的正是其他国家做过的事情。德国是这些国家理论上的良心。它的思维的抽象和自大总是同它的现实的片面性和低下并列。因此，如果德国国家制度的现状表现了旧制度的完成，即表现了现代国家机体中的这个刺的完成，那末德国的国家学说的现状就表现了现代国家的未完成，表现了现代国家的机体本身的缺陷。

马克思：《〈黑格尔法哲学批判〉导言》，

《马克思恩格斯全集》第 1 卷第 459~460 页。

"法意识"术语的提出和法意识思想，具有巨大的理论意义和实践价值。马克思从坚持法与法律相区别的观点出发，通过大量的"法的关系""法律制度"的阐述，法的体系便清晰地显现出来了。

现在通行的法的定义和具体法律门类的定义，都是法律的定义，不是法的定义。把法仅仅理解为法律，说法是法律规范的总和，就把作为法不可或缺的两个组成部分排除掉了。我们通过经典作家的全面论述中，在不同场合关于法意识、法律制度、法的关系的提法，可以认为法一个是包括法意识、法制度、法关系在内的综合性概念，也就是说，法是由法意识、法制度、法关系三要素构成的总体，整个法的体系，是由法意识、法制度、法关系三大部分组成的。我在 20 世纪 90 年代即坚持法的"三位一体"思想，坚持以法意识、法制度、法关系来构建法的体系。

这里的法意识、法制度、法关系术语，可与法律意识、法律制度、法律关系术语通用。

在"三位一体"的法的体系里，存在法意识、法制度、法关系三者的相互关系问题。三者的相互关系是：法意识是前提，法制度是基础，法关系是法实施的表现和结果。

"法意识是前提"，是指法制度的制定、法关系的形成，都以法意识为前提条件，没有法意识，就不会有法制度、法关系。一定社会的法，都是以一定的法律意识、思想体系为指导并与之相互适应地建立起来的。资本主义法是按照资产阶级的法意识建立起来的，直接体现资产阶级的意志。法意识总是要求一定的公检法和监狱等机构设施同它相适应。这些机构设施，都是掌握在统治阶级手里，因此，统治阶级的法律意识能够得到最广泛的、最有保障地传播，从而保证了统治阶级的法律意识成为占统治地位的法律意识。

"法制度是基础"，是指法意识、法关系得以存在的依据。法制度是法意识、法关系的根据，没有离开法律的法律意识和法律关系。法意识与法制度的区别，只有在思维与存在这个认识论基本范围内才有意义。当然，法意识、法关系是与法制度相伴随的。

"法关系是表现"，是指法意识、法制度通过法关系表现出来。法意识通过立法、执法、司法和守法关系表现出来；法制度通过各种法关系如民事关系、刑事关系、行政关系等法律关系表现出来。法律关系不是自然存在的关系，是社会关系被法律所规范而形成的关系。因此，只有纸面上的法律等于没有法律，生活中的法律、运行中的法律，即形成法律关系的法律，才是真正有意义的法律。

法律意识具有十分复杂的情况，法律意识都有自身具体的特点。占统治地位的法律意识，表现了该社会形态的基本特征。同时，也存在被统治阶级的法律意识，以及一定社会阶层、社会组织或个人的法律意识。而且，既存在以前社会的法意识的残余，也会出现新社会的法意识的萌芽。世界上没有而且也不会有"纯粹的"占统治地位的法律意识，总是有其他法律意识掺杂其间。因此，对于法意识、法制度、法关系相互关系的了解，必须具体分析它们之间的复杂情形。

2. 法意识是现实关系的抽象，是社会存在的反映

法意识是从哪里来的？既不是从天上掉下来的，也不是人们头脑中固有的。不管是正确的法意识，还是错误的法意识，都是客观存在的反映。判断某一种法意识是唯物主义的辩证的还是唯心主义的形而上学的，根本上是由是否正确反映客观存在决定的。

我们知道，没有客观事物的存在，就不会有关于客观事物的反映，存在决定意识，意识是存在的反映。法并不例外。

法律只能是现实在观念和意识上的反映，只能是实际生命力在理论上的自我独立的表现。

马克思：《市政改革和〈科伦日报〉》，

《马克思恩格斯全集》第40卷第308页。

意识在任何时候都只能是被意识到了的存在，而人们的存在就是他们的实际生活过程。

马克思恩格斯：《德意志意识形态》，

《马克思恩格斯全集》第3卷第29页。

　　思想、观念、意识的生产最初是直接与人们的物质活动，与人们的物质交往，与现实生活的语言交织在一起的。观念、思维、人们的精神交往在这里还是人们物质关系的直接产物。表现在某一民族的政治、法律、道德、宗教，形而上学等的语言中的精神生产也是这样。人们是自己的观念、思想等等的生产者，但这里说的人们是现实的，从事活动的人们，他们受着自己的生产力的一定发展以及与这种发展相适应的交往（直到它的最遥远的形式）的制约。意识在任何时候都只能是被意识到了的存在，而人们的存在就是他们的实际生活过程。如果在全部意识形态中人们和他们的关系就像在照像机中一样是倒现着的，那末这种现象也是从人们生活的历史过程中产生的，正如物象在眼网膜上的倒影是直接从人们生活的物理过程中产生的一样。

马克思恩格斯：《德意志意识形态》，

《马克思恩格斯全集》第 3 卷第 29~30 页。

　　我们的出发点是从事实际活动的人，而且从他们的现实生活过程中我们还可以揭示出这一生活过程在意识形态上的反射和回声的发展。甚至人们头脑中模糊的东西也是他们的可以通过经验来确定的、与物质前提相联系的物质生活过程的必然升华物。因此，道德、宗教、形而上学和其他意识形态，以及与它们相适应的意识形态便失去独立性的外观。它们没有历史，没有发展；那些发展着自己的物质生产和物质交往的人们，在改变自己的这个现实的同时也改变着自己的思维和思维的产物。不是意识决定生活，而是生活决定意识。

马克思恩格斯：《德意志意识形态》，

《马克思恩格斯全集》第 3 卷第 30 页。

　　一般唯物主义认为客观真实的存在（物质）不依赖于人类的意识、感觉、经验等等。历史唯物主义认为社会存在不依赖于人类的社会意识。在这两种场合下，意识都不过是存在的反映，至多也只是存在的近似正确的（恰当的，十分确切的）反映。

列宁：《唯物主义和经验批判主义》，

《列宁全集》（第 1 版）第 14 卷第 344 页。

　　不管这种对立具有什么样的形式，社会上的这一部分人对另一部分人的剥削却是过去一切世纪所共有的事实。所以，毫不奇怪，各个时代的社会意识，尽管形形色色、千差万别，总是在一定的共同的形态中演进的，也就是在那些只有随着阶级对立的彻底消逝才会完全消逝的意识形态中演进的。

马克思恩格斯：《共产党宣言》，

《马克思恩格斯全集》第 4 卷第 489 页。

　　关于意识的讨论，是从 18 世纪开始的。什么是意识，意识的本质、起源和作用，意识同物质生活的关系，这是哲学必须回答的问题。马克思和恩格斯在《德意志意识形态》

的开篇便针对被奉为"国家哲学"的黑格尔哲学作了科学的回答。这些回答，否定了黑格尔哲学"头足倒置"的唯心主义实质。此后，学术界对于意识范畴的理解已经达成结论性认识。这些结论是：第一，意识是自然界长期发展的产物。在自然世界的一定发展阶段中，产生了人类，进而产生了人的意识现象。对于客观世界，人能够进行分析、判断、推理即进行思维抽象。这种从感觉到抽象的过程，就是意识。第二，意识是人类社会的产物。劳动是整个人类生活的第一个基本条件。劳动改变着客观外界，也改变着人的器官，产生了语言。正是劳动和语言，使人们能够思想交流和相互协作，形成了人类社会。因此，意识是一种社会现象，随着社会的产生而产生，随着社会的发展而发展。第三，意识是客观事物、现象的主观映像。意识的感觉和思维两种基本形式，都是人对客观世界的反映。感觉是直接的、具体的反映，思维是抽象的反映。第四，意识具有能动作用。人的自觉能动性，能够能动地反映客观世界，也能够能动地改造客观世界。

社会意识范畴是意识范畴的引申。社会意识是关于社会关系、社会过程的观念。社会意识的发展变化取决于社会存在，受社会发展规律的支配。社会意识与个人意识是不同的。社会意识是个人意识形成的条件。即使在同一社会意识下，个人的特殊情况决定了不同的自身意识的特点。如果个人的思想、理论走出个人范围而被社会所公认，变成社会的观念，那么便被纳入社会意识之中，成为社会意识。

法意识属于社会意识，法意识是社会意识的一种表现形式，而"社会意识性"，是在法与意识的联系中法的实现方式，也就是说，通过法的社会意识性，在法与意识的联系中实现法的自身规定性。

"法是被奉为法律的统治阶级的意志"表明，法是一种反映统治阶级意志的社会意识形态，具有意识形态的全部特征。法的形式是主观的，内容是客观的。法是思维抽象的结果，这种抽象，要求做到主观过程和客观过程相一致，从而反映客观社会关系的本质联系和规律。

3. 统治意志是实现预定目标的法意识

在法意识里，有一个意志问题。意志是主体对客观世界的反映，表现为实现一定目标的心理状态。统治意志是统治阶级的意志，可以由国家政策等反映出来，也可以由法律反映出来。把统治阶级的意志上升为法律，能够依靠国家强制力实施，达到一体遵行的效力。政策等统治阶级意志的其他表现形式，不具有这一特质。

到了十八世纪，资产阶级已经强大得足以建立他们自己的、同他们的阶级地位相适应的意识形态了，这时他们才进行了他们的伟大而彻底的革命——法国革命，而且仅仅诉诸法律的和政治的观念，只是在宗教堵住他们的道路时，他们才理会宗教；但是他们没有想到要用某种新的宗教来代替旧的宗教；大家知道，罗伯斯比尔在这方面曾遭受了怎样的失败。

恩格斯：《路德维希·费尔巴哈和德国古典哲学的终结》，《马克思恩格斯全集》第21卷第328页。

霍尔巴赫的理论是关于当时法国的新兴资产阶级的有正当历史根据的哲学幻想，当时资产阶级的剥削欲望还可以被描写成个人在已经摆脱旧的封建羁绊的交往条件下获得充分发展的欲望。但是，在 18 世纪，资产阶级所理解的解放，即竞争，就是给个人开辟比较自由的发展的新活动场所的唯一可能的方式。

在理论上宣布符合于这种资产阶级实践的意识、相互剥削的意识是一切个人之间普遍的相互关系，——这也是一个大胆的公开的进步，这是一种启蒙，它揭示了披在封建剥削上面的政治、宗法、宗教和闲逸的外衣的世俗意义，这些外衣符合于当时的剥削形式，而君主专制的理论家们特别把它系统化了。

马克思恩格斯：《德意志意识形态》，

《马克思恩格斯全集》第 3 卷第 480 页。

这些论述，说明资产阶级实践的意识、资产阶级革命的意志，是获得自身解放，并通过立法进行自由竞争和自由发展。

任何意志都具有目的性。法的目的性是统治阶级意志的集中表现。一部法律的第 1 条，一般是关于立法目的的规定。然而，由于立法不会赤裸裸地表现统治阶级的私利，而需要将自己的真实目的掩藏起来。西方国家立法第 1 条所称"维护社会秩序""保障国民经济的健全发展""提高人民福祉"，等等，都是用以掩盖和装饰的。例如，英国 1830 年颁布《啤酒法案》，表面上是为了满足市民生活的需要，实际上是利用酒精麻醉疗法，来缓和人们由于繁重的劳动和痛苦而日益增长的不满情绪。《啤酒法案》便利了所谓 jerry-shops〔下等啤酒店〕的开设（在这些酒店里许可卖零杯的啤酒），几乎每一家的门前都有酒店了。几乎在每一条街上都可以找到几家这样的啤酒店，而在乡下，只要有两三幢房子在一起，其中就必然有一家 jerry-shop〔下等啤酒店〕。此外，还有很多 bush-shops〔私酒店〕，即没有获得许可的秘密酒店。

（二）统治意志是国家意志

1. 统治意志是统治阶级意志，不是个人意志

统治意志是统治阶级的意志，不是统治阶级中个别成员的意志，也不是统治阶级中某个集团的意志。其个别成员破坏统治阶级的意志，亦会受到法律的制裁。在统治阶级与被统治阶级的关系和统治阶级内部关系中，统治意志不以任何个人意志和集团意志为转移。

那些决不依个人"意志"为转移的个人的物质生活，即他们的相互制约的生产方式和交往形式，是国家的现实基础，而且在一切还必需有分工和私有制的阶段上，都是完全不依个人的意志为转移的。这些现实的关系决不是国家政权创造出来的，相反地，它们本身就是创造国家政权的力量。在这种关系中占统治地位的个人除了必须以国家的形式组织自己的力量外，他们还必须给予他们自己的由这些特定关系所决定的意志以国家意志即法律的一般表现形式。这种表现形式的内容总是决定于这个阶级的关系，这是由例如私法和刑

法非常清楚地证明了的。这些个人通过法律形式来实现自己的意志，同时使其不受他们之中任何一个单个人的任性所左右，这一点之不取决于他们的意志，如同他们的体重不取决于他们的唯心主义的意志或任性一样。他们的个人统治必须同时是一个一般的统治。他们个人的权力的基础就是他们的生活条件，这些条件是作为对许多个人共同的条件而发展起来的，为了维护这些条件，他们作为统治者，与其他的个人相对立，而同时却主张这些条件对所有的人都有效。由他们的共同利益所决定的这种意志的表现，就是法律。正是这些互不依赖的个人的自我肯定以及他们自己意志的确立（在这个基础上这种相互关系必然是利己的），才使自我舍弃在法律、法中成为必要，不过，自我舍弃是在个别场合，而利益的自我肯定是在一般场合（因此不是对于他们，而只是"对于自我一致的利己主义者"，自我伸张才算作是自我舍弃）。对被统治的阶级说来也是如此，法律和国家是否存在，这也不是他们的意志所能决定的。例如，只要生产力还没有发展到足以使竞争成为多余的东西，因而还这样或那样地不断产生竞争，那末，尽管被统治阶级有消灭竞争、消灭国家和法律的"意志"，然而它们所想的毕竟是一种不可能的事。此外，当关系还没有发展到能够实现这个意志以前，这个"意志"的产生也只是存在于思想家的想象之中。当关系发展到足以实现这种意志的时候，思想家就会认为这种意志纯粹是随心所欲的，因而在一切时代和一切情况下都是可能的东西。犯罪——孤立的个人反对统治关系的斗争，和法一样，也不是随心所欲地产生的。相反地，犯罪和现行的统治都产生于相同的条件。同样也就是那些把法和法律看作是某种独立自在的一般意志的统治的幻想家才会把犯罪看成单纯是对法和法律的破坏。实际上，不是国家由于统治意志而存在，相反地，是从个人的物质生活方式中所产生的国家同时具有统治意志的形式。如果统治意志失去了自己的统治，那末，不仅意志改变了，而且也是物质存在和个人的生活改变了，而且也只因为这一点，个人的意志才发生变化。

马克思恩格斯：《德意志意识形态》，

《马克思恩格斯全集》第 3 卷第 378~379 页。

在这个自私自利的世界，人的最高关系也是法律规定的关系，是人和法律的关系，这些法律之所以对人有效，并不是因为它们是人本身的意志和本质的法律，而是因为它们居于统治地位，违反它们就会受到惩罚。

马克思：《论犹太人的问题》，

《马克思恩格斯全集》第 1 卷第 449 页。

在上述关于单个人的意志受到表现为法律的普遍意志的束缚这个说法中，他也尽情地发挥了唯心主义的国家观点，——这种观点把一切问题都归结为"意志"，同时造成许多法国作家和德国作家在毫不足道的微小问题上所犯的穿凿附会和钻牛犄角。

马克思恩格斯：《德意志意识形态》，

《马克思恩格斯全集》第 3 卷第 384 页。

"维护林木所有者利益的法理感和公平感"是一项公认的原则，而这种法理感和公平感同维护另外一些人的利益的法理感和公平感正相对立；这些人的财产只是生命、自由、人性以及除自身以外一无所有的公民的称号。

马克思：《第六届莱茵省议会的辩论（第三篇论文）》，
《马克思恩格斯全集》第 1 卷上册第 281 页。

然而，你们既然用你们资产阶级的关于自由、教育、法等等的见解来衡量我们要废除资产阶级所有制的主张，那末就请你们不要同我们争论吧。你们的观念本身是资产阶级的生产关系和资产阶级的所有制关系的产物，正象你们的法不过是奉为法律的你们阶级的意志，而这种意志的内容是由你们这个阶级的物质生活条件来决定的。

马克思恩格斯：《共产党宣言》，
《马克思恩格斯全集》第 4 卷第 485 页。

社会历史的不同时期有不同的统治意志。在奴隶占有制度下、封建制度下和资本主义制度下是一种各不相同的统治意志，在社会主义制度下又是另一种统治意志。因此，对于统治意志的涵义和产生的原因，不能用统治意志本身来解释，而要用不同的社会发展时期的不同的社会物质生活条件来解释。

2. 阶级意志转化为国家意志

国家是社会的正式代表者，任何法律都是以国家的名义制定的。

任何阶级统治都是以国家的名义实现的，阶级意志也必须以国家意志的名义实现。

因为国家是属于统治阶级的各个个人借以实现其共同利益的形式，是该时代的整个市民社会获得集中表现的形式，因此可以得出一个结论：一切共同的规章都是以国家为中介的，都带有政治形式。

马克思恩格斯：《德意志意识形态》，
《马克思恩格斯全集》第 3 卷第 70～71 页。

大家的意志在这里是同分散的单独的个人的意志对立的。由于每一个自我一致的利己主义者可能和其他的利己主义者不一致，也就是说可能会发生冲突，所以，与这些分散的单独的个人相对立，普遍的意志必须有自己的特殊的表达法，——"某人把这种意志叫作国家的意志"（第 257 页）。普遍意志的规定现在成为合法的规定了。为了执行这种普遍意志，又需要强制手段和公众的权力。

马克思恩格斯：《德意志意识形态》，
《马克思恩格斯全集》第 3 卷第 466～467 页。

统治意志是国家以统治阶级自己的思想体系为指南的。资本主义国家的统治意志以资产阶级的自由主义思想体系为指南，社会主义国家的统治意志以无产阶级和广大人民自己的社会主义思想体系为指南。

3. 统治意志不能脱离实在基础和上层建筑

人类历史不是法律统治史，法不能脱离它的实在基础。同时，法是反映统治意志的上层建筑的重要建构，法也不能脱离上层建筑。

法是上层建筑的重要组成部分。上层建筑是社会的政治、法律，宗教、艺术、哲学的观点，以及同这些观点相适应的政治、法律等设施。上层建筑的特点是：上层建筑以政治、法律等思想为社会服务，并且为社会创造相适应的政治、法律和其他的设施。谈法不谈上层建筑，或者使法脱离上层建筑而成为独立的发展领域，是法学家的幻想。

在这里也可以使从而得出某种"统治者的意志"，这种意志在不同的时代有不同的表现形式，并且在自己的创造物即法律中具有自己独立的历史。结果是政治史和市民史就纯观念地变成了一个挨一个的法律的统治史。这就是许多法学家和政治家的独特幻想，而我们的乡下佬雅各却 sans façon〔毫不客气地〕又把它抄袭过来了。

马克思恩格斯：《德意志意识形态》，

《马克思恩格斯全集》第 3 卷第 379 页。

这些互相斗争的社会阶级在任何时候都是生产关系和交换关系的产物，一句话，都是自己时代的经济关系的产物；因而每一时代的社会经济结构形成现实基础，每一个历史时期由法律设施和政治设施以及宗教的、哲学的和其他的观点所构成的全部上层建筑，归根到底都是应由这个基础来说明的。这样一来，唯心主义从它的最后的避难所中，从历史观中被驱逐出来了，唯物主义历史观被提出来了，用人们的存在说明他们的意识而不是像以往那样用人们的意识说明他们的存在这样一条道路已经找到了。

恩格斯：《反杜林论》，

《马克思恩格斯全集》第 20 卷第 29 页。

每一个历史时期由法律设施和政治设施以及宗教的、哲学的和其他的观点所构成的全部上层建筑，归根到底都是应由这个基础来说明的。

恩格斯：《反杜林论》，

《马克思恩格斯全集》第 20 卷第 29 页。

说革命的进一步发展和群众愤怒的加剧是某一个党、某一个人引起的，或者象有些人叫喊的那样，是"独裁者"的意志引起的，这再可笑不过了。革命的烈火完全是由俄国所遭受的难以想象的痛苦和战争所造成的种种条件点燃起来的，战争尖锐而严峻地向劳动人民提出了一个问题：或者是奋不顾身地勇敢前进，或者是毁灭—饿死。

列宁：《在全俄中央执行委员会会议上关于解散立宪会议的讲话》，

《列宁全集》第 33 卷第 243 页。

马克思和恩格斯在《德意志意识形态》里的"乡下佬雅各"，是指麦克斯·施蒂纳，是约翰·卡斯巴尔·施米特的笔名。雅各，是法国讽刺农民的绰号。圣徒雅各，出自《圣经书》第1章第9节。《德意志意识形态》多次用雅各绰号来嘲讽麦克斯·施蒂纳。马克思和恩格斯在称呼他的时候，除用他原有的笔名外，还用了许多外号来挖苦他，如把他称为"圣师""圣者""圣桑乔""柏林小市民""乡下佬雅各""教书匠""堂吉诃德"，等等。马克思和恩格斯加上"圣"字，意在揭示此人究竟为何方神圣。麦克斯·施蒂纳是德国青年黑格尔派。他加入了19世纪40年代青年黑格尔派小组——"自由者"，并参加了黑格尔派杂志《维千德季刊》的工作。著有《唯一者及所有物》一书，是资产阶级个人主义和无政府主义思想家。

在谈到他所谓"统治者的意志"时，马克思和恩格斯进一步指出：他的幻想是同弗里德里希·威廉四世的幻想差不多的，后者也把法律看作是统治者的意志的一时灵感，因而经常发现法律在世界的"硬绷绷的东西"上碰得头破血流。他的那些完全无害的奇思妙想几乎没有一个在它们的实现过程中能够超出内阁命令的范围。他不妨颁布一条关于两千五百万贷款（即英国公债的1110）的命令，那时他就会知道他的统治者的意志究竟是谁的意志了。附带地说，我们在以后还会看到乡下佬雅各怎样利用他的这位国王和柏林老乡的怪影作为文献来编造他自己的关于国家、法律、犯罪等的奇谈怪论。

4. 关于统治意志的唯心主义废话

法是由物质生活条件决定的。凡是认为统治意志起决定性作用的，都是对精神性的法的唯心主义解释。

针对黑格尔谈到教阶制的哲学，《德意志意识形态》写道："正确的意义是精神的东西本身〈按照'施蒂纳'的说法是'圣物'〉应该起决定性的作用，并且迄今的事物的进程就是如此；例如，我们看到在法国革命中〈追随着黑格尔，'施蒂纳'也看到这一点〉占统治的应当是抽象思想；国家的宪法和法律应当根据这种抽象思想制定，人与人之间的联系应当由这种抽象思想来建立，并且人们应该意识到：他们认为具有意义的东西，就是抽象思想、自由和平等，等等。"

作为青年黑格尔派的施蒂纳的关于法的言论，不过是黑格尔客观唯心主义的"笨拙的"的翻版。

这句话是黑格尔下述说法的"笨拙的"的翻版："合乎法律规定，就是认识什么是法或者什么是真正对的源泉。"圣桑乔所谓的"字面中表述出来"的东西，黑格尔也称为"设定的东西"，"意识到的东西"，等等（"法哲学"第211节及以下各节）。

马克思恩格斯：《德意志意识形态》，

《马克思恩格斯全集》第3卷第377页。

"法就是社会的精神〈而社会就是圣物〉。如果社会具有意志，那末这种意志也就是法：社会只是通过法而存在。但是因为它的存在只是由于〈不是由于法，而只是由于〉它

实现了对个人的统治，因此，法就是它的统治者的意志。"（第 244 页）

"只要还有统治意志而这种统治意志被视为和个人意志具有同等意义，国家就会一直存在下去。统治者的意志就是法律。"（第 256 页）社会内统治者的意志 = 法，统治意志 = 法律——法 = 法律"有时"，他还用法和法律的区别，来作为他"论述"法律的招牌，奇怪的是这种区别和他关于法律的"论述"几乎是风马牛不相及的，就像他关于法的"溜跑了"的定义和他关于"法"的"论述"毫无共同之点一样："凡是法，凡是在社会中被认为是对的东西，也就会在法律的字面中表述出来。"（第 255 页）

马克思恩格斯：《德意志意识形态》，

《马克思恩格斯全集》第 3 卷第 377 页。

为什么圣桑乔必须把社会的"意志"或社会的"统治者的意志"从他的关于法的"论述"中排除出去，这是不难理解的。只有法被确定为人的权力，他才能把法作为自己的权力收回到自身中来。因此，为了讨好自己的对偶式，他就得抓住"权力"的唯物主义定义，而让"意志"的唯心主义定义"溜跑"。为什么现在当他谈到法律的时候又抓住了"意志"，这一点在我们研究关于法律的对偶式时就会明白的。在现实的历史中，那些认为权力是法的基础的理论家和那些认为意志是法的基础的理论家是直接对立的，这种对立，也是圣桑乔可以认为是唯实主义（儿童、古代人、黑人）和唯心主义（青年、近代人、蒙古人）之间的对立。如果像霍布斯等人那样，承认权力是法的基础，那末法、法律等等只不过是其他关系（它们是国家权力的基础）的一种征兆，一种表现。

马克思恩格斯：《德意志意识形态》，

《马克思恩格斯全集》第 3 卷第 378～379 页。

不过，圣桑乔必须接受法学家和政治家们关于统治者的意志的那种幻想，才能在我们马上就要欣赏到的那些等式和对偶式中如此光辉地显示出他自己的意志，法律 = 国家的统治者的意志，= 国家的意志。对偶式：国家意志，别人的意志——我的意志，自有的意志。国家的统治者的意志——我的自有的意志——我的自我意志。属于国家，服从国家法律——"属于自己（唯一者），自身包含有自己的法律"（第 268 页）。

马克思恩格斯：《德意志意识形态》，

《马克思恩格斯全集》第 3 卷第 380 页。

等式：A. 国家意志 = 非我的意志。B. 我的意志 = 非国家的意志。C. 意志 = 意愿。D. 我的意志 = 国家的非意愿，= 反对国家的意志，= 对国家的反抗意志。E. 意愿那非国家 = 自我意志。自我意志 = 不意愿国家。F. 国家意志 = 我的意志的无，= 我的无意志。G. 我的无意志 = 国家意志的存在。（从上面我们已经知道国家意志的存在等于国家的存在，由此便得出了以下这个新的等式：）H. 我的无意志 = 国家的存在。I. 我的无意志的无 = 国家的不存在。K. 自我意志 = 国家的无。L. 我的意志 = 国家的不存在。

马克思恩格斯：《德意志意识形态》，

《马克思恩格斯全集》第 3 卷第 381 页。

"全民意志"又是由什么构成的呢？由个别的、互相矛盾的"个别等级和阶级的意志"构成，就是说，正好是由那种被"国民报"描写为"全民意志"的直接对立面的意志构成的。看！"国民报"的逻辑性多么强！

"国民报"认为，存在着一种统一的全民意志。这种意志并不是互相矛盾的各种意志的总和，而是一种统一的、一定的意志。这到底是什么呢？这就是多数人的意志。而多数人的意志又是什么呢？这就是从多数人的利益、生活状况和生存条件中产生的一种意志。可见，要有同样的意志，这些多数人就要有同样的利益、同样的生活状况、同样的生存条件，或者他们至少必须在自己的利益上、在自己的生活状况上、在自己的生存条件上，暂时互相密切地结合在一起。说得明白一点，所谓人民的意志，多数人的意志，并不是个别等级和阶级的意志，而是唯一的一个阶级和在社会关系即在工业和商业关系方面都从属于这个唯一的统治阶级的其他阶级以及阶级的某些部分的意志。

"从这里应当得出什么结论呢？"所谓全民意志就是统治阶级的意志吗？当然是这样。

马克思：《柏林"国民报"致初选人》，
《马克思恩格斯全集》第 6 卷第 235 页。

自我意志、统治者的意志、国家意志三者的区别，属于常识范围。对于圣桑乔的奇思妙想，马克思和恩格斯只好用一个一个的简明"等式"来嘲讽他。

圣桑乔只在"意志"里面转来转去。任何关于国家意志的"理论"，离开意志的现实基础，离开统治阶级的物质生活条件，离开与上层建筑其他组成部分的关系，按照马克思的说法，只能完全是"唯心主义废话"。

（三）将统治意志上升为法律，取得社会规范形式

1. 法律是统治阶级意志的表现

对于什么是法，千百年来被统治阶级弄得混乱不堪。马克思主义经典作家开宗明义地指出，法律是统治阶级的意志的表现。这是权威性、真理性认识，是对法唯一科学的价值判断。

他们个人的权力的基础就是他们的生活条件，这些条件是作为对许多个人共同的条件而发展起来的，为了维护这些条件，他们作为统治者，与其他的个人相对立，而同时却主张这些条件对所有的人都有效。由他们的共同利益所决定的这种意志的表现，就是法律。

马克思恩格斯：《德意志意识形态》，
《马克思恩格斯全集》第 3 卷第 278 页。

法律是什么呢？法律是统治阶级的意志的表现。

列宁：《社会民主党在俄国革命中的土地纲领》，
《列宁全集》（第 1 版）第 15 卷第 146 页。

法律又是什么呢？法律就是取得胜利，掌握国家政权的阶级的意志的表现。

列宁：《社会民主党在俄国第一次革命中的土地纲领》，
《列宁全集》（第1版）第13卷第304页。

"统治阶级的意志的表现"或"法是被奉为法律的统治阶级意志"，昭示了马克思主义意识论原理，为人们认识法提供了一把打开法学大门的钥匙。法不是什么"神的意志""公共意志""全民意志"。法律不是"圣物"，法的权威性、强制性，只产生遵守和服从的效果，不产生神圣化和迷信的效果。这是"意识""意志"的规定性所决定的。

说法是"神的意志"，起于远古而影响于今。乌尔王朝的乌尔恩古尔铭文里记载了沙马什（太阳神）的"正义"法律。《乌尔纳姆法典》序言说，乌尔纳姆是依靠乌尔庇护神月神的威力和日神的"真言"，使苏美尔和阿卡德获得了自由。在古巴比伦的《汉穆拉比法典》石柱上，有沙马什向汉穆拉比赐予权柄的刻像。《摩奴法典》说君主是由诸神的光芒构成的。

然而，法律是人制定的，不是神制定的，君主是人，不是神，这在统治者那里非常清楚。将法律神圣化、君主神化的目的，无非是要人们像崇拜神那样崇拜君主、崇拜法律，从而维护自己的统治。

统治者需要什么，知识界就鼓吹什么，几乎是一个规律性现象。从"君权神授"说看，阿奎那在《神学大全》里说：理性有从意志发展到行动的能力，因为理性可以依靠某种目的被希求这一事实，指挥一切必要的力量去达到那个目的。可是，如果意志要想具有法的权能，它就必须在理性发号施令时受理性的节制。正是在这个意义上，我们应当理解所谓君主的意志具有法的力量这句话。阿奎那还说，宇宙的整个社会就是由神的理性支配的。所以上帝对于创造物的合理领导，就像宇宙的君王那样具有法律的性质，这种法律我们称之为永恒法（参见《阿奎那政治著作选》，商务印书馆1963年版）。阿奎那专门谈论了"神法的必要性"。认为除自然法和人法以外，还必须有一项神法来指导人类的生活。这为了使人确凿无疑地知道他应该做什么和不应该做什么，就有必要让他的行动受神所赋予的法律的指导，因为大家知道神的法律是不可能发生错误的。斯宾诺莎说：除自然法和人法以外，还必须有一项神法来指导人类的生活。不但接受自然法和人法的指导，而且接受神所赋予的法律的指导。认为法律既是人为某种目的给自己或别人定下的一种生活方案，就似乎可以分为人的法律与神的法律。所谓人的法律是指生活的一种方策，使生命与国家皆得安全。所谓神的法律其唯一的目的是最高的善，换言之，真知上帝和爱上帝（参见斯宾诺莎：《神学政治论》，商务印书馆1963年版）。洛克说：自然法是所有的人、立法者以及其他人的永恒的规范。他们所制定的用来规范其他人的行动的法则，以及他们自己和其他人的行动，都必须符合于自然法、即上帝的意志，而自然法也就是上帝的意志的一种宣告（参见洛克：《政府论》，商务印书馆1964年版）。

法是"公共意志"的发明权，属于资产阶级。他们视钱如命，要建立"生意人"共和国，不需要请出神来出面遮掩。说法是"公共意志"，资产者就把自己的统治意志掩藏起来了。

有时候知识人出面比生意人自己出面更好。知识人说：个人的力量是不可能联合的，如果所有的意志没有联合的话。格拉维那又说得很好：这些意志的联合就是我们所谓"人民的国家"（参见孟德斯鸠：《论法的精神》，商务印书馆 1978 年版）。但是当全体人民对全体人民作出规定时，他们便只是考虑着他们自己了；如果这时形成了某种对比关系的话，那也只是某种观点之下的整个对象对于另一种观点之下的整个对象之间的系，而全体却没有任何分裂。这时人们所规定的事情就是公共的，正如作出规定的意志是公意一样。正是这种行为，我们就称之为法律（参见卢梭：《社会契约论》，商务印书馆 1980 年版）。普遍性以及由此而来的相互的责任是从普遍法规产生出来的。一个单独的意志，从它涉及一种外在的，因而是有条件的占有时，对所有的人不能作为强制性的法律，因为这是违反与普遍法则相符合的自由。所以，它只是使每一个人联合起来的意志，也就是公共的、集体的和权威性的意志，是能够为所有人提供安全保证的意志（参见沈叔平的中译本关于康德的《道德形而上学》）。

"全民意志"术语出现于 18 世纪。马克思 1849 年 1 月在《柏林〈国民报〉致初选人》中，针对德国资产阶级自由派报纸《国民报》（National-Zeitung）提到的"全民意志"，专门写下了这段文字：

"全民意志"又是由什么构成的呢？由个别的、互相矛盾的"个别等级和阶级的意志"构成，就是说，正好是由那种被"国民报"描写为"全民意志"的直接对立面的意志构成的。看！"国民报"的逻辑性多么强！"国民报"认为，存在着一种唯一的全民意志。这种意志并不是互相矛盾的各种意志的总和，而是一种统一的、一定的意志。这到底是什么呢？这就是多数人的意志。而多数人的意志又是什么呢？这就是从多数人的利益、生活状况和生存条件中产生的一种意志。

可见，要有同样的意志，这些多数人就要有同样的利益、同样的生活状况、同样的生存条件，或者他们至少必须在自己的利益上、在自己的生活状况上、在自己的生存条件上，暂时互相密切地结合在一起。说得明白一点，所谓人民的意志，多数人的意志，并不是个别等级和阶级的意志，而是唯一的一个阶级和在社会关系即在工业和商业关系方面都从属于这个唯一的统治阶级的其他阶级以及阶级的某些部分的意志。从这里应当得出什么结论呢？所谓全民意志就是统治阶级的意志吗？当然是这样。

马克思的这段论述，是写给《国民报》听的，也是写给 100 多年后的苏联共产党听的。

"全民国家""全民法"是《苏联共产党纲领》、赫鲁晓夫《在苏联共产党第二十二次代表大会上的报告》《苏联共产党中央委员会给苏联各级党组织和全体共产党员的公开信》里提出的。其主要依据是，无产阶级专政的国家已变为全民的国家，国家和法是整个社会、全体人民的工具。

宣传全民国家和全民法的，主要是法学界。下面的法学家起了重要作用，如弗·谢苗诺夫，法学家，著有《论全民的法的概念问题》；尼·法尔别洛夫，法学博士、教授，苏联科学院国家和法研究所高级研究员，著有《人民民主国家的国家和法的问题》；阿·列别什金，法学博士、教授，苏联政治学协会副会长，《苏维埃国家和法》杂志主编；彼·罗马什金，苏联科学院通讯院士，苏联科学院国家和法研究所所长，莫斯科大学法律系教授，《苏维埃国家和法》杂志编委，著有《国家和法的理论》；尤·弗兰采夫，哲学家和历史学家，教授，苏共中央社科学院院长，哲学和法学学部社会学协会主席；弗·布拉茨基，法学副博士，著有《国家和共产主义》；阿·科西澄，法学副博士，著有《全民国家》，等等。

"全民法"论者辩解说，全民国家不同于"人民国家"。说什么马克思对拉萨尔分子提出的、虚假的和没有根据的"人民国家"口号给予了正确的和尖锐的批判，因为拉萨尔分子否认资本主义社会革命改造的必要性，认为"人民国家"是资产阶级国家的直接继承者，而我们不是，我们是建立了无产阶级专政国家，取代无产阶级专政国家的国家是全民国家。这些"全民国家"和"全民法"论者发誓说同拉萨尔主义的"人民国家"论划分界限，是子虚乌有，如同盗贼发誓同小偷划分界限是子虚乌有一样。

2. 通过立法机关将统治阶级意志上升为法律

统治阶级的意志是一种心理状态，将统治的预定目的表现出来，就必须通过立法形式。否则，"意志"这两个字只是毫无意义的空气震动而已。国家设置立法机关的目的，就是为了把统治阶级的意志转化为法，达到社会一体遵行的效力。

法律是肯定的、明确的、普遍的规范，在这些规范中自由获得了一种与个人无关的、理论的、不取决于个别人的任性的存在。

> 马克思：《第六届莱茵省议会的辩论（第一篇论文）》，
> 《马克思恩格斯全集》第1卷上册第176页。

在议会中，国民将自己的普遍意志提升成为法律，即将统治阶级的法律提升成为国民的普遍意志。在行政权力的面前，国民完全放弃了自己的意志，而服从于他人意志的指挥，服从于权威。和立法权力相反，行政权力所表现的是国民受人统治而不是国民自治。

> 马克思：《路易，波拿巴的雾月十八日》，
> 《马克思恩格斯全集》第8卷第214页。

用"意志的明显表现"之类的空话来搪塞是不行的：意志如果是国家的，就应该表现为政权机关所制定的法律，否则"意志"这两个字只是毫无意义的空气震动而已。

> 列宁：《矛盾的立场》，
> 《列宁全集》（第1版）第25卷第75页。

整个帝国国会和联邦会议都只是靠革命建立起来的；老威廉在并吞三个王位和一个自由市的时候也曾经是革命者；全部法制、全部所谓的法律基础都只不过是完全反对人民意志的和直接反对人民的无数革命的产物。

> 《卡·马克思和弗·恩格斯给其他人的信》，
> 《马克思恩格斯全集》第35卷第426页。

最后这段话是在1883年2月8日恩格斯致爱·伯恩施坦的信中讲的。根据1871年北

德意志联邦宪法的规定，联邦会议由参加联邦的所有德国各邦的政府所任命的代表组成，会议的职能是批准法律。"老威廉在并吞三个王位和一个自由市"，是指由于1866年普奥战争和德国统一，原先的独立邦——汉诺威、拿骚和选帝侯国黑森以及自由市美因河畔法兰克福归并普鲁士一事。

3. 法律不是"圣物"

应当明确，法律只是一种政治措施，是一种政策，自身不存在神圣和非神圣问题。所谓"法律的神圣性"，不是源自法律本身，而是源自统治阶级，法律因统治阶级的制定而被神圣化。法律的神圣性，由社会上一部分人积极地按自己的意志规定下来并由另一部分人消极地接受下来的秩序的不可侵犯性，是他的社会地位的最可靠的支柱。资产者认为自己就是法律，正如他认为自己就是上帝一样，所以法律对他是神圣的。

对资产者说来，法律当然是神圣的，因为法律本来就是资产者创造的，是经过他的同意并且是为了保护他和他的利益而颁布的。资产者懂得，即使个别的法律条文对他不方便，但是整个立法毕竟是用来保护他的利益的，而主要的是：法律的神圣性，由社会上一部分人积极地按自己的意志规定下来并由另一部分人消极地接受下来的秩序的不可侵犯性，是他的社会地位的最可靠的支柱。英国资产者认为自己就是法律，正如他认为自己就是上帝一样，所以法律对他是神圣的。

恩格斯：《英国工人阶级状况。根据亲身观察和可靠材料》，

《马克思恩格斯全集》第2卷第515页。

"施蒂纳"现在必须提出他能够向个人请求的关于权利的经验规定，也就是说，他必须承认在法之中除了神圣性以外还有某种其他的东西。在这里，他本来可以省掉他那全部笨拙的手法，因为姑且不谈更早时期的思想家，就是从近代马基雅弗利、霍布斯，斯宾诺莎、博丹，以及近代的其他许多思想家谈起，权力都是作为法的基础的，由此，政治的理论观念摆脱了道德，所剩下的是独立地研究政治的主张，其他没有别的了。后来，在18世纪的法国、19世纪的英国，整个法都归结为私法（关于这一点，圣麦克斯也没有提到），而私法则归结为一种十分确定的力量，归结为私有者的权力。事情还远不是仅仅几句空话。

马克思恩格斯：《德意志意识形态》，

《马克思恩格斯全集》第3卷第368页。

对法的批判就这样结束了。我们很早就从许多早期作家那里知道法是从暴力中产生的，现在又从圣桑乔那里知道"法"就是"人的暴力"，根据这一点他却把有关法同现实的人、同人们的关系的联系的一切问题推往一边，而制造了自己的对偶式。他限于把法如他所设定的那样，即作为圣物加以扬弃，也就是说，他扬弃了圣物，而保留了法。

马克思恩格斯：《德意志意识形态》，

《马克思恩格斯全集》第3卷第372页。

法律是一种政治措施，是一种政策。任何政治措施也不能禁止经济。

列宁：《论对马克思主义的讽刺和"帝国主义经济主义"》，

《列宁全集》（第 1 版）第 23 卷第 40～41 页。

我的权力这一节又分为三部分，其中谈到：①法，②法律，③犯罪。为了尽心掩盖这个三分法，桑乔经常应用"插曲"。我们采用表格的形式，也加上必要的插曲来处理这一节的全部内容。

法 A. 一般的圣化

圣物的另一个例子就是法〔权利〕。

法〔权利〕不是我 ＝不是我的法〔权利〕

＝别人的法〔权利〕

＝现存的法〔权利〕

＝别人的法〔权利〕。

一切现存的法〔权利〕

＝来自别人（不来自我）的法〔权利〕

＝别人赋予的权利

＝（某人给我，供我利用的权利）（第 244、245 页）。

注释 No.1 读者一定会奇怪，为什么等式 No.4 的后项突然在等式 No.5 中作为前项出现，而这个等式的后项又是等式 No.3 的后项，于是"一切现存的法"突然作为前项代替了"法"的地位。这样做的目的是要造成一种幻觉：好像圣桑乔谈的是他没有想到的实际的现存的法。不过，他所谈的"法"只是当作神圣的"宾词"。

注释 No.2 法在被确定为"别人的法"之后，就可以随便怎么称呼它，例如称它为"苏丹的法"、"人民的法"等等；如何称呼，这要看圣桑乔怎样确定他由之获得这个法的那个别人。这也使得桑乔后来能够说："别人的权利是自然、神、人民选举所赋予的"（第250 页），因而"不是我"给的。我们的圣者企图利用上述那些简单等式应用同义语的这种巧妙手法实在令人惊奇。桑乔把通常所说的 Recht geben〔承认某人是对的〕和法律上所谓 Rechtgeben〔承认权利〕混为一谈了。更令人赞叹不已的是他有这样一个伟大的移山的信念：人之乐意于"诉诸法庭"，是为了保卫自己的权利——这种信仰是讼棍解释法院时的信仰。

当圣桑乔充分地显示了他对法的知识以后，现在他可以自限于再一次把法确定为圣物，而乘这个机会重复那些早先附加于圣物的形容词，这一次增加了"法"这个词。

"难道法不是一种宗教概念，即某种圣物吗？"（第 247 页）"有谁能不从宗教的观点来谈'法'呢？"（同上）"'自在自为'的法。因而与我无关？'绝对权利'！这就是说，脱离我的，一个'自在自为的存在物'！一个绝对的东西！永恒的法，像永恒的真理"——圣物（第 270 页）。"你惊慌地避开了别人，因为你相信看到了法的怪影就在他们的身边！"

"你悄悄地在周围徘徊，要把这个幽灵逗引过来。"（同上）"法就是幽灵所提示的怪想。"（上述两个命题的综合）（第 276 页）"法就是……固定观念。"（第 270 页）"法就是……精神。"（第 244 页）"因为法只能是由精神赐予的。"（第 275 页）

马克思恩格斯：《德意志意识形态》，

《马克思恩格斯全集》第 3 卷第 359～362 页。

在政教合一的政权下，法的神圣性源于君权神授，从宗教的观点来看"法"，法就只能是圣物了。

这个"圣桑乔""桑乔"就是施蒂纳。圣桑乔把法律视为"圣物"，因而关于权利（我的权利、别人的权利）、一切现存的法（别人的法）的胡言乱语，是可笑至极的。马克思和恩格斯用他的名字前面加一个"圣"字讥讽他，又用乱七八糟的"等式"嘲弄他。

《马克思恩格斯全集》译者的注释说：原文 Recht，该词有法、权利、对、公道等含义，施蒂纳利用该词的多种含义进行文字游戏，正像马克思和恩格斯在本节中所指出的：如果把施蒂纳关于 Recht 的各种用法，译成任何一种文字，都非常荒谬可笑。Recht 一词在译成中文时，无法用一个恰当的词来表达它的多种含义。因此，在本节中 Recht 一词一般译为"法"，在明确指"权利""对""有权"等含义的场合，则分别译为"权利"，等等，在"法"和"权利"这两种含义混淆不清的场合，则译为"法〔权利〕"或"权利〔法〕"。

把法说成"圣物"，充分体现了对法律的迷信和崇拜。法律是统治阶级的意志，不是被统治阶级的意志，不存在被统治阶级的支持、拥护问题，社会的对立和分裂，抹去了法的神圣光环，剩下的只是一张张铅印的白纸；法律是阶级统治的工具。对工具可以喜欢或不喜欢，不可以迷信和崇拜。随着社会的发展和进步，一些工具淘汰了，一些新工具出现了，迷信和崇拜化为泡影。法律也是这样。法的废改立，社会革命中旧法律的摧毁、新法律的产生，昭示着法律不会像迷信和崇拜的上帝和圣经那样永恒。

当然，法律要有权威性、强制性，以达至社会一体遵行，但权威性、强制性同"神圣性""圣物"完全是两回事。

二、法的统治意志的利益动因

法的统治意志性的动因来自利益，是马克思主义经典作家揭示出来的。

传统法学对利益问题忌讳莫深，避而不谈，不敢公开承认法的利益实质，把利益从法学理论中抽掉，宣扬法学是"超利益"的法学。与之相反，经典作家关于利益的论述贯穿于全部著作，而且往往将利益结合于法进行阐述。

法并不直接规定利益，利益是通过法律规定主体的权力或权利获得并实现的。国家利益通过规定国家权力的范围获得并实现，个人和社会组织的利益通过规定其权利的范围获得并实现。当然，法上的权力和权利不仅要求他人承担法律义务，也要求权力者和权利者履行法律义务。法律规定权力和权利，只是提供了获取利益的一种法律可能性，是否实现利益，则需要一定的社会条件和具体条件。

经典作家揭示了法与利益的联系机制，提出了法的利益学说，创建了法和利益的相互关系原理，这就为法的统治意志性的属性研究提供了新思想和新材料。

经典作家提出并运用个人利益、私人利益、特殊利益和团体利益、党派利益、地方利益，以及公共利益、民族利益、国家利益等范畴，明确了它们之间的关系，指出了法和利益的真实联系，并在此基础上，有说服力地进行了论证。

利益不是法的价值，这是经典作家提出的法的利益观的基本观点，与20世纪出现的"利益法学"完全是两回事。利益法学是脱离概念法学的产物。利益法学针对概念演绎、逻辑优先的概念法学，提出"生活的价值优先"，把利益置于其理论的核心位置。认为利益是法的价值，是法的价值的评价标准，认为司法审判应当以利益为原则和出发点，平衡当事人的利益。这些主张，似乎是从在法的概念方面兜圈子转向社会实际，其实，利益是法的动因与利益是法的基础是不同的。利益不是法的基础本身。把利益作为法的目的和任务的全部，就歪曲法本身的本质属性，从根本上否定了法的有效性基础。

（一）利益决定法律制度

1. 社会关系首先服从于利益关系

人是社会关系的总和，人的思想和行为往往与利益有关。社会关系是将利益关系包含其中的，这在经济关系中表现尤为明显。我们不能把社会关系都归结为唯一的利益关系，但利益关系不能不是社会关系的焦点。

社会关系首先服从于利益关系命题里的"首先服从于"，说明了利益关系在社会关系中的关键地位和前提作用。

每一个社会的经济关系首先是作为利益表现出来。

恩格斯：《论住宅问题》，

《马克思恩格斯全集》第 18 卷第 307 页。

旧的、还没有被排除掉的唯心主义历史观不知道任何基于物质利益的阶级斗争，且根本不知道任何物质利益；生产和一切经济关系，在它那里只是被当做"文化史"的从属因素顺便提到过。

恩格斯：《反杜林论》，

《马克思恩格斯全集》第 20 卷第 29 页。

米尔柏格接着说："人类社会的真正推动力是经济关系，而不是法律关系，这一点蒲鲁东不比马克思和恩格斯知道得差，他也知道，一个民族某一时代的法权观念只是经济关系，特别是生产关系的表现、反映和产物……总之，法权在蒲鲁东看来是历史上形成的经济产物。"

如果蒲鲁东对这一切"不比马克思和恩格斯知道得差"（我且不管米尔柏格的含糊说法，就算他的善良愿望是事实），那末我们争论什么呢？但是问题正在于，蒲鲁东的知识实际上不完全是这回事。每一个社会的经济关系首先是作为利益表现出来。而在刚才引证过的蒲鲁东的主要著作中，却明明白白地写着，"各社会中统治的、有机的、最高主权的、支配着其他一切原则的基本原则"，并不是利益，而是公平。而且他在其一切著作的一切有决定意义的地方，都重复着这一点。

恩格斯：《论住宅问题》，

《马克思恩格斯全集》第 18 卷第 307 页。

把所有各式各样的人类的相互关系都归结为唯一的功利关系，看起来是很愚蠢的。这种看起来是形而上学的抽象之所以产生，是因为在现代资产阶级社会中，一切关系实际上仅仅服从于一种抽象的金钱盘剥关系。

马克思恩格斯：《德意志意识形态》，

《马克思恩格斯全集》第 3 卷第 479 页。

对资产者来说，只有一种关系——剥削关系——才具有独立自在的意义；对资产者来说，其他一切关系都只有在他能够把这些关系归结到这种唯一的关系中去时才有意义，甚至在他发现了有不能直接从属于剥削关系的关系时，他最少也要在自己的想象中使这些关系从属于剥削关系。这种利益的物质表现就是金钱，它代表一切事物，人们和社会关系的价值。

马克思恩格斯：《德意志意识形态》，

《马克思恩格斯全集》第 3 卷第 480 页。

从1830年起，在这两个国家里，工人阶级即无产阶级，已被承认是为争夺统治而斗争的第三个战士。当时关系已经非常简单化，只有故意闭起眼睛的人才看不见，这三大阶级的斗争和它们的利益冲突是现代历史的动力，至少是这两个最先进国家的现代历史的动力。

恩格斯：《路德维希·费尔巴哈和德国古典哲学的终结》，
《马克思恩格斯全集》第21卷第344页。

单是赎买这一事实就已证明，以自己的利益推动社会实现了"伟大的"改革并亲自进行了这种改革的人，他们的"灵魂已整个为资本所盘据"；自由主义民粹派的"社会"既然依靠着改革后建立起来的制度，主张以各种方法改善这种制度，也就只看见"资本主义的月亮"的光华了。

列宁：《民粹主义的经济内容及其在司徒卢威先生的书中受到的批评》，
《列宁全集》第1卷第329页。

在马克思主义创建之始，马克思恩格斯便将法与利益联系起来进行论述。

马克思在第一篇政论文章《评普鲁士最近的书报检查令》中，针对1841年弗里德里希·威廉四世所颁布的《书报检查令》，指出普鲁士书报检查立法的目的，是为了维护反动势力的利益，把统治者的观点和要求提升为法律，以剥夺广大人民群众在法律面前人人平等的地位。这是第一次将法与利益联系起来。

在《第六届莱茵省议会的辩论》的第三篇论文《关于林木盗窃法的辩论》中，马克思直面贫苦群众的物质生活条件，明确指出了物质利益同国家和法的关系，公开捍卫贫苦群众的利益，抨击了普鲁士的国家和法律制度。在分析习惯和特权的历史发展时，马克思认识到物质利益的差别使社会划分为不同的等级，对私人利益的考虑支配着人们的思想和行动，也支配着国家官员和立法机关代表的决策行为。他认为，正是维护私人利益、私有财产的自私逻辑，使法律变成了林木所有者的奴仆，使整个国家制度成为林木所有者的工具。这是第一次全面论证私人利益——阶级利益——国家和法的逻辑关系。

马克思在反对封建的等级代表制度的同时，也努力探索一种适应历史要求、代表人民利益的政治法律制度。在《莱茵报》编辑部为《评〈汉诺威自由主义反对派的失误〉》一文所加的按语中，针对汉诺威国王废除具有温和的自由主义性质的1833年宪法，使1819年宪法重新生效的事件，马克思指出："汉诺威的真正的自由主义今后的任务，既不是维护1833年的国家基本法，也不是退回到1819年的法律。它应该争取实现一种同更深刻、更完善和更自由的人民意识相适应的崭新的国家形式。"

在《评奥格斯堡〈总汇报〉第335号和第336号论普鲁士等级委员会的文章》《本地省议会议员选举》中，马克思否定了等级制原则。马克思要求实行人民代表制，建立真正代表人民利益的国家机构。他认为，人民代表机构不应该代表等级的特殊利益，而应该代表人民的普遍利益。

在《雇佣劳动与资本》中，马克思揭露了以剥削雇佣工人的劳动为基础的资产阶级社会生产关系的实质。在劳资协调和劳资和谐的一片鼓噪声中，马克思揭露了劳资两者利益的根本对立性。

恩格斯的《英国工人阶级状况》，强调指出工人和资本家的利益是不可调和的。

恩格斯在《在伦敦举行的各族人民庆祝大会》中宣布各国无产者的利益是一致的，并且揭穿了资产阶级的世界主义。

列宁继承了马克思和恩格斯关于法与利益的相互关系原理，并在新的历史条件下进行了新的发挥。

《农民生活中新的经济变动》写于1893年春。这是至今发现的最早的列宁著作。列宁在文中评介了波斯特尼柯夫的《南俄农民经济》一书，对作者用分类考察而不是依据平均数字来研究俄国农民经济的方法予以肯定。作者看到了农民经济状况的"多样性"，承认各类农户之间存在着经济"悬殊"和"经济利益的斗争"，但作者注意的是量的差别，而不是质的不同，因而没有按经营的性质来划分农户类别，看不到村社农民中间"直接的剥削"关系，忽视了农民经济的一切变动都是在资本主义商品经济的总背景下发生。在谈到典押时，认为这种典押是富裕的塔夫利达人大量扩大耕地并得到很大的经济利益的主要条件之一。

在《什么是"人民之友"以及他们如何攻击社会民主党人？》里，列宁也是着眼于利益批驳民粹派的。认为旧民粹派主张发动农民进行"社会主义"革命的政治纲领，被自由主义民粹派改变成代表资产阶级利益、主张在保存现有社会制度的条件下实施改良的纲领，这说明民粹主义已经堕落成为小市民机会主义。

在法学历史上，经典作家第一次科学地回答了立法和法学研究中的利益问题，正确解决了法与利益的关系。

法是调整社会关系的。超利益内容和脱离利益的法律是不存在的。"利益冲突是现代历史的动力""利益的物质表现就是金钱，它代表一切事物、人们和社会关系的价值"，不能只看见"资本主义的月亮"的光华，等等，都体现了经典作家关于利益问题观点的重要特征。

2. 法律是物质生产方式所产生的利益和需要的表现

这是一个唯物主义命题。

经典作家对于生产方式术语，有"物质生产方式""工厂生产方式""生产的社会形式生产关系"和"手工业劳动方式"等提法。这些提法，是就某一方面问题论述时，为适应论题需要而分别采用的。这里采用"物质生产方式"术语，旨在说明作为意识的法与作为物质的生产方式相互之间的关系，其中心是承认生产方式的客观实在性和对于法的决定性作用。

法是生产方式发展的必然产物，也是物质世界长期发展的必然结果。不同社会形态的法的更替、同一社会形态的法的废改立，归根到底是生产力和生产关系矛盾的发展决定的。生产方式是不以统治意志为转移的物质关系。统治意志不能脱离物质生活而独立存在，它是社会物质生活的反映。所以说，法律是物质生产方式所产生的利益和需要的表现。

　　当然，在法的领域，统治意志能够对生产方式和社会存在起加速或延缓的作用。代表先进阶级的正确统治意志能够推动和加速生产力的发展和生产关系的改变。反之，落后的、腐朽的甚至反动的统治意志则起阻碍或破坏作用。

　　在强调法对物质生产方式反作用的同时，也要指出，不管法的能动作用有多大，它总是在物质条件许可的范围内、受客观规律制约，并归根结底是由物质生活条件决定的。重视法的能动作用，是以适应物质生活条件为前提的。任何法都不是凭空产生的，它必须满足物质生产方式所产生的利益和需要。

　　对于生产方式，法学与经济学、哲学都认为是客观实在，是基础，但由于研究的对象和范围不同，法学与经济学、哲学的认识是有区别的。哲学上的生产方式，在于从其物质性的角度回答生产方式是否能离开人的意识而独立存在，经济学指出生产方式是经济关系的基础，而法学则解决法与物质生产方式所产生的利益和需要的关系问题。

　　社会不是以法律为基础的。那是法学家们的幻想。相反地，法律应该以社会为基础。法律应该是社会共同的、由一定物质生产方式所产生的利益和需要的表现，而不是单个的个人恣意横行。

马克思：《对民主主义者莱茵区域委员会的审判》，

《马克思恩格斯全集》第6卷第291～292页。

　　现在谈一谈比·约·蒲鲁东的《十九世纪革命的总观念》。当我第一次在信中对你谈到这本书的时候，我只看过该书的摘要，而且还有很多被歪曲的地方。现在我可以把要点寄给你。先说一句：书中批驳卢梭、罗伯斯比尔和"山岳党"等等的地方写得好。用不朽的卢格的话来说，真实过程的力量是这样来的：绝对权力很快就被迫否定它自己，并且受法律和制度的限制。法律作为利益的外部表现，像利益本身一样，是数不清的。

《卡·马克思和弗·恩格斯之间的书信》，

《马克思恩格斯全集》第27卷第317～318页。

　　私人利益本身已经是社会所决定的利益，而且只有在社会所创造的条件下并使用社会所提供的手段，才能达到；也就是说，私人利益是与这些条件和手段的再生产相联系的。这是私人利益；但它的内容以及实现的形式和手段则是由不以任何人为转移的社会条件决定的。

马克思：《经济学手稿》，

《马克思恩格斯全集》第46卷上册第102～103页。

　　只要我们分析这种个性的内容即它的利益，它的真正性质就会显露出来。那时我们就会发现，这些利益又是一定的社会集团共同特有的利益，即阶级利益等等，所以这种个性本身就是阶级的个性等等，而它们最终全都以经济条件为基础。这种条件是国家赖以建立的基础，是它的前提。

马克思:《亨利·萨姆纳·梅恩〈古代法制史讲演录〉一书摘要》，
《马克思恩格斯全选》第 45 卷第 646～647 页。

君主专制不仅在西班牙遇到了本性就同中央集权抵触的物质因素，而且尽力阻碍取决于全国性的分工和国内交换的多样性的共同利益的产生，而这种共同利益正是建立统一的管理体系和统一的法律的唯一可能的基础。因此西班牙的君主专制同欧洲的一般君主专制只有纯粹表面上的相似，其实，它应该列入亚洲的政体。

马克思:《革命的西班牙》，
《马克思恩格斯全集》第 10 卷第 462 页。

如果说现代资产阶级的全体成员由于组成一个与另一个阶级相对立的阶级而有共同的利益，那末，由于他们互相对立，他们的利益又是对立的，对抗的。这种利益上的对立是由他们的资产阶级生活的经济条件产生的。

马克思:《哲学的贫困》，
《马克思恩格斯全集》第 4 卷第 155 页。

个人利益总是违反个人的意志而发展为阶级利益，发展为共同利益，后者脱离单独的个人而获得独立性，并在独立化过程中取得普遍利益的形式，作为普遍利益又与真正的个人发生矛盾，而在这个矛盾中既然被确定为普遍利益，就可以由意识想象成为理想的，甚至是宗教的、神圣的利益，这是怎么回事呢？在个人利益变为阶级利益而获得独立存在的这个过程中，个人的行为不可避免地受到物化、异化，同时又表现为不依赖于个人的、通过交往而形成的力量，从而个人的行为转化为社会关系，转化为某些力量，决定着和管制着个人，因此这些力量在观念中就成为"神圣的"力量，这是怎么回事呢？如果桑乔哪怕有一天懂得这样一件事实，就是在一定的、当然不以意志为转移的生产方式内，总有某些异己的、不仅不以分散的个人而且也不以他们的总和为转移的实际力量统治着人们，——只要他领会到这一点，那末至于把这一事实作为宗教去想象，还是在那个把统治着自己的力量都归结为观念的利己主义者的想象中被歪曲为无在他之上统治着他，他就可以比较无所谓地对待了。那末一般说来，桑乔就会从思辨的王国中降临到现实的王国中来；就会从人们设想什么回到人们实际是什么，从他们想象什么回到他们怎样行动并在一定的条件下必须行动的问题上来。他也就会把他觉得是思维的产物的东西理解为生活的产物。那时他就不会走到与他相称的那种荒诞粗鄙的地步——用人们对个人利益和普遍利益的分裂也以宗教形式去想象以及用自己是这样的或那样的觉得（这只是用另一词代替"想象"），作为对这种分裂的说明。

马克思恩格斯:《德意志意识形态》，
《马克思恩格斯全集》第 3 卷第 273～274 页。

人类社会的发展也是受物质力量即生产力的发展所制约的。生产力的发展决定人们在生产人类必需的产品时彼此所发生的关系。用这种关系才能解释社会生活中的一切现象、人的意向、观念和法律。

> 列宁:《弗里德里希·恩格斯》,
> 《列宁全集》第 2 卷第 6 页。

在康德那里,我们又发现了以现实的阶级利益为基础的法国自由主义在德国所采取的特有形式。不管是康德或德国市民(康德是他们的利益的粉饰者),都没有觉察到资产阶级的这些理论思想是以物质利益和由物质生产关系所决定的意志为基础的。因此,康德把这种理论的表达与它所表达的利益割裂开来,并把法国资产阶级意志的有物质动机的规定变为"自由意志"、自在和自为的意志、人类意志的纯粹自我规定,从而就把这种意志变成纯粹思想上的概念规定和道德假设。

> 马克思恩格斯:《德意志意识形态》,
> 《马克思恩格斯全集》第 3 卷第 213 页。

如果像柏林的思想家一样,停留在德国地方性印象的圈子里议论自由主义和国家,或者仅限于批判德国市民关于自由主义的幻想,而不从自由主义与它所由产生的并赖以确实存在的现实利益的联系上去理解自由主义,那末,自然就要得出世界上最荒谬的结论。

> 马克思恩格斯:《德意志意识形态》,
> 《马克思恩格斯全集》第 3 卷第 215 页。

法律不是以统治意志为基础的,而是以物质生产方式为基础的,这是经典作家的一贯观点。认为法律形式具有"超物质""超经济"的内容,以脱离现实基础的自由意志为依据,以"超阶级"的国家为中介,是法学家的幻想。

我们知道,社会存在和社会运行的决定性因素是物质生产方式,法律总是适应以生产力发展的一定状况、水平和与此相适应的生产关系的性质、结构为存在根据的。

一定物质生产方式对法律的基本要求,是满足它所产生的利益和需要。就其"利益"说,物质生产方式直接产生的关系,是财产关系,就是主体对财产的占有、使用、处分关系。财产利益是最直接、最根本的利益。这种利益,是通过法律规定主体的权利和义务实现的。由摆脱了单纯偶然性和任意性所形成的人们进行物质生产和交换的一般条件,要求由法律固定下来。所有权法和合同法是基本法律形式。就其"需要"说,随着物质生产的发展和科技不断进步,物质生产方式对法律的需要越来越强烈。生产社会化在深度和广度上的推进,需要法律对社会的组织性、协同性和秩序性作出新的调整。正如经典作家所说,每当工业和商业的发展创造出新的交往形式,法便不得不承认它们是获得财产的新方式。此外,科技进步对法律的需要是广泛而迫切的。迅猛发展的当代科技革命,虽然没有改变法律同生产力、生产关系之间的固有关系,没有改变把物质生产方式作为法律的现实基础，但它严重冲击了现行法和法律体系，法律必须满足科技革命的新需要。在这种情况下，法学理论也需要全面革新。

（二）统治阶级利益是立法上的首要利益

1. 个人利益发展为阶级利益

当研究法与利益的关系，研究个人与其他社会成员特别是阶级的联系时，我们应当特别注意研究立法所反映的谁的利益是首要利益。

经典作家指出，人只有参加社会活动，与他周围的世界发生关系，才能使自己成为一个现实的个人。个人融入集体之中，成为社会的一员，人类社会便得以运行。个人利益，归根结底是由构成人和人之间的社会关系的性质、结构和状况决定的。

个人利益之间的相互制约、相互作用的过程，正是为社会、阶级、一定社会团体利益所影响和利用的过程。个人利益发展为阶级利益，是个人利益获得和归属的自然而然的结果。

爱尔维修说过，"人并不邪恶，但却是服从于自己的利益的。因此，应该抱怨的不是人的劣根性，而是那些总是把私人利益和公共利益对立起来的立法者的无知。"马克思肯定了他的说法。爱尔维修没有找到实现"自己的利益"的根源和途径。恩格斯明确指出，只要异化的主要形式，即私有制仍然存在，利益就必然是私人的利益，利益的统治，必然表现为财产的统治。

> 随着分工的发展也产生了个人利益或单个家庭的利益与所有互相交往的人们的共同利益之间的矛盾；同时，这种共同的利益不是仅仅作为一种"普遍的东西"存在于观念之中，而且首先是作为彼此分工的个人之间的相互依存关系存在于现实之中。
>
> 马克思恩格斯：《德意志意识形态》，
> 《马克思恩格斯全集》第 3 卷第 37 页。

> 先是个性摆脱最初并不是专制的桎梏（如傻瓜梅恩所理解的），而是群体即原始共同体的给人带来满足和乐趣的纽带——从而是个性的片面发展。但是只要我们分析这种个性的内容即它的利益，它的真正性质就会显露出来。那时我们就会发现，这些利益又是一定的社会集团共同特有的利益，即阶级利益等等，所以这种个性本身就是阶级的个性等等，而它们最终全都以经济条件为基础。这种条件是国家赖以建立的基础，是它的前提。
>
> 马克思：《亨利·萨姆纳·梅恩〈古代法制史讲演录〉一书摘要》，
> 《马克思恩格斯全集》第 45 卷第 646~647 页。

个人利益总是违反个人的意志而发展为阶级利益，发展为共同利益，后者脱离单独的个人而获得独立性，并在独立化过程中取得普遍利益的形式，作为普遍利益又与真正的个人发生矛盾，而在这个矛盾中既然被确定为普遍利益，就可以由意识想象成为理想的，甚至是宗教的、神圣的利益。这是怎么回事呢？在个人利益变为阶级利益而获得独立存在的这个过程中，个人的行为不可避免地受到物化、异化，同时又表现为不依赖个人的、通过交往而形成的力量，从而个人的行为转化为社会关系，转化为某些力量，决定着和管制着个人，因此这些力量在观念中就成为"神圣的"力量。

马克思恩格斯：《德意志意识形态》，

《马克思恩格斯全集》第3卷第273页。

正是由于私人利益和公共利益之间的这种矛盾，公共利益才以国家的姿态而采取一种和实际利益（不论是单个的还是共同的）脱离的独立形式，也就是说采取一种虚幻的共同体的形式。

马克思恩格斯：《德意志意识形态》，

《马克思恩格斯全集》第3卷第37~38页。

那些有时间从事历史研究的为数不多的共产主义理论家，他们的突出的地方正在于：只有他们才发现了"共同利益"在历史上任何时候都是由作为"私人"的个人造成的。他们知道，这种对立只是表面的，因为这种对立的一面即所谓"普遍的"一面总是不断地由另一面即私人利益的一面产生的，它决不是作为一种具有独立历史的独立力量而与私人利益相对抗，所以这种对立在实践中总是产生了消灭，消灭了又产生。

马克思恩格斯：《德意志意识形态》，

《马克思恩格斯全集》第3卷第275~276页。

随着市民社会的发展，即随着个人利益之发展到阶级利益，法律关系改变了，它们的表现方式也变文明了。它们不再被看作是个人的关系，而被看作是一般的关系了。与此同时，对彼此冲突着的个人利益的维护也由于分工而转入少数人手中。

马克思恩格斯：《德意志意识形态》，

《马克思恩格斯全集》第3卷第395页。

"思想"一旦离开"利益"，就一定会使自己出丑。另一方面，不难了解，任何得到历史承认的群众的"利益"，当它最初出现于世界舞台时，总是在"思想"或"观念"中远远地超出自己的实际界限，很容易使自己和全人类的利益混淆起来。这种错觉构成傅立叶所谓的每个历史时代的色调。资产阶级在1789年革命中的利益决不是"不成功的"，它"压倒了"一切，并获得了"实际成效"，尽管"激情"已经消失，尽管这种利益用来装饰自己的摇篮的"热情"之花也已经枯萎。这种利益是如此强大有力，以至顺利地征服了马拉的笔、恐怖党的断头台、拿破仑的剑，以及教会的十字架和波旁王朝的纯血统。只有对那样的群众来说革命才是"不成功的"，这种群众的政治"观念"并不是关于自己的实际"利益"的观念，所以他们的真正的主导原则和革命的主导原则并不是一致的，他们获得解放的现实条件和资产阶级借以解放自身和社会的那些条件是根本不同的。

马克思恩格斯:《神圣家族》，

《马克思恩格斯全集》第 2 卷第 103 页。

我们只引证边沁驳斥"政治意义上的普遍利益"的一段话。"个人利益必须服从社会利益。但是……这是什么意思呢？每个人不都是像其他一切人一样，构成了社会的一部分吗？你们所人格化了的这种社会利益只是一种抽象：它不过是个人利益的总和……如果承认为了增进他人的幸福而牺牲一个人的幸福是一件好事，那末，为此而牺牲第二个人、第三个人、以至于无数人的幸福，就更是好事了……个人利益是唯一现实的利益。"（边沁"惩罚和奖赏的理论"……1826 年巴黎第三版 64 第二卷第 229、230 页）

马克思恩格斯:《神圣家族》，

《马克思恩格斯全集》第 2 卷第 170 页。

私人利益把自己看作是世界的最终目的。因此，如果法不实现这个最终目的，那就是不合目的的法。因此，对私人利益有害的法就是具有有害后果的法。

马克思:《第六届莱茵省议会的辩论（第三篇论文）》，

《马克思恩格斯全集》第 1 卷上册第 272～273 页。

我们的全部叙述表明，省议会怎样把行政权、行政当局、被告的存在、国家观念、罪行本身和惩罚降低为私人利益的物质手段。

马克思:《第六届莱茵省议会的辩论（第三篇论文）》，

《马克思恩格斯全集》第 1 卷上册第 285 页。

不言而喻，特殊利益既没有祖国意识，也没有省的观念，既没有一般精神，也没有乡土观念。有一些异想天开的作家喜欢把代表特殊利益看作是理想的浪漫主义、深邃的感情以及道德的个人形式和特殊形式的最丰富源泉。然而，与这些作家的论断完全相反，代表特殊利益会消灭一切自然差别和精神差别，因为这样做会把特定的物质和特定的奴隶般地屈从于物质的意识的不道德、不理智和无感情的抽象物抬上王位，用以代替这些差别。

马克思:《第六届莱茵省议会的辩论（第三篇论文）》，

《马克思恩格斯全集》第 1 卷上册第 289 页。

马克思主义者对这些问题的提法应该完全不同。他们必须到生产关系中间去探求社会现象的根源，必须把这些现象归结到一定阶级的利益，因而应当把同样的 desiderata（愿望，要求）表达某某社会成分所怀抱的，遭到其他某某成分和阶级反对的"愿望"。

列宁:《民粹主义的经济内容》，

《列宁全集》（第 1 版）第 1 卷第 480 页。

因为资产者不允许国家干预他们的私人利益，资产者赋予国家的权力的多少只限于为保证他们自身的安全和维持竞争所必需的范围之内；因为资产者一般以国家公民的姿态出现只限于他们的私人利益要他们这样做的范围之内，所以这位乡下佬雅各认为他们在国家面前都是"无"。

马克思恩格斯：《德意志意识形态》，

《马克思恩格斯全集》第3卷第412页。

从亨利七世以来，英国的"贵族"不但不反对工业生产的发展，反而力图间接地从中取得利益；而且经常有这样一部分大地主，由于经济的或政治的原因，愿意同金融资产阶级和工业产阶级的首脑人物合作。这样，1689年的妥协很容易就达成了。"俸禄和官职"这些政治上的战利品留给了大地主家庭，其条件是充分照顾金融的、工业的和商业的中等阶级的经济利益。而这些经济利益，在当时已经强大到足以决定国家的一般政策了。

恩格斯：《社会主义从空想到科学的发展》，

《马克思恩格斯全集》第22卷第350～351页。

谁宣称资本主义生产方式即现代资产阶级社会的"铁的规律"不可侵犯，同时又想消除它们的种种令人不快的但却是必然的后果，他就别无他法，只好向资本家作道德的说教，这种说教的动人作用一受到私人利益的影响，必要时一受到竞争的影响，就会立刻消散下去。这种说教正像老母鸡在池边向它孵出的在池里活泼游泳的小鸭说教一样。虽然水上没有木头，小鸭总是在水上活动；虽然利润没有心灵，资本家总是趋求利润。"在金钱问题上是没有温情可言的"——老汉泽曼早就这样说过，这一点他比扎克斯先生了解得透彻些。

恩格斯：《论住宅问题》，

《马克思恩格斯全集》第18卷第264页。

特殊利益既没有祖国意识，也没有省的观念，既没有一般精神，也没有乡土观念。有一些异想天开的作家喜欢把代表特殊利益看作是理想的浪漫主义、深邃的感情以及道德的个人形式和特殊形式的最丰富源泉。然而，与这些作家的论断完全相反，代表特殊利益会消灭一切自然差别和精神差别，因为这样做会把特定的物质和特定的奴隶般地屈从于物质的意识的不道德、不理智和无感情的抽象物抬上王位，用以代替这些差别。

马克思：《第六届莱茵省议会的辩论（第三篇论文）》，

《马克思恩格斯全集》第1卷上册第289页。

作者做得对，他不是到国家的必然性中去寻找省等级会议的根源，他不是把省等级会议看作国家的需要，而是把它看作同国家相对立的特殊利益的需要。不是国家的有机理性，而是私人利益的切身需要，才是等级制度的建筑师。

马克思：《评奥格斯堡〈总汇报〉论普鲁士等级委员会的文章》，

《马克思恩格斯全集》第1卷上册第342页。

如果说现代资产阶级的全体成员由于组成一个与另一个阶级相对立的阶级而有共同的利益，那末，由于他们互相对立，他们的利益又是对立的，对抗的。这种利益上的对立是由他们的资产阶级生活的经济条件产生的。

马克思：《哲学的贫困》，

《马克思恩格斯全集》第 4 卷第 155 页。

如果特殊利益在政治上的这种独立化是国家必然性，那么这只是国家内部疾病的表现，正如不健康的机体，按照自然规律，必然会长出肿瘤一样。

马克思：《评奥格斯堡〈总汇报〉论普鲁士等级委员会的文章》，

《马克思恩格斯全集》第 1 卷第 344 页。

经典作家系统而全面地论述了个人利益发展为阶级利益的原因、途径、状态和结果。特别是从个人利益、私人利益的涵义差别出发，引出私人利益与阶级利益的有机联系，为人们勾画出利益关系层层递进的线索。

经典作家揭示了私人利益同私有财产、私有制的对应性。在阶级利益问题上，他们不仅指出了统治阶级与被统治阶级利益的根本对立，还注意到统治阶级之间的利益分野。譬如，恩格斯在《柏林的妥协辩论》里写道：在当时的德国，羊毛生产者几乎全是大地主，勃兰登堡、普鲁士、西里西亚和波兹南的封建主。羊毛加工者大部分是大资本家，大资产阶级的代表。所以，羊毛价格问题不是一般利益的问题，而是阶级利益的问题，是谁剪谁的问题，是土地贵族剪大资产阶级呢，还是大资产阶级剪土地贵族。

利益千差万别、多种多样，无处不在、无处不有。连城乡之间也存在利益问题。"某一民族内部的分工，首先引起工商业劳动和农业劳动的分离，从而也引起城乡的分离和城乡利益的对立。"这是马克思恩格斯在《德意志意识形态》里阐释的。

对于个人利益，马克思提醒人们不要"专门用细小的理由来解释大事情。"他在《第六届莱茵省议会的辩论（第一篇论文）》里说：有一种心理学正确地猜测到了人们为之奋斗的一切，都同他们的利益有关，但是它由此得出了不正确的结论：只有"细小的"利益，只有不变的利己的利益。大家也知道，这种心理学和对人的了解在城市里更是屡见不鲜。在那里，人们把洞察世界，能透过观念和事实的重重云雾识破忌妒成性、勾心斗角、抓住几股线头就想操纵整个世界的卑鄙小人的眼力看作有远见卓识的标志。但是同时大家也知道，贪杯过度是要跌破自己的脑袋。在这种情况下，这些聪明人对人和世界的了解首先就是糊里糊涂地跌破自己的脑袋。

2. 反映统治阶级的利益是立法的第一要务

如前所述，经典作家已经解决了法与利益的关系。那么，法反映谁人的利益呢？法反映统治阶级的利益，这是确定无疑的。法也在一定条件下反映其他阶级的利益和被统治阶级的利益，只是这种反映是被动的、虚伪的、残缺不全的。立法反映其他阶级的利益，一定以统治阶级利益的实现为前提。

　　他们要使自己的阶级成为统治阶级，使自己的利益在立法、行政、司法、税务和对外政策等方面成为首要的利益。

恩格斯：《德国的制宪问题》，

《马克思恩格斯全集》第 4 卷第 65 页。

　　法的利益只有当它是利益的法时才能说话，一旦它同这位圣者发生抵触，它就得闭上嘴巴。

马克思：《第六届莱茵省议会的辩论（第三篇论文）》，

《马克思恩格斯全集》第 1 卷上册第 287 页。

　　如果自私自利的立法者的最高本质是某种非人的、异己的物质，那么这种立法者怎么可能是人道的呢？《国民报》谈到基佐时说道："当他害怕的时候，他是可怕的。"这句格言可以作为一切自私自利的和怯懦的立法的写照。

马克思：《第六届莱茵省议会的辩论（第三篇论文）》，

《马克思恩格斯全集》第 1 卷上册第 256 页。

　　他们本身就是资产者，他们首先认为本阶级的利益是一切真正的秩序的主要基础。

恩格斯：《英国工人阶级状况》，

《马克思恩格斯全集》第 2 卷第 570 页。

　　实际上国家不外是资产者为了在国内外相互保障自己的财产和利益所必然要采取的一种组织形式。

马克思恩格斯：《德意志意识形态》，

《马克思恩格斯全集》第 3 卷第 70 页。

　　资产者如果不直接地、经常不断地控制本国的中央行政机关、对外政策和立法，就无法保障自己的利益。

恩格斯：《德国的制宪问题》，

《马克思恩格斯全集》第 4 卷第 52 页。

　　诸位先生，你们怎样理解保存法制基础呢？保存那些属于前一个社会时代的、由已经消失或正在消失的社会利益的代表人物所创立的法律，——这只能意味着把这种与共同需要相矛盾的利益提升为法律。

马克思：《对民主主义者莱茵区域委员会的审判》，

《马克思恩格斯全集》第 6 卷第 291 页。

　　这是世界上独一无二的立法——独一无二的法规（至少奴隶主不搞这类立法丑剧也

行），它的公开目的无非是使那种只考虑私人利益，只考虑榨取金钱的立法者靠牺牲他的臣民来最大限度地"发财致富"。

马克思：《经济学手稿》，

《马克思恩格斯全选》第 47 卷第 528 页。

等级会议的法定职责一方面在于维护全省的普遍利益，另一方面在于维护它的特殊的等级利益。

恩格斯：《"满意的"多数派议员》，

《马克思恩格斯全集》第 1 卷第 435 页。

德意志帝国是一个具有半封建制度的君主国，然而在这里起决定性作用的归根到底却是资产阶级的经济利益。

恩格斯：《德国的社会主义》，

《马克思恩格斯全集》第 22 卷第 293 页。

资产阶级在 1789 年革命中的利益决不是"不成功的"，它"压倒了"一切，并获得了"实际成效"，尽管"激情"已经消失，尽管这种利益用来装饰自己的摇篮的"热情"之花也已经枯萎。这种利益是如此强大有力，以至顺利地征服了马拉的笔、恐怖党的断头台、拿破仑的剑，以及教会的十字架和波旁王朝的纯血统。

马克思恩格斯：《神圣家族》，

《马克思恩格斯全集》第 2 卷第 103 页。

在《德国的制宪问题》中：使关税体系和官僚机构服从工业资产阶级的利益——这就是资产阶级所最迫切希望实现的两项措施。可是它的需要远远不止于此。它要根本改变差不多德国所有各邦政府的整个立法、行政和司法制度，因为这一整套制度纯粹是用来维护和支持资产阶级一向力图加以摧毁的社会制度的。

小资产者能够听命于行政方面和司法方面的官僚制度，他们能够把自己的财产和个人托付给"独立的"、即具有官僚式独立性的法官阶级胡乱摆布，而这个阶级因此也就保护他们不受封建贵族、有时也不受行政机关官僚的侵犯，但资产者就不能够这样做。在有关财产的诉讼方面，资产者所需要的是至少必须保证公开审理，而在刑事诉讼方面，除公开审理而外还要求实行陪审制，把司法置于资产者代表人物的经常控制之下。小资产者可以同意贵族和官吏不受普通的裁判，因为小资产者在国家生活中的这种屈辱表现，是完全和他们的低微的社会地位相适应的。可是不使本阶级在社会和国家中取得首位就非溃灭不可的资产者，却不能容忍这种情况。小资产者可以把地产方面的立法权让给贵族独揽而不致损害自己的宁静生活；他们应该这样，因为他们为了保护自己在城市中的利益不受贵族的影响和侵犯，已经够手忙脚乱的了。资产者则无论如何也不能让贵族任意地调整乡村的财产关系，因为他们自己的利益要得到充分的发展，就需要尽量地对农业的经营也采取企业方式，需要建立一个农业企业家的阶级，需要自由出售和自由支配地产。由于地主免不掉要抵押不动产取得贷款，资产者就有可能利用这一点迫使贵族同意资产阶级可以干预有关地产的立法，至少在典押法方面可以干预。小资产者的营业规模不大，资本周转缓慢，顾客人数不多面也不广，因此糟糕的普鲁士旧商法并没有使他们吃大苦头，他们甚至还很感谢它给予他们的那一点点保障；可是对资产者说来这种商法就是无法忍受的了。小资产者所进行的交易非常简单，大商人之间很少做这种买卖，小资产者的交易差不多总是零售商的买卖或者是生产者直接卖货给消费者，所以小资产者就很少遭到破产，并且很容易遵守普鲁士的旧破产法。这种法律规定，用债务人的财产抵偿债务的时候，期票债务应该比其他票据的债务优先偿还；可是通常全部财产都下了司法人员的腰包。这些法律的制定首先是为了处理债务人财产的司法官员的利益，其次也保护所有非资产者的利益不受资产者的侵犯。这些法律特别保护贵族，因为贵族把谷物送交买主或代售者的时候总是收到或向他们索取期票；而凡是每年仅仅出售一次货物，收进期票就算完成全部交易的人，也都受到这些法律的庇护。

资产者只是和商业家打交道，他们的顾客遍布各地，他们从世界上每个角落收进期票，所以他们需要一套非常复杂的处理各种交易的制度，他们随时都有遭到某种破产的危险。这样的资产者碰到这些荒唐的法律，只有垮台。

恩格斯：《德国的制宪问题》，

《马克思恩格斯全集》第4卷第63~64页。

波拿巴首先觉得自己是十二月十日会的头目，是流氓无产阶级的代表，因为他本人、他的亲信、他的政府和他的军队都属于这个阶级，而这个阶级首先关心的是自己能生活得舒服，是从国库中汲取加利福尼亚的彩票利益。于是他就以颁布法令、撇开法令和违反法令来证实他真不愧为十二月十日会的头目。

马克思：《路易·波拿巴的雾月十八日》，

《马克思恩格斯全集》第8卷第224页。

1846年赤裸裸地暴露了构成托利党的现实基础的物质的阶级利益。1846年从托利党身上撕下了一直用来掩盖它的阶级利益的那张为传统所尊崇的狮子皮。

马克思：《英国的选举。——托利党和辉格党》，

《马克思恩格斯全集》第8卷第382页。

省议会对下述问题进行了表决：应该为了保护林木的利益而牺牲法的原则呢，还是应该为了法的原则而牺牲保护林木的利益，——结果利益所得票数超过了法的票数。人们甚至认识到了，这项法律是法律的例外，并由此得出一个结论，在这项法律中任何例外的规定都是允许的。省议会只限于得出立法者忽略了的那些结论。凡是立法者忘了说这里涉及法律的例外，而不涉及法律的地方，凡是在他提出法的观点的地方，我们的省议会都会出来非常得体地对他加以纠正和补充，并且凡是在法为私人利益制定了法律的地方，它都让

私人利益为法制定法律。

这样，省议会便彻底完成了自己的使命。它根据自己的任务，维护了一定的特殊利益并把它作为最终目的。至于说省议会在这里践踏了法，那么，这是它的任务直接产生的后果，因为利益就其本性来说是盲目的、无节制的、片面的，一句话，它具有无视法律的天生本能；难道无视法律的东西能够立法吗？正如哑巴并不因为人们给了他一个极长的话筒就会说话一样，私人利益也并不因为人们把它抬上了立法者的宝座就能立法。

> 马克思：《第六届莱茵省议会的辩论（第三篇论文）》，
> 《马克思恩格斯全集》第 1 卷上册第 288～289 页。

但是我们所争论的是什么呢？省议会抹杀了捡拾枯树、违反林木管理条例的行为和盗窃林木这三者之间的差别，在问题涉及违反森林管理条例者的利益时，它抹杀这些行为之间的差别，认为这些差别并不决定行为的性质。但是，一旦问题涉及林木所有者的利益时，省议会就承认这些差别了。

> 马克思：《第六届莱茵省议会的辩论（第三篇论文）》，
> 《马克思恩格斯全集》第 1 卷上册第 245～246 页。

省议会批准了这种分别治罪的办法。当问题涉及自身的利益时，这些明达的立法者就如此认真地把斧头和锯子也区分开来，而当问题涉及他人的利益时，他们就毫无心肝，连枯树和活树都不加区别了。差别作为加重罪行的情节是重要的，但是作为减轻罪行的情节却毫无意义，尽管既然不可能有减轻罪行的情节，那么也就不可能有加重罪行的情节。

> 马克思：《第六届莱茵省议会的辩论（第三篇论文）》，
> 《马克思恩格斯全集》第 1 卷上册第 246 页。

讲求实际的林木所有者是这样判断事物的：某项法律规定由于对我有利，就是好的，因为我的利益就是好事。而某项法律规定由于纯粹从法理幻想出发，也应该适用于被告，那就是多余的、有害的、不实际的。既然被告对我是有害的，那么不言而喻，凡是使被告受害较少的事情，对我都是有害的。这真是非常实际的高见。

> 马克思：《第六届莱茵省议会的辩论（第三篇论文）》，
> 《马克思恩格斯全集》第 1 卷上册第 247～248 页。

整个国家制度，各种行政机构的作用都应该脱离常规，以便使一切都沦为林木所有者的工具，使林木所有者的利益成为左右整个机构的灵魂。一切国家机关都应成为林木所有者的耳、目、手、足，为林木所有者的利益探听、窥视、估价、守护、逮捕和奔波。

> 马克思：《第六届莱茵省议会的辩论（第三篇论文）》，
> 《马克思恩格斯全集》第 1 卷上册第 267 页。

如果认为在立法者偏私的情况下可以有公正的法官，那简直是愚蠢而不切实际的幻想！既然法律是自私自利的，那么大公无私的判决还有什么用处呢？法官只能一丝不苟地表达法律的自私自利，只能无所顾忌地运用它。在这种情况下，公正是判决的形式，但不是判决的内容。

马克思：《第六届莱茵省议会的辩论（第三篇论文）》，

《马克思恩格斯全集》第 1 卷上册第 287 页。

　　他们把在现代社会基础上成长起来的并保护现代社会统治阶级利益的机关即国家，看作是实行改革的工具。他们简直认为国家是万能的，是凌驾于一切阶级之上的，他们不仅期待它来"支持"劳动者，而且期待它来创立真正的常秩序（象克里文柯先生所说的那样）。不过，他们既是十足的小市民思想家，当然也不能期待他们有别的什么看法。

列宁：《什么是"人民之友"以及他们如何攻击社会民主党人?》，

《列宁全集》第 1 卷第 224 页。

　　国家法令不仅是为了维护资本家阶级的利益而制定的，它们还直接剥夺了工人影响这些法令和争取修改这些法令的一切可能。这种情况的产生，是由于俄国（所有的欧洲国家中也只有俄国）直到现在还保存着专制政府的无限权力，也就是保存着这样一种国家机构，沙皇一个人能够任意发布全国人民必须遵守的法令，而且只有沙皇任命的官吏才能执行这些法令。公民被剥夺了参与发布法令、讨论法令、提议制定新法令和要求废除旧法令的一切可能。

列宁：《社会民主党纲领草案及其说明》，

《列宁全集》第 2 卷第 83 页。

　　工人开始懂得，法律只是为富人的利益制定的，当官的也是保护富人的利益的。

列宁：《谈谈罢工》，

《列宁全集》第 4 卷第 257 页。

　　"专制制度仅仅代表各统治阶级的利益"。这是不确切的，或者说是不正确的。专制制度满足各统治阶级一定的利益，部分地依靠农民群众和全体小生产者的得过且过习惯，部分地依靠各种对立利益之间的平衡，因此，在某种程度上，专制制度也是独立的有组织的政治力量。

列宁：《给"北方协会"的信》，

《列宁全集》（第 1 版）第 6 卷第 140 页。

　　在俄国从来也不缺乏这样的人，他们一心一意地要创造一些理论和纲领来反映我国资产阶级的利益，来反映强大的资本"应当"击溃小资本并破坏其原始的宗法式的剥削方法。

列宁：《民粹主义的经济内容及其在司徒卢威先生的书中受到的批评》，

《列宁全集》第 1 卷第 460 页。

老板可以随意确定产品质量的好坏；老板随时可以故意挑剔，随时可以加重对产品质量不好的罚款，并且通过罚款以同样的工资获得更多的劳动。这项法律使工人处于无保障的地位，使老板有迫害工人的可能。很清楚，这项法律是偏袒的，是为了厂主利益而制定的，是不公正的。

列宁：《对工厂工人罚款法的解释》，

《列宁全集》第 2 卷第 35 页。

随着那些掠夺和垄断这一转化过程的全部利益的资本巨头不断减少，贫困、压迫、奴役、退化和剥削的程度不断加深，而日益壮大的、由资本主义生产过程的机制本身所训练、联合和组织起来的工人阶级的反抗也不断增长。

列宁：《什么是"人民之友"以及他们如何攻击社会民主党人？》，

《列宁全集》第 1 卷第 142 页。

很奇怪，在目前东方问题的争论中，英国报纸没有更坚决地强调英国的切身利益，而正是这些利益使它成为反对俄国兼并和扩张领土计划的死敌。英国是不能同意俄国占领达达尼尔海峡和博斯普鲁斯海峡的。俄国如果占领这两个海峡，无论在贸易方面和政治方面，对英国实力都是一个沉重的打击，甚至是致命的打击。

恩格斯：《在土耳其的真正争论点》，

《马克思恩格斯全集》第 9 卷第 14 页。

俄国要垄断，而南方斯拉夫人则要扩大市场。此外，他们在中亚还是竞争对手，俄国的现实利益要求除自己的商品外不准任何其他商品渗入中亚，而南方斯拉夫人目前就已经迫切要求把西欧的商品运往东方市场。在这种条件下，两个民族怎么能互相一致呢？

恩格斯：《欧洲土耳其前途如何？》，

《马克思恩格斯全集》第 9 卷第 39 页。

1798 年的法国入侵和 1830 年的法国革命，使瑞士农民得以摆脱封建义务，使工商业居民得以摆脱贵族和行会的中世纪的控制。有了这点进步，在州政方面的革命就算完成了。最先进的州都取得了符合自己利益的宪法。

恩格斯：《瑞士共和国的政治地位》，

《马克思恩格斯全集》第 9 卷第 104～105 页。

虽然法国财政大臣盛宴招待财政部门的要员、CréditMobilier 的领导人和巴黎的大银行家，可是这些资本家仍然无动于衷，仍然抱着一种慎重的爱国主义，这种爱国主义习惯于损害国家的利益来满足个人的利益，从国家那里取得最大的好处。

马克思：《奥地利的破产》，

《马克思恩格斯全集》第 10 卷第 110 页。

立法为什么和怎样反映统治阶级的利益，经典作家作了详尽和确切的论述。

统治阶级的利益是多方面的，包括政治的、经济的、文教卫生的、社会生活的等领域，无孔不入。统治阶级总是按照"有钱活命，无钱上吊"的原则办事的。利润第一、金钱万能，是资本主义社会的真实写照，也是立法的铁律。

《林木盗窃法》是立法把统治阶级利益放在第一位的典型。通过马克思对莱茵省议会公开的材料所作的精确分析，人们看到了对于统治阶级的利益，立法法案放在第一位，立法辩论放在第一位，最后议会通过也放在第一位。

马克思在谈到 Crédit Mobilier 的领导人和巴黎的大银行家的爱国主义时，称"这种爱国主义习惯于损害国家的利益来满足个人的利益，从国家那里取得最大的好处。"连崇高的爱国主义也沾满了铜钱臭。这里的 Crédit Mobilier，是指 Société générale du Crédit Mobilier——贝列拉兄弟在 1852 年开办的一家法国大股份银行。该银行同拿破仑第三政府有密切联系，它在政府的庇护下进行投机活动。

1854 年至 1855 年，由于克里木战争，马克思和恩格斯研究了欧洲各国在克里木战争时期的对外政策以及外交谈判各阶段和军事行动的进程，根据革命利益来分析每一个问题。克里木战争参战各方和有关国家，是依据自己的所谓国家利益来判断军事行动的，但马克思和恩格斯是依据工人运动、革命民主运动和民族解放运动进一步发展的前途来分析和判断的。

列宁谈到"老板可以随意确定产品质量的好坏；老板随时可以故意挑剔，随时可以加重对产品质量不好的罚款"时，指明了"这项法律是偏袒的，是为了厂主利益而制定的，是不公正的。"这项法律，是指沙皇政府 1886 年 6 月 3 日颁布的《工厂工人罚款法》。

1899 年，列宁在流放地先后收到了阐述经济派新观点的《信条》、伯恩施坦的《社会主义的前提和社会民主党的任务》和宣扬经济主义的俄国社会民主工党基辅委员会《宣言书》。列宁认为必须同经济主义这一伯恩施坦修正主义变种展开斗争。列宁在这些文章中指出沙皇政府是人民的死敌，它的法律是为保护富人的利益而制定的。

3. 法律用"社会普遍利益"掩盖统治阶级利益

法律是以国家的名义制定的，国家是社会的正式代表者，因而法律亦随之成为"社会普遍利益"的正式体现者。这里，全部问题在于"掩盖"。法律是反映并维护统治阶级利益的，用"社会普遍利益"掩盖统治阶级的利益，法律便成为阶级统治的精巧工具了。

现代国家是与这种现代私有制相适应的。现代国家由于捐税逐渐被私有者所操纵，并由于借国债而完全为他们所控制；这种国家的命运既受到交易所中国家债券行市涨落的调节，所以它完全取决于私有者即资产者提供给它的商业信贷。由于资产阶级已经不再是一个等级，而是一个阶级了，因此它必须在全国范围内而不是在一个地区内组织起来，并且必须使自己通常的利益具有一种普遍的形式。由于私有制摆脱了共同体，国家获得了和市民社会并列的并且在市民社会之外的独立存在；实际上国家不外是资产者为了在国内外相互保障自己的财产和利益所必然要采取的一种组织形式。

马克思恩格斯：《德意志意识形态》，

《马克思恩格斯全集》第 3 卷第 70 页。

事情是这样的，每一个企图代替旧统治阶级的地位的新阶级，就是为了达到自己的目的而不得不把自己的利益说成是社会全体成员的共同利益，抽象地讲，就是赋予自己的思想以普遍性的形式，把它们描绘成唯一合理的、有普遍意义的思想。

马克思恩格斯：《德意志意识形态》，

《马克思恩格斯全集》第 3 卷第 54 页。

每一个力图取得统治的阶级，如果它的统治就像无产阶级的统治那样，预定要消灭整个旧的社会形态和一切统治，都必须首先夺取政权，以便把自己的利益说成是普遍的利益，而这是它在初期不得不如此做的。正因为各个个人所追求的仅仅是自己的特殊的、对他们说来是同他们的共同利益不相符合的利益（普遍的东西一般说来是一种虚幻的共同体的形式），所以他们认为这种共同利益是"异己的"，是"不依赖"于他们的，也就是说，这仍旧是一种特殊的独特的"普遍"利益，或者是他们本身应该在这种分离的界限里活动，这种情况也发生在民主制中。另一方面，这些特殊利益始终在真正地反对共同利益和虚幻的共同利益，这些特殊利益的实际斗争使得通过以国家姿态出现的虚幻的"普遍"利益来对特殊利益进行实际的干涉和约束成为必要。

马克思恩格斯：《德意志意识形态》，

《马克思恩格斯全集》第 3 卷第 38 页。

资产者的假仁假义的虚伪的意识形态用歪曲的形式把自己的特殊利益冒充为普遍的利益，这位具有移山信念的乡下佬雅各却认为这种歪曲形式是资本主义世界的现实的世俗的基础。

马克思恩格斯：《德意志意识形态》，

《马克思恩格斯全集》第 3 卷第 195 页。

法律、道德和宗教，在他（指无产者）看来全都是掩蔽资产阶级利益的资产阶级的偏见。

马克思恩格斯：《共产党宣言》，

《马克思恩格斯全集》第 4 卷第 477 页。

在康德那里，我们又发现了以现实的阶级利益为基础的法国自由主义在德国所采取的特有形式。不管是康德或德国市民（康德是他们的利益的粉饰者），都没有觉察到资产阶级的这些理论思想是以物质利益和由物质生产关系所决定的意志为基础的。因此，康德把这种理论的表达与它所表达的利益割裂开来，并把法国资产阶级意志的有物质动机的规定变为"自由意志"、自在和自为的意志、人类意志的纯粹自我规定，从而就把这种意志变成纯粹思想上的概念规定和道德假设。因此当这种强有力的资产阶级自由义的实践以恐怖统治和无耻的资产阶级钻营的形态出现的时候，德国小资产者就在这种资产阶级自由主义的实践面前畏缩倒退了。

马克思恩格斯：《德意志意识形态》，

《马克思恩格斯全集》第 3 卷第 213~214 页。

当人们还不会从任何一种有关道德，宗教，政治和社会的言论、声明和诺言中揭示出这些或那些阶级的利益时，他们无论是过去或将来总是在政治上作受人欺骗和自己欺骗自己的愚蠢的牺牲品的。

列宁：《马克思主义的三个来源和三个组成部分》，
《列宁全集》（第1版）第19卷第8页。

工人要想成为社会民主党人，就应当明确认识地主和神父、大官和农民、学生和游民的经济本性及其社会政治面貌，就应当知道他们的强的方面和弱的方面，就应当善于辨别每个阶级和每个阶层用来掩饰它自私的企图和真正的"心意"的流行词句和种种诡辩，就应当善于辨别哪些制度和法律反映和怎样反映哪些人的利益。

列宁：《怎么办？我们运动中的迫切问题》，
《列宁全集》第6卷第67页。

十月党人想用各种法律欺骗人民，这些法律表面上好像对国家和人民的生活在作某些改革和改善，而实际上却在为富人的利益效劳。

列宁：《第三届国家杜马和社会民主党》，
《列宁全集》第16卷第171页。

会使许多尚未完全理解专制制度的人"醒悟过来"，认识到专制制度同社会发展的利益，同一般知识分子的利益，同不盗窃公款和不叛卖的一切真正公共事业的利益是绝不相容的。

列宁：《内政评论》，
《列宁全集》第5卷299页。

社会民主党人应当使民族自决的要求完全服从于无产阶级阶级斗争的利益，不要破坏现代无产阶级政治斗争的统一；资产阶级民主派以为民主制度可以消灭阶级斗争，他们用"全民"利益的观点、甚至从永恒的绝对的道德原则的观点来提出自己的一切政治要求。

列宁：《我们纲领中的民族问题》，
《列宁全集》第7卷第220页。

"这种利益绝对地要求在三个瓜分波兰的国家中的波兰工人义无反顾地同自己的阶级弟兄并肩战斗。资产阶级革命可以建立自由波兰的时代已经一去不复返了；现在，只有通过一场现代无产阶级将在其中砸碎自己身上锁链的社会革命，波兰才有恢复独立的可能。"我们完全同意梅林的这个结论。

列宁：《我们纲领中的民族问题》，
《列宁全集》第7卷第223页。

沙皇政府不仅把我国人民变成奴隶，而且还派他们去镇压那些不愿做奴隶的别国人民（如 1849 年，俄国军队曾镇压匈牙利革命）。它不仅帮助俄国资本家剥削本国工人，把工人的双手捆起来，使他们不能团结自卫，而且还为了一小撮富人和显贵的利益出兵掠夺别国人民。

列宁：《对华战争》，
《列宁全集》第 4 卷第 323 页。

我国资本主义大工业的利益正是谈论市场和市场"问题"的物质基础，关于我国工业将因市场不够而毁灭的哀号，不过是我国资本家欲盖弥彰的骗人伎俩，他们借此对政治施加压力，把自己钱袋的利益和"国家"的利益等同起来（谦虚地认为自己"无力"），使自己能够推动政府走上实行侵略的殖民政策的道路，甚至为了保护这种"国家"利益而使政府卷入战争。

列宁：《论所谓市场问题》，
《列宁全集》第 1 卷第 81 页。

在经典作家看来，无论是旧统治阶级还是新统治阶级，无论是专制国家还是民主制国家，无论是每个阶级还是每个阶层，无论是立宪民主党人还是社会民主党人，无论是康德还是德国市民，无论是政治的还是道德的宗教的说教，等等，都追求立法的"社会普遍利益"面目。究其原因，盖源于立法用"社会普遍利益"掩盖统治阶级利益的缘故。没有这种掩盖，阶级统治是一天都不能维持下去的。在社会主义条件下，无产阶级不存在这种掩盖。无产阶级没有自己的特殊利益，它同工人、农民和广大劳动人民的利益是一致的。

马克思和恩格斯在谈到康德有关利益的说法时，所指出的"康德把这种理论的表达与它所表达的利益割裂开来，并把法国资产阶级意志的有物质动机的规定变为'自由意志'、自在和自为的意志、人类意志的纯粹自我规定，从而就把这种意志变成纯粹思想上的概念规定和道德假设"，来自康德的《实践理性批判》（《Kritik der praktischen Vernunft》）一书。

康德的理论，符合软弱无力的德国市民的"善良意志"。康德只谈"善良意志"，他把这个"善良意志"的实现以及它与个人的需要和欲望之间的协调都推到彼岸世界。马克思指出，这个"善良意志"不能发展成为一个阶级的共同的民族的利益。康德是 18 世纪末 19 世纪初德国唯心主义的创始人。国家貌似独立的力量，使这些理论家用以表达市民的利益形式和这些利益本身之间的假象的矛盾。

列宁在谈到"十月党人想用各种法律欺骗人民，这些法律表面上好像对国家和人民的生活在作某些改革和改善，而实际上却在为富人的利益效劳"时，提到的"十月党"，是代表和维护大工商业资本家和按资本主义方式经营的大地主的利益，属于俄国自由派的右翼政党。"十月党"的主要领导人是大工业家和莫斯科房产主亚·伊·古契柯夫和大地主米·弗·罗将柯，活动家有彼·亚·葛伊甸、德·尼·希波夫、米·亚·斯塔霍维奇、尼·阿·霍米亚科夫等。"十月党"完全拥护沙皇政府的对内对外政策。"十月党"（十月十七日同盟）的名称取自沙皇 1905 年 10 月 17 日宣言，于 1905 年 11 月成立。

（三）社会主义法律的利益要求

1. 摧毁旧法制是为了整个社会发展的利益

进行社会主义革命和建立社会主义政权，推翻和摧毁旧政权、旧法制，完全是为了社会发展的利益，也反映了全人类的利益。

革命是生产力和生产关系矛盾发展的必然结果，革命的根本原因，是生产关系严重阻碍或破坏生产力的发展。平等的同志式的生产关系，解放了生产力，极大地促进了生产力的发展。这正是推翻和摧毁旧政权、旧法制的合理性、优越性所在。

共产党人不能信赖资产阶级法制。

列宁：《为共产国际第二次代表大会准备的文件》，
《列宁全集》第 39 卷第 200 页。

过去的一切运动都是少数人的或者为少数人谋利益的运动。无产阶级的运动是绝大多数人的、为绝大多数人谋利益的独立的运动。

马克思恩格斯：《共产党宣言》，
《马克思恩格斯全集》第 4 卷第 477 页。

共产党人同其他无产阶级政党不同的地方只是：一方面，在各国无产者的斗争中，共产党人强调和坚持整个无产阶级的不分民族的共同利益；另一方面，在无产阶级和资产阶级的斗争所经历的各个发展阶段上，共产党人始终代表整个运动的利益。

马克思恩格斯：《共产党宣言》，
《马克思恩格斯全集》第 4 卷第 479 页。

我们绝对必须承认，反对专制制度，争取政治自由的斗争是工人政党的首要政治任务，但是我们认为要说清楚这项任务，首先应该说明现代俄国专制制度的阶级性质，说明摧毁这个制度不仅是为了工人阶级的利益，也是为了整个社会发展的利益。指出这一点在理论上是必要的，因为根据马克思主义的基本思想，社会发展的利益高于无产阶级的利益；整个工人运动的利益高于工人个别部分或运动个别阶段的利益。

列宁：《我们党的纲领草案》，
《列宁全集》（第 1 版）第 4 卷第 206~207 页。

"认为社会主义是无产阶级的阶级利益。"这句话好像说社会主义就等于"无产阶级的阶级利益"。这样划等号是完全不正确的。正是在现在，当人们对"无产阶级的阶级利益"普遍都理解得极其狭隘的时候，下这样的定义简直是不能容许的，因为只有把"阶级利益"理解得非常广泛，才能勉强地承认这种说法。"阶级利益"迫使无产者联合起来，同资本家作斗争，考虑自己解放的条件。"阶级利益"使他们易于接受社会主义。

列宁：《给"俄国社会民主工党北方协会"的信》，
《列宁全集》第 6 卷第 351 页。

你们知道，而且根据俄国两次革命的经验特别深刻地知道，我国的内外政策归根结底是由我国统治阶级的经济利益和经济地位所决定的。这一原理是马克思主义者整个世界观的基础，对于我们俄国革命者来说，它已经被俄国两次革命的伟大经验所证实了。

列宁：《全俄中央执行委员会和莫斯科苏维埃
联席会议上关于对外政策的报告》，
《列宁全集》（第 1 版）第 27 卷第 339 页。

社会发展的利益高于无产阶级的利益。从根本上说，无产阶级的利益是社会发展的利益的一部分，因而单独强调无产阶级的利益是不恰当的。新政权、新法制不否定人类利益，它正是为人类利益的实现开辟道路。

列宁认为北方协会"社会主义是无产阶级的阶级利益"的提法，是不正确的。因为对"无产阶级的阶级利益"理解得极其狭隘。

"北方协会"是俄国社会民主工党的一个组织。在其近期斗争纲领里，提出了 15 条意见。包括整个工人运动的目的、达到这个目的的基本条件、俄国社会民主党最近的政治任务、俄国社会民主党对自由派和其他派别的态度、"阶级"和"政党"的概念（同"经济派"的部分意见分歧）、实际的鼓动任务、宣传的意义、关于游行示威、关于庆祝五一、2月 19 日的传单和游行示威、经济斗争和社会改革、工人不仅必须进行防御性斗争，而且还必须进行进攻性斗争、对待罢工，不仅要起消极作用，而且要起积极作用、罢工是斗争的最好手段。其中，第 5 条同第 4 条题目相同。这可能是因为第 5 条是第 4 条关于"派别的其他态度"内容的延续。列宁在信中的基本态度，是认为没有把当前的实际任务同党纲区别开。列宁逐条进行批示，指出应该怎么改，错在哪里。列宁希望北方协会把这个行动纲领修改一下，以参加制定党纲的工作。通过这封信我们看到，列宁非常重视行文的提法。提法事关重大，必须十分慎重，仔细推敲。其实，提法是理论基础水平和对实践的总结能力的表现。没有扎实的理论功底，没有对实际运动的深刻把握，只在文字上绕来绕去，是不可能抽象出科学的、准确的提法的。

2. 法律维护个人利益同共同利益的统一

社会主义当然是实现社会共同利益的唯一选择，但社会主义是不能撇开个人利益的。只有社会主义社会才能给这种个人利益以最充分的满足。从这个意义上说，"个人主义"和社会主义之间的矛盾，是人民内部矛盾，两者之间没有不可调和的矛盾。社会主义法律是保护个人利益的唯一可靠的保证，也是维护个人利益同共同利益的统一的唯一可靠的保证。

没有共同的利益，也就不会有统一的目的，更谈不上统一的行动了。

恩格斯：《德国的革命和反革命》，

《马克思恩格斯全集》第8卷第13页。

在共产主义社会里，人和人的利益并不是彼此对立的，而是一致的，因而竞争就消失了。当然也就谈不到个别阶级的破产，更谈不到像现在那样的富人和穷人的阶级了。在生产和分配必要的生活资料的时候，就不会再发生私人占有的情形，每一个人都不必再单枪匹马地冒着风险企求发财致富，同样也就自然而然地不会再有商业危机了。

恩格斯：《在爱北斐特的演说》，

《马克思恩格斯全集》第2卷第605页。

没有共同的利益，也就不会有统一的目的，更谈不上统一的行动了。

恩格斯：《德国的革命和反革命》，

《马克思恩格斯全集》第8卷第13页。

成百成千工人的共同劳动使工人们习惯了共同讨论自己的需要，采取共同的行动，因为这种劳动鲜明地表明了，全体工人群众的地位和利益是相同的。

列宁：《社会民主党纲领草案及其说明》，

《列宁全集》第2卷第76页。

从个人利益上的关心，能够提高生产，我们无论如何首先要增加生产。

列宁：《十月革命四周年》，

《列宁全集》（第1版）第33卷第39页。

我们说，必须把国民经济的一切大部门建立在个人利益的关心上面。共同讨论，专人负责。由于不会实行这个原则，我们每一步都吃到苦头。

列宁：《新经济政策和政治教育局的任务》，

《列宁全集》（第1版）第33卷第51页。

一切生产部门将由整个社会来管理，也就是说，为了公共的利益按照总的计划和在社会全体成员的参加下来经营。这样，竞争将被这种新的社会制度消灭，而为联合所代替。因为个人管理工业的必然后果就是私有制，因为竞争不过是个别私有者管理工业的一种方式，所以私有制是同工业的个体经营和竞争密切联系着的。

恩格斯：《共产主义原理》，

《马克思恩格斯全集》第4卷第365页。

个人利益不同共同利益结合，什么也办不成。立法要善于将主体同利益结合起来，也要善于将共同利益和个人利益结合起来。

实践证明，恩格斯讲的"在共产主义社会里，人和人的利益并不是彼此对立的，而是一致的"，是符合社会主义社会实际的。这里的"共产主义社会"，指的是共产主义社会第一阶段的社会主义社会。当时，社会主义很时髦，一些主义往往贴上社会主义的标签，其实同科学社会主义是不相干的。为此，为了与形形色色的所谓社会主义相区别，划清界限，马克思和恩格斯经常使用共产主义字样。这一点，恩格斯后来曾专门做过说明。我们判断经典作家所使用的共产主义字样，是否是指社会主义，可以从其所阐释的内容确定下来。

3. 立法要找到私人利益服从共同利益的尺度

在社会主义条件下，存在个人利益，那么是否存在私人利益呢？在苏联实行的"新经济政策"过程中，人们看到了私人利益。"新经济政策"属于特定情况下的政策调整，限于一定条件、一定范围，并不违背马克思主义原理。联共十四大通过的决议，能够充分说明这一点。在一定条件、一定范围下，非公有制经济、私营企业、私人生产资料占有等非社会主义因素，一般不会改变国家的社会主义性质。但要注意社会主义经济中异质的东西发展的界限，防止其从量变到质变。

从根本上说，私人利益同共同利益的矛盾是不可调和的，但可以缓和。又是私人利益，又是共同利益，私人利益怎样与作为共同利益的国家利益、社会利益相衔接、相协调，不能不是立法上的重要课题。

既然正确理解的利益是整个道德的基础，那就必须使个别人的私人利益符合于全人类的利益。

马克思恩格斯：《神圣家族》，
《马克思恩格斯全集》第 2 卷第 167 页。

实际上，在新经济政策时期，使俄国居民充分广泛而深入地合作化，这就是我们所需要的一切，因为现在我们已经找到了私人利益、私人买卖的利益与国家对这种利益的检查监督相结合的尺度，找到了使私人利益服从共同利益的尺度，而这是过去许许多多社会主义者解决不了的难题。

列宁：《论合作制》，
《列宁全集》（第 1 版）第 33 卷第 423 页。

个人利益不等同于私人利益。私人利益是同生产资料私人占有、同私有制联系起来的。我们强调个人利益，不是否认阶级之间的对立。在资本主义时代，一方面是私有财产者掌握着银行、工厂、矿山、运输业、殖民地种植园，这些人除了追求自己的私人利益以外，是什么都看不见的。他们不服从集体的意志，他们力求使任何集体都服从自己的意志。另一方面是穷人，他们没有工厂，没有银行，他们为了谋生不得不出卖自己的劳动力，他们被剥夺了满足自己最起码需要的可能性。这些互相对立的利益和欲望，怎么能调和起来呢？任何西方国家的总统都没有找到调和这些利益的途径。如果一位总统真的企图牺牲资产阶级的利益来满足无产阶级的利益，那么资产阶级就一定会选择别的总统来代替他。

在社会主义条件下，个人利益应当服从共同利益。问题在于，在"新经济政策"条件下，立法如何找到这种私人利益服从的尺度。从经典作家特别是列宁的论述和苏联的"新经济政策"的实际情况看，尺度或曰界限可有以下几个：

第一，满足社会发展利益的需要。社会从低级向高级发展，从资本主义向社会主义发展，不以人的意志为转移。私人利益只能是这个客观规律作用下的利益。

第二，符合于全人类的利益。一般认为，全人类的利益有平等的生存权和发展权、资源共享、保护生态环境、消灭犯罪、维护和平，等等。这是起码的、最一般的利益形式，私人利益必须服从于这些利益。

第三，限于合法权益。只能享有法律规定的权利和利益。法外权益不受法律保护，对于利用违法犯罪手段获得利益，依法追究法律责任。

第四，实行严格的国家监督，保障国家利益。通过国家颁布监督法令实施。

第五，保障劳动者的政治地位，保障他们的人身权和财产权不受侵犯。列宁提出以下措施："保证工人管理整个工业部门"；责令工厂主同工会签订协议；工会参与生产经营活动；支持罢工者；不违背共产党员的良知；依靠"誓与资本家斗争到底的广大群众"，等等。

对于"新经济政策"，列宁认为是社会主义的继续，对外"租让并不是和平，它也是战争。"

三、法的统治意志的价值取向

民主、自由、平等、公平正义是法的核心价值。法的其他价值形式都是从核心价值延伸出来的。

价值是一种主观判断，这个主观判断根源于经济条件和现实基础。资本主义条件下的商品生产和商品交换，产生了民主、自由、平等、公平正义的理想化理念。交换是等值交换、自由交换，交换价值反映在法上，要求作为商品交换主体的人是自由、平等的人。这样，法上人的自由平等来源于经济上物的交换关系，交换价值便被反映为法的价值了。

法学上的"价值"术语，来源于经济学。西方经济学通常将价值理解为使用价值和交换价值之和，因而价值总是指使用价值。马克思主义经济学原理揭示了价值的实质，明确指出价值是"凝结在商品上面的人的必要社会劳动"。这是说，价值是隐藏在作为商品的产品里面的东西，它表现了商品的基本属性。劳动是一种社会关系，价值的内在实质也是社会关系。价值、使用价值和交换价值是三个相互联系、相互区别的概念。西方经济学从人－物的关系中推出价值概念，而马克思主义经济学是从人－人的关系中抽象出价值概念。法的价值对应的不是使用价值和交换价值，而是价值本身。由此说来，必须把法上的民主、自由、平等、公平正义等，放到人－物－人的关系中去考察。

是从价值论出发还是从使用价值论出发来概括法的价值，是科学的法律价值观与庸俗的法律价值观的分水岭。

西方主流经济学的价值论是使用价值论。把使用价值论引入法学，则是法的使用价值论，即法的"有用性"。实际上，法的价值同法的"有用性"是不同的。法的价值范畴解决法"是什么"问题，而法的"有用性"是解决法"是做什么的"问题。我们只有在价值论而不是使用价值论的意义上认识法的价值，才能够正确把握法的价值。

我们不能把法的价值理解为法的"有用性"。黑格尔在《法哲学原理》一书中指出，"由质的规定性产生的量的规定性，便是价值"。马克思进一步地指出，事物的价值是"由事物本性中得出的客观规定"，是事物的"客观和本质的规定"。

价值可以进行量的比较和测量，从而从质的规定性而找到量的规定性。价值意味着"尺度"，这个"尺度"，不能离开衡量者主体自身的利益、需要、欲求，但"尺度"必须是客观的。"内在尺度"即"理性尺度"，这个尺度是普遍性的、反映事物内在本质的。

法的价值不是它的"有用性"，而是它的"内在实质"和"内在尺度"，即它的社会关系实质和尺度。事物的自在规定性是由价值引出的，它是事物间相互区别的焦点。

在一定社会关系中，实际存在不同事物的内在等同性，内在等同性与事物的内在本质相联系。这种内在等同性，正是价值。

在合同关系中，双方当事人签订买卖合同，一方当事人让渡自己对物的所有权，另一方当事人让渡自己的货币所有权。这意味着双方放弃了各自不同的所有权，但却保持着"同一的东西"。在上述买卖关系中，这"同一的东西"就是价值。

黑格尔把关于经济学价值概念的研究，进一步地引进了法学领域。他在《法哲学原理》里论证法律规定与违法行为的关系时，找到了价值。他指出："当损害达到了毁坏和根本不能恢复原状的程度时，损害的普遍性状，即价值，就必须取代损害在质方面的特殊性状。"这是说，违法行为是特殊行为，但对法的侵害是对法的普遍性的侵害，这种侵害亦内含着违法行为的价值，而法对违法行为的惩罚，内含着法的价值，违法行为的价值与法的普遍规定的价值，具有内在等同性。

这里需要指出，我国理论界把马克思评述阿道夫·瓦格纳（Adolph Wagner）的话作为马克思关于"价值"的话加以引用，而且被理解成为权威定义，即"价值这个普遍的概念是从人们对待满足他们需要的外界物的关系中产生的"。这句话究竟是不是马克思说的呢？马克思的原话是："按德语的用法，这就是指物被赋予价值，那就证明，价值这个普遍的概念是从人们对待满足他们需要的外界物的关系中产生的。"显然，这句话不是马克思说的。是马克思揭示资产阶级经济学家"按德语的用法"把物的价值说成使用价值。然而，我国法学界把经济学界的这句话引申为"法的价值就是法的有用性"，抄来抄去。

马克思是站在批判的立场上指出了用"满足需要"来界定商品价值含义的。把使用价值同价值相混淆，把价值解释为满足人的需要，是阿道夫·瓦格纳的常识性错误。对此，马克思在《评阿·瓦格纳的"政治经济学教科书"》一文中作出了有针对性的批驳。在马克思那里，价值是种概念，而价值的其他形态如交换价值、使用价值等概念是属概念，使用价值不过是"人们所利用的并表现了需要的关系的物的属性"。马克思关于价值的观点是始终如一的，根本不存在把价值一会儿说成"人的必要社会劳动"，一会儿说成"使用价值"。

在法的领域，我们应当坚持马克思关于价值的经典表述，纠正把阿道夫·瓦格纳的观点当成马克思的观点的错误，以期对法的价值作出正确阐释。

民主、自由、平等、公平正义等核心价值，是从不同的角度概括的。在西方法学那里，法的主体被赋予种种"人"的概念，"人"就是自然人和拟人化的法人等社会组织。民主、自由是人的"天赋人权"，具有纯粹民主和自由的天然本性；在"人"与"人"的相互关系中，彼此是平等的主体，通过协商、协作从事社会活动，公平正义便是对活动及其结果的感知和评价的标准。"人"的意思自治、相互关系中的平等性、活动过程和结果的判断标准，这三个方面，完整地体现了西方法上的四个核心价值的相互关系。

下面，我们看看经典作家关于民主、自由、平等、公平正义相互关系的论述：

马克思在《政治经济学批判》中指出：

流通中发展起来的交换价值过程，不但尊重自由和平等，而且自由和平等是它的产物；它是自由和平等的现实基础。作为纯粹观念，自由和平等是交换价值过程的各种要素的一种理想化的表现；作为在法律的、政治的和社会的关系上发展了的东西，自由和平等不过是另一次方上的再生产物而已。这种情况也已为历史所证实。建立在这一基础上的所有权、自由和平等的三位一体，不仅在理论上首先是由 17 和 18 世纪的意大利的、英国的和法国的经济学家们加以论述的。而且这种三位一体也只是在现代的资产阶级社会中才得到实现。

马克思在《经济学手稿》中指出：

如果说经济形式，交换，确立了主体之间的全面平等，那么内容，即促使人们去进行交换的个人材料和物质材料，则确立了自由。可见，平等和自由不仅在以交换价值为基础的交换中受到尊重，而且交换价值的交换是一切平等和自由的生产的、现实的基础。作为纯粹观念，平等和自由仅仅是交换价值的交换的一种理想化的表现；作为在法律的、政治的、社会的关系上发展了的东西，平等和自由不过是另一次方的这种基础而已。而这种情况也已为历史所证实。这种意义上的平等和自由恰好是古代的自由和平等的反面。古代的自由和平等恰恰不是以发展了的交换价值为基础，相反地是由于交换价值的发展而毁灭。而现代意义上的平等和自由所要求的生产关系，在古代世界还没有实现，在中世纪也没有实现。古代世界的基础是直接的强制劳动；当时共同体就建立在这种强制劳动的现成基础上；作为中世纪的基础的劳动，本身是一种特权，是尚处在孤立分散状态的劳动，而不是生产一般交换价值的劳动。（资本主义社会里的）劳动既不是强制劳动，也不是中世纪那种要听命于作为最高机构的共同组织（同业公会）的劳动。

交换者之间的关系从交换的动因来看，也就是从经济过程之外的自然动因来看，也要以某种强制为基础，这种说法虽然是正确的，但是，这种关系，从一方面来看，本身只是表示另一个人对我的需要本身毫无关系，对我的自然个性毫无关系，也就是表示他同我平等和他有自由，但是他的自由同样也是我的自由的前提；另一方面，就我受到我的需要的决定和强制来说，对我施行强制的，不是异己的东西，只是作为需要和欲望的总体的我自己的自然（或者说，处在普遍的反思形式上的我的利益）。但使我能强制另一个人，驱使他进入交换制度的，也正是这一方面。

如果一个人积累，另一个人不积累，那么他们中间谁也没有给对方造成损失。一个人享有现实财富，另一个人占有财富的一般形式。如果一个人变穷了，另一个人变富了，那么这是他们的自由意志，而绝不是由经济关系即他们彼此发生的经济联系本身所造成的。甚至遗产继承以及使由此引起的不平等永久化的类似的法律关系，都丝毫无损于这种天然的自由和平等。只要个人 A 的最初状况同这个制度并不矛盾，那么这种矛盾也决不会由于个人 B 代替了个人 A 并使 A 的最初状况永久化而产生出来。相反地，这种情况却会使社会规定的效力超过个人生命的自然界限，即巩固这种社会规定以对抗自然的偶然作用（自然的影响本身反而会消灭个人的自由）。

此外，因为个人在这种关系中只是货币的个体化，所以这样的个人同货币一样也是不死的，而个人通过继承人来代表自己倒可以说是这种社会规定的贯彻。

如果这种看法不是从它的历史意义上提出，而是被利用来反驳比较发达的经济关系——在这种发达的关系中，个人不再仅仅表现为交换者即买者和卖者，而是出现在一定的相互关系中，不再是所有的人都处于同一的规定性之中——那么，这就等于断言，自然物之间不存在任何差别，更不用说对立和矛盾了，因为它们，例如从重量这个规定来看，都有重量,因此都是等同的;或者说,它们是等同的,因为它们都存在于三维空间。在这里,同样也是抓住交换价值本身的简单规定性,来反对交换价值的比较发达的对抗形式。从科学的进程来考察,这些抽象规定恰恰是最早的和最贫乏的规定;它们部分地在历史上也是这样出现过的!比较发达的规定是较晚出现的规定。在现存的资产阶级社会的总体上,商品表现为价格以及商品的流通等,只是表面的过程,而在这一过程的背后,在深处,进行的完全是不同的另一些过程,在这些过程中个人之间表面上的平等和自由就消失了。

一方面,人们忘记了:交换价值作为整个生产制度的客观基础这一前提,从一开始就已经包含着对个人的强制,个人的直接产品不是为个人的产品,只有在社会过程中它才成为这样的产品,因而必须采取这种一般的并且诚然是表面的形式;个人只有作为交换价值的生产者才能存在,而这种情况就已经包含着对个人的自然存在的完全否定,因而个人完全是由社会所决定的;其次,这种情况又要以分工等为前提,个人在分工中所处的关系已经不同于单纯交换者之间的关系,等等。也就是说,人们忘记了,交换价值这个前提决不是从个人的意志产生,也不是从个人的直接自然产生,它是一个历史的前提,它已经把个人当作是由社会决定的人了。

另一方面,人们忘记了,那些现在存在着交换或靠交换来实现的生产联系的较高级的形式,决不会停留在这样一种简单的规定性上,在这种规定性上,所达到的最大差别是形式上的差别,因而是无关紧要的差别。

最后,人们没有看到,在交换价值和货币的简单规定中已经潜在地包含着工资和资本的对立等。可见,(资产阶级辩护论者的)这全部聪明才智不过是要停留在最简单的经济关系上,这些经济关系单独来看,是纯粹的抽象,但在现实中却是以各种最深刻的对立为媒介的,并且只反映一个方面,在这个方面上述对立的表现看不见了。同时,这里也暴露了社会主义者的愚蠢(特别是法国社会主义者的愚蠢,他们想要证明,社会主义就是实现由法国革命所宣告的资产阶级社会的理想),他们证明,交换、交换价值等最初(在时间上)或者按其概念(在其最适当的形式上)是普遍自由和平等的制度,但是被货币、资本等歪曲了。或者他们断言,历史迄今为止企图以适合自由和平等的真实性质的方式来实现自由和平等的一切尝试都失败了,而现在他们,例如蒲鲁东,发现了用这些关系的真正历史来代替它们的虚假历史的真正秘诀。对于这些社会主义者必须这样回答:交换价值,或者更确切地说,货币制度,事实上是平等和自由的制度,而在这个制度更详尽的发展中对平等和自由起干扰作用的,是这个制度所固有的干扰,这正好是平等和自由的实现,这种平等和自由证明本身就是不平等和不自由。认为交换价值不会发展成为资本,或者说,生产交换价值的劳动不会发展成为雇佣劳动,这是一种虔诚而愚蠢的愿望。这些先生不同于资产阶级辩护论者的地方就是:一方面他们觉察到这种制度所包含的矛盾,另一方面抱有空想主义,不理解资产阶级社会的现实的形态和观念的形态之间必然存在的差别,因而愿意做那种徒劳无益的事情,希望重新实现观念的表现本身,而观念的表现实际上只是这种现实的映象。

堕落的最新经济学为了反对上述社会主义者而提出的庸俗论证,完全是玩弄抽象概念的儿戏，它企图证明，经济关系到处都表示同一些简单规定，因而到处都表示交换价值相交换的简单规定中的平等和自由。例如，资本和利息的关系就被它归结为交换价值的交换。也就是说，这种最新经济学先是从日常经验中借用一个事实，即交换价值不仅存在于这种简单的规定性上，而且也存在于本质上不同的资本的规定性上这个事实，然后再把资本归结为交换价值的简单概念，同样，把也表示资本本身的一定关系的利息，从规定性中分离出来，使它成为与交换价值相同的东西；这种最新经济学把具有特殊规定性的全部关系抽掉，退回到商品同商品相交换的不发达关系。只要我把具体事物不同于它的抽象概念的一切方面抽掉，那么具体事物当然就成了抽象概念，丝毫没有不同于抽象概念的地方。这样，一切经济范畴就总只是同一关系的各种不同的名称，从而这种无法理解现实差别的彻底无能就被认为是纯粹的常识本身。

个人及其需要的这种自然差别，是他们作为交换者而实行社会组合的动因。他们起初在交换行为中作为这样的人相对立：互相承认对方是所有者，是把自己的意志渗透到自己的商品中去的人，并且只是按照他们共同的意志，就是说实质上是以契约为媒介，通过互相转让而互相占有。这里边已有人的法律因素以及其中包含的自由因素。因此，罗马法规定奴隶是不能通过交换为自己谋利益的人，这是有道理的。

恩格斯在《民主的泛斯拉夫主义》中指出：

"正义""人道""自由""平等""博爱""独立"——直到现在除了这些或多或少属于道德范畴的字眼外，我们在泛斯拉夫主义的宣言中没有找到任何别的东西。这些字眼固然很好听，但在历史和政治问题上却什么也证明不了。"正义""人道""自由"等可以一千次地提出这种或那种要求，但是，如果某种事情无法实现，那它实际上就不会发生，因此无论如何它只能是一种"虚无飘缈的幻想"。

恩格斯在《反杜林论》中指出：

正是那些过去在法律上有平等权利、实际上被用各种手法加以排挤而不能参加政治生活、不能享受民主权利和自由（甚至在最民主的资产阶级共和国也是这样）的群众，现在经常被吸引来而且一定要吸引来参加对国家的民主管理并在其中起决定作用。

由于人们不再生活在像罗马帝国那样的世界帝国中，而是生活在那些相互平等地交往并且处在差不多相同的资产阶级发展阶段的独立国家所组成的体系中，所以这种要求就很自然地获得了普遍的、超出个别国家范围的性质，而自由和平等也很自然地被宣布为人权。可以表明这种人权的特殊资产阶级性质的是美国宪法，它最先承认了人权，同时确认了存在于美国的有色人种奴隶制：阶级特权被置于法律保护之外，种族特权被神圣化了。

恩格斯在《致爱德华·伯恩施坦》中指出：

"以劳动为基础的公众福利"这一公式过于确定地表现了当时平民的博爱渴望。在公社倾覆以后的长时期中，在巴贝夫使这一点具有一种确定的形式以前，没有一个人能说他们想要什么东西。如果说具有博爱渴望的公社来得太早了，那么巴贝夫就来得太晚了。

在《弗·恩格斯的书信》中恩格斯指出：

这些平民在资产阶级的革命要求中加进了它原来没有的意义；他们从平等和博爱中得出了极端的结论，这些结论把平等和博爱这类口号的资产阶级意义完全颠倒过来了，因为这种资产阶级意义达到了极端，正好变成了自己的对立面。而当问题涉及要创立某种直接同这种平民的平等和博爱对立的东西，而且像往常一样——由于历史的嘲弄——平民对革命口号的这种理解变成了实现自己的对立面，即实现资产阶级在法律面前的平等、在剥削中的博爱的最强有力的杠杆时，平民的平等和博爱就必然只不过是一种梦想。

马克思恩格斯在《德意志意识形态》中指出：

巧舌如簧油腔滑调的圣师还是多么兴高采烈地宣传他对神圣的神学家和哲学家的神秘力量的"震撼世界的"信念。不言而喻，这是为了"自由的正义事业和我自己的事业"的利益。

列宁在《伟大的创举》中指出：

少谈些什么"劳动民主"，什么"自由、平等、博爱"，什么"民权制度"等等的空话吧。今天有觉悟的工人和农民从这些浮夸的词句里，是不难看出资产阶级知识分子的欺诈手腕的，正像每个有生活经验的人只要看到那种"贵人"修饰得十分"光滑的"面孔和外表，就能一下子正确无误地断定"这准是个骗子"。

列宁在《论第三国际的任务》中指出：

机会主义的英雄们讥笑这一点，沾沾自喜地赞扬西欧各国、各共和国等的"法制""民主""自由"。现在已经只有那些完全用空话欺骗工人的真正骗子才会否认布尔什维克的正确。

马克思的《经济学手稿》，是一部未能完成的草稿，这部手稿，主要是评论"堕落的最新经济学"的。"堕落的最新经济学"，指的是美国的凯里和法国的巴师夏的著作。巴师夏1851年出版《经济的和谐》一书，以凯里的著作为依据。马克思指出，他们两人都懂得，（资产阶级）政治经济学的对立面，即社会主义和共产主义，两个人都是非历史的和反历史的，他们两人都认为，资产阶级社会在现代经济学中历史地取得的理论表现，必须当作谬误来加以抨击，并且必须在古典经济学家朴素地描绘生产关系的对抗的地方，证明生产关系是和谐的。

19世纪前30年，到李嘉图和西斯蒙第的著作为止，完成了的古典政治经济学的轮廓。至于以后的经济学家，正如马克思所指出的，不是古典学派的摹仿者，便是古典学派的反动的批判者。巴师夏和凯里的著作是对古典学派，首先是对李嘉图理论狂妄否定的例子。

马克思认为，他们的著作，为了反对上述社会主义者而提出的庸俗论证，完全是玩弄抽象概念的儿戏。凯里不拘形式，杂乱冗长，巴师夏则矫揉造作。这种经济学平淡庸俗、装腔作势、赤裸裸的高傲自大、幼稚的自满自足的陈词滥调，完全没有能力理解历史过程。

恩格斯在致爱德华·伯恩施坦的信里提到"当时平民的博爱渴望"时，引了"以劳动为基础的公众福利"这类话。这是巴贝夫说的。格拉古·巴贝夫（Gracchus Babeuf）是弗朗斯瓦·诺埃尔（Franois Noel）的化名。他是法国革命家，杰出的空想平均共产主义的代表人物，"平均派"密谋的组织者。

在法的诸价值之间相辅相成的相互关系中，价值含义的一致性，决定了它们内涵相通的特征。就是说，说民主的时候，自由、平等、公平正义也包含在其中，说自由的时候，民主也包含在其中。其他亦然。只是在因为论题和语境需要的场合，它们才单独使用。经典作家常常将民主和自由、自由和平等、平等和公平、公平和正义等连在一起使用。

（一）法上的民主

1. 法上的民主是一种国家形式，不存在"一般民主""纯粹民主"

民主是一种国家形式，和专政结合在一起，共同构成国家形式。国家是阶级的国家，因而同阶级的专政一样，民主只能是阶级的民主。

民主和专政是一对范畴。有统治阶级的专政，就有统治阶级的民主。西方法学家把代议制当作民主的典范炫耀。其实，代议制民主完全是资产阶级自己的民主。这从代议机构议会的性质、议员的产生和阶级成分，以及议题、法案等议事过程能够看得出来。无产阶级民主和专政问题也是这样。列宁在《无产阶级革命和叛徒考茨基》里明确指出，专政的必要标志和必需条件，就是用暴力镇压剥削者阶级，因而也就是破坏对这个阶级的"纯粹民主"即平等和自由。不破坏对剥削者阶级的民主，无产阶级专政是不可能的。无产阶级不粉碎资产阶级的反抗，不用暴力镇压自己的敌人，就不能获得胜利，而凡是实行"暴力镇压"的地方，没有"自由"的地方，当然也就没有民主。这是考茨基不了解的。

把握"作为国家形式的民主"与所谓"作为公民权利的民主"的区别，具有重要理论意义和实际意义。

譬如"争民主"。在资产阶级专政下"争民主"，就是《共产党宣言》里讲的，无产阶级"争得民主"，夺取政权。我们党领导人民"争民主"，正是为了推翻国民党反动政权，实行人民民主。在无产阶级专政下"争民主"，正是颠覆、破坏社会主义制度和人民政权。把"颜色革命""政治动乱"说成争"公民权利的民主"，不过是用于愚弄的目的。上述情况涉及国体政体问题，属于"作为国家形式的民主"。

"作为公民权利的民主"不仅术语是可用的，而且必须通过法律、政策等措施切实加以保障。公民权利是些什么，由宪法和法律加以规定。实现法定权利，作为公民权利的民主的就实现了。民主、自由、平等、公平正义的涵义，在价值论上是相通的。说"公民权利的民主"，也可称"公民权利的自由""公民权利的平等""公民权利的公平正义"。譬如选举权，既是民主权利，又是自由权利、平等权利，也是公平正义权利。

在推翻剥削者、用被剥削者的国家代替剥削者的国家的历史时期，能不能保留对富人的民主，保留对剥削者的民主呢？列宁在针对考茨基说苏维埃"侵犯选举制"，就剥削阶级成员是否有选举权问题时，提出事先就担保将来欧洲的无产阶级革命一定都会限制或大都会限制资产阶级的选举权，那是错误的。这种做法也许是可能的。在一次大战之后，在有了俄国革命经验之后，可能会这样做，但这不是实现专政所必需的，不是专政这一逻辑概念的必要标志，不是专政这一历史概念和阶级概念的必要条件。列宁进一步指出，剥夺剥削者的选举权问题，是纯粹俄国的问题，而不是一般无产阶级专政的问题。通过列宁的论述，应当认为，在无产阶级专政的通常条件下，先前的富人、剥削者享有"作为公民权利的民主。"我国正是这样做的。经过农业、手工业和工商业的社会主义改造后，"先前的富人、剥削者"享有同其他公民一样的民主权利。在先前的地主、富农和资本家逐步改造为社会主义新人的过程中，我们一贯反对和纠正把作为正常公民的这些人当作敌人，进行"阶级斗争"的错误做法。

只有社会主义的国体，才能保障公民享有越来越广泛的民主权利。在我国，民主协商、民主管理、民主监督、民主选举等等，都是公民享有民主权利的表现。

至于"工作讲民主""办事民主""民主作风"等，是民主思想在群众路线、群众观点方面的应用。

剥削者必然要把国家（这里说的是民主，即国家的一种形式）变成本阶级即剥削者统治被剥削者的工具。因此，只要剥削者还统治着被剥削者多数，民主国家就必然是对剥削者的民主。被剥削者的国家应该根本不同于这种国家，它应该是对被剥削者的民主，对剥削者的镇压，而镇压一个阶级，就是对这个阶级不讲平等，把它排除于"民主"之外。

列宁：《无产阶级革命和叛徒考茨基》，
《列宁全集》第35卷第251页。

资产阶级民主国的统治党仅仅对其他资产阶级政党才保护少数，而对无产阶级，则在一切重大的、深刻的、根本的问题上，不仅不"保护少数"，反而实行戒严或制造大暴行。民主愈发达，在发生危及资产阶级的任何深刻的政治分歧时，大暴行或内战也就愈容易发生。

列宁：《无产阶级革命和叛徒考茨基》，
《列宁全集》第35卷第246页。

考茨基只好用这种无聊的话来抹杀和混淆问题，因为他按自由主义观点提出问题，只谈一般民主，而不谈资产阶级民主，甚至避开这个确切的阶级的概念，拼命讲"社会主义以前的"民主。我们这位空谈家几乎用了全书三分之一的篇幅，即用了63页中的20页，来大谈其空话，这些空话资产阶级听了很舒服，因为这些空话等于是粉饰资产阶级民主，抹杀无产阶级革命的问题。

列宁：《考茨基怎样把马克思变成了庸俗的自由主义者》
《列宁全集》第35卷第233页。

请看，这就是"纯粹民主"！一个异想天开、竟在划分为阶级的社会中一般地谈论"纯粹民主"的卑鄙市侩、"社会民主党人"（指19世纪40年代在法国以及1914～1918年在全欧洲所说的"社会民主党人"），该会受到恩格斯怎样的嘲笑！

列宁：《无产阶级革命和叛徒考茨基》，
《列宁全集》第35卷第241页。

只有自由主义者才会庸俗地说什么"纯粹民主"，粉饰和抹杀资产阶级民主的阶级内容，最害怕被压迫阶级的革命暴力。

列宁：《无产阶级革命和叛徒考茨基》，

《列宁全集》第 35 卷第 242 页。

只要有不同的阶级存在，就不能说"纯粹民主"，而只能说阶级的民主（附带说一下，"纯粹民主"不仅是既不了解阶级斗争也不了解国家实质的无知之谈，而且是十足的空谈，因为在共产主义社会中，民主将演变成习惯，消亡下去，但永远也不会是"纯粹的"民主）。

考茨基一本正经地谈论魏特林，谈论巴拉圭的耶稣会教徒，谈论许许多多别的东西，这不过是用那套"博学的"谎话来蒙骗工人，以便回避现代民主即资本主义民主的资产阶级实质。

列宁：《无产阶级革命和叛徒考茨基》，

《列宁全集》第 35 卷第 243 页。

只有反动派，只有工人阶级的敌人，只有资产阶级的走狗，才会在现时把脸朝着已经过去的时代，去描绘资产阶级民主的妙处，侈谈纯粹民主。

列宁：《无产阶级革命和叛徒考茨基》，

《列宁全集》第 35 卷第 263 页。

对资产阶级来说，在人民面前掩盖现代民主的资产阶级性质，把它说成一般民主或"纯粹民主"，是有利的，必需的。

列宁：《论"民主"和专政》，

《列宁全集》第 35 卷第 384 页。

所谓"一般民主"，是抽掉阶级性的民主，是"超阶级"的民主，是对"社会主义以前的"民主和"社会主义以后的"民主不加区分的民主。所谓"纯粹民主"，是绝对自由、绝对平等的民主，是把民主与无产阶级专政对立起来的民主。

列宁在《无产阶级革命和叛徒考茨基》中，针对考茨基的歪曲，批驳了"一般民主"和"纯粹民主"，揭示了资产阶级民主和无产阶级民主的根本对立。

考茨基是第二国际领导人之一。1918 年出版《无产阶级专政》一书。本书和其他著作歪曲马克思关于无产阶级专政的观点、诋毁俄国社会主义革命的经验，宣称起义和无产阶级专政是工人运动原始状态时代的产物，似乎无产阶级只要成为民族的多数、在资产阶级社会的条件下达到"足够的成熟和文明程度"就能解放自己，因而竭力吸引工人的注意力离开无产阶级革命问题。1918 年 10 月，列宁在《无产阶级革命和叛徒考茨基》中，对于考茨基背弃马克思主义的行径作了深刻分析。

关于民主问题，列宁指出：在俄国，由于 1917 年十月革命的胜利和无产阶级专政的建立，第一次出现了民主的最高类型——无产阶级民主，苏维埃政权就是它的一种形式，无产阶级民主在世界上史无前例地发展和扩大了的正是对大多数居民即对被剥削劳动者的民主；在资产阶级民主制的国家中，资本家总是千方百计地不让群众参加管理，而苏维埃政权却在世界上第一次吸收劳动者直接地参加管理。列宁的论述告诉我们，社会主义政权是无产阶级民主的一种形式。

民主就是人民当家作主。劳动人民参加国家管理，是民主的集中表现。从这个意义上说，只有社会主义民主才是真正的民主。

2. 资产阶级民主的虚伪性

资产阶级在反封建制度斗争中提出民主口号，是为了夺取政权，变封建地主阶级专政为资产阶级专政，有一定历史进步性。但在资产阶级革命完成后，继续利用民主招牌，则是为了维护资产阶级政权的需要。封建地主阶级已经被打败，资产阶级同无产阶级的矛盾上升为社会主要矛盾。这时讲民主，实际上是对曾经是自己同盟者的无产阶级实行专政。况且，资本主义制度下的民主，是"狭隘的、残缺不全的、虚伪的、骗人的民主"。这里，"狭隘的"民主，是指只有资产阶级自己独享的民主；"残缺不全的"民主，是指经过选择确定的部分民主而不是全部民主；"虚伪的"民主，是指假民主，是不准备实现的没有物质保障的民主；"骗人的民主"，是指利用民主口号达到专政目的的民主。

对于资产阶级民主的认识，可以用"虚伪的民主"作总概括。

资产阶级民主同中世纪制度比较起来，在历史上是一大进步，但它始终是而且在资本主义制度下不能不是狭隘的、残缺不全的、虚伪的、骗人的民主，对富人是天堂，对被剥削者、对穷人是陷阱和骗局。正是这个真理，这个马克思主义学说的最重要的组成部分，不仅古代国家和封建国家，而且"现代的代议制的国家"也"是资本剥削雇佣劳动的工具"。

列宁：《无产阶级革命和叛徒考茨基》，
《列宁全集》第 35 卷第 244 页。

只要看看现代国家的根本法，看看这些国家的管理制度，看看集会自由或出版自由，看看"公民在法律上一律平等"，那就处处都可以看到任何一个正直的觉悟的工人都很熟悉的资产阶级民主的虚伪性。任何一个国家，即使是最民主的国家，在宪法上总是留下许多后路或保留条件，以保证资产阶级"在有人破坏秩序时"，实际上就是在被剥削阶级"破坏"自己的奴隶地位和试图不象奴隶那样俯首听命时，有可能调动军队来镇压工人，实行戒严等等。

列宁：《无产阶级革命和叛徒考茨基》，
《列宁全集》第 35 卷第 245 页。

资产阶级的民主只限于宣布形式上的全体公民一律平等的权利，例如集会、结社、出版的权利。至多也就是一些最民主的资产阶级共和国取消过这几方面的全部立法限制。然而，在实际上当局的实践，以及劳动人民所受的经济奴役（这是主要的），总是使劳动人民在资产阶级民主制度下不可能稍微广泛地享受到权利和自由。

列宁：《俄共（布）第八次代表大会文献》，

《列宁全集》第 36 卷第 169 页。

资产阶级民主无论在何时何地都保证公民不分性别、宗教、种族、民族一律平等，但是它无论在什么地方也没有实行过，而且在资本主义的统治下也不可能实行。

列宁：《共产国际第一次代表大会文献》，

《列宁全集》第 35 卷第 493 页。

对于国家形式层面的资产阶级民主的虚伪性，人们不难识别，但对于公民权利层面资产阶级民主的虚伪性，人们或处于迷雾之中。英国的海德公园似乎是"民主天堂"。在那里，任何人都可以游行集会、发表演说，可以抨击时政、怒骂由人，但是，不可以宣传暴力革命，不可以颠覆国家政权，不可以反对皇室，还有许多不可以的规定。其实，这种"海德公园式的民主"，充其量不过是统治阶级采用的"政治发泄疗法"而已。精神病院的"发泄疗法"，是当精神病患者狂躁不安时，医生让他往水泥墙上摔玻璃瓶子，不停地摔，直到筋疲力尽。如此发泄之后，这个精神病患者就暂时"不发神经"了。人们政治发泄之后做什么呢？原来做什么还去做什么，一切都是老样子。西方公民权利民主的虚伪性正在这里。

3. 用社会主义民主代替资产阶级民主

关于社会主义民主问题，关于用社会主义民主代替资产阶级民主问题，经典作家尤其是列宁论述比较多。

真正的民主同社会主义连在一起，列宁指出：没有民主，就不可能有社会主义，这包括两个意思：①无产阶级如果不通过争取民主的斗争为社会主义革命作好准备，它就不能实现这个革命；②胜利了的社会主义如果不实行充分的民主，就不能保持它所取得的胜利，并且引导人类走向国家的消亡。

列宁明确告诫我们，在人类从今天的帝国主义走向明天的社会主义革命的道路上，同样会表现出这种多样性。一切民族都将走向社会主义，这是不可避免的，但是一切民族的走法却不会完全一样，在民主的这种或那种形式上，在无产阶级专政的这种或那种形态上，在社会生活方面的社会主义改造的速度上，每个民族都会有自己的特点。

民主在今天就是共产主义。任何其他的民主都只能存在于那些跟实际毫无联系、认为原则不是靠人和环境发展起来而是靠它本身发展起来的、好空谈的梦幻家的头脑中。民主已经成了无产阶级的原则，群众的原则。

恩格斯：《在伦敦举行的各族人民庆祝大会》，

《马克思恩格斯全集》第 2 卷第 664 页。

资产阶级民主同中世纪制度比起来，曾经是进步的，当时是应该利用的。但是现在，对工人阶级来说，它已经不够了。现在不应该向后看，而应该向前看，应该用无产阶级民主代替资产阶级民主。如果说，在资产阶级民主国家范围内进行无产阶级革命的准备工作，即训练和组织无产阶级大军，是可能的（也是必要的），那么，到了应该进行"决战"的时候，还把无产阶级限制在这种范围内，那就是背叛无产阶级事业，成了叛徒。

列宁：《无产阶级革命和叛徒考茨基》，
《列宁全集》第 35 卷第 263 页。

无产阶级民主（苏维埃政权就是它的一种形式）在世界上史无前例地发展和扩大了的，正是对大多数居民即对被剥削劳动者的民主。

列宁：《无产阶级革命和叛徒考茨基》，
《列宁全集》第 35 卷第 247 页。

无产阶级民主比任何资产阶级民主要民主百万倍；苏维埃政权比最民主的资产阶级共和国要民主百万倍。

列宁：《无产阶级革命和叛徒考茨基》，
《列宁全集》第 35 卷第 249 页。

苏维埃共和国，正因为他们看到它是无产阶级的民主，是对穷人的民主，不是对富人的民主，而任何的、甚至最完善的资产阶级民主，实际上都是对富人的民主。

列宁：《无产阶级革命和叛徒考茨基》，
《列宁全集》第 35 卷第 250 页。

苏维埃政权即无产阶级专政则立刻实现、全部实现这种平等，因为只有不从生产资料私有制、不从瓜分和重新瓜分生产资料的斗争中捞取好处的工人政权，才能够做到这一点。

旧式民主即资产阶级民主和议会制被组织得尽量使劳动群众远离管理机构。相反地，苏维埃政权即无产阶级专政则组织得能使劳动群众同管理机构接近起来。也正是为了这个目的，才在苏维埃国家组织中把立法权和行政权合而为一，并用生产单位（如工厂）来代替地域性的选区。

列宁：《共产国际第一次代表大会文献》，
《列宁全集》第 35 卷第 493 页。

我们不愿意给资产阶级以自由，我们不承认剥削者和被剥削者平等，但我们在党纲中对这个问题是这样看的：象工人和农民不平等之类的办法，根本不是宪法所规定的。宪法是在这些办法实施之后才把它们记载下来的。

列宁：《俄共（布）第八次代表大会文献》，
《列宁全集》第 36 卷第 156 页。

无产阶级的民主即苏维埃的民主不是在形式上宣布权利和自由，而首先是和主要是让居民中曾受资本主义压迫的那些阶级即无产阶级和农民能实际享受权利和自由。为此，苏维埃政权剥夺资产阶级的房屋、印刷所和纸库，并将它们全部交给劳动人民及其组织支配。俄共的任务是吸引日益众多的劳动群众来运用民主权利和自由，并扩大劳动群众运用民主权利和自由的物质条件。

列宁：《俄共（布）第八次代表大会文献》，
《列宁全集》第 36 卷第 169 页。

没有"一般民主"，只有阶级的民主。通过社会主义革命取得政权的无产阶级，必须同资产阶级民主划清界限，用社会主义民主代替资产阶级民主。

社会主义民主具有无可比拟的优越性和先进性。这是因为，这种民主，第一，是人类历史上第一次使广大人民群众享有的民主；第二，是工人阶级和劳动者掌握国家权力，直接进入权力机关和管理机构，参加国家管理的民主；第三，是全体公民能够实际享受权利和自由的民主；第四，是有物质保障的民主。

（二）法上的自由

1. 自由表现为法上的权利

法上的自由，不是哲学意义上的自由，不涉及绝对自由和相对自由、必然王国和自由王国等问题；也不是人本主义意义上的自由，不涉及人类"天然自由""自由本性"等问题。

自由表现为法上的权利。就是说，自由是法律规定的，是法律通过规定权利而表现出来的。这种权利，可称为自由权利。

自由权利的范围和类别，取决于法律规定，这种规定取决于统治阶级意志。法律何以授予这个自由权利而不授予那个自由权利，盖缘于统治阶级的意志。法律不会授予小兔子出版自由，是因为授予或不授予对小兔子，对统治阶级都没有用处。法律没有规定的自由权利，不是法定权利，不产生法律效力，不受法律的保护。

应当指出，"自由法学"与经典作家法的自由思想毫无共同之处。20 世纪初叶，西方国家出现了"自由法运动"（Freirechtsbewegung）。"自由法"是基于利益法学的缺陷提出的。认为利益应当以法的目的为前提，而法的目的就是"自由信仰"。认为法律的漏洞多于规定，法官办案只能依靠自由法，认为应然的是实然的，应然的是意然的，因此，法官只能依赖自己的意然即意志办案。这样一来，离开适用法律，法官就称不上法官了。在市场经济下，这样的法官只能是冤假错案——"假冒伪劣产品"的制造商。什么是自由法？自由是有了，可法却不见了。在"自由法学"那里，人们见不到的法，就是自由法。在强调法制的当代世界，这套"理论"具有先天的自灭性，响应者寥寥。

法律上所承认的自由在一个国家中是以法律形式存在的。法律不是压制自由措施，正如重力定律不是阻止运动的措施一样。

马克思：《第六届莱茵省议会的辩论（第一篇论文)》，

《马克思恩格斯全集》第 1 卷上册第 176 页。

自由确实是人的本质，因此就连自由的反对者在反对自由的现实的同时也实现着自由；因此，他们想把曾被他们当作人类本性的装饰品而摒弃了的东西攫取过来，作为自己最珍贵的装饰品。

没有一个人反对自由，如果有的话，最多也只是反对别人的自由。可见，各种自由向来就是存在的，不过有时表现为特殊的特权，有时表现为普遍的权利而已。

马克思：《关于新闻出版自由和公布省等级会议辩论情况的辩论》，

《马克思恩格斯全集》第 1 卷上册第 167 页。

法律是肯定的、明确的、普遍的规范，在这些规范中自由获得了一种与个人无关的、理论的不取决于个别人的任性的存在。法典就是人民自由的圣经。

马克思：《第六届莱茵省议会的辩论（第一篇论文)》，

《马克思恩格斯全集》第 1 卷上册第 176 页。

法律只是在自由的无意识的自然规律变成有意识的国家法律时，才成为真正的法律。哪里法律成为实际的法律，即成为自由的存在，哪里法律就成为人的实际的自由存在。

马克思：《第六届莱茵省议会的辩论（第一篇论文)》，

《马克思恩格斯全集》第 1 卷上册第 176 页。

既然自由的较高级的形式都被认为不合法，它的低级形式自然应当被认为是不合法的了。在国家的权利没有得到承认的时候，个别公民的权利是毫无意义的。如果总的说来自由是合法的，不言而喻，某一特定形式的自由表现得越鲜明、越充分，自由的这一特定形式也就越合法。

马克思：《第六届莱茵省议会的辩论（第一篇论文)》，

《马克思恩格斯全集》第 1 卷上册第 190 页。

不过格律恩先生还没有完全忘记他从"德法年鉴"和其他同一倾向的著作中所学到的东西。例如，在第 210 页上他给当时的法国的自由下了一个定义，说它是"摆脱不自由的（!）普遍的（!!）本质（!!!)"。这个怪物显然是在把"德法年鉴"第 204 和 205 页翻译成现代德国社会主义者的习惯用语时，从这几页上的"共同体"这一字产生出来的。

恩格斯：《诗歌和散文中的德国社会主义》，

《马克思恩格斯全集》第 4 卷第 251～252 页。

这些先生们不愿把自由看作是理性的普遍阳光所赐予的自然礼物，而想把自由看作是明星的特别吉祥的组合所带来的超自然的礼物，因为他们认为自由仅仅是某些人物和某些等级的个人特性，所以他们就不可避免地要得出结论说，普遍理性和普遍自由是有害的思想，是"有逻辑次序的体系"的幻想。

马克思：《关于新闻出版自由和公布省等级会议辩论情况的辩论》，

《马克思恩格斯全集》第 1 卷上册第 163 页。

格律恩给自由下的定义是"摆脱不自由的普遍的本质"。恩格斯没有评论这个定义本身，只是说这个定义文字是简单地从马克思那里移花接木而来的。德文中 allgem eineWesen 意即"普遍的本质"；Unwesen 意即"怪物"；Gemeinwesen 意即"共同体"。看来，不仅在于格律恩善于从别人的著作那里产生出来文字，更在于他不懂得怎样下定义。否定式的定义不是定义，这是常识。这样的连常识都不甚了了的人，竟然以社会主义的理论面孔到处指手画脚，打着学术招牌晃来晃去。

格律恩（Grun. Karl），德国小资产阶级政论家，在 18 世纪 40 年代中期是"真正的社会主义"的主要代表人物之一。出版过《法兰西和比利时的社会运动》等著作。他开始时颂扬革命，同共产主义者接近。"真正的社会主义"是否定共产主义的，这与他后来反对共产主义的思想相一致。

马克思在《驳卡尔·格律恩》和《道德化的批评和批评化的道德》、恩格斯在《共产主义者和海因岑》和《诗歌和散文中的德国社会主义》等文章中，指出过格律恩的一些思想细节。

马克思"把自由看作是理性的普遍阳光所赐予的自然礼物"这段话，是针对统治当局"普遍理性和普遍自由是有害的思想"讲的。当时，马克思反对错误的书报检查制度，认为书报检查措施并不是法律，书报检查令只是具有法律的形式，新闻出版法才是真正的法律。《第六届莱茵省议会会议记录》出版于 1841 年，1842 年 5 月，马克思的《关于新闻出版自由和公布省等级会议辩论情况的辩论》在《莱茵报》面世。当时，马克思批评的锋芒没有指向法律，只针对具体行政措施。马克思的思想正处于由革命民主主义向共产主义的转变之中。我们从后来的《第六届莱茵省议会的辩论（第三篇论文)》，就是关于林木盗窃法的辩论中，看到了这种转变的开始。马克思直接批判林木盗窃法，把斗争的矛头直接指向资本主义法律制度。

2. 自由首先是阶级的自由

在法的领域，不仅没有超法律的自由，也没有超阶级的自由。自由首先是阶级的自由。

这里，"阶级的自由"有两层含义。一是有统治阶级统治的自由，就没有被统治阶级不被统治的自由。如有资产阶级设厂的自由，就没有工人阶级不被雇佣劳动的自由。另一个是，本阶级的内部自由。如竞争自由、利润分配自由、总统竞选自由，等等。

这里有一个问题，就是如何理解所谓"普遍自由"或"人人享有的自由"问题。法律规定的自由权利，如言论自由、结社自由、出版自由、罢工自由等自由权利，哪个阶级的成员都可以享有，不存在这个阶级的成员享有，那个阶级的成员不享有问题。在法律形式上是这样的。但是，任何自由都存在自由的正当性和实际保障问题。如言论自由。工厂主骂工人"猪猡""蠢货"，没有工人告他侮辱，可工人说工厂主是"猪猡""蠢货"，工厂主就要按企业章程和劳动合同制裁他，而如果工人颂扬工厂主，则相安无事。可见，存在着这样的言论是自由的，那样的言论是不自由的问题。不当言论也存在言论犯罪问题，煽动颠覆政权罪、诽谤罪、侮辱罪、谣言罪等，都是言论犯罪。至于自由权利的实际保障，列宁说得好，如果在大城市中有像这样的大厅，那是属于资本家和地主的，例如叫作"贵族会议"厅。俄罗斯民主共和国的公民们，你们可以自由集会，但这是私有财产，对不起，请你们要尊重私有财产，否则你们就是布尔什维克、罪犯、强盗、掠夺者、捣乱分子。而我们则说：我们要把这颠倒过来。我们先要把这座"贵族会议"大厦变成工人组织的大厦，然后再谈集会自由。在这里，人们看不到所谓"普遍自由"或"人人享有的自由"。

总之，对于自由权利，存在形式上的自由权利和实际上的自由权利的关系问题。

他们把什么叫做自由呢？这些文明的法国人、英国人、美国人，他们把诸如集会自由叫做自由。他们的宪法总是写着："全体公民有集会自由。"他们说："你们看，这就是自由的内容，这就是自由的基本表现。而你们布尔什维克呢，却破坏了集会自由。"我们回答说：是的，英国、法国、美国的先生们，你们的自由如果同劳动摆脱资本压迫的利益相抵触，那就是骗人的东西。文明的先生们，你们忘记了一件小事情，忘记了你们的自由是写在把私有制法定下来的宪法上的。问题的实质就在这里。

你们的自由只是纸上的自由，而不是事实上的自由。这就是说，你们责备我们破坏自由。而我们认为，任何自由，如果它不服从于劳动摆脱资本压迫的利益，那就是骗人的东西。在一切资产阶级共和国的宪法中所载的集会自由都是骗人的东西，因为就是在文明国家里，冬季毕竟还没有消灭、气候还没有改造过来，集会需要有会场，而好的建筑都是私有财产。所以我们先要没收好的建筑，然后再谈自由。

列宁：《在全俄社会教育第一次代表大会上的讲话》

《列宁全集》第 36 卷第 336～337 页。

土地私有制并不因土地占有特权的消灭而消灭；相反地，只有在废除了土地私有制的特权以后，才通过土地的自由分割和自由转让而开始土地私有制的普遍运动。贸易并不因贸易特权的消灭而消灭；相反地，只有通过自由贸易，它才获得真正的实现。

马克思恩格斯：《神圣家族》，

《马克思恩格斯全集》第 2 卷第 148 页。

工资的数额起初是由自由的工人和自由的资本家自由协商来确定的。后来却发现，工人是被迫同意资本家所规定的工资，而资本家则是被迫把工资压到尽可能低的水平。强制代替了立约双方的自由。在商业和其他一切经济关系方面的情形也都是这样。

马克思恩格斯：《神圣家族》，

《马克思恩格斯全集》第 2 卷第 39～40 页。

它甚至使他们产生一种错觉，似乎他们是按照自己的意志行动的，似乎他们是作为一个自主的人自由地、不受任何强制地和资产阶级签订合同的。好一个自由！无产者除了接受资产阶级向他们提出的条件或者饿死、冻死、赤身露体地到森林中的野兽那里去找一个藏身之所就再没有任何选择的余地了。

恩格斯：《英国工人阶级状况》，

《马克思恩格斯全集》第 2 卷第 360 页。

在"德法年鉴"中已经向鲍威尔先生证明：这种"自由的人性"和对它的"承认"不过是承认利己的市民个人，承认构成这种个人的生活内容，即构成现代市民生活内容的那些精神因素和物质因素的不可抑制的运动；因此，人权并没有使人摆脱宗教，而只是使人有信仰宗教的自由；人权并没有使人摆脱财产，而是使人有占有财产的自由；人权并没有使人放弃追求财富的龌龊行为，而只是使人有经营的自由。

马克思恩格斯：《神圣家族》，

《马克思恩格斯全集》第 2 卷第 145 页。

大概有人会认为，"工业自由"是排斥诸如工厂法之类的措施的。其实，"工业自由"意味着消除旧时遗留下来的阻挠资本主义发展的障碍。而工厂立法正如现今所谓的社会政策的其他措施一样，是以资本主义的深刻发展为前提的，并且它本身也推进资本主义的发展。

列宁：《彼尔姆省手工业调查》，

《列宁全集》第 2 卷第 331 页。

总的说来，现代生产关系（即资本主义生产关系）基础上的全部政治自由都是资产阶级的自由。自由这一要求首先是表现了资产阶级的利益。资产阶级的代表人物最先提出了这个要求。站在资产阶级方面的人到处都以主人的资格来利用所得到的自由，把它局限于温和的、规规矩矩的资产阶级的范围，在和平时期把它和镇压革命无产阶级的最微妙的手段配合起来，在风暴时期把它和镇压革命无产阶级的野蛮残暴的手段配合起来。

列宁：《社会民主党在民主革命中的两种策略》，

《列宁全集》（第 1 版）第 9 卷第 96 页。

在现今资产阶级生产关系的范围内，所谓自由只不过意味着贸易的自由，买卖的自由。

马克思恩格斯：《共产党宣言》，

《马克思恩格斯全集》第 4 卷第 482 页。

自从有人唯心地和抽象地看待"工业自由"，把它看成是基本的和自然的（参看《概述》中用黑体标出的话）"人权"以来，已经有一百多年了。从那时起，"工业自由"的要求及其实现已经历了若干国家，并且，无论在哪里，这个要求都是发展着的资本主义同独占和规章的残余相抵触的反映，无论在哪里它都成了先进资产阶级的口号，无论在哪里它总是使资本主义得到完全胜利。从那时起，理论就已完全说明，所谓"工业自由"是"纯粹理性"的要求、是抽象的"平等"要求这种想法是十分幼稚的，它指明，工业自由的问题就是资本主义的问题。实现"工业自由"决不仅仅是"法律上的"改革；这是深刻的经济改革。要求"工业自由"，这就表明法律规范（它反映着已经过时的生产关系）与新的生产关系常常不相适应，新的生产关系的发展是同旧的规范相违背的，它们从旧的规范中产生，但要求取消旧的规范。乌拉尔的制度现在引起"工业自由"的普遍呼吁，这就是说，那些为了地主兼工厂主的利益而继承下来的规章、独占和特权限制了目前的经济关系和目前的经济力量。这究竟是些什么样的关系和力量呢？这就是商品经济的关系。这就是领导商品经济的资本的力量。

> 列宁：《评经济浪漫主义》，
> 《列宁全集》第2卷第327～328页。

我们常说自由这个词。从前所谓的自由，不过是资产阶级靠他们的几百万钱财来进行欺骗的自由，是他们靠这种欺骗手段来运用他们力量的自由。我们已经彻底抛弃了资产阶级和这种自由。

> 列宁：《在全俄中央执行委员会会议上关于罢免权的报告》，
> 《列宁全集》第33卷第107页。

哪里有镇压，哪里就不可能有自由、平等。

> 列宁：《无产阶级革命和叛徒考茨基》，
> 《列宁全集》第35卷第105页。

经典作家认为，自由是建立在现代生产关系（即资本主义生产关系）基础上的，资产阶级的自由是写在把私有制法定下来的宪法上的，自由是构成现代市民生活内容的那些精神因素和物质因素的不可抑制的运动，有产者通过土地的自由分割和自由转让而开始土地私有制，资产阶级要求贸易自由和国家不干涉私人经济活动，等等。这些论述，都是说明自由的阶级性的。

列宁在《彼尔姆省手工业调查》里谈到"'工业自由'是排斥诸如工厂法之类的措施的"时，认为是一种经济政策。自由贸易政策是资产阶级的一种经济政策，要求贸易自由和国家不干涉私人经济活动，18世纪末产生于英国；当时英国资本主义迅速发展，迫切需要依靠国外市场获得更多的廉价原料和推销商品。在法国、德国、俄国及其他国家的政策中，自由贸易政策的倾向也有所表现。亚当·斯密和大卫·李嘉图的著作从理论上论证了自由贸易政策。

3. 受法律、国家和他人限制的自由

没有不受限制的自由。对自由的限制，包括法律、国家和他人三方面的限制。自由首先受法律的限制。

自由权利是受法律限制的。这主要表现在三个方面：一是法律不仅规定权利，也规定义务，义务就是限制。不履行自由义务就不可能实现自由权利。二是法律对具体自由权利本身作限制性规定。如对"市场进入自由"本身的限制。进入主体的资格、组织结构、注册资本、生产经营范围等作出具体限制。如不具有建筑设计资格的单位，不得进入建筑设计市场，不具有一级资格的建筑设计单位，不得进入高端建筑设计市场。这是主体资格的限制。如组织结构，法律对合伙企业和股份公司的组织结构，分别作出不同的限制性规定。生产经营酱油的企业生产经营笔记本电脑，怎么得了呢？你这个浸透着酱油味的电脑谁还敢买呀？这就要对生产经营范围作出限制。三是法律对自由权利行使的限制。自由权利的获得和让渡是在社会关系中进行的，如果不对自由权利的行使作出限制，则无社会秩序可言。

自由权利是受国家限制的。行政管理是国家职能的重要方面。在社会关系日益复杂的态势下，行政权力"肥大化"，是各国社会发展的必然趋势。行政管理机关的行政政策和行政措施对自由权利的干涉，实际上是"国家干涉"，在法律上，是所谓"公法对私法的干涉"。

自由权利是受他人限制的。一个人自由权利的行使必然同他人的自由权利发生关系。个人的自由权利不是个人恣意妄为，自由权利的行使，以不损害他人的自由权利为条件。

自由就在于把国家由一个站在社会之上的机关变成完全服从这个社会的机关；而且就在今天，各种国家形式比较自由或比较不自由，也取决于这些国家形式把"国家的自由"限制到什么程度。德国工人党——至少是当它接受了这个纲领的时候——表明：它对社会主义思想领会得多么肤浅；它不把现存社会（对任何未来的社会也是一样）当作现存国家的基础（或者不把未来社会当作未来国家的基础），反而把国家当作一种具有自己的"精神的、道德的、自由的基础"的独立本质。

马克思：《哥达纲领批判》，

《马克思恩格斯全集》第 19 卷第 30 页。

只有在集体中才可能有个人自由。在过去的种种冒充的集体中，如在国家等等中，个人自由只是对那些在统治阶级范围内发展的个人来说是存在的，他们之所以有个人自由，只是因为他们是这一阶级的个人。

马克思恩格斯：《德意志意识形态》，

《马克思恩格斯全集》第 3 卷第 84 页。

如果像柏林的思想家一样，停留在德国地方性印象的圈子里议论自由主义和国家，或者仅限于批判德国市民关于自由主义的幻想，而不从自由主义与它所由产生的并赖以确实

存在的现实利益的联系上去理解自由主义，那末，自然就要得出世界上最荒谬的结论。

马克思恩格斯：《德意志意识形态》，

《马克思恩格斯全集》第 3 卷第 215 页。

实际上，事情是这样的：人们每次都不是在他们关于人的理想所决定和所容许的范围之内，而是在现有的生产力所决定和所容许的范围之内取得自由的。

马克思恩格斯：《德意志意识形态》，

《马克思恩格斯全集》第 3 卷第 507 页。

决定论思想确认人的行为的必然性，摈弃所谓意志自由的荒唐的神话，但丝毫不消灭人的理性、人的良心以及对人的行动的评价。恰巧相反，只有根据决定论的观点，才能作出严格正确的评价，而不致把什么都推到自由意志上去。

列宁：《什么是"人民之友"以及他们如何攻击社会民主党人?》，

《列宁全集》第 1 卷第 129 页。

在谈论法上的自由权利时，应当考虑自由权利同自由主义不是一回事。同时，还应当考虑当代新自由主义对于法学理论的严重侵蚀。

（三）法上的平等

1. 平等，是指一切公民平等的政治地位和社会地位

马克思指出，平等"表明人对人的社会的关系或人的关系"。这一论断，是打开平等迷雾之门的一把钥匙。

平等，是人与人相互关系中产生的概念。平等与否，不是从人的自然属性方面去理解，而是从人的社会属性方面去理解。譬如"高富帅"和"矮穷丑"的平等问题。这个人长得"高帅"，那个人长得"矮丑"，自己或者他人不会认为彼此不平等，因为人的自然属性不存在平等与不平等问题。但是，"富"和"穷"则存在平等与不平等问题了，因为它们具有社会属性。人与人相互关系中的平等问题，只能放到社会关系中去考察。

对于平等与否的认识，首先来源于知觉。就是当平等或者不平等的现象引起了感觉和知觉时，人们便产生了认识的表象或印象。人们通过衣食住行这些简单的现象，感知富人和穷人，产生了不平等印象。这种印象，是直接的、具体的和表面的。进一步地，对这些感性的材料分析和综合，进行思维抽象，便对平等形成了全面的、内部的和本质的认识。

资产阶级革命后，在"生意人共和国"里，随着私人财产的急剧增加，社会不平等现象比比皆是，社会矛盾和冲突无法抑制。学者们发表了数不清的专论，探寻人类不平等的根源和消除不平等的途径。然而，只有马克思作出了科学的回答。

那么究竟什么是平等呢？马克思明确指出，"一切人，或至少是一个国家的公民，或一个社会的一切成员，都应当有平等的政治地位和社会地位。"这是说，只有政治地位和社会地位的平等，才能称得上平等。

列宁对于平等的思维抽象的结果是：不把平等理解为消灭阶级，平等就是一句空话。

平等是人在实践领域中对自身的意识，也就是人意识到别人是和自己平等的人，人把别人当作和自己平等的人来对待。平等是法国的用语，它表明人的本质的统一、人的类意识和类行为、人和人的实际的同一，也就是说，它表明人对人的社会的关系或人的关系。

马克思恩格斯：《神圣家族》，

《马克思恩格斯全集》第 2 卷第 48 页。

承认人类平等，承认每个人生存的权利，是以一切人所共有的对人的本性的意识为基础的，正像爱、友谊、正义以及一切社会美德是以对人类自然联系和一致的感觉为基础的一样。如果我们一向把它们称为义务，要求人们来履行这些义务，那末在不是以外界的强制为基础的、而是以对内在人类本性的意识即理性为基础的社会中，它们就变成了生命的自由的、自然的表现了。

马克思恩格斯：《德意志意识形态》，

《马克思恩格斯全集》第 3 卷第 566 页。

一切人，作为人来说，都有某些共同点，在这些共同点所及的范围内，他们是平等的，这样的观念自然是非常古老的。但是现代的平等要求是与此完全不同的；这种平等要求更应当是，从人的这种共同特性中，从人就他们是人而言的这种平等中，引伸出这样的要求：一切人，或至少是一个国家的公民，或一个社会的一切成员，都应当有平等的政治地位和社会地位。要从这种相对平等的原始观念中得出国家和社会中的平等权利的结论，要使这个结论甚至能够成为某种自然而然的、不言而喻的东西，那就必然要经过而且确实已经经过了几千年。在最古的自发的公社中，最多只谈得上公社成员之间的平等权利，妇女、奴隶和外地人自然不在此列。

在希腊人和罗马人那里，人们的不平等比任何平等受重视得多，如公民和罗马的臣民（指广义而言），都可以要求平等的政治地位，那末这在古代人看来必定是发了疯。在罗马帝国时期，所有这些区别，除自由民和奴隶的区别外，都逐渐消失了；这样，至少对自由民来说产生了私人的平等，在这种平等的基础上罗马法发展起来了，它是我们所知道的以私有制为基础的法律的最完备形式。但是只要自由民和奴隶之间的对立还存在，就谈不上从一般人的平等得出的法律结论，自由和平等也很自然地被宣布为人权。可以表明这种人权的特殊资产阶级性质的是美国宪法，它最先承认了人权，同时确认了存在于美国的有色人种奴隶制：阶级特权被置于法律保护之外，种族特权被神圣化了。

恩格斯：《反杜林论》，

《马克思恩格斯全集》第 20 卷第 113 页。

平等是一种意识，是主观判断。"当人意识到别人是和自己平等的人，人把别人当作和自己平等的人来对待，它表明人的本质的统一、人的类意识和类行为、人和人的实际的同一。"这是人的意识意义上的平等。

如果把平等视为义务，其前提是："在不是以外界的强制为基础的、而是以对内在人类本性的意识即理性为基础的社会中，它们就变成了生命的自由的、自然的表现。"这里的"以外界的强制为基础"，含有国家和法律的强制力的意思。这一点，恩格斯在谈到原始公社晚期公社成员之间的平等权利时，特别指出了"妇女、奴隶和外地人自然不在此列"。在原始的无阶级社会，谈平等是权利还是义务，如同谈吃饭和打猎是权利还是义务一样。这里的平等，正是在这里的以理性为基础的社会中，它们就变成了生命的自由的、自然的表现。人类社会进入奴隶制社会后，因为到处都是"以外界的强制为基础"，这种不平等进一步发展，人们的不平等比任何平等受重视得多。"私人的平等"和一般人的不平等产生了。恩格斯指出了"私人的平等"和法律的关系，他说："至少对自由民来说产生了私人的平等，在这种平等的基础上罗马法发展起来了，它是我们所知道的以私有制为基础的法律的最完备形式。"

统治阶级把平等写在法律上，是不是人与人之间真的平等了？回答这类问题，需要解决对形式上的平等和实际上的不平等的认识。

2. 法律形式上的平等与实际上的不平等

在阶级社会里，平等从来都是阶级的平等，统治阶级同被统治阶级从来都没有平等过。而且，这种不平等是全面的体系化的，从生产方式、生活方式、交往方式到政治的、经济的、社会的。譬如生活方式方面。在旧西藏，农奴见了贵族、奴隶主，要"低头吐舌"，赶快离开，连他们的影子都不能踩到。因袭成习，世代持续。一个高视阔步，一个低头吐舌，人们连双方肢体动作的平等都看不到。

当然，阶级的不平等，主要表现在政治和社会方面。政治不平等和社会不平等，是由经济不平等产生的，经济不平等的关键，在于生产资料私有制。

既然实际上不平等，何来形式上的平等？用形式上的平等掩盖实际上的不平等，既是统治阶级意志的要求，也是阶级统治的需要。正如恩格斯所指出的，这是由于 18 世纪的思想的传播。就是说，这种虚假的平等是自由资产阶级制造并宣传出来的。

在资产阶级那里，是的，起初在私法方面、后来逐渐在公法方面实施了个人在法律上的平等权利，可是平等权利是在口头上被承认的。这种法律形式上的平等，不可能造就实际上的平等。

文明每前进一步，不平等也同时前进一步。随着文明产生的社会为自己建立的一切机构，都转变为它们原来的目的的反面。

恩格斯：《反杜林论》，
《马克思恩格斯全集》第 20 卷第 152 页。

平等不是永恒真理，而是历史的产物和一定的历史状况的特征。资产者的平等（消灭阶级特权）完全不同于无产者的平等（消灭阶级本身）。如果超出后者的范围，即抽象地理解平等，那末平等就会变成荒谬。

平等的观念本身是一种历史的产物，这个观念的形成，需要全部以往的历史，因此它不是自古以来就作为真理而存在的。现在，在大多数人看来，它在原则上是不言而喻的，这不是由于它具有公理的性质，而是由于十八世纪的思想的传播。

恩格斯：《〈反杜林论〉的准备材料》，

《马克思恩格斯全集》第 20 卷第 671 页。

在古代的奴隶和奴隶主之间，在中世纪的农奴和领主之间，难道谈得上追求幸福的平等权利吗？被压迫阶级追求幸福的欲望不是被冷酷无情地和"由于正当理由"变成了统治阶级的这种欲望的牺牲品吗？——是的，这也是不道德的，但是现在平等权利被承认了。自从资产阶级在反对封建制度的斗争中并在发展资本主义生产的过程中不得不废除一切等级的即个人的特权，而且但是，追求幸福的欲望只有极微小的一部分可以靠理想的权利来满足，绝大部分却要靠物质的手段来实现，而由于资本主义生产所关心的，是使绝大多数权利平等的人仅有最必需的东西来勉强维持生活，所以资本主义对多数人追求幸福的平等权利所给予的尊重，即使一般说来多些，也未必比奴隶制或农奴制所给予的多。关于幸福的精神手段、教育手段，情况是否好一些呢？就连"萨多瓦的小学教师"不也是一个神话人物吗？

恩格斯：《路德维希·费尔巴哈和德国古典哲学的终结》，

《马克思恩格斯全集》第 21 卷第 332 页。

权利的公平和平等，是十八、十九世纪的资产者打算在封建制的不公平、不平等和特权的废墟上建立他们的社会大厦的基石。劳动决定商品价值，劳动产品按照这个价值尺度在权利平等的商品所有者之间自由交换，这些——正如马克思已经证明的——就是现代资产阶级全部政治的、法律的和哲学的意识形态建立于其上的现实基础。劳动是商品价值的尺度，这个认识一经确立，善良的资产者必然会因世界的邪恶而感到自己最高尚的感情深受伤害，这个世界，虽然名义上承认公平原则，但是事实上时时刻刻都在肆无忌惮地抛弃公平原则。特别是小资产者，他们的诚实劳动——即使只是他的帮工和学徒的劳动——在大生产和机器的竞争下天天跌价，特别是小生产者，必然会迫切希望有这样一个社会，在这个社会里产品按它的劳动价值来交换终于成为完全的毫无例外的真理，换句话说，他们必然迫切希望有这样一个社会，在这个社会里只有商品生产的一个规律绝对地不折不扣地发生作用，而唯一能够保证这条规律发生作用的那些条件，即商品生产以至资本主义生产的其他规律都排除了。

恩格斯：《马克思和洛贝尔图斯。"哲学的贫困"德文版序言》，

《马克思恩格斯全集》第 21 卷第 211 页。

"面包、武器和平等"——这就是人民所需要的东西。（鼓掌）面包给挨饿的家庭；

武器拿来反对专制制度的军队；平等是奋斗的目标和牺牲的代价。（掌声大作）用托马斯·卡莱尔的话来说，吉伦特派只不过把人民当作"一包可以用来炸毁巴士底狱的炸药"，可以当作工具使用，可以当作奴隶看待。

恩格斯：《在伦敦举行的各族人民庆祝大会》，

《马克思恩格斯全集》第 2 卷第 671 页。

在贵族统治时期占统治地位的是忠诚信义等等概念，而在资产阶级统治时期占统治地位的则是自由平等等概念。总之，统治阶级自己为自己编造出诸如此类的幻想。

马克思恩格斯：《德意志意识形态》，

《马克思恩格斯全集》第 3 卷第 53 页。

资本主义既有形式上的平等，又有经济上的不平等和随之而来的社会的不平等。这是资本主义的基本特点之一，是资产阶级的拥护者自由派用谎言掩盖着的而小资产阶级民主派却不了解的一个特点。

资本主义连形式上的平等（法律上的平等，饱食者和挨饿者、有产者和无产者的"平等"）也不能彻底做到。这种不彻底性的最鲜明的表现之一，就是男女间权利不平等。权利的完全平等在任何一个资产阶级国家，甚至在最共和、最民主、最先进的资产阶级国家里，也是不曾有过的。

列宁：《迎接国际劳动妇女节》，

《列宁全集》第 38 卷第 203 页。

资产阶级民主由它的本性所决定的一个特点就是抽象地或从形式上提出平等问题，包括民族平等问题。资产阶级民主在个人平等的名义下，宣布有产者和无产者、剥削者和被剥削者的形式上或法律上的平等，用这种弥天大谎来欺骗被压迫阶级。平等思想本身就是商品生产关系的反映，资产阶级借口个人绝对平等，把这种思想变为反对消灭阶级的斗争工具。要求平等的实际含义只能是要求消灭阶级。

列宁：《为共产国际第二次代表大会准备的文件》，

《列宁全集》第 39 卷第 160 页。

劳动生产率的提高不仅没有提高劳动力价格，反而常常成了劳动力价格被降低的直接原因。这样一来，意味着社会财富增长的技术进步，在资本主义社会却使社会不平等加剧。

列宁：《关于俄国社会民主工党纲领的文献》，

《列宁全集》第 6 卷第 186 页。

地主和农民的平等，客观上的必然结果只能是地主和资产阶级瓜分特权。1861 年的情况正是这样：地主把自己千分之一的特权让给了新兴的资产阶级，而农民群众却不得不遭受半个世纪（1861＋50＝1911）的痛苦：无权，备受凌辱，慢慢饿死，交纳苛捐杂税，等等。此外，不应当忘记，地主在1861年把自己千分之一的政治特权让给资产阶级（地方自治改革，城市改革，司法改革，等等）的同时，他们自己在经济上也开始向资产阶级转化，开办起酿酒厂、甜菜制糖厂，参加股份公司董事会，等等。

> 列宁：《立宪民主党和土地问题》，
> 《列宁全集》第22卷第54页。

形式上不平等的表现是多方面的，但表现在法律上的形式上的不平等，则具有根本的性质，是各种形式上的不平等的关键所在。

我们看看资本主义条件下企业法、物权法和合同法的情形。

根据企业法，任何人都可以平等地设立企业。企业法规定了企业设立的条件、企业组织结构、企业注册资本，等等，表面上，任何人都可以设立企业，都享有平等条件。可是，究竟谁人能够设立企业呢？只有资产者。只有资产者有人财物条件。资产者设立企业后，开始了劳动力的买卖，形成了资产者独享利润和雇佣劳动者所得到的仅仅是劳动力价格的不平等事实。

物权法规定了私人财产权不受侵犯。表面上，任何人的私有财产都不受侵犯，是平等的规定，而实际上是确认了生产资料私有权不受侵犯。这是不平等的。资产者利用物权，进行物的买和卖，促进资本关系的发展，而无产者没有生产资料，处于被奴役被剥削的地位。在这种物权关系中，无一例平等可言。

合同法被认为是最能体现平等关系的法律，所谓主体是平等主体、当事人之间的关系是平等关系。合同法是典型的形式上平等实际上不平等的法律。经典作家在多种场合论述过土地租赁、商品买卖、房屋租赁、抵押等合同关系的实质。关于合同法，容当本书第2卷仔细阐释。

恩格斯在《路德维希·费尔巴哈和德国古典哲学的终结》里的这段论述，是针对费尔巴哈谈到关于他人追求幸福的平等权利时提出的，指出费尔巴哈无条件地提出这种要求，并认为这种要求是适合于任何时代和任何情况，是不符合历史实际的。

恩格斯讲的"萨多瓦的小学教师"一语来自当时的流行用语。普军在萨多瓦一役获胜（在1866年奥普战争中）后，德国资产阶级政论中的流行用语，意思是说普鲁士的胜利似乎是由于普鲁士国民教育制度的优越。这一用语源出奥格斯堡"外国"杂志的编辑奥·佩舍耳，他在该杂志1866年7月17日第29期上的一篇文章"最近的战争历史的教训"（《Die Lehren der jüngsten Kriegsgeschichte》）中使用了这个用语。

3. "在法律面前人人平等"

"在法律面前人人平等"，是资产阶级革命的产物，首先是法国资产阶级提出的。针对的是资产者同封建专制和贵族、封建地主阶级的不平等。这种平等要求，要的是资产阶级的平等。

经典作家采用了以下几个说法："资产阶级在就是在富人和穷人不平等的前提下的平

等"，是"不平等的范围内的平等""他们之间的联系的不是平等，而是不平等，法律所确定的不平等""全体公民似乎一律平等了""都被认为在法律面前一律平等了""追究倾向的法律取消了公民在法律面前的平等""大小林木所有者之间的完全平等就成为定理，而当问题涉及违反林木管理条例者时，不平等就变成公理"。

纵观上述说法，结合原文的阐释，可以认为，经典作家指出的资产阶级社会的平等，第一，是统治阶级之间的平等，不是统治阶级与被统治阶级之间的平等；第二，法律本身就确定了不平等；第三，所谓法律上的平等，是把不平等说成平等；第四，司法对统治阶级平等，对被统治阶级不平等。

资产阶级在社会上成了第一个阶级以后，它就宣布自己在政治上也是第一个阶级。这是通过实行代议制而实现的；代议制是以资产阶级在法律面前平等和法律承认自由竞争为基础的。

> 恩格斯：《共产主义原理》，
> 《马克思恩格斯全集》第4卷第362页。

平等原则又由于被限制为仅仅在"法律上的平等"而一笔勾消了，法律上的平等就是在富人和穷人不平等的前提下的平等，即限制在目前主要的不平等的范围内的平等，简括地说，就是简直把不平等叫做平等。

> 恩格斯：《德国状况》，
> 《马克思恩格斯全集》第2卷第648页。

当问题涉及林木所有者时，大小林木所有者之间的完全平等就成为定理，而当问题涉及违反林木管理条例者时，不平等就变成公理。为什么小林木所有者要求得到和大林木所有者同样的保护呢？因为他们两者都是林木所有者。但是，难道林木所有者和违反森林管理条例者不都是国家的公民吗？既然大小林木所有者都有同样的权利要求国家的保护，那么，难道国家的大小公民不是更有同样的权利要求？

> 马克思：《第六届莱茵省议会的辩论（第三篇论文）》，
> 《马克思恩格斯全集》第1卷上册第260页。

所谓特权者的习惯是和法相抵触的习惯。这些习惯产生的时期，人类史还是自然史的一部分，根据埃及的传说，当时所有的神灵都以动物的形象出现。人类分成为若干特定的动物种属，决定他们之间的联系的不是平等，而是不平等，法律所确定的不平等。不自由的世界要求不自由的法，因为这种动物的法是不自由的体现，而人类的法是自由的体现。

> 马克思：《第六届莱茵省议会的辩论（第三篇论文）》，
> 《马克思恩格斯全集》第1卷上册第248页。

追究思想的法律不是国家为它的公民颁布的法律，而是一个党派用来对付另一个党派的法律。追究倾向的法律取消了公民在法律面前的平等。这是制造分裂的法律，不是促进统一的法律，而一切制造分裂的法律都是反动的；这不是法律，而是特权。

马克思：《评普鲁士最近的书报检查令》，

《马克思恩格斯全集》第 1 卷上册第 121 页。

蒲鲁东未能用恰当的话来表达自己的这个思想。"平等占有"是政治经济的观念，因而还是下面这个事实的异化表现：实物是为人的存在，是人的实物存在，同时也就是人为他人的定在，是他对他人的人的关系，是人对人的社会关系。蒲鲁东在政治经济的异化范围内来克服政治经济的异化。

马克思恩格斯：《神圣家族》，

《马克思恩格斯全集》第 2 卷第 52 页。

结果社会被改造成这样：全体公民似乎一律平等了；以前那种奴隶主和奴隶的划分已经消灭了；所有的人，不管他占有的是何种资本，是不是作为私有财产的土地，也不管他是不是只有一双做工的手的穷光蛋，都被认为在法律面前一律平等了。法律对大家都同样保护，对任何人所拥有的财产都加以保护。

列宁：《论国家》，

《列宁全集》第 37 卷第 70 页。

社会民主党人要求取消等级，要求国内全体公民完全平等。现在我们这里有不纳税等级和纳税等级，有特权者和非特权者，有贵族出身和平民出身；对于平民甚至还可以拷打。没有哪一个国家的工人和农民会受到这样的屈辱。除了俄国之外，没有哪一个国家对不同的等级有不同的法律。现在，该是俄国人民也要求每个庄稼人都享有贵族享有的一切权利的时候了。农奴制度已经废除 40 多年了，还有拷打，还有纳税等级，这不是耻辱吗？

列宁：《告贫苦农民》，

《列宁全集》第 7 卷第 147 页。

经典作家关于法律方面的平等和不平等问题，论述得十分严谨、明确，正常情况下无法产生疑问。然而，我国法学界提出"立法平等""法律平等"，就产生疑问了。"立法平等""法律平等"是一个模糊术语。把"立法平等""法律平等"理解为"去阶级化""去马列化"，则疑问必然产生，乃至引发争论；而如果辩解为指"权利平等"，那么我国宪法和其他法律对公民的基本权利和具体权利都作了明确规定，无须"呼唤"，也根本不存在一些人所言因为"呼唤"而承担政治风险问题。

经典作家没有讲过"立法平等""法律平等"，说"立法平等在马克思主义奠基人那里是不成问题的"，是强加给经典作家的。至于说讲"立法平等""法律平等"，是为了适应"批判阶级斗争为纲"的需要，是为了贯彻"不讲姓社姓资"的指示，未免牵强附会。谁都知道，阶级斗争和"阶级斗争为纲"是两回事，生产力讲不讲"姓社姓资"和意识形态讲不讲"姓社姓资"还不是一回事。况且，指着一台机器问这台机器姓社还是姓资，指的是机器。可我们的法学家却扯到法学理论上，说法学理论也不要讲姓社姓资了。机器属于生产力范畴，机器本身是没有阶级性的，孤立的机器也是没有意义的。但这台机器属于谁的，谁使用这台机器工作，具有鲜明的阶级性，因为生产关系是以这台作为生产工具的机器为中介形成的。应当说，只要是法律关系客体，都与阶级性有关。面对一块石头，地质学家考虑是不是白垩纪的，雕刻家琢磨能雕刻出什么新花样。角度不同，但都是从本专业出发。我们的法学家也应当从法姓法出发，从法学专业出发，不能像马克思所讥讽的学术哑巴那样，以为安上政治长话筒声音就会大一些。

西方法学回避法的阶级性、否认法是统治意志的表现，制造在"无阶级性的法面前人人平等"的假象。那么，在"有阶级性的法面前人人平等"是怎么回事呢？或者说，对于有阶级性的法还讲不讲"在法律面前人人平等"呢？

法的阶级性，首先讲的是阶级对阶级。在法律"面前"，讲的是法律制定出来后的实施，也就是法的实现。法依靠法律"面前"的主体，即公民和社会组织及国家机关的守法、行政机构执法和司法机关司法实现。由此，在法律"面前"人人平等，指的是守法平等、执法平等、司法平等。

前已说明，平等是人与人相互关系中的概念。法律"面前"的平等，是在守法、执法和司法中人们对基于法律事实所建立起来的法律关系中相互是否平等的判断。人掉到河里去了，是一个客观事实，如果是失足落水，则不形成法律关系；如果是推人落水，则依据法律事实形成法律关系。由客观事实转化为法律事实的根据，是有权机关的认定。如果有权机关不认定为"推人落水"，则不能成为法律事实，不形成法律关系。这在被推落水的亲属那里，认为有权机关的认定是不平等、不公平的。

法律"面前"的平等，是主体的平等。这里的主体不是阶级而是"人"（公民和社会组织）。把阶级和阶级成员区别开，就把阶级的不平等和公民个人的平等区别开了。譬如坐公共汽车给老年人让座，人们一律让座，不会问这位老年人是哪个阶级的，就是这个道理。把法的阶级不平等和法律"面前"的公民个人平等区别开，就像坐公共汽车给不论哪个阶级的老年人让座一样。

法律"面前"的平等，是基于法律事实以法律规定为判断标准的平等。法律事实是判断法律"面前"平等问题的根本点。

由此说来，在资本主义条件下，"法律面前人人平等"是个伪命题，而在社会主义条件下却是个真命题。

4. 不把平等理解为消灭阶级，平等就是一句空话

经典作家的上述论述，已经够多、够全面。阶级的不平等是一个基本事实，这是抹杀和掩盖不了的；在阶级存在的历史条件下，阶级平等无法实现。在如何认识平等问题时，经典作家立足于消灭阶级，认为不把平等理解为消灭阶级，平等就是一句空话。西方法学正是这种空话的制造场。

应当指出，无论在夺取政权以前的社会，还是夺取政权之后的社会，无产阶级平等要

求的实际内容，都是消灭阶级的要求。任何超出这个范围的平等要求，都必然要流于荒谬。在社会主义条件下，解决经济不平等和社会不平等的一切措施，都是为了逐步消灭阶级，向无阶级社会过渡。只有在人类本性的意识即理性为基础的社会中，平等才能变成"生命的自由的、自然的表现。"

剥削者不可能同被剥削者平等。这个真理不管考茨基多么不喜欢，却是社会主义的最重要的内容。另一个真理是：在一个阶级剥削另一个阶级的一切可能性没有完全消灭以前，决不可能有真正的事实上的平等。

列宁：《无产阶级革命和叛徒考茨基》，
《列宁全集》第 35 卷第 254 页。

巴枯宁，他只是想炮制他自己的纲领。如此而已。这是一个极罕见的纲领。"各阶级的平等"。一方面要保留现存的阶级，另一方面又要使这些阶级的成员平等——这种不可容忍的荒谬见解一下子就表明这个家伙的可耻的无知和浅薄，而他却认为自己的"特殊使命"是在"理论"上开导我们。

马克思：《致保·拉法格》，
《马克思恩格斯全集》第 32 卷第 662 页。

同样地，资产阶级的平等要求，也有无产阶级的平等要求伴随着。从消灭阶级特权的资产阶级要求提出的时候起，同时就出现了消灭阶级本身的无产阶级要求——起初采取宗教的形式，以早期基督教为凭借，以后就以资产阶级的平等论本身为依据了。无产阶级抓住了资产阶级的话柄：平等应当不仅是表面的，不仅在国家的领域中实行，它还应当是实际的，还应当在社会的、经济的领域中实行。尤其是从法国资产阶级自大革命开始把公民的平等提到首位以来，法国无产阶级就针锋相对地提出社会的、经济的平等的要求，这种平等成了法国无产阶级所特有的战斗口号。

恩格斯：《反杜林论》，
《马克思恩格斯全集》第 20 卷第 116～117 页。

无产阶级平等要求的实际内容都是消灭阶级的要求。任何超出这个范围的平等要求，都必然要流于荒谬。这样，平等的观念，无论以资产阶级的形式出现，还是以无产阶级的形式出现，本身都是一种历史的产物，这一观念的形成，需要一定的历史关系，而这种历史关系本身又以长期的已往的历史为前提。所以这样的平等观念什么都是，就不是永恒的真理。

恩格斯：《反杜林论》，
《马克思恩格斯全集》第 20 卷第 117 页。

认为用不着也不可能拿经济制度来解释"社会不平等"（因为资产阶级不喜欢这样

做），这就是司徒卢威先生的"理论"。让政治经济学去作老生常谈，去研究经院哲学，去毫无意义地追求事实吧（例子在后面），至于"社会不平等"问题，还是留给社会学和法学去议论，那里更安全一些，那里更容易把这种不愉快的问题"搪塞"过去。

社会划分为阶级是资本主义和封建主义经济制度的基础。政治经济学这门科学一问世就注意去说明这种阶级的划分。整个古典政治经济学在这条道路上跨出了许多步，而马克思更向前跨进了一步。现代资产阶级被这一步吓得魂不附体，对现代经济演进中十分明显，十分有威力的"规律"感到惶惶不安，以至资产者及其思想家们竟然准备把一切古典作家和任何规律都一笔勾销，只要能把各种社会不平等统统送进法学的档案库就行。

列宁：《又一次消灭社会主义》，

《列宁全集》第 25 卷第 46 页。

你们知道，当时反对中世纪制度、反对封建制度的全部斗争，是在"平等"的口号下进行的。不分等级，一律平等，百万富翁和穷光蛋也一律平等，——载入史册的法国大革命时期的最伟大的革命家都是这样讲，这样想，这样真心认为的。反对地主的革命是在平等的口号下进行的，那时人们把百万富翁和工人应有同样的权利叫做平等。革命又向前发展了，它说，"平等"（我们在自己的纲领中是没有专门谈到这一点，但我们总不能没完没了地重复。这一点就同我们谈到自由时所说的一样清楚）如果同劳动摆脱资本的压迫相抵触，那就是骗人的东西。这是我们说的，而且这是千真万确的真理。我们说，实行目前那种平等的民主共和国是虚伪的，是骗人的，在那里没有实现平等，也不可能有平等；妨碍人们享受这种平等的，是生产资料、货币和资本的私有权。富人房产的所有权可以一下子夺过来，资本和生产工具也可以较快地夺过来，但是要把货币的所有权拿过来，你试试看吧。

要知道，货币是社会财富的结晶，是社会劳动的结晶，货币是向一切劳动者征收贡赋的凭证，货币是昨天的剥削的残余。这就是所谓货币。能不能想法一下子把货币消灭呢？不能。还在社会主义革命以前，社会主义者就说过，货币是不能一下子就废除的，而我们根据切身的经验也可以证实这一点。要消灭货币，需要很多技术上的成就，更困难得多和重要得多的是组织上的成就。而在货币消灭之前，平等始终只能是口头上的、宪法上的，每个有货币的人都有事实上的剥削权利。我们没有做到一下子废除货币。我们说，目前货币还保留着，而且在从资本主义旧社会向社会主义新社会过渡的时期，还要保留一个相当长的时间。平等如果同劳动摆脱资本压迫的利益相抵触，那就是骗人的东西。恩格斯说得万分正确：平等的概念如果与消灭阶级无关，那就是一种极端愚蠢而荒谬的偏见。资产阶级的教授们企图用平等这个概念来证明我们想使一个人同其他的人平等。

他们企图用他们自己捏造的这种无稽之谈来责备社会主义者。但是他们由于自己无知，竟不知道，社会主义者，即现代科学社会主义的创始人马克思和恩格斯曾经说过，如果不把平等理解为消灭阶级，平等就是一句空话。

列宁：《在全俄社会教育第一次代表大会上的讲话》，

《列宁全集》第 36 卷第 339~341 页。

在马克思 1870 年写给拉法格的信中，提到巴枯宁在自己的纲领里关于"各阶级的平等"的"理论"，认为是"不可容忍的荒谬见解"。这个纲领，指的是社会主义民主同盟的纲领和章程《国际社会主义民主同盟的纲领和章程》（《Programme et Règlement de l'Alliance internationale de la démocratie socialiste》）。这两个文件于 1868 年在日内瓦以单页的形式用法文和德文出版。1868 年 9 月巴枯宁在伯尔尼和平和自由同盟代表大会讨论该同盟的纲领草案时提出了一系列的决议案。这些决议案本身是荒谬的，其目的是以夸张的激进主义激起资产阶级蠢货们的恐惧。由于这个缘故，遭到大多数人的否决。

巴枯宁·米哈伊尔·亚历山大罗维奇（1814～1876）是俄国无政府主义者，马克思主义的敌人。在第一国际内进行阴谋破坏活动，在 1872 年召开的海牙代表大会上被开除出国际。

5. 社会主义法上的平等问题

社会主义革命推翻了资产阶级的统治，实现了人民当家作主，资产阶级的不平等已不复存在。在社会主义条件下，仍然存在平等和不平等问题，只是问题的性质根本不同了。

社会主义社会的平等，有两个基本前提：一是资本主义法律所保护的财产，是生产资料属于个人的财产，社会主义废除了生产资料私有制，法律保护公民的个人财产。在把生产资料变为公有财产这个范围内，"资产阶级权利"不存在了。这就从根本上奠定了"法律面前人人平等"的物质生活基础。二是社会主义实行公民在法律面前完全平等。法律上平等而实际上不平等，是资本主义法的痼疾。社会主义不仅实行法律上的平等，还要实现实际上的平等。这是"法律面前人人平等"含义的重大改变。实现实际上的平等，要求我们要使人民愈来愈多地参加国家管理和社会事务的管理，使公民享有社会生活中的平等权利。

由于新的社会刚刚从资本主义社会中产生出来的，因此在各方面，在经济、道德和精神方面都还带着它脱胎出来的那个旧社会的痕迹。这是认识社会主义的平等问题的基本社会条件。

马克思指出，除了个人的消费资料，没有任何东西可以成为个人的财产。至于消费资料在各个生产者中间的分配，那么这里通行的是商品等价物的交换中也通行的同一原则，即一种形式的一定量的劳动可以和另一种形式的同量劳动相交换。所以，在这里平等的权利按照原则仍然是资产阶级的权利，虽然原则和实践在这里已不再互相矛盾，而在商品交换中，等价物的交换只存在于平均数中，并不是存在于每个个别场合。

由此说来，这种平等的权利，对不同等的劳动来说是不平等的权利。而且，社会主义消灭了生产关系的不平等，但存在消费方面的缺点和"资产阶级权利"的不平等，就产品"按劳动"分配这一点说，"资产阶级权利"仍然占着统治地位。

权利永远不能超出社会的经济结构以及由经济结构所制约的社会的文化发展。这一经典概括，完全适用于社会主义社会。

当然，说社会主义社会是"不平等的王国"，也是完全不正确的。社会主义社会摧毁了人压迫人、人剥削人的不平等制度，它的平等观是唯心主义平等观的质变，具有巨大的历史进步性和先进性。向社会主义争"平等",实际上是否定社会主义平等的基本前提,力图恢复资本主义的不平等制度。

我们这里所说的是这样的共产主义社会,它不是在它自身基础上已经发展了的,恰好相反,是刚刚从资本主义社会中产生出来的,因此它在各方面,在经济、道德和精神方面都还带着它脱胎出来的那个旧社会的痕迹。所以,每一个生产者,在作了各项扣除之后,从社会方面正好领回他所给予社会的一切。他所给予社会的,就是他个人的劳动量。例如,社会劳动日是由所有的个人劳动小时构成的;每一个生产者的个人劳动时间就是社会劳动日中他所提供的部分,就是他在社会劳动日里的一分。他从社会方面领得一张证书,证明他提供了多少劳动(扣除他为社会基金而进行的劳动),而他凭这张证书从社会储存中领得和他所提供的劳动量相当的一分消费资料。他以一种形式给予社会的劳动量,以另一种形式全部领回来。

显然,这里通行的就是调节商品交换(就它是等价的交换而言)的同一原则。内容和形式都改变了,因为在改变了的环境下,除了自己的劳动,谁都不能提供其他任何东西,另一方面,除了个人的消费资料,没有任何东西可以成为个人的财产。至于消费资料在各个生产者中间的分配,那末这里通行的是商品等价物的交换中也通行的同一原则,即一种形式的一定量的劳动可以和另一种形式的同量劳动相交换。

所以,在这里平等的权利按照原则仍然是资产阶级的权利,虽然原则和实践在这里已不再互相矛盾,而在商品交换中,等价物的交换只存在于平均数中,并不是存在于每个个别场合。

虽然有这种进步,但这个平等的权利还仍然被限制在一个资产阶级的框框里。生产者的权利是和他们提供的劳动成比例的;平等就在于以同一的尺度——劳动——来计量。

但是,一个人在体力或智力上胜过另一个人,因此在同一时内提供较多的劳动,或者能够劳动较长的时间;而劳动,为了要使它能够成为一种尺度,就必须按照它的时间或强度来确定,不然它就不成其为尺度了。这种平等的权利,对不同等的劳动来说是不平等的权利,它不承认任何阶级差别,因为每个人都象其他人一样只是劳动者;但是它默认不同等的个人天赋,因而也就默认不同等的工作能力是天然特权。所以就它的内容来讲,它象一切权利一样是一种不平等的权利。权利,就它的本性来讲,只在于使用同用同一的尺度;但是不同等的个人(而如果他们不是不同等的,他们就不成其为不同的个人)要用同一的尺度去计量,就只有从同一个角度去看待他们,从一个特定的方面去对待他们,例如在现在所讲的这个场合,把他们只当做劳动者;再不把他们看作别的什么,把其他一切都撇开了。其次,一个劳动者已经结婚,另一个则没有;一个劳动者的子女较多,另一个的子女较少。如此等等。在劳动成果相同、从而由社会消费品中分得的份额相同的条件下,某一个人事实上所得到的比另一个人多些,也就比另一个人富些,如此等等。要避免所有这些弊病,权利就不应当是平等的,而应当是不平等的。

但是这些弊病,在共产主义社会第一阶段,在它经过长久的阵痛刚刚从资本主义社会里产生出来的形态中,是不可避免的。权利永远不能超出社会的经济结构以及由经济结构所制约的社会的文化发展。

马克思：《哥达纲领批判》，

《马克思恩格斯全集》第 19 卷第 21～22 页。

用"消除一切社会的和政治的不平等"来代替"消灭一切阶级差别"，这也是很成问题的。在国和国、省和省、甚至地方和地方之间总会有生活条件方面的某种不平等存在，这种不平等可以减少到最低限度，但是永远不可能完全消除。阿尔卑斯山的居民和平原上的居民的生活条件总是不同的。把社会主义社会看做平等的王国，这是以"自由、平等、博爱"这一旧口号为根据的片面的法国看法，这种看法作为一定的发展阶段在当时当地曾经是正确的，但是，像以前的各个社会主义学派的一切片面性一样，它现在也应当被克服，因为它只能引起思想混乱，而且因为已经有了阐述这一问题的更精确的方法。

马克思恩格斯：《卡·马克思和弗·恩格斯给其他人的信》，

《马克思恩格斯全集》第 34 卷第 124 页。

马克思不仅极其准确地估计到人们不可避免的不平等，而且还估计到，仅仅把生产资料转归全社会公有（通常所说的"社会主义"）还不能消除分配方面的缺点和"资产阶级权利"的不平等，就产品"按劳动"分配这一点说，"资产阶级权利"仍然占着统治地位。马克思继续说道，"但是这些缺点，在共产主义社会第一阶段，在它经过长久的阵痛刚刚从资本主义社会里产生出来的形态中，是不可避免的。权利永远不能超出社会的经济结构以及由经济结构所制约的社会的文化发展"。

因此，在共产主义社会的第一阶段（通常称为社会主义），"资产阶级权利"没有完全取消，而只是部分地取消，只是在已经实现的经济变革的范围内，也就是在对生产资料的关系上取消。"资产阶级权利"承认生产资料是个人的私有财产。而社会主义则把生产资料变为公有财产。在这个范围内，也只有在这个范围内，"资产阶级权利"才不存在了。

但是它在另一方面却依然存在，依然是社会各个成员间分配产品和分配劳动的调节者（决定者）。"不劳动者不得食"这个社会主义原则已经实现了；"按等量劳动领取等量产品"这个社会主义原则也已经实现了。但是，这还不是共产主义，还没有消除对不同等的人按不等量的（事实上是不等量的）劳动给予等量产品的"资产阶级权利"。

马克思说，这是一个"缺点"，但在共产主义第一阶段是不可避免的，如果不愿陷入空想主义，那就不能认为，在推翻资本主义之后，人们立即就能学会不需要任何法权规范而为社会劳动，况且资本主义的废除不能立即为这种变更创造经济前提。可是，除了"资产阶级权利"以外，没有其他规范。所以在这个范围内，还需要有国家来保卫生产资料公有制，来保卫劳动的平等和产品分配的平等。

列宁：《国家与革命》，

《列宁全集》（第 1 版）第 25 卷第 453～454 页。

哪里有地主、资本家和商人，哪里甚至在法律上也不可能有男女的平等。哪里没有地主、资本家和商人，哪里是由没有这些剥削者参加的劳动者的政权在建设新生活，哪里在法律上就有男女的平等。但这还不够。法律上的平等还不是实际生活中的平等。我们要使女工不但在法律上而且在实际生活中都能同男工平等。要做到这一点，就要使女工愈来愈多地参加公有企业的管理和国家的管理。

列宁：《致女工》，

《列宁全集》第38卷第170页。

社会民主党的纲领只提出全体无产阶级的共同的基本要求，不管职业、地区、民族、种族的差别如何。而由于这些差别，同样是公民在法律面前完全平等这个要求，在某一地区进行鼓动时，要反对某一种不平等，在另一地区或对另一部分无产阶级进行鼓动时，就要反对另一种不平等，等等。

列宁：《崩得在党内的地位》，

《列宁全集》第8卷第63页。

社会民主党的纲领要求所有公民在法律面前完全平等。为了实现这个纲领，维尔纳的犹太工人提出一个特殊要求，乌法的巴什基尔工人提出另一个完全不同的特殊要求。这是否就是"从大量问题中间""分离出一些问题"呢？提出一些消灭特殊形式的不平等的特殊要求，来贯彻关于权利平等的共同要求，这难道是什么从一般问题中分离出特殊问题吗？特殊要求不是从纲领的共同要求中分离出来，提出这些要求正是为了实现纲领的共同要求。

列宁：《崩得在党内的地位》，

《列宁全集》第8卷第64页。

马克思在《哥达纲领批判》里，深刻论述了社会主义社会的平等问题。这里的论述，是针对《哥达纲领》的表述逐一展开的。《哥达纲领批判》写于1875年4月～5月初，以《对德国工人党纲领的几点意见》于5月5日寄给了爱森纳赫派的领导人威·白拉克。在恩格斯1875年3月18日～28日《给奥·倍倍尔的信》和马克思1875年5月5日《给威·白拉克的信》中，都谈到了平等问题。

时值德国的两个工人党——爱森纳赫派和拉萨尔派原定于1875年年初实行的合并。马克思和恩格斯对合并抱肯定态度，但他们认为，必须在原则上健康的基础上，在理论问题和政治问题上不向已经在工人群众中失去自己影响的拉萨尔派让步的条件下，才能实行合并。

1875年3月7日"人民国家报"和"新社会民主党人报"发表了即将合并的德国社会民主工党的纲领草案。马克思和恩格斯批评了这个草案，认为这个草案包含一整套反科学的荒谬论点和对拉萨尔派的让步。纲领草案是1875年5月在哥达举行的会议上通过的，泛称《哥达纲领草案》。马克思和恩格斯声明我们和上述原则性纲领毫不相干，我们和它毫无共同之点，认为应当根本抛弃并且会使党瓦解的纲领。《哥达纲领批判》是恩格斯于1891年不顾德国社会民主党的机会主义领导的反对而发表的，刊登在德国社会民主党的理论性机关刊物《新时代》杂志 1891 年第 1 卷第 18 期上，并附有恩格斯的说明。

（四）法上的公平正义

1. 公平正义是美好的社会理想

公平属于主体相互关系中的术语，是主体自身的感知；正义属于标准方面的术语，是主体判断事物或现象的依据。因为相互关系的状况和结果与其感知或判断的依据相关，因而人们往往把公平和正义连在一起使用。

公平正义，是美好的社会理想。人们追求公平正义，反映了人类对于真善美的愿望和良知。然而，在阶级社会里，同民主、自由、平等一样，公平和正义也是阶级的、社会的、现实的和时代的，不是超阶级、超社会的，不是脱离现实和脱离时代的。我们研究公平正义问题，应当将其放到一定的阶级关系、社会关系中去考察，把握它的现实要求和时代特征。

如果我们对现代劳动产品分配方式（它造成赤贫和豪富、饥鸿遍野和酒肉生活的尖锐对立）的日益逼近的变革所抱的信心，只是基于一种意识，即认为这种分配方式是不正义的，而且正义总有一天定要胜利，那我们就糟了，我们就得长久等待了。梦想千年王国快要来临的中世纪的神秘主义者，已经意识到阶级对立的非正义性。在近代史开始的时期，在三百五十年前，托马斯·闵采尔已经向全世界宣布过这一点。在英国和法国的资产阶级革命中，也发出过同样的呼声，可是后来就消失了。消灭阶级对立和阶级差别这一呼声，在 1830 年以前受到劳动的和受苦的阶级的冷遇，现在却得到千百万人的共鸣；这一呼声以各国大工业发展的同样顺序和同样强度，激动了一个又一个的国家；这一呼声在一个世代内就已经获得这样的威力，竟能抵抗一切为了对付它而联合起来的势力，并且确信能在最近的将来取得胜利，——这是由于什么原因呢？这是因为：现代的大工业，一方面造成了无产阶级，这个阶级能够在历史上第一次不是要求废除某个特殊的阶级组织或某种特殊的阶级特权，而是要求根本废除阶级；这个阶级所处的地位，使他们不得不贯彻这一要求，否则就有沦为中国苦力的危险。另一方面，这个大工业造成了资产阶级这样一个阶级，它享有全部生产工具和生活资料的垄断权，但是在每一个狂热投机的时期和接踵而来的每次崩溃中，都表明它已经无力继续支配那越出了它的权力之外的生产力；在这个阶级的领导下，社会就象司机无力拉开紧闭的安全阀的一辆机车一样，迅速奔向毁灭。换句话说，这是因为：现代资本主义生产方式所造成的生产力和由它创立的财富分配制度，已经和这种生产方式本身发生激烈的矛盾，而且矛盾达到了这种程度，以致于如果要避免整个现代社会灭亡，就必须使生产方式和分配方式发生一个会消除一切阶级差别的变革。现代社会主义必获胜利的信心，正是基于这个以或多少清楚的形式和不可抗拒的必然性印入被剥削的无产者的头脑中的，可以感触到的物质事实，而不是基于某一个蛰居书斋的学者的关于正义和非正义的观念。

恩格斯：《反杜林论》，

《马克思恩格斯全集》第 20 卷第 171～172 页。

失掉了自己本来职业的人要到其他部门去谋生，这就会大大增加过剩劳动和降低工资。今天工资很低的职业，过去曾经是工资很高的，而今天工资高的在不久的将来工资也会降低。这样，工人阶级的购买力就一天一天地缩小，国内商业也将随之而萧条下去。商人们，要记住这一点！你们的买主愈来愈穷，你们的利润愈来愈少，而要你们救济的贫民将愈来愈多，你们必须缴纳的济贫捐以及其他捐税的数目将愈来愈大。你们的收入降低，你们的支出增加。你们收入得更少了，花费得更多了。你们喜欢这种制度吗？有钱的工厂主和地主把济贫捐以及其他捐税的全部担子都转嫁到你们身上。你们中等阶级成了为富翁们补偿捐税支出的工具。他们制造出了为他们创造财富的贫困，而硬要你们为他们亲手制造的这种贫困负担代价。地主逃避了这种负担，因为他们享有特权；工厂主逃避了这种负担，他们从工人的工资方面得到补偿，而这又会影响到你们。你们喜欢这种制度吗？我左边的这些先生所维护的就是这种制度。至于我自己向你们提出的意见是什么呢？我向你们指出了邪恶。这已经说明了一些问题。但是我还想做得更多一些。我在这里还要指出正义何在，并加以证明。

马克思：《宪章派》，

《马克思恩格斯全集》第8卷第396页。

济贫捐，远不是建筑在友爱原则上面的，同时还粗暴地（尽管是非常软弱无力地）否认了平等原则。我们所需要的不是英国资产阶级那套权宜的办法，而是一个能伸张正义，满足一切人的需求的全新的社会经济制度。

恩格斯：《拉马丁先生的宣言》，

《马克思恩格斯全集》第4卷第383页。

竞争产生贫困，它酿成内战，"改变地带的自然条件"，混淆民族，制造家庭纠纷，败坏公德，"歪曲公平、正义的概念"和道德的概念，不仅如此，它还破坏诚实而自由的贸易，甚至也不拿综合价值、固定而诚实的价格来代替。

马克思：《哲学的贫困》，

《马克思恩格斯全集》第4卷第117~118页。

我们再说一遍，同这些高利贷者、五毒俱全的家伙讲和平，对一个革命的国家说来就是怯懦、耻辱、犯罪、道德堕落，不仅是利益的破产，而且也是正义和荣誉的破产。

恩格斯：《拉马丁先生的宣言》，

《马克思恩格斯全集》第4卷第383页。

如果你们由于罪犯无支付能力而不能通过这种途径获得补偿，那只能说，取得补偿的任何合法途径都没有了。世界不会因此而毁灭，国家也不会因此而脱离阳光照耀的正义大道，你们也应该知道，世上的一切都是暂时的，然而由于你们虔诚地笃信宗教，你们未必认为这是一件有趣的新闻，并且它也不会比风暴、火灾、发烧更使你们惊奇。

马克思：《关于林木盗窃法的辩论》，

《马克思恩格斯全集》第1卷上册第282页。

由于热那亚的"上帝和人民"这家在意大利国土上出版的最后一家共和派报纸，终于受不住撒丁政府的不断迫害而宣布停刊，顽强不屈的马志尼在伦敦创办了一家意大利文报纸——取名《Pensiero ed Azione》（"思想和行动"）的半月刊。

我们就是从该报的上一期中翻译了他的一篇新宣言，我们认为这是一个具有历史意义的文件，它使读者能够自己判断聚集在罗马三执政旗帜下的那部分革命流亡者的生命力和前途。马志尼并没有研究那些使 1848～1849 年的革命遭到失败的巨大社会因素，也没有试图描绘那些在过去十年里无形中成熟起来并且一齐为新的更强大的运动奠定了基础的真实条件，在我们看来，他又重新回到他以前的幻想里，给自己提出一个臆造的问题，自然也就只能得出虚假的解决办法。他仍然认为何以流亡者作为一个团体未能实现他们想革新世界的意图这个问题具有头等重要的意义；并且他仍然在兜售医治他们的政治瘫痪症的万应灵药。他说：

"只要哪里的人民准备起义，准备战斗，并且必要时为了挽救全体而准备牺牲，只要哪里的人民在自己的旗帜上写着：上帝、人民、正义、真理、美德，那里的人民就能率先发动。为了大家而起义，大家就会跟着前进。"

马克思：《马志尼的新宣言》，

《马克思恩格斯全集》第 12 卷第 616～617 页。

预定在 1513 年夏末秋初开始行动。只还缺"鞋会"会旗，约斯弗里茨就到海尔布朗去定制会旗。旗上除各种徽号画图之外还有鞋和一行字："上帝保佑神圣正义事业！"但是当他不在的时候，留下的人过早地企图袭击夫赖堡，而且事前就走漏了风声；还有宣传上的一些疏忽使夫赖堡政府和巴登侯爵探出线索，最后由于两个参加者的叛变，全部密谋被泄露了。侯爵，夫赖堡当局和恩集斯海姆的皇家政府都立即出动警探和士兵；许多"鞋会"会员被捕获，被刑讯，被处死。

恩格斯：《德国农民战争》，

《马克思恩格斯全集》第 7 卷第 428～429 页。

哥特弗利德加入了战斗者的行列，加入了侠义的维利希的部队。哥特弗利德的许多战友竭力要我们相信，从这时起，他分担了这支队伍所遭遇到的一切命运，他很谦虚，像个普通的志愿兵，不论是在顺利的时候，或是在困难的时候，他都和蔼可亲，不过他的大部分时间是在为掉队者预备的马车上度过的。在拉施塔特，这位真理和正义的真正保卫者不得不经受了后来使他在全德国人民的赞叹声中成为纯洁无瑕的受难者的考验。

马克思恩格斯：《流亡中的大人物》，

《马克思恩格斯全集》第 8 卷第 291 页。

马克思在《马志尼的新宣言》里，摘引了新宣言中打着"正义"旗号的一段话。马志尼是欧洲共和派形式主义者的领袖。在 1848～1849 年革命失败后，马志尼致力于意大利的民族解放运动，为唤起意大利人民举行起义来反对奥地利的和其他的压迫者以及争取统一意大利而写的许多宣言。

马克思评述这些宣言，说宣言没有决定性的意义，理论观点模糊、矛盾和资产阶级局限性，远离人民群众。马克思在一些论述中多次提到过马志尼。在《欧洲的金融危机》里，说"如果把这次短暂的金融恐慌的效果同马志尼宣言和其他宣言的效果对照一下，那末，从1849年开始的高明的革命家们的全部幻想史，立即就会失去其神秘性。他们不了解人民的经济生活，他们不了解历史发展的实际条件，当爆发新的革命时，他们比彼拉多有更多的理由来推卸责任，说他们与流血事件无关。"在《马志尼和拿破仑》里，说"这些人只注意国家的政治形式，而不能理解作为政治上层建筑的基础的社会组织的意义。他们以其虚伪的理想主义自豪。"

对于1848～1849年革命的失败和失败后马志尼根据密谋策略组织起义的失败，马克思依然认为，欧洲的无产阶级革命只有在英国无产阶级参加的情况下才能取得胜利。

马克思文中的"罗马三执政"，是指1849年罗马共和国三执政（马志尼、萨菲、阿尔美里尼）。马克思指出了他们的政策的温和的、不彻底的性质。他们对农民采取的措施，虽然也带有进步的意义，但是实际上并未改变农村的土地关系，也没有使意大利农民的困难处境真正得到改善。

马克思和恩格斯在《流亡中的大人物》讲的这位真理和正义的真正保卫者，是哥特弗利德·金克尔。他是小资产阶级活动家，传教士的儿子，当过演员、副教授、议员，出版过诗集。在农民中宣传自由，同情手工业者阶层，出版过《手工业，救救自己吧！》，主张"国家应当给手工业者物质援助"。马克思和恩格斯说他是"民主主义的济格瓦特时期的英雄，这个时期在德国产生了无限的爱国主义的苦闷和泪如泉涌的悲伤。哥特弗利德就是以平庸的抒情的济格瓦特的姿态初露头角的"。"济格瓦特"是18世纪末风行一时的密勒的小说的书名，指德国文学中的感伤派。

马克思和恩格斯写《流亡中的大人物》是抨击1848～1849年革命中的小资产阶级活动家的小册子，这些小资产阶级活动家在革命失败后便攻击无产阶级革命家。

由于政府和法兰克福议会之间爆发了冲突，接着德国南部和莱茵河畔也掀起了运动。哥特弗利德响应号召，参加了战斗。他同他的朋友退职少尉安内克联合起来带领追随者向济克堡进军，加入了侠义的维利希的部队。1849年6月29～30日巴登革命军和普鲁士军队在拉施塔特城下展开了最后一次激战。哥特弗利德中弹受伤，被农民施救后，碰上了普鲁士人，于是便当了巴比伦的俘房。1849年4月，被拉施塔特军事法庭判处20年徒刑。

1848年革命的失败，沉重打击了欧洲小市民的甜蜜幻想，他们的任何一个希望都没有实现，小资产阶级的"正义和真理"渴求，化作泡影。

2. 不同时代有不同的公平正义，不存在永恒的公平正义

作为法的价值，作为意识形态，公平正义是时代的。公平正义的内容和形式是时代条件和时代要求决定的。

现在人们对时代理解得过于随意，为我所用，动辄什么什么时代，法学著述也不能幸免。时代不以人或物划分，也不以统治者的更迭划分。历史上有过的以物取义，只是一种

借喻，如青铜器时代、铁路时代、蒸汽时代，等等。时代含义的确定，时代同时代的区别标准，应当是生产方式、统治类型、文化文明和社会生活条件四个方面的综合统一。这里，物质生产方式是决定性因素，生产方式改变了，统治类型、文化文明和社会生活条件亦会或早或迟地随之改变。统治类型，是时代改变的标志。文化文明和社会生活条件，具有历史阶段性特征。从人类大历史看，分为奴隶制时代、封建时代、资本主义时代、社会主义时代。目前的时代，是资本主义走向社会主义的时代的继续。

不同时代有不同的公平正义。在奴隶制时代，奴隶是"会说话的工具"，强迫其无偿劳动，实行"皮鞭纪律"，被认为是公平正义的。在资本主义时代，自由雇佣劳动，劳动者的工资是劳动力的价格，实行"饥饿纪律"，被认为是公平正义的。由此可见，永恒的、不可改变的公平正义是不存在的。

所谓"永恒的公平正义"，不过是坐在书斋里的臆想而已。

"此外，还存在着一些永恒的真理，如自由、正义等等，这些真理是社会发展的一切阶段所共有的。但是，共产主义却要废除永恒的真理，它废除宗教、道德，而不是把它们革新；可见，共产主义是同过去的全部历史发展进程背道而驰的。"这种责难究竟有什么意思呢？至今所有一切社会的历史都是在阶级对立中演进的，而这种对立在各个不同的时代又是各不相同的。

马克思恩格斯：《共产党宣言》，

《马克思恩格斯全集》第 4 卷第 489 页。

从选举法和出版法通过时起，革命的和民主的党派就退出了官场的舞台。议会闭会不久，在议员动身回家之前，山岳党的两派——社会主义民主派和民主社会主义派——发表了两篇宣言，即两份 testimonia paupertatis〔贫困证明书〕，用以证明，虽然权力和成功从来没有在他们那一边，但是他们却一向都是站在永恒的正义和一切永恒的真理的方面。

马克思恩格斯：《国际述评》，

《马克思恩格斯全集》第 7 卷第 524 页。

如果考虑到永恒正义的法则，罗伊斯－格莱茨－施莱茨－罗宾斯坦公国的自然疆界至少应当扩展到德意志联邦的疆界或者甚至更远些—到波河，也可能到维斯拉河。要知道罗伊斯－格莱茨－施莱茨－罗宾斯坦公国和奥地利一样，同样都有实现自己权利的要求！

恩格斯：《波河与莱茵河》，

《马克思恩格斯全集》第 13 卷第 293~294 页。

固守波河在目前只具有这样一种意义，那就是德国虽然处于最终目的在于夺取它的最好几个省份的这种袭击的威胁之下，但是绝对不想不经过战斗就把它即使不是最坚强的军事阵地，也是最坚强的军事阵地之一拱手让与他人。从这个意义上说，当然整个德国都非常关心波河的防御。在战争前夜，也和在战争中一样，双方通常都力图占领每一个可以威胁敌人和挫伤敌人的有利阵地，而不从道德原则方面去考虑这是否合乎永恒的正义或者民族原则。那时大家都只顾维护自己的私利。

恩格斯：《波河与莱茵河》，

《马克思恩格斯全集》第 13 卷第 249～250 页。

恩格斯《波河与莱茵河》的写作背景，是当时在意大利即将发生冲突，有必要明确无产阶级革命家和欧洲的民主派对德国统一和意大利统一的道路问题所应采取的立场，以反对资产阶级的，首先是德国资产阶级的观点。恩格斯揭穿了欧洲各国统治集团用来为其侵略和掠夺政策辩护的各种沙文主义理论，并证明这些理论从战略的观点来看都是不能成立的。

文中"罗伊斯－格莱茨－施莱获－罗宾斯坦"的正式名称是"弟系罗伊斯和长系罗伊斯"。恩格斯的这种写法，是讽指德国的各个小邦。

3. 具有统治意志性的公平正义

法上的公平正义，是具有统治意志性的公平正义。统治阶级的意志，是判断公平正义的标准。

社会关系主体的权利的性质和内容，直接反映阶级之间的相互关系，表现法律制度的本质。这就决定了公平正义首先是统治阶级的公平正义，是与统治阶级的利益要求相一致的。因此，公民的公平正义要求，只有在符合统治阶级意志的情况下才能实现。

难道资产者不是断定今天的分配是"公平的"吗？难道它事实上不是在现今的生产方式基础上唯一"公平的"分配吗？难道经济关系是由法权概念来调节，而不是相反地由经济关系产生出法权关系吗？难道各种社会主义宗派分子关于"公平的"分配不是有各种极为不同的观念吗？

马克思：《哥达纲领批判》，

《马克思恩格斯全集》第 19 卷第 15 页。

资产阶级认为没有财产的人们的正义要求只不过是死不知足，是对"上帝和人们安排好的秩序"的疯狂的反抗，至多也只是"以鼓动为生的、懒惰得不愿意工作的、恶意的煽动家"的成功，这是必须用一切手段镇压下去的。

恩格斯：《英国工人阶级状况》，

《马克思恩格斯全集》第 2 卷第 548 页。

现今的制度使寄生虫安逸和奢侈，让工人劳动和贫困，并且使所有的人退化；这种制度按其实质来说是不公正的，是应该被消灭的。

恩格斯：《弗·恩格斯对英国北方社会主义联盟纲领的修正》

《马克思恩格斯全集》第 21 卷第 570 页。

德国人普芬多夫说道：“现在的财产不平等是一种非正义性，这种非正义性可能由于富人的无耻和穷人的怯懦而引起其他的不平等。”

马克思恩格斯：《德意志意识形态》，
《马克思恩格斯全集》第 3 卷第 619 页。

正是布鲁诺·鲍威尔先生自己在“自由的正义事业”（自然是在“他自己的”事业里）、“犹太人问题”等等里面搬着指头计算统治世界的日子的到来。虽然他也曾意识到他不能够指出确切的日子。他竟把他自己的一大堆罪过转记在群众的罪行录上。

马克思恩格斯：《神圣家族》，
《马克思恩格斯全集》第 2 卷第 100 页。

“如果迄今颁行的法律没有明确规定国内报纸有责任不加任何注释和按语及时刊登由官方权威送来的一切事实性的更正，那么我期望内阁直接提出对这些法律作必要补充的建议。但是，如果这些法律现在已足以达到这一目的，那么我希望我的政权机关大力利用它们来维护正义和真理，我除了委托各部负责此事以外，特别要求各位总督予以直接关心，因此内阁应向他们发出相应的指示。”

我们之所以如此急切地向本报读者报道这项王室内阁指令，是因为我们把它看作是对普鲁士新闻出版界的保证。

马克思：《关于报刊的内阁指令》，
《马克思恩格斯全集》第 1 卷上册第 318 页。

“正义的”霍亨索伦是怎样履行自己的诺言的。为镇压各国人民成立了神圣同盟，召开了代表大会，作出了卡尔斯巴德决议，实行书报检查制度，警察逞凶，贵族称霸，官僚横行，王室对诉讼程序横加干涉，迫害宣传鼓动家，大批的人被判罪，在财政上挥霍无度，而宪法连个影子也没有。

马克思：《霍亨索伦王朝的丰功伟绩》，
《马克思恩格斯全集》第 6 卷第 573 页。

在弗里德里希威廉三世统治时期，特别是在 1815～1840 年，用来实现这种壮志宏图的蛮横的暴力手段是史无前例的。无论何时何地，从来没有像在这位“正义的”君主统治时期这样大批地捕过人，判过罪，监狱从来没有像这样挤满过政治犯，何况这些宣传鼓动家都是一些无辜的头脑简单的人。

马克思：《霍亨索伦王朝的丰功伟绩》，
《马克思恩格斯全集》第 6 卷第 574 页。

对于罗素来说，司法改革也是一种骗人的幌子。当 1841 年议会对辉格党内阁投了不信任票，而且即将采取的解散议院的手段看来也无济于事的时候，罗素就企图使下院仓卒通过 Chancery Bill〔关于大法官法庭的法案〕，以便"通过设置两个新的 judges of equity〔正义法官〕（这种法官应该遵循的不是法规，而是正义）的职位来医治我们制度中的一个最令人苦恼的毛病——courts of equity〔正义法庭〕的拖拉现象"。

罗素把他的这个法案叫做"在司法改革方面的一次重大的兑现"。他的真正的目的是，要在托利党人组阁看来即将成为事实以前偷偷地把他的两个辉格党朋友安置在新设的职位上。

马克思：《约翰·罗素勋爵》，

《马克思恩格斯全集》第 11 卷第 454~455 页。

在随后不久发生的事件中，山岳党表现了更大的毅力。陆军部长奥普尔在国民议会的讲坛上把二月革命称作是不详的灾难。山岳党照例以大吵大嚷表示正义的不满，但是议长杜班不让山岳党的演说家发言。日拉丹提议山岳党立刻全体退出会场。结果，山岳党依然就席不动，而且拉丹则作为一个不够资格的人被驱逐出山岳党。

马克思恩格斯：《国际述评》，

《马克思恩格斯全集》第 7 卷第 523 页。

"对任何不幸者充满同情（这种同情是毫无价值的）的德国人民，始终深切地感到他们的君主对波兰人干下了严重的非正义行为。"当然，他们是以德国人的宁静的心"深切地感到"的，在这颗心里，感情藏得如此之"深"，以致从来也没有在行动中表现出来！

恩格斯：《法兰克福关于波兰问题的辩论》，

《马克思恩格斯全集》第 5 卷第 381 页。

真的，单是那种向来就成为德意志民族性的主要装饰品的无思想、无内容、无目的的热情，就足以使德国人因波兰人的要求而感到茫然！德国人想"补偿"波兰所遭受的非正义行为。这种非正义行为是从什么时候开始的呢？撇开过去的种种叛卖行为不谈，至少是从 1772 年第一次瓜分波兰时开始的。

恩格斯：《法兰克福关于波兰问题的辩论》，

《马克思恩格斯全集》第 5 卷第 381 页。

我们现在来听一听果登先生的话："我们不得不再度捍卫那个具有如此重大的意义、对我们祖国孕育着如此重大的后果的事业，即使这个事业本身在我们看来不完全是正义的（！），但是由于必要，我们也应该使它成为正义的（！！）。我们的权利与其说是根源于过去，不如说是根源于现代跳动很快的脉搏（更确切些说，是枪托的殴打）。"

恩格斯：《法兰克福关于波兰问题的辩论》，

《马克思恩格斯全集》第 5 卷第 396 页。

（果登先生的话）"因瓜分波兰而发生的违反正义的行为，已经由你们（德国的）人民的仁慈（特别是普鲁士官吏的笞杖），由他们的勤劳（在被掠夺和被分赠的波兰的土地上），并在今年4月间由他们的鲜血全补偿了！"

恩格斯：《法兰克福关于波兰问题的辩论》，
《马克思恩格斯全集》第5卷第397页。

美国和墨西哥是两个共和国；这两国的人民都是自主的……根据道德的理论，这两个共和国本来应当是"兄弟的"和"结成联邦的"国家，但是，由于得克萨斯问题，在它们之间爆发了战争；美国人民的"主权意志"依靠美国志愿军的勇敢，从"地理的、贸易的和战略的考虑"出发，把自然确定的边界线向南推移了几百英里。这次战争虽然有力地打击了巴枯宁以"正义和人道"为依据的理论，但它完全是为了文明的利益进行的。

恩格斯：《民主的泛斯拉夫主义》，
《马克思恩格斯全集》第6卷第326页。

当然，加利福尼亚和得克萨斯的某些西班牙人的"独立"在这种情况下可能会遭到侵害；"正义"和其他道德原则也许会受到一些破坏；但是同那些具有全世界历史意义的事实比较起来，这又算得了什么呢？

恩格斯：《民主的泛斯拉夫主义》，
《马克思恩格斯全集》第6卷第326页。

弗里德里希威廉二世的继承者，"正义的"弗里德里希威廉三世怎样为了抛给他的诱饵——汉诺威——而把自己的老盟友出卖给拿破仑。

马克思：《霍亨索伦王朝的丰功伟绩》，
《马克思恩格斯全集》第6卷第572页。

西蒙先生认为他是在为维护帝国宪法的战士大声疾呼，那末这完全是一种虔诚的谎言。维护帝国宪法的战士并不需要他的"正义的呼声"。他们自己保卫自己反倒更好些更有力些。但是西蒙先生必须以此来掩饰自己，以便遮盖这样的事实：为了在各方面都声名狼籍的法兰克福人，为了编造帝国宪法的人和为了他自己，他认为必须发表一篇 oratio-prodomo（自卫演说）。

马克思恩格斯：《"新莱茵报·政治经济评论"第2期上发表的书评》，
《马克思恩格斯全集》第7卷第246页。

西方强国的外交活动丝毫不带有敌视俄国的性质。正相反，当问题涉及伸张正义的时候，他们表现出十分明显的拖延倾向，当问题已经涉及犯罪行为时，他们又表现出十分明显的妥协倾向。

马克思：《东方战争》，
《马克思恩格斯全集》第10卷第27页。

约翰·罗素勋爵回答达德利·斯图亚特勋爵的询问时厚颜无耻地说,"……从正义、国际法、对我们盟国的忠诚这方面来看,同时从整个政策和合理性方面来看,保持土耳其的完整和独立是英国对外政策中重大的和决定的环节。"

马克思:《俄国的外交。——关于东方问题的蓝皮书——门的内哥罗》,

《马克思恩格斯全集》第 10 卷第 75 页。

帕麦斯顿私人的 moniteur(正式通报)"晨邮报",在谈到自己主人的这个回答时说:"高贵的勋爵不对这个最棘手、最困难、目前可能是谈判内容的问题进行研讨就不可能给予别的回答(不管政府对这件事是多么了解)。如果希望这个问题能够顺利地解决,就必须相信不希望在我们这个文明的世纪再恢复合法的海盗行为的各强国所具有的自然的正义感。"

马克思:《二月二十二日的议会辩论。

——波茨措·迪·博尔哥的紧急报告——西方强国的政策》,

《马克思恩格斯全集》第 10 卷第 102 页。

一方面,帕麦斯顿勋爵的喉舌宣称,所谓"困难的问题"是现在正在进行的谈判的内容,另一方面又说要解决这个问题,应当相信有关强国的"自然的正义感"。

马克思:《二月二十二日的议会辩论。

——波茨措·迪·博尔哥的紧急报告——西方强国的政策》,

《马克思恩格斯全集》第 10 卷第 102~103 页。

联合内阁可能期待并且一定在期待,由于自己曾经客客气气地为俄国"正义事业"效过劳(在外交、军事和其他方面),它会看到专制君主多少表示一点客客气气的谢意。但是一点也没有;联合内阁从专制君主那里挨揍的次数比实际上应该挨的还要多。

马克思:《英国特别的陆军部的成立。——多瑙河上的军事行动。——经济状况》,

《马克思恩格斯全集》第 10 卷第 279 页。

曼托伊费尔男爵曾经就用于军事行动的 3000 万塔勒借款问题声明:在上述议定书中普鲁士对俄国政策所表示的意见就是认为俄国作了一种很不正义的行为,但是普鲁士并不认为自己有责任要进一步采取措施和积极参加战争。

马克思:《议会新闻:上院关于普鲁士的辩论》,

《马克思恩格斯全集》第 11 卷第 161 页。

关于建立一个迫使欧洲遵守它的法律的泛斯拉夫帝国的想法,那时还只是模模糊糊地有所表露。但是,哀诗时期很快就结束了,单纯"为了斯拉夫人的正义"的呼吁也随之过去了。

恩格斯:《德国和泛斯拉夫主义》,

《马克思恩格斯全集》第 11 卷第 221 页。

罗素做了些什么呢？他给英国驻彼得堡大使拍去了一份急电，其中有下面这一段话："土耳其政府愈是遵循公正立法和正义管理的策略，俄国皇帝就愈认为没有必要行使自己的专有保护权，因为他认为行使这种权利是十分沉重和不方便的，虽然这种保护无疑是他应尽的义务，而且是被条约神圣化了的。"

马克思：《迪斯累里的提案》，
《马克思恩格斯全集》第 11 卷第 285 页。

对俄国进行的战争，据说最初是正义的，但是到现在这个时候，如果我们再继续进行下去，那就有罪了。

马克思：《议会新闻，关于迪斯累里提案的辩论》，
《马克思恩格斯全集》第 11 卷第 289 页。

慷慨的英国对俄国宣布了"正义战争"，在订立和约时，不曾要求任何军事赔款。另一方面，英国虽然不断声明它同中国处于和平状态，同时却强迫中国必须偿付这次战争的费用，这些费用，按照英国自己现任大臣们的意见，是由它自己的海盗行为引起的。

马克思：《中国和英国的条约》，
《马克思恩格斯全集》第 12 卷第 622 页。

恩格斯在《法兰克福关于波兰问题的辩论》里提到的果登，是果登·阿道夫（Goeden, Adolf）——波兹南的德国医生，1848 年是法兰克福国民议会的议员，属于右派。在引用果登说的话里，括弧里的话是恩格斯加的。

马克思在《关于报刊的内阁指令》里"内阁指令"，指莱茵省总督冯·沙培尔的指令。1842 年 11 月 15 日，《科隆日报》公布了关于报刊的内阁指令。为反击政府的威胁和反动报纸的挑衅，马克思在这篇简短的评论中全文转载这一指令，目的是利用其主张放宽言论的机会，采用了顺应指令的策略。

马克思在《约翰·罗素勋爵》里提到罗素的司法改革中的正义，也揭示了打着正义旗号的党派斗争的实质。

罗素·约翰（Russell, John 1792~1878）英国国务活动家，辉格党领袖，曾任首相、外交大臣、枢密院院长，曾为英国出席维也纳会议的代表和殖民大臣。罗素在司法改革中，把大法官法庭或称正义法院，由英国的最高法院之一，在 1873 年司法改革后变为最高法院的分院。这个法院由大法官领导，其权限是审理有关继承、契约义务、股份公司等方面的案件。这个法院的权限在许多场合下同其他最高法院的权限划分不清。把法院称作"正义法院"，使阶级统治工具的法院成为正义的化身，那么法官对案件的审理和判决，就通通是正义的了。人们不得不佩服罗素司法改革的奥妙。

马克思认为，反对贵族政治的运动在英国只可能有这样一个直接的结果：使托利党，即特殊的贵族政党执掌政权。议会外的一切运动在议会内的形式，就是执政阶级的两个派别之间的争吵。为辉格党人所掌握的反谷物法同盟成了推翻托利党人的工具。为托利党人所掌握的行政改革协会将成为推翻辉格党人的手段。只是不应当忘记：这两个派别都这样拿旧制度的基础一个接着一个地轮流去作牺牲，然而制度本身却仍然有效。辉格党代表英国寡头政体本身，代表像萨特伦德、培德福德、卡莱尔和戴文希尔等这样一些少数有实力的家族的权势。托利党代表 squireocracy，也可以说是代表容克派，辉格党人的好意总是束缚着资产阶级运动；托利党人的好意则经常把人民群众推入资产阶级的怀抱，而资产阶级又把人民群众交给辉格党人支配。现在辉格党人和托利党人不再有什么区别，因为后者好像是贵族中的平民，而前者则是贵族的 hautevolée（上层）。辉格党人的反动政策总是经资产阶级同意后实施的。托利党人的反动政策反对资产阶级的程度甚至比反对人民群众的程度更大。这就是为什么辉格党人被视为自由派的原因。

4. 资产阶级公平正义的空谈什么也证明不了

人们把没有事实根据的、脱离实际的、不能证明或解决历史和现实政治经济等问题的、无法实现的言论，称为空谈。

立法上公平正义，是形式的、没有实际保障的。从这个意义上说，也是空谈。这叫作立法空谈。关于公平正义的空谈，经典作家论述了统治阶级成员的空谈和知识分子的空谈。空谈的目的，无非是维持财产关系现状和统治现状，维护既存的法律秩序。

在任何社会条件下，空谈都不是一种美德。我们的法学家不能是空谈家。苏联小说有个"客里空"，"客里空"是典型的空谈家。

关于公平和正义的空谈，归结起来不过是要用适应于简单交换的所有权关系或法的关系作为尺度，来衡量交换价值的更高发展阶段上的所有权关系和法的关系。

马克思：《政治经济学批判》，

《马克思恩格斯全选》第46卷上册第280页。

"正义""人道""自由""平等""博爱""独立"——直到现在除了这些或多或少属于道德范畴的字眼外，我们在泛斯拉夫主义的宣言中没有找到任何别的东西。这些字眼固然很好听，但在历史和政治问题上却什么也证明不了。"正义""人道""自由"等可以一千次地提出这种或那种要求，但是，如果某种事情无法实现，那它实际上就不会发生，因此无论如何它只能是一种"虚无飘缈的幻想"。

恩格斯：《民主的泛斯拉夫主义》，

《马克思恩格斯全集》第6卷第325页。

谁也不能因自己享用土地而阻挠其他人同样享用土地。因此，正义不允许占有土地，否则其他人就只有得到占有者的同意才能生活在大地上。没有土地的人甚至被人家以权利为理由从土地上赶走……妄谈现有的这种财产权利合法，从来都是没有根据的。

马克思：《印度问题。——爱尔兰的租佃权》，

《马克思恩格斯全集》第9卷第182页。

"合理调整"财产正是那些在冷酷的必然性面前不得不把一切正义"措施"化为灰烬的"经济规律",虽然这些措施是印加族和康培的儿童读物所推荐的并且是最极端的爱国志士所竭诚拥护的。

马克思:《道德化的批评和批评化的道德》,

《马克思恩格斯全集》第 4 卷第 351 页。

(小约翰·罗素):"我认为,正如理智在提醒我们一样,正义感也责成我们等待采取措施,这些措施将使农业、殖民活动和航运的利益得到以往曾遭到无理拒绝给予的那种满足(笑声);这些良好的措施的使命就是结束长期的斗争。"

马克思:《各个政党和政局展望》,

《马克思恩格斯全集》第 8 卷第 435 页。

克利盖作为一个预言家,因而也就必然作为埃萨伊秘密同盟——"正义同盟"的代表发言。因此,既然他不是代表"被压迫者"发言,他就是为了"正义"发言,不过这种正义不是一般的正义,而是"正义同盟"的正义。他不仅欺骗自己,而且也欺骗历史。

马克思恩格斯:《反克利盖的通告》,

《马克思恩格斯全集》第 4 卷第 19 页。

海因岑先生特别重视获得的财产,这就再一次证明了他根本不了解他所谈论的对象。海因岑先生本着他那高尚庸人的正义感,想把自己赚到的分给每个人,可惜这种正义感被大工业化为乌有了。

恩格斯:《诗歌和散文中的德国社会主义》,

《马克思恩格斯全集》第 4 卷第 313 页。

海因岑先生这里大概是指的下面这件事,共产主义者曾讥笑他的道德高尚的言论,嘲笑所有这些神圣高超的思想、高尚、正义、道德等,而海因岑先生却认为这些是任何社会的基础。

恩格斯:《共产主义者和卡尔·海因岑》,

《马克思恩格斯全集》第 4 卷第 309 页。

真正的蒲鲁东声明:他不追求任何抽象的科学的目的,而只是向社会提出一些直接实践的要求。而且他的要求决不是任意提出的。这个要求由于他对论题的全部发挥而成为有根据和有理由的要求,它就是这种发挥的要领,因为,"公平,并且仅仅是公平,这就是我的立论的要领"。被赋予特征的蒲鲁东说过:"公平,除了公平而外别无其他——这就是我的主张",这种说法使他陷入了更加狼狈的境地。

马克思恩格斯:《神圣家族》,

《马克思恩格斯全集》第 2 卷第 28 页。

　　在批判的蒲鲁东看来，"法律是公平的事物的规定"，在非批判的蒲鲁东看来，法律则是公平的事物的"宣告"（déclaration）。非批判的蒲鲁东驳斥了认为法律创造公理的见解。而"法律的规定"这种说法既可以表示法律被某种其他的东西所规定，又可以表示法律本身规定某种其他的东西；批判的蒲鲁东本人在上面就是从后一种含义来谈论社会原则的规定的。不过，做这样细微的区分对群众的蒲鲁东说来确实是不适当的。

马克思恩格斯：《神圣家族》，

《马克思恩格斯全集》第 2 卷第 34 页。

　　按照非批判的见解，情形恰恰相反：正如人们在上天奖赏的观念中只是把人间的雇佣仆役理想化了一样，人们在天上的刑罚理论中也只是把尘世的刑罚理论理想化罢了。如果不是一切善人都受到社会的奖赏，那末这也是应该如此，因为这样才能使天上的正义显得比人间的正义到底高出一筹。

马克思恩格斯：《神圣家族》，

《马克思恩格斯全集》第 2 卷第 240 页。

　　圣布鲁诺之所以大声疾呼，挑起战火，只是为了"保全"自己和自己的陈腐发酵的批判，免得被人们漫不经心地遗忘，只是为了表明在 1845 年已改变了的条件下批判依然如故，一成未变。他写完了"正义事业和我自己的事业"一书的第二卷；他捍卫自己的地盘，他 pro aris et focis 而战斗。但是他这位名副其实的神学家，用一种假象把这个本来目的掩盖起来，好像他是想"评述"费尔巴哈似的。

马克思恩格斯：《德意志意识形态》，

《马克思恩格斯全集》第 3 卷第 109 页。

　　德国教书匠 tout bonnement〔天真地〕相信德国小资产者的这种幻想，并且用了三页的篇幅先对所有这些善事作了分析。他研究了"神的事"、"人类的事"（第 6 页和第 7 页），并发现：这些都是"纯粹利己主义的事"；无论是"神"或"人类"，都只关心自己的事；"真理、自由、人道、正义""只关心自己，不关心我们，只关心自己的福利，不关心我们的福利"。由此他得出结论说：所有这些人物"因此获得丰厚的利益"。

马克思恩格斯：《德意志意识形态》，

《马克思恩格斯全集》第 3 卷第 117～118 页。

　　被赋予特征的蒲鲁东在说话方面和思考问题方面都跟群众的蒲鲁东不同，当然他也经历过完全不同的教育过程。他"请教过科学大师，读完了数百卷哲学和法学等等方面的著作，最后还确信：我们从来没有正确地了解'公平、正义、自由'这几个词的含义"。而真正的蒲鲁东则认为，他一开始就理解了（je crus d'abord re-connaître）批判的蒲鲁东只是在"最后"才领悟的东西。

> 马克思恩格斯:《神圣家族》,
> 《马克思恩格斯全集》第 2 卷第 30 页。

绝对的批判在辛利克斯教授面前夸耀自己揭露了"系科学科的秘密"。难道批判没有揭露哲学、法学、政治学、医学、政治经济学等等的"秘密"吗?绝对不是。批判曾指出(请注意!),它在"自由的正义事业"中曾指出作为生财之道的科学和自由的科学之间、教学自由和系科章程之间是互相矛盾的。

> 马克思恩格斯:《神圣家族》,
> 《马克思恩格斯全集》第 2 卷第 119 页。

(阿尔弗勒德·迈斯纳)他佩着寒光逼人的诗歌之剑,披着他的"苦恼的外衣"(阿·迈斯纳"诗集"1846 年莱比锡第 2 版第 67 页和第 260 页),用神经质的手,抡起神秘的狼牙棒,所向无敌,打倒了一切正义事业的敌人。有一位名叫摩里茨·哈特曼的人,跟在他后面当小犬,此人也为了捍卫正义的事业,以"杯与剑"(1845 年莱比锡版)这个标题,发了一阵狂吠。我们的话又从天上回到地上,现在我们和这些英雄们到了一个地方,这儿多年来已经给"真正的社会主义"提供了大批强壮的新兵,这个地方就是波希米亚森林。

> 马克思恩格斯:《德意志意识形态》,
> 《马克思恩格斯全集》第 3 卷第 667～668 页。

我从赫伯特·斯宾塞先生的著作"社会静力学"一书(1851 年伦敦版)中引用几段话,这本书也是妄想完全驳倒共产主义的,并且被公认为对现代英国的自由贸易学说的最详尽的阐述。"谁也不能因自己享用土地而阻挠其他人同样享用土地。因此,正义不允许占有土地,否则其他人就只有得到占有者的同意才能生活在大地上。没有土地的人甚至被人家以权利为理由从土地上赶走……妄谈现有的这种财产权利合法,从来都是没有根据的。"

> 马克思:《印度问题。——爱尔兰的租佃权》,
> 《马克思恩格斯全集》第 9 卷第 182 页。

把"自由"人民说成"人民本质"的分子所必须对付的"矛盾",这种绝对批判的说法究竟绝对空虚到何种程度,可以从下面的事实中看出:照罗伯斯比尔和圣茹斯特的意思,自由、正义、美德反而只能是"人民"的必然表现,只能是"人民本质"的属性。罗伯斯比尔和圣茹斯特十分明确地谈到古代的、"人民本质"所独有的"自由、正义、美德"。斯巴达人、雅典人、罗马人在自己强盛的时代里就是"自由的、正义的、有美德的人民"。

> 马克思恩格斯:《神圣家族》,
> 《马克思恩格斯全集》第 2 卷第 155 页。

没有这种革命的义愤填膺的感情，无产阶级的解放就没有希望。但是，支持工人的英勇反抗精神是一回事，在公开的争论中对付他们的敌人是另外一回事。

在这方面，单凭愤慨，单凭怒气迸发，不管多么正义都毫无用处，这里需要的是论据。

恩格斯：《10小时工作制问题》，

《马克思恩格斯全集》第7卷第269页。

马克思和恩格斯的《反克利盖的通告》，写于1846年5月11日，正是1848年欧洲大革命的前夜。克利盖·海尔曼（Kriege，Hermann），德国记者，"真正的社会主义"的代表人物，曾主笔《人民论坛报》，40年代后半期在纽约领导德国"真正的社会主义者"团体。鉴于在《人民论坛报》他本人和其他人文章散布极其错误的观点，该报参加人召开会议，通过了以下决议：①"人民论坛报"主笔海尔曼·克利盖在该报上所宣传的倾向不是共产主义的。②克利盖用以宣传这种倾向的幼稚而夸大的方式，大大地损害了共产主义政党在欧洲以及在美洲的声誉，因为克利盖算是德国共产主义在纽约的著作界代表。③克利盖在纽约以"共产主义"的名义所鼓吹的那些荒诞的伤感主义的梦呓，如果被工人接受就会使他们的意志颓废。本决议连同论据分发给在德国、法国及英国的共产主义者。

关于把共产主义变成爱的呓语，如"我们向你们乞求（泣诉）的最神圣的爱的事业""充满爱的心灵必然发展成共性的圣灵""在大地上建设起第一批充满天国的爱的村镇""用爱把一切人团结起来"，等等。关于政治经济学方面，对于"每一个农民，不管来自哪一个国家，都分给他160英亩的美国土地供其维持生活。"在该报第14号上所载的"答孔策"一文中，对这个计划是这样说明的："任何人均不得从这一尚未动用的国民财产中领取160英亩以上的土地，而且领取这160英亩也只能限于自耕。"马克思指出：于是，为了把土地留做"不可让渡的公共财产"，而且是全人类的财产，就应该立刻先分配这些土地。克利盖以为他能用一项法令来禁止这种分配所发生的必然后果，即土地集中、工业进步等，"用这14亿英亩来实现的'梦想'究竟是什么呢？无非是把一切人变成私有者而已。这种梦想就像梦想把一切人变成帝王和教皇一样，既无法实现，也不是共产主义的。"此外，克利盖关于爱的高谈阔论，正是浸透了宗教思想。冒充无神论者的克利盖在共产主义的招牌下贩卖基督教的肮脏货色。

马克思和恩格斯在《德意志意识形态》里提到"德国教书匠"，指的是施蒂纳·麦克斯（Stirner，Max）。书中常常使用的"麦克斯""圣麦克斯"，是卡斯巴尔·施米特的笔名。施米特是德国哲学家，青年黑格尔分子，资产阶级个人主义和无政府主义的思想家。

马克思和恩格斯在《德意志意识形态》里说的"波希米亚森林"，指"真正的社会主义者"的营地。在这个"波希米亚森林"里，第一个是"真正的社会主义者"：卡尔·穆尔，第二的是摩里茨·哈特曼，即Canis minor（小犬）。

四、法的统治意志性与其他社会规范意志性的关系

调整社会关系的规范除了法律之外，还有道德规范、宗教规范和社会组织规范。社会组织章程和规章本身不是法律，但在社会组织自治转变为社会组织法治的当代条件下，社会组织规章的规范性是依赖法律实现的。从这个意义上说，社会组织内部关系具有一定的法律性质，只有合法的社会组织章程和规章制度，才会发生效力。基于社会组织规章的法律性质和特征，这里不再摘引和阐释。

关于统治意志性与其他社会规范意志性的关系，有两点应当注意。一是他律性关系。其他社会规范的意志性被纳入统治意志性，成为统治意志性的组成部分。这主要表现为法律对道德、宗教方面的规定，从而形成其他社会规范与法律之间的他律性关系。二是自律性关系。在道德、宗教其他社会规范不被法律规定的情况下，依靠主体自我约束的意志性，形成自律性关系。从根本上说，这种自律性是依靠立法精神、立法指导思想和立法原则实现的。

（一）法的统治意志性与道德戒律意志性

1. 法律上的道德戒律也是统治意志性的表现

道德是以正义和非正义、公正和偏私等原则来评价人们的行为和调节人对人的关系的。调节人对人的关系的道德原则，由于即存的社会条件和统治阶级的影响，往往变得非常紊乱。

社会主义及其政党从来都承认，道德是他们彼此间以及对一切人的关系的基础，而不分信仰、肤色或民族。因为他们知道，物质生活条件确定人们思想和行为的必然性，因而不否定人的理性、良心以及对人的行为的评价。

社会的一切道德归根到底是当时的社会经济状况的产物，但统治阶级的思想家有意识地从理论上把道德变成某种独立自在的东西。统治阶级为了反对被统治阶级，把道德提出来作为社会生活准则，一则是作为对自己统治的粉饰，一则是作为这种统治的道德手段。

社会的道德状况和水平如何，直接影响统治秩序，因而道德戒律往往被规定在法律上。法律上的道德戒律是阶级统治的道德手段。道德戒律在法律上规定了，便具有统治意志性。如果违反法律关于道德的规定，则成为法律发生效力的前提。

我们可以看到，作为道德的道德，作为这个世界（它受自己的规律支配）的原则的道

德正在消失，而代替本质的却是外表的现象、警察的尊严和传统的礼仪。

马克思：《评普鲁士最近的书报检查令》，
《马克思恩格斯全集》第 1 卷第 119 页。

我们驳斥一切想把任何道德教条当作永恒的、终极的、从此不变的道德规律强加给我们的企图，这种企图的借口是，道德的世界也有凌驾于历史和民族差别之上的不变的原则。相反地，我们断定，一切已往的道德论归根到底都是当时的社会经济状况的产物。而社会直到现在还是在阶级对立中运动的，所以道德始终是阶级的道德；它或者为统治阶级的统治和利益辩护，或者当被压迫阶级变得足够强大时，代表被压迫者对这个统治的反抗和他们的未来利益。

恩格斯：《反杜林论》，
《马克思恩格斯全集》第 20 卷第 103 页。

里谢尔先生要求批判家"把法的范围以内的东西和法的范围以外的东西区分开来"。批判家对于法律上的这种蛮横无理的要求表示愤慨。他反驳说："可是直到目前，情感和良心都干涉了法，常常补充它，由于法的教条主义形式（因而不是法的教条主义本质？）所决定的法的性质，就必须常常补充它。"另一方面，批判家只是忘了法本身非常明确地把自身同"情感和良心"区分开来；他忘了这种划分可以由法的片面本质和教条主义形式来说明，这种划分甚至成了法的主要教条之一；最后，他忘了这种划分一旦实现就构成法的发展的最高阶段，正像宗教从各种世俗内容中摆脱出来就使宗教成了抽象的、绝对的宗教一样。"情感和良心"干涉法这个事实使"批判家"有足够的根据在谈法的地方谈情感和良心，在谈法律教义的地方谈神学教义。绝对批判的"说明和划分"使我们有可能充分地领会它的关于"社会"和"法"的最新"发现"。

马克思恩格斯：《神圣家族》，
《马克思恩格斯全集》第 2 卷第 123 ~ 124 页。

以观念形式表现在法律、道德等等中的统治阶级的存在条件（受以前的生产发展所限制的条件），统治阶级的思想家或多或少有意识地从理论上把它们变成某种独立自在的东西，在统治阶级的个人的意识中把它们设想为使命等等；统治阶级为了反对被压迫阶级的个人，把它们提出来作为生活准则，一则是作为对自己统治的粉饰或意识，一则是作为这种统治的道德手段。这里像通常一样，关于这些思想家应当指出，他们必然会把事物本末倒置，他们认为自己的思想是一切社会关系的创造力和目的，其实他们的思想只是这些社会关系的表现和征兆。

马克思恩格斯：《德意志意识形态》，
《马克思恩格斯全集》第 3 卷第 491 ~ 492 页。

马克思和恩格斯在《德意志意识形态》里，针对鲍威尔对里谢尔要求他"把法的范围以内的东西和法的范围以外的东西区分开来"问题批判时，马克思和恩格斯批驳了鲍威尔。问题是围绕谈论犹太人展开的。

里谢尔·加布里埃尔（Riesser, Gabrie）是犹太人，德国政论家，他奋起保护犹太人的平等权利。当里谢尔先生顺便谈到行动自由、居住自由、迁徙自由、经营自由等时，就正确地阐明了犹太人力图使自由的人性获得承认的意义。"自由的人性"的所有这些表现在法国人权宣言中得到了极其肯定的承认。犹太人就更有权利要求承认自己的"自由的人性"，因为"自由的市民社会"具有纯粹商业的犹太人的性质，而犹太人老早就已经是它的必然成员了。

2. 不同阶级的法对道德戒律有不同的选择和要求

道德普遍存在于人类社会，道德戒律涵盖于整个社会生活。然而，在人类历史领域内没有永恒的道德戒律。在阶级社会里，道德首先是阶级的道德。从统治意志的立场出发，国家立法总是选择有利于并适合于阶级统治的道德戒律作为自己的立法选项。

不同阶级对道德戒律有不同的要求。经典作家指出，现代社会的三个阶级即封建贵族、资产阶级和无产阶级都各有自己的特殊的道德，那么我们由此只能得出这样的结论：人们自觉地或不自觉地，归根到底总是从他们阶级地位所依据的实际关系中——从他们进行生产和交换的经济关系中，吸取自己的道德观念。

如果我们看到，现代社会的三个阶级即封建贵族、资产阶级和无产阶级都各有自己的特殊的道德，那末我们由此只能得出这样的结论：人们自觉地或不自觉地，归根到底总是从他们阶级地位所依据的实际关系中——从他们进行生产和交换的经济关系中，吸取自己的道德观念。

但是在上述三种道德论中还是有一些对所有这三者来说都是共同的东西——这不至少就是永久不变的道德的一部分吗？——这三种道德论代表同一历史发展的三个不同阶段，所以有共同的历史背景，正因为这样，就必然具有许多共同之处。不仅如此，对同样的或差不多同样的经济发展阶段来说，道德论必然是或多或少地互相一致的。从动产的私有制发展起来的时候起，在一切存在着这种私有制的社会里，道德戒律一定是共同的：且勿盗窃。这个戒律是否因此而成为永恒的道德戒律呢？绝对不会。在盗窃动机已被消除的社会里，就是说在随着时间的推移顶多只有精神病患者才会偷盗的社会里，如果一个道德宣扬者想来庄严地宣布一条永恒真理：切勿偷盗，那他将会遭到什么样的嘲笑啊！

因此，我们驳斥一切想把任何道德教条当作永恒的、终极的、从此不变的道德规律强加给我们的企图，这种企图的借口是，道德的世界也有凌驾于历史和民族差别之上的不变的原则。相反地，我们断定，一切已往的道德论归根到底都是当时的社会经济状况的产物。

我们断定，一切已往的道德论归根到底都是当时的社会经济状况的产物。而社会直到现在还是在阶级对立中运动的，所以道德始终是阶级的道德；它或者为统治阶级的统治和利益辩护，或者当被压迫阶级变得足够强大时，代表被压迫者对这个统治的反抗和他们的未来利益。在这里没有人怀疑，在道德方面也和人类知识的所有其他部门一样，总的说是有过进步的。但是我们还没有越出阶级道德。只有在不仅消灭了阶级对立，而且在实际生活中也忘却了这种对立的社会发展阶段上，超越阶级对立和超越对这种对立的回忆的、真正人的道德才成为可能。

恩格斯：《反杜林论》，

《马克思恩格斯全集》第 20 卷第 102～103 页。

他的例子谈的都是刑事犯罪、欺诈、纵火等等，使人觉得农民遭到"掠夺和奴役"是出于偶然，是由于（如作者前面所说）生活条件艰难、"道德观念粗鄙"、"著作界接近人民"受限制等等，——总而言之，这一切决不是我国现代社会经济组织的必然产物。

马克思主义者的看法正好相反；他肯定说这决不是偶然性，而是必然性，是在俄国占统治地位的资本主义生产方式所制约的必然性。既然农民在变成商品生产者（其实所有的农民已经成了这样的生产者），他们的"道德"必然会"建筑在卢布上"，我们不必为这一点责备他们，因为生活条件本身迫使他们用商业上的种种狡猾手段猎取卢布。在这种情形下，即使不犯刑事罪，不卑躬屈膝，不制造假货，"农民"也在分化为富裕的和贫穷的。旧日的平等经不起市场的波动。这不是推断，这是事实。

列宁：《民粹主义的经济内容及其在司徒卢威先生的书中受到的批评》，

《列宁全集》第 1 卷第 339～340 页。

整个问题在于两种社会组织形式的更替：占有固着于土地上的农奴的剩余劳动的制度树立了农奴主的道德，"靠别人养活"来做工，为货币占有者来做工的"自由劳动"的制度树立了资产阶级的道德而取消了农奴主的道德。

但小资产者不敢正视真理，不敢直言不讳：他回避这些不容置辩的事实而开始幻想起来。他认为只有独立小经济（为市场生产这点却谨慎地避而不谈）才是"道德的"，而雇佣劳动是"不道德的"。他不了解前者与后者的联系（而且是不可分割的联系），认为资产阶级的道德是一种偶然的病症，而不是从商品经济（对商品经济，老实说，他是无法反对的）中产生出来的资产阶级制度的直接产物。

列宁：《民粹主义的经济内容及其在司徒卢威先生的书中受到的批评》，

《列宁全集》第 1 卷第 261～262 页。

良心是由人的知识和全部生活方式来决定的。

共和党人的良心不同于保皇党人的良心，有产者的良心不同于无产者的良心，有思想的人的良心不同于没有思想的人的良心。一个除了资格以外没有别的本事的陪审员，他的良心也是受资格限制的。

特权者的"良心"也就是特权化了的良心。

马克思：《对哥特沙克及其同志们的审判》，

《马克思恩格斯全集》第 6 卷第 152 页。

宣布二乘二等于四，鸟有喙，或诸如此类的东西为永恒真理的，只是这样一些人，他们企图从永恒真理的存在得出结论：在人类历史的领域内也存在着永恒真理、永恒道德、永恒正义等等，它们都要求同数学的认识和运用相似的适用性和有效范围。这时，我们可以准确地预料，这位人类的朋友一有机会就向我们声明：一切以往的永恒真理的制造者或多或少都是蠢驴和骗子，全都陷入谬误，犯了错误；但是他们的谬误和他们的错误的存在是合乎自然规律的，而且这证明真理和准确性是存在于他那里；而他这个现在刚出现的预言家，却在提包里带着已经准备好的最后的、终极的真理，永恒道德和永恒正义。这一切已经出现过一百次，一千次，奇怪的只是怎么还会有人如此轻信，竟在不是涉及别人而是涉及自己的时候还相信这一点。

恩格斯：《反杜林论》，

《马克思恩格斯全集》第 20 卷第 98 页。

罗伯斯比尔在他论述公共道德的原则的演说中问道（在 1794 年 2 月 5 日召开的公会会议上）："民主的或人民的政府的根本原则是什么？是美德。我说的是公共的美德，这种美德曾在希腊和罗马做出了那么伟大的奇迹，并且将在共和的法兰西做出更令人惊异的奇迹来。我们说的美德就是热爱祖国和祖国的法律。"

马克思恩格斯：《神圣家族》，

《马克思恩格斯全集》第 2 卷第 155 页。

道地的基督教立法者不可能承认道德是一种本身神圣的独立领域，因为他们把道德的内在的普遍本质说成是宗教的附属物。独立的道德要损害宗教的普遍原则，宗教的特殊概念是同道德相抵触的。道德只承认自己普遍的和合乎理性的宗教，宗教则只承认自己特殊的现实的道德。因此，根据这一检查令，书报检查应该排斥像康德、费希特和斯宾诺莎这样一些道德领域内的思想巨人，因为他们不信仰宗教，并且要损害礼仪、习俗和外表礼貌。所有这些道德家都是从道德和宗教之间的根本矛盾出发的，因为道德的基础是人类精神的自律，而宗教的基础则是人类精神的他律。

马克思：《评普鲁士最近的书报检查令》，

《马克思恩格斯全集》第一卷上册第 119 页。

看一看英国的公众怎样时而对工厂巨头、时而对煤矿主、时而对贩卖假麻醉药的小商人、时而又对代替了已经吃不开的拦路大盗的铁路主的道德，总之就是对资本家的道德表示愤慨，是很有意思的事情。如果从整个阶级来说，资本显然有它自己的、如同根据 raison détat（国家利益）而制定的最高法律那样的道德，至于普通的道德，那仅仅适用于穷人而已。

马克思：《政治动态。——欧洲缺粮》，

《马克思恩格斯全集》第 9 卷第 344 页。

吃人，包括吞吃自己的父母，看来是所有民族在发展过程中都经历过的一个阶段。如果爱尔兰人知道，在整整一千年以后，现代柏林人的祖先对这些现象还持有同样实际的看法，那他们大约就会处之泰然了。

恩格斯：《爱尔兰史》，

《马克思恩格斯全集》第 16 卷第 558 页。

恩格斯在《爱尔兰史》里提到的"人吃人"，也不是永恒的，这种情况只存在于原始野蛮民族。后来社会发生的类似情况，只是个案形式，不具有普遍性，况且不被认为是道德的。恩格斯说，"Aber Weletabi, die in Germania sizzent, tie wir Wilze heieên, die ne scament〈schämen〉sih nieht ze chedenne〈zugestehen〉dae sie iro parentes mit mêren rehte eeen sulîn, danne die wurme"（"我们称之为维耳茨的住在德国的韦累塔比人，认为他们比蛆虫更有权利吃掉他们的父母，而并不感到这是一种耻辱"）（诺特克尔语，雅科布·格林"古代德国法律"第 488 页中引用我们将看到，就是在英国人统治爱尔兰的时期，也不止一次地发生过吃人的事。至于指摘爱尔兰人为傅立叶所说的"显花植物"（Phanerogamie），那么所有的野蛮民族都有这种情况。"显花植物"，暗指爱尔兰人的情欲。针对一些著述贬低爱尔兰人在吃人和性等方面的说辞，恩格斯有根据地指出，"所有的野蛮民族都有这种情况"。

3. 剥削阶级的道德立法是伪善的

剥削阶级特别是资产阶级的习惯性伪善，人人皆知。用刀杀狗，挂起来剥皮，血淋淋的，假善人视之为恶；假善人杀狗，则是先把食物放在盛着草木灰的盆里做诱饵，待狗低头吃食之际一按脖子，狗就即刻呛死了。这就是伪善。普通人这样做，是杀狗的一种方法，假善人这样杀狗，就是伪善。剥削阶级的伪善还不这么简单。剥削阶级是利用立法来掩盖和粉饰自己统治的不道德，把不道德说成道德。

剥削阶级的不道德，是其阶级的利益决定的。正如经典作家所说，货币权力下的货币，也是作为这种颠倒黑白的力量出现的。它把坚贞变成背叛，把爱变成恨，把恨变成爱，把德行变成恶行，把恶行变成德行，把奴隶变成主人，把主人变成奴隶，把愚蠢变成明智，把明智变成愚蠢。资本权力下的道德，可以出卖。

文明时代愈是向前进展，它就愈是不得不给它所必然产生的坏事披上爱的外衣，不得不粉饰它们，或者否认它们，——一句话，是实行习惯性的伪善。

恩格斯：《家庭、私有制和国家的起源》，

《马克思恩格斯全集》第 21 卷第 202 页。

当人们还不会从任何一种有关道德、宗教、政治和社会的言论、声明和诺言中揭示出这些或那些阶级的利益时，他们无论是过去或将来总是在政治上作受人欺骗和自己欺骗自己的愚蠢的牺牲品的。

列宁：《马克思主义的三个来源和三个组成部分》，

《列宁全集》（第 1 版）第 19 卷第 8 页。

在历史上各个时期中，绝大多数的人民都不过是以各种不同的形式充当了一小撮特权者发财致富的工具。但是所有过去的时代，实行这种吸血的制度，都是以各种各样的道德、宗教和政治的谬论来加以粉饰的：牧师、哲学家、律师和国家活动家总是向人民说，为了个人幸福他们必定要忍饥挨饿，因为这是上帝的意旨。

恩格斯：《10 小时工作制问题》，

《马克思恩格斯全集》第 7 卷第 269～270 页。

这种为了达到不道德的目的而滥用道德的伪善手段就是贸易自由论所引以自豪的东西。伪君子叫道：难道我们没有打倒垄断的野蛮吗？难道我们没有把文明带到穷乡僻壤去吗？难道我们没有使各民族和睦起来并减少了战争吗？不错，这一切你们都做了，但是你们是怎样做的呢！你们消灭了小的垄断，为的是使一个巨大的根本的垄断，即私有制能够更自由地更漫无止境地发展起来；你们把文明带到世界的各个角落去，为的是夺取新的天地来施展你们的卑鄙的贪欲；你们使各民族结为兄弟（但是是盗贼兄弟），你们减少了战争，为的是在和平时期发更大的横财，为的是使个别人之间的仇恨和可耻的竞争达到极端尖锐的地步！你们在什么时候做事情是纯粹从人道的动机出发，是从公共利益和个人利益之间不应存在对立这种意识出发的呢？你们什么时候讲过道德，什么时候不图谋私利，不在心底隐藏一些不道德的自私自利的邪念呢？

恩格斯：《政治经济学批判大纲》，

《马克思恩格斯全集》第 1 卷第 601～602 页。

对于个人和对于那些以本质自居的、社会的和其他的联系，货币也是作为这种颠倒黑白的力量出现的。它把坚贞变成背叛，把爱变成恨，把恨变成爱，把德行变成恶行，把恶行变成德行，把奴隶变成主人，把主人变成奴隶，把愚蠢变成明智，把明智变成愚蠢。

因为货币作为现存的和起作用的价值概念把一切事物都混淆和替换了，所以它是一切事物的普遍混淆和替换，从而是颠倒的世界，是一切自然的性质和人的性质的混淆和替换。

谁能买到勇气，谁就是勇敢的，即使他是胆小鬼。因为货币所交换的不是特定的性质，不是特定的事物或特定的人的本质力，而是人的、自然的整个对象世界，所以，从货币持有者的观点看来，货币能把任何特性和任何对象同其他任何即使与它相矛盾的特性或对象相交换，货币能使冰炭化为胶漆，能迫使仇敌互相亲吻。

马克思：《1844 年经济学哲学手稿》，

《马克思恩格斯全集》第 42 卷第 155 页。

只要还存在着资本权力，所有的东西——不仅是土地，甚至连人的劳动、人的个性，以及良心、爱情和科学，都必然成为可以出卖的东西。

列宁：《在第二届国家杜马中关于土地问题演说的草稿》，

《列宁全集》（第1版）第12卷第282页。

做事就是为了拿钱——这是资本主义世界的道德。

列宁：《在全俄中央执行委员会联席会议上的报告》，

《列宁全集》（第1版）第28卷第105页。

剥削阶级道德的实质就是自私自利、损人利己、拜金主义。因此，社会主义立法必须排除剥削阶级道德，而代之以社会主义新道德。

4. 社会主义法制下的德治

经典作家论述法与道德的关系，是同社会主义事业联系在一起的。共产主义的道德就是为了把劳动者团结起来。

经典作家基于社会规范的角度，没有使用"法治""德治"术语。"法治""德治"讲的是治国理政。在国家与法的相互关系中，马克思在极个别场合采用的"法治国"术语，是在批判资产阶级"法治国家"时使用的。

我国自古以来重视道德对于治国和社会教化的作用。"半部论语治天下"，轻徭薄赋，简法省刑，讲的是"德治"。"由礼入法"后，实行法治和德治两手并行，相互为用。

争论以德治国还是以法治国是没有实际意义的。我国提出的"法治和德治相结合"，科学地概括了道德和法的关系，体现了经典作家的一贯思想。而且，为治国理政提供了新理念和新经验。

18世纪的唯物主义同19世纪的英国和法国的共产主义的联系，则还需要详尽地阐述。我们在这里只引证爱尔维修、霍尔巴赫和边沁的著作中的一些特别具有代表性的段落。

爱尔维修。"人并不邪恶，但却是服从于自己的利益的。因此，应该抱怨的不是人的劣根性，而是那些总是把私人利益和公共利益对立起来的立法者的无知。"——"道学家们迄今还没有获得任何成就，因为要拔除产生恶行的根子，就必须到立法当中去挖掘。在新奥尔良，只要妻子讨厌丈夫，她就有权离弃自己的丈夫。在这样的地方就没有不贞的妻子，因为妻子没有必要欺骗自己的丈夫。"——"如果不把道德同政治和立法结合起来，那末道德就不过是一门空洞的学问而已。"——"一个人如果一方面对危害国家的恶行无动于衷，另一方面却对私生活中的恶行怒不可遏地加以抨击，那就可以看出他是伪善的道学家。"——"人们并不是生而善或生而恶的，但是他们却生而有能力成为善人或恶人，这要看公共利益是把他们结合起来还是把他们分离开。"——"如果公民们不实现公共福利就不能实现自己的私人福利，那末除了疯子以外就根本不会有犯罪的人。"（"精神论"1822年62巴黎版第一卷）那末为了进行这种改革，就必须根本改变人的意识："只有当人民对旧的法律和习俗的愚昧的尊敬减弱时，才能实现伟大的改革"（上引书第 260 页），或者，如他在另一个地方所说的，只有消灭了无知，"才能实现伟大的改革"。

马克思恩格斯：《神圣家族》，

《马克思恩格斯全集》第 2 卷第 169 页。

在我们看来，超人类社会的道德是没有的，这是一种欺骗。我们的道德是服从于无产阶级阶级斗争的利益的。

列宁：《青年团的任务》，

《列宁全集》（第 1 版）第 31 卷第 259 页。

阶级斗争在继续，我们的任务就是要使一切利益都服从这个斗争。所以我们也要使我们的共产主义道德服从这个任务。我们说：道德是为破坏剥削者的旧社会、把全体劳动者团结到创立共产主义者新社会的无产阶级周围服务的。

共产主义的道德就是为了把劳动者团结起来反对一切剥削和一切小私有制服务的道德，因为小私有制把全社会的劳动成果都交给了一部分人。可是，我国的土地已经是公共财产了。

列宁：《青年团的任务》，

《列宁全集》（第 1 版）第 31 卷第 260 页。

为巩固和完成共产主义事业而斗争，这就是共产主义道德的基础。这也就是共产主义教育、训练和学习的基础。这也就是对应该怎样学习共产主义的回答。

列宁：《青年团的任务》，

《列宁全集》（第 1 版）第 31 卷第 262 页。

马克思和恩格斯在《神圣家族》里引证了爱尔维修的话，未加评论。但在另外的场合，说"成熟的共产主义也是直接起源于法国唯物主义的。这种唯物主义正是以爱尔维修所赋予的形式回到了它的祖国英国。"

要破除"法律万能"的观念，重视道德在调整社会关系中的作用。某大报记者发表综述报道称，某一居民小区内开饭店和歌厅，严重影响住民的生活和休息。两位老者做代表，多次找工商局、环保局等有关部门反映情况，要求解决，但这些部门回复说，你们来一次我们去检查一次，人家有营业执照，噪音达标。小区居民气愤不已。对此，该记者呼吁立法，说我国立法缺口太多了。其实，开饭店和歌厅是违法的，因为违反了房屋买卖合同中关于住房用途的规定。对于这个"难题"，现行合同法就足够了。记者有法而不知法，却要呼吁立法，说明他的法制观念是淡薄的。坦直地说，我国立法不是太少了，而是太多了。在立法数量和体系问题上，要注重法的"完善"而不是"完备"。法愈多则国愈乱，这是历朝历代规律性现象。

记者报道的这件事情，可以用德治解决。可采取由居委会主持，组织居民讨论、有关部门认定违法事实、同饭店和歌厅沟通等措施，在道德基础上，实现社会秩序的共建共治。

（二）法的统治意志性与宗教教义意志性

1. 在中世纪，法律和法学被纳入宗教领域，宗教教义直接具有统治意志性

宗教教义反映宗教教义与教徒之间的关系，宗教教义的意志性表现为教义对于教徒的约束力。如果法律和法学被纳入宗教领域，则宗教教义对于全体社会成员产生法律效力，法学讲义也变成宗教教义了。法律和法学被纳入宗教领域，宗教教义直接具有统治意志性，存在于中世纪，也流毒于后世。

马克思反对直接把新教的教义作为普鲁士立法基础的企图，揭露了普鲁士立法制度的落后性质。他指出，普鲁士邦法不是按照对象世界所固有的规律来对待世界，而是按照任意的主观臆想和与事物本身无关的意图来对待对象世界。

把法律的惩罚同神学的折磨结合起来——这种做法中所运用的刑罚观念，最突出地体现在单人牢房制之中。

马克思恩格斯：《神圣家族》，
《马克思恩格斯全集》第2卷第237页。

中世纪把意识形态的其他一切形式——哲学、政治、法学，都合并到神学中，使它们成为神学中的科目。

恩格斯：《路德维希·费尔巴哈和德国古典哲学的终结》，
《马克思恩格斯全集》第21卷第349页。

中世纪把意识形态的其他一切形式——哲学、政治、法学，都合并到神学中，使它们成为神学的科目。因此，当时任何社会运动和政治运动都不得不采取神学的形式；对于完全受宗教影响的群众的感情说来，要掀起巨大的风暴，就必须让群众的切身利益披上宗教的外衣出现。

恩格斯：《路德维希·费尔巴哈和德国古典哲学的终结》，
《马克思恩格斯全集》第21卷第349～350页。

后者是在西班牙摄政阿德里安红衣主教（佛来米人）庇护下的一个宫廷集团的行为直接引起的，这个集团进行无耻敲诈，使加斯梯里亚人到了绝望的地步，而且还向出价最高的人卖公职，公开以法庭判决做买卖。反抗佛来米人的权奸，只是运动的表面。这个运动在根本上是要保住中世纪西班牙的自由不受当代专制制度的侵犯。

恩格斯：《博马尔松德的夺取》，
《马克思恩格斯全集》第10卷第456页。

可兰经和以它为根据的伊斯兰教法律把各个不同民族的地理和人文归结为一个简便的公式，即把他们分为两种国家和两种民族——正统教徒和异教徒。异教徒就是"哈尔比"，即敌人。伊斯兰教宣布异教徒是不受法律保护的，并在穆斯林和异教徒之间造成一种经常互相敌视的状态。

伊斯兰教法律规定："如果某个城市投降，其居民同意成为莱雅，即信奉伊斯兰教君主的臣民，而又不放弃自己的信仰，那末他们必须缴纳哈拉志（人头税）；他们和正统教徒订立停战协定，无论谁都不能侵犯他们的房屋或财产……在这种情况下，他们的旧教堂被看作是他们所有的财产的一部分，允许他们在这些教堂中举行祈祷仪式。但是不允许他们修建新教堂。他们只有权修缮和恢复教堂的坍塌的地方。各省总督定期派专员巡视基督徒的教堂和圣殿，检查是否有以修缮旧房为名增添新建筑的情况。如果城市是经过战斗而夺取来的，那末居民可以保存自己的教会建筑，但是只是作为他们居住处或避难所，不允许在里面举行祈祷仪式。"

马克思：《宣战。——关于东方问题产生的历史》
《马克思恩格斯全集》第 10 卷第 180 页。

由于按照伊斯兰教法律基督徒应服从穆斯林管理，君士坦丁堡的总主教，即他们的宗教首领，同时也就成为他们的政治代表和最高审判官。凡是奥斯曼帝国境内我们看到有正教的莱雅聚居的地方，根据法律，大主教和主教都是市政委员会的委员，并在总主教的领导下管理向正教徒分派赋税的事宜。总主教对自己的教徒的行为向土耳其政府负责。总主教由于有权审判本教的莱雅，他可以把这个权利转托给大主教和主教在他们管辖的教区内行使，而他们的判决，必须由土耳其官吏和法官等等执行。他们有权判处罚款、徒刑、笞刑和流放。

从这个 exposé〔叙述〕中可以清楚地看到，在土耳其对信仰正教的基督徒的宗教统治系统以及整个基督徒团体都是以莱雅服从可兰经这点为基础的，而可兰经则把莱雅看作异教徒，也就是看作宗教上的一个单独的民族，准许把教会和世俗权力集中在他们的教士的手中。因此通过世俗的解放来废除他们对可兰经的从属，也就是同时废除他们对教会的从属，并引起他们在社会、政治和宗教各方面的革命，这场革命首先不可避免地会把他们推入俄国的怀抱。谁想用 code civil〔民法典〕来代替可兰经，谁就必须按照西欧的式样来改造拜占庭社会的全部结构。

马克思：《宣战。——关于东方问题产生的历史》
《马克思恩格斯全集》第 10 卷第 181 页。

与此相反，他是想把对罪犯的复仇同罪犯的赎罪及其对自身罪恶的认识结合起来，把肉体的惩罚同精神的惩罚、感官的痛苦同忏悔的非感官的痛苦结合起来。世俗的惩罚同时必须是基督教道德教育的手段。这种把法学和神学结合在一起的刑罚理论，这种"秘密本身的被揭露了的秘密"，不过是天主教教会的刑罚理论而已。

马克思恩格斯：《神圣家族》，
《马克思恩格斯全集》第 2 卷第 227 页。

有人在向群众的、物质的犹太人宣扬基督教关于精神自由、理论自由和这样一种唯灵论自由的教义，——这种自由认为自己即使在束缚中也是自由的，这种自由觉得自己很幸福，即使这种幸福仅仅存在于"观念中"，而且这种自由只会受到一切群众存在的排挤。

马克思恩格斯：《神圣家族》，

《马克思恩格斯全集》第2卷第120页。

对自己得救感到绝望，这种绝望把个人的弱点变成了人类的弱点，为的是从自己的良心上去掉这一负担；这是对人类得救感到绝望，这种绝望阻止人类遵循天生的自然规律，宣扬不成熟是一种必然现象；这是伪善，它借口有一个上帝，却既不相信上帝的现实性，也不相信善的全能；这是利己心，它把个人得救置于整体得救之上。

马克思：《第六届莱茵省议会的辩论（第一篇）：

关于新闻出版自由和公布省等级会议辩论情况的辩论》，

《马克思恩格斯全集》第1卷第184页。

宗教的传教士也是一样，只是方式不同，他也遵循一个原则："多服从上帝，少服从人们。"这些人们中也包括具有人的要求和愿望的他自己。相反，如果我向一个裁缝定做的是巴黎式燕尾服，而他却给我送来一件罗马式的长袍，因为他认为这种长袍更符合美的永恒规律，那该怎么办呵！

马克思：《第六届莱茵省议会的辩论（第一篇）：

关于新闻出版自由和公布省等级会议辩论情况的辩论》，

《马克思恩格斯全集》第1卷第192~193页。

中世纪是从粗野的原始状态发展而来的。它把古代文明、古代哲学、政治和法律一扫而光，以便一切都从头做起。它从没落了的古代世界承受下来的唯一事物就是基督教和一些残破不全而且失掉文明的城市。其结果正如一切原始发展阶段中的情形一样，僧侣们获得了知识教育的垄断地位，因而教育本身也渗透了神学的性质。政治和法律都掌握在僧侣手中，也和其他一切科学一样，成了神学的分枝，一切按照神学中通行的原则来处理。教会教条同时就是政治信条，圣经词句在各法庭中都有法律的效力。甚至在法学家已经形成一种阶层的时候，法学还久久处于神学控制之下。神学的知识活动的整个领域中的这种无上权威，是教会在当时封建制度里万流归宗的地位之必然结果。

恩格斯：《德国农民战争》，

《马克思恩格斯全集》第7卷第400页。

有神论根据自然界的秩序、合目的性、规律性的偶然性公然断定它们是任意产生的，断定有一个和自然界不同的存在物，这个存在物把秩序、合目的性、规律性加给本身（ansich）就是混乱的（dissolute）、没有任何规定性的自然界。有神论者的理性……是和自然界相矛盾的理性，是绝对不了解自然界本质的理性。

列宁：《唯物主义和经验批判主义》，

《列宁全集》第 18 卷第 157～158 页。

宗教是支配着人们日常生活的外部力量在人们头脑中幻想的反映，在这种反映中，人间的力量采取了超人间的力量的形式。宗教幻想所创造出来的最高存在物——神，只是我们所固有的本质的虚幻反映。使世界和人依附于某种神的恩典，其实神不过是由于人在自己不发达的意识的混乱材料中的反映而创造出来的。

剥削阶级的阶级统治，是宗教存在的最深刻的根源。

在阶级社会中，宗教对人类的压迫，只不过是社会内部经济压迫的产物和反映。劳动群众受到社会的压抑，面对可怕的灾难和折磨，无力进行斗争，他们对物质上的要求感到绝望，就去追寻思想上的安慰，以摆脱完全的绝望处境，并对死后的解脱产生憧憬。

"恐惧创造神"。现代宗教的根源，就是对资本盲目势力的恐惧。这种势力之所以是盲目的势力，是因为人民群众不能预见到它，而它使无产者和小资产者随时都可能遭到破产和毁灭，把他们变成乞丐、穷光蛋，甚至活活饿死。有人说"有苦难的地方有宗教"，列宁说"说得完全正确"。

宗教偏见的另一个根源，是穷困和愚昧。我们也应当同这个祸根作斗争。

宗教是麻醉人民的鸦片。剥削阶级理论家编造了一部奇特的"天国史"，否认真实的历史具有任何内在意义，只承认彼岸的抽象的而且是杜撰出来的历史具有这种意义。他们硬说人类是基督创造的，说历史有一个虚幻的最终目的，而且这个目的已经由基督所实现。社会主义理论家不应当到虚幻的彼岸，到"神"那里去找真理，而应当到与"神"对立的人类世界那里去找真理。

在中世纪国家，实际上发生作用的不是人，而是人的异化。唯一发生作用的人即统治者，他们是与众不同的，而且是被宗教神化了的、和天国与上帝直接联系着的统治者。现代资产阶级为了反对革命的目的，需要复活宗教，唤起对宗教的需求，利用法律向人民灌输宗教、巩固宗教。因此，法律上的宗教就具有了一定国家性和政治性。这是国家所豢养的神学家和法学家同居的条件。

唯物主义法学家反对法律和法学被纳入宗教领域，反对宗教教义具有直接的统治意志性。他们以一定历史时期的物质经济生活条件来说明一切。他们根据宗教借以产生和取得统治地位的历史条件，去说明它的起源和发展。

2. 对教义的信仰转化为对法律的迷信

唯心主义和形而上学是通向僧侣主义的桥梁，是宗教存在的认识论根源。一切唯心主义者，相信灵感、启示、救世主、奇迹创造者，以至于对教义的信仰转化为对法律的迷信。

对法律迷信的实质在于，把宗教心理的东西作为最初的出发点，从宗教心理的东西引出普通人的意识，然后再从普通人的意识引出法学知识。这种最初的"宗教心理的东西"，把神学掩盖起来，而变成法学的抽象概念。

这种法学的"学科僧侣主义"，不过是通向公开的僧侣主义的前奏。

想象中占统治地位的、形而上学的、政治的、法律的、道德的以及其他的观念也被归入宗教观念或神学观念的领域；还在于：政治的、法律的、道德的意识被宣布为宗教的或神学的意识，而政治的、法律的、道德的人，总而言之"一般人"，则被宣布为宗教的人。统治被当成了前提。一切占统治地位的关系逐渐地都被宣布为宗教的关系，继而转化为迷信——对法的迷信，对国家的迷信等等。到处出现的都只是教义和对教义的信仰。

马克思恩格斯：《德意志意识形态》，
《马克思恩格斯全集》第 3 卷第 21~22 页。

基督徒生活在政治制度各不相同的国家里：有的在共和政体的国家，有的在君主专制的国家，有的在君主立宪的国家。基督教并不评定国家形式的价值，因为它不懂得它们之间的差别，它像宗教应该教导人们那样教导说：你们要服从权力，因为任何权力都是上帝赐予的。

马克思：《第 179 号"科伦日报"社论》，
《马克思恩格斯全集》第 5 卷第 127 页。

神圣的东西和世俗的东西之间的"矛盾""在道德中获得解决"（"宗教哲学"第 2 卷第 343 页）；"道德制度"（婚姻、家庭、国家、自力所得的财产等等）被认为是"神的、神圣的"（"宗教科学"第 2 卷第 344 页）。黑格尔用两种形式来表达这种真正的精神的统治："国家、政府、法、财产、市民秩序（根据我们从黑格尔的其他著作中所知道的，还有艺术和科学等等）都是在有限性形式中表现出来的……宗教的东西。"（"哲学史"第 3 卷第 185 页）最后，这种宗教的东西、精神的东西的统治等等被表述为哲学的统治："对精神的东西的意识现在（18 世纪）按其本质来说是基础，因此统治转到哲学那里去了。"（"历史哲学"第 440 页）

马克思恩格斯：《德意志意识形态》，
《马克思恩格斯全集》第 3 卷第 188 页。

宗教按其本质来说就是剥夺人和大自然的全部内容，把它转给彼岸之神的幻影，然后彼岸之神大发慈悲，把一部分恩典还给人和大自然。只要对彼岸幻影的信仰还很强烈很狂热，人就只能用这种迂回的办法取得一些内容。中世纪的强烈信仰无疑地赋予这整个时代以巨大的力量，虽然这种力量处于不自觉的萌芽状态，但并不是来自外面，而是来自人的本性。信仰逐渐削弱了，宗教随着文化的日益发展而破产了，但人还是不了解，他在崇拜自己的本质，把自己的本质神化，变成一种别的本质。人处于这种不觉而又没有信仰的状态，精神上会感到空虚，他对真理、理性和大自然必然感到失望，而且这种空虚，对宇宙的永恒事实的不相信，会一直存在下去，只要人还不了解，他当作神来崇拜的本质就是他自己的，但直到现在他还不认识的本质，只要……我何必照抄费尔巴哈的话呢？

空虚早已存在，因为宗教就是人的自我空虚的行为；现在，当掩盖这种空虚的绛红色衣服褪色的时候，当遮蔽它的云雾消散的时候，你才大吃一惊，这种空虚现在是怎么暴露出来的呢？

恩格斯：《英国状况——评托马斯·卡莱尔"过去和现在"》，
《马克思恩格斯全集》第 1 卷第 647～648 页。

宗教本身是没有内容的，它的根源不是在天上，而是在人间，要根据宗教借以产生和取得统治地位的历史条件去说明它的起源和发展。

对于一种征服罗马世界帝国，统治文明人类的绝大多数达一千八百年之久的宗教，简单地说它是骗子手凑集而成的无稽之谈，是不能解决问题的。要根据宗教借以产生和取得统治地位的历史条件，去说明它的起源和发展，才能解决问题。

恩格斯：《布鲁诺·鲍威尔和早期基督教》，
《马克思恩格斯全集》第 19 卷第 328 页。

法律不是神造的，而是人造的。法律是统治阶级制定的，是为统治阶级的利益服务的。这样的法律，以"社会普遍利益"把自己的阶级利益掩盖起来，从而造成一种神秘化的假象，以此促使人们形成对于法律的迷信。

对法律的迷信，是甘愿使自己相信，似乎离开了"上帝制造"的法律，维系自己生存的世界就不能存在。然而，"上帝制造"的法律是经常修改的，而且经常被抛弃，如何迷信？这种对法律的唯心主义的迷信成为法律实践的迷信，正如马克思和恩格斯所说，"立即就会暴露出它的有害性质：它的僧侣的权势欲、宗教的狂热，江湖骗子的行径、敬神者的虚伪、笃信宗教者的欺骗。"

3. 社会主义法上的"宗教信仰自由"

马克思和恩格斯谈到过"抛弃一切宗教"问题。他们指出：随着每一次社会制度的巨大历史变革，人们的观点和观念也会发生变革，这就是说，人们的宗教观念也要发生变革。但是，现在的变革和过去一切变革不同的地方恰恰在于人们最终识破了这种历史变革过程的秘密，因而他们不再以崇尚词藻的超验形式的新宗教来崇拜这种实际的"外在的"过程，而是抛弃一切宗教。

应当说，社会主义社会是"抛弃一切宗教"的开始。国家和法律的目的，是坚持不懈地使劳动群众实际上从宗教偏见中解放出来。

但是，由于存在宗教的某些根源和土壤，社会主义条件下仍然存在宗教问题。

在社会主义法律上，实行"宗教信仰自由"政策。有信仰宗教的自由，也有不信仰宗教的自由。国家并不禁止某种宗教，或是禁止传布这种宗教，或是剥夺信仰这种宗教的人的某些权利。我国宪法明确规定"宗教信仰自由"。

　　废除作为人民幻想的幸福的宗教，也就是要求实现人民的现实的幸福。要求抛弃关于自己处境的幻想，也就是要求抛弃那需要幻想的处境。因此对宗教的批判就是对苦难世界——宗教是它的灵光圈——的批判的胚胎。

马克思：《〈黑格尔法哲学批判〉导言》，

《马克思恩格斯全集》第1卷第453页。

　　把宗教同它的教义和教规分割开来，就等于说法的一般精神在国家中应该占统治地位，而不考虑特定的法律和现行法规。既然你们把自己置于宗教之上，自以为有权把宗教的一般精神和它的具体的规定分割开来。

马克思：《〈科隆日报〉第179号的社论》，

《马克思恩格斯全集》第一卷上册第225页。

　　这些法律或是干脆禁止某种宗教，或是禁止传布这种宗教，或是剥夺信仰这种宗教的人的某些权利。所有这些法律，都是极不公道、极专横、极可耻的。每个人不仅应该有随便信仰哪种宗教的完全自由，而且应该有传布任何一种宗教和改信宗教的完全自由。哪一个官吏都根本无权过问任何人信什么教，因为这是个信仰问题，谁也不能干涉。不应该有什么"占统治地位的"宗教或教会。一切宗教，一切教会，在法律面前应该一律平等。

列宁：《告贫苦农民》，

《列宁全集》第7卷第150页。

　　社会民主党人要求每人都有充分的信仰自由的权利。欧洲各国中只有俄国和土耳其，还保留着一些可耻的法律，来反对不信正教而信其他教的人，反对分裂教派，反对其他教派信徒，反对犹太人。这些法律不是直接禁止一种宗教，就是禁止传布这种宗教，或者是剥夺信这种宗教的人的某些权利。所有这些法律，都是极不公道的，极强制的，极可耻的。每个人不仅应该有相信随便哪种宗教的完全自由，而且应该有传布随便哪种宗教和改信宗教的完全自由。哪一个当官的都管不着谁信的是什么教：这是个人信仰问题，谁也管不着。不应该有什么"占统治地位的"宗教和教会。一切宗教，一切教会，在法律上都应该是平等的。各种宗教的僧侣可以由信那种教的教徒来供养，国家不应该用公款来帮助任何一种宗教，来供养任何僧侣，不管他是正教的，分裂教派的，还是其他任何教派的僧侣。社会民主党人就是为了这些在进行斗争。在这些办法还没有无条件实现以前，人民就一直要因为信教问题而受到可耻的、警察的迫害，也免不了对某一种宗教实行同样可耻的警察的袒护。

列宁：《给农村贫民》，

《列宁全集》（第1版）第6卷第364~365页。

　　在宗教政策方面，无产阶级专政（俄共）的任务是不满足于已经颁布过教会同国家分离，学校同教会分离的法令，即不满足于资产阶级民主制许诺过、但由于资本同宗教宣传有多种多样的实际联系而在世界上任何地方也没有彻底实行过的措施。无产阶级专政应当把剥削阶级（地主和资本家）和使群众愚昧的宗教宣传组织之间的联系彻底摧毁。无产阶级专政应当坚持不懈地使劳动群众实际上从宗教偏见中解放出来，为此就要进行宣传和提高群众的觉悟，同时注意避免伤害信教者的感情，避免加剧宗教狂。

列宁：《俄共（布）党纲草案》，

《列宁全集》（第 1 版）第 29 卷第 88 页。

我们应当把群众对宗教的信仰，同西方国家利用宗教工具颠覆社会主义政权严格区别开来。在我国，一个时期以来，西方国家的某些机构，披着宗教的外衣，干着肮脏的政治勾当。他们或以学者、教授的头衔，或以传教士的名义，控制宗教组织，发展"宗教"教徒，以至宗教组织迅速扩大，教徒的数量急剧上升，其速度和规模达到了令人无法想象的程度。

法学界不能做西方国家的政治渗透工具。马克思在《〈黑格尔法哲学批判〉导言》中谈到宗教关系时写道：一个法国人对草拟中的养犬税发出的呼声，再恰当不过地刻画了这种关系，他说："可怜的狗呵！人家要把你们当人看哪！"现在我们可以借用马克思的话说："可怜的人呵！人家要把你们当狗看哪！"

第二部分

法的阶级性——法的根本特征

本质特征同本质属性是不同的。本质属性指的是质的规定性，本质特征是本质所表现出来的特征。把统治意志性作为法的本质属性，揭示了法的性质，把阶级性作为法的本质特征，既揭示了法的性质的表现特征，也同时揭示了与法的其他表现特征的区别。法有诸多表现特征，但法的本质特征是核心特征，它直接的、集中的表现了法的本质属性。长期以来，我们把法的本质属性的讨论，局限在阶级性和社会性之间，要么是阶级性，要么是社会性，或者说阶级性和社会性都是法的本质属性。这是没有把本质表现特征同本质属性相互区别的缘故。

对于法的阶级性，经典作家的论述是明确的。阶级对立是一切法律的基础、法所反映的阶级对立应由现实基础来说明、任何立法都是阶级立法，超阶级立法不存在、法是直接实现阶级统治的工具等，论述的都是法的阶级性。

当然，我们认识阶级性问题，一是要认识统治阶级的阶级性，二是要认识阶级之间的阶级性。列宁说："科学……要求估计到在本国内部现有的一切力量、集团、政党、阶级和群众，要求决不能仅仅根据一个集团或一个政党的愿望和见解、觉悟程度和斗争决心来确定政策"。列宁讲的是政策，对于法也同样适用。"阶级之间"的阶级性，也是认识法的阶级性的重要方面。

这里应当指出，经典作家从来没有说过法是阶级斗争的工具，说的是法是实现阶级统治的工具。谁都知道，阶级统治同阶级斗争并不是一回事。我们的一些法学家为了政治上反对阶级斗争的需要，就顺便把学理上的阶级统治也反对掉了。一些人正是把所谓"以阶级斗争为纲"和"把法作阶级斗争的工具"当作法的阶级性批判的，并以此主张法的本质属性是法的社会性。其实，法的社会性不是法的本质属性，也不仅仅指法的功能。关于这一点，本书第 1 卷第三部分还要阐释。

这里应当指出，阶级和阶级斗争是资产阶级发明的。在反封建斗争中，资产阶级高扬阶级和阶级斗争的旗帜。时至今日，西方的报刊、著作，统治当局和政治人物并没有回避"阶级"和"阶级斗争"之类词汇。在其法学著作中，乃至"革命法制""社会主义制度""马克思主义法学学说"等词汇并不少见。而且，"社会主义的建设和发展需要法""社会主义法是经过充满艰难曲折的道路发展起来的"等论述，亦不绝于耳。那么，我们的法学家，何以对此忌讳莫深呢？

一些法学家批判法的阶级性，认为法有阶级性的观点是"僵化观点"，提出"只强调阶级性并不能揭示法的本质""应当承认法还有更多的本质属性""法的本质属性不只有一个，而应该有多个""包括有社会性""继承性也是法的固有属性。"

为了说明法没有阶级性，有人认为，"在没有阶级、没有阶级斗争、没有国家的原始共产制的氏族社会里，法这种东西就出现了"；我国现在"地主、富农、资本家等剥削阶级已不存在""把法单纯看成是阶级斗争的工具，会带来许多问题""共产主义可能需要比今天更周密的法，它将代表社会全体成员的意志和利益，发挥其调整生产建设和维护社会公共秩序的作用。"在以上三点里，第一点和第三点，属于个人臆想，是直接违反事实和经典作家的科学结论的。况且，连西方资产阶级学者都否定原始社会存在法的观点。原始社会存在调节人们相互关系的"约束性规则"，但这种约束性规则不是法，不存在法的要素构成。

关于第二点，首先应当明确，社会主义法不是为了进行阶级斗争，它承担着繁重的社会建设任务。在把"地主、富农、资本家等"改造成为社会主义新人的过程中，他们享有公民权利，依靠自己的劳动平等地参与社会生活，即使我国在历次政治运动中，也没有把他们列为重点对象。这是历史事实。一说社会主义法，就说是"斗地主"，就说是"镇压"，绝不是学术理论研究的郑重态度。

第二点涉及全民国家、全民法问题。

《苏联共产党纲领》断言，"作为无产阶级专政的国家而产生的国家，在新的阶段即现阶段上已变为全民的国家，变为表达全体人民的利益和意志的机构。"《关于苏联共产党纲领——尼·谢·赫鲁晓夫在苏联共产党第二十二次代麦大会上的报告》中说："直到现在，国家总是这一个或那一个阶级的专政的工具。历史上第一次在我们这里形成了这样一个国家：它不是某一个阶级的专政，而是整个社会、全体人民的工具。"《苏联共产党中央委员会给苏联各级党组织和全体共产党党员的公开信》向社会说明，"在社会主义胜利以后，当社会上只剩下劳动者、友好的和本性已经完全改变的阶级，而再也有人要受镇压的时候，无产阶级专政的必要性就会消失。"这是说，无产阶级专政取消了，社会主义法取消了，取代它们的是全民国家和全民法。

全民国家、全民法论的主要依据，是"苏联社会结构、阶级关系发生了巨大变化"。说"在1913年，沙皇俄国的工人和职员只占居民的17%，农民和手工业者占66.7%，地主、城市大小资产阶级、商人和富农占16.3%。"在1939年，我国的工人和职员占52.5%，集体农民占44.9%，个体农民和非合作化的手工业者占2.6%。到这时候，剥削阶级已经被消灭了。在1961年，苏联的工人和职员连同他们的家属占居民的72%以上，而集体农民约占28%。认为"数量的变化说明社会的社会结构发生巨大的质的变动。"

这里的问题是，怎样看待阶级，怎样看待社会结构和阶级关系的变化，从而怎样看待法的阶级属性。

应当认为，阶级是一个体系，既包括阶级集团，也包括这个集团的成员，还包括文化、思想等意识形态。阶级集团被消灭了，这个集团的成员和文化、思想等意识形态还存在；集团的成员不存在了，阶级的文化、思想等意识形态还存在。而且，阶级体系具有国际性特征，一国的阶级同外国同一性质的阶级在政治、经济、意识形态上有广泛的实质性的阶级联系。私有制及其产生的温床、阶级差别，也是阶级体系的重要方面。到苏联提出"全民国家""全民法"时，十月革命已过去近50年，剥削阶级消灭了，但作为其成员的地主和富农、资本家还存在；到20世纪末叶，地主和富农、资本家本人也不存在了。乍看上去，全民国家、全民法是有理由的。然而，新资产阶级却逐渐形成，并且一下子从地下冒出来篡夺了政权，工人阶级、农民阶级一下子变成了被统治阶级。这究竟是怎么回事呢？罗马法是典型的奴隶主阶级的法律，罗马灭亡了，封建制也灭亡了，可罗马法没有灭亡，"罗马法精神"至今还被我国一些法学家描绘为"闪烁着法学光芒"。足见经济的力量是巨大的，政治的力量、意识形态的力量也是巨大的。

历史很喜欢捉弄人，人们想走进这个胡同，却走进另一个胡同。它引导苏联从全民国家、全民法胡同走进另一个胡同——资产阶级国家和资产阶级法胡同。这都是死胡同。历史的教训从正反两个方面教育着人们。现在，不走教条僵化的老路，也不走改旗易帜的邪路的方针，在法的领域同样适用。我国不会走进全民国家和全民法的老路，也不会走进资产阶级国家和资产阶级法的邪路。

一、阶级性是法的根本特征

对法的本质属性的探讨，应当是学术探讨。然而在这种探讨中，往往存在政治上"打根子""扣帽子"的情况。只有坚持学术探讨才能使人们对法有一个学理上的认识。法学离不开政治，但法学理论不是政治本身。在法学研究中，要正确处理学术与政治的关系。譬如一根棍子。警察手里的棍子是"警棍"，普通个人手里的棍子是"烧火棍"，警察"打棍子"，是依法履行职务的正当行为，而个人"打棍子"，是违法行为。如果我们的法学家不从法学学理上研究这些不同的"打棍子"，却以学术的名义和借口，对于持有不同学术观点的学者或不同学术观点，设法从政治上"打棍子"，那就糟糕透了。当前的主要倾向，是向马克思主义学原理"打棍子"。

学术摆脱政治的"摆脱论"和政治取代学术的"取代论"都是有害的，只能使学术和政治同时走向绝路。应当认为，任何具有真理性的理论，都不是朝令夕改的，不因政治运作的改变而改变。可我们一些法学家，往往受错误思想的干扰，总爱用非学术理论的思维观察学术理论问题。有的法学家在书中谈到他对同一个概念的解释为什么变来变去时，说上边的政策变化了，对概念的解释也要变化。在他的那个概念含义那里，几乎是每隔几年就变一次。这是不得了的事情。如果连什么是概念、怎样定义概念都不甚了了，那理之论之成什么样子就可想而知了。须知，概念、范畴是人类长期思维抽象的结果，只要其产生的基础没有发生重大改变，概念、范畴的含义是不能轻易改变的。很显然，用政治取代学术的"取代论"是有害的。

（一）阶级对立是一切法律的基础

1. 法所反映的阶级对立应由现实基础来说明

阶级对立，是指社会分为互不调和，互不自立的两部分，一部分是统治阶级，另一部分是被统治阶级。阶级对立是不可调和的，因为它们具有根本不同的阶级利益，其矛盾具有对抗性质。当然，阶级对立不是社会断裂，因为对立阶级的成员是在相互联系中进行社会活动的。被统治阶级的反抗斗争和统治阶级的策略调整，可以使阶级对立缓和。雇佣劳动者和资产者相互联系才能进行生产活动，当代社会是在这两个主要阶级又对立又统一的矛盾中发展的。

阶级对立是一切法律的基础，法所反映的阶级对立应由现实基础来说明。

以往的全部历史，除原始状态外，都是阶级斗争的历史；这些互相斗争的社会阶级在任何时候都是生产关系和交换关系的产物，一句话，都是自己时代的经济关系的产物；因而每一时代的社会经济结构形成现实基础，每一个历史时期由法律设施和政治设施以及宗教的、哲学的和其他的观点所构成的全部上层建筑，归根到底都是应由这个基础来说明的。

恩格斯：《反杜林论》，
《马克思恩格斯全集》第20卷第701页。

现在社会制度和政治制度建立于其上的阶级对立，已经不再是贵族和平民之间的对立，而是奴隶和自由民之间的对立，被保护民和公民之间的对立了。到了雅典全盛时代，自由公民的总数，连妇女和儿童在内，约为9万人，而男女奴隶为365 000人，被保护民——外地人和被释放的奴隶为45 000人。这样，每个成年的男性公民至少有18个奴隶和两个以上的被保护民。大量奴隶的存在，是由于许多奴隶在监工的监督下在房屋很大的手工工场内一起工作。

恩格斯：《家庭、私有制和国家的起源》，
《马克思恩格斯全集》第21卷第135页。

1789年的法国资产阶级片刻也不抛开自己的同盟者——农民。资产阶级知道：它的统治的基础就是消灭农村中的封建制度，就是创立自由的占有土地的〔grundbesitzenden〕农民阶级。1848年的德国资产阶级毫无良心地出卖这些农民，出卖自己的天然的同盟者，可是农民与它骨肉相联，没有农民，它就无力反对贵族。保存封建权利，在（虚幻的）赎买的幌子下批准这些权利，——这就是1848年德国革命的结果。

马克思恩格斯：《发表在"新莱茵报"上的文章》，
《马克思恩格斯全集》第5卷第331页。

单独的个人并不"总是"以他所从属的阶级为转移，这是很"可能的"；但是这个事实不足以影响阶级斗争，正如少数贵族转到tiers e'tat（第三等级）方面去不足以影响法国革命一样，而且就，在这时，这些贵族至少也加入了一定的阶级，即革命阶级——资产阶级。然而海因岑先生却硬要一切阶级在"人性"这个炽热的思想面前消失。

马克思：《道德化的批判和批判化的道德》，
《马克思恩格斯全集》第4卷第344页。

最后，我还要做两点声明。第一，Mittelklasse〔中等阶级〕这个词我经常用来表示英文中的middle-class（或通常所说的middle-classes），它同法文的bourgeoisie（资产阶级）一样是表示有产阶级，即和所谓的贵族有所区别的有产阶级，这个阶级在法国和英国是直接地、而在德国是假借"社会舆论"间接地掌握着国家政权。同样，我也经常把工人（working men）和无产者，把工人阶级、没有财产的阶级和无产阶级当作同义语来使用。

恩格斯：《英国工人阶级状况》，
《马克思恩格斯全集》第2卷第280页。

　　所谓阶级，就是这样一些大的集团，这些集团在历史上一定的社会生产体系中所处的地位不同，同生产资料的关系（这种关系大部分是在法律上明文规定了的）不同，在社会劳动组织中所起的作用不同，因而取得归自己支配的那份社会财富的方式和多寡也不同。所谓阶级，就是这样一些集团，由于它们在一定社会经济结构中所处的地位不同，其中一个集团能够占有另一个集团的劳动。

　　显然，为了完全消灭阶级，不仅要推翻剥削者即地主和资本家，不仅要废除他们的所有制，而且要废除任何生产资料私有制，要消灭城乡之间、体力劳动者和脑力劳动者之间的差别。这是很长时期才能实现的事业。

列宁：《伟大的创举》，

《列宁全集》第 37 卷第 13 页。

　　总而言之，在马克思主义者看来，原因不在于政策，不在于国家，也不在于"社会"，而在于俄国目前的经济组织制度；问题不在于"机敏的人"或"奸诈之徒"浑水摸鱼，而在于"人民"是两个互相对立、互相排斥的阶级："社会上一切起作用的力量形成两种势均力敌、相互对立的力量"。

列宁：《民粹主义的经济内容及其在司徒卢威先生的书中受到的批评》，

《列宁全集》第 1 卷第 330 页。

　　任何资本主义国家，包括俄国在内，基本上分为三种根本的主要的力量，即资产阶级、小资产阶级和无产阶级。大家都谈论第一种力量和第三种力量，都承认这两种力量，但是对第二种力量却不愿意从经济上、政治上和军事上去冷静地估计，而这种力量在人数上恰恰是占大多数！

列宁：《论立宪幻想》，

《列宁全集》第 32 卷第 25 页。

　　阶级和等级的一个区别，就是说，一个阶级与另一个阶级的区别不在于法律上的特权，而在于事实上的条件，因此现代社会的阶级是以法律上的平等为前提的。等级和阶级的另一个区别，尤沙柯夫先生似乎也没有忽视，他说："……我们……当时〈即农奴制度废除以后〉抛弃了……国家生活中的农奴制度和等级制度，同时也抛弃了封闭式的等级学校制度。目前资本主义过程的深化，与其说把俄罗斯民族分成了等级，不如说把它分成了经济阶级……"（第 8 页）这里也正确地指出了把欧洲和俄国历史上的等级和阶级区别开来的另一个特征，即等级属于农奴社会，阶级则属于资本主义社会。

列宁：《民粹主义空想计划的典型》，

《列宁全集》第 2 卷第 452 页。

　　在农奴制还占统治地位的场合和关系中，——而且正因为它还占统治地位，——它的敌人就是作为一个整体的全体农民。对于农奴制，对于农奴主—地主以及为他们效劳的国家来说，农民还仍然是一个阶级，不过不是资本主义社会的而是农奴制社会的一个阶级，也就是说仍然是等级的阶级。

列宁：《俄国社会民主党的土地纲领》，

《列宁全集》第6卷第287页。

正因为在我国农村中农奴制社会正在受到"现代"（资产阶级）社会的排挤，所以农民就不再是一个阶级，而是分裂成为农村无产阶级和农村资产阶级（大资产阶级、中等资产阶级、小资产阶级和最小的资产阶级）。正因为农奴制关系保存着，所以"农民"还仍然是一个阶级，也就是说，我们重说一遍，这不是资产阶级社会的阶级，而是农奴制社会的阶级。这两种"正因为——所以"的情况，在现实中，是以现代俄国农村中的农奴制关系同资产阶级关系极其错综复杂地交织在一起的形式存在的。

列宁：《俄国社会民主党的土地纲领》，

《列宁全集》第6卷第287~288页。

认识法所反映的阶级对立，要把阶级放在历史上一定社会生产体系中所处的地位加以考察。在这个基础上，把一定的阶级同一定的生产方式联系起来，把一定的生产方式同法联系起来，就能够了解每一对抗性生产方式为什么都有自己特有的阶级构成和对法律的要求。

法反映对抗性生产方式的基本方式包括，第一，确定不同阶级在社会生产体系中的不同法律地位。第二，维护对生产资料的不同占有关系，确认财产所有权。第三，规定社会劳动组织指挥关系中的独占领导权。第四，承认获得所支配的社会财富的方式和多寡的决定权。

划分阶级的主要标志是对生产资料的不同关系。阶级对立的实质，就在于社会上一部分人占有生产资料剥削另一部分人的劳动。法反映阶级对立，不仅表现在经济方面，还表现在政治生活、社会生活等各个方面。

列宁在《俄国社会民主党的土地纲领》里，论述农奴制下农民还仍然是一个阶级，仍然是等级的阶级时，在注释中进一步解释说：大家知道，在奴隶社会和封建社会中，阶级的差别也是用居民的等级划分固定下来的，同时还为每个阶级确定了在国家中的特殊法律地位。所以，奴隶社会和封建社会（以及农奴制社会）的阶级同时也是特别的等级。相反，在资本主义社会中，即在资产阶级社会中，所有公民在法律上一律平等，等级划分已被消灭（至少在原则上已被消灭），所以阶级已经不再是等级。社会划分为阶级，这是奴隶社会、封建社会和资产阶级社会共同的现象，但是在前两种社会中存在的是等级的阶级，在后一种社会中则是非等级的阶级。

列宁在《民粹主义空想计划的典型》里提到阶级和等级的区别时，强调的是这样的思想：等级是以社会划分为阶级为前提的，等级是阶级区别的一种形式，当我们只谈阶级的时候，总是指资本主义社会的没有等级的阶级。

2. 任何立法都是阶级立法，超阶级立法不存在

在阶级社会里，社会关系的本质是阶级关系，作为调整社会关系的法律，其调整的社会关系主要是阶级关系。为了掩盖法的这种阶级实质，统治阶级总是用超阶级、超历史的法，来抽象地解释社会法律现象。他们用抽象的"公共性""理性"来代替法的阶级性，他们把法律关系抽象地说成是"平等关系"，把所谓"自由""正义"作为判断立法价值的标准。这种为超阶级立法辩护的"理论"，抹杀了作为法的基础的阶级对立，背离了法的阶级性，因而不能不是软脚虾式的"理论"。

柏林革命已经永远结束了所有这一切封建关系。不言而喻，农民已经立即在实际上废除了这些关系。政府只应当把实际上已经由人民的意志实现的废除一切封建义务的事情用法律形式固定下来。

马克思恩格斯：《发表在"新莱茵报"上的文章》，

《马克思恩格斯全集》第 5 卷第 124 页。

消灭封建制度，如果用肯定的形式来表示，就是确立资产阶级制度。随着贵族特权的废除，立法也资产阶级化了。

恩格斯：《"德国农民战争"一八七〇年版序言的补充》，

《马克思恩格斯全集》第 18 卷第 563 页。

整个立法首先就是为了保护有产者反对无产者，这是显而易见的。只是因为有了无产者，所以才必须有法律。

这一点虽然只是在少数法律条文里直接表现出来——例如取缔流浪汉和露宿者的法律便宣布无产阶级不受法律的保护，——但是敌视无产阶级却是法律的不可动摇的基础。

恩格斯：《英国工人阶级状况》，

《马克思恩格斯全集》第 2 卷第 570 页。

是在行动内阁的行动中，而只是在行动内阁所制定的构成法草案中，才可以非常清楚地看出行动内阁仅仅是为了资产阶级的利益而"加强警察"这一旧国家的最完备的表现，并使之行动起来。

在汉泽曼内阁所提出的市政条例、陪审法庭和市民自卫团法的各种草案中，这种或那种形式的财产，始终是那些依法享有权利的人和那些不享有权利的人之间的分界线。

马克思恩格斯：《发表在"新莱茵报"上的文章》，

《马克思恩格斯全集》第 6 卷第 140 页。

我们把在光荣的科伦市从事城市建筑工作的无产者必须签字的"工人手册"逐字逐句地转载在下面，作为证明我国资产阶级卑鄙无耻地对待工人阶级的历史文件。

第一条 每一个工人都必须无条件服从所有身兼警官的市监工的指示和命令。凡不服管教或拒不从命者，应立即开除。

第二条 未经建筑工程监工的特许，任何工人不得从一工段转到另一工段，或擅离工地。

第三条 凡窃取他工段的大车、独轮车或其他用具用于自己工段工作的工人，应予以开除。

第四条 凡酗酒、喧哗、吵架、争辩或殴斗者，应立即予以开除。此外，在必要情况下，肇事人应由司法机关依法惩处。

第五条 凡迟到工地十分钟以上者，于半日内不予分配任何工作；迟到三次即可开除。

第六条 请求辞工或被开除的工人，应在所规定的下一个发工资的日子，按本人所完成的工作量领取工资。

第七条 工人被解雇，应载入工人手册。如工人系被开除，得视情况禁止其再在原建筑工地或一切城市建筑工地就业。

第八条 开除工人及开除的原因，每次都应报知警察当局。

第九条 如工人欲对工地监工提出控诉，则应推举由三名工人组成之代表团将控诉书呈交负责城市建筑工程的首长。该首长应就地调查控诉内容，并自行裁夺。

第十条 工作时间定为早六时半至十二时，午后一时至傍晚天黑。（真是妙笔！）

第十一条 工人必须同意上述条件，才能获得工作。

第十二条 工资于每星期六下午在建筑工地发给。

马克思恩格斯：《发表在“新莱茵报”上的文章》，

《马克思恩格斯全集》第6卷第178页。

我们城市的卡托们，这些对柏林奴颜婢膝的伟人们，在他们的这个刑法典中为疯狂的资产者的胡作非为打开了多么方便的大门啊！从这个模范法律的例子可以看出，我们的资产阶级如果当了政，会赐给人民什么样的宪章。

马克思恩格斯：《发表在“新莱茵报”上的文章》，

《马克思恩格斯全集》第6卷第180页。

显然，海德公园的群众示威吓坏了下院。下院拒绝了这个法案并且 bonne minea mauvaisjeu〔强作欢颜〕。“泰晤士报”把海德公园星期日的场面叫做“应得报应的伟大举动”，把法案叫做“阶级立法”的产物，“有组织的伪善手段”，并拿“议会的神学”来取乐。

马克思：《消息数则》，

《马克思恩格斯全集》第11卷第370页。

爱德华·胡桑先生提出的决议案指出：“压在英国工人阶级身上的社会重担是阶级立法的产物，接受人民宪章是对付这种阶级立法的唯一办法”。这个决议案得到宪章派执行委员会委员盖米季先生和厄内斯特·琼斯先生的支持。

盖米季先生说:"决议案认为人民身荷重担的原因在于阶级立法。我想任何一个注意事件进程的人都不会反驳这种意见。所谓众议院,对于群众的一切申诉一直充耳不闻;而当人民大声申述自己的灾难时,从那些冒充国民代表的人们那里得到的无非是嘲笑和愚弄;即使人民的呼声偶尔例外地在议院得到反应,也势必被我们那些占多数的强盗般的阶级立法者的起哄声所湮没。(热烈鼓掌)下院不但拒绝满足人民群众的公正要求,而且甚至还拒绝调查他们的社会状况。诸位一定还记得,前不久斯雷尼先生曾向议院提议成立一个常设委员会,调查人民的生活情况并拟定救济办法,但是议院竟坚决回避讨论这一问题,

马克思:《俄国对土耳其的政策。——英国的工人运动》,
《马克思恩格斯全集》第 9 卷第 192 页。

当上述提案提出时,仅有 26 名议员在场,由于不足法定人数,议院会议改期。(高喊声:"真可耻,真可耻!")当这一提案再次提出时,斯雷尼先生不但没有取得任何成就,而且,据发言人(盖米季先生)的记忆,656 名可尊敬的绅士中仅有 19 名在场的议员表示愿意讨论这一问题。如果我给你们谈一谈人民的实际状况,我想你们会同意我的意见:对这一问题进行调查的理由是再充分不过的了。经济学家们确定,我国每年的产值估计为 82 000 万英镑。假定联合王国的工人家庭有 500 万户,每户的平均收入每周为 15 先令,其实这个数目我觉得比实际收入高得多(呼喊声:"太高了!"),但我们还是把平均数定为 15 先令,这样我们就会看到工人们从他们的巨额年产值中仅取得很少的一部分,即 19 500 万英镑(呼喊声:"真可耻!"),而其余的全部装入寄生的大地主、高利贷者和整个资本家阶级的腰包……还用得着证明这些人就是掠夺者吗?最可恶的盗贼并不是那些囚禁在我们监狱里的人;最大最狡猾的盗贼是那些借助于他们自己制定的法律来掠夺人民的人,这种大掠夺就是国内所发生的一切小掠夺的真正原因……"

马克思:《俄国对土耳其的政策。——英国的工人运动》,
《马克思恩格斯全集》第 9 卷第 193 页。

因为在旧普鲁士的立法档案中,是找不到任何有关人民代表不可侵犯的法律的;同样,在普鲁士历史的废纸堆中当然也找不到人民代表本身。既然如此,在遵守国家法律的那种口实下来抹煞一切革命成果,就不费吹灰之力了!革命所提出的明显的要求、需要和权利,当然不可能获得立法的批准,因为立法的基础正是被革命本身所摧毁的。普鲁士人民代表的不可侵犯性,从普鲁士人民代表存在的时候起就存在了。

马克思恩格斯:《发表在"新莱茵报"上的文章》,
《马克思恩格斯全集》第 5 卷第 97 页。

农民在从 1816 年,特别是从 1840 年颁布的有利于贵族的反动法律生效期间,曾经赎买过自己的义务;当时为了封建主的利益,曾经用欺骗的手段,即最先利用法律,后来利

用受贿的官吏剥夺了农民的财产。

马克思恩格斯:《发表在"新莱茵报"上的文章》,

《马克思恩格斯全集》第5卷第124页。

　　这全是事实,而且都是被历史法定化的事实。

　　徭役是直接"从领主权和世袭农奴的依附地位产生的",因此,根据这些伟人们自己的原则,徭役制必须无偿地废除。什么是农民的义务呢? 农民的义务就是:在一年中农民必须为地主服务一定的日子或做一定的工作。但决不是无偿劳动。农民因此得到工资,而且起初得到的工资完全和自由劳动的日工资相等。可见地主的利益决不在于农民的无偿的或极廉价的劳动,而在于他经常可以用一般的工资雇到他所需要的工人,而在他不需要他们时,他可以对他们的工作不负责任。地主的利益并不在于徭役的货币价值,而在于徭役的强制性质;徭役的坏处不在于它在经济上对农民不利,而在于它使农民处于不自由的地位。而这些义务难道不是"从领主权和世袭农奴的依附地位产生的"! 根据徭役的最初性质来看,毫无疑义,必须无偿地废除徭役制。

马克思恩格斯:《发表在"新莱茵报"上的文章》,

《马克思恩格斯全集》第5卷第361页。

　　1787年的末届大陆会议和1789~1790年根据宪法召开的第一届国会,曾经通过法律,禁止在俄亥俄河西北的全部共和国领地上实行奴隶制度。(大家知道,领地一词是美国版图内居民尚未达到根据宪法成立自治州的必要人数的垦殖区的名称。)所谓密苏里妥协案(1820年)——密苏里作为蓄奴州加入美国就是这个妥协案所产生的结果——曾禁止在纬度36度30分以北和密苏里州以西的每一个领地上实行奴隶制度。根据这个妥协案,实行奴隶制度的区域推进了几个经度,而另一方面,限制奴隶制度将来再扩展的地理界限看来已经十分明确地规定下来了。这个地理上的防线在1854年又被所谓塔萨斯—内布拉斯加法案所推翻,这个法案的倡始者就是当时的北部民主党领袖斯蒂·阿·道格拉斯。被国会两院所通过的这个法案废除了密苏里妥协案,置奴隶制与自由于同一地位,规定联邦政府对两者一视同仁,由人民即垦殖者的多数来决定某一领地是否实行奴隶制度。这样,在美国历史上,就第一次取消了使奴隶制度不得在领地内扩张的一切地理限制和法律限制。由于这个新法案,在此以前一直都是自由领地的新墨西哥(其面积大于纽约州4倍)便变成了一个蓄奴的领地,因而蓄奴地区便从墨西哥共和国边境扩展到北纬38度。1859年,新墨西哥接受了一个奴隶制的法典,这个法典的野蛮性可以与得克萨斯和亚拉巴马的法典相比。然而1860年的人口普查表明,在新墨西哥的约10万居民中,奴隶还不到50人。因此,南部只要派遣若干冒险家携带少数奴隶越过边界,然后借华盛顿中央政府以及它在新墨西哥的官吏和承办人之助,击鼓召开一个冒牌的人民代表会议,就可以把奴隶制度以及奴隶主的统治强加于这个领地了。

　　但是,这个便利的方法在其他领地还是行不通的,于是南部便采取了下一个步骤,即从国会转而诉诸美国最高法院。这个最高法院有法官9人,其中5人属于南部,所以它很久以来就是奴隶主的百依百顺的工具。1857 年，它在臭名昭著的德雷德·司各脱案件182 中决定，每个美国公民都有权携带宪法所承认的任何财产进入任何领地。宪法承认奴隶为财产，并且规定联邦政府必须保护这种财产。因此，根据宪法，奴隶主就可以强迫他们的奴隶在各领地内劳动，每个奴隶主也就可以违反垦殖者多数的意志，把奴隶制度带到一直是自由的领地中去。各领地的立法议会被剥夺了禁止奴隶制度的权利，而国会就同联邦政府一起，被赋予保护奴隶制度的先锋的义务了。

马克思：《北美内战》，
《马克思恩格斯全集》第 15 卷第 349 页。

俄国是一个专制君主制即无限君主制的国家。沙皇独自颁布法律，任命官吏，监督官吏。因此，看来好像俄国沙皇和沙皇政府不从属于任何阶级，对所有的人都一视同仁。但是实际上所有的官吏都来自有产者阶级，而且都受大资本家的支配。大资本家可以任意驱使各个大臣，可以为所欲为。

列宁：《为〈工人报〉写的文章》，
《列宁全集》第 4 卷第 163 页。

我们的自由派（尤其是立宪民主党人）特别不喜欢阶级斗争"理论"，特别坚持自己的观点，说什么在现代国家中政府能够站在阶级之外或阶级之上。但是，先生们，如果你们所不喜欢的"理论"确实符合实际情况，那又怎么办呢？如果现代法律和现代政治的全部基本原理非常清楚地向我们表明了一切现代国家的制度和管理的阶级性质，那又怎么办呢？如果就连关于杰出的政治活动家、议会议员高级官员等等的个人成分的材料也显示出经济统治同政治统治的不可分割的联系，那又怎么办呢？

列宁：《资产阶级的金融资本家和政治家》，
《列宁全集》第 23 卷第 269 页。

彻底消灭农奴制关系的使命，不是让压迫者而是让受这些关系压迫的居民来完成，不是让有关者的少数，而是让有关者的多数来完成。其实，这无非是对农民改革进行一次民主的修改（也正是"劳动解放社"起草的第一个纲领草案所要求的东西）。我们没有用后一种说法，那仅仅是因为它不太明确，没有十分清楚地指出这种修改的真正性质和具体内容。因此，比如说，马尔丁诺夫如果确实想就土地问题发表自己的某种主张，他就应当明确地声明，他是不是否定对农民改革进行民主修改这个主张本身，如果不否定，他对这个主张又是怎么看的。

列宁：《俄国社会民主党的土地纲领》，
《列宁全集》第 6 卷第 298 页。

实际上，政府并不是超阶级的，而是维护一个阶级来反对另一个阶级，维护有产阶级来反对无产阶级，维护资本家来反对工人。不受限制的政府如果不给有产阶级以各种特权和优待，那它，也不可能管理这样一个大国。

虽然在法律上政府是一个不受限制的政权机关，但实际上资本家和土地占有者却有千百种手段可以用来影响政府和国家事务。他们有法律上承认的自己的等级机关、贵族和商人协会、工商业委员会等组织。他们选出的代表，或者直接充当官吏，参加国家管理（譬如贵族的首领），或者以委员身份被邀出席一切政府机关的会议，譬如厂主按照法律可以选出自己的代表出席工厂管理局（这是工厂视察处的上级机关）的会议。但是他们并不限于直接参加国家管理。他们还在自己的协会里讨论国家法令，拟定草案，而政府每件事情也往往征求他们的意见，向他们提出某种草案，请他们提出意见。

列宁：《社会民主党纲领草案及其说明》，
《列宁全集》第2卷第84页。

马克思在《资本论》第4卷谈到《奈克尔著作集》里《论法国财政的管理》时指出，"我看到社会上的一个阶级，它的收入几乎始终不变；我注意到另一个阶级，它的财富必然增长"之后，断言"这里已经很好地指出了两个阶级之间的阶级对立"，又引证了奈克尔下面的话："社会的一个阶级的命运好像已经由社会的法律固定了，所有属于这个阶级的人都靠自己双手劳动过活，被迫服从所有者（生产条件所有者）的法律，不得不以领取相当于最迫切的生活需要的工资为满足；他们之间的竞争和贫困的压迫，使他们处于从属地位；而且这种状况是不能改变的。"（同上，第286页）。马克思同意这些看法。

马克思和恩格斯在《发表在"新莱茵报"上的文章》里所称"卡托"（M. PorciusCato），是古罗马的执政官、监察官，他拥护旧习，捍卫贵族特权，以严酷著称。

（二）法是直接实现阶级统治的工具

1. 法是维护阶级统治的手段工具

统治阶级是依靠国家政权工具和法律工具来维护统治的。政权是组织工具，法律是手段工具。工具是统治的实体，立法机关、各级行政机关和法律及其执法机关、司法机关等，都是工具实体。立法的中心目的和根本任务，是维护阶级统治。

新兴的阶级要争得统治。可是，这些阶级是由于什么而产生和存在的呢？是由于当时存在的物质的、可以实际感觉到的条件，即各该时代社会借以生产和交换必要生活资料的那些条件。

当城市产生，而独立的手工业和最初在国内后来在国际上的商业流转也随之产生的时候，城市资产阶级就发展起来了，这种资产阶级早在中世纪时期，就已经在反对贵族的斗争中争得了在封建制度内同样作为一个特权等级的地位。可是随着十五世纪中叶以后欧洲以外的世界的发现，资产阶级得到了一个更广大得多的通商地区，从而也得到了发展自己工业的新刺激；在一些最重要的生产部门中，手工业被已经具有工厂性质的工场手工业所排挤，而工场手工业又被大工业所排挤，这种大工业是由于前一世纪的各种发明，特别是由于蒸汽机的发明才可能建立的。大工业又反过来影响商业，排斥落后国家里的旧式手工劳动，而在比较发达的国家里，建设起现代的新式交通工具——轮船、铁路和电报。这样，资产阶级日益把社会财富和社会权力集中在自己手里，虽然它在长时期内还未能取得政权，政权仍然操在贵族和靠贵族支持的王权手里，但到了一定的发展阶段，——在法国是从大革命起——它把政权也夺到手了，于是它对于无产阶级和小农说来就成了统治阶级。

恩格斯：《卡尔·马克思》，

《马克思恩格斯全集》第 19 卷第 122 页。

资产阶级在社会上成了第一个阶级以后，它就宣布自己在政治上也是第一个阶级。这是通过实行代议制而实现的；代议制是以资产阶级在法律面前平等和法律承认自由竞争为基础的。

恩格斯：《共产主义原理》，

《马克思恩格斯全集》第 4 卷第 362 页。

我们知道，资产阶级和无产阶级都是新时代的产儿，它们在自己的社会活动中都力求清除旧时代遗留下来的渣滓。的确，它们彼此之间应当进行严重的斗争，但是只有在它们是单独地对立的时候，这一斗争才能进行到底。如果不同时把武器交给无产阶级，资产阶级就不能争得自己的政治统治，不能使这种政治统治在宪法和法律中表现出来。

恩格斯：《普鲁士军事问题和德国工人政党》，

《马克思恩格斯全集》第 16 卷第 85 页。

现在的立法权比以前的任何立法权都更加体现出拉菲特在七月革命后第一天所说的话："从今以后，统治法国的将是我们银行家了。"这是大金融贵族和 haute bourgeoisie〔资产阶级巨头〕统治法国的最显著的证明。

恩格斯：《法国的政府和反对派》，

《马克思恩格斯全集》第 4 卷第 30 页。

资本主义中等阶级（法国人把它叫做资产阶级），这个建立了不列颠殖民帝国、树立了不列颠自由的开明自由主义阶级资本主义中等阶级的经济职能的确在于，它创立了现代蒸汽工业和蒸汽交通的体系，并打破了一切延缓或妨碍这个体系发展的经济和政治障碍。

恩格斯：《必要的和多余的社会阶级》，

《马克思恩格斯全集》第 19 卷第 316 页。

这里又按下列形式重复了某个限制的取消就是新限制的建立这个论点："对某种自由的追求总是包括着对新的统治的向往。"（第 210 页），（在这里我们知道，资产者在革命中所向往的不是自己的统治，而是"法律的统治"，——参看以上论述自由主义的一节）

马克思恩格斯：《德意志意识形态》，

《马克思恩格斯全集》第 3 卷第 352 页。

1830年革命以后法国资产阶级既已取得完全的统治，这个统治阶级就只有逐渐地走向灭亡。它也正是这样做的。资产阶级没有向前进，它不得不倒退了，它限制出版自由，取消集会结社的自由，颁布各种各样的特别法以便压制工人。

马克思恩格斯：《基佐的穷途末日。法国资产阶级的现状》，
《马克思恩格斯全集》第4卷第205页。

有人可能反驳我们说：在德国，资产者还没有占统治地位；在德国，国家在某种程度上是独立的、凌驾于社会之上的力量，正因为这样，所以这个力量也就代表社会的总合利益，而不是仅仅代表某一个阶级的利益。这样的国家能够做出资产阶级国家所不能做出的种种事情；在社会领域中，也应该期望它能做出完全不同的事情来。

这是反动派的论调。其实，就是在德国，现有的这种国家也是它赖以成长起来的那个社会基础的必然产物。在普鲁士——而普鲁士现在起着决定性的作用——同一个仍然强有力的大地主贵族并存的，还有一个比较年轻和极其胆怯的资产阶级。

恩格斯：《论住宅问题》，
《马克思恩格斯全集》第18卷第289页。

各州的独立这一最适合于旧瑞士的政治形式成了资产者沉重的枷锁。资产者需要中央政权，而且中央政权还应当有足够的力量使各州的立法趋于一致，并依靠其巨大影响，消除各州在国家机构和法律上的区别。这种政权应该消除封建的、宗法的和庸俗的立法残余，并积极保卫瑞士资产者在对外关系方面的利益。

恩格斯：《卡尔·马克思》，
《马克思恩格斯全集》第4卷第510页。

英国在爱尔兰的统治性质的改变国家只是大地主的工具。逐出土地也被作为一种政治上的惩罚手段。英国原来的政策：以英国移民（伊丽莎白时代）和圆颅党移民（克伦威尔时代）代替被排挤的爱尔兰人。女王安即位以后的十八世纪的经济政策只须用英国对它自己的殖民地爱尔兰采用的关税保护办法就可以说明；在这个殖民地的内部，则把宗教信仰变成为财产权的法律基础。在实行合并以后是苛刻的地租和土地中间人的制度，但是爱尔兰人尽管受到极度严重的压迫，却仍然是他们自己的土地的握有者。目前这种制度则是无声无息地、着着实实地进行着的一种歼灭；政府只是大地主（和高利贷者）的工具。

马克思：《关于爱尔兰问题的未作的发言的提纲》，
《马克思恩格斯全集》第16卷第503页。

地主为了维持自己的统治，为了保持自己的权力，必须有一种机构能使大多数人统统服从他们，服从他们的一定的法律、规则，这些法律基本上是为了一个目的——维持地主统治农奴制农民的权力。

列宁：《论国家》，
《列宁全集》第37卷第69~70页。

这位资产阶级作家不得不承认说，"德国宪法所保证的经济自由，在经济生活的许多方面，已经成了失去内容的空话"，在现有的财阀统治下，"即使有最广泛的政治自由，也不能使我们免于变成非自由民的民族"。

> 列宁：《帝国主义是资本主义的最高阶段》，
> 《列宁全集》第 27 卷第 373 页。

英国，它控制了地球上的大部分土地，财富居世界首位，它创造这些财富不单是靠本国工人的劳动，而主要是靠剥削广大的殖民地，靠英国银行拥有极大的力量。英国银行比其他各国银行更先形成为数极少的——就那么三五个——大银行集团，支配着几千亿卢布，而且这种支配，可以毫不夸大地说，已经使得地球上没有一块土地不处在这个资本的魔掌之中，没有一块土地不被英国资本的千百条绳索缠住。到 19 世纪末和 20 世纪初，这个资本已大大增长，活动范围已远远超出某些国家的界限，造成了拥有空前巨大财富的大银行集团。这个资本造成了为数极少的几家银行，于是用了几千亿卢布使这个银行网布满了全世界。这就是英国和法国在经济政策方面的基本情况，法国的一些著作家，例如现在由一些前社会党人（如有名的金融问题著作家利西斯）所主持的《人道报》的撰稿人，早在战前几年就针对本国的经济政策写道："法国是一个金融君主国，法国是一个金融寡头，法国是一个全世界的高利贷者。"

另一方面，同这个以英法为主的集团对立的是另一个资本家集团，这个集团更加凶恶，更加富有掠夺性。这个集团的资本家走近资本主义筵席的时候，席位已被占光了，但是他们采用了发展资本主义生产的新的角斗方法，采用了优良的技术和无比优越的组织，使旧的资本主义即自由竞争时代的资本主义变成了大托拉斯、辛迪加、卡特尔的资本主义。这个集团确立了资本主义生产的国家化的原则，把资本主义的巨大力量和国家的巨大力量联合成一部机器，使千百万人处于一个国家资本主义组织之中。

> 列宁：《战争与革命》，
> 《列宁全集》第 30 卷第 82 页。

马克思和恩格斯在《德意志意识形态》里提到的施蒂纳"对某种自由的追求总是包括着对新的统治的向往"，是针对他关于自由的定义加以讥讽的。施蒂纳说，"独自性和自由之间毕竟还有一条深渊，不仅是简单的字面上的差别。"马克思和恩格斯指出：这条所谓"深渊"，就是指他用"各种转变""变形"和无数的"插曲"来重复上述关于自由的定义。施蒂纳提出了"自由"即"摆脱"的定义。

马克思在《关于爱尔兰问题的未作的发言的提纲》里提到的"圆颅党"，是 17 世纪英国资产阶级革命时对议会派的称呼，因为他们按清教徒的习惯剪短发，而不是像骑士党（王党）那样留长发。其关于对爱尔兰的被合并，是指英国政府在镇压 1798 年爱尔兰民族解放起义后强加给爱尔兰的英爱合并。于 1801 年 1 月 1 日生效的合并消灭了爱尔兰自治的最后痕迹，并且废除了爱尔兰议会合并使英国在爱尔兰的殖民统治臻于巩固。实行合并的后果之一是取消了 18 世纪末爱尔兰议会为维护新生的爱尔兰工业而制定的保护关税政策，这一来爱尔兰的工业便完全凋敝了。在殖民地时期，爱尔兰把宗教信仰变成为财产权的法律基础。在实行合并以后，爱尔兰人仍然受到极度严重的压迫。

2. 法调整统治阶级与被统治阶级的关系

统治阶级与被统治阶级的关系，是基本社会关系。这种关系的性质，是压迫与反压迫、剥削与反剥削。在剥削阶级统治的社会，说到底，法是压迫和剥削的工具。

在剥削阶级统治的社会形态里，没有一个国家的法律有一条写上压迫、剥削这四个字，但没有一部法律不体现压迫和剥削的实质。法律的压迫性，有直接表现形式和间接表现形式。刑法是最鲜明、最集中的直接表现形式。这是刚性形式。对于颠覆国家政权、暴力革命、侮辱国王等行为，法律规定了严格的惩罚措施。这些是刑事犯罪的类别，因而依法惩处不能称为"镇压"。镇压是政治术语，不是法律术语。像游行示威法、罢工法、结社法等，表现为压迫的柔性形式，属于间接表现形式。法律规定允许游行示威、罢工，但必须符合法律规定的条件。不符合法定条件的为违法，予以取缔，对于游行示威、罢工中的犯罪行为，予以惩处。剥削也是这样。

由于私有财产神圣不可侵犯，法律保护私人生产资料财产权，利润所得属于私有财产，故其形成剥削的所有权受法律保护。我们知道，剩余利润恰恰是剥削的主要来源。工厂法、十小时工作制法、济贫法等法律，都是形成剥削并被确认的法律。

压迫和剥削不存在于法律条文，存在于社会感知和价值判断。经典作家提到的啤酒法案、流放苦役移民区法案、出租马车税法案、禁止星期日交易法案等，都是人们通过法律实施的结果感知的，并形成价值判断的。

资产阶级用自己的联合来对抗工人的联合还嫌不够，他们还要请法律干涉，而法律是他们自己制定的。这一点将怎样实现，可以从自由主义的、讨人喜爱的帕麦斯顿的机关报"晨邮报"的下面一段恶狠狠的话里得出结论。"如果说在种种无道德的表现中有特别值得用铁腕加以严惩的东西，那末这就是罢工的办法……必须迅速严惩这些联盟的领导人和首脑。即使这些人受到赤身抽打的惩罚，也不是破坏出卖劳动的自由……硬说这是侵犯了出卖劳动的自由，那是胡说。只要供应劳动市场的人拒绝采取危害国家利益的行动，那就可以允许他们自行与雇主谈判受雇的条件。"

在以环境为转移的一定范围内，可以让劳动者认为自己是生产上的自由缔约人，认为自己与老板的合同是依照双方的协议签订的。但是，只要他们一越出这些范围，那就要公开强迫他们在议会这个统治阶级对付人民的常设联合委员会所规定的条件下工作。帕麦斯顿的机关报思想的深刻和它的智慧在它昨天的发现中暴露得很有趣。根据它的这个发现，"在这个国家的所有阶级中，生活最困难的是上流社会中的穷人"，即那些乘雇佣马车而不是乘自己的"轿式马车"出行的穷贵族。

马克思：《政府在财政问题上的失败。——马车夫。——爱尔兰。——俄国问题》，《马克思恩格斯全集》第9卷第256页。

在1810年决定废除专利权（Zwangsund Bannrechte）的同时，任命了一个委员会来研究赔偿磨粉主因投入自由竞争而遭受的损失问题。这个决议本身就是荒谬的。难道行会师傅因废除自己的特权而得到了赔偿吗？但是这里情况特殊。磨坊缴纳享用专利权的特别税，因此不是简单地废除这一切，而是给他们补偿费，可是特别税仍旧保留下来。形式本身是荒谬的，但这里至少有一种法的外表。

然而，在从1815年起合并进来的各省中保留有磨粉税，而废除了专利权，但是却不缴纳任何赔偿费。旧普鲁士在法律面前的平等就是如此。虽然手工业法废除了一切手工业税，可是按照1845年的手工业条例和根据赔偿法，在发生争执时，所有磨粉税不被看作手工业税，而被看作土地税。由于这种混乱状况和这些违法行为而发生了许多诉讼案件，各级法庭的判决互相矛盾，甚至最高法院也作出了一些极其矛盾的判决。

马克思恩格斯：《发表在"新莱茵报"上的文章》，
《马克思恩格斯全集》第5卷第365～366页。

普鲁士王权认为它大显威风的时候终于来到了。"未被削弱的"天赋国王今天赐给我们三个新法案——关于俱乐部和集会、关于招贴和关于出版的法案，对私生活的侮辱或诽谤。Code Napoléon〔拿破仑法典〕只规定对公开进行的或到处散布的侮辱或诽谤加以惩治。新法案则企图把在私人谈话中、在自己房屋中、在自己家庭中、在私人通信中所发表的任何意见都置于警察局和检察机关的监督之下并加以惩治，——也就是说，新法案企图组织最卑鄙的无孔不入的特务活动。有无限权威的法兰西皇室政权的军事专制总还尊重私人交谈的自由；这个政权——至少在它的立法中——是禁止擅入私人住宅的。普鲁士的家长立宪制的监视和惩罚竟推广到了私人生活，推广到了私人生活中最忌讳的领域——甚至连野蛮人也认为是不可侵犯的家庭关系的领域。然而，正是这同一法律以前曾有三项关于任何侮辱家庭关系的言行都要处以两年徒刑的规定！

马克思恩格斯：《发表在"新莱茵报"上的文章》，
《马克思恩格斯全集》第6卷第405页。

在同一天，下院在三读中通过了出租马车税法案，恢复了十四世纪的马车官价，并通过了弗·斯卡利先生提出的出租马车主组织罢工应予法办的条款。我们现在不能细述国家干涉私人事务的问题。只想指出，这一切都是在自由贸易派的议院中实现的。不错，议院断言，在运载业领域中存在着垄断，而不是自由竞争。

流放苦役移民区法案也在全院委员会通过。除为数不多的已被判服苦役的罪犯仍将流放西澳大利亚之外，流放到苦役移民区的刑罚被这一法案取消。罪犯先服一定时期的监禁，然后可获得假释（但可能取消）和在大不列颠的居住权；他们将被用于公共工程并得到政府规定的工资。最后这一条的慈善目的，是通过强迫劳动和自由劳动的竞争，在劳动力市场上人为地造成剩余；同时，这些慈善家们又禁止习艺所的贫民参加生产劳动，因为他们害怕造成对私人资本的竞争。

马克思：《战争问题。——英国的人口和商业报告书。—议会动态》，
《马克思恩格斯全集》第9卷第287页。

至于上院，它的活动可以很简单地加以总结。它否决了解放犹太人法案，暴露了它的伪善；它埋葬了工人结社法案，暴露了它对工人阶级的敌视；它把爱尔兰土地法案打入了冷宫，暴露了它对爱尔兰人民的利己仇恨心；最后，它恢复了盐业垄断，暴露了它袒护印度的贪赃枉法风气的顽固立场。上院始终同政府暗中勾结，它们商量好如果有过什么进步措施要在下院通过，那末就由开明的上院议员们把它否决掉。

马克思：《大陆和英国的情况》，
《马克思恩格斯全集》第9卷第318页。

爱尔兰大法官法庭审理了一起遗产案，在这个案件中，英国贵族克兰里卡德侯爵——墨尔本内阁时期的驻彼得堡大使和罗素执政时期的邮政主管部门的首长扮演了完全和巴尔扎克描写谋杀、通奸、欺骗和非法占有遗产的小说中所塑造的人物一模一样的主角。

马克思：《托利党人同激进派的联合》，
《马克思恩格斯全集》第11卷第85页。

第一个宗教方面的强制性措施是 Beer Bill〔啤酒法案〕；这个法案规定：星期日任何公共娱乐场所除晚上6点到10点以外，一律不准营业。这个法案是在虔诚的先生们以答应延长专卖制的有效期限，即答应保持大资本的垄断地位来换取了伦敦大啤酒店老板的支持以后，在议院的几乎无人出席的会议快结束时偷偷地通过的。接着就是 Sunday Trading Bill（禁止星期日交易法案），这个法案现已在下院三读通过，个别条文刚刚在下院全院委员会的会议上讨论过。这个新的强制性措施也得到了大资本的支持，因为星期日做买卖的只是一些小店铺，而大商店总是愿意用议会的手段来消除小店铺的星期日的竞争的。从这两件事中我们看到教会和垄断资本共同策划的阴谋；这两件事情表明，宗教的惩治法律的目的是为了反对下层阶级，而使上层阶级在良心上可以安静下来。Beer Bill 对贵族的俱乐部妨碍不大，正如 Sunday Trading Bill 并不影响特权阶级的星期日活动一样。工人阶级是在星期六晚上领到工资的。因而星期日的买卖只是为它而存在的。只有工人才不得不在星期日购买他们所需的一点点东西。所以新的法案打击的对象只是工人阶级。

马克思：《反教会运动。——海德公园的示威》，
《马克思恩格斯全集》第11卷第364页。

伦敦仿佛不再是一个城市了。在我们已经习惯地看到有什么东西的那些地方，竟然是而且继续是一块空场子。广场上的荒凉景象使你的眼睛很不习惯，而死一般的沉寂使你的耳朵很不习惯。伦敦究竟发生了什么事情呢？马车夫闹革命了！马车夫和他的车辆好像奇迹一样，从街上、从自己的停车站上、从火车站的广场上不见了。出租马车主和马车夫都起来反对关于马车夫的新法律，反对"群贤内阁"的这项伟大的、差不多是"稀世之珍"的法令。他们罢工了。

据说，他们对西蒂的无人保护的太太们和大腹便便的商贾们的勒索应该结束了，车费应该从一英里1先令降低到6辨士。6辨士道德已经风靡一时。以菲茨罗伊先生为代表的

内阁，制定了一个对付马车夫的残酷法律，这项法律规定了他们对公众应尽的义务，同时把他们的车费、他们的"马车"、他们的马和他们的道德都置于议会的立法控制之下。

> 马克思：《政府在财政问题上的失败。——马车夫。——爱尔兰。——俄国问题》，
> 《马克思恩格斯全集》第 9 卷第 254 页。

"群贤内阁"是如此热烈地希望实现自己的立法杰作，以致马车夫管理法刚刚在议会一通过，而实施法律的必要条件连一部分都不具备的时候就生效了。谁也不关心让伦敦的法官们的手头有一份距离和定价的新规定和一览表的确切的副本；治安法官只是得到了解决马车夫和公众之间发生的一切纠纷的最一般的指示。于是，两个星期以来，我们亲眼看到了在法官面前不断发生的六辨士汉普敦派大军和"凶恶的"马车夫之间激烈斗争的种种大场面；前者是为德性而战，后者是为金钱而战。马车夫们天天受到训诫，受到判决，被关进监牢。最后，他们确信，按照新的价目表，他们是无法向自己的主人缴纳原来的租金的。马车主和马车夫齐集于 monssacer——霍耳博恩的国民大厅，在这里作出了一项很厉害的决定，结果使伦敦大街上 3 天不见马车夫的影子。

> 马克思：《政府在财政问题上的失败。——马车夫。——爱尔兰。——俄国问题》，
> 《马克思恩格斯全集》第 9 卷第 255 页。

由于封建家臣的解散和土地断断续续遭到暴力剥夺而被驱逐的人，这个不受法律保护的无产阶级，不可能像它诞生那样快地被新兴的工场手工业所吸收。另一方面，这些突然被抛出惯常生活轨道的人，也不可能一下子就适应新状态的纪律。他们大批地变成了乞丐、盗贼、流浪者，其中一部分人是由于习性，但大多数是为环境所迫。因此，十五世纪末和整个十六世纪，整个西欧都颁布了惩治流浪者的血腥法律。

> 马克思：《资本论（第一卷）》，
> 《马克思恩格斯全集》第 23 卷第 802 页。

在英国，这种立法是在亨利七世时期开始的。亨利八世时期，1530 年，允许年老和无劳动能力的乞丐行乞。但对身强力壮的流浪者则加以鞭打和监禁。他们要被绑在马车后面，被鞭打到遍体流血为止，然后要发誓回到原籍或最近三年所居住的地方去"从事劳动"。

亨利八世二十七年，又重申了以前的法令，但由于加上了新的条款而更严厉了。如果在流浪时第二次被捕，就要再受鞭打并被割去半只耳朵；如果第三次被捕，就要被当作重罪犯和社会的敌人处死。

爱德华六世在他即位的第一年（1547 年）颁布的法令规定，拒绝劳动的人，如被告发为游惰者，就要判为告发者的奴隶。主人应当用面包和水，用稀汤和他认为适当的肉屑给自己的奴隶吃。他有权用鞭打和镣铐强迫奴隶从事一切令人厌恶的劳动。

伊丽莎白执政时期的 1572 年的法令规定，没有得到行乞许可的 14 岁以上的乞丐，如果没有人愿意使用他两年，就要受猛烈的鞭打，并在左耳打上烙印；如果有人再度行乞而且年过 18，又没有人愿意使用两年，就要被处死；第三次重犯，就要毫不容情地当作叛国

犯处死。类似的法令还有伊丽莎白十八年所颁布的第 13 号法令和 1597 年的法令。

詹姆斯一世时期，游荡和行乞的人被宣布为流浪者。即决法庭 238 的治安法官有权当众鞭打他们，把第一次被捕者监禁 6 个月，第二次被捕者监禁 2 年。在监禁期间，治安法官认为适当就可以随时鞭打他们，要打多少就打多少…… 不可救药的危险的流浪者，要在左肩打上 R 字样的烙印，并要从事强制劳动；如果他再度在行乞时被捕，那就要毫不容情地处死。

法国也有同样的法律，十七世纪中叶在巴黎建立了一个流浪者王国。在路易十六初期（1777 年 7 月 13 日的敕令）还规定，16 岁至 60 岁的身体强壮而没有生存资料或职业的人，都要罚做苦工。1537 年 10 月查理五世对尼德兰颁布的法令，1614 年 3 月 19 日荷兰各州和各城市的第 1 号告示，1649 年 6 月 25 日联合省的公告等，都有类似的规定。

这样，被暴力剥夺了土地、被驱逐出来而变成了流浪者的农村居民，由于这些古怪的恐怖的法律，通过鞭打、烙印、酷刑，被迫习惯于雇佣劳动制度所必需的纪律。

马克思：《资本论（第一卷）》，

《马克思恩格斯全集》第 23 卷第 805 页。

约翰·罗素一向是以自己曾大叫大嚷地反对过 1819 年卡斯尔里的六条臭名昭彰的非常法，在对集合于曼彻斯特附近举行群众大会讨论关于普选权的请愿书的工人进行血腥镇压之后，英国议会根据卡斯尔里勋爵的提议通过了废除人身不受侵犯、废除出版和集会自由的六条反动法令（"禁口律"）。而自夸的，而现在却在表决休谟关于废除这些法令中的一条的提案时弃权，这条法令规定，任何出版物，只要从中看出哪怕一点点诋毁上院或下院的倾向，作者就要受到终身流放的惩罚。

这样，约翰·罗素勋爵在他的议会生涯的第一时期的末尾，就背弃了他吹嘘了十多年的主张议会改革的豪言壮语。这完全符合现代辉格党人的原型霍雷修·沃尔波尔对康威表白的话："民主的法律草案从来不是严肃地提出来的，它们只是政党的工具而不是实现这些古怪思想的保证。"

马克思：《约翰·罗素勋爵》，

《马克思恩格斯全集》第 11 卷第 436 页。

Quos deus vult perdere prius dementat〔上帝欲毁其人，必先夺其理智〕，看来，这是欧洲对法国篡夺者的极为普遍的看法。只不过几个星期以前，所有各个国家的、操着各种不同语言的无数趋炎附势的人们，曾异口同声地把这个篡夺者捧成人间的一位天神。现在，骤然间，当真正的危险刚刚临近，又认为这位半人半神的人物发疯了。

波拿巴得以飞黄腾达的秘密，一方面固然在于互相敌对的党派彼此弄得精疲力尽，另一方面也在于他的 coup d'état〔政变〕恰好碰上了商业界进入繁荣期。

马克思：《对波拿巴的谋杀》，

《马克思恩格斯全集》第 12 卷第 417 页。

　　路易－拿破仑自己却急忙跑到 Corps Législatif〔立法团〕去，在那里公开宣称，这次密谋是全国性的，因此法国需要新的"镇压性法律"加以压制。已经提出的那些以 loi des suspects 为首的法律，只不过是当初发动 coup d'état 时所采取的措施的再版。不过那时是把它们当做临时办法，而现在把它们宣布为构成法了。这样，路易－拿破仑就自己宣布了：帝国只有依靠那些它所由诞生的卑劣手段才能永世长存。

马克思：《对波拿巴的谋杀》，

《马克思恩格斯全集》第 12 卷第 420～421 页。

　　宪法承认奴隶为财产，并且规定联邦政府必须保护这种财产。因此，根据宪法，奴隶主就可以强迫他们的奴隶在各领地内劳动，每个奴隶主也就可以违反垦殖者多数的意志，把奴隶制度带到一直是自由的领地中去。各领地的立法议会被剥夺了禁止奴隶制度的权利，而国会就同联邦政府一起，被赋予保护奴隶制度的先锋的义务了。

　　如果说，1820 年的密苏里妥协案扩展了奴隶制度在各领地的地理界限，1854 年的堪萨斯—内布拉斯加法案又取消了任何地理界限，换上一个政治的障壁，即垦殖者多数的意志，那末，美国最高法院则是通过 1857 年的判决，把这个政治障壁也拆掉了，从而把共和国现在和将来的一切领地从培植自由州的地方变成了培植奴隶制度的地方。与此同时，在布坎南政府时期，在北部各州还严厉无情地实行了 1850 年颁布的更厉害的逃亡奴隶引渡法。为南部奴隶主捕捉奴隶看来已经成了北部的合乎宪法的任务。

马克思：《北美内战》，

《马克思恩格斯全集》第 15 卷第 350～351 页。

　　马克思恩格斯《发表在"新莱茵报"上的文章》里的"招贴法"，是在 19 世纪前半叶，凡管制贴在街头上供大众观看的号召、声明和告示的法，统称为招贴法。当时，这种招贴是政治斗争中的锐利武器，是对群众进行革命教育的工具，因而经典作家坚决反对招贴法。

　　恩格斯的《关于现行赎买法案的辩论》，是马克思和恩格斯《发表在"新莱茵报"上的文章》中的一篇。文中所说的在 1810 年决定废除的专利权，是封建主的一种权利，根据这种权利他可以强迫农民在他的磨坊磨粉，用他的烘炉烤面包，从而收取一种特别税；专利权是对农民进行封建剥削的一种形式。

　　文中谈到"最高法院也作出了一些极其矛盾的判决"，恩格斯列举了摩里茨先生所援引阐述的事实。从这些事实可以看出，过去的立法当局究竟把什么样的税当作"土地税"：萨克森有一家磨坊，它除了磨粉设备以外，还有水力，但没有田地，可是却被课 4 维斯佩尔谷物的"土地税"！维斯佩尔（Wispel）是 1872 年以前德国的谷物计量单位；在普鲁士，1 维斯佩尔等于 1319 公升。

　　马克思在《反教会运动。——海德公园的示威》里提到的《禁止星期日交易法案》，起草人是罗伯特·格娄弗诺勋爵。人们谴责这个法案，认为这个法案只是为了反对穷人而不是反对富人。

马克思在《政府在财政问题上的失败。——马车夫。——爱尔兰。——俄国问题》一文里所言"群贤内阁",是对阿伯丁联合内阁(1852~1855)的讽刺性称呼。参加这个内阁的有辉格党和皮尔派的代表。这个内阁之所以能够在执政党和托利党反对派在下院中席位彼此相等的条件下存在,是因为得到了所谓爱尔兰旅,即在英国议会中拥有60多人的爱尔兰议员团的支持。阿伯丁组阁时,给予3个爱尔兰议员以大臣职位,因而引起了爱尔兰旅的分裂。

马克思在《约翰·罗素勋爵》里提到的六项"禁口法"(Gagging act),是英国议会1819年在彼得卢大屠杀后通过的反动法案。根据托利党成员——卡斯尔里勋爵的提议提出的"禁口法",废除了人身不可侵犯,取消了出版和集会自由。本文对于"禁口法"的提出者,马克思用的是"卡斯尔里勋爵",注释者用的是"帕麦斯顿"。卡斯尔里子爵,罗伯特·斯图亚特(Cast—leragh,Robert Stewrt)——英国国家活动家,托利党人,曾任陆军和殖民大臣、外交大臣。帕麦斯顿子爵,亨利约翰坦普尔(Palmerston,Henry John Tempele)——英国国家活动家,初为托利党人,1830年起依仗辉格党右翼分子的支持,成为该党领袖之一,曾任军务大臣、外交大臣、内务大臣和首相。

马克思在《对波拿巴的谋杀》里的loi des suspects,指的是称为嫌疑犯处治法(loi des suspects)的社会治安法律。该法律于1858年2月19日由立法团通过。它使政府和皇帝有无限的权力把一切有敌视第二帝国体制嫌疑的分子,流放到法国和阿尔及利亚的任何地方,甚至驱逐出法国领土。

马克思在《北美内战》里提到的"1850年颁布的更厉害的逃亡奴隶引渡法",指逃亡奴隶法(Fugitive Slave Act)。1850年9月由美国国会通过,作为对1793年的逃亡奴隶引渡法的补充根据,这个新法律在所有各州任命了追捕奴隶的特派官员。捕到一个黑人,并判他重做奴隶,可得奖金10美元。如果把一个被抓的黑人开释,只能得到5美元。北部各州当局和居民必须给予特派官员以一切协助。违反法律则判处罚金1000美元和6个月徒刑。该法律加深了人民群众的不满,使废奴运动加强,因而在美国内战爆发之前事实上就已行不通,最后于1864年被废除。

3. 法调整统治阶级内部关系

统治阶级是作为阶级整体实行统治的。法为了保障统治阶级的统一性和一致性,内部关系的组织性、合理性、成员行为的规范性,就要调整组织、成员之间相互关系。通过法律调整,使统治阶级统一意志、统一行动,共同维护阶级统治。

现在要做的是:为了资产阶级的利益去加强和利用新获得的国家统一(至少是北部的统一),并且用这种办法把德国南部的资产者也引诱到新的联邦中来。联邦宪法从各邦的主管范围内夺走了在经济上极为重要的立法部门,并把它们交给联邦去掌管:整个联邦领土内共同的公民权和迁徙自由,户籍权以及工业、商业、关税、航行、铸币、度量衡、铁路、水路、邮电、特许证、银行、整个对外政策、领事馆、保护国外商业、卫生警察、刑法、诉讼程序等等方面的立法权。现在，这些问题的大部分，都通过立法的方式，一般按照自由主义的精神迅速地解决了。

恩格斯的遗稿：《北美内战》，

《马克思恩格斯全集》第 21 卷第 496 页。

执政集团内部的犯罪行为，它的狂妄无能和软弱，英国精锐部队的复没，旧政党的瓦解，下院中没有紧密团结的多数，在早已过时的传统基础上建立的联合内阁，在极端严重的工商业危机存在的情况下进行欧洲战争的开支——所有这一切都是充分说明大不列颠面临着政治变革和社会变革的征兆。特别值得注意的是这个事实：在政治幻想破灭的同时，自由贸易的幻想也在破灭。前者保证了贵族对行政权的垄断，而后者则保障了资产阶级对立法权的垄断。

马克思：《托利党人同激进派的联合》，

《马克思恩格斯全集》第 11 卷第 86 页。

在英国未必还有什么其他的为不列颠资产阶级所更强烈反对的特权，也未必还有什么其他的更鲜明的寡头立法的例子。1796 年皮特曾提出两个法案，其中的一个法案规定对动产征收遗产税和遗嘱验认税，另一个法案规定把这些税扩大到不动产上。

他没有任何可能使法案在两院中通过，所以不得不收回这个法案。如果从 1796 年起就开始对不动产征收遗产税和遗嘱验认税的话，国债的绝大部分就可能清偿了。

马克思：《君士坦丁堡的乱子。——德国的招魂术。——预算》，

《马克思恩格斯全集》第 9 卷第 84 页。

昨天晚上，关于爱尔兰地主和租佃者的法案也在三读中通过。增加了一项有利于租佃者的重要修正条款，即禁止地主强占和出卖租佃者的青苗。

马克思：《在下院中。——报刊论东方问题。——沙皇宣言。——丹麦》，

《马克思恩格斯全集》第 9 卷第 265 页。

从前法国种植葡萄的人要求颁布一条法律来禁止开辟新的葡萄园，这和荷兰人烧毁亚洲的香料和铲除摩鹿加群岛的丁香树如出一辙，他们就是想减少众多来提高交换价值。整个中世纪人们都奉行了这个原则，他们以法律规定，一个师傅只可以雇用多少帮工、使用多少工具。

马克思：《哲学的贫困》，

《马克思恩格斯全集》第 4 卷第 83 页。

地主和租佃者法案废除了有关不动产典契的法律。这在目前就给合法出卖小地产造成了不可克服的障碍，因为在典地产法令不适用于小地产。租佃权法案修改并概括了 60 个以上的禁止签订为期 21 年的租佃契约的议会法令，处理了租佃者根据相应的合同作了改

良设施的补偿费问题，并且不许采用转租制。

马克思：《战争问题。——英国的人口和商业报告书。——议会动态》，

《马克思恩格斯全集》第9卷第284页。

最后，租佃者改良设施补偿费法案规定，租佃者在没有与地主签订任何合同的情况下所作的改良设施应予补偿，还有一条规定这一法律具有回溯效力。当然，上院是不可能反对议会干涉地主和租佃者之间的关系的，因为从爱德华四世时起到现在，上院从未中止把处理这些关系的立法法令大量载入法律汇编，而且上院本身的存在也是以有关地产的法律为基础的，继承法就是一例。

马克思：《战争问题。——英国的人口和商业报告书。——议会动态》，

《马克思恩格斯全集》第9卷第287页。

在下院二读通过的包法利法案，对英国的商业法具有重要的意义。在英国，到目前为止，凡是获得贸易公司一份利润的人，都算作股东，因此，他以他的全部财产对公司的商业债务负责。按照包法利代表内阁提出的法案，这种法律规定就应当废除。更为重要的是包法利关于股份公司的法案。到现时为止，这种公司的每个成员不仅对他的股票总值负责，而且也以他的全部财产对全部债务负责。按照所提的法案之一规定，责任的大小以各个股东的股票总值为限，但是这只是在那些全部资本最少为2万英镑，开业合同由股金不少于15 000英镑的股东签字，而且股金的已付部分又不少于资本总额的百分之二十的公司中才是这样。需要这类法律这件事本身就已经说明，到目前为止财政寡头已经把立法权操纵到了什么程度，财政寡头又怎样成功地在世界上头等商业国家里使贸易协定受到最荒诞和最放肆的法律限制。新法案希望实现"使劳动和小资本跟大资本处于同等地位（在商业法中）"的原则。用什么方法来实现呢？用这种方法：少于2万英镑的股本不再享受法律规定的优惠，而继续受到过去的限制。大资本不愿满足于它用来打败小资本家竞争的经济手段中的优势，在英国大资本也采取了各种法律上的特权和各种特别法，这些事实，从英国的有关股份公司和一般贸易公司的法律上得到了最雄辩的证明。例如几年以前，还规定银行不得拥有6个以上的股东。过了很长时间，股份公司才取得了起诉和代表董事会在法庭上答辩的权利。但是为了利用这项特权，它们应当进行登记，也就是进行合并，可是按照1837年的法律，合并是要由王权根据 Board of Trade〔贸易部〕的呈报来实现的；因此，某一公司能否合并实际上是听凭于 Board of Trade 是否大发慈悲。

马克思：《迪斯累里的提案》，

《马克思恩格斯全集》第11卷第383页。

这里有一个问题，就是统治阶级内部成员违法犯罪追究法律责任问题。

为维护统治秩序的稳定性，对于违法犯罪的统治阶级内部成员，也是按照在法律面前人人平等的原则定罪量刑的。

统治阶级内部成员犯罪有两个突出特点：一是经济领域多于政治领域。其中，职务犯

罪和经济犯罪的比率偏大。职务犯罪是利用职务之便的犯罪。经济犯罪是经济方面的犯罪，如偷税罪、行贿罪、破坏经济秩序罪。二是其他社会人员的刑罚重于内部成员。行为罪刑相当原则，不能仅仅体现在同类犯罪上，还要体现在不同类犯罪的量刑比较上。盗窃罪和受贿罪同是财产犯罪，作为数字罪，当然两者存在数额、刑期的相当问题。譬如，受贿 100 万元，判刑 8 年，盗窃 1 万元判刑 10 年。接受贿赂的一般是统治阶级内部成员，而盗窃的往往是其他社会人员。

统治阶级内部成员犯罪，可以实行和解制度，以钱换刑，其他社会人员无钱换刑。

上述情况，表现了在法律面前人人平等的立法原则的虚伪性。

二、法实施的阶级性

法实施，就是法律的施行。法实施是国家有权机关施行的，法律通过行政机关的执法活动和司法机关的司法活动而得到施行。法的实现与法实施不同。法的实现是法律的内容和形式因遵守而得到落实。"守法"是法的实现的要因。譬如，楼盖好了，是工程"实施"了，还不是楼的"实现"，就是说，楼的"实现"，是按照建筑法规的规定和技术规程的要求完成施工。楼盖完了，可楼又倒了，数不清的"楼歪歪"和"楼倒倒"，说明了楼的"实施"不等于楼的"实现"。法的实现也是这样。如果行政机关执法不是依法行使权力而是放弃、越权或滥用权力，司法机关不是依法行使审判权而是在程序上、审判上违反、歪曲或不公正地适用法律，那就不可能做到法的实现。因此，法的实现要求执法机关和司法机关、社会组织和公民，一律遵守法律，消除违法状态，保持合法状态。

无论法实施还是法的实现，都是有阶级性的。经典作家雄辩的论述和无可争辩的事实，证明了执法和司法的阶级性。

（一）执法的阶级性

1. 行政执法不是凌驾于阶级之上，而是维护一个阶级来反对另一个阶级

行政机关的行政与企业行政和社会组织行政不同。行政机关的行政是国家机关在管理国内外国家事务中执行法律的行动。随着行政机关日益"肥大化"及其违法事件增多，行政执法的阶级性问题引起人们越来越多的关注。

西方各国都建立了庞大的行政机关。英国的国王、枢密院、内阁和地方各级政府机关，美国的总统、州及州长和地方各级政府机关，德国的联邦和联邦总理、州及州长和地方各级政府机关，法国的总统、政府及政府总理和地方各级政府机关，均为行政机关。

行政机关是国家政权的重要组成部分，拥有全部国家行政职能。国家政权的阶级性，决定了国家行政的阶级性。行政机关、行政行为、行政监督、行政处罚等，不是超国家、超阶级的。

列宁引证了《工人领袖》报第24号（公历6月12日）以整整一版的篇幅登载的下列担任股份公司（主要是做军用装具生意的）股东或经理的人的名单：英国大臣（7人）、前任大臣（3人）、主教和修士大司祭（12人）、贵族（47人）、议会议员（18人）、大报老板以及金融家和银行家。

列宁指明了国家管理的阶级性，他指出：英国的工人报刊在继续揭露金融"业务"同高级政治的联系。这种揭露值得引起各国工人的注意，因为这里揭示了资本主义社会国家

管理的基础本身。马克思所说的政府是管理资本家事务的委员会这句话，得到了最充分的证明。

法律重要的不在于写在纸上，而在于由谁执行。

列宁：《在出席全俄工兵代表苏维埃会议的
布尔什维克代表的会议上的报告》，
《列宁全集》第 29 卷第 111 页。

在资产阶级共和国里，生活的各个领域都处在自由竞争的无限的统治之下，只是在总的方面留下一个为整个资产阶级所必需的最低限度的行政权，以便在对内对外政策上保障资产阶级的共同利益并管理资产阶级的共同事务；而就连这个最低限度的行政权也必须组织得尽可能合理而经济。

马克思：《宪章派》，
《马克思恩格斯全集》第 8 卷第 389 页。

只要国政和立法一转到资产阶级的控制之下，官僚就不再是一支独立的力量。

恩格斯：《德国的制宪问题》，
《马克思恩格斯全集》第 4 卷第 62 页。

英国的工人报刊在继续揭露金融"业务"同高级政治的联系。这种揭露值得引起各国工人的注意，因为这里揭示了资本主义社会国家管理的基础本身。马克思所说的政府是管理资本家事务的委员会这句话，得到了最充分的证明。

《工人领袖》报第 24 号（公历 6 月 12 日）以整整一版的篇幅登载了下列担任股份公司（主要是做军用装具生意的）股东或经理的人的名单：英国大臣（7 人）、前任大臣（3 人）、主教和修士大司祭（12 人）、贵族（47 人）、议会议员（18 人）、大报老板以及金融家和银行家。

列宁：《资产阶级的金融资本家和政治家》，
《列宁全集》第 23 卷第 268 页。

西班牙和土耳其一样，仍旧是一堆共有一个挂名君主的治理不善的共和国。在不同的省份里，专制制度具有不同的性质，统一的法律由总督和省长任意解释；尽管存在专制制度，政府并不禁止各省保存不同的法律和习惯，不同的币制，不同颜色的军旗和各自的税制。东方式的专制制度只有当地方自治和它的直接利益发生冲突时才触动地方自治，但是当地方自治使它不必亲自做某些事情并使它省却实际管理的麻烦的时候，它是乐意让这种制度存在的。

马克思：《革命的西班牙》，
《马克思恩格斯全集》第 10 卷第 463 页。

凌驾于这一切之上的政府，其专制意图在形式上仅受到不多的限制，而且这多半只是为了装装样子，实际上它遇到的障碍并不多。按其本质讲，它是保守的，而贵族、资产者和尽情挥霍享乐的庸人，也是如此。农民由于乡村居民所特有的分散性，不能成为有组织的反对力量。他们对政府的全部要求就是，自己活也让别人活，奥地利政府早已懂得这一点。因此，制造仅仅停留在纸面上的法律和命令的做法之所以达到登峰造极的程度并被奉为原则，虽然也还有其他原因，但主要是上述情况造成的；此外，这种情况造成的行政上惊人的腐败，确实超出我所能设想的程度。

恩格斯：《恩格斯致维克多·阿德勒》，
《马克思恩格斯全集》第 39 卷上册第 133 页。

在法律上，俄国政府是完全不受限制的，它好象是完全独立于人民的，凌驾于一切等级和阶级之上的。但如果真是这样，那么法令也好，政府也好，为什么在工人同资本家发生的一切冲突当中，总是站到资本家方面去呢？为什么资本家随着自己人数的增加和财富的增多而得到越来越多的支持，而工人却遭到越来越多的反对和限制呢？实际上，政府并不是凌驾于阶级之上的，而是维护一个阶级来反对另一个阶级，维护有产阶级来反对穷人阶级，维护资本家来反对工人。不受限制的政府如果不给有产阶级种种特权和优待，就不可能管理这样一个大国。虽然在法律上政府是一个不受限制的、独立的政权机关，但实际上资本家和土地占有者却有千百种手段影响政府和国家事务。他们有法律所承认的自己的等级机关、贵族和商人协会、工商业委员会等组织。他们选出的代表，或者直接充当官吏，参加国家管理（譬如贵族代表），或者被邀担任一切政府机关的委员，譬如厂主按照法律可以选出自己的代表出席工厂事务会议（这是工厂视察机关的上级机关）的会议。

但是他们并不限于这种直接参加国家管理。他们还在自己的协会里讨论国家法令，拟定草案，而政府每件事情也往往征求他们的意见，送给他们某种草案，请他们提出意见。资本家和土地占有者举行全俄代表大会，讨论自己的事情，寻求对本阶级有利的各种措施，代表所有贵族地主、代表"全俄商界"请求发布新法令，修改旧法令。他们可以在报上讨论自己的事情，因为不管政府怎样通过自己的书报检查箝制言论，但是剥夺有产阶级讨论自己事情的权利，那它是连想也不敢想的。

列宁：《社会民主党纲领草案及其说明》，
《列宁全集》第 2 卷第 83~84 页。

如果这个政府由于传统等等关系，同特别"明显的"专制形式有着历史的联系，如果国内表现在法官和官吏非民选制这方面的军阀制度和官僚主义的传统很深，那么这种独立性的范围就更广，它的表现就更……露骨，"选择"选民和"选择"奉命投票的复选人的方法就更粗暴，更专横。

列宁：《选举中的僧侣的选举》，
《列宁全集》第 22 卷第 144 页。

不言而喻，这个地主政府关于土地委员会的法律远不是民主的（人民的）法律。相反地，这个法律有许多方面都令人极其愤慨地违背了民主制度。例如，这个法律的第 11 条"授权省土地委员会可以中止乡、县土地委员会决议的执行，直至最高土地委员会作出最后决定"。根据这一骗人的地主法律，各级委员会是这样组成的：县委员会比乡委员会更不民主，省委员会比县委员会更不民主，最高委员会又比省委员会更不民主！

列宁：《社会革命党对农民的又一次欺骗》，
《列宁全集》第 32 卷第 422 页。

如果扎克斯先生竟认为，一个议会法案只须获得法律效力就能立刻见诸实现，那他就大错特错了。任何议会法案（只有 Workshops' Act〔工场法〕除外）都是这样，而 Local Government Act 更是这样。这个法律委托给城市当局去执行，而城市当局在英国几乎到处都被公认为是一切贪赃枉法、徇私舞弊和 jobbery 行为的中心。这些城市当局中由于种种裙带关系谋得职位的官吏，不是没有能力实行便是不愿意实行这种社会法律。

恩格斯：《论住宅问题》，
《马克思恩格斯全集》第 18 卷第 286 页。

"改革同新的国家宪法相抵触的最必要的关系，解除在君主国大部分地区阻碍有利地利用财产的束缚，改革诉讼程序，改革税务立法，特别是取消免税权等等"，并且首先要"加强国家权力，这是为了保卫所争得的（公民所争得的）自由不受反动派的侵害（即利用自由为封建主服务）和不受无政府状态的侵害（即利用自由为人民服务）所必需的"，是恢复被破坏了的信任所必需这就是内阁的纲领，这就是成立了自己的内阁的普鲁士资产阶级的纲领，这个资产阶级的典型代表人物就是汉泽曼。

马克思恩格斯：《发表在"新莱茵报"上的文章》，
《马克思恩格斯全集》第 6 卷第 136 页。

在他从口袋里掏出这种万应灵丹以前，首先要恢复"被破坏了的信任"。要恢复信任，工人阶级就应当放弃他们对政治的迷恋和对国家事务的干涉，回到自己习惯的旧生活方式中去。如果工人阶级听从这一劝告，使信任得到恢复，那末这种神秘的万应灵丹马上就会见效，其所以会见效，只是因为不再需要它了，不必应用它了，因为在这种情况下，疾病本身——破坏资产阶级的秩序的行为将被消除。什么病也没有了，还要药干什么呢？要是人民固执己见，——那有什么了不起，汉泽曼会"加强国家权力"即警察、军队、法院、官僚制度，他会唆使自己的熊去咬人民，说什么要"加强国家权力"以反对"无政府状态"即反对工人阶级和所有不满意汉泽曼先生纲领的城市居民阶层，这种威胁是非常严重的。

马克思恩格斯：《发表在"新莱茵报"上的文章》，
《马克思恩格斯全集》第 6 卷第 138 页。

根据普鲁士法，或者，在该法律不适用时根据 Code pénal〔刑法典〕对报刊案件进行的无数审讯，根据同样"充分的理由"（这是奥尔斯瓦特的公式）所实行的无数逮捕，在柏林实行警察制度113，40 奥尔斯瓦特—汉泽曼内阁（所谓"行动内阁"）自1848年6月25日至9月21日执掌政权。1848年夏在柏林城里除普通警察外还组织了一支携带武器的便衣警察，他们专门破坏人民群众的街头集会和演说，并且进行特务活动。这支警察部队被称为（特别警察），因为他们的行动和参加破坏1848年4月10日宪章派的示威游行的英国特别警察的活动如出一辙。——第28页。

马克思恩格斯：《发表在"新莱茵报"上的文章》，
《马克思恩格斯全集》第6卷第138页。

而且每两幢住宅就有一个警察监管，警察对结社自由的侵犯，唆使兵痞殴打不顺从的公民，唆使市民自卫团殴打不顺从的无产者，实行戒严以示恫吓。

马克思恩格斯：《发表在"新莱茵报"上的文章》，
《马克思恩格斯全集》第6卷第139页。

屈韦特尔把行动内阁这一方面的活动概括如下："一个真正想要自由的国家，必须有相当数量的警察人员作为执行权力"，对于这件事，汉泽曼本人也嘟哝了一番他那一套固定不变的解释："这也将大大地促进信任的恢复，促使陷入瘫痪状态的商业活动活跃起来。"因此，在行动内阁执政时期，旧普鲁士警察机构、检察机关、官僚制度、军队等都"加强了"——都是像汉泽曼所想像的那样，在资产阶级供养下，也就是说在为资产阶级服务的情况下加强了。总之，它们都"加强了"。

在无产阶级和城市民主派看来，这个内阁和协商派议会（它的多数是由内阁代表的）以及普鲁士资产阶级（它的多数构成了协商议会的多数），无非是代表旧的、稍微刷新了的警察和官僚的国家而已。

马克思恩格斯：《发表在"新莱茵报"上的文章》，
《马克思恩格斯全集》第6卷第139页。

每个工人都要从警察局领个小本子，小本子的封面上写着他的姓名、年龄、籍贯、职业或工作以及他的特征。工人必须在小本子上写明雇用他的主人的姓名和离开主人的原因。而且不仅如此，小本子还要交给主人，主人再把它连该工人的鉴定一起转交给警察分局。当工人辞工的时候，他必须从警察局领回小本子，没有小本子作证明，就无法到别的地方工作。这样一来，工人的生计就完全操在警察局的手里。而且还不仅仅限于这些，这个小本子还要当护照用。如果警察局认为哪个工人是危险分子，它就在小本子上注明：《bon pour rctoumer chezlui》〔应当返乡〕，这个工人就得返回原籍。这些可怕的限制是勿需作什么注释的！让读者来充分想象它们所起的作用和考查它们所产生的全部后果吧。

马克思：《1848年11月4日通过的法兰西共和国宪法》，
《马克思恩格斯全集》第7卷第588~590页。

经典作家在上述论述中提到的军阀式和专制式执法、官僚主义的执法、不受限制的执法、对法律任意解释的执法、贪赃枉法和徇私舞弊的执法、野蛮执法、特工式执法，等等，都确实而充分地表现了资产阶级行政执法的阶级性。

2. 行政法令和行政命令的阶级性质

行政法令和行政命令具有与法律相同的阶级性质。

行政权是一种国家权力，行政关系是命令与服从关系。在剥削阶级国家，指挥者与被指挥者、管理者与被管理者始终处于阶级对立之中，并固化为稳定的国家运行方式。

在西方国家，国家行政机关无立法权。行政机关的行政管理措施属于行政执法行为。在学术理论上法律文件与执法文件是有严格区别的。经典作家讲的政府的"法令和命令"，由厂主和警官开会制定的"法律"，汉泽曼提出新的"法律"等，指的是行政机关的"执法文件"。这一点，马克思在《摩泽尔记者的辩护》里说得十分清楚。他指出，"每个政府作为个别的行政当局又不能制定，而只能执行制度和法律。"执法文件是行政机关的规范性文件，这种文件可因违法违宪而被撤销。

行政法与行政法规是不同的。行政法是国家立法机关制定的，调整行政关系的法律，而行政法规是国家行政机关制定的，管理行政关系的行政措施。在行政法那里，行政法规只是行政机关颁布施行的一种行政措施，是行政条例、规定、办法等规范性文件的称谓。

在我国，"行政法规"术语通称已久，大多指国务院颁布的规范性行政文件。1982年宪法修改后，"行政法规"成为法的一种形式，是具有立法意义上的法的形式。此后，行政法规专指国务院制定和发布的关于国家行政管理方面的法规，具有一体遵行的法律效力。在国家立法体系中处于仅次于宪法和法律的位阶。

　　无情的数字证明：就日常颁布的法令和命令的主要性质来看，我国政府是资本家的忠实奴仆，它对整个资本家阶级所起的作用，正象一个炼铁厂厂主会议常设办事处或者砂糖工厂主辛迪加事务所对各个生产部门的资本家所起的作用。无关紧要地修改一下某公司的章程或者延长一下某公司股份偿还期限，这类事情成了特别法令的对象，当然完全是由于我国国家机构的臃肿所致；只要稍微"改善一下机构"就行了，所有这类事情就会转归地方机关处理。但是，从另一方面来说，机构的臃肿、权力过分集中、政府什么事情都要亲自过问，——所有这些都是我国整个社会生活中的普遍现象，决不仅仅是工商业方面的现象。

　　　　　　　　　　　　　列宁：《时评》，
　　　　　　　　　　《列宁全集》第4卷第376页。

只要省长们提出几个报告，法令就失去一切作用了！这一点最清楚地表明，那些在彼得堡的司级机关里象烤面饼一样赶制出来的法令究竟有什么意义，那些法令没有经过真正内行的、能够发表独立见解的人士的认真讨论，没有真正想建立更符合于自己目的的制度的意愿，而只是由于某个诡计多端的大臣好大喜功想要突出自己，想要尽快表明自己的忠诚而赶制出来的。

列宁：《同饥民作斗争》，
《列宁全集》第5卷第252页。

当俄国政府的正式声明中，除了单纯的指令以外，还有那么一点解释这些指令的意图的时候，它里面几乎总包含着（这是一种法规，这种法规比我国的大多数法律还要稳定得多）两个基本论调或者两类基本论调。一方面，你一定会遇到一些一般的夸张的空话，表示当局的关心，表示当局愿意考虑当前的要求和社会舆论所表达的愿望。例如，谈到"防止农村居民中缺乏粮食这一重要事宜"，谈到"对当地居民的福利负有道义上的责任"等等。不言而喻，这些老生常谈其实是一点意义也没有的，并不意味着要做什么好事情看政府命令的另一种论调，那些并不那么一般也并不那么明显空洞的论调，那你就时时都会看到一些具体的说明，完全是重复我国出版界最反动的报刊（例如，《莫斯科新闻》）所提出的论据。

列宁：《内政评论》，
《列宁全集》第5卷第272～273页。

由厂主和警官开会制定的法律，这就是政府对工人阶级的帮助。俄国工人早就领教过政府这种"关怀"工人阶级的政策了。

列宁：《关于斯托雷平的宣言》，
《列宁全集》第15卷第27页。

大家知道，帕麦斯顿虽然夸耀他对禁止奴隶贸易的热心，然而却在他执掌外交事务的十一年中（直到1841年）撕毁了所有涉及奴隶贸易的现行条约，颁布了一些被英国司法当局认为是罪恶的法令，它们实际上曾使他的命令的执行者之一受到法律制裁，而将一个奴隶贩子置于英国法律的保护之下，使他免受英国本国政府的追究。

马克思：《英国政府和奴隶贸易》，
《马克思恩格斯全集》第12卷第543页。

汉泽曼先生声明说："为了振兴工业，从而消灭人民中的劳动阶级的贫困，除了恢复人们已经动摇了的信任，使他们相信法律秩序是巩固的，相信君主立宪制即将巩固地确立起来而外，目前没有其他更有效的办法。我们正以全力为达到这一目的而奋斗，因而我们是在最坚决地和失业现象、贫困现象作斗争。"汉泽曼先生在他的政纲的一开头就声明说，为了这个目的，他将提出新的弹压的法律，因为旧的法律（警察国家的法律！）已经不够用了。

马克思恩格斯：《发表在"新莱茵报"上的文章》，
《马克思恩格斯全集》第5卷第182～183页。

现在波拿巴企图"用行政方法"和军事 order du jour〔命令〕来实现他用立法手段行不通的事情。

马克思：《波拿巴的财政手段。——军事专制》，
《马克思恩格斯全集》第 12 卷第 520 页。

1848 年革命以后，法夫尔由于弗洛孔生病而当上了内务部秘书。临时政府故意策划一项阴谋，挑起了六月起义。在人民遭到枪杀以后，法夫尔曾主张撤销执行委员会。27 日，他起草了关于把被捕者不经审判予以流放的法令，于是有 15 000 人被送去服苦役。11 月，议会不得不审查一部分还没有被送去服苦役的被捕者的案件。仅在布勒斯特一地就有 1 000 人需要释放。

马克思：《关于国防政府的发言记录》，
《马克思恩格斯全集》第 17 卷第 666 页。

我们现在从斯卡尔金所评价的改革的经济方面转而来谈法律方面。斯卡尔金坚决反对连环保、身分证制度以及农民"村社"（和小市民社团）对其成员们的宗法式权力。在第三篇特写中（1867 年），他坚决主张废除连环保、人头税和身分证制度，主张必须实行平等的财产税制度，用免费的和无期限的证明来代替身分证。"其他任何一个文明国家都没有在国内实行身分证税的。"（第 109 页）大家知道，这种税只是在 1897 年才被废除了。

作者详尽地描写住在圣彼得堡的农民在领取身分证和延长身分证期限方面的困难，并且驳斥一些人的如下异议："谢天谢地，这一大群无地的农民没有登记要到城市里来，没有使没有不动产的城市居民的人数增加……"（第 130 页）"野蛮的连环保……"（第 131 页）……"试问，能否把身处这种地位的人叫作有公民自由权利的人呢？这不也就是被固定在土地上的农民（glebae adscripti）吗？"（第 132 页）人们把罪过归到农民改革上去。"但是立法把农民从地主的羁绊下面解放出来以后，没有想出什么办法来使农民摆脱村团和注册处的羁绊，这难道应归罪于农民改革吗？……农民既不能决定自己居住的地方，又不能选择自己的职业，公民自由的标志何在呢？"（132 页）

列宁：《我们拒绝什么遗产？》，
《列宁全集》第 2 卷第 389～390 页。

"农民除被束缚于自己的份地和村团以外，即使临时外出做些零工，也由于连环保和身分证制度而要受到许多限制，支付许多花费。"（第 298 页）"据我看来，如果采取……一些措施使农民易于离开土地，很多农民就会摆脱当前的困境。"（第 294 页）在这里斯卡尔金所表示的愿望是与民粹派的种种方案截然相反的，民粹派的那些方案就是要把村社固定下来，禁止转让份地等。从那时起，许多事实充分证明斯卡尔金是完全正确的：继续把农民束缚在土地上和保持农民村社的等级制的闭塞状态，只能使农村无产阶级的状况恶化，阻碍全国的经济发展，丝毫也不能保卫"定居的无产者"避免最坏的盘剥和依赖地位，避免工资和生活水平下降到最低限度。斯卡尔金反驳拥护村社的人说，"古来的习惯法"已经过时了:"在一切国家里,随着农村居民与文明环境的接近,习惯法便丧失其原始的纯洁性,遭到毁损和歪曲。我们这里也可以看到同样的现象,村社的权力渐渐变成豪绅和乡村文书的权力,结果这个权力不但不去保护农民,反而成了束缚他们的沉重的羁绊。"(第143页)——这个意见是非常正确的。

列宁:《我们拒绝什么遗产?》,
《列宁全集》第2卷第391页。

列宁在《我们拒绝什么遗产?》里提到的"连环保",是每一村社的成员在按时向国家和地主交清捐税和履行义务方面互相负责的制度。这种奴役农民的形式,在俄国废除农奴制后还保存着,直到1906年才取消。"被固定在土地上的农民"(gleba eadscripti),指古罗马帝国时代被固定在土地上的农民。不管种这些土地怎么亏本,他们也不能离开。

3. 行政机构是阶级统治的国家机关

行政机构是国家行政机关体系的总称。它是阶级统治的工具。不同社会形态下的行政机构,其所处的历史条件不同,具有不同的名称、职权范围和特征,但基本构成是相同或相近的。在当代西方国家,行政机关的体系,包括负责外事行政、军事行政、公安行政、民政行政、司法行政、经济行政、科技行政、文化行政、卫生行政、教育行政、体育行政等的机构。

政府是国家的行政机关,是国家权力机关的执行机关,统一管理国家的行政事务,是掌握国家实际权力的机构。在当代,随着政治、经济关系和阶级关系的日益复杂化,基于内政外交的需要,政府机构越来越庞大,政府工作人员越来越多,权力越来越集中。官多乱政,令多乱法,应当是马克思那个时代和当代的西方国家的真实写照。

德·马丁雅克先生在1832年,即死前不久发表的"西班牙及其革命"一书中说道:"自从斐迪南七世恢复专制政权以来已经两年了,而由于人类渣滓所构成的权奸的作怪,剥夺人权的现象还继续存在。整个国家机器完全颠倒过来:到处是漫无秩序,涣散和混乱——损税十分不公平,财政状况非常糟糕,借债不讲信用,国家最急迫的需要无法满足,军队没有给养,法官收入依靠外快,腐败无能的行政当局无力改善什么东西,甚至无力挽救什么东西。这就是在破坏这个新制度上出过大力的主要人物之一的死前供状。"

马克思:《革命的西班牙》,
《马克思恩格斯全集》第10卷第511页。

但是,正如在中央委员会的报告中极其明确地承认的那样,官僚制度的这个最高监督权只是为了保护地方官吏的权力,使他们不受区等级会议的任何干涉,而决不是为了保护区里的居民,特别是那些没有代表权的居民,使他们不受区等级会议代表先生们的侵犯。

马克思恩格斯:《发表在"新莱茵报"上的文章》,
《马克思恩格斯全集》第5卷第319页。

议员李希特尔是对的。革命以后撤换全部文武官员和一部分法官，特别是检察官，这是一件首要的事情。否则，中央政权的最好的创议都会因为下级官员的抗拒而破产。法国临时政府和康普豪森内阁的软弱，都在这方面带来了最可悲的后果。在普鲁士，无论是在军事方面还是在行政方面，组织得很好的官僚等级制度的绝对权力40年来一直占统治地位；在普鲁士，主要的敌人（这个敌人在3月19日已经败北）正是官僚制度。因此，普鲁士比其他任何地方都更需要彻底更换文武官员。

马克思恩格斯：《发表在"新莱茵报"上的文章》，
《马克思恩格斯全集》第5卷第222页。

屈韦特尔先生所谈的是由革命以前的法律规定下来的那种职责，而现在所谈的完全是另一种职责，即每次革命后出现的那种职责，它的任务在于正确了解已经改变的情况并促进其发展。要求官员们改变陈旧的官僚主义的立场而转到新的立宪的立场上来，要求他们也像新任大臣一样站到革命的立场上来，照屈韦特尔先生的说法，这就是贬低这个值得尊敬的阶层！

照屈韦特尔先生和国家法的其他大哲学家们以极其虔敬的心情把这种分权看作神圣不可侵犯的原则，事实上这种分权只不过是为了简化和监督国家机构而实行的日常事务上的分工罢了。也象其他一切永久性的、神圣不可侵犯的原则一样，这个原则只是在它符合于现存的种种关系的时候才被采用。

马克思恩格斯：《发表在"新莱茵报"上的文章》，
《马克思恩格斯全集》第5卷第224～225页。

在我们一切君主国的宪法中，——不管它们是照英国式还是照法国式仿造的，——这种"内阁大臣的责任"是个非常难捉摸的概念。在英国，它似乎是以最实际、最鲜明具体的形式存在的，而它在那里意味着：在某些隆重庄严的时刻，要末是由辉格党把自己的不负责任的职责移交给托利党，要末是由托利党把它移交给辉格党。内阁大臣的责任在这里就是追逐有利可图的职位，这种追逐已经成为议会中各党派的主要操劳了。担任内阁大臣职务的人在任职期间是不负责任的，因为他代表立法多数，而立法多数，为了帮助他取得该职位，则听命于他的党的议会领袖。在普鲁士，资产阶级最热衷于追求的目标是把内阁大臣的职位变为可以在议会比赛上赢得的奖品。但是到目前为止，普鲁士内阁大臣的责任无论从什么意义上说，都还是一个谜。宪章第四十四条规定："王室内阁大臣是负责任的；王室政府的一切政令，必须由内阁大臣签署才具有法律效力，因此内阁大臣负有全部责任。"然而关于这种责任制却没有任何法律。上述条文本身也没有说明内阁大臣是对谁负责的。实际上，每当两院敢于用投不信任票来威胁内阁大臣时，他们就干脆告诉两院说，他们对此毫不反对，因为内阁大臣虽然的确是负责任的，但只是对他们的君王负责。内阁大臣的责任问题在普鲁士像在路易－菲力浦时代的法国一样，具有特殊的重要性，因为事实上这是整个官僚集团的责任问题。内阁大臣是这个拥有无限权力、事事都插手的寄生集团的首领，按照宪法第一〇六条，他们所属的下级官吏只能唯他们的意图是从，下级官吏不得过问内阁大臣的命令是否合乎法律，并且对这些命令的执行是没有责任的。这样，官僚的权威以及随之而来的执行机关的权威就仍然原封不动，而宪法规定的"普鲁士人的权利"变成了一纸具文。

马克思：《关于印度的法案》，
《马克思恩格斯全集》第 12 卷第 659 页。

英国每届自由主义政府所奉行的原则，都只是迫于极端必要才提出社会改良法案，至于已经存在的法律则尽可能完全不去执行。

恩格斯：《论住宅问题》，
《马克思恩格斯全集》第 18 卷第 287 页。

这样，既然口头讲了一句毫无成见的、平平常常的话就得到违警前一种情况下，是官方尊严不容触犯的性质阻碍人们发表坦率的言论，在后一种情况下，则是国家法律不容触犯的性质阻碍人们发表坦率的言论。

马克思：《摩泽尔记者的辩护》，
《马克思恩格斯全集》第 1 卷上册第 386～387 页。

我从奥地利得到的印象概括说来是这样：我们在那里最近还会遇到许多令人高兴的事。所有党派普遍委靡不振，犹豫不决，陷于民族纠纷之中，政府从来不知道自己所想望的是什么，得过且过，法律大多是一纸空文，行政管理普遍混乱，这一点我是通过亲自观察才得到一个真实的概念。

恩格斯：《给奥·倍倍尔》，
《马克思恩格斯全集》第 39 卷上册第 139 页。

旧政府是带着一个有赤字的国家储金总局和一个空虚的国库进入 1848 年的。在这六年中（1840 年到 1847 年），现金从结余 16 949 157 塔勒变成了亏空 4 887 090 塔勒，就是说，减少了 21 836 247 塔勒。

马克思恩格斯：《发表在"新莱茵报"上的文章》，
《马克思恩格斯全集》第 6 卷第 352 页。

关于铁路公司的道德问题是一个比较突出的问题。约克郡－郎卡郡铁路管理局在它们的火车票上特别印着这样一个告白："本管理局对于它未能预防或因职员疏忽而发生的一切不幸事件或损失概不负任何法律责任。"同时，北明翰——希鲁兹布里铁路管理局在星期六以欺骗股东罪在副大法官法庭受审。西方大铁路和西北铁路都想并吞上述的北明翰——希鲁兹布里铁路。这条铁路的大多数股东主张同西北铁路合并，而管理局的委员们则主张加入西方大铁路，于是他们就决定利用委托给他们结算的一部分股票来取得虚假的票数。为了这个目的，他们把股票分发到许多名义上的股票持有者的名下。

马克思：《政治动态。——欧洲缺粮》，
《马克思恩格斯全集》第 9 卷第 343 页。

最后，一方面，每个政府都具有真正的国家意识，即认为国家有不顾一切私人利益而必须实施的法律，另一方面，每个政府作为个别的行政当局又不能制定，而只能执行制度和法律。因此，政府不可能设法对管理工作本身进行改革，而只能设法对管理的对象进行改革。

马克思：《摩泽尔记者的辩护》，

《马克思恩格斯全集》第 1 卷上册第 374 页。

资产阶级行政机构得以实行阶级统治的，按马克思在《法兰西内战》中的说法，是"集权化的、组织起来的、窃据社会主人地位而不是为社会做公仆的政府权力。"依靠这种政府权力，资产阶级才能做社会主人。正是做"社会主人"，国家行政机构便必然官僚主义化，其行政官员也必然官僚主义化了。

这种官僚主义化，自我揭穿了资产阶级民主的假面，严重阻碍公民权利的真正实现，堵塞了劳动人民参与国家管理的路径。由此而论，政府机关和政府官员的官僚主义化，是维护资产阶级统治的可靠保障。

4. 行政官员的官僚主义化

官僚主义是剥削制度的必然产物。剥削阶级为了维护自己的统治，需要建立庞大的官僚机构和官僚队伍，利用国家机器谋取阶级和个人的私利。官僚机构和官僚队伍与社会和人民的分离，是剥削阶级国家存在的基本前提。

官僚制度是等级特权制度。在官僚制度下，政府官员按照等级享有政治、经济、组织人事等特权，政府官员的身份，是特权者，职权变成了特权。

德利加尔斯基先生不仅制定法律，而且还根据自己的裁夺运用法律。各个合法存在的权力机关就是他的近卫军。而杜塞尔多夫地方法院的"独立"的法官们、检察长先生及其同僚们竟对这一切听之任之！他们被解除了职务，却毫不觉得这是违法。

马克思恩格斯：《发表在"新莱茵报"上的文章》，

《马克思恩格斯全集》第 6 卷第 65 页。

总督先生就这一点发表了意见："即使有这种不符合法律规定的做法，那也只能用十分特殊的情况来加以解释。"同时他为了查明事情真相，要我说出乡镇的名称。我坦白地承认：一方面，我认为不符合法律的、也就是同法律相矛盾的做法未必能用任何情况来加以解释，实际上这种做法始终是违法的；另一方面，我不能认为我谈到的那种做法是违法的。

依我看来，这个由莱茵省总督先生的一位前任颁布的训令证明，乡镇的居民分配燃料用材一事，在法律上既未明文规定，也未加以禁止，这仅仅是一个妥当与否的问题。

马克思：《摩泽尔记者的辩护》，

《马克思恩格斯全集》第一卷上册第 361 页。

可见，普鲁士的财政是在"和平时期"，在非常"安宁"和"有秩序"的情况下，被普鲁士政府弄得破了产。当 1848 年运动开始、金融市场陷入萧条状态的时候，国家对私人不但不能有所支持，反而要他们为自己的继续存在作出新的牺牲。

1820 年 1 月 20 日的敕令中对大臣的职责作了规定。冯·博德尔施文克先生明知故犯地——只能是这样——违反了这种规定。因此，他也就再一次触犯了上述普鲁士法第二篇第二〇章第三三三节。按照法律，他应受的处分是撤职、罚款或要塞监禁和剥夺担任任何公职的权利。由于他给国家造成了极大的损失，所以应该按照法律所许可的最高限度来剥夺他的自由。前任大臣冯·阿尔文斯累本、弗洛特韦尔和冯·杜厄斯堡的情况也都是这样。

而目前冯·博德尔施文克先生还是第二议院的议员！

马克思恩格斯：《发表在"新莱茵报"上的文章》，
《马克思恩格斯全集》第 6 卷第 353 页。

10 月 17 日法律的第四节规定：如果某个市镇或区的市民自卫团拒绝遵守当局的命令，或者干涉市镇、行政或司法当局的活动，那末行政区长官在说明理由后可以暂时解除它的职务。

因此，只有行政区长官才能解除市民自卫团的职务，不管中将、师长、公民、以至共产主义者，即使是"普鲁士皇家共产主义者"都绝不能解除市民自卫团的职务。可是，德利加尔斯基先生有他充分的理由，无视级别，以专制君主的身分来独断独行。

马克思恩格斯：《发表在"新莱茵报"上的文章》，
《马克思恩格斯全集》第 6 卷第 67 页。

最近八年来，在阿尔文斯累本、博德尔施文克、弗洛特韦尔和杜厄斯堡诸大臣的治理下，从国库中，即从人民的财富中，从穷人的资金中，非法动用了几乎一亿三千六百万塔勒！而这些先生们竟还逍遥法外，挂着星章和勋章，有的人，例如弗洛特韦尔，甚至还身居要职！

马克思恩格斯：《发表在"新莱茵报"上的文章》，
《马克思恩格斯全集》第 6 卷第 349 页。

最近，德国社会民主党的报纸《前进报》23 以这样的标题刊登了一份非常有价值的文件：巴蒂诺尔大型机器厂（在巴黎市郊）经理茹尔·古安（Jules Gouin）先生写给彼得堡某部一位官员的信的原稿。这家法国工厂通过这位先生得到了 114 台机车订货。订货总值是 300 万法郎（每台机车 27 700 法郎），即大约 120 万卢布。

从信中可以看出，首先，某部的这位高贵的官员（我们要补充一句，他的官职可能相当高）由于在提供订货时充当中介而得到百分之二的买价提成。这笔钱大约为 25 000 卢布。从信中（由于篇幅有限，我们就不引该信的全文了）可以看出，这位中介人已经拿到 13 000 法郎，余款分期支付。此外，为适应俄国的铁路而改变机车的普通型号，还要支付专款。巴黎公司驻彼得堡的代表负责把工厂要求的这部分追加费的数额事先通知这位官员。如果这位官员能使俄国政府出的"卖价"高于工厂的定价，按照规定，其差额也交给他这个"中介人"。这封法文信的德译文把这叫作 Vermittlungsgebühr（"中介费"）。不言而喻，这种说法实际上是用来掩盖一个法国资本家和一个俄国某部的官员串通一气利用合同，进行最无耻的诈骗和盗窃国库的勾当。

列宁：《法国和俄国的"贿赂"之风！》，
《列宁全集》第 10 卷第 29 页。

德国的所有官方机构营私舞弊成风，而在小邦里还盛行着一种特殊形式的营私舞弊。那里的官吏全部或者有一半是世袭的，他们人数很少，而且死抱住自己的等级特权不放，所以到处（在法院、警察局、管理机构和军队里）都是兄弟和亲戚，他们互相包庇，狼狈为奸；这样，大邦中通行的一切法规都看不见了，最难于置信的事情也都可能发生。

恩格斯：《弗·恩格斯的书信》，
《马克思恩格斯全集》第 36 卷第 498 页。

与资本主义行政官员的官僚主义化相反，在社会主义制度下，劳动人民和广大人民群众是社会主人，国家机关及其工作人员是社会公仆。做"社会公仆"，是马克思总结巴黎公社经验的一个重要结论。在十月革命前夕，列宁要求摧毁旧的官僚机构，并为防止苏维埃政权的机构和工作人员官僚化，提出采取选举并随时撤换、薪金不得高于工人的工资、人人实行监督和监察职能等措施。

社会主义消灭了官僚制度。但由于国内外剥削阶级政治、思想的渗透和影响；社会主义制度还不够完善，存在滋生官僚主义的温床和土壤；与私有制和私有财产的决裂是一个长期的历史过程等原因，官僚主义仍然存在，甚至在某些条件下是相当严重的。

在社会主义条件下，官僚主义是害死人的。一位经典作家曾经给官僚主义者画像，大意是：一声不响，二目无光，三餐不食，四体不勤，五谷不分，六亲不认，七窍不通，八面威风，久坐不动，十分无用。特权思想、特权作风、特权生活，脱离人民群众，当官做老爷，这是"初级表现"的官僚主义者的形态特征。

后来不同了。其"高级表现"，是职权转化为特权，社会主义法权转化为资产阶级法权，社会公仆转化为社会主人。这样，按照经典作家的说法，由"特权集团""官僚集团"形成了"贵族阶层""官僚主义者阶级"，最后亡党亡国。苏联和东欧社会主义国家没有躲过"兴勃亡忽"历史周期律，是为"官僚主义者阶级"使然。

（二）司法的阶级性

1. 法庭是保护富人利益的精巧工具

法庭是法院审理诉讼案件的组织机构，是根据案件的不同性质设置的。在实践中，有的审判庭或合议庭也称法庭，有的国家把法院称作法庭。美国的州法院，有市法庭（city court）、违警法庭（police cour）、市长法庭（mayor's cour）、市民刑法庭（recorder's court）等。

诉讼并不是大量的社会现象，何以成为社会舆论的焦点？就是因为法庭是个"小社会"，几乎所有社会问题都在这里集中。如同牙科医院一样，人们周围没有几个人喊牙痛，但牙科医院里排满了看牙的人。诉讼参与人有原告和被告、第三人等案件当事人，刑事诉讼参与人还包括被害人、自诉人、犯罪嫌疑人、附带民事诉讼的当事人，还有证人、代理人或律师等。他们来自社会各个阶层、职业，案件的内容形形色色，涉及政治、经济、军事、教育、科技文卫等几乎社会所有领域的活动和事项。

社会纠纷如何处理，关系到政权的稳定和阶级利益的考量。列宁深刻地指出：自称维持秩序的资产阶级法庭，实际上是一种盲目的、被用来无情镇压被剥削者以保护富人利益的精巧工具。

自称维持秩序的资产阶级法庭，实际上是一种盲目的、被用来无情镇压被剥削者以保护富人利益的精巧工具。

　　　　　　　列宁：《全俄工兵农代表苏维埃第三次代表大会文献》，
　　　　　　　《列宁全集》第 33 卷第 271 页。

陪审法庭的特权是：陪审员可以不依赖传统的审判实验解释法律，而按他们的健全理智和良心的启示去解释法律。

当旧的法律和新的社会政治情况之间存在着这种矛盾的时候，正是在这种情况下，陪审员应该挺身而出，对旧的法律作新的解释，使它适合于新的情况。

　　　　　　　马克思恩格斯：《发表在"新莱茵报"上的文章》，
　　　　　　　《马克思恩格斯全集》第 6 卷第 280～281 页。

这种 Actio sacramenti（誓金诉讼）是司法起源的一种戏剧化。两个武装的男子扭斗，裁判官从旁而过，他加以干预，制止这种争斗；争论双方向他诉说了自己的情由后，同意他做裁判；他的处理是：败诉的一方除放弃争议的东西外，还要支付公正人（裁判官）一笔钱（第 253 页）。

（这倒更像法律的争论怎样变成了法学家版税收入来源的戏剧化！而作为法学家的梅恩先生却把这叫做"司法的起源"！）

　　　　　　　马克思：《亨利·萨姆纳·梅恩〈古代法制史讲演录〉一书摘要》，
　　　　　　　《马克思恩格斯全集》第 45 卷第 622 页。

诉讼法法庭的判决和正式的文件真有奇异的力量！只有法庭确定的事实，只有正式用文件证明了的事实才算真正实在的事实。过去曾经有过如此粗暴地诬蔑一般人的理智的法典吗？

　　　　　　　马克思恩格斯：《发表在"新莱茵报"上的文章》，
　　　　　　　《马克思恩格斯全集》第 5 卷第 231 页。

这样一来，在莱茵普鲁士还存在的那种对陪审法庭的迷信就一扫而光了。显而易见，陪审法庭是特权阶级的等级法庭，建立这种法庭的目的是为了用资产阶级良心的宽广来填补法律的空白。

马克思：《揭露科伦共产党人案件》，

《马克思恩格斯全集》第 8 卷第 536 页。

在施蒂纳看来，陪审法庭上资产者的势力也同样由于这些 amis du commerce（商业之友）在这里所具有的伪善面貌就变成宣誓、誓言的力量，变成"圣物"。

马克思恩格斯：《德意志意识形态》，

《马克思恩格斯全集》第 3 卷第 173 页。

随着科伦巨大案件的发生，德国工人运动进入了一个新阶段。它摆脱了狭隘的、狂热的宗派运动对它的束缚，从而公开地登上了政治舞台。同官僚警察国家的检察官相对抗的是无产阶级的政治活动家。莱茵省的贵族和莱茵省的资产阶级成立了本等级的法庭作为陪审法庭，并且判决对他们的特权采取反对立场的劳动者是"有罪的"。

马克思：《关于救济科伦被判罪者的呼吁书》，

《马克思恩格斯全集》第 8 卷第 642 页。

马克思在《亨利·萨姆纳·梅恩〈古代法制史讲演录〉一书摘要》里，括号里"这倒更像法律的争论怎样变成了法学家版税收入来源的戏剧化！而作为法学家的梅恩先生却把这叫作'司法的起源'！"这句话，是马克思说的。

古罗马的第一个诉讼法是誓金诉讼法（Legis Actio Sacranenti），它是罗马一切诉讼的无可争议的母体，因而也是现今世界上使用的大多数民法方面的维护权利手段的母体。法律上的 sacramentum（誓金）是指诉讼的双方为讼案先存给 tresviricapitales（裁判官）一笔钱，以此作保，之所以有这样的叫法，是因为败诉一方所存的钱用到了宗教目的上，尤其是用作了 sacrapu blica（公祀）；或者甚至可以说是因为这笔钱存到了神圣的地方。费斯图斯："交给法庭的审理费称作 sacramentum（誓金），来自 sacrum 一字。原告和被告双方交 500 铜阿司给教长保管作为审理某些案件的费用；审理其他案件尚须交法律规定的其他费用。胜诉者从教堂取回他存的钱，败诉者存的钱则充公"。

马克思用原文从瓦罗《拉丁语论》中引的这段话，在梅恩的著作中没有。

另外，梅恩著作中没有上述在罗马法中运用法律程式的例子。这些例子是从 ChTh. 刘易斯和 Ch. 肖特编的《拉丁词典》1879 年牛津版借用来的。

2. 法官首先认为本阶级的利益是一切秩序的主要基础

在美国，法官由州长任命，立法机关予以同意，也有的州是由立法机关列名实行公选。最高法院的法官也是由选举产生。任期从四年到终身，目前的趋势是法官任职长期化。州法官和联邦法官的去职，可根据弹劾被罢免；因任期届满，根据立法机关的要求由州长解任；根据解除职务的决议以及根据选民的要求而罢免，等等。

根据司法独立的宪法原则，法官对于具体案件的审判是完全独立的，在法律上，不接受任何人的指挥和命令，不受其他国家机关的指挥和监督。同时，案件的审理和判决，不受政治、形势和其他任何事物的牵制和影响。这就是"司法权独立"，或称为"法官独立"。宪法规定"所有的法官依据其良心独立地行使职权，只受本宪法和法律的约束"。为保障司法权的独立，法律规定了法官的特殊身份。

又是选举产生，又是法官独立，凭良心办案，摆出一副不偏不倚、半斤八两的样子，可实际是怎样的呢？恩格斯指出，法官本身就是资产者，他们首先认为本阶级的利益是一切真正的秩序的主要基础。

> 在束缚着德国人民的最后一些幻想中，占首要地位的是他们对法官的迷信般的尊敬。
>
> 马克思恩格斯：《发表在"新莱茵报"上的文章》，
> 《马克思恩格斯全集》第 6 卷第 162 页。

> 法官已失去其表面的独立性，这种独立性只是他们用来掩盖自己向历届政府卑鄙谄媚的假面具，而他们对于这些政府是依次宣誓尽忠，然后又依次背叛的。也如社会其他一切公务人员一样，他们今后应该由选举产生，对选民负责，并且可以撤换。
>
> 马克思：《法兰西内战》，
> 《马克思恩格斯全集》第 17 卷第 359 页。

> 法官拥有在一切方面自由决定之权，除了纪律条例之外，他们不受任何约束，所以在政治事务中他们的决定当然将取决于而且现在就是取决于他们的"自由裁断"。这样一来，在德国普遍存在的那种环境下，法官必然会成为行政当局的官吏和警察意志的传达者。此外，有人讲（这句俏皮话大概是文特霍尔斯特讲的），莱昂哈特在临死的时候说过："现在我对普鲁士人实行了报复，我给他们制订了一个使他们必然毁灭的诉讼程序。"
>
> 恩格斯：《恩格斯致爱·伯恩斯坦》，
> 《马克思恩格斯全集》第 35 卷第 257～258 页。

> 警察发明了刑法典中所没有的新罪名，而滥用刑法典已经到了无以复加的地步。警察经常可以找到受贿的或狂妄透顶的长官和审判官来帮助他们、支持他们。升官晋级就是以这种代价得来的！
>
> 恩格斯：《俾斯麦和德国工人党》，
> 《马克思恩格斯全集》第 19 卷第 310 页。

> 工厂视察员向法庭提出诉讼。但是工厂主的请愿书立即象雪片似地飞向内务大臣乔治·格雷爵士，以致他在 1848 年 8 月 5 日的通令中晓谕视察员："只要还没有证实换班制度被滥用来使少年和妇女劳动 10 小时以上，一般不要按违背法令条文来追究"。

　　既然法庭，郡治安法官宣判他们无罪，那传讯又有什么用呢？法庭上坐的是工厂主先生，他们是自己审问自己。

马克思：《资本论》，

《马克思恩格斯全集》第 23 卷第 320 页。

　　这些新手急于建立功勋的心愿同他们不了解事物的程度成正比，英国法律家的一句老谚语这次也适用于法国：法律是法律，但法官根据法律要做些什么，我们就不知道了。

恩格斯：《致劳拉·拉法格》，

《马克思恩格斯全集》第 39 卷上册第 268 页。

　　但是，要知道人类的一切都是不完善的！因此：吃吧，喝吧！既然法官是人，那么你们要法官干什么呢？既然法律只有人才能执行，而人所执行的一切又是不完善的，那么，你们要法律干什么呢？把你自己交给上司的善良意志去摆布吧！莱茵省的司法跟土耳其的司法一样是不完善的！因此：吃吧，喝吧！

马克思：《第六届莱茵省议会的辩论（第一篇论文）》，

《马克思恩格斯全集》第 1 卷第 180~181 页。

　　如果现行法律和社会发展刚刚达到的阶段发生显著的矛盾，那末，诸位陪审员先生，你们的职责恰恰就是要在过时的律令和社会的迫切要求的斗争中讲出自己有分量的话。那时你们的任务就是要超过法律，直到它认识到必须满足社会的要求为止。这是陪审法庭的最高尚的特权。诸位先生，在这种情况下，法律的文字本身就便于你们执行这个任务。你们只是应当根据我们的时代、我们的政治权利、我们的社会要求来解释它。

马克思恩格斯：《发表在"新莱茵报"上的文章》，

《马克思恩格斯全集》第 6 卷第 274 页。

　　英国的治安法官一般都是由内阁在富有的资产者或地主中，有时也在神职人员中委任。可是这些"道勃雷"丝毫不懂法律，所以总是大大失策，给资产阶级丢脸，使资产阶级受到损害，因为即使碰上一个工人，只要这个工人有一名机智的律师为他辩护，他们就常常仓惶失措，不是在判决他时忽略了某些导致胜诉的法律程式，就是被弄得只好宣布他无罪。

恩格斯：《对英国工人阶级状况的补充评述。——英国的一次罢工》，

《马克思恩格斯全集》第 42 卷第 280 页。

　　几乎煤矿区里所有的治安法官本身不是矿主，就是矿主的亲戚朋友。他们在这些贫穷的落后地区，在这些报纸很少，——而报纸也是为统治阶级服务的，——政治宣传工作很不开展的地区，享有几乎无限的权力。甚至很难想像，这些为自己的利益执掌着司法大权的治安法官会怎样剥削和折磨不幸的煤矿工人。

恩格斯：《英国工人阶级状况。根据亲身观察和可靠材料》，

《马克思恩格斯全集》第 2 卷第 541 页。

英国的治安法官一般都是由内阁在富有的资产者或地主中，有时也在神职人员中委任。

恩格斯：《对英国工人阶级状况的补充评述。——英国的一次罢工》，
《马克思恩格斯全集》第42卷第280页。

特别是这样一条：凡口头上或书面上同意替雇主做某种工作（即使是临时工作）的工人，如果拒绝工作或者有其他任何不良行为（misbehaviour），雇主有权把他送到任何一个（any）治安法官那里去；法官根据雇主或他的代理人和监工在宣誓后所提出的证词——即根据原告的证词——可以判处工人两个月以下的徒刑或劳役。

恩格斯：《英国工人阶级状况》，
《马克思恩格斯全集》第2卷第572页。

因此法官，特别是本身就是资产者并且和无产阶级接触最多的治安法官，不用思考就会看出法律本身所包含的这种意图。如果阔佬被传到，或者更正确些说，被请到法庭上来，法官便会因为打搅了他而向他深致歉意，并且尽力使诉讼变得对他有利；如果不得不给他判罪，那末法官又要对此表示极大的歉意如此等等。

治安法官的偏袒行为，特别在乡间，实在是想象不到的，而且这种行为已司空见惯，以致所有不大光彩的事件都常常被报纸毫不在乎地而且不加任何评论地登了出来。但是也不可能希望有别的做法。一方面，这些"道勃雷"只是按照法律的原意来解释法律，而另一方面，他们本身就是资产者，他们首先认为本阶级的利益是一切真正的秩序的主要基础。

恩格斯：《英国工人阶级状况》，
《马克思恩格斯全集》第2卷第570页。

永远也不要指望法官会不偏不倚，我们已经说过，这些法官属于资产阶级，他们先入为主地偏听偏信厂主的一面之词，工人的话一句也不相信。法官光知道看法律，看雇佣合同（一个人为了钱而替别人做工或为别人服务）。厂主雇用的是工程师、医师、经理也好，是小工也好，对于法官反正是一样；他认为（由于他的文牍主义作风和资产阶级的愚蠢），小工应该清楚地知道自己的权利，应该在合同上预先说明一切必要事项，就象经理、医师、工程师能够办到的一样。

列宁：《论工业法庭》，
《列宁全集》第4卷第241页。

善于舞文弄法的法官首先利用的一点，就是法律对于在执行职务时进行拷打的人规定了好几种惩罚，让法官可以在两个月监禁和流放西伯利亚之间酌情处理。法官不受正式规定的过分约束，而有一定的伸缩余地——这当然是一种很合理的原则，所以我国刑法学教授们才不止一次地称颂俄国的法律制度，强调它的自由主义。只是他们忘记了一件小事情：要运用合理的法规，就需要有其地位不同于一般官吏的法官，就需要社会代表参加审

判和舆论界参加案件的讨论。

其次，副检察长也帮助了法庭，他拒绝对帕诺夫（和奥尔霍文）的拷打和残暴行为起诉，只请求法庭惩罚他们的欺压行为。副检察长引用了鉴定人的结论，鉴定人否认帕诺夫特别凶狠和连续不断地打人。可见，法律上的诡辩主义并不怎么奥妙难解：既然帕诺夫打得比别人少，那么就可以说，他打得并不特别凶狠；既然他打得并不特别凶狠，那么就可以下结论说他的殴打不算"拷打和残暴行为"；既然不算拷打和残暴行为，那就是说这是普通的凌辱行为。这样处理，皆大欢喜，而帕诺夫先生则仍然是秩序和制度的维护者。

列宁：《时评》，

《列宁全集》第 4 卷第 358 页。

恩格斯在《对英国工人阶级状况的补充评述。——英国的一次罢工》里提到的"治安法官"，在英国和美国都存在。其管辖权限于较小的民刑案件，对重大的刑事案件有预审（preliminary examination or hearing）的权限。农村的治安法官，大多没有固定的法庭，而是利用村的公所、自己的店铺，工厂、住宅或库房等的一部分。村的治安法官是名誉职，以所征收的手续费和罚金作为报酬，因此，有时尽力使原告胜诉，或者同逮捕人的警官平分罚款。为此，"钓鱼执法"便成为司空见惯的现象。如在道路上设圈套，捕捉违反交通法规的人，这叫作交通违警（traffls trap）、监视汽车速度（speed trap）等。治安法官制度产生了种种弊端。

马克思在《第六届莱茵省议会的辩论（第一篇论文)》里，"要知道人类的一切都是不完善的！因此：吃吧，喝吧！""莱茵省的司法跟土耳其的司法一样是不完善的！因此：吃吧，喝吧！"，其"吃吧，喝吧"，是 18 世纪在德国流行的一首大学生歌曲中的词句。马克思使用大众喜闻乐见的流行语，辛辣地讽刺了莱茵省的法官。马克思深知资产阶级法官的偏私，决定了制造冤假错案的理由是不值一驳的，这个理由法官也是不能更改的。对于富得发愁、玩世不恭的法官们，马克思在辩论中把流行语"吃吧，喝吧"移赠给他们，大学生们一定会拍案叫绝的，一定会狂喊着"吃吧，喝吧"欢呼。

恩格斯在《对英国工人阶级状况的补充评述。——英国的一次罢工》里，所说"英国的治安法官一般都是由内阁在富有的资产者或地主中，有时也在神职人员中委任。可是这些'道勃雷'丝毫不懂法律"，把治安法官说成"道勃雷"。

道勃雷（Dogberries）是莎士比亚《无事烦恼》一剧中人物的名字，职务是警吏。道勃雷是在第三场出场的。

道勃雷：要是你们碰见一个贼，按着你们的职分，你们可以疑心他不是个好人；对于这种家伙，你们越是少跟他们多事，越可以显出你们都是规矩的好人。

巡丁乙：要是我们知道他是个贼，我们要不要抓住他呢？

道勃雷：按着你们的职分，你们本来是可以抓住他的；可是我想谁把手伸进染缸里，总要弄脏自己的手；为了省些麻烦起见，要是你们碰见了一个贼，顶好的办法就是让他使出他的看家本领来，偷偷地溜走了事。

佛吉斯：伙计，你一向是个出名的好心肠人。

道勃雷：是呀，就是一条狗我也不忍把它勒死，何况是个还有几分天良的人，自然更加不在乎啦。

这段对白，道出了道勃雷是一个什么样的警官。在英国，人们借用道勃雷来称呼治安法官。

3. 审判是不会公平的

审判是从立案开始，包括审理、判决和执行的全过程。审判的不公平，体现于审判的起点、中间过程和结果整个过程。起点不公平，是立法的阶级偏私决定的，中间过程不公平，是司法程序、环节和案件事实认定的偏私决定的，结果不公平，就是判决不公平，这是这两个偏私必然产生的后果。

法官是审判的中心，是审判不公平的运作者和承担者。起初，法袍的后背上专门缝制一个大布袋，是用来装金钱和金丝细软的。"衙门的大门朝南开，有理无钱莫进来"。这样的民谣俚语，一语破的地道出了剥削阶级司法的黑暗和无耻。

正像马克思所指出的，审判他们的是属于金融贵族和封建贵族的法官，仅仅由于这一点，就足以肯定这些人的判决是不会公平的。他们把不具有法律效力的判决宣布为具有法律效力，把法庭的判决只看作是一种手段，而把判决的法律效力看作是一种多余的累赘。

> 审判他们的是属于金融贵族和封建贵族的法官，仅仅由于这一点，就足以肯定这些人的判决是不会公平的。
>
> 马克思：《关于救济科伦被判罪者的呼吁书》，
> 《马克思恩格斯全集》第8卷第644页。

因为当他把不具有法律效力的判决宣布为具有法律效力时，他显然是在进行审判，如果认为在立法者偏私的情况下可以有公正的法官，那简直是愚蠢而不切实际的幻想！既然法律是自私自利的，那么大公无私的判决还有什么用处呢？法官只能一丝不苟地表达法律的自私自利，只能无所顾忌地运用它。在这种情况下，公正是判决的形式，但不是判决的内容。内容已被法律预先规定了。

如果诉讼无非是一种毫无内容的形式，那么这种形式上的琐事就没有任何独立的价值了。在这种观点看来，只要把中国法套上法国诉讼程序的形式，它就变成法国法了。但是，实体法却具有本身特有的必要的诉讼形式，正如中国法里面一定有笞杖，拷问作为诉讼形式一定是同严厉的刑罚法规的内容连在一起的一样，本质上公开的、受自由支配而不受私人利益支配的内容，一定是属于公开的自由的诉讼的。

诉讼和法二者之间的联系如此密切，就像植物外形和植物本身的联系，动物外形和动物血肉的联系一样。使诉讼和法律获得生命的应该是同一种精神，因为诉讼只不过是法律的生命形式，因而也是法律的内部生命的表现。

> 马克思：《第六届莱茵省议会的辩论（第三篇论文）》，
> 《马克思恩格斯全集》第1卷第287页。

我们的全部叙述表明，省议会怎样把行政权、行政当局、被告的存在、国家观念、罪行本身和惩罚降低为私人利益的物质手段。因此，人们把法庭的判决只看作是一种手段，而把判决的法律效力看作是一种多余的累赘，这是合乎逻辑的。

马克思：《第六届莱茵省议会的辩论（第三篇论文）》，

《马克思恩格斯全集》第 1 卷第 285 页。

判决仅仅是为了确定再犯而存在的。对于私人利益的贪婪的焦虑来说，审判形式是迂腐的法律仪式所设置的累赘而多余的障碍。诉讼只不过是一支负责把敌人押解到牢狱里去的可靠的护送队，它只是执刑的准备。如果诉讼想超出这一点，它就会被人封住嘴巴。

马克思：《第六届莱茵省议会的辩论（第三篇论文）》，

《马克思恩格斯全集》第 1 卷第 286 页。

陪审制也是资产阶级的特权，因为他们采取了适当的措施，只选"有身分的人"做陪审员。

恩格斯：《德国状况》，

《马克思恩格斯全集》第 2 卷第 648 页。

一些人的罪责越少，法官和陪审员就会越厉害地对付另一些受诬告的人；受到侮辱的资产阶级和受到侮辱的国家需要赎罪的供品。

《恩格斯致马克思》，

《马克思恩格斯全集》第 28 卷上册第 159 页。

博学的法官已经看出，"很难设想有比这更可恨更无耻的欺骗，而达到预定目标的方法尤为可耻"。他做了这样一番说教以后，就释放了被告，像通常所做的那样：如果罪犯是资产阶级就释放，而贫穷的无产者如果偷了 5 英镑以上的钱而被拿获，那就非判处苦役不可。

马克思：《政治动态。——欧洲缺粮》，

《马克思恩格斯全集》第 9 卷第 344 页。

爱尔兰大法官法庭审理了一起遗产案，在这个案件中，英国贵族克兰里卡德侯爵——墨尔本内阁时期的驻彼得堡大使和罗素执政时期的邮政主管部门的首长扮演了完全和巴尔扎克描写谋杀、通奸、欺骗和非法占有遗产的小说中所塑造的人物一模一样的主角。

马克思：《托利党人同激进派的联合》，

《马克思恩格斯全集》第 11 卷第 85 页。

大陆上对财产继承法院的专横作了许多公正的批评。然而不取报酬的英国审判官的裁判权却恰恰是现代化了的、得到宪法掩护的领主裁判权。我们从一家英国地方报纸上逐字逐句地摘录了下面一段引文："上星期二，一位年迈的农业工人纳萨涅尔·威廉斯出现在伍斯特的治安法官面前。他被处 5 先令的罚金和 13 先令的费用，因为他在 8 月 26 日星期日割了属于他个人所有的一小块地的小麦。威廉斯证明说，他这样做是必需的，假如他不收割小麦，小麦就要毁掉，他在整个星期内从早到晚为租给他土地的地主忙个不停。但这些话毫无用处。坐着 reverends（牧师）的法庭是哀求不动的。"

工厂主、乡绅和组成不取报酬的审判官的特权阶层的其他代表所采取的做法，也和在这种情况下作为处理自己案件的法官的牧师一样。

马克思恩格斯：《将军们的报告。——英国的法庭。——来自法国的消息》，
《马克思恩格斯全集》第 11 卷第 612 页。

即使政府官员已被正式控告并已被揭露犯有这类滥用职权的罪行，也难将他们交法庭审判，而且法律为他们规定的惩罚也过分宽厚。据查明，如果这类控告在法官面前得到证实，法官只能判处犯人 50 卢比罚款或为期一月的徒刑。诚然，他还可以把被告解交"刑事法官，由刑事法官判刑或将其案件提交巡回法院审理"。报告中补充说："看来这是一个冗长的审判程序，而且只适用于一类过失，即警察的滥用职权，而在上述情况下，这种审判程序是不会有任何结果的。"警官或税吏（这是一个人，因为税款是由警察征收的）在被控诈取钱财时，先由收税官助手审判；以后被告可以向收税官提出上诉，最后可向税务局提出上诉。税务局可以把被告送到政府法院或民事法院。"在这种审判情况下，没有一个贫穷的莱特能斗得过任何一个富裕的税吏，同时我们也不知道有农民根据这两个条例（1822 年和 1828 年的条例）提出过控诉的任何事实。"

此外，只有在警官侵吞公款或强迫莱特缴纳额外税款以饱私囊时，这种诈取钱财的控告才能成立。由此可见，在征收国家税款时使用暴力，法律对此并未规定任何惩罚。

马克思：《印度刑罚的调查》，
《马克思恩格斯全集》第 12 卷第 292 页。

警察偷窃，伪造，揭开写字台，发假誓，作伪证，除此之外，还妄图享有对待那些与世隔绝的全部职能，把泽特推到无足轻重的地位，把没有任何人作证的文件、未经证实的传闻、告密、小道新闻当成真正的法律证据，当成罪证。

马克思恩格斯：《卡·马克思和弗·恩格斯之间的书信》，
《马克思恩格斯全集》第 28 卷上册第 166 页。

检察院鉴于——要特别注意！——"缺乏客观的犯罪构成，因此没有起诉的根据"，决定重新开始侦查。这样，根据荒谬的臆断，你首先得坐九个月牢；然后发现，你坐牢是没有任何法律根据的最后：你必须坐到侦查员能够为诉讼提出"客观的犯罪构成"为止，如果"客观的犯罪构成"找不到，你就得在监牢里吃苦头。

马克思恩格斯：《卡·马克思和弗·恩格斯给其他人的信》，
《马克思恩格斯全集》第 28 卷下册第 484 页。

茹尔·法夫尔是 1848 年 6 月 27 日臭名昭著的法令的起草人，根据这个法令，六月起义时被俘的成千上万的巴黎工人未经任何审讯（即使是形式上的审讯也没有），就被流放到阿尔及尔等地去服苦役。

马克思恩格斯：《卡·马克思和弗·恩格斯给其他人的信》，

《马克思恩格斯全集》第 33 卷第 175 页。

第八章司法权老实说，此章只不过是拿破仑皇帝的法律的再版。但是，下列几点补充是值得注意的："第 81 条诉讼是代表法兰西人民进行的，因而一律免费。"这是多么不切合实际，谁也不肯免费去砍掉脑袋！

马克思：《1848 年 11 月 4 日通过的法兰西共和国宪法》，

《马克思恩格斯全集》第 7 卷第 586 页。

莱茵的贵族和莱茵的资产阶级用自己的判决："有罪"来应和法国资产阶级在 12 月 2 日以后所发出的狂吠："只有盗贼还能拯救财产；只有违背誓言还能拯救宗教；只有私生子还能拯救家庭；只有混乱还能拯救秩序！"

马克思：《揭露科伦共产党人案件》，

《马克思恩格斯全集》第 8 卷第 535 页。

举一个例子。克肖—莱塞公司的纺纱厂主，一个叫埃斯克里奇的人，曾把他的工厂准备实施换班制度的计划提交本区的工厂视察员。在他的计划被拒绝以后，他起初没有采取什么行动。几个月以后，一个叫鲁滨逊的人——也是纺纱厂主，他如果不是埃斯克里奇的星期五，至少也是他的亲戚——由于实行一种与埃斯克里奇想出的换班制度相同的制度而被控告到斯托克波尔特市治安法官。庭上坐着 4 位法官，其中 3 位是纺纱厂主，而以那位必不可少的埃斯克里奇为首。埃斯克里奇宣判鲁滨逊无罪，并且说，对鲁滨逊来说是合法的事，对埃斯克里奇也是合理的。于是，他根据他自己的具有法律效力的判决，马上就在自己的工厂里实行这种制度。(158) 不用说，这种法庭的组成本身就是对法律的公然违反。

马克思：《资本论（第一卷）》，

《马克思恩格斯全集》第 23 卷第 324 页。

领主审判权应该为此提供借口，这是一种非常美妙的制度，只是现在由于通过了专区法才予以废除，这种制度给予庄园主以审讯自己从前的臣民的权利。在这种审判权制度下，老爷把自己的某个被告监禁后，应该负担其生活费和侦讯费。而这个老爷则得到领主裁判所收入的一切捐税。如果被捕的是农民，则老爷仍然向他收这些费用，使他在迫不得已时出卖房屋和田产。有些被捕者没有任何财产，庄园主为了补偿为他们花去的费用，每年向这个阶级中归他审判的一切人征收保护金，美其名曰"司法管辖费"。

恩格斯：《威廉·沃尔弗》，

《马克思恩格斯全集》第 19 卷第 89 ~ 90 页。

从 2 月 24 日，即从二月革命十周年纪念日以来，进行了大规模的逮捕。这次逮捕按其性质来说，与阿尔及利亚的搜捕极其相似，以致正如伦敦的"笨拙"杂志所说的，不久在法国就会只剩下囚犯和狱吏两个阶级了。

当时，群情所以激愤，就是因为这个血腥的案件——虽然它是通过法庭，根据法兰西法律的一切手续处理的——暴露了路易 - 菲力浦伪善统治的十分丑恶的面貌。

马克思：《时代的表征》，

《马克思恩格斯全集》第 12 卷第 436 页。

1 月 23 日，莫斯科高等法院组成的有等级代表参加的特别法庭在下诺夫哥罗德审理了农民季莫费·瓦西里耶维奇·沃兹杜霍夫被殴致死的案件。沃兹杜霍夫是被送到区警察局去"醒酒"的，但是在那里遭到舍列梅季耶夫、舒利平、希巴耶夫和奥尔霍文等 4 个警察和派出所代理巡官帕诺夫的一顿毒打，第二天就死在医院里了。

列宁：《时评》，

《列宁全集》第 4 卷第 352 页。

沃兹杜霍夫对其他被拘留的人说："哥儿们！你们看到警察局是怎么打人的吗？请你们作证，我要去告！"但是他没有告成，第二天清早发现他完全失去了知觉，送到医院后 8 小时昏迷不醒就死了。解剖尸体时发现他的肋骨断了 10 根，浑身青紫，脑内淤血。法院判处舍列梅季耶夫、舒利平和希巴耶夫 4 年苦役，而奥尔霍文和帕诺夫只判了 1 个月的拘留，认为他们犯的只是"欺压"罪。

列宁：《时评》，

《列宁全集》第 4 卷第 352 页。

我们就从这个判决开始把事情分析一下。苦役是按刑法典第 346 条和第 1490 条第 2 款判处的。第 346 条写道：官员在执行职务时造成伤残事故者，应"按所犯之罪"予以最重的刑罚。第 1490 条第 2 款规定：将人严刑拷打致死者，应判处 8 年到 10 年苦役。等级代表和皇室法官组成的法庭没有予以最重的刑罚，而是把它降低了两等（第 6 等：8—10 年苦役；第 7 等：4—6 年苦役），也就是说，法庭作出的是在情节可以从轻处理的情况下法律所允许的最低刑罚，而且还是最低一等中的最低的年限。总而言之，法庭竭力为被告减刑，甚至超过了它力所能及的范围，因为它规避了关于"最重的刑罚"的法律。当然，我们决不是想说，"最公正的裁判"应该是 10 年苦役而不是 4 年苦役；重要的是凶手被认为是凶手，而且被判了苦役。但是不能不指出皇室法官和等级代表组成的法庭的极其明显的倾向：他们在审判警察局的官员时，是蓄意尽量从宽处理的；而当他们在审判那些有触犯警察的行为的人时，那大家都知道是一贯从严的。

列宁：《时评》，

《列宁全集》第 4 卷第 356 页。

在一般人看来，法院对帕诺夫的判决简直是对司法的嘲笑；判决表明一种极其卑鄙的意图，那就是把全部罪名都推在下级警察的身上，庇护他们的顶头上司，而这种野蛮的拷打正是在他的授意和参与下进行的。从法律的观点来看，这个判决是法官们惯用的诡辩的典型，而他们本身也跟派出所巡官差不了多少。外交家说，人有舌头是为了隐瞒自己的思想。我们的法学家也可以说，定出法律就是为了曲解罪行和责任的概余。真的，为了把参与拷打改成有普通的欺压行为，法官需要多么微妙的艺术啊！

列宁：《时评》，

《列宁全集》第 4 卷第 357 页。

社会民主党人要求，未经法院判决，警察不得把任何人监禁起来。官吏如随便抓人，应予严办。要使官吏不再横行霸道，就要让人民自己选举官吏，使每个人都有权直接到法院去控告每一个官吏。不然的话，向地方官控告巡官，或者向省长控告地方官，那有什么用呢？地方官当然只会包庇巡官，省长当然只会包庇地方官，结果还是控告人遭殃：不是坐牢，就是被流放到西伯利亚。在我们俄国（像其他各国一样），只有当任何一个人都有权向国民会议和选举产生的法庭控告，都有权在口头上或者在报纸上自由地诉说自己的疾苦的时候，官吏才不敢胡来。

列宁：《社会民主党人正在为全体人民和工人争取哪些改善?》，

《列宁全集》第 7 卷第 146 页。

马克思在《政治动态。——欧洲缺粮》里说 "博学的法官已经看出，'很难设想有比这更可恨更无耻的欺骗，而达到预定目标的方法尤为可耻'。他做了这样一番说教以后，就释放了被告"，指的是北明翰－希鲁兹布里铁路管理局以欺骗股东罪在副大法官法庭受审的案件。案情大致是：西方大铁路和西北铁路都想并吞上述的北明翰－希鲁兹布里铁路。这条铁路的大多数股东主张同西北铁路合并，而管理局的委员们则主张加入西方大铁路，于是他们就决定利用委托给他们结算的一部分股票来取得虚假的票数。为了这个目的，他们把股票分发到许多名义上的股票持有者的名下（有些人并不知道这件事，他们的名字是被拿来顶替的；有一个竟然是 9 岁的小孩），这些股票持有者既然不偿付股票价值，于是以后就把股票还给管理局委员们，同时以名义股东的资格给这些委员们一定数量的票来保证他们取得多数，好与西方大铁路合并。

马克思恩格斯在《将军们的报告。——英国的法庭。——来自法国的消息》里的 "财产继承法院"，是在地主有权审判和惩罚自己的农民的基础上建立起来的封建法庭。英国的 "不取报酬的审判官"，是指从有产阶级代表中任命的治安法官。

马克思在《印度刑罚的调查》里 "警官侵吞公款或强迫莱特缴纳额外税款以饱私囊" 中的 "莱特"，是指印度农民。在 18 世纪末 19 世纪初，英国殖民者实行新的土地，税收法以前，在英国殖民者没有破坏印度村社以前，是享有充分权利的村社农民。在从 1793 年起实行所谓柴明达尔制的地区（最初在孟加拉、比哈尔、奥里萨实行，后来以稍有改变的形式在联合省和中央省以及马德拉斯省部分地区实行），莱特成了柴明达尔（地主）的佃农。在19世纪初，孟买和马德拉斯两管区实行"莱特瓦尔"土地税收制后，莱特成为国有土地的持有者，而按印度的英国政府随意规定的数额缴纳地租税。根据"莱特瓦尔"制，莱特同时被宣布为他们所租佃的土地的所有者。由于实行这一在法律上自相矛盾的土地税收制，为农民规定了高得无力缴纳的地税，由于欠税日增，农民的土地逐渐转到包买商和高利贷者手里。

马克思的《揭露科伦共产党人案件》和恩格斯的《最近的科伦案件》中，充分揭露了这个案件是通过警察局的奸细密探活动、伪造证据、凭空捏造等卑鄙的手法制造出来的。这一著作在反对警察局和法庭陷害革命阶级的代表，反对它们卑鄙地迫害进步活动家方面，到现在仍旧是一部具有很大的揭发力的文献。马克思在全世界面前不仅是科伦被告的辩护人，而且是控诉人。他不仅揭发了这个案件的直接组织者的犯罪行为，而且谴责了整个警察官僚国家制度，整个腐朽的普鲁士国家体系。马克思无情地揭露普鲁士司法当局的偏颇不公，资产阶级的"公正裁判"的阶级性。作为被告站在资产阶级法庭上的革命无产阶级手无寸铁，因此被告是事先就被定了罪。科伦案件以及其他案件都清楚地说明，"陪审法庭是特权阶级的等级法庭，建立这种法庭的目的是为了用资产阶级良心的宽广来填补法律的空白"。

4. 浪费金钱请律师也很难打赢富人

律师是受当事人或其他人和社会组织、国家机构的委托，办理诉讼案件、非讼案件、请求审查、声明异议等法律事务的人。在西方国家，律师是自由职业者。

在英国，有专门律师（barrister）和事务律师（solicitor）。专门律师是在法庭进行辩护的律师，事务律师是在法庭外工作的律师。开庭时，专门律师头戴发绺（wig），穿法衣（gown），承袭至今。这两类律师分工明确。从诉讼事务的律师分工看，事务律师接受诉讼案件的委托后，首先作好诉讼准备，调查事实，搜集证据材料，确定证人。然后确定案件摘要（brief），送交给他所选择的专门律师。专门律师依据案件摘要，起草准备辩论的书面材料，出庭辩论。

同一律师，不能同时以专门律师和事务律师的资格进行活动。当事人诉讼，首先要找事务律师，再通过事务律师将案件转于专门律师。专门律师只有通过事务律师才能受理案件，不允许直接从当事人那里收案和发布广告收案。

专门律师可以被录用为法官，或提升为最高法院的法官，并授予爵士称号，在法庭上被称为"老爷"（My Lord）。而如果成为最高法院的法官，可被封为贵族，成为"贵族法官"（law lords）。专门律师有上级律师（inner barrister）和下级律师（outer or utter or junior barrisgter）的等级。这是由当初律师在法庭上的席位是在法庭的栏杆之内，还是在栏杆之外而划分的。事务律师原属于衡平法法院，称为"等同律师"（qsol-icitor in equity），是同普通法院的辩护律师（attorney atlaw）相对的。但根据1872年的最高法院审判法来统一法院时，法庭外律师也统一于事务律师了。在美国，也分为出庭的律师和从事文书起草、法律顾问等法律事务工作的律师。美国把辩护律师（orney at law）作为律师的正式称呼，不使用专门律师、事务律师称呼。

上面引用的材料，只是英美关于律师情况的部分材料。资产阶级把诉讼制度、律师制度精心打造得这么神圣、美好，那事实究竟是怎样的呢？经典作家关于诉讼制度、律师制度的论述是很多的。这里摘引了三处，只想说明：穷人在法院里很难打赢富人，浪费金钱请律师也很难打赢富人。

最近一个时期，我稍微研究了一下弗里西安—英格兰—朱特—斯堪的那维亚的语言学和考古学，根据这一研究，我得出这样一个结论：丹麦人是地地道道的律师式的人：为了一方的利益，他们在科学问题上也会有意识地公然撒谎。

马克思恩格斯：《卡·马克思和弗·恩格斯之间的书信》，

《马克思恩格斯全集》第 31 卷第 8 页。

我也只能说：像您这样一个没钱的人，很难希望在英国的法院里而且他们还会用您的钱反对您。即使您有钱打官司，我还是要奉劝您：最好把钱留在自己身边，不要浪费在诉讼上。至于您给我描述的那种同意为您办事的律师，如果我说这样的律师我没有遇到过，请您不要奇怪。

恩格斯：《弗·恩格斯的书信》，

《马克思恩格斯全集》第 39 卷上册第 128 页。

贫穷本身就已经使得无产者有各种罪行的嫌疑，同时也剥夺了他对付当局专横行为的法律手段。因此，对无产者来说，法律的保护作用是不存在的，警察可以随便闯进他家里，随便逮捕他，随便殴打他。只是在工会聘请了辩护人，例如煤矿工人聘请了罗伯茨以后，大家才知道，法律的保护作用对无产者说来是多么微小，无产者经常被迫肩负法律的全部重担而享受不到法律的一点好处。

恩格斯：《英国工人阶级状况。根据亲身观察和可靠材料》，

《马克思恩格斯全集》第 2 卷第 571 页。

在社会主义条件下，律师这个职业不会取消，但社会主义的律师制度同资本主义的律师制度是有本质区别的。

社会主义律师制度，是坚持共产党的领导，坚持正确的政治方向的律师制度，是坚持从本国实际情况出发的律师制度。律师是社会主义法律工作者，必须执业为民，依法执业。"讼棍律师""金钱律师""街头政治律师"，等等，是与社会主义律师制度不相容的。

5. 社会主义司法是人民司法

社会主义司法，是在摧毁旧的国家机器的基础上建立起来的。社会主义司法是完全新型的司法形式，其核心特征是它的人民性。就是司法权掌握在人民手里，以为人民服务为宗旨。

人民司法制度是社会主义法律制度的重要组成部分，是人类法治文明进步的重要标志。在 100 年来的社会主义历史时期，各社会主义国家的人民司法事业不断发展，司法工

作取得了划时代的成就。人民司法保障人民群众的合法权益，维护社会公平正义，推进社会主义民主法治建设，为国家发展和社会进步发挥了重要作用。

无产阶级革命的绝对义务，不是改良司法机关（立宪民主党人及其应声虫孟什维克和右派社会革命党人只是局限于这个任务），而是要完全消灭和彻底摧毁全部旧的法院和它的机构。十月革命已经完成了而且是顺利地完成了这个必要的任务。它着手创立新的人民法院，确切些说，建立在被剥削劳动者阶级（仅仅是这些阶级）参加国家管理的原则上的苏维埃法院，来代替旧的法院。新的法院之所以必要，首先是为了对付那些企图恢复自己的统治或维护自己的特权，或者用明骗暗窃的手段来谋得部分特权的剥削者。除此以外，如果法院真正是按照苏维埃机关的原则组织起来的，它还担负着另一项更重要的任务。这项任务就是保证劳动者的纪律和自觉纪律得到严格的执行。

列宁：《〈苏维埃政权的当前任务〉一文初稿》，
《列宁全集》第34卷第148页。

苏维埃政权遵照历次无产阶级革命的遗训，立即废除了旧法庭。让别人去叫喊，说我们不进行改良而一下子就废除了旧法庭吧。

我们这样做，为创造真正的人民法庭扫清了道路，并且主要不是用高压的力量，而是用群众的实例，用劳动者的威信，不拘形式地把法庭这一剥削的工具改造成了按照社会主义社会坚定的原则施行教育的工具。毫无疑问，我们是不能一下子就得到这样的社会的。

列宁：《全俄工兵农代表苏维埃第三次代表大会文献》，
《列宁全集》第33卷第271页。

人民把法院看作一种同自己对立的衙门，这种由于地主资产阶级压迫而留传下来的观点，还没有彻底打破。人民还没有充分意识到，法院正是吸引全体贫民参加国家管理的机关（因为司法工作是国家管理的职能之一），法院是无产阶级和贫苦农民的权力机关，法院是纪律教育的工具。

列宁：《苏维埃政权的当前任务》，
《列宁全集》第34卷第177页。

十月革命推翻了旧官僚，它能够做到这一点，是因为它建立了苏维埃。它赶走了旧法官，把法院变成了人民的法院。但做到这点是比较容易的，用不着懂得旧法律，只要本着公正的态度办事就行了。

列宁：《在彼得格勒苏维埃会议上关于人民委员会对外对内政策的报告》，
《列宁全集》第36卷第14~15页。

在通过无产阶级专政走向共产主义的道路上，共产党抛弃民主主义的口号，彻底废除旧式法院之类的资产阶级统治机关，而代之以阶级的工农的法院。无产阶级掌握全部政权以后，抛弃以前那种含糊不清的"法官由人民选举产生"的公式，而提出"法官完全由劳动者从劳动者中选举产生"的阶级口号，并把这个口号贯彻到整个法院组织中去。

废除了已被推翻的政府的法律以后，党向苏维埃选民选出的法官提出以下的口号：实现无产阶级的意志，运用无产阶级的法令，在没有相应的法令或法令不完备时，要摒弃已被推翻的政府的法律，而遵循社会主义的法律意识。

列宁：《俄共（布）纲领草案》，
《列宁全集》第 36 卷第 105 页。

无产阶级民主派掌握全部政权并彻底废除资产阶级的统治机关——旧式法院以后，抛弃"法官由人民选举产生"这个资产阶级民主的公式，而提出"法官完全由劳动者从劳动者中选举产生"的阶级口号，并把这个口号贯彻到整个法院组织中去，同时，使男女无论在选举法官或履行法官职务上都享有平等的权利。为了吸引最广大的无产阶级和贫苦农民群众来行使司法权，应实行由经常更换的临时的法院陪审员参加审判的制度，并吸引群众性的工人组织工会等来编制名册。

苏维埃政权建立了统一的人民法院，以代替以前那些数不尽的各种体制的多级法院，简化了法院的组织，从而使它成为居民绝对易于接近的机关，并消除了办案中的任何拖拉现象。苏维埃政权废除了已被推翻的政府的法律以后，委托苏维埃选任的法官实现无产阶级的意志，运用无产阶级的法令，在没有法令或法令不完备时，则遵循社会主义的法律意识。

在惩罚方面，这样组织起来的法院已根本改变了惩罚的性质：广泛地实行缓刑，以社会的谴责作为处罚的办法，以保持自由的强制劳动代替剥夺自由，以教养机关代替监狱，并为采用同志审判会的办法提供可能性。

俄共主张沿着这条道路进一步发展法院，应当力求使全体劳动居民人人被吸引来履行法官的职责，并且以一套教养性质的办法来最终代替惩罚办法。

列宁：《俄国共产党（布尔什维克）纲领》，
《列宁全集》第 36 卷第 411~412 页。

在苏维埃的"法律辩护员"当中会重新遇到（我们在俄国废除了资产阶级的律师制，这是做得很对的，可是它在"苏维埃的""法律辩护员"的名义下，又在我国复活起来）。

列宁：《共产主义运动中的"左派"幼稚病》，
《列宁全集》第 39 卷第 93 页。

列宁在《共产主义运动中的"左派"幼稚病》里，在苏维埃的"法律辩护员"当中会重新遇到（我们在俄国废除了资产阶级的律师制，这是做得很对的，可是它在"苏维埃的""法律辩护员"的名义下，又在我国复活起来）这段论述，说的是 1918 年 2 月设立的隶属于工人、士兵、农民和哥萨克代表苏维埃的法律辩护员公会。资产阶级旧律师在许多法律辩护员公会中影响很大，他们歪曲苏维埃诉讼程序的原则，营私舞弊。因此早在 1920 年春就提出了取消法律辩护员公会的问题。1920 年 10 月，法律辩护员公会被撤销。

三、法的阶级性例证

前已阐述，法的阶级性贯穿于立法、执法、司法整个过程之中。马克思的《第六届莱茵省议会的辩论》的第三篇论文《关于林木盗窃法的辩论》，正是这三方面阶级性的集中论述。

19世纪40年代在普鲁士，小农、短工及城市居民由于贫困和破产而不断去采集和砍伐林木，按传统这是他们的"习惯权利"。普鲁士政府便想制定新的法律，采取严厉措施，以惩治这种被林木所有者看作是"盗窃"的行为。莱茵省议会在1841年6月15日至17日曾就林木盗窃法草案展开了辩论。各阶层代表在辩论中发表的修改意见，均倾向于加重处罚，以给林木所有者更多的好处。在这篇论文中，马克思对历史上和普鲁士国家的法律问题以及现存的半封建的法律关系和法律观点进行了深入的分析和研究，抨击了封建等级的代表所持的观点，第一次公开地站在贫苦群众一边，维护他们的物质利益。

林木盗窃法的阶级性，不是基于把盗窃林木的罪犯而是基于把不构成盗窃林木犯罪的贫苦阶级认定为罪犯。在苏联一些法学家轻佻地指称，社会主义国家不存在阶级，罪犯是哪个阶级？这里必须指出，马克思主义经典作家严格地限定了阶级的含义，我们从来没有把罪犯称为阶级。先预设一个伪命题，然后批判它，最后归错于对手，这是不良学者们的惯用伎俩。罪犯不是阶级，但犯罪现象确有深刻的阶级根源。

马克思在《关于林木盗窃法的辩论》中，针对制定法律的逻辑所得出的结论，即一种是捡拾枯树，一种是情况极其复杂的林木盗窃，这两种情况都属于"占有他人的林木"的共同规定，进行了无法辩驳的法学论证。

第一，马克思指出上述两种行为的差别，指明它们的事实构成在本质上是不同的，不能认定这种事实构成在法律上是相同的。

马克思认为，"捡拾枯树和盗窃林木是本质上不同的两回事。对象不同，用于这些对象的行为也就不同，因而意图也就一定有所不同。"认为"事物的法理本质不能按法律行事，而法律倒必须按事物的法理本质行事"，"如果法律把那种未必能叫作违反林木管理条例的行为称作盗窃林木，那么法律就是撒谎，而穷人就会成为合法谎言的牺牲品了。"

第二，马克思论证了惩罚与罪行的关系，深刻揭示了无罪行而受到惩罚的资本主义法律的实质。

马克思指出"无论如何也无法迫使人们相信没有罪行的地方有罪行"，"人民看到的是惩罚，但是看不到罪行，正因为他们在没有罪行的地方看到了惩罚，所以在有惩罚的地方也就看不到罪行了。"认为省议会法律指导者"在不应该用盗窃这一范畴的场合用了这一范畴，因而也应该用这一范畴的场合就掩饰了盗窃。"

第三，抹杀各种不同行为之间的差别，只确定共同的定义，是消灭法本身。

马克思认为，如果对任何侵犯财产的行为都不加以区别，不作出比较具体的定义而一概以盗窃罪论处，那么任何私有财产岂不都是盗窃吗？我占有了自己的私有财产，那不就是排斥了其他任何人来占有这一财产了吗？那岂不就是侵犯了他人的财产权吗？对此，结论是明确的，就是同一类罪行具有极不相同的各种形式，如果你们否认这些形式之间的差别，你们也就把罪行本身当作一种和法不同的东西加以否认，你们就消灭了法本身，因为任何罪行都有某种与法本身共同的方面。不考虑任何差别的严厉手段，会使惩罚毫无效果，因为它会取消作为法的结果的惩罚。省议会抹杀了捡拾枯树、违反林木管理条例的行为和盗窃这三者之间的差别，但一旦问题涉及林木所有者的利益时，省议会就承认这些差别了。可见，省议会的林木所有者立场何等鲜明。

第四，罪行的现实要求有惩罚的尺度，衡量罪行的尺度就是价值。

马克思认为，"为了使惩罚成为实际的，惩罚就应该是有界限的，为了使惩罚成为公正的，惩罚就应该受到法的原则的限制。"因此，受惩罚的界限，应是行为的界限。犯法的一定内容就是一定罪行的界限。因此，衡量这一内容的尺度就是衡量罪行的尺度。对于财产来说，这种尺度就是它的价值。财产总是只存在于一定的界限内，这种界限不仅可以确定，而且已经确定；不仅可以测定而且已经测定。马克思的结论是：价值是财产的民事存在的形式，是使财产最初获得社会意义和可转让性的逻辑术语。显然，这种由事物本身的本性中得出的客观规定，也应该成为惩罚的客观的和本质的规定。

在《第六届莱茵省议会的辩论》的第三篇论文《关于林木盗窃法的辩论》中，马克思第一次直接研究了贫苦劳动群众的物质生活条件，探讨了物质利益同国家和法的关系，公开捍卫贫苦群众的利益，抨击了普鲁士的国家和法律制度。针对普鲁士政府提交省议会通过的一项把未经林木占有者许可在森林中捡拾枯枝的行为以盗窃论罪的法案，马克思从法学角度为政治上和社会上一无所有的贫苦群众辩护。

在分析习惯和特权的历史发展时，马克思已经觉察到了社会的贫富对立和阶级对立，认识到物质利益的差别使社会划分为不同的等级，对私人利益的考虑支配着人们的思想和行动，也支配着国家官员和立法机关代表的决策行为。他认为，正是维护私人利益、私有财产的自私逻辑，使国家变成林木所有者的奴仆，使整个国家制度沦为林木所有者的工具。

这篇论文是马克思以"莱茵省一居民"的名义发表的。在《马克思恩格斯全集》里，有《第六届莱茵省议会的辩论》第一篇和第三篇论文，没有第二篇论文。在《莱茵报》编辑部加的一个注说："我们感到遗憾，因为我们未能让我们的读者看到第二篇论文"。

（一）《林木盗窃法》立法法案的阶级性

1. 法案名称的确定

法案名称的确定，不仅关系到政治和经济等问题，也关系到立法技术问题。为了回避"盗窃"一词，法案最后定名为林木管理条例。针对有的代表认为对"盗窃"一词所作的全部分析，都是"全体会议不该做的措施修饰工作"的意见，马克思认为尽管涉及"婉转表达"问题，但明确指出"婉转表达是应当避免的"。我们知道，对于资产阶级的利益和目的，立法往往做"婉转表达"，这是立法虚伪性决定的。马克思反对"婉转表达"，并不是主张仍采用林木盗窃法名称，而是认为这种针对贫苦农民的立法本身都是不能被接受的。

马克思"应当避免"四个字，明确表达了反对立场，也为社会主义立法指明了方向。无产阶级是光明磊落的阶级，代表广大劳动人民的根本利益，没有自己的特殊利益，无须隐瞒自己的观点，法律的名称自然简单明了，通俗易懂。

辩论一开始，就有一位城市代表反对法律的标题，因为这个标题把普通的违反林木管理条例的行为也归入"盗窃"这一范畴。一位骑士等级的代表反驳说："正因为偷拿林木不算盗窃，所以这种行为才经常发生。"照这样推论下去，同一个立法者还应该得出这样的结论：正因为打耳光不算杀人，所以打耳光才成为如此常见的现象。因此应当决定，打耳光就是杀人。另一位骑士等级的代表认为："回避'盗窃'一词更加危险，因为一旦有人知道关于这个词曾发生过争论，他就很容易设想，似乎省议会也不把偷拿林木当作盗窃。"省议会应该决定，它是否认为违反林木管理条例的行为就是盗窃。那位代表走得更远。他认为，对"盗窃"一词所作的全部分析都是"全体会议不该做的措辞修饰工作"。

省议会听取了这样清楚的论证以后，就对法律的标题进行了表决。

上述这种观点硬说把公民当作小偷是纯粹措辞表达上的粗心大意，它把一切反对意见当作语法上的吹毛求疵而加以否定；从这个观点看来，偷拿枯树或者捡拾枯枝也应归入盗窃的范围，并应和砍伐活树受到同样的惩罚。

不错，上述那位城市代表指出："由于惩罚可能达到长期监禁的程度，这种严厉的做法就会把那些尚未离开正道的人直接推上犯罪的道路。仅仅由于他们在监狱中将同惯偷住在一起，也会发生这种情况；因此，他认为，捡拾或偷拿枯树只应该受普通的违警处罚。"但是，另一位城市代表却提出了意味深长的反对意见："在他那个地方的森林里，常常有人先把幼树砍伤，等它枯死后，就把它当作枯树。"

这种为了幼树的权利而牺牲人的权利的做法真是最巧妙而又最简单不过了。如果法律的这一条款被通过，那么就必然会把一大批不是存心犯罪的人从活生生的道德之树上砍下来，把他们当作枯树抛入犯罪、耻辱和贫困的地狱。刑罚法规只把偷拿砍下的树木和盗伐林木算作盗窃林木。其中（我们的省议会不会相信这一点）说道："凡白天采食果实并由于偷拿而造成轻微损失的人，一律根据个人情况和事实情节给以民事（可见不得刑事）处分。"16世纪的刑罚法规要求我们为它辩护，不让19世纪的莱茵省议会责备它过分仁慈。我们同意这种要求。

马克思：《第六届莱茵省议会的辩论（第三篇论文）》，
《马克思恩格斯全集》第1卷上册第241～243页。

一种是捡拾枯树，一种是情况极其复杂的林木盗窃！这两种情况有一个共同的规定：

占有他人的林木。因此，两者都是盗窃。这就是刚才制定法律的那种有远见的逻辑所得出的结论。因此，我们首先要指出两种行为的差别，如果必须承认它们的事实构成在本质上是不同的，那么就很难说这种事实构成从法律上来看是相同的。

马克思：《第六届莱茵省议会的辩论（第三篇论文）》，

《马克思恩格斯全集》第 1 卷上册第 243 页。

　　捡拾枯树和盗窃林木是本质上不同的两回事。对象不同，作用于这些对象的行为也就不同，因而意图也就一定有所不同，试问除了行为的内容和形式而外，还有什么客观标准能衡量意图呢？而你们却不顾这种本质上的差别，竟把两种行为都称为盗窃，并且都当作盗窃来惩罚。你们对捡拾枯树的惩罚甚至比对盗窃林木的惩罚还要严厉，因为你们把捡拾枯树宣布为盗窃，这已经是惩罚，而对盗窃林木的行为，你们显然是不会给予这种惩罚的。既然是那样，你们就必须把盗窃林木宣布为谋杀林木，并作为谋杀罪论处。法律不应该逃避说真话的普遍义务。法律负有双重的义务这样做，因为它是事物的法理本质的普遍和真正的表达者。因此，事物的法理本质不能按法律行事，而法律倒必须按事物的法理本质行事。但是，如果法律把那种未必能叫作违反林木管理条例的行为称为盗窃林木，那么法律就是撒谎，而穷人就会成为合法谎言的牺牲品了。

马克思：《第六届莱茵省议会的辩论（第三篇论文）》，

《马克思恩格斯全集》第 1 卷上册第 244 页。

　　我们所争论的是什么呢？省议会抹杀了捡拾枯树、违反林木管理条例的行为和盗窃林木这三者之间的差别，在问题涉及违反林木管理条例者的利益时，它抹杀这些行为之间的差别，认为这些差别并不决定行为的性质。但是，一旦问题涉及林木所有者的利益时，省议会就承认这些差别了。

马克思：《第六届莱茵省议会的辩论（第三篇论文）》，

《马克思恩格斯全集》第 1 卷上册第 245 页。

　　马克思在上述第 241～243 页论述中，"一位城市代表"指马·洛埃男爵，"一位骑士等级的代表"指贝·特里普斯伯爵，"另一位骑士等级的代表"指约·弗·布鲁斯特，"提出了意味深长的反对意见的""另一位城市代表"指尼·采托。"刑罚法规"指《查理五世皇帝和神圣罗马帝国的刑罚法规》。

　　在这篇论文中，马克思引注的内容，均取自公开出版的《第六届莱茵省议会会议记录》。

　　马克思在论文中，有关于习惯法、刑法、犯罪学和法与道德的关系等方面的大量论述，为选取本部分主题下的论述，故将其移入本书其他部分相应的内容里。

　　2. 法案内容的通过

　　法的内容，是法的目的和任务的具体表现，它集中反映法的性质。为什么要这样规定而不那样规定？为什么一定要把林木所有者的愿望、要求表现为法案的具体内容？这只有从法的阶级性得到说明。

林木盗窃法法案的内容，是盗窃林木的犯罪构成和定罪量刑的依据。

魔鬼隐藏在黑暗的角落，立法的阶级性隐藏在内容的细节之中。法案的内容是多方面的，马克思论文中的评议也是多方面的。这里摘引的只是一个方面，其他内容，放在下面相关的主题下分别论述。

例如，委员会提议作这样的补充："凡用切割工具砍倒或截断活树者，凡用锯子代替斧头者，一律加重治罪。"

省议会批准了这种分别治罪的办法。当问题涉及自身的利益时，这些明达的立法者就如此认真地把斧头和锯子也区分开来，而当问题涉及他人的利益时，他们就毫无心肝，连枯树和活树都不加区别了。差别作为加重罪行的情节是重要的，但是作为减轻罪行的情节却毫无意义，尽管既然不可能有减轻罪行的情节，那么也就不可能有加重罪行的情节。这样的逻辑在辩论的进程中还不止一次地重演。在讨论第65条时，一个城市代表希望："被窃林木的价值也成为确定惩罚的标准"；"但这一点被报告人斥为不切实际的办法"。这位城市代表谈到第66条时又指出："整个法律中根本没有指出加重或减轻惩罚所应该依据的价值的大小。"

马克思：《第六届莱茵省议会的辩论（第三篇论文）》，
《马克思恩格斯全集》第1卷上册第246页。

一位城市代表反对把采集覆盆子和越桔也当作盗窃处理的规定。他主要是为贫民的孩子辩护，这些孩子们采集野果，帮父母挣几个零钱；这是从远古以来就为所有者们所许可的，因此也就产生了儿童的习惯法。然而这一事实却遭到另一位代表的反驳，据他说："在他那个地区，这些野果已经成为交易品，并成桶地运往荷兰。"

马克思：《第六届莱茵省议会的辩论（第三篇论文）》，
《马克思恩格斯全集》第1卷上册第253页。

对于财产来说，这种尺度就是它的价值。一个人无论被置于怎样的界限内，他总是作为一个整体而存在，而财产则总是只存在于一定的界限内，这种界限不仅可以确定，而且已经确定，不仅可以测定，而且已经测定。价值是财产的民事存在的形式，是使财产最初获得社会意义和可转让性的逻辑术语。显然，这种由事物本身的本性中得出的客观规定，也应该成为惩罚的客观的和本质的规定。如果在涉及数目大小的场合立法能够仅仅以外部特征为依据，而不致陷入永无止境的规定之中，那么它至少必须进行调节。问题不在于历数一切差别，而在于确定差别。然而省议会根本不屑于理睬这些小事情。

马克思：《第六届莱茵省议会的辩论（第三篇论文）》，
《马克思恩格斯全集》第1卷上册第247页。

讲求实际的林木所有者是这样判断事物的：某项法律规定由于对我有利，就是好的，因为我的利益就是好事。而某项法律规定由于纯粹从法理幻想出发，也应该适用于被告，那就是多余的、有害的、不实际的。既然被告对我是有害的，那么不言而喻，凡是使被告受害较少的事情，对我都是有害的。

马克思：《第六届莱茵省议会的辩论（第三篇论文）》，
《马克思恩格斯全集》第 1 卷上册第 247 ~ 248 页。

我们这些不实际的人要为政治上和社会上一无所有的贫苦群众要求那一帮学识渊博而又温顺听话的奴才即所谓的历史学家们所发明的东西，他们把这种东西当作真正的哲人之石，以便把一切不正当的非分要求点成法之纯金。我们为穷人要求习惯法，而且要求的不是地方性的习惯法，而是一切国家的穷人的习惯法。我们还要进一步说明，这种习惯法按其本质来说只能是这些最底层的、一无所有的基本群众的法。

马克思：《第六届莱茵省议会的辩论（第三篇论文）》，
《马克思恩格斯全集》第 1 卷上册第 248 页。

我们将会看到，作为整个贫苦阶级习惯的那些习惯能够以可靠的本能去理解财产的这个不确定的方面，我们将会看到，这个阶级不仅感觉到有满足自然需要的欲望，而且同样也感到有满足自己正当欲望的需要。

在贫苦阶级的这些习惯中存在着合乎本能的法的意识，这些习惯的根源是实际的和合法的，而习惯法的形式在这里更是合乎自然的，因为贫苦阶级的存在本身至今仍然只不过是市民社会的一种习惯，而这种习惯在有意识的国家制度范围内还没有找到应有的地位。我们所考察的辩论就是人们怎样对待这些习惯法的例证，它充分反映了整个讨论的方法和精神。

马克思：《第六届莱茵省议会的辩论（第三篇论文）》，
《马克思恩格斯全集》第 1 卷上册第 252 ~ 253 页。

的确，有一个地方已经把穷人的习惯法变成了富人的独占权。这就充分证明，公共财产是可以独占的；从这里自然就得出结论说，公共财产是应该被独占的。事物的本质要求独占，因为私有财产的利益想出了这个主意。某些财迷心窍的生意人想出的时髦主意，只要能使枯枝给原始条顿式的土地占有者带来利益，就不会引起任何异议。

马克思：《第六届莱茵省议会的辩论（第三篇论文）》，
《马克思恩格斯全集》第 1 卷上册第 254 页。

笔者问过日本一位物权法教授，对于农村居民区内的山地，是由当地居民公占还是私有，如果居民公占，是否服从习惯法。他说日本至今仍是公占，不存在私有或村民自治组织转让、拍卖等，对于祖辈传下来的习惯，实行国家和法律不干涉主义。在私有制极其发达的日本，至今仍存在按习惯法由当地居民公占的情况，说明了习惯法的力量，说明了私有制的可能的限度。

第 246 页的"一个城市代表",指约 · 亨·鲍尔。

第 253 页的"一位城市代表",指约·洛埃。"这一事实却遭到另一位代表的反驳"的这"另一位代表",指约·亨·鲍尔。

(二)《林木盗窃法》林木执法的阶级性

1. 乡镇长滥用权力为林木所有者谋取好处

乡镇长作为国家权力者为本阶级成员林木所有者服务,是很正常的事情。如果站在"违反林木管理条例"者的立场上,则是不可思议的事情了。对于《林木管理条例》罚款是为林木所有者征收的规定,马克思尖锐地指出:把违反林木管理条例的行为变为林木所有者的流通硬币,把违反林木管理条例者变成一项收入,使自己获得更有利的投资机会,因为对林木所有者来说,违反林木管理条例者已成为资本了。

报告中,林木占有者以这样的口吻教训满口仁义道德的土地占有者:"假若地主田里的谷穗被人割走了,那么小偷会说:'我没有吃的,所以我才从您那一大片地里拿走了几棵谷穗。'同样,盗窃林木者也会说:'我没有柴烧,所以我才去偷林木。'地主有刑法典第444条的保护,该条规定偷割谷穗者处两年至五年的监禁。而林木所有者却没有这样强有力的保护。"这一切的一切都是被用来达到一个目的:把违反林木管理条例的行为变为林木所有者的流通硬币,把违反林木管理条例者变成一项收入,使自己获得更有利的投资机会,因为对林木所有者来说,违反林木管理条例者已成为资本了。这里所谈的并不是滥用乡镇长的权力去为违反林木管理条例者谋取好处,而是滥用乡镇长的权力去为林木所有者谋取好处。

> 马克思:《第六届莱茵省议会的辩论(第三篇论文)》,
> 《马克思恩格斯全集》第1卷上册第269页。

乡镇长不可能利用自己的权力去为违反林木管理条例者谋取好处,甚至连农民"捡拾枯枝"这样的好处都不肯,这是乡镇长权力的属性决定的。乡镇长一定会利用自己的权力去为林木所有者谋取好处。

2. 由护林官员决定被窃林木的价格

护林官员既是政府官员,又是法律上的"告发者""鉴定人",由护林官员决定被窃林木的价格,是极其荒唐的。然而,《林木管理条例》却这样规定下来。由此我们看到,把法律视为神圣的东西,视为"圣物"的资产阶级的立法,是何等蛮横无理。

关于第4条,委员会提议:"凡超出两英里以外者,由前来告发的护林官员根据当地现行价格确定价值。"

一位城市代表表示反对这一提案:"让报告盗窃情况的护林官员确定被窃林木价格的

这个提案，是非常危险的。当然应该信任这位前来告发的官员，但是只能在确定事实方面，而决不能在确定被窃物的价值方面信任他。价值应该根据地方当局提出的并由县长批准的价格来确定。曾有人提议否决第 14 条，因为根据这一条，罚款是为林木所有者征收的”等等。“如果保留第 14 条，那么上面的规定就更加危险，因为护林官员是为林木所有者效力并从林木所有者那里领取薪俸的，他们会尽可能高估被窃林木的价值，这是理所当然的。”

省议会批准了委员会的提案。

马克思：《第六届莱茵省议会的辩论（第三篇论文）》，
《马克思恩格斯全集》第 1 卷上册第 256 页。

我们在这里看到的是领主裁判权的制定。维护领主利益的奴仆在某种程度上同时又是宣判人。价值的决定构成了判决的一部分。因此，判决的一部分已经预先在告发记录中被决定了。前来告发的护林官员坐在审判席上，他是鉴定人，他的意见法庭必须听取，他执行的是一种排除其他法官参加的职能。既然甚至还有领主的宪兵和告发者同时进行审判，那么反对异端裁判所式的审判程序就是荒诞无稽了。

即使不谈这种行为根本违反我们的法规，只要考察一下前来告发的护林官员的性质也就会明白，客观上他是不能同时兼任被窃林木的估价者的。作为护林官员，他就是护林神的化身。守护，而且是亲身守护，要求护林人切实有效、认真负责和爱护备至地对待自己所保护的对象，就好像他和林木已合为一体。对他来说，林木应该是一切，应该具有绝对的价值。估价者则恰恰相反，他用怀疑的不信任的态度来对待被窃林木，用敏锐的平淡的目光来评价它，用普通的尺度来衡量它，锱铢必较地计算它的价值。护林人不同于估价者，就像矿物学家不同于矿物商一样。护林官员不能估量被窃林木的价值，因为他每次在笔录中确定被窃物的价值时，也就是在确定自己本身的价值，即自己本身活动的价值；因此，难道你们能够设想，他保护自己客体的价值会不如保护自己的实体吗？作为护林官员，护林人应该维护私有者的利益，但是作为估价者，他又应该保护违反森林管理条例者的利益，防止私有者提出苛刻的要求。他可能会用拳头为林木的利益服务，同时他又应该用头脑为林木敌人的利益服务。一方面，他是林木所有者利益的化身，另一方面，他又应该是反对林木所有者利益的保障。

其次，护林官员就是告发者。笔录就是告发书。因此，实物的价值就成为告发的对象；这样一来，护林官员丧失了自己身为法官的尊严，而法官的职能也受到莫大的侮辱，因为这时法官的职能同告发者的职能已毫无区别了。

最后，这个前来告发的护林官员是受林木所有者的雇用并为林木所有者效力的，不论作为告发者或护林官员，他都不宜充当鉴定人。如果有理由这样做，那么也同样有理由让林木所有者自己经过宣誓后来估价，因为林木所有者实际上是把他的护林奴仆仅仅当作第三者的角色来对待的。但是，省议会并不认为前来告发的护林官员的这种地位是有问题的。

马克思：《第六届莱茵省议会的辩论（第三篇论文）》，
《马克思恩格斯全集》第 1 卷上册第 257～258 页。

立法维护私有者的利益，在对捡拾枯枝的估价上，也维护私有者的利益。而按照资产阶级"公平正义"的宣示，应当怎样做呢？起码应该保护"违反森林管理条例者"的正当利益，防止林木私有者提出苛刻的过分的要求。不这样做，只能是一种法律诈欺。

第257页的"领主裁判权"，是德国地主在其领地范围内审判和惩罚农民的封建权力。地主拥有对财产、遗产、地产的裁判权。领主裁判权从1848年起开始受到限制，1877年被废除。

第256页的"一位城市代表"，指约·弗·布鲁斯特。

3. 为护林官员设置终身职位

为什么为护林官员设置终身职位？就是因为护林官员既能为林木所有者创造利益，又不打扰国家的安宁。省议会的辩论不乏不同声音，但最终法案还是被通过，这就充分表明，议会绝不是人民的代言者，而是一个毫无意义的空气震动的清谈馆。

省议会并不认为前来告发的护林官员的这种地位是有问题的。相反，它认为关于前来告发的护林官员的终身任命的规定，即在林木特权统治这个领域内留给国家的最后一丝权力的唯一规定有问题。这个规定遭到了最强烈的反对，报告人的下述解释也未能平息这一风暴："前几届省议会已经要求废除护林官员的终身任命，但政府总是反对，并且把终身任命看作对臣民的一种保护。"

可见，省议会早已就政府放弃对自己臣民的保护的问题同政府讲过价钱，而省议会仍然在讨价还价。现在我们就来看一看那些用来反对终身任命的既宽宏大量又无可辩驳的论据。

马克思：《第六届莱茵省议会的辩论（第三篇论文）》，
《马克思恩格斯全集》第1卷上册第257~258页。

一位乡镇代表"认为，把护林官员的终身任命当作信任其证言的条件，这对小林木占有者是非常不利的；另一位代表则坚决主张，保护应该对大小林木所有者同样有效"。一位诸侯等级的代表指出："对私人说来设置终身职位是很不合适的，在法国就完全不需要根据这一点才确信护林官员的笔录；但是为了防止违法事件的增加，必须采取某些措施。"一位城市代表说："应该相信那些按规定手续任命并宣过誓的护林官员的全部证言。在许多乡镇里，特别是对于小块土地所有者来说，实行终身任命制可以说是不可能的。如果决定只有终身任命的护林官员才可以信任，这种决定会使上述林木占有者的林木得不到任何保护。省内大部分地区的乡镇和私人占有者将会委托，而且不得不委托田地看守人来守护自己的林区，因为他们的林产不大，用不着雇用自己的护林官员。如果这些宣誓要兼管林木的田地看守人在证实林木被窃时得不到充分信任，而在对被发现的违反林木管理条例的行为进行告发时却又受到信任，岂非咄咄怪事。"

城市、乡村和诸侯就是这样说的。他们不但不想消除违反林木管理条例者的权利和林木所有者的要求之间的距离，反而认为这一距离还不够大。

马克思：《第六届莱茵省议会的辩论（第三篇论文）》，
《马克思恩格斯全集》第1卷上册第259页。

在这里他们并不是想要同样地保护林木所有者和违反林木管理条例者，他们只是想把大小林木所有者一视同仁地加以保护。当问题涉及林木所有者时，大小林木所有者之间的完全平等就成为定理，而当问题涉及违反林木管理条例者时，不平等就变成公理。为什么小林木所有者要求得到和大林木所有者同样的保护呢？因为他们两者都是林木所有者。但是，难道林木所有者和违反森林管理条例者不都是国家的公民吗？既然大小林木所有者都有同样的权利要求国家的保护，那么，难道国家的大小公民不是更有同样的权利要求这种保护吗？

当诸侯等级代表引证法国为例——利益不懂得政治上的反感——时，他只是忘了加一句：在法国，护林官员告发的是事实，而不是价值。同样，可敬的城市发言人也忘了，利用田地看守人在这里也是不容许的，因为问题不单是要查明林木被窃，而且还要确定被窃林木的价值。我们方才所听到的全部论断的本质是什么呢？有人说，小林木所有者没有资金雇用终身的护林官员。从这一论断可以得出什么结论呢？可以得出的结论是，小林木所有者不能担负这一任务。而小林木所有者又得出什么样的结论呢？他的结论是，他有权雇用短期的进行估价的护林官员。没有资金成了小林木所有者享有特权的根据。小林木所有者也没有资金来供养独立的审判庭。因此，让国家和被告放弃独立的审判庭吧，让小林木所有者的仆人来坐庭审判吧，如果他没有男仆，那么他的女仆也行，如果女仆也没有，他自己也行。难道被告对于作为国家机关的行政当局，对于司法当局就没有这种权利吗？既然如此，为什么不依照小林木所有者的资金情况来组织审判呢？

马克思：《第六届莱茵省议会的辩论（第三篇论文）》，《马克思恩格斯全集》第1卷上册第259～260页。

省议会的一位城市等级代表宣读了下面的意见："终身任命的乡镇护林人没有而且也不可能像王室官吏那样地受到严格的监督。忠实地履行职责的一切动力都由于终身任命而失去作用。护林人即使只完成自己的一半职责，只要他不想因某些实际过错而被控诉，他也总会找到足够的辩解理由，使别人对他无法运用关于免职事宜的第56条。在这种情况下，有关方面甚至不敢提出免职的问题。"

马克思：《第六届莱茵省议会的辩论（第三篇论文）》，《马克思恩格斯全集》第1卷上册第262页。

我们要提醒大家，当问题涉及授予前来告发的护林官员以估价的权力时，曾宣布对他充分信任。我们还要提醒大家，第4条曾是对护林官员的一次信任投票。而现在我们第一次得知，前来告发的护林官员需要加以监督，并且需要严格地加以监督。

马克思：《第六届莱茵省议会的辩论（第三篇论文）》，《马克思恩格斯全集》第1卷上册第262页。

如果前来告发的护林官员就像你们所描绘的那样，终身任命并不能使他在履行自己职责时具有独立、自信和尊严的感觉，相反，却使他失去了履行职责的一切动力，那么这个人一旦成为供你们任意驱使的、百依百顺的奴仆，我们还能够指望他会对被告采取公正态度吗？既然你们都不能对这些人实行足够严格的监督，那么国家和受害的一方又怎么监督他们呢？你们谈到终身任命问题时说："护林官员即使只完成自己的一半职责，他也总会找到足够的辩解理由，使别人对他无法运用关于免职事宜的第56条。"

任何人，甚至最优秀的立法者也不应该使他个人凌驾于他的法律之上。

马克思：《第六届莱茵省议会的辩论（第三篇论文）》，
《马克思恩格斯全集》第1卷上册第263～264页。

一位城市代表宣称："他必须反对第87条，因为该条的规定会引起不着边际的和毫无结果的调查，从而使人身自由和交往自由受到侵犯。决不能事先就认定某人是罪犯，也不能在尚未证明确有不端行为之前立刻假定有不端行为。"另一位城市代表说，这一条应该删掉，因为"任何人都应该说明他的木柴是从哪里来的"这一令人恼火的规定（根据这项规定，每个人都有盗窃或窝赃的嫌疑），是对公民生活的粗暴的侵犯和侮辱。但这一条被通过了。

有人还搬出一个理由来反对终身任命，至于这个理由的特点主要是可鄙还是可笑，现在还意见不一。"私人的自由意志以这种方式受到如此严格的限制，也是不能容许的；因此，只能允许有可撤换的任命。"

马克思：《第六届莱茵省议会的辩论（第三篇论文）》，
《马克思恩格斯全集》第1卷上册第264～265页。

在下面这个把我们所考察的关系弄得头脚倒置的意见中，集中地表现了整个这一议论的顶点："让王国护林官员和猎区官员获得终身任命吧；但在乡镇和私人方面，这种做法引起了极大的疑虑。"

马克思：《第六届莱茵省议会的辩论（第三篇论文）》，
《马克思恩格斯全集》第1卷上册第265～266页。

"这种把林木所有者的奴仆变为国家权威的逻辑，使国家权威变成林木所有者的奴仆。整个国家制度，各种行政机构的作用都应该脱离常规，以便使一切都沦为林木所有者的工具，使林木所有者的利益成为左右整个机构的灵魂。一切国家机关都应成为林木所有者的耳、目、手、足，为林木所有者的利益探听、窥视、估价、守护、逮捕和奔波。"谈到法案的阶级性，马克思在第267页上的这段话就足够了。

第259页的"一位乡镇代表"，指弗·阿尔登霍芬。"另一位代表"，指约·弗·布鲁斯特。"一位诸侯等级的代表"，指约·萨尔姆－赖弗沙伊德－戴克公爵。"一位城市代表"，指吉·伦辛。

第262页的"省议会的一位城市等级代表"，指约·舒哈德。"动力"一词，德文"Sporn"的本义是"马刺"，转义为"动力"，下文中马克思提到的"马刺"即由此而来。

第 264～265 页的"一位城市代表"，指约·弗·布鲁斯特。"另一位城市代表"，指亨·鲍尔。

4. 乡镇长成为监督劳动的法律执行人

乡镇长被规定为监督劳动的法律执行人，是该法案违法的表现之一。这是因为，监督劳动应由职责机构负责执行。在法案中，证明人和执行人同为乡镇长一人，必然导致乡镇长按自己证明的事项去执行。此外，"合法的林木所有者应有权将犯罪分子送交地方当局去实行监督劳动"，是违法的规定。对犯罪分子管制（包括"送交"），属于法院或治安机构的职权，林木所有者无权将犯罪分子送交地方当局。这种立法违法、执法犯法的现实，竟然堂而皇之存在于"法治国家"，那资产阶级标榜的"法治国家"是什么货色，便一目了然了。

法案是在决定乡镇长成为监督劳动的法律执行人之后被通过的。

委员会建议在第 62 条的最后加上下述要求：违法者无力赔偿时，需由当地的收税人、乡镇长及两个乡镇负责人加以证明。一位乡镇代表认为，收税人参与此事是和现行立法相抵触的。显然，这一情况并没有引起丝毫注意。

在讨论第 20 条的时候，委员会建议："在莱茵省，合法的林木所有者应有权将犯罪分子送交地方当局去实行监督劳动，用这些人的劳动日来抵偿林木所有者对乡镇应尽的修筑公共道路的义务。"对此有人提出异议："乡镇长不能成为个别乡镇成员的法律执行人，犯罪分子的劳动也不能抵偿那种应由雇用短工或仆人来完成的劳动。"

> 马克思：《第六届莱茵省议会的辩论（第三篇论文）》，
> 《马克思恩格斯全集》第 1 卷上册第 267 页。

报告人指出："虽然督促心怀不满、性情暴躁的破坏森林的犯罪分子进行劳动对乡镇长先生说来确是一个负担，但是，使自己治下那些不顺从而心术不正的人安分守己，毕竟是这些官吏的职责；使犯罪分子改邪归正难道不是一件美好的事情吗？在农村，还有谁比乡镇长先生更有办法来做这件事呢？"

省议会通过了这个议案。

> 马克思：《第六届莱茵省议会的辩论（第三篇论文）》，
> 《马克思恩格斯全集》第 1 卷上册第 268 页。

议会报告人把哀苦无告的捡拾枯枝的农民，说成"心怀不满、性情暴躁的破坏森林的犯罪分子""不顺从而心术不正的人"，说明资产阶级对于贫苦劳动人民仇恨到何等程度，说明在林木所有权上的阶级较量何等严酷。

第 267 页的"一位乡镇代表"，指泰·门格尔比尔。

（三）《林木盗窃法》司法审判的阶级性

1. 法官只能一丝不苟地表达法律的自私自利

立法偏私决定司法偏私，这是剥削阶级社会的一条铁律。如果认为在立法者偏私的情况下可以有公正的法官，那简直是愚蠢而不切实际的幻想！既然法律是自私自利的，那么大公无私的判决还有什么用处呢？法官只能一丝不苟地表达法律的自私自利，只能无所顾忌地运用它。在这种情况下，公正是判决的形式，但不是判决的内容。内容已被法律预先规定了。马克思一语破的，没有什么话说得比马克思的话更凝练、更深刻的了。

如果认为在立法者偏私的情况下可以有公正的法官，那简直是愚蠢而不切实际的幻想！既然法律是自私自利的，那么大公无私的判决还有什么用处呢？法官只能一丝不苟地表达法律的自私自利，只能无所顾忌地运用它。在这种情况下，公正是判决的形式，但不是判决的内容。内容已被法律预先规定了。如果诉讼无非是一种毫无内容的形式，那么这种形式上的琐事就没有任何独立的价值了。在这种观点看来，只要把中国法套上法国诉讼程序的形式，它就变成法国法了。但是，实体法却具有本身特有的必要的诉讼形式，正如中国法里面一定有笞杖，拷问作为诉讼形式一定是同严厉的刑罚法规的内容连在一起的一样，本质上公开的、受自由支配而不受私人利益支配的内容，一定是属于公开的自由的诉讼的。诉讼和法二者之间的联系如此密切，就像植物外形和植物本身的联系，动物外形和动物血肉的联系一样。使诉讼和法律获得生命的应该是同一种精神，因为诉讼只不过是法律的生命形式，因而也是法律的内部生命的表现。

马克思：《第六届莱茵省议会的辩论（第三篇论文)》，
《马克思恩格斯全集》第1卷上册第287页。

对于穷人捡拾枯枝被按《林木管理条例》强行判决，马克思愤怒了！他奋笔疾书，只用莎士比亚《威尼斯商人》第4幕第1场对话中的文字来回答：

夏洛克：博学多才的法官！判得好！来，准备！

鲍细霞：且慢，还有别的话哩。这约上并没有允许你取他的一滴血，只是写着"一磅肉"；所以你可以照约拿一磅肉去，可是在割肉的时候，要是流下一滴基督徒的血，你的土地财产，按照威尼斯的法律，就要全部充公。

葛莱西安诺：啊，公平正直的法官！听着，犹太人；啊，博学多才的法官！

夏洛克：法律上是这样说吗？

鲍细霞：你自己可以去查查看。

马克思写于1842年10月，刊署名为莱茵省一居民。

2. 使不具有法律效力的判决具有合法判决的性质

合法判决，是指从内容到形式都符合法律规定的判决。这里的关键是，判决书必须载明依据哪部法律、第多少条，以达到判决"于法有据"的效果。所谓"不具有法律效力"的判决，是判决结果与法律事实不一致的判决。

那么，"不具有法律效力的判决"何以成为"合法判决"呢？经常发生的有以下几种情况：①假借法律规定而无法律规定。如在他人宅基地上建房，指称经主管部门批准，实际上建房许可证是买通官员制作的，并附以证据。法院以诉讼主体不合格拒绝受理，理由是农民不能告房屋主管部门。恰恰法律有可以告的规定，法律没有不许告的规定，法官却说依照法律规定不予受理。这是无中生有的"合法判决"。②歪曲法律规定。如某公司为国营公司，其董事长贪污公款，二审法院认定该公司为私营公司，以不存在贪污公款问题为由，撤销原审判决。③不适用应当适用的法律而适用不应当适用的法律。如客商甲出口羊皮靴，经海关检验不合格，原因是用手一掰鞋底便断裂，外商拒绝收货。客商乙告上法庭。法官依据客商甲提供的商品质量检验机构出具的质量合格证明，判决客商甲胜诉。此案法院应当适用出口商品检验法，而不能依据假伪的质量合格证明而适用产品质量法。④根据莫须有的法律判决。具体行为不涉及违法，但法官引用不着边际的法条判决违法。等等。

合法判决是具有法律效力的判决，不合法的判决一定是不具有法律效力的判决。为了把捡拾枯枝的农民打成盗窃罪犯，省议会法案竟"把判决的法律效力看作是一种多余的累赘"，设法通过立法使不具有法律效力的判决具有合法判决的性质。

人们把法庭的判决只看作是一种手段，而把判决的法律效力看作是一种多余的累赘，这是合乎逻辑的。

"委员会建议从第6条中删掉'具有法律效力'这一说法，因为采用这一说法会给盗窃林木者以把柄，使他在缺席判决的情况下能逃脱再犯时所应受的更严厉的惩罚；但是许多代表都反对这一点，他们说，必须反对委员会提出的关于从法案第6条中删掉'具有法律效力的判决'这一说法的建议。这里，也像在条文中一样，给判决加上这一说明语，当然不是没有法律上的考虑的，如果法官的任何初次判决都足以作为加重惩罚的根据，那么，加重惩罚再犯者的意图当然就会更加容易而经常地得到实现了。但是，应该考虑一下，人们是否愿意以这种方式为了报告人在这里所强调的保护林木的利益而牺牲重要的法的原则：为了使还不具有法律效力的判决具有合法判决的性质而破坏诉讼程序的无可非议的基本原则，对此，人们是不能同意的。另一位城市代表也提议拒绝委员会的修改，他认为这种修改违背了刑法的规定，因为根据刑法规定，在具有法律效力的判决没有确定初次惩罚之前，不能采取加重惩罚的办法，报告人反对这一点说：'这一切是一种特殊的法律，所以，像提出来的这种特殊的规定是许可的。'

委员会关于删掉'具有法律效力'这一说法的建议被采纳了。"

马克思：《第六届莱茵省议会的辩论（第三篇论文）》，
《马克思恩格斯全集》第1卷上册第285～286页。

判决仅仅是为了确定再犯而存在的。对于私人利益的贪婪的焦虑来说，审判形式是迂腐的法律仪式所设置的累赘而多余的障碍。诉讼只不过是一支负责把敌人押解到牢狱里去的可靠的护送队，它只是执刑的准备。如果诉讼想超出这一点，它就会被人封住嘴巴。

马克思：《第六届莱茵省议会的辩论（第三篇论文）》，

《马克思恩格斯全集》第 1 卷上册第 287 页。

亲自惩罚过人的林木所有者做得十分彻底，现在他竟亲自进行审判了，因为当他把不具有法律效力的判决宣布为具有法律效力时，他显然是在进行审判。

马克思：《第六届莱茵省议会的辩论（第三篇论文）》，

《马克思恩格斯全集》第 1 卷上册第 287 页。

把不具有法律效力的判决宣布为具有法律效力，不仅仅是莱茵省议会的无知，而是整个资产阶级国家立法的通病。

第 285～286 页的"许多代表"，指威·霍与布鲁斯特等人。"另一位城市代表"，指约·弗·布鲁斯特。

3. 被告向林务法庭缴纳护林官员出庭的费用

被告是面临各种惩罚的农民，他们不仅承受法律上人身的损害和财产的损失，而且还要给亲自把他们送上法庭的护林官员交纳出庭参与审判自己的费用。

这里丝毫没有什么"程序正义""实质正义"的影子。然而，我国一些法学家却把资产阶级法的"程序正义""实质正义"吹得天花乱坠。

"委员会建议对第 34 条作如下修改：如果被告要求负责笔录的护林官员出庭，那么他应预先向林务法庭交纳有关的费用。"国家和法庭不应当无偿地为被告效劳。它们必须预先收费，显然，这也就预先使前来告发的护林官员和被告之间的对质变得更加困难了。

马克思：《第六届莱茵省议会的辩论（第三篇论文）》，

《马克思恩格斯全集》第 1 卷上册第 273 页。

护林官员既然是告发人，就必然负有接受对质的义务。令被告向对质人缴费，对质便形同虚设了。缴费的被告人与收费的护林官员，无法对同一事实进行质证。

4. 无理罚款

立法者对"罚款"术语的含义、使用和立法意图是十分混乱的。

"罚金"，是刑法上的术语，是指犯罪人向国家缴纳的一定数额的货币的刑罚方式。

"罚款"是行政法上的术语。行政法上的罚款，是财产罚的一种，是对行政违法行为的处罚形式。罚款和没收，是行政处罚的两种形式。

对民事行为不存在"罚款"问题。对于合同违约行为，即合同当事人的不完全履行、不适当履行、迟延履行、拒绝履行和不能履行，承担的是违约责任。违约责任，是以经济补偿为内容的责任。违约责任不具有惩罚性质。大陆法系和英美法系都强调违约责任的赔偿性质，强调追究违约责任的目的，在于保护受害方在正常情况下本来可以得到的经济利益。承担违约责任的形式，有违约金和赔偿金两种。如果造成的损失超过违约金时，还应赔偿，以补偿违约金不足的部分。赔偿金是损失超过违约金数额的补偿货币。对于民事侵权行为，赔偿损失是普遍的民事责任方式。

很显然，刑法上是罚金，不是罚款，而且，罚金要上缴国库，不存在支付给犯罪受害人问题。而如果是合同违约行为、民事侵权行为，则不具有刑罚性质和惩罚性质，且只能是赔偿损失于对方当事人。

本案中，"捡拾枯枝"和"盗窃林木"绝不是一回事，况且盗窃林木的构成尚需量的界定。即使捡拾枯枝涉及林木损失问题，也是承担赔偿损失的民事责任问题。马克思指出，对罪行的惩罚由法对侵犯法的行为的胜利变成私利对侵犯私利的行为的胜利。事情正是这样。法案硬是把捡拾枯枝包括在盗窃林木范畴之内，以盗窃罪论处，表明了立法者是林木所有者的忠实奴仆。

现在我们来看看惩罚的规定。

"一位骑士等级的代表认为，林木所有者即使（除了单纯价值赔偿以外）还能得到罚款，这也仍不够补偿他的损失，因为这笔罚款往往是收不到手的。"一位城市代表指出："这一条（第15条）的规定会产生极其危险的后果。这样一来，林木所有者便得到三重补偿：价值，然后是四倍、六倍以至八倍的罚款，最后是损失的特别补偿；这种特别补偿往往是任意确定的，与其说是合乎实际的不如说是凭空虚构的结果。这位代表认为，无论如何必须规定，应把这种很成问题的特别补偿立刻提交林务法庭，由该法庭作出判决。必须提出证明损失的特别证据，不能仅仅以笔录作为凭证，这是理所当然的事情。"针对这个反对意见，报告人和另一位省议会议员解释了这里所提到的额外价值是怎样在他们所指的各种情况下取得的。这一条被通过了。

马克思：《第六届莱茵省议会的辩论（第三篇论文）》，
《马克思恩格斯全集》第 1 卷上册第 273 页。

罪行变成了彩票，林木所有者如果走运的话，甚至可能中彩。这里可能产生额外价值，因为即使他所得的只是单纯价值，但是由于四倍、六倍以至八倍的罚款，他仍然能赚一笔钱；如果他所获得的不只是单纯价值，同时还有损失的特别补偿，那么这种四倍、六倍以至八倍的罚款无论如何完全是白赚了。一位骑士等级的代表认为，应得的罚款由于往往收不到手而没有足够保证，确实，由于除罚款外还要索取价值和损失补偿，罚款是根本不可能收到手的。不过，我们将会看到，有人会使被告的这笔欠账不致落空。

马克思：《第六届莱茵省议会的辩论（第三篇论文）》，
《马克思恩格斯全集》第 1 卷上册第 274～275 页。

对于林木所有者来说，不仅他的林木，而且他用林木进行的牟利活动也应该受到保障，而他却以不给任何报酬的方式来表示他对自己的经纪人即国家的极易尽到的忠诚。把对罪行的惩罚由法对侵犯法的行为的胜利变成私利对侵犯私利的行为的胜利，这真是一种绝妙的想法。

马克思：《第六届莱茵省议会的辩论（第三篇论文）》，
《马克思恩格斯全集》第 1 卷上册第 274~275 页。

然而，我们提醒我们的读者要特别注意第 14 条的规定，在这里我们必须放弃把蛮族法典看作是野蛮人的法律的习惯看法。惩罚本身作为法的恢复，本来应该不同于价值的赔偿和损失的补偿，不同于私有财产的恢复；但是，现在惩罚却由公众的惩罚变成对私人的赔偿了；罚款并未归入国库，而是落入林木所有者的私囊。

虽然有一位城市代表说："这是同国家的尊严及认真执行刑法的原则相抵触的"；但是为了维护林木所有者的利益，一位骑士等级的代表却诉诸省议会的法理感和公平感，也就是诉诸特殊的法理感和公平感。

马克思：《第六届莱茵省议会的辩论（第三篇论文）》，
《马克思恩格斯全集》第 1 卷上册第 275~276 页。

"维护林木所有者利益的法理感和公平感"是一项公认的原则，而这种法理感和公平感同维护另外一些人的利益的法理感和公平感正相对立；这些人的财产只是生命、自由、人性以及除自身以外一无所有的公民的称号。

马克思：《第六届莱茵省议会的辩论（第三篇论文）》，
《马克思恩格斯全集》第 1 卷上册第 281 页。

一定是十足的概念的混淆把省等级会议引上了歧途。而有立法权的林木所有者一时间就把自己作为立法者和林木所有者的身分混同起来。一次他作为林木所有者强迫小偷因偷窃林木而支付赔款，另一次他作为立法者强迫小偷因犯罪意图而支付罚款，而且很凑巧，两次的钱都为林木所有者所得。

马克思：《第六届莱茵省议会的辩论（第三篇论文）》，
《马克思恩格斯全集》第 1 卷上册第 276 页。

盗窃林木者偷了林木所有者的林木，而林木所有者却利用盗窃林木者来盗窃国家本身。第 19 条会证明这一点确实是多么正确；这里不仅要罚款，而且还要对被告进行人身处罚。第 19 条将违反森林管理条例者完全交给林木所有者处置，让违反森林管理条例者为他完成林中强迫劳动。

有一位城市代表认为，这"会引起许多麻烦。他只是提醒人们注意在问题涉及异性时这种惩罚方法会发生的危险"。一位骑士等级的代表作了永远值得纪念的回答："诚然，在讨论法案时预先讨论和确定它的各项原则是必要而合理的，但是既然这一点已经做了，就无须在讨论每一个别条款时再回过头来谈这些原则。"

在他发言之后，这一条便毫无异议地通过了。

> 马克思：《第六届莱茵省议会的辩论（第三篇论文）》，
> 《马克思恩格斯全集》第 1 卷上册第 277～278 页。

在讨论第 4 条涉及授权前来告发的护林官员进行估价的时候，一位城市代表指出："如果关于罚款交归国库的议案不能通过，目前所审议的规定就具有加倍的危险。"

> 马克思：《第六届莱茵省议会的辩论（第三篇论文）》，
> 《马克思恩格斯全集》第 1 卷上册第 278～279 页。

你们根据什么要求把违反林木管理条例者变成自己的农奴呢？根据罚款。我们已经指出，你们没有权利得到罚款。但是，我们姑且不谈论这个。你们的基本原则是什么呢？就是要确保林木所有者的利益，即使法和自由的世界会因此而毁灭也在所不惜。你们坚定不移地认定，违反林木管理条例者应当想尽一切办法赔偿你们林木所有者所遭受的损失。

> 马克思：《第六届莱茵省议会的辩论（第三篇论文）》，
> 《马克思恩格斯全集》第 1 卷上册第 282 页。

假如是合法的刑事处罚，"罚款"应当交归国库。可是，"一次他作为林木所有者强迫小偷因偷窃林木而支付赔款，另一次他作为立法者强迫小偷因犯罪意图而支付罚款，而且很凑巧，两次的钱都为林木所有者所得。"那么，林木所有者是否能够得到"罚款"？议会议员说，"应得的罚款由于往往收不到手而没有足够保证"，"罚款是根本不可能收到手的"。可"罚款"到哪儿去了？"罚款"被分赃了。

在第 275 页，"在这里我们必须放弃把蛮族法典看作是野蛮人的法律的习惯看法"中的"蛮族法典"（legesbarbarornm），是对 5～9 世纪形成的一些日耳曼部落的法规的最初文字记录的统称，其中主要记录了这些部落的习惯法，但也采用了符合当时需要的新的法律规范。这些部落 5～7 世纪在原西罗马帝国及其邻近地区的领土上建立了王国和公国。蛮族是古希腊人和罗马人对其邻族的轻蔑称呼。

第 273 页的"一位骑士等级的代表"，指卡·弗·洛埃。"一位城市代表"，指约·弗·布鲁斯特。"另一位省议会议员"，指爱·贝·特里普斯伯爵。

第 275～276 页的"一位城市代表"，指约·弗·布鲁斯特。"一位骑士等级的代表"，指马·洛埃。

第 277～278 页的"一位城市代表"，指马·洛埃。"一位骑士等级的代表"，指约·弗·布鲁斯特。

第 278～279 页的"一位城市代表"，指约·弗·布鲁斯特。

5. 监禁折合罚款

18 世纪下半叶起，欧洲国家自由刑取代了生命刑和身体刑的刑罚中心地位。自由刑是剥夺或限制人身自由的刑罚方法。采用自由刑，犯人在一定场所监禁，强制进行劳动。

"监禁折合罚款"，就是自由刑易科罚金。说穿了，就是"以钱换监禁"。这种方法，只能有利于富人。一位城市代表所说"能够以金钱赎罪的有钱人只会受到普通的惩罚，而穷人则要受到加倍的惩罚"，反映了某种现实。后来发展起来的罚金易科无偿劳动，使犯罪人能够用无偿劳动的价值来折抵罚金，有利于罚金的缴纳，也有利于改造和预防犯罪。

捡拾枯枝是无罪的。本案把无罪判定为有罪，无论折腾成"监禁"，还是折腾成"监禁折合罚金"，都是对贫苦农民的无端迫害。

我们还要介绍第16条中的几点次要规定。有一位城市代表指出："根据现行的立法，8天监禁折合5塔勒罚款。没有充分理由违背这一点。"（即规定把8天改成14天。）委员会建议对这一条作如下补充："无论如何监禁不得少于24小时。"当有人指出这一最低限度太严厉时，一位骑士等级的代表就反对道："在法国森林法中，没有比3天更轻的惩罚。"

> 马克思：《第六届莱茵省议会的辩论（第三篇论文）》，《马克思恩格斯全集》第1卷上册第283页。

前面提到的那位城市代表继续说："用14天监禁抵偿5塔勒罚款的做法，至少对于那些决不能当作罪行而严加惩罚的偷窃林木的行为来说，是很严厉的。这样做的结果就是，能够以金钱赎罪的有钱人只会受到普通的惩罚，而穷人则要受到加倍的惩罚。"一位骑士等级的代表指出，克莱沃近郊之所以发生许多违反森林管理条例的事件，就是为了被送进拘留所去领一份监狱口粮。难道这位骑士等级的代表不正是证明了他想驳倒的事实，即正是饥饿和无家可归才迫使人们违反林木管理条例吗？难道这种可怕的贫困是加重罪名的根据吗？

> 马克思：《第六届莱茵省议会的辩论（第三篇论文）》，《马克思恩格斯全集》第1卷上册第284~285页。

第283页的"有一位城市代表"，指约·韦尔吉福瑟。"一位骑士等级的代表"，指约·弗·布鲁斯特。

第284~285页的"一位骑士等级的代表"，指彼·本德尔。

6. 捡拾枯枝被判强迫劳动

用强迫劳动来代替监禁，并不是立法者的仁慈，而是因为"他们把罪犯的改造了解为利息的增加；给林木所有者带来一笔利息，就是罪犯的崇高使命"。

还有一个例子说明报告中插入了这种仁慈的言论：

报告人："法国的法律不知道用林中强迫劳动来代替监禁，但是他认为这样的代替是一项聪明的慈善的措施，因为监禁并不是时时都能使犯人变好，相反，却常常使人变坏。"

从前，有人把无罪者当作罪犯时，有一位代表在谈到捡拾枯枝的人时指出，在监狱中把这些人同惯偷关在一起，但是，那时认为监狱是好的。而现在教养院突然变成使人变坏的机关了，这是因为在目前说监狱使人变坏对林木所有者有利。

马克思：《第六届莱茵省议会的辩论（第三篇论文）》，
《马克思恩格斯全集》第 1 卷上册第 269～270 页。

我们从省议会议员本人那里已经听到，关于"任何人都应该说明他的木柴是从哪里来的"这一规定，是对公民生活的一种粗暴的侵犯和侮辱，对每个公民都是令人恼火的无理取闹。另一项规定则宣称每一个藏有偷来的木柴的公民都是小偷，尽管有一位代表表明："这对于某些诚实的人说来可能是危险的。只要有人向邻近的某家院子扔去几块偷来的木柴，就会使无辜的人受到惩罚。"第 66 条规定，凡购买非专卖扫帚者，一律拘禁四个星期至两年。一位城市代表对这一条提出下列意见："这一条款使埃尔伯费尔、伦纳普和索林根三个县的居民都有坐牢的危险。"

最后，有人把对猎区警察和森林警察的监督和使用不仅变成了军队的权利，而且变成了军队的义务，虽然刑事诉讼条例第 9 条只提到官吏要受国家检察官的监督，因此，国家检察官可以直接追究官吏的刑事责任，而军队则不能这样做。上述规定既威胁着法庭的独立，也威胁着公民的自由和安全。

马克思：《第六届莱茵省议会的辩论（第三篇论文）》，
《马克思恩格斯全集》第 1 卷上册第 271～272 页。

立法法案规定："任何人都应该说明他的木柴是从哪里来的""每一个藏有偷来的木柴的公民都是小偷""凡购买非专卖扫帚者，一律拘禁四个星期至两年。"这些规定，表现了统治当局的专横和残酷。家里的木柴要说明来源，要有人向邻近的某家院子扔去几块偷来的木柴，就会使无辜的人受到惩罚，买非专卖扫帚者，一律拘禁多至两年，这不是真正的"警察国家"又是什么？资产阶级标榜他们的国家是"法治国家"，可这样的"法治国家"，就是白给我们也不能要的。

第 271～272 页的"有一位代表"，指约·亨·鲍尔。"一位城市代表"，也指约·亨·鲍尔。

7. 降低犯人伙食标准

获得国家必要的物质保障权、罪犯的人道主义待遇，是现代国家狱政管理的基本原则。莱茵省议会的立法，根本无视这些基本原则，反而认为降低犯人伙食标准的措施，是一种非常有效的措施。把"异常残酷的措施"，说成"非常有效的措施"，把"不人道"说成"人道"，这就是立法的阶级标准。

前面提到的那位城市代表继续讲道："降低犯人伙食标准的做法在这里遭到了谴责，它是一种异常残酷的措施，特别是在实行强迫劳动的条件下是根本行不通的。"把犯人伙食标准降低到只供应水和面包的做法，受到多方面的指责，认为这样做太残酷了。但是，有一位乡镇代表指出，特里尔行政专区已实行了降低犯人伙食标准的措施，在那里，还被认为是一种非常有效的措施。

"有一个议员认为，第23条规定是不人道的；但是尽管如此，这一条仍然被通过了。"

马克思：《第六届莱茵省议会的辩论（第三篇论文）》，

《马克思恩格斯全集》第1卷上册第284~285页。

"我们的全部叙述表明，省议会怎样把行政权、行政当局、被告的存在、国家观念、罪行本身和惩罚降低为私人利益的物质手段。"这就是马克思关于《林木盗窃法》和林木盗窃审判的全部结论。

第284~285页的"一位乡镇代表"，指伦施男爵。"有一个议员"，指约·亨·鲍尔。

第三部分

法的社会性——法的表现形式和实现方式

人类社会的任何事物和现象，都具有社会性。社会的客观世界也有社会性。一台机器有社会性。这台机器是人生产出来的，通过交换、分配和消费，又作用于人们的生产和生活，这就是它的社会性。社会性不是事物和现象的本质属性。

关于法的社会性，一些学者提出法的社会性是法的本质属性，其思想前提：一是只强调阶级性并不能揭示法的本质，法的本质属性是阶级性的观点是僵化的观点；二是不应当过分强调法是统治阶级的意志，需要强调法必须反映客观规律；三是全盘否定旧法的观点是僵化的观点；四是法是人类文明的产物，人类文明是一个不能割断的历史延续过程，因而继承性也是法的固有属性；五是不应把我国的政法机关单纯地看作是"专政机关"和"刀把子"。

也有些学者认为法具有区别于阶级性的"社会性"，是说法具有处理公共事务的功能，它不仅要维护统治阶级的利益，还要维护社会公共利益。从这个意义上来说，法具有某种社会共同性。把法理解为"具有强制力的社会控制工具"，或所言法的社会性，指的正是法的"社会性职能"。

一个说社会性是法的本质属性，一个说社会性是法的功能，都缺乏理论自洽性。上已说明，法的本质属性是法的统治意志性，阶级性是法的根本特征，无须赘述。至于说法的功能是社会性，那么哪种社会现象没有社会性，哪种社会现象没有社会性功能呢？宗教教义、道德戒律有社会性，也有社会性功能。谁都知道，社会现象相互区别的根本要义，在于它们的本质属性，不在于它们的功能。马和牛都具有拉车、耕地的功能，仅依靠功能，不能把马和牛区别开。就是体态相近的马和麋鹿，本质属性也是不同的。赵高指鹿为马，其鹿或为头似马的麋鹿。赵高利用的正是马和麋鹿相互区别的标准的模糊性。

还应当说明，社会法的本质属性也不是社会性。在西方法学那里，社会法是修正以契约自由原则为基本原理的所谓市民法，广义称为社会法。关于社会法的定义，至今无定说。关于社会福利的法或日本的厚生法，被认为是社会法的核心。社会法理论认为，社会法的目的，是为了谋取全社会的利益，确立社会本位。社会法理论把法看作是实现社会理想的手段，反对注释法学的个人主义、形式主义，而且，注重法的事实方面。其研究方法是，以法的事实与社会理想相对照，进行法学批判和合目的性的解释。由此说来，社会法是实定法，而作为实定法，其法的本质属性、根本特点与其他法一样，也同样具有法的表现形式和法的实现方式的社会性。

这里的社会性，是指全社会的范围，不是指事物之于社会的性质和性状。这里所言"法的社会性"，是指法的基础的社会性、法的对象的社会性、法的作用后果的社会性。这是法的表现形式和法的实现方式的社会性，同法的本质属性和法的社会性功能的含义是不同的。这种社会性，不是法本身的本质和功能，而是指法的表现和法的实现都存在于社会之中。

与法的社会性相关的术语，是"法的社会化"。法的社会化，是指法即存的某种性质和状态，转化成另一种性质和状态。在大陆法系国家，公法和私法是法即存的性质和状态。由于生产社会化所引起的公法的私法化和私法的公法化，改变了公法和私法各自固有的性质和状态，它们之间的界限模糊起来并逐渐走向消失。这样，公法和私法的划分便成为多余的事情了。法的社会化并没有改变法的本质属性，它要求改变的是，法的社会化与法的剥削阶级统治意志性之间的矛盾。两者的不相容性，随着社会生产力的进一步发展，愈发明显地表现出来。

一、法的基础的社会性

不是法产生社会，而是社会产生法。关于氏族社会的习惯和约束性规则怎样为国家制定的法律所取代，以及习惯和约束性规则"履行一道法律手续"，马克思的《路易斯·亨·摩尔根〈古代社会〉一书摘要》、恩格斯的《家庭、私有制和国家的起源》和马克思恩格斯的《德意志意识形态》等著作中做了坚实的阐释。这里摘录的，是论述具体法律产生于与其相应的一定社会形态。在社会发展的自然史过程中，法产生和发展于一定社会形态。

马克思发展了关于基础与上层建筑相互关系的学说，把基础与上层建筑引申为社会与法律。他证明说：与法学家们的社会是以法律为基础的幻想相反，社会不是以法律为基础的，法律应该以社会为基础；法律应该是社会共同的、由一定的物质生产方式所产生的利益和需要的表现。"法律以社会为基础"，是马克思的著名论断。马克思加"应该"二字，表明马克思反对法学家们在法律与社会关系上的主观唯心主义。

（一）法以社会为基础

1. 法律产生和发展的基础是社会

经典作家关于法律与社会的相互关系原理告诉我们：

第一，法律是一种社会现象，只能产生于社会，只能存在于社会之中。没有社会或者离开社会，法律是不存在的。

第二，法律是由社会所产生的利益和需要的表现，而不取决于立法者、执法者和司法者的自由意志。

第三，一定社会是由一定物质生产方式所决定的，不是法律创造的，是社会使法律产生、制定和发展的。

第四，要把法律置于社会之中去认识和理解，法律问题的答案，只能到社会中去寻找。

社会不是以法律为基础的。那是法学家们的幻想。相反地，法律应该以社会为基础。法律应该是社会共同的、由一定物质生产方式所产生的利益和需要的表现，而不是单个的个人恣意横行。现在我手里拿着的这本 Code Napoléon〔拿破仑法典〕并没有创立现代的资产阶级社会。相反地，产生于十八世纪并在十九世纪继续发展的资产阶级社会，只是在这本法典中找到了它的法律的表现。这一法典一旦不再适应社会关系它就会变成一叠不值钱的废纸。

马克思：《对民主主义者莱茵区域委员会的审判》，
《马克思恩格斯全集》第 6 卷第 291～292 页。

社会经济形态的发展是一种自然历史过程。不管个人在主观上怎样超脱各种关系，他在社会意义上总是这些关系的产物。

马克思：《资本论第一版序言》，

《马克思恩格斯全集》第 23 卷第 12 页。

社会是由经济关系、生产和交换，以及那些历史前提所决定的。

恩格斯：《反杜林论》，

《马克思恩格斯全集》第 20 卷第 672 页。

一定历史时代和一定地区内的人们生活于其下的社会制度，受着两种生产的制约：一方面受劳动的发展阶段的制约，另一方面受家庭的发展阶段的制约。

恩格斯：《家庭、私有制和国家的起源》，

《马克思恩格斯全集》第 21 卷第 30 页。

历史上依次更替的一切社会制度都只是人类社会由低级到高级的无穷发展进程中的一些暂时阶段。每一个阶段都是必然的，因此，对由它所发生的时代和条件来说，都有它存在的理由；但是对它自己内部逐渐发展起来的新的、更高的条件来说，它就变成过时的和没有存在的理由了；它不得不让位于更高的阶段，而这个更高的阶段也同样是要走向衰落和灭亡的。

恩格斯：《路德维希·费尔巴哈和德国古典哲学的终结》，

《马克思恩格斯全集》第 21 卷第 308 页。

基督徒生活在制度各不相同的国家里：有的在共和政体的国家，有的在君主专制的国家，有的在君主立宪的国家。基督教并不能判定制度的好坏，因为它不懂得制度之间的差别，它像宗教应该教导人们那样教导说：你们要服从执掌权柄者，因为任何权柄都出于神。因此，你们就不应该根据基督教，而应该根据国家的本性、国家本身的实质，也就是说，不是根据基督教社会的本质，而是根据人类社会的本质来判定各种国家制度的合理性。

马克思：《〈科隆日报〉第 179 号的社论》，

《马克思恩格斯全集》第 1 卷上册第 225 ~ 226 页。

从前的研究国家法的哲学家是根据本能，例如功名心、善交际，或者虽然是根据理性，但并不是社会的而是个人的理性来构想国家的。现代哲学持有更加理性和更加深刻的观点，它是根据整体观念来构想国家的。它认为国家是一个庞大的机构，在这里，必须实现法律的、伦理的、政治的自由，同时，个别公民服从国家的法律也就是服从他自己的理性即人类理性的自然规律。

马克思：《〈科隆日报〉第 179 号的社论》，

《马克思恩格斯全集》第 1 卷上册第 228 页。

"批判准备了世界形式，甚至是第一次开始准备世界形式的观念。这种世界形式不单单是法的形式，而且是（读者，请你提起精神来！）社会的形式，关于这种形式至少（如此少吗？）可以说，谁对它的建立毫无贡献，谁在它那里不凭自己的良心和情感来生活，他就不会感到在它那里就像在自己家里一样，也不可能参与它的历史。"

"批判"所准备的世界形式被确定为不单单是法的形式，而且是社会的形式。这个定义可以有两种解释。或者这种说法应解释为世界形式"不是法的，而是社会的"形式；或者世界形式"不单单是法的，而且也是社会的形式"。我们考察一下这两种说法的内容，现在先谈第一种解释。绝对的批判把上述这个不同于"国家的"新"世界形式"说成是"社会"。现在它却把名词"社会"说成是形容词"社会的"。如果说辛利克斯先生和他的"政治的"一词相反，从批判那里三度获得了"社会的"这个词，那末里谢尔先生则和他的"法的"一词相反，而获得"社会的社会"这个词。如果对辛利克斯先生来说，批判的解释可以归结为这样一个公式："社会的"＋"社会的"＋"社会的"＝3a，那末，绝对的批判在其第二次征讨中就是从加法转到乘法，而里谢尔先生则委身于自我相乘的社会，委身于社会的平方，即社会的社会＝a^2。绝对的批判为了做出它的关于社会的结论，它只得转到分数上去，开始求社会的平方根，如此等等。

现在我们来看看第二种解释："不单单是法的，而且也是社会的"世界形式。在这样的情况下，这种双重的世界形式无非是现存的世界形式，即现今社会的世界形式。"批判"在其世界前的思维中还只是为着现存世界形式的未来存在准备条件，这个事实是伟大的令人崇敬的批判奇迹。但是不管"不单单是法的，而且是社会的社会"怎样批判除了自己的《fabula docet》〔"寓言的教导"〕，除了自己的训诫以外，关于这种社会暂时还说不出什么名堂来。

马克思恩格斯：《神圣家族》，

《马克思恩格斯全集》第 2 卷第 124 ~ 125 页。

马克思恩格斯在《神圣家族》的"关于社会主义、法学和政治学（民族性）的批判的发现"小节里，辛辣地否定了擅长于"绝对的批判"的鲍威尔的谬论。鲍威尔颠倒了法与社会的关系。本引文从"批判准备了世界形式"开始的引号里的几段话，是鲍威尔的原话。文中括弧里的话是马克思加的。

争论源于里谢尔先生要求批判家鲍威尔"把法的范围以内的东西和法的范围以外的东西区分开来"。批判家对于法律上的这种蛮横无理的要求表示愤慨。他反驳说："可是直到目前，情感和良心都干涉了法，常常补充它，由于法的教条主义形式（因而不是法的教条主义本质？这句话是马克思加的）所决定的法的性质，就必须常常补充它。"

对此，马克思认为，批判家只是忘了法本身非常明确地把自身同"情感和良心"区分开来；他忘了这种划分可以由法的片面本质和教条主义形式来说明，这种划分甚至成了法的主要教条之一；最后，他忘了这种划分一旦实现就构成法的发展的最高阶段，正像宗教从各种世俗内容中摆脱出来就使宗教成了抽象的、绝对的宗教一样。"情感和良心"干涉法这个事实使"批判家"有足够的根据在谈法的地方谈情感和良心，在谈法律教义的地方谈神学教义。绝对批判的"说明和划分"使我们有可能充分地领会它的关于"社会"和

"法"的最新"发现"。

谁在这个社会里不凭自己的情感和良心来生活，"他就不会感到自己在它那里就像在自己家里一样"。归根到底，除了"纯情感"和"纯良心"，即"精神""批判"及其心腹人之外，任何人都不能在这个社会里生活下去。群众将要被这种或那种方法从社会中排除出去，其结果是"群众的社会"将停留在"社会的社会"之外。总而言之，这个社会就是批判的天堂，而真正的世界却被作为非批判的地狱从那里驱逐出去。绝对的批判在其纯思维中正在准备这个"群众"和"精神"对立的被改头换面了的世界形式。

2. 不能使旧法律成为新社会发展的基础

法律与社会的相互关系中的一个重要问题，是新社会与旧法律的相互关系问题。马克思明确指出，不能使旧法律成为新社会发展的基础。就是说，旧社会产生旧法律，新社会产生新法律，新法律为改造旧社会基础并为新社会的发展开辟道路。

那么，为什么在新社会条件下，不能保存旧法律、保存旧的法制基础呢？马克思认为，不顾社会发展的新的需要而保存旧法律，实质上不是别的，只是用冠冕堂皇的词句作掩护，维护那些与时代不相适应的私人利益，反对成熟了的共同利益。这种保存法制基础的做法，其目的在于使那些现在已经不占统治地位的私人利益成为占统治地位的利益；其目的在于强迫社会接受那些已被这一社会的生活条件、获取生活资料的方式、交换以及物质生产本身宣判无效的法律；其目的在于使那些专门维护私人利益的立法者继续掌握政权；其结果会导致滥用国家权力去强迫大多数人的利益服从少数人的利益。

> 你们不能使旧法律成为新社会发展的基础，正像这些旧法律不能创立旧社会关系一样。
>
> 马克思：《对民主主义者莱茵区域委员会的审判》，
> 《马克思恩格斯全集》第 6 卷 292 页。

> 旧法律是从这些旧社会关系中产生出来的，它们也必然同旧社会关系一起消亡。它们不可避免地要随着生活条件的变化而变化。不顾社会发展的新的需要而保存旧法律，实质上不是别的，只是用冠冕堂皇的词句作掩护，维护那些与时代不相适应的私人利益，反对成熟了的共同利益。这种保存法制基础的做法，其目的在于使那些现在已经不占统治地位的私人利益成为占统治地位的利益；其目的在于强迫社会接受那些已被这一社会的生活条件、获取生活资料的方式、交换以及物质生产本身宣判无效的法律；其目的在于使那些专门维护私人利益的立法者继续掌握政权；其结果会导致滥用国家权力去强迫大多数人的利益服从少数人的利益。因此，这种做法时刻与现存的需要发生矛盾，它阻碍交换和工业的发展，它准备着以政治革命方式表现出来的社会危机。
>
> 马克思：《对民主主义者莱茵区域委员会的审判》，
> 《马克思恩格斯全集》第 6 卷第 292 页。

照真正的蒲鲁东的看法，罗马"法经过千年来的法律实践或司法活动而神圣化了（ces droits consacrés par une justice dix fois séculaire）"；照批判的蒲鲁东的看法，在罗马存在着"被千年来的公平所神圣化了的法"。

马克思恩格斯：《神圣家族》，

《马克思恩格斯全集》第 2 卷第 35 页。

在谈到法时，群众的蒲鲁东还说出下面这样一种想法："罗马的野心通过万民法（droit des gens）而合法化了。"证明奴役法的这种方式完全符合罗马人的法律观点。在群众的罗马法全书上载明：《jure gentium servitus invasit》（Fr. 4. D. I. I.）〔"奴隶制通过万民法而巩固下来了"（"学说汇纂"第一卷第一题第四节）〕。

马克思恩格斯：《神圣家族》，

《马克思恩格斯全集》第 2 卷第 36 页。

联合议会代表封建社会。与此相反，国民议会代表现代资产阶级社会。它由人民选举出来，以便独立地制定一部宪法，这部宪法应当适应同过去一直存在的政治制度和以往存在的法律发生了冲突的那种生活关系。因此，国民议会从一开始就是自主的制宪议会。如果说它不顾这些竟然采取了协商主义的观点，那末这不过是对国王的纯粹形式上的谦让，纯粹是一种客气。

马克思：《对民主主义者莱茵区域委员会的审判》，

《马克思恩格斯全集》第 6 卷第 293 页。

这里所发生的不是在一个社会基础上的两个派别之间的政治冲突——这是两个社会之间的冲突，具有政治形式的社会冲突——这是旧的封建官僚社会和现代资产阶级社会之间的斗争，是自由竞争的社会和行会制度的社会之间的斗争，是土地占有的社会和工业的社会之间的斗争。

马克思：《对民主主义者莱茵区域委员会的审判》，

《马克思恩格斯全集》第 6 卷第 301 页。

托利党、辉格党、皮尔派——总之，所有我们到目前为止已经分析过的党派，或多或少都属于旧的时代，而自由贸易派（曼彻斯特学派的信徒、议会改革和财政改革派）则是现代英国社会的正式代表者，即统治着世界市场的英国的代表者。他们是认识到自己的力量的资产阶级的党派，是竭力想把自己的社会势力也变成政治势力并把最后一批傲慢的封建社会仆役铲除的工业资本的党派。领导这个党派的是英国资产阶级中最积极最坚决的部分——工厂主。他们力求使资产阶级取得不受任何限制、不加任何掩饰的统治，力求使人们公开地正式地承认全社会应服从现代资本主义生产的规律，服从那些管理这种生产的人的统治。他们所理解的贸易自由就是让资本畅行无阻地运动，摆脱一切政治的民族的和宗教的束缚。土地应该成为市场的商品并按照贸易的一般规律来经营。应该有纺纱业和棉织业工厂主，也应该有食品业工厂主，而贵族地主却不应该再有。

马克思：《宪章派》，

《马克思恩格斯全集》第 8 卷第 388 页。

"泰晤士报"继续写道："也许有人会反对我们说，租佃期满时地块上什么都没有留下这种情况是很少见的，留下的这些东西就是租佃者的某种形式的财产，因此，租佃者应当得到补偿。这个意见有点道理，但是，在正常的社会条件下，关于这种要求的问题是可以由地主和租佃者很容易地加以解决的，因为在任何情况下，这种要求都可以在最初的合同中考虑到。我们主张，这些关系应当由社会条件来调节，在我们看来，任何议会法令都不能代替这种因素。"

的确，如果是在"正常的社会条件下"，我们就根本不需要议会来干涉爱尔兰的租佃关系了，正如同在"正常的社会条件下"用不着军队、警察和刽子手来干涉一样。立法、司法和武装力量——这一切完全是不正常的社会条件的产物，这种不正常的社会条件阻碍人与人之间建立起一种无需关乎第三种最高势力的暴力干涉的关系。但是，这样说来，是不是"泰晤士报"变成了社会革命者呢？是不是它不要"议会法令"而要社会革命来改组"社会条件"以及由此而产生的"制度"呢？英国曾经摧毁了爱尔兰的社会生活条件。它先是没收了土地，然后通过"议会法令"扼杀了工业，最后用武装力量摧残了爱尔兰人民的积极性和活力。这样一来，英国就建立了这样一种丑恶的"社会条件"，使一个小小的特殊等级——贪婪的贵族得以对爱尔兰人民为所欲为，任意规定他们在什么条件下才能使用土地和靠土地生活。

马克思：《印度问题。——爱尔兰的租佃权》，

《马克思恩格斯全集》第 9 卷第 179 页。

马克思在对民主主义者莱茵区域委员会审判中的发言，揭露了"法制基础"的真实含义，那就是企图把旧法律强加于通过革命来确立自己的法律的新社会。不顾社会发展的新的需要而保存旧的法律，就会造成社会危机，这种危机只有政治革命才能解决。

马克思恩格斯在《神圣家族》里指出，蒲鲁东想用他的历史的演绎来证明什么东西，但不存在这种演绎的实在内容，即通过否定历史上的实在法来证明法的观念的演变，证明公平的不断实现。蒲鲁东说"社会通过自己的原则的否定……和最神圣的法的破坏而得救。"认为罗马法的否定导致了法的概念在基督教的法的观念中的扩大，征服者的法的否定导致了自治团体法的确立，法国革命对全部封建制法的否定导致了更广泛的现代法律秩序的建立。蒲鲁东以为原则通过自身的否定而实现的规律是他发现的，这个光荣应该属于他。

马克思恩格斯使用的"批判的蒲鲁东""蒲鲁东第一""蒲鲁东第二""真正的蒲鲁东"等，指的都是蒲鲁东。蒲鲁东常常以什么"批判""真正"自居，故用这类词来讥讽他。

（二）法的性质取决于一定社会形态

1. 有什么性质的社会形态就有什么性质的法律

奴隶制社会形态，要求奴隶制法与之相适应，封建制社会形态，要求封建制法与之相适应，雇佣劳动制社会形态，要求雇佣劳动制法与之相适应。几千年来社会形态更替和法制更替的规律表明，法的性质取决于一定社会形态，有什么性质的社会形态就有什么性质的法律。

相反地，有什么性质的法律就证明产生它的什么性质的社会形态，而不会"牛身上长出羊毛来"。

国家是整个社会的正式代表，是社会在一个有形的组织中的集中表现，但是，说国家是这样的，这仅仅是说，它是当时独自代表整个社会的那个阶级的国家：在古代是占有奴隶的公民的国家，在中世纪是封建贵族的国家，在我们的时代是资产阶级的国家。当国家终于真正成为整个社会的代表时，它就使自己成为多余的了。

> 恩格斯：《社会主义从空想到科学的发展》，
> 《马克思恩格斯全集》第 19 卷第 242 页。

奴隶主和奴隶——是第一次大规模的阶级区分。前一集团不仅占有一切生产资料，即占有土地和当时还很原始的工具等等，并且还占有人。这个集团就叫做奴隶主。从事劳动并把劳动果实交给别人的人则叫做奴隶。

> 列宁：《论国家》，
> 《列宁全集》（第 1 版）第 29 卷第 433 页。

在奴隶制度等等的条件下，不存在由于花在工资上的那部分产品先要转化为货币而产生的假象，因此看得很清楚，奴隶作为工作报酬取得的东西，实际上不是奴隶主的"预付"，而只是奴隶的物化劳动中以生活资料的形式流回到奴隶手中的部分。

> 马克思：《资本论第四卷》，
> 《马克思恩格斯全集》第 26 卷第 3 册第 97 页。

封建时代的所有制的主要形式一方面是地产和束缚于地产上的农奴劳动，另一方面是拥有少量资本并支配着帮工劳动的自身劳动。

> 马克思恩格斯：《德意志意识形态》，
> 《马克思恩格斯全集》第 3 卷第 28 页。

这种生产关系就是：土地为大土地占有者即地主所瓜分；地主把这种土地分一块给农民，以便剥削他们，于是土地好像是实物工资，它为农民提供必需品，使农民能够为地主生产剩余产品；它是一块使农民为地主服劳役的土地。

列宁：《什么是"人民之友"以及他们如何攻击社会民主主义者？》，
《列宁全集》（第1版）第1卷第168页。

为要说明封建的财产关系的消灭，现代历史学家就必须指出现代运动的特征，这就是在运动的进程中，正在形成的资产阶级已达到这样的程度：其生活条件已充分发展，它完全可以消灭一切封建等级和它自己先前的封建生存方式，因而也可以消灭这些封建等级赖以进行生产的封建生产关系。可见封建财产关系的废除和现代资产阶级社会的建立绝不是由一种从一定的理论原则即自己的核心出发，并从此进一步做出结论的学说中产生出来的。相反，资产阶级著作家在资产阶级同封建主义进行斗争的时期提出的原则和理论无非是实际运动在理论上的表现，同时可以精确地看出，这种理论上的表现以其所处实际运动的阶段的不同而反映出空想主义的、教条主义的、学理主义的程度也往往不同。

马克思：《道德化的批评和批评化的道德》，
《马克思恩格斯全集》第4卷第352~353页。

对于手工工场和大工业发展的最初阶段来说，除了私有制，不可能有其他任何所有制形式，除了以私有制为基础的社会制度，不可能有其他任何社会制度。只要生产的规模还没有达到既可满足社会全体成员的需要，又有剩余去增加社会资本和进一步发展生产力，就总会有支配社会生产力的统治阶级和另外一个阶级即贫穷和被压迫的阶级存在。

恩格斯：《共产主义原理》，
《马克思恩格斯全集》第4卷第365页。

如果封建主说他们的剥削方式是和资产阶级的剥削方式不同，那只是他们忘记了他们本来是在完全不同的、目前已经过时了的情况和条件下进行剥削的。如果他们说在他们的统治下并没有出现过现代的无产阶级，那只是他们忘记了现代的资产阶级正是他们那个社会制度的必然产物。

马克思恩格斯：《共产党宣言》，
《马克思恩格斯全集》第4卷第492页。

私有制不是一种简单的关系，也绝不是什么抽象概念或原理，而是资产阶级生产关系的总和（不是指从属的、已趋没落的，而正是指现存的资产阶级私有制）。既然所有这些资产阶级生产关系都是阶级关系，（这是亚当·斯密或李嘉图的每一个学生都应当知道的，）那末，这些关系当然只有在各阶级本身和他们的相互关系发生变化以后才能发生变化或根本消灭；而阶级间的关系的变化就是历史的变化，是整个社会活动的产物，总之，是一定"历史运动"的产物。

马克思：《道德化的批评和批评化的道德》，
《马克思恩格斯全集》第4卷第352页。

　　起而代之的是自由竞争和与自由竞争相适应的社会政治制度，即资产阶级在经济上和政治上的统治。

马克思恩格斯：《共产党宣言》，

《马克思恩格斯全集》第 4 卷第 471 页。

　　在执政内阁时代，资产阶级社会的生活浪潮迅速高涨起来。于是出现了创办商业和工业企业的热潮、发财致富的渴望、新的资产阶级生活的喧嚣忙乱，在这里，这种生活的享受初次表现出自己的放肆、轻佻、无礼和狂乱；法兰西的土地得到了真正的开发，土地的封建结构已经被革命的巨锤打得粉碎，现在无数新的所有者以第一次出现的狂热对这块土地进行了全面的耕作，解放了的工业也第一次活跃起来；——这就是刚刚诞生的资产阶级社会的生活的某些表现。资产阶级社会的真正的代表是资产阶级。于是资产阶级开始了自己的统治。

马克思恩格斯：《神圣家族》，

《马克思恩格斯全集》第 2 卷第 157 页。

　　在自由竞争这种社会状况下，每一个人都有权经营任何一个工业部门，而且，除非缺乏必要的资本，任何东西都不能妨碍他的经营。这样，实行自由竞争无异就是公开宣布：从今以后，由于社会各成员的资本多寡不等，所以他们之间也不平等，资本成为决定性的力量，而资本家、资产者则成为社会上的第一个阶级。

恩格斯：《共产主义原理》，

《马克思恩格斯全集》第 4 卷第 362 页。

　　拿破仑是革命的恐怖主义对这次革命所公开宣布的资产阶级社会及其政治的最后一次战斗的体现。的确，拿破仑已经了解到现代国家的真正本质；他已经懂得，资产阶级社会的无阻碍的发展、私人利益的自由运动等等是这种国家的基础。他决定承认和保护这一基础。

马克思恩格斯：《神圣家族》，

《马克思恩格斯全集》第 2 卷第 157 页。

　　在改革法案把资产阶级和无产阶级间的对立用法律固定下来并使资产阶级成为统治阶级之后，这个法律就永远不会被下院通过了。这个法律是在 1824 年通过的，它废除了以前禁止工人为保护自己的利益而联合起来的一切法令。工人得到了过去只是贵族和资产阶级才有的结社的权利。

恩格斯：《英国工人阶级状况》，

《马克思恩格斯全集》第 2 卷第 466 页。

　　帝国主义是资本主义的特殊历史阶段。这种特殊性分三个方面：（1）帝国主义是垄断的资本主义；（2）帝国主义是寄生的或腐朽的资本主义；（3）帝国主义是垂死的资本主义。垄断代替自由竞争，是帝国主义的根本经济特征，是帝国主义的实质。

列宁：《帝国主义和社会主义运动中的分裂》，
《列宁全集》（第1版）第23卷第103页。

帝国主义就其经济实质来说，是垄断资本主义。这就决定了帝国主义的历史地位，因为在自由竞争的基础上、而且正是从自由竞争中成长起来的垄断，是从资本主义结构向更高级的社会经济结构的过渡。

列宁：《帝国主义是资本主义的最高阶段》，
《列宁全集》（第1版）第22卷第292页。

这里摘录了经典作家关于三种社会形态的论述，其中共产主义社会形态，特别是其作为第一阶段的社会主义社会形态，放在社会体制里面论述。

2. 有什么性质的社会体制就有什么性质的法律

应当说，法律的性质取决于一定社会形态，也取决于一定社会形态下社会体制的性质。

社会体制是社会制度的体系。在同一社会形态中，随着社会制度的变化，社会体制也随之变化。在资本主义的垄断资本主义即帝国主义阶段，在经济上，自由竞争体制演变为垄断体制；在政治上，自由放任体制演变为限制体制。这种演变反映在法律上，由于旧法的嬗变和新法的产生，旧法体制遂演变为新的法律体制。

在社会主义社会的自身发展中，仍然存在不同的发展阶段。我国经历了社会主义建设时期、社会主义改革时期，现在，进入了一个历史新时期。历史新时期具有新的社会体制及其新特征。

社会主义社会体制的基本点是，消灭了生产资料私有制和按资分配。社会主义社会体制正是建立在这个基本点上。社会主义条件下的按劳分配实际上是资产阶级法权，还不是真正意义上的公平分配。

无产阶级是专靠出卖自己的劳动而不是靠某一种资本的利润来获得生活资料的社会阶级。这一阶级的祸福、存亡和整个生存，都要看对劳动的需求而定，也就是要看生意的好坏，要看无法制止的竞争的波动而定。一句话，无产阶级或无产者阶级就是19世纪的劳动阶级。

恩格斯：《共产主义原理》，
《马克思恩格斯全集》第4卷第357页。

由于在已经形成的无产阶级身上实际上已完全丧失了一切合乎人性的东西，甚至完全丧失了合乎人性的外观，由于在无产阶级的生活条件中现代社会的一切生活条件达到了违反人性的顶点，由于在无产阶级身上人失去了自己，同时他不仅在理论上意识到了这种损失，而且还直接由于不可避免的、无法掩饰的、绝对不可抗拒的贫困——必然性的这种实际表现——的逼迫，不得不愤怒地反对这种违反人性的现象，由于这一切，所以无产阶级能够而且必须自己解放自己。但是，如果它不消灭它本身的生活条件，它就不能解放自己。如果它不消灭集中表现在它本身处境中的现代社会的一切违反人性的生活条件，它就不能消灭它本身的生活条件。

马克思恩格斯：《神圣家族》，

《马克思恩格斯全集》第 2 卷第 45 页。

问题不在于目前某个无产者或者甚至整个无产阶级把什么看做自己的目的，问题在于究竟什么是无产阶级，无产阶级由于其本身的存在必然在历史上有些什么作为。它的目的和它的历史任务已由它自己的生活状况以及现代资产阶级社会的整个结构最明显地无可辩驳地预示出来了。

马克思恩格斯：《神圣家族》，

《马克思恩格斯全集》第 2 卷第 45 页。

同盟的目的：推翻资产阶级政权，建立无产阶级统治，消灭旧的以阶级对立为基础的资产阶级社会和建立没有阶级、没有私有制的新社会。

《共产主义者同盟章程》，

《马克思恩格斯全集》第 4 卷第 572 页。

现在有人因害怕反社会党人法重新恢复，或者回想起在这项法律统治下发表的几篇过早的声明，就忽然想要党承认在德国的现行法律秩序下，可以通过和平方式实现党的一切要求。他们力图使自己和党相信，"现代的社会正在长入社会主义"，而不问一下自己，是否这样一来，这个社会就会不像虾要挣破自己的旧壳那样必然要从它的旧社会制度中长出来，就会无须用暴力来炸毁这个旧壳，是否除此之外，这个社会在德国就会无须再炸毁那还是半专制制度的、而且是混乱得不可言状的政治制度的桎梏。

恩格斯：《1891 年社会民主党纲领草案批判》，

《马克思恩格斯全集》第 22 卷第 273 页。

当"宣言"出版的时候，我们不能把它叫做社会主义宣言。在 1847 年，所谓社会主义者是指两种人。一方面是那些信奉各种空想学说的分子，特别是英国的欧文派和法国的傅立叶派；这两个流派当时都已经变成逐渐走向灭亡的纯粹的宗派。另一方面是各种各样的社会庸医，他们想用各种万应灵丹和各种补缀办法来消除社会弊病而毫不伤及资本和利润。这两种人都是站在工人运动以外，宁愿向"有教养的"阶级寻求支持。至于当时确信单纯政治变革全然不够而要求根本改造社会的那一部分工人，他们把自己叫做共产主义者。这种共产主义是一种还没有很好加工的、只是出于本能的、颇为粗糙的共产主义；但它已经强大到足以形成两种空想的共产主义体系：在法国有卡贝的"伊加利亚"共产主义，在德国有魏特林的共产主义。在1847年，社会主义意味着资产阶级的运动，共产主义则意味着工人的运动。当时，社会主义，至少在大陆方面，是可以进出沙龙的，而共产主义却恰恰相反。既然我们当时已经十分坚决认定"工人阶级的解放只能是工人阶级自己的事情"，所以我们也就丝毫没有怀疑究竟应该在这两个名称中间选定哪一个名称。而且后来我们也根本没有想到要把这个名称抛弃。

恩格斯：《"共产党宣言"1890年德文版序言》，
《马克思恩格斯全集》第22卷第67~68页。

我们这里所说的是这样的共产主义社会，它不是在它自身基础上已经发展了的，恰好相反，是刚刚从资本主义社会中产生出来的，因此它在各方面，在经济、道德和精神方面都还带着它脱胎出来的那个旧社会的痕迹。所以，每一个生产者，在作了各项扣除之后，从社会方面正好领回他所给予社会的一切。他所给予社会的，就是他个人的劳动量。

马克思：《哥达纲领批判》，
《马克思恩格斯全集》第19卷第21页。

在共产主义第一阶段还不能做到公平和平等，富裕的程度还会不同，而不同就是不公平。但是人剥削人已经不可能了，因为那时已经不能把工厂、机器、土地等生产资料攫为私有了。马克思驳倒了拉萨尔关于一般"平等"和"公平"的含糊不清的小资产阶级说法，指出了共产主义社会的发展进程，说明这个社会最只能消灭私人占有生产资料这一不公平现象，却不能立即消灭"按劳动"（不是按需要）分配消费品这一仍然存在的不公平现象。

列宁：《国家与革命》，
《列宁全集》（第1版）第25卷第452页。

大工业是向社会主义过渡的基础，而从生产力状况的观点来看，即按整个社会发展的主要标准来看，又是社会主义经济组织的基础，它把先进的产业工人联合起来，把实现无产阶级专政的阶级联合起来。

列宁：《俄共（布）第十次代表大会》，
《列宁全集》（第1版）第32卷第224页。

人类从资本主义只能直接过渡到社会主义，即过渡到生产资料公有和按劳分配。

列宁：《无产阶级在我国革命中的任务》，
《列宁全集》（第1版）第24卷第63页。

社会主义制度是完全新型的社会制度，消灭了人压迫人、人剥削人的社会制度，使工人阶级和广大劳动人民翻身解放。这就极大地促进了社会生产力的发展，为向共产主义社会准备条件。

关于共产主义和社会主义的关系问题，经典作家的论述是非常明确的。当初，为什么不称"社会主义宣言"而称"共产党宣言"呢？"在 1847 年，所谓社会主义者是指两种人：一方面是那些信奉各种空想学说的分子，特别是英国的欧文派和法国的傅立叶派。这两个流派当时都已经变成逐渐走向灭亡的纯粹的宗派。另一方面是各种各样的社会庸医，他们想用各种万应灵丹和各种补缀办法来消除社会弊病而毫不伤及资本和利润。这两种人都是站在工人运动以外，宁愿向'有教养'的阶级寻求支持。"1848 年欧洲大革命前，社会矛盾激化到了极点，社会主义是很时髦的，形形色色的社会主义喧嚣一时。这是向"有教养"的阶级寻求支持的社会主义。在这种情况下，"社会主义意味着资产阶级的运动，共产主义则意味着工人的运动。当时，社会主义，至少在大陆方面，是可以进出沙龙的，而共产主义却恰恰相反。既然我们当时已经十分坚决地认定'工人阶级的解放只能是工人阶级自己的事情'，所以我们也就丝毫没有怀疑究竟应该在这两个名称中间选定哪一个名称。而且后来我们也根本没有想到要把这个名称抛弃。"马克思恩格斯采用"共产主义"而不采用"社会主义"，称"共产党宣言"而不称"社会主义宣言"，道理正在于此。"共产主义""共产党"最直接最明确地表明了工人阶级的崇高理想和信仰。在《共产党宣言》发表一个半世纪之后，苏东社会主义解体，如果我们趁机把中国共产党改名为"社会党"或"民主党""自由党"，那么我们的国家和法律就是另一番面目了。历史的教训值得注意。绝不能改旗易帜，绝不能使我们的国家和法律改变颜色，这就是结论。

（三）法的内容和范围受制于社会结构

1. 社会的基本结构

物质、事物、现象的结构是它们存在的表现形式。没有结构就没有它们本身。结构不能决定自身的性质，但对于自身是重要的。一则谜语说，远看像个狗，近看是个狗，打它不走拉它走。谜底是死狗。死狗与活狗的区别在于"气"，有气的是活狗，没有气的是死狗。可见，气在狗的结构中占有重要地位。

社会的性质不是社会结构决定的，法的性质也不是社会结构决定的，但社会结构能够决定法的内容和范围。离开了生产方式与交换方式及其所必然决定的社会结构，法的调整问题便无从谈起。

每一历史时代主要的经济生产方式与交换方式及其所必然决定的社会结构，是该时代政治的和智慧的历史所赖以确立的基础，并且只有从这一基础出发，这一历史才能得到说明。

恩格斯：《"共产党宣言"1888 年英文版序言》，《马克思恩格斯全集》第 21 卷第 408 页。

被压迫阶级的存在就是每一个以阶级对抗为基础的社会的必要条件。因此，被压迫阶级的解放必然意味着新社会的建立。要使被压迫阶级能够解放自己，就必须使既得的生产力和现存的社会关系不再继续并存。

马克思：《哲学的贫困》，

《马克思恩格斯全集》第 3 卷第 197 页。

那些使一定的生产力能够得到利用的条件，是一定的社会阶级实行统治的条件，这个阶级的由其财产状况产生的社会权力，每一次都在相应的国家形式中获得实践的观念的表现，因此一切革命斗争的锋芒都是指向在此以前实行统治的阶级的。

马克思恩格斯：《德意志意识形态》，

《马克思恩格斯全集》第 3 卷第 78 页。

在过去的各个历史时代，我们几乎到处都可以看到社会完全划分为各个不同的等级，可以看到由各种不同的社会地位构成的整个阶梯。在古代的罗马，有贵族、骑士、平民和奴隶；在中世纪，有封建领主、陪臣、行会师傅、帮工和农奴，并且几乎在每一个阶级内部，又有各种特殊的等第。

马克思恩格斯：《共产党宣言》，

《马克思恩格斯全集》第 4 卷第 466 页。

构成现代社会骨架的三个并存的而又互相对立的阶级——雇佣工人、产业资本家、土地所有者。

马克思：《资本论第三卷》，

《马克思恩格斯全集》第 25 卷第 698 页。

某一阶级的个人所结成的、受他们反对另一阶级的那种共同利益所制约的社会关系，总是构成这样一种集体，而个人只是作为普通的个人隶属于这个集体，只是由于他们还处在本阶级的生存条件下才隶属于这个集体；他们不是作为个人而是作为阶级的成员处于这种社会关系中的。

马克思恩格斯：《德意志意识形态》，

《马克思恩格斯全集》第 3 卷第 84 页。

"粗俗的"人的理智把阶级差别变成了"钱包大小的差别"，把阶级矛盾变成了"各行业之间的争吵"。钱包的大小纯粹是数量上的差别，它可以尽情唆使同一阶级的两人互相反对。大家知道，中世纪的行会是在"行业差别"的原则上互相对立的。但是大家也知道，现代的阶级差别绝不建立在"行业"的基础上；相反，分工在同一阶级内部造成不同的工种。

马克思：《道德化的批评和批评化的道德》，

《马克思恩格斯全集》第 4 卷第 343 页。

为了要把贵族社会变成"秘密"，施里加先生企图通过几次思考来弄清"教养"的含意。他总是先给贵族社会全面地加上一些谁也不会到它里面去寻找的性质，以便后来再去发现贵族社会并不具备这些性质这一"秘密"。然后他就把这一发现当做有教养的社会的"秘密"。

"秘密作为有教养的社会的秘密，固然是从对立躲藏到内部去了。然而上流社会还有它可以用来保护圣地的特殊集团。上流社会对这种至圣所说来好像是小礼拜堂。但是对于在门庭前逗留的人说来，小礼拜堂本身就是秘密。因此，这种特殊的教养之于人民……正如粗野之于有教养的人一样。"

在上文中我们看到，施里加先生如何使秘密离开罪犯世界而藏到上流社会里去。现在他必须构造另一个秘密，即上流社会有它的特殊的集团，这些集团的秘密对人民说来是一种秘密。除了上述魔术般的钩子以外，这种结构还需要把集团转化为小礼拜堂，把非贵族世界转化为这种小礼拜堂的门庭。而且资产阶级社会的一切领域只形成上流社会的小礼拜堂的一个门庭这一件事，对巴黎说来又是秘密。施里加先生追求两个目的。第一、必须把体现在上流社会的特殊集团中的秘密变成"整个世界的公共财产"。第二、必须把公证人雅克·弗兰构造成秘密的有生环节。

在施里加先生看来，教养、文明就等于贵族的教养。因此，他看不到，工业和商业正在建立另一种包罗万象的王国，根本不同于基督教和道德、家庭幸福和小市民福利所建立的包罗万象的王国。

"秘密本身现在已经成了公共财产，成了全世界和每个人的秘密。或者它是我的艺术或我的本能，或者我能够在市场上像买商品一样地买到它。"现在成了全世界公共财产的是什么样的秘密呢？是国家中的无法纪的秘密吗？是有教养的社会的秘密吗？是伪造商品的秘密吗？是制造香水的秘密吗？还是"批判的批判"的秘密吗？都不是！这里说的是 in-abstracto〔抽象的〕秘密，是秘密这个范畴！

马克思恩格斯：《神圣家族》，

《马克思恩格斯全集》第 2 卷第 91 页。

在阶级斗争接近决战的那些时期，统治阶级内部的分化过程，整个旧社会内部的瓦解过程，就显得非常强烈，非常尖锐，这就使得统治阶级中间有一小部分人分化出去而归附于革命的阶级，即归附于未来主人翁阶级。

马克思恩格斯：《共产党宣言》，

《马克思恩格斯全集》第 4 卷第 476 页。

流氓无产阶级是旧社会最下层腐化的消极产物，他们虽然间或被无产阶级革命卷进运动里，但是他们的全部生活条件却使他们更甘心被人收买，去干反动勾当。

马克思恩格斯：《共产党宣言》，

《马克思恩格斯全集》第 4 卷第 477 页。

做一个资本家，这就是说他在生产中不仅占有一种纯粹个人的地位，而且占有一种社会的地位。资本是集体的产物，它只有通过社会许多成员的共同活动，而且归根到底也只有通过社会的全体成员的共同活动，才能动作起来。由此可见，资本不是一种个人的力量，而是一种社会的力量。

马克思恩格斯：《共产党宣言》，

《马克思恩格斯全集》第4卷第481页。

在现在的社会里，人力的更大浪费表现在有钱人滥用自己的社会地位上。我根本不打算在这里谈那种仅仅为了炫耀自己而占用了许多劳动力的、无益的、简直是荒唐的浪费现象。但是请你们去看一下富翁的公馆、富翁的内室，然后告诉我，许多人服侍一个人，因而弄得无事可干，或者至多也只做些由于生活在与世隔绝的小天地中而必须做的工作，这难道不是劳动力的荒唐的浪费。所有这些女仆、厨子、听差、车夫、家人、园丁等等到底干些什么呢？一天只有那么少的几分钟他们是真正用来使他们的主人生活得愉快，使他们的主人易于自由地发挥和利用自己的人的特性和才能；一天又有多少钟点他们是用来做下面这些仅仅由于我们的社会关系安排得不好而产生的事情，这就是站在马车的侍从座上，满足主人的癖好，牵着只小狗跟在主人后面，以及其他各种可笑的事情。

恩格斯：《在爱北斐特的演说》，

《马克思恩格斯全集》第2卷第610页。

法的结构表现为法律系统中相对稳定的相互关系。概括地说，法的结构，包括法的结构构成和法的结构变动两个方面。法的结构变动，是法的构成成分的变动。一般说来，它们是在其相互关系中发生变动的。

在法的总体结构的变动中，法意识发生变化，法制度必然发生变化；法制度发生变化，法关系必然发生变化，而法制度、法关系发生变化，又使法意识发生新的变化。这是法的总体结构的变动规律。这个规律，在社会形态变革情况下表现得非常明显。如资本主义社会在"私有财产神圣不可侵犯"的法意识下，一整套法制度将依据这个法意识建立起来，进而依据这样的法制度，法关系得以形成。在社会主义社会，"公有财产神圣不可侵犯"的法意识，一定要求一整套法制度、法关系与之相适应。在一种社会形态中法意识相对稳定的情况下，法的总体结构的变动，集中表现为法的立、改、废。

我们知道，决定法存在和发展的根本性的东西，是它的质的规定性，因而那种唯结构论的结构主义法学是不正确的。结构能制约、影响法的内容、领域范围、表现形式、功能和作用等。由此说来，法的结构变动对于新法的形成具有重要意义。

2. 法受制于作为社会主导结构的政治结构

这里，经典作家提到的国家政权、行政机关和司法机关；政治权力、政治统治、阶级统治；代议制、选举权及选出议员；社会生产和社会分配的领导权；政治性质的社会势力；一个一切人反对一切人的社会战争等，都是属于政治结构范畴的。

政治是上层建筑最关键、最强大的组成部分，在上层建筑要素中居于特殊地位。

政治的实质是阶级关系。政党和国家的活动，是保证阶级要求的基本手段。阶级利益，在一定条件下，只有借助于政治才能实现。

政治结构有国家制度结构、法律制度结构、政策结构等基本结构。其中，法律制度结构既是政治结构的组成部分，又受国家制度结构和政策结构的制约。例如，我国实行以工人阶级为领导、以工农联盟为基础的人民民主专政的国家制度，立法必须遵守这一制度；共产党的领导和民主党派政治协商的政党制度，立法也必须遵守这一制度。

在那些资产阶级已经夺得政治权力的国家里，政治统治已成为资产阶级对整个社会的阶级统治，而不是个别资产者对自己的工人的统治。

马克思：《道德化的批评和批评化的道德》，

《马克思恩格斯全集》第 4 卷第 330 页。

资产阶级在社会上成了第一个阶级以后，它就宣布自己在政治上也是第一个阶级。这是通过实行代议制而实现的；代议制是以资产阶级在法律面前平等和法律承认自由竞争为基础的。这种制度在欧洲各国采取君主立宪的形式。在君主立宪的国家里，只有拥有一定资本的人即资产者，才有选举权。这些资产者选民选出议员，而他们的议员可以运用拒绝纳税的权力，选出资产阶级的政府。

恩格斯：《共产主义原理》，

《马克思恩格斯全集》第 4 卷第 362 页。

现代社会促使个人敌视其他一切人，这样就引起了一个一切人反对一切人的社会战争，这个战争在某些人那里，尤其是在文化水平低的人那里不可避免地会采取粗暴的野蛮的暴力形式，即犯罪的形式。为了使自己不受犯罪行为即公开的暴力行为的侵害，社会就需要有庞大而复杂的、耗费无数人力的行政机关和司法机关。

恩格斯：《在爱北斐特的演说》，

《马克思恩格斯全集》第 2 卷第 608 页。

人民群众的贫困是一个不容忽视的根本问题；这也正是革命的真正重要的原因。国民议会很快就决定剥夺革命政治活动家曾经匆忙草率地答应给工人的那些特权。带有社会性质甚至政治性质的强有力的反动势力公然抬头了。它要求曾经得到大多数法国人支持的政权排除那些曾经赋予这个政权以生命的人们。

恩格斯：《"科伦日报"论六月革命》，

《马克思恩格斯全集》第 5 卷第 159 页。

"这种一方面扩大自己财富，但贫困现象又不见减少，而且犯罪率甚至增加得比人口数目还快的社会制度内部，一定有某种腐朽的东西。"

马克思：《政治评论》，

《马克思恩格斯全集》第 13 卷第 551 页。

必须进行全面的社会变革，社会制度基础的变革，而这种变革只有把社会的有组织的力量即国家政权从资本家和大地主手中转移到生产者本人的手中才能实现。

马克思：《临时中央委员会就若干问题给代表的指示》，

《马克思恩格斯全集》第 16 卷第 219 页。

所谓生存斗争就采取了如下的形式：必须保护资产阶级的资本主义社会所生产出来的产品和生产力，使它们不受这个资本主义社会制度本身的毁灭性的破坏作用的影响，办法是从不能办到这一点的资本家统治阶级手中夺取社会生产和社会分配的领导权，并把它转交给生产者群众——而这就是社会主义革命。

恩格斯：《反杜林论》，

《马克思恩格斯全集》第 20 卷第 653 页。

法律一定同政治结构相适应。譬如资本主义社会的阶级结构，是由资产阶级、地主阶级、工人阶级和农民阶级这四大阶级构成的。法律如何调整阶级关系，应当从阶级关系的现状出发，通过立法以求社会秩序的稳定。

法律是一种政治措施。列宁的这一论断，精辟地指出了法律与政治的关系。

法律本身不是政治，是以规范的形式反映统治阶级的政治要求，但法律离不开政治。从这个意义上说，没有政治也就没有法律。在法律与政治的相互关系上，我们反对法律脱离政治的"摆脱论"，也反对政治代替法律的"替代论"。

3. 法受制于作为社会基础结构的经济结构

经济结构是一定社会生产关系结构和国民经济部门结构。主要是所有制结构和产业结构、分配结构、交换结构、消费结构、技术结构。进一步地，还可分为部门经济结构、地区经济结构和企业经济结构。因为学理上经济结构互有交叉，从不同的角度还有其他分类。

经济结构是社会的基础结构，对其他社会结构具有客观制约性。

法律与经济结构不是一一对应关系，就是说，不是每一个具体经济结构都需要一部法律与之相适应。但立法一定要同经济结构相互配合，反映经济结构的总要求。

在经济方面，当前的社会结构无疑是难以想象的不合理和不切实际的。由于人们的利益彼此对立，大量劳动力就白白地消耗掉了，社会没有从里面得到任何好处，相当多的资本完全浪费掉了，并且没有再生产出来。在发生商业危机的时候，我们就看到这种情形。我们看到，人们怎样不顾血本地抛售自己辛辛苦苦地生产出来的大批产品；我们看到，处心积虑地积累起来的大批资本怎样由于所有主的破产而从他们手中飞掉了。

恩格斯：《在爱北斐特的演说》，
《马克思恩格斯全集》第 2 卷第 606 页。

他把生产资料为许多互不依赖而独立经营的劳动者个人所有这种分散的现象，称为资本的均分。政治经济学家的做法和封建法学家一样，后者在纯粹的货币关系上，也贴上自己封建法律的标签。

马克思：《资本论第一卷》，
《马克思恩格斯全集》第 23 卷第 385 页。

在现代的社会条件下，到底什么是自由贸易呢？这就是资本的自由。排除一些仍然阻碍着资本前进的民族障碍，只不过是让资本能充分地自由活动罢了。不管一种商品交换另一种商品的条件如何有利，只要雇佣劳动和资本的关系继续存在，就永远会有剥削阶级和被剥削阶级存在。那些自由贸易的信徒认为，只要更有效地运用资本，就可以消除工业资本家和雇佣工人之间的对抗，他们这种自信狂，真是令人莫解。恰恰相反，这只能使这两个阶级的对立更形显著。

马克思：《关于自由贸易的演说》，
《马克思恩格斯全集》第 4 卷第 456～457 页。

现在让我们来稍微详细地考察一下现代的商业。请你们想一想，每一个产品必须经过多少人的手，才能到达真正的消费者的手里！诸位先生，请你们想一想，现在有多少投机倒把的多余的中间人插足于生产者和消费者之间！举一包北美产的棉花为例。棉花从种植场主之手转到密士失必河某个码头上的一个经纪人手里，然后顺流而下运到新奥尔良。在这里棉花又卖出去（这是第二次出售，因为经纪人已经从种植场主那里买过一次了），假定是卖给一个投机商，而投机商又转卖给出口商。后来这包棉花，比如说，运到了利物浦，在那里，另一个投机商又伸出了贪婪的手，抓住了这包棉花。这个投机商再把它卖给一个经纪人，而这个经纪人，比如说，又是受德国某公司的委托而买的。这样，这包棉花就运往鹿特丹，再溯莱茵河而上，经过十来个转运商之手，而且还要经过十来次装卸，这时它才到达厂主之手，但是还没有到达消费者的手里。厂主首先将棉花加工，使它适于使用，然后把纺成的棉纱交给织布的人，织布的人将布交给印花的人，然后布匹才到达批发商之手，批发商再把布转给零售商，最后，零售商才把商品送到消费者的手里。所有这些成千上万的中间人，即投机商、代理人、出口商、经纪人、转运商、批发商和零售商都没有参加商品的生产，但是他们全都要生活，全都想在上面取得利润，而且通常也的确都得到了利润，否则他们就无法生存下去。诸位先生，难道除了这条必须经过十来次出卖、上百次装卸、上百次地从一个仓库运到另一个仓库的漫长的道路之外，就没有更简单更便宜的道路把棉花从美洲运到德国、把棉纺织品送到真正的消费者的手里吗？难道这不是清楚地证明了人们的利益的背离引起了劳动力的巨大的浪费吗？在合理地组织起来的社会中，就不会有这样繁杂的运输方法。

恩格斯：《在爱北斐特的演说》，
《马克思恩格斯全集》第2卷第606~607页。

　　正如我们可以很容易地知道某个移民区消费多少棉花或多少棉纺织品一样，中央管理机构也可以同样容易地知道全国各地和各公社的消费量。只要这种统计工作组织就绪，这种工作在一两年内就可以很容易地完成，每年的平均消费量就只会同人口的增长成比例地变化；因此就容易适时地预先确定，每一种商品要有多少才能满足人民的需求所需的这些商品也可以按批购的方式直接在产地订购，并且可以直接取得，不必经过中间人，不需要任何停顿和装卸，除了运输条件确实要求这样做而外，这样就大大节省了劳动力，而且不必付给投机商、大小商人以利润。还不仅如此，这样一来，所有这些中间人非但不再为害社会，而且甚至会对社会有利。他们现在干的是对其余的人有害的事情，在最好的情况下也只是些多余的事情，但是他们还是取得了足够的生活资料，而在很多场合下，他们甚至还大发其财；因此，他们现在是在直接损害公共福利，而将来他们的双手就会解放出来参加有益的活动；他们一定可以找到一种职业，这种职业能使他们不是作为表面上的、假的社会成员而出现，而是作为人类社会的真正的成员、人类社会的共同活动的参加者而出现。

恩格斯：《在爱北斐特的演说》，
《马克思恩格斯全集》第2卷第607~608页。

　　威克菲尔德在殖民地发现，拥有货币、生活资料、机器以及其他生产资料，而没有雇佣工人这个补充物，没有被迫自愿出卖自己的人，还不能使一个人成为资本家。他向我们感慨地说，皮尔先生把共值5万镑的生活资料和生产资料从英国带到新荷兰的斯旺河去。皮尔先生非常有远见，他除此以外还带去了工人阶级的3000名男工、女工和童工。可是，一到达目的地，"皮尔先生竟连一个替他铺床或到河边打水的仆人也没有了"。不幸的皮尔先生，他什么都预见到了，就是忘了把英国的生产关系输出到斯旺河去！

　　为了理解威克菲尔德下述的发现，要作两点说明。我们知道，生产资料和生活资料，作为直接生产者的财产，不是资本。它们只有在同时还充当剥削和统治工人的手段的条件下，才成为资本。

马克思：《资本论第一卷》，
《马克思恩格斯全集》第23卷第834~835页。

　　竞争迫使每一个人鼓起全部力量，利用自己的一切可能，以廉价的劳动力来代替高价的劳动力，而文明的日益增进也为此创造了更多的条件，换句话说，每一个人都不得不去抢夺别人的饭碗，用一切办法挤掉别人的工作。因此，在任何一个文明的社会里，都有大批很想工作但是却找不到工作的失业者，而且这个失业人数比人们通常想象的要大。我们看到，人们用一定的方式出卖自己：他们求乞；打扫街道；站在街道拐角处等候某种工作；替别人做些偶然得到的零活以求勉强维持自己的生活；拿着各色各样的零星杂货叫卖；或者像我们在今天晚上所看到的一些穷人家的姑娘一样，从一个地方走到另一个地方，弹着吉他卖唱，仅仅为了赚几个小钱而不得不听各种无礼的和侮辱人的话。而终于真正不得不去卖淫的人们又不知有多少呵！这些不得不采取某种方式出卖自己的失业者数量是很大的。

恩格斯：《在爱北斐特的演说》，
《马克思恩格斯全集》第 2 卷第 606 ~ 607 页。

有人认为贫穷的原因是那个实在可耻的法律，根据这个法律，直接向土地占有者租地的人不缴地租时，土地占有者有权把实际的耕种者从土地上赶走，即使他已经把地租缴给了那个和他订合同的中间人。但是这一切都只决定贫穷表现的形式而已。

恩格斯：《英国工人阶级状况》，
《马克思恩格斯全集》第 2 卷第 561 页。

贫穷是现代社会制度的必然结果，离开这一点，只能找到贫穷的某种表现形式的原因，但是找不到贫穷本身的原因。

恩格斯：《英国工人阶级状况》，
《马克思恩格斯全集》第 2 卷第 561 页。

在当前的社会关系下，穷人自然不能不成为自私自利的人，如果工作或不工作生活条件都一样，那末他在二者之中当然要选择后者。但是从这里只能得出这样的结论：当前的社会关系是糟透了的；而决不能得出像马尔萨斯派的委员们那样的结论：贫穷就是犯罪，应当用威胁的手段来对付它。

恩格斯：《英国工人阶级状况》，
《马克思恩格斯全集》第 2 卷第 574 ~ 575 页。

资本的这种趋势已经为许多人所承认；到处都在抱怨财产日益集中于少数人手中，而大多数的人民却愈来愈贫困。这样，在一小撮富翁和无数的穷人之间，就产生了尖锐的敌对现象。这种敌对现象，在英法两国已经尖锐到惊人的地步，在我们这里也愈来愈尖锐了。只要目前的社会基础保存一天，这种少数人发财，广大群众贫困的进程就无法制止；只要社会还没有最后被迫根据较为合理的原则进行改组，这种敌对现象就会愈来愈尖锐。

恩格斯：《在爱北斐特的演说》，
《马克思恩格斯全集》第 2 卷第 603 页。

现在来看看海因岑式的具有"社会制度"以及"使社会人道化"的七大措施的"联邦共和国"。这里对每一个公民的"最低限度"财产（他至少不能低于这个水平）作了保证，同时也对他的"最高限度"财产（他至多不能超过这个水平）作了规定。

当海因岑先生以国家法令的形式重申了一切正直市民的虔诚愿望——人人所有既不太多、也不太少，——从而实现了这个愿望的时候，一切困难不是都解决了吗？

海因岑先生就是用类似的既简单而又冠冕堂皇的办法解决了全部经济矛盾。他在合乎道德高尚的大丈夫的正义感的合理基础上对财产进行了调整。不消说，"合理调整"财产正是那些在冷酷愿望——人人所有既不太多、也不太少，——从而实现了这个愿望的时候，一切困难不是都解决了吗？的必然性面前不得不把一切正义"措施"化为灰烬的"经济规律"。

马克思：《道德化的批评和批评化的道德》，

《马克思恩格斯全集》第4卷第351页。

上述论述表明，经典作家特别注重经济结构的合理性。国家合理的经济结构，主要从下列各项判断：①适合本国情况；②保证国民经济协调和可持续发展；③促进社会生产力的发展，保障经济增长速度和质量；④有效利用人力、物力、财力和自然资源；⑤推进科学技术进步；⑥提高劳动生产率。

生产资料所有制结构，是起决定性作用的经济结构构成。实行生产资料公有制，能从根本上保障经济结构的合理性。以生产资料公有制为基础的经济结构，能够保障立法的科学性、合理性。

马克思在《资本论》里说的"他发现，资本不是一种物，而是一种以物为媒介的人和人之间的社会关系"，是指爱·吉·威克菲尔德的发现。他在《英国和美国》一书中，谈到资本是一种社会关系。马克思在《雇佣劳动与资本》里进一步指出："黑人就是黑人。只有在一定的关系下，他才成为奴隶。纺纱机是纺棉花的机器。只有在一定的关系下，它才成为资本。脱离了这种关系，它也就不是资本了，就像黄金本身并不是货币，砂糖并不是砂糖的价格一样……资本是一种社会生产关系。它是一种历史的生产关系。"

马克思评价说："爱·吉·威克菲尔德的巨大功绩，并不是他关于殖民地有什么新发现，而是他在殖民地发现了关于宗主国的资本主义关系的真理。正如保护关税制度起初力图在宗主国制造出资本家一样，英国一度试图用立法手段来推行威克菲尔德的殖民理论，力图在殖民地制造出雇佣工人。威克菲尔德把这称为《syste-matic colonization》（系统的殖民）。"

"新荷兰"，是澳洲的旧称。

（四）法的动因来自社会要求和社会新需要

1. 法是反映社会要求的一种形式

反映社会要求有诸多形式，立法、政策、革命、战争等都是反映社会要求的形式。这里谈的是"形式"方面，至于法满足社会要求的真实性、程度，以及法实施的合法性等，是另外的问题。马克思主义经典作家对几十部法律发表过意见，这里选取了对工厂法、安全生产法、罢工法、食品安全法、教育法、济贫法、商业法的论述。

　　其中，《防止饮食品掺假法》特别引人注目。当时，资本主义处于黑心赚黑钱的疯狂时期。"食品掺假"引起了全社会的义愤，形成了重大社会问题。烤制面包工作本身，它通常是在窄小的、通风不良或者干脆不通风的地下室里进行的。除不通风以外，破脏水管子还不断冒出臭气，而面包在发酵时就吸收着它周围的各种有害的气体。蜘蛛网、蟑螂、大老鼠和小老鼠全都混在和好的面里。面团里差不多总是含有汗水，而且常常含有和面工人的更有害的排泄物。即使最好的面包房也都避免不了这种令人恶心的丑事。但是这种丑事达到不可思议程度的地方，则是那些给贫民做面包，同时特别风行在面粉里掺入明矾和骨粉。面包掺假的情况，令人难以置信，尤其在伦敦更为厉害。这种现象，最先是由下院"食物掺假调查委员会"进行调查，最后制定了《防止饮食品掺假法》。

　　法在反映社会要求上，有反映基本社会要求的法和反映因应性社会要求的法。这里没有按这个分类摘引。

　　还应当在司法方面实施协同一致的立法。德国各中等邦为反对把帝国权限也扩展到实质性的民法方面去所进行的反抗，已被克服了；但民法典仍然处在草拟的过程中，而刑法典、刑事诉讼程序和民事诉讼程序、商业法、破产条例以及审判制度已经统一制订出来。消除各小邦形式上的和实质性的各种各样法规，本身就是资产阶级向前发展所迫切需要的，而新法律的主要功绩也就在于消除上述法规，——它们的内容的功绩倒是小得多。英国法学家所依据的是这样一种法的历史，这种历史经历了中世纪，它拯救了很大一份古日耳曼人的自由，它不知警察国家为何物（这种国家在萌芽状态中就被十七世纪的两次革命扼杀了），它在两百年来公民自由的不断发展中达到了最高峰。法国法学家所依据的是大革命，这一革命在彻底消灭了封建主义和专制警察专横以后，把刚刚诞生的现代社会的经济生活条件，在拿破仑颁布的它的经典法典中译成了司法法规的语言。

恩格斯：《暴力在历史中的作用》，
《马克思恩格斯全集》第 21 卷第 523 页。

　　德国的小邦割据状况及其形形色色的工商业立法，必然很快就变成了束缚这种猛烈增长的工业以及与此相联系的商业的一种不堪忍受的桎梏。每走几里路，便出现不同的票据法，不同的工业活动条件，到处都会碰到各种不同的挑剔、官僚的和国库的刁难，甚至还常常碰到行会限制，使官方的特许证也无济于事！此外，还有许许多多不同的户籍立法和居留限制，使资本家无法把他们所支配的劳动力以足够的数量投到那些有矿石、有煤、有水力以及有其他有利的自然条件因而给工业企业提供了基础的地方去！无阻碍地大量利用本国劳动力的这种可能性，是工业发展的首要条件；可是，爱国的厂主从各处召集工人每到一个地方，有警察当局和济贫所反对新移民定居。统一的全德国的公民权，全体帝国公民迁徙完全自由，统一的工商业立法——这些现在已不再是狂热的大学生们的爱国幻想，而是工业生存的必要条件了。

恩格斯：《暴力在历史中的作用》，
《马克思恩格斯全集》第 21 卷第 465 页。

法律关于工场中的每个工人应占有必要空间的强制规定，就会一下子直接剥夺成千上万的小资本家！就会动摇资本主义生产方式的根基，也就是说，会破坏大小资本通过劳动力的"自由"购买和消费而实现自行增殖。因此，工厂法在500立方呎的空间面前碰壁了。

马克思：《资本论第一卷》，

《马克思恩格斯全集》第23卷第529页。

只在基尔迪南（在科克附近）的一家打麻工厂里，从1852年至1856年就一共发生6起造成死亡和60起造成严重残废的事故，而所有这些事故本来只要花几先令，安上一些最简单的装置就可以防止。达翁帕特里克各工厂的合格医生冯·怀特，在1865年12月16日的官方报告中说道："打麻工厂里的事故可怕到了极点。大多都是身体被铡掉四分之一。受伤者的通常结局，不是死亡就是变成残废，痛苦终身。国内工厂数量的增多当然会扩大这种可怕的结果。我相信，通过国家对打麻工厂的适当监督，可以避免身体和生命的大量牺牲。"为了迫使资本主义生产方式建立最起码的卫生保健设施，也必须由国家颁布强制性的法律。还有什么比这一点更能清楚地说明资本主义生产方式的特点呢？

马克思：《资本论第一卷》，

《马克思恩格斯全集》第23卷第528页。

《新罢工法草案》：我们得到了一份新的秘密文件：财政部"关于修改法律中惩治罢工和提前解除雇佣合同的条文、关于希望建立工人自助组织"的报告书。

报告书的开头概述了我国的工厂立法史，指出了1886年6月3日和1897年6月2日的法律，随后谈到关于废除对旷工和罢工者的刑事处分问题。财政部认为，以逮捕或监禁的办法来威胁任意旷工的个别工人或经大家约定而停工的许多工人，是达不到自己目的的。

报告书建议完全废除对个别工人的擅自旷工和和平罢工（即不使用暴力、不破坏社会秩序等等）的一切处分。应该仿效外国法律，只规定：凡"雇主或工人违反他人自由合法之意志，以强迫他人或妨碍他人"在某种条件下进行工作"为目的，而对其人身或财产施以暴力、威吓或污辱（！）者"，应予以处分。换句话说，就是建议取消对罢工者的刑事处分，而对妨碍他人"自愿工作"者予以刑事处分。

列宁：《新罢工法草案》，

《列宁全集》第6卷第393页。

烤制面包工作本身，它通常是在窄小的、通风不良或者干脆不通风的地下室里进行的。除不通风以外，破脏水管子还不断冒出臭气，而"面包在发酵时就吸收着它周围的各种有害的气体"。蜘蛛网、蟑螂、大老鼠和小老鼠全都"混在和好的面里"。"不管我多么恶心"，——特里门希尔先生说，——"我不得不得出结论：面团里差不多总是含有汗水，而且常常含有和面工人的更有害的排泄物。"即使最好的面包房也都免不了这种令人恶心的丑事。但是这种丑事达到不可思议程度的地方，则是那些给贫民做面包，同时特别风行在面粉里掺入明矾和骨粉的偏僻角落。特里门希尔先生建议颁布惩办面包掺假的更严厉的法律。

马克思：《面包的制作》，

《马克思恩格斯全集》第 15 卷第 590 页。

面包掺假的情况，令人难以置信，尤其在伦敦更为厉害。这种现象，最先是由下院"食物掺假"调查委员会（1855～1856 年）和哈塞耳医生《揭穿了的掺假行为》一书揭发出来的。揭发的结果是 1860 年 8 月 6 日颁布了"防止饮食品掺假"法，这是一项无效的法律，因为它对每个企图靠买卖假货"赚正当钱"的自由贸易者当然是极端宽容的。委员会本身也相当坦率地承认，自由贸易实质上是假货贸易，或者用英国人的俏皮说法，是"诡辩品"贸易。事实上，这种"诡辩"比普罗塔哥拉更会颠倒黑白，比埃利亚派更能当面证明一切真实都只不过是假象。

马克思：《资本论第一卷》，

《马克思恩格斯全集》第 23 卷第 277～278 页。

一切问题都归结为怎样使工人阶级的饥饿永久化，而照唐森的看法，那个特别在穷人中起作用的人口原理已经把这件事安排好了。"这似乎是一个自然规律：穷人在一定程度上是轻率的，（也就是说，他们是如此轻率，嘴里没有衔着金羹匙就降生到世界上来），所以，总是有一些人去担任社会上最卑微、最肮脏和最下贱的职务。于是，人类的幸福基金大大增加，比较高雅的人们解除了烦劳，可以不受干扰地从事比较高尚的职业，等等……济贫法有一种趋势，就是要破坏上帝和自然在世界上所创立的这个制度的和谐与优美、均称与秩序。"

马克思：《资本论第一卷》，

《马克思恩格斯全集》第 23 卷第 709 页。

济贫所这种事业是在损害私人工业的基础上发展起来的。因此，问题决不在于去养活"过剩人口"，而在于采用某种办法尽可能地缩减过剩人口的数目。马尔萨斯干脆宣布，以往公认的每个生在世界上的人都有权获得生活资料的说法是完全荒谬的。

但是，政权还在富人手里，所以无产者不得不听凭法律宣布他们是真正"多余的"，即使他们自己并不愿意承认这一点。新济贫法所做的正是这件事。以 1601 年的法案（伊丽莎白女王第四十三年的法案）为基础的旧济贫法还天真地从这样的原则出发：照顾穷人的生活是教区的责任。

恩格斯：《英国工人阶级状况》，

《马克思恩格斯全集》第 2 卷第 574 页。

人民委员会委托国民教育人民委员部立即拟订若干决定和步骤，以便在志愿上高等学校的人数超过往常的招生名额时，采取紧急措施，保证每个人都有升学的机会，决不容许有产阶级享受任何法律上和事实上的特权。当然，首先必须招收无产阶级和贫苦农民出身的人，并普遍发给他们助学金。

列宁：《人民委员会关于俄罗斯联邦高等学校招生问题的决定草案》，
《列宁全集》第 35 卷第 30 页。

现在必须向人民提出一些迫切的办法，使每一个识字的人都觉得自己有义务教会几个不识字的人。我们的法令已对这点作了明文规定。

列宁：《在全俄社会教育第一次代表大会上的讲话》，
《列宁全集》第 36 卷第 320 页。

马克思在《资本论》第 1 卷的《面包的制作》一文中，指出了"食物掺假"调查委员会（1855～1856 年）和哈塞耳医生《揭穿了的掺假行为》一书揭发出来的"面包掺假"，是把明矾磨成细粉，或与盐混合，这是一种常见的商品，名为"面包素"。

文中"靠买卖假货'赚正当钱'"，是说煤烟买卖的情况。煤烟是碳的一种高效形态，可作肥料，资本主义的烟囱扫除业者都是把煤烟卖给英格兰租地农民。1862 年，一个英国陪审员审理了这样一件案子：卖者瞒着买者在煤烟中掺了 90% 的灰尘和沙，这样的煤烟究竟算是"商业上"的"真正的"煤烟呢，还是"法律上"的"掺假的"煤烟？"商业之友"判决说，这是商业上的"真正的"煤烟。于是原告租地农民的官司打输了，并且还要负担诉讼费用。马克思愤怒地说，这是颠倒黑白。

资本主义市场经济是唯利是图的经济，是"掺假"经济。法国化学家舍伐利埃在一篇论商品"掺假"的文章中说，他所检查过的 600 多种商品中，很多商品都有 10 种、20 种甚至 30 种掺假的方法。他又说，很多掺假方法他还不知道，而且他知道的也并没有全部列举出来。他指出，糖有 6 种掺假方法，橄榄油有 9 种，奶油有 10 种，盐有 12 种，牛奶有 19 种，面包有 20 种，烧酒有 23 种，面粉有 24 种，巧克力有 28 种，葡萄酒有 30 种，咖啡有 32 种，等等。甚至仁慈的上帝也不能逃脱这种命运。以上见马克思的注释，摘自卢阿尔·德·卡尔：《论伪造圣物》，1856 年巴黎版。

文中针对比普罗塔哥拉更会颠倒黑白的这种"掺假"的"诡辩"，引出"比埃利亚派更能当面证明一切真实都只不过是假象"的结论。"埃利亚派"，是公元前 6 世纪末～5 世纪古希腊哲学中的唯心主义派别。这一派别的最重要的代表有色诺芬、巴门尼德和芝诺。埃利亚派企图证明，运动和现象的多样性在现实中并不存在，而只存在于想象中。

马克思在《资本论》第 1 卷里，批判了约·唐森的说法："总是有一些人去担任社会上最卑微、最肮脏和最下贱的职务。于是，人类的幸福基金大大增加，比较高雅的人们解除了烦劳，可以不受干扰地从事比较高尚的职业，等等……济贫法有一种趋势，就是要破坏上帝和自然在世界上所创立的这个制度的和谐与优美、均称与秩序。"约·唐森把穷人说成"嘴里没有衔着金羹匙就降生到世界上来"的人。约·唐森是一个牧师，自称是"一个愿人们幸福的人"，写了《论济贫法》一书。这位"高雅的"牧师的上述著作和他的《西班牙游记》，马尔萨斯经常整页整页地加以抄袭，而唐森自己的大部分学说却是从约·斯图亚特爵士那里抄袭来的，不过加以歪曲了而已。

列宁在《在全俄社会教育第一次代表大会上的讲话》中，提到的"每一个识字的人都觉得自己有义务教会几个不识字的人"的法令，指 1918 年 12 月 10 日人民委员会通过的《关于动员识字者和组织宣传苏维埃制度的法令》。该法令刊载于 1918 年 12 月 12 日《全俄中央执行委员会消息报》第 272 号。法令规定对所有识字的人进行一次登记，从中选拔优秀的宣讲员，编成小组。这些小组第一要把政府所采取的一切措施向不识字的居民传达；第二要通过宣读法令、文章和共产党的报纸来帮助全体居民提高政治觉悟。

2. 制定新的法律来调整新的社会状态

马克思在确定了物质生活的生产方式制约着社会的社会生活、政治生活和精神生活的过程以后，就着手研究生产方式发展的规律，特别是资本主义社会运动的经济规律。他揭露了资本主义制度的矛盾。这些矛盾的发展，必然导致新的社会问题和新的社会状态的出现，从而产生新的立法要求。

反映基本社会要求的法，一般具有相对稳定的立法形式，因为基本社会要求是相对稳定的。马克思所说制定新的法律来调整新的社会状态，指的是反映因应性社会要求的法。因应性法是偶然立法。

"随着时间不可遏止的向前推移，产生现有立法中尚无适当规定的新的重大的兴趣或者新的需要，每当这样的时刻，就必须制定新的法律来调整这种新的社会状态。这就是我们面临的时机。"这是真正历史的观点，它是同臆想的观点相对立的，而臆想的观点却先扼杀历史理性，然后又把它的遗骨当作历史的圣物来敬奉。

马克思：《关于新闻出版自由和公布省等级会议辩论情况的辩论》，
《马克思恩格斯全集》第 1 卷上册第 199 页。

虽然大工业在它的发展初期自己创造了自由竞争，但是现在它的发展已经超越了自由竞争的范围。竞争和个人经营工业生产已经变成大工业的枷锁，大工业要粉碎它，而且一定会粉碎它。大工业只要还是按照现今的原则经营，就只有依靠每七年出现一次的普遍混乱才能维持生存，每次混乱对全部文明都将是一种威胁，它不但将无产者抛入贫困的深渊，而且也使许多资产者破产。因此，或者必须消灭大工业，——这是绝对不可能的，或者是承认，大工业造成一种绝对必需的局面，那就是建立一个全新的社会组织，在这个新的社会组织里，工业生产将不是由相互竞争的厂主来领导，而是由整个社会按照确定的计划和社会全体成员的需要来领导。

恩格斯：《共产主义原理》，
《马克思恩格斯全集》第 4 卷第 364 页。

大工业及其所引起的生产无限扩大的可能性，使人们能够建立这样一种社会制度，在这种社会制度下，一切生活必需品都将生产得很多，使每一个社会成员都能够完全自由地发展和发挥他的全部力量和才能。由此可见，现代社会中造成一切贫困和商业危机的大工业的那种特性，在另一种社会组织中却正是消灭这种贫困和这些有害的动荡的因素。

恩格斯：《共产主义原理》，
《马克思恩格斯全集》第4卷第364页。

资产阶级如果不使生产工具经常发生变革，从而不使生产关系，亦即不使全部社会关系经常发生变革，就不能生存下去。相反，过去一切工业阶级赖以生存的首要条件，却是原封不动地保持旧的生产方式。生产中经常不断的变革，一切社会关系的接连不断的震荡，恒久的不安定和变动，——这就是资产阶级时代不同于过去各个时代的地方。

马克思恩格斯：《共产党宣言》，
《马克思恩格斯全集》第4卷第469页。

在某个机关自诩为国家理性和国家道德的举世无双的独占者的社会中，在同人民根本对立因而认为自己那一套反国家的思想就是普遍而标准的思想的政府中，当政集团的龌龊的良心却臆造了一套追究倾向的法律，报复的法律，来惩罚思想，其实它不过是政府官员的思想。

马克思：《评普鲁士最近的书报检查令》，
《马克思恩格斯全集》第1卷上册第121～122页。

阴险的幸灾乐祸从各族人民的伟大生活中抓住流言蜚语和个人传闻，它不承认历史的理性，而只是向公众传播历史的丑闻；这种幸灾乐祸根本不能判断事物的本质，所以死抓住现象的个别方面，抓住个人传闻而强求保守秘密，以便把社会生活的任何污点都掩蔽起来。

马克思：《关于新闻出版自由和公布省等级会议辩论情况的辩论》，
《马克思恩格斯全集》第1卷上册第184页。

马克思认为，制定新的法律来调整新的社会状态，是真正历史的观点。马克思把新法律的制定上升到历史观的高度，表明了坚持历史的发展，是客观事物发生、发展和灭亡的必然性和偶然性的统一。法反映社会要求，调整社会关系，是必然的。法的必然性是法发展过程中不可避免的、确定不移的趋势。必然性产生于法内在的本质原因。

社会关系经常处于变动之中，新情况、新问题层出不穷。社会关系的新变化，要求新的法律与之相适应。然而，是否制定法律、制定什么法律、什么时候制定，具有偶然性。法的偶然性是由社会发展中的诸多因素决定的。偶然性法不能改变法的本质和发展趋势，但它是必然性法的补充和表现形式，能够对历史发展起进步或倒退作用，产生积极或消极后果。

二、法的对象的社会性

法的对象是社会关系。"一定的现象必然由当时存在的关系所引起"。正是社会关系所引起的对法律的要求，马克思认为当时"五种法典就够了：民法典、民事诉讼法典、刑法典、刑事诉讼法典、商业法典"。

经典作家指出：人们按照自己的物质生产的发展建立相应的社会关系，正是这些人又按照自己的社会关系创造了相应的原理、观念和范畴。一切理论和范畴，本质上不过是"社会关系的抽象的、观念的表现"。

法的对象是社会关系的要求确定的，还是人的头脑确定出来的？一些人尽管在口头上承认法的对象是社会关系的要求确定的，但在学理上确定法的对象时，还是由自己的头脑确定出来。

譬如民法的对象的确定。民法的对象，被《民法通则》确定为"调整平等主体的公民之间、法人之间、公民和法人之间的财产关系和人身关系"。实际情况怎样呢？主体的平等性，取决于主体之间的相互关系状态。主体之间有平等关系，也有不平等关系；有商品货币关系，也有宏观调控关系，而民法所调整的关系，只能是平等关系。这是说，只有在主体之间平等关系的状态下，主体才存在平等的资格和地位。先验地确定"平等主体"，随后把存在不平等关系和宏观调控关系的主体关系，单独确定为平等关系，是把主观和客观头足倒置了。

譬如经济法的对象的确定。经济法的对象，开始被确定为"调整经济关系"。如果一个法的门类调整整个经济关系，那这个法也太大了，是无论如何也调整不过来的。后来又被确定为"调整纵向经济关系"。纵向经济关系不限于管理与被管理关系，上位企业与下位企业的关系，也是纵向经济关系。这样，头脑中确定出来的纵向经济关系同实际上的纵向经济关系便存在无法克服的矛盾。看来，按照传统的法部门划分理论来对待新的法律门类，不能正确认识经济法现象。再后来，经济法被确定为"调整宏观调控关系和市场规制关系"的法。这实际是"调整纵向经济关系"的换一个说法。无论在西方国家还是我国，宏观调控是一个属于经济学理论设计和政策的概念，没有也无法形成普遍立法；而"市场规制"这个词能否成立都是困难的。首先，"规制"一词是日语汉字，日本法学界解释为"一定政策意义上的国家限制"。法的调整，不仅表现为干预、限制或禁止，还表现为保护、促进或鼓励等。因此，"规制"的狭窄含义，不能表达法与其对象的全面调整关系。况且，"规制"一词在我国的语义学上没有出现；其次，"市场"只是商品交换的场所，"市场规制"只能理解为"对场所的规制"，如果经济法仅仅"对场所规制"，那经济法就不能称为经济法了，而企业法也不是仅仅"对场所规制"；第三，如果把"市场规制"说成"规制市场经济",则"规制市场经济"的法早就存在了,它传统地表现为民法和商法。所以说,用头脑确定对象,特别是用18世纪的头脑确定对象,是不会符合实际的。垄断和国家垄断的形成和发展,使整个国家的经济联成一气,形成了生产社会化、国民经济一体化和经济国际化。由此,法的结构发生了重大变化。这种变化,冲破了传统法部门的界限,要求一种新的法律对国民经济进行统一、综合和协调地调整。这就是经济法。对于经济和法变化的认识,需要一种新的法学理论,而只有新的法学理论才能对新变化做出回答。

(一)法的调整对象是社会关系

1. 法的出发点是社会问题

西方关于"社会问题"术语至今没有明确的定义,其种种说法,是从不同的角度说明的。如 H. 奥杜姆在《了解社会》一书中,将社会问题分为四类,"个人病态",如酗酒、自杀,等等;"社会病态",如离婚、娼妓,等等;"经济病态",如贫困、失业,等等;"社会制度病态",如政治腐败,等等。这四类问题,没有在一级分类上概括全部基本类别,因为法律、道德、宗教等都存在"病态"问题,生活方式也存在"病态"问题。而且,分类本身就不科学,"个人""社会""经济""社会制度"不是并列关系而是包含和被包含关系,而和"经济病态"并列的,还有"文化病态""教育病态""卫生病态""科技病态",等等。至于离婚、自杀等,是社会正常现象,只有"离婚率"飙升、自杀"普遍性",才是社会问题。

西方学者一般认为,社会问题是社会变迁中社会生活的失调。问题在于,这种"失调",并不总是与社会变迁有关。H. 奥杜姆所列四类社会问题,是剥削阶级社会始终存在的社会问题的"常态",同社会变迁没有直接关系。

一些学者认为社会问题是从农业社会向工业社会发展中的阶段性问题,是社会变迁产生的必然现象,各个国家都会遇到。这是为社会问题的产生根源作辩护的理论。社会主义首先在经济落后的国家实现。在社会主义条件下,当然存在从农业社会向工业社会发展的"社会变迁"问题,但不存在剥削阶级社会固有的社会问题的"常态"。问题在于,这些学者所说的"社会变迁",指的是从社会主义社会向资本主义社会的"社会变迁",而其社会问题,是剥削阶级社会固有的社会问题"常态"的复活。

社会问题,是人与人的相互关系问题。马克思的精辟见解,为我们指明了认识和分析社会问题的理论前提。人与人的相互关系是社会关系,基本社会关系是阶级关系。社会问题是剥削阶级统治的必然产物。而且,在阶级分化的社会里,统治阶级和被统治阶级对社会问题的认识不可能一致,解决社会问题的目的、手段和后果也不可能相同。

解决社会问题,统治阶级往往利用国家和法。

并不是所有的社会问题都由法处理。基本社会问题需要法来规范,对于因应性社会问题,特别是普遍的、持续的、有全局性影响的社会问题,在通常情况下,也需要法来规范。

人们的政治关系同人们在其中相处的一切关系一样自然也是社会的、公共的关系。因此，凡是有关人与人的相互关系问题都是社会问题。

马克思：《道德化的批评和批评化的道德》，

《马克思恩格斯全集》第 4 卷第 334 页。

在"我们这个时代"作为全世界历史性问题的这个财产问题，只是在现代资产阶级社会中才有意义。这种社会愈发达，一个国家的资产阶级在经济上就愈发展，因而国家的权力就愈具备资产阶级性质，那末社会问题就愈尖锐。

马克思：《道德化的批评和批评化的道德》，

《马克思恩格斯全集》第 4 卷第 335 页。

孟德斯鸠第五十六所研究的主要是社会问题。他找到了一条解决社会问题的"最方便、最简单的道路"，并用最肉麻、最无耻的骗人的热情来推销他的莫里逊药丸。"解决这个问题〈即解决社会问题〉的最方便、最简单的道路，就是接受去年 12 月 5 日的钦定宪法，加以修改，然后让所有的人向宪法宣誓，从而使宪法生效。这对我们说来是唯一的生路。"

马克思：《孟德斯鸠第五十六》，

《马克思恩格斯全集》第 6 卷第 215 页。

几星期以来，这里流传着各种告示，在这些告示中资本家通知手工业师傅、小店主等说，鉴于目前的局势以及信贷增长的情况，从博爱的观点出发，贷款利息将由四厘提高到五厘。——这是解决社会问题的第一个办法！

此地的市政委员会本着同样的精神，为那些将要饿死或者不得已向城市出卖劳力的不幸的人制定了"工人手册"（参看"新莱茵报"第 187 号）。读者大概还记得，在这个钦赐给工人的宪章中说，失去工作的工人按合同应受警察局监视。——这是解决社会问题的第二个办法！

三月事件以后不久，科伦市政委员会马上就开办了一个物美价廉、设备齐全、房间既漂亮又暖和的餐厅。钦定宪法颁布以后，拨出了另外一个由慈善机关管理的地方来代替这个餐厅，这里不生火炉，餐具不全，而且不许立刻进餐，一夸特淡而无味的清汤要卖八分尼。——这是解决社会问题的第三个办法！

当维也纳工人还控制着城市的时候，他们保护了逃亡资产者的银行、房屋和财产。但是这些资产者回来以后，却向文迪施格雷茨告发这些"强盗"，要求把他们绞死。失业工人请求市政委员会帮助，结果都被送到同匈牙利作战的军队里了。——这是解决社会问题的第四个办法！

布勒斯劳市政委员会和政府眼看着那些失去生理上所必需的生活资料而在济贫院中寻求庇护的不幸的人死于霍乱而无助于衷，只是当瘟疫威胁着他们自己的时候，他们才注意到他们的残酷的慈善事业的牺牲者。——这是解决社会问题的第五个办法！

马克思：《孟德斯鸠第五十六》，

《马克思恩格斯全集》第 6 卷第 216 ~ 217 页。

在官吏们看来，什么叫做"社会问题"呢？这就是保持他们的薪俸和照旧统治人民的地位。在贵族和贵族大地主看来，什么叫做"社会问题"呢？这就是保存封建地主原来享有的特权，让贵族在军队和民事官厅中占据收入最多的肥差美缺，以及直接从国库中拿钱来供养他们。

马克思：《孟德斯鸠第五十六》，

《马克思恩格斯全集》第 6 卷第 226 页。

马克思使用"孟德斯鸠第五十六"作为文论的题目，颇具讽刺意味。"科伦日报"的杜蒙在"来件照登"栏中发表了一篇匿名作者的文章。此文提出了解决社会问题的办法。其中心是号召人们"接受钦定宪法"。

匿名作者认为，"等级的划分"是同自然相适应的；说"资产阶级和无产阶级"有区别是"弥天大谎"。他的目的，是把国家的权柄交给"封建的所有制关系"的代表人物，即天赋国王、军队、官僚、容克地主以及同他们有联系的一小撮金融贵族和市侩。无非是要实行等级制度，也就是说，实行一种能代表封建贵族、官僚、天赋王权的"社会"利益的政治制度。

孟德斯鸠是法国大革命的思想先驱。他的本名是查理·路易·德·色贡达（Chailes Louis de Secondat）。1716 年继承伯父职位任波尔多议会议长，从而袭用伯父的"孟德斯鸠男爵"尊号。马克思用"孟德斯鸠第五十六"称呼这个匿名作者，讽指孟德斯鸠的第五十六代子孙，显然是说他是中世纪封建贵族制度的孝子贤孙。

马克思在《孟德斯鸠第五十六》里"用最肉麻、最无耻的骗人的热情来推销他的莫里逊药丸"，这种"莫里逊药丸"，是一种号称能治百病的药丸。

其"工人手册"，是载于 1849 年 1 月 5 日"新莱茵报"第 187 号马克思写的《资产阶级的文件》。对于"工人手册"，马克思评价为：我们把在光荣的科伦市从事城市建筑工作的无产者必须签字的"工人手册"逐字逐句地转载在下面，作为证明我国资产阶级卑鄙无耻地对待工人阶级的历史文件。

"工人手册"全文如下：

第一条　每一个工人都必须无条件服从所有身兼警官的市监工的指示和命令。凡不服管教或拒不从命者，应立即开除。

第二条　未经建筑工程监工的特许，任何工人不得从一工段转到另一工段，或擅离工地。

第三条　凡窃取他工段的大车、独轮车或其他用具用于自己工段工作的工人，应予以开除。

第四条　凡酗酒、喧哗、吵架、争辩或殴斗者，应立即予以开除。此外，在必要情况下，肇事人应由司法机关依法惩处。

第五条　凡迟到工地十分钟以上者，于半日内不予分配任何工作；迟到三次即可开除。

第六条　请求辞工或被开除的工人，应在所规定的下一个发工资的日子，按本人所完成的工作量领取工资。

第七条　工人被解雇，应载入工人手册。如工人系被开除，得视情况禁止其再在原建筑工地或一切城市建筑工地就业。

第八条　开除工人及开除的原因，每次都应报知警察当局。

第九条　如工人欲对工地监工提出控诉，则应推举由三名工人组成之代表团将控诉书呈交负责城市建筑工程的首长。该首长应就地调查控诉内容，并自行裁夺。

第十条　工作时间定为早六时半至十二时，午后一时至傍晚天黑。〈真是妙笔！〉

第十一条　工人必须同意上述条件，才能获得工作。

第十二条　工资于每星期六下午在建筑工地发给。

具有绝对支配权的建筑工程总监工于科伦

工人签字或画押。

分配于某工段，担任某项工作，等等

建筑工程监工签字。

"布勒斯劳"，波兰称作弗罗茨拉夫。

2. 作为法的调整对象的社会关系

经典作家是致力于研究社会关系的。1850 年 1 月在汉堡开始发行马克思主编的《新莱茵报·政治经济评论》，在关于杂志发行的"启事"中，马克思和恩格斯规定了新刊物的任务："剖析前一革命时期，说明正在进行斗争的各政党的性质，以及决定这些政党生存和斗争的社会关系。"

资产阶级学者把资本主义社会的范畴、理论看作是永恒不变的，经典作家则认为这些范畴和理论是受到历史限制的、暂时性的社会关系在理论上的表现，指出"地租、利润等这些私有财产的现实存在形式是与生产的一定阶段相适应的社会关系"。

马克思和恩格斯揭示了资本主义社会的发展规律，驳斥了资产阶级学者和政论家关于"资本主义社会永恒"的谰言，这些人把资本主义描绘成建立在和谐基础上的、能使所有阶级繁荣昌盛并且符合社会规律的社会。马克思指出，资产阶级理论的全部秘密，"不过就在于把一个特定的历史时代独有的、适应当时物质生产水平的暂时的社会关系变为永恒的、普遍的、不可动摇的规律"。

《德意志意识形态》描绘了未来共产主义社会的某些基本轮廓。认为这个社会的特点是：在共产主义制度下，人们将自觉地利用客观经济规律，从而有能力支配生产，支配交换，支配自己的社会关系。只有在共产主义制度下，每一个人的才能和天资才会得到充分的和全面的发展。

经典作家概括的社会关系，正是作为法调整对象的社会关系。社会关系包括政治、经济、文教卫生、婚姻家庭等几乎所有领域，但并不是说这些领域里的所有关系都由法调整。那种认为立法越多越好、法条越细越好的观念，是"法律万能论"的表现。几千年的王朝兴亡史证明："简法省刑"能够使统治维系得长久一点，而"繁法滥刑"反而深化社会矛盾，酿成严重的社会危机。这是法与社会关系相互关系的辩证法。

　　各个人借以进行生产的社会关系，即社会生产关系，是随着物质生产资料、生产力的变化和发展而变化和改变的。生产关系总合起来就构成为所谓社会关系，构成为所谓社会，并且是构成为一个处于一定历史发展阶段上的社会，具有独特的特征的社会。古代社会、封建社会和资产阶级社会都是这样的生产关系的总和，而其中每一个生产关系的总和同时又标志着人类历史发展中的一个特殊阶段。

马克思：《雇佣劳动与资本》，

《马克思恩格斯全集》第 6 卷第 487 页。

　　拉萨尔作为一个虔诚的老年黑格尔派，不是从罗马人的社会关系中，而是从意志的"思辨概念"中引伸出罗马的法权规范，从而便得出了上述的完全违反历史的论断。这在该书中是不足为奇的，因为该书根据同一个思辨概念得出了一个结论，认为在罗马的继承制中财产的转移纯粹是次要的事情。拉萨尔不仅相信罗马法学家，特别是较早时期的罗马法学家的幻想，而且还比他们走得更远。

恩格斯：《家庭、私有制和国家的起源》，

《马克思恩格斯全集》第 21 卷第 201 页。

　　社会关系和生产力密切相联。随着新生产力的获得，人们改变自己的生产方式，随着生产方式即保证自己生活的方式的改变，人们也就会改变自己的一切社会关系。手工磨产生的是封建主为首的社会，蒸汽磨产生的是工业资本家为首的社会。

　　人们按照自己的物质生产的发展建立相应的社会关系，正是这些人又按照自己的社会关系创造了相应的原理、观念和范畴。所以，这些观念、范畴也同它们所表现的关系一样，不是永恒的。它们是历史的暂时的产物。

马克思：《哲学的贫困》，

《马克思恩格斯全集》第 4 卷第 144 页。

　　人们对每种能力所要求的是与它相异的产物；这是一种由各种社会关系所决定的关系，而它恰巧就是功利关系。所有这一切的确就是资产者那里的情况。对资产者来说，只有一种关系——剥削关系——才具有独立自在的意义；对资产者来说，其他一切关系都只有在他能够把这些关系归结到这种唯一的关系中去时才有意义，甚至在他发现了有不能直接从属于剥削关系的关系时，他最少也要在自己的想象中使这些关系从属于剥削关系。这种利益的物质表现就是金钱，它代表一切事物，人们和社会关系的价值。

马克思恩格斯：《德意志意识形态》，

《马克思恩格斯全集》第 3 卷第 480 页。

　　人的本质并不是单个人所固有的抽象物，实际上，它是一切社会关系的总和。

马克思：《关于费尔巴哈的提纲》，

《马克思恩格斯全集》第 3 卷上册第 5 页。

有一点很清楚。自然界不会造成一方面是货币或商品的所有者，另一方面是只有劳动力的人。这种关系既不是自然史的关系，也不是一切历史时代所共有的社会关系。它显然是以往历史发展的结果，是许多次经济变革的产物，是社会生产的一系列陈旧形态灭亡的产物。

恩格斯：《卡·马克思"资本论"第一卷书评——为"双周评论"作》，

《马克思恩格斯全集》第 16 卷第 335 页。

人们在劳动中的社会关系始终表现为他们本身之间的个人的关系，而没有披上物之间即劳动产品之间的社会关系的外衣。

马克思：《资本论第一卷》，

《马克思恩格斯全集》第 23 卷第 94 页。

国王本来至少能够保存法制的外表，但是他忽视了这一点。国王可以驱散国民议会，然后委托内阁向全国宣布："我们决心实行政变——形势迫使我们这样做。形式上我们违犯了法律的规定，但是也有国家处于生死存亡关头的危机时刻。在这种时刻，就只有一种不可违犯的法律——保存国家。当我们解散国民议会的时候，还没有任何宪法，所以我们不可能违背宪法。但是，有两个构成法——1848 年 4 月 6 日和 8 日的法律。实际上，现在只有一个唯一的构成法——选举法。我们号召全国人民根据这一法律进行新的宪举。在这种初选产生的议会面前，我们将作为责任内阁出现。我们希望，这一议会将承认政变是出于形势所迫的救国行动。它将追认这次政变。它将宣布：我们为了救国而违犯了法律的字句。让议会来决定我们的命运吧。"

马克思：《对民主主义者莱茵区域委员会的审判》，

《马克思恩格斯全集》第 6 卷第 287 页。

不能否认事实，未来的历史学家谁也不会否认这种事实：国王实行了革命，他推翻了现存的法律制度，他不能诉诸被他自己可耻地践踏了的法律。当顺利进行革命的时候，可以绞死自己的敌人，但不能对他们作出法庭判决。可以把他们作为战败了的敌人清除掉，但不能把他们当作罪犯来审判。在实行了革命或反革命以后，不能用已被推翻了的法律去反对这种法律本身的维护者。

马克思：《对民主主义者莱茵区域委员会的审判》，

《马克思恩格斯全集》第 6 卷第 288 页。

正统王朝和七月王朝并没有增添什么新的东西，不过是扩大了分工，这种分工随着资产阶级社会内部的分工愈益造成新的利益集团，即造成国家管理的新对象，而愈益扩大起来。每一种共同的利益，都立即脱离社会而作为一个最高的普遍的利益来与社会相对立，都从社会成员自己行动的范围中划分出来而成为政府活动的对象——从某一村镇的桥梁、校舍和公共财产起，直到法国的铁路、国有财产和国立大学止。

马克思：《路易·波拿巴的雾月十八日》，

《马克思恩格斯全集》第 8 卷第 215～216 页。

现代的资产阶级财产关系靠国家权力来"维持",资产阶级建立国家权力就是为了保卫自己的财产关系。

马克思:《道德化的批评和批评化的道德》,
《马克思恩格斯全集》第4卷第331页。

其实,如果资产阶级从政治上即利用国家权力来"维持财产关系上的不公平",它是不会成功的。"财产关系上的不公平"以现代分工、租代交换形式、竞争、积聚等等为前提,决不是来自资产阶级的阶级政治统治,相反,资产阶级的阶级政治统治倒是来自这些被资产阶级经济学家宣布为必然规律和永恒规律的现代生产关系。

马克思:《道德化的批评和批评化的道德》,
《马克思恩格斯全集》第4卷第331页。

海因岑先生谈到金钱和权力、财产和统治、获得金钱和获得权力不同是一个东西的时候,他在字面上即已犯了同义反复的毛病,并且还觉得单纯规定字面上的差别就是一桩了不起的功绩。

"获得金钱"怎样变成"获得权力","财产"怎样变成"政治统治",也就是说,为何不是像海因岑先生所奉为教条的那种硬性规定的差别,而是两种势力相互作用,直到两者合而为一;海因岑先生要想了解这一切是不难的。

马克思:《道德化的批评和批评化的道德》,
《马克思恩格斯全集》第4卷第332~333页。

海因岑先生看到君主处于德国社会大厦的最上层。他毫不怀疑:最上层的社会基础就是他们创造的并且他们每天都在重新创造这种基础。君主制是社会状况的公开政治表现,要解释两者间的联系,除了把君主说成是这种联系的创造者以外,还能有比这更简单的解释吗!代表机关同它们所代表的现代资产阶级社会有什么联系呢?它们创造了社会!

马克思:《道德化的批评和批评化的道德》,
《马克思恩格斯全集》第4卷第339页。

君主权力的反动性并不证明这种权力创造旧社会,倒是相反地证明,只要旧社会的物质条件消亡,君主权力本身也就消灭。它的反动性同时就是旧社会的反动性,因为旧社会仍然是官方的社会,因此也仍然是权力的官方享有者或官方权力的享有者。

马克思:《道德化的批评和批评化的道德》,
《马克思恩格斯全集》第4卷第341页。

人们的观念、观点、概念,简短些说,人们的意识,是随着人们的生活条件、人们的社会关系和人们的社会存在的改变而改变的,——这一点难道需要有什么特别的深奥思想才能了解吗?思想的历史,岂不是证明,精神生产是随着物质生产的改造而改造的吗?任何一个时代的统治思想都不过是统治阶级的思想。

马克思恩格斯：《共产党宣言》，

《马克思恩格斯全集》第 4 卷第 488 页。

旧唯物主义的立脚点是"市民"社会；新唯物主义的立脚点则是人类社会或社会化了的人类。

马克思：《关于费尔巴哈的提纲》，

《马克思恩格斯全集》第 3 卷第 5～6 页。

谁用政治经济学的范畴构筑某种思想体系的大厦，谁就是把社会体系的各个环节割裂开来，就是把社会的各个环节变成同等数量的互相连接的单个社会。其实，单凭运动、顺序和时间的逻辑公式怎能向我们说明一切关系同时存在而又互相依存的社会机体呢？

马克思：《哲学的贫困》，

《马克思恩格斯全集》第 4 卷第 145 页。

这种社会主义就是宣布不间断革命，就是实现无产阶级的阶级专政，把这种专政作为必经的过渡阶段，以求达到根本消灭阶级差别，消灭一切产生这些差别的生产关系，消灭一切和这些生产关系相适应的社会关系，改变一切由这些社会关系产生出来的观念。

马克思：《1848 年至 1850 年的法兰西阶级斗争》，

《马克思恩格斯全集》第 7 卷第 104 页。

在如何认识法和社会关系的关系时，我们必须记住："人们的意识，是随着人们的生活条件、人们的社会关系和人们的社会存在的改变而改变的"；"旧唯物主义的立脚点是'市民'社会，新唯物主义的立脚点则是人类社会或社会化了的人类"；"谁用政治经济学的范畴构筑某种思想体系的大厦，谁就是把社会体系的各个环节割裂开来，就是把社会的各个环节变成同等数量的互相连接的单个社会"。是的，法的调整对象是有针对性的、单一的，但作为调整对象的社会关系却是统一的。用法学的范畴构筑某种思想体系的大厦，就是割裂社会关系的各个环节，就是把社会的各个环节变成单个社会。这就是唯心主义法学的实质。

"拉萨尔作为一个虔诚的老年黑格尔派，不是从罗马人的社会关系中，而是从意志的'思辨概念'中引伸出罗马的法权规范"一段话，取自恩格斯《家庭、私有制和国家的起源》的一个脚注。

马克思在《对民主主义者莱茵区域委员会的审判》中谈到的"审判"，是在 1849 年 2 月 8 日举行的。马克思、卡·沙佩尔和律师施奈德尔第二曾出席科伦陪审法庭受审。他们被控的罪名是煽动叛乱，其根据是民主主义者莱茵区域委员会曾于 1848 年 11 月 18 日发表了号召拒绝纳税的呼吁书。最后陪审法庭宣判被告无罪。

（二）法所调整的基市社会关系

1. 国家事务关系

国家事务是以国家的名义所进行的活动，由国家法调整。我国没有正式采用"国家法"术语，也不是正式的法的分类。对于同类法，类似台湾地区的说法，按"宪法和相关法律"冠名。

这里摘引的论述，按国家元首、政党、议会和军事、外交等顺序排列。

专制制度（专制政体，无限君主制）是一种最高权力完全地整个地（无限制地）由沙皇一人独占的管理形式。沙皇颁布法律，任命官吏，搜刮和挥霍人民的钱财，人民对立法和监督管理一概不得过问。因此，专制制度就是官吏和警察专权，而人民无权。

列宁：《俄国社会民主党中的倒退倾向》，
《列宁全集》第 4 卷第 219 页。

只有在这样的德国还会要求一个政党不仅在实际上而且在精神上都受现存的所谓法制的约束；要求这个政党预先保证，无论出现什么情况，也不要推翻它与之斗争的法制基础，即使能做到也不要做，换句话说，它必须承担使现存政治制度永世长存的义务。要求德国社会民主党不再是"革命者的"用意只此而已。

恩格斯：《"卡尔·马克思在科伦陪审法庭面前"一书序言》，
《马克思恩格斯全集》第 21 卷第 237 页。

国会废除了哥伦比亚地区和联邦首都的奴隶制度，对以前的奴隶主付给金钱补偿，宣布奴隶制度在美国全部领地内是"永远不可能的"。在接受西弗吉尼亚作为新州加入联邦的法案中，规定了逐步废除奴隶制度，并宣布所有 1863 年 7 月 4 日以后出生的黑人儿童是自由人。这种逐步解放奴隶的条例，大体上是以 70 年前宾夕法尼亚州为着同样的目的所颁布的法律为蓝本的。第四个法案宣布，叛军方面的所有奴隶一到共和党的军队手里就是自由人。另一个还是现在才第一次实施的法案规定，可以把这些获得解放的黑人组成军队，开赴战场对南军作战。利比里亚、海地等黑人共和国的独立获得了承认，最后，和英国签订了禁止奴隶买卖的条约。

马克思：《评美国局势》，
《马克思恩格斯全集》第 15 卷第 558～559 页。

德国人民几乎已经在国内所有大小城市的街道上，尤其是在维也纳和柏林的街垒中，夺得了自己的主权。而且已经在国民议会的选举中行使了这个主权。

国民议会的第一个行动必须是，大声而公开地宣布德国人民的这个主权。它的第二个行动必须是，在人民主权的基础上制定德国的宪法，消除德国现存制度中一切和人民主权的原则相抵触的东西。国民议会在开会期间必须采取必要的措施，以便粉碎反动派的一切偷袭，巩固议会的革命基础，保护革命所夺得的人民主权不受任何侵犯。

马克思：《法兰克福议会》，

《马克思恩格斯全集》第 5 卷第 14 页。

德国从农业国转变为工业国也是以同样速度进行的；从 1866 年开始，一些有利的政治事件也促进了这个转变，这就是：建立了强有力的中央政府和全德国的立法机关，从而保证了工商业立法的一致，以及币制的统一和度量衡制度的统一；最后是法国的几十亿的流入。这样一来，到 1874 年，德国在对外贸易额方面在世界市场上就占居了第二位。

马克思：《保护关税制度和自由贸易》，

《马克思恩格斯全集》第 21 卷第 423 页。

最后，关于"城市和农村分开"再说几句话。甚至撇开一般理由不说，法律只能是现实在观念上的有意识的反映，只能是实际生命力在理论上的自我独立的表现。在莱茵省，城市和农村实际上并没有分开。因此，除非法律宣布它自己无效，否则，它便不能颁布这种分开的法令。

马克思：《区乡制度改革和〈科隆日报〉》，

《马克思恩格斯全集》第 1 卷上册第 314 页。

在立宪国家中国王有权延期召开议会。可是不要忘记，另一方面，在所有宪法中都明文规定，议会会议可以延期多久，在多长期限以后又应召开。普鲁士没有任何宪法——它还尚待制定；也没有召开延期举行的议会会议的决定期限——因此，国王也就没有延期召开议会的权利。不然，国王就可以把召开议会的日期推迟十天、十年，以至于无限期地延期。有什么保证能使议会在某个时候召开，或者使议会能毫无障碍地举行会议呢？议会是否能与国王并存是由国王任意决定的，立法权——如果这里一般还谈得上立法权的话——成了虚设。

诸位先生！从这个例子中你们可以看出，用衡量立宪国家现存关系的尺度来衡量普鲁士国王和普鲁士国民议会之间的冲突会导致什么结果。这将导致承认专制王权。一方面授予国王以宪法执行机关的权利，另一方面却没有任何法律、任何惯例和任何根本规定，对国王实行一个宪法执行机关所应受的限制。对人民代议机关提出了这样的要求：你应当在专制国王统治下起制宪议会的作用！在这种情况下，根本不是执行权与立法权相对立，而且宪法的分权原则根本不适用于普鲁士国民议会和普鲁士国王。

马克思：《对民主主义者莱茵区域委员会的审判》，

《马克思恩格斯全集》第 6 卷第 295 页。

这就是在伟大的康普豪森执政时期发生的事情。三月革命没有得到承认。柏林国民代议机关否决了关于承认三月革命的提案，从而确认自己是普鲁士资产阶级的代议机关，是协商派议会。

这个议会把已经发生的事情宣布为没有发生。它在普鲁士人民面前大声宣布：人民并不是同资产阶级联合起来实行革命去反对王权，人民实行革命是为了使王权同资产阶级联合起来去反对人民自己！这样，革命人民的权利的法律根据便被消灭，而为保守的资产阶级找到了法制基础。

但是三月以后，大辩论的骑士康普豪森、联合议会的被复活了的幽灵以及协商派议会所赖以立足的法制基础究竟是什么呢？是1815年的宪法呢，还是1820年的省议会法？或者是1847年的敕令？抑或是1848年4月8日的选举法和协商法？都不是。

"法制基础"只不过意味着：革命并没有获得自己的基础，旧社会也没有失去自己的基础，三月革命只不过是"推动"在旧普鲁士国家内部早就在酝酿的王权和资产阶级之间的"勾结"的一个"事故"，国王本人在以往颁有的敕令中早就承认了这种勾结的需要，只是认为这种勾结在三月以前并不是"刻不容缓"的。总之，"法制基础"意味着：资产阶级在三月以后，仍然企图像在三月以前那样的基础上同国王进行谈判，就好像根本没有发生过革命，好象联合议会未经革命就达到了自己的目的。"法制基础"意味着：人民权利的合法根据——革命，在政府和资产阶级之间所缔结的 contrat social 〔社会契约〕中并不存在。资产阶级从旧普鲁士的立法中引伸出自己的要求，为的是不让人民从新普鲁士的革命中引伸出任何要求。

> 马克思：《资产阶级和反革命》，
> 《马克思恩格斯全集》第6卷第130～132页。

议会把制订宪法的工作从内阁手中夺了过来，企图使宪法取得人民的"同意"，因而任命了一个委员会来审查一切有关宪法的请愿书和奏摺。这是在事后撤销了它的关于自己有名无实的声明。议会答应通过实际行动，即通过消灭旧建筑的基础，消灭束缚农村的封建关系来着手制订宪法。这就许下了8月3日夜间许下的那一类诺言。

> 恩格斯：《6月15日的妥协会议》，
> 《马克思恩格斯全集》第5卷第92页。

关于1848年夏季普鲁士的事变，不久之前我们已经叙述过了。制宪议会，或者更确切些说，"为了与国王商定宪法而选出的议会"，他们既没有能够拟定宪法，也没有能够对总的立法作任何改进。他们差不多只是忙于琐碎的理喻定义、纯粹的形式问题和宪法的仪式问题。事实上，这个议会与其说是一个能够代表人民的任何一点利益的机关，不如说是一个供议员们学习议会 savoirvivre 〔礼仪〕的学校。

> 恩格斯：《德国的革命和反革命》，
> 《马克思恩格斯全集》第8卷第80页。

不同这些议会制形式以及一切妥协行为决裂，被压迫阶级就不可能得到解放。而这种决裂的表现，便是举行十月革命，把全部政权交给苏维埃。根据十月革命前拟出的候选人名单选举的立宪会议，反映了过去在妥协派和立宪民主党人执政时的政治力量的对比。当时，人民在投社会革命党候选人的票时，还不可能在拥护资产阶级的右派社会革命党人和拥护社会主义的左派社会革命党人之间进行选择。因此，这个应该是资产阶级议会制共和国花冠的立宪会议，就不能不成为横在十月革命和苏维埃政权道路上的障碍。

列宁：《解散立宪会议的法令草案》，
《列宁全集》第 33 卷第 239 页。

旧的资产阶级议会制已经过时，它同实现社会主义的任务完全不相容，只有阶级的机关（如苏维埃）才能战胜有产阶级的反抗和奠定社会主义社会的基础，而全民的机关是办不到的。现在，反对苏维埃掌握全部政权，反对人民所争得的苏维埃共和国，支持资产阶级议会制和立宪会议，那就是向后倒退，就是要使整个工农十月革命失败。立宪会议就割断了它同俄罗斯苏维埃共和国的一切联系。因此，目前在苏维埃中显然占有绝大多数、并得到工人和大多数农民信任的布尔什维克党团和左派社会革命党党团退出这样的立宪会议，自然是不可避免的。

中央执行委员会决定：解散立宪会议。

列宁：《解散立宪会议的法令草案》，
《列宁全集》第 33 卷第 240 页。

实际上，如果看一看英国军事指挥管理的组织或其他任何管理机构的组织，就会觉得人们显然要在这里表明所谓宪法的均势原则。各式各样的机构彼此牵制，以致互相使对方完全瘫痪，从而使整个机构无所作为。

马克思：《克里木战局的回顾》，
《马克思恩格斯全集》第 10 卷第 623 页。

普遍义务兵役制——顺便提一下，这是在普鲁士存在的唯一民主的制度，尽管只是在字面上——与过去所有的军事制度相比是一大进步，凡是已经实行了这种制度的地方（即使是不完善的形式），就不可能再长期地把它废除掉。对于我们目前的军队来说只有两个明确的组织原则：或者是募兵制，——但它已经陈旧，只有像在英国这样的特殊场合才可能实行，——或者是普遍义务兵役制。任何征兵制和抽签制都不过是普遍义务兵役制的很不完善的形式。1814 年普鲁士法律的基本思想是：每个身体合格的国民，在他还能够携带武器的时候，必须亲自保卫国家。这个基本思想显著地高于所有实行征兵制的国家所采取的雇佣代役者的原则，而且这种思想在存在了五十年后，当然就不会成为资产阶级进行如法国人所说的"人肉生意"的强烈愿望的牺牲品了。既然普鲁士军事制度是以没有代役的普遍义务兵役制为基础，那末只有在它的基本原则日益得到实现的情况下，它才能够以自己固有的精神成功地向前发展。

恩格斯：《普鲁士军事问题和德国工人政党》，
《马克思全集》第 16 卷第 49 页。

　　根据 1852 年（得比勋爵执政时期）议会法令所建立起来的民军，按照法律规定，平时服役期一年应不超过 28 天。但是，在外敌侵入或出现任何其他紧急情况时，民军也可以应征长期服役。相反地，由于 1854 年的议会法令，所有在 1854 年 5 月 12 日以后被征的人都必须服役到战争结束。这样就产生了一个问题：如何规定那些根据 1852 年法令征召入伍的人的义务。王室法律顾问们声称，他们认为这一类人也应当在整个战争期内服长期兵役。与法学家们的这种结论相反，潘缪尔勋爵在数星期前颁布了一项命令，根据这项命令，所有在 1854 年法令颁布前被征入伍的人都可以退役。

马克思：《法国立法团的丑事。——德鲁安·德·路易斯的影响》，

《马克思恩格斯全集》第 11 卷第 201 页。

　　1857 年下院在关于答词的辩论中，现任财政大臣格莱斯顿先生谈到波斯战争时曾经愤慨地说："我不怕反对，我要说，不事先通过议会就开始战争的做法，是同我国的惯例完全相抵触的，这种做法危害宪法，为了使这样危险的先例完全不可能重演，绝对需要下院加以干涉。"帕麦斯顿勋爵不仅重演了一回"这样危害宪法"的先例；他这一次不仅在伪善的格莱斯顿先生的协助下重演了一回，而且，好像是想试试内阁不负责任的程度似的，他利用议会的权力对付国王，利用国王的特权对付议会，利用二者的特权对付人民，居然肆无忌惮地在同样的行动范围内重演了一回危险的先例。他的一次对华战争曾经遭到议会的谴责，他不顾议会又进行了另一次对华战争。而在两院中，却只有一个人鼓起足够的勇气反对内阁的这种僭越行为。

马克思：《英国的政治》，

《马克思恩格斯全集》第 15 卷第 10 页。

　　在对中国的关系上，帕麦斯顿违背了有关交战的所有国际法准则；正是这个事实，却又被他用作理由，为自己在对英国议会的关系上不遵守宪法准则的行为辩护，而他在上院的代表格兰维耳伯爵则轻蔑地宣称："至于中国问题"，"政府征求议会的意见"，是"一个纯粹形式上的问题"。

马克思：《英国的政治》，

《马克思恩格斯全集》第 15 卷第 13 页。

　　马克思在《评美国局势》里，提到"国会废除了哥伦比亚地区和联邦首都的奴隶制度，对以前的奴隶主付给金钱补偿"，其"哥伦比亚地区和联邦首都"，指联邦直辖区哥伦比亚，该区包括作为独立行政单位的美国首都华盛顿及其郊区。在美国首都废除奴隶制的要求，是 1775～1783 年独立战争以来反奴隶制力量的基本要求之一。1862 年 4 月 16 日的法律在补偿法规定的条件下解放了 3000 名黑人。根据补偿法，政府必须向占有者交付偿金，解放一名奴隶偿给 300 美元。

　　"利比里亚、海地等黑人共和国的独立获得了承认"，是说利比里亚是西非洲的共和国，成立于 1847 年，它是美国殖民促进社为了从美国迁出自由黑人而建立的移民地点。

海地是海地岛西部形式上独立的国家，从 1859 年起成为共和国。1862 年 6 月，美国与两个黑人共和国利比里亚和海地建立外交关系（在此之前，它们已得到其他大国的承认），是废奴派的一个胜利。同时，在外交上承认利比里亚和海地也有自己的目的，那就是鼓励黑人从美国向这些国家迁移。在美国疆界之外建立被解放的黑人的移民区，是林肯纲领中的一条，这一条曾遭到废奴派中革命一翼的激烈反对。

马克思的《保护关税制度和自由贸易》，是恩格斯用英文写的，用作马克思 1848 年 1 月 9 日在布鲁塞尔发表的关于自由贸易的演说美国版序言。恩格斯还审阅了由弗·凯利—威士涅威茨基夫人翻译的这篇演说的译文手稿，并亲自把自己这篇序言译成德文，于是序言便首先用德文发表在 1888 年 7 月《新时代》杂志第 7 期上了。1888 年 8 月下半月，序言的英文原文发表在纽约的《劳动旗帜》上。

马克思在《区乡制度改革和〈科隆日报〉》里关于"城市和农村分开"的讨论情况是：《区乡制度改革和〈科隆日报〉》这组文章（共三篇通讯）是马克思针对当时围绕普鲁士政府打算在莱茵省城乡实行地方管理机构改革所展开的激烈辩论而写的。随着法国军队占领莱茵河左岸的德国地区，那里的封建制度基本上被消灭。18 世纪 90 年代，在未来的普鲁士莱茵省建立了新的区乡制度，大大削减了乡村封建土地占有制的特权，实现了城市的区和农村的乡在法律上的平等。但是，随着 1815 年普鲁士统治地位的确定，政府和封建贵族企图废除区和乡的平等权利，以恢复贵族势力的特权。这一企图遭到了莱茵进步的资产阶级和具有民主意识的知识分子的强烈反对，他们竭力维护区和乡的平等权利。《莱茵报》从 8 月至 12 月发表了一系列反对实施普鲁士的等级原则、扩大封建贵族特权、维护区乡权利平等的文章和通讯。然而，在这场辩论中，《科隆日报》从 10 月中旬开始，连篇累牍地发表文章攻击区乡权利平等，歪曲《莱茵报》的观点和论证。对此，马克思在《莱茵报》上发表文章极为巧妙地予以反驳。《莱茵报》要求制定城市和农村平等的区乡条例，并且在所引文章中明确指出这种平等就是"城市的区和农村的乡的权利平等"，《科隆日报》则作出某种空泛的、不说明任何理由的对城市和农村权利平等的承认，而这种承认的表面价值又由于它声称城市和农村"分开"就是权利平等的一种"形式"而被它自己取消了。

马克思在《对民主主义者莱茵区域委员会的审判》提到普鲁士国王和普鲁士国民议会之间的冲突时，批评了普鲁士国王的虚伪。1815 年 5 月 22 日的命令答应成立"人民代议机关"——在普鲁士成立省等级会议，组织全普鲁士的代议机关并实施宪法。根据 1820 年 1 月 17 日颁布的公债法，国家发行公债的决定在征得等级代表机关（省议会）同意之后方能生效。但这些在资产阶级反抗运动的压力下所许的诺言只是纸上空谈。结果根据 1823 年 6 月 6 日的法令成立了具有有限谘议权的省等级会议（省议会）。但是，财政困难迫使弗里德里希·威廉四世于 1847 年 2 月 3 日颁布了召开联合议会——由普鲁士各省议会代表组成的等级机关——的诏书。曾经否决政府公债的联合议会很快就被解散了。1848 年 4 月 8 日的选举法（由于普鲁士三月革命的结果而颁布的）规定召开一个"同国王协商"以制定宪法的议会。这个选举法所规定的两级选举制，保证了资产阶级和普鲁士官吏在议会中取得多数。

马克思在《资产阶级和反革命》里，尖锐指出了"在伟大的康普豪森执政时期发生的事情"。全德国民议会不仅不坚决消灭德国反革命，反而包庇纵容它。"法兰克福蛤蟆坑"的议员们一味以庸俗教授的腔调空谈德国人民的基本权利，同时却放弃人民历来的基本权利——起义的权利（见"法兰克福议会""法兰克福委员会关于奥地利事件的报告""维也纳和法兰克福""普鲁士给法兰克福诸君的耳光"等文）。后来法兰克福国民议会总算制定了德意志帝国宪法，但这个宪法只不过是一纸空文，因为德国各邦君主不愿意承认它。1849 年春天，在莱茵省和德国西部其他地区爆发了维护帝国宪法的人民起义。马克思和恩格斯虽然觉得这个运动的目的有局限性，但还是给予支持。

马克思在《资产阶级和反革命》、《对民主主义者莱茵区域委员会的审判》里提到的"康普豪森"，康普豪森·卢道夫（Camphausen, Ludolph 1803 ~ 1890）是德国银行家，莱茵省自由资产阶级的领袖之一；1848 年 3 月 ~ 6 月任普鲁士首相，奉行与反动派妥协的叛卖政策，普鲁士驻中央政权的使节（1848 年 7 月 ~ 1849 年 4 月）。

恩格斯在《6 月 15 日的妥协会议》里提到的"6 月 14 日的事件"，认为"不过是第二次革命的第一道闪电"。其前后情况是：康普豪森内阁就已经处于彻底瓦解的状态。妥协议会通过了对柏林人民的信任案，把自己交给柏林人民来保护。

1848 年 6 月 14 日，因普鲁士国民议会背弃三月革命而愤怒的柏林工人和手工业者攻占了军械库，以便武装人民捍卫革命的成果并把革命推向前进。但是柏林工人的发动是自发的、无组织的。及时赶到的援军和资产阶级的市民自卫团一起迅速地击退了人民，解除了他们的武装。

普鲁士国民议会在柏林劳动群众革命发动的影响下于 1848 年 6 月 15 日通过了一项决议，其中写道，国民议会"不需要武装力量的保护，而把自己交给柏林人民来保护"。

法国制宪议会在日益增长的农民运动的压力下于 1789 年 8 月 3 日夜间郑重地宣布废除一些实际上已为起义的农民所取消的封建义务。随后颁布的法令只是无偿地废除了一些个人的义务。直到雅各宾专政时期，根据 1793 年 6 月 17 日颁布的法令，才完全无偿地废除了一切封建义务。普鲁士国王弗里德里希·威廉四世为柏林的街垒战所吓倒，于 1848 年 3 月 21 日发布了"告陛下的人民和德意志民族书"，答应成立等级代议机构，实施宪法，确立内阁责任制，规定公开的和口头的诉讼手续以及陪审制等。

列宁在《解散立宪会议的法令草案》里讲的解散立宪会议的情况是：人民委员会 1918 年 1 月 6 日会议审议了解散立宪会议问题。在会议前一天，列宁写了关于解散立宪会议的法令提纲初稿。在会议召开前，列宁又在初稿的基础上写成了法令提纲。会议逐条宣读和批准了提纲。根据人民委员会记录，对第 2 条所作的决定是："通过，并指出穆斯林党团的一部分人也退出了"。对其余各条所作的决定是："通过"。

1 月 6 日深夜，举行了全俄中央执行委员会会议。会议以多数票（有 2 票反对、5 票弃权）通过了解散立宪会议的法令。列宁发表了关于解散立宪会议的讲话。列宁的草案是全俄中央执行委员会通过的法令的基础。

恩格斯在《普鲁士军事问题和德国工人政党》里谈到"征兵制"。征兵制是以义务兵役制为基础的补充军队的制度，义务兵役制规定一定年龄的人有服兵役的义务。征兵制与普遍义务兵役制不同之点是它有各种免役的办法，主要是允许赎买和代役。抽签制是通过抽签办法实行的义务兵役制。19 世纪时在西欧某些国家应服兵役的人的总数超过需要，于是通过抽签决定当年应服兵役的人中谁该服现役。其余的或者编入民团，或者在个别国家中召集起来进行短期集训。

2. 行政管理关系

行政管理关系，是基于国家行政机关的行政行为而形成的权力、义务关系。

对于非国家行政机关的行政行为，如机关、企业、学校、社会组织等内部的行政行为，虽然其决策、执行和管理具有某种命令与服从的要素，但不具有国家行政的性质、职能和效果。这些非国家行政机关的行政，直接以自身章程和规定为依据。因为自身章程和规定必须以法律为依据，不符合法律规定的章程和规定是违法的、无效的，因而具有一定法律性质。其"一定法律性质"，是俄罗斯学者提出的。我的努力在于，在研究企业内部法律关系时，对"一定法律性质"观点引进后，做了订正、补充和改造。

以国家行政管理关系为调整对象的法，是行政法。

这里摘录的论述，主要是内阁的职权、程序、活动等，其中包括预算。

康普豪森作为一个责任首相的地位是非法的。这位从法律观点看来并不存在的官员竟召集了联合议会，以便利用它来通过法律，但是，这个议会本身并没有合法的权力来通过法律。这种自相矛盾、不驳自倒的玩弄形式的把戏竟被称为发展法律和保存法制基础！

马克思：《对民主主义者莱茵区域委员会的审判》，
《马克思恩格斯全集》第 6 卷第 290 页。

康普豪森先生"在现存制度和它所提供的合法道路的基础上实现向新制度的过渡"时所利用的学理主义的戏法是这样变的：从"现存制度"的观点来看，从"旧事物"的观点来看，非法的事件把康普豪森先生变成非法的人物、负责任的首相、立宪大臣。立宪大臣非法地把反宪法的、等级制的、亲切而忠诚的"联合议会"变成制宪议会。亲切而忠诚的联合议会非法地伪造间接选举法。间接选举法创立柏林议会，柏林议会创立宪法，而宪法又创立后来的一切永世长存的议会。

马克思：《康普豪森在 5 月 30 日会议上的声明》，
《马克思恩格斯全集》第 5 卷第 31 页。

内阁同它的铁路法案一起遭到实际的失败，因为这个法案只包括为了这个目的而召开的议会委员会所建议的条款一小部分。因为铁路线老板们的行动十分一致，英勇的卡德威尔先生在代表内阁发言时宁肯把原来的法案撤回，用另一个由铁路经理们本人制定的法案来代替它，而这个法案既没有给经理增加任何义务，也没有规定比现行规章更严格的规章。当这个法案在议院里讨论时，除了身为议员的铁路公司的经理外，会场中没有任何人。一家周刊写道："看来，大臣和议会既不能保护股票持有人的财产和旅客们的口袋，也不能保证公众不受铁路公司的侵犯，因为铁路公司硬说它们有权擅自任意处理这些财产。"

马克思：《不列颠的财政》，

《马克思恩格斯全集》第10卷第243页。

应当看到，中国问题不仅是一个国际问题，而且牵涉到一个极端重要的宪法问题。按照帕麦斯顿勋爵的独断命令而进行的第二次对华战争，曾经先招来议会对他的内阁投不信任票，接着就是他解散下院；新下院虽然是由他一手包办选举出来的，但是也从来没有人要求撤销它的前任所通过的判决。一直到现在，帕麦斯顿勋爵的第二次对华战争，还受着一个议会裁决案的谴责。

马克思：《英国的政治》，

《马克思恩格斯全集》第15卷第9页。

法令汇编中公布的财政预算，应该以各主管部门的专门预算的平均数为根据，而各主管部门的专门预算又是以前三年的实际收入为根据而编制的。如果是这样，那末在法令汇编中公布的每一份预算都应该包括接近于前三年实际收支的平均数字。如果不是这样，那末照博德尔施文克先生自己的话说，预算就是不正确的，是伪造的官方文件。

1844年法令汇编（第96页）中公布了一个由冯·博德尔施文克先生签署的预算。这个预算的收入部分和支出部分都是57 677 194塔勒。这个数目理应表示前几年收支的平均数。但是事实上，前几年的收入和支出都多得多。

收入的实际平均数是73 228 935塔勒，支出的平均数是76 185 887塔勒。可见，冯·博德尔施文克先生所说的收支数字缩小了很多，即每年隐瞒了15 551 741塔勒的收入和18 508 693塔勒的支出。

可见，冯·博德尔施文克先生的预算，大概同他的许多先驱者和1848年以前的两个后继者的预算一样，是伪造的。

马克思：《博德尔施文克及其伙伴治理下的普鲁士财政》，

《马克思恩格斯全集》第6卷第344～345页。

关于本年度（截至1854年3月31日止）拨款5820英镑用来抵偿英国驻巴黎大使官邸的建筑工程费、修理费、家具费等等的问题，魏兹先生在表决时问道：最近30年来按规定每年拨出的1100英镑的英国驻巴黎大使官邸的维修费到哪里去了？威廉·摩尔斯沃思爵士不得不承认，公款滥用掉了；还承认，根据政府派往巴黎的建筑师阿耳巴诺的报告，英国大使的官邸破败不堪。房子周围的游廊坍了；墙也倒了；房子好几年没有粉刷；楼梯不稳；污水并发出恶臭；房间里满是寄生虫，并且在桌上乱爬；家具和窗帘上幼虫密布，而地毯被狗屎猫屎弄得污七八糟。

帕麦斯顿勋爵提出的关于消除煤烟措施的法案通过了二读。如果这一提案能实行，英国的首都将焕然一新，市内除上院和下院外，将不再有一所肮脏房子了。

马克思：《战争问题。——英国的人口和商业报告书。——议会动态》，
《马克思恩格斯全集》第 9 卷第 290 页。

行政机关不是向"人民代表机关"负责，而是向立法机关负责的。请记住这一点。现在我们再往下向你们说明。俄国的立法权现在属于谁呢？属于（1）最高当局；（2）国务会议；（3）国家杜马。

列宁：《立宪民主党的应声虫》，
《列宁全集》第 13 卷第 258 页。

马克思在《英国的政治》里的"第二次对华战争"，是指 1856～1858 年英法联军侵略中国的战争。这次战争的结果是清政府被迫于 1858 年 6 月在天津与英、法、俄、美四国分别签订了丧权辱国的不平等条约；11 月，又在上海签订了中英、中法、中美通商章程。

3. 社会经济关系

马克思从社会生活的各种领域中划分出经济领域来，从一切社会关系中划分出生产关系（经济关系）来，并把它当作决定其他一切关系的基本关系。同时他着重指出，这些生产关系的总和构成社会的现实基础，即有法律的和政治的上层建筑竖立其上并有一定的社会意识形式与之相适应的现实基础。

马克思在《政治经济学批判》中，清晰明确地表述了对社会关系的高度科学的见解，在以后的著述中从未中断。马克思明确指出，这种社会生产的关系，我们恰恰就称之为经济关系。

各个法都涉及经济关系。对经济关系的法律调整，当时主要是商业法（后来逐渐发展为经济法）。当时，马克思并没有囿于公法和私法划分的局限，而是紧紧把握时代的脉搏和社会经济发展的趋势，把商业法置于法律体系的重要位置，足见马克思法学研究的气派和无与伦比的前瞻性。

国家一旦成了对社会的独立力量，马上就产生了新的意识形态。这就是说，在职业政治家那里，在公法理论家和私法法学家那里，同经济事实的联系就完全消失了。因为经济事实要取得法律上的承认，必须在每一个别场合下采取法律动机的形式，而且，因为在这里，不言而喻地要考虑到现行的整个法律体系。所以，现在法律形式就是一切，而经济内容则什么也不是。

恩格斯：《路德维希·费尔巴哈和德国古典哲学的终结》，
《马克思恩格斯全集》第 21 卷第 347 页。

把经济范畴按它们在历史上起决定作用的先后次序来安排是不行的，错误的。它们的次序倒是由它们在现代资产阶级社会中的相互关系决定的，这种关系同看来是它们的合乎自然的次序或者同符合历史发展次序的东西恰好相反。问题不在于各种经济关系在不同社会形式的相继更替的序列中在历史上占有什么地位，更不在于它们在"观念上"（蒲鲁东）（在历史运动的一个模糊表象中）的次序。而在于它们在现代资产阶级社会内部的结构。

马克思：《导言（摘自 1857—1858 年经济学手稿）》，

《马克思恩格斯全集》第 12 卷第 758 页。

资产阶级以前的历史以及它的每一阶段也有自己的经济和运动的经济基础这一事实，归根到底不过是这样一个同义反复，即人们的生活自古以来就建立在生产上面，建立在这种或那种社会生产上面，这种社会生产的关系，我们恰恰就称之为经济关系。

马克思：《经济学手稿》，

《马克思恩格斯全集》第 46 卷（上册）第 487~488 页。

我们得到的结论并不是说，生产，分配、交换、消费是同一的东西，而是说，它们构成一个总体的各个环节，一个统一体内部的差别。生产既支配着与其他要素相对而言的生产自身，也支配着其他要素。过程总是从生产重新开始。交换和消费不能是起支配作用的东西，这是不言而喻的。分配，作为产品的分配，也是这样：而作为生产要素的分配，它本身就是生产的一个要素。因此，一定的生产决定一定的消费、分配，交换和这些不同要素相互间的一定关系。当然，生产就其单方面形式来说也决定于其他要素。例如，当市场扩大，即交换范围扩大时，生产的规模也就增大，生产也就分得更细。随着分配的变动，例如，随着资本的集中，随着城乡人口的不同的分配等等，生产也就发生变动。最后，消费的需要决定着生产。不同要素之间存在着相互作用。每一个有机整体都是这样。

马克思：《经济学手稿》，

《马克思恩格斯全集》第 46 卷上册第 36~37 页。

某些经济关系，如雇佣劳动、机器等等，怎样在战争和军队等等中比在资产阶级社会内部发展得早。生产力和交往关系的关系在军队中也特别显著。

马克思：《经济学手稿》，

《马克思恩格斯全集》第 46 卷上册第 47 页。

资本和劳动的关系，是我们现代全部社会体系所依以旋转的轴心，这种关系在这里第一次作了科学的说明，而这种说明之透彻和精辟，只有一个德国人才能做得到。欧文、圣西门、傅立叶的著作是有价值的，并且将来也是有价值的，可是要攀登最高点把现代社会关系的全部领域看得明白而且一览无遗，就像一个观察者站在最高的山巅观赏下面的山景那样，这只有待诸一个德国人。

恩格斯：《卡·马克思"资本论"第一卷书评——为"民主周报"作》，

《马克思恩格斯全集》第 16 卷第 263 页。

一方面，地租，即土地所有权的实际经济形式，脱去了土地所有权的封建外壳，归结为超出工资之上的纯粹的剩余价值。另一方面，这个剩余价值——又按封建主义的精神——是从自然而不是从社会，是从对土地的关系而不是从社会关系引伸出来的。

马克思：《资本论第四卷》，
《马克思恩格斯全集》第 26 卷第 26 页。

商品只有作为同一的社会单位即人类劳动的表现才具有价值对象性，因而它们的价值对象性纯粹是社会的，那末不用说，价值对象性只能在商品同商品的社会关系中表现出来。我们实际上也是从商品的交换价值或交换关系出发，才探索到隐藏在其中的商品价值。

马克思：《资本论第一卷》，
《马克思恩格斯全集》第 23 卷第 72 页。

一种商品例如麻布的相对价值形式，把自己的价值表现为一种与自己的物体和物体属性完全不同的东西，例如表现为与上衣相同的东西，因此，这个表现本身就说明其中隐藏着某种社会关系。

马克思：《资本论第一卷》，
《马克思恩格斯全集》第 23 卷第 72 页。

既然这种具体劳动，即缝，当作无差别的人类劳动的表现，它也就具有与别种劳动即麻布中包含的劳动等同的形式，因而，尽管它同其他一切生产商品的劳动一样是私人劳动，但终究是直接社会形式上的劳动。正因为这样，它才表现在一种能与别种商品直接交换的产品上。可见，等价形式的第三个特点，就是私人劳动成为它的对立面的形式，成为直接社会形式的劳动。

马克思：《资本论第一卷》，
《马克思恩格斯全集》第 23 卷第 73 页。

现在麻布通过自己的价值形式，不再是只同另一种商品发生社会关系，而是同整个商品世界发生社会关系。

马克思：《资本论第一卷》，
《马克思恩格斯全集》第 23 卷第 78 页。

由于商品的价值对象性只是这些物的"社会存在"，所以这种对象性也就只能通过它们全面的社会关系来表现，因而它们的价值形式必须是社会公认的形式。

马克思：《资本论第一卷》，
《马克思恩格斯全集》第 23 卷第 82 页。

正是商品世界的这个完成的形式——货币形式，用物的形式掩盖了私人劳动的社会性质以及私人劳动者的社会关系，而不是把它们揭示出来。

马克思：《资本论第一卷》，

《马克思恩格斯全集》第 23 卷第 92 页。

蒲鲁东先生这样提出问题，那就已经预先假定了货币的存在。蒲鲁东先生应该首先自问一下：为什么在目前已形成的这种交换中，必须创造一种特殊的交换手段来使交换价值个别化呢？货币不是东西，而是一种社会关系。为什么货币所表现关系也象任何其他经济关系如分工等一样，是一种生产关系呢？如果蒲鲁东先生对这种关系有个明确的概念，那他就不至于把货币当做例外，当做人尚不知或需要确定的系列中分离出来的一个要素。

相反地，他会认为这个关系只是其他经济关系的整个锁链中的一个环节，因此两者非常密切地联系在一起；他会承认，这种关系正如个人交换一样，是和一定的生产方式相适应的。但是他究竟怎么办呢？他首先把货币从现在的生产方式的总体中分离出来，然后使它成为想象中的系列，即尚待发现的系列的第一个要素。

马克思：《哲学的贫困》，

《马克思恩格斯全集》第 4 卷第 119~120 页。

英国立法机关的检查只是在 1845 年才从纺织工厂扩展到花布印染工厂。花布印染工厂条例丝毫不差地重复了工厂法关于视察员的权利，关于他们对违法者的处理方式以及关于在执行时可能发生个条例在这里也规定必须登记雇佣人员、在接纳未成年者从事长期工作之前要对他们进行身体检查、严格遵守每天开工和收工的规定时间。这个条例也采用工厂法为划分工人类别而汇编造册的工厂法中所提到的各种困难的规定。

马克思：《几份重要的英国文件》，

《马克思恩格斯全集》第 12 卷第 492 页。

在这所有各次罢工中最重要的一件事情，是"海员联谊会"印发并被他们称为英国海员权利法案的宣言。宣言牵涉到商务航运法案，因为这个法案废除了航运法中的一条关于不列颠船主必须使本船海员至少有四分之三是不列颠臣民的规定。新法案使外国海员甚至在那些不允许外国船只通行的地方都能参加近海航运。宣言的作者们宣布，这不是海员权利法案，而是船主权利法案。在通过这一法案时除了船主以外同任何人都没有商量过。关于招收船员的那一条规定曾经对船主起了约束作用，使船主不得不对船员好些，不得不关心他们的给养。新法律把船员交给任何一个坏船长全权支配。这个法律所根据的一个原则是："17000 个船主全是品德高尚、宽宏大量、慈善为怀的人，而海员全是蛮不讲理、行为乖戾、天生凶恶的人。"海员们又说，船主可以把他的船开往任何他们愿意去的地方，而海员的劳动却只能在本国范围内使用，因为政府废除了航运法，但是政府并没有事先设法也使他们取得受雇于外国船只的权利。"由于议会使海员作了船主的牺牲品，我们作为一个阶级，必须联合起来并采取自卫的措施。"这些措施主要是海员们打算捍卫招收船员的条款中与他们有关的那一部分。

马克思:《粮价上涨。——霍乱。——罢工。——海员中的运动》,
《马克思恩格斯全集》第 9 卷第 325~326 页。

"根源于资本主义私人生产的本质的无计划性"这一句需要大加修改。据我所知,资本主义生产是一种社会形式,是一个经济阶段,而资本主义私人生产则是在这个阶段内这样或那样表现出来的现象。但是究竟什么是资本主义私人生产呢?那是由单个企业家所经营的生产;可是这种生产已经愈来愈成为一种例外了。由股份公司经营的资本主义生产,已不再是私人生产,而是为许多结合在一起的人谋利的生产。如果我们从股份公司进而来看那支配着和垄断着整个工业部门的托拉斯,那末,那里不仅私人生产停止了,而且无计划性也没有了。删掉"私人"这两个字,这个论点还勉强能过得去。

恩格斯:《1891 年社会民主党纲领草案批判》,
《马克思恩格斯全集》第 22 卷第 270 页。

马克思在《资本论》第 1 卷里,关于"缝的形式同织的形式一样,都是人类劳动力的耗费。因此,既然这种具体劳动,即缝,当作无差别的人类劳动的表现,它也就具有与别种劳动即麻布中包含的劳动等同的形式",谈的是"缝"的形式同"织"的形式的劳动等同性。

马克思认为,"缝"和"织"二者都具有人类劳动的一般属性,因而在一定的情况下,比如在价值的生产上,就可以只从这个角度来考察。这并不神秘。但是在商品的价值表现上,事情却反过来了。例如,为了表明织不是在它作为织这个具体形式上,而是在它作为人类劳动这个一般属性上形成麻布的价值,我们就要把缝这种制造麻布的等价物的具体劳动,作为抽象人类劳动的可以捉摸的实现形式与织相对立。可见,等价形式,就是具体劳动成为它的对立面,即抽象人类劳动的表现形式。

恩格斯在《1891 年社会民主党纲领草案批判》里"'根源于资本主义私人生产的本质的无计划性'这一句需要大加修改"这段论述,具有划时代的理论意义。19 世纪后半叶,自由资本主义已经向垄断资本主义过渡。托拉斯的形成,是垄断资本主义的经济组织标志。随着生产社会化的发展,法的结构发生了重大变化,产生了调整国民经济运行的法律,就是经济法。这些法律,已经冲破公法、私法的界限,冲破(马克思曾讽刺地喊"民法万岁")民法商法的界限。

这篇文章主要是对德国社会民主党纲领草案的批判。纲领草案主要由倍倍尔和李卜克内西起草,曾经在执行委员会的许多次会议上讨论过。其中的一次会议决定把草案寄给恩格斯以及工人运动和社会主义运动的其他活动家。从恩格斯在 1891 年 6 月 29 日给考茨基的信里可以看出,恩格斯接到草案后对它进行了详细的分析。他打算对绪论部分提出自己的更加概括的表述,但是,由于受到提意见的日期的限制,只对有些条款写了草稿。恩格斯对草案中专门谈政治要求的那一部分进行了激烈的批判。按照他的说法,正是这一部分促使他痛击这种鼓吹"旧的污秽的东西活泼、温驯、愉快而自由地'长入''社会主义社会'"的"和和平平的机会主义"。

为了审查提出来的各种草案和建议，成立了以李卜克内西为首的纲领委员会；委员会根据"新时代"编辑部起草的草案制定出最后的纲领草案；恩格斯对党的执行委员会的最初的纲领草案所提的一些意见也得到考虑。委员会草拟的纲领草案被提交到 1891 年 10 月 14 日至 21 日举行的德国社会民主党爱尔福特代表大会上讨论。爱尔福特纲领比哥达纲领前进了一大步。党的纲领清除了改良主义的拉萨尔派教条，更明确地表述了政治要求和经济要求。纲领科学地论证了资本主义制度灭亡和被社会主义制度取代的必然性，明确指出，为了对社会实行社会主义改造，无产阶级必须夺取政权。此外，爱尔福特纲领也有一些严重的缺点，其中最主要的是没有提到作为对社会实行社会主义改造的手段的无产阶级专政这一原理。纲领也没有提出推翻君主制并建立民主共和国、改造德国国家制度等要求。

4. 公民的人身关系及其财产关系

公民人身关系及其财产关系，由民法调整。

公民的人身关系包括人格关系和身份关系。人身关系是基于公民的资格和地位而产生的社会关系。人格是公民的一种资格，姓名、肖像、名誉和生命、健康等，属于人格；身份是公民的社会上和法律上的地位。

公民的财产关系是人身关系衍生的。公民个人的财产继承和公民相互之间财产关系，属于民法的调整范围。财产关系是生产关系的法律用语。社会生产关系是经济关系，是包括生产、交换、分配、消费在内的整个社会经济，这需要包括经济法等法律门类的综合调整。因此，民法调整的财产关系，只是公民之间的财产关系。

传统民法一般把民法概括为身份法和财产法。民法不过是所有制发展的一定阶段，即生产发展的一定阶段的表现。马克思的这一论断，是用历史唯物主义评价和分析民法的经典名言。

这里摘录了经典作家关于继承和继承法、婚姻和婚姻法的部分论述。

在《摩奴法典》中，只有在长子明确表示了分家愿望的情况下，才允许分父母的遗产，而在《那罗陀法典》中，则规定只要家庭成员约定（协议）就可以分遗产（同上页）。[按照《那罗陀法典》："幼子如果有必需的才具，也可以（代替父亲）执行家庭中的这种职务"]。在《那罗陀法典》中：如果家庭同意，至少是家庭中利害攸关的成员同意，那么甚至在父亲或母亲在世时，只要父母事实上的同居生活（大概是指 coitus）停止，女儿出嫁，妻子天癸停止和丈夫 facultatis coeundi 以后，也可以析产。只要父亲愿意，当他在世的任何时候都可以析产。

在分父亲的遗产时，每个儿子和未出嫁的女儿（如果他们已去世，就由其后人），最后，母亲如在世，则还有母亲，都各分得一份，而其份额的大小一方面由年龄决定 ["长兄分得的份额比其余弟兄都大，幼子则分得较少"。《那罗陀》]，另一方面则由种姓决定。["其余弟兄——除长子和幼子外——如果属于 × 同一种姓，则所分得的份额相同"。《那罗陀》]（第108—109页）。在分母亲的遗产时，则只由女儿继承，如果她的女儿已去世，则由女儿的后人继承（第109页）。如果家人的同意已属心照不宣，也可以允许分遗产。

马克思：《马·柯瓦列夫斯基〈公社土地占有制〉一书摘要》，
《马克思恩格斯全集》第45卷第255页。

罗马十二铜表法最初公布于公元前449年；十二铜表法是这样确认无遗嘱遗产继承权的：“未立遗嘱者的遗产根据十二铜表法首先给予其继承人”（盖尤斯《法典》，Ⅲ，1）。（死者的妻子同死者的子女一样也是继承人。）“如无继承人，遗产根据同一个十二铜表法给予父方宗亲”（盖尤斯，Ⅲ，9）。“如无父方宗亲，十二铜表法规定把遗产给予同氏族人”（盖尤斯，Ⅲ，17）。看来，下面这种推论是合理的，即在罗马人那里，最初继承法的顺序恰恰和十二铜表法所规定的相反：同氏族人的继承先于父方宗亲的继承，父方宗亲的继承又先于子女的独占继承权。

马克思：《路易斯·亨·摩尔根〈古代社会〉一书摘要》，
《马克思恩格斯全集》第45卷第397页。

继承权之所以具有社会意义，只是由于它给继承人以死者生前所有的权利，即借助自己的财产以提取他人劳动成果的权利。例如，土地使所有者在生前有权以地租形式毫无抵偿地攫取他人劳动的果实。资本使所有者有权以利润和利息的形式获得同样的果实。国家有价证券所有权使所有者能够不劳而获地专靠他人的劳动果实过活等等。继承并不产生这种把一个人的劳动果实转移到别人口袋里的权利——它只涉及到具有这种权利的人的更换问题。同所有一般的民法一样，继承法并不是一种原因，而是一种结果，是从现存社会经济组织中得出的法律结论，这种经济组织是以生产资料即土地、原料、机器等的私有制为基础的。这正如继承奴隶的权利并不是奴隶制度的原因，恰恰相反，奴隶制度才是继承奴隶的原因。

我们应当同原因而不是同结果作斗争，同经济基础而不是同它的法律的上层建筑作斗争。假定生产资料从私有财产转变为公有财产，那时继承权（既然它具有某种社会意义）就会自行消亡，因为一个人死后留下的只能是他生前所有的东西。因此我们的伟大目标应当是消灭那些使某些人生前具有攫取许多人的劳动果实的经济权力的制度。在社会处于相当的发展水平而工人阶级又拥有足够力量来废除这种制度的地方，工人阶级就应当用直接的手段来达到这一点。例如，废除国债，自然就能同时避免国家有价证券的继承。另一方面，如果工人阶级没有足够的权力来废除国债，那末，要想废除对国家有价证券的继承权，就是愚蠢。

继承权的消亡将是废除生产资料私有制的社会改造的自然结果；但是废除继承权决不可能成为这种社会改造的起点。

大约40年前圣西门的信徒们所犯的重大错误之一，就在于他们不把继承权看做法律后果，而把它看做现今社会组织的经济原因。这丝毫没有妨碍他们在自己的社会制度中把土地和其他生产资料的私有制永世保存下来。他们认为，可以有挑选出来的终身所有者，就好像曾经有过挑选出来的国王一样。承认废除继承权是社会革命的起点，只能意味着引诱工人阶级离开那实行攻击现代社会真正应持的阵地。这同既要废除买主和卖主之间的契约法，同时又要保存目前的商品交换制度一样是荒谬的。这在理论上是错误的，在实践上是反动的。我们在考察继承法时，必然要假定生产资料的私有制继续存在。如果私有财产在人们生前已经不存在，那末它就不会被人转让，同时也不会在人死后从死者那里传给别人。因此，有关继承权的一切措施，只能适用于社会的过渡状态，那时，一方面，社会目前的经济基础尚未得到改造，另一方面，工人群众已经积蓄了足够的力量来强迫采取旨在最终实现社会的彻底改造的过渡性措施。从这方面来考虑继承法的修改，只是所有导致同一目的的其他许多过渡性措施中的一种。

> 马克思：《总委员会关于继承权的报告》，
> 《马克思恩格斯全集》第 16 卷第 414～415 页。

有两种继承形式。遗嘱权，或者是按遗嘱继承，起源于罗马，而且是罗马的特征。罗马的家长对于他的家庭经济范围内的一切享有绝对的权力。不能把罗马的家长同现代的家长相比。罗马家庭的家庭经济包括奴隶和被保护人在内，家长必须公开保护和维护这些人的大小事务和利益。有过这样一种迷信：家长死了，他的灵魂还留在家里，像家神一样进行监督，使一切安排得当如果事情办错了，他就要折磨活人。在罗马历史的早期，对这种家神要供奉牺牲，为了纪念他和安抚他的灵魂，甚至还要排设血祭。逐渐地形成了一种风俗：通过遗嘱继承人与死者的灵魂商议。这就是罗马人关于灵魂不死的观念。遗嘱所表达的死者的意志，通过继承人而永世长存。不过这种遗嘱并不一定给继承的人带来什么财产，而只是责成他履行死者的意志，这一点被看作一种宗教义务。随着时间的推移，这些遗嘱继承人也开始对财产权提出要求，然而即使到了帝国时代，他们依法得到的也从未超过四分之一。

> 马克思：《关于继承权的发言记录》，
> 《马克思恩格斯全集》第 16 卷第 650 页。

我们的法学家认为，立法的进步使妇女愈来愈失去申诉不平的任何根据。现代各文明国家的立法愈来愈承认，第一，为了使婚姻有效，它必须是一种双方自愿缔结的契约；第二，在结婚同居期间，双方在相互关系上必须具有平等的权利和义务。如果这两种要求都能彻底实现，那末妇女就有了她们所能希望的一切了。

> 恩格斯：《家庭、私有制和国家的起源》，
> 《马克思恩格斯全集》第 21 卷第 85 页。

这里登载的这篇关于离婚法草案的评论是从莱茵法学的观点来论述的，而前些时候登载的那篇评论（见《莱茵报》第 310 号附刊）是从旧普鲁士法学的观点及其实践出发的。现在有待于作出第三种评论，主要是从一般法哲学观点出发的评论。只研究同意和反对离婚的个别理由已经不够了，还必须阐述婚姻的概念和由此概念产生的后果。

> 马克思：《〈莱茵报〉编辑部为〈论新婚姻法草案〉一文所加的按语》，
> 《马克思恩格斯全集》第 1 卷第 315 页。

　　我们再一次重申我们已经发表过的意见："如果任何立法都不能颁布法令让人们去做合乎伦理的事情，那么任何立法更不能承认不合伦理的事情是合法的。"当我们询问这些反对者（他们不是教会见解的反对者，也不是上述其他缺点的反对者）他们的论断的根据是什么的时候，他们总是向我们叙述那些违反本人意愿而结合的夫妻的不幸。他们抱着幸福主义的观点，他们仅仅想到两个个人，而忘记了家庭。他们忘记了，几乎任何的离婚都是家庭的离散，就是纯粹从法律观点看来，子女及其财产也不能按照随心所欲的意愿和臆想来处理。如果婚姻不是家庭的基础，那么它也就会像友谊一样，不是立法的对象了。可见，他们注意到的仅仅是夫妻的个人意志，或者更正确些说，仅仅是夫妻的任性，却没有注意到婚姻的意志即这种关系的伦理实体。可是，立法者应该把自己看作一个自然科学家。他不是在创造法律，不是在发明法律，而仅仅是在表述法律，他用有意识的实在法把精神关系的内在规律表现出来。如果一个立法者用自己的臆想来代替事情的本质，那么人们就应该责备他极端任性。同样，当私人想违反事物的本质恣意妄为时，立法者也有权利把这种情况看作是极端任性。谁也不是被迫结婚的，但是任何人只要结了婚，那他就得服从婚姻法。结婚的人既不是在创造，也不是在发明婚姻，正如游泳者不是在发明水和重力的本性和规律一样。所以，婚姻不能听从结婚者的任性，相反，结婚者的任性应该服从婚姻。谁任意地使婚姻破裂，那他就是声称，任性、非法行为就是婚姻法，因为任何一个有理性的人都不会有一种非分的要求，认为自己的行为是他一个人才可以做的享有特权的行为；相反，每个有理性的人都会认为自己的行为是合法的、一切人都可以做的行为。可是你们反对什么呢？反对任性的立法。但是，你们在责备立法者任性的同时，可不要把任性变为法律。

马克思：《论离婚法草案》，
《马克思恩格斯全集》第 1 卷第 347 页。

　　黑格尔说：婚姻本身，按其概念来说，是不可离异的，但仅仅就其本身，即仅仅按其概念来说是如此。这句话完全没有表明婚姻所具有的那种特殊的东西。一切伦理的关系，按其概念来说，都是不可解除的，如果以这些关系的真实性作为前提，那就容易使人相信了。真正的国家、真正的婚姻、真正的友谊都是不可分离的，但是任何国家、任何婚姻、任何友谊都不完全符合自己的概念。正像甚至家庭中现实的友谊和世界史上现实的国家都是可以分离的一样，国家中现实的婚姻也是可以分离的。任何伦理关系的存在都不符合，或者至少可以说，不一定符合自己的本质。

　　离婚无非是宣布某一婚姻是已经死亡的婚姻，它的存在仅仅是一种假象和骗局。不言而喻，既不是立法者的任性，也不是私人的任性，而是只有事物的本质才能决定，某一婚姻是否已经死亡；因为大家知道，宣告死亡取决于事实，而不取决于当事人的愿望。

马克思：《论离婚法草案》，
《马克思恩格斯全集》第 1 卷第 348 页。

　　当然，只有当法律是人民意志的自觉表现，因而是同人民的意志一起产生并由人民的意志所创立的时候，才会有确实的把握，正确而毫无成见地确定某种伦理关系的存在已不再符合其本质的那些条件，做到既符合科学所达到的水平，又符合社会上已形成的观点。

对于婚姻，立法者只能规定，在什么样的条件下婚姻是允许离异的，也就是说，在什么样的条件下婚姻按其实质来说是已经离异了。法院判决的离婚只能是婚姻内部瓦解的记录。立法者的观点是必然性的观点。因此，如果立法者认为婚姻是牢固的，足以承受种种冲突而不致受到损害，那他就是尊重婚姻，承认它的深刻的合乎伦理的本质。

马克思：《论离婚法草案》，

《马克思恩格斯全集》第1卷第349页。

在婚姻关系上，即使是最进步的法律，只要当事人在形式上证明是自愿，也就十分满足了。至于法律幕后的现实生活是怎样的，这种自愿是怎样造成的，关于这些，法律和法学家都可以置之不问。但是，把各国的法制做一个最简单的比较，也会向法学家们表明，这种自愿究竟是怎么一回事。在法律保证子女继承父母财产的应得部分，因而不能剥夺他们继承权的各国，——在德国，在采用法国法制的各国以及其他一些国家中——子女的婚事必须得到父母的同意。在采用英国法制的各国，法律并不要求结婚要得到父母的同意，在这些国家，父母在传授自己的遗产时有着完全的自由，他们可以任意剥夺子女的继承权。

男女在婚姻方面的法律上的平等权利，情况也不见得更好些。我们从过去的社会关系中继承下来的两性的法律上的不平等，并不是妇女在经济上受压迫的原因，而是它的结果。

恩格斯：《家庭、私有制和国家的起源》，

《马克思恩格斯全集》第21卷第86页。

不幸的女性遭受到最不堪忍受的奴役，而且只是由M先生来执行这种奴役，他依仗的是民法典和财产权，依仗的是这样一种社会制度，它使爱情不受相爱男女的自由情感的支配，它允许忌妒的丈夫用锁把自己的妻子禁闭在家里，就象吝啬鬼对待自己的钱柜一样；因为她只是他的财产的一部分。

马克思：《珀歇论自杀》，

《马克思恩格斯全集》第42卷第309页。

正是资本主义生产注定要把这种结婚方式打开一个决定性的缺口。它把一切变成了商品，从而消灭了过去留传下来的一切古老的关系，它用买卖、"自由"契约代替了世代相因的习俗、历史的法。

恩格斯：《家庭、私有制和国家的起源》，

《马克思恩格斯全集》第21卷第93页。

离婚自由愈充分，妇女就愈明白，使他们作"家庭奴隶"的根源是资本主义，而不是无权。国家制度愈民主，工人就愈明白，罪恶的根源是资本主义，而不是无权。民族平等愈充分（没有分离的自由，这种平等就不是充分的），被压迫民族的工人就愈明白，问题在于资本主义，而不在于无权。如此等等。

列宁：《论面目全非的马克思主义和"帝国主义经济主义"》，

《列宁全集》第 28 卷第 167 页。

我们看到，各民主共和国都宣布了平等，但是在民法中，在规定妇女的家庭地位和离婚权利的法律中，妇女到处都处于不平等的地位，处于受鄙视的地位。我们说，这才是破坏民主，而且正是破坏被压迫者应享有的民主。苏维埃政权比所有最先进的国家更彻底地实现了民主，在它的法律中丝毫也看不到妇女受到不平等待遇的痕迹。再说一遍，任何一个国家、任何一项民主立法，为妇女做到的都不及苏维埃政权在它建立后的最初几个月所做到的一半。

当然，光有法律是不够的，我们也决不满足于只颁布法令。但是在立法方面，我们已做了使男女地位平等所应做的一切，因此我们有理由以此自豪。

列宁：《论苏维埃共和国女工运动的任务》，

《列宁全集》第 37 卷第 191 页。

马克思在《马·柯瓦列夫斯基〈公社土地占有制〉一书摘要》里的"coitus"（拉丁文），意为房事。"facultatis coeundi"，指丧失性能力。× 符号是马克思手稿中原有的。

马克思在《总委员会关于继承权的报告》里所说"大约 40 年前圣西门的信徒们所犯的重大错误之一，就在于他们不把继承权看作法律后果，而把它看作现今社会组织的经济原因"，是指圣西门的一批信徒（安凡丹、巴札尔、罗德里格、毕舍等人）在 19 世纪 20 年代末传布和发展他的学说。1830 年，根据巴札尔在巴黎的讲稿出版了"圣西门学说的阐述"一书，其中提出了废除继承权的要求。

促使马克思写《〈莱茵报〉编辑部为〈论新婚姻法草案〉一文所加的按语》的直接原因，是《莱茵报》发表的两篇评论离婚法草案的文章，按语是为第二篇文章加的。马克思在按语中拟定了批判离婚法草案的基本方针，在后来作为社论发表的《论离婚法草案》中，马克思进一步阐述了自己的观点。当时的背景是：1842 年 2 月，历史法学派的主要代表弗·卡·冯·萨维尼被普鲁士国王弗里德里希 - 威廉四世任命为法律修订大臣。在他的主持下，首先着手起草新离婚法草案。草案的准备和讨论是在非常秘密的情况下进行的。1842 年 7 月草案虽已付印，但不允许公开发表。尽管如此，从 7 月底起还是有人针对草案发表了最初的批评性评论。1842 年 10 月 20 日《莱茵报》第 293 号发表了这一草案，后来在《莱茵报》《莱比锡总汇报》以及其他报刊上对草案展开了广泛的公开讨论。普鲁士政府对这件事采取威胁和压制的手段，它首先要求《莱茵报》编辑部提供草案投寄人的姓名，遭到拒绝。这成了《莱茵报》后来被查封的原因之一。

马克思的《按语》中"这篇关于离婚法草案的评论是从莱茵法学的观点来论述的"，是指 1842 年 11 月 13、15 日《莱茵报》第 317、319 号附刊登载的《论新婚姻法草案》一文。该文认为，新草案的主要缺点在于，它并没有废除，只是修订了历史上已经过时的普鲁士邦法的各种规定。文章还谴责了草案在法律上把国家从属于教会明文规定下来的做法。

"前些时候登载的那篇评论（见《莱茵报》第310号附刊）是从旧普鲁士法学的观点及其实践出发的"，是指1842年11月6日《莱茵报》第310号附刊登载的《评法律修订部1842年7月提出的离婚法草案》一文。该文批评草案持新教观点并具有违反常人健全理智的各种规定。文章否定给离婚造成困难的多数条款，维护普鲁士邦法的有关规定。

马克思在《论离婚法草案》里引证黑格尔说的"婚姻本身，按其概念来说，是不可离异的，但仅仅就其本身，即仅仅按其概念来说是如此"这段话，是黑格尔《法哲学原理》第163节补充。引文见《黑格尔全集》1833年柏林版第8卷第227页。

恩格斯在《家庭、私有制和国家的起源》讲的"正是资本主义生产注定要把这种结婚方式打开一个决定性的缺口。它把一切变成了商品，从而消灭了过去留传下来的一切古老的关系，它用买卖、'自由'契约代替了世代相因的习俗、历史的法"这段话，是马克思恩格斯的独到见解。英国的法学家亨·萨·梅恩在《古代法：它与社会早期历史的联系和它与现代法律观念的关系》（H. S. Maine.《Ancien t Law its Connection with the Early History of Society，and its Relation to Modern Ideas》）里说，同以前的各个时代相比，我们的全部进步就在于from status to contract［从身份到契约］，从过去留传下来的状态进到自由契约所规定的状态。恩格斯对此评价道："他自以为他的这种说法是一个伟大的发现，其实，这一点，就它的正确而言，在'共产主义宣言'中早已说过了。"显然，梅恩抄袭了马克思恩格斯的观点，而其由此提出的"从身份到契约"又做了资本主义的解释。

这里的"共产主义宣言"，是《共产党宣言》。

5. 社会危害关系

受犯罪侵害的社会关系，是社会危害关系。刑法是调整受犯罪侵害的社会关系的法律。这种社会关系的范围是广泛的，国家安全、公共安全、经济秩序、公民人身权利和民主权利、财产、社会管理秩序、国防利益、军人职责、职权，等等，都属于刑法的调整范围。对于违反刑法的犯罪行为，处以刑罚。刑罚是惩罚犯罪最严厉的国家强制措施。

刑法和刑罚具有强烈的阶级性。对于刑法和刑罚的本质、立法目的、基本原则、作用等基本问题，不同的阶级有不同的观点和理论认识。马克思主义刑法学和刑罚理论，反映了社会发展规律和法律发展规律，是工人阶级和广大劳动人民意志的体现。

我国官方教授们所研究的法学要达到这个真理，则要经历重重困难、怀着战战兢兢的心情穿过烦琐哲学的各种障碍。这个真理就是：对防止犯罪来说，改变社会制度和政治制度比采取某种刑罚，意义要大得多。

列宁：《时评》，
《列宁全集》第4卷第360页。

想找出一个原则，可以用来论证在以文明自负的社会里死刑是公正的或适宜的，那是很困难的，也许是根本不可能的。一般说来，刑罚应该是一种感化或恫吓的手段。可是，有什么权利用惩罚一个人来感化或恫吓其他的人呢？况且历史和统计科学非常清楚地证明，从该隐以来，利用刑罚来感化或恫吓世界就从来没有成功过。适得其反！从抽象权利的观点看，只有一种刑罚理论是抽象地承认人的尊严的，这就是康德的理论，特别是当黑格尔用了一个更严谨的定义来表述它的时候。

马克思：《死刑。——科布顿先生的小册子。——英格兰银行的措施》，

《马克思恩格斯全集》第 8 卷第 578～579 页。

有人早就说过，刑罚的防范作用，决不在于刑罚的残酷，而在于有罪必究。重要的不是对犯罪行为处以重刑，而是要把每一桩罪行都揭发出来。

列宁：《时评》，

《列宁全集》第 4 卷第 364 页。

这种一方面扩大自己财富，但贫困现象又不见减少，而且犯罪率甚至增加得比人口数目还快的社会制度内部，一定有某种腐朽的东西。

马克思：《人口、犯罪率和赤贫现象》，

《马克思恩格斯全集》第 13 卷第 551 页。

吞噬一切的赤贫现象、青年罪犯的空前增加和比利时工业的不断衰退，就是立宪的德政的物质基础。

马克思：《"模范国家"比利时》，

《马克思恩格斯全集》第 5 卷第 370 页。

在确定对侵犯财产的行为的惩罚时，价值的重要性是不言自明的。如果罪行这个概念要求惩罚，那么罪行的现实就要求有一个惩罚的尺度。实际的罪行是有界限的。因此，为了使惩罚成为实际的，惩罚就应该是有界限的，为了使惩罚成为公正的，惩罚就应该受到法的原则的限制。任务就是要使惩罚成为罪行的实际后果。惩罚在罪犯看来应该表现为他的行为的必然结果，因而表现为他自己的行为。所以，他受惩罚的界限应该是他的行为的界限。犯法的一定内容就是一定罪行的界限。因此，衡量这一内容的尺度就是衡量罪行的尺度。

对于财产来说，这种尺度就是它的价值。一个人无论被置于怎样的界限内，他总是作为一个整体而存在，而财产则总是只存在于一定的界限内，这种界限不仅可以确定，而且已经确定，不仅可以测定，而且已经测定。价值是财产的民事存在的形式，是使财产最初获得社会意义和可转让性的逻辑术语。显然，这种由事物本身的本性中得出的客观规定，也应该成为惩罚的客观的和本质的规定。如果在涉及数目大小的场合立法能够仅仅以外部特征为依据，而不致陷入永无止境的规定之中，那么它至少必须进行调节。问题不在于历

数一切差别，而在于确定差别。然而省议会根本不屑于理睬这些小事情。

马克思：《第六届莱茵省议会的辩论（第三篇论文）》，

《马克思恩格斯全集》第1卷上册第247页。

从1845年以来，18岁以下的少年罪犯的人数每年大约增加一倍。按照这个比例，比利时的少年罪犯到1850年将达到74 816名，而在1855年将达到2 393 312名，即超过18岁以下少年的总人数，而且超过全国居民的半数。这样，到1856年比利时全国人民（包括尚未诞生的小孩在内）都要坐牢了。那时君主制能不能期望自己有更广泛的民主的基础呢？要知道在监狱里大家都是平等的。

马克思：《"模范国家"比利时》，

《马克思恩格斯全集》第5卷第368页。

欧仁·苏先生的愿望只实现了一部分。在众议院本届会议讨论单人牢房制的问题时，甚至拥护这种制度的官方人士都不得不承认，这种制度迟早会使囚犯发疯的。因此十年以上的徒刑都一律改为流放。

马克思恩格斯：《神圣家族》，

《马克思恩格斯全集》第2卷第238页。

酗酒、纵欲、粗暴以及对私有财产的不尊重，这就是资产者加在工人头上的一些主要罪名。工人酗酒是十分自然的。据艾利生郡长说，在格拉斯哥，每个星期六晚上至少有3万个工人喝得烂醉。这个数字确实没有夸大，在这个城市里，1830年每十二幢房子中有一家酒店，而在1840年每十幢房子中就有一家。在苏格兰，1823年纳消费税的烧酒有2 300 000加仑，而在1837年就有6 620 000加仑。在英格兰，1823年有1 976 000加仑，而在1837年就有7 875 000加仑。1830年颁布的啤酒法案便利了所谓jerry-shops〔下等啤酒店〕的开设（在这些酒店里许可卖零杯的啤酒），这也助长了酗酒的风气，因为几乎每一家的门前都有酒店了。几乎在每一条街上都可以找到几家这样的啤酒店，而在乡下，只要有两三幢房子在一起，其中就必然有一家jerry-shop〔下等啤酒店〕。此外，还有很多bush-shops〔私酒店〕，即没有获得许可的秘密酒店，在大城市中警察很少到的偏僻地方，有不少秘密酒坊酿造着大量的烧酒。

恩格斯：《英国工人阶级状况》，

《马克思恩格斯全集》第2卷第412~413页。

当犯罪变得十分频繁时，人们就会习以为常，并且成为犯罪行为的麻木不仁的目击者。在意大利或西班牙，人们极其冷漠地目睹刺客杀死他要谋刺的受害者而逃进教堂，在那里逍遥法外。

恩格斯：《傅立叶论商业的片断》，

《马克思恩格斯全集》第42卷第332~333页。

我们来查阅一下刑法典。看一看第367条："凡在公共场所，或在合法的正式的文件中，或在已刊印或未刊印的文章中（只要这些文章已经张贴、出售或分发）指责某人做过会受到刑法或违警法的追究，或至少也会引起公民对他的轻视或憎恨的事情，即使这些事情属实，提出这个指责的人也算犯了诬蔑罪。"第370条："如果控告所根据的事实按照法定手续查明是确实的，那末原告就不应受任何惩罚。只有根据法庭的判决或其他合法的文件提出来的东西，才算是合法的证据。"为了说明这一条，我们再引证一下第368条："据此，原告要求给予机会提出证据为自己辩护的请求将不予考虑；原告也不得借口文件或事实都是众所周知的，借口引起控告的指责并不是第一次提出，或者是他从外国报纸和其他刊物上抄来的等等为自己开脱"。帝国时代及其整个精细的专制制度都在这些条文中反映出来了。根据一般人的理智，说一个人遭到诬蔑，就是指他受到别人莫须有的指责；但是根据刑法典的特殊的理智，说一个人遭到诬蔑，是指别人指出了他确实犯过的而且能够加以证明的错误，不过在证明时用的不是唯一被承认的方法，即法庭的判决或正式的文件。

马克思：《法庭对"新莱茵报"的审讯》，
《马克思恩格斯全集》第5卷第231页。

问题不在于可以用关于"法律意义上的诬蔑"的条文，即关于违背常人的理智擅自捏造的诬蔑的条文，使报上被指控的文章得到应有的评判。至于说这里能找到应有的评判，这只能是三月革命的成果，是反革命势力已达到的发展程度，是官僚机构动用旧法律武库中残存的武器来反对新的政治生活的极恶劣的行径。把关于诬蔑的条文用来对付人民代表的攻击——真是个巧妙的方法，它可以使这些先生免受抨击，使报刊不经过陪审法庭的审讯！我们现在从控告诬蔑转来谈谈控告侮辱。我们看一看第222条，这一条说："如果行政机关或法院部门的一个或几个负责人员在执行职务时或由于执行职务而遭到任何言语上的侮辱，使他们的名誉或良好品德受到损失，侮辱他们的人应判处一个月到两年的徒刑。"

马克思：《法庭对"新莱茵报"的审讯》，
《马克思恩格斯全集》第5卷第233页。

要是在共产主义的、和平的社会里，情况还不知要好上多少倍呵！在每一个人的身体上和精神上的需求都得到满足的地方，在没有什么社会隔阂和社会差别的地方，侵犯财产的犯罪行为自然而然地就不会再发生了。刑法会自行消失，民法（它几乎只是专门处理财产关系或者至多是专门处理那些以社会的战争状态为前提的关系）也会不再存在。现在的各种争端是人们互相敌对的自然而然的结果，到那时就只是罕有的例外，并且很容易通过仲裁法庭来调解。

恩格斯：《在爱北斐特的演说》，
《马克思恩格斯全集》第2卷第608页。

列宁在《时评》谈到刑罚的防范作用，要把每一桩罪行都揭发出来时，评价了"市井小民的法庭"。他说：官吏审判官吏。这不仅影响了判决，而且影响了预审和庭审的整个性质。市井小民的法庭可贵之处就在于它给我国那些浸透了文牍主义的政府机关带来了一股生气。市井小民所关心的不仅是某种行为应该被认为是欺压、是斗殴、还是拷打，应该受到哪一种哪一类的惩罚，而且更关心彻底揭示、公开说明罪行的一切社会政治原因及其意义，从审判当中得到社会道德和实际政策的教育。市井小民希望法庭不是"衙门"，在这里官老爷们根据刑法典的某条某款来处理案件，他们希望法庭是公开的机关，在这里可以揭露现行制度的脓疮，提供批判这个制度因而也是改造这个制度的材料。市井小民由于社会生活实践和政治觉悟提高的推动，亲身体验到一个真理。

马克思在《死刑。——科布顿先生的小册子。——英格兰银行的措施》里，揭露了资本主义制度的弊病，指出了像犯罪行为增长这种现象的社会原因。他揭露了资产阶级惩罚制度的野蛮，并批判了为这种制度辩护的资产阶级的哲学法律理论。说到康德和黑格尔的惩罚理论时，马克思指出了唯心主义哲学的特征："……德国唯心主义只是通过神秘的形式赞同了现存社会的法律；在这里是如此，在其他许多情况下也是如此。"马克思证明说，消灭犯罪行为的根本手段，就是消灭必然产生犯罪行为的资产阶级社会本身。

6. 社会争议关系

社会争议是社会矛盾和社会冲突的表现。

社会争议可以通过当事人双方自行解决，可以通过第三人调解解决，也可以通过仲裁机构仲裁解决和司法解决。这里摘录的社会争议关系，是通过司法诉讼程序解决的社会争议关系。诉讼是主体的权益受到侵犯，或者权利义务关系发生争执时，在司法机关通过法定程序进行的活动。

经典作家论述了诉讼的实体法和程序法的关系，揭露了资本主义司法的黑暗，肯定了人民陪审员制度，特别是提出免费诉讼问题。在谈到资本主义司法的场合指出，国家无论如何是保护你们的私人利益的，社会底层让无数次的诉讼弄得倾家荡产。

对于司法审判，经典作家一针见血地指出：法官首先作为官吏来作出决定，以便然后作为法官来判决；各级法庭的判决互相矛盾，法庭上的"平等"（这种"平等"在生活中体现为"自由劳动"和把劳动卖给资本）；个别司法官员把他们的职业要求于他们的特殊义务置之不顾；法官最关心的是照章办案，只要把公文写好，别的什么都可以不管，他们整天想的是领取薪俸和讨好上司，在官僚的法庭里，积压公文、拖延诉讼、故意刁难，简直是司空见惯的现象，他们乱写公文，该纪录的不纪录，不管案件有理无理，结果不了了之；如果阔佬被传到，或者更正确些说，被请到法庭上来，法官便会因为打搅了他而向他深致歉意，并且尽力使诉讼变得对他有利，如果不得不给他判罪，那么法官又要对此表示极大的歉意；有无数的被告不能出席陪审法庭受审而受国王的审判官的判决和被关在监狱里；证人发誓证明所有这些荒谬的捏造材料都是真实的；诉讼费用是高得惊人的，等等。

法学家们对这样的司法持怎样的立场和态度呢？经典作家说：法学家对于有关财产的

每一条法律和每一份文件就作有利于资产阶级的解释。

这里，经典作家的论述，大致按诉讼、审判法庭、法官、案件、原告和被告、律师、公证人的顺序排列。

如果诉讼无非是一种毫无内容的形式，那么这种形式上的琐事就没有任何独立的价值了。

马克思：《第六届莱茵省议会的辩论（第三篇论文）》，
《马克思恩格斯全集》第 1 卷上册第 287 页。

不知道法学秘密的人们难于理解：怎么在最普通的诉讼案中竟突然发生不是由该诉讼案件的实质、而是由诉讼程序方面的规定和条文所引起的法律问题。善于运用这些法律使人成为律师，就同善于主持宗教仪式使人成为婆罗门教的祭司一样。无论在宗教的发展过程中，或是在法律的发展过程中，形式都在变成内容。

马克思：《议会新闻：布尔韦尔提案，爱尔兰问题》，
《马克思恩格斯全集》第 11 卷第 401 页。

实体法却具有本身特有的必要的诉讼形式，正如中国法里面一定有笞杖，拷问作为诉讼形式一定是同严厉的刑罚法规的内容连在一起的一样，本质上公开的、受自由支配而不受私人利益支配的内容，一定是属于公开的自由的诉讼的。诉讼和法二者之间的联系如此密切，就像植物外形和植物本身的联系，动物外形和动物血肉的联系一样。使诉讼和法律获得生命的应该是同一种精神，因为诉讼只不过是法律的生命形式，因而也是法律的内部生命的表现。

马克思：《第六届莱茵省议会的辩论（第三篇论文）》，
《马克思恩格斯全集》第 1 卷上册第 287 页。

公众智慧和良好愿望被认为甚至连最简单的事情也办不成，而官员们则被认为是无所不能的。一根本缺陷贯穿在我们的一切制度之中。譬如在刑事诉讼中，法官、原告和辩护人都集中在一个人身上。这种集中是同心理学的全部规律相矛盾的。可是，官员是超乎心理学规律之上的，而公众则是处于这种规律之下的。

马克思：《评普鲁士最近的书报检查令》，
《马克思恩格斯全集》第 1 卷上册第 133 页。

诉讼免费。

马克思恩格斯：《共产党在德国的要求》，
《马克思恩格斯全集》第 5 卷第 3 页。

《莱茵报》对离婚法草案采取了完全独特的立场，可是直到现在为止，还没有任何方

面向我们证明《莱茵报》的立场是没有根据的。《莱茵报》同意这一草案，因为它认为现行的普鲁士婚姻法是不合伦理的，目前离婚理由的繁多和轻率是不能容忍的，现行的诉讼程序是不符合这一命题的尊严的；而旧普鲁士的整个审判程序也是这样的。

马克思：《论离婚法草案》，
《马克思恩格斯全集》第1卷上册第346页。

有人把对猎区警察和森林警察的监督和使用不仅变成了军队的权利，而且变成了军队的义务，虽然刑事诉讼条例第9条只提到官吏要受国家检察官的监督，因此，国家检察官可以直接追究官吏的刑事责任，而军队则不能这样做。上述规定既威胁着法庭的独立，也威胁着公民的自由和安全。

马克思：《第六届莱茵省议会的辩论（第三篇论文）》，
《马克思恩格斯全集》第1卷上册第272页。

就拿普鲁士的现状来看吧。小资产者能够听命于行政方面和司法方面的官僚制度，他们能够把自己的财产和个人托付给"独立的"、即具有官僚式独立性的法官阶级胡乱摆布，而这个阶级因此也就保护他们不受封建贵族、有时也不受行政机关官僚的侵犯，但资产者就不能够这样做。在有关财产的诉讼方面，资产者所需要的是至少必须保证公开审理，而在刑事诉讼方面，除公开审理而外还要求实行陪审制，把司法置于资产者代表人物的经常控制之下。

恩格斯：《德国的制宪问题》，
《马克思恩格斯全集》第4卷第63页。

各种利益犬牙交错这种最古怪的现象（我们只要想一想行会和它们之间的冲突就够了），正是发生在小资产阶级欣欣向荣的那个文明发展阶段上。这样，小资产者和农民就不能没有一个强大的和人数众多的官僚机构。他们不得不接受监护，以免陷于极度混乱或让无数次的诉讼弄得倾家荡产。

恩格斯：《德国的制宪问题》，
《马克思恩格斯全集》第4卷第62页。

既然你们的私人利益能够受到合理的法律和合理的预防措施的保护，那么，国家无论如何是保护你们的私人利益的，但是，对于你们向罪犯提出的私人诉讼，国家除了承认私人诉讼权即保护民事诉讼的权利以外，不能承认其他任何权利。

马克思：《第六届莱茵省议会的辩论（第三篇论文）》，
《马克思恩格斯全集》第1卷上册第282页。

在为所有权进行的诉讼中，在资产阶级大发横财时期的英国，法学家对于有关财产的每一条法律和每一份文件就作有利于资产阶级的解释；在贵族阶级发财致富的苏格兰，则作有利于贵族阶级的解释，而在两种场合下，都充满着敌视人民的精神。

马克思：《选举。——财政困难。——萨特伦德公爵夫人和奴隶制》，

《马克思恩格斯全集》第 8 卷第 575 页。

应当承认，不承认私人在他的私事方面有起诉权的法律，也就破坏了市民社会的最起码的根本法。起诉权由独立的私人的理所当然的权利变成了国家通过它的司法官员所赋予的特权。在每次法律争论中，国家就站在私人和把它当做自己私产的法庭的门之间，并随心所欲地把门打开或关上。法官首先作为官吏来作出决定，以便然后作为法官来判决。

马克思：《福格特先生》，

《马克思恩格斯全集》第 14 卷上册第 686～687 页。

判定某些违犯由官方制定的法律的行为是犯罪还是过失，在一定程度上则取决于官方。这种名词上的区别远不是无关紧要的，因为它决定着成千上万人的命运，也决定着社会的道德面貌。法律本身不仅能够惩治罪行，而且也能捏造罪行，尤其是在职业律师的手中，法律更加具有这方面的作用。例如，像一位卓越的历史学家所正确指出的，在中世纪，天主教僧侣由于对人的本性有阴暗的看法，就依靠自己的影响把这种观点搬到刑事立法中去了，因而他们制造的罪行比他们宽恕的过错还要多。

马克思：《政治评论》，

《马克思恩格斯全集》第 13 卷第 552 页。

现代国家通常有两种参与审案的主要形式：（1）陪审法庭，——陪审员只能裁断是否有罪；专职法官才有权判刑并主持诉讼程序；（2）舍芬庭，——舍芬庭陪审员类似我们的"等级代表"，与专职法官有同等权利参与决定一切问题。

列宁：《国际法官代表大会》，

《列宁全集》第 22 卷第 76 页。

工业法庭，就是由工人和业主（工业中的厂主）双方选出的代表组成的法庭，审理的案件和纠纷涉及雇用条件、确定日常工资和加班费、无故解雇工人、赔偿损坏材料、罚款不合理等等。西欧大多数国家都有这种法庭，俄国还没有，因此，我们想探讨一下，工业法庭对工人有什么好处，为什么除了普通法庭以外，最好还要设立工业法庭（普通法庭由政府任命的或由有产阶级选出的一名法官审理案件，没有业主和工人选出的代表参加）。

列宁：《论工业法庭》，

《列宁全集》第 4 卷第 239 页。

在宪法中应被办事内阁完全拒绝的特殊裁判权现在又被这个内阁偷偷地放到市民自卫团条例中去了。自卫团士兵和班长在军纪上的一切过错，应交给由两个排长、两个班长和 3 个士兵组成的连的法庭处理（第 87 条）。营的各个连里的指挥官，从排长到少校，在军

纪上的一切过错，应交给由两个大尉、两个排长和 3 个班长组成的营的法庭处理（第 88 条）。对于少校又规定了另外一种特殊的诉讼程序，关于这种诉讼程序第 88 条叙述如下："如果少校应交给营的法庭审判，那末营的法庭除了原有的成员外还需要增添两个少校"。最后，如前所说，上校先生是不受任何法庭审判的。

马克思：《市民自卫团法案》，

《马克思恩格斯全集》第 5 卷第 285 页。

虽然手工业法废除了一切手工业税，可是按照 1845 年的手工业条例和根据赔偿法，在发生争执时，所有磨粉税不被看作手工业税，而被看作土地税。由于这种混乱状况和这些违法行为而发生了许多诉讼案件，各级法庭的判决互相矛盾，甚至最高法院也作出了一些极其矛盾的判决。

恩格斯：《关于现行赎买法案的辩论》，

《马克思恩格斯全集》第 5 卷第 366 页。

改革后的俄国所带来的这种"进步"和"文化"无疑是同"私有制"有联系的。这种私有制不仅由于建立了保证法庭上的"平等"（这种"平等"在生活中体现为"自由劳动"和把劳动卖给资本）的新的"辩论原则的"民事诉讼程序而第一次得到了充分的实现。

列宁：《民粹主义的经济内容及其在司徒卢威先生的书中受到的批评》，

《列宁全集》第 1 卷第 394 页。

个别司法官员把他们的职业要求于他们的特殊义务置之不顾，他们有的放任自己去干一些显然是非法的活动，有的则没有表现出足够的勇气和大无畏精神，而这种勇气和大无畏精神是跟恐怖主义顺利进行斗争所特别不可缺少的。我认为对这种人也要定罪，必要时还应毫不松懈、毫不迟疑地提起诉讼，因为保卫司法的官员是受托维护法律的尊严的。他们自己违法，那就是犯下了双重的罪行；而对于他们的诉讼特别需要加速进行，因为执行司法的权能不应再留在这类官员手中。按照现行的规章，在未征得上级机关同意之前，对于某些犯罪官员不得进行正式审讯或采取在这种情况下应该采取的暂时解除职务的措施；因此，在罪犯中有这些官员的情况下，不必等待特殊的许可，而应该立即着手查明事实，作为审讯的根据，然后再尽快地取得所要求的批准。对于见习法官和编制外的官员则不应忘记，解除他们的国家职务是要遵循特殊的规章的。

马克思：《普鲁士反革命和普鲁士法官》，

《马克思恩格斯全集》第 6 卷第 168 页。

法官最关心的是照章办案，只要把公文写好，别的什么都可以不管，他们整天想的是领取薪俸和讨好上司。因此，在官僚的法庭里，积压公文、拖延诉讼、故意刁难，简直是司空见惯的现象。他们乱写公文，该纪录的不纪录，不管案件有理无理，结果不了了之。如果审判员由厂主和工人双方选出，他们根本不必要埋在公文堆里，他们既然不为薪俸，也就不听命于寄生的官僚。他们关心的不是弄到一个肥缺，而是调解纠纷，免得厂主中断生产，免得工人工作不安心，老是害怕老板找碴儿和任意欺侮。其次，为了审理业主和工人之间的纠纷，必须根据切身经验很好地了解工厂的生活。

列宁：《论工业法庭》，

《列宁全集》第 4 卷第 240 页。

科伦的施图普先生对于议员不可侵犯的法律提出了修正，第 2 条"在议会存在期间，未经议会批准，不得因某种应受处分的行为控诉或逮捕议会的任何议员，但在当场或者在犯罪后 24 小时内被捕者除外。逮捕欠债的议员，也须经议会批准。"

修正："删去最后一句话：'逮捕欠债的议员，也须经议会批准'"。理由："在这里存在着对公民个人权利的干涉，我认为批准这种干涉是危险的。尽管议会的利益要求在自己中间有这种或那种议员，但我仍然认为尊重个人权利还是具有重大意义的。"

对第 2 条的第二个修正："在议会开会期间，未经议会同意，当局不得因某种受处分的行为控诉或逮捕议会的任何议员，当场被捕者除外。"理由："首先，'议会'这两个字是用做团体的意思，因此，'议会存在期间'这种说法是不适当的，所以我建议改为'议会开会期间'，把'应受处分的行为'这个用语改为'受处分的行为'更为妥当。我坚持这样的意见：我们不应当排除因受处分的行为而引起的民事诉讼的可能性，否则我们就会允许自己干涉个人权利。因此，也建议加上'当局'两个字。如果保留'或者在最近 24 小时内等等'补充意见，那末法官就能在犯某种罪行之后 24 小时内逮捕任何一个议员。"

可以议开会期间，而不可以讲团体存在期间！施图普先生不想允许当局未经议会同意而控诉或逮捕议员。也就是说他允许自己干涉刑法。民事诉讼方面的控诉，却是另一回事！只是不得干涉民法！民法万岁！原来私人倒应该得到国家所不应该得到的东西！民事诉讼高于一切！民事诉讼就是施图普先生的固定观念。民法就是摩西和预言者的圣诫！对着民法，特别是对着民事诉讼发誓吧！人民，尊崇最神圣的东西吧！没有私法对公法的干涉，可是常常有公法对私法的"危险的"干涉。一般说来，既然我们有了 Code civil〔民法典〕、民事法庭和律师，还需要宪法干什么呢？

马克思：《施图普的修正案》，

《马克思恩格斯全集》第 5 卷第 106～108 页。

第 3 条"对议会议员的一切刑事控诉和一切监禁，在开会期间应一律停止，如果议会要求这样做的话。"对第 3 条拟从措词上作如下的修正："对议会议员的一切刑事控诉和一切因控诉而发生的逮捕，如果并不是根据法庭的决定进行的，都必须立即停止，只要议会决定这样做的话。"理由："我认为不应把那些已经根据法庭的决定判处监禁的议员从监狱中释放出来。""如果这个修正一旦被采用，那末它也适用于那些因欠债而被监禁的人。"难道议会可以有削弱"法庭的决定的力量"或者甚至把那种因欠债而被"监禁"的人拉到自己中间去的犯罪意图吗？施图普先生浑身发抖，他简直不能容忍民事诉讼和法庭的决定受到这样的侵害。关于人民主权的一切问题现在也都得到了解决。施图普先生宣布了民事诉讼和民法的主权。

> 马克思:《施图普的修正案》,
> 《马克思恩格斯全集》第5卷第108~109页。

如果阔佬被传到,或者更正确些说,被请到法庭上来,法官便会因为打搅了他而向他深致歉意,并且尽力使诉讼变得对他有利;如果不得不给他判罪,那末法官又要对此表示极大的歉意,如此等等,结果是罚他一笔微不足道的罚款,资产者轻蔑地把钱往桌上一扔,就扬长而去。但是,如果是一个穷鬼被传到治安法官那里去,那末他几乎总是先被扣押起来,和其他许多像他一样的人一起过一夜;他一开始就被看做罪犯,受人叱骂,他的一切辩护只得到一个轻蔑的回答:"呵,我们懂得这些借口!"最后是被处以罚款,可是他付不出这一笔钱,于是只好在监狱里做一个月或几个月的苦工来抵罪。

> 恩格斯:《英国工人阶级状况》,
> 《马克思恩格斯全集》第2卷第570页。

但是这里有无数的被告不能出席陪审法庭受审而受国王的审判官的判决和被关在监狱里;在莱茵省这里可能用旧普鲁士的棍子来实行可耻的体罚(在莱茵省我们早在40年前就已免除了棍子);这里有丑恶的对违反道德的罪行的诉讼,这种罪行在 Code〔法典〕上并没有规定。

> 马克思:《汉泽曼内阁和旧普鲁士刑法草案》,
> 《马克思恩格斯全集》第5卷第351页。

尽管这些东西令人难以置信,但是普鲁士政府当局还是把这些荒谬绝伦、胡说八道的东西当做神圣的真理,可以想像,把这类证据当作提交给陪审法庭的诉讼材料,已经造成了什么样的混乱。案件开始审讯时,上述的警官施梯伯先生亲自出马坐在证人席上,发誓证明所有这些荒谬的捏造材料都是真实的,并洋洋自得地硬说什么他手下的一个密探和在伦敦的那些应当被看作这一可怕密谋的主要组织者的人们有极其密切的关系。

> 恩格斯:《最近的科伦案件》,
> 《马克思恩格斯全集》第8卷第453页。

在公、私工厂里,废除了厂主等(制造商)(大小雇主)擅自僭取的私人裁判权(这些厂主在诉讼中身兼法官、执行吏、胜利者和当事人);废除了他们擅自制定使他们能够用罚金、扣款等处分来掠夺劳动者工资的刑法典的权利。

> 马克思:《法兰西内战初稿》,
> 《马克思恩格斯全集》第17卷第573页。

在英国,诽谤案件的诉讼也同其他诉讼一样,费用是高得惊人的,在某种程度上来说,它们是 coffre fort〔保险柜,也就是富翁〕的特权。但是,西蒂区一群无业的律师很快发现勒维是一棵摇钱树，于是他们联合起来，为每一个打算控告勒维进行诽谤的人无代价地效劳，以进行投机。

马克思：《福格特先生》，

《马克思恩格斯全集》第 14 卷第 657 页。

读者大概还记得法国著名律师和正统派贝利耶的儿子的诉讼案吧。当时，涉及的是家股份企业——Docks Napoléoniens（拿破仑造船厂）所干的诈骗案。要知道，老贝利耶掌握着大批文件，足以证明拿破仑亲王和玛蒂尔达公主也曾用这种使他的儿子贝利耶坐在被告席上的欺骗行为赚得了大宗款项。贝利耶是一位具有法国风格的善于雄辩的巨匠，他的这种完全依靠演说家的举止、声调、目光和手势的技能，可以把那些写在纸上看来索然无味的字，用炽烈的明确的语言表达出来，——如果贝利耶在法庭上宣读这些文件，再加上一些说明，那末皇帝的宝座就会动摇不稳了。所以，皇帝的近臣前去劝说贝利耶放弃他的意图，并且肯定地答应他，只要他保持缄默，就可以保证他的儿子无罪。他同意了，但是他的儿子却判了罪，父子双双成了欺骗的牺牲品。

马克思：《时代的表征》，

《马克思恩格斯全集》第 12 卷第 438 页。

这位省议会议员想呈送给太子的这份请愿书，被另一个人收下了，这个人满口答应将请愿书转交太子殿下。后来，这份请愿书一直没有得到任何答复，而司法机关倒对这位省议会议员提起了公诉，说他是请愿书的起草人，说请愿书含有"对国家法律的无理的、有失恭敬的指责"。根据这个指控，这位省议会议员在特里尔被判处六个月徒刑并罚交诉讼费。但是后来上诉法院修改了这一处罚，只将上述判决中罚交诉讼费这一条保留下来，理由是被告的行为有些轻率，因而引起了这场诉讼。

马克思：《摩泽尔记者的辩护》，

《马克思恩格斯全集》第 1 卷上册第 388 页。

这时，恰好那块地皮卖主的一个已成年的孩子提交了一份关于财产分割问题的诉状。他把那块已经以 40 塔勒的价格出售的、面积为 1.5 摩尔根的地皮也纳入了财产分割的范围，同时，根据上文所提到的出售条件，他宣称那笔已经达成的交易无效。而法院指定的三名鉴定人则宣布，那块有争议的地皮是不可分割的；于是，这块地皮就被公开拍卖，而在拍卖时报价的只有原先的卖主和乡镇长，此外别无他人。那位一起报价的地皮原主认为，乡镇长是受县长的委托，不惜一切代价来求购上述地皮的，因此他把地皮的价格抬高到 1700 塔勒，而这块地皮最后就以这样的价格拍板成交，卖给了代表乡镇前来购地的乡镇长。这样一来，乡镇就要为那片新的墓地连同围墙的修建费用支付 2400 塔勒，这里还没有将那笔数量十分可观的诉讼费计算在内；如果乡镇在它同地皮原主之间进行的、当时还悬而未决的诉讼中败诉，那么，还会有更多的诉讼费要由乡镇来承担。

马克思：《摩泽尔记者的辩护》，

《马克思恩格斯全集》第 1 卷上册第 394 页。

制宪国民议会首先第一步行动就是成立了调查委员会,来调查6月事件和5月15日事件,并调查社会主义党派和民主主义党派的领袖们在这些事件中所参加的活动。调查的直接对象就是路易·勃朗、赖德律·洛兰和科西迪耶尔。资产阶级共和党人急于要除掉这些敌手。他们再也找不到比王朝反对派过去的首领奥迪隆·巴罗先生更为适当的人选来替他们实行复仇了。这个自由主义的化身,这个 nullité grave(目中无人的小人),这个艰涩的空谈家不只要为王朝复仇,而且还要和那些把他的内阁首相地位弄掉的革命家算账。当然保险他一定要狠狠地干上一通!正是这个巴罗被任命为调查委员会主席,而他也就制造出了一桩控诉二月革命的十足的诉讼案,这个案件归结为如下各点:3月1日——游行示威,4月6日——阴谋,5月15日——谋害,6月23日——内战!他为什么没有把他这番博学的刑事探究工作引伸到2月24日事件呢?"辩论日报"对此做了回答:2月24日事件是一种罗马开国奠基的事件啊。国家的起源散失在神话世界中,而神话是只许相信,不许讨论的。路易·勃朗和科西迪耶尔被交付法庭审判了。国民议会已完成了它在5月15日开始进行的自身清洗工作。

马克思:《1848年至1850年的法兰西阶级斗争》,

《马克思恩格斯全集》第7卷第41页。

独立宪兵团克雷科夫中校,根据1883年公布的亚历山大二世皇帝审判条例的刑事诉讼条例第1035条第7款,于1895年12月21日在圣彼得堡市对被告进行审讯,出席的有圣彼得堡高等法院副检察官 A. E. 基钦。被告供述:

我叫弗拉基米尔·伊里奇·乌里扬诺夫。我不承认犯有参加社会民主主义者的政党或其他任何政党的罪行。我根本不知道目前有什么反对政府的政党存在。我没有在工人中间进行过反对政府的宣传。我就搜查时从我那里搜去的和向我出示的一些物证作如下说明:告工人书和记述某工厂一次罢工的材料放在我那里是偶然的,是我从别人处拿来看看的,这个人的名字我记不得了。

《附录。弗·伊·乌里扬诺夫(列宁)受审笔录》,

《列宁全集》第44卷第541~542页。

齐赫泽代表引用了许多仍然是来自官方的材料,说明为了准备待垦土地,怎样把整村整村的土著居民从他们的故土上赶走,为了证明剥夺山民土地是正确的,怎样策划了一系列的诉讼(见贵族代表策列铁里公爵向内务大臣作的关于库塔伊西县基克纳韦列季山村情况的报告),等等。所有这一切并不是个别的、例外的事实,而是正如参议员库兹明斯基所确认的那样,是"典型的事件"。

列宁:《移民问题》,

《列宁全集》第21卷第336页。

如果把策列铁里、克伦斯基之流的内阁针对布尔什维克的"诉讼"看作真正的诉讼,那自然是太天真了。那将是一种完全不可饶恕的立宪幻想。

列宁:《答复》,

《列宁全集》第32卷第44页。

在一切文明国家，甚至最先进的国家，妇女就其地位说被称为家庭奴隶不是没有道理的。在任何一个资本主义国家里，甚至在最自由的共和国里，妇女都没有完全的平等权利。苏维埃共和国的任务首先是取消对妇女权利的各种限制。苏维埃政权已经彻底铲除了资产阶级的丑恶现象即妇女受压制和受凌辱的根源——离婚诉讼。

列宁：《在全俄女工第一次代表大会上的讲话》，
《列宁全集》第 35 卷第 180 页。

采取什么形式和办法追究托拉斯管理委员会委员们对不按规定呈送报表和经营出现亏损应负的责任，考虑好了吗？我们的司法人民委员部是否在睡大觉？这方面需要审理若干示范性的诉讼案，而且要采用最严厉的惩治手段。看来司法人民委员部不懂得，新经济政策需要用新办法给予新的严厉的惩罚。

列宁：《致格·雅·索柯里尼柯夫》，
《列宁全集》第 52 卷第 267 页。

我们在国外正在进行或者不得不进行一系列民事诉讼："爱沙尼亚银行丢失黄金案"、"契布拉里奥案""志愿商船队案""购买假药肿凡纳明案"，等等。请告诉我：国外所有民事诉讼案件都由谁监督和负责妥善处理？哪个部门管？哪个局？哪位部务委员具体负责？如果这些都没有规定，那么我委托司法人民委员部会同全俄肃反委员会、外交人民委员部和对外贸易人民委员部在一周内深入研究这个问题，并向人民委员会提出相应的决定草案。

列宁：《致马·马·李维诺夫等人》，
《列宁全集》第 52 卷第 272~273 页。

对公证人的需要难道不是以一定的民法（民法不过是所有制发展的一定阶段，即生产发展的一定阶段的表现）的存在为前提吗？

马克思：《哲学的贫困》，
《马克思恩格斯全集》第 4 卷第 87 页。

为了在这里顺便提一下一个几乎已经声名狼藉的题目，即关于神的存在的证明，必须指出，黑格尔曾经把这一神学的证明完全弄颠倒了，也就是说，他推翻了这一证明，以便替它作辩护。假如有这样一些诉讼委托人，辩护律师除非亲自把他们杀死，否则便无法使他们免于被判刑，那么这究竟应当算什么样的诉讼委托人呢？

马克思：《德谟克利特的自然哲学和伊壁鸠鲁的自然哲学的差别》，
《马克思恩格斯全集》第 1 卷上册第 100 页。

列宁在《国际法官代表大会》里讲"现代国家通常有两种参与审案的主要形式"时，其中的"舍芬庭"，是西欧某些国家的陪审法庭。舍芬（德语 Schoffe）即陪审员。

列宁主张实行人民陪审员制度。列宁说：各立宪国家的"开明"法官就这样声色俱厉地发表演说，反对人民代表参与审理案件的一切做法。有个代表，叫埃尔斯纳，他猛烈抨击陪审法庭和舍芬庭，说这会造成"法律适用上的无政府状态"，他主张废止这类形式，实行法官的终身制。

列宁在《致马·马·李维诺夫等人》里提到的"契布拉里奥案"，是指教育人民委员部对该部前代理人契布拉里奥的起诉。此人把教育人民委员部支给他购买电影器材的款项立私人户头存入英国和美国的银行，然后潜逃了。当时曾在英国法院和美国最高法院对契布拉里奥提起刑事诉讼和民事诉讼。"志愿商船队案"，是指志愿商船队管理委员会对非法侵占志愿商船队财产（船只、房屋，等等）的英、美政府以及个人提起的诉讼。俄罗斯联邦政府就此问题向各国政府发表了声明。志愿商船队是为了发展商业航海事业，于1878年由私人认捐集资在俄国创办的。至第一次世界大战爆发，志愿商船队已拥有船只40多艘，总载重量达10万吨以上，并在国内外拥有不动产。十月革命后，船队的财产大部分被其他国家和在国外非法成立的志愿商船队"管理委员会"所侵占。根据人民委员会1922年1月11日的指令，志愿商船队恢复了活动。"购买假药胂凡纳明案"，是指对外贸易人民委员部代表在立陶宛买了假的新胂凡纳明一事。

三、法的作用后果的社会性

根据上层建筑与经济基础的相互关系原理，包括法在内的上层建筑反作用可归纳为：①对经济发展的加速作用、阻碍作用。②在一定条件下表现为决定性的反作用，在某种限度内改变经济基础。③最重要的有决定作用的阶级利益，用根本的政治改造来满足。④消灭旧经济基础。⑤帮助新的经济基础的形成和巩固。

法的"反作用"，应当理解为对经济基础的作用是整个法的整体（体系）的作用。这是能动的反作用。然而，法的这种"反作用"，总是通过对具体社会关系的规范性实现的，就是通过具体调整实现的。

在法的具体作用问题上，"反作用"与"调整作用"是不同的。我先前提出并阐释两者的异同，是基于马克思专门论述的法的对象是行为。这指的是法的"调整作用"。"调整作用"是具体法律法规对具体行为、具体关系等的规范性，表现为禁止或限制、促进或鼓励等。这里的"调整"，已把历史唯物论范畴的"反作用"，转化并限定为法学上法对社会关系的规定性。

法的调整作用一定产生社会后果，从总体上说，就是产生积极社会后果或消极社会后果、推动社会进步或阻碍社会进步。

当然，由于剥削阶级及其影响的偏见和人们认识的局限性，对这种社会后果的认知并不可能完全一致，但其评价总是有客观标准的。根本标准就是实践。人们通过实践从根本上来检验法实施的社会后果。反映一部分人的实践、个别社会集团的实践，不能检验法实施的社会后果；反映具有历史局限性的实践，某一历史阶段、某一认识水平的实践，也不能检验法实施的社会后果。

人们对法实施的社会后果的评价是否正确，是否具有真理性，只能将其置于实践—认识—再实践—再认识这一认识运动总规律之中。我们只能在"总规律"意义上、在实践决定认识的"决定"意义上，来认识法实施的社会后果。

我们说实践是检验实施的社会后果的标准，是在"总规律"意义上、"决定"意义上的"标准"，这是根本标准。也就是说，实践是检验的根本标准。除根本标准外，还有具体标准。规律、原理、逻辑证明，也是检验的标准。"规律"是客观存在的有机联系，不以人们的意志为转移。规律经过数千年人类实践的全部验证，不需要再从头检验。"原理"是事物的本质、相互关系和规律的正确反映。与社会形态历史类型的更替相适应，法的历史类型的更替，经历了奴隶制法、封建制法、资本主义法、社会主义法四种类型。法的历史类型发展原理是经过实践检验的，是经过各种流派无数次批驳和排斥而确证的，从而获得了无须证明的理性意义。"逻辑证明"，也是检验的具体标准。凡符合客观实际的、有根据的、正确的逻辑证明，就能够成为检验标准。

法的社会后果是客观存在，不以任何人的评价为转移。有了检验的根本标准和具体标准，法的社会后果总是能够得到检验的。

经典作家曾指出过在资产阶级革命时期和夺取政权后上升时期，资本主义法的某些积极社会后果和促进社会进步的一定作用，但是，就整个资本主义法来说，也明确指出法的消极社会后果和阻碍社会进步的作用，盖源于私有制。

经典作家评价过数十种法律。对于每一种具体法律，经典作家总是指出它的法的积极社会后果或消极社会后果，指出它对于社会进步的促进作用或阻碍作用。有些场合，还指出它的进步作用的阻碍方面或阻碍方面的进步作用。这反映了经典作家的唯物主义立场和辩证思维，反映了经典作家对法的社会后果评价的客观性。

下面摘录的只是经典作家对诸多法律全面论述的 10 类法律。这些法律，是政治和国民经济方面的基本立法。其他立法，将在第 2 卷《法制度原理》集中阐释。

（一）法的积极社会后果和消极社会后果

1. 选举法的社会后果

选举法是决定权力归属和利益获取的重要法律。各国对选举权、选举人、选举机构、选举程序、选举经费、选举诉讼等均作出全面具体的规定。

资本主义选举立法的偏私和选举中的舞弊是世界著名的。有人迷恋西方国家的选举制度，宣传说选举是最民主、最公平的政治。从表面看，似乎表现了"实质正义""程序正义"，实际上是不公平、不正义的。譬如，选举法规定了选举程序：应选名额的确定、候选人提名、选区划分、选民登记、选举日的确定、投票、选举的主持、计票和监票、选举结果的公布、另选和补选、破坏选举的制裁、选举诉讼，等等。可实际情况是怎样的呢？经典作家依据事实做了一针见血地披露。

在统治阶级看来，选举法的积极后果是依法进行权力更替，表演民主，攫取自身权力和利益；但在广大人民群众看来，选举不过是一场政治演出。

工业资产阶级所要求的要多得多。它要求 household suffrage，即凡是占用一幢房子或其一部分并因此而交纳市政税的户主的选举权；它也要求秘密投票和完全重新划分选区，以保证同样数目的选民和同样数目的财产有相等的代表名额。它将顽强地、长期地和内阁进行讨价还价，并从内阁方面得到每一个可能得到的让步之后，才会出售对内阁的支持。我们的英国工业家们都是些老练的商人，大概他们要按最高的价格出售自己的一票的。但是，现在就已经可以看出，甚至像前面谈到的内阁提出的最低限度的选举改革，除了加强工业资产阶级的权力而外，不会得到其他的结果。

恩格斯：《英国》，
《马克思恩格斯全集》第 8 卷第 240 页。

　　有关选举权和选举机构方面的安排，不仅把人民的大多数排除在外，而且还使其余享有特权的一部分遭到官僚集团最肆无忌惮的摆布。选举分两级。首先选举复选人，然后由复选人选举议员。在初选当中，不仅不缴纳直接税者都被排除在外，而且全部初选人还要分成三类：最高、中等、量低税额缴纳者。三类中的每一类都像塞尔维乌斯·土利乌斯王的特里布斯一样，选举同等数目的议员。然而就是这个复杂的层层过滤的过程看来还是认为不够，因为官僚集团此外还得到了把选区任意划分、拼凑、改变、分开、合并的权力。譬如说，如果疑心某一个城市倾向于自由派，那就可以把它淹没在乡村选民的大量反动选票中；内阁大臣只凭一纸命令就能把这个倾向于自由派的城市和反动的农村地区合并成一个选区。

马克思：《普鲁士状况》，

《马克思恩格斯全集》第 12 卷第 660 页。

　　"第 24 条选举权是直接的和普遍的，投票采取秘密方式。""第 25 条　凡年满 21 岁，没有被剥夺政治权和公民权的法国人，均为不受任何选举资格限制的选民。""第 26 条凡年满 25 岁的选民均可以当选为议员，而不受居住资格的限制。""第 27 条　剥夺法兰西公民的选举权和被选举权所依据的条件由选举法规定之。"上面引用的几个条款表述的精神跟宪法里所有其他条款的精神毫无二致。"凡是法国人均为享有政治权力的选民"，但是"选举法"必须规定，哪些法国人不应享有政治权利！1849 年 3 月 15 日的选举法把政治犯除外的一切罪犯都划入这个范围。而 1850 年 3 月 31 日的选举法不仅把政治犯，不仅把所有被认为藐视早已确定的社会舆论和出版法的罪犯一律划入这个范围，而且实际上规定了居住资格，从而使 2/3 的法国人不能参加投票！在法国，"选举权是直接的和普遍的"这句话就是这么一回事。

马克思：《1848 年 11 月 4 日通过的法兰西共和国宪法》，

《马克思恩格斯全集》第 7 卷第 583 页。

　　第 33—38 条　议员可以重选。他们不受过去颁布的任何命令的约束，他们不受侵犯，不得由于在国民议会里发表意见而遭受迫害和担负责任。他们可以得到他们不得拒绝的薪金。至于"议员的不受侵犯性"和他的"发表意见的自由"，国民议会的多数在 6 月 13 日以后通过了一项新的规章，决定国民议会议长有权谴责议员，处以罚款，剥夺他的薪金和暂时把他驱逐出会场，——这样一来，也就最后消灭了"言论自由"。1850 年，国民议会通过了一项法律，根据这项法律，议员甚至在会议期间可以因债务诉讼而遭到逮捕和在一定期间内如不还清债务而被剥夺其人民代表的资格。所以，无论议员的议论自由或议员的不受侵犯性在法国都是不存在的，而所存在的只有债权人的不受侵犯性。

马克思：《1848 年 11 月 4 日通过的法兰西共和国宪法》，

《马克思恩格斯全集》第 7 卷第 584 页。

　　（西班牙）1837 年的选举法规定只有拥有或承租房产或地产、缴纳 mayores cuotas（国家征收的船舶税）和年满25岁的公民才有选举权。此外，享有选举权的还有西班牙历史和自由艺术科学院的成员，神学、法学和医学科系的博士、硕士，神甫会会员，教区主教和他所辖的教士，有两年资历的法官和律师，服满一定期限的现役或预备役的军官，有两年服务期限的内外科医生和药剂师，身为某一科学院成员的建筑师、画家和雕刻家，官办学校的教授和教员。这个法律还规定剥夺不缴纳国家或地方税者、破产者、由于道德方面的缺陷或不够公民资格而被褫夺权利者和所有正受法庭审理的人的选举权。

马克思：《西班牙的革命。——博马尔松德》，

《马克思恩格斯全集》第10卷第436页。

议会候选人的全部竞选哲学就在于，他们不让自己的左手知道右手在做什么，以便在天真无邪的水里洗净双手。打开自己的腰包，不提出任何问题，相信人类的美德，——这一切使他们感到最惬意不过了。

至于谈到法律界——竞选时要请来帮忙的辩护士、代理人、律师，那末，他们当然完全有合法的权利得到报酬。总不能要求他们花自己的时间去白"干"一场吧。有一位这种格罗斯特的议员制造者大叫道："我为什么要白白地投他们的票呢？看看那24位律师吧，他们每人一次就得到25英镑，每天还要拿5基尼；因此要白白地投他们的票我可不干！"

马克思：《英国的贿选活动》，

《马克思恩格斯全集》第13卷第588页。

独立的选民纷纷请愿并提出抗议，反对内阁阁员的当选；他们断言并一再证明或者准备证明，政府官吏在选举时几乎到处肆意破坏法律；他们证明，在选举过程中采取了贿赂、收买、恫吓和各种各样的包庇行为。但是大多数议员对这些事实从来不加注意。当每个反对派议员对这类丑恶行为提出坚决抗议时，口哨声、喧嚣声和"进行表决，进行表决！"的喊声便迫使他们缄默下去。于是一切违法行为便被符合法律的表决掩饰起来。

恩格斯：《法国的政府和反对派》，

《马克思恩格斯全集》第4卷第31页。

理论上宣布了最纯洁的选举，而在实践中却发生了最大规模的选举舞弊。

马克思：《选举中的舞弊》，

《马克思恩格斯全集》第8卷第399页。

恫吓和舞弊是司空见惯的方式。首先是政府方面直接施加压力。例如，在得比，有一个选举代理人在行贿时被当场抓住，从他身上搜出了军务大臣贝雷斯福德少校的一封信，这位少校借给他一笔钱作竞选费用，要他凭信到一家商行去支取。"普尔公报"公布了由一个海军基地司令官签署的海军部给预备役军官的通告，要他们执政府提名的候选人的票。此外，还直接使用了武力，在科克、拜尔法斯特和里美黎克就发生了这样的事情（在里美黎克打死了八个人）。地主威胁佃户，如果佃户不和他们投一样的票，就要把他们从

土地上赶走；得比勋爵的地产管理人在这方面给他们的同行做出了榜样。店主遭到失去主顾的威胁，工人遭到解雇的威胁；到处都使用了把选民灌醉的办法，如此等等，不一而足。除了使用这些世俗的舞弊方法外，托利党还采用了宗教的手段。女王颁布了禁止天主教举行游行仪式的告谕，借以煽起宗教狂热和宗教仇恨；到处都是"打倒天主教徒！"的喊声。斯托克波尔特的骚动就是这个告谕造成的一个后果。当然，爱尔兰的神甫也用类似的武器回敬了敌人。

> 马克思：《选举中的舞弊》，
> 《马克思恩格斯全集》第 8 卷第 400 页。

全部关键在于选举法！地主制定的这个有利于地主的、经地主沙皇批准的法律，不是把选举农民杜马代表的权利交给农民复选人，而是交给地主。地主喜欢哪个农民复选人，就把哪个选入杜马作农民代表！

> 列宁：《农民和第四届杜马的选举》，
> 《列宁全集》第 21 卷第 219 页。

1907 年 6 月 3 日（16 日）的选举法是无耻的冒牌法律的样板。下面这些材料可以说明这个法律的性质：居民被划分为几个"选民团"：地主、第一等和第二等市民、农民、哥萨克、工人。各选民团分别选出的复选人（有时不是直接选举，而是由初选人选举），由政府分配参加各省的选举大会，再由这些选举大会选出杜马代表！

> 列宁：《给社会党国际局的报告〈第四届杜马的选举〉》，
> 《列宁全集》第 22 卷第 174 页。

马克思在《英国的贿选活动》揭露出来的贿选，令人吃惊。罗·卡登爵士说，"对于清白人一切都是清白的"，1859 年他又提出要做这个地方的候选人。促使他企图踩着格罗斯特选民的肩膀走进圣斯蒂凡教堂的真正动机在于，他认为格罗斯特真是完美无缺的，能成为它在议会中的代表真是一种荣幸和特别受尊敬的标志，"而柯波克同他那些侏儒通常却把格罗斯特称为干酪"，因为它"腐烂得令人馋涎欲滴"，是因为这个污水坑发出了一股贿选的臭气。竞选开支由最先谈妥的 500 英镑猛增到近 6000 英镑，而且甚至当监察员在报告中查明合法开支为 616 英镑 8 先令 1 辨士以后，卡登勋爵认为在格罗斯特办的事无可指责的信念仍然毫不动摇。

马克思在《普鲁士状况》里说的"全部初选人还要分成三类：最高、中等、最低税额缴纳者。三类中的每一类都像塞尔维乌斯·土利乌斯王的特里布斯一样，选举同等数目的议员"，其"塞尔维乌斯·土利乌斯"，据说是古罗马社会制度的改革者。这次改革结束了氏族制度，完成了向奴隶制国家的过渡。根据这次改革，能携带武器、过去分为贵族和平民的罗马居民，按财产多寡划分为五个基本等级。每一个等级有一定数量的军事单位——百人团。百人团同时也是政治单位。百人团会议具有特殊意义。每个等级有多少个百人团，在会议上就分得多少票。这个制度使最富有的等级在决定最重大的政治问题时占优势地位。以前罗马人分成部落特里布斯（每一特里布斯包括一百个氏族），这时改为按地区分的特里布斯了。

恩格斯在《法国的政府和反对派》里提到"政府官吏在选举时几乎到处肆意破坏法律"，是因为背后有"大银行家""大资本家"操纵着内阁。恩格斯说：决定法国命运的不是土伊勒里宫，也不是贵族院，甚至也不是众议院，而是巴黎交易所。真正的大臣并不是基佐和杜沙特尔这些先生，而是路特希尔德先生、富尔德先生和巴黎其他的大银行家，这些人的巨大财富使他们成为本阶级最有权势的代表人物。他们操纵着内阁，而内阁在选举的时候也关心仅使那些效忠于现存制度和受这个制度的恩惠的人当选。他们在这次选举中获得了很大成绩。政府的庇护、各种方式的贿买，再加上大资本家对为数有限（不到20万人）而多少又都是属于资本家阶级的选民的影响，应时而来的谋杀国王的企图在有钱人当中引起的恐惧，以及人们相信路易·菲力浦的统治不会超过目前两院的任期（到1851年满期），等等，以上这些因素足以在大多数选举会上压倒一切重要的反对派。

列宁在《农民和第四届杜马的选举》里说：农民要把自己的代表，把真正可靠的、坚决维护农民利益的代表选入杜马，就只有一个办法。就是要像工人那样做，只选有党性的、有觉悟的、完全忠于农民的和可信赖的人作复选人。工人的社会民主党在自己的代表会议上决定：工人在初选人（选举复选人的人）大会上就必须确定，究竟应该选谁为工人的杜马代表。其余的复选人应该弃权。

农民也要这样做。应该马上开始选举的准备工作，向农民讲清他们的处境，每一个村庄，凡是有可能的地方都要把有觉悟的农民团结成哪怕人数很少的领导选举的小组。农民在自己的初选人大会上，在选举复选人之前，必须确定究竟应该选谁为农民的杜马代表，要求所有其余的农民复选人都不接受地主的提名，都必须弃权。

列宁在《给社会党国际局的报告〈第四届杜马的选举〉》里提到俄国沙皇时的选举。由于1907年6月3日（16日）的政变，俄国开始了一个反革命猖獗时期。众所周知，沙皇制度是怎样通过在法律和行政方面专横肆虐，对苦役犯人迫害折磨才最终取得了这一胜利的。被革命吓得心惊胆战的资产阶级上层支持了反革命的贵族。沙皇政权本来就相信，它是会得到反革命的资产阶级分子和地主阶级分子的帮助和支持的。

选举法在分配复选人名额上，预先就使（50个省中的）28个省的选举大会只能是地主占多数，其他省份则是第一城市选民团的复选人（大资本家）占多数。总的情况如下：20万贵族选进53个省选举大会的复选人为2594名，占复选人总数的49.4%；50万或大约50万第一城市选民团的资本家有788名复选人（15%）；将近800万第二城市选民团的市民有590名复选人（112%）；将近7000万农民和哥萨克有1168名复选人（22.2%）；将近1200万工人有112名复选人（2.1%）。

2. 财政法的社会后果

财政是凭借政权对部分社会产品进行分配和再分配所形成的分配关系。剥削阶级社会的财政，是无偿占有劳动人民创造的剩余产品的手段，是进行超经济剥削的工具。

在法治国家，财政是依法的财政。财政法，包括预算管理、企业财务、工商税收、农业税收、基本建设财务、农业财务、社会行政财务等法律制度。

财政法的重要方面是预算、税收和财政赤字。财政法的实施，可以产生巩固国家信用、平衡国民经济、提高居民生活的积极社会后果。资本主义财政法实施的消极社会后果是，破坏国家信用、国民经济失衡和居民生活水平下降。

原来汉泽曼先生的应该巩固国家信用的财政法案，却有破坏国家信用的危险！汉泽曼先生认为还是暂时保守国家财政状况的秘密为好！

恩格斯：《7 月 7 日的妥协辩论》，

《马克思恩格斯全集》第 5 卷第 244 页。

塞万提斯在一个短篇小说中描写过一个被关在疯人院中的非常伟大的西班牙财政学家。这个财政学家发明：如果"国会通过一项法律，根据这项法律，陛下所有 14 岁至 60 岁的臣民，在一个月中间必须有一天只吃面包和水（究竟在哪一天由他们自己选择），把这一天需要买水果、蔬菜、肉、鱼、酒、鸡蛋和豆子的钱省下来分文不留地交给陛下，破坏誓言应受到惩罚"。那末西班牙的国债就会偿清。汉泽曼简化了手续。他建议他的凡是年收入为 400 塔勒的西班牙人在一年中能够有一天放弃 20 个塔勒。他建议财产少的人应按照调节制在 40 天内几乎放弃一切需要。如果他们在八九月间找不到 20 个塔勒，在 10 月里司法执行官就要去找他们。因为俗话说：只要找就可以找到。

马克思：《强制公债法案及其说明》，

《马克思恩格斯全集》第 5 卷第 312~313 页。

人民要求调查秘密的普鲁士国库。办事内阁这样回答这个不知分寸的要求：它有权深入地审查所有帐簿和编制关于全体公民财产状况的清单。普鲁士的宪政时期不是由人民检查国家的财产状况开始，相反地，而是由国家检查公民的财产状况开始。这样，就给官僚制度无耻干涉公民交往和私人关系大开方便之门。在比利时，国家也发行强制公债，但它仅仅满足于税收册和抵押登记簿，满足于现有的官方文件。而办事内阁却把普鲁士军队的斯巴达精神运用到普鲁士的政治经济学中去。

马克思：《强制公债法案及其说明》，

《马克思恩格斯全集》第 5 卷第 314 页。

财政困难使七月王朝一开始就依赖资产阶级上层，而它对资产阶级上层的依赖又经常使财政困难日益加剧起来。当没有恢复预算平衡，没有恢复国家收支平衡的时候，是不能使国家行政服从于国民生产利益的。然而，若不缩减国家支出，即若不损害现存统治制度支柱的利益，若不改变税收制度，即若不把很大一部分税负加到资产阶级上层分子肩上，又怎能恢复这种平衡呢？

国家负债倒是直接符合于资产阶级中通过议会来统治和立法的那个集团的利益。国家财政赤字，正是他们投机的对象和他们致富的主要泉源。每一年度结束都有新的财政赤字。每过 4 年或 5 年就有新的公债。而每一次新的公债都使金融贵族获得新的良好机会去盘剥经常被人为地保持在濒于破产状态的国家，因为国家不得不按最不利的条件向银行家借款。此外，每一次新的公债都使他们获得新的机会，通过交易所活动来掠夺一般投资于公债券的大众，而这种交易所活动的诀窍，是政府和议会多数派议员所通晓的。

马克思：《1848 年至 1850 年的法兰西阶级斗争》，
《马克思恩格斯全集》第 7 卷第 13 页。

恩格斯在《7 月 7 日的妥协辩论》里指出"财政法案，却有破坏国家信用的危险"，是针对议会关于财政法案涉及的发行强制公债问题的论述。格雷贝尔先生起来提出一个冗长的提案，提案的每一个字都击中汉泽曼先生的要害：只是把国库和财政枯竭当作发行强制公债的理由无论如何是不够充分的；要讨论强制公债（格雷贝尔先生表示在实现一切诺言的宪法未通过以前，他反对发行强制公债）问题，就必须审查财政管理方面的一切账簿和文件，因此，格雷贝尔先生提议：任命一个委员会来审查 1840 年以来财政和国家管理方面的全部账簿和文件，并且就此提出报告。恩格斯说，提议发行强制公债的消息一传播出来，一切信任就随着这种痛苦的绝望立刻变为泡影了，恢复这种信任的唯一办法，是马上完全真实地说明国家的财政状况。汉泽曼辩解说，"这里有人说：强制公债是国家破产的前奏。不，诸位先生，它不应当是破产的前奏，相反，公债应当使信用恢复过来。"

3. 银行法的社会后果

银行是经营货币资本业务的企业，从事存款、贷款、汇兑和充当信用中介人，发行信用货币，经办货币的收付、结算、保管等业务。

随着银行业的集中和垄断，银行业在第三产业的产业结构中的比率逐渐上升，银行的作用发生了重大变化，从一般货币中介人变成了金融资本的垄断者。银行资本和产业资本日益结合，形成一种新的资本形态，即金融资本。实践已经证明，列宁在上世纪初所预言的金融资本统治的著名论断，是完全正确的。

2008 年美国发生的次贷危机，是金融资本统治恶果的最新例证。由次贷危机为先导的金融危机，引发全面经济危机。这次经济危机是世界性的，各国无一幸免，至今近 8 年仍无复苏的迹象。这是银行法消极社会后果的明显表现。

这里摘引了马克思关于法兰西银行法和英格兰银行法的论述，摘引了《资本论》关于银行法和金融危机以及经济危机的关系的论述。

在危机期间，支付手段感到不足，这是不言而喻的。汇票能否兑现，取代了商品本身的形态变化，并且，单靠信用来进行交易的厂商越多，这个时期的情形就越是这样。像 1844—1845 年那样不明智的和错误的银行立法，只会加深这种货币危机。但是，任何银行立法也不能消除危机。

马克思：《资本论第三卷》，
《马克思恩格斯全集》第 25 卷下册第 554 页。

　　1844 年的银行法就直接促使整个商业界在危机爆发时立即大量贮藏银行券，从而加速并加剧了危机；这个银行法由于在决定性时刻人为地增加了对贷款的需求，即增加了对支付手段的需求，同时又限制它的供给，就促使利息率在危机时期上升到空前的高度；所以，这个银行法并没有消除危机，却反而使危机加剧了，以致达到了不是整个产业界必然破产，就是银行法必然破产的程度。危机曾两次（一次在 1847 年 10 月 25 日，一次在 1857 年 11 月 12 日）达到这个高度；当时政府暂停执行 1844 年的法令，解除了银行在发行银行券上所受的限制，而这个办法已经足以把两次危机都克服了。

马克思：《资本论第三卷》，
《马克思恩格斯全集》第 25 卷下册第 629 页。

　　银行法的倡议人，银行家赛米尔·琼斯·劳埃德，也就是奥维尔斯顿勋爵，对于这一切又说了些什么呢？数月来工厂工业不振，正好是表现为物质商品资本过剩而堆在货栈内卖不出去，而且正是因为这样，所以物质生产资本全部或半数已闲置不用，为的是不致有更多的卖不出去的商品资本生产出来。他还向 1857 年银行委员会说："只要严格地一丝不苟地遵循 1844 年法令的原则，一切事情就都会有条不紊，非常顺利，货币制度就很可靠，不可动摇，国家的繁荣就不成问题，公众对 1844 年法令的信心就日益增强。如果委员会还要为这个法令所根据的原理的可靠性，以及它所保证的有益结果的可靠性，找到进一步的实际的证据，那末，这就是切实而充分的回答：看看周围吧；看看我国现在的营业状况吧，看看人民的满足心情吧；看看社会各阶级的富裕和繁荣吧；这样做了之后，委员会就能作出决断：它是否要阻止继续执行这个取得了这样多成果的法令"（银行委员会，1857 年第 4189 号）。

　　对于奥维尔斯顿 7 月 14 日在委员会面前唱出的这首颂歌，回答的是同年 11 月 12 日一封给银行董事会的信中所唱的反调。政府为了挽救当时尚可挽救的事情，在这封信里决定暂停执行这个能创造奇迹的 1844 年法令。

马克思：《资本论第三卷》，
《马克思恩格斯全集》第 25 卷下册第 638～639 页。

　　银行法的暂停生效本身所能起的作用，只是减轻了这个法律所引起的恐慌的人为的加剧。不然，银行部在第二天就得宣布没有支付能力，因为准备金总共只有四十至五十万英镑，然而公私存款却超过一千七百万。另一方面，这种危险只是法律本身造成的，因为发行部的贵金属储备量比发行的银行券的三分之一还稍少些。法律加速了金融恐慌的爆发，因而也许就使它不那么剧烈。但是另一方面，英格兰银行的以百分之十的利息为最高限度的贷款（用第一流的有价证券作抵押的）使得有可能做成一大批交易，而这些交易最终还是会引向再度破产。

马克思：《马克思致恩格斯》，
《马克思恩格斯全集》第 29 卷第 208 页。

新的法兰西银行法，暴露了波拿巴的国库绝望的处境，同时也动摇了法兰西银行行政本身的社会信任。Crédit Mobilier 的最近一份报告书非常明显地表现了这个机关的空虚性，暴露了与它有利害关系的广阔范围，同时告诉了公众在公司董事们和皇帝之间发生了斗争，以及在准备某种财政 coup d'état。

马克思：《新的法兰西银行法》，
《马克思恩格斯全集》第 12 卷第 257 页。

罗伯特·皮尔爵士的备受推崇的银行法在平时根本不起作用；在困难时期则使金融恐慌加剧（这种金融恐慌是由商业危机以及这个法律本身造成的金融恐慌所引起的）；而正当这项法律按照它所依据的原则应该发生良好影响的时候，不得不通过政府的干预使它暂时停止生效。

马克思：《一八四四年的英格兰银行法和英国的金融危机》，
《马克思恩格斯全集》第 12 卷第 341～342 页。

至于罗伯特·皮尔爵士的银行法的作用，奥维尔斯顿勋爵曾于 1857 年 7 月 14 日在这个委员会面前大唱起这样的赞美歌：

"由于严格而迅速地实现 1844 年法律的原则，一切都进行得有条理，很顺利；货币制度变得巩固而不可动摇；国家的繁荣无庸置疑；公众对 1844 年法律的明智所寄予的信任与日俱增；如果委员会想进一步实际考察这项法律所依据的原则是否正确，或了解它所保证的良好结果，那末，对委员会的适当而充分的答复就是：请看看周围吧，看看我国目前的贸易状况吧，看看人民的丰足生活吧，看看我国所有各阶级的富裕和繁荣吧。在这样做过之后，就让委员会去决定，它是否应该取消这项已经收到这种结果的法律。"

六个月之后，这同一个委员会不得不因为政府停止了这一项法律的效力而向它表示祝贺！这个委员会的委员中，至少有五位财政大臣和前任财政大臣，另外还有威尔逊先生和卡德威尔先生这两个一向替英国财政部出主意的人。除了这些人以外，参加委员会的还有英国官僚政治的一切大头目。事实上委员会里有二十多个委员，集中了财政经济方面的全部智慧。1944 年的法律禁止英格兰银行在没有黄金保证的条件下使银行券发行量超出 1450 万英镑，这项法律的议会教父罗伯尔·皮尔爵士和接受忏悔的牧师奥维尔斯顿勋爵，曾洋洋得意地自以为已经防止了那种在 1815 年至 1844 年期间周期地发生的金融紧张和恐慌。但是在十年中，他们的希望曾两度落空，尽管这项法律由于发现新的大金矿而获得了非常显著的、出乎意料的支持。

马克思：《一八四四年的英格兰银行法》，
《马克思恩格斯全集》第 12 卷第 575 页。

委员会似乎应该从以下这两个极其简单的结论中选择一个：或者政府周期地破坏法律是正确的，那么法律本身当然就是错误的；或者法律是正确的，那末就应该禁止政府任意破坏它。但是读者能否相信，委员会居然会同时既认为法律必须存在下去，又认为它可以受到周期的破坏？法律的用处通常是限制政府的绝对权力。而在这里却恰好相反，把法律保存下来似乎只是为了保存行政方面绕过这一法律的绝对权力。

马克思：《一八四四年的英格兰银行法》，
《马克思恩格斯全集》第 12 卷第 576 页。

马克思在《新的法兰西银行法》里所称，"Crédit Mobilier"（动产信用公司，全称 Société générale du Crédit Mobilier），是法国的一家大股份银行，由贝列拉兄弟创办并为 1852 年 11 月 18 日的法令所批准。Crédit Mobilier 的主要目的是充当信贷的中介和滥设企业（参加工业企业和其他企业的创立）。该银行广泛地参加了法国、奥地利、匈牙利、瑞士、西班牙和俄国的铁路建设。它的收入的主要来源是用它所开办的股份公司的有价证券在交易所进行投机。Crédit Mobilier 用发行本公司的股票得来的资金收买各种公司的股票，Crédit Mobilier 的股票只是以它持有的其他企业的有价证券作担保，而各种公司的股票则是以它们本身的财产价值作担保的。因此，同一项实际财产产生了两倍的虚拟资本：一种形式是该企业的股票，另一种形式是拨款给该企业并收买其股票的 Crédit Mobilier 的股票。该银行同拿破仑第三的政府有密切的关系并受它的保护。1867 年，该银行破产，1871 年停业。Crédit Mobilier 在 19 世纪 50 年代作为新型金融企业出现，是由反动时代的特征所引起的，在这个时代里，交易所买空卖空、投机倒把活动异常猖獗。

文中谈到波拿巴"准备某种财政 coup d'état"，coup d'état 直译是政变，这里指改革。

马克思在《一八四四年的英格兰银行法和英国的金融危机》里提及的"1844 年的英格兰银行法"，是罗伯特·皮尔爵士于 1844 年实行的英格兰银行法。这项法律不仅对英国，而且对美国以及整个世界市场都有影响。得到银行家劳埃德（即如今的奥维尔斯顿勋爵）以及其他许多重要人物撑腰的罗伯特·皮尔爵士，打算通过他的银行法来实现一个纸币流通自动起作用的原则。按照这条原则，纸币流通今后应该完全遵循着纯粹金属货币流通的规律而增加和缩减；这样一来，按照罗伯特·皮尔及其拥护者的说法，就永远消除了发生任何金融危机的可能。其实，这只是这部银行法的制定者和拥护者的幻想。马克思指出：黄金外流和银行券后备减少是相互影响的。由于从发行部的金库里提出黄金会直接造成银行部的后备减少，英格兰银行的董事们惟恐银行部弄得无支付能力，便压缩信用，提高贴现率。但是，贴现率的提高，引起一部分存户从银行部提走存款来按当时的高利放债，而后备的不断减少，又使另一部分存户感到惴惴不安，使他们也从银行部提走存款。这样，本来为了维持后备而采取的措施，使后备丧失无余。

4. 贸易法的社会后果

贸易是商品买卖活动，包括国内交易主体之间和国（地区）与国（地区）之间的商品买卖活动。市场商品交易的场所，商品交易活动是在市场进行的。作为国内贸易的扩展，国际贸易也发展起来。国（地区）与国（地区）之间的商品买卖活动，称为对外贸易，就是进出口贸易。包括进口和出口，又称输入和输出。对外贸易是生产总过程的一个重要组成部分。"十亿人民九亿商，还有一亿等开张"的谚语，反映了国内外商品交易活动在中国的盛况。

国内贸易和国际贸易需要立法加以规范，调整国内贸易和国际贸易活动的法，是贸易法。

贸易法的积极社会后果是，能够搞活经济，增强人、财、物的流动性，推动国内和国际两个市场的形成和发展。

贸易法的消极社会后果是显而易见的。在资本主义特别是垄断资本主义条件下，贸易法是掠夺产品剩余价值的工具，造成资源的巨大浪费，使国民经济失衡；对外贸易法造成了对外经济扩张、攫取别国资源、分割国际市场、操纵垄断价格，以至成为控制别国经济和政治的工具。

这里有一个问题，就是贸易法和商法、商业法的关系问题。

商法，是大陆法系的概念，指调整商事关系的法律。主体是商人。其商事被认为包括买卖行为；商品买卖的附属行为，如包装、修理、加工等行为；生产经营行为。被认为包括公司法、票据法、海商法、保险法、破产法等。传统商法强调主体意思自治和个体之间的权利义务。

商业法，是英美法上的概念，指调整经济关系的法律，英美法学者认为商业法能够反映现代经济要求。《美国统一商法典》不是大陆法系的商法，而是商业法。具有现代色彩的证券、期货、信托、企业等，都包括在统一商法典中。

在我国，由于不了解商业法与商法的区别，遂误以为商业法就是商法，而其所谓商业法，不过是按作为行业的商业划分的所谓商业法。

马克思在大陆法系商法盛行的德国，却提出商业法是基本立法的思想。这是十分卓越的法学思想。商业法体现了广义的经济概念，后来发展为经济法，成为调整国民经济运行的法律。随着法的社会化的发展，开始了公法对私法的干预和改造的进程。强制性规定增多，任意性选择性条款的修改，商法不再是私法，实现了商法的公法化。这样，无论是大陆法系的商法，还是英美法系的商业法，都统一于经济法的创制和发展之中。

贸易法是经济法的组成部分，对外贸易法纳入国际经济法。

商品流通是资本的起点。商品生产和发达的商品流通，即贸易，是资本产生的历史前提。世界贸易和世界市场在十六世纪揭开了资本的近代生活史。

马克思：《资本论第一卷》，

《马克思恩格斯全集》第 23 卷第 167 页。

要给需求和供给这两个概念下一般的定义，真正的困难在于，它们好象只是同义反复。让我们首先考察供给，这就是处在市场上的产品，或者能提供给市场的产品。为了不涉及在这里完全无用的细节，我们在这里只考虑每个产业部门的年再生产总量，而把不同商品有多少能够从市场取走，储存起来，以备比如说下一年消费这一点撇开不说。这个年再生产首先表现为一定的量，是多大量还是多少个，要看这个商品量是作为可分离的量还是作为不可分离的量来计量而定。它们不仅是满足人类需要的使用价值，而且这种使用价值还以一定的量出现在市场上。其次，这个商品量还有一定的市场价值，这个市场价值可以表现为单位商品的或单位商品量的市场价值的倍数。因此，市场上现有商品的数量和它们的市场价值之间，没有必然的联系。

马克思：《资本论第三卷》，

《马克思恩格斯全集》第 25 卷上册第 208 页。

市场上出现的对商品的需要，即需求，和实际的社会需要之间存在着数量上的差别，这种差别的界限，对不同的商品说来当然是极不相同的；我说的是下面二者之间的差额：一方面是实际需要的商品量；另一方面是商品的货币价格发生变化时所需要的商品量，或者说，买者的货币条件或生活条件发生变化时所需要的商品量。要理解供求之间的不平衡，以及由此引起的市场价格同市场价值的偏离，是再容易不过的了。真正的困难在于确定，供求一致究竟是指什么。

马克思：《资本论第三卷》，

《马克思恩格斯全集》第 25 卷上册第 211 页。

说到供给和需求，那末供给等于某种商品的卖者或生产者的总和，需求等于这同一种商品的买者或消费者（包括个人消费和生产消费）的总和。而且，这两个总和是作为两个统一体，两个集合力量来互相发生作用的。

马克思：《资本论第三卷》，

《马克思恩格斯全集》第 25 卷上册第 216 页。

"市场"这一概念和社会分工（即马克思所说的"任何商品生产〈我们加上一句，因而也是资本主义生产〉的共同基础"）这一概念是完全分不开的。哪里有社会分工和商品生产，那里就有"市场"；社会分工和商品生产发展到什么程度，"市场"就发展到什么程度。市场量和社会劳动专业化的程度有不可分割的联系。

列宁：《论所谓市场问题》，

《列宁全集》第 1 卷第 79 页。

废除谷物法会给下院大土地占有者的政治势力以致命打击，换句话说，实际上会给全部英国法律以致命打击，使租佃者不再依附土地占有者而独立。废除谷物法意味着宣布资本为英国的最高权力；而英国宪法就会根本动摇；立法集团的主要组成部分，即土地贵族的一切财富和一切权力就会被剥夺，因此，废除谷物法对英国前途的影响远远大于任何其他政治措施。但是我们仍然认为，废除谷物法在这一方面也并不会给人民带来任何利益。

恩格斯：《英国谷物法史》，

《马克思恩格斯全集》第 4 卷第 568 页。

正因为英国政府把在印度种植鸦片的垄断权据为己有，中国才采取了禁止鸦片贸易的措施。天朝的立法者对违禁的臣民所施行的严厉惩罚以及中国海关所颁布的严格禁令，都不能发生效力。中国人在道义上抵制的直接后果是英国人腐蚀中国当局、海关职员和一般的官员。浸透了天朝的整个官僚体系和破坏了宗法制度支柱的营私舞弊行为，同鸦片烟箱一起从停泊在黄埔的英国蠆船上偷偷运进了天朝。

东印度公司一手扶植的、虽经北京中央政府禁止而无效的鸦片贸易的规模日益增大，在1816年，鸦片贸易总额已将近250万美元。1816年在印度允许自由贸易（唯一例外的是直到现在仍然被东印度公司垄断的茶叶贸易），这又大大推动了英国走私商人的活动。1820年，偷运入中国的鸦片增加到5147箱，1821年达7000箱，而1824年达12639箱。在这个时候，中国政府向外国商人提出严重抗议，同时也惩办了一些与外国商人同谋共犯的行商，大力查办了本国的鸦片吸食者，并且在本国海关内采取了更严厉的措施。所有这一切努力的最终结果，正像1794年一样，只是使鸦片堆栈由不可靠的地点移到更适合于经营鸦片贸易的地点。鸦片堆栈从澳门和黄埔转到了珠江口附近的伶仃岛，在那里，具有全副武装设备的、配备有很多水手的船只，成了固定的鸦片栈。同样地，当中国政府得以暂时禁止广州原有的窑口营业时，鸦片贸易只是转了一道手，转到比较小的商人手里，他们不惜冒着一切危险和采用任何手段来进行这种贸易。在这些更有利于鸦片贸易的新条件下，鸦片贸易在1824年到1834年的十年当中，就由12 639箱增加到21 785箱。

1834年，也像1800年、1816年和1824年一样，在鸦片贸易史上，标志着一个时代。东印度公司不仅在那一年被取消了买卖中国茶叶的特权，而且必须完全停止一切商务。由于东印度公司从商务机关改组为纯粹的行政机关，对华贸易就完全转到了英国私人企业手里，它们干得非常起劲，以致不顾天朝的拼命抵制，在1837年就已将价值2500万美元的39 000箱鸦片顺利地偷运入中国。这里有两件事实要注意：第一，从1816年起，在英国对中国的出口贸易的每一个发展阶段上，走私的鸦片贸易总是占着大得极不相称的比例。第二，就在英印政府对鸦片贸易的纯商业性利害关系逐渐消失的同时，英印政府对这种非法贸易在财政上的利害关系却日益增加了。1837年，中国政府终于到了非立即采取坚决措施不可的地步。因鸦片的输入而引起的白银不断外流，开始破坏天朝的国库收支和货币流通。中国最有名的政治家之一许乃济，曾提议使鸦片贸易合法化并从中取利；但是经过帝国全体高级官吏一年多的全面讨论，中国政府决定："这种万恶贸易毒害人民，不得开禁。"早在1830年，如果征收25%的关税，就会使国库得到385万美元的收入，而在1837年，公使收入增加一倍。

马克思：《鸦片贸易史》，
《马克思恩格斯全集》第12卷第588～589页。

关于联军全权代表强迫中国订立新条约的消息，大概引起了大大扩充贸易的不切实际的幻想，这些幻想与第一次对华战争结束后商人们在1845年所浮现的幻想是一样的。

马克思：《鸦片贸易史》，
《马克思恩格斯全集》第12卷第584页。

马克思和恩格斯多次论述过谷物法。恩格斯在《英国谷物法史》里以详实的材料论述了反谷物法斗争，对废除谷物法的目的和实施的后果作了深刻分析。

限制或禁止从国外输入谷物的所谓谷物法，是英国为了大土地占有者即大地主的利益而实行的。在 1849 年以前，即彻底取消谷物法以前，该法案规定对从国外输入的谷物暂时仍课以低税。1846 年 6 月通过的关于废除谷物法的法案。法案的通过，表明在自由贸易的口号下进行反谷物法斗争的工业资产阶级取得了胜利。恩格斯指出，因废除谷物法而获益的只是资产阶级，而不是人民。

反谷物法同盟是曼彻斯特的厂主科布顿和布莱特于 1838 年创立的。同盟要求贸易完全自由，废除谷物法，其目的是为了降低工人工资，削弱土地贵族的经济和政治地位。同盟在反对地主的斗争中曾经企图利用工人群众，可是就在这个时候，英国的先进工人展开了独立的、有着自己政治见解的工人运动（宪章运动）。工业资产阶级和土地贵族在谷物法问题上的斗争，由于 1846 年关于废除谷物法的法案的通过而告结束。

马克思在《鸦片贸易史》里提到的"关于联军全权代表强迫中国订立新条约"，指 1858 年 6 月英、法、俄、美在天津与中国签订的不平等条约，这些条约结束了 1856～1858 年同中国进行的第二次鸦片战争。条约为外国在长江、满洲、古湾和海南岛上开放了新的通商口岸，还开放了天津港口；准许在北京派设常驻的外国外交代表，外国人有权在中国自由行动和在内河航行；保障传教士的安全。

"广州原有的窑口"，指私卖鸦片烟的店铺。

5. 矿业法的社会后果

矿业法是重要的企业立法。由于矿业的特殊性，往往从企业法中分离出来，单独立法。经典作家关注矿业立法，有很多论述。这里摘录了关于矿山地租、妇女和儿童下井劳动和矿山生产安全三个问题。这三个方面，是矿山开采十分突出的方面，也是矿业法不可回避的方面。

矿山开采，有工业资产者自己开采和向矿山土地所有者寻租开采两种形式。

对于寻租开采，形成矿山地租。矿山地租是由工人所创造的剩余价值中的超额利润的转化形式。租地开采矿山，要支付级差地租。矿山级差地租，主要是由矿藏的丰度决定的，取决于开采的矿藏的种类、丰度、难易程度和运输条件等。矿山级差地租 II 的数额，取决于追加投资产生的超额利润的数额。当然，也要支付绝对地租。开采贵重的矿产品，需要支付垄断地租。

我国的矿山归国家所有。私人只有采矿权，没有矿山所有权。所谓承包经营支付的管理费，实际上是矿山地租，而迅速发展起来的私人矿山，连管理费也根本不交。对私人矿山的管理是极其混乱的，而资本主义寻租开采，还要缴纳矿山地租。

为了攫取最大限度的剩余价值，私人矿山几乎无一例外地雇佣妇女和儿童，因为他们是最廉价的劳动力。在低矮狭窄的坑道里，没有照明，爬着用麻袋背煤。"吃的猪狗食，干的牛马活"，这是井下血汗劳动的真实写照。

矿山安全生产事故频发，"惨祸发生的次数和规模越来越大"。这是资本主义矿业生产的必然结果，通过矿业立法也不能改变。

矿业法明显的消极后果是：使矿产品价格高昂，抬高了相关产业（冶金和机械产业等）产品的成本价格；诱使货币资本从生产领域转移到矿业，变成阻碍生产的因素；扰乱了整个社会生产和生活秩序。

凡是有地租存在的地方，都有级差地租，而且这种级差地租都遵循着和农业级差地租相同的规律。凡是自然力能被垄断并保证使用它的产业家得到超额利润的地方（不论是瀑布，是富饶的矿山，是盛产鱼类的水域，还是位置有利的建筑地段），那些因对一部分土地享有权利而成为这种自然物所有者的人，就会以地租形式，从执行职能的资本那里把这种超额利润夺走。

马克思：《资本论第三卷》，

《马克思恩格斯全集》第25卷第871页。

真正的矿山地租的决定方法，和农业地租是完全一样的。

马克思：《资本论第三卷》，

《马克思恩格斯全集》第25卷第873页。

1862年的调查委员会还建议对采矿业实行一种新的规定：采矿业和其他各种工业不同的地方在于，在这里土地所有者和工业资本家的利益是一致的。过去，这两种利益的对立曾有利于工厂法的制订；现在，正是由于不存在这种对立，才足以说明矿业立法为什么会如此拖延和施展诡计。

马克思：《资本论第一卷》，

《马克思恩格斯全集》第23卷第542页。

1840年调查委员会揭露了骇人听闻、令人愤慨的事实，这在整个欧洲引起了极大的震动，以致议会为了拯救自己的良心，不得不通过了1842年的矿业法，这项法律仅限于禁止使用妇女和不满10岁的儿童从事井下劳动。

以后，1860年，制订了矿山视察法，规定矿山要受专门任命的国家官员的检查，不许雇用10岁至12岁的儿童，除非他们持有学校的证明或者按一定的时数上学。由于任命的视察员少得可笑，职权又很小，加上其他一些下面将要详细叙述的原因，这项法令不过是一纸空文。关于矿山的最近的蓝皮书5之一，是《矿山特别委员会的报告。附证词。1866年7月23日》。这是由下院议员组成的一个有全权传讯证人的委员会的作品，是厚厚的一册对开本，其中报告本身一共只有五行，内容是：委员会无话可说，还必须传讯更多的证人！讯问证人的方法使人想起英国法庭的反问法，就是律师乱七八糟地提出各种无耻的模棱两可的问题，弄得证人胡里胡涂，然后对他的话加以歪曲。在这里，律师也就是议会调查委员会的委员，其中有矿主和矿山经营者；证人是矿工，大部分是煤矿工人。这套滑稽戏最能说明资本的精神了。

马克思：《资本论第一卷》，

《马克思恩格斯全集》第23卷第542~543页。

1865 年在大不列颠有 3217 个煤矿和 12 个视察员。约克郡的一个矿主（1867 年 1 月 26 日《泰晤士报》报道）自己曾计算过，撇开视察员的纯事务性的工作（而这就占了他们的全部时间）不说，每个矿山每 10 年才能被视察一次。无怪近几年来（特别是 1866 年和 1867 年）惨祸发生的次数和规模越来越大（有时一次竟牺牲 200~300 名工人）。

马克思：《资本论第一卷》，
《马克思恩格斯全集》第 23 卷第 549 页。

马克思在《资本论》第 3 卷里指出"真正的矿山地租的决定方法和农业地租是完全一样的"时，引用了亚当·斯密下面一段话："有一些矿山，它们的产品仅够支付劳动的报酬，并补偿其中所投的资本以及普通利润。它们能给企业主提供一些利润，但不能给土地所有者提供地租。它们只有由土地所有者开采才能带来利益，这种土地所有者作为自己的企业主，从自己投入的资本中得到普通利润。苏格兰的许多煤矿就是这样开采的，并且也只能这样开采。土地所有者不允许其他任何人不支付地租去开采这些煤矿，而任何人又无法如此支付地租。"（亚当·斯密，第Ⅰ篇第Ⅱ章第 2 节）

亚当·斯密只谈普通利润，没有谈"垄断价格"和"垄断利润"。对此，马克思写道："我们必须加以区别，究竟是因为产品或土地本身有一个与地租无关的垄断价格存在，所以地租才由垄断价格产生，还是因为有地租存在，所以产品才按垄断价格出售。当我们说垄断价格时，一般是指这样一种价格，这种价格只由购买者的购买欲和支付能力决定，而与一般生产价格或产品价值所决定的价格无关。"

6. 土地法的社会后果

土地法的根本问题，是土地所有制。土地所有制是占有土地的形式和制度。迄今为止，从原始公社的公社成员共同占有，经过奴隶主占有、封建主占有、地主和资本家占有，到社会主义的国家和农民集体占有，一直存在土地占有制度，只是这种占有具有不同的性质和形式。

在资本主义社会，存在土地占有和土地经营相互分离的情况，就是土地所有者把土地出租给农业资本家或农民耕种。土地所有者把土地出租给农业资本家或工业资本家、矿业资本家等经营，收取地租。由于地租是平均利润以上的超额部分，是扣除平均利润以外的超额部分，因而对农业工人的剥削同地主对农民的剥削一样深重。在旧中国，土地所有与土地经营分离的主要形式，是地主直接雇佣农民耕种，向农民收取地租。地主阶级是典型的不劳而获的"寄生虫"阶级。

我国有的经济学家谈到资本主义土地占有制度时，只谈农业资本家占有，不谈封建地主占有，不符合中国的实际。中国大部分土地占有者是地主而不是农业资本家。

十月革命后，俄国实行土地国有化。马克思恩格斯在《共产党宣言》里提出，要"剥夺地产，把地租用于国家支出"，就是实行土地国有化。当然，对于自耕农（小农和中农），首先合作化，之后实行国有化。这是恩格斯在《法德农民问题》里提出的原则。

这里应当明确，"土地国有化"是资产阶级首先提出的。18 世纪中叶，鼓吹资本主义的理论家，从自然法的观点出发，认为封建主的土地私有制是不公平、不合理的，主张实行土地国有化。托马斯·斯彭斯（Thomas Spence）1775年出版《土地私有制的不公正》，威廉·奥格尔维（William Ogilvie）1782年出版《土地所有权论》，都持土地国有化的论述。他们的目的，不是实行真正意义上的土地国有化，而是从资产阶级的利益出发，建立和巩固资本主义的土地制度，即资产阶级的土地私有制。经典作家指出："这不过是产业资本家仇视土地所有者的一种公开表现而已，因为在他们的眼里，土地所有者只是整个资产阶级生产过程中一个无用的累赘。"（《马克思恩格斯全集》第4卷第187页）

毛泽东论述和实行的我国社会主义土地制度和立法，具有鲜明的中国特点。

我国的土地改革，是废除封建土地所有制，实行农民土地所有制。在半殖民地半封建的中国，占农村人口不到10%的地主、富农，占全国耕地面积的70%～80%。地主阶级凭借土地所有权，收取农民占收获的50%至80%的地租。依照1947年制定的《中国土地法大纲》、1950年颁布的《中华人民共和国土地改革法》，提出了"没收封建阶级的土地归农民所有"的土地纲领和"依靠贫农，团结中农，有步骤地、有分别地消灭封建剥削制度，发展农业生产"的土地改革总路线。实践证明，土地纲领和土地改革总路线完全符合马克思主义原理、符合中国实际。这是解放农业生产力的正确道路。在社会主义条件下，从生产力落后的实际情况出发，实行合作化、集体化，是防止和克服农村两极分化，发展农业生产的必由之路。

剥削阶级的土地法，维护剥削阶级的土地占有制度，残酷剥削农民，致使土地肥力递减，严重阻碍农业生产力的发展。这是它的消极社会后果。

马克思和恩格斯侧重论述了资本主义土地制度，列宁侧重论述了社会主义土地制度。经典作家下面的论述，是依据上述情况摘引的。

立法者在两部法典中都特别重视事实上的占有即耕种情况。一方面（《耶遮尼雅瓦勒基雅》和《那罗陀》），立法者不承认非法占有的事实亦即不与耕种相结合的占有——纵然连续三代——为所有权的根据；另一方面，对于被先前的所有者（即占有者）抛弃了的地段，立法者承认× 谁在这一地段上花了劳力谁就是占有者（第102页）例如在《那罗陀法典》中提到："如果某一地段的占有者因贫穷而无力耕种，或者占有者身故或失踪，该地段的收益就属于直接从事耕种的人""一连五年没有耕种的土地，就被认为是无主的土地（亦即 odes，荒地）"。另一方面，在《摩奴法典》中就已有土地私有制的痕迹；例如在《那罗陀法典》第2编第11章中，都载有关于私人占有地地界的争执；有许多细节谈到划定私人地界和恢复被侵占的占有地地界的规定

马克思：《马·柯瓦列夫斯基，〈公社土地占有制〉一书摘要》，
《马克思恩格斯全集》第45卷第252～253页。

德国贵族徒然地追求了整个中世纪而现在在封建经济解体时期终于达到了的这种封建土地所有制的理想状态，也开始渐渐扩展到易北河以东的土地上来了。不仅农民根据契约规定使用领主森林的权利——在这种权利还没有受到限制的场合——变成了封建领主可以

随时取消的恩准，不仅违法地增加了徭役和代役租，而且还增加了各种新的赋役，例如被认为是农奴依附状态的特征的接租费（农户户主死亡时向封建主缴的费用）；或者使通常的传统的赋役具有只是农奴而不是自由人担负的那种赋役的性质。这样一来，不到一百年的时间，易北河以东的自由农民，起初是在事实上，很快又在法律上变成了农奴。

恩格斯：《关于普鲁士农民的历史》，
《马克思恩格斯全集》第 21 卷第 279 页。

领主的地产——在西里西亚叫做农庄——安排妥当之后，剩下的问题只是用农民的劳力来耕种。于是农奴制的另一个有利方面又在这里表现出来了。以前契约上有一定规定的农民的各种徭役已经完全不合乎这个目的。在大多数情况下，这种徭役义务都只限于从事公益劳动，例如建筑道路、桥梁等，以及领主城堡中的建筑劳动、妇女和少女在城堡中从事各种工艺劳动和杂役。但是一旦农民变成了农奴，而以罗马法为依据的法学家又把这种农奴和罗马的奴隶等同起来，领主们也就唱起完全不同的调子来了。现在，他们在法院里有法学家的支持，可以随时随地随心所欲地要求农民从事各种毫无限制的工役。

恩格斯：《关于普鲁士农民的历史》，
《马克思恩格斯全集》第 21 卷第 280～281 页。

1811 年在普鲁士，农民赋役的赎免以及农民和庄园主之间的各种纠纷，由法律作了这样的调节，即实物贡赋变成了货币贡赋，而货币贡赋又资本化了，赎免的办法或者是用现金分期支付，或者是把农民的部分土地割让给庄园主，或者是一部分支付现金，一部分割让土地。1816～1819 年的高昂的粮价使农民不能尽快地赎免，因此这项法律一直是一纸空文。

恩格斯：《德意志帝国国会中的普鲁士烧酒》，
《马克思恩格斯全集》第 19 卷第 45 页。

掠夺教会地产，欺骗性地出让国有土地，盗窃公有地用剥夺方法、用残暴的恐怖手段把封建财产和克兰财产变为现代私有财产——这就是原始积累的各种田园诗式的方法。这些方法为资本主义农业夺得了地盘，使土地与资本合并，为城市工业造成了不受法律保护的无产阶级的必要供给。

马克思：《资本论第一卷》，
《马克思恩格斯全集》第 23 卷第 801 页。

靠自力耕种为生的小农既非牢靠地占有自己的小块土地，也不自由。他自己以及他的房屋、他的院子、他的少量田地，都属于高利贷者，他的生存比无产者的生存更无保障，无产者至少有时还能获得一天安逸日子，而受尽折磨的债务奴隶却永远没有这样的事。即使把民法典第二一〇二条删掉，即使依法保证农民有一定数量的农具、牲畜等等不得抵作押金，你们也仍旧无法将他从走投无路的处境中解脱出来，因为他为了暂时延缓毁灭的日期，必须"自愿地"将自己的牲畜，将他本人连肉体带灵魂一并出卖给高利贷者。你们企图在小农的所有权方面保护小农，这不是保护他的自由，而仅仅是保护他被奴役的特殊形式而已。

恩格斯：《法德农民问题》，

《马克思恩格斯全集》第22卷第573页。

在现代的法国，生产资料，即土地，在许多地方还是掌握在个体生产者手中的个人财产；社会主义的任务并非在于把所有权和劳动分隔开来，而是在于把任何生产的这两个要素结合在同一手中。——上面已经指出过，说得如此笼统的后面这点，决不是社会主义的任务；社会主义的任务，勿宁说仅仅在于把生产资料转交给生产者公共占有。我们只要忽视这一点，上述论点立刻就会使我们产生出一种错误想法，仿佛社会主义的使命是把小农对自己田地的现在这种虚构的所有权变成真正的所有权，也就是说，把小佃农变成私有者，把满身债务的私有者变成没有债务的私有者。自然，社会主义是要设法使农民所有权的这种假象消失的，但不是用这种方法。

恩格斯：《法德农民问题》，

《马克思恩格斯全集》第22卷第573页。

最后，对农民土地的最后一次大规模剥夺过程，是所谓的 Clearing of Estates（清扫领地，实际上是把人从领地上清扫出去）。"清扫"是前面谈过的英国的一切剥夺方法的顶点。我们在上面谈到现代状况时知道，在已经没有独立农民可以清扫的地方，现在是要把小屋"清扫"掉，结果农业工人在他们耕种的土地上甚至再也找不到必要的栖身之所了。至于"清扫领地"的真正含意，我们只有看看苏格兰高地这个现代小说中的天国，才可以领会。在那里，这个过程的特点是：它有系统性，有一举完成的巨大规模（在爱尔兰，地主同时把好几个村庄清扫掉；在苏格兰高地，一下子被清扫的土地面积相当于德意志几个公国），最后，还有被侵吞的土地所有权的特殊形式。

马克思：《资本论第一卷》，

《马克思恩格斯全集》第23卷第797页。

政府拟订了一个关于农民土地占有制法律的新草案。这是为了要急速"限制"独立农庄和独立田庄的土地"分散"。地主想"保护小土地所有制"，防止土地过于分散、零碎和变成小块。这个法律的实质就是禁止农民的中等规模的地块，即独立农庄和独立田庄的土地分散。这样的地块无论是出卖或继承都必须归一人单独所有。其他继承人则按照地主土地规划委员会的估价领取现金"偿付"。偿付的钱是用土地作为抵押，以特别优惠的条件，由农民银行支付的。中等规模的地块（不可分割的地块）的面积则按照1861年关于法定份地的农奴制法令来确定。

这个法律草案的用意是很明显的。地主想为农民资产阶级建立一种享有特权的、不受资本主义侵犯的土地所有制。地主感到自己的特权和自己的农奴主土地占有制已在动摇，因此竭力想把农民资产阶级中为数极少但最富裕的阶层争取过去。地主对富农和财主说：我把我的特权分给你们一小部分，我帮助你们靠破产的农民群众发财致富，而你们要保护我不受这群人的侵犯，你们要成为社会秩序的支柱。这就是新法律草案的阶级含义。

列宁：《土地"改革"的新措施》，
《列宁全集》第 23 卷第 429 页。

哥林同志说：我所提出的措施并不是最好的，最好是把他们变成自由的租地者，他认为把半自由的租地者转变为自由的租地者会更好一些，但是这个想法是错误的。我们并不是凭空臆想出一种转变，而是提出一种能使法律上的土地使用权成为与实际情况相符的土地使用权的转变，从而消灭现存的盘剥关系。

列宁：《俄国社会民主工党第二次代表大会文献在讨论土地纲领时的发言》，
《列宁全集》第 7 卷第 263 页。

土地国有化就是全部土地收归国家所有。所谓归国家所有，就是说国家政权机关有权获得地租、有权规定全国共同的土地占有和土地使用的规则。在国有化的情况下，这种共同的规则肯定包括禁止一切中介行为，即禁止转租土地，禁止将土地让给并不亲自经营的人等等。再者，如果这里讲的国家是真正民主的（并不是象诺沃谢茨基所说的那种孟什维克意义上的民主），那么国家土地所有制丝毫不排斥在全国性法律允许的范围内把土地转交地方和区域自治机关支配，反而要求这样做。

规定因地制宜的细则、实际拨给土地或者在各个户主或各个协作社之间分配土地等等事宜，必然要交给地方国家政权机关，即地方自治机关办理。如果关于这一切还可能产生什么误会，那要么是由于不了解所有权、占有权、支配权、使用权等概念的区别，要么是由于蛊惑人心地玩弄省区自治和联邦制。地方公有化和国有化的基本区别

列宁：《社会民主党在俄国第一次革命中的土地纲领》，
《列宁全集》第 16 卷第 302 页。

如果关于这一切还可能产生什么误会，那要么是由于不了解所有权、占有权、支配权、使用权等概念的区别，要么是由于蛊惑人心地玩弄省区自治和联邦制。地方公有化和国有化的基本区别并不在于中央和地方之间权限的划分，更不在于中央的"官僚主义"（只有十分无知的人们才会有这样的想法和说法），而在于实行地方公有化后还会保存某一类土地的私有制，实行国有化后则完全废除了这种私有制。基本区别在于前一种纲领容许"土地关系上的复本位制"，而后一种纲领却能加以消除。

列宁：《社会民主党在俄国第一次革命中的土地纲领》，
《列宁全集》第 16 卷第 302～303 页。

我们应当要求全部土地国有化，就是说，把全国一切土地收归国家中央政权所有。这个政权应该规定移民用地的数量等等，定出保护森林、改良土壤等等的法律，严禁土地所

有者（国家）和租地者（农户）之间有任何中介行为（严禁土地转租）。但是支配土地的权力以及规定地方上占用土地的条件，都应完全由各区域和各地方的农民代表苏维埃掌握，而绝不应操在官僚、官吏的手里。

列宁：《无产阶级在我国革命中的任务》，

《列宁全集》第 29 卷第 164 页。

你们刚刚听取了土地社会化法令。难道这个法令不是一种保证吗？它保证工农现在团结得亲密无间，保证我们能依靠这种团结克服通往社会主义的道路上的一切障碍。

列宁：《全俄工兵农代表苏维埃第三次代表大会文献》，

《列宁全集》第 33 卷第 288 页。

与任何法律不同，我们的法律在著名的 1917 年 10 月 25 日的第二天立即提出了土地条例，这个条例在技术上，也许还在法律上，是很不完善的，但是它把农民所绝对必需的、能够保证农民同工人的联盟的一切主要东西，都规定下来了。

列宁：《在第九届全俄中央执行委员会第四次常会上的讲话》，

《列宁全集》第 43 卷第 245 页。

马克思在《资本论》第 1 卷关于原始积累中提到的"把封建财产和克兰财产变为现代私有财产"的"克兰"，是指氏族。

马克思在《资本论第一卷》里的"苏格兰高地"，是克尔特人由克兰组成的，每一克兰是该克兰所居住的土地的所有者。克兰的代表，即克兰的首领或"大人"，只是这块土地名义上的所有者。

其提出"对农民土地的最后一次大规模剥夺过程，是所谓的 Clearing of Estates（清扫领地，实际上是把人从领地上清扫出去）"，马克思对 Clearing of Estates 进一步解释说："就是毫不考虑定居在那里的居民，把他们赶走，毫不考虑原有的村落，把它们夷平，毫不考虑经济建筑物，把它们拆毁，毫不考虑原来农业的类别，把它们一下子改变，例如把耕地变成牧场，总而言之，一切生产条件都不是按照它们传统的样子接受下来，而是按照它们在每一场合怎样最有利于投资历史地创造出来。因此，就这一点来说，不存在土地所有权；土地所有权让资本——租地农场主——自由经营，因为土地所有权关心的只是货币收入。"

对于这里说的"把耕地变成牧场"，又进一步指出：最后，一部分牧羊场又变成了狩猎场。大家知道，英格兰没有真正的森林。贵族们的鹿苑中的鹿长得像家畜，肥得像伦敦的市议员一样。在苏格兰的"鹿林"中没有一棵树木。人们把羊群从秃山赶走，把鹿群赶上秃山，并称此为"鹿林"。因此，连造林也谈不上。

列宁在《全俄工兵农代表苏维埃第三次代表大会文献》里提的"土地社会化法令"，指提交全俄苏维埃第三次代表大会批准的《土地社会化基本法》。这个法令的草案是农业人民委员部部务委员会拟定的，曾交有列宁参加的代表大会特设的委员会审定。1918 年 1

月 18 日（31 日），代表大会批准了《土地社会化基本法》（第一章《总则》）。《土地社会化基本法》规定平均分配土地（按劳动土地份额或消费土地份额），这是苏维埃政府为巩固工农联盟而对中农作出的让步。法令还提出了发展农业中的集体经济的任务，规定农业公社，农业劳动组合和农业协作社有使用土地的优先权。

7. 工厂法的社会后果

企业法的发展，经历了手工工场时期的企业法、工厂企业时期的企业法和公司企业时期的企业法三个主要发展阶段。马克思和恩格斯所在的时期，是工厂企业法时期。恩格斯晚年，公司企业法逐步发展起来。在马克思和恩格斯著作中出现的，大多是"工厂"和"工厂法"字样。

在经历了漫长的手工业企业时期之后，企业制度进入了工厂企业时期。

从自然经济和简单商品经济过渡到商品经济，其社会制度是自由资本主义制度。这一历史阶段的工厂企业制度，是以大机器生产为标志的企业制度。工厂制度是新型生产方式。生产资料所有权和经营管理权属于资本家，工人依靠出卖劳动力换取生活资料，产生了资本主义生产关系。

残酷的资本原始积累，严重激化了社会矛盾，迫使政府不得不以立法形式保证工人的基本生存条件。1784 年，英国医生首次公布了兰开夏郡地方教区的棉纺厂徒工的健康状况，兰开夏郡的长官决定不准教区将儿童安置在开夜工的工厂里。1796 年，曼彻斯特卫生局发布一份关于该城市工厂工人健康状况的报告，呼吁国家以立法来改善工厂的工作环境、限制工人的工作时间。为减少工厂对童工的迫害，英国议会通过了济贫税管理人必须将到工厂做工的儿童的姓和住址进行登记的动议。1802 年，议会通过了《徒工健康和道德法》，由政府对工厂实行监督。该法规定了工厂的环境卫生标准，童工的服装和住宿标准，童工的日最长工作时间，工厂对童工的教育义务和防止传染病的义务，以及治安法官和教会的监督权力等。但实际上，工厂主以不签订劳动合同的方法规避该法律的适用。1833 年，英国制定了《工厂法》，缩短工人的工作时间，缓和工人和雇主之间的矛盾。18世纪开始出现了劳资"集体谈判"，改变了以往工人和雇主之间的谈判以个人为基础的方式。1726 年英国国会通过《联合条例》，工人之间的联合为法律所禁止，制裁毛纺工人的任何"叛乱"活动。1799 年议会通过了《工会组合法》，授权地方法官有权自由处置和压制工会运动。1824 年，《工会组合法》被废除，工会本身不再是非法组织，但习惯法中的惯例仍阻碍工会的发展。1799 年法国也通过了《禁止结社法》。1825 年的法国《公共法规程》规定，商议罢工按"谋叛罪"论处。到 1871 年，工会才得到法律的承认。1875 年法律不再把商议罢工定为违法行为。1852 年的法令认可了工人合作社的合法地位，并且允许其将商品出售给非合作社的成员。

工厂法时期是资本主义制度的确立时期。这是资本主义史上最残暴、最血腥和最无耻的时期。马克思和恩格斯对工厂法的消极社会后果进行了彻底批判，并在这种批判中，形成并确立了科学的工厂法理论。

英国在"社会事务"方面一般比大陆先进得多,这是不言而喻的;它是近代大工业的祖国,资本主义生产方式在这里发展得最为自由和最为广阔,其后果在这里也最为显著,因而在立法方面获得反映也较早。工厂立法就是这方面最好的证据。

恩格斯:《论住宅问题》,

《马克思恩格斯全集》第18卷第286页。

资产阶级用来束缚无产阶级的奴隶制的锁链,无论在哪里也不像在工厂制度上这样原形毕露。在这里,法律上和事实上的一切自由都不见了。工人必须在清晨五点半钟到工厂。如果迟到几分钟,那就得受罚;如果他迟到十分钟,在吃完早饭以前干脆就不放他进去,这样,他就要丧失一天工资的四分之一(虽然他在十二小时内只有两小时半没有工作)。无论吃饭、喝水、睡觉,他都得听命令。连大小便的时间也少得不能再少了。工人从他的家里到工厂要走上半小时或一小时,厂主是根本不管的。专制的钟声经常把他从睡梦中唤走,把他从早餐和午餐中唤走。

恩格斯:《英国工人阶级状况》,

《马克思恩格斯全集》第2卷第464页。

厂主是绝对的立法者。他随心所欲地颁布工厂规则;他爱怎样就怎样修改和补充自己的法规;即使他在这个法规中加上最荒谬的东西,法官还是对工人说:"你们是可以自己做主的,如果你们不高兴,就不必订这样的契约;但是现在你们既然自愿地订了这个契约,那你们就得履行它。"这样,工人还得忍受这个本身就属于资产阶级的治安法官的嘲笑,忍受同一个资产阶级所制定的法律的嘲笑。

恩格斯:《英国工人阶级状况》,

《马克思恩格斯全集》第2卷第464~465页。

如今厂主完全可以为所欲为:他又是原告,又是证人,又是法官,又是立法者,又是执行者——什么都由他一手包办。当工人告到治安法官那里去的时候,他得到的回答是:你们接受了卡片,就是签订了契约,你们现在就得履行它。这和工厂工人的处境是一模一样的。此外,厂主每次都强迫工人在一个文件上签字,说明他"同意扣工资"。如果他想抗拒,那末全城的厂主立刻都会知道,他是这样一个人,用李奇的话说,他"不愿服从卡片上规定的秩序和法律,并且胆敢怀疑那些社会地位比他高(这是他应当知道的)的人的智慧"("无可否认的事实"第37~40页)。自然,织工是完全自由的,厂主毫不强迫他们到他那里领取经纱和卡片,按照李奇的绝妙的说法,他只是对他们说:"如果你们不愿意在我的油锅里受煎熬,那你们可以到火里去散步。"(《If you don't like to be frizzled in my frying-pan, you can take a walk into the fire.》)

恩格斯:《英国工人阶级状况》,

《马克思恩格斯全集》第2卷第484~485页。

　　英国工业的威力仅仅是靠野蛮地对待工人、靠破坏工人的健康、靠忽视整代整代的人在社会关系、肉体和精神方面的发展的办法来维持的。自然，如果问题是以十小时法案为极限，那英国就会毁灭；但是这个法案必然还会带来其他的措施，这些措施一定会使英国走上和它目前所走的截然不同的道路，所以这个法案是前进了一步。现在让我们来看看工厂制度的另一面，这一面的后果是比这种制度所引起的疾病更难用法律条文来消灭的。

恩格斯：《英国工人阶级状况》，
《马克思恩格斯全集》第 2 卷第 462~463 页。

　　工厂法是在手工业法的基础上发展起来的。

　　我国的奴隶制时期，已经开始运用法律对手工工场进行管理。在《礼纪·明位》的《夏后氏官百》的记载中，就有包括掌管造车的"车正"在内的管理手工业官职。商周时期还专门在中央设立了管理手工工业的官员——"司空"；还设立"司稽"对市场进行管理；设"质人"一职对契约和度量衡管理。对产品的用途和质量都有相应的管理制度。《礼记·王制》对此有详细的规定："用器不中度""兵车不中度""布帛精粗不广狭不中量，不鬻于市"，不符合官方规定的规格和质量标准的产品，也不能拿到市场上出售。

　　在国外，《汉谟拉比法典》第 215 条至第 277 条主要是手工业方面的规定。第 99 条关于合伙的规定，是"彼等应在神前均分其利益"。法典涉及 10 种以上的手工业行业，主要是对各行业的收费、产品质量和事故赔偿加强管理。关于国家以法律的形式对集中生产进行规定，设立官员专职管理生产活动，形成了集中生产制度。在世界文明发展比较早的一些国家和地区，还出现了对生产过程、生产标准进行规制的法律规定。

　　我国从商代和西周开始，就以国家法令的形式规定并实行了"工商食官食官"制度。"公食贡，大夫食邑，士食田，庶人食力，工商食官"，即手工业和商业由官府统一经营，原料、场地由官方统一提供，工匠加工的产品主要无偿提供给官府使用，有一部分可以由官府的"贾人"核定价格后出售。公元前 3 世纪，在两河流域，尼布查里萨国王新建立了中央集权的政治制度，在纺织工场里，推行"挂签"制度。每星期进场加工的棉纱，均附以各种不同颜色的挂签，以为识别，根据挂签，掌握每一批棉纱的加工时间。希腊文明中影响最大的雅典的梭伦立法，就有鼓励手工业发展的规定：由外邦进入雅典的手工业工匠，允许他们定居于雅典。在伯里克利时代，雅典还专门设立市场管理委员会进行管理。罗马人也制定出了比较完善的法律，出现了法人制度的萌芽，对后世企业法的发展具有重要的影响。

　　我国从商周开始，经秦而至明清，以农业为主的自然经济和商品经济经历了高度的发展，企业制度也有相应的进步。手工业专业化分工越来越细，手工工场无论在生产规模还是在专业分工上，都达到了相当发达的程度。与之相适应，立法也具有相当规模。那么，我国以大机器生产为标志的工厂制度和工厂立法，何以发展迟缓？有的以封建制度障碍论之，有的以科技落后论之，如此等等。其实，基础性的、有决定意义的原因，在于生产方式。我们应当到一定的生产方式中去寻找。

8. 住宅法的社会后果

西方的"住宅法",是一般限于居民住房方面的法律。在经典作家的著述里,也有"宅地法"的称呼。宅地法包括建设用地和房屋建筑方面的法律,在具体内容上,住宅法同宅地法有些区别。

目前引起报刊极大注意的所谓住宅缺乏现象,并不是说工人阶级一般总是住在恶劣的、拥挤的、不卫生的住宅中。这种住宅缺乏不是现代特有的现象;它甚至也不是现代无产阶级遭受的一种和以前一切被压迫阶级的痛苦不同的特有的痛苦;相反,它几乎是同等地伤害到一切时代的一切被压迫阶级。要消除这种住宅缺乏现象,只有一个方法:消灭统治阶级对劳动阶级的一切剥削和压迫。

恩格斯:《论住宅问题》,
《马克思恩格斯全集》第18卷第237页。

今天所说的住宅缺乏现象,是指本来就很恶劣的工人的居住条件因为人口突然涌进大城市而特别尖锐化;房租大幅度提高,每一所房屋里的住户愈加拥挤,有些人简直无法找到住所。这种住宅缺乏现象之所以引起人们的纷纷议论,只是因为它不只局限于工人阶级,而且也伤害到小资产阶级。

恩格斯:《论住宅问题》,
《马克思恩格斯全集》第18卷第237~238页。

现代大城市的发展,使某些街区特别是市中心的地皮价值人为地提高起来,往往是大幅度地提高起来。原先建筑在这些地皮上的房屋,不但没有提高这种价值,反而降低了它,因为这种房屋已经不适合于改变了的条件;于是它们就被拆毁而改建别的房屋。首先遭到这种厄运的就是市中心的工人住宅,因为这些住宅的租价,甚至在住宅中挤得极满的时候,也永远不能超出或者最多也只能极缓慢地超出一定的最高限额。于是这些住宅就被拆毁,在原地兴建商店、货栈或公共建筑物。波拿巴主义曾以自己的欧斯曼为代表在巴黎大规模地利用这种趋势来欺诈勒索,中饱私囊。但是欧斯曼精神在伦敦、曼彻斯特和利物浦也很通行,并且不论在柏林或维也纳也都很逍遥自在。结果工人从市中心被排挤到市郊;工人住宅以及一般小住宅都变得稀少和昂贵,而且往往是根本找不到,因为在这种情形下,建造昂贵住宅为建筑业提供了更有利得多的投机场所,而建造工人住宅只是一种例外。

恩格斯:《论住宅问题》,
《马克思恩格斯全集》第18卷第239页。

怎样解决住宅问题呢?在现代社会里,解决这个问题同解决其他一切社会问题完全一样,即靠供求关系在经济上的逐渐均衡来解决,但是这样解决之后,这个问题还会不断产生，就是说，一点也没有解决。社会革命将怎样解决这个问题呢？这不仅要以时间地点为转移，而且也同一些意义深远的问题有关，其中最重要的问题之一就是消灭城乡对立的问题。既然我们不预备凭空设想一套未来的社会结构，也就用不着在这上面浪费时间。但有一点是肯定的，现在各大城市中有足够的住宅，只要合理使用，就可以立即帮助解决真正的"住宅缺乏"问题。

恩格斯：《论住宅问题》，

《马克思恩格斯全集》第 18 卷第 252 页。

如果扎克斯先生竟认为，一个议会法案只须获得法律效力就能立刻见诸实现，那他就大错特错了。任何议会法案（只有 Workshops' Act〔工场法〕除外）都是这样，而 Local Government Act 更是这样。这个法律委托给城市当局去执行，而城市当局在英国几乎到处都被公认为是一切贪赃枉法、徇私舞弊和 jobbery 行为的中心。这些城市当局中由于种种裙带关系谋得职位的官吏，不是没有能力实行便是不愿意实行这种社会法律（住有一万人口以上的城市的第三个法令（Artisans' Dwellings Act〔手工业者住宅法〕））。

恩格斯：《论住宅问题》，

《马克思恩格斯全集》第 18 卷第 286 页。

在这样的社会中，住宅缺乏现象并不是偶然事件，它是一个必然的现象；这种现象连同它的一切影响健康等等的后果，只有在产生这些后果的整个社会制度都已经根本改革的时候，才能消除。

恩格斯：《论住宅问题》，

《马克思恩格斯全集》第 18 卷第 264 页。

英国一切城市中的这些贫民窟大体上都是一样的；这是城市中最糟糕的地区的最糟糕的房屋，最常见的是一排排的两层或一层的砖房，几乎总是排列得乱七八糟，有许多还有住人的地下室。这些房屋每所仅有三四个房间和一个厨房，叫做小宅子，在全英国（除了伦敦的某些地区），这是普通的工人住宅。这里的街道通常是没有铺砌过的，肮脏的，坑坑洼洼的，到处是垃圾，没有排水沟，也没有污水沟，有的只是臭气熏天的死水洼。城市中这些地区的不合理的杂乱无章的建筑形式妨碍了空气的流通，由于很多人住在这一个不大的空间里，所以这些工人区的空气如何，是容易想象的。此外，在天气好的时候街道还用来晒衣服：从一幢房子到另一幢房子，横过街心，拉上绳子，挂满了湿漉漉的破衣服。

恩格斯：《英国工人阶级状况》，

《马克思恩格斯全集》第 2 卷第 306～307 页。

圣詹尔士位于该市人口最稠密的地区的中心，周围是富丽堂皇的大街，在这些街上闲逛的是伦敦上流社会的人物，这个地方离牛津街和瑞琴特街，离特拉法加方场和斯特伦德都很近。这是一堆乱七八糟的三四层的高房子，街道狭窄、弯曲、肮脏，热闹程度不亚于大街,只有一点不同,就是在圣詹尔士可以看到的几乎全是工人。在这里,买卖是在街上做的;一筐筐的蔬菜和水果(所有这些东西不用说都是质量很坏的,而且几乎是不能吃的)把路也堵塞住了,所有这些,像肉店一样发出一股难闻的气味。房子从地下室到阁楼都塞满了人,而且里里外外都很脏,看来没有一个人会愿意住在里面。

但是这一切同大杂院和小胡同里面的住房比起来还大为逊色。这些大杂院和小胡同只要穿过一些房子之间的过道就能找到,这些地方的肮脏和破旧是难以形容的;这里几乎看不到一扇玻璃完整的窗子,墙快塌了,门框和窗框都损坏了,勉勉强强地支撑着,门是用旧木板钉成的,或者干脆就没有,而在这个小偷很多的区域里,门实际上是不必要的,因为没有什么可以给小偷去偷。到处是一堆堆的垃圾和煤灰,从门口倒出来的污水就积存在臭水洼里。住在这里的是穷人中最穷的人,是工资最低的工人,掺杂着小偷、骗子和娼妓制度的牺牲者。

恩格斯:《英国工人阶级状况》,

《马克思恩格斯全集》第2卷第307~308页。

恩格斯的《论住宅问题》共分三篇,每一篇都是在恩格斯反对资产阶级的和小资产阶级的解决住宅问题的方案的尖锐论战过程中产生的。

第一篇是对"人民国家报"上转载的几篇标题为"住宅问题"的匿名文章的直接答复,这几篇文章原来发表在奥地利工人报纸《人民意志报》上。这些文章的作者是医学博士、蒲鲁东主义者阿·米尔柏格。1872年5月7日,恩格斯写信给李卜克内西说:"只要一有时间,我就立即给作者写一篇关于住宅缺乏现象的文章,来反驳'人民国家报'上一系列文章中关于这个问题所陈述的蒲鲁东主义者的荒谬的臆想。"第一篇的标题为"蒲鲁东怎样解决住宅问题"。

第二篇的标题是"资产阶级怎样解决住宅问题",其中批判了解决住宅问题的资产阶级慈善家的方法,这些方法在艾·扎克斯的小册子"劳动阶级的居住条件及其改良"中得到了最彻底的表述。

第三篇的标题是"再论蒲鲁东和住宅问题"。这篇是作为对米尔柏格的再次答复。因为《人民国家报》编辑部使他有机会在该报上发表了反驳恩格斯的文章。

恩格斯的这三篇著作全部在《人民国家报》上发表以后,由《人民国家报》出版社在莱比锡出版了单行本,书名是《论住宅问题》。

恩格斯在《论住宅问题》中提到"城市当局在英国几乎到处都被公认为是一切贪赃枉法、徇私舞弊和jobbery行为的中心"。"jobbery"一词的意思是,官吏利用职权图谋个人或家族的私利。譬如某一国家中的国家电报局局长暗自作了某个造纸厂股东,他用自己森林中的木材供给这个工厂,然后委托这个工厂为电报局供应用纸,那么这就是虽然很小,但毕竟是颇为像样的job,完全足以表明jobbery的原则是什么东西;顺便说,这在俾斯麦统治下是天经地义和十分自然的。

9. 卫生法的社会后果

应当说，没有一部卫生法是专门制造消极社会后果的。但是，私有制的存在，私人利益的追求，要么使法律的规定不能落实，要么立法者制定这样的法律只是为了装装样子，走走过场。

通过恩格斯的论述我们看到，医药卫生问题，不仅仅是这个部门的问题而是社会问题。资本主义条件下的医药卫生问题，只有经过社会革命，建立社会主义制度才能从根本上解决。

一切腐烂的肉皮菜帮之类的东西都散发着对健康绝对有害的臭气，而这些臭气又不能自由地散出去，势必要把空气搞坏。这样，大城市工人区里的脏东西和死水洼对公共卫生总要引起最恶劣的后果，因为正是这些东西散发出制造疾病的毒气；被污染了的河流冒出来的水蒸气也是一样。但是还远不止于此。真正令人发指的，是现代社会对待大批穷人的方法。他们被引诱到大城市来，在这里，他们呼吸着比他们的故乡——农村坏得多的空气。他们被赶到城市的这样一些地方去，在那里，由于建筑得杂乱无章，通风情形比其余一切部分都要坏。一切用来保持清洁的东西都被剥夺了，水也被剥夺了，因为自来水管只有出钱才能安装，而河水又弄得很脏，根本不能用来洗东西。他们被迫把所有的废弃物和垃圾、把所有的脏水、甚至还常常把最令人作呕的脏东西倒在街上，因为他们没有任何别的办法扔掉所有这些东西。

恩格斯：《英国工人阶级状况》，
《马克思恩格斯全集》第 2 卷第 381 页。

我们从各方面都可以证明：位于城市中最糟的区域里的工人住宅，和这个阶级的一般生活条件结合起来，就成为百病丛生的根源。前面引证过的"机工"杂志中的那篇文章说得完全正确：肺部的疾病是这种生活条件的必然结果，而这类疾病也确实是在工人中间最常见。伦敦的特别是伦敦工人区的坏空气，最能助长肺结核的发展，在街上可以遇到许多面容憔悴的人，就足以证明这一点。

恩格斯：《英国工人阶级状况》，
《马克思恩格斯全集》第 2 卷第 382 页。

和肺结核同样厉害的，首先是一种在工人中间有最可怕的破坏力的病疫——伤寒。根据官方关于工人阶级卫生状况的报告，这种灾害的到处蔓延，是直接由于工人的住宅很坏、通风不良、潮湿和肮脏而引起的。

恩格斯：《英国工人阶级状况》，
《马克思恩格斯全集》第 2 卷第 383 页。

整个苏格兰的穷人有 1/6 患了热病，乞丐般的流浪者以惊人的速度把这种灾害从一个地方带到另一个地方，但是并没有影响到社会的中上等阶级。在两个月中患热病的人比过去十二年还要多。1843 年在格拉斯哥患热病的占居民的 12%，共达 32000 人，其中有 32% 死掉。

恩格斯：《英国工人阶级状况》，
《马克思恩格斯全集》第 2 卷第 384 页。

几乎所有工人都患着瘰疬，患瘰疬的父母常有患瘰疬的孩子，特别是在带有父母遗传下来的腺病质的孩子们又受到最初引起这种病的原因的影响的时候。婴儿发育期间的营养不良所产生的第二个后果是佝偻病（英吉利病，关节结节性赘瘤），这种病在工人的孩子中也是极常见的。骨头的硬化延缓，骨骼的成长整个地受到阻碍，除佝偻病的普通现象外，还常常可以看到腿和脊柱的弯曲。至于这些疾病在商业停滞、失业以及危机发生时工资低落的时期怎样由于工人生活变化无常而变得更加厉害，那就用不着我来说明了。

恩格斯：《英国工人阶级状况》，
《马克思恩格斯全集》第 2 卷第 386 页。

使工人阶级遭受肉体上的痛苦的另一个原因，是生了病不可能有高明的医生来诊治。的确，有许多慈善机关在设法弥补这种缺陷，例如曼彻斯特医院每年医治 22000 个病人，其中有住院治疗的，也有只接受医生的诊断和药品的。但是，对于一个每年有四分之三的居民需要医疗（根据盖斯克尔的计算）的城市来说，这又算得了什么呢？英国医生索取的诊费很高，工人是出不起的。因此，他们只好根本不看病，或者求助于收费低廉的江湖医生和归根到底是害多利少的假药。在英国的一切城市里这种江湖医生都有好多，他们靠各式各样的广告、招贴及其他诡计在最穷的阶级中招揽顾客。此外，还有极多的包治百病的所谓特许专卖药（patent medicines）出卖，什么莫里逊氏丸、帕尔氏生命丸、曼威灵博士丸以及成千种的其他丸药、香精和香膏等等，所有这些药剂都有一个特点，就是能医治世界上的一切疾病。

恩格斯：《英国工人阶级状况》，
《马克思恩格斯全集》第 2 卷第 388 页。

问题在于，英国所患的社会病的过程和身体生病的过程是一样的；它按照一定的规律发展，它有它的危机，危机中最后和最厉害的一次就决定患者的命运。

恩格斯：《英国工人阶级状况》，
《马克思恩格斯全集》第 2 卷第 409 页。

我手头有几份官方的死亡统计表（公布在 1844 年 7 月 31 日的"曼彻斯特卫报"上），根据这些统计表，下面几个大城市的死亡率是这样：在曼彻斯特，如包括索尔福和却尔顿在内，是 1：32.72，不包括索尔福和却尔顿在内，是 1：30.75；在利物浦，如包括西得比这个郊区在内，是 1：31.90，不包括西得比在内，是 1：29.90；可是，根据柴郡、郎卡郡和约克郡（这一地区包括许多农业区或半农业区以及许多小城市，总人口为2172506人）的综合材料，死亡率是1：39.80。

恩格斯：《英国工人阶级状况》，

《马克思恩格斯全集》第2卷第390页。

关于工人阶级卫生状况的报告中有些资料也证实了同样的事实。1840年，利物浦上等阶级（贵族、自由职业者等等）的平均寿命是三十五岁，商人和光景较好的手工业者是二十二岁，工人、短工和一般雇佣劳动者只有十五岁。在议会报告书里还可以找到许多类似的事实。死亡数字之所以这样高，主要是由于工人阶级的幼儿的死亡率很高。

恩格斯：《英国工人阶级状况》，

《马克思恩格斯全集》第2卷第392页。

恩格斯在《英国工人阶级状况》里提到的"关于工人阶级卫生状况的报告"，是曼彻斯特的医生普·赫·霍兰德提供的。他受官方委托，调查过曼彻斯特郊区梅德洛克河畔的却尔顿。报告说："既然我们发现某些街上的死亡事比别的街上高3倍，而整个等级的街又比其他等级的街高1倍，既然我们又发现死亡率在糟糕的街上几乎总是高的，而在情况较好的街上几乎总是低的，那么我们就不能不得出这样一个结论：我们的大批的同胞，我们的成百的近邻每年都因缺乏最普通的预防措施而被毁灭了（destroyed）。"这些话，恩格斯认为"从一个英国资产者的口里讲出来，要算是很坦白的了"。

（二）法推动社会进步和阻碍社会进步

1. 法的进步作用、阻碍方面和法的阻碍作用、进步方面

一部具有进步作用的法，亦存在阻碍社会进步的方面；而一部具有阻碍进步作用的法，亦存在进步的方面。这一如何判断法的促进进步或阻碍进步的唯物史观和认识辩证法，是经典作家提供的。适应生产力发展要求、满足社会需要和反映时代特征的法，具有一定的促进社会进步的作用，但由于统治阶级意志的偏私和局限性，又使法具有某些阻碍社会进步的因素。反之亦然。

应当说，法的进步作用、阻碍方面和法的阻碍作用、进步方面，在任何阶级社会形态都存在。从总体上说，资本主义上升时期的法，有一定进步性，但在对工人阶级和广大劳动人民实行统治和损害他们的利益上，存在阻碍因素；社会主义法是完全新型的法，具有巨大历史进步性，但由于法对经济基础、生产力的某些环节、过程存在不适应或不完全适应的情形，致使法在客观上存在某些阻碍因素。

正是旧的复杂的社会机构中的这种迅速而剧烈的阶级对抗的发展，使革命成为社会进步和政治进步的强大发动机；正是新的党派的这种不断的产生和迅速的成长，它们一个接替一个掌握政权，使一个民族在这种剧烈的震动时期五年就走完在普通环境下一百年还走

不完的途程。

恩格斯:《德国的革命和反革命》,

《马克思恩格斯全集》第 8 卷第 38 页。

法国革命爆发以后,在德国和德国农民头上也出现了美好时代的曙光。革命军一占领莱茵河左岸,那里的徭役劳动、代役租、对老爷的各种贡赋等一大堆陈腐废物,连同老爷本身,就像被魔杖点了一下似地立即消失了。莱茵河左岸的农民从此成了自己土地的主人,而且他们还得到了一部在革命时期起草的、被拿破仑篡改了的 Code civil。这部法典很适合他们的新情况,他们不但看得懂,而且还可以很方便地带在口袋里。

恩格斯:《马尔克》,

《马克思恩格斯全集》第 19 卷第 367 页。

自由主义的关于进步的学说,也包括着社会方面的进步,而那些只是倾向于虚饰的奇谈怪论的所谓的社会主义者们,把事情说成这样:似乎他们包办了社会的进步。应该承认,马克思与通常社会主义者比较起来的功绩是:他指出,甚至在现代条件的极端片面发展伴随着直接的恐惧的后果的地方也存在着进步。这一点在描写由整个工厂制度而来的贫富等对比时到处都可以看到。

恩格斯:《卡·马克思"资本论"第一卷书评——为"观察家报"作》,

《马克思恩格斯全集》第 16 卷第 255 页。

十八世纪的进步表现为:法律本身现在成了掠夺人民土地的工具,虽然大租地农场主同时也使用自己独立的私人小办法。这种掠夺的议会形式就是"公有地圈围法",换句话说,是地主借以把人民的土地当作私有财产赠送给自己的法令,是剥夺人民的法令。弗·摩·伊登爵士企图把公有地说成是代替封建主的大土地所有者的私有地,但是他自己把这种狡黠的辩护词否定了,因为他要求"为公有地的圈围制定一般性的议会法令",即承认要把公有地变成私有地必须由议会采取非常措施,另一方面,他又要求立法对被剥夺的贫苦者给予"赔偿"。当任意租户,即按一年期限租佃土地的小租地农民,一群奴隶般地完全听大地主摆布的人,代替独立的自耕农时,对国有土地的掠夺,特别是对公有地的不断的盗窃,促使在十八世纪叫做资本租地农场或商人租地农场的大租地农场增长,并且促使农村居民变成无产阶级,把他们"游离"出来投向工业。

马克思:《资本论第一卷》,

《马克思恩格斯全集》第 23 卷第 792~793 页。

政府向基尔会议提出的宪法草案是至今用德文起草的所有宪法草案中最民主的草案。什列斯维希·霍尔施坦在政治上一直是尾随德意志的,但由于革命战争的结果,它立刻建立了比德意志其余各邦都进步的制度。

恩格斯:《丹麦和普鲁士的休战》,

《马克思恩格斯全集》第 5 卷第 467 页。

　　政府也企图挑起对现存法定秩序的不满，例如，对旧普鲁士婚姻法的不满。法律的每一项改革和修订，每一个进步都是建立在这类不满上面的。因为合法的发展不可能没有法律的发展，因为法律的发展不可能没有对法律的批评，因为对法律的任何批评都会在公民的脑子里，因而也在他的内心，引起与现存法律的不协调，又因为这种不协调给人的感觉是不满。

马克思：《评部颁指令的指控》，
《马克思恩格斯全集》第 1 卷上册第 427～428 页。

　　法律只能是现实在观念上的有意识的反映，只能是实际生命力在理论上的自我独立的表现。在莱茵省，城市和农村实际上并没有分开。因此，除非法律宣布它自己无效，否则，它便不能颁布这种分开的法令。

马克思：《区乡制度改革和〈科隆日报〉》，
《马克思恩格斯全集》第 1 卷上册第 314 页。

　　奇怪的倒是，虽然孕育着大雷雨的乌云日益密集在资产阶级头上，但他们却泰然处之，无动于衷；虽然他们每天都在报上看到这些事情，但他们别说没有对现存的社会制度感到愤怒，甚至也没有对这种社会制度所引起的后果感到恐惧，没有对每一件个别的犯罪行为所预示的总爆发感到恐惧。可是这却正好说明了资产阶级之所以为资产阶级；由于资产阶级的观点，他们甚至连事实都看不清，更不用说这些事实所产生的结果了。简直无法相信，阶级偏见和先入之见竟使得整个阶级这样极端盲目，我还想说，简直盲目到疯狂的程度了。

恩格斯：《英国工人阶级状况》，
《马克思恩格斯全集》第 2 卷第 419 页。

　　精神的一切进步到现在为止都是损害群众的进步，使群众陷入每况愈下的非人境遇。因此，他们宣称"进步"（见傅立叶）是不能令人满意的抽象词句；他们猜到了（见欧文及其他人）文明世界的根本缺陷的存在；因此，他们对现代社会的现实基础进行了无情的批判。

马克思恩格斯：《神圣家族》，
《马克思恩格斯全集》第 2 卷第 106～107 页。

　　资产者是现存的社会制度以及和这个制度联系在一起的各种偏见的奴隶；他胆怯地避开和千方百计地排斥真正标志着进步的一切；无产者却眼睛雪亮地正视这一切，高高兴兴地而且很有成效地研究它们。

恩格斯：《英国工人阶级状况》，
《马克思恩格斯全集》第 2 卷第 528 页。

这一切历史哲学理论就象肥皂泡一样，一出现就化为乌有，至多不过是当时社会思想和社会关系的征象，丝毫没有促进人们对社会关系，即使是个别的但是现实的（而不是那些"适合人的本性的"）社会关系的理解。马克思在这方面大大前进了一步：他抛弃了所有这些关于一般社会和一般进步的议论，而对一种社会（资本主义社会）和一种进步（资本主义进步）作了科学的分析。

列宁：《什么是"人民之友"以及他们如何攻击社会民主党人?》，

《列宁全集》第1卷第114页。

他读了《资本论》，竟看不出这是用唯物主义方法科学地分析一个（而且是最复杂的一个）社会形态的范例，是大家公认的无与伦比的范例。于是他坐下来拼命思索这个深奥的问题：" 马克思在哪一部著作中叙述了自己的唯物主义历史观呢?"凡熟悉马克思的人，都会反问他：马克思在哪一部著作中没有叙述过自己的唯物主义历史观呢? 米海洛夫斯基先生大概只有等到某个卡列耶夫的某本玄奥的历史著作在"经济唯物主义"这个条目内，用相应的号码标明马克思的唯物主义著作的时候，才会知道这些著作吧。

而最可笑的是，米海洛夫斯基先生责备马克思，说他没有"重新审查（原文如此!）一切关于历史过程的著名理论"。这简直可笑极了。试问这些理论十分之九都是些什么东西呢? 都是一些关于什么是社会、什么是进步等等纯粹先验的、独断的、抽象的议论（我有意举出这些合乎米海洛夫斯基先生心意的例子）。要知道，这样的理论，就其存在来说，已是无用的，就其基本方法，就其彻头彻尾的暗淡无光的形而上学性来说，也是无用的。要知道，从什么是社会，什么是进步等问题开始，就等于从末尾开始。既然你连任何一个社会形态都没有研究过，甚至还未能确定这个概念，甚至还未能对任何一种社会关系进行认真的、实际的研究，进行客观的分析，那你怎么能得出关于一般社会和一般进步的概念呢? 过去任何一门科学都从形而上学开始，其最明显的标志就是：还不善于着手研究事实时，总是先验地臆造一些永远没有结果的一般理论。

列宁：《什么是"人民之友"以及他们如何攻击社会民主党人?》，

《列宁全集》第1卷第112~113页。

难道破坏中世纪村社、行会和劳动组合等等的联系的资本主义没有用别的联系代替这些联系吗? 难道商品经济不已经是生产者之间的联系，不已经是市场所建立的联系吗? 这种联系具有对抗性，充满波动和矛盾，但我们决不能否认它的存在。

列宁：《评经济浪漫主义》，

《列宁全集》第2卷第182页。

资本主义的"不稳固"正是巨大的进步因素，它加速社会的发展，把越来越多的居民群众卷入社会生活的漩涡，迫使他们考虑社会生活制度，迫使他们自己"缔造自己的幸福"。

列宁：《评经济浪漫主义》，

《列宁全集》第2卷第183页。

在现代社会中，在以个人交换为基础的工业中，生产的无政府状态是灾难丛生的根源，同时又是进步的原因。

列宁：《评经济浪漫主义》，
《列宁全集》第 2 卷第 184 页。

恩格斯在《马尔克》里提到，"一部在革命时期起草的、被拿破仑篡改了的 Code civil"，Code civil 是拿破仑第一的民法典，这个法典也常在法国人占领的德国西部和西南部地区实行；在莱茵省归并普鲁士以后，这个法典在该省继续有效。

马克思在《区乡制度改革和〈科隆日报〉》里提到，"法律只能是现实在观念上的有意识的反映，只能是实际生命力在理论上的自我独立的表现"，是在以维护城市和农村权利平等为内容的区乡制度改革运动，是莱茵省的一场重要政治斗争的背景下提出的。当时，普鲁士政府企图利用地方行政机构改革的机会，废除原来的城市的区和农村的乡在法律上权利平等的制度，而实行普鲁士的等级原则，扩大封建贵族的特权。在《区乡制度改革和〈科隆日报〉》《〈科隆日报〉的一个通讯员和〈莱茵报〉》中，马克思维护了城市和农村权利平等的进步原则，用民主主义观点阐述了法国大革命的口号——"人人平等，市民和农民平等"。同时他提出法律的合理性在于同现实的一致性，这就使他的法律观点具有了更实际的因素。

2. 法与社会竞争

有以私有制为基础的商品生产就有竞争，商品生产者之间争夺经济利益的斗争就是竞争。离开私有制，商品生产者之间便不存在竞争问题。当然，小商品经济与资本主义商品经济的竞争，具有不同的性质和特点。小商品生产者以个体劳动为主，他们为了交换自己所需要的商品而进行竞争。资本主义商品生产者和经营者是榨取剩余价值的资本家，他们竞争的目的是为了争夺市场、原料和投资场所，归根结底是为了争夺利润。在资本主义竞争中，"大鱼吃小鱼"是普遍原则，你死我活是必然结果。这是把自然界的"丛林原则"加倍疯狂地搬到人类社会中来的生存竞争。

西方经济学认为，自由竞争是自由放任市场经济的基石。市场经济具有鼓励和助长人们破坏公平竞争的特质，如果没有对竞争对手采取进攻性和敌对性手段的能力，那么市场势力就很难获得。

自由竞争使社会劳动和生产资料不能得到合理的安排和充分的利用，造成社会生产力的严重浪费和破坏；使生产和消费之间的矛盾更趋尖锐，导致经济危机周期性的爆发；为了争夺有利的产销条件而进行的竞争，必然造成社会生产的无政府状态，造成个别企业生产的组织性同整个社会生产的无政府状态的尖锐对立；使劳动力和生产资料在部门之间自发地进行分配，整个社会生产在剧烈的竞争中盲目发展。

自由竞争必然要求生产集中，而生产集中的前提是资本集中。资本集中的主要途径和方式是：资本积累使企业规模扩大，即个别资本通过剩余价值资本化而扩大自身规模；规模较小的资本合并为大资本；通过合伙和联合实现资本集中，通过股票联合经营、股份公司，使个别资本转化为集中的、联合的社会化资本。生产集中、资本集中，必然走上垄断。从自由竞争中生长起来的垄断并不消灭竞争，而是凌驾于竞争之上，与之并存，因而产生出特别剧烈的经济矛盾和社会矛盾。垄断组织之间的竞争，垄断组织内部的竞争，垄断组织与非垄断组织之间的竞争，都更加带有破坏性。列宁指出："从自由竞争中成长起来的垄断并不消除竞争，而是凌驾于竞争之上，与之并存，因而产生许多特别尖锐、特别剧烈的矛盾、摩擦和冲突。"

在这样的矛盾、摩擦和冲突面前，传统民法的作用越来越狭小，显得无能为力，社会要求一种超越民法的新法律，对不正当竞争方法和交易方法、对不正当限制交易和私人垄断进行限制。这便是资本主义条件下的经济法。

这是具有两面性的法律。一方面，能够使资本家不断地改进技术，提高劳动生产率，从而促进了生产力的发展。另一方面，立法阻碍社会进步的作用是十分明显的。由于产生竞争的经济基础即生产资料的资本主义私有制并没有消除，两极分化日趋严重，社会长久处于动荡和危机之中。这也为社会主义革命准备了社会条件。

谷物法一旦被废除，自由竞争，现代社会经济制度就会发展到极端；谷物法废除后，在现存关系的范围内，进一步发展的任何可能性都将消失，而唯一可能的进步就是社会制度的根本变革。

> 恩格斯：《英国工人阶级状况》，
> 《马克思恩格斯全集》第 2 卷第 556 页。

其实，社会、联合这样的字眼是可以用于一切社会的名称，既可以用于封建社会，也可以用于资产阶级社会——建筑在竞争上的联合。认为用联合这个词就可以驳倒竞争的作家怎么能站得住脚呢？

> 马克思：《哲学的贫困》，
> 《马克思恩格斯全集》第 4 卷第 176 页。

竞争最充分地反映了流行在现代市民社会中的一切人反对一切人的战争。这个战争，这个为了活命、为了生存、为了一切而进行的战争，因而必要时也是你死我活的战争，不仅在社会各个阶级之间进行，而且也在这些阶级的各个成员之间进行；一个人挡着另一个人的路，因而每一个人都力图挤掉其余的人并占有他们的位置。工人彼此竞争，资产者也彼此竞争。机器织工和手工织工竞争；失业的或工资低的手工织工和其他有工作的或工资高的织工竞争并力图把他们挤掉。工人彼此间的这种竞争对于工人来说是现代各种关系中最坏的一面；这是资产阶级对付无产阶级的最有力的武器。因此，工人竭力利用工会来消灭这种竞争，而资产阶级则疯狂地向这些工会进攻，工会每受到一次打击他们都拍手称快。

> 恩格斯：《英国工人阶级状况》，
> 《马克思恩格斯全集》第 2 卷第 359 ~ 360 页。

在这个国家里，社会战争正在炽烈地进行着。每个人都只顾自己，并为了自己而反对其他一切人。他是否要伤害其余所有被他看作死敌的人，那纯粹是由自私自利的打算来决定，就是说，看怎样才对他更有利。没有一个人想到要和自己的同伴和睦相处，一切分歧都要用威吓、武力或法庭来解决。一句话，每一个人都把别人看作必须设法除掉的敌人，或者最多也不过把别人看作一种可以供自己利用的工具。而且这个战争，正如犯罪统计表所表明的，是一年比一年激烈、残酷和不可和解了。

恩格斯：《英国工人阶级状况》，
《马克思恩格斯全集》第 2 卷第 419 页。

资本家由于上述大企业的规模而被迫从业务管理中"引退"，但是另一个职能仍然留给了他们。这个职能就是拿他们的股票到交易所去投机。因为没有更好的事情可做，我们那些"引退了的"或者实际上被接替了的资本家们，便到这个玛门庙里赌个痛快。他们到那里是存心去捞钱的，可是却假装说钱是挣来的。

恩格斯：《必要的和多余的社会阶级》，
《马克思恩格斯全集》第 19 卷第 317 页。

虽然我们也知道，每一个人的这种孤僻、这种目光短浅的利己主义是我们现代社会的基本的和普通的原则，可是，这些特点在任何一个地方也不像在这里，在这个大城市（指伦敦）的纷扰里表现得这样露骨，这样无耻，这样被人们有意识地运用着。人类分散成各个分子，每一个分子都有自己的特殊生活原则，都有自己的特殊目的，这种一盘散沙的世界在这里是发展到顶点了。这样就自然会得出一个结论来：社会战争，一切人反对一切人的战争已经在这里公开宣告开始。正如好心肠的施蒂纳所说的，每一个人都把别人仅仅看做可以利用的东西；每一个人都在剥削别人，结果强者把弱者踏在脚下，一小撮强者即资本家握有一切，而大批弱者即穷人却只能勉强活命。

恩格斯：《英国工人阶级状况》，
《马克思恩格斯全集》第 2 卷第 304 页。

其实，社会、联合这样的字眼是可以用于一切社会的名称，既可以用于封建社会，也可以用于资产阶级社会——建筑在竞争上的联合。认为用联合这个词就可以驳倒竞争的作家怎么能站得住脚呢？蒲鲁东先生本人又怎能设想，仅仅把竞争理解为联合就可以维护竞争而反对社会主义呢？

马克思：《哲学的贫困》，
《马克思恩格斯全集》第 4 卷第 176 页。

垄断是好东西，因为它是一个经济范畴，因而是从上帝那里流出来的东西。竞争是好东西，因为它也是一个经济范畴。但是不好的是垄断的现实和竞争的现实。更不好的是垄断和竞争在相互吞并。该怎么办呢？因为上帝的这两个永恒思想是互相矛盾的，所以蒲鲁东先生就以为上帝的心怀里同样有两个思想的综合，在这种综合中，垄断的祸害被竞争所抵销，而竞争的祸害则由垄断所抵销。两个观念互相斗争所引起的结果，是仅仅使它们的好的方面表露出来。应该从上帝那里夺取这个秘密的思想，然后加以运用，于是就万事大吉了。应该发现这个深藏在人类的无人身的理性里面的综合公式。而蒲鲁东先生就毫不犹豫地以发现者的身分出现了。

但是，请稍稍看一下现实生活吧。在现代经济生活中，不仅可以看到竞争和垄断，而且可以看到它们的综合，这个综合并不是公式，而是运动。垄断产生竞争，竞争产生垄断。但是，这个方程式远不像资产阶级经济学家所想象的那样能消除现代状况的困难，反而会造成更困难和更混乱的状况。因此，如果改变现代经济关系赖以存在的基础，消灭现代的生产方式，那就不仅会消灭竞争、垄断以及它们的对抗，而且还会消灭它们的统一、它们的综合，亦即消灭使竞争和垄断达到真正平衡的运动。

> 马克思：《马克思致巴·瓦·安年柯夫（1846 年 12 月 28 日）》，
> 《马克思恩格斯全集》第 27 卷第 483 页。

恩格斯在《必要的和多余的社会阶级》里的"玛门"，指的是财神。

列宁在《评经济浪漫主义》里所说"作者极其尖锐地批评了对竞争的感伤主义的谴责，直接指出了竞争的进步方面，指出了它是推动'技术进步和社会进步'的动力"一段话，是列宁的一个注释。其"作者"，指的是马克思。

3. 法与社会贫困化

社会贫困化的根本原因，是法律所确定的剥削制度。

我们知道，利润是剩余价值的一种转化形式，是资本家在销售商品后所获得的超过其预付资本的余额。这个余额来源于雇佣工人所创造的剩余价值，是可变资本的产物。当剩余价值不被看作是可变资本的产物而被看作是全部预付资本的产物时，它就转化为利润。剥削的秘密是马克思揭示出来的。资产阶级的理论家是怎样把剥削掩盖起来的呢？他们认为：资本家不仅预付了购买劳动力的资本，还预付了购买生产资料的资本；而且，全部预付资本都被用来生产商品，全部预付资本应当得到报酬；剩余价值不仅对成本价格表现为增加额，全部预付资本也表现为增加额，从而使剩余价值表现为来源于资本自身，来源于全部预付资本。

在这样的"理论"面前，什么"欢迎剥削""不剥削工人就没有饭吃"，便成了天经地义的事情。

马克思指出，利润之所以产生出来，就是因为有一个价值额被当作资本来使用。剩余价值转化为利润，资本的一切部分都表现为利润的源泉。这就把资本各个部分的不同作用、资本对雇佣劳动的剥削关系掩盖起来了。很显然，有钱人越来越富、穷人越来越穷，正是法律确定的剥削制度的必然结果。

社会主义消灭了私有制，不存在人剥削人的社会制度和法律制度，这就极大地解放了生产力，而且人民生活越来越好。马克思和恩格斯为之奋斗的美好预言变成了现实。这是原苏东国家和新中国等社会主义国家的事实反复证明了的。社会主义和资本主义孰好孰坏，每一个工人、农民，每一个流血流汗为社会主义大厦添砖加瓦的人，比一比、算一算，都会得出结论。

资本主义生产方式的这种进步，同它的所有其他历史进步一样，首先也是以直接生产者的赤贫为代价而取得的。

马克思：《资本论第三卷》，

《马克思恩格斯全集》第 25 卷下册第 697 页。

如果说机器也给工人带来了某种好处，那就只是它向工人证明了社会必须改造，使机器不再为害于工人，而是造福于工人。这些聪明的资产者老爷们可以去问问曼彻斯特或其他任何地方的清道夫（现在，这当然已经晚了，因为在这方面也发明了而且使用了机器），去问问那些在街上卖盐、卖火柴、卖橘子、卖鞋带等等或者竟不得不讨饭的人，问问他们过去是干什么的，他们之中有许多人会回答道：工厂工人，被机器剥夺了工作的工人。在目前的社会条件下，机器的改进对工人只能产生不利的并且经常是很严重的后果；每一部新机器都会带来失业、匮乏和贫穷，而在英国这样本来就几乎总有"过剩人口"的国家里，在大多数情形下失掉工作就是一个工人可能遭遇到的最倒霉的事情。

恩格斯：《英国工人阶级状况》，

《马克思恩格斯全集》第 2 卷第 425 页。

当人们谈论"私有财产神圣不可侵犯"的时候，一切都讲得很冠冕堂皇，资产阶级听起来也很入耳。但是对没有任何财产的人来说，私有财产的神圣性也就自然不存在了。金钱是人间的上帝。资产者从无产者那里把钱抢走，从而真的把他们变成了无神论者。如果无产者成了无神论者，不再尊重这个人间上帝的神圣和威力，那又有什么奇怪的呢！当无产者穷到完全不能满足最迫切的生活需要，穷到要饭和饿肚子的时候，蔑视一切社会秩序的倾向也就愈来愈增长了。这一点资产阶级自己大半也是知道的。

恩格斯：《英国工人阶级状况》，

《马克思恩格斯全集》第 2 卷第 400 页。

如果社会剥夺了成千人的必需的生活条件，把他们置于不能生存的境地，如果社会利用法律的铁腕强制他们处在这种条件之下，直到不可避免的结局——死亡来临为止，如果社会知道，而且知道得很清楚，这成千的人一定会成为这些条件的牺牲品，而它仍然不消除这些条件，那末，这也是一种谋杀，和个人所进行的谋杀是一样的。

恩格斯：《英国工人阶级状况》，

《马克思恩格斯全集》第 2 卷第 380 页。

在这里，也和在其他地方一样，当我说到社会这样一个有自己的权利和义务的负有责任的整体的时候，我所指的当然是社会中拥有政权的那一部分，即这样一个阶级，这个阶级目前在政治方面和社会方面都握有统治权，因而应该对它不允许参加政权的那些人的状况负责。

在英国，正像在其他文明国家一样，这个统治阶级就是资产阶级。但是社会（特指资产阶级）至少有责任保护每一个社会成员的生命，有责任注意，譬如说，不要饿死一个人，这一点是无须乎我来给我的德国读者证明的。如果我是写给英国资产阶级看的话，那当然又当别论了。

恩格斯：《英国工人阶级状况》，
《马克思恩格斯全集》第 2 卷第 379 页。

大部分的有产者都因新济贫法而欣喜若狂。从新堡到杜弗，这个法律引起了工人们一致的愤怒的呼声。在这个法律中，资产阶级清楚地表明了他们是怎样理解对无产阶级的义务的，这一点连最愚蠢的人也看得很清楚了。过去从来没有人这样露骨、这样恬不知耻地宣布过：没有财产的人活在世上只是为了供有产者剥削，并在有产者不需要他们的时候便去饿死。正因为如此，新济贫法大大地促进了工人运动的发展，特别是促进了宪章运动的扩展；而且因为这个法律在农村中应用得最广，所以它又将便利无产阶级运动在农村地区的发展。

恩格斯：《英国工人阶级状况》，
《马克思恩格斯全集》第 2 卷第 581 页。

我希望在谈过新济贫法及其后果以后，谁也不会认为我对英国资产阶级的批评过于苛刻。在国家的这个措施中，英国资产阶级是 in corpore〔作为一个整体〕，作为当权者出现的，在这里他们清楚地表明了他们的真正愿望，表明了他们那种使无产者处处遭殃但又把这归之于个别人的罪过的恶劣行为的真正含义。这个措施不是出自资产阶级某一集团之手，而是得到了整个阶级的赞许的，1844 年议会的辩论也可以证明这一点。新济贫法是自由党颁布的；以首相皮尔为首的保守党为这一法案辩护，只是在 1844 年通过的 Poor-Law-Amendment-Bill〔济贫法修正案〕中对它做了几处无关紧要的修改。自由党的多数颁布了这一法律，保守党的多数批准了它，而高贵的贵族们则两次对它表示"同意"。这样就宣布了无产阶级是不受国家和社会保护的；这样就公开地宣布了无产者不是人，不值得把他当人看待。

恩格斯：《英国工人阶级状况》，
《马克思恩格斯全集》第 2 卷第 582 页。

如果一个人伤害了另一个人的身体，而且这种伤害引起了被害人的死亡，我们就把这叫做杀人；如果杀人者事先知道这种伤害会送人的命，那末我们就把他的行动叫做谋杀。但是，如果社会把成百的无产者置于这样一种境地，即注定他们不可避免地遭到过早的非自然的死亡，遭到如同被刀剑或枪弹所杀死一样的横死，如果社会剥夺了成千人的必需的生活条件，把他们置于不能生存的境地，如果社会利用法律的铁腕强制他们处在这种条件之下，直到不可避免的结局——死亡来临为止，如果社会知道，而且知道得很清楚，这成千的人一定会成为这些条件的牺牲品，而它仍然不消除这些条件，那末，这也是一种谋杀，和个人所进行的谋杀是一样的，只不过是一种隐蔽的阴险的谋杀，没有人能够防御它，它看起来不像是谋杀，因为谁也看不到谋杀者，因为谋杀者是所有的人，同时又谁也不是，因为看起来被杀的人似乎是自然地死去的，因为这与其说是犯罪，不如说是渎职。但这仍然是谋杀。我现在就来证明：英国社会每日每时都在犯这种英国工人报刊有充分理由称之为社会谋杀的罪行；英国社会把工人置于这样一种境地：他们既不能保持健康，也不能活得长久；它就这样不停地一点一点地毁坏着工人的身体，过早地把他们送进坟墓。我还要证明：社会知道这种状况对工人的健康和生命是怎样有害，可是一点也不设法来改善。

恩格斯：《英国工人阶级状况》，
《马克思恩格斯全集》第 2 卷第 379～380 页。

人们用来调节人对人的关系的简单原则，由于现存的社会条件，由于一切人反对一切人的战争，本来就已经非常紊乱，而当这些原则和不可理解的宗教教条掺杂在一起，并以一种专横而毫无理由的训令的宗教形式出现时，就不能不使那些没有受过教育的工人感到非常莫名其妙。

恩格斯：《英国工人阶级状况》，
《马克思恩格斯全集》第 2 卷第 399 页。

《马克思恩格斯全集》第 2 卷第 379 页，即恩格斯在《英国工人阶级状况》里论述的下面一段话："社会（特指资产阶级）至少有责任保护每一个社会成员的生命，有责任注意，譬如说，不要饿死一个人，这一点是无须乎我来给我的德国读者证明的。如果我是写给英国资产阶级看的话，那当然又当别论了"，是恩格斯的原注。

4. 法与社会危机

社会危机，又称"社会恐慌"，是社会问题积累到爆发混乱边缘的社会状态。社会危机的主要表现是：社会矛盾尖锐，整个社会严重失调；社会成员普遍不能正常生活；只有依靠非常力量和措施才能解决。

在资本主义社会，社会危机形成的根本原因，是生产资料的私人占有和社会两极分化。国家是凌驾于社会之上并日益与社会脱离的力量，因此，国家与人民的不可调和的矛盾，必然造成社会危机。危机——缓和——再危机——再缓和——社会主义革命，这是资本主义社会的逻辑。

在社会主义社会，不存在社会危机的基础，造成社会危机的根本原因消失了。这种社会存在社会矛盾，但不是对抗性矛盾。由于政策失误、自然灾害，以及国内外敌对势力的渗透和颠覆活动等，有时可能出现社会形势的某些动荡，但处理得当，尖锐的矛盾可以化解。

　　社会危机涉及的范围很广。这里摘引的是经典作家关于经济危机的部分论述。

　　到处都因为不得不采用机器，结果大资本家掌握了企业，同时也掌握了工人。财富不可遏制地日益集中，社会划分为大资本家和一无所有的工人的情形日益明显。国家的整个工业的发展正在大踏步地走向不可避免的危机。

恩格斯:《英国工人阶级状况》，

《马克思恩格斯全集》第 2 卷第 495 页。

　　要使劳动资料和生活资料作为按一定的利润率剥削工人的手段起作用，劳动资料和生活资料就周期地生产得太多了。要使商品中包含的价值和剩余价值能够在资本主义生产所决定的分配条件和消费关系下实现并再转化为新的资本，就是说，要使这个过程能够进行下去，不至于不断地发生爆炸，商品就生产得太多了。

　　危机不是财富生产得太多了。而是资本主义的、对抗性的形式上的财富，周期地生产得太多了。

马克思:《资本论第三卷》，

《马克思恩格斯全集》第 25 卷第 287 页。

　　在危机期间，发作了一种在过去一切时代看来好象是荒唐现象的社会瘟疫，即生产过剩的瘟疫。社会转瞬间回复到突如其来的野蛮状态，仿佛是一次大饥荒、一场毁灭性的大战争，完全吞噬了社会的全部生活资料；仿佛是工商业全被毁灭了，——这是什么缘故呢？就因为社会文明过度，生活资料太多，工商业规模太大。社会所拥有的生产力已经不能再促进资产阶级的所有制关系的发展；相反，生产力已经增长到这种关系所不能容纳的地步，资产阶级的关系已经阻碍生产力的发展；而当生产力一开始突破这种障碍的时候，就使整个资产阶级社会陷入混乱状态，就使资产阶级的所有制的存在受到威胁。

马克思恩格斯:《共产党宣言》，

《马克思恩格斯全集》第 4 卷第 472 页。

　　危机是什么？是生产过剩，生产的商品不能实现，找不到需求。

列宁:《评经济浪漫主义》，

《列宁全集》第 2 卷第 139 页。

　　我们完全了解为什么我们俄国的浪漫主义者竭尽全力来抹杀上述两种危机理论的区别。这是因为对待资本主义的两种根本不同的态度与上述两种理论有着最直接最密切的联系。事实上，如果我们用产品实现的不可能性、用生产和消费之间的矛盾来解释危机，那我们就会否认现实，否认资本主义所走的那条道路是适当的，认为它是一条"错误的"道路而要去寻找"另外的道路"。如果从这个矛盾中引出危机，我们就一定会认为，这个矛盾愈向前发展，摆脱矛盾也就愈困难。

列宁：《评经济浪漫主义》，

《列宁全集》第 2 卷第 141 页。

国民经济并不是一个绝对稳定的运行系统。在市场经济条件下，经济发展具有周期性或周期性波动，因而法应当从这一规律出发，进行有针对性的调整。调整周期性经济关系的法，可概括为"反周期法"。

在我国，其重点分别是"反过热""反衰退"和"反滞胀"。这里，作为"反周期法"的经济法机制，是反周期机制。

经济过热的主要表现是：全社会固定资产投资特别是建规模过大；消费需求高速膨胀；产业结构和生产结构明显不合理；物价上涨幅度过高；明显通货膨胀；国际收支状况不良。经济过热集中表现为国民经济增长速度过快或国内生产总值 GDP 过高。

"反过热法"是限制增长速度立法，这是为防止和控制经济过热而采取限制措施的立法，主要包括限产法、限销法、限税法、限利法和限贷法、限制进口法等一整套法律规范的体系。

经济过热期之后是经济萧条期。经济萧条的主要表现是：农产品生产趋紧，不能充足供应市场；工业产成品库存积压严重，企业资金短缺，生产速度跌落；停产半停产企业增多，停工待业人员和失业人员增多。整个国民经济萧条，形式上表现为市场萧条，实质上是国民经济失衡。

针对国民经济低速增长或零增长，应采取改善经济结构的立法措施。其立法主要包括产品结构改善法、企业结构改善法、农业结构改善法、产业结构改善法。为适应改善经济结构的需要，应制定与之配套的法规，如倾斜政策立法、一定的资金流向立法以及有利于扶植企业生产经营的法律。这一时期立法的主要任务，是调整经济结构，缓解国民经济失衡的矛盾，使经济稳定、健康发展。

经济萧条期之后是经济危机期。经济危机期的主要特征是国民经济运行混乱，出现严重困难。其主要表现是：工农业生产大幅度下降；国民经济各部门比例严重失调；失业率在高位上增长；市场紧张，人民生活水平明显下降。

在经济危机期，应采取危机对策立法，包括金融紧缩法、物价抑制法、企业组织化法、经济管制法、商品专营和配给法、劳动组合法和失业救济法、居民生活紧急措施法等。经济危机对策法的目的，在于阻止国民经济的进一步恶化和生产大滑坡，减轻困难严重程度，推动经济恢复。

采取经济危机对策立法可以克服、缓解经济困难，把运行期时间缩短到最低限度，使国民经济尽快走上恢复、发展的道路。经济恢复期的主要特点是生产走出"低谷"，国民经济趋向好转。

在这一时期，应采用经济助成立法。这是扶助国民经济全面恢复和发展的立法。主要包括产业助成法、企业生产经营扶植法、合理化法。经济助成立法的主要目标是：恢复企业人员和失业人员再就业；提高产品质量和数量，降低成本；重要经济比例关系在新的基础上实现平衡发展；积累和消费比例恢复正常，人民生活水平逐步提高；市场状况明显改善，物价趋于稳定；货物流通恢复正常，币值稳定；财政收支实现新的平衡；出口扩大，国际收支状况明显改善；经济管理体制得到调整。

反周期法是"逆风规则"。这里有一个问题，是否"顺风规则"符合经济规律而"逆风规则"不符合经济规律呢？经济规律是客观的，法是主观的，但经济规律本身与如何利用经济规律并不是一个问题。法属于利用经济规律范畴，"逆风规则"是正确利用经济规律，而"顺风规则"是不正确地利用经济规律。

5. 法与社会制度变革

只有改变现行制度性质的制度变化，才能称为社会制度变革。社会制度变革的进步性，取决于它同现行制度体系性质的关系。

社会制度变革，包括具体制度变革和整个制度变革。对某些具体制度的修补、改良等的制度设计，不属于"社会制度变革"范畴。制度变迁同制度变革不是一回事。"制度变迁"是制度的变化和转移。至于这种社会制度的变化和转移的性质，西方"制度变迁"论者没有准备答案。

恩格斯谈到的谷物法，是明显维护封建贵族利益的法，废除谷物法，有利于资产阶级的自由贸易，有一定进步作用，但这种进步作用，随后便在"自由竞争，现代社会经济制度就会发展到极端"中消失了。保护关税，有利于发展本国经济，取消关税，打击本国工业生产，而实行低关税（自由贸易）和高关税（保护关税）并存的第三种制度，又会给国内经济造成混乱。

只有社会制度根本变革的法，才具有历史进步性。

资产者向自己的工人说，如果废除谷物法，他将给他们各种好处，而土地所有者和大部分农场主则向工人们说，如果保存这些法律，他将使他们得到人间天堂。但是在这两种情况下，有产者都无法争取工人来支持他们一心想实现的幻想。无论工厂工人或农业工人对谷物法的废除或保存都是漠不关心的，然而这个问题对于他们都很重要。谷物法一旦被废除，自由竞争，现代社会经济制度就会发展到极端；谷物法废除后，在现存关系的范围内，进一步发展的任何可能性都将消失，而唯一可能的进步就是社会制度的根本变革。

恩格斯：《英国工人阶级状况》，
《马克思恩格斯全集》第2卷第556页。

社会主义和宪章主义的合流，法国共产主义在英国条件下的重现，——这必然是最近的将来就要发生的，而且已经部分地发生了。只有在实现了这一点以后，工人阶级才会真正成为英国的统治者；那时，政治和社会的发展也将向前推进，这种发展将有利于这个新生的政党，促使宪章主义的继续发展。

恩格斯：《英国工人阶级状况》，
《马克思恩格斯全集》第2卷第527页。

法国人和英国人的批判并不是什么在人类之外的、抽象的、彼岸的人格，它是那些作为社会积极成员的个人所进行的真正的人类活动，这些个人也是人，同样有痛苦，有感情，有思想，有行动。因此，他们的批判同时也贯串着实践，他们的共产主义是这样一种社会主义，在这里面他们提出了显明的实际措施，这里面不仅体现着他们的思维，并且更主要的是体现着他们的实践活动。因此，他们的批判是对现存社会的生动的现实的批判，是对"颓废"原因的认识。

马克思恩格斯：《神圣家族》，
《马克思恩格斯全集》第 2 卷第 195 页。

世外的批判不是现实的即生活在现代社会之中并同这个社会共甘苦的人类主体所特有的活动。现实的个人只是偶性，只是批判的批判借以表现自己为永恒实体的人间的容器。主体不是人类中的个人所实现的批判，而是批判的非人类的个人。并非批判是人的表现，而是人是批判的异化，因此批判家完全生活在社会之外。

马克思恩格斯：《神圣家族》，
《马克思恩格斯全集》第 2 卷第 204 页。

"批判家能否生活在他所批判的社会里呢？"应当反问一下：难道他不是必须生活在这个社会里吗？难道他自己不是必须成为这个社会的生活的表现吗？为什么批判家要出卖自己的精神产物呢？难道他出卖它们就能使现存社会的最糟的法律变成自己专用的法律吗？

马克思恩格斯：《神圣家族》，
《马克思恩格斯全集》第 2 卷第 204～205 页。

德国，或者说得更确切些，德意志关税同盟目前实行着 juste-milieu〔中庸之道的〕关税制度。对真正的保护关税来说，我们的关税太低，对自由贸易来说，我们的关税又太高。因此有三种可能：或者是实行完全的自由贸易，或者是以高额的关税来保护自己的工业，或者是维持目前的制度不变。

恩格斯：《英国工人阶级状况》，
《马克思恩格斯全集》第 2 卷第 619 页。

如果我们宣布贸易自由并取消我们的关税，那末我们的全部工业，除去少数几个部门，都会垮台。那时，棉纺业、机织业、棉纺织业和毛纺织业中的大多数部门、丝纺织业中的主要部门以及几乎整个采铁业和制铁业都谈不上了。所有这些工业部门的工人都会突然失业，他们将像潮水般地涌入农村和余下的幸免于难的工业部门。贫穷的现象开始到处迅速地扩大，财产向少数人手里的集中将因这种危机而加速，根据西里西亚事件就可以判断，社会革命就是这种危机的必然结果。

恩格斯：《英国工人阶级状况》，
《马克思恩格斯全集》第 2 卷第 619 页。

现在假定我们实行保护关税。这种关税制度近来已成了我国大多数工业家的宠儿。

李斯特先生主张实行逐渐提高的保护关税，这种关税最后要提高到足以保证厂主们把持国内市场的水平；在一定时期内关税应该保持在这个高的水平上，然后才开始逐渐降低，经过若干年后就最后取消保护关税制度。我们假定这个计划实行起来了，逐渐提高的保护关税制度也明令公布了。工业发达起来，游资投入了工业企业，对工人的需求增长起来，工资也跟着提高，济贫所空闲起来，从表面现象看，全盛时期来到了。这种情况将会继续下去，一直到我们的工业发达得足以满足国内市场为止。工业要进一步扩展是不可能了，因为它既然没有关税的保护就不能保住国内的市场，那末在中立的市场上它就更经不起外国的竞争了。李斯特先生认为到那时我国的工业已经非常巩固，因而就不大需要关税的保护，并且可以开始降低关税。我们暂且假定事情果然是这样。关税不断在降低。它不在第一次降低税率时，就得在第二次或第三次降低时，不可避免地要降到使外国工业，直截了当地说，就是使英国工业能够在德国市场上和我们自己的工业竞争。这正是李斯特先生所希望的。但是这会引起什么样的后果呢？从这时起，德国的工业就得和英国的工业一起经受一切波动和一切危机的考验。一当英国商品塞满海外市场，英国人就会像他们现在那样干起来，正如李斯特先生动人地描绘的那样，他们会把自己的全部储存都抛到他们所能达到的最近一个市场——德国市场上来，这样他们就重新把关税同盟变成自己的"旧货店"。接着英国工业很快又恢复元气，因为全世界都是它的市场，因为全世界没有它就不成，然而没有德国的工业就连德国自己的国内市场也可以过得去，而且德国工业就是在自己国内也得担心英国的竞争，深受在危机时期供应它的顾客的英国商品过多之害。在这种情况下，我国的工业就必然会尝尽英国内市场也可以过得去，而且德国工业就是在自己国内也得担心英国的竞争，深受在危机时期供应它的顾客的英国商品过多之害。在这种情况下，我国的工业就必然会尝尽英国工业在困难时期所尝的痛苦，而得到的却仅仅是繁荣时期所带来的那些利益中极微小的一部分。一句话，那时我们的处境就和现在一样。如果我们推论到底，那时就会呈现出半受关税保护的工业部门目前所处的那种被压抑的状况；那时企业就会一个跟一个地倒闭，而新的企业又建立不起来；那时我们的机器会变成陈旧过时的东西，而我们又没有能力用新的完善的机器来代替它们；那时停滞就会变为倒退，而且照李斯特先生的判断，工业就会一个部门跟一个部门地萎缩下去，并最终关门大吉。

恩格斯：《英国工人阶级状况》，

《马克思恩格斯全集》第2卷第619~621页。

使关税体系和官僚机构服从工业资产阶级的利益——这就是资产阶级所最迫切希望实现的两项措施。可是它的需要远远不止于此。它要根本改变差不多德国所有各邦政府的整个立法、行政和司法制度，因为这一整套制度纯粹是用来维护和支持资产阶级一向力图加以摧毁的社会制度的。

恩格斯：《德国的制宪问题》，

《马克思恩格斯全集》第4卷第63页。

在普鲁士弗里德里希－威廉四世终于不得不颁布宪法。桑苏西宫中绝后的唐·吉诃德经过长期搏斗和痛苦以后生产了宪法，按他的意思，这一宪法应该保证封建的、宗法的、专制的、官僚的、僧侣的反动势力永远胜利。但是他的如意算盘打错了。资产阶级已经十分坚强，能够把这个宪法也变成反对他和社会上一切反动阶级的武器。

恩格斯：《1847 年的运动》，

《马克思恩格斯全集》第 4 卷第 506～507 页。

我们要问"社会辩论报"，北美的政治制度能不能够有一天不经过巨大的社会变革而在欧洲得到实现呢？我们认为，例如（请"辩论报"原谅我们的放肆）要使英国的宪章不是由某些梦想普选权的人来提出，而是由一个全国性的大党来提出，那就需要一个长期的过程把英国工人联合成一个阶级；那时，这个宪章的目的就会完全成为另一个样子，它所引起的社会结果也会和美国以及瑞士的宪法所争取和导致的完全两样。在我们看来，空想主义者正是把政治形式和它们的社会基础分隔开来并把它们当作一般的抽象的教条的那些人。

马克思：《2 月 6 日的"社会辩论报"论民主协会》，

《马克思恩格斯全集》第 4 卷第 526 页。

这里根本没有涉及反对资产阶级的所有制关系的斗争，这种斗争在法国正在进行，在英国正在酝酿，这里涉及的是反对那种使"资产阶级所有制关系"遭受危险的政治制度的斗争，因为这种制度把国家的权柄交给"封建的所有制关系"的代表人物，即天赋国王、军队、官僚、容克地主以及同他们有联系的一小撮金融贵族和市侩。

马克思：《孟德斯鸠第五十六》，

《马克思恩格斯全集》第 6 卷第 225 页。

他同时向我们提供了大量极有价值的历史材料和统计材料，这些材料几乎毫无例外地全部是从各种调查委员会向英国议会所做的正式报告中拿来的。他不无根据地着重指出这种调查委员会对于研究任何国家内部社会状况的重要性。

马克思先生说，在德国进行类似的调查，将得出一定会使我们自己感到吃惊的结果，他是未必不对的。要知道在进行这类调查以前，任何英国人都不知道他国内的最贫穷的阶级是如何生活的！当然，没有这一类的调查，任何社会立法（像现在在巴伐利亚所称的），都只能是十分幼稚的，并且常常是愚昧无知的。

恩格斯：《卡·马克思"资本论"第一卷书评——为"新巴登报"作》，

《马克思恩格斯全集》第 16 卷第 260 页。

请拿英国的委员会的调查，例如关于各工业部门劳动条件的调查来看看。这里所听取的，不仅仅是工厂主和工头，而且还有工人，连小姑娘都包括在内；并且所询问的不仅仅是他们，而且还有医生、治安法官、神甫、教师以及凡是能够提供一些关于这个问题的情况的人。而且每一个问题和每一个回答都用速记记录下来，逐字地刊印出来，全部材料附以委员会据此而写的带有结论和建议的报告。这样，报告及其材料一起具体地表明了委员会的成员是否履行了和怎样履行了自己的义务，这就使委员会个别成员的偏私的态度大大地发生困难。

恩格斯：《卡·马克思"资本论"第一卷书评——为"新巴登报"作》，

《马克思恩格斯全集》第 16 卷第 261 页。

在资本主义生产已经在我们那里完全确立的地方，例如在真正的工厂里，由于没有起抗衡作用的工厂法，情况比英国要坏得多。

马克思：《资本论第一版序言》，

《马克思恩格斯全集》第 23 卷第 8 页。

恩格斯在《英国工人阶级状况》里谈到，弗·李斯特的保护关税的观点。弗·李斯特是德国经济学家，在其 1841 年于斯图加特和杜宾根出版的"政治经济学的国民体系"（《Das nationale System Der politischen Oekonomie》，Stuttgart und Thübingen，1841）一书中，主张"实行逐渐提高的保护关税，这种关税最后要提高到足以保证厂主们把持国内市场的水平，在一定时期内关税应该保持在这个高的水平上，然后才开始逐渐降低，经过若干年后就最后取消保护关税制度。"

四、市民社会的法

近代以来的市民社会是自由资本主义社会。

资产阶级学者所创造的"市民社会"术语，是直接针对封建专制的。在封建社会末期，逐渐发展起来的"生意人"阶级，受到封建贵族的压制和打击。他们打着"天赋人权"的旗号，反对封建阶级。市民是"生意人"的同义语。这些作为"生意人"的城市资产阶级和上层小资产阶级要建立的社会，是"生意人"的共和国社会。

在现代市民社会，除了调整任何社会都存在的基本关系的法律之外，还要制定专门反映自由资本主义社会的法律。这些法律，是稳定自由竞争的秩序，实现自由资本主义的巩固和发展的关键性法律。工厂法、物权法和合同法正是这样的法律。

自由资本主义转变为垄断资本主义，是从19世纪下半叶开始的。1848年整个欧洲的人民革命，严重动摇了自由资本主义的基础。经过"十年时代"，从全欧洲看，19世纪60年代和70年代自由资本主义发展到顶点，而后被垄断资本主义代替了。

垄断资本主义的立法，并没有改变资本主义法的本质，但对自由资本主义立法作了全面改良和修正。从作为自由资本主义立法支柱的工厂法、物权法和合同法说，发生了企业自治向企业法治、物权绝对向所有权限制、契约自由向契约限制的转变。这种转变性立法，也必将被在垄断资本主义社会成长起来的"社会新因素"即社会主义因素所取代，是历史发展和法律发展的合乎规律的结果。

（一）市民社会是自由资本主义社会

1. "市民社会"术语的由来和含义

在2012年前后一段时间，我国法学界一些人集中鼓吹"市民社会"，声称"为建立市民社会而斗争"。那么，究竟什么是"市民社会"，他们为什么非要建立"市民社会"不可呢？我们看过经典作家关于"市民社会"的完整论述之后就清楚了。

首先，"市民社会"是从商品生产和商品交换的角度而被概括的。经典作家论述的"在过去一切历史阶段上受生产力所制约、同时也制约生产力的交往形式，就是市民社会""市民社会包括各个个人在生产力发展的一定阶段上的一切物质交往""它包括该阶段上的整个商业生活和工业生活，因此它超出了国家和民族的范围，尽管另一方面它对外仍然需要以民族的姿态出现，对内仍然需要组成国家的形式""这种历史观就在于：从直接生活的物质生产出发来考察现实的生产过程，并把与该生产方式相联系的、它所产生的交往形式，即各个不同阶段上的市民社会，理解为整个历史的基础，然后必须在国家生活的范围内描述市民社会的活动，同时从市民社会出发来阐明各种不同的理论产物和意识形式，如宗教、哲学、道德，等等，并在这个基础上追溯它们产生的过程。这样做当然就能够完整地描述全部过程（因而也就能够描述这个过程的各个不同方面之间的相互作用）了"；市民社会表现为"市民生活"，等等，讲的都是市民社会。在提到市民社会时，经典作家总是与"交往形式""一切物质交往""整个商业生活和工业生活""市民生活"等术语连在一起来说明社会的。在这个意义上，市民社会是社会的同义语。

其次，市民社会指的是自由资本主义社会。经典作家指出："'市民社会'这一用语是在 18 世纪产生的，当时财产关系已经摆脱了古代的和中世纪的共同体。真正的资产阶级社会只是随同资产阶级发展起来的""竞争最充分地反映了流行在现代市民社会中的一切人反对一切人的战争"；"bürgerliche Gesellschaft"这个术语，既有"资产阶级社会"的意思，也有"市民社会"的意思。在这个意义上，"市民社会"只能与"资产阶级社会"相联系。我们知道，国家和构成国家基础的社会组织并不是一回事。直接从生产和交往中发展起来的社会组织，存在于"一切时代"，但并不是说，"市民社会"这个术语既有"奴隶制阶级社会"的意思，也有"市民社会"的意思；既有"封建阶级社会"的意思，也有"市民社会"的意思。卢梭专门谈论过"人从自然状态过渡到市民状态"，指的是自然人和社会人的相互关系。这个理论见让·雅·卢梭的《社会契约论，或政治权利的原则》，1762 年阿姆斯特丹版（J. J. Rousseau.《Du Contrat social；ou，Principes du droit politique》Amsterdam，1762）。

很显然，原始社会的人已经是"社会人"了。原始社会、奴隶制社会、封建社会都是"社会人"的市民社会，那么，鼓吹这样的"市民社会"还有什么意思呢？我们的法学家看上去是反对特权制的封建社会的，他们所追求的不是封建的市民社会。剩下的是什么呢？只能是自由资本主义的市民社会。长期以来，他们连篇累牍地宣扬自由资本主义时期的法律和法学理论，能够说明这一点。

当我依据经典作家的论述指出"市民社会"是资本主义社会后，这些人又一个接一个地改称"公民社会"。然而，这种改变是蹩脚的。在各国立法上，凡是具有本国国籍的人，都是本国的公民。就是说，只要没有被褫夺国籍的人，包括罪犯在内，也都是公民。既然如此，鼓吹这样的"公民社会"还有什么意思呢？显然，法学家们的志愿不在这里。

我国宪法明确规定，我国是工人阶级领导的，以工农联盟为基础的人民民主专政的社会主义国家。试图改变这样性质的国体，使新中国成为"生意人"共和国，成为自由资本主义国家，这已经超出了学术研究的范围。

"市民社会"这一用语是在 18 世纪产生的，当时财产关系已经摆脱了古代的和中世纪的共同体。真正的资产阶级社会只是随同资产阶级发展起来的；但是这一名称始终标志着直接从生产和交往中发展起来的社会组织，这种社会组织在一切时代都构成国家的基础以及任何其他的观念的上层建筑的基础。

马克思恩格斯：《德意志意识形态》，
《马克思恩格斯全集》第 3 卷第 41 页。

　　只有到十八世纪，在"市民社会"中，社会结合的各种形式，对个人说来，才只是达到他私人目的的手段，才是外在的必然性。但是，产生这种孤立个人的观点的时代，正是具有迄今为止最发达的社会关系（从这种观点看来是一般关系）的时代。人是最名副其实的 ξ ῶον πολιτιχόν，不仅是一种合群的动物，而且是只有在社会中才能独立的动物。

马克思：《导言（摘自 1857—1858 年经济学手稿)》，
《马克思恩格斯全集》第 12 卷第 734 页。

　　现代国家承认人权同古代国家承认奴隶制是一个意思。就是说，正如古代国家的自然基础是奴隶制一样，现代国家的自然基础是市民社会以及市民社会中的人，即仅仅通过私人利益和无意识的自然的必要性这一纽带同别人发生关系的独立的人，即自己营业的奴隶，自己以及别人的私欲的奴隶。现代国家就是通过普遍人权承认了自己的这种自然基础。而它并没有创立这个基础。现代国家既然是由于自身的发展而不得不挣脱旧的政治桎梏的市民社会的产物，所以，它就用宣布人权的办法从自己的方面来承认自己的出生地和自己的基础。可见，犹太人的政治解放以及赋予犹太人以"人权"，这是一种双方面相互制约的行为。当里谢尔先生顺便谈到行动自由、居住自由、迁徙自由、经营自由等等时，就正确地阐明了犹太人力图使自由的人性获得承认的意义。"自由的人性"的所有这些表现在法国人权宣言中得到了极其肯定的承认。犹太人就更有权利要求承认自己的"自由的人性"，因为"自由的市民社会"具有纯粹商业的犹太人的性质，而犹太人老早就已经是它的必然成员了。其次，在"德法年鉴"中曾经指出，为什么市民社会的成员叫做 par excellence〔道地的〕"人"，为什么人权称为"天赋的权利"。

马克思恩格斯：《神圣家族》，
《马克思恩格斯全集》第 2 卷第 145～146 页。

　　现代的"公法状况"的基础、现代发达的国家的基础，并不像批判所想的那样是由特权来统治的社会，而是废除了特权和消灭了特权的社会，是使在政治上仍被特权束缚的生活要素获得自由活动场所的发达的市民社会。在这里，任何"特权的闭塞"既不和别的闭塞对立，也不和公法状况对立。自由工业和自由贸易消除了特权的闭塞，从而也消除了各种特权的闭塞之间的斗争；相反地，它们却把从特权下解放出来的、已经不和别人联系（即使是表面上的一般结合）的人放在特权的地位上（这种特权把人们和社会整体分离开来，而同时又把他们结合在一个规模很小的、特殊的团体里面），并且引起了人反对人、个人反对个人的斗争。同样整个的市民社会只是由于个人的特性而彼此分离的个人之间的相互斗争，是摆脱了特权桎梏的自发的生命力的不可遏止的普遍运动。民主的代议制国家和市民社会的对立是公法团体和奴隶制的典型对立的完成。在现代世界中每一个人都是奴隶制度的成员，同时也是公法团体的成员。市民社会的奴隶制恰恰在表面上看来是最大的自由，因为它似乎是个人独立的完备形式；这种个人往往把像财产、工业、宗教等这些孤立的生活要素所表现的那种既不再受一般的结合也不再受人所约束的不可遏止的运动，当作自己的自由，但是，这样的运动反而成了个人的完备的奴隶制和人性的直接对立物。这里，代替了特权的是法。

这么说来，在这里，自由的理论和特权的实际势力之间不但不存在任何矛盾，特权的实际消灭、自由的工业和自由的贸易等反而与"自由的理论"相适应，任何特权的闭塞都不与公法状况相对立，批判所发现的矛盾已被消除——只有在这里，才存在着完备的现代国家。

> 马克思恩格斯：《神圣家族》，
> 《马克思恩格斯全集》第 2 卷第 148~149 页。

工业活动并不因行帮、行会和同业公会的特权的消灭而消灭，相反地，只有消灭了这些特权之后，真正的工业才会发展起来。土地私有制并不因土地占有特权的消灭而消灭；相反地，只有在废除了土地私有制的特权以后，才通过土地的自由分割和自由转让而开始土地私有制的普遍运动。贸易并不因贸易特权的消灭而消灭；相反地，只有通过自由贸易，它才获得真正的实现。

> 马克思恩格斯：《神圣家族》，
> 《马克思恩格斯全集》第 2 卷第 148 页。

竞争最充分地反映了流行在现代市民社会中的一切人反对一切人的战争。这个战争，这个为了活命、为了生存、为了一切而进行的战争，因而必要时也是你死我活的战争，不仅在社会各个阶级之间进行，而且也在这些阶级的各个成员之间进行；一个人挡着另一个人的路，因而每一个人都力图挤掉其余的人并占有他们的位置。工人彼此竞争，资产者也彼此竞争。

> 恩格斯：《英国工人阶级状况》，
> 《马克思恩格斯全集》第 2 卷第 359 页。

产业革命只是促使这种情况达到顶点，把工人完全变成了简单的机器，把他们最后剩下的一点独立活动的自由都剥夺了，可是，它却以此迫使他们思考，迫使他们争取人应有的地位。像法国的政治一样，英国的工业和整个市民社会运动把最后的一些还对人类共同利益漠不关心的阶级卷入了历史的巨流。

> 恩格斯：《英国工人阶级状况》，
> 《马克思恩格斯全集》第 2 卷第 283~284 页。

无政府状态是摆脱了使社会解体的那种特权的市民社会的规律，而市民社会的无政府状态则是现代公法状况的基础，正像公法状况本身也是这种无政府状态的保障一样。它们怎样互相对立，也就怎样互相制约。

> 马克思恩格斯：《神圣家族》，
> 《马克思恩格斯全集》第 2 卷第 150 页。

　　由于资产阶级已经不再是一个等级，而是一个阶级了，因此它必须在全国范围内而不是在一个地区内组织起来，并且必须使自己通常的利益具有一种普遍的形式。由于私有制摆脱了共同体，国家获得了和市民社会并列的并且在市民社会之外的独立存在；实际上国家不外是资产者为了在国内外相互保障自己的财产和利益所必然要采取的一种组织形式。

马克思恩格斯：《德意志意识形态》，

《马克思恩格斯全集》第 3 卷第 70 页。

　　法国的九月法令规定：企图侵害市民社会中的财产和家庭所依据的基础者，或挑拨公民相互仇恨或歧视者，皆处以两年以下的徒刑。试对照 loi du9. sépt. 1835（1835 年 9 月 9 日的法令），第八条：Toute attaque conter la propriété…toute prov ocation à lahaine entre les diverses classes de la société sera punie etc.（凡属企图侵占财产者……凡属挑拨社会各阶级间的仇恨者，皆处以……）

马克思：《三个新法案》，

《马克思恩格斯全集》第 6 卷第 403 页。

　　现代国家承认人权同古代国家承认奴隶制是一个意思。就是说，正如古代国家的自然基础是奴隶制一样，现代国家的自然基础是市民社会以及市民社会中的人，即仅仅通过私人利益和无意识的自然的必要性这一纽带同别人发生关系的独立的人，即自己营业的奴隶，自己以及别人的私欲的奴隶。现代国家就是通过普遍人权承认了自己的这种自然基础。

马克思恩格斯：《神圣家族》，

《马克思恩格斯全集》第 2 卷第 145 页。

　　正是自然的必然性、人的特性（不管它们表现为怎样的异化形式）、利益把市民社会的成员彼此连接起来。他们之间的现实的联系不是政治生活，而是市民生活。

马克思恩格斯：《神圣家族》，

《马克思恩格斯全集》第 2 卷第 154 页。

　　这种历史观就在于：从直接生活的物质生产出发来考察现实的生产过程，并把与该生产方式相联系的、它所产生的交往形式，即各个不同阶段上的市民社会，理解为整个历史的基础；然后必须在国家生活的范围内描述市民社会的活动，同时从市民社会出发来阐明各种不同的理论产物和意识形式，如宗教、哲学、道德等等，并在这个基础上追溯它们产生的过程。这样做当然就能够完整地描述全部过程（因而也就能够描述这个过程的各个不同方面之间的相互作用）了。

马克思恩格斯：《德意志意识形态》，

《马克思恩格斯全集》第 3 卷第 42～43 页。

　　格律恩先生告诉我们说，自由的帝国城市法兰克福根本不是一个国家，而"只是市民社会的一部分"（第 19 页）。而且在德意志境内决没有什么国家存在；因此，人们现在终于开始"愈来愈明白这种德意志无国家性的独特的好处"（第 257 页）；这首先就是十分容易挨打的好处。这样说来，德意志的专制君主们就可以说：《la société civile，c'est moi》（"市民社会就是我"），可是他们的情况还是很糟的，因为照第 101 页上所说，市民社会只是一个"抽象"而已。

恩格斯：《诗歌和散文中的德国社会主义》，

《马克思恩格斯全集》第 4 卷第 249 页。

　　批判对普遍国家秩序的阐述并不是教益很少的。这些阐述仅限于断定普遍国家秩序应当把单个的利己主义原子联合起来。确切地和在散文的意义上说，市民社会的成员根本不是什么原子。原子的特性就在于它没有任何属性，因此也没有任何由它自己的本性必然所制约着的、跟身外的其他存在物的关系。

马克思恩格斯：《神圣家族》，

《马克思恩格斯全集》第 2 卷第 153 页。

　　罗伯斯比尔、圣茹斯特和他们的党之所以灭亡，是因为他们混淆了以真正的奴隶制为基础的古代实在论民主共和国和以被解放了的奴隶制即资产阶级社会为基础的现代唯灵论民主代议制国家。一方面，不得不以人权的形式承认和批准现代资产阶级社会，即工业的、笼罩着普遍竞争的、以自由追求私人利益为目的的、无政府的、塞满了自我异化的自然的和精神的个性的社会，另一方面又想在事后通过单个的人来取缔这个社会的各种生命表现，同时还想仿照古代的形式来建立这个社会的政治首脑，这是多么巨大的错误！

马克思恩格斯：《神圣家族》，

《马克思恩格斯全集》第 2 卷第 156 页。

　　马克思在《导言（摘自 1857～1858 年经济学手稿）》里"人是最名副其实的 ξωπιό"的"ξωπιό"，是指"社会动物"。这里引用了亚里士多德在《政治论》第 1 卷第 1 章里的比喻。

　　2. 市民社会的生产方式

　　前已说明，生产方式是获得物质资料的方式，马克思称为"物质生活的生产方式"。人类社会为了生存和发展，必须获取物质资料，包括生产资料和生活资料。生产方式是由生产力和生产关系构成的，两者统一于物质资料的生产过程中。在社会生活的一切方面，生产方式起决定性作用。有什么样的生产方式，就有什么样的法律制度和法律观点。

　　自由资本主义社会的生产力，是机器和机器工业。蒸汽能、机械化，是自由资本主义社会生产力的主要标志。在大机器工业时代，由于连续地、重复地生产，使生产工具和生产对象在逐步高级化的同时，实现了简单化和多样化。这时，手工作坊、工匠手艺被工厂和科学技艺取代了。

自由资本主义是一方面有资本家，另一方面有雇佣工人存在的生产关系。只有当生产资料和生活资料的所有者在市场上找到出卖自己劳动力的自由工人的时候，资本才会产生。剩余价值的生产是生产的直接目的和决定性动机。资本本质上是生产资本的，但只有生产剩余价值，它才生产资本。资本一出现，就标志着社会生产过程的一个新时代。

自由竞争是自由资本主义和一般商品生产的基本特性。资本主义生产方式的主要特点，是以资本主义生产关系为基础的商品生产，在资本主义生产关系下，最重要的和大部分的生产资料和流通资料归资产阶级这个人数不多的阶级所有，而绝大多数居民是无产者和半无产者。

随着技术变革和工业革命而来的必然结果，是社会生产关系的最剧烈的破坏，参加生产者的各种集团之间的彻底分裂，与传统的完全决裂，资本主义一切黑暗面的加剧和扩大，不但继续不断地再生产资本家的资本，而且同时还继续不断地再生产工人的穷困。

垄断是同自由竞争相反的东西，但由自由资本主义过渡到垄断资本主义，并没有改变资本主义生产关系同社会生产力之间不可调和的矛盾，它必然要为社会主义生产方式所代替。

机器生产发展到一定程度，就必定推翻这个最初是现成地遇到的、后来又在其旧形式中进一步发展了的基础，建立起与它自身的生产方式相适应的新基础。

保存那些属于前一个社会时代的、由已经消失或正在消失的社会利益的代表人物所创立的法律，——这只能意味着把这种与共同需要相矛盾的利益提升为法律。

马克思：《对民主主义者莱茵区域委员会的审判》，
《马克思恩格斯全集》第 6 卷第 291 页。

根据这个法案的导言，如果市民只有在他们不再是如同亚里士多德所说的那种构成人的使命的东西，即不再是《zoon politicon》、"社会的动物"的时候，才获得了"自己的使命的意义"和"保卫宪法规定的自由"的权利，那末，他们只有在放弃自己的市民自由，听凭任何一个上校或班长摆布的时候，才能完成自己的使命。

新的资产阶级社会建立在完全不同的基础上，建立在已经改变了的生产方式的基础上，它也要取得政权，它要从代表衰亡社会的利益的人物手中夺取这种政权，因为这种政权的全部组织是在完全不同的物质的社会关系的基础上产生的。

马克思：《对民主主义者莱茵区域委员会的审判》，
《马克思恩格斯全集》第 6 卷第 288 页。

当许多人共同劳动以及应用机器和科学在这两个生产部门中都已经成为社会通例的时候，小屋子、菜园、小块土地和他们的织布机仍然把他们束缚在已经陈旧的个体生产和手工劳动的方式上。现在占有房屋和菜园已经远不及不受法律保护的自由流动那样有价值了。任何一个工厂工人都不会同一个在缓慢地饿死然而肯定要饿死的农村手工织工交换地位了。

恩格斯：《"论住宅问题"一书第二版序言》，

《马克思恩格斯全集》第 21 卷第 378 页。

　　现代资产阶级社会，我们的社会，是以工业和商业为基础的。土地所有权本身已经失去了它过去的全部生存条件，它依赖于商业和工业。因此，在我们这个时代，农业是根据工业原则经营的，而旧的封建主已沦为经营牲畜、羊毛、谷物、甜菜和烧酒等等的工厂主，已沦为像所有商人一样经营这类工业品的人！

马克思：《对民主主义者莱茵区域委员会的审判》，

《马克思恩格斯全集》第 6 卷第 290～291 页。

　　我们现在的社会的经济发展，愈来愈导致积聚，导致生产的社会化，使生产成为不能再由单个资本家来管理的大企业。所有关于"老板的眼光"及其创造的奇迹的废话，当企业达到一定规模时，就成了纯粹的胡说。

恩格斯：《必要的和多余的社会阶级》，

《马克思恩格斯全集》第 19 卷第 318 页。

　　作为资本主义生产方式基石的正是这样一个事实：我们现代的社会制度使资本家有可能按照工人劳动力的价值来购买劳动力，迫使工人的劳动时间超过再生产偿付劳动力的价格所必需的时间，而从这个劳动力中榨取远远超过其价值的价值。这样生产出来的剩余价值就在全部资本家和土地所有者阶级及其所豢养的奴仆（上至教皇和帝王，下至更夫等等）之间进行分配。至于这种分配怎样进行，这同我们毫不相干。

恩格斯：《论住宅问题》，

《马克思恩格斯全集》第 18 卷第 238 页。

　　Caisse des actionnaires〔股份银行〕的董事、小帝国的暴发的百万富翁之一米洛先生对自己的股东们说："最近半年来的营业没有取得分毫利润，因而他不仅无法宣布股息，甚至无法支付这半年通常的利息，但是这种利息他一定会掏自己私人的腰包来支付的。"小帝国的社会溃疡就这样接二连三地暴露出来。路易·波拿巴竟同证券投机商人的上层荒谬地商谈采取什么手段来帮助法国的商业和工业，当然这种商谈没有产生任何结果。法兰西银行自己的处境也十分悲惨，因为它无法出售铁路公司的本票，这些本票是法兰西银行为了使铁路公司进行自己的工程而不得不贷款给它们时作为抵押品收进的。正当法国的铁路公司的全部财产迅速贬值，铁路的每周周报表明铁路的收入不断减少的时候，谁也不愿意买进这种本票。伦敦"经济学家"杂志驻巴黎记者指出："至于法国商业的状况，仍旧和过去是一样的；换句话说，它表现了好转的趋势，但是还没有好转。"与此同时，波拿巴固执地继续向非生产性企业投资，但是，正像塞纳省省长欧斯曼先生坦率地告诉巴黎居民的那样，这种企业"从战略观点来看"是重要的，可以用来防止"随时可能发生和危害社会安全的意外事件"。例如，为了防卫的目的，防备这个城市爆发不满事件，巴黎将建设价值 18000 万法郎的新的林荫道和街道。塞瓦斯托波尔林荫道的新地段的开辟也完全符合这一"战略观点"。

马克思：《法国财政状况》，
《马克思恩格斯全集》第 12 卷第 467～468 页。

英国享有了将近一百年的工业垄断，现在无可挽回地失去了。但是英国的工业垄断是英国现存社会制度的基石。甚至在保持着这种垄断的时期，市场也跟不上英国工业的日益增长的生产率；结果是每隔十年就有一次危机。而现在新的市场一天比一天少起来，连刚果的黑人也正在被迫接受曼彻斯特的印花布、斯泰福郡的陶器和北明翰的金属制品这种形式的文明了。当大陆上的特别是美国的商品日益大量地涌来的时候，当现在仍然掌握在英国工厂主手中的那个最主要份额将一年年减少的时候，结果会怎样呢？让自由贸易这个万应灵丹回答吧！

恩格斯：《"英国工人阶级状况"1892 年英国版序言》，
《马克思恩格斯全集》第 22 卷第 322 页。

在我们这个时代，每一种事物好像都包含有自己的反面。我们看到，机器具有减少人类劳动和使劳动更有成效的神奇力量，然而却引起了饥饿和过度的疲劳。新发现的财富的源泉，由于某种是以道德的败坏为代价换来的。随着人类愈益控制自然，个人却似乎愈益成为别人的奴隶或自身的卑劣行为的奴隶。甚至科学的纯洁光辉仿佛也只能在愚昧无知的黑暗背景上闪耀。我们的一切发现和进步，似乎结果是使物质力量具有理智生命，而人的生命则化为愚钝的物质力量。现代工业、科学与现代贫困、衰颓之间的这种对抗，我们时代的生产力与社会关系之间的这种对抗，是显而易见的、不可避免的和无庸争辩的事实。

马克思：《在"人民报"创刊纪念会上的演说》，
《马克思恩格斯全集》第 12 卷第 4 页。

通过经典作家的论述我们看到，市民社会的生产方式就是自由资本主义社会的生产方式。这种生产方式本身充满了对抗性。正如马克思所指出的：现代工业、科学与现代贫困、衰颓之间的这种对抗，我们时代的生产力与社会关系之间的这种对抗，是显而易见的、不可避免的和毋庸争辩的事实。

3. 市民社会的基本社会状况

自由资本主义社会是阶级社会。凡是经历过或研究过自由资本主义社会的工人阶级和广大劳动人民及其理论家，都不会把它描绘成"像田园诗一样美好"的"人间天堂"。

经典作家指出：自由资本主义社会，分裂为人数不多的过分富有的阶级和人数众多的无产的雇佣工人阶级，敌对的各方面已渐渐分成互相斗争的两大阵营，进行着无产阶级和资产阶级间的斗争；劳动生产力的任何新的发展，都不可避免地要加深社会对比和加强社会对抗；如果个别的工人要起来反对这个社会秩序，那么最大的灾祸就会落到他的身上。

经典作家进一步指出，这样的社会正在全面解体，其主要表现：

一是社会的一切领域都资本化、交易化了。它把人的个人尊严变成了交换价值，它把无数特许的和自力挣得的自由都用一种没有良心的贸易自由来代替了。

二是不能消除劳动群众的贫困化。

三是居高不下的犯罪率。指出对资产阶级进行公开的战争以回答资产阶级对他们进行的隐蔽的战争，那他就去偷窃、抢劫、杀人。不列颠民族已成为世界上罪犯最多的民族。犯罪的数字在英国是以不可思议的速度增加着。

四是家庭瓦解。家庭关系变成了单纯的金钱关系。女人和丈夫出外工作，孩子像野草一样完全没有照管地生长。

五是教育失败。不论在西欧或在俄国，中等学校实质上都是阶级学校，它只为很少一部分人的利益服务。实施免费教育不过是从总税收中替上层阶级支付了教育费用而已。巴塞尔的学校里的空气比任何地方都污浊。儿童从11岁起就不上学了，并且从这个年龄开始做全日工。

六是医疗保障和卫生条件差。商业空前繁荣时期，英格兰和威尔士的疯人数目迅速增大，大不列颠疯人数目的增加不下于出口额的增长。

七是居住条件两极分化。城市比过去任何时候都更加拥挤不堪。衣衫褴褛的爱尔兰人或者破落的英格兰农业工人就会像蝗虫一样成群地拥来，人们把他们塞到地下室和仓库里。房租同城市地租一道不断地上涨。

经典作家全面审视过自由资本主义社会的林林总总。这里摘引和概括的一些情况，不过是冰山之一角。

经典作家还指出：资产阶级中间有一部分人要想把社会的疾病治好，以求巩固资产阶级社会的生存，这是资产阶级的社会主义。

一位杰出的经济学家李嘉图先生在他的一本论政治经济学原理的名著中，一开始就谈到，社会（就是英国社会）的三个主要阶级，即土地所有者、资本家和雇佣工人彼此处在你死我活的和不可调和的对抗之中，因为地租的提高和降低同工业利润的提高和降低成反比，而工资的提高和降低又同利润成反比。按英国法学家的说法，三种敌对力量的均势构成英国宪法这个世界第八大奇迹的基石，按李嘉图先生（大概他对这点比"泰晤士报"要懂得稍微多一些）的说法就是，英国社会的整个制度充满着作为生产的主要动力的三个阶级的你死我活的对抗性。

马克思：《法国的 CRéDIT MOBILIER（第一篇论文）》，
《马克思恩格斯全集》第12卷第23页。

敌对的各方面已渐渐分成互相斗争的两大阵营：一方面是资产阶级，另一方面是无产阶级。这个一切人反对一切人的、无产阶级反对资产阶级的战争并不使我们感到惊讶，因为它不过是自由竞争所包含的原则的彻底实现而已。

恩格斯:《英国工人阶级状况》,

《马克思恩格斯全集》第 2 卷第 419 页。

"国民报"方面的资产阶级共和党人引以自慰的,是他们把君主国的名称和衣裳改换成旧共和国的名称和衣裳。对他们说来,共和国只不过是旧资产阶级社会的一件新制舞衣罢了。

马克思:《1848 年至 1850 年的法兰西阶级斗争》,

《马克思恩格斯全集》第 7 卷第 23 页。

这些日益加速互相排挤的发明和发现,这种每天空前大量增长的人类劳动的生产率,终于造成一种定会使现代资本主义经济陷于灭亡的冲突。一方面是不可计量的财富和购买者无法对付的产品过剩,另一方面是社会上绝大多数人口无产阶级化,变成雇佣工人,因而无力获得这些过剩的产品。社会分裂为人数不多的过分富有的阶级和人数众多的无产的雇佣工人阶级,这就使得这个社会被自己的富有所窒息,而同时它的极大多数成员却几乎得不到或完全得不到保障去免除极度的贫困。社会的这种状况一天比一天显得愈加荒谬和愈加不需要了。

恩格斯:《卡·马克思"雇佣劳动与资本"导言》,

《马克思恩格斯全集》第 22 卷第 242～243 页。

不论是机器的改进,科学在生产上的应用,交通工具的改良,新的殖民地的开辟,向外移民,扩大市场,自由贸易,或者是所有这一切加在一起,都不能消除劳动群众的贫困;在现代这种邪恶的基础上,劳动生产力的任何新的发展,都不可避免地要加深社会对比和加强社会对抗。这在欧洲一切国家里,现在对于每一个没有偏见的人都已成了十分明显的真理,只有那些一心想使别人沉湎于痴人乐园的人才会否认这一点。

马克思:《国际工人协会成立宣言》,

《马克思恩格斯全集》第 16 卷第 9～10 页。

对于一个忍受了现存社会秩序的一切害处却享受不到它的些微好处的阶级,对于一个只能受到现存社会制度敌视的阶级,难道还能要求他们尊重这个社会秩序吗?这未免太过分了!但是只要这个社会秩序存在一天,工人阶级就一天不能避开它,而如果个别的工人要起来反对这个社会秩序,那末最大的灾祸就会落到他的身上。

恩格斯:《英国工人阶级状况》,

《马克思恩格斯全集》第 2 卷第 415 页。

如果堕落和犯罪再以同样的比例增长二十年,——要是在这二十年中英国工业不像以前那样走运,这个比例就只会增大,——那结果会怎样呢?我们现在已经看到社会正在全面解体，我们现在已经不可能拿起一张报纸而不看到社会纽带全部松弛的最显著的例子。

恩格斯：《英国工人阶级状况》，
《马克思恩格斯全集》第2卷第418页。

蔑视社会秩序的最明显最极端的表现就是犯罪。只要那些使工人道德堕落的原因起了比平常更强烈更集中的影响，工人就必然会成为罪犯，正像水在列氏80°时由液态变为气态一样。在资产阶级的粗暴野蛮、摧残人性的待遇的影响之下，工人逐渐变成了像水一样缺乏自己意志的东西，而且也同样必然地受自然规律的支配——到了某一点他的一切行动就会不由自主。因此，随着无产阶级人数的增长，英国的犯罪的数字也增加了，不列颠民族已成为世界上罪犯最多的民族。从内务部每年公布的"犯罪统计表"中可以看出，犯罪的数字在英国是以不可思议的速度增加着。

恩格斯：《英国工人阶级状况》，
《马克思恩格斯全集》第2卷第416页。

这些"多余的人"当中谁要是有足够的勇气和愤怒来公开反抗这个社会，对资产阶级进行公开的战争以回答资产阶级对他们进行的隐蔽的战争，那他就去偷窃、抢劫、杀人。

恩格斯：《英国工人阶级状况》，
《马克思恩格斯全集》第2卷第371页。

英国社会史上恐怕找不出比现代财富和赤贫现象相应增长这一点更确凿无疑的事实了。有趣的是，这条规律大概对疯人数目也适用。大不列颠疯人数目的增加不下于出口额的增长，而且超过人口的增长。下面是一张引自1852年、1854年和1857年关于贫民、疯人和痴呆者的年度报告的对照表，它清楚地说明，在1852年至1857年商业空前繁荣时期，英格兰和威尔士的疯人数目迅速增大。

马克思：《英国疯人数目的增加》，
《马克思恩格斯全集》第12卷第568页。

为了收容各种各样的和不同程度的疯人和痴呆者，在英格兰和威尔士设有37个公立收容所，其中33个分设在各郡，4个设在城市；还有15个医院、116个官准私立疯人病院，其中37个设在首都，79个分设在外地；最后还有习艺所。公立疯人收容所或一般所称的疯人病院，按照法律规定，是为收容居民中贫苦阶层的疯病患者而专门设立的，应当是能够进行适当的医疗工作的诊所，而不仅仅是隔离疯子的地方。大致可以认为，至少在各郡，这些收容所是按正规原则建立的机构，虽然由于过分庞大而无法保证适当的管理；它们都挤得很满，不是严格地根据病情来分别对待病人；而且它们所能收容的只比贫苦居民中全部疯病患者的半数略多一些。归根到底，这37个分散在全国各地的收容所按其面积来说总共只能容纳大约15690个病人。这些收容所是如何赶不上精神病患者的需要，举一个例子就可以说明。1831年，当可以容纳500个病人的汉威耳疯人病院（在密多塞克斯郡）修建起来的时候，都以为它可以满足全郡的需要。可是过了两年，这所疯人病院就已经满员；又过两年，该院不得不扩充，以便再容纳 300 个病人；而现在（虽然这一时期内又修建了一所科尼·海奇疯人病院来安插该郡的 1200 名贫民疯病患者），汉威耳疯人病院收容的病人已在 1000 人以上了。科尼·海奇疯人病院是在 1851 年开设的；不到五年就不得不向纳税人要钱来修建新的收容所；最近的调查报告表明，1856 年底，该郡居民中已有 1100 名以上的贫民疯病患者在这两个疯人病院中都得不到安置。一方面，现有的疯人病院太庞大了，以致无法使它们维持正常的状态，而另一方面，它们的数量又太少，赶不上精神病的迅速增长。首先必须把疯人病院严格划分为两类：不可医治的病人的收容所和可以医治的病人的医院。把不可医治的病人和可以医治的病人混合收容，两者都不能得到应有的护理或治疗。

马克思：《英国疯人数目的增加》，

《马克思恩格斯全集》第 12 卷第 569～570 页。

在伦敦，随着城市的不断"改良"，旧街道和房屋的拆除，随着这个京城中工厂的不断增多和人口的不断流入，随着房租同城市地租一道不断地上涨，就连工人阶级中处境较好的那部分人以及小店主和其他下层中产阶级分子，也越来越陷入这种可诅咒的恶劣的居住环境中了。

马克思：《资本论第一卷》，

《马克思恩格斯全集》第 23 卷第 723 页。

一个工业城市或商业城市的资本积累得越快，可供剥削的人身材料的流入也就越快，为工人安排的临时住所也就越坏。因此，产量不断增加的煤铁矿区的中心太恩河畔新堡，是一座仅次于伦敦而居第二位的住宅地狱。那里住小单间房屋的不下 34000 人。在新堡和格茨黑德，不久前大量的房屋由于绝对有害公益，根据警察的命令拆毁了。可是新房子盖得很慢，而营业却发展得很快。因此，1865 年，城市比过去任何时候都更加拥挤不堪。

马克思：《资本论第一卷》，

《马克思恩格斯全集》第 23 卷第 725～726 页。

由于资本和劳动的大量流动，一个工业城市的居住状况今天还勉强过得去，明天就可能变得恶劣不堪。或者，有时市政官员终于能振作起来去消除最恶劣的弊端，然而明天，衣衫褴褛的爱尔兰人或者破落的英格兰农业工人就会像蝗虫一样成群地拥来。人们把他们塞到地下室和仓库里，或者把过去还像样的工人住房变成一种寓所，在这里住客变动得非常迅速。

马克思：《资本论第一卷》，

《马克思恩格斯全集》第 23 卷第 726 页。

实际上资产阶级只有一个以他们的方式解决住宅问题的办法，即每解决一次就重新把这个问题提出来一次。这就叫做"欧斯曼"的办法。我这里所说的"欧斯曼",不但是指巴黎的欧斯曼所采取的那种特殊的波拿巴主义办法,即穿过密集的工人街区开辟一些又长、又直、又宽的街道,在街道两旁修建豪华的大厦;除了使街垒战难于进行这个战略目的以外,用意还在于造成依靠政府的特殊的波拿巴主义的建筑业无产阶级,并把巴黎变为一个多半是奢华的都市。我所说的"欧斯曼",是指把工人街区,特别是把我国大城市中心的工人街区切开的那种已经普遍实行起来的办法,而不论这起因是为了公共卫生或美化,还是由于市中心需要大商场,或是由于敷设铁路、修建街道等等交通的需要。不论起因如何不同,结果到处总是一个:最不成样子的小街小巷没有了,资产阶级就因为有这种巨大成功而大肆自我吹嘘,但是……这种小街小巷立刻又在别处,并且往往是就在紧邻的地方出现。

> 恩格斯:《论住宅问题》,
> 《马克思恩格斯全集》第18卷第291~292页。

资本主义生产方式每夜用来禁锢我们的工人的这些传染病发源地、最可耻的洞穴和地窟,并不是在被消灭,而只是在……被迁移!同一个经济必然性在一个地方产生了它们,也会在另一个地方产生它们。当资本主义生产方式还存在的时候,企图单独解决住宅问题或其他任何同工人命运有关的社会问题都是愚蠢的。真正的解决办法在于消灭资本主义生产方式,由工人阶级自己占有全部生活资料和劳动资料。

资产阶级解决住宅问题的办法由于碰到了城乡对立而显然遭到了失败。这里我们也达到了问题的中心。住宅问题,只有当社会已经得到充分改造,以致可能着手消灭城乡对立,消灭这个在现代资本主义社会里已弄到极端地步的对立时,才能获得解决。

> 恩格斯:《论住宅问题》,
> 《马克思恩格斯全集》第18卷第271页。

"工厂主对工厂法中的教育条款是十分憎恶的。"(《工厂视察员报告。截至1856年10月31日为止的半年》第66页,约翰·金凯德爵士的报告)(应该读一读这些报告,看是怎样"荒诞"地执行工厂法教育条款关于每天在学校中学习几小时的规定的。)

"在棉纺织厂、毛纺织厂、精梳毛纺织厂和亚麻厂劳动的儿童,从8岁到13岁必须上学。在丝纺织厂劳动的和从事捻丝的儿童,从11岁起就不上学了,并且从这个年龄开始做全日工。即使这种极不彻底的半日工作制度,也只是在1844年的工厂法中规定的,在此之前,工厂主在使用童工方面实际上完全不受任何限制。"(同上,第77页,亚历山大·雷德格雷夫先生的报告)"工厂法里的所谓教育条款,仅仅要求儿童上学……在1844年的法令颁布以前,上学证明书往往由男教师或女教师在上面划一个十字来代替签字,因为他们自己也不会写字。我访问一所颁发这种证明书的所谓学校,教师的无知使我非常惊奇,所以我问他:'先生,请问您识字吗?'他的回答是:'唉,认识一点点。'为了申辩颁发证明书的权利,他又补充一句:'不管怎样,我总比我的学生高明。'在拟定1844年的法令的时候,工厂视察员并没有忘记描绘这种叫作学校的地方的丑事,但他们不得不承认这种学校颁发的证明书是执行工厂法的证明。他们努力的全部成果就是,从1844年的法令生效后，教师必须在上学证明书上亲笔填写数字，并且必须签上自己的全名和姓。"（《工厂视察员报告。截至 1855 年 10 月 31 日为止的半年》第 18～19 页，莱昂纳德·霍纳的报告）

马克思：《经济学手稿》，
《马克思恩格斯全集》第 47 卷第 505～506 页。

那些由于现代影响而改变了自己形式的宗法制度就表现在：业主好而工资却很糟，工人有中世纪附庸的情感，同时却作为现代雇佣奴隶遭受剥削。

这种宗法制度，也可以根据瑞士当局对工厂童工劳动和初等国民学校状况的调查材料来判断。材料上写道：

"巴塞尔的学校里的空气比任何地方都污浊，如果说在露天空气中只有万分之四的碳酸气，在室内碳酸气一般也不超过万分之十，那末在巴塞尔的普通学校里，碳酸气的数量在上午是万分之二十到八十一，在下午是万分之五十三到九十四。"

马克思：《总委员会向国际工人协会第四次年度代表大会的报告》，
《马克思恩格斯全集》第 16 卷第 417～418 页。

尤沙柯夫先生说什么阶级的学校大纲势必分成富人的大纲和穷人的大纲，阶级大纲在西欧没有取得成就，阶级学校以阶级限制为前提，等等。所有这些都极其清楚地说明，尽管题目很大，尽管词句漂亮，尤沙柯夫先生却根本不了解阶级学校的实质是什么。最可敬的民粹主义者先生，这个实质就是：教育的组织和受教育的机会，对一切有产者来说，都是相同的。阶级学校不同于等级学校的实质就在于有产者这三个字上面。因此上面引证的尤沙柯夫先生的一段话，说在考虑到学校的阶级利益的情况下，似乎"根本谈不上统一类型的国立中学"，就完全是胡说。恰恰相反，阶级学校如果办得彻底，就是说，如果它没有任何等级制度的残余，那它必然以统一类型的学校为前提。

阶级社会的实质（因而也是阶级教育的实质），就是法律上完全平等，所有的公民享有完全平等的权利，有产者享有完全平等的受教育的权利和机会。等级学校要求学生必须属于一定的等级。阶级学校没有等级，只有公民。它对所有的学生只有一个要求：缴纳学费。阶级学校根本用不着把大纲分成富人的大纲和穷人的大纲，因为缴不起学费、教材费和整个学习时期膳宿费的人，阶级学校根本不让他们受中等教育。阶级学校决不以阶级限制为前提，因为阶级和等级相反，阶级总是使个人保持从一个阶级转入另一个阶级的完全自由。阶级学校不排斥任何有钱读书的人。说"这些对各居民阶层进行半教育并从德育和智育上造成阶级隔阂的危险大纲"，在西欧"没有取得成就"（第 9 页），这完全是歪曲事实，因为谁都知道，不论在西欧或在俄国，中等学校实质上都是阶级学校，它只为很少一部分人的利益服务。

由于尤沙柯夫先生暴露了他的概念异常混乱，我们认为对他作下面的补充说明并不是多余的：在现代社会中，即使是不收任何学费的中等学校，也仍然是阶级学校，因为学生在 7～8 年内的膳宿费要比学费多得多，而能够缴得起这笔费用的只有极少数人。

列宁：《民粹主义空想计划的典型》，
《列宁全集》第 2 卷第 453～454 页。

平等的国民教育？他们怎样理解这句话呢？是不是以为在现代社会里（而所谈到的只能是现代社会）教育对一切阶级都可能是平等的呢？或者是要求上层阶级也被迫降到很低的教育水平——国民小学，即降到不仅唯一适合于雇佣工人的经济状况、而且唯一适合于农民的经济状况的教育水平呢？

"实施普遍的义务教育。实施免费教育"。前者甚至存在于德国，后者就国民小学来说存在于瑞士和美国。如果说，在美国的几个州里，高等学校也是"免费的"，那末，事实上这不过是从总税收中替上层阶级支付了教育费用而已。

马克思：《哥达纲领批判》，

《马克思恩格斯全集》第19卷第33页。

凡是资产阶级已经取得统治的地方，它就把所有封建的、宗法的和纯朴的关系统统破坏了。它无情地斩断了那些使人依附于"天然的尊长"的形形色色的封建羁绊，它使人和人之间除了赤裸裸的利害关系即冷酷无情的"现金交易"之外，再也找不到任何别的联系了。它把高尚激昂的宗教虔诚、义侠的血性、庸人的温情，一概淹没在利己主义打算的冷水之中。它把人的个人尊严变成了交换价值，它把无数特许的和自力挣得的自由都用一种没有良心的贸易自由来代替了。总而言之，它用公开的、无耻的、直接的、冷酷的剥削代替了由宗教幻想和政治幻想掩蔽着的剥削。

马克思恩格斯：《共产党宣言》，

《马克思恩格斯全集》第4卷第468页。

在许多情形下，女人在工厂里工作并不完全破坏家庭，但是使它头脚颠倒了。妻子挣钱养活全家，丈夫却坐在家里看孩子，打扫屋子，做饭。这种情形是很多很多的；仅仅在曼彻斯特一地就可以数出几百个这种不得不专搞家务的男人。这种实际上的阉割在工人中激起什么样的正义的愤怒，它在其他一切社会关系原封不动的时候会使整个家庭关系发生什么样的根本变化，那是不难想象的。

恩格斯：《英国工人阶级状况》，

《马克思恩格斯全集》第2卷第544页。

资产阶级撕破了笼罩在家庭关系上面的温情脉脉的纱幕，把这种关系变成了单纯的金钱关系。

马克思恩格斯：《共产党宣言》，

《马克思恩格斯全集》第4卷第469页。

现代社会里的家庭正日益解体这一事实，只不过证明了维系家庭的纽带并不是家庭的爱，而是隐藏在财产共有这一外衣下的私人利益。

恩格斯：《英国工人阶级状况》，

《马克思恩格斯全集》第2卷第433页。

结果现存的社会秩序必然会颠倒过来，而这种颠倒既强加于工人头上，就要使他们遭到最致命的后果。首先是女人出外工作完全破坏了家庭。如果妻子一天在工厂里工作十二三个小时，而丈夫又在同一个地方或别的地方工作同样长的时间，那末他们的孩子的命运会怎样呢？他们像野草一样完全没有照管地生长起来；或者每星期花 1 个或 $1\frac{1}{2}$ 先令把他们托付给旁人照管，而那些人会怎样对待他们，那是不难想像的。所以在工厂区，小孩子因缺乏照顾而酿成的不幸事件就惊人地增加起来。

恩格斯：《英国工人阶级状况》，
《马克思恩格斯全集》第 2 卷第 429 页。

如果一种社会制度没有这样可耻的暴虐统治就不能存在，这算一种什么社会制度呢？二者必居其一：或者是为了达到目的可以不择手段，或者是手段的卑鄙正好证明了目的的卑鄙。

恩格斯：《英国工人阶级状况》，
《马克思恩格斯全集》第 2 卷第 466 页。

资产阶级中间有一部分人要想把社会的疾病治好，以求巩固资产阶级社会的生存。这一部分人中间有经济学家，博爱主义者，人道主义者，劳动阶级生活改进派，慈善事业组织者，动物保护会会员，禁酒运动协会发起人以及形形色色的微小改良主义者。这种资产阶级的社会主义甚至被制定成一些完整的体系了。

马克思恩格斯：《共产党宣言》，
《马克思恩格斯全集》第 4 卷第 498 页。

我们确信，个人和社会的祸害的根源与其说在单个的个人之中，不如说在事物组织和社会地位之中，所以不管是从正义感出发，还是出于利害的考虑，我们都将是人道的，我们将毫不留情地摧毁这种地位和事物本身，以便能够在对革命没有任何损害的情况下宽恕人们，我们否认社会有意志自由和进行惩罚的虚构的权利。正义本身，按照这个词的最合乎人性、最广泛的意义来说，无非是所谓否定的和过渡性的思想；它提出各种社会问题，但是并不去周密地考虑它们，而只是指出一条解放人的唯一可行的途径，就是通过自由和平等使社会人道化；只有在日益合理的社会组织中才可能提供积极的解决办法。这是非常合乎期望的解决办法，是我们的共同理想。

马克思恩格斯：《社会主义民主同盟和国际工人协会》，
《马克思恩格斯全集》第 18 卷第 507～508 页。

社会主义现在已经不再被看作某个天才头脑的偶然发现，而被看作两个历史地产生的阶级无产阶级和资产阶级间斗争的必然产物。它的任务不再是想出一个尽可能完善的社会制度，而是研究必然产生这两个阶级及其相互斗争的那种历史的经济的过程；并在由此造成的经济状况中找出解决冲突的手段。

恩格斯：《社会主义从空想到科学的发展》，
《马克思恩格斯全集》第 19 卷第 226 页。

　　马克思在《经济学手稿》里关于儿童受教育的情况的这段话，引自 1856 年 10 月 31 日工厂视察员报告总的评述。括弧里的文字，是马克思写的。

　　这类情况，马克思还引证了辩护士马考莱的《英国史》（1854 年伦敦第 10 版第 1 卷第 417 页）；工厂视察员莱昂纳德·霍纳的报告、亚历山大·雷德格雷夫的报告。

（二）市民社会的法律支柱

1. 企业法与"企业自治"

　　"企业自治"，是传统法关于企业作为一般民事主体立法的基本理念。企业自治的核心含义，是指企业的内部关系、内部事务完全由企业自身决定，其自由意思表示与法律、政府、他人无涉。在现代社会，法律深入到企业内部，使其内部关系具有一定法律性质，而且实行政府对企业的监督管理制度，这与 18 世纪自由资本主义时代的情况是根本不同的。从 19 世纪下半叶开始，现代西方国家整个社会经济逐步实现了生产社会化、资本社会化。在这样的社会化大生产条件下，企业自治立法原则已不复存在，代之而起的是企业法治原则。

　　"企业自治"向"企业法治"的转变，要求依法治理企业，企业设存制度、内部组织制度、资本制度、经营管理等制度必须符合法律的规定和要求。企业法治，是企业法的基本理念。

　　在"企业法治"原则下，企业内部关系为企业法确认和调整，从而形成企业内部法律关系。企业内部法律关系，涵盖了企业设存、企业组织、企业资本、企业生产经营、企业设备等法律关系。

　　法律规定了企业组织法律关系。这种企业法律关系是具有组织性特征的法律关系。企业是由机构和人组成的组织系统，在组织内部存在着机构与机构、成员与成员、机构与成员之间的各种关系。

　　企业内部机构的相互关系，为法律所规定。在公司企业中，依法设立股东大会、董事会、监事会、经理等机关，法律规定它们各自职权和相互关系。

　　企业与职工的关系，为法律所规定。为提高劳动生产率，缓和劳资矛盾，需要通过立法平衡企业与职工之间的权利义务。

　　职工依据法律规定和劳动合同的约定，享有基本劳动权利；职工有结社权，有组织和参加工会的权利和自由。

　　在西方国家，雇主协会是由雇主组成的代表和维护雇主利益，并努力调整雇主与职工以及雇主与工会之间关系的组织。

　　法律规定必须签订劳动合同和集体合同。规定劳动合同包括必备条款和协商条款。集体合同，是由代表职工的组织与雇主之间签订的关于劳动条件、劳动标准等劳动关系问题的协议。集体合同制度是一种依靠集体力量，来保护劳动者自身利益的合同制度。

法律规定劳动者有权进行集体谈判。国际劳工组织通过了一系列有关集体谈判的国际劳工公约和建议书。

法律规定职工参与企业管理。企业推行职工参与企业管理的"职工参与决定"制度。德国通过制定《煤钢行业参与决定法》《企业组织法》《共同决定法》等，确定了职工参与决定制度。

法律规定了企业与出资者的关系。其中，规定出资者人格与企业人格；出资者对企业的权利、义务和责任；出资者退出企业、新出资者加入企业。

由上述可知，"企业自治"已经过时了，有悖于时代特征和时代要求。在当代宣传"企业自治"，宣传被认为属于传统民法的企业法上的"企业自治"立法原则，是不符合中国实际的，也不符合西方国家的实际。

　　每一个人、每一个乡镇，都是自治的；但是，一个哪怕只由两个人组成的社会，如果每个人都不放弃一些自治权，又怎么可能存在，——关于这一点巴枯宁又闭口不谈。

恩格斯：《恩格斯致泰·库诺》，

《马克思恩格斯全集》第 33 卷第 391 页。

　　私有财产的权利是……，（任意使用和支配的权利），是随心所欲地处理什物的权利。

马克思：《黑格尔法哲学批判》，

《马克思恩格斯全集》第 1 卷第 382 页。

　　资产者则无论如何也不能让贵族任意地调整乡村的财产关系，因为他们自己的利益要得到充分的发展，就需要尽量地对农业的经营也采取企业方式，需要建立一个农业企业家的阶级，需要自由出售和自由支配地产。由于地主免不掉要抵押不动产取得贷款，资产者就有可能利用这一点迫使贵族同意资产阶级可以干预有关地产的立法，至少在典押法方面可以干预。

恩格斯：《德国的制宪问题》，

《马克思恩格斯全集》第 4 卷第 63~64 页。

　　普鲁士资产阶级很清楚地知道，在它自己的工业活动范围内是怎样依赖于政府的。经营权和行政监督像梦魇一样困恼着它。每当它开办一个新企业，政府都可以加以阻挠。

恩格斯：《普鲁士军事问题和德国工人政党》，

《马克思恩格斯全集》第 16 卷第 72 页。

　　纺纱机和动力织机给了资本家这种独立，因为生产中的动力握在他们手中了。因此，资本家的权力大大加强了。厂主老爷成了在自己企业范围内拥有惩罚权的立法者，他们往往为了自己发财致富而任意罚款。封建贵族在对待农奴方面还要受到传统的约束并服从于一定的法规，厂主老爷却不受任何监督。

《卡·马克思关于在资本主义制度下使用机器的后果的发言记录》，

《马克思恩格斯全集》第 16 卷第 641 页。

当现代工厂中的分工无论巨细全由企业主的权力进行调度的时候，现代社会要进行劳动分配，除了自由竞争之外没有别的规则、别的权力可言。

马克思：《哲学的贫困》，

《马克思恩格斯全集》第 4 卷第 165 页。

到处都因为不得不采用机器，结果大资本家掌握了企业，同时也掌握了工人。财富不可遏制地日益集中，社会划分为大资本家和一无所有的工人的情形日益明显。国家的整个工业的发展正在大踏步地走向不可避免的危机。

恩格斯：《英国工人阶级状况》，

《马克思恩格斯全集》第 2 卷第 495 页。

工业需要大量的资本。它用这些资本来建立庞大的企业，从而使从事手工业的小资产阶级破产，它用这些资本来使自然力为自己服务，把个体手工业者从市场上排挤出去。

恩格斯：《英国工人阶级状况》，

《马克思恩格斯全集》第 2 卷第 300 页。

成立公司即变大的私人企业为有限公司，是近十多年来的流行现象。从西蒂区的曼彻斯特大货栈起，到威尔士和北英格兰的铁工厂和煤矿以及郎卡郡的工厂，全都已经或正在变成公司。在奥尔丹全城，差不多已经没有一个棉纺织厂留在私人手里了，而且连零售商人也日益为"合作商店"所代替。

恩格斯：《必要的和多余的社会阶级》，

《马克思恩格斯全集》第 19 卷第 317 页。

人们滥设股份公司或两合公司、银行、土地信用和动产信用机构、铁路建筑公司、各种工厂、造船厂、以土地和建筑物进行投机的公司以及其他表面上叫做工业企业而实际上进行最可耻的投机活动的事业。所谓对贸易、交通线、消费资料等等的社会需要，无非是用来掩饰交易所强盗把手头的几十亿投入周转的不可遏止的需要而已。

恩格斯：《俾斯麦先生的社会主义》，

《马克思恩格斯全集》第 19 卷第 193 页。

企业主掌握着就业手段 [Bescä＊9ftigungsmittel]，也就是掌握着工人的生活资料，就是说，工人的生活依赖于他；好像工人甚至把自己的生命活动也降低为单纯的谋生手段了。

马克思：《工资》，

《马克思恩格斯全集》第 6 卷第 643 页。

1848 年实行了十小时工作日法令，或者说得更正确点，十小时半工作日法令。这是我们亲眼见过的极大的经济改革之一。实行这一法令，意味着并不是在某些地方性的企业中，而是在英国赖以统治世界市场的主要工业部门中突然和强制地提高工资。

马克思：《工资、价格和利润》，

《马克思恩格斯全集》第 16 卷第 121 页。

标准工作日的规定，是企业主和工人几世纪斗争的结果。考察一下这种斗争中的两个对立的倾向，是很有意思的。起初，立法的目的是要强制地延长工人的劳动时间；从第一批劳工法（爱德华三世第 23 年即 1349 年的法律）直到十八世纪，统治阶级始终未能从工人身上把可能的劳动量全部榨取出来。但是随着蒸汽和新式机器的应用，情况就改变了。女工和童工的使用迅速打破了劳动时间的一切传统的界限，以致在十九世纪一开始，过度劳动制度就盛行起来并达到人类史上空前未有的程度，结果迫使立法机关不得不在 1803 年做出限制工作日的规定。

恩格斯：《卡·马克思"资本论"第一卷书评——为"双周评论"作》，

《马克思恩格斯全集》第 16 卷第 345 页。

在北美合众国八小时工作日已经被宣布为所有国营企业应当遵守的法律。

马克思：《告伦敦德国工人书》，

《马克思恩格斯全集》第 16 卷第 645 页。

在大工业中，某甲不能任意确定自己劳动的时间，因为某甲的劳动，如果没有组成企业的一切其他的某甲和某乙的合作，那就没有什么作用。这非常清楚地说明英国的厂主为什么顽固地反对十小时工作日法案。他们都很知道，减少女工和童工两小时的劳动时间必然也会引起成年工人的劳动时间的缩短。大工业的性质就要求一切人的劳动时间都完全一样。今天是资本以及工人们之间相互竞争的结果的东西，如果一旦取消劳动和资本的关系，明天就会成为以生产力总额对现存的需要总额的关系为基础的一个实在的协定。

马克思：《哲学的贫困》，

《马克思恩格斯全集》第 4 卷第 116 页。

在我们目前的这种企业主和雇佣工人的社会制度下，资产阶级在碰到加税的时候，总是用降低工资或提高价格的办法来求得补偿的。

马克思：《英镑、先令、辨士或阶级的预算和这个预算对有谁有利》，

《马克思恩格斯全集》第 9 卷第 74 页。

1848 年 1 月，斯托克波尔特的工厂主把各种工人的工资普遍降低 10%。工人们同意了这种降低，条件是一当情况好转就恢复这 10%。因此 1853 年 3 月初工人们向厂主们提起他们所答应的 10% 的增加额。他们同企业主们没有达成协议。

马克思：《俄国对土耳其的政策。——英国的工人运动》，

《马克思恩格斯全集》第 9 卷第 190 页。

企业里做工人数与不幸事故数的比例是 34∶1。假如我们把已呈报工厂视察员的 1845 年 10 月 31 日以前和 1846 年 4 月 30 日以前两个半年的不幸事故总数，同 1858 年和 1859 年的 10 月和 4 月以前两个半年的不幸事故数比较一下，同样也可以明显地看到从工厂法保护条例及其比较广泛的强制实行中所产生的巨大利益。

马克思：《不列颠工厂工业的状况》，

《马克思恩格斯全集》第 15 卷第 96 页。

工厂一出现就表现出一些迥非慈善的行为。儿童在皮鞭下面工作；他们成了买卖的对象，有人为弄到儿童同孤儿院订立了合同。所有关于徒工制度的法律一概废除。

马克思：《哲学的贫困》，

《马克思恩格斯全集》第 4 卷第 169 页。

1802，即乔治三世在位的第四十二年通过的一系列工厂法令中的第一个法令（第七十三章），就得名为"棉纺棉织等工厂企业的学徒和其他雇工的健康和道德保护法令"；这个法律的目的只不过是减轻学徒制的罪恶。

马克思：《不列颠工厂工业的状况》，

《马克思恩格斯全集》第 15 卷第 89 页。

诺森伯兰和德勒穆地方银行的全部资金只有 60 万英镑，可是这家银行还是把大约 100 万英镑借给了无偿还能力的德温特铁厂公司。虽然这家银行的主要人物，事实上主持银行一切事务的乔纳森·理查逊先生本人并不是德温特公司的股东，但是他对于这个没有前途的企业却极其关心，因为他可以从开采铁矿的地区收取地租。所以，这件事实可以作为股份银行的全部资本完全被行长用于私人投机目的的一个很有趣的例子。

马克思：《英国的贸易和金融》，

《马克思恩格斯全集》第 12 卷第 609 页。

在法律还没有确定这些基金所要投入的证券的性质以前，一个属于普鲁士政府管辖的商业企业奉命购买相当的有价证券。这一企业去找贴现公司，公司就为三项帝国基金出售了 3 亿法郎的铁路股票，这些股票我们可以一一列举，它们都是当时卖不出去的。

恩格斯：《俾斯麦先生的社会主义》，

《马克思恩格斯全集》第 19 卷第 198 页。

我们首先应当指出你们已经知道的阿恩斯坦和厄斯克勒斯大公司于 5 月 5 日宣布破产这件事。他们是首都的主要期票经纪人，银行不直接贴现的期票的贴现以及各省的工业期票和商业期票的再贴现主要由他们来办理。除了首都的以外，他们手里还集中了匈牙利、波希米亚和西里西亚企业主的金融业务。这家公司引以自豪的是它有 80 年的历史，它的老板冯·厄斯克勒斯男爵一人身兼数职：国民银行行长、驻丹麦总领事、下奥地利期票贴现公司董事长、国营铁路公司总裁、南部铁路经理，等等。

马克思：《维也纳要闻》，

《马克思恩格斯全集》第 12 卷第 376 页。

对英国人来说，从没有比他不知道怎样处理自己的金钱的时候更为不幸的了。这就是一切大投机买卖、一切盈利的企业的秘密所在，但同时也是一切破产倒闭、一切金融危机和商业停滞的秘密所在。

马克思：《经济状况》，

《马克思恩格斯全集》第 6 卷第 385 页。

经典作家论述了自由资本主义时期的"企业自治"。通过论述企业设立、劳动时间、工资、工伤事故、女工童工就业和企业资本运作和企业与法律的关系、企业与政府的关系，剖析了"企业自治"立法原则的实质，深刻揭露了"企业自治"下工人阶级的不幸。

2. 物权法与私有权绝对

私有权的绝对性，是从"私有财产神圣不可侵犯""所有权是天赋之人权"直接引出的。私有权的绝对性，是指对于物有绝对、无限制地占有、使用、收益和处分的权利。其基本含义是"自由的所有权"和"所有权绝对不可侵犯"。它的根本要求和直接结果是利润最大化行动和所有权的滥用。

经济主体的利润最大化行动，必然使物的因素集中在一方，劳动力则与物的因素相分离，处在另一方，从而加剧人与物的矛盾、人与人的矛盾；而每一经济主体的利润最大化行动，又使经济主体相互对立，恶性竞争，社会经济处于无序性和不可调和状态。

所有权的滥用，是私有权绝对化的必然结果。这种滥用，表现在交易关系、劳动关系、借贷关系等一切社会经济关系领域。在交易关系上，突出表现为利用交易中的优越地位。其判断标准，是不当性和损益性，即不正当地利用交易中的优越地位妨害公平竞争，给竞争对手带来损害。滥用优越地位，是通过运用价格、获利力、生产资源的配置、分配等达到目的的。

由于滥用优越地位，打乱了各市场、各经济部门之间的资源分配，造成生产资源的浪费；在分配上，收入和财富水平不平等，因大部分社会成员购买力下降而使生产过剩。

这样，私有权实际上不只是对物的所有权，而且成为对直接生产者的统治权、对竞争对手的支配权和对社会经济关系的控制权。上述财产权利，又转化为财产权力，实现着财产权力的社会化。

私有权的绝对性引起的社会危机和国民经济运行失调，说明"私权绝对"的民法原理已不再适合市场经济发展的现实，社会不允许财产所有者得到所有权的全部自由权利，不允许所有权的滥用。为此，国家必须通过立法对所有权进行限制。西方国家对所有权进行限制的立法措施，主要包括以下方面：

其一，对于私有财产权，必须为公共目的加以利用。私人所有权，是一种私人所有的所有权，"社会的所有权"代替个人所有权，要求所有权附有义务，其行使应同时服从于、服务于公共福利，从而使所有权与社会发展相协调。

其二，把对财产的支配权，限制在一定范围内。支配权是所有权的基本权能之一，有财产的支配，特别是处分，不能损害他人利益和社会利益。随着财产权利向财产权力的转化，对财产的支配进一步地扩大为对人的支配。因此，必须对支配权进行限制，禁止所有权的滥用。

其三，所有权的内容，必须符合社会利益的要求。所有权的内容，是其各项权能的内容。在占有、使用、处分和收益权能中的具体事项中，不能为实现一己权利而损害社会利益。那种只有个人私利行为才能产生社会利益的主张，已不符合当代要求。

在物权法为德国的国家立法、物权术语为法学界的官定话语的情况下，马克思为什么不用"物权"和"物权法"，而用所有权、所有权法呢？我们通过马克思对于所有权的阐释，可以认为，所有权范畴的含义、权属范围比物权更准确、更科学，而且，具有普遍适用性，特别是能够反映权属发展的时代特征。

这个问题，留待本卷第 6 部分做回答。

社会革命完全不同于以往的政治革命，它的矛头不是对着垄断权的所有，而是对着所有权的垄断；社会革命是穷人反对富人的公开的战争。

恩格斯：《在爱北斐特的演说》，
《马克思恩格斯全集》第 2 卷第 624 页。

在每个历史时代中所有权以各种不同的方式、在完全不同的社会关系下面发展着。因此，给资产阶级的所有权下定义不外是把资产阶级生产的全部社会关系描述一番。要想把所有权作为一种独立的关系、一种特殊的范畴、一种抽象的和永恒的观念来下定义，这只能是形而上学或法学的幻想。

马克思：《哲学的贫困》，
《马克思恩格斯全集》第 4 卷第 180 页。

联合议会所代表的首先是大地产。而大地产是中世纪封建社会的真正基础。与此相反，现代资产阶级社会，我们的社会，是以工业和商业为基础的。土地所有权本身已经失去了它过去的全部生存条件，它依赖于商业和工业。

马克思：《对民主主义者莱茵区域委员会的审判》，
《马克思恩格斯全集》第 6 卷第 290 页。

在为所有权进行的诉讼中，在资产阶级大发横财时期的英国，法学家对于有关财产的每一条法律和每一份文件就作有利于资产阶级的解释；在贵族阶级发财致富的苏格兰，则作有利于贵族阶级的解释，而在两种场合下，都充满着敌视人民的精神。

马克思：《选举。——财政困难。——萨特伦德公爵夫人和奴隶制》，
《马克思恩格斯全集》第 8 卷第 575 页。

　　这些巨大的生产力的创造史到现在为止总是劳动者的殉难史。谁能阻挡他们再前进一步去支配这些到现在还支配着他们的力量呢？有什么力量能抗拒他们呢？没有这种力量！到那时，乞灵于"所有权"是没有用的。资产阶级经济学家们自己也承认，目前生产方式中的变化摧毁了过时的社会制度及其占有方式。这些变化剥夺了苏格兰的氏族的成员，爱尔兰的短工和佃农，英格兰的自耕农、手工织工、无数的手工业者以及整代整代的工厂童工和女工。

马克思：《强迫移民。——科苏特和马志尼。——流亡者问题》，

《马克思恩格斯全集》第 8 卷第 620 页。

　　至于 Crédit Mobilier，我们已经说过，这个机构的意图与它的名称根本不符。它的意图是使资本固定下来，而不是使它流通。它所要流通的只不过是所有权而已。的确，它所创办的各公司的股票完全是流动性质的，但是这些股票所代表的资本却陷住不动。Crédit Mobilier 的全部秘诀就在于把资本吸引到工业企业里，使它陷在那里不动，然后以出卖代表这种资本的股票来进行投机。只要 Crédit Mobilier 的董事们能够从新股票的初次发行中获得贴水，他们当然就能够以斯多噶式的冷漠态度来看待金融市场的普遍紧张、股票持有者的最终命运以及现有各公司的困难。这也就说明为什么会有这种奇怪的现象：虽然 Crédit Mobilier 的股票在交易所不断跌价，但是它的活动却不断向全欧洲扩展。

马克思：《法国的经济危机》，

《马克思恩格斯全集》第 12 卷第 83 页。

　　资本是一种集中的社会力量，而工人只拥有自己的劳动力。因此，劳资之间永远不可能在公平的条件下缔结协定，即使在物质生活资料和劳动资料的所有权同活的生产力相对抗的社会看来的公平条件下也不可能。

马克思：《临时中央委员会就若干问题给代表的指示》，

《马克思恩格斯全集》第 16 卷第 219～220 页。

　　土地使所有者在生前有权以地租形式毫无抵偿地攫取他人劳动的果实。资本使所有者有权以利润和利息的形式获得同样的果实。国家有价证券所有权使所有者能够不劳而获地专靠他人的劳动果实过活等等。

马克思：《总委员会关于继承权的报告》，

《马克思恩格斯全集》第 16 卷第 414 页。

　　公社像我们已经说明的那样，是唯一即使在其目前经济条件下也能立即给农民带来莫大好处的政权的话，那末，也只有公社这种政府形式才能够保证他们改变他们目前的经济状况；能够一方面拯救他们免遭地主的剥夺，另一方面使他们不至于为了所有权的名义而遭受榨取、苦役和贫困的煎熬；能够把他们名义上的土地所有权变成他们对自己劳动果实的实际所有权；能够使他们既享受应社会需要而产生的、而目前则作为一种敌对因素不断

侵犯着他们利益的现代农艺学之利，又保留他们作为真正独立生产者的地位。

马克思：《初稿。——公社》，

《马克思恩格斯全集》第17卷第498页。

它是路易·波拿巴的社会主义实验之一。国家曾为这个实验垫付了13的资本。在14年内（到1867年为止），依照一套在对这件事有较好理解的英国一定行不通的恶劣制度修建了800所小屋子；工人们在13—15年内每月付出昂贵的房租，然后才可以获得这些房子的所有权。我们往下就可以看到，这种获取所有权的方法在英国建筑合作社里早就采用了，根本不必由亚尔萨斯的波拿巴主义者来发明。为赎买房屋而付出的额外房租——同英国比起来——是相当高的；例如，工人在15年内渐次付出4500法郎以后，能取得一所在15年前值3300法郎的房屋。

恩格斯：《论住宅问题》，

《马克思恩格斯全集》第18卷第279页。

现在（据马克思分析的结果），所有权对于资本家来说，表现为占有别人无酬劳动的权利，对于工人来说，则表现为不能占有自己的产品。所有权和劳动的分离，成了似乎是一个以它们的同一为出发点的规律的必然结果。

恩格斯：《反杜林论》，

《马克思恩格斯全集》第20卷第178页。

工人阶级由于封建主义的生产方式转变为资本主义的生产方式而被剥夺了生产资料的任何所有权，由于资本主义生产方式的机制而一代传一代地处于这种毫无财产的状态，他们是不能在资产阶级的法学幻影中充分表达自己生活状况的。只有当工人阶级不是带着有色的法学眼镜，而是如实地观察事物的时候，它才能亲自彻底认清自己的生活状况。

恩格斯：《法学家的社会主义》，

《马克思恩格斯全集》第21卷第547页。

绪论中说道：在现代的法国，生产资料，即土地，在许多地方还是掌握在个体生产者手中的个人财产；社会主义的任务并非在于把所有权和劳动分隔开来，而是在于把任何生产的这两个要素结合在同一手中。——上面已经指出过，说得如此笼统的后面这点，决不是社会主义的任务；社会主义的任务，勿宁说仅仅在于把生产资料转交给生产者公共占有。我们只要忽视这一点，上述论点立刻就会使我们产生出一种错误想法，仿佛社会主义的使命是把小农对自己田地的现在这种虚构的所有权变成真正的所有权，也就是说，把小佃农变成私有者，把满身债务的私有者变成没有债务的私有者。自然，社会主义是要设法使农民所有权的这种假象消失的，但不是用这种方法。

恩格斯：《法德农民问题》，

《马克思恩格斯全集》第22卷第573页。

达翁帕特里克各工厂的合格医生冯·怀特在 1865 年 12 月 16 日的官方报告中说道：

"1864 年的工厂法使陶器业的 200 多个工场进行了粉刷和清扫，这些工场已经有二十年或者根本就节制了这一类的工作。(这就是资本的"节欲"!)

这些作坊里雇有 27878 个工人，他们直到今天还在过度的日间劳动甚至往往在过度的夜间劳动中，呼吸着极端有害的空气。这种空气使得这种在其他方面危害较少的职业也成为疾病和死亡的温床。工厂法使通风设备大大增加了。"

同时，工厂法的这个部分清楚地表明，资本主义生产方式按其本质来说，只要超过一定的限度就拒绝任何合理的改良。我们一再指出，英国的医生曾异口同声地宣布，每人起码要有 500 立方呎的空间才能持续地工作。好了！既然工厂法通过它的各种强制性规定间接地加速了较小的工场向工厂的转化，从而间接地侵害了较小的资本家的所有权，并确保了大资本家的垄断权，那末，法律关于工场中的每个工人应占有必要空间的强制规定，就会一下子直接剥夺成千上万的小资本家！就会动摇资本主义生产方式的根基，也就是说，会破坏大小资本通过劳动力的"自由"购买和消费而实现自行增殖。因此，工厂法在 500 立方呎的空间面前碰壁了。

马克思：《资本论第一卷》，

《马克思恩格斯全集》第 23 卷第 528～529 页。

从前，资本在它认为必要的时候，就通过强制的法律来实现对自由工人的所有权。例如在 1815 年以前，英国曾以严厉的刑罚来禁止机器工人向国外迁移。

马克思：《资本论第一卷》，

《马克思恩格斯全集》第 23 卷第 630 页。

最初，在我们看来，所有权似乎是以自己的劳动为基础的。至少我们应当承认这样的假定，因为互相对立的仅仅是权利平等的商品所有者，占有别人商品的手段只能是让渡自己的商品，而自己的商品又只能是由劳动创造的。现在，所有权对于资本家来说，表现为占有别人无酬劳动或产品的权利，而对于工人来说，则表现为不能占有自己的产品。所有权和劳动的分离，成了似乎是一个以它们的同一性为出发点的规律的必然结果。

马克思：《资本论第一卷》，

《马克思恩格斯全集》第 23 卷第 640 页。

商品生产按自己本身内在的规律越是发展成为资本主义生产，商品生产的所有权规律也就越是转变为资本主义的占有规律。蒲鲁东把永恒的产品生产所有权规律同资本主义所有制对立起来，想以此来消灭资本主义所有制，对他的这种机智不能不感到惊讶！

马克思：《资本论第一卷》，

《马克思恩格斯全集》第 23 卷第 644 页。

商品市场的这种两极分化，造成了资本主义生产的基本条件。资本关系以劳动者和劳动实现条件的所有权之间的分离为前提。资本主义生产一旦站稳脚跟，它就不仅保持这种分离，而且以不断扩大的规模再生产这种分离。因此，创造资本关系的过程，只能是劳动者和他的劳动条件的所有权分离的过程，这个过程一方面使社会的生活资料和生产资料转化为资本，另一方面使直接生产者转化为雇佣工人。因此，所谓原始积累只不过是生产者和生产资料分离的历史过程。

> 马克思：《资本论第一卷》，
> 《马克思恩格斯全集》第23卷第782～783页。

如果货币在我们这个资本家的交易中执行支付手段的职能（其方式是商品要经过或长或短的时期才由买者支付），那末，要资本化的剩余产品就不转化为货币，而转化为债权，也就是对买者或许已经到手或许可望到手的等价物的所有权。

> 马克思：《资本论第二卷》，
> 《马克思恩格斯全集》第24卷第92页。

很清楚，100镑的所有权，使其所有者有权把利息，把他的资本生产的利润的一定部分，据为己有。如果他不把这100镑交给另一个人，后者就不能生产利润，也就根本不能用这100镑来执行资本家的职能。

> 马克思：《资本论第三卷》，
> 《马克思恩格斯全集》第25卷上册第379页。

利息对他来说只是表现为资本所有权的果实，表现为抽掉了资本再生产过程的资本自身的果实，即不进行"劳动"，不执行职能的资本的果实。

> 马克思：《资本论第三卷》，
> 《马克思恩格斯全集》第25卷上册第420页。

资本的使用者，即使是用自有的资本从事经营，也具有双重身分，即资本的单纯所有者和资本的使用者；他的资本本身，就其提供的利润范畴来说，也分成资本所有权，即处在生产过程以外的、本身提供利息的资本，和处在生产过程以内的、由于在过程中活动而提供企业主收入的资本。

> 马克思：《资本论第三卷》，
> 《马克思恩格斯全集》第25卷上册第421页。

执行职能的资本家不是从他对资本的所有权中，而是从资本同它只是作为无所作为的所有权而存在的规定性相对立的职能中，得出他对企业主收入的要求权，从而得出企业主收入本身。

> 马克思：《资本论第三卷》，
> 《马克思恩格斯全集》第25卷上册第426页。

　　因为在资本主义生产方式下，资本的独特的社会规定性的因素——具有支配别人劳动的属性的资本所有权——已经固定下来，利息又因此表现为资本在这种条件下生出的剩余价值的一部分，所以剩余价值的另一部分——企业主收入——就必然表现为：它并不是由资本本身生出的，而是由同它的、已经以资本利息这个名称取得特殊存在方式的独特社会规定性相分离的生产过程生出的。

　　　　　　　　　　　　　　　　马克思：《资本论第三卷》，
　　　　　　　　　　　《马克思恩格斯全集》第 25 卷上册第 429 页。

　　与信用事业一起发展的股份企业，一般地说也有一种趋势，就是使这种管理劳动作为一种职能越来越同自有资本或借入资本的所有权相分离，这完全象司法职能和行政职能随着资产阶级社会的发展，同土地所有权相分离一样，而在封建时代，这些职能却是土地所有权的属性。

　　　　　　　　　　　　　　　　马克思：《资本论第三卷》，
　　　　　　　　　　　《马克思恩格斯全集》第 25 卷上册第 436 页。

　　在股份公司内，职能已经同资本所有权相分离，因而劳动也已经完全同生产资料的所有权和剩余劳动的所有权相分离。资本主义生产极度发展的这个结果，是资本再转化为生产者的财产所必需的过渡点，不过这种财产不再是各个互相分离的生产者的私有财产，而是联合起来的生产者的财产，即直接的社会财产。

　　　　　　　　　　　　　　　　马克思：《资本论第三卷》，
　　　　　　　　　　　《马克思恩格斯全集》第 25 卷上册第 494 页。

　　如果高利贷者不满足于只榨取他的牺牲者的剩余劳动，而逐渐取得了对后者的劳动条件本身的所有权，即土地、房屋等等的所有权，并用这种办法不断地对后者进行剥夺，那末，又会从另一方面忘记这样一点：劳动者的劳动条件这样完全被剥夺，并不是资本主义生产方式所要达到的结果，而是它作为出发点的现成的前提。

　　　　　　　　　　　　　　　　马克思：《资本论第三卷》，
　　　　　　　　　《马克思恩格斯全集》第 25 卷下册第 673～674 页。

　　土地所有权的前提是，一些人垄断一定量的土地，把它作为排斥其他一切人的、只服从自己个人意志的领域。在这个前提下问题就在于说明这种垄断在资本主义生产基础上的经济价值，即这种垄断在资本主义生产基础上的实现。用这些人利用或滥用一定量土地的法律权力来说明，是什么问题也解决不了的。这种权力的利用，完全取决于不以他们的意志为转移的经济条件。法律观念本身只是说明，土地所有者可以象每个商品所有者处理自己的商品一样去处理土地；并且，这种观念，这种关于土地自由私有权的法律观念，在古代世界，只是在有机的社会秩序解体的时期才出现；在现代世界，只是随着资本主义生产的发展才出现。

　　　　　　　　　　　　　　　　马克思：《资本论第三卷》，
　　　　　　　　　《马克思恩格斯全集》第 25 卷下册第 695～696 页。

这个作为租地农场主的资本家，为了得到在这个特殊生产场所使用自己资本的许可，要在一定期限内（例如每年）按契约规定支付给土地所有者即他所使用土地的所有者一个货币额（和货币资本的借入者要支付一定利息完全一样）。这个货币额，不管是为耕地、建筑地段、矿山、渔场、森林等等支付，统称为地租。这个货币额，在土地所有者按契约把土地租借给租地农场主的整个时期内，都要支付给土地所有者。因此，在这里地租是土地所有权在经济上借以实现即增殖价值的形式。

马克思：《资本论第三卷》，

《马克思恩格斯全集》第 25 卷下册第 698 页。

从前，资本在它认为必要的时候，就通过强制的法律来实现对自由工人的所有权。例如在 1815 年以前，英国曾以严厉的刑罚来禁止机器工人向国外迁移。

马克思：《资本论第一卷》，

《马克思恩格斯全集》第 23 卷第 630 页。

货币最初转化为资本，是完完全全符合商品生产的经济规律以及由此产生的所有权的。

马克思：《资本论第一卷》，

《马克思恩格斯全集》第 23 卷第 641 页。

事实越是明显地反对政治经济学家的意识形态，政治经济学家就越是热心地起劲地把资本主义以前世界的法权观念和所有权观念应用到这个已经完成的资本世界。

马克思：《资本论第一卷》，

《马克思恩格斯全集》第 23 卷第 833 页。

在资本主义社会制度下，土地的有限的确是以土地的垄断为前提的，但是这说的是作为经营对象的土地，而不是作为所有权对象的土地。在设想资本主义农业组织的时候，必须设想到全部土地被各个私人农场所占用，但是绝对不能设想全部土地都是这些业主或其他人的私有财产，或者都归私人占有。对土地所有权的垄断和对土地经营的垄断，不仅在逻辑上而且在历史上，都是两种完全不同的现象。在逻辑上，我们完全可以设想完全没有土地私有制，土地归国家或村社等等所有这样一种纯粹的资本主义农业组织。在现实中，我们也看到，在所有发达的资本主义国家里，全部土地都被各个私人农场占用着，但是，这些农场不仅经营自己私有的土地，同时还经营从私有者那里租来的土地以及国家的土地和村社的土地（例如在俄国就是如此，大家知道，在俄国的农民村社土地上的各种私人农场，主要的是资本主义的农民农场）。难怪马克思在分析地租问题时一开始就指出，资本主义的生产方式遇到了（并且控制了）各种不同的土地所有制形式，从克兰所有制和封建所有制起一直到农民村社所有制。

列宁：《土地问题和“马克思的批评家”》，

《列宁全集》第 5 卷第 100 页。

土地国有化就是全部土地收归国家所有。所谓归国家所有，就是说国家政权机关有权获得地租、有权规定全国共同的土地占有和土地使用的规则。在国有化的情况下，这种共同的规则肯定包括禁止一切中介行为，即禁止转租土地，禁止将土地让给并不亲自经营的人等等。再者，如果这里讲的国家是真正民主的（并不是象诺沃谢茨基所说的那种孟什维克意义上的民主），那么国家土地所有制丝毫不排斥在全国性法律允许的范围内把土地转交地方和区域自治机关支配，反而要求这样做。我在《修改工人政党的土地纲领》这本小册子中已经说过，我们党的最低纲领在谈到民族自决权、谈到广泛的区域自治等等的时候，直接提出了这样的要求。因此，规定因地制宜的细则、实际拨给土地或者在各个户主或各个协作社之间分配土地等等事宜，必然要交给地方国家政权机关，即地方自治机关办理。如果关于这一切还可能产生什么误会，那要么是由于不了解所有权、占有权、支配权、使用权等概念的区别，要么是由于蛊惑人心地玩弄省区自治和联邦制。马斯洛夫就玩弄过这种手法。他在《教育》杂志（1907年第3期第104页）上写道："……某些地方的农民也许会同意交出自己的土地，但只要有某一个大地区（例如波兰）的农民拒绝交出自己的土地，全部土地国有化的方案就会成为无稽之谈了。"这就是庸俗论据的典型，其中没有任何思想，而只有字句的堆砌。条件特殊的一个地区表示"拒绝"，不会改变总的纲领，也不会使这个纲领变为无稽之谈。有的地区也可能"拒绝"地方公有化。然而这个并不重要。重要的是在统一的资本主义国家里，土地私有制和大规模的国有制这两种制度是不可能并存的。其中必有一个要占上风。工人政党的任务就是要维护较为优越的、能加速生产力的发展、能保证自由地开展阶级斗争的制度。

列宁：《社会民主党在俄国第一次革命中的土地纲领》，
《列宁全集》第16卷第302页。

无论怎样进行土地改革，无论怎样改变土地占有制，也无论怎样进行"土地分配"，325万无马农户决不会成为"雇主"。我们已经看到，这几百万农户（以及相当一部分有1匹马的农户）在自己的一小块土地上疲于奔命或出租自己的份地。美国式的工业发展必然会使大多数这种在资本主义社会中没有出路的业主离开农业，无论什么样的"土地所有权"也阻挡不住。

列宁：《19世纪末俄国的土地问题》，
《列宁全集》第17卷第119页。

美国的事实特别明显地证实了马克思在《资本论》第3卷中所强调的这样一个真理，即农业中的资本主义并不取决于土地所有权和土地使用权的形式。资本会碰到各种各样的中世纪和宗法制的土地所有权形式：封建的、"份地农民的"（即依附农民的）、克兰的、村社的、国家的等等。所有这些土地所有权形式，资本都使之服从于自己，只是采取的形式和手段有所不同而已。

列宁：《关于农业中资本主义发展规律的新材料》，
《列宁全集》第27卷第153页。

将近80%的铁路集中在5个最大的强国手中，但是这些铁路的所有权的集中程度，金融资本的集中程度，还要高得多，例如美、俄及其他国家铁路的大量股票和债券都属于英法两国的百万富翁。

> 列宁：《帝国主义是资本主义的最高阶段》，
> 《列宁全集》第27卷第410页。

土地私有制应该根本废除，即全部土地的所有权只应属于全体人民。土地应该由地方民主机关来支配。

> 《全俄农民第一次代表大会文献》，
> 《列宁全集》第30卷第136页。

人们常常把银行国有化同没收私有财产混为一谈，这应当归咎于散布这种混乱概念的资产阶级报刊，因为它们一心想欺骗公众。银行所支配和银行所汇集的那些资本的所有权，是有印制和银行国有化，即所有银行合并为一个国家银行时，这些凭据一个也不会作废，一个也不会改变。谁的存折上有15个卢布，在银行国有化以后，他仍旧是15卢布的所有者，谁有1500万卢布，在银行国有化以后，他仍然握有1500万卢布的股票、债券、期票、货单等等。

> 列宁：《大路临头，出路何在？》，
> 《列宁全集》第32卷第190页。

出版自由就是全体公民可以自由发表一切意见。可是现在怎么样呢？现在只有富人以及大党才有这种垄断权。要是能出版刊登各种广告的大型苏维埃报纸，就完全能够保证更多的公民发表自己的意见，譬如能够保证每一个征集到一定数量签名的团体发表意见。经过这样的改革，出版自由实际上就会变得更加民主，更加完备。但是有人会说：到哪儿去找印刷所和纸张呢？这才是关键！！！问题不在于"出版自由"，而在于剥削者对他们占有的印刷所和纸张拥有神圣的所有权！！！

> 列宁：《怎样保证立宪会议的成功》，
> 《列宁全集》第32卷第230页。

非出租房屋的房主在立宪会议作出决定以前仍为房主，其所有权不作任何改变。

> 列宁：《没收出租住房法令的提纲》，
> 《列宁全集》第33卷第105页。

苏维埃不仅把立法权和对执行法律的监督权集中在自己的手里，而且通过苏维埃全体委员把直接执行法律的职能集中在自己的手里，以便逐步过渡到由全体劳动居民人人来履行立法和管理国家的职能。无论直接或间接地把个别工厂或个别行业的工人对他们各自的生产部门的所有权合法化，还是把他们削弱或阻挠执行全国政权命令的权利合法化，都是对苏维埃政权基本原则的极大歪曲，都是对社会主义的彻底背弃。

列宁：《关于苏维埃政权的民主制和社会主义性质》，
《列宁全集》第 34 卷第 448 页。

资产阶级喜欢把在这种条件下进行的选举叫作"自由的""平等的""民主的""全民的"选举，这是可以理解的，因为这些字眼可以用来掩盖真相，掩盖这样的事实：生产资料所有权和政权仍然掌握在剥削者的手里，因而根本谈不上被剥削者即大多数居民的真正自由和真正平等。

列宁：《论"民主"和专政》，
《列宁全集》第 35 卷第 384 页。

妨碍人们享受这种平等的，是生产资料、货币和资本的私有权。富人房产的所有权可以一下子夺过来，资本和生产工具也可以较快地夺过来，但是要把货币的所有权拿过来，你试试看吧。要消灭货币，需要很多技术上的成就，更困难得多和重要得多的是组织上的成就。而在货币消灭之前，平等始终只能是口头上的、宪法上的，每个有货币的人都有事实上的剥削权利。我们没有做到一下子废除货币。

列宁：《在全俄社会教育第一次代表大会上的讲话》，
《列宁全集》第 36 卷第 340 页。

消灭封建主义及其遗迹、实行资产阶级的（也可以说是资产阶级民主的）制度的原则，在世界历史上用了整整一个时代。而这一世界历史时代的口号必然是自由、平等、所有权和边沁。消灭资本主义及其遗迹、实行共产主义制度的原则，构成现在已经开始的世界历史的新时代的内容。

列宁：《论意大利社会党党内的斗争》，
《列宁全集》第 39 卷第 423 页。

可否这样做：想办法采取签订两项合同的形式（合适的、方便的形式）：一项是瑞典滚珠轴承公司向我们购买整个仓库（承认所有权属于我们，这是问题的实质）。另一项是我们用合同规定的款额买他们的产品。

列宁：《致德·伊·库尔斯基》，
《列宁全集》第 51 卷第 495 页。

马克思在《法国的经济危机》里提到的"Crédit Mobilier"，在《法国的 CRéDIT MO-BILIER》一文中集中论述过。Crédit Mobilier 的秘密之一就是这样一个原则：增加自己的业务和减少自己的风险，办法是参与各种各样的企业和尽快地退出这些企业。意思就是，广泛地收买股票，用它们进行大量的投机活动，在赚取贴现以后，尽快地把这些股票抛售出去。这就是说，工业发展的基础应当是有价证券买卖，或者更确切些说，一切工业活动只应当是证券投机活动的借口。除了获取利润是 Crédit Mobilier 的活动围着转的真正轴心以外，它的目的显然是用同商业银行的业务完全相反的方法对资本发生作用。商业银行用贴现、贷款和发行银行券使固定起来的资本暂时得到自由的运用，而 Crédit Mobilier 实际上是把游资固定起来。例如，铁路股票可以非常自由地流通，但是这些股票所代表的资本，即投放在铁路建设上的资本却是固定的。几乎现代每一次商业危机都同游资和固定起来的资本之间应有的比例关系遭到破坏有关。

这样说来，像 Crédit Mobilier 这样的机关，既然它的直接目的是尽量把国内的借贷资本固定起来，投放到铁路、运河、矿山、船坞、轮船、冶金工厂和其他工业企业，而不考虑国家的生产能力，由于这一套做法，私有者变成了股东，即变成了投机家。资本的积聚加速了，其必然结果就是，小资产阶级的破产也加速了。特种工业巨头出现了，他们的权力同他们的责任则成反比，因为他们只对他们所有的那一大宗股票负责，而支配的却是公司的全部资本。

列宁在《社会民主党在俄国第一次革命中的土地纲领》里，用马克思主义观点说明了土地国有化的经济实质：土地国有化就是消灭绝对地租，把土地所有权转交给国家，禁止土地的一切转让，就是说，取消土地经营者和土地所有者（国家）之间的一切中介人。列宁批判了孟什维克彼·马斯洛夫和格·普列汉诺夫否认马克思的绝对地租理论、维护所谓"土地肥力递减规律"的错误。列宁进一步指出，只有实行彻底的政治变革，消灭专制制度，建立民主共和国，才能实行彻底的土地变革，才能没收地主土地，实现土地国有化。

3. 合同法与契约自由

契约自由，是自由资本主义市场经济的基本原则。依据这一原则，当事人可以自由地签订任何内容的合同。"自由协议"和"契约不是法定义务"是契约自由概念的基本含义。契约自由的表现包括四个方面：一是订立契约的自由。包括订立或不订立的自由，要约、承诺也都是由当事人自由决定。二是选择契约对象的自由。同谁签订合同，可以根据当事人自身意志自由选择，不受约束。三是决定契约内容的自由。合同的内容、条款，合同的标的、价款、质量以及合同履行、合同责任等，都由当事人自由决定，他人不得干涉。四是契约成立方式的自由。只要当事人"合意"，合同便成立，不需要特定的成立方式和程序。

如果一项合同是自由签订的，便被认为是神圣的，法律、政府、他人均不得干涉。这就是"契约神圣"的含义。

"契约自由""契约神圣"，是民法的支柱，也是传统民法学的普遍理论概括。然而，随着垄断市场经济的发展，自由契约关系发生了变化。合同当事人在法律上总是被规定为平等的，但经济力的强弱、经济上的依赖关系，决定了他们之间的合同关系不可能是平等的：第一，缔约能力不平等。大企业与中小企业、垄断体与非垄断体、经济不发达和欠发达地区与经济发达地区之间的当事人，签约的实力强弱不同，谈判中讨价还价的能力有差别，这不能不反映在合同上面。第二，双方权利义务不平等。在合同内容上，往往规定价格歧视、排他性条件，规定只适用于一方当事人的约束性条款，等等。第三，合同履行不平等。即使这样内容不平等的合同，也得不到平等的履行，一方当事人往往利用合同谋取合同外利益或更大的合同利益。第四，合同裁判不平等。经济上的强者、有社会背景的当事人，一般会成为诉讼或仲裁中的强者或胜诉人。

契约自由、自由契约关系推动了社会危机经济失调，社会要求一种不同于民法的法律对契约自由加以限制。这种法律限制，主要表现在两个方面：

一是限制经济主体的自由意思表示。"超当事人意志""非自我目的""无选择性"改变了主体自由意志的内涵。法律规定合同条款，而不是由当事人商定，限制了合同内容的自由决定权；签订合同为法定义务。某些合同，如涉及公共利益的合同，是必须签订的，把签订合同确定为法律义务，这就限制了契约对象的自愿选择权；执行标准合同，即合同内容由一方当事人事先确定，制成条式或表格式，另一方当事人只有按该内容签订，这就限制了合同成立方式的对等协商权。

二是依据法律解决合同争议。依据当事人的意思表示及合同本身解决争议的时代过去了，现在是依据法律和法律原则裁判合同的合法性、权利义务的有效性。合同是依法成立的，当事人的意思表示也须服从法律。这样，合同争议的解决只能依据法律。这是限制契约自由的鲜明表现。

这里应当说明，合同、契约、合约是一个意思，通常中国大陆称合同，我国台湾地区称契约，香港特别行政区称合约。有学者讲演中提到合约，听众好奇地问什么是合约，学者回答说："合约理论是非常深奥的学问""没有长时间不能讲清楚"。对于什么是合约，一句话就能使听众恍然大悟，可这位学者却故作高深。合同、契约、合约就是协议，只是不同说法而已。

这种通过交换和在交换中才产生的实际关系，后来获得了契约这样的法的形式，等等，但是这一形式既不构成自己的内容，即交换，也不构成存在于这一形式中的人们的相互关系，而是相反。

马克思：《评阿·瓦格纳的"政治经济学教科书"》，
《马克思恩格斯全集》第 19 卷第 423 页。

两个商品的所有者必须愿意互相交换他们的商品，因此，必须彼此承认对方是私有者。这种具有契约形式的法权关系，不外是一种反映经济关系的意志关系。这种法权关系或意志关系的内容是由经济关系本身赋予的。

恩格斯：《卡·马克思"资本论"第一卷提纲》，
《马克思恩格斯全集》第 16 卷第 277～278 页。

在法学家们以及任何法典看来，各个个人之间的关系，例如缔结契约这类事情，一般是纯粹偶然的现象；这些关系被他们看作是可以随意建立或不建立的关系，它们的内容完全取决于缔约双方的个人意愿。

马克思恩格斯：《德意志意识形态》，
《马克思恩格斯全集》第 3 卷第 285 页。

正如从前价值符号的一般象征要求国家的保证和规定其强制流通一样，现在买者的人身象征则在商品所有者之间引起一种法律上有强制性的私人契约。

马克思：《政治经济学批判》，

《马克思恩格斯全集》第 13 卷第 131 页。

价格，作为在契约上规定了的交换价值，不仅存在于卖者的头脑中，而且同时也是买者所负的义务的尺度。

马克思：《政治经济学批判》，

《马克思恩格斯全集》第 13 卷第 131 页。

货币的另一种用法是用来购买它所估价的物品……价格和契约是用观念的货币来估算，而用实在的货币来实现的。

马克思：《政治经济学批判》，

《马克思恩格斯全集》第 13 卷第 79 页。

一旦契约到期，货币就进入流通，因为它变换位置，从过去的买者手里转入过去的卖者手里。但是它进入流通，不是作为流通手段或购买手段。它作为这种手段起作用，是早在它存在之前，它的出现，是在它已经不再作为这种手段起作用之后。

马克思：《政治经济学批判》，

《马克思恩格斯全集》第 13 卷第 131 页。

契约上规定用来偿还内债外债的通常总不是茶叶、咖啡、糖或靛青，而是铸币。

马克思：《政治经济学批判》，

《马克思恩格斯全集》第 13 卷第 176 页。

为了在契约到期时支付，他就必须先把商品出卖。所以，这种出卖，与他的个人需要完全无关，已经由于流通过程的运动变为他的一种社会必需。

马克思：《政治经济学批判》，

《马克思恩格斯全集》第 13 卷第 131～132 页。

在尼古拉统治时期，也曾有一系列敕谕限制贵族对农奴的权利：允许农奴（1842 年的敕谕）与其主人签订有关服役期限的契约（这便间接地允许农奴起诉控告主人）；以政府名义（1844 年）保证农民履行契约所规定的义务；保证农奴（1846 年）在他们所依附的领地需要拍卖时有权赎买自由；允许依附于这种领地上的农民（1847 年）在该领地一出售时立即把它全部买下来。使政府和贵族都大为吃惊的是，突然发觉，农奴对此很有准备，真的接二连三地买起领地来了；不仅如此，在许多情况下，地主只是虚有其名的所有者，因为是他自己的农奴出钱帮他摆脱了债务，这些农奴当然采取了各种预防办法来为自已确实保证自由和领地的所有权。

马克思：《关于俄国的农民解放》，

《马克思恩格斯全集》第 12 卷第 723～724 页。

第一个条件是要补偿金，使农民由农奴变为契约债务人，这样一来，从物质利益这方面来说，至少在两三个世代之内，除了农奴依附的形式可能由宗法式的变为新的、文明的形式外，就什么也不会改变。

马克思：《俄国利用奥地利。——华沙会议》，

《马克思恩格斯全集》第 15 卷第 195 页。

豪绅显贵是怎样获得这些侍从的，这可以从当日的契约程式中看出来。例如，在一张这样的契约程式（西尔蒙契约程式集第 43 号）中说："众所周知，我无衣无食，所以请求您（主人）开恩，我希望受您的庇护（mundeburdum——等于监护）并投靠于您，条件如下：您按照我为您服务的情况和应得的报酬负责供给我衣食；而我只要还活着，就要按照一个自由人（ingenuili ordine）的样子，听候您的使唤；并且，我终生都不脱离您的权力和保护，一辈子留在您的权力和保护之下。"

恩格斯：《法兰克时代》，

《马克思恩格斯全集》第 19 卷第 555 页。

只要大地主能将无法偿付的荒诞的地租强加于随时都可以使之退佃的佃农（tenantsat-will）身上，或者在根据契约出租土地时强使农民签订自愿被奴役的条约，那末在将来，大地主的专横仍会像过去一样具有法律的效力！

《燕妮·马克思关于爱尔兰问题的文章》，

《马克思恩格斯全集》第 16 卷第 693 页。

短工部分地是通过契约、部分地是通过盛行的实物报酬制度（住房也包括在内）实际上处在对庄园主依附的地位，这种依附丝毫也不下于奴仆对庄园主的依附。

恩格斯：《威廉·沃尔弗》，

《马克思恩格斯全集》第 19 卷第 98 页。

罗素在 1827 年 5 月最后一次提出议会改革提案的四年以后，于 1831 年 3 月 1 日再度提出这个提案即著名的改革法案，这决不能怪他。他迄今一直用来证明他应该获得全世界特别是英国的赞美的这个法案，决不是他的创造。这个法案的主要特点是：取消大部分的腐朽的市镇，增加各郡的代表人数，给予官册农和契约农以及 24 个英国最重要的工商业城市以选举权。从这些特点看来这个法案是格雷伯爵（1830 年组成的改革内阁的首脑）在 1797 年向下院提出的那个法案的翻版。

马克思：《约翰·罗素勋爵》，

《马克思恩格斯全集》第 11 卷第 436 页。

有许多小佃农，可是这不是现代所谓的佃农，而是这样一些人，他们由于契约上的可以继承的租佃关系或者由于古老的习惯，从父亲和祖父手里继承了小块的土地，一直稳稳当当地坐在上面，就好像这些土地是他们的财产一样。

恩格斯：《英国工人阶级状况》，

《马克思恩格斯全集》第2卷第285页。

只有在所有封建重负中占微不足道的一部分的那些义务，在废除时才不需要缴纳赎金。反之，一切已由契约或判决调整过的封建义务的赎金仍然有效。这就是说，农民将得不到任何补偿。

马克思：《"盖尔温努斯报"的威胁》，

《马克思恩格斯全集》第5卷第124页。

破坏那些使契约有效的法权准则，会损害毫无疑义的契约关系，其结果是使人们对民法的稳定性的信任发生动摇，从而使整个经济生活遭到极其可怕的危险！！！因此，吉尔克先生在这里看到了所有权的破坏，这种破坏会动摇一切法权准则。

马克思：《废除封建义务的法案》，

《马克思恩格斯全集》第5卷第330页。

为什么无偿地废除在法案中提到的各项义务就不是破坏所有权呢？其实在这里，不仅存在着毫无疑义的契约关系，并且还存在着从太古以来就无条件存在的无可争辩的权利，而修改契约的要求所涉及的那些契约就决不是无可争辩的。

马克思：《废除封建义务的法案》，

《马克思恩格斯全集》第5卷第330页。

他之所以不想修改赎买契约，只是因为通过这种契约，封建的所有制关系已经变成资产阶级的所有制关系，因为他如果修改这些契约，就要同时在条文上侵犯资产阶级所有制。

马克思：《废除封建义务的法案》，

《马克思恩格斯全集》第5卷第330页。

依附农们在各种各样的借口和名称之下被加上新的杂捐和贡赋。徭役，地租，杂捐，接租费，死亡税，保护金等等，都不顾旧契约而任意增加。法庭拒绝受理案件，而且只干受贿敲诈的勾当。

恩格斯：《德国农民战争》，

《马克思恩格斯全集》第7卷第390页。

如果他是一个农奴，那么他就完全听从主人支配。如果他是一个依附农，那末契约规定的法定负担已经压得他透不过气了，可是这些负担还一天天加重。他必须以绝大部分时间在主人的田庄上劳作；剩下来自己支配的有限几个钟头的劳动所得得用来缴什一税，地租，杂捐，赋税〔Bede〕，远征税（战争税），本邦税，帝国税。

恩格斯：《德国农民战争》，

《马克思恩格斯全集》第 7 卷第 397 页。

议会废除了一切有关租佃契约的封建法律，也包括这样一条法律：有长子继承权的继承者可以不承认前辈所订立的租佃契约，因为契约在承诺者死去后就被认为失效了。

马克思：《革命的西班牙》，

《马克思恩格斯全集》第 10 卷第 493～494 页。

如果我们把 1815 年到 1846 年这段时期考察一下，我们会看出，起着更大作用的大概是租佃农场主的幻想：似乎在任何条件下谷物法都能使谷物价格保持在 aprioi〔原定的〕水平上。这种幻想对租佃契约是有影响的。

马克思：《约翰·罗素勋爵》，

《马克思恩格斯全集》第 11 卷第 447 页。

虽然这些章程得到了王国官厅的批准，但是章程中的一些条文却严重违反了民事契约法的一般通用的原则。然而，在任何情况下，把工人的金钱与资本家的金钱分开，却是矿工协会进行任何改革所必不可少的先决条件。

恩格斯：《关于萨克森煤矿工人行业协会的报告》，

《马克思恩格斯全集》第 16 卷第 391 页。

承认废除继承权是社会革命的起点，只能意味着引诱工人阶级离开那实行攻击现代社会真正应持的阵地。这同既要废除买主和卖主之间的契约法，同时又要保存目前的商品交换制度一样是荒谬的。

马克思：《总委员会关于继承权的报告》，

《马克思恩格斯全集》第 16 卷第 415 页。

从手工业到工场手工业的转变，要有一定数量的自由工人——所谓自由，一方面是他们解脱了行会的束缚，另一方面是他们失去了独立使用自己的劳动力所必需的资料——为前提，他们可以和厂主订立契约出租他们的劳动力，因而作为缔约的一方是和厂主权利平等的。

恩格斯：《反杜林论》，

《马克思恩格斯全集》第 20 卷第 116 页。

现在我们如果回顾一下我们假定"自由的"和"平等的"工人同资本家订立契约的

那一时刻，我们就会发现，在生产过程中许多东西都变得大不相同了。从工人方面来看，这种契约并不是自愿的。

恩格斯《卡·马克思"资本论"第一卷书评——为双周评论作》，
《马克思恩格斯全集》第16卷第345页。

劳动的性质意味着，劳动力只有在缔结契约以后才被使用，因为货币对于这种商品多半是充当支付手段，所以在一切资本主义生产方式的国家中，只有在劳动力发挥作用以后，才付给报酬。因此，到处都是工人借贷给资本家。

恩格斯：《卡·马克思"资本论"第一卷提纲》，
《马克思恩格斯全集》第16卷第294页。

工人从生产过程中出来时，已和他进入时完全不同了。劳动契约对他来说并非生产的自由当事人的契约。他自由出卖劳动力的时间，乃是他被迫出卖劳动力的时间。

恩格斯：《卡·马克思"资本论"第一卷提纲》，
《马克思恩格斯全集》第16卷第303页。

每一个工人要放弃契约所规定的工作，必须在前一个月，并且要在每月1日预先报告。因此，他如果拒绝按照规定的条件从事计件劳动，他仍要被迫继续工作至少4星期至8星期。在这种情形下，空谈什么根据双方协议调整计件工资，空谈什么工人与资本家之间的自由契约，那实在令人可笑！

恩格斯：《关于萨克森煤矿工人行业协会的报告》，
《马克思恩格斯全集》第16卷第385页。

在日益需要儿童的情况下，习艺所里穷人的孩子就成了十足的交易对象。他们从4岁起，甚至从3岁起，就成批地以签订学徒契约的形式卖给出价最高的厂主。

恩格斯：《英国的10小时工作制法案》，
《马克思恩格斯全集》第7卷第276页。

厂主是绝对的立法者。他随心所欲地颁布工厂规则；他爱怎样就怎样修改和补充自己的法规；即使他在这个法规中加上最荒谬的东西，法官还是对工人说："你们是可以自己做主的，如果你们不高兴，就不必订这样的契约；但是现在你们既然自愿地订了这个契约，那你们就得履行它。"这样，工人还得忍受这个本身就属于资产阶级的治安法官的嘲笑，忍受同一个资产阶级所制定的法律的嘲笑。

恩格斯：《英国工人阶级状况》，
《马克思恩格斯全集》第2卷第465页。

如今厂主完全可以为所欲为：他又是原告，又是证人，又是法官，又是立法者，又是执行者——什么都由他一手包办。当工人告到治安法官那里去的时候，他得到的回答是：你们接受了卡片，就是签订了契约，你们现在就得履行它。

恩格斯：《英国工人阶级状况》，
《马克思恩格斯全集》第 2 卷第 484 页。

"爱尔兰人报"公布了格莱斯顿内阁成员之一、达费林勋爵授意拟订的新租约，Land Bill 就是在他的唆使下搞出来的，Coercion Bill〔高压法案〕也是他在上院提出的。封建主的厚颜无耻，老练的高利贷者的贪婪盘算，恶讼师的卑鄙阴险，将这三者加起来，才能对这位高贵的达费林所发明的新租约有一个近似的概念！

《燕妮·马克思关于爱尔兰问题的文章》，
《马克思恩格斯全集》第 16 卷第 693 页。

1832 年，当我们这个地区也面临着霍乱流行的威胁时，魏斯基尔辛乡根据乡镇委员会的决议，以 40 塔勒的价格买下一块地皮，准备用来作为墓地，安葬那些霍乱病死者。在购地契约中，曾明确地提出下列条件：如果日后霍乱没有流行，那么，这块为防不测而买下的、届时将不再需要的地皮仍然归还原主。后来，当霍乱流行的威胁已经消除时，乡镇委员会再次作出决议，规定一旦旧的墓地不敷需用，则在那片同当时新建的教区礼拜堂毗连、归神父使用的教会土地上开辟新的墓地。

马克思：《摩泽尔记者的辩护》，
《马克思恩格斯全集》第 1 卷上册第 393 页。

虽然当时西班牙的大部分不动产因有"死手"权不能买卖（贵族的财产只能继承，教会的土地不可转让），洪达还是下令中止已经开始了的出售"死手"财产的现象，甚至扬言要废除买卖教会土地的私人契约。

马克思：《革命的西班牙》，
《马克思恩格斯全集》第 10 卷第 471 页。

波拿巴在交易所订立借款契约的企图，由于巴黎资本家的消极抵抗而遭到了失败。

马克思：《工人议会开幕。——英国的军事预算》，
《马克思恩格斯全集》第 10 卷第 127 页。

1790 年财产契约的强制注册范围扩大了，税率也提高了。注册税规定多从买卖中征收，少从赠产和遗产中征收。

马克思恩格斯：《"新莱茵报。政治经济评论"第 4 期上发表的书评》，
《马克思恩格斯全集》第 7 卷第 333 页。

他们好像觉得，在 1852 年 5 月头一个星期日，他们的一切买卖活动，期票，婚约，公证书，抵押，地租，房租，利润，一切契约和收入来源都将朝不保夕，——他们不能让自己冒这样的危险。

马克思：《1848年至1850年的法兰西阶级斗争》，

《马克思恩格斯全集》第7卷第123页。

从前，每一个议员必须拥有至少获得三百英镑收入的地产才具备进入议会的资格。在很多情况下，这个限制条件差不多总是通过假买地产和假造契约的办法被回避过去了。

恩格斯：《英国》，

《马克思恩格斯全集》第8卷第237页。

1832年，他准许放弃希腊国民议会作为1824年希英贷款的保证而给英国契约一方的以领土所作的抵押，并把它移作在俄国帮助下签订的另一项贷款的保证。

马克思：《帕麦斯顿勋爵》，

《马克思恩格斯全集》第11卷第73页。

1852年政府还保证用硬币来支付各种小额款项和债款，但是由于税收使用的只是国家纸币或银行券，政府不得不在伦敦和法兰克福签订了3500万弗罗伦的借款契约。

马克思：《奥地利的破产》，

《马克思恩格斯全集》第10卷第111页。

政治协定也不能摆脱私人契约可能遇到的那种偶然事件的影响，按照 Code Napoléon〔拿破仑法典〕的规定，一旦受到 force majeure 的阻挠，这种契约应予废除。

马克思：《对和平的激进看法》，

《马克思恩格斯全集》第13卷第592页。

国家起源于人们相互间的契约，起源于 contrat social（σ ηη）〔社会契约〕，这一观点就是伊壁鸠鲁最先提出来的。

马克思恩格斯：《德意志意识形态》，

《马克思恩格斯全集》第3卷第147页。

桑乔本人，完全以法学家的精神，阐述了契约学说。这一点可以从下面的一句话里看出："如果我例如通过任何一种契约使我失去这种或那种自由，这没有什么可说的。"（第409页）为了"保障""已有争议的"契约，他一定会重新服从法庭审判，服从现代民事诉讼的一切判决，这同样也是"没有什么可说的"。

马克思恩格斯：《德意志意识形态》，

《马克思恩格斯全集》第3卷第467页。

　　蒲鲁东先生脑子里产生了一个非常简单的问题：为什么只有金银才能成为"构成价值"的典型？"习惯赋予贵金属作为交换手段的特殊职能是纯粹契约的职能。……"

马克思：《哲学的贫困》，

《马克思恩格斯全集》第 4 卷第 119 页。

　　蒲鲁东先生"只是提醒：在经济进化的第七个时代（即信用时代），现实曾为虚构所排挤，人的活动有在空虚里消失的危险，因此有必要把人更紧地束缚于自然，而地租就是这种新契约的代价。"（第二卷第 265 页）

马克思：《哲学的贫困》，

《马克思恩格斯全集》第 4 卷第 181 页。

　　这个理性的王国不过是资产阶级的理想化的王国；永恒的正义在资产阶级的司法中得到实现；平等归结为法律面前的资产阶级的平等；被宣布为最主要的人权之一的是资产阶级的所有权；而理性的国家、卢梭的社会契约在实践中表现为而且也只能表现为资产阶级的民主共和国。

恩格斯：《社会主义从空想到科学的发展》，

《马克思恩格斯全集》第 19 卷第 206 页。

　　卢梭的社会契约在恐怖时代获得了实现，对自己的政治能力丧失了信心的资产阶级为了摆脱这种恐怖，起初求助于腐败的督政府，最后则托庇于拿破仑的专制统治。

恩格斯：《社会主义从空想到科学的发展》，

《马克思恩格斯全集》第 19 卷第 208 页。

　　"社会契约论"的作者卢梭怎样讲……请听，他说："人们按其权利来说是平等的。自然界已使一切财富成为公共的……在分配的时候，每人所分得的一份就成为他的财产。在任何情况下，社会总是一切财富的唯一的所有者。"由此可见，只有当大家都有某些东西，但谁也没有过多的情况下，社会财产对人们才是有利的。'

马克思恩格斯：《德意志意识形态》，

《马克思恩格斯全集》第 3 卷第 622 页。

　　马克思在《约翰·罗素勋爵》里提到的"官册农"，是英国农民的一种，即根据官册（记录摘要）在向大地主交纳封建地租的条件下占用土地的人。"契约农"，是根据租佃权占用土地的人。租种的期限和条件由大地主和佃农之间订立的契约来确定。

　　恩格斯在《德国农民战争》里的"接租费"，是向小份地所有者征收的一种封建赋税。"死亡税"（Sterbefall，Todfall），是领主根据封建权利对于已死农民的份地和财产所征收的遗产税（在法国称为"死手权"）。在德国，封建主一般是向继承人征收好家畜。"保护金"（Schutzgelder），是封建主征收这种税，作为领主对自己的仆从进行所谓的"保护"、法庭"辩护"的报酬。

马克思在《对和平的激进看法》中的"Force majeure"是不可抗力的意思。从《拿破仑法典》第1148条中摘引出来的说法，这一条规定："如果由于无法预见的情况或偶然事件妨碍了债务人，使他不能履行他应尽的义务，或者做了禁止他做的事情，不得向其追索任何赔偿。"

马克思恩格斯的《德意志意识形态》和恩格斯的《社会主义从空想到科学的发展》中提到的"社会契约"，是卢梭的"社会契约论"中的提法。按照卢梭的理论，人们最初生活在自然状态的条件下，在这种条件下人人都是平等的。私有制的产生和财产不平等的发展决定了人们从自然状态向市民状态的过渡，并导致以社会契约为基础的国家的形成。但是，后来由于政治不平等的发展，社会契约遭到破坏，产生了新的自然状态。消灭这种自然状态，是以新的社会契约为基础的理性国家的使命。

第四部分

法和国家的统一性——法的联系机制

法与外部世界存在普遍联系。这里将普遍联系，限于法的相关关系范畴。法与作为观念的意识形态的紧密联系，与作为制定者的国家的紧密联系，与作为载体的社会的紧密联系，与同属于社会规范的其他规范即国家政策、道德规范、宗教教义、社会组织规章制度的紧密联系，是法的普遍联系的表现形式，而"联系机制"则是实现这种联系的机理。坚持法的普遍联系观，揭示法的普遍联系机制，能够科学地认识和解决法与外部世界的关系问题。

从根本上说，法的这种联系，是通过法同法的调整对象的联系实现的。法律辩证法的普遍联系观，正是客观世界普遍联系的反映。普遍联系观，应当把握法与作为法的调整对象联系的特点。当然，一部法律法规还存在这部立法本身以及与其他立法的普遍联系。

法的联系，是全面联系。这是指"联系的全部"，包括：①内在的、外在的联系；②内部的、外部的联系；③直接的、间接的联系。

法的内在联系，是法的有机联系，是法最主要的起根本性作用的东西；外在联系是法的外部表现，是法表面的、易变的方面。

法的内部联系，是法体系系统内的联系，也就是所有法的调整范围内的联系；法的外部联系是法与法的调整范围以外的联系。

法的直接联系，是不需要媒介而建立起来的联系；间接的联系是凭借媒介而建立起来的联系。法与法之间、一部法律法规的法规范与法规范之间，有直接的联系，也有间接的联系。

调整客体的同一性，是形成直接联系的基本条件。这种法与法之间直接联系的形成，是基于同一调整客体。调整客体是非同一的，通过媒介能够形成间接联系。这种法与法之间相互关系的形成，不是基于同一调整客体，但在它们的调整范围中一定存在相同的媒介（部分）。如合同法与运输法、建筑法、信托法、劳动法、国际贸易法等，法的调整客体并不相同，但它们之间确实存在合同媒介，从而产生在其规定的合同领域，以合同法为调整的根据问题。

联系是法的现实的联系，但不是所有的联系都是本质的。最根本、最本质的联系即是普遍规律性。规律性是本质的东西的反映。在法现象变化过程中，存在现象更替，在法的废、改、立变化过程中，存在法更替，但本质的联系总是保存下来。因此，法的本质是巩固性的东西。

在研究法的联系时，还有个继承性问题。所谓继承性，就是不把过去的完全抛弃，而是保留其中肯定的东西，用肯定的东西丰富自身，即一方面同旧东西决裂，另一方面同它联系，保留肯定的东西。马克思用"扬弃"来表达这一观点。扬弃有"继续"和"克服"两个含义。"继续"就是对应当肯定的东西的肯定，"克服"就是对应当否定的东西的否定。问题不在于法要不要继承，而在于"继续"什么，"克服"什么，怎样"继续"，怎样"克服"。

当然，法的继承性同法的继受不是一回事。法的继受是本国法对外国法的认同和接受。在立法上，对外国法采取的模仿、移植或者照抄照搬等，都属于法的继受范畴。对此，应当明确指出，中国法是社会主义法，对任何外国（或地区）法都不能继受。

在法的普遍联系中，同法联系最紧密的是国家。

一、法和国家同时产生、同时消亡

私有制和阶级产生以后，奴隶主阶级同奴隶阶级，和社会其他成员的利益和阶级要求截然对立，人们的观念也因此发生了根本分野。在这种情况下，原来氏族社会共同遵行的习惯逐渐失效，习惯便被由国家制定和认可的行为规则取而代之。

最初法的形式，是习惯法。就是在氏族社会习惯中，通过国家把某些有利于进行统治的习惯加以认可，使之具有法律效力，成为国家依靠强制力推行的法律规范。这是不成文法。

最早出现的成文法，主要是习惯法和个别法律规定以及判决记录。马克思在《路易斯·亨·摩尔根〈古代社会〉一书摘要》里指出："文明期开始以后，希腊人、罗马人、希伯来人最初的法律，主要是把由于前辈经验而体现在风俗习惯里面的东西履行一道法律手续而已。"

法与原始社会的习惯有着本质的区别。法具有鲜明的阶级性，法是由国家制定或认可，并由国家强制力保证实施的。法不是从来就有的，它同国家一样，都是阶级矛盾不可调和的产物，是进行阶级统治的重要工具。

法和国家一经产生，就承认并巩固由社会分工和私有制的发展而形成的财产不平等。阶级差别和阶级划分，要求国家和法阶级统治永久化。在阶级社会里，没有国家就没有法，没有法就没有国家。

国家职能的发挥、国家权力的行使、国家机关的运作和权限，必须依靠法律秩序来维持，而法的制定和实施，只有依赖国家才能实现。

法同国家的联系，如同一枚钱币的两面。法与国家同时产生，同时发展变化，最后同时消亡；法离不开国家，国家也离不开法，法是国家制定的，执法和司法都是由国家机关实施的。"共生共存"是法与国家联系的表现形式。法与国家的这种不可分割的联系，要求法学理论不能脱离国家。法学是一门独立的学科，但脱离国家的所谓"纯粹法学"是不存在的。

（一）法和国家产生的氏族社会基础

1. 生产力的发展与社会分工引发氏族社会分化

氏族社会分化，是生产力的发展与社会分工的结果。从粗笨的石器过渡到弓箭，与此相联系，从狩猎生活过渡到驯养动物和原始畜牧；从石器过渡到金属工具（铁斧、铁铧犁，等等），与此相适应，过渡到种植植物和农业，用于加工材料的金属工具进一步改良，过渡到铁匠的风箱，过渡到陶器生产，与此相适应，手工业得到发展，手工业脱离农业。生产力的发展，使氏族社会经历了三次社会大分工。第一次社会大分工，是畜牧业和农业的分工。由于游牧部落的牲畜和畜产品与农业部落的粮食等产品的交换日益频繁，畜群逐渐归个人和家庭所有，个人之间的交换代替了部落之间的交换，生产规模扩大了。这就需要新的劳动力，从而出现了占有他人劳动的事实。奴隶成为富裕家庭的私有财产，形成了家庭奴隶制。第一次社会大分工，产生了第一次社会大分裂，即分裂为两个阶级：主人和奴隶、剥削者和被剥削者。第二次社会大分工，是手工业和农业的分工。奴隶被安排到田地和手工工场劳动，奴隶制开始成为社会制度的本质。氏族首领拥有越来越多的财产，一般氏族成员沦为穷人。这时，除了自由民和奴隶的差别外，又出现了富人和穷人的差别。第三次社会大分工是商业成为独立的部门。从此出现了不从事生产而专门进行商品交换的商人。随着金属货币的使用，出现货币借贷、利息和高利贷。土地开始买卖和抵押。人身也成为买卖的对象。这时，奴隶的强制性劳动成了整个氏族社会所赖以建立的基础。

经过三次社会大分工的长期发展，奴隶制最终形成了。社会分裂为两大阶级奴隶主和奴隶阶级，氏族社会解体，国家和法出现了。

我国大汶口文化（公元前4040～前2240年）遗址考古表明，当时随葬品数量的多少已经悬殊，有的一两件，有的百件以上。这说明当时氏族社会成员贫富分化日趋严重。

经典作家指出，罗马建城（约在公元前753年）是以氏族为基础的 societas（社会），并和以地域和财产为基础的 civitas（国家）并存；后一组织在二百年间逐渐取代了前者。

国家并不是从来就有的。曾经有过不需要国家、而且根本不知国家和国家权力为何物的社会。

恩格斯：《家庭、私有制和国家的起源》，
《马克思恩格斯全集》第21卷第197页。

从铁矿的冶炼开始，并由于文字的发明及其应用于文献记录而过渡到文明时代。这一阶段，前面已经说过，只是在东半球才独立经历过，其生产的进步，要比过去一切阶段的总和还要来得丰富。英雄时代的希腊人、罗马建立前不久的各意大利部落、塔西佗时代的德意志人、海盗时代的诺曼人，都属于这个阶段。

首先，我们在这里初次看到了带有铁铧的用家畜拉的耕犁；有耕犁以后，大规模耕种土地，即田间耕作，从而食物在当时条件下实际上无限制地增加，便都有可能了；其次，我们也看到，清除森林使之变为耕地和牧场，如果没有铁斧和铁锹，也是不可能大规模进行的。同时，人口也开始急速增长起来，稠密地聚居到不大的地域内。而在田间耕作产生以前，要有极其特殊的条件才能把五十万人联合在一个统一的中央领导之下；这样的事大概从来都没有过。

野蛮时代高级阶段的全盛时期，我们在荷马的诗中，特别是在《伊利亚特》中可以看到。完善的铁器、风箱、手磨、陶工的辘轳、榨油和酿酒、转为手工艺的发达的金属加工、货车和战车、用圆木和木板造船、作为艺术的建筑术的萌芽、由设雉堞和炮楼的城墙围绕起来的城市、荷马的史诗以及全部神话——这就是希腊人由野蛮时代带入文明时代的主要遗产。如果我们把凯撒，甚至塔西佗对日耳曼人的记述跟这种成就作一比较，便可看出，野蛮时代高级阶段在生产的发展上已取得如何丰富的成就，那时日耳曼人尚处在这个文化阶段的初期，而荷马时代的希腊人，已经准备由这个文化阶段过渡到更高的阶段了。

恩格斯：《家庭、私有制和国家的起源》，
《马克思恩格斯全集》第 21 卷第 37 ～ 38 页。

根据凯撒的描写，日耳曼人的生活方式也表明他们还根本没有在他们的领土上定居下来。他们的生活主要依靠牧畜，依靠干酪、牛奶和肉，较少依靠粮食。男子主要的职业是打猎和军事训练。他们也搞一点农业，但只是附带的，采用的方法也非常原始。凯撒报道说，他们的耕地只种一年，第二年总要耕种一块新土地。这大概是火耕法，直到现在，在斯堪的那维亚和芬兰北部，还采用这种方法：把森林（除森林以外，只有沼泽地和泥炭地，这些土地当时还不适于耕作）烧掉，把树根马马虎虎地拔一拔，再把这些树根和松过的表层土壤一起烧一遍。然后在这块施过灰肥的土地上播种谷物。

恩格斯：《论日耳曼人的古代历史》，
《马克思恩格斯全集》第 19 卷第 486 页。

比较语言学证明，他们从亚洲带来了农业知识。凯撒指出，他们没有忘掉这种农业知识。但是，对于一个穿过中欧林野慢慢移动的好战的半游牧部落来说，这种农业不过是一种临时手段和次要的生活来源。

由此可见，日耳曼人向多瑙河、莱茵河和北海之间的新家乡的迁徙，在凯撒时代还没有结束，或者是刚刚结束。

恩格斯：《论日耳曼人的古代历史》，
《马克思恩格斯全集》第 19 卷第 488 页。

凯撒逝世一百五十多年以后，塔西佗供给我们一本关于日耳曼人的名著，在这本书里，有许多事情看来已经完全不同了。直到易北河，甚至易北河以东，迁移不定的部落都已安定下来，有了固定的住处。城市当然还完全谈不到。

恩格斯：《论日耳曼人的古代历史》，
《马克思恩格斯全集》第 19 卷第 489 页。

这样看来，从凯撒到塔西佗这段时间，是日耳曼人历史的第一个大段落，在这段时间内，从游牧生活最后过渡到了定居生活，至少这个民族的大部分，自莱茵河起远至易北河以东是这样。

恩格斯：《论日耳曼人的古代历史》，
《马克思恩格斯全集》第 19 卷第 490 ～ 491 页。

当拉丁人、萨贝利人、奥斯克人和翁布里人（他们大概已组成一个民族）来到意大利时，他们已拥有家畜，而且极可能已栽培谷物和其他作物，无论如何，他们已经发展到野蛮时代中级阶段；当他们登上历史舞台时，已是处于野蛮时代的高级阶段，接近文明时代的门槛了。

马克思：《路易斯·亨·摩尔根〈古代社会〉一书摘要》，

《马克思恩格斯全集》第45卷第528页。

到罗马建城时期（约在公元前753年），他们已过渡到农业生活方式，拥有家畜群，有了专偶制家庭而且结合成具有同盟形式的联合。伊特剌斯坎人的部落结成了部落联盟。

马克思：《路易斯·亨·摩尔根〈古代社会〉一书摘要》，

《马克思恩格斯全选》第45卷第529页。

在亚洲，他们发现了可以驯服和在驯服后可以繁殖的动物。野生的雌水牛，需要去取；但已经驯服的牛，每年可生一头小牛，此外还可以挤奶。有些最先进的部落——雅利安人、闪米特人，也许还有图兰人，——其主要的劳动部门起初就是驯养牲畜，只是到后来才是繁殖和看管牲畜。游牧部落从其余的野蛮人群中分离出来——这是第一次社会大分工。游牧部落生产的生活资料，不仅比其余的野蛮人多，而且也不相同。同其余的野蛮人比较，他们不仅有数量多得多的牛乳、乳制品和肉类，而且有兽皮、绵羊毛、山羊毛和随着原料增多而日益增加的纺织物。这就第一次使经常的交换成为可能。

恩格斯：《家庭、私有制和国家的起源》，

《马克思恩格斯全集》第21卷第183页。

下一步把我们引向野蛮时代高级阶段，一切文化民族都在这个时期经历了自己的英雄时代：铁剑时代，但同时也是铁犁和铁斧的时代。铁已在为人类服务，它是在历史上起过革命作用的各原料中最后的和最重要的一种原料。所谓最后的，是指直到马铃薯的出现为止。铁使更大面积的农田耕作，开垦广阔的森林地区，成为可能；它给手工业工人提供了一种其坚固和锐利非石头或当时所知道的其他金属所能抵挡的工具。所有这些，都是逐渐实现的；最初的铁往往比青铜软。所以，石器只是慢慢地消失的；不仅在"希尔德布兰德之歌"中，而且在1066年的海斯丁斯会战中还使用石斧。但是，进步现在是不可遏止地、更少间断地、更、加迅速地进行着。用石墙、城楼、雉堞围绕着石造或砖造房屋的城市，已经成为部落或部落联盟的中心；这是建筑艺术上的巨大进步，同时也是危险增加和防卫需要增加的标志。财富在迅速增加，但这是个人的财富；织布业、金属加工业以及其他一切彼此日益分离的手工业，显示出生产的日益多样化和生产技术的日益改进；农业现在除了提供谷物、豆科植物和水果以外，也提供植物油和葡萄酒，这些东西人们已经学会了制造。如此多样的活动，已经不能由同一个人来进行了；于是发生了第二次大分工：手工业和农业分离了。

恩格斯：《家庭、私有制和国家的起源》，

《马克思恩格斯全集》第21卷第186～187页。

这样，我们就走到文明时代的门槛了。它是由分工方面的一个新的进步开始的。在野蛮时代低级阶段，人们只是直接为了自身的消费而生产，间或发生的交换行为也是个别的，只限于偶然留下的剩余物。在野蛮时代中级阶段，我们看到游牧民族已有牲畜作为财产，这种财产，到了成为相当数量的畜群的时候，就可以经常提供超出自身消费的若干余剩；同时，我们也看到了游牧民族和没有畜群的落后部落之间的分工，从而看到了两个并列的不同的生产阶段，也就是看到了进行经常交换的条件。在野蛮时代高级阶段，农业和手工业之间发生了进一步分工，从而发生了直接为了交换的、日益增加的一部分劳动产品的生产，这就使单个生产者之间的交换变成了社会的迫切需要。文明时代巩固并加强了所有这些在它以前发生的各次分工，特别是通过加剧城市和乡村的对立（或者是像古代那样，城市在经济上统治乡村，或者是像中世纪那样，乡村在经济上统治城市）而使之巩固和加强，此外它又加上了一个第三次的、它所特有的、有决定意义的重要分工：它创造了一个不从事生产而只从事产品交换的阶级——商人。

恩格斯：《家庭、私有制和国家的起源》，

《马克思恩格斯全集》第 21 卷第 188~189 页。

农业家族内的自然形成的分工，达到一定的富裕程度时，就有可能吸收一个或几个外面的劳动力到家族里来。在旧的土地公有制已经崩溃或者至少是旧的土地共同耕作制已经让位给各个家族的小块土地耕作制的那些地方，上述情形尤为常见。生产已经发展到这样一种程度：人的劳动力所能生产的东西超过了单纯维持劳动力所需要的数量；维持更多的劳动力的资料已经具备了；使用这些劳动力的资料也已经具备了；劳动力获得了价值。但是公社本身和公社所属的集团还不能提供多余的供自由支配的劳动力。战争却提供了这种劳动力，而战争和相邻的几个公社集团同时存在的现象一样，都是由来已久的。在这以前人们不知道怎样处理战俘，因此就简单地把他们杀掉，在更早的时候甚至把他们吃掉。但是在这时已经达到的"经济情况"的水平上，战俘获得了一定的价值，因此人们就让他们活下来，并且使用他们的劳动。这样，不是暴力支配经济情况，而是相反地暴力被迫为经济情况服务。奴隶制被发现了。这种制度很快就在一切已经发展得超过旧的公社的民族中成了占统治地位的生产形式，但是归根到底也成为他们衰落的主要原因之一。

恩格斯：《反杜林论》，

《马克思恩格斯全集》第 20 卷第 196 页。

国家和旧的氏族组织不同的地方，第一点就是它按地区来划分它的国民。由血缘关系形成和保持下去的旧的氏族公社，正如我们已经看到的，已经很不够了，这多半是因为它们是以氏族成员与一定地区的联系为前提的，而这种联系早已不复存在。

第二个不同点，是公共权力的设立，这种公共权力已不再同自己组织为武装力量的居民直接符合了。这个特殊的公共权力之所以需要，是因为自从社会分裂为阶级以后，居民的自动的武装组织已经成为不可能了。构成这种权力的，不仅有武装的人，而且还有物质的附属物，如监狱和各种强制机关，这些东西都是以前的氏族社会所没有的。

官吏既然掌握着公共权力和征税权，他们就作为社会机关而驾于社会之上。从前人们对于氏族制度的机关的那种自由的、自愿的尊敬，即使他们能够获得，也不能使他们满足；他们作为日益同社会脱离的权力的代表，一定要用特别的法律来取得尊敬，由于这种法律，他们就享有特殊神圣和不可侵犯的地位了。文明国家的一个最微不足道的警察，都拥有比氏族社会的全部机关加在一起还要大的"权威"；但是文明时代最有势力的王公和最伟大的国家要人或统帅，也可能要羡慕最平凡的氏族首长所享有的，不是用强迫手段获得的，无可争辩的尊敬。后者是站在社会之中，而前者却不得不企图成为一种处于社会之外和社会之上的东西。

> 恩格斯：《家庭、私有制和国家的起源》，
> 《马克思恩格斯全集》第21卷第194～195页。

研究国家问题的时候，首先就要注意，国家不是从来就有的。曾经有过一个时候是没有国家的。国家是在社会分成阶级的地方和时候、在剥削者和被剥削者出现的时候才出现的。

> 列宁：《论国家》，
> 《列宁全集》第37卷第62页。

恩格斯在《论日耳曼人的古代历史》里，提到"凯撒逝世一百五十多年以后，塔西佗供给我们一本关于日耳曼人的名著"，是指塔西佗《日耳曼尼亚志》。

马克思在《路易斯·亨·摩尔根〈古代社会〉一书摘要》里，提到的"拉丁人、萨贝利人、奥斯克人和翁布里人"，是罗马人的氏族。到罗慕洛时代（公元前754～717年，或罗马建城1～37年），拉丁部落——在阿尔班丘陵地带和罗马以东的亚平宁山区——已经由于分化而分成30个独立部落，但为了互相保卫仍然结成一个松散的部落联盟；萨贝利人，奥斯克人和翁布里人也是这样。他们全体，也像他们北邻的伊特剌斯坎人一样，都组成氏族。

2. 分配发生不平等，形成家庭和个人财产上的差别

分配是社会再生产过程中的重要环节。有了生产产品之后，通过交换和分配，才能进入消费。分配是生产和消费的中间环节。分配包括生产资料的分配和生活资料的分配。生产资料的分配决定生活资料的分配。分配的性质、原则和分配形式，是由生产方式决定的。分配是生产关系和交换关系以及某一社会的历史前提的必然结果，而且，只要我们知道了这些关系和前提，我们就可以确实地推断这个社会中占支配地位的分配方式。

在原始社会后期，分配方面发生了不平等，这是原始公社开始解体的标志。

所谓的分配关系，是同生产过程的历史规定的特殊社会形式，以及人们在他们生活的再生产过程中互相所处的关系相适应的，并且是由这些形式和关系产生的。这些分配关系

的历史性质就是生产关系的历史性质，分配关系不过表示生产关系的一个方面。

马克思：《资本论第三卷》，

《马克思恩格斯全集》第 25 卷第 998～999 页。

分配结构完全决定于生产的结构，分配本身是生产的产物，不仅就对象说是如此，而且就形式说也是如此。就对象说，能分配的只是生产的成果，就形式说，参与生产的一定形式决定分配的特定形式，决定参与分配的形式。

马克思：《经济学手稿》，

《马克思恩格斯全集》第 46 卷上册第 32～33 页。

分配就其决定性的特点而言，总是某一个社会的生产关系和交换关系以及这个社会的历史前提的必然结果，而且，只要我们知道了这些关系和前提，我们就可以确实地推断这个社会中占支配地位的分配方式。

恩格斯：《反杜林论》，

《马克思恩格斯全集》第 20 卷第 167 页。

分配方式本质上毕竟要取决于可分配的产品的数量，而这个数量当然生产和社会组织的进步而改变，从而分配方式也应改变。

《恩格斯致康·施米特》，

《马克思恩格斯全集》第 37 卷第 432 页。

这种原始类型的合作生产或集体生产显然是单个人的力量太小的结果，而不是生产资料公有化的结果。

马克思：《给维·伊·查苏利奇的复信草稿——初稿》，

《马克思恩格斯全集》第 19 卷第 434 页。

在实行土地公有制的氏族公社或农村公社中（一切文明民族都是从这种公社或带着它的非常显著的残余进入历史的），相当平等地分配产品，完全是不言而喻的；如果成员之间在分配方面发生了比较大的不平等，那末，这就已经是公社开始解体的标志了。

恩格斯：《反杜林论》，

《马克思恩格斯全集》第 20 卷第 161 页。

在生活资料由社员共同生产和共同分配的原始公社里，共同的产品直接满足公社每个社员、每个生产者的生活需要，产品或使用价值的社会性质这里正是在于其共同的性质。

马克思：《评阿·瓦格纳的"政治经济学教科书"》，

《马克思恩格斯全集》第 19 卷第 413 页。

耕地是不准转卖的公共财产，定期在农业公社社员之间进行重分，因此，每一社员用自己的力量来耕种分给他的地，并把产品留为己有。而在较古的公社中，生产是共同进行的；共同的产品，除储存起来以备再生产的部分外，都根据消费的需要陆续分配。

马克思：《给维·伊·查苏利奇的复信草稿——三稿》，

《马克思恩格斯全集》第 19 卷第 449 页。

古代自然形成的公社，在同外界的交往使它们内部产生财产上的差别从而开始解体以前，可以存在几千年，例如在印度人和斯拉夫人那里直到现在还是这样。现代资本主义生产则相反，它存在还不到三百年，而且只是从大工业出现以来，即一百年以来，才占据统治地位，而在这个短短的时期内它已经造成了分配上的对立——一方面，资本积聚于少数人手中，另一方面，一无所有的群众集中在大城市，——因此它必然要趋于灭亡。

每一种社会的分配和物质生存条件的联系，如此深刻地存在于事物的本性之中，以致它经常反映在人民的本能上。

恩格斯：《反杜林论》，

《马克思恩格斯全集》第 20 卷第 162 页。

在阶级社会中，分配带有对抗性质。剥削阶级依靠生产资料作为剥削手段，无偿占有劳动者创造的剩余价值，过着安逸富裕的生活，而工人阶级和广大劳动者则劳而不获，甚至不能维持最低的生活标准。在当代一些垄断资本主义国家，占人口 10% 的资产阶级和其他剥削者占有 80% 以上的国民收入。这种极不公平的分配关系必然会加剧阶级对立，加深生产过程和社会所固有的矛盾。

在社会主义条件下，社会主义公有制代替了私有制，劳动人民成为生产资料的主人，国民收入的分配，服从于劳动人民的利益，为建设事业和改善劳动人民的物质文化生活服务。个人消费品的分配，实行各尽所能、按劳分配的原则。这是人类分配制度的伟大革命。

社会主义分配制度是增强国家物质基础的保障。社会主义事业的首要任务是发展生产，但同时也统筹兼顾，正确处理分配问题。要合理地分配国民收入，以不断满足人民群众日益增长的物质生活和文化生活的需要。

3. 从习俗权利义务的同一性到权利义务的分离和对立

马克思在《路易斯·亨·摩尔根〈古代社会〉一书摘要》里说，氏族的规章就是具有成文法效力的习俗。习俗是调节氏族关系和氏族成员行为的准则。氏族社会的秩序靠习俗来维系。在习俗上，不存在权利和义务的差别。就是说，权利就是义务，义务就是权利。做一件事情，究竟是权利还是义务这种问题，正如吃饭、睡觉、打猎究竟是权利还是义务的问题一样荒谬。

这种权利义务的同一性，是由原始公有制经济决定的。由于个人之间不存在压迫和奴役关系，个人和个人之间、个人和集体之间的利益是完全一致的，对于公共物品不存在"你的""我的"问题，因此没有权利和义务的区别。

随着分工和商品交换的发展，私有观念、私有财产产生了。因为有了"你的""我的"之分，就出现了这是"我的权利"，那是"你的义务"，权利、义务便逐渐分离了。氏族的首领和富人利用地位和财富拥有权利，一般氏族成员承担义务，而权利又转化为权力，使权利和义务具有了对抗的性质。

这种十分单纯质朴的氏族制度是一种多么美妙的制度呵！没有军队、宪兵和警察，没有贵族、国王、总督、地方官和法官，没有监狱，没有诉讼，而一切都是有条有理的。一切争端和纠纷，都由当事人的全体即氏族或部落来解决，或者由各个氏族相互解决；血族复仇仅仅当作一种极端的、很少应用的手段；我们今日的死刑，只是这种复仇的文明形式，而带有文明的一切好处与弊害。

恩格斯：《家庭、私有制和国家的起源》，

《马克思恩格斯全集》第 21 卷第 111 页。

在氏族制度内部，权利和义务之间还没有任何差别；参加公共事务，实行血族复仇或为此接受赎罪，究竟是权利还是义务这种问题，对印第安人来说是不存在的；在印第安人看来，这种问题正如吃饭、睡觉、打猎究竟是权利还是义务的问题一样荒谬。同样，部落和氏族分为不同的阶级也是不可能的。

（在氏族制度内部，）凡是共同制作和使用的东西，都是共同财产：如房屋、园圃、小船。这样，在这里，而且也只有在这里，才真正存在着文明社会的法学家和经济学家所捏造的"自己劳动所得的财产"——现代资本主义所有制还依恃着的最后的虚伪的法律根据。

恩格斯：《家庭、私有制和国家的起源》，

《马克思恩格斯全集》第 21 卷第 180 页。

在和平时期，每一个胞族和每一个部落都是自己管理自己的事务，也不向雅典的人民议事会或巴赛勒斯请示。但是那些住在胞族或部落的地区内而不属于这个胞族或部落的人，自然是不能参与这种管理的。

这就扰乱了氏族制度机关的正常活动，以致在英雄时代就需要设法补救。于是实行了提修斯所规定的制度。这一改变首先在于，在雅典设立了一个中央管理机关，就是说，以前由各部落独立处理的一部分事务，被宣布为共同的事务，而移交给设在雅典的总议事会管辖了。由于这一点，雅典人比美洲任何土著民族都前进了一步：相邻的各部落的单纯的联盟，已经由这些部落合并为统一的民族〔Volk〕所代替了。于是就产生了凌驾于各个部落和氏族的法权习惯之上的一般的雅典民族法；只要是雅典的公民，即使在非自己部落的地区，也取得了确定的权利和新的法律保护。但这样一来就跨出了摧毁氏族制度的第一步，因为这是后来容许不属于全阿提卡任何部落并且始终都完全处于雅典氏族制度以外的人也成为公民的第一步。提修斯所制定的第二个制度，就是把全体人民，不问氏族、胞族或部落，一概分为 Eupatriden（贵族）、Geomo-ren（农民）和 Demiurgen（手工业者）三个阶级，并赋予贵族以担任公职的独占权。不过这一划分，除了由贵族担任公职以外，并没有起什么作用，因为除此以外，它并未规定各个阶级之间的任何法权上的差别。

> 恩格斯：《家庭、私有制和国家的起源》，
> 《马克思恩格斯全集》第 21 卷第 126 页。

德意志人究竟是用了什么灵丹妙药，给垂死的欧洲注入了新的生命力呢？是不是像我们的沙文主义的历史著作所虚构的那样，德意志种族天生有一种特别的魔力呢？决不是。德意志人，尤其在当时，是一个天资高的雅利安部落，并且正处在充满生命力的发展中。但是使欧洲返老还童的，并不是他们的特殊的民族特点，而只是他们的野蛮状态，他们的氏族制度而已。

他们的个人才能和勇敢，他们的爱好自由，以及把一切公共的事情看作是自己的事情的民主本能。

> 恩格斯：《家庭、私有制和国家的起源》，
> 《马克思恩格斯全集》第 21 卷第 176 页。

最古老的组织是以氏族、胞族和部落为基础的社会组织；氏族社会就是这样建立起来的，在氏族社会中，管理机关和个人的关系，是通过个人对某个氏族或部落的关系来体现的。这些关系是纯粹人身性质的。此后，产生了以地域和财产为基础的政治组织；在这里，管理机关和个人的关系是通过个人对地域，例如对乡、区和国的关系来体现的。

氏族组织在亚洲、欧洲、非洲、美洲、澳洲都有发现；它一直保持到在文明时代开始时才形成的政治社会建立为止。

> 马克思：《路易斯·亨·摩尔根〈古代社会〉一书摘要》，
> 《马克思恩格斯全集》第 45 卷第 405 页。

在《摩奴法典》中并没有关于公社管理组织的任何条文；可是，《耶遮尼雅瓦勒基雅法典》和《那罗陀法典》都证实由公社自己任命公社长（首领），两部法典都劝告人们选举通晓自己的职责、大公无私、清廉自守的人担任公社长，都规定公社成员绝对服从这样选举出来的人员的决定（指示）（第 101 页）。

《那罗陀》在某些条款中称公社大会成员为"亲属"，在另一些条款中则称他们为"同居者"（cokumelu，同住者，邻人）。可见，在那时候存在着两种公社——"氏族公社"和"农村公社"。前一种公社在公元前四世纪时就已存在，见斯特拉本的书第 15 卷第 1 章。

> 马克思：《马·柯瓦列夫斯基〈公社土地占有制〉一书摘要》，
> 《马克思恩格斯全集》第 45 卷第 251 页。

Jus gentilicium（氏族的权利）是：

（1）氏族有选举酋长和酋帅的权利。……

（2）罢免酋长和酋帅的权利。……

（3）不在氏族内通婚的义务。……

（4）相互继承已故氏族成员的遗产的权利。……

在蒙昧时代，财产只限于个人用品；在野蛮时代低级阶段，又加上占有共同住宅和园圃的权利。

（5）互相援助、保护和代偿损害的义务。……

古代的血族复仇的习俗即发源于氏族。审讯罪犯的法庭和规定刑罚的法律，在氏族社会中出现得很晚。在易洛魁人以及一般地在印第安人诸部落中，为被杀害的同氏族人复仇是被公认的一项义务。在此之前，行凶者的氏族和被害者的氏族要设法和平了结事件；每个氏族的成员分别举行会议，提出为行凶者的行为赎罪的建议，通常采取的方式是道歉和赠送贵重的礼物。如果被害者的同氏族人不肯和解，以致所有这些努力毫无结果，则由（被害者的）氏族在其成员中指定一名或几名复仇者，他们负责追踪罪犯，直到发现他然后不管在什么地方将他杀死为止。

（6）给氏族成员命名的权利。……

（7）收养外人加入氏族的权利。……

从战争中捉来的俘虏，或者被杀死，或者由某一氏族收养；后一种办法通常是用来对待被俘获的妇女和儿童的。收养不仅是给予氏族成员的权利，而且还是给予部落籍的。……

（8）氏族的宗教仪式？……

（9）一处共同的墓地。……

（10）一个氏族会议

会议是管理工具和氏族、部落和部落联盟的最高权力机构。日常事务由酋长解决；涉及总体利益的事情则交由会议决定；会议起源于氏族组织，——酋长会议；它的历史，就是氏族的、部落的和部落联盟的会议的历史，直到政治社会出现，把会议变为元老院。

最简单和最低形式的会议就是氏族会议，这是一个民主的大会，在会上，每一个成年男女对所讨论的一切问题都有发言权；会议选举和罢免酋长和酋帅，选举"信仰守护人"，宽恕或报复杀害本氏族人的凶手，收养外人加入氏族。氏族会议是较高形式的部落会议和更高形式的部落联盟会议的萌芽；后两种会议只由作为氏族代表者的酋长所组成。

马克思：《路易斯·亨·摩尔根〈古代社会〉一书摘要》，
《马克思恩格斯全集》第 45 卷 408~416 页。

文明时代在亚洲的希腊人中是从荷马史诗写成的时候开始的，约在公元前 850 年，而在欧洲的希腊人中，则大约晚一个世纪，即从赫希俄德诗篇的创作开始。在此以前，是一个有数千年之久的时期，希腊人在这个时期中走完了野蛮时代低级阶段。

马克思：《路易斯·亨·摩尔根〈古代社会〉一书摘要》，
《马克思恩格斯全集》第 45 卷第 493 页。

罗马氏族有以下的权利和义务：

①相互继承已故氏族成员的财产的权利；②拥有共同的墓地；③共同的宗教仪式：氏族祀典；④遵守氏族内不通婚的义务；⑤共同占有土地；⑥相互援助、保卫和代偿损害的义务；⑦使用氏族姓氏的权利；⑧收养外人入氏族的权利；⑨选举和罢免氏族酋长的权利。

马克思：《路易斯·亨·摩尔根〈古代社会〉一书摘要》，
《马克思恩格斯全集》第 45 卷第 532 页。

在野蛮时代晚期，由于人的个性的发展以及当时个别人拥有的大量财富的增长，便产生了贵族；使一部分居民永远处于卑贱地位的奴隶制，促使形成以前各文化时期所不知道的对立状态；这种情况，再加上财富和官职，产生了贵族精神，这种贵族精神是和氏族制度所培植起来的民主原则相对抗的。

马克思：《路易斯·亨·摩尔根〈古代社会〉一书摘要》，
《马克思恩格斯全集》第 45 卷第 397 页。

权利是一种认可，义务是一种约束。在人人平等的公有制条件下，不存在氏族成员之间"我要做什么和不做什么"，而是你必须做出相应的行为，即"你必须对我做什么和不做什么"。权利和义务分离之后，情形则相反了。

概括出"权利"和"义务"术语，是原始社会之后的事情。《荀子》《盐铁论》出现过"权利"一词，指的是权势和利益。古希腊时还没有权利观念，到 18 世纪的自然法学派始提出明确的权利思想。

（二）法和国家产生的共同根源

1. 私有财产和私有制

马克思主义经典作家论述了法和国家产生的私有财产和私有制根源。指出氏族首领和富人除了表现为商品和奴隶的财富以及货币财富以外，这时还出现了表现为地产的财富。正是私有财产，使人们按照他们财富的多寡来规定权利和义务，于是氏族制度遭到了新的失败。氏族成员之间的财产差别，炸毁了各地仍然保存着的旧的共产制家庭公社；同时也炸毁了在这种公社范围内进行的共同耕作制。

所有制的最初形式无论是在古代世界还是中世纪都是部落所有制。个人的所有权则局限于简单占有，但是这种占有也和一般部落所有制一样，仅仅涉及地产。无论在古代或现代民族中，真正的私有制只是随着动产的出现才出现的。

为了保障单个人新获得的财富不受氏族制度的共产制传统的侵犯，使以前被轻视的私有财产神圣化，让不断加速的财富积累，盖上社会普遍承认的印章，国家和法出现了。国家和法不仅可以使正在进行的社会划分为阶级的现象永久化，而且可以使有产阶级的权力和统治永久化。这样，国家和法被发明出来了。

自从摩尔根的主要著作出版以来已经十四年了，这十四年间，关于原始人类社会历史的材料，已经大大丰富起来；除了人类学家、旅行家及专门的原始社会历史学家以外，比较法律学家也参加进来了，他们有的提供了新的材料，有的提出了新的见解。结果，摩尔根的某些假说便被动摇，或甚至被推翻了。不过，新搜集的资料，不论在什么地方，都没有导致必须用其他的原理来代替他的基本观点。他给原始历史研究所建立的系统，在基本的要点上，迄今仍是有效的。甚至可以说，愈是有人力图隐瞒摩尔根是这一伟大进步的奠基者，他所建立的这个系统就愈将获得大家的公认。

恩格斯：《关于原始家庭的历史（巴霍芬、麦克伦南、摩尔根）》，
《马克思恩格斯全集》第 22 卷第 258~259 页。

在博物馆里，我除钻研其他著作外，还钻研了老毛勒（前巴伐利亚国家枢密官，当时曾以希腊摄政王之一的身分出现，他是远在乌尔卡尔特之前最早揭露俄国的人之一）关于德国的马尔克、乡村等等制度的近著。他详尽地论证了土地私有制只是后来才产生的，等等。威斯特伐里亚的容克们（麦捷尔等人）认为，德意志人都是各自单独定居的，只是后来才形成了乡村、区等等，这种愚蠢见解完全被驳倒了。现在有意思的恰好是，俄国人在一定时期内（在德国起初是每年）重分土地的习惯，在德国有些地方一直保留到十八世纪，甚至十九世纪。我提出的欧洲各地的亚细亚的或印度的所有制形式都是原始形式，这个观点在这里（虽然毛勒对此毫无所知）再次得到了证实。这样，俄国人甚至在这方面要标榜其独创性的权利也彻底丧失了。他们所保留的，即使在今天也只不过是老早就被他们的邻居抛弃了的形式。老毛勒的这些书（1854—1856 年的，等等），具有真正德意志的博学，但同时也具有亲切而易读的文风，这是南德意志人有别于北德意志人之处（毛勒是海得尔堡人，但这在更大程度上还可算作巴伐利亚人和提罗耳人，例如，法耳梅赖耶尔、弗腊斯等人就是这样）。

《马克思致恩格斯》，
《马克思恩格斯全集》第 32 卷第 43 页。

关于毛勒：他的书是非常有意义的。不仅是原始时代，就是后来的帝国自由市、享有特权的地主、国家权力以及自由农民和农奴之间的斗争的全部发展，都获得了崭新的说明。

《马克思致恩格斯》，
《马克思恩格斯全集》第 32 卷第 51 页。

分工和私有制是两个同义语，讲的是同一件事情，一个是就活动而言，另一个是就活动的产品而言。

马克思恩格斯：《德意志意识形态》，
《马克思恩格斯全集》第 3 卷第 37 页。

在制度中便加入了一个全新的因素——私有财产。国家公民的权利和义务，是按照他们的地产的多寡来规定的，于是，随着有产阶级日益获得势力，旧的血缘亲属团体也就日益遭到排斥；氏族制度遭到了新的失败。

恩格斯：《家庭、私有制和国家的起源》，

《马克思恩格斯全集》第 21 卷第 132 页。

除了表现为商品和奴隶的财富以外，除了货币财富以外，这时还出现了表现为地产的财富。各个人对于原来由氏族或部落给予他们的小块土地的占有权，现在变得如此牢固，以致这些小块土地作为世袭财产而属于他们了。他们最近首先力求实现的，正是要摆脱氏族公社索取这些小块土地的权利，这种权利对他们已成为桎梏了。这种桎梏他们是摆脱了，但是不久他们也失去了新的土地所有权。完全的，自由的土地所有权，不仅意味着毫无阻碍和毫无限制地占有土地的可能性，而且也意味着把它出让的可能性。只要土地是氏族的财产，这种可能性是不存在的。但是，当新的土地占有者彻底摆脱了氏族和部落的最高所有权这一桎梏的时候，他也就挣断了迄今把他同土地不可分割地连在一起的纽带。这意味着什么，和土地私有权同时被发明出来的货币，向他做了说明。土地现在可以成为出卖和抵押的商品了。土地所有权刚一确立，抵押制就被发明出来了（见关于雅典的一节）。象杂婚和卖淫紧紧跟着一夫一妻制而来一样，如今抵押制也紧紧跟着土地所有权而来了。

这样，随着贸易的扩大，随着货币和货币高利贷，土地所有权和抵押制的产生，财富便迅速地积聚和集中到一个人数很少的阶级手中，与此同时，大众日益贫困化，贫民的人数也日益增长。新的财富贵族，既然从一开始就已经同旧的部落贵族不相符合，就把部落贵族完全排挤到后面去了（在雅典，在罗马，以及在德意志人中间）。随着这种按照财富把自由人分成各个阶级的划分，奴隶的人数特别是在希腊便大大增加起来，奴隶的强制性劳动成了整个社会的上层建筑所赖以建立的基础。

恩格斯：《家庭、私有制和国家的起源》，

《马克思恩格斯全集》第 21 卷第 190~191 页。

除了自由人和奴隶之间的差别以外，又出现了富人和穷人间的差别，——随着新的分工，社会又有了新的阶级划分。各个家庭首长之间的财产差别，炸毁了各地仍然保存着的旧的共产制家庭公社；同时也炸毁了在这种公社范围内进行的共同耕作制。耕地起初是暂时地、后来便永久地分配给各个家庭使用，它向完全的私有财产的过渡，是逐渐完成的，是与对偶婚制向一夫一妻制的过渡平行地完成的。个体家庭开始成为社会的经济单位了。

恩格斯：《家庭、私有制和国家的起源》，

《马克思恩格斯全集》第 21 卷第 187 页。

所有制的最初形式无论是在古代世界或中世纪都是部落所有制，这种所有制在罗马人那里主要是由战争决定的，而在日耳曼人那里则是由畜牧业所决的。在古代民族中，由于一个城市里同时居住着几个部落，因此部落所有制就具有国家所有制的形式，而个人的所有权则局限于简单 possessio〔占有〕，但是这种占有也和一般部落所有制一样，仅仅涉及到地产。无论在古代或现代民族中，真正的私有制只是随着动产的出现才出现的。——（奴隶制和共同体）（dominium ex jure Quiritum〔以罗马公民法为依据的占有〕）。

> 马克思恩格斯：《德意志意识形态》，
> 《马克思恩格斯全集》第 3 卷第 69～70 页。

在阿提卡的田地上到处都竖立着抵押柱，上面写着这块地已经以多少钱抵押给某某人了。没有竖这种柱子的田地，大半都因未按期付还押款或利息而出售，归贵族高利贷者所有了；农民只要被允许作佃户租种原地，能得自己劳动生产品的六分之一以维持生活，把其余六分之五以地租的形式交给新主人，那他就谢天谢地了。不仅如此，如果出卖土地所得的钱不够还债，或者债务没有抵押保证，那末债务人便不得不把自己的子女出卖到国外去做奴隶，以偿还债务。父亲出卖子女——这就是父权制和一夫一妻制的第一个果实！要是吸血鬼还不满足，那末他可以把债务人本身卖为奴隶。雅典人的文明时代的欢乐的曙光，就是如此。

> 恩格斯：《家庭、私有制和国家的起源》，
> 《马克思恩格斯全集》第 21 卷第 127～128 页。

这时，货币和高利贷已成为压制人民自由的主要手段。贵族们的主要居住地是雅典及其近郊，在那里，海上贸易以及附带的有时仍然进行的海上掠夺，使贵族们发财致富，并使货币财富集中在他们手中。由此而日益发达的货币经济，就像腐蚀性的酸类一样，渗入了农村公社的以自然经济为基础的传统的生活方式。氏族制度同货币经济绝对不能相容；贵族的日益扩展的货币统治，为了保护债权人以对付债务人，为了使货币所有者对小农的剥削神圣化，也造成了一种新的习惯法。

> 恩格斯：《家庭、私有制和国家的起源》，
> 《马克思恩格斯全集》第 21 卷第 127 页。

我们看到，在英雄时代的希腊社会制度中，古代的氏族组织还是很有活力的，不过我们也看到，它的瓦解已经开始：由子女继承财产的父权制，促进了财产积累于家庭中，并且使家庭变成一种与氏族对立的力量；财产的差别，通过世袭显贵和王权的最初萌芽的形成，对社会制度发生反作用；奴隶制起初虽然仅限于俘虏，但已经开辟了奴役同部落人甚至同氏族人的前景；古代部落对部落的战争，已经开始蜕变为在陆上和海上为攫夺家畜、奴隶和财宝而不断进行的抢劫，变为一种正常的营生，一句话，财富被当作最高福利而受到赞美和崇敬，古代氏族制度被滥用来替暴力掠夺财富的行为辩护。所缺少的只是一件东西，即这样一个机关，它不仅可以保障单个人新获得的财富不受氏族制度的共产制传统的侵犯，不仅可以使以前被轻视的私有财产神圣化，并宣布这种神圣化是整个人类社会的最高目的，而且还会给相继发展起来的获得财产的新形式，因而是给不断加速的财富积累，盖上社会普通承认的印章；所缺少的只是这样一个机关，它不仅可以使正在开始的社会划分为阶

级的现象永久化，而且可以使有产阶级剥削无产者的权利以及前者对后者的统治永久化。

而这样的机关也就出现了。国家被发明出来了。

恩格斯：《家庭、私有制和国家的起源》，
《马克思恩格斯全集》第21卷第123页。

恩格斯在《关于原始家庭的历史（巴霍芬、麦克伦南、摩尔根）》里，对"愈是有人力图隐瞒摩尔根是这一伟大进步的奠基者，他所建立的这个系统就愈将获得大家的公认。"有一个注解："我于1888年9月从纽约返欧途中，遇到一位前罗彻斯特选区的国会议员，他认识摩尔根，可惜，关于摩尔根的事他能给我述说的并不多。摩尔根以个人的身份住在罗彻斯特，仅仅从事自己的学术研究工作。他的兄弟是个上校，在华盛顿陆军部供职；靠这位兄弟的帮助，摩尔根得以使政府对他的研究感兴趣，并用公款出版了他的几种著作；据我的交谈者自己说，他在任国会议员的期间，也曾多次帮过摩尔根的忙。"

恩格斯在《家庭、私有制和国家的起源》里谈到，各个人对于原来由氏族或部落给予他们的小块土地的占有权，现在作为世袭财产而属于他们了。完全的，自由的土地所有权，不仅意味着毫无阻碍和毫无限制地占有土地的可能性，而且也意味着把它出让的可能性。这段话，与马克思《路易斯·亨·摩尔根〈古代社会〉一书摘要》所说"土地公有制是野蛮时代的部落的普遍现象；所以在拉丁部落中同样存在着土地公有制。大概在很早的时期，一部分土地已经归个人占有。土地占有权最初无疑是以实际使用为根据的，这种情况在野蛮时代低级阶段已经发生了"，是相互印证的。

马克思在1868年3月14日写给恩格斯的信里，从毛勒提出土地私有制是后来才产生的，以及容克们认为德意志人单独定居，后来才形成乡村、区等，俄国人有重分土地的习惯等等，马克思提出的欧洲各地的亚细亚的或印度的所有制形式都是原始形式的观点再次得到证实。

在本卷第637页，1870年2月17日马克思致路·库格曼信的注解里，马克思指出："公社所有制起源于蒙古的说法是一种历史的谎言。正像我在我的著作中多次指出的那样，它起源于印度，因而在欧洲各文明国家发展的初期都可以看到。俄国公社所有制的特殊斯拉夫的（不是蒙古的）形态（它也可以在非俄罗斯的南方斯拉夫人中看到）甚至最像经过相应的改变的、印度公社所有制的古代德意志的变种。"

在《马克思恩格斯全集》第13卷第22页，马克思在《政治经济学批判》的注解里写道："近来流传着一种可笑的偏见，认为原始的公社所有制是斯拉夫族特有的形式，甚至只是俄罗斯的形式。这种原始形式我们在罗马人、日耳曼人、赛尔特人那里都可以见到，直到现在我们还能在印度遇到这种形式的一整套图样，虽然其中一部分只留下残迹了。仔细研究一下亚细亚的，尤其是印度的公社所有制形式，就会得到证明，从原始的公社所有制的不同形式中，怎样产生出它的解体的各种形式。例如，罗马和日耳曼的私人所有制的各种原型，就可以从印度的公社所有制的各种形式中推出来。"

在《马克思恩格斯全集》第23卷第94～95页，就是《资本论第一卷》的一个注解里，也写了同样内容的话。

马克思的观点非常明确：公社所有制发端于印度，而不是蒙古、俄罗斯；斯拉夫的形式，罗马和日耳曼的形式，亚细亚的形式等等，是其形式之一；公社所有制解体的各种形式，可以从印度的公社所有制的各种形式中推出来。

以上情况，马克思本人已经阐释的一清二楚，不需后人"尚待澄清"。而在某历史政治性杂志上某论者却说，是"一个尚待澄清的重大历史研究问题。"如果该论者就是仅仅读过上面引录的几处，也不至于发出如此疑难的重大论断，而该论者却说是"通读了原著"的。这不是学习马列著作的郑重态度。

2. 阶级差别和阶级划分

私有财产和私有制是阶级差别和阶级划分的经济基础。

分配差别的出现，也出现了阶级差别。这些阶级既然已经由于分工而分离开来，就在每一个这样的人群中分离开来。逐渐地，社会分裂为剥削阶级和被剥削阶级、统治阶级和被压迫阶级，其中一个阶级统治着其他一切阶级。

最初的阶级压迫的主要形式是奴隶制。奴隶主阶级用暴力来维持阶级统治的生活条件和统治条件，以反对被统治阶级。

随着分配上的差别的出现，也出现了阶级差别。社会分为享特权的和被损害的、剥削的和被剥削的、统治的和被统治的阶级，而同一氏族的各个公社自然形成的集团最初只是为了维护共同利益（例如在东方是灌溉）、为了抵御外敌而发展成的国家，从此就具有了这样的目的：用暴力来维持统治阶级的生活条件和统治条件，以反对被统治阶级。

恩格斯：《反杜林论》，

《马克思恩格斯全集》第 20 卷第 162 页。

正是由于私人利益和公共利益之间的这种矛盾，公共利益才以国家的姿态而采取一种和实际利益（不论是单个的还是共同的）脱离的独立形式，也就是说采取一种虚幻的共同体的形式。然而这始终是在每一个家庭或部落集团中现有的骨肉联系、语言联系、较大规模的分工联系以及其他利害关系的现实基础上，特别是在我们以后将要证明的各阶级利益的基础上发生的。这些阶级既然已经由于分工而分离开来，就在每一个这样的人群中分离开来，其中一个阶级统治着其他一切阶级。

马克思恩格斯：《德意志意识形态》，

《马克思恩格斯全集》第 3 卷第 37~38 页。

社会分裂为剥削阶级和被剥削阶级、统治阶级和被压迫阶级，是以前生产不大发展的必然结果。当社会总劳动所提供的产品除了满足社会全体成员最起码的生活需要以外只有少量剩余，因而劳动还占去社会大多数成员的全部或几乎全部时间的时候，这个社会就必然划分为阶级。在这个完全委身于劳动的大多数人之旁，形成了一个脱离直接生产劳动的阶级，它从事于社会的共同事务：劳动管理、政务、司法、科学、艺术等等。

恩格斯：《反杜林论》，

《马克思恩格斯全集》第 20 卷第 306 页。

奴隶主和奴隶是第一次大规模的阶级区分。前一集团不仅占有一切生产资料，即占有土地和当时还很原始的工具等等，并且还占有人。这个集团就叫做奴隶主。从事劳动并把劳动果实交给别人的人则叫做奴隶。

列宁：《论国家》，

《列宁全集》第 37 卷第 64 页。

为了能使用奴隶，必须掌握两种东西：第一，奴隶劳动所需的工具和对象；第二，维持奴隶困苦生活所需的资料。因此，先要在生产上达到一定的阶段，并在分配的不平等上达到一定的程度，奴隶制才会成为可能。要使奴隶劳动成为整个社会中占统治地位的生产方式，那就还需要生产、贸易和财富积聚有更大的增长。在古代的自发的土地公有的公社中，奴隶制或是根本没有出现过，或是只起极其从属的作用。在最初的农民城市罗马，情形也是如此；而当罗马变成"世界城市"，意大利的地产日益集中于人数不多的非常富有的所有者阶级手里的时候，农民人口才被奴隶人口所排挤。

恩格斯：《反杜林论》，

《马克思恩格斯全集》第 20 卷第 175 页。

在亚细亚古代和古典古代，阶级压迫的主要形式是奴隶制，即与其说是群众被剥夺了土地，不如说他们的人身被占有。

恩格斯：《美国工人运动》，

《马克思恩格斯全集》第 21 卷第 387 页。

现在产生了这样一个社会，它由于自己的全部经济生活条件而必然分裂为自由民和奴隶，进行剥削的富人和被剥削的穷人，而这个社会不仅再也不能调和这种对立，反而要使这些对立日益尖锐化。一个这样的社会，只能或者存在于这些阶级相互同连续不断的公开斗争中，或者存在于第三种力量的统治下，这第三种力量似乎站在相互斗争着的各阶级之上，压制它们的公开的冲突，顶多容许阶级斗争在经济领域内以所谓合法形式进行。氏族制度已经过时了。它被分工及其后果即社会之分裂为阶级所炸毁。它被国家代替了。

恩格斯：《家庭、私有制和国家的起源》，

《马克思恩格斯全集》第 21 卷第 192～193 页。

国家并不是从来就有的。曾经有过不需要国家，而且根本不知国家和国家权力为何物的社会。在经济发展到一定阶段而必然使社会分裂为阶级时，国家就由于这种分裂而成为必要了。

恩格斯：《家庭、私有制和国家的起源》，

《马克思恩格斯全集》第 21 卷第 197 页。

国家和法是氏族社会发展到一定阶段必然产生的，当社会什么已分裂为不可调和的阶级的时候，便产生国家和法。国家和法的存在已表明阶级矛盾的不可调和。

有人在谈论"马克思主义国家观"时，说原始社会后期，"社会矛盾可以调和得到最终解决，就不需要国家，只有调和不了时，才产生国家。"这不是马克思主义国家观。经典作家明确指出，国家和法的存在表明阶级矛盾的不可调和。这是说，国家不是阶级矛盾的调和机关，阶级矛盾也不可能调和。我们知道，国家和法不能调和阶级矛盾，只能缓和阶级矛盾。"调和"与"缓和"一字之差，但国家观和法律观却相差十万八千里。

（三）法和国家产生的途径

1. 法和国家的产生同经济活动相联系

商品生产和商品交换，必须有规则作为媒介，没有媒介规则，商品生产和商品交换不能进行。

人类社会早期的交换活动，最初是物物交换。部落外有掠夺交换、无言交换；部落内部有赠答交换。掠夺交换，是狩猎部落在农作物收获期夜间闯入农田，掠夺农作物，并把带去的剩肉放在田地里。无言交换，是狩猎部落夜间将猎获物放置在一定场所，并画出所需要的猎获物，第二天对方部落将所要猎狩物交给他们。赠答交换是本部落内部成员相互赠与物件的交换。货币出现以后，开始了币物交换。这些交换的媒介规则，是习惯中的等值规则。

在交换关系的进一步发展中，买卖关系逐渐从交换中分化出来。在买卖关系的进一步发展中，注入了诚实信用等要素，合同便产生了。规范合同的法律，就是合同法。

经济是法产生的决定性基础。经典作家关于法的关系根源于物质生活关系、财产关系是生产关系的法律用语等论述，精辟地指明了经济关系特别是财产关系同法紧密地联系在一起的客观事实。

商品生产和商品交换的目的，是获取并增加财产。法是占统治地位的财产关系的固化形式。在原始社会，习惯所保护的是氏族或部落的占有，而私有制产生后，私有财产没有法律的保护就不可能存在。法律把实际占有财产确认为私有财产，作为私有财产的自然对象和劳动成果、土地、牲畜、货币和奴隶等，由法律加以保护。因此说，法的基础，是财产的私人所有和由此产生的财产关系。

应当认为，国家和法产生的途径不是唯一的，经典作家指出了三种途径。国家和法的产生，同经济活动、管理活动和惩罚活动相联系，这些法，逐渐发展为后来所称的民法、行政法和刑法。这是构成国家立法的基本法律。

lex〔法律〕一词来源于 legere〔收集〕，而 ′μ〔法律〕一词来源于 ′μω〔我在牧场上放牧〕，由此可以断定，在农业术语和政治术语之间有一定的联系。也不可能不是这样的。曾经采用过的那些最初的社会规章必然是同当时生产和获取生活资料的方式联系在一起的。语言的发展证实了这一点是完全自然的。

恩格斯:《致劳拉·拉法格》,

《马克思恩格斯全集》第 36 卷第 297 页。

不同的公社在各自的自然环境中，找到不同的生产资料和不同的生活资料。因此，它们的生产方式、生活方式和产品，也就各不相同。这种自然的差别，在公社互相接触时引起了产品的互相交换，从而使这些产品逐渐变成商品。

马克思:《资本论第一卷》,

《马克思恩格斯全集》第 23 卷第 390 页。

爱尔兰从古以来就种植谷类作物。在比英国人的出现还早得多的时候已经记录下来的最古老的爱尔兰法律中，"一袋小麦"已被作为一定的价值尺度；在氏族首领和其他酋长要求属下必须履行的义务中，经常提到要交纳规定数量的小麦、大麦曲、燕麦粉等。

恩格斯:《爱尔兰史》,

《马克思恩格斯全集》第 16 卷第 547 页。

通过交易获得财物的契约。在这里这个蠢汉（vir ob scurus）完全本末倒置。在他看来，先有法，后有交易；而实际情况却相反：先有交易，后来才由交易发展为法制。我在分析商品流通时就指出，还在不发达的物物交换情况下，参加交换的个人就已经默认彼此是平等的个人，是他们用来交换的财物的所有者；他们还在彼此提供自己的财物，相互进行交易的时候，就已经做到这一点了。这种通过交换和在交换中才产生的实际关系，后来获得了契约这样的法的形式，等等，但是这一形式既不构成自己的内容，即交换，也不构成存在于这一形式中的人们的相互关系，而是相反。与此相反，瓦格纳写道：

"这种获得｛通过交易获得财物｝必须以一定的法制为前提，根据它〈！〉进行交易"，等等（第 84 页）。

马克思:《评阿·瓦格纳的"政治经济学教科书"》,

《马克思恩格斯全集》第 19 卷第 422～423 页。

在社会发展某个很早的阶段，产生了这样的一种需要：把每天重复着的生产、分配和交换产品的行为用一个共同规则概括起来，设法使个人服从生产和交换的一般条件。这个规则首先表现为习惯，后来便成了法律。

恩格斯:《论住宅问题》,

《马克思恩格斯全集》第 18 卷第 309 页。

恩格斯在《爱尔兰史》中提到"在氏族首领和其他酋长要求属下必须履行的义务中，经常提到要交纳规定数量的小麦、大麦曲、燕麦粉等"时，写了一个注解，加注了资料来源。见"古代爱尔兰的法律和规章——古制全书"两卷集 1865 年和 1869 年都柏林版，受女王陛下出版局之托刊印，由亚历山大·汤姆出版（伦敦郎曼书店）（《Ancient Laws and Institutes of Ireland—Senchus Mor》. 2 vol.，Dublin，printed for Her Majesty's Stationary office，and published by Alexander Thom（London，Longmans）1865 and 1869）见第 2 卷第 239～251 页。一袋小麦的价值为 1 斯克莱派耳（迪那里），合银 20～24 喱；斯克莱派耳的价值是皮特里博士查明的，见"盎格鲁诺曼入侵以前的爱尔兰教会建筑"1845 年都柏林版四开本第 212～219 页（《Ecclesiastical Architecture of Ireland，anteriortothe Angl oNorman Invasion》Dublin，1845，4，p212～219）。恩格斯据以说明，他对这种交换情形的确定性是肯定的。

2. 法和国家的产生同管理活动相联系

氏族组织实行全体氏族成员的原始民主管理，没有同社会脱离并凌驾于社会之上的公共权力。作为平时首脑的"酋长"和作为军事领导的首领，由氏族成年男女选举产生，可随时撤换。酋长处理日常事务，其管理是道德性质的，他手里没有强制的手段。军事首领仅仅在出征时才能发布命令。

氏族的最高管理机关是氏族议事会，决定氏族的一切重大问题。氏族的所有成年男女享有平等的表决权。部落的最高管理机关是部落议事会，由各氏族的酋长和军事首领组成，开会时全体部落成员参加，都有发言权，决定全部落的重大问题。部落联盟有联盟议事会，也是由酋长组成，对联盟事务作最后决定。没有特殊武装部队，如果发生战争，大半都由志愿兵来进行。

社会管理，靠酋长的威信、社会舆论和习惯来维持。

由于社会生产力和分工的发展，氏族社会需要赋予少数人以某种权利，执行维护共同利益的管理职能。随着阶级的出现和阶级统治的形成，起先的社会公仆逐步变为社会的主人，民主议事机构逐步变为阶级统治的机构。在这种情况下，平等的权利也随之变为权力，即御使他人服从之力。这样，社会管理的性质和内容发生了根本性变化，按习惯进行的管理由法律取而代之。

雅典国家产生的形式，是直接地和主要地从氏族社会本身内部发展起来的阶级对立中产生的，具有典型性。随着奴隶主阶级和富人的势力日益增强，经过长期变革，公共权力是通过部分地改造氏族管理机关、部分地设置新机关，最后全部以真正的国家权力机关来取代它们实现的。

公元前五至四世纪希波战争后，雅典进入了奴隶制发展的繁荣时期，阿非埃尔特与伯里克利执政期间制定了许多法律。赋予民众大会作为国家立法机关和最高权力机关的地位。民众大会拥有包括立法、内政、财务、外交、军事等方面的最高决定权，民众大会确立执政官、五百人议事会、十将军委员会、陪审法庭等重要国家机关的组成和职权，体现了国家机构权力的初步体系。

官吏既然掌握着公共权力和征税权，他们就作为社会机关而驾于社会之上。从前人们对于氏族制度的机关的那种自由的、自愿的尊敬，即使他们能够获得，也不能使他们满足了；他们作为日益同社会脱离的权力的代表，一定要用特别的法律来取得尊敬，由于这种法律，他们就享有特殊神圣和不可侵犯的地位了。

恩格斯：《家庭、私有制和国家的起源》，

《马克思恩格斯全集》第 21 卷第 195 页。

问题从分工的观点来看是最容易理解的。社会产生着它所不能缺少的某些共同职能。被指定去执行这种职能的人，就形成社会内部分工的一个新部门。这样，他们就获得了也和授权给他们的人相对立的特殊利益，他们在对这些人的关系上成为独立的人，于是就出现了国家。

恩格斯：《致康·施米特》，

《马克思恩格斯全集》第 37 卷第 486 页。

国家是怎样部分地靠改造氏族制度的机关，部分地用设置新机关的办法来排挤掉它们，最后全部代之以真正的国家权力机关而发展起来的；受这些国家权力机关支配的，因而也可以被用来反对人民的，武装的"公共权力"，又是怎样代替了氏族、胞族和部落中自己保卫自己的真正的"武装的人民"的——关于这一切，至少是它的始初阶段，再好莫过于从古雅典来加以研究。

在英雄时代，雅典人的四个部落，还分居在阿提卡的各个地区；甚至组成这四个部落的十二个胞族，看来也还有自己单独的居住地，即凯克罗普斯的十二个城市。制度也是英雄时代的制度：人民大会，人民议事会和巴赛勒斯。从有成文历史的时候起，土地已被分割而成了私有财产，这种情形正是和野蛮时代高级阶段末期已经比较发达的商品生产以及与之相适应的商品交易相符合的。

由于地产的买卖，由于农业和手工业、商业和航海业之间的分工的进一步发展，氏族、胞族和部落的成员，很快就都杂居起来。

恩格斯：《马克思和"新莱茵报"》，

《马克思恩格斯全集》第 21 卷第 125 页。

随着城市的出现也就需要有行政机关、警察、赋税等等，一句话，就是需要有公共的政治机构，也就是说需要一般政治。

马克思恩格斯：《德意志意识形态》，

《马克思恩格斯全集》第 3 卷第 57 页。

以往国家的特征是什么呢？社会起初用简单分工的办法为自己建立了一些特殊的机关来保护自己共同的利益。但是，后来，这些机关，而其中主要的是国家政权，为了追求自己特殊的利益，从社会的公仆变成了社会的主人。

恩格斯：《〈法兰西内战〉1891 年单行本导言》，

《马克思恩格斯全集》第 22 卷第 227 页。

在这时，国家已经不知不觉地发展起来了。最初在城市和乡村间，然后在各种城市劳动部门间实行的分工所造成的新集团，创立了新的机关以保护自己的利益；各种官职都设置起来了。这时，年轻的国家首先就需要一支自己的军事力量。

恩格斯：《家庭、私有制和国家的起源》，

《马克思恩格斯全集》第 21 卷第 130 页。

但它有着重大的意义，因为它向我们揭示了新的、暗中发展起来的社会要素。它表明，由一定家庭的成员担任氏族公职的习惯，已经变为这些家庭担任公职的无可争辩的权利；这些因拥有财富而本来就有势力的家庭，已经开始在自己的氏族之外联合成一种独特的特权阶级；而刚刚萌芽的国家，也就使这种霸占行为神圣化。其次，它表明，农民和手工业者之间的分工已经如此牢固，以致使以前氏族和部落的划分在社会意义方面已不是最重要的。最后，它宣告了氏族社会和国家之间的不可调和的矛盾；建立国家的最初企图，就在于破坏氏族的联系，其办法就是把每一氏族的成员分为特权者和非特权者，把非特权者又按照他们的职业分为两个阶级，从而使之互相对立起来。

恩格斯：《家庭、私有制和国家的起源》，

《马克思恩格斯全集》第 21 卷第 126～127 页。

随着法律的产生，就必然产生出以维护法律为职责的机关——公共权力，即国家。

恩格斯：《论住宅问题》，

《马克思恩格斯全集》第 18 卷第 309 页。

但是曾经有过一个时候，国家并不存在，公共联系、社会本身、纪律以及劳动规则全靠习惯和传统的力量来维持，全靠族长或妇女享有的威信或尊敬（当时妇女不仅与男子处于平等地位，而且往往占有更高的地位）来维持，没有专门从事管理的人的特殊等级。

列宁：《论国家》，

《列宁全集》第 37 卷第 63 页。

国家一直是从社会中分化出来的一种机构，一直是由一批专门从事管理、几乎专门从事管理或主要从事管理的人组成的。人分为被管理者和专门的管理者，后者居于社会之上，称为统治者，称为国家代表。这个机构，这个管理别人的集团，总是把持着一定的强制机构，实力机构。

列宁：《论国家》，

《列宁全集》第 37 卷第 66 页。

据史学界的通常看法，我国国家的产生是从公元前 2 千多年的夏开始的。相传，尧舜禹经过民主推选，相继担任部落联盟首领。禹属于夏部落，禹继任时，私有制已经产生，出现了氏族贵族。部落联盟的大权已经逐渐集中到他的家族手中。禹死后，他的儿子启由禅让制改变为传子制，从此开启了王位世袭制度，史称"家天下"。夏朝统治者建立了庞大的官僚管理机构——"官""师""工""臣正"等；实行了税收制度（贡赋）；按地域划分居民，把天下划为"九州""牧"为州的行政长官。这就具备了经典作家所概括的国家的基本特征和标志。

实际上，管理活动是法和国家产生的重要途径之一。我国法学界要么说法产生于交换，要么说法产生于杀戮，这种法产生于单一途径的结论，与实际情况是不相符合的，与经典作家的论述也是不相符合的。

3. 法和国家的产生同惩罚活动相联系

血族复仇习惯的演变，能够说明这个结论。血族复仇是集体复仇。任何氏族或部落的成员遭受杀害或欺凌，都被看作是对全体成员的侵犯，因而必然引起对其他氏族或部落的侵害人实行集体复仇。后来是血亲复仇。复仇的范围和对象改变了，只是由被害人的近亲属为之复仇，复仇的对象被限制在侵害人的亲属范围，所谓"以眼还眼、以牙还牙"。最后，血亲复仇又被赎罪取而代之。就是侵害人用一定数量的实物或货币向被害人或其家属赔偿损失。这些都是氏族社会的习惯。

法产生后，在形式上把这个赔偿习惯保留下来，但内容则是阶级条件下的新内容。如根据被害人的不同社会地位缴纳数额不等的罚金，同时还要向国家缴纳罚款。这种罚金制度依据的是阶级不平等，而且使富人可以靠赎罪的办法逃避其他更重的刑罚。由此可见，法的罚金制度同氏族社会习惯的赔偿制度有着本质的区别。

惩罚活动是人类社会的重要活动。对加害人的惩罚，是维护社会秩序的重要方面。原始社会的惩罚，是基于对捣乱行为和破坏行为的一种自然反应，而法的惩罚，则是维系阶级统治的手段。

要摆脱人类的某种本质力量的变态表现，除了消灭这种本质力量，就没有更批判的手段了。这也就是基督教的手段：眼睛作恶就挖掉眼睛，手作恶就砍掉手，总之，肉体作恶就杀害肉体，因为眼睛、手、肉体对于人本来都只是多余的、罪恶的附属品。要治愈人性的疾病，就必须消灭人性。

马克思恩格斯：《神圣家族》，

《马克思恩格斯全集》第 2 卷第 227 页。

野蛮民族强迫犯了某种罪行的人给受害者一定的赔偿（罚金）。公众惩罚这一概念同那种把罪行只看作对个人的侵犯的观点正相对立。但是，必须再找出甘愿授权个人去同时实行私人惩罚和国家惩罚的民族和理论来。

马克思：《第六届莱茵省议会的辩论（第三篇论文）》，

《马克思恩格斯全集》第 1 卷上册第 276 页。

国家这个有组织的强力机关，它是社会发展到一定阶段必然产物，这时社会已分裂成各个不可调和的阶级，如果没有一种似乎驾于社会之上并一定程度脱离社会的"权力"，它便无法存在。

列宁:《卡尔·马克思》，

《列宁全集》(第1版)第21卷第53页。

　　随着历史上一定社会的生产和交换的方式和方法的产生，随着这一社会的历史前提的产生，同时也产生了产品分配的方式和方法。

　　随着分配上的差别的出现，也出现了阶级差别。社会分为享特权的和被损害的、剥削的和被剥削的、统治的和被统治的阶级，而同一氏族的各个公社自然形成的集团最初只是为了维护共同利益（例如在东方是灌溉）、为了抵御外敌而发展成的国家，从此就具有了这样的目的：用暴力来维持统治阶级的生活条件和统治条件，以反对被统治阶级。

恩格斯:《反杜林论》，

《马克思恩格斯全集》第20卷第161~162页。

　　全部暴力论中，正确的仅有：到目前为止，一切社会形式为了保存自己都需要暴力，甚至有一部分是通过暴力建立的。这种具有组织形式的暴力叫做国家。

恩格斯:《〈反杜林论〉材料》，

《马克思恩格斯全集》第20卷第681页。

　　军队的历史比任何东西都更加清楚地表明，我们对生产力和社会关系之间的联系的看法是正确的。一般说来，军队在经济的发展中起着重要的作用。例如，薪金最初就完全是在古代的军队中发展起来的。同样，罗马人的 peculium castrense 是承认非家长的动产的第一种法律形式。fabri 公会是行会制度的开端。大规模运用机器也是在军队里首先开始的。甚至金属的特殊价值和它作为货币的用途，看来最初（格林石器时代以后）也是以它在军事上的作用为基础的。部门内部的分工也是在军队里首先实行的。此外，军队的历史非常明显地概括了市民社会的全部历史。

《马克思致恩格斯》，

《马克思恩格斯全集》第29卷第183页。

　　在这里，像目前在摩塞尔河地区和霍赫瓦尔特地区还在进行的对"农户公社"的公有耕地的分配一样，谈不上什么暴力；农民恰恰认为，耕地公有被耕地私有取而代之，对自己是有利的。甚至原始贵族的形成，象在克尔特人、日耳曼人中以及印度旁遮普地方在土地公有制基础上所发生的那样，最初也完全不是基于暴力，而是基于自愿和习惯。在私有财产形成的任何地方，这都是由于改变了的生产关系和交换关系，是为了提高生产和促进交流——因而是由于经济的原因产生的。在这里，暴力根本没有起任何作用。很显然，在掠夺者能够占有他人的财物以前，私有财产的制度必须是已经存在了；因此，暴力虽然可以改变占有状况，但是不能创造私有财产本身。

恩格斯：《反杜林论》，

《马克思恩格斯全集》第 20 卷第 177 页。

　　西方法学界一些人认为，暴力产生了国家和法，认为国家和法是由于原始部落的战争，强大的部落用暴力征服了弱小的部落的结果。他们的主要论据是，政治暴力先于经济发展过程，暴力在先，私有财产在后。我们知道，在国家和法的产生过程中，有的是暴力或战争征服促进了国家和法的产生，但作为一般规律，国家和法一定是氏族社会内部矛盾发展的结果，不是外部强加于内部的一种力量。而且，把国家和法说成是阶级和阶级斗争的产物，就完全把阶级与国家和法的关系弄颠倒了。

　　当然，国家和法不是暴力产生的，但国家和法离不开暴力。经典作家的论述是明确的，用暴力来维持统治阶级的生活条件和统治条件，以反对被统治阶级。

　　当前，一些"理论家"攻击和诋毁无产阶级暴力革命，攻击和诋毁无产阶级专政的国家政权。他们穿起"时髦"的服装和道具，演出了历史上阶级斗争的新场面。他们打着反对"暴力万能论"的幌子，影射攻击"任何不具有进步性和正义性的暴力行为，必然为历史所唾弃"，"历史发展的总趋势是从野蛮走向文明，热衷于暴力是社会落后的表现"，"与新旧社会更迭无关的'打天下坐天下'，只能叫造反，不能称之为革命"，"20 世纪，在革命战争年代，鼓吹暴力恐怖的言论曾一度盛行：什么'以牙还牙'，'对敌要狠'，'镇压之权'，'暴力剥夺'，'红色恐怖'，等等"。好了，这些"理论家"已经发疯了，应当遵从医嘱，完全休息。

　　《马克思致恩格斯》信里"罗马人的 peculium castrense"，是指古代罗马人军队里的作业队或军事工匠。"fabri"，是军营里的财产，指古代罗马人军营中的士兵的个人财产。

（四）法和国家同时消亡

1. 不是用法令废除国家

　　无产阶级通过暴力革命夺取政权后，不是废除国家，更不是用法令废除国家，而是建立社会主义国家。这是完全新型的国家。国家和法是不能被"消灭"的，要"消灭"的是资本主义的国家和法律，而这只有"消灭"资本主义自由竞争、"消灭"私有制才能做到。

　　只要生产力还没有发展到足以使竞争成为多余的东西，因而还这样或那样地不断产生竞争，那末，尽管被统治阶级有消灭竞争、消灭国家和法律的"意志"，然而它们所想的毕竟是一种不可能的事。

马克思恩格斯：《德意志意识形态》，

《马克思恩格斯全集》第 3 卷第 378 页。

蠢驴巴枯宁和克吕·泽烈跑到了里昂，把一切都弄糟了。他们两人都是国际的成员，所以，不幸得很，他们有足够的影响把我们的朋友们引入歧途。市政厅被占领了一个短时间——颁布了愚蠢透顶的关于废除国家的法令以及诸如此类的胡说八道。

马克思：《马克思致爱德华·斯宾塞·比斯利》，
《马克思恩格斯全集》第 33 卷第 163 页。

我们彻底研究一下，无政府主义的福音书将导致什么样的结论；我们假定，可以用法令来废除国家。根据第六条的规定，这一行动的结果就是：国家的破产，停止国家对追索私人债务的干预，停止缴纳任何捐税，解散军队、司法部门、官吏、警察和僧侣（!），废除官方司法制度，同时烧毁一切规定了财产权的文书契约以及一切司法的和民事的文书废物，没收一切生产资本和劳动工具，归各工人协作社所有，并把这些协作社联合起来，"组成公社"。这个公社将给因此被剥夺了财产的个人供应最必需的用品，让他们自由地用他们自己的劳动挣得更多的东西。

马克思恩格斯：《社会主义民主同盟和国际工人协会》，
《马克思恩格斯全集》第 18 卷第 383 页。

马克思恩格斯在《社会主义民主同盟和国际工人协会》里，提到的无政府主义的福音书"第六条的规定"，马克思恩格斯对其主要规定都谈到了。省略未谈的是：没收一切教会和国家的财产以及属于个人的贵重金属，归组成公社的一切工人协作社的联合同盟所有；推选的代表都应持有限权代表委托书，在一切方面都负责任并随时可以撤换——的办法成立革命公社委员会；发表组成了公社的起义首都的宣言，声明首都在消灭了权威主义的和执行监护任务的国家（它有权这样做，因为它像其他地方一样被国家所奴役）以后放弃自己的权利；由于为了使起义的各国能够互相卫护而扩展革命和组织革命这一事实本身，以废除国家和破坏国家为基础的革命的普遍性就将获得胜利。

2. 只能用社会主义法和国家代替资本主义法和国家

无产阶级暴力革命打碎旧的国家机器，不是消灭法和国家，而是用完全新型的法和国家来代替它，就是用社会主义法和国家代替资本主义法和国家。

从社会主义向共产主义的过渡时期，是无产阶级专政时期。这是一个相当长的历史阶段。在这一历史阶段，存在资本主义复辟与反复辟的严重斗争，存在资本主义复辟的可能性和现实性。但是，社会主义社会的发展，向共产主义的过渡，完全符合人类历史的发展规律，是不以任何人的意志为转移的。

巴枯宁有一种独特的理论——蒲鲁东主义和共产主义的混合物，其中最主要的东西就是：他认为应当消除的主要祸害不是资本，就是说，不是由于社会发展而产生的资本家和雇佣工人的阶级对立，而是国家。广大的社会民主党工人群众都和我们抱有同样的观点，认为国家权力不过是统治阶级——地主和资本家——为维护其社会特权而为自己建立的组织，而巴枯宁却硬说国家创造了资本，资本家只是由于国家的恩赐才拥有自己的资本。因此，既然国家是主要祸害，那就必须首先废除国家，那时资本就会自行完蛋。而我们的说法恰巧相反：废除了资本，即废除了少数人对全部生产资料的占有，国家就会自行垮台。差别是本质性的：要废除国家而不预先实现社会变革，这是荒谬的；废除资本正是社会变革，其中包括对全部生产方式的改造。但是，在巴枯宁看来，既然国家是主要祸害，就不应当做出任何事情来维持国家的生命，即任何一种国家——不管是共和国，君主国等等——的生命。因此就应当完全放弃一切政治。进行政治活动，尤其是参加选举，那是背叛原则的。应当进行宣传，咒骂国家，组织起来，而当一切工人即大多数人都站到自己方面来了的时候，就撤销一切政权机关，废除国家，而代之以国际的组织。千年王国由以开始的这一伟大行动，就叫做社会清算。

恩格斯：《恩格斯致泰奥多尔·库诺》，

《马克思恩格斯全集》第33卷第390~391页。

关于无产阶级必须采取政治行动，必须实行专政以过渡到废除阶级并和阶级一起废除国家的观点，这种观点在"共产党宣言"中已经申述过并且以后又重述过无数次。

恩格斯：《论住宅问题》，

《马克思恩格斯全集》第18卷第297页。

用无产阶级国家代替资产阶级国家，这种代替是使国家根本消亡的唯一道路。

列宁：《论"民主"和专政》，

《列宁全集》（第1版）第28卷第351页。

马克思主义者与无政府主义者之间的区别是在于：①马克思主义者的目的是完全消灭国家，但他们认为，只有在社会主义革命把阶级消灭之后，在导向国家消亡的社会主义建立起来之后，这个目的才能实现；无政府主义者则希望在一天之内完全消灭国家，他们不懂得实现这个目的的条件。②马克思主义者认为无产阶级在夺得政权之后，必须彻底破坏旧的国家机器，用新的由武装工人组织组成的公社式的国家机器来代替它；无政府主义者主张破坏国家机器，但是，他们完全没有弄清楚无产阶级应当用什么去代替它以及怎样运用革命政权；无政府主义者甚至否认革命无产阶级运用国家政权，否认无产阶级的革命专政。③马克思主义者主张利用现代国家准备无产阶级进行革命的准备；无政府主义者则否认这一点。

列宁：《国家与革命》，

《列宁全集》第31卷第108~109页。

就是这个刚刚从资本主义脱胎出来的在各方面还带着旧社会痕迹的共产主义社会，马克思称之为共产主义社会的"第一"阶段或低级阶段。

生产资料已经不是个人的私有财产。它们已归全社会所有。社会的每个成员完成一定份额的社会必要劳动，就从社会领得一张凭证，证明他完成了多少劳动量。他根据这张凭证从消费品的社会储存中领取相应数量的产品。这样，扣除了用作社会基金的那部分劳动量，每个劳动者从社会领回的正好是他给予社会的。

列宁：《国家与革命》，
《列宁全集》第 31 卷第 88 页。

在共产主义社会的第一阶段（通常称为社会主义），"资产阶级权利"没有完全取消，而只是部分地取消，只是在已经实现的经济变革的限度内取消，即只是在同生产资料的关系上取消。"资产阶级权利"承认生产资料是个人的私有财产。而社会主义则把生产资料变为公有财产。在这个范围内，也只是在这个范围内，"资产阶级权利"才不存在了。

但是它在它的另一部分却依然存在，依然是社会各个成员间分配产品和分配劳动的调节者（决定者）。"不劳动者不得食"这个社会主义原则已经实现了；"对等量劳动给予等量产品"这个社会主义原则也已经实现了。但是，这还不是共产主义，还没有消除对不同等的人的不等量（事实上是不等量的）劳动给予等量产品的"资产阶级权利"。

列宁：《国家与革命》，
《列宁全集》第 31 卷第 90 页。

恩格斯在这段论述中一开始就说，无产阶级将取得国家政权，"这样一来也消灭了作为国家的国家"。这是什么意思，人们是"照例不"思索的。通常不是完全忽略这一点，就是认为这是恩格斯的一种"黑格尔主义的毛病"。其实这句话扼要地表明了最伟大的一次无产阶级革命的经验，即 1871 年巴黎公社的经验，关于这一点，我们在下面还要详细地加以论述。实际上恩格斯在这里所讲的是以无产阶级革命来"消灭"资产阶级的国家，而他讲的自行消亡是指社会主义革命以后无产阶级国家制度残余。按恩格斯的看法，资产阶级国家不是"自行消亡"的，而是由无产阶级在革命中来"消灭"的。在这个革命以后，自行消亡的是无产阶级的国家或半国家。

列宁：《国家与革命》，
《列宁全集》第 31 卷第 16 页。

恩格斯在提出"国家自行消亡"这个著名的原理以后，立刻就具体地说明这个原理是既反对机会主义者又反对无政府主义者的。而且恩格斯放在首位的，是从"国家自行消亡"这个原理中得出的反对机会主义者的结论。

可以担保，在 1 万个读过或听过国家"自行消亡"论的人中，有 9990 人完全不知道或不记得恩格斯从这个原理中得出的结论不仅是反对无政府主义者的。其余的 10 个人中可能有 9 个人不知道什么是"自由的人民国家"，不知道为什么反对这个口号就是反对机会主义者。历史竟然被写成这样！伟大的革命学说竟然这样被人不知不觉地篡改成了流行的庸俗观念。反对无政府主义者的结论被千百次地重复，庸俗化，极其简单地灌到头脑中去，变成固执的偏见。而反对机会主义者的结论，却被抹杀和"忘记了"！

列宁：《国家与革命》，

《列宁全集》第 31 卷第 17 页。

只有共产主义才能够完全不需要国家，因为没有人需要加以镇压了，——这里所谓"没有人"是指阶级而言，是指对某一部分居民进行有系统的斗争而言。我们不是空想主义者，我们丝毫也不否认个别人采取极端行动的可能性和必然性，同样也不否认有镇压这种行动的必要性。但是，第一，做这件事情用不着什么实行镇压的特殊机器，特殊机构，武装的人民自己会来做这项工作，而且做起来非常简单容易，就象现代社会中任何一群文明人强行拉开打架的人或制止虐待妇女一样。第二，我们知道，产生违反公共生活规则的极端行动的根本社会原因是群众受剥削和群众贫困。这个主要原因一消除，极端行动就必然开始"消亡"。虽然我们不知道消亡的速度和过程怎样，但是，我们知道这种行动一定会消亡。而这种行动一消亡，国家也就随之消亡。

列宁：《国家与革命》，

《列宁全集》第 31 卷第 87 页。

列宁在《国家与革命》里说，社会主义阶段"马克思称之为共产主义社会的'第一'阶段或低级阶段"。"第一阶段"或"低级阶段"的提法是非常准确、非常科学的。因为在这一阶段，实现了破天荒的经济变革，生产资料变为公有财产，私有制不复存在。在这个范围内，"资产阶级权利"不存在了，因为"资产阶级权利"承认生产资料是个人的私有财产。

但是，在共产主义社会的第一阶段（通常称为社会主义），"资产阶级权利"没有完全取消，而只是部分地取消，即只是在已经实现的经济变革的限度内取消，只是在同生产资料的私有制关系上取消。作为"资产阶级权利"存在的，是"对不同等的人的不等量（事实上是不等量的）劳动给予等量产品的"。在社会主义条件下，也只是在这个范围内，"资产阶级权利"存在着。

3. 法和国家是自行消亡的

法和国家的自行消亡，指的不是资本主义法和国家的消亡，而指的是社会主义法和国家的自行消亡。

社会主义经济高度发展，社会产品极大丰富，私有财产和私有制彻底消失了，阶级差别和阶级彻底消失了，私有观念和公有观念的差别、城乡差别、体力劳动和脑力劳动的差别彻底消失了，只有在这个时候，法和国家将自行消亡。

这里有一个问题，社会主义法和国家是在加强中还是在弱化中自行消亡？应当是在加强中自行消亡。只有不断加强法和国家的作用，才能保障共产主义物质技术基础的增强和逐步缩小三大差别。花儿在盛极时开始凋谢，电灯在亮极时开始断灭。这是规律。当然，这种"加强"，不是胶柱鼓瑟的教条主义和形式主义的产物，而应当是在新的历史条件下创造性运用马克思主义原理的结果。

"全民国家"和"全民法"理论，是社会主义法和国家"弱化"理论的典型表现。这种理论，对社会主义社会的进一步发展中出现的"阶级关系新变化"，做了有利于恢复资本主义的理解。

阶级不可避免地要消失，正如它们从前不可避免地产生一样。随着阶级的消失，国家也不可避免地要消失。以生产者自由平等的联合体为基础的、按新方式来组织生产的社会，将把全部国家机器放到它应该去的地方，即放到古物陈列馆去，同纺车和青铜斧陈列在一起。

恩格斯：《家庭、私有制和国家的起源》，
《马克思恩格斯全集》第 21 卷第 198 页。

旧法律是从这些旧社会关系中产生出来的，它们也必然同旧社会关系一起消亡。

马克思：《对民主主义者莱茵区域委员会的审判》，
《马克思恩格斯全集》第 6 卷第 292 页。

国家是整个社会的正式代表，是社会在一个有形的组织中的集中表现，但是，说国家是这样的，这仅仅是说，它是当时独自代表整个社会的那个阶级的国家：在古代是占有奴隶的公民的国家，在中世纪是封建贵族的国家，在我们的时代是资产阶级的国家。当国家终于真正成为整个社会的代表时，它就使自己成为多余的了。当不再有需要加以镇压的社会阶级的时候，当阶级统治和根源于现代生产无政府状态的生存斗争以及由此产生的冲突和极端行动都被消除了的时候，就不再有什么需要镇压了，也就不再需要国家这种特殊的镇压力量了。国家真正作为整个社会的代表所采取的第一个行动，即以社会的名义占有生产资料，同时也是它作为国家所采取的最后一个独立行动。那时，国家政权对社会关系的干预将，先后在各个领域中成为多余的事情而自行停止下来。那时，对人的统治将由对物的管理和对生产过程的领导所代替。国家不是"被废除"的，它是自行消亡的。

恩格斯：《反杜林论》，
《马克思恩格斯全集》第 20 卷第 305~306 页。

只有在共产主义社会中，当资本家的反抗已经彻底粉碎，当资本家已经消失，当阶级已经不存在（即社会各个成员在对社会生产资料的关系上已经没有什么差别）的时候，——只有在那个时候，"国家才会消失，才可能谈自由"。只有在那个时候，真正完全的、真正没有任何例外的民主才有可能，才会实现。也只有在那个时候，民主才开始消亡，道理很简单：人们既然摆脱了资本主义奴隶制，摆脱了资本主义剥削所造成的无数残暴、野蛮、荒谬和卑鄙的现象，也就会逐渐习惯于遵守数百年来人们就知道的、数千年来在一切处世格言上反复谈到的、起码的公共生活规则，自动地遵守这些规则，而不需要暴力，不需要强制，不需要服从，不需要所谓国家这种实行强制的特殊机构。

"国家消亡"这句话说得非常恰当,它既表明了过程的渐进性,表明了过程的自发性。只有习惯才能够而且一定会发生这样的作用,因为我们随时随地都可以看到,如果没有剥削,如果没有某种令人气愤、引起抗议和起义并使镇压成为必要的现象,那么人们是多么容易习惯于遵守他们所必需的公共生活规则。

列宁:《国家与革命》,
《列宁全集》第31卷第85~86页。

国家完全消亡的经济基础就是共产主义的高度发展,那时脑力劳动和体力劳动的对立已经消失,因而现代社会不平等的最重要的根源之一也就消失,而这个根源光靠生产资料转为公有财产,光靠剥夺资本家,是决不能立刻消除的。

这种剥夺会使生产力有蓬勃发展的可能。既然我们看到资本主义现在已经怎样难以想象地阻碍着这种发展,而在已经达到的现代技基础上又可以大大推进生产力,我们就可以有十二分把握地说,剥夺资本家一定会使人类社会的生产力蓬勃发展。但是,生产力将怎样迅速向前发展,将怎样迅速发展到打破分工、消灭脑力劳动和体力劳动的对立,把劳动变为"生活的第一需要",这都是我们所不知道而且也不可能知道的。

因此,我们只能谈国家消亡的必然性,同时着重指出这个过程是长期的,它的长短将取决于共产主义高级阶段的发展速度。至于消亡的日期或消亡的具体形式问题,只能作为悬案,因为现在还没有可供解决这些问题的材料。

当社会实现"各尽所能,按需分配"的原则时,也就是说,在已经十分习惯于遵守公共生活的基本规则,他们的劳动生产已经大大提高,因此他们能够自愿地尽其所能来工作的时候,国家才会完全消亡。

列宁:《国家与革命》,
《列宁全集》第31卷第92页。

无产阶级国家代替资产阶级国家,非通过暴力革命不可。无产阶级国家的消灭,即任何国家的消灭,只能通过"自行消亡"。

列宁:《国家与革命》,
《列宁全集》第31卷第20页。

只有共产主义才能够完全不需要国家,因为那时已经没有人需要加以镇压,——这里所谓"没有人"是指阶级而言,是指对某一部分居民进行有系统的斗争而言。我们不是空想主义者,我们丝毫也不否认个别人采取极端行动的可能性和必然性,同样也不否认有镇压这种行动的必要性。但是,第一、做这件事情用不着什么实行镇压的特殊机器,特殊机构,武装的人民自己会来做这项工作,而且做起来非常简单容易,就象现代社会中任何一群文明人劝解打架的人或制止虐待妇女一样。第二、我们知道,产生违反公共生活规则的捣乱行为的社会根源是群众受剥削和群众贫困。这个主要原因一消除,捣乱行为就必然开始"消亡"。虽然我们不知道消亡的速度和进度怎样,但是,我们知道这种行为一定会消亡。而这种行为一消亡，国家也就随之消亡。

列宁：《国家与革命》，

《列宁全集》第 31 卷第 87 页。

马克思主义经典作家论述的法和国家消亡的必然性及其条件，具有巨大的指导意义。国家完全消亡的经济基础，就是共产主义的高度发展。国家的消亡，也就是民主的消亡，那时，人们将习惯于遵守公共生活规则，而不需要暴力和强制。

消灭阶级，消灭国家权力和法律强制，全人类都要走这一条路，问题只是时间和条件。巩固无产阶级专政，发展社会主义法，正是准备着取消这种专政和这种法，走到消灭任何国家制度的更高阶段去的条件。

有的法学家说，经典作家只谈了国家的消亡，没有谈法的消亡。这显然只是从流行的只言片语中感知的错觉。马克思在《对民主主义者莱茵区域委员会的审判》里明确指出，"旧法律是从这些旧社会关系中产生出来的，它们也必然同旧社会关系一起消亡"。在阿 Q 那里，"赵太爷"说的是真理，"法学家"说的也是真理。谬种流传，俨然正统。看来，不读马列，却要对马列说三道四的法学家，应当回到书斋里去，认真读几页书了。

二、法和国家不可分割

法和国家如同一枚钱币的两面，是不可分割的。

国家和法以社会经济条件为基础。统治阶级必须以国家形式组织政权，以法的形式表现阶级统治的意志。从根本上说，组织成为国家的统治阶级的权力，由表现为法律的意志实现。统治阶级的利益和意志建立在拥有国家权力的基础上，也建立在自己制定法律的基础上。国家和法的本质和宗旨是相同的，国家和法的历史类型是同一的，国家和法的形式是相互适应的。

国家和法之间的联系，是一种职能性的联系。它表现为国家制定法律，依靠国家强制力保障法律的实施，通过国家机器推行法制；表现为法律规定国体和政体，规定政权组织的结构和国家机关的活动范围和权限。这种职能性联系的根本原因，来自一定生产关系类型的性质和规律性。

法和国家属于不同的范畴，它们各有自己的质的规定性和特定效能。因此，我们研究法和国家的关系问题，不能超越法与国家本身的界限，不能认为法是国家的附属物或国家是法的根源。

充分认识法和国家的统一性，只有把法和国家的相互依存性放到社会中，放到一定生产方式中，也就是放到客观条件的决定性制约中，才能理解。

应当认为，在研究国家与法的相互关系时，要注意到它的新变化。

当自由资本主义过渡到垄断资本主义后，垄断和国家垄断要求国家和法仍然维系资本主义制度和体制。但是，这种情况下的国家，不再是"守夜人"，而是主动地、经常地、普遍地介入社会经济，使国家一方面是经济调节主体，另一方面也是经济活动主体，这就是国家的双重身份。垄断市场经济的经济基础是垄断。经济基础变化了，建立在新经济基础之上的国家必然发生变化，而反映国家意志的法也必然随之变化。垄断主义阶段的国家和法与自由主义阶段的国家和法存在直接的继承性，但它本身具有与之相区别的特征及立法要求。

第一，国家和法社会属性的泛化。国家是脱离社会的力量，同时，它又以全社会正式代表者的名义存在。在失去了自律性的自由资本主义全面危机趋势下，国家不得不担负起领导社会的责任。由此，国家获得了"社会的机能"。在形式上，国家的"社会机能"与"阶级机能"分离了。随着垄断化的发展，要求立法反映"社会公共利益""社会福利""社会经济的健全稳定发展""社会责任""社会经济秩序"等要求，并将其强制地规范化。

第二，国家和法活动方式的改变。在垄断阶段，国家在经济领域的活动有两种基本方式：国家调节产品的产量和商品流通，通过调节价格和劳动条件等影响社会需求，通过税收和融资活动影响收入分配等等，这是国家的经济调节活动；另一种活动，是完全新型的经济活动，即国家以生产资料所有者的身份参加社会经济过程。在这一过程中，国家是独立的商品生产者，参与对各个垄断组织及其他经济实体的竞争，或者与某些垄断组织结成"同盟"，追求、瓜分剩余利润。现在，国家参与现实经济活动，已经成为作为公共权力的国家自身存在的一个条件。由此，国家的"经济职能"突现出来。在形式上，"经济的国家"与"政治的国家"分离了。在这一发展阶段，臻于完备的"政治的"立法仍维持着，但"经济的"立法被提到首位。这是资本主义国家立法史上的重大转折。

第三，国家和法任务的新因素。自由主义阶段国家的任务，按照西方学者的见解，限于"国内维持正义、安定秩序"，对外"保卫国土、不受他国侵犯"。现在则不同了。国家在处理统治阶级与被统治阶级关系、统治阶级内部关系问题上，情况发生了某些变化，国家任务出现了某些新因素。在维护统治阶级利益和压迫秩序基础上，一方面，采取"把蛋糕做大一点儿"的办法，立法以"提高劳动者的生活水平为目的"，保障劳动权、团结权、集体交涉权、争议权和罢工权，改善劳动条件（劳动标准、劳动安全卫生等），加强雇佣对策立法，安定就业秩序，对失业者实行普遍社会救济等等，以缓和社会矛盾、社会冲突；另一方面，把调节统治阶级内部关系的任务放在重要位置，国家担负起对统治阶级中个别成员或集团侵害秩序的排除责任，如通过立法，对危及整个国家利益的私人垄断、不正当竞争等进行防治。国家的上述新特征表明：国家是上层建筑范畴，也涉及经济基础范畴；国家是社会的一般政治组织，也表现为社会的一般经济组织。在国家的新变化中，其自身获得了双重身份：在经济领域，国家是经济调节主体，又是经济活动主体。作为经济活动主体，一是主要是以国家名义从事特定经济活动，如特定物资的购销及政府采购、国家债券的发行与回收、外汇买卖以及国际经济协议和国际合同的签订、履行等经济活动；二是国家设置国营企业从事经济活动。国家实行部分企业国有化或国家投资兴建"公用事业部门"，组建国营企业。"公有部门""国营企业""国有化企业""特殊形式企业"等，都是国营企业。这些国营企业以国家的经济目的为企业目的，由国家出资或部分出资成立。国家对企业领导人员和高级职员拥有任免权。在财务上，国家对企业实行严格监督，其预算、决算受国家限制。

国家双重身份的重要特征是：国家作为经济调节主体行使职权，不再是行使传统上的"行政权力"，而是依据"经济权限"参与现实经济过程；国家或国营企业参加经济活动，不再以"私人意思自治""企业自治"为原则，而是以国家意志、社会公共利益为出发点并贯穿社会经济过程的始终。国家的双重身份，改变了公法、私法的内涵，打破了它们之间的界限。在社会关系领域，随着私法的公法化和公法的私法化，一种新的法律产生了，它不是原来意义上的公法，也不是原来意义上的私法。

现阶段，生产社会化空前发展，使资本主义国家和法发生了巨大变化，"新社会因素"不断积累。凯恩斯主义已经过时。"看不见的手"和"国家之手"并用的"两只手"理论无法挽救资本主义。根据列宁的思想，垄断资本主义是社会主义的入口处。西方国家和法离社会主义已经不远了。

只要存在阶级社会，只要资本主义制度没有变，马克思主义法学原理就不会过时。我们应当把马克思主义法学原理作为观察国家和法的前途命运的工具，既要看到资本主义基础没有改变，又要看到国家和法的变化。这应当是辩证唯物主义的正确态度。

（一）法和国家的本质和宗旨是相同的

1. 阶级统治性是国家和法的共同本质

阶级统治性，是经典作家揭示的国家和法的本质。

列宁在《在俄共（布）莫斯科代表会议上关于国内外形势的报告》中指出，我们观察一下俄国的或无论哪个更文明国家的任何一个政党，都可以看到，目前几乎所有的政治争论、分歧和意见，都是围绕着国家这一概念的。在资本主义国家里，在民主共和国特别是像瑞士或美国那样一些最自由最民主的共和国里，国家究竟是人民意志的表现、全民决定的总汇、民族意志的表现等等，还是使本国资本家能够维持其对工人阶级和农民的统治的机器？这就是目前世界各国政治争论所围绕着的基本问题。

经典著作中关于那些改变国家和法的本质的说法，下面阐释两例。

"法治国家"是资产阶级自我标榜的术语，其用意无非是说现代资产阶级国家已经不是警察国家。"警察国家"，是指近代"法治国家"以前的17、18世纪欧洲的绝对君主制国家。那里，君主包揽的内政权，称为警察权。西方法学家认为，因为这种权力不受法律的约束，因而人民没有法律救济手段；司法逐渐独立后，根据自然法的自由主义和国民参政的要求，承认了三权分立；通过国民参与的立法机关即议会制定的法律，而施行依法行政和依法司法。这就是所谓"法治国家"。

经典作家说，"法治国家"这个从法语借用来的字眼，也许不是所有读者都能懂得的，在我看来，这个字眼用得极不妥当。"法治国"——payslégal的直译，它是那些在国会中有自己的代表并享有民众不能享有的宪法特权的阶级或者集团、居民阶层而言的。从这里我们看出，所谓"法治国家"，仍然是资产阶级独占统治权的国家，同"警察国家"没有实质上的区别。御用法学家翻覆云雨，把资产阶级国家称作"法治国家"，同时把"警察国家"的桂冠安在社会主义国家头上。此种手法已被不时上演的美国警察街头暴打平民百姓的惨景所揭破，世人历历在目。社会主义国家是法治国家，是共产党领导的法治国家。共产党的领导是写在宪法上的，只是依法治国与西方国家宪政的性质和运作不同罢了。西方不承认这种完全新型的法治国家。要西方承认做什么呢？

"自由的人民国家"是七十年代德国社会民主党人提出的纲领性要求和流行口号。这个口号只是市侩式地夸大了民主的概念，没有丝毫政治内容。既然人们当时可以合法地利用这个口号来暗示民主共和国，恩格斯也就从鼓动的观点同意"暂时"替这个口号"辩护"。但这是一个机会主义的口号，它不仅起了粉饰资产阶级民主的作用，而且表现出不懂得社会主义对任何国家的批评。我们赞成民主共和制，因为这是在资本主义制度下对无产阶级最有利的国家形式，但是，我们决不应该忘记，即使在最民主的资产阶级共和国里，人民仍然摆脱不了当雇佣奴隶的命运。其次，任何国家都是对被压迫阶级"实行镇压的特殊力量"。因此任何国家都不是自由的，都不是人民的。在七十年代，马克思和恩格斯一再向他们党内的同志解释这一点。列宁在《国家与革命》里的这段话，对什么是"自由的人民国家"，讲得再清楚不过。

国家是文明社会的概括，它在一切典型的时期毫无例外地都是统治阶级的国家，并且在一切场合在本质上都是镇压被压迫被剥削阶级的机器。

恩格斯：《家庭、私有制和国家的起源》，

《马克思恩格斯全集》第 21 卷第 200 页。

资产阶级的力量全部取决于金钱，所以他们要取得政权就只有使金钱成为人在立法上的行为能力的唯一标准。他们一定得把历代的一切封建特权和政治垄断权合成一个金钱的大特权和大垄断权。资产阶级的政治统治之所以具有自由主义的外貌，原因就在于此。

恩格斯：《德国状况》，

《马克思恩格斯全集》第 2 卷第 647 页。

自由的人民国家变成了自由国家。从字面上看，自由国家就是可以自由对待本国公民的国家，即具有专制政府的国家。应当抛弃这一切关于国家的废话，特别是在巴黎公社以后，巴黎公社已经不是原来意义上的国家了。

当无产阶级还需要国家的时候，它之所以需要国家，并不是为了自由，而是为了镇压自己的敌人，一到有可能谈自由的时候，国家本身就不再存在了。

恩格斯：《给奥·倍倍尔的信》，

《马克思恩格斯全集》第 19 卷第 7 页。

自由国家是个什么东西呢？

使国家变成"自由的"，这决不是已经摆脱了狭隘的奴才思想的工人的目的。在德意志帝国，"国家"差不多是和在俄国一样地"自由"。自由就在于把国家由一个站在社会之上的机关变成完全服从这个社会的机关；而且就在今天，各种国家形式比较自由或比较不自由，也取决于这些国家形式把"国家的自由"限制到什么程度。

德国工人党——至少是当它接受了这个纲领的时候——表明：它对社会主义思想领会得多么肤浅；它不把现存社会（对任何未来的社会也是一样）当作现存国家的基础（或者不把未来社会当做未来国家的基础），反而把国家当作一种具有自己的"精神的、道德的、自由的基础"的独立本质。

马克思：《哥达纲领批判》，

《马克思恩格斯全集》第 19 卷第 30 页。

国家是阶级矛盾不可调和的产物和表现。在阶级矛盾客观上不能调和的地方、时候和条件下，便产生国家。反过来说，国家的存在证明阶级矛盾不可调和。

把国家说成是阶级调和的机关。在马克思看来，如果阶级调和是可能的话，国家既不会产生，也不会保持下去。而照市侩和庸人般的教授和政论家们说来（往往还善意地引用马克思的话作根据!），国家正是调和阶级的。在马克思看来，国家是阶级统治的机关，是一个阶级压迫另一个阶级的机关，是建立一种"秩序"来抑制阶级冲突，使这种压迫合法化、固定化。在小资产阶级政治家看来，秩序正是阶级调和，而不是一个阶级对另一个阶级的压迫；抑制冲突就是调和，而不是剥夺被压迫阶级用来推翻压迫者的一定的斗争手段和斗争方式。

至于国家是一定阶级的统治机关，这个阶级不可能与同它对立的一方（同它对抗的阶级）调和，这是小资产阶级民主派始终不能了解的。

列宁：《国家与革命》，

《列宁全集》第 31 卷第 6～7 页。

恩格斯在总结他所作的历史的分析时说："国家决不是从外部强加于社会的一种力量。国家也不像黑格尔所断言的是'伦理观念的现实'，'理性的形象和现实'。勿宁说，国家是社会在一定发展阶段上的产物；国家是表示：这个社会陷入了不可解决的自我矛盾，分裂为不可调和的对立面而又无力摆脱这些对立面。而为了使这些对立面，这些经济利益互相冲突的阶级，不致在无谓的斗争中把自己和社会消灭，就需要有一种表面上站在社会之上的力量来抑制冲突，把冲突保持在'秩序'的范围以内；这种从社会中产生但又居于社会之上并且日益同社会相异化的力量，就是国家。"（德文第 6 版第 177～178 页）

列宁：《国家与革命》，

《列宁全集》第 31 卷第 5 页。

这里所谈的是国家。"马克思及其信徒"否认国家，"过分""迷恋于""对现代国家的批判"，而犯了"片面性"的毛病。司徒卢威先在纠正这种迷恋时说："国家首先是秩序的组织，它在社会经济结构决定一些集团从属于另一些集团的社会中，则是统治（阶级统治）的组织。"（第 53 页）按作者的意见，国家在氏族生活中就有了，并且在阶级消灭以后仍将存在，因为国家的特征就是强制权力。

作者用自己学究式的观点批评马克思时，根本缺乏论据，这一点只能使人感到惊讶。首先，他把强制力当作国家的特征是全不对的，因为在人类的任何共同生活中，无论在氏族制度或家庭中都有强制权力，但在那里并没有国家。恩格斯在司徒卢威先生谈到国家时所引证过的那部著作中说，"国家的主要特征就是离开人民群众的公共权力"。……因此，国家的特征就是存在着把权力集中在自己手中的特殊阶级。在公社中"秩序的组织"是由公社全体成员轮流管理的，显然谁也不会把公社称作国家。其次，对现代国家来说，司徒卢威先生的论断更不能成立。谈到现代国家时说"现代国家"首先（原来如此!?!）是"秩序的组织"，这就等于不了解马克思理论中非常重要的一点。现代社会中把权力掌握在自己手里的那个特殊机构是官僚。这个机构和现代社会统治阶级即资产阶级的直接的而又极密切的联系，可以从历史上（官僚曾是资产阶级反对封建主、反对一般"旧贵族"制度代表人物的第一个政治工具，是平民知识分子、"小市民"而不是道地的土地占有者第一次登上政治统治的舞台），从这个阶级的形成和补充的条件上（它只给"人民出身的"资产者敞开大门，它和这个资产阶级有着千丝万缕的极牢固的联系）明显地看出来。

列宁：《民粹主义的经济内容及其在司徒卢威先生的书中受到的批评》，
《列宁全集》第 1 卷第 380～381 页。

考茨基背弃了马克思主义，忘记了任何国家都是一个阶级镇压另一个阶级的机器，忘记了最民主的资产阶级共和国也是资产阶级压迫无产阶级的机器。

无产阶级专政，无产阶级国家，无产阶级镇压资产阶级的机器不是"管理形式"，而是另一类型的国家。镇压所以必要，是因为资产阶级遭到剥夺总要进行疯狂的反抗（说什么马克思在 70 年代承认英国和美国可能和平地过渡到社会主义，这是诡辩，直率一点说，这是行骗，是用引证来骗人。第一，就在当时，马克思也认为这种可能是一个例外。第二，当时还没有垄断资本主义，即帝国主义。第三，恰恰是英国和美国当时没有（现在有了）军阀——资产阶级国家机器的主要机构。）

哪里有镇压，哪里就不可能有自由、平等。所以恩格斯说："当无产阶级还需要国家的时候，它需要国家不是为了自由，而是为了镇压自己的敌人，一到有可能谈自由的时候，国家本身就不再存在了。"

列宁：《无产阶级革命和叛徒考茨基》，
《列宁全集》第 35 卷第 105 页。

法和国家同属于上层建筑的重要组成部分，同样是阶级矛盾不可调和的产物和表现。因此，法和国家都具有统治意志性。这种统治意志性，不仅表现为敌对阶级之间的斗争，还表现为同盟阶级之间的联合和合作，以及统治阶级内部的协调和配合。

恩格斯在《家庭、私有制和国家的起源》里说，"国家也不像黑格尔所断言的是'道德观念的现实'，'理性的形象和现实'"，引自乔·威·弗·黑格尔《法哲学原理》，第257 和 360 节（G. W. F. Hegel. 《Grundlinien der Philosophie des Rechts》）。该书第 1 版于1821 年在柏林出版。

2. 共同维护同人民大众相脱离的权力和秩序

国家和法的宗旨，就是共同维护同人民大众相脱离的权力，即统治阶级的国家权力和法律秩序。

维护统治阶级的权力，是宗旨的核心。国家和法的根本问题，是政权问题，就是国家权力在哪个阶级手里的问题。无论古代国家还是当代国家，国家权力深入到社会的所有领域。乃至知识也不能摆脱权力了。美国学者约瑟夫·劳斯教授（Joseph Rouse）谈到权力与知识的关系。他认为，运用知识获取权力，在权力被用来阻碍或扭曲知识的获取，或是知识可以把我们从权力的压制作用下解放出来。他说知识能够揭露权力所造成的扭曲，揭开权力进行黑箱操作的面纱。这里的权力（power），不理解为能力。劳斯著作的译者在翻译后记中认为，"知识同时也伴随通过对监狱、学校、诊所、工厂和兵营的考察，他从监控和纪律中看到了权力发生的微观机制，同时也看到了知识的发生始终受制于权力机制的事实"。显然，劳斯所称的权力，是国家权力。

任何立法的根本目的，都是建立并维护一种统治秩序，即建立并维护一种有利于并适合于阶级统治的一定社会状态。社会秩序，是全体社会成员依照法律规定，进行适合于一定社会关系类型的活动，从而形成稳定的持续的相互关系状态。

社会主体总是进行不同类的社会活动，从而形成不同类型的社会关系。主体活动与法和国家的关系，只有主体依法进行活动，才能形成法律秩序，而法律秩序，又是主体活动的合理性、有效性的保障。

法律秩序概念包括以下三层含义：

其一，法律秩序，是上升为法律的国家意志在现实社会关系中实现的状态。这种秩序状态，以国家意志这"一个意志"表现出来。这"一个意志"集中反映了统治阶级的普遍意志，而个别主体的意志是在被法所规范的意义上表现出来的；这种秩序状态，是主体严格遵守一般法律准则的状态；为了了维护法律秩序，对于违反这种状态的活动和关系，将被抑制或被依法制止和处理。

其二，法律秩序，是主体的具体权利、义务合法的状态。我们知道，只有现实社会关系转化为法律关系，才能实现法和国家的作用和任务。

其三，法律秩序，是国家机关正确执行和适用法律的状态。作为执法的国家行政机关和作为适用法律的国家司法机关，是具有执行力、强制力的特殊社会组织。它们依法行使国家权力，在规定的职权范围内，对个别的、具体的事实（行为、活动、关系）执行和适用法律。国家行政权力依法实施而不是被放弃或滥用，国家审判权力依法行使而不是在程序上、案件审理上被歪曲或不公正地行使，是法律秩序形成的重要因素。

为了实现国家和法的根本宗旨，首先，要确立社会活动、社会关系的规则。为此，国家和法需要对社会活动、社会关系本身进行有针对性的调整；其次，实现阶级统治总体利益。其总体利益，表现为国家利益、社会公共利益和主体利益的一定总和。为维护并实现这一目的，国家和法必须解决好阶级矛盾、经济矛盾和政治矛盾等，以保障整个社会稳定发展。再次，维护社会秩序。保证国家各部门、各社会组织和公民个人正常的社会活动，是社会发展的基本条件。正确把握国家和法的一般目的，对于认识国家和法的统一性具有重要意义。

我们已经看到，国家的本质特征，是和人民大众分离的公共权力。

恩格斯：《家庭、私有制和国家的起源》，
《马克思恩格斯全集》第21卷第135页。

国家决不是从外部强加于社会的一种力量。国家也不像黑格尔所断言的是"道德观念的现实"，"理性的形象和现实"。勿宁说，国家是社会在一定发展阶段上的产物；国家是表示：这个社会陷入了不可解决的自我矛盾，分裂为不可调和的对立面而又无力摆脱这些对立面。而为了使这些对立面，这些经济利益互相冲突的阶级，不致在无谓的斗争中把自己和社会消灭，就需要有一种表面上驾于社会之上的力量，这种力量应当缓和冲突，把冲突保持在"秩序"的范围以内；这种从社会中产生但又自居于社会之上并且日益同社会脱离的力量，就是国家。

恩格斯：《家庭、私有制和国家的起源》，

《马克思恩格斯全集》第 21 卷第 194 页。

　　他先把国家变成一个人，变成"掌权者"。至于统治阶级把本阶级的共同的统治组成公开的政权、组成国家这一事实，桑乔却把它理解为并且以德意志小资产阶级的方式曲解为："国家"是作为第三种力量组成起来反对这个统治阶级，并为对付这个统治阶级而攫取全部权力的。

马克思恩格斯：《德意志意识形态》，

《马克思恩格斯全集》第 3 卷第 411 页。

　　在马克思看来，国家是阶级统治的机关，是一个阶级压迫另一个阶级的机关，是建立一种"秩序"，来抑制阶级冲突，使这种压迫合法化、固定化。

列宁：《国家与革命》，

《列宁全集》第 31 卷第 6 页。

　　地主为了维持自己的统治，为了保持自己的权力，必须有一种机构能使大多数人统统服从他们，服从他们的一定的法律、规则，这些法律基本上是为了一个目的——维持地主统治农奴制农民的权力。

列宁：《论国家》，

《列宁全集》第 37 卷第 70 页。

　　国家和法依靠强制力运行，但把强制力当作国家和法的特征是完全不对的。国家和法的本质特征，在于拥有同人民大众分离的公共权力，就是存在着把权力集中在自己手中的特殊阶级。正是这个特殊阶级，利用国家和法来维系自己的统治。

（二）法和国家的职能是一致的

1. 法和国家的功能相辅相成

　　所谓国家和法的职能，就是国家和法律职责活动的总目标、特有任务的基本功能和作用。国家和法的职能是其本质的具体化，它是国家和法的本质概念的进一步发展。

　　法和国家具有镇压和管理两种职能。

　　国家和法的基本职能，包括两种：一是内部的职能，就是对付被统治阶级和实行社会管理；二是外部的职能，就是维护主权、国家安全和领土完整。国家和法的内部职能，具有镇压和管理两种职能。

国家和法的职能与国家和法的本质是完全联系在一起的。社会主义国家与剥削阶级国家的本质不同，职能也不可能相同。社会主义国家和法还有一种职能，这就是组织经济职能和文化教育职能。由于实行自由放任的市场经济，国家和法不介入经济，因而不具有经济职能。进入垄断和国家垄断阶段后，国家和法获得了一定经济职能。对国民经济的宏观调控措施，对微观经济的介入，都是经济职能的反映。当然，仍然不涉及组织国民经济问题。对国民经济的组织、领导、指挥，是社会主义国家的固有职能。

所有一切压迫阶级，为了维持自己的统治，都需要有两种社会职能：一种是刽子手的职能，另一种是牧师的职能。刽子手镇压被压迫者的反抗和暴动。牧师安慰被压迫者，给他们描绘一幅在保存阶级统治的条件下减少痛苦和牺牲的远景（这些话说起来就特别容易，因为不用担保"实现"这种远景…），从而使他们忍受这种统治，使他们放弃革命行动，打消他们的革命热情，破坏他们的…革命决心。

> 列宁：《第二国际的破产》，
> 《列宁全集》（第 1 版）第 21 卷第 208 页。

说阶级不能管理，也是完全不对的；这种废话，只有除了资产阶级议会什么也看不见、除了"执政党"什么也不注意的"议会迷"才说得出来。任何一个欧洲国家都会让考茨基看到统治阶级管理国家的例子，例如中世纪的地主便是这样，虽然他们的组织程度还不够。

> 列宁：《无产阶级专政和叛徒考茨基》，
> 《列宁全集》第 35 卷第 242 页。

在共产主义社会里国家制度会发生怎样的变化呢？换句话说，那时有哪些同现代国家职能相类似的社会职能保留下来呢？这个问题只能科学地回答；否则，即使你把"人民"和"国家"这两个名词联接一千次，也丝毫不会对这个问题的解决有所帮助。

> 马克思：《哥达纲领批判》，
> 《马克思恩格斯全集》第 19 卷第 31 页。

政治统治到处都是以执行某种社会职能为基础，而且政治统治只有在它执行了它的这种社会职能时才能持续下去。不管在波斯和印度兴起或衰落的专制政府有多少，它们中间每一个都十分清楚地知道自己首先是河谷灌溉的总的经营者，在那里，如果没有灌溉，农业是不可能进行的。

> 恩格斯：《反杜林论》，
> 《马克思恩格斯全集》第 20 卷第 195 页。

无论在任何情况下，无论有或者没有托拉斯，资本主义社会的正式代表——国家终究不得不承担起对生产的领导。这种转化为国家财产的必然性首先表现在大规模的交通机构，即邮政、电报和铁路方面。

如果说，危机暴露出资产阶级无能继续驾驭现代生产力，那末，大的生产机构和交通机构向股份公司、托拉斯和国家财产的转变就表明资产阶级在这方面不是不可缺少的。

恩格斯：《社会主义从空想到科学的发展》，

《马克思恩格斯全集》第 19 卷第 239～240 页。

国家就是从人类社会中分化出来的管理机构。当专门从事管理并因此而需要一个强迫他人意志服从暴力的特殊强制机构（即监狱、特殊队伍及军队等等）的特殊集团出现时，国家也就出现了。

列宁：《论国家》，

《列宁全集》第 37 卷第 63 页。

国家和法的职能，是通过国家机关的具体工作体现的。经典作家用"机器"来说明国家组织，就是指国家是一个机构复杂，结构严密、配合和谐的机器，是一个由各个机关组成的、具有紧密联系的统一整体。统治阶级正是凭借这个机构实现统治的。国家机构是从另一个方面体现国家和法的阶级本质。国家机构包括立法机构、行政机构、司法机构。

17 世纪末，英国的洛克把国家权力分为立法权、行政权和联盟权。后来，18 世纪法国的孟德斯鸠，发展了这个学说，提出了"三权分立"的分权理论，一直延续至今。现在表述为立法权、行政权、司法权的三权，分属于三个不同的国家机关，同一国家机关只能行使上述一个职权。西方法学认为，三权由不同的机关行使，它们彼此之间能够均衡和制约、互相牵制和监督，以实现政治民主。

其实，所谓"分权"，不过是为了防止职权运作的漏洞而互相补充、互相配合。对此，恩格斯在《7 月 4 日的妥协会议》里深刻地指出："事实上这种分权只不过是为了简化和监督国家机构而实行的日常事务上的分工罢了。"

社会主义国家机关，在共产党的统一领导下，分工负责，共同执行党和国家的方针政策，为实现国家和法的对内和对外职能而发挥着各自的作用。

2. 国家是组织工具，法是手段工具

国家，这个有组织的暴力，是统治阶级的组织，是维护一个阶级对另一个阶级的统治的机器；国家制定或认可的法律依靠国家强制力实施。国家的存在和运作中，国家是组织工具，法是手段工具。组织工具和手段工具缺一不可。

由于国家是从控制阶级对立的需要中产生的，同时又是在这些阶级的冲突中产生的，所以，它照例是最强大的、在经济上占统治地位的阶级的国家，这个阶级借助于国家而在政治上也成为占统治地位的阶级，因而获得了镇压和剥削被压迫阶级的新手段。因此，古代的国家首先是奴隶主用来镇压奴隶的国家，封建国家是贵族用来镇压农奴和依附农的机关，现代的代议制的国家是资本剥削雇佣劳动的工具。

恩格斯：《家庭、私有制和国家的起源》，

《马克思恩格斯全集》第 21 卷第 196 页。

由于资产阶级已经不再是一个等级，而是一个阶级了，因此它必须在全国范围内而不是在一个地区内组织起来，并且必须使自己通常的利益具有一种普遍的形式。由于私有制摆脱了共同体，国家获得了和市民社会并列的并且在市民社会之外的独立存在；实际上国家不外是资产者为了在国内外相互保障自己的财产和利益所必然要采取的一种组织形式。

马克思恩格斯：《德意志意识形态》，

《马克思恩格斯全集》第 3 卷第 70 页。

国家是什么呢？

国家无非是一个阶级镇压另一个阶级的机器。

总之，一个被压迫阶级，现代社会中一切被剥削劳动者的先锋队，应该努力去进行"资本同劳动的决战"，但不应该触动资本用来镇压劳动的机器！不应该摧毁这个机器！不应该用自己的包罗一切的组织来镇压剥削者！

列宁：《苏维埃不得变成国家组织》，

《列宁全集》第 35 卷第 261 页。

满脑子小资产阶级偏见的、忘掉了马克思的国家学说精髓的第二国际"社会主义者"老爷们，把国家政权当作一种圣物，当作一种偶像或者是正式投票产生的合力，当作"彻底民主"的绝对物（还有其他类似的胡说）。他们没有看到，国家政权仅仅是各个阶级都能而且应该利用（并且应该善于利用）来为自己的阶级目的服务的工具。

列宁：《立宪会议选举和无产阶级专政》，

《列宁全集》（第 1 版）第 30 卷第 231 页。

人们崇拜国家达到了迷信的地步，相信国家是全民政权的陈词滥调；无产阶级要把叫做国家的这个机器摈弃，并且指出这是资产阶级的谎言。我们已经从资本家那里把这个机器夺过来，由自己来掌握。我们要用这个机器或棍棒去消灭一切剥削。

列宁：《论国家》，

《列宁全集》第 37 卷第 75 页。

国家法令不仅是为了维护资本家阶级的利益而制定的，它们还直接剥夺了工人影响这些法令和争取修改这些法令的一切可能。这种情况的产生，是由于俄国（所有的欧洲国家中也只有俄国）直到现在还保存着专制政府的无限权力，也就是保存着这样一种国家机构，沙皇一个人能够任意发布全国人民必须遵守的法令，而且只有沙皇任命的官吏才能执行这些法令。公民被剥夺了参与发布法令、讨论法令、提议制定新法令和要求废除旧法令

的一切可能。他们被剥夺了要求官吏报告工作、检查官吏的活动和向法院提出控诉的一切权利。公民甚至被剥夺了讨论国家事务的权利

列宁：《社会民主党纲领草案及其说明》，

《列宁全集》第 2 卷第 83 页。

　　国家这个有组织的强力机关，是社会发展到一定阶段必然产物，这时社会已分裂成各个不可调和的阶级，如果没有一种似乎驾于社会之上并一定程度脱离社会的"权力"，它便无法存在。

　　甚至民主共和国这一最自由最进步的资产阶级国家形式，也丝毫不能抹杀这个事实，而只能改变这个事实的形式（政府和交易所建立联系，直接或间接收买官吏和报刊等等）。

列宁：《卡尔·马克思》，

《列宁全集》（第 1 版）第 21 卷第 53 页。

　　什么是国家呢？国家就是统治阶级的组织，例如在德国便是容克和资本家的组织。所以德国的普列汉诺夫分子（谢德曼、连施等人）称之为"军事社会主义"的东西，实际上就是军事国家垄断资本主义，说得简明些，就是使工人服军事苦役，使资本家的利润得到军事保护。

列宁：《大难临头，出路何在？》，

《列宁全集》（第 1 版）第 25 卷第 347 页。

　　如果按马克思主义观点来推论，那就必须说：剥削者必然要把国家（这里说的是民主，即国家的一种形式）变成本阶级即剥削者统治被剥削者的工具。因此，只要剥削者还统治着被剥削者多数，民主国家就必然是对剥削者的民主。被剥削者的国家应该根本不同于这种国家，它应该是对被剥削者的民主，是对剥削者的镇压，而镇压一个阶级，就是对这个阶级不讲平等，把它排除于"民主"之外。

列宁：《无产阶级革命和叛徒考茨基》，

《列宁全集》第 35 卷第 251 页。

　　国家是维护一个阶级对另一个阶级的统治的机器。

列宁：《论国家》，

《列宁全集》第 37 卷第 66 页。

　　在阶级社会里，国家和法从来都是统治阶级的工具。各级各类国家机关是工具，各种法律法规是工具；公安、检察、法院、司法行政等机关是工具，军队、监狱也是工具。这是经典作家指出的历史事实，也是现实的事实。然而，有人把这些事实批判为"工具论"，认为国家和法是"超阶级"的，是"公共"的。其实，"超阶级""公共"之类"理论"，都是虚假的。这类虚假的西方法学占主流，正是西方法学意识形态占据主导地位的表现。

（三）法和国家的历史类型是同一的

1. 奴隶制类型的国家和法

国家和法的历史类型，就是历史上存在的一切国家和法，按其经济基础和阶级性质而划分的不同类型。它体现了国家和法的根本性质，表明了国家和法的阶级实质。划分国家和法的类型的科学依据，就是看这个国家和法建立在什么样的经济基础之上，是实现哪个阶级统治的工具。凡是建立在同一种经济基础之上，由同一个阶级实行统治的国家和法，就属于同一历史类型。

西方法学从唯心主义和形而上学出发，离开国家和法赖以建立的经济基础，抹杀不同国家和法的阶级本质，单纯按管理形式如专制国家和法、民主国家和法等来进行分类。结果是，把阶级本质不同的国家和法划为一类，而把阶级本质相同的国家和法划为不同类型。这种反科学的分类法，完全是出于掩盖资产阶级国家和法的本质的目的。

国家和法的类型的更替，是政权从一个阶级手中转到另一个阶级手里。这是重大的社会变革，非经过社会革命不可。否则，称不上国家和法的类型的更替。人类经历了国家和法四种历史类型的更替。

奴隶制类型的国家和法的基本特点是：

第一，奴隶主占有生产资料，严格保护奴隶主阶级的私有财产。

奴隶主占有生产资料，特别是土地，这是奴隶主存在的物质基础。在古罗马，土地最初是国有，即奴隶主贵族集体所有。后来，由于私有制的发展和无地平民的斗争，土地逐渐变成了奴隶主的私人财产。在古东方的埃及、巴比伦、亚述、印度等国家里，土地一般都是国家所有，即国王在形式上是全国土地的所有者，奴隶主贵族享有支配国王赏赐的土地的权利。在中国的夏（前2070～前1600）、商（前1600～前1046）、周（前1046～前256），"普天之下，莫非王土；率土之滨，莫非王臣"，实行全国的土地属于天子所有，然后天子再把土地分封给他的家族和臣下。由于奴隶制社会的主要生产资料是土地，所以奴隶主阶级占有土地是奴隶制社会的基本经济形式。

在以私有制为基础的社会生活中，奴隶主的所有权表现在各个方面，如对生产资料和奴隶的所有权，在买卖、租赁、借贷、损害赔偿，以及财产继承等方面的所有权，奴隶制法都作了明确规定，确认奴隶主阶级的私有制。如古巴比伦的《汉谟拉比法典》，282条里仅保护私有财产的条文就占121条，而因侵犯私有财产处以死刑的条文在30条以上。对债权的保护，一般都规定如债务人无力偿还债务时，应将本人或妻子、子女沦为奴隶，或者以抵押物及抵押物的收入来补偿。

第二，奴隶主完全地占有奴隶，奴隶在实际上和法律上处于无权地位。

完全地占有生产者奴隶，这是奴隶制社会不同于其他剥削阶级社会的重要特点。在奴隶制社会里，奴隶是土地的附属物，奴隶主占有土地，同时也就占有生产劳动者——奴隶。在古罗马的奴隶主把工具分成三类："会说话的工具"（奴隶）、"哞哞叫的工具"（牲畜）、"不做声的工具"（物品）。亚里士多德说，"奴隶是一种最好的财产，是一切工具中最完善的工具。"奴隶主不但强迫奴隶劳动，还把奴隶当作物品进行买卖。希腊、罗马和雅典，奴隶是商品买卖活动的主要标的。奴隶还是奴隶主的祭祀品和殉葬品。

奴隶制法律公开剥夺奴隶的公民权利和人身自由，奴隶是奴隶主的占有对象，把奴隶排斥在公民之外。巴比伦法规定，如果奴隶敢对主人说一声"你不是我的主人"，奴隶主就可以割掉他的耳朵。罗马法规定，奴隶主被杀，其奴隶全部处死。

第三，自由民被分为不同的等级，自由民内部政治地位和权利不平等。

奴隶制社会除了奴隶主阶级、奴隶阶级外，还存在自由民，包括个体农民和手工业者。自由民有人身自由，比奴隶的社会地位高些，对奴隶主无人身依附关系，但仍然属于被剥削被压迫的被统治阶级。

雅典按照财产状况，把公民分成四个等级。前三个等级是收入在 200 麦斗（1 麦斗合 52.3 公斤）以上的大小奴隶主，可以出任官职，享有充分权利。第四等级是收入在 200 麦斗以下的贫民，称"雇工"，不能担当任何官职。此外，居住在雅典的条人（异邦人）和被释放的奴隶，只有人身自由，没有任何公民权利。

古罗马把公民分成五个等级，财产均在 12500 阿司以上，以下者称为"无产者"，不列等级，不享有完全的权利。而且，财产的多寡和社会地位的高低，是惩罚的标准。同样的犯罪，奴隶主和奴隶的处罚完全不同。

奴隶制法和国家是同时产生的，是第一个剥削阶级历史类型的法和国家。

奴隶制法和国家是奴隶主阶级的意志的表现和结果，是奴隶制经济基础之上的上层建筑。

在布雷亨法中，起重要作用的是牛，包括公牛、母牛、小母牛和牛犊，以及马、羊、猪、犬、蜜蜂（后者生产最重要的原始奢侈品）；但首先是 Kine（母牛）。Capitale，母牛的头数，cattle ｛牛｝，派生出法律上一个最有名的名词和政治经济学上一个最有名的名词：Chattels ｛动产｝ 和 Capital ｛资本｝。Pecunia（第 147 页）。最早的罗马法把公牛列为最高级的财产，与土地和奴隶一起作为 Res mancipi ｛财产法｝ 的对象。

当人群在地块上定居下来并开始种植谷物，牛就显出了极大的价值（同上页）。起初它的价值在于它的肉和奶；而在很早的时期，当它作为工具或交换手段的时候，它就具有了显然特别重要的作用；

马克思：《亨利·萨姆纳·梅恩〈古代法制史讲演录〉一书摘要》，
《马克思恩格斯全选》第 45 卷第 589～590 页。

在古爱尔兰，困难不在于获得土地，而在于得到耕种土地的手段。牲畜的大所有主是各种首领，他们一开始在这方面就比其他的部落同胞占有优势，可能是由于他们作为部落军事领袖的天然职能的原版。

马克思：《亨利·萨姆纳·梅恩〈古代法制史讲演录〉一书摘要》，
《马克思恩格斯全选》第 45 卷第 591 页。

罗马人。标准货币阿司，即一个等于12盎司的罗马磅=326克；古罗马的阿司不是模压成型，而是铸造成型的；在［铜］作为"aes signatum"｛"标记铜币"｝流通时，每个钱币上都有象征权力的标记。"是塞尔维乌斯皇帝首先开始在铜上制做标记的。"（普林尼《博物志》卷三十三）。（塞尔维乌斯。公元前578—534年）。

因为牲畜（pecunia）是最早的罗马货币，所以古罗马铜币上还有牛、绵羊、山羊、马等等的形象。公元前269年出现了最早的罗马银币，上面也还有双马或四马驾车的形象，由此把它们叫做bigati或quadrigati｛双驾马车币或四驾马车币｝。

银本位制——公元前281年。同南意大利的希腊银商及其庇护者伊皮罗斯皇帝皮洛士的冲突。后者被战败和大希腊的贸易中心大伦特投降（公元前272年）之后，罗马人占有了大量的白银。由此又出现了银本位制；公元前269年开始用模压法制造最早的罗马银币，即迪纳里（=10阿司），此后不久又有昆克瓦里（=5阿司）和色士杰尔色（=212阿司）。面额最小的银币色士杰尔色被当作整个罗马银币制度的基础。随着向银本位制过渡，旧铜币开始衰落并迅速贬值。

马克思：《单本位制或复本位制》，

《马克思恩格斯全集》第45卷第198~199页。

随着商业和工业的发展，发生了财富积累和集中于少数人手中以及大批自由公民贫困化的现象；摆在自由公民面前的只有两条道路：或者从事手工业去跟奴隶劳动竞争，而这被认为是可耻的、卑贱的职业，并且不会有什么成功；或者变成穷光蛋。他们在当时条件下必不可免地走上了后一条道路；由于他们数量很大，于是就把整个雅典国家引向了灭亡。所以，使雅典灭亡的并不是民主制，像欧洲那些讨好君主的学究们所断言的那样，而是排斥自由公民劳动的奴隶制。

恩格斯：《家庭、私有制和国家的起源》，

《马克思恩格斯全集》第21卷第135~136页。

甚至对奴隶来说，这也是一种进步，因为成为大批奴隶来源的战俘以前都被杀掉，而在更早的时候甚至被吃掉，现在至少能保全生命了。

恩格斯：《反杜林论》，

《马克思恩格斯全集》第20卷第197页。

奴隶主把奴隶当作自己的财产，法律把这种观点固定下来，认为奴隶是一种完全被奴隶主占有的物品。

列宁：《论国家》，

《列宁全集》第37卷第64页。

基本的事实是不把奴隶当人看待；奴隶不仅不算是公民，而且不算是人。罗马的法律把奴隶看成一种物品。关于杀人的法律不适用于奴隶，更不用说其他保护人身的法律了。

法律只保护奴隶主，只把他们看作是有充分权利的公民。不论当时所建立的是君主国还是共和国，都不过是奴隶占有制君主国或奴隶占有制共和国。在这些国家中，奴隶主享有一切权利，而奴隶按法律规定却是一种物品，对他们不仅可以随便使用暴力，就是杀死奴隶也不算犯罪。

列宁：《论国家》，

《列宁全集》第 37 卷第 68 页。

奴隶制经济关系的一个明显变化，就是货币的广泛使用。在从物物交换到币物交换中，货币重要作用突出出来了。货币是充当一般等价物的特殊商品。货币同其他商品一样，也具有使用价值和交换价值。物物交换的商品，在使用价值上，是双方互相需要的；在交换价值上，被认为是等值的。在实际交换中，同时具备这两个条件是困难的。把所有的商品同人们乐于接受的某一商品进行交换，并且发生等价关系，这某一商品就从一般商品中分离出来，成为一般等价物。一般等价物由不固定的商品逐渐固定在特定种类的商品上，这就是货币。货币的出现，使物—物交换，变成物—货币和货币—物交换两种形态。由物成为商品，从而出现了卖和买两种行为。这样，商品的买卖推动了社会经济的流通，促进了商品经济的发展。货币本身有一个演变过程。我国的贝、布等都充当过货币。后来，转移到贵金属身上。这时，正如马克思所说，"金银天然不是货币，但货币天然是金银"。随着商品交换的发展，货币成了财富的化身，成了剥削阶级追逐财富的工具和剥削的工具。这种对货币的追求也社会化了。所谓"钱能通神""金钱万能"的金钱至上主义，充斥了人类生活的每一个角落。

马克思在《单本位制或复本位制》里提到，"在第二次布匿战争期间，公元前 269 年开始用模压法制造最早的罗马银币"，罗马金币是在公元前 207 年开始的。当时在卡普亚，由罗马元老院出资开始制造最早的罗马金币。与此同时，法院根据比较古老但尚未废除的法律判处的罚金却只能用家畜来支付。

Aureus（奥留斯）是罗马金币，其面额标明为 25 迪纳里或 100 银色士杰尔色，在卡普亚制造金币的初期仅重 6.79 克。可见，在制造金币的头几十年里，金与银的比例 = 1 : 16，同今天差不多。

2. 封建制类型的国家和法

我国早在公元前 5 世纪左右就进入了封建社会，直到清朝灭亡，历时 2000 多年。欧洲的封建社会，从公元 5 世纪后期西罗马帝国灭亡，到 17、18 世纪资产阶级革命，存在了 1200 多年。封建制类型，是历史上存在时间最长的一种剥削阶级国家和法的类型。

封建制类型的国家和法的基本特点是：

第一，实行封建的土地所有制，保护封建私有制。

封建制生产关系的基础是封建主占有生产资料，其生产资料主要是土地。生产资料的封建地主所有制，是封建社会的基础，也是封建地主剥削压迫农民的根本依靠。因此，封建制类型的国家和法的任务，就是保护封建地主的土地私有制和他们的其他私有财产。

封建地主阶级采取了不同于奴隶制的剥削方式。因为农奴和农民不再像奴隶那样是生产工具,进行强迫劳动和无偿劳动,因而必须使生产者有一定的积极性,以获得尽可能多的剩余产品。新的生产力要求生产者在生产中能表现出某种主动性,愿意劳动,对劳动感兴趣。于是,封建地主就抛弃奴隶,抛弃这种对劳动不感兴趣、完全没有主动性的工作者,宁愿利用农奴,因为农奴有自己的经济、自己的生产工具,具有为耕种土地并从自己收成中拿出一部分实物缴给封建地主所必需的某种劳动兴趣。

封建地主通常都把土地分成两部分,一部分自己经营,另一部分租给农奴或农民。不但地主、贵族和皇室依靠剥削农民的地租过活,而且,封建地主阶级的国家又强迫农民缴纳贡税,并强迫农民从事无偿的劳役,去养活一大群的国家官吏和主要是为了镇压农民之用的军队。

封建法除了保护土地私有权和作为生活资料的财产私有权外,还实行和保护长子继承权制度。这种制度,不仅能够延续封建私有制,而且能够解决封建地主阶级的财产保全和门第的传宗接代。

第二,维护封建的等级特权。

等级社会是封建社会的典型特征。封建国家和法维护这种等级制度和贵族地主的封建特权。其主要表现:一是封建主不完全地占有生产工作者——农奴,虽然已经不能屠杀农奴,但是可以买卖农奴;二是法律明文规定"尊卑贵贱之等数";三是维护贵族地主的封建特权,确认武断、专横等行为为合法。

第三,客观上促成商品经济进一步发展。

铁的冶炼和加工进一步改善,铁犁和织布机的推广,农业、种菜业、酿酒业和榨油业继续发展,除了手工业作坊以外的工场手工业的出现,使封建社会的生产力水平不断提高。

个别手工业者逐渐积蓄起来的少量资本及其不断增长的人口比较起来是固定的人数,使得帮工和学徒制度发展起来,而这种制度在城市里产生了一个和农村等级制相似的等级制。

马克思恩格斯:《德意志意识形态》,
《马克思恩格斯全集》第3卷第28页。

土地占有的等级结构以及与之有关的武装扈从制度使贵族掌握了支配农奴的权力。

马克思恩格斯:《德意志意识形态》,
《马克思恩格斯全集》第3卷第27页。

压在农民头上的是整个社会阶层:诸侯,官吏,贵族,僧侣,城市贵族和市民。无论农民是属于一个诸侯,或是属于一个帝国直属贵族,或是属于一个主教,或是属于一个寺院,或是属于一个城市,总之到处他都被当一件东西看待,被当作牛马,甚至比牛马还不如。……主人一时高兴,就可把农民投入监牢;在监监牢中,正如今天一定有预审推事等着一样，当日一定有刑具等着农民。

恩格斯：《德国农民战争》，
《马克思恩格斯全集》第 7 卷第 397 页。

农民国家中常见的历史正在那里重演。从爱尔兰到俄国，从小亚细亚到埃及——在农民国家中，农民的存在为的是受人剥削。从亚述帝国和波斯王国的时代起就是如此。萨特拉普——另一种说法即帕沙——这是东方剥削者的主要人物，正如商人和法学家是现代西方的人物一样。

《恩格斯致爱德华·伯恩施坦》，
《马克思恩格斯全集》第 35 卷第 344 页。

农奴制地主要得到收入（即剩余产品），就必须在自己的土地上拥有占有份地、农具和牲畜的农民。没有地、没有马、没有家业农民，是不宜于农奴主进行剥削的。

列宁：《十九世纪末俄国的土地问题》，
《列宁全集》（第 1 版）第 15 卷第 62 页。

我们把这种经济制度叫做徭役经济。显然，这种经济制度的占优势是以下列必要条件为前提的。第一，自然经济占统治地位。……第二，这种经济下直接生产者必须分有一般生产资料特别是土地，同时他必须束缚在土地上，否则就不能保证地主获得劳动力。……第三，农民对主的人身依附是这种经济制度的条件。如果地主没有直接支配农民个人的权力，他就不可能强迫那些得到份地而自行经营的人来为他们做工。所以，……必须实行'超经济的强制'。……最后，第四，技术的极端低劣和停滞是上述经济制度的前提和后果，因为种地的都是些迫于贫困、处于人身依附地位和头脑愚昧的小农。

列宁：《俄国资本主义的发展》，
《列宁全集》第 3 卷第 161～162 页。

地主为了确立自己的统治，为了保持自己的权力，需要有一种机构来使大多数人受他们支配，服从他们的一定的法规，这些法规基本上是为了一个目的——维持地主统治农奴制农民的权力。

列宁：《论国家》，
《列宁选集》第 37 卷第 70 页。

除了封建地主阶级的私有制以外，还存在农民和手工业者以自身劳动为基础的个体所有制，他们占有生产工具和自己的私有经济，并组成手工业的行会组织。

每一行业中的内部关系，形成了师傅和帮工的关系，这种关系，最有利于师傅的利益。在封建社会后期，逐渐产生了资本主义的生产方式。

3. 资本主义类型的国家和法

资本主义社会是人类历史上最后一个剥削阶级社会。它以大机器生产创造了一个历史时代，这是以资本统治和削剥雇佣劳动为基础的时代。

资本主义类型的国家和法的基本特点是：

第一，雇佣劳动是资本主义国家和法的典型特征。

资本主义生产关系是在封建社会内部逐渐发展起来的。封建社会的手工业和商业，是资本主义商品经济的前身。随着资产阶级革命的胜利，资本主义生产关系取代了封建制的生产关系。资本主义生产关系仍然是一种削剥关系。这种生产关系的基础，是生产资料的资本主义所有制。

私自占有生产作者的社会状态，在资本主义条件下已经消失。生产工作者是雇佣工人。资本家不能像对待奴隶一样屠杀、出卖他们，也不能像农奴、农民一样具有人身依附关系。但是，雇佣工人没有生产资料，为了生存，他们不得不出卖劳动力，给资本家劳动，套上削剥的枷锁。

资本主义发展经历了自由竞争阶段和垄断阶段。这一历史过程，尽管国家和法发生了某些变化，但构成生产资料私人占有的基础始终没有改变。

第二，确认资产阶级"私有财产神圣不可侵犯"原则。

这是资本主义国家和法的基本原则。1789年法国《人权宣言》第17条规定："财产是神圣不可侵犯的权利，除非当合法认定的公共需要所显然必需时，并在公平而预先赔偿的条件下，任何人的财产不得受到剥夺。"从法律条文看，国家和法律是保护一切人的财产的。但事实上，在资本主义社会里，只有资本家占有生产资料，工人阶级和广大劳动者没有生产资料，个体劳动者虽然也有少量的生产资料，但在资本主义发展的情况下，也日趋破产，沦为无产阶级。马克思和恩格斯说：在资本主义社会里，"私有财产对于十分之九的成员来说已经被消灭了；这种私有制之所以存在，正是因为私有财产对十分之九的成员已经不存在。"

第三，资产阶级的"自由""平等""民主""人权""法治"。

这些属于资产阶级价值观的术语的内涵，本书第一部分已做阐释。

第四，虚假的"法律面前人人平等"。

法国1789年《人权宣言》规定："人类生而自由，在权利上生而平等"，"在受法律保护和惩罚的时候"，在法律面前一律平等。这在资本主义社会是不可能实现的。人们的社会地位和政治权利，是以财产状况来划分的。资本主义虽然取消了封建等级特权，但却代之以财产等级和金钱特权。

资本家与工人之间，统治阶级和被统治阶级之间，不能有什么平等。这种权利的不平等，在法律的适用上更加明显。恩格斯在《英国状况英国宪法》里说，"法律的运用比法律本身还要不人道得多。……对于穷人是一条法律，对于富人是另外一条法律"。

第二个时期开始于17世纪中叶，它几乎一直延续到18世纪末。商业和航运比起那种起次要作用的工场手工业发展得更快；各殖民地开始成为巨大的消费者；各国经过长期的斗争，瓜分了已开辟出来的世界市场。这一时期是从航海法和殖民地垄断开始的。各国间的竞争尽可能通过关税率、禁令和各种条约来消除，但归根到底竞争者们的斗争还是靠战争（特别是海战）来进行和解决的。

马克思恩格斯：《德意志意识形态》，

《马克思恩格斯全集》第 3 卷第 65 页。

这一时期还有这样一些特征：禁止金银外运的法令废除了，货币贸易、银行、国债和纸币产生了，股票投机、有价证券投机和各方面的投机倒把等现象出现了。这个时期的一般特点是货币制度的发达。资本又有很大一部分丧失了它原来还带有的那种原始的自然的性质。

马克思恩格斯：《德意志意识形态》，

《马克思恩格斯全集》第 3 卷第 67 页。

拿破仑的一些法令将彻底清除所有中世纪的废物、徭役、什一税、优惠和特权、封建经济和宗法关系，在我们祖国的各个偏僻角落里这些东西现在还压在我们头上。

马克思：《俄国的照会》，

《马克思恩格斯全集》第 5 卷第 344 页。

整个立法首先就是为了保护有产者反对无产者，这是显而易见的。只是因为有了无产者，所以才必须有法律。

恩格斯：《英国工人阶级状况》，

《马克思恩格斯全集》第 2 卷第 570 页。

对无产者来说，法律的保护作用是不存在的，警察可以随便闯进他家里，随便逮捕他，随便殴打他。

恩格斯：《英国工人阶级状况》，

《马克思恩格斯全集》第 2 卷第 571 页。

工人有足够的体验知道得十分清楚，法律对他说来是资产阶级给他准备的鞭子。

恩格斯：《英国工人阶级状况》，

《马克思恩格斯全集》第 2 卷第 515～516 页。

资产者懂得，即使个别的法律条文对他不方便，但是整个立法毕竟是用来保护他的利益的。

恩格斯：《英国工人阶级状况》，

《马克思恩格斯全集》第 2 卷第 515 页。

这个理性的王国不过是资产阶级的理想化的王国；永恒的正义在资产阶级的司法中得到实现；平等归结为法律面前的资产阶级的平等；被宣布为最主要的人权之一的是资产阶级的所有权；而理性的国家、卢梭的社会契约这在实践中表现为而且也只能表现为资产阶级的民主共和国。十八世纪的伟大思想家们，也和他们的一切先驱者一样，没有能够超出他们自己的时代所给予他们的限制。

恩格斯：《社会主义从空想到科学的发展》，
《马克思恩格斯全集》第 19 卷第 206 页。

由于国家是从控制阶级对立的需要中产生的，同时又是在这些阶级的冲突中产生的，所以，它照例是最强大的、在经济上占统治地位的阶级的国家，这个阶级借助于国家而在政治上也成为占统治地位的阶级，因而获得了镇压和剥削被压迫阶级的新手段。因此，古代的国家首先是奴隶主用来镇压奴隶的国家，封建国家是贵族用来镇压农奴和依附农的机关，现代的代议制的国家是资本剥削雇佣劳动的工具。但也例外地有这样的时期，那时互相斗争的各阶级达到了这样势力均敌的地步，以致国家权力作为表面上的调停人而暂时得到了对于两个阶级的某种独立性。十七世纪和十八世纪的专制君主制，就是这样，它使贵族和市民等级彼此保持平衡；法兰西第一帝国特别是第二帝国的波拿巴主义，也是这样，它唆使无产阶级去反对资产阶级，又唆使资产阶级来反对无产阶级。使统治者和被统治者都显得同样滑稽可笑的这方面的最新成就，就是俾斯麦民族的新德意志帝国：在这里，资本家和工人彼此保持平衡，并为了衣不蔽体的普鲁士土容克的利益而遭受同等的欺骗。

此外，在历史上的大多数国家中，公民的权利是按照财产状况分级规定的，这直接地宣告国家是有产阶级用来防御无产者阶级的组织。政治的权力地位是按照地产来排列的。这也表现在现代的代议制的国家的选举资格上面。

恩格斯：《家庭、私有制和国家的起源》，
《马克思恩格斯全集》第 21 卷第 196 页。

美国是一个独特的国家，它是沿着纯粹资产阶级的道路发展起来的，没有任何封建的旧东西，但在发展过程中却从英国不加选择地接受了大量封建时代遗留下来的意识形态残余，诸如英国的习惯法、宗教、宗派主义；在这个国家里，对实际活动和资本集中的需要导致了对任何理论的普遍轻视，这种轻视理论的态度，只是现在才在最有教养的知识阶层中有所克服，

——在这样一个国家里，人们只有通过自己接连犯错误，才能认识清楚本身的社会利益。

恩格斯：《致弗里德里希·阿道夫·左尔格》，
《马克思恩格斯全集》第 36 卷第 522 页。

防止激愤情绪不是法治国家的事情，而是警察国家的事情。

> 恩格斯：《关于招贴法的辩论》，
> 《马克思恩格斯全集》第 6 卷第 521 页。

历史本身就是审判官，而无产阶级就是执刑者。

> 马克思：《在"人民报"创刊纪念会上的演说》，
> 《马克思恩格斯全集》第 12 卷第 5 页。

在资产阶级社会中，所有公民在法律上一律平等，等级划分已被消灭（至少在原则上已被消灭），所以阶级已经不再是等级。

> 列宁：《俄国社会民主党的土地纲领》，
> 《列宁全集》第 6 卷第 287 页。

俄国也和所有资本主义国家一样，生产正在集中，就是说，愈来愈向少数大企业和特大企业集中。在资本主义制度下，每一个企业都完全受市场支配。在市场支配下，企业愈大，愈能低价出售自己的产品。大资本家购进原料价格较低，消耗原料较省，又使用精良的机器，等等。小业主则在破产，在垮台。生产愈来愈集中到少数百万富翁手里。这些百万富翁往往通过股份公司吸收中等业主和"小鱼们"的资本，加强自己的势力。

> 列宁：《俄国的生产集中》，
> 《列宁全集》第 22 卷第 43 页。

只要工人对资本家的依赖关系还存在，法律根本不会改善工人的处境，因为法律总是偏袒厂主资本家的，因为厂主总会想出一些诡计来规避法律。

> 列宁：《对工厂工人罚款法的解释》，
> 《列宁全集》第 2 卷第 64 页。

一旦关系到保存资产阶级所有制这个基本的和主要的问题时，这种法制就一定会而且必然会化为乌有了。

> 列宁：《两个世界》，
> 《列宁全集》（第 1 版）第 16 卷第 304 页。

资本主义已经把整个的生产部门抓在自己手中。早在 1891 年，即在 27 年前，当德国人通过爱尔福特纲领时，恩格斯就说过，不能像过去那样说资本主义就是无计划性。这种说法已经过时了，因为既然有了托拉斯，无计划性就不存在了。尤其是在 20 世纪，资本主义已经大大向前发展了，战争做了 25 年来没有做到的事情。工业国家化不仅在德国而且在英国也得到发展。一般垄断转变为国家垄断。客观情况表明，战争加速了资本主义的发展，从资本主义向帝国主义发展，从垄断向国家化发展。这一切使社会主义革命临近了，并为社会主义革命创造了客观条件。可见，战争的进程加速了社会主义革命的到来。

列宁：《俄国社会民主工党（布）第七次全国代表会议文献》，
《列宁全集》第 29 卷第 353 页。

我们离开 1905 年暴风骤雨的时期还不到 10 年，但是俄国在这短短的时期中发生的变化似乎很大。俄国好像一下子从一个宗法制国家变成了一个现代资本主义的国家。旧俄国的思想家列·尼·托尔斯泰，在他一段富有特色、忧伤可笑的话中反映了这种情况，他埋怨俄国人民"快得出奇地学会了搞革命、搞议会"。

俄国能够在 20 世纪的 5 年到 10 年之内"突然"变成一个资产阶级国家，显然是由于上一世纪的整个后半叶已经是资产阶级制度更替农奴制度的一个阶段。

列宁：《又一次消灭社会主义》，
《列宁全集》第 25 卷第 34 页。

垄断前的资本主义（它的全盛时期也正是 19 世纪 70 年代），由于它的根本的经济属性（这种属性在英美表现得特别典型），其特征是比较说来最爱和平，最爱自由。而帝国主义，即只是在 20 世纪才完全成熟的垄断资本主义，由于它的根本的经济属性，其特征则是最不爱和平，最不爱自由，最大限度地到处发展军阀机构。

列宁：《无产阶级革命和叛徒考茨基》，
《列宁全集》第 35 卷第 240 页。

随着资本主义的扩张和对外掠夺、科技进步以及在工人阶级坚强斗争下的资产阶级政策调整，被统治阶级的生活资料有所增加，生活有所改善。但是，这些生活资料是消费资料，不是生产资料，因而不能增殖财富。而且，周期性经济危机、轮番出现的通货膨胀，使人民大众的生活极不稳定，他们的生活资料得不到保障，银行存款变成不值钱的彩色纸片。如通过分期付款买上了住房，但失业却使他们无法按规定还贷。这时，银行资本家就要收回房屋。美国发生的"次贷危机"，就是人民生活巨大波动的真实写照。

资本主义社会里，除工人阶级和资产阶级外，还有农民和城市小资产阶级。他们同工人阶级一样，受资本家和大土地所有者的剥削和压迫，随着资本主义经济的发展日益分化，其中大多数人陷于贫困、失业、破产的境地，不断成为无产者。因此，广大农民和绝大部分城市小资产阶级是无产阶级的后备军。

马克思恩格斯在《德意志意识形态》里提到的这一时期是从"航海法"开始，航海法在 1651 年为克伦威尔所颁布，后来又经过多次修改和补充。根据这一法律，凡是从欧洲以及俄国和土耳其输出的主要商品只许用英国船只或商品生产国的船只运输。它的目的是排挤荷兰，巩固英国殖民统治。

列宁在《又一次消灭社会主义》里，说托尔斯泰"埋怨俄国人民'快得出奇地学会了搞革命、搞议会'"，这是列·尼·托尔斯泰在给尼·瓦·奥尔洛夫的画集《俄国的农夫》（1909 年版）所写的序言中说的。

（四）法和国家的形式是相互适应的

1. 法适应于国家的管理形式

任何国家都有一定的组织形式。国家形式，就是国家政权的组织形式。没有适当形式的政权机关，就不能代表国家，就无法行使自己的统治。国家形式一般指国家管理形式，还包括国家结构形式。每一个具体国家，都同时具有这两种形式。

国家管理形式，就是通常所说的政体。它是政权构成的形式，主要是最高国家权力机关的组织形式，规定国家最高权力机关的组织，及其与公民的关系。世界各国在不同历史时代，国家管理形式是多种多样的，但基本上可分为君主制和共和制。

国家元首独揽全部或部分、实际或名义上的国家最高权力的，是君主制政体。这种管理形式，实行高度集中的国家权力，君主利用至高无上的地位行使自己的政治统治权。历史上奴隶制、封建制的专制君主制，是一种典型形式。在存在君主的资本主义国家，一般为君主立宪制的形式。

根据君主的权限，君主制一般分为专制君主制和立宪君主制。国家最高权力完全和绝对地属于君主一人，其权力不受法律和其他机关监督或限制的，是专制君主制。君主拥有无限权力，国家立法权、行政权、司法权，以及一切军事、经济等权力，统归他一人行使，所谓"独揽朝纲"。

君主的权力在一定程度上受法律和其它机关限制的，是立宪君主制。君主的权力及其限制，由宪法规定。立宪君主制是资产阶级专政的一种政体。在这种政体下，国王保留了一些特权，但这种特权对于资产阶级没有妨碍。资产阶级可以利用立宪君主制，维护自己的统治。

立宪君主制政体分为二元制和议会制。实行二元制的，君主与议会构成中央机关的两种权力。君主任命对其负责的内阁，直接掌握行政权，立法权归议会行使。实行议会制的，议会处于中央权力机关的主导地位，君主不直接支配国家政权，内阁（政府）掌握行政并对议会负责，政府工作受议会监督。

国家最高权力属于经选举产生并任职有一定期限的一人或代表机关的，是共和制政体。这种政体的国家称为共和国。在共和制政体下，统治阶级通过定期选出的最高国家权力机关来行使统治权。在古罗马和古雅典、资产阶级革命较彻底的国家，实行了共和制政体。现代资本主义民主共和国，是资产阶级专政的典型形式。

资产阶级民主共和国，有两种基本形式：一元制（议会制）和二元制（总统制）。最高国家行政机关（政府）由议会授权或委托组成，并对议会负责的，是一元制共和国（议会制）政体。这种政体，宪法规定议会为国家最高权力机关；总统（国家元首）由议会选举，是议会派生机关；总统授权由议会中的多数党或政党联盟组成政府，政府由议会批准并对议会负责。由自由资本主义走向垄断和国家垄断后，议会的权力削弱，政府权力极大地加强。

二元制共和国（总统制）政体，宪法规定总统是政府首脑，政府不对议会负责；国家最高权力机关除议会外还有总统；总统既是国家元首，又是政府首脑；政府和议会在形式上互不从属，政府只对总统负责而不对议会负责；总统向议会报告国务，无权解散议会，但对议会通过的法案，可以行使否决权。美国是二元制资产阶级共和国的典型。

    资产阶级共和国在这里是表示一个阶级对其他阶级实行无限制的专制统治。它表明，在那些阶级划分比较发达、具有现代生产条件、具有那通过百年来的工作而使一切传统观念都融化于其中的精神意识的旧文明国家里，共和国一般只是资产阶级社会的革命改造的政治形式，而不是资产阶级社会存在的保守形式。

马克思：《路易·波拿巴的雾月十八日》，

《马克思恩格斯全集》第 8 卷第 130 页。

    比利时的金融大王认为君主立宪制比共和制更有利可图，这难道值得惊奇吗？

马克思：《模范的立宪法家》，

《马克思恩格斯全集》第 5 卷第 520 页。

    议会制共和国已不仅是法国资产阶级中的两派（正统派与奥尔良派，即大地产与工业）能够平分秋色地进行统治的中立地盘。它并且是他们共同进行统治的必要条件，是它们的共同阶级利益借以支配资产阶级各派的要求和社会其他一切阶级的唯一的国家形式。

马克思：《路易·波拿巴的雾月十八日》，

《马克思恩格斯全集》第 8 卷第 192 页。

    君主制是一人掌握权力。

列宁：《论国家》，

《列宁全集》第 37 卷第 67 页。

    君主制并不是形式划一、一成不变的制度，而是非常灵活的能够适应各阶级的统治关系的制度。

列宁：《关于选举运动和选举纲领》，

《列宁全集》（第 1 版）第 17 卷第 264 页。

    共和制是不存在任何非选举产生的权力机关。

列宁：《论国家》，

《列宁全集》第 37 卷第 67 页。

    民主共和制是资本主义所能采用的最好的政治外壳，所以资本一掌握（通过帕尔钦斯基、切尔诺夫、策列铁里之流）这个最好的外壳，就能十分巩固十分可靠地确立自己的权力，以致在资产阶级民主共和国中，无论人员、无论机构、无论政党的任何更换，都不会使这个权力动摇。

列宁：《国家与革命》，

《列宁全集》第 31 卷第 12 页。

国家是一个阶级压迫另一个阶级的机器，是使一切被支配的阶级受一个阶级控制的机器。这个机器有各种不同的形式。在奴隶占有制国家内，有君主制，贵族共和制，甚至有民主共和制。管理形式确实极不相同，但本质只是一个：奴隶没有任何权利，始终是被压迫阶级，不算是人。农奴制国家内的情形也是如此。

列宁：《论国家》，

《列宁全集》第 37 卷第 68 页。

俄国或者在至今还是农奴制占统治的十分落后的亚洲各国，有各种不同的形式，有的是共和制，有的是君主制。国家实行君主制时，政权归一人掌握，实行共和制时，从地主当中选举出来的人多少可以参加政权——这就是农奴制社会的情形。

列宁：《论国家》，

《列宁全集》第 37 卷第 70 页。

国家的统治形式可以各不相同：在有这种形式的地方，资本就用这种方式表现它的力量，在有另一种形式的地方，资本又用另一种方式表现它的力量，但实质上政权总是操在资本手里，不管权利有没有资格限制或其他限制，不管是不是民主共和国，反正都是一样，而且共和国愈民主，资本主义的这种统治就愈厉害，愈无耻。

列宁：《论国家》，

《列宁全集》第 37 卷第 73 页。

资产阶级共和国是资产阶级专政的一种国家形式。资产阶级宣传所谓"主权在民""全民选举"之类，实际上国家统治权完全掌握在资产阶级特别是大资产阶级手里。现代资本主义国家任何形式的政体，都是资产阶级统治的工具。

社会主义国家的具体政体形式，经典作家认为需要由革命实践来回答。历史上已经出现的巴黎公社、苏维埃、人民代表大会等，都是人民群众创造的社会主义共和国的具体政治形式。

2. 法适应于国家的结构形式

国家结构形式，是国家的整体与部分、中央与地方的组成形式。国家结构形式基本形式包括单一制和联邦制两种。

只有统一的立法机关和政府的国家，是单一制国家。这类国家由若干行政区域构成，只有一个统一的最高权力机关和行政机关。其主要表现是：单一的宪法；中央政权机关对内高于一切；地方归中央管辖，受中央的支配，不具有独立性；个别地区享有的一定自治权，被限制在统一国家权力的范围之内。

由两个或两个以上的主权国家组成的联合国家，是联邦制国家，又称"联盟国家"。由具有自己的立法和执行机关的成员国共同构成统一的联邦制国家。有联邦的宪法和法律，以及最高立法机关和政府，每一个联邦成员国也有自己的宪法和法律，以及自己的最高立立法机关和政府；最高立立法机关由两院组成，其中一院由成员国选派一定数额代表组成；联邦同成员国间权限的划分，由联邦宪法规定；各成员国可依联邦宪法规定，对内有一定财政税收和文化教育方面的职权，对外有一定的独立性。联邦制国家是资本主义历史阶段出现的。

有一种与联邦制相似的国家结构形式，称作邦联，邦联是几个独立国家为了某种共同目的而结成的国家联合。邦联的成员国各自保持内政和外交的独立性。邦联没有全联邦的最高立法、行政机关，没有统一的军队、赋税、预算、国籍等。邦联主要的机关是"议会"，由各成员国派代表组成，其决议须经过成员国政府批准才能生效。邦联不能对各成员国的公民直接行使权力。

联邦制国家和单一制国家有两点区别，这就是：每个加盟的邦，即每个州都有它特别的民事立法、刑事立法和法院组织；其次，与国民议院并存的还有联邦议院，在联邦议院中，每一个州无分大小，都以一州的资格参加表决。

恩格斯：《1891年社会民主党纲领草案批判》，

《马克思恩格斯全集》第22卷第275页。

只要各个不同的民族组成统一的国家，马克思主义者决不主张实行任何联邦制原则，也不主张实行任何分权制。中央集权制的大国是从中世纪的分散状态走向将来全世界社会主义的统一的一个巨大的历史步骤，除了通过这种国家（同资本主义有密切联系的国家）以外，没有也不可能有其他走向社会主义的道路。

列宁：《关于民族问题的批评意见》，

《列宁全集》（第1版）第22卷第29～30页。

国家形式同国家的类型和本质是联系在一起的。从总体上说，国家形式为国家的类型和本质所制约。同一类型的国家之间，同一国家在不同的历史阶段，国家形式是有所不同的，但它们的本质是相同的。

马克思在反对封建的等级代表制度的同时，一直努力探索一种适应历史要求的、代表人民利益的政治制度。在《莱茵报》编辑部为《评〈汉诺威自由主义反对派的失误〉》一文所加的按语中，针对汉诺威国王废除具有温和的自由主义性质的1833年宪法，使1819年宪法重新生效的事件，马克思指出："汉诺威的真正的自由主义今后的任务，既不是维护1833年的国家基本法，也不是退回到1819年的法律。它应该争取实现一种同更深刻、更完善和更自由的人民意识相适应的崭新的国家形式。"

马克思和恩格斯一贯坚持的争取统一的民主的德意志共和国的口号，不仅意味着要消灭腐朽的政治制度形式和反动的地主阶级的统治，同时也要用革命的方式解决德国的统一问题，即结束妨碍德国经济和政治发展的长期的分散状态。

像在以前所写的许多论文中一样，马克思和恩格斯坚决反对在奥地利和普鲁士这两个封建君主国之一的领导下"自上而下"地统一德国的计划。同时马克思主义的奠基人也反对德国南部小资产阶级共和主义者想把德国变为瑞士式的联邦共和国的企图。

马克思和恩格斯坚决批驳了把德国变成瑞士式的联邦共和国的小资产阶级计划，证明德国的社会经济和政治发展的特点坚决要求消除国家的分散状态、割据现象和小邦林立的局面，要求建立统一的、民主的德意志共和国。

三、法和政权相互依存

政权，是马克思主义关于国家的理论从另一个侧面研究国家问题使用的一个术语。如果我们仅仅研究抽象的国家，还不能说已经全面了解了什么是国家。国家是思维和存在的统一，而政权是国家存在的实体。马克思在《拉萨尔》里说："要知道，政府当局的存在正是通过它的官员、军队、行政机关、法官表现出来。如果抛开政府当局的这个肉体，它就只不过是一个影子，一个想象，一个虚名。"

法同政权的关系，是法同国家实体的关系。国家是一架"机器"，法和政权就是最重要、最关键的"零件"。没有这两个"零件"的相互依存，这架"机器"就不可能运转。

这里的法和政权的相互依存性，是从新政权和新法制的相互依存性谈起的。

（一）革命摧毁旧政权旧法制

1. 革命发生的动因

任何革命都是阶级革命，否则，谈不上革命。阶级革命，是一个阶级推翻另一个阶级的行动。封建阶级推翻奴隶主阶级、资产阶级推翻封建阶级是这样，无产阶级推翻资产阶级也是这样。随着生产力和生产方式矛盾的尖锐化，为了保护一种所有制以反对另一种所有制，才有可能通过革命推动社会进步和历史前进。

革命不能预先随心所欲地制造，革命在任何地方都是完全不以个别政党和整个阶级的意志和领导为转移的各种情况的必然结果。

列宁说明：革命理论是不能臆造出来的，它是从世界各国的革命经验和革命思想的总和中生长出来的；这种理论在19世纪后半期形成，它叫作马克思主义；谁如果不同歪曲这种理论的行为进行无情的斗争，谁就不能做一个革命的社会民主党人。考茨基的所谓"超帝国主义"，指各国的帝国主义的国际联合。考茨基认为这种联合似乎能够消除战争、政治动荡等等。他得出这样的结论：资本巨头在全世界联合成一个统一的世界托拉斯，用实行国际联合的金融资本代替各个国家的彼此分离的金融资本之间的竞争和斗争，这样的日子已经不很远了。列宁认为宣扬"超帝国主义论"不过是企图回避欧洲已经到来的帝国主义时代、缓和帝国主义的矛盾。列宁指出：毫无疑问，当时正朝着一个包罗一切企业和一切国家的、唯一的世界托拉斯的方向发展；但这种发展是在经济的以及政治、民族等等的矛盾、冲突和动荡之下进行的，在还没有出现一个统一的世界托拉斯即各个不同国家的金融资本实行的"超帝国主义的"世界联合时，帝国主义就必然会崩溃。列宁在第一次世界大战中曾多次批判考茨基的"超帝国主义论"。

马克思恩格斯认为，暴力革命是大陆各国建立无产阶级专政唯一可能的手段，但是在当时条件下，他们认为英国是例外。他们估计到当时英国的一些特点，例如英国同法国和大陆上的其他国家相反，没有发达的军事官僚的国家机关，并且还有这样一种情况，就是英国居民的大部分是无产阶级。因此，马克思和恩格斯认为英国工人阶级有可能通过和平的道路取得政权，其办法就是实行普选权，采取激进的措施来改造议会制度和使英国整个政治制度完全民主化。马克思和恩格斯从这个前景出发而对宪章派的普选权口号作了评价，但是他们认为英国无产阶级还有通过非和平的道路来夺取政权的另外一种可能性。马克思和恩格斯认为英国无产阶级取得胜利的主要条件是它的政治觉悟和组织性的提高以及一个群众性的无产阶级政党的建立。

马克思恩格斯认为，斗争采取和平方式还是暴力方式不决定于阶级的愿望，而决定于客观的历史条件。只有在统治阶级不使用暴力阻碍历史发展的情况下，和平方式才是可能的。"但是'和平的'运动一遇到同旧秩序利害相关的人的反抗，仍然会变成'暴力的'。"当时的俾斯麦政府正是"企图以暴力镇压它所不喜欢的、而从法律观点是无懈可击的发展。这就必然要产生暴力革命"。另一方面，马克思在揭露俾斯麦政府利用谋刺皇帝事件诬陷德国社会民主党时，强调指出无产阶级政党同无政府主义分子毫无共同之点，并对无政府主义进行了有力的批判。

经典作家的话也是说给今天的。任何统治阶级都是武装到牙齿的，总是把暴力提到日程。美国的"占领华尔街运动"，只是反对金融资本的巧取豪夺，限于法律规定的公民民主范围，谈不上什么革命。然而，却遭到统治当局的残酷镇压。从世界范围说，社会主义取代资本主义，不经过社会主义革命是不可能的。

（1）革命以社会要求为背景

欧洲各国现有的政治制度，都是革命的产物。法制基础、历史性的法、法制到处被千百次地破坏着或者是整个被抛弃。

恩格斯：《致奥古斯特·倍倍尔》，
《马克思恩格斯全集》第 36 卷第 238 页。

把革命的发生归咎于少数煽动者的恶意的那种迷信时代，是早已过去了。现在每个人都知道，任何地方发生革命震动，总是有一种社会要求为其背景，而腐朽的制度阻碍这种要求得到满足。要求也许还未被人强烈地普遍地感觉到，因此还不能立即得到胜利；但是，如果企图用暴力来压制这种要求，那只能使它愈来愈强烈，直到最后把它的枷锁打碎。

恩格斯：《德国的革命和反革命》，
《马克思恩格斯全集》第 8 卷第 5~6 页。

被压迫阶级的存在就是每一个以阶级对抗为基础的社会的必要条件。因此，被压迫阶级的解放必然意味着新社会的建立。要使被压迫阶级能够解放自己，就必须使既得的生产力和现存的社会关系不再继续并存。在一切生产工具中，最强大的一种生产力是革命阶级本身。革命因素之组成为阶级，是以旧社会的怀抱中所能产生的全部生产力的存在为前提的。

马克思：《哲学的贫困》，

《马克思恩格斯全集》第 4 卷第 197 页。

英国的宪章主义者将第一个奋起，因为正是在英国，资产阶级和无产阶级的斗争最为激烈。为什么这个斗争最为激烈呢？因为由于现代工业，由于运用机器，英国一切被压迫阶级已经汇合成为一个具有共同利益的庞大阶级，即无产阶级；因为对方阵营里的一切压迫阶级也由此联结成为一个阶级，即资产阶级。这样，斗争便简单化了，因此只要一次强有力的打击就能解决这次斗争。难道不是这样吗？贵族在英国已不再拥有任何权力，独揽大权的是资产阶级，贵族还是受资产阶级庇护的。跟资产阶级对抗的是众志成城的广大人民群众，他们战胜统治者资本家的时刻已日益临近了。消灭过去分隔工人各个阶层的那种利益分歧，使所有工人的生活水平趋于均衡，这一切你们均应归功于机器生产；没有机器生产就不会有宪章运动，即使机器生产使你们的现状恶化，但也正因为如此我们的胜利才有可能。

马克思恩格斯：《论波兰》，

《马克思恩格斯全集》第 4 卷第 411 页。

在这种普遍繁荣的情况下，即在资产阶级社会的生产力正以在资产阶级关系范围内一般可能的速度蓬勃发展的时候，还谈不到什么真正的革命。只有在现代生产力和资本主义生产方式这两个要素互相发生矛盾的时候，这种革命才有可能。大陆的秩序党各派的代表目前所进行的无休止的争吵是彼此为了使对方丢丑，而决不能导致新的革命；相反的，这种争吵之所以可能，只是因为目前社会关系的基础十分巩固——这一点反动派并不清楚——，十分资产阶级化。一切想阻止资本主义发展的反动企图都会好像民主主义者们的一切道义上的愤懑和热情的宣言一样，必然会被这个基础碰得粉碎。新的革命只有在新的危机之后才有可能。但是新的革命的来临像新的危机的来临一样是不可避免的。

马克思：《1848 年至 1850 年的法兰西阶级斗争》，

《马克思恩格斯全集》第 7 卷第 114 页。

迄今所发生的一切革命，都是为了保护一种所有制以反对另一种所有制的革命。它们如果不侵犯另一种所有制，便不能保护这一种所有制。在法国大革命时期，是牺牲封建的所有制以拯救资产阶级的所有制；在梭伦所进行的革命中，应当是损害债权人的财产以保护债务人的财产。债务简单地被宣布无效了。详情我们虽然不太清楚，但是梭伦在他的诗中自夸说，他清除了负债土地上的抵押柱，使那些因债务而被出卖和逃亡到海外的人都重返家园。这只有通过公开侵犯财产所有权才能做到。的确，一切所谓政治革命，从头一个起到末一个止，都是为了保护一种财产而实行的，都是通过没收（或者也叫做盗窃）另一种财产而进行的。所以毫无疑问，二千五百年来私有制之所以能保存下来，只是由于侵犯了财产所有权的缘故。

恩格斯：《家庭、私有制和国家的起源》，
《马克思恩格斯全集》第 21 卷第 131 页。

（2）发生革命的根本原因

一切社会变迁和政治变革的终极原因，不应当在人们的头脑中，在人们对永恒的真理和正义的日益增进的认识中去寻找，而应当在生产方式和交换方式的变更中去寻找；不应当在有关的时代的哲学中去寻找，而应当在有关的时代的经济学中去寻找。对现存社会制度的不合理和不公平、对"理性化为无稽，幸福变成苦痛"的日益清醒的认识，只是一种征象，表示在生产方法和交换形式中已经静悄悄地发生了变化，适合于早先的经济条件的社会制度已经不再和这些变化相适应了。同时这还说明，用来消除已经发现的弊病的手段，也必然以多少发展了的形式存在于已经发生变化的生产关系本身中。这些手段不应当从头脑中发明出来，而应当通过头脑从生产的现成物质事实中发现出来。

恩格斯：《反杜林论》，
《马克思恩格斯全集》第 20 卷第 292 页。

力学的定律告诉我们：作用和反作用相等。在历史上，革命的破坏力量如何，在相当大的程度上也是以自由趋向所受到的压迫如何厉害和如何长久为转移，以古老的"上层建筑"和现代的新生力量的矛盾如何深刻为转移。

列宁：《社会民主党在民主革命中的两种策略》，
《列宁全集》（第 1 版）第 9 卷第 42 页。

尔·姆·没有指出现代社会主义提出的实现社会主义的方法即由有组织的无产阶级夺取政权，而只是说把生产转归他们（工人）进行社会管理或由民主化的社会政权管理，而社会政权民主化的"方法是让他们〈工人〉积极参与工厂的一切事务会议，参加仲裁法庭，参加一切制定有关工人的法律的各种会议和委员会，参加社会自治机关，以及参加国家的总的代表机关"。由此可见，《工人思想报》的编辑们只是把用和平的方法能够得到的算作工人社会主义，而排除了革命的方法。这种缩小社会主义和把它变成庸俗的资产阶级自由主义的做法，又是背弃俄国全体社会民主党人和绝大多数欧洲社会民主党人的观点而倒退了一大步。当然，工人阶级但愿和平地取得政权（我们早就说过，只有受过阶级斗争锻炼的有组织的工人阶级才能这样取得政权），但是无论从理论上或从政治实践的观点来看，无产阶级放弃用革命的方法夺取政权，就是轻率的行为，就是对资产阶级和一切有产阶级的可耻让步。资产阶级不会对无产阶级实行和平的让步，一到紧要关头，他们就会用暴力保卫自己的特权，这是很可能的，甚至是极其可能的。那时，工人阶级要实现自己的目的，除了革命就别无出路。

> 列宁：《俄国社会民主党中的倒退倾向》，
> 《列宁全集》第4卷第230页。

改良就是在保持统治阶级统治的条件下从统治阶级那里取得让步。革命就是推翻统治阶级。因此，改良主义的纲领通常是罗列许多条。我们的革命的纲领其实只有一条，就是推推翻地主资本家的压迫，推翻他们的政权，使劳动群众得到解放。

> 列宁：《答美国记者问》，
> 《列宁全集》（第1版）第29卷第471页。

（3）只有暴力革命才能推翻旧政权旧法制

在杜林先生看来，暴力是绝对的坏事，按他的意见，第一次的暴力行动就是原罪，他的全部叙述只是哀诉这一暴力行为怎样作为原罪玷污了到现在为止的全部历史，一切自然规律和社会规律怎样被这种恶魔力量即暴力可耻地歪曲了。暴力在历史中还起着另一种作用，革命的作用；暴力，用马克思的话说，是每一个孕育着新社会的旧社会的助产婆；它是社会运动借以为自己开辟道路并摧毁僵化的垂死的政治形式的工具。

> 恩格斯：《反杜林论》，
> 《马克思恩格斯全集》第20卷第200页。

三月革命只是改组了政治上层，而没有触动它的全部基础：旧官僚制度、旧军队、旧检察机关和那些从生到死终身为专制制度服务的旧法官。目前报刊的首要任务就是破坏现存政治制度的一切基础。

> 马克思：《"新莱茵报"审判案》，
> 《马克思恩格斯全集》第6卷第278页。

六月和十月的日子以后的无结果的屠杀，二月和三月以后的无止境的残害，——仅仅这种反革命的残酷野蛮行为就足以使人民相信，只有一个方法可以缩短、减少和限制旧社会的凶猛的垂死挣扎和新社会诞生的流血痛苦，这个方法就是实行革命的恐怖。

> 马克思：《反革命在维也纳的胜利》，
> 《马克思恩格斯全集》第5卷第543页。

凡是反革命当局用暴力手段阻挠这些安全委员会成立和活动的地方，都应当用一切暴力手段来还击暴力。消极反抗应当以积极反抗为后盾。否则这种反抗就像被屠夫拉去屠宰的牛犊的反抗一样。

> 马克思：《艾希曼的命令》，
> 《马克思恩格斯全集》第6卷第38页。

没有暴力，没有坚定不移的无情手段，历史上任何事情都是不会成功的。如果亚历山大、凯撒和拿破仑也是一些像泛斯拉夫主义者现在为了维护其衰弱不堪的被保护人而要求的那种软心肠人，那历史会是什么样子呢！而波斯人、赛尔特人和日耳曼民族的神圣罗马帝国的居民在哪方面不如捷克人、奥古林人和奥地利边防军马队呢？

> 恩格斯：《民主的泛斯拉夫主义》，
> 《马克思恩格斯全集》第 6 卷第 333 页。

我现在正好在读汉斯·弥勒的那篇东西，但还没有读完。他竟断言，暴力在任何情况下都是革命的，从来都不是反动的；这头蠢驴不懂得，如果没有必须加以反对的反动的暴力，也就谈不上什么革命的暴力；要知道，对那些根本无须推翻的是不能进行革命的。

> 恩格斯：《致奥·倍倍尔》，
> 《马克思恩格斯全集》第 38 卷第 489～490 页。

无产阶级不通过暴力革命就不可能夺取自己的政治统治，即通往新社会的唯一大门，在这一点上，我们的意见是一致的。要使无产阶级在决定关头强大到足以取得胜利，无产阶级必须（马克思和我从 1847 年以来就坚持这种立场）组成一个不同于其他所有政党并与它们对立的特殊政党，一个自觉的阶级政党。

> 恩格斯：《致格·特利尔》，
> 《马克思恩格斯全集》第 37 卷第 321 页。

在历史上，没有一个阶级斗争的问题，不是用暴力来解决的。如果暴力是劳动群众和被剥削群众用来反对剥削者的暴力，那末我们是拥护种暴力的！（掌声如雷）有些人有意无意地站在资产阶级方面，或者被资产阶级吓得非常惊慌，被资产阶级的统治压迫得非常厉害，以致于他们现在一看见这种空前尖锐的阶级斗争，就张皇失措，痛哭流涕，忘记了自己的一切前提，向我们提出了不可接受的要求，要求我们社会主义者不同剥削者进行斗争，不镇压剥削者的反抗而去取得完全胜利。这些人的哀号，丝毫不会使我们感到不安。

> 列宁：《全俄工兵农代表苏维埃第三次代表大会》，
> 《列宁全集》（第 1 版）第 26 卷第 430 页。

社会主义反对对民族使用暴力。这是无可争辩的。而且社会主义还一般地反对对人使用暴力。但是，除了信基督教的无政府主义者和托尔斯泰主义者以外，谁也没有由此得出结论说，社会主义反对革命暴力。可见谈一般"暴力"，而不分析区别反动暴力和革命暴力的条件，那就成了背弃革命的市侩，或者简直是用诡辩来自欺欺人。

> 列宁：《无产阶级革命和叛徒考茨基》，
> 《列宁全集》第 35 卷第 287 页。

马克思在《"新莱茵报"审判案》里提到"三月革命"。马克思总结了半途而废的三月革命，证明坚持"法制基础"和臭名昭彰的"协商论"的必然结果，一定是尖锐的政治冲突。这个冲突果然于 1848 年 11 月在普鲁士爆发，而以 12 月 5 日的政变告终。马克思和恩格斯认为，用革命方法统一德国的主要内部障碍是霍亨索伦王朝的反动普鲁士君主制度，这是旧的、封建社会腐朽力量的堡垒。"霍亨索伦王朝的丰功伟绩""普鲁士新宪法""新的军法宪章""告我的人民"及其他文章，鲜明地描述了执政的普鲁士王朝靠掠夺、欺诈、暴力起家的历史，指出了它在窒息人民解放运动中所起的卑鄙作用。

在普鲁士反革命政变之后，马克思和恩格斯更加坚信自己的看法：欧洲革命的命运不决定于经济落后的德国，只能决定于当时欧洲最发达的资本主义国家——法国和英国。马克思在总结欧洲革命时得出结论说："1848 年革命运动的主要成果不是人民赢得了东西，而是他们失去了东西——他们丢掉了幻想。"

马克思和恩格斯在普鲁士反革命政变之后所写的全部文章，都对胜利的法国无产阶级革命的临近充满了希望，因为这次革命会推动包括德国在内的欧洲各国革命高潮的出现。这个新的高潮，正如马克思和恩格斯所期待的那样，应当导致德国资产阶级民主革命的完成和向无产阶级革命的转变。

十月革命的胜利和中国革命的胜利，都是通过暴力革命取得的。列宁在《在各省肃反委员会第四次代表会议上的讲话》里明确指出：我们在十月革命以前和以后都坚持这样的观点：没有革命的暴力，新制度就不可能产生。毛泽东在《战争和战略问题》里明确指出：革命的中心任务和最高形式是武装夺取政权，是战争解决问题。这个马克思列宁主义的革命原则是普遍地对的，不论在中国在外国，一概都是对的。还指出：帝国主义时代的阶级斗争的经验告诉我们，工人阶级和劳动群众，只有用枪杆子的力量才能战胜武装的资产阶级和地主；在这个意义上，我们可以说，整个世界只有用枪杆子才可能改造。我们是战争消灭论者，我们是不要战争的；但是只能经过战争去消灭战争，不要枪杆子必须拿起枪杆子。

毛泽东特别强调帝国主义时代用战争去消灭战争的问题。我们的时代，是帝国主义和无产阶级革命时代。这是资本主义必然灭亡、社会主义必然走向胜利的时代。在这样的时代，帝国主义战争是不可避免的，各国无产阶级和广大劳动人民通过暴力革命夺取政权是不可避免的。在所谓"和平发展的新时代"，世界没有一天安宁的日子，帝国主义没有一天停止过发动战争，就是明证。

当前，世界社会主义运动正在从低潮走出。"21 世纪社会主义"，是企图使工人阶级通过选举取得政权，以实现社会主义的一种理论设计。实践证明，取得政权后，不是采取剥夺资产阶级生产资料的办法，而是对私有制和旧社会制度修修补补的办法，对贫苦大众施舍和小恩小惠的办法，根本不能动摇资本主义的根基，而且，必然出现失败下台的后果。"21 世纪社会主义"，只能是小资产阶级社会主义或资产阶级社会主义。当然，这种社会主义，或许能够满足和稀释小资产阶级对资本主义的愤懑情怀。

2. 革命的根本问题是政权问题

政权是革命的根本问题，也是国家存在和发展的根本问题；政权在哪个阶级手里，这一点决定一切；有政权就有一切，没有政权就丧失一切。这是马克思主义国家学说的基本观点。

马克思主义者主张在争取工人阶级解放的斗争中利用资产阶级的国家组织，在无产阶级革命的过程中摧毁旧的国家机器，建立新的无产阶级的国家（无产阶级专政），并利用它从资本主义向共产主义过渡。

资产阶级回避谈论政权，不是因为政权问题不重要，而是利用避谈的办法进行欺骗，把工人阶级和广大劳动人民引向歧途。

马克思在《路易·波拿巴的雾月十八日》中所提出的关于无产阶级革命同资产阶级国家的关系的原理，具有重大的理论意义和政治意义。在这里，马克思根据革命的经验和教训得出了重要的结论，丰富了关于国家，关于无产阶级专政的学说。马克思以法国历史为例揭示了资产阶级国家的本质、特征和各种不同的形式，并且得出结论说：一切资产阶级革命都没有动摇还在君主专制时期就已形成的集中的军事官僚国家机器，而是使它更适合于镇压被剥削阶级，"一切变革都是使这个机器更加完备，而不是把它毁坏"。无产阶级革命所需要的是完全不同类型的政权和国家，决不能原封不动地保留这种寄生性和剥削性的镇压群众的工具。马克思认为无产阶级革命在对付旧的国家机器方面的任务，就是要"集中自己的全部破坏力量"来对付旧的国家机器并加以摧毁。

（1）阶级革命的目的在于夺取阶级统治

无论从革命这一概念的严格科学意义来讲，或是从实际政治意义来讲，国家政权从一个阶级手里转到另一个阶级手里，都是革命首要的基本的标志。

列宁：《论策略书》，
《列宁全集》（第1版）第24卷第24页。

普鲁士的三月革命既不应该和1648年的英国革命混为一谈，也不应该和1789年的法国革命混为一谈。

在1648年，资产阶级和新贵族结成了同盟反对君主制度，反对封建贵族和反对占统治的教会。

在1789年，资产阶级和人民结成了同盟反对君主制度、贵族和占统治地位的教会。

1789年的革命只有1648年的革命来做它的原型（至少就欧洲来说），而1648年的革命则只有尼德兰人反对西班牙的起义来做它的原型。这两次革命中的每一次革命都比自己的原型前进了一个世纪；不仅在时间上是如此，而且在内容上也是如此。

在这两次革命中，资产阶级都是实际上领导运动的阶级。无产阶级和那些不属于资产阶级的城市居民阶层，不是还没有与资产阶级不同的任何单独的利益，就是还没有组成为一些独立发展的阶级或一个阶级的几个部分。因此，在它们起来反对资产阶级的地方，例如1793年和1794年在法国，它们只不过是为实现资产阶级的利益而斗争，虽然它们采用的是非资产阶级的方式。全部法兰西的恐怖主义，无非是用来消灭资产阶级的敌人，即消灭专制制度、封建制度以及市侩主义的一种平民方式而已。

1648年的革命和1789年的革命，并不是英国的革命和法国的革命；这是欧洲范围的革命。它们不是社会中某一阶级对旧政治制度的胜利；它们宣告了欧洲新社会的政治制度。资产阶级在这两次革命中获得了胜利；然而，当时资产阶级的胜利意味着新社会制度的胜利，资产阶级所有制对封建所有制的胜利，民族对地方主义的胜利，竞争对行会制度的胜利，财产分配制对长子继承制的胜利，土地所有者支配土地制对土地所有者隶属于土地制的胜利，教育对迷信的胜利，家庭对宗族的胜利，进取精神对游侠怠惰风气的胜利，资产阶级法权对中世纪特权的胜利。1648年的革命是十七世纪对十六世纪的革命，1789年的革命是十八世纪对十七世纪的胜利。这两次革命不仅反映了它们本身发生的地区即英法两国的要求，而且在更大得多的程度上反映了当时整个世界的要求。

普鲁士的三月革命却完全不是这样。

二月革命在事实上消灭了君主立宪政体，在思想上消灭了资产阶级政权。普鲁士的三月革命却要在思想上建立起君主立宪政体，在事实上建立起资产阶级政权。三月革命决不是欧洲的革命，它不过是欧洲革命在一个落后国家里的微弱的回声。它不仅没有超过自己的世纪，反而比自己的世纪落后了半世纪以上。它一开始就是一种继发性的现象，大家都知道，继发性病症比原发性疾病更难医治，并且对机体更加有害。当时的问题不是要建立一个新社会，而是要在柏林复活那种早已在巴黎死亡了的社会。普鲁士的三月革命甚至不是民族范围的、德意志范围的革命，它一开始就是普鲁士地方性的革命。维也纳起义、加塞尔起义、慕尼黑起义——总之任何省区发生的起义，都是同它并驾齐驱的，都同它争夺首位。

马克思：《资产阶级和反革命》，

《马克思恩格斯全集》第6卷第124～126页。

在桌子开始跳舞以前不久，在中国，在这块活的化石上，就开始闹革命了。这种现象本身并不是什么特殊的东西，因为在东方各国，我们经常看到社会基础不动而夺取到政治上层建筑的人物和种族不断更迭的情形。

运动一开始就带着宗教色彩，但这是一切东方运动的共同特征。运动发生的直接原因显然是：欧洲人的干涉，鸦片战争，鸦片战争所引起的现存政权的震动，白银的外流，外货输入所引起的经济平衡的破坏，等等。看起来很奇怪的是，鸦片没有起催眠作用，反而起了惊醒作用。实际上，在这次中国革命中奇异的只是它的体现者。除了改朝换代以外，他们没有给自己提出任何任务。

马克思：《中国记事》，

《马克思恩格斯全集》第15卷第545页。

马克思主义理论的第一块主要的"基石"是什么呢？这就是：无产阶级是现代社会中唯一彻底革命的阶级，因此它在一切革命中都是先进的阶级。

列宁：《关于专政问题的历史》，

《列宁全集》第39卷第376页。

德国小市民对德国社会民主工党的要求，就只有一个意义：这个党应当成为像小市民自己那样的小市民的党，决不要参加革命，而只是忍受革命。但是通过反革命和革命取得政权的政府也提出这样的要求，那就只能意味着：当革命由俾斯麦为了俾斯麦及其同伙而进行的时候，它就是好的，但是，当革命为了反对俾斯麦及其同伙而进行的时候，它就是坏的。

恩格斯：《"卡尔·马克思在科伦陪审法庭面前"一书序言》，
《马克思恩格斯全集》第 21 卷第 239 页。

最后一个时期是 1905—1908 年。城市工人的比重从 46.1% 增加到 47.4%。他们已经唤醒了农民群众。农民参加运动的比重增长得比所有其他阶级都快，从 9% 增长到 24.2%，即几乎增长了两倍。农民已经超过了自由派知识分子和学生（22.9%5%）。脱离本阶级而没有固定阶级特性的人的比重更是微不足道了（5.5%）。自由派关于我国革命实质上是"知识分子的"革命的理论，其恶毒诬蔑的性质在这里表现得再清楚不过了。

列宁：《各等级和各阶级在解放运动中的作用》，
《列宁全集》第 23 卷第 422 页。

国家作为第一个支配人的意识形态力量出现在我们面前。社会创立一个机关来保护自己的共同利益，免遭内部和外部的侵犯。这种机关就是国家政权。它刚一产生，对社会来说就是独立的，而且它愈是成为某个阶级的机关，愈是直接地实现这一阶级的统治，它就愈加独立。

恩格斯：《路德维希·费尔巴哈和德国古典哲学的终结》，
《马克思恩格斯全集》第 21 卷第 347 页。

随着俄国的每一步发展，对政治自由的要求也日益迫切。俄国也像 20 世纪任何一个国家一样，没有政治自由是不能生存的。既然沙皇解散了前两届杜马并践踏了他自己的 1905 年 10 月 17 日宣言，难道还可以指望沙皇君主制实行政治改革吗？既然官吏们知道沙皇及其仆从会掩盖一切，因而都在嘲弄一切法律，难道可以设想在目前的俄国会实行政治改革吗？难道我们没有看到，昨天的伊利奥多尔和今天的拉斯普廷，昨天的托尔马乔夫和今天的赫沃斯托夫，昨天的斯托雷平和今天的马卡罗夫，怎样在沙皇本人或其亲属的庇护下践踏一切法律吗？

列宁：《俄国社会民主工党的选举纲领》，
《列宁全集》第 21 卷第 185~186 页。

（2）政权在哪一个阶级手里，这一点决定一切

在阶级反对阶级的任何斗争中，斗争的直接目的是政治权力；统治阶级保卫自己的最高政治权力，也就是说保卫它在立法机关中的可靠的多数；被统治阶级首先争取一部分政

治权力、然后争取全部政治权力，以便能按照他们自己的利益和需要去改变现行法律。

恩格斯：《工联》，

《马克思恩格斯全集》第 19 卷第 284 页。

每一个力图取得统治的阶级，如果它的统治就像无产阶级的统治那样，预定要消灭整个旧的社会形态和一切统治，都必须首先夺取政权，以便把自己的利益说成是普遍的利益，而这是它在初期不得不如此做的。

马克思，恩格斯：《德意志意识形态》，

《马克思恩格斯全集》第 3 卷第 38 页。

一切革命的根本问题是国家政权问题。不弄清这一点，便谈不上自觉地参加革命，更不用说领导革命。

列宁：《论两个政权》，

《列宁全集》第 29 卷第 131 页。

毫无疑问，任何一个革命的最主要的问题都是国家政权问题。政权在哪一个阶级手里，这一点决定一切。

政权问题是不能回避、不能撇开不管的，因为这是一个根本问题，它决定着革命的发展和革命对内对外政策中的一切问题。

列宁：《革命的一个根本问题》，

《列宁全集》（第 1 版）第 25 卷第 357 页。

马克思在《中国记事》里说，"在桌子开始跳舞以前不久，在中国，在这块活的化石上，就开始闹革命了"中，"在桌子开始跳舞"，指 19 世纪 50 年代初欧洲、特别是德国，广泛迷信降神术。中国"开始闹革命"，指太平天国革命运动。

列宁高度关注中国的革命运动，寄希望于中国未来的无产阶级。列宁指出，只有革命人民群众的英雄主义才能"振兴"中国。以孙中山为代表的革命的资产阶级民主派，正在发挥农民群众的革命积极性，从中正确地寻找振兴中国的道路。他认为：随着中国资本主义的发展，中国无产阶级也将日益成长起来。它一定会建立起自己的马克思主义政党，而这个党在批判孙中山的小资产阶级空想时，一定会细心地挑选出他的政治纲领和土地纲领中的革命民主主义内核，并加以保护和发展。

列宁告诫革命人民，政权问题是不能回避、不能撇开不管的，因为这是一个根本问题，它决定着革命的发展和革命对内对外政策中的一切问题。

3. 不同阶级革命有不同的政权和法制要求

无产阶级革命和资产阶级革命的主要区别在于：

资产阶级革命是资本主义经济形式在封建社会内部生长并成熟了的情况下发生的，无产阶级革命却是在现成的社会主义经济形式没有具备时开始发生的；资产阶级革命所欲建立的政权，是资产阶级专政，无产阶级革命所欲建立的政权，是无产阶级专政；资产阶级革命的基本任务是，夺取政权后建立资本主义社会，实现社会政治、经济、文化、教育等等资本主义化；无产阶级革命的基本任务却是在夺取政权后，大力发展社会生产力，形成社会主义经济，改造旧的经济基础和上层建筑。

在政权和法制问题上，资产阶级革命、无产阶级革命的要求，是决然不同的。资产阶级革命要求建立资产阶级专政和资本主义法制，无产阶级革命要求建立无产阶级专政和社会主义法制。这是两种不同类型的政权和法制。

（1）资产阶级革命的要求

资产阶级从自己的物质利益出发，必然要提出参与政权的要求。只有它自己才能利用各项法律来满足它的商业和工业的要求。它必然要从既不学无术而又妄自尊大的腐朽的官僚手中把照管它的这些"最神圣的利益"的权力夺取过来。它必然要要求监督国家财政的权利，因为它认为自己是财富的创造者。资产阶级在剥夺了官僚对所谓教育的垄断权以后，在意识到它在真正理解资产阶级社会要求方面优越于官僚以后，它也想获得同它的社会地位相称的政治地位。资产阶级为了达到它的目的，就必然要取得自由讨论自身利益、观点以及政府的行动的可能。它把这叫做"出版自由权"。它必然要取得毫无阻碍地结成社团的可能。它把这叫做"结社自由权"。同样，它必然要取得信仰自由等等，而这是自由竞争的必然后果。

马克思：《资产阶级和反革命》，
《马克思恩格斯全集》第6卷第121页。

那班更机灵的奥尔良党人重又夺得了几乎一切国家要职，是中央集权制的扩大，而他们则是希望靠实行地方分权获得成功的。的确，反革命在用强力实行中央集权，即为革命造成一套机构。反革命既为银行券规定了强制的行价，于是就把法国的金银也都集中于巴黎银行，因而就为革命建造了一个现成的军用钱库。

马克思：《1848年至1850年的法兰西阶级斗争》，
《马克思恩格斯全集》第7卷第102页。

其实，如果资产阶级从政治上即利用国家权力来"维持财产关系上的不公平"，它是不会成功的。"财产关系上的不公平"以现代分工、现代交换形式、竞争、积聚等等为前提，决不是来自资产阶级的政治统治，相反，资产阶级的政治统治倒是来自这些被资产阶级经济学家宣布为必然规律和永恒规律的现代生产关系。因此，当使资产阶级生产方式必然消灭、从而也使资产阶级的政治统治必然颠覆的物质条件尚未在历史进程中、尚未在历史的"运动"中形成以前，即使无产阶级推翻了资产阶级的政治统治，它的胜利也只能是暂时的，只能是资产阶级革命本身的辅助因素，如1794年时就是这样。所以，法国的恐怖统治所能起的作用，只是通过自己的猛烈锤击，象施法术一样把全部封建遗迹从法国地面上一扫而光。

这样的事情是怯懦的资产阶级在几十年中也办不到的。因此,人民的流血牺牲只是给资产阶级扫清了道路。同样,如果资产阶级实行统治的经济条件没有充分成熟,君主专制的被推翻也只能是暂时的。人们为自己建造新世界,不是如粗俗之徒的成见所臆断的靠"地上的财富",而是靠他们垂死的世界上历来所创置的产业。他们在自己的发展进程中首先必须创造新社会的物质条件,任何强大的思想或意志力量不能使他们摆脱这个命运。

马克思:《道德化的批判和批判化的道德》,
《马克思恩格斯全集》第 4 卷第 331~332 页。

(2) 社会主义革命的要求

无产阶级将利用自己的政治统治,一步一步地夺取资产阶级的全部资本,把一切生产工具集中在国家即组织成为统治阶级的无产阶级手里,并且尽可能快地增加生产力的总量。

要做到这一点,当然首先必须对所有权和资产阶级生产关系实行强制性的干涉,采取这样一些措施,这些措施在经济上似乎是不够充分的和没有力量的,但是在运动进程中它们会越出本身,成为变革生产方式所不可避免的手段。

马克思恩格斯:《共产党宣言》,
《马克思恩格斯全集》第 4 卷第 489~490 页。

不容置疑的是:工人们、资产者、老朽的工联首领们、许多政治的或社会的派别和小宗派的首领们、以及那些想利用运动从中渔利的沽名钓誉者、钻营家和文学家,现在都确实地知道:真正的群众性的社会主义运动已在 5 月 4 日开始了。

恩格斯:《致奥·倍倍尔》,
《马克思恩格斯全集》第 37 卷第 400 页。

总之,一旦我们掌握了政权,只要在群众中有足够的拥护者,大工业以及大庄园这种形式的大农业是可以很快地实现公有化的。其余的也将或快或慢地随之实现。而有了大生产,我们就能左右一切。

恩格斯:《致奥·伯尼克》,
《马克思恩格斯全集》第 37 卷第 444 页。

我们的党一掌握了国家权力,就应该干脆地剥夺大土地占有者,就象剥夺工厂主一样。这一剥夺是否要用赎买来实行,这大半不是取决于我们,而是取决于我们取得政权时的情况,尤其是取决于大土地占有者老爷们自己的行为。我们决不认为,赎买在任何情况下都是不容许的;马克思曾向我讲过(并且讲过好多次!)他的意见:假如我们能用赎买摆脱这整个匪帮,那对于我们是最便宜不过的事情了。

恩格斯:《法德农民问题》,
《马克思恩格斯全集》第 22 卷第 585 页。

马克思主义在这一段出色的论述里比在"共产党宣言"中向前迈进了一大步。在该书中，国家问题还提得非常抽象，还只是最一般的概念和表述，而在这里，问题已经提得具体了，还做出了非常确切、肯定、实际而具体的结论：过去一切革命使国家机器更加完备，但是这个机器是必须打碎，必须摧毁的。这个结论是马克思主义国家学说中主要的基本的东西。

列宁：《国家与革命》，
《列宁全集》（第 1 版）第 25 卷第 393 页。

我国革命的三个主要阶段已经很清楚地显示出来了。第一个阶段是"信任"时期，是纷纷呈交各种请求书、请愿书和申请书，诉说立宪的必要性的时期。第二个阶段是公布立宪宣言、法令和法律的时期。第三个阶段是开始实现立宪主义的时期，即国家杜马时期。起初人们恳求沙皇颁布宪法。后来人们用强力迫使沙皇郑重地承认了宪法。

列宁：《暴风雨之前》，
《列宁全集》第 13 卷第 329 页。

你们说，为了建设社会主义就需要文明。好极了。那末，我们为什么不能首先在我国创造这种文明的前提如驱逐地主，驱逐俄国资本家，然后开始走向社会主义呢？你们究竟在哪些书上看到，说通常的历史顺序是不容有或不可能有这类变化的呢？

列宁：《论我国革命》，
《列宁全集》（第 1 版）第 33 卷第 435 页。

马克思强调指出，欧洲革命的命运同最先进的阶级——无产阶级的命运紧密结合在一起。关于资产阶级民主革命是社会主义革命序幕的思想，在马克思主义奠基人根据 1848—1849 年革命经验所制定的不断革命的理论中得到了发展。

在恩格斯的《共产主义原理》中，提出了关于无产阶级革命只能在先进的资本主义国家同时取得胜利，而不能单独在一国取得胜利这个结论。这个结论，在垄断资本主义以前的时期是完全正确的。在垄断资本主义时期，在新的历史条件下，列宁根据资本主义在帝国主义时代政治经济发展不平衡的规律，得出一个新的结论：社会主义革命能够首先在几个甚至一个国家内取得胜利，而不可能同时在所有的国家或大多数的国家中取得胜利。这个新的结论，是列宁在 1915 年 8 月撰写的《论欧洲联邦口号》中首次提出来的。这是帝国主义时代社会主义革命的新观点。列宁在一年以后撰写的《无产阶级革命的军事纲领》一文中进一步发挥了这个观点。

（二）新政权推行新法制，新法制巩固新政权

1. 新法制要求得到绝对承认

不承认新的法制基础，将直接否定革命，直接危害新政权及其政治措施。而法律是一种政治措施，是一种政治。政治就是参与国家事务，给国家定方向，确定国家活动的形

式、任务和内容。因此，必须要求新法制得到绝对承认。封建社会是这样、资本主义社会是这样，社会主义社会也是这样。

（1）法律是政权的一种政治措施

所有通过革命取得政权的政党或阶级，就其本性说，都要求由革命创造的新的法制基础得到绝对承认，并被奉为神圣的东西。

恩格斯：《致奥古斯特·倍倍尔》，

《马克思恩格斯全集》第 36 卷第 238 页。

在阶级反对阶级的任何斗争中，斗争的直接目的是政治权力；统治阶级保卫自己的最高政治权力，也就是说保卫它在立法机关中的可靠的多数；被统治阶级首先争取一部分政治权力、然后争取全部政治权力，以便能按照他们自己的利益和需要去改变现行法律。

恩格斯：《工联》，

《马克思恩格斯全集》第 19 卷第 284 页。

关于这一点居然还要费一番唇舌，这又一次证明了德国在政治上的落后。在世界其他国家，每个人都知道，目前整个政治情况正是革命的结果。法国、西班牙、瑞士、意大利——有多少国家，就有多少受命于革命的政府。在英国，甚至连辉格党人马考莱也承认，现代法制是建立在一次又一次的革命（revolutions heaped upon revolutions）的基础之上的。近百年来，美国每逢 7 月 4 日都纪念自己的革命。在这些国家里，大多数都存在着一些在现存法制不能加以约束时就不再受其约束的政党。但是，如果有人在像法国这样的国家里指责保皇党人或波拿巴派是革命者，那他准会受到嘲笑。

恩格斯：《"卡尔·马克思在科伦陪审法庭面前"一书序言》，

《马克思恩格斯全集》第 21 卷第 237 页。

莱茵普鲁士和卢森堡、莱茵黑森、普法尔茨共同有这样一个优越性：1795 年以来，法国革命及其所取得的、在拿破仑时代又得以巩固下来的社会、行政和立法各方面的成果，给予了这些地区以直接的影响。

恩格斯：《德国维护帝国宪法的运动》，

《马克思恩格斯全集》第 7 卷第 135 页。

法律是一种政治措施，是一种政治。任何政治措施也不能禁止经济。不管波兰具有什么样的政治形式，不管它是沙皇俄国的一部分还是德国的一部分，不管它是自治区还是政治上独立的国家，这都不能禁止或消除波兰对帝国主义列强金融资本的依附和后者对波兰企业股票的收买。

挪威在 1905 年所"实现"的独立，仅仅是政治上的独立。它并不打算触及也不可能触及经济上的不独立。

列宁：《论面目全非的马克思主义和"帝国主义经济主义"》，

《列宁全集》第 28 卷第 140 页。

（2）新政权利用政治斗争推行新法制

被压迫阶级反对统治阶级的斗争必然要变成政治的斗争，变成首先是反对这一阶级的政治统治的斗争；对这一政治斗争同它的经济基础的联系的认识，就日益模糊起来，并且会完全消失。即使在斗争参加者那里情况不完全是这样，但是在历史家那里差不多总是这样的。在关于罗马共和国内部斗争的古代史料中，只有阿庇安一人清楚明白地告诉我们，这一斗争归根到底是为什么进行的，即为土地所有权进行的。

恩格斯：《路德维希·费尔巴哈和德国古典哲学的终结》，
《马克思恩格斯全集》第 21 卷第 347 页。

将来当革命终于在普鲁士取得胜利的时候，它不需要像二月革命那样用特殊的法令来废除旧法官的终身制。它将在莱茵上诉法院、柏林高级法庭和勃罗姆堡、拉提博尔、闵斯德等地的地方法院的真实可靠的声明中发现这个等级放弃自己特权的举动。

马克思：《普鲁士反革命和普鲁士法官》，
《马克思恩格斯全集》第 6 卷第 169 页。

任何运动，只要工人阶级在其中作为一个阶级与统治阶级相对抗，而强迫颁布八小时工作日等等法律的运动则是政治运动。这样，到处都从工人的零散的经并试图从外部用压力对统治阶级实行强制，就都是政治运动。例如，在某个工厂中，甚至在某个行业中试图用罢工等等来迫使个别资本家限制工时，这是纯粹的经济运动；经济运动中产生出政治运动，即目的在于用一种普遍的形式，一种具有普遍的社会强制力量的形式来实现本阶级利益的阶级运动。如果说这种运动以某种预先的组织为前提，那末它们本身也同样是这种组织发展的手段。

马克思：《马克思致弗·波尔特》，
《马克思恩格斯全集》第 33 卷第 337 页。

工人阶级的斗争是政治斗争，这是什么意思呢？这就是说，工人阶级不争得对国家事务、国家管理、发布法令的影响，就不可能进行争取自身解放的斗争。俄国资本家早就懂得了这种影响的必要性，我们也已指出，俄国资本家是怎样不顾警察法的百般禁止而找到了千百种手段来影响国家政权的，这个政权又是怎样为资本家阶级的利益服务的。由此自然得出结论：工人阶级不争得对国家政权的影响，就不可能进行自己的斗争，甚至不可能争得自己处境的不断改善。

列宁：《社会民主党纲领草案及其说明》，
《列宁全集》第 2 卷第 89 页。

但是如何理解政治呢？要是用旧观点来理解政治，就可能犯很大的严重的错误。政治就是各阶级之间的斗争，政治就是反对世界资产阶级而争取解放的无产阶级的关系。我们的斗争有两个方面，一方面要粉碎资产阶级制度遗留下来的东西，粉碎整个资产阶级一再想消灭苏维埃政权的尝试。到目前为止，我们的注意力主要集中在这个任务上，妨碍了我们转向另一方面的任务——建设任务。在资产阶级世界观的概念中，政治好像是脱离经济的。资产阶级说：农民们，你们想活下去，就要工作；工人们，你们想在市场上得到一切必需品，生活下去，就要工作，经济方面的政治有你们的主人管。其实不然，政治应该是人民的事，应该是无产阶级的事。

> 列宁：《在全俄省、县国民教育厅政治教育局工作会议上的讲话》，
> 《列宁全集》（第1版）第31卷第336~337页。

什么是"政治"？①无产阶级先锋队对它的群众。②无产阶级对农民。③无产阶级（和农民）对资产阶级。

> 列宁：《"论粮食税"一书纲要》，
> 《列宁全集》（第1版）第32卷第314页。

我在自己的发言里曾经重复说过，政治是经济的集中表现，因为我在以前就听到过这种对我"从政治上"看问题的非难，我在自己听到过这种非常荒谬的，完全不应当由一个马克思主义者讲出来的话。政治同经济相比不能不占首位。不肯定这一点，就是忘记了马克思主义的最起码的常识。

> 列宁：《再论工会、目前局势及托洛茨基和布哈林的错误》，
> 《列宁全集》（第1版）第32卷第71~72页。

维护和履行法律，是公民的法定义务。抗拒国家法律的实施，直接破坏依法对国家的管理，破坏社会的法制秩序。所谓抗拒法律的实施，包括不履行法律规定的义务，或不实施法律规定应当作为的行为，或实施法律禁止、限制的行为。抗拒实施的法律可以是一部或几部，也可以是针对国家整个法律制度。如果抗拒法律实施采取煽动、暴力、威胁、恐吓等手段，则被追究刑事责任。这里把"实施法律禁止、限制的行为"，也包括在抗拒法律的实施之内，是从维护法律的尊严讲的。对于有些立法，立法者不能不制定，但无法或不想认真实施的，对追究抗拒责任取缓和的态度。如"笊篱法""挂鸦法"。"笊篱法"是能捞起来的就捞，对于因笊篱眼儿大捞不起来的就算了的立法。"挂鸦法"是"挂起一只死乌鸦，吓跑其他乌鸦"的立法。

当然，对于资本主义法律，无产阶级采取完全否定的态度，无产阶级革命将摧毁旧法制，创立新法制；对于社会主义新法制，任何个人和社会组织都要认真遵守，因为这是他们自己的法律。

2. 执政党派的变动引起法律的某些变动

政党制度是西方国家一种通过议会选举，由几个资产阶级政党轮流执政或联合执政的统治制度。政党制度产生于自由资本主义时期，最早产生于英国。这种政党制度要求每隔

几年由胜选者出面组阁执政。执政的政党叫"执政党"，未参加政府的党称"反对党"或"在野党"。政党政治的实质，是通过议会和选举等资产阶级民主形式来控制国家政权。在西方国家，不论是内阁制还是总统制，政权都控制在执政党手中。政党的任务主要是，操纵选举、控制议会、掌握政权。

由于资产阶级内部存在不同的集团和派别，而它们又有各自的利益和要求，党派就是不同政治派别的代表者。无论是多党制，还是两党制，都是代表整个资产阶级意志和利益的。

英国是实行两党制的典型国家。马克思和恩格斯多次提到的托利党、辉格党，是1667年形成的两个政党。托利党，代表地主贵族利益，拥护君主特权；辉格党代表工商资产阶级和新兴贵族利益，主张提高议会权力，限制王权。1688年"光辉革命"后，两党并存、轮流执政逐步形成了宪法惯例。1832年，英国议会通过了《选举改革法》，扩大了新兴资产阶级在议会内的力量。这时在议会中，封建的托利党就演变为代表主张保护贸易，以地产为中心的地主贵族集团利益的"保守党"，辉格党演变为代表主张自由贸的新兴工业资本家集团利益的"自由党"。两党轮流执政。

1900年英国"工党"成立，于1922年大选后正式取代自由党在英国两党制的地位。工党原名劳工代表委员会，1906年改为现称。目前该党成员多为工会组织中的工人，也有部分知识分子、中小资本家。该党以费边社的理论为纲领，反对阶级斗争，鼓吹阶级合作，主张采取"社会民主"方式，实行逐步改革。

由于资产阶级党派之间在内政外交和各项方针政策上的某些差别，执政的党派必然对于法律的立改废做某些调整。因此，执政党派的变动将引起法律的某些变动。

通过上述得知，"执政党"和"在野党"是一对范畴，两者是对应的。就是说，没有"在野党"，就没有"执政党"，反之相反。一个时期以来，我国理论界和传媒，把中国共产党叫作"执政党"。这里的"执政党"有两个含义，一是从资产阶级政党的角度使用；二是从"革命党"的角度使用。第一个含义自然导出与"在野党"的轮流执政问题，从而出现共产党执政的"合法性"和让共产党"下台"的合理性问题；第二个含义自然导出共产党要"告别革命"，学习西方国家"执政文明"，要实行"宪政"。看来，任何术语的使用都不是随心所欲的，术语背后隐藏的东西需要研究清楚。譬如，"地主"这个术语。把地主说成"土地的主人"，"社会主义地主"是"社会主义的土地的主人"，便改变了"地主"术语的含义。地主是"占有土地，自己不劳动，或只有附带劳动，而靠剥削农民为生的人"。汉语词典上只有这一个解释。尽管语义学上的地主同学术范畴的地主不尽相同，但语义学没有把地主解释成土地的主人。在术语的运用上明修栈道，暗度陈仓，是资产阶级政治家和理论家的惯用手法。

（1）党派立法是经过统治阶级同意的

为了避免一切误会和可能由此产生的异议，我还要指出，我是把资产阶级作为一个阶级来谈的，我谈个别人的行为，只是为了说明这个阶级的思想和行动的方式。因此，我也不准备分析资产阶级各个集团间和各个党派间的差别，因为这些集团和派别只具有历史上的和理论上的意义。

恩格斯：《英国工人阶级状况》，

《马克思恩格斯全集》第 2 卷第 582 页。

如果我们总的回顾一下 1688 年"光荣"革命以来的英国历史，那末可以得出这样的结论：旨在反对人民群众的一切法律，从把议会的任期改为七年的法令起，到最近的习艺所法和最新的工厂法止，都出自辉格党人之手。但是辉格党人的反动政策总是经资产阶级同意后实施的。

马克思：《"晨邮报"反对普鲁士。——辉格党和托利党》，

《马克思恩格斯全集》第 11 卷第 246 页。

秩序党在自己的选举纲领中公开地宣布了资产阶级的统治，即保全这阶级统治的生存条件：财产、家庭、宗教、秩序！当然它是把资产阶级的阶级统治以及这阶级统治的条件描绘为文明的统治，描绘为物质生产以及由此产生的社会周转关系的必要条件。

马克思：《1848 年至 1850 年的法兰西阶级斗争》，

《马克思恩格斯全集》第 7 卷第 68 页。

从 1849 年 11 月 1 日起开始了立宪共和国生命的第三期，这一时期是于 1850 年 3 月 10 日结束的。宪法机构间的那种受到基佐赞美的习见的玩意，即行政权力与立法权力间的争端已经开始了。但是并不止此。波拿巴反对那些联合起来的奥尔良党人和正统主义者的复辟欲而保卫着自己实际政权的法律基础——共和国；秩序党反对波拿巴的复辟欲而保卫着自己共同统治的法律基础——共和国；正统主义者反对奥尔良党人，奥尔良党人反对正统主义者而保卫着 status quo〔现状〕——共和国。秩序党中所有这些集团各自 in petto〔心里〕都有各自的国王，都有各自的复辟王朝，同时又都为反对自己敌方的篡夺欲和谋叛而坚持着资产阶级的共同统治，坚持着它们各自的要求借以互相抵消而又互相保留的统治形式——共和国。康德认为共和国作为唯一合理的国家形式，是实际理性的基准，是一种永远不能实现而又是我们应该永远力求和企图实现的基准，同样，君主国就是这些保皇党人的基准。

这样，立宪共和国从资产阶级共和党人手中产生出来时原是一个空洞的思想公式，而落到联合保皇党人手中时就成了一个充满内容的生动的国家形式了。当梯也尔说"我们保皇党人是立宪共和国的真正支柱"时，他甚至没有料想到他的话里竟包含有这么多的真理。

马克思：《1848 年至 1850 年的法兰西阶级斗争》，

《马克思恩格斯全集》第 7 卷第 88～89 页。

（2）党派之争的目的在于独占政权、独占立法权

在路易——菲力浦时代掌握统治权的不是法国资产阶级，而只是这个资产阶级中的一个集团：银行家、交易所大王和铁路大王、煤铁矿和森林的所有者以及与他们相勾结的那

部分大土地所有者，即所谓金融贵族。他们盘踞王位，他们在议会中强订法律，他们分配各种俸禄优厚的官职，从内阁大臣起至官立烟草店止。

马克思：《1848 年至 1850 年的法兰西阶级斗争》，
《马克思恩格斯全集》第 7 卷第 12 页。

金融贵族颁布法律，指挥国家行政，支配全部有组织的社会势力，而且借助于自己的统治地位和报刊来操纵社会舆论。

马克思：《1848 年至 1850 年的法兰西阶级斗争》，
《马克思恩格斯全集》第 7 卷第 15 页。

秩序党是在六月事变后立即成立的，但是只有在 12 月 10 日以后，当它与资产阶级共和党人即与"国民报"派决裂的时候，它存在的秘密才暴露了：它是奥尔良党人与正统主义者所联合组成的一个党派。资产阶级分裂成为两大派，一是大地主，一是金融贵族和工业资产阶级，这两大派曾先后独占政权。

马克思：《1848 年至 1850 年的法兰西阶级斗争》，
《马克思恩格斯全集》第 7 卷第 67 页。

康普豪森内阁已完成了自己的任务，即中介和过渡的任务。它是踩在人民的肩上爬上去了的资产阶级和已经不再需要人民支持的资产阶级之间的中介人；它是貌似保卫人民反对王权的资产阶级和真正保卫王权反对人民的资产阶级之间的中介人；它是已脱离革命的资产阶级和已形成为反革命核心的资产阶级之间的中介人。

康普豪森内阁的辞职对于下流政客们来说是一个谜。继之而来的是行动内阁，即汉泽曼内阁，因为资产阶级打算从消极地把人民出卖给国王的时期，过渡到积极地使人民屈服于通过同国王协商而实现的资产阶级政权的时期。行动内阁是三月革命以后的第二届内阁。

马克思：《资产阶级和反革命》，
《马克思恩格斯全集》第 6 卷第 133 页。

汉泽曼内阁把自己看作是六月革命的内阁。在普鲁士的每一个城市里，庸人们为了对抗"红色强盗"，都把自己装扮成"正直的共和党人"，——然而，他们仍然是真诚的保皇党人，并且没有注意到，他们的所谓"红色强盗"却带着黑白色的帽徽。汉泽曼在其 6 月 26 日的就职演说中，轻易地摆脱了康普豪森的那种神秘而模糊的"最广泛的民主基础上的君主制"。"在两院制基础上的君主立宪以及由两院和国王共同行使立法权"——他把自己的有鼓舞力的前辈的神秘莫测的口号变为这样一个冷酷的公式。

马克思：《资产阶级和反革命》，
《马克思恩格斯全集》第 6 卷第 135 页。

"恢复被破坏了的信任"，在汉泽曼口中就意味着：镇压无产阶级中和一切社会阶层中的一切政治运动，因为这一阶级和这些阶层的利益并不是直接同自认为掌握国家政权的那个阶级的利益相一致的。因此，汉泽曼在主张"恢复被破坏了的信任"的同时，还提出要"加强国家权力"。不过他把这种"国家权力"的本质搞错了。他本来想要加强为信用服务即为资产阶级的信任服务的国家权力，而与阶级的利益相一致的。而实际上他只是加强了由于不享有任何信用因而要求信任，并且在特别困难的场合下诉诸霰弹的国家权力。他本来想要节省资产阶级权力的生产费用，结果反而使资产阶级为普鲁士封建权力的复辟付出了亿万的沉重代价。

> 马克思：《资产阶级和反革命》，
> 《马克思恩格斯全集》第6卷第137页。

秩序党在其反对人民的斗争中不得不经常加强行政权的力量。行政权一加强，它的执有者波拿巴的地位也就加强了。

> 马克思：《1848年至1850年的法兰西阶级斗争》，
> 《马克思恩格斯全集》第7卷第122页。

在资产阶级的政治舞台上，真正是"党外有党，党内有派"。各党派以国家权力为目标，相互争夺。山岳派和吉伦特派是18世纪末法国资产阶级革命时期的两个政治派别。山岳派是法国国民公会中的左翼民主主义集团，以其席位在会场的最高处而得名。该派主张铲除专制制度和封建主义，是当时的革命阶级——资产阶级的最坚决的代表。其领袖是马·罗伯斯比尔、让·保·马拉、若·雅·丹东、路·安·圣茹斯特等。吉伦特派代表共和派的工商业资产阶级和农业资产阶级，主要是外省资产阶级的利益，其领袖是雅·皮·布里索、皮·维·韦尼奥、罗兰夫妇、让·安·孔多塞等。吉伦特派动摇于革命和反革命之间，走同王党勾结的道路，最终变成了反革命力量。

英国和法国的资产阶级确实领导了革命运动，而普鲁士的资产阶级却不想通过革命而是想通过同王权达成和平协议的办法来取得政权。马克思指出，康普豪森和汉泽曼在革命中采取的立场不能用这些政治活动家的个人品质来释，而应该用他们所代表的那个阶级的物质利益来解释。普鲁士的资产阶级由于害怕觉醒起来的无产阶级，不惜向旧社会势力作任何妥协。资产阶级无论如何要保存"法制基础"，因此拒绝向封建社会势力作坚决斗争，而把稍加改头换面的旧的地主官僚国家保存下来。由于害怕资产阶级所有制受到侵害，普鲁士资产阶级力求保存封建所有制，从而抛弃了它在同封建主义的斗争中必不可少的同盟者——农民。这样它便预决了自己的必然失败，而为反革命的胜利创造了条件。

恩格斯用很大篇幅分析了小资产阶级民主派领袖们的作用，指出这些人，每当革命的紧要关头就表现出政治上的近视、怯懦和动摇，从而使革命遭到失败。恩格斯抨击小资产阶级领袖们的"议会迷"，抨击他们迷信议会制度万能，而不想越出宪法的范围，不敢依靠人民，不敢依靠武装群众的支持。恩格斯指出，工人阶级是革命的最彻底的真正的战斗力量，他们"是代表整个民族的真正的和被正确理解的利益的"。

马克思以第二共和国时期活跃于法国政治舞台上的资产阶级政党和小资产阶级政党的活动为例，指出应该把这些或那些政党的言论和幻想同他们真正的性质严格区别开来。同时，马克思预先警告说要反对这样一种庸俗的观念：好像一个阶级的思想家本人在实际中一定要按这个阶级固有的生活方式生活。所以，小资产阶级的思想家无须一定是小店主。使他们成为小资产阶级的代表的是他们的同小资产阶级生活范围狭隘性相适应的理论见解，因此，他们在理论上的任务和决定，也就和小资产阶级的物质利益在实际上促使小资产阶级去做的一样。"一般说来，一个阶级的政治代表和著作方面的代表人物同他们所代表的阶级间的关系，都是这样。"

马克思在《"晨邮报"反对普鲁士。——辉格党和托利党》里，"把议会的任期改为七年的法令"，指 1716 年的议会法令（Septennial Act），这个法令从辉格党寡头政治的利益出发，把议会任期从 3 年增加到 7 年。

"最近的习艺所法"，是指《济贫法》。是 1834 年通过的法律，它只允许用一种方式来帮助贫民，就是将他们安置在习艺所中，习艺所的制度同从事苦役的牢狱中的制度不相上下，人民称之为"穷人的巴士底狱"。济贫法所追求的目的是强迫贫民同意在艰苦的劳动条件下到工厂里去做工，从而为工业资产阶级增加廉价劳动力的数量。

3. 社会主义新政权和新法制

马克思在反对封建的等级代表制度的同时，也努力探索一种适应历史要求、代表人民利益的政治制度。在《莱茵报》编辑部为《评〈汉诺威自由主义反对派的失误〉》一文所加的按语中，针对汉诺威国王废除具有温和的自由主义性质的 1833 年宪法，使 1819 年宪法重新生效的事件，马克思指出："汉诺威的真正的自由主义今后的任务，既不是维护 1833 年的国家基本法，也不是退回到 1819 年的法律。它应该争取实现一种同更深刻、更完善和更自由的人民意识相适应的崭新的国家形式。"后来，马克思和恩格斯的大量著作，系统阐释了他们所创造的摧毁旧政权旧法制的原理。

列宁坚持马克思主义关于摧毁旧政权旧法制的原理，创造性地为第一个社会主义政权的建立和社会主义法制建设做出了巨大贡献。在整个世界，列宁主义闪烁着不灭光辉。

毛泽东坚持马克思主义关于摧毁旧政权旧法制的原理，在新的历史条件下，实行马列主义普遍真理同中国实际情况相结合，实现了中国特点的、充分反映时代特征的、社会主义的国家和法的理论和实践创新。毛泽东思想成为世界革命人民和民族解放运动的旗帜、号角和指路明灯。

（1）为争取社会主义政权和法制而斗争

1. 全德国宣布为一个统一的、不可分割的共和国。

2. 凡年满 21 岁的德国人，只要未受过刑事处分，都有选举权和被选举权。

3. 发给人民代表薪金，使德国工人也有可能出席德国人民的国会。

4. 武装全体人民。今后，军队同时也应当是劳动大军，使部队不再象以前那样光是消费，并且还能生产，而所生产出来的东西要多于它的给养费用。此外，这也是组织劳动的一种方法。

5. 诉讼免费。

6. 无偿地废除一切至今还压在农民头上的封建义务，如徭役租、代役租和什一税等等。

7. 各邦君主的领地和其他封建地产，一切矿山、矿井等等，全部归国家所有。在这些土地上用最新的科学方法大规模地经营农业，以利于全社会。

8. 农民的抵押地宣布为国家所有。这些抵押地的利息由农民缴纳给国家。

9. 在租佃制流行的地区，地租或租金作为赋税缴纳给国家。

实行第6、7、8、9各条中提出的这些措施，是为了减轻农民和小租佃者所担负的社会义务和其他义务，同时也不致减少抵偿国家开支所需的资金，而且不使生产本身遭受损失。至于既不是农民，又不是租佃者的土地所有者是不参加任何生产的。因此他们的消费纯粹是挥霍。

10. 成立国家银行来代替所有的私人银行，国家银行发行的纸币具有法定的比价。实行这一措施就能按照全体人民的利益来调节信用事业，从而破坏大金融资本家的统治。实行这一措施就能逐渐以纸币代替黄金和白银，使资产阶级流通的必要工具，即一般的交换工具减价，因而就有可能把黄金和白银用到对外贸易上去。最后，为了把保守的资产者的利益和政府的存在联系起来，这个措施也是必要的。

11. 国家掌握一切运输工具：铁路、运河、轮船、道路、邮局等等。它们全部归国家所有，并且无偿地由无产阶级支配。

12. 所有官员的薪金没有任何差别，只有有家眷的官员，即需求较大的人的薪金可以比别人高一些。

13. 彻底实行政教分离。各教派牧师的薪金一律由各个自愿组织起来的宗教团体支付。

14. 限制继承权。

15. 实行高额累进税，取消消费品税。

16. 建立国家工厂。国家保证所有的工人都有生活资料，并且负责照管丧失劳动力的人。

17. 实行普遍的免费的国民教育。

为了德国无产阶级、小资产阶级和小农的利益，必须尽力争取实现上述各项措施。因为只有实现了这些措施，一直受少数人剥削，并且今后还有可能受少数人压迫的德国千百万人民，才能争得自己的权利和作为一切财富的生产者所应有的政权。

马克思恩格斯：《共产党在德国的要求》，
《马克思恩格斯全集》第5卷第3~4页。

我们已经一步一步地考察过，农民、小资产者、社会的一般中等阶层如何逐渐站到了无产阶级方面，如何逐渐跟正式共和国处于公开敌对地位，以及他们如何被这个共和国当作敌人来对待。愤恨资产阶级专政，要求改造社会，要把民主共和机构保存起来作为实现这种改造的工具，团结在作为决定性革命力量的无产阶级周围，——这就是所谓社会民主党即红色共和国党的一般特征。这个"无政府党"——如它的敌人所称呼的——正和秩序党一样，是各种不同利益的一种联合。从稍微改良旧社会紊乱状态到推翻旧社会秩序，从资产阶级自由主义到革命恐怖主义——这就是构成"无政府党"起点和终点的两个极端间的距离。

马克思：《1848 年至 1850 年的法兰西阶级斗争》，

《马克思恩格斯全集》第 7 卷第 102 页。

虽然"无政府党"中各个主要构成部分所持的社会主义思想，各因一定阶级或阶级集团所处经济条件以及由此产生的一般革命要求不同而有所不同，但它在一点上是一致的：这就是它宣布自己是解放无产阶级的手段，并把这个解放标榜为自己的目的。在某些人说来，这是故意骗人的，而在另外一部分人说来则是一种自我欺骗，因为这些人以为按照他们的需要改造过来的世界对于一切人都是最好的世界，以为它能实现一切革命要求和消除一切革命冲突。

隐藏在"无政府党"的声调大致相同的一般社会主义词句下的，首先有"国民报"、"新闻报"和"世纪报"的社会主义，这种社会主义较为一贯地力求推翻金融贵族统治而使工商业免除旧有的束缚。这是代表工商业、农业利益的社会主义，这种利益因为与那班参加秩序党的工商业、农业巨头的私人垄断利益不相符合而受到他们摒弃。这种资产阶级社会主义，也和任何其他一种社会主义一样，自然也吸引了一部分工人和小资产者。跟这种资产阶级社会主义不同的是本来意义的社会主义，即小资产阶级社会主义，Parexcellnce〔地道〕的社会主义。资本剥削这个阶级时主要是以债权人姿态出现的，所以这个阶级要求设立信贷机关；资本是以竞争来扼杀它的，所以它要求设立由国家维持的组合；资本是以集中来战胜它的，所以它要求施行累进税、限制继承权并由国家出资进行巨大工程以及采取其他各种强力抑止资本增长的措施。既然它梦想和平实现自己的社会主义，——至多也只容许再来一次短促的二月革命，——所以它自然就把未来历史过程想象为正在或已经由社会理想家协力或单独设计的种种体系的实现。于是这些社会主义者就成为折衷主义者或信奉着现有社会主义体系，信奉着空论的社会主义，这种社会主义是只有当无产阶级尚未成长到自己那个自由历史运动以前，才在理论上代表着无产阶级的。

马克思：《1848 年至 1850 年的法兰西阶级斗争》，

《马克思恩格斯全集》第 7 卷第 103～104 页。

宪章主义目前的脱离纯粹政治党派的倾向，必然会使它那些由其社会本质所决定的特征获得进一步的发展。宪章主义和社会主义接近是不可避免的。

恩格斯：《英国工人阶级状况》，

《马克思恩格斯全集》第 2 卷第 524 页。

俄国社会民主党人还不得不仅仅争得这样一些法律设施：这些设施是资本主义生产关系的自然的法的补充物，在先进的资本主义国家已经存在了，并且是充分地和全面地开展雇佣劳动同资本的阶级斗争所必需的。

既然沙皇专制制度就其本性来说不能不是无产者的解放运动的最凶恶和最危险的敌人，那么俄国社会民主党人的最近的政治任务就是推翻君主制，代之以建立在民主宪法基础上的共和国。

列宁：《关于俄国社会民主工党纲领的文献》，
《列宁全集》第 6 卷第 190～191 页。

有名的历史学家帕维尔·维诺格拉多夫先生发表在有名的自由派机关报《俄罗斯新闻》（8 月 5 日）上的《政治书信》，最能说明问题了。他害怕的是人民推翻反动政权。他仇视专制制度，一心希望它被推翻，但是他预料到使俄国招致灭亡的不是保存专制制度，不是人民机体由于没有死去的君主政权寄生虫慢慢腐烂而遭到的毒害，而是人民的完全胜利。……

这位"客观的"历史学家不认为革命是人民的完全合法的权利，而认为仅仅是纠正反动派极端行为的罪恶的和危险的手段。在他看来，完全胜利的革命是"无政府状态"，完全胜利的反动则不是无政府状态，而只不过是稍微夸大了国家的某些必要的职能。他只知道君主"政权"，不知道别的"政权"，只知道资产阶级的"秩序"和"社会组织"，不知道别的"秩序"和"社会组织"。

列宁：《我国自由派资产者希望的是什么，害怕的是什么?》
《列宁全集》第 11 卷第 228～229 页。

以马克思主义学说为基础的无产阶级社会主义的这个完全的统治，并不是一下子就巩固起来的，而只是在同各种落后的学说如小资产阶级社会主义、无政府主义等等作了长期斗争以后，才巩固起来的。大约 30 年以前，马克思主义就是在德国也还没有取得统治地位，当时在德国占优势的，老实说，是介于小资产阶级社会主义和无产阶级社会主义之间的过渡的、混合的、折中的见解。而在罗马语国家，如法国、西班牙、比利时，在先进工人中最流行的学说是蒲鲁东主义、布朗基主义、无政府主义，这些学说所反映的显然是小资产者的观点而不是无产者的观点。

列宁：《小资产阶级社会主义和无产阶级社会主义》，
《列宁全集》第 12 卷第 37 页。

我们承认并且建议代表大会承认：

（1）自由主义君主派的右翼（十月十七日同盟、法制党、工商党119 等等）是地主和大工商业资产阶级的明显的反革命阶级组织，但是还没有同专制官僚机构最后达成瓜分政权的协议。无产阶级政党一方面要利用它们之间的这一尚未结束的矛盾以达到自己的目的，同时应该同这些政党进行最无情的斗争；

（2）自由主义君主派的左翼（民主改革党、立宪民主党等）是一些态度暧昧、经常在小资产阶级民主派和大资产阶级反革命派之间摇摆不定的阶级组织，它们一方面想依靠人民，另一方面又害怕人民的革命的自主活动，因此他们所追求的只限于建立一个走上正轨的、并受到君主制和两院制保护而免遭无产阶级侵犯的资产阶级社会；社会民主党应该利用这些政党的活动对人民进行政治教育，拿它们的虚假的民主谎言同无产阶级的彻底的民主主义相比较，无情地揭穿它们所散布的立宪幻想；

（3）革命民主派的政党和组织（社会革命党、农民协会、一部分半工会和半政治性的协会等）比较最能反映农民和小资产阶级广大群众的利益和观点，坚决反对地主土地占有制和农奴制国家，力求彻底实行民主，使自己的实质上是资产阶级民主主义的任务具有朦胧的社会主义思想的外衣；社会民主党认为有可能而且有必要同这些政党达成战斗协议，同时坚定不移地揭穿它们的假社会主义的性质，同它们那种企图掩盖无产阶级和小业主之间的阶级对立的倾向作斗争。

列宁：《提交俄国社会民主工党统一代表大会的策略纲领》，
《列宁全集》第 12 卷第 209 页。

单纯的小资产阶级群众大多数还不解决也不可能解决任何问题，因为只有资产阶级或者无产阶级对他们的领导，才能使千百万分散的农村小业主的行动具有组织性，具有政治自觉性，具有取得胜利所必需的集中性。……

任何资本主义国家，包括俄国在内，基本上分为三种根本的主要的力量，即资产阶级、小资产阶级和无产阶级。大家都谈论第一种力量和第三种力量，都承认这两种力量，但是对第二种力量却不愿意从经济上、政治上和军事上去冷静地估计，而这种力量在人数上恰恰是占大多数！

列宁：《论立宪幻想》，
《列宁全集》第 32 卷第 25 页。

第三条道路是没有的。或者是在一场流血的战争中消灭富人、阿夫克森齐耶夫分子、切尔诺夫分子、马斯洛夫分子等等。或者是他们同意：只要反对全俄工兵代表苏维埃第二次代表大会和全俄农民代表苏维埃第二次代表大会这两次苏维埃代表大会的决定的人以农民的名义在立宪会议上出现，就要改选出席立宪会议的农民代表。农民同志们！是你们说话的时候了！是你们说出决定性意见的时候了！

列宁：《全俄农民代表苏维埃第二次代表大会告农民书草稿》，
《列宁全集》第 33 卷第 156 页。

（2）多数人对少数人统治的新政权新法制

这个力量依靠的是什么呢？依靠的是人民群众。这就是这个新政权同过去一切旧政权的旧机关的基本区别。后者是少数人压迫人民、压迫工农群众的政权机关。前者则是人民即工人和农民压迫少数人，压迫一小撮警察暴力者，压迫一小撮享有特权的贵族和官吏的政权机关。这就是压迫人民的专政同革命人民的专政的区别，布兰克先生和基泽韦捷尔先生，请好好记住这一点！旧政权是少数人的专政，它只有靠警察的手腕，只有靠排斥和排挤人民群众，不让他们参加政权，不让他们监督政权，才能维持下去。旧政权一贯不信任群众，害怕光明，靠欺骗来维持。新政权是大多数人的专政，它完全是靠广大群众的信任，完全是靠不加任何限制、最广泛、最有力地吸引全体群众参加政权来维持的。丝毫没有什么隐私和秘密，根本不拘什么条条和形式。

列宁：《立宪民主党人的胜利和工人政党的任务》，
《列宁全集》第 12 卷第 287 页。

推翻专制制度究竟是什么意思呢？这就是说，要沙皇放弃无限权力，人民有权选举自己的代表来颁布法律，监督官吏的行为，监督国家资财的收支。这种由人民参与立法和管理的管理形式叫作立宪管理形式（宪法是人民代表参与立法和管理国家的法律）。总之，推翻专制制度就是用立宪管理形式来代替专制管理形式。

列宁：《俄国社会民主党中的倒退倾向》，
《列宁全集》第 4 卷第 220 页。

临时政府（即不适当地被称为公社的临时政府）的目的被宣布为"专门"扩大起义和瓦解政府。"专门"这个字眼，按其本意说来，就是排除其他一切任务，是主张"只从下面"行动的荒谬理论的复活。这样排除其他任务，仍然是目光短浅和考虑欠周。"革命公社"，即革命政权，即使是在一个城市建立的，也不可避免地要执行（哪怕只是临时地、"局部地、暂时地"执行）一切国家事务；把脑袋藏在翅膀底下，闭眼不看这个问题，就是愚蠢到极点。

这个政权要用法律规定八小时工作制，建立工人监督工厂的制度，举办免费的普及教育，实行法官选举制，成立农民委员会，等等，——总而言之，它一定要实行许多改革。把这些改革归结为"促使起义扩大"这样一个概念，就是玩弄字眼，把需要完全弄清楚的问题故意弄得更不清楚。

列宁：《社会民主党在民主革命中的两种策略》，
《列宁全集》第 11 卷第 64 页。

由自由民族组成的各种单独的联邦将会愈来愈紧密地聚集在革命的俄罗斯的周围。这种联邦既不靠欺骗又不靠武力，而将完全自愿地发展起来，因此它是不可摧毁的。这种联邦之所以不可摧毁，其最好的保证就是我们在这里创造的那些法律和国家制度。

列宁：《全俄工兵农代表苏维埃第三次代表大会文献》，
《列宁全集》第 33 卷第 288 页。

如果苏维埃取得政权，那就不是通常意义上的国家了。这样的国家政权，而且是能长久维持的政权，在世界上还从来没有过，但世界整个工人运动已在向它接近。这正是巴黎公社类型的国家。这种政权就是专政，就是说，它不是依靠法律，不是依靠形式上的多数人的意志，而是直接依靠暴力。暴力是政权的工具。苏维埃究竟怎样运用这种政权呢？是否要回到依仗警察来进行管理的老路,是否要借助旧的政权机关来进行管理呢?在我看来,苏维埃是不能这样做的,无论如何苏维埃面临的直接任务是建立一个非资产阶级的国家。

列宁:《俄国社会民主工党(布)第七次全国代表会议文献》,
《列宁全集》第 29 卷第 352 页。

两个政权并存是怎么回事呢?就是除临时政府即资产阶级政府外,还形成了另一个尽管还很软弱、还处于萌芽状态、但毕竟确实存在而且在日益成长的政府,即工兵代表苏维埃。这另一个政府的阶级成分是什么呢?是无产阶级和农民(穿了军装的农民)。这个政府的政治性质怎样呢?它是革命的专政,就是说,是这样的一个政权,它直接依靠用革命的方法夺取,依靠下面人民群众的直接的创举,而不依靠集中的国家政权颁布的法律。

这完全不是欧美先进国家中迄今最常见的那种一般类型的资产阶级议会制民主共和国政权。人们总是忘记这一点,不深入思考这一点,而这却是全部实质的所在。

列宁:《论两个政权》,
《列宁全集》第 29 卷第 131 页。

这个政权和 1871 年的巴黎公社是同一类型的政权,其基本标志是:①权力的来源不是议会预先讨论和通过的法律,而是来自下面地方上人民群众的直接的创举,用流行的话来说,就是直接的"夺取";②用全民的直接武装代替脱离人民的、同人民对立的机构即警察和军队;在这种政权下,国家的秩序由武装的工农自己,即武装的人民自己来维持;③官吏,官僚,或者也由人民自己的直接政权取代,或者至少要接受特别的监督,变成不仅由人民选举产生、而且一经人民要求即可撤换的官吏,处于普通的受委托者的地位;他们从占有能领取资产阶级高薪的"肥缺"的特权阶层,变为特殊"兵种"的工人,其报酬不超过熟练工人的一般工资。

列宁:《论两个政权》,
《列宁全集》第 29 卷第 131~132 页。

群众性罢工和武装起义自然而然地把革命政权问题和专政问题提上了日程,因为采用这两种斗争方式必然导致(首先在地方范围内)驱逐旧政权、无产阶级和各革命阶级夺取政权、驱逐地主,有时还会夺取工厂,如此等等。这一时期的群众性革命斗争创造了世界历史上前所未见的组织——工人代表苏维埃,以及后来的士兵代表苏维埃、农民委员会等等。这一事实表明,现在全世界觉悟工人所注意的一些基本问题(苏维埃政权和无产阶级专政),1905 年末就已经在实践中提出来了。

列宁:《关于专政问题的历史》,
《列宁全集》第 39 卷第 368~369 页。

马克思恩格斯的《共产党在德国的要求》,是无产阶级在德国革命中的具体纲领。

"要求"是从革命的基本历史任务出发的，因为德国人民以后的命运要取决于这些任务的解决。马克思和恩格斯把资产阶级民主革命的胜利看作是无产阶级革命的序幕，因此他们在"要求"中还拟定了一系列过渡措施。"共产党在德国的要求"是把《共产党宣言》中的一般原理具体运用于一个国家的特殊情况，即运用于 1848～1849 年德国革命情况的第一个范例。

"要求"是马克思和恩格斯在 1848 年 3 月 21 日至 29 日之间在巴黎写成的。这些要求是共产主义者同盟在刚开始的德国革命中的政治纲领。"要求"是作为指示性的文件分发给回国的共产主义者同盟盟员的。在革命的进程中，马克思、恩格斯和他们的拥护者竭力在人民群众中宣传这个纲领性的文件。1848 年 9 月 10 日以前，"要求"在科伦印成了传单并分发给莱茵省一些地方的科伦工人联合会的会员。1848 年 10 月在柏林召开的第二届民主主义者代表大会上，科伦工人联合会的代表博伊斯特以社会问题处理委员会的名义，建议通过一个纲领，这个纲领中的措施几乎完全摘自"要求"。1848 年 11 月和 12 月在科伦工人联合会的各次会议上，曾讨论过"要求"中的个别条文（特别是第 1 条和第 4 条）。1848 年底或 1849 年初"要求"在莱比锡由魏勒印成小册子。

列宁在《小资产阶级社会主义和无产阶级社会主义》里，提到"蒲鲁东主义"和"布朗基主义"。

蒲鲁东主义是以法国无政府主义者皮·约·蒲鲁东为代表的小资产阶级社会主义流派，产生于 19 世纪 40 年代。蒲鲁东主义从小资产阶级立场出发批判资本主义所有制，把小商品生产和交换理想化，幻想使小资产阶级私有制永世长存。它主张建立"人民银行"和"交换银行"，认为它们能帮助工人购置生产资料，使之成为手工业者，并能保证他们"公平地"销售自己的产品。蒲鲁东主义反对任何国家和政府，否定任何权威和法律，宣扬阶级调和，反对政治斗争和暴力革命。马克思在《哲学的贫困》这部著作中，对蒲鲁东主义作了彻底的批判。列宁称蒲鲁东主义为不能领会工人阶级观点的市侩和庸人的痴想。蒲鲁东主义被资产阶级的理论家们广泛地利用来鼓吹阶级调和。

布朗基主义是 19 世纪法国工人运动中的革命冒险主义的思潮，以路·奥·布朗基为代表。布朗基主义不了解无产阶级的历史使命，忽视同群众的联系，而主张用密谋手段推翻资产阶级政府，建立革命政权，实行少数人的专政。列宁指出，布朗基主义者期待不通过无产阶级的阶级斗争，而通过少数知识分子的密谋使人类摆脱雇佣奴隶制。

列宁在《提交俄国社会民主工党统一代表大会的策略纲领》里提到一些党派，列宁认为，我们把社会民主党（2 人）、立宪民主党（304 人）、民主改革党（4 人）、进步派（59 人）、混合的自由派分子（17 人）、犹太平等联盟 143（3 人）和波兰民族主义者 144（7 人）划为左派。把十月党人（124 人）、工商党（51 人）、立宪君主党（7 人）、法制党（5 人）、右派 145（49 人）和君主派 146（54 人）划为右派。

列宁的《论两个政权》，写于 1917 年 4 月 9 日。1917 年 4 月 4 日即回到俄国的第二天，他先后在出席全俄工兵代表苏维埃的布尔什维克代表的会议上和布尔什维克同孟什维克代表的联席会议上宣读并逐条讲解他草拟的一个提纲，这就是著名的《四月提纲》。《四月提纲初稿》是 1917 年 4 月 3 日写的，列了 7 个方面的问题。《四月提纲》发表后遭到一切资产阶级和小资产阶级政党的激烈反对。布尔什维克党党内也出现一些异议。加米涅夫发表《我们的分歧》等文来反对《四月提纲》，断言俄国资产阶级民主革命还没有完成，俄国还没有成熟到实行社会主义革命的程度。为了执行中央委员会关于公开讨论《四月提纲》的决定，列宁写了小册子《论策略书》，深刻地分析了两个政权并存的特殊政治局面，论证了如何结束这种局面的策略原则，批驳了加米涅夫的错误观点。列宁指出，马克思主义要求对每个历史关头的阶级对比关系和具体特点作出经得起客观检验的最确切的分析，而不是死抱住昨天的理论不放。按照旧的方式，先是资产阶级的统治，然后才可能有无产阶级和农民的专政。但是，实际生活中，与资产阶级临时政府同时出现的工兵代表苏维埃就是"无产阶级和农民的革命民主专政"。这正是马克思主义者必须考虑的现实生活中的确切事实。

列宁在《论两个政权》里提到的"苏维埃政权"的情况是，"俄国当前形势的特点是从革命的第一阶段向革命的第二阶段过渡，第一阶段由于无产阶级的觉悟和组织程度不够，政权落到资产阶级手中，第二阶段则应当使政权转到无产阶级和贫苦农民手中。"列宁指出：苏维埃是俄国革命中产生的新的最好的国家形式，无产阶级不要议会制共和国，而要从下到上遍及全国的工农代表苏维埃的共和国；只要布尔什维党还处于少数地位，就应当揭露临时政府的谎言，不给临时政府任何支持，应当耐心地向群众宣传全部政权归苏维埃的必要性。全部政权归苏维埃，在苏维埃中争取多数，这就是列宁后来所说的革命和平发展时期的策略方针。

（三）完全新型的政权和法制

1. 无产阶级专政与法律的关系

无产阶级专政与法律的关系，包括两方面的含义：一方面，无产阶级革命摧毁资产阶级法制，无产阶级专政不受任何资产阶级法律的限制、束缚；另一方面，新法律是无产阶级专政的国家政权制定的，不存在无产阶级专政与自己制定的法律的相互限制、束缚问题，只存在它们之间的相互依存问题。从这个意义上说，列宁讲的"无产阶级专政不受任何法律的限制""不承认任何人制定的任何法律和任何准则""不受限制不顾法律"等提法，是指不受任何资产阶级法律的限制。这是一个科学的提法。这些论述，是列宁在苏维埃政权建立前和刚刚建立后提出的；同时，列宁强调新政权制定的法律必须得到绝对承认和执行，当然包括苏维埃政权制定的法律。

马克思在《1848年至1850年的法兰西阶级斗争》中，第一次提出了"无产阶级的阶级专政"术语。他指出，革命是历史的火车头，19世纪革命中有决定意义的力量是无产阶级，工人阶级必须夺取政权。马克思谈到革命社会主义、共产主义是根本不同于在革命进程中破产的小资产阶级空想理论的，"这种社会主义就是宣布不间断的革命，就是实现无产阶级的阶级专政，把这种专政作为必经的过渡阶段，以求达到根本消灭阶级差别，消灭一切产生这些差别的生产关系，消灭一切和这些生产关系相适应的社会关系，改变一切由这些社会关系产生出来的观念"，并阐明了这种专政在政治、经济和思想方面的任务。

马克思和恩格斯等人在《世界革命共产主义者协会》里，提出"协会的宗旨是推翻一切特权阶级，使这些阶级受无产阶级专政的统治，为此采取的方法是支持不断的革命，直到人类社会制度的最后形式——共产主义得到实现为止。"

在布尔什维克看来，革命彻底战胜沙皇制度，应该是实现无产阶级和农民的革命民主专政。革命的胜利和实行无产阶级和农民所迫切需要的改革，一定会引起地主、大资产者和沙皇制度的拼命反抗。没有无产阶级和农民的革命民主专政，就不可能摧毁这种反抗。无产阶级和农民的革命民主专政是从整个马克思主义世界观和俄国社会民主工党的纲领中必然产生出来的口号。它是关于资产阶级革命中无产阶级领导权和工农联盟的思想的具体体现。列宁指出，这种专政只能是民主主义的专政，而不是社会主义的专政。它不能触动资本主义的基础，它至多只能实行有利于农民的改革，实行彻底的和完全的民主主义。

列宁根据俄国的具体情况提出的无产阶级和农民的革命民主专政的思想，是对马克思主义的革命理论的发展，它对民主革命胜利后建立的政权的性质作出了新的解答。从前西欧的民主革命导致了资产阶级专政。而现在，当俄国无产阶级已经成为一支独立的政治力量的时候，布尔什维克在资产阶级民主革命中的目标应当是建立人民政权，即无产阶级和农民的革命民主专政。这是马克思主义中的一种新见解。它意味着，在新的历史条件下，"资产阶级革命"的概念取得了崭新的意义。而这正是按照教条重复马克思主义关于资产阶级革命实质的原理的孟什维克所不能理解和不能接受的。

关于无产阶级专政的实质，列宁在《向匈牙利工人致敬》一文中作了深刻的表述。他写道，无产阶级为了镇压剥削者的反抗，必须采取暴力手段，"但是无产阶级专政的实质不仅不在于暴力，而且主要不在于暴力。它的主要实质在于劳动者的先进部队、先锋队、唯一领导者即无产阶级的组织性和纪律性"。

（1）"无产阶级专政"术语的提出及基本含义

这种乌托邦，这种空论的社会主义，想使全部运动整个都服从于运动中的一个段落，用个别学究的头脑活动来代替全部社会生产，而主要是幻想借一些细小手法和巨大伤感情怀来消除完全必要的阶级革命斗争，其实它只是把现代社会理想化，把这个社会描绘成一幅没有阴暗面的图画，并且力求违抗这个社会的现实去实现自己的理想。所以，当无产阶级把这种社会主义让给小资产阶级，而各种社会主义首领间的斗争又表明每个所谓体系都是特意强制社会变革中一个过渡段落以与其他各个段落相对抗时，无产阶级就愈益团结在革命社会主义周围，团结在被资产阶级叫作布朗基思想的共产主义周围。这种社会主义就是宣布不间断革命，就是实现无产阶级的阶级专政，把这种专政作为必经的过渡阶段，以求达到根本消灭阶级差别，消灭一切产生这些差别的生产关系，消灭一切和这些生产关系相适应的社会关系，改变一切由这些社会关系产生出来的观念。

马克思：《1848年至1850年的法兰西阶级斗争》

《马克思恩格斯全集》第7卷第104页。

无产阶级专政是一个科学的术语，这个术语规定了在这方面起作用的阶级以及叫作专政的那种特殊的国家政权形式，即不是依靠法律、不是依靠选举、而是直接依靠某一部分居民的武装力量的政权。

列宁：《轻信的流行病》，

《列宁全集》第 30 卷第 283 页。

"无产阶级专政"这个概念同打垮资本家的反抗究竟有什么区别呢？根本没有什么区别。无产阶级专政是一个科学的术语，这个术语规定了在这方面起作用的阶级以及叫作专政的那种特殊的国家政权形式，即不是依靠法律、不是依靠选举、而是直接依靠某一部分居民的武装力量的政权。

列宁：《轻信的流行病》，

《列宁全集》第 30 卷第 283 页。

专政是直接凭借暴力而不受任何法律约束的政权。无产阶级的革命专政是由无产阶级对资产阶级采用暴力手段来获得和维持的政权，是不受任何法律约束的政权。

列宁：《无产阶级革命和叛徒考茨基》，

《列宁全集》第 35 卷第 237 页。

专政的科学概念无非是不受任何限制的、绝对不受任何法律或规章约束而直接依靠暴力的政权。"专政"这个概念无非就是这个意思，立宪民主党人先生们，好好地记住吧。

列宁：《关于专政问题的历史》，

《列宁全集》第 39 卷第 380 页。

这无疑是新的人民政府的萌芽，或者也可以说是革命政府的萌芽。按这些组织的社会政治性质来说，这是萌芽状态的人民革命分子的专政。你们觉得奇怪吗，布兰克先生和基泽韦捷尔先生？你们在这里没有看到资产者认为和专政同义的"强化的警卫"吧？我们已经对你们说过，你们对专政这个科学概念一窍不通。我们马上就要向你们解释清楚这个概念，不过我们先要指出"革命旋风"时代的第三种行动"方法"：人民用暴力对付压迫人民的暴力者。

我们在上面描述的政权机关是萌芽状态的专政，因为这个政权不承认任何其他的政权，不承认任何人制定的任何法律和任何准则。不受限制、不顾法律、依靠强力（就这个词的最直接的意义讲）的政权，这就是专政。

列宁：《关于专政问题的历史》，

《列宁全集》第 39 卷第 378 页。

专政的必要标志和必需条件，就是用暴力镇压剥削者阶级，因而也就是破坏对这个阶级的"纯粹民主"即平等和自由。

列宁：《无产阶级革命和叛徒考茨基》，

《列宁全集》第 35 卷第 257 页。

谁不懂得任何一个革命阶级为了取得胜利必须实行专政，谁就对革命史一无所知，或者说根本不想获得这方面的知识。

就俄国的范围来说，如果要谈理论的话，1902—1903年由《曙光》和《火星报》的编辑部拟订的俄国社会民主工党纲领，或者确切些说是由格·瓦·普列汉诺夫拟订并经该编辑部加工、修改和定稿的纲领，具有特殊的意义。在这个纲领中，无产阶级专政问题提得很明确，而且是针对伯恩施坦、针对机会主义提出来的。然而具有最重大意义的当然是革命的经验，即俄国1905年的经验。

列宁：《关于专政问题的历史》，
《列宁全集》第39卷第367页。

当时关于苏维埃的意义的争论已经关系到专政问题了。早在1905年十月革命以前，布尔什维克就提出了专政问题（见我的小册子《社会民主党在民主革命中的两种策略》，1905年7月日内瓦版，曾转载于《十二年来》文集）。孟什维克对"专政"这个口号的态度是否定的。布尔什维克当时着重指出，工人代表苏维埃"实际上是新的革命政权的萌芽"——布尔什维克的决议草案就是明确地这样说的（《报告》第92页）。孟什维克虽然承认苏维埃的意义，主张"协助建立"苏维埃等等，但是他们不承认苏维埃是革命政权的萌芽，根本不谈这种类型或相似类型的"新的革命政权"，干脆否认专政的口号。不难看出，现在我们和孟什维克之间的所有分歧在当时对这个问题的提法上已经露出了苗头。也不难看出，孟什维克（不论俄国的或别国的，如考茨基分子、龙格分子等等）过去和现在都在这个问题的提法上表现出他们是口头上承认无产阶级革命，实际上否认革命这个概念中最本质和最基本的东西的改良主义者或机会主义者。

列宁：《关于专政问题的历史》，
《列宁全集》第39卷第369页。

全部问题就在于给革命下一个确切的阶级定义。而不用"专政"这个概念，就不可能下这个确切的阶级定义。不为实现专政做准备，就不可能在实际上成为革命家。……

"梅林出版了1848年马克思在《新莱茵报》162上发表的论文集，他在论文集的说明中说，资产阶级书刊还对《新莱茵报》提出过如下指责，说它要求'立刻实行专政，以此作为实现民主的唯一手段'（《马克思遗著》第3卷第53页）。从庸俗的资产阶级观点看来，专政和民主这两个概念是相互排斥的。资产者不懂阶级斗争的理论，看惯了政治舞台上各个资产阶级小集团之间的无谓争吵，以为专政就是废除一切自由和一切民主保障，就是恣意横行，就是滥用权力以谋专政者个人的利益。"

列宁：《关于专政问题的历史》，
《列宁全集》第39卷第371页。

1848年9月14日的《新莱茵报》写道："在革命之后，任何临时性的国家机构都需要专政，并且需要强有力的专政。我们一开始就指责康普豪森（1848年3月18日以后的内阁首脑）没有实行专政，指责他没有马上粉碎和清除旧制度的残余。正当康普豪森先生陶醉于立宪的幻想时，被打垮的政党〈即反动的政党〉就在官僚机构中和军队中巩固他们的阵地，甚至敢于在各处展开公开的斗争。"…

　　马克思的这段话告诉了我们些什么呢？它告诉我们，临时革命政府必须实行专政（规避专政口号的孟什维克无论如何不能了解这一点）；它告诉我们，这个专政的任务就是消灭旧制度的残余（我们上面已经说过，这恰恰是俄国社会民主工党（布尔什维克）第三次代表大会关于同反革命斗争的决议中所清楚地指出的，而是孟什维克的决议所忽略的）。最后，第三，从这段话中可以看出，马克思因为资产阶级民主派在革命和公开内战时期迷恋于'立宪的幻想'而痛斥了他们。从1848年6月6日《新莱茵报》的论文中可以特别明显地看出这段话的含义。

列宁：《关于专政问题的历史》，
《列宁全集》第39卷第372页。

　　为什么说它仅仅是革命人民的专政，而不是全体人民的专政呢？因为全体人民经常由于阿夫拉莫夫之流的业绩而遭到极残酷的折磨，有的人肉体上受了摧残，饱受惊吓；有的人精神上受了毒害，例如受了不用暴力抵抗邪恶的理论的毒害，或者不是受理论毒害而只是受偏见、习俗、陈规的毒害；有的人对一切都漠不关心，那就是所谓庸人、小市民，他们最会逃避激烈的斗争，对它不闻不问，或者甚至躲藏起来（可别卷进这场搏斗挨了揍！）。这就是为什么说实现专政的不是全体人民，而只是革命的人民；可是革命的人民决不害怕全体人民，他们把自己行动的原因和行动的细节告诉全体人民，非常愿意吸收全体人民不仅来参加国家管理，而且来参加政权，吸收他们参加国家本身的建设。

列宁：《关于专政问题的历史》，
《列宁全集》第39卷第381页。

　　我们在上面描述的政权机关是萌芽状态的专政，因为这个政权不承认任何其他的政权，不承认任何人制定的任何法律和任何准则。不受限制、不顾法律、依靠强力（就这个词的最直接的意义讲）的政权，这就是专政。但是这个新政权所依靠的和力图依靠的强力，不是一小撮军人所掌握的刺刀的力量，不是"警察局"的力量，不是金钱的力量，不是任何以前建立起来的机构的力量。根本不是这些。新政权的新机关既没有武器，又没有金钱，也没有旧机构。

列宁：《立宪民主党人的胜利和工人政党的任务》，
《列宁全集》第12卷第286页。

　　用暴力对付阿夫拉莫夫和阿夫拉莫夫之流的时候，这就是革命人民的专政。这就是专政，这是人民对阿夫拉莫夫实行压迫的政权，这是不受任何法律限制的政权（小市民也许会反对用强力把斯皮里多诺娃从阿夫拉莫夫手里夺过来，他们会说，这是不合"法"的！我们有一条允许打死阿夫拉莫夫的"法律"吗？小市民的某些思想家不是创造出了不用暴力抵抗邪恶的理论吗？）。专政的科学概念无非是不受任何限制的、绝对不受任何法律或规章约束而直接依靠暴力的政权。"专政"这个概念无非就是这个意思，立宪民主党人先生们，好好地记住吧。其次，我们从上述例子看到的，正是人民的专政；因为人民即无组织的、"偶然"聚集在该地的居民群众，亲自登上舞台，亲自执行审判和惩处，行使权力，创造新的革命的法律。最后，这就是革命人民的专政。为什么说它仅仅是革命人民的专政，而不是全体人民的专政呢？因为全体人民经常由于阿夫拉莫夫之流的业绩而遭到极残酷的折磨，有的人肉体上受了摧残，饱受惊吓；有的人精神上受了毒害，例如受了不用暴力抵抗邪恶的理论的毒害，或者不是受理论毒害而只是受偏见、习俗、陈规的毒害；有的人对一切都漠不关心，那就是所谓庸人、小市民，他们最会逃避激烈的斗争，对它不闻不问，或者甚至躲藏起来（可别卷进这场搏斗挨了揍！）。这就是为什么说实现专政的不是全体人民，而只是革命的人民；可是革命的人民决不害怕全体人民，他们把自己行动的原因和行动的细节告诉全体人民，非常愿意吸收全体人民不仅来参加国家"管理"，而且来参加政权，吸收他们参加国家本身的建设。

> 列宁：《立宪民主党人的胜利和工人政党的任务》，
> 《列宁全集》第 12 卷第 288～289 页。

伯恩施坦主义者过去和现在接受马克思主义都是把马克思主义直接革命的一面除外的。他们不是把议会斗争看作只适用于一定历史时期的一种斗争手段，而是看作主要的、几乎是唯一的斗争形式，因而也就不需要"暴力"、"夺取"、"专政"了。

> 列宁：《立宪民主党人的胜利和工人政党的任务》，
> 《列宁全集》第 12 卷第 292 页。

（2）"统治状态""管理形式""专制""调和""对立"等论说都是歪曲

以空谈专制来回避给无产阶级专政下定义，这不是极端愚蠢的做法，就是非常笨拙的欺骗行为。

> 列宁：《无产阶级革命和叛徒考茨基》，
> 《列宁全集》第 35 卷第 236 页。

他说应当把"状态"同"管理形式"区别开来。作这种异常深奥的区别，正象我们要把一个不善于推理的人的愚蠢"状态"同他的愚蠢"形式"区别开来一样。

考茨基之所以需要把专政解释为"统治的状态"（他在该书下一页即第 21 页上一字不差地这样说），是因为这样一来，革命暴力就消失了，暴力革命就消失了。"统治的状态"是在……"民主"条件下任何一种多数所处的状态！通过这样一套骗术，革命就安然无事地消失了！

> 列宁：《无产阶级革命和叛徒考茨基》，
> 《列宁全集》第 35 卷第 237 页。

　　无产阶级专政，无产阶级国家，无产阶级镇压资产阶级的机器不是"管理形式"，而是另一类型的国家。镇压所以必要，是因为资产阶级遭到剥夺总要进行疯狂的反抗。

列宁：《无产阶级革命和叛徒考茨基》，

《列宁全集》第 35 卷第 105 页。

　　显而易见，把"状态"同"管理形式"加以区别，这是荒谬可笑的。在这里谈什么管理形式更是加倍的愚蠢，因为任何一个小孩都知道君主制与共和制是不同的管理形式。我们倒需要向考茨基先生证明，这两种管理形式也同资本主义制度下其他一切过渡的"管理形式"一样，不过是资产阶级国家即资产阶级专政的不同形态而已。最后，谈论管理形式，不仅是愚蠢地而且是拙劣地伪造马克思的意思，因为马克思在这里说的分明是国家的形式或类型，而不是管理形式。

列宁：《无产阶级革命和叛徒考茨基》，

《列宁全集》第 35 卷第 238 页。

　　"如果我们说专政是管理形式，我们就不能说阶级专政。因为正如我们已经指出的，阶级只能统治而不能管理……"能管理的是"组织"或"政党"。"糊涂顾问"先生，您在胡说，完全胡说八道！专政不是"管理形式"，您这是可笑的胡说。马克思讲的并不是"管理形式"，而是国家的形式或类型。这完全是两码事，完全是两码事。说阶级不能管理，也是完全不对的；这种胡言乱语，只有除了资产阶级议会什么也看不见除了"执政党"什么也看不到的"议会迷"才说得出来。任何一个欧洲国家都可以给考茨基提供统治阶级管理国家的例子，如中世纪地主的例子，虽然他们的组织程度还不够。

列宁：《无产阶级革命和叛徒考茨基》，

《列宁全集》第 35 卷第 242 页。

　　把资产阶级专政和无产阶级专政调和起来，统一起来！这是多么简单！这是多么了不起的庸人思想！不过可惜的是，在俄国克伦斯基执政时期，这种思想已经由联合起来的孟什维克和社会革命党人这些自命为社会主义者的小资产阶级民主派试验过了。

列宁：《第三国际及其在历史上的地位》，

《列宁全集》第 36 卷第 296 页。

　　现在应该谈主要的东西，就是考茨基所谓"民主方法和专政方法""根本对立"这一伟大发现。……问题的关键就在这里。无产阶级专政问题是无产阶级国家同资产阶级国家对比、无产阶级民主同资产阶级民主对比的问题。

列宁：《无产阶级革命和叛徒考茨基》，

《列宁全集》第 35 卷第 232 页。

（3）无产阶级专政不仅仅是暴力，而是包括全部国家任务

历次革命中这个有历史意义的经验，这个有全世界历史意义的——经济的和政治的——教训，马克思把它总结了，给了一个简单、严格、准确、明显的公式：无产阶级专政。

列宁：《苏维埃政权的当前任务》，

《列宁全集》（第1版）第27卷第243页。

无产阶级需要国家政权，集中的权力组织，强力组织，为的是镇压剥削者的反抗和领导广大民众即农民、小资产阶级和半无产阶级来"组织"社会主义经济。

列宁：《国家与革命》，

《列宁全集》（第1版）第25卷第391页。

要进行社会主义建设，必须充分利用科学、技术和资本主义，俄国给我们遗留下来的一切东西。当然，在这条路上我们会遇到很大的困难。错误是不可避免的。到处都有投敌分子和存心不良的怠工分子。在这里首先必须使用暴力。但除以外我们还应当利用无产阶级的道德影响、强大的组织和纪律。

列宁：《彼得格勒苏维埃会议》，

《列宁全集》（第1版）第29卷第6页。

只有在革命发展的一定时期，只有在一定的特殊的条件下，革命暴力才是必要的和当然的革命手段。而组织无产阶级群众，组织劳动人民却始终是革命深刻得多的经常的特点，始终是革命胜利的条件。把千百万劳动群众组织起来，这是革命最有利的条件，这是革命胜利最深的泉源。

列宁：《悼念雅·米·斯维尔德洛夫》，

《列宁全集》（第1版）第29卷第68页。

这里，单靠暴力是一事无成的。在暴力胜利以后，胜利了的无产阶级除了暴力还要有组织，有纪律，有威望，使一切资产阶级专家服从自己并参加自己的工作！有人会说，列宁不主张使用暴力，而主张使用精神影响！可是，以为单凭暴力就能解决共产主义社会建设事业中的科学技术问题，这是愚蠢的。这是胡说！

列宁：《苏维埃政权的成就和困难》，

《列宁全集》（第1版）第29卷第51~52页。

无产阶级专政的实质不仅在于暴力，而且主要不在于暴力。它的主要实质在于劳动者的先进部队、先锋队、唯一领导者即无产阶级的组织性和纪律性。无产阶级的目的是建成社会主义，消灭社会的阶级划分，使社会全体成员成为劳动者，消灭一切人剥削人的制度的基础。这个目的不是一下子可以实现的，这需要一个相当长的从资本主义到社会主义的

过渡时期，因为改组生产是一件困难的事情，因为根本改变生活的一切方面是需要时间的，因为按小资产阶级和资产阶级方式经营的巨大的习惯力量只有经过长期的坚忍的斗争才能克服。

列宁：《向匈牙利工人致敬》，

《列宁全集》（第1版）第29卷第351页。

要巩固和发展苏维埃政权，就必须实现（更广泛、更普遍和更有计划地实现）这种国家政权、这种新型国家所肩负的历史任务。这些任务就是：

（1）联合和组织受资本主义压迫的被剥削劳动群众，而且仅仅联合和组织他们即工人、贫苦农民和半无产者，来自动地排除剥削阶级和各种富裕的小资产阶级分子。

（2）联合被压迫阶级中最活动、最积极、最觉悟的部分，即联合这些阶级的先锋队。他们应当用事实而不是用理论去教育全体劳动人民自动参加国家的管理工作。

（3）废除议会制（立法和行政的分立）；把国家的立法工作和行政工作结合起来。把管理和立法合而为一。

（4）使整个国家政权机关和国家管理机关同群众的联系比过去的民主制形式更加密切。

（5）建立一支最不脱离人民的工农武装力量（苏维埃＝武装的工人和农民）。组织全民武装是彻底武装全民的最初的步骤之一。

（6）实行更充分的民主制，减少形式主义，使选举和罢免更简便易行。

（7）同各个行业和生产——经济单位（按工厂、农业地区和手工业地区为单位进行选举）建立密切的（和直接的）联系。这种紧密的联系为实行深刻的社会主义改造提供了可能。

（8）（此项全部或部分归入前项）——目前有可能取消官僚机构。没有这些机构也行；现在应该开始实现这种可能。

（9）在民主制的问题上，应当把重心从形式上承认资产阶级和无产阶级、穷人和富人的形式上的平等，转到使被剥削的劳动居民群众实际上享有自由（民主）。

（10）要进一步发展苏维埃的国家组织，就应当使每一个苏维埃成员除参加苏维埃的会议外，都必须担负管理国家的经常工作，然后逐步吸引全体人民参加苏维埃组织的工作（在服从劳动者组织的条件下）并担负管理国家的职务。

列宁：《俄共（布）第七次代表大会》，

《列宁全集》第27卷第140~142页。

我们建立了使被压迫的劳动群众能够积极参加独立建设新社会的新型的国家，即苏维埃类型的国家，但是这只解决了困难。主要的困难是在经济方面，即对产品的生产与分配格的计算与监督，提高劳动生产率，使生产在事实上社会化。

列宁：《苏维埃政权的当前任务》，

《列宁全集》（第1版）第27卷第220页。

列宁的《无产阶级革命和叛徒考茨基》，是一部批判考茨基反马克思主义的修正主义的理论著作。

考茨基曲解马克思主义的无产阶级专政定义，否认这一概念的主要标志——被压迫阶级的革命暴力。列宁说："从资本主义过渡到共产主义是一整个历史时代。只要这个时代没有结束，剥削者就必然存在着复辟希望，并把这种希望变为复辟尝试。"列宁指出，革命暴力是实行无产阶级革命的必要条件。考茨基不对资产阶级国家进行阶级分析，提出了"一般民主"和"一般专政"的问题，证明民主"优越"于专政，从而证明无产阶级专政对建设社会主义没有用处。列宁揭示了资产阶级民主和无产阶级民主的根本对立并且指出，只要不同的阶级存在，就不能说"纯粹民主"，而只能说阶级的民主。考茨基对苏维埃政权作为无产阶级专政的国家形式的实质进行歪曲。列宁指出：在俄国，由于1917年十月革命的胜利和无产阶级专政的建立，第一次出现了民主的最高类型——无产阶级民主，苏维埃政权就是它的一种形式，无产阶级民主在世界上史无前例地发展和扩大了的正是对大多数居民即对被剥削劳动者的民主；在资产阶级民主制的国家中，资本家总是千方百计地不让群众参加管理，而苏维埃政权却在世界上第一次吸收劳动者直接地积极地参加对国家的管理。

关于无产阶级专政与特定历史时期的特定政策的关系，是需要弄清楚的。

关于"战时共产主义"政策，列宁在《论粮食税、贸易自由、租让制》中第一次使用"战时共产主义"术语，来概括国内战争时期被迫采取的一整套措施。列宁充分肯定战时共产主义政策的历史功绩，同时指出，"但同样必须知道这个功劳的真正限度。'战时共产主义'是战争和经济破坏迫使我们实行的。它不是而且也不能是一项适应无产阶级经济任务的政策。它是一种临时的办法"。

关于"新经济政策"，列宁说："全部问题，无论是理论上的还是实践上的问题，在于找出正确的方法，即应当怎样把不可避免的（在一定程度上和在一定期限内不可避免的）资本主义的发展纳入国家资本主义的轨道，靠什么条件来做成这件事，怎样保证在不久的将来把国家资本主义变成社会主义。"列宁详细评述了国家资本主义的四种主要形式。第一，租让制，这是最简单的即同外国资本家订立书面合同的形式，它的基础是大工业；租让制政策获得成功，就会使苏维埃国家获得为数不多却具有现代先进资本主义水平的模范的大企业。第二，合作制，指作为一种商业形式的小商品生产者合作社，它的基础是小生产；合作制政策获得成功，就会使苏维埃国家把小经济发展起来，并使小经济比较容易在相当期间内、在自愿联合的基础上过渡到大生产。第三，代购代销制，指国家把作为商人的本国资本家吸引过来，付给他们一定的佣金，由他们来销售国家的产品和收购小生产者的产品。第四，租赁制，指国家把国有企业或油田、林区、土地等租给本国企业资本家，这种租赁合同与租让合同极为相似。

列宁指出：资本主义同社会主义比较是祸害，但同宗法式经济、同小生产比较则是幸福；既然还不能实现从小生产到社会主义的直接过渡，作为小生产和交换的自发产物的资本主义在一定程度上就是不可避免的，所以应该利用资本主义作为小生产和社会主义之间的中间环节，作为提高生产力的手段。

新经济政策、向农民实行让步，是以无产阶级的利益为准绳的，是以巩固无产阶级专政为前提的，是防止资本主义复辟和保证走向共产主义道路的。

2. 最高类型的民主政权和法制

国家政权从来都是一种专政。有奴隶主阶级专政、封建地主阶级专政，在资本主义和社会主义并存条件下，有资产阶级专政和无产阶级专政。专政有两种，一种是少数人的专政，一小群人的专政，其目的是反对人民；另一种专政是无产阶级多数人的专政，群众的专政，其目的是维护广大人民的根本利益。这是两种性质根本不同的专政。

资产阶级专政是秘密的、隐蔽的、幕后的专政，它需要用某种漂亮的掩护物来欺骗群众，而无产阶级和革命人民的专政是公开的、群众的专政，它对内不需要欺骗，对外不需要秘密外交。因此，不能把两种互相否定的专政混为一谈。

我们知道，攻击无产阶级阶级专政是"红色恐怖"，是"绞肉机"，那是为了美化和掩饰资产阶级专政的"白色恐怖"和"绞肉机"的本性，把资本主义描绘成"人间天堂""民主乐园"，那是为了推翻无产阶级阶级专政，为了恢复资本主义的人间地狱。

毛泽东 1949 年在《论人民民主专政》里说：就是这样，西方资产阶级的文明，资产阶级的民主主义，资产阶级共和国的方案，在中国人民的心目中，一齐破了产。资产阶级的民主主义让位给工人阶级领导的人民民主主义，资产阶级共和国让位给人民共和国。这样就造成了一种可能性：经过人民共和国到达社会主义和共产主义，到达阶级的消灭和世界的大同。康有为写了《大同书》，他没有也不可能找到一条到达大同的路。资产阶级的共和国，外国有过的，中国不能有，因为中国是受帝国主义压迫的国家。唯一的路是经过工人阶级领导的人民共和国。

（1）任何阶级统治都是专政

在革命之后，任何临时性的国家机构都需要专政，并且需要强有力的专政。

马克思：《危机和反革命》，

《马克思恩格斯全集》第 5 卷第 475 页。

一个阶级的专政，不仅对一般阶级社会是必要的，不仅对推翻了资产阶级的无产阶级是必要的，而且，对介于资本主义和"无阶级社会"即共产主义之间的整整一个历史时期都是必要的，只有了解这一点的人，才算领会了马克思国家学说的实质。

列宁：《国家与革命》，

《列宁全集》（第 1 版）第 25 卷第 400 页。

任何国家都意味着使用暴力，而全部区别就在于：这种暴力是用来反对被剥削者还是反对剥削者。这种暴力是不是用来反对劳动者和被剥削者阶级的。

列宁：《俄共（布）第十次全国代表会议》，

《列宁全集》（第 1 版）第 32 卷第 409~410 页。

任何国家政权都是一种强制力量，过去的政权一向是少数人的政权，是地主资本家压迫工农的政权。而我们主张有大多数工人农民反对资本家和地主的坚强的政权。

列宁：《全俄农民代表苏维埃非常代表大会》，

《列宁全集》（第1版）第26卷第306页。

专政是一个大字眼，大字眼是不能随便乱说的。专政就是铁一般的政权，是有革命勇气的和果敢的政权，是无论对剥削者或流氓都实行无情镇压的政权。

列宁：《苏维埃政权的当前任务》，

《列宁全集》（第1版）第27卷第243页。

同剥削者作斗争本身也是我们从经验中得来的。如果有人因此责难我们，那我们就说："资本家先生们，这是你们自己的罪过。假使你们不这样野蛮地、这样狂妄地、这样无耻地拼命反抗，假使你们没有同全世界资产阶级结成联盟，那末，革命也就会采取比较和平的方式。"

列宁：《俄共（布）第八次代表大会》，

《列宁全集》（第1版）第29卷第182～183页。

专政就是社会上一部分人对整个社会实行统治，而且是直接用暴力来统治。为了推翻资产阶级、击退资产阶级反革命的尝试，就必须建立无产阶级这个唯一彻底的革命阶级的专政。

列宁：《论对马克思主义的讽刺和"帝国主义经济主义"》，

《列宁全集》（第1版）第23卷第64页。

无产阶级专政同其他阶级专政相似的地方，在于它同任何专政一样，必须用暴力镇压那个失去政治统治权的阶级的反抗。无产阶级专政同其他阶级专政（中世纪的地主专政，一切文明的资本主义国家中的资产阶级专政）根本不同的地方，在于地主和资产阶级专政是用暴力镇压绝大多数劳动人民的反抗。相反地，无产阶级专政是用暴力镇压极少数地主资本家剥削者的反抗。

列宁：《共产国际第一次代表大会》，

《列宁全集》（第1版）第28卷第441页。

（2）无产阶级专政的历史必然性

不同的文明国度中的不同的国家，不管它们的形式如何纷繁，却有一个共同点：它们都建筑在资本主义多少已经发展了的现代资产阶级社会的基础上。所以，它们具有某些极重要的共同特征。在这个意义上可以谈"现代国家制度"，而未来就不同了，到那时"现代国家制度"现在的根基即资产阶级社会已经消亡了。

于是就产生了一个问题：在共产主义社会里国家制度会发生怎样的变化呢？换句话说，那时有哪些同现代国家职能相类似的社会职能保留下来呢？这个问题只能科学地回答；即使你把"人民"和"国家"这两个名词联接一千次，也丝毫不会对这个问题的解决有所帮助。

马克思：《哥达纲领批判》，

《马克思恩格斯全集》第 19 卷第 31 页。

自由的人民国家变成了自由国家。从字面上看，自由国家就是可以自由对待本国公民的国家，即具有专制政府的国家。应当抛弃这一切关于国家的废话，巴黎公社已经不是原来意义上的国家了。无政府主义者用"人民国家"这一个名词把我们挖苦得很够了，虽然马克思驳斥蒲鲁东的著作和后来的《共产党宣言》都已经直接指出，随着社会主义社会制度的建立，国家就会自行解体和消失。既然国家只是在斗争中、在革命中用来对敌人实行暴力镇压的一种暂时的机关，那末，说自由的人民国家，就纯粹是无稽之谈了；当无产阶级还需要国家的时候，它之所以需要国家，并不是为了自由，而是为了镇压自己的敌人，一到有可能谈自由的时候，国家本身就不再存在了。

恩格斯：《致奥·倍倍尔》，

《马克思恩格斯全集》第 19 卷第 7~8 页。

我们这里所说的是这样的共产主义社会，它不是在它自身基础上已经发展了的，恰好相反，是刚刚从资本主义社会中产生出来的，因此它在各方面，在经济、道德和精神方面都还带着它脱胎出来的那个旧社会的痕迹。

马克思：《哥达纲领批判》，

《马克思恩格斯全集》第 19 卷第 21 页。

在资本主义社会和共产主义社会之间，有一个从前者变为后者的革命转变时期。同这个时期相适应的也有一个政治上的过渡时期，这个时期的国家只能是无产阶级的革命专政。

马克思：《哥达纲领批判》，

《马克思恩格斯全集》第 19 卷第 31 页。

否认国家政权必要性的人叫做无政府主义者，而我们说，国家政权不仅对目前俄国来说是必要的，而且对任何一个直接向社会主义过渡的国家来说也是必要的。最强固的政权是绝对必要的。我们只希望这个政权完完全全掌握在多数工兵农代表手里。这就是我们与其他政党不同的地方。

列宁：《全俄农民第一次代表大会》，

《列宁全集》（第 1 版）第 24 卷第 450 页。

这个刚刚从资本主义脱胎出来的在各方面还带有旧社会痕迹的共产主义社会，马克思称之为共产主义社会的"第一"阶段或低级阶段。

列宁：《国家与革命》，
《列宁全集》（第1版）第25卷第451页。

在资本主义和共产主义中间隔着一个过渡时期，这在理论上是毫无疑义的。这个过渡时期不能不兼有这两种社会经济结构的特点或特征。这个过渡时期不能不是衰亡着的资本主义与生长着的共产主义彼此斗争的时期，换句话说，就是已被打败但还未被消灭的资本主义和已经诞生但还非常脆弱的共产主义彼此斗争的具有这种过渡时期特点的整个历史时代的必然性，不仅对马克思主义者来说，而且对任何一个有学识的，多少懂得一点发展论的人来说，都是非常清楚的。

列宁：《无产阶级专政时代的经济和政治》，
《列宁全集》（第1版）第30卷第87～88页。

在社会生活急遽过渡和急遽转变的时候，最困难的事情就是要估计到各种过渡的特点。在资本主义社会中社会主义者应怎样进行斗争，这并不是困难的任务，并且它早已解决了。怎样想象出一个发达的社会主义社会，这也不困难。这个任务也已经解决了。但是，怎样具体地从旧的、习惯了的、大家都熟悉的资本主义过渡到新的、还没有长出来的、还没有稳固基础的社会主义，却是一个最困难的任务。这一过渡在好的情况下也得要许多年。在这一时期内，我们的政策又要照顾到许多更小的过渡。我们担负的任务的全部困难、政策的全部困难和政策的全部艺术，就在要估计到每一种这样的过渡的特殊任务。

列宁：《关于全俄中央执行委员会和人民委员会的工作》，
《列宁全集》（第1版）第30卷第299页。

我们在这次大会上必须提出一点作为我们的口号，作为我们不惜任何代价必须实现的主要目标和任务，这就是我们在经过辩论和争论之后，必须比开始辩论和争论的时候更加坚强。……

我们所有的敌人（他们多得数不胜数）在他们那些数不清的外国报刊上，一再重复并扩散我国资产阶级和小资产阶级敌人在苏维埃共和国里散布的流言蜚语，他们说：有辩论就有争执，有争执就有纠纷，有纠纷共产党人就会削弱，所以要抓住时机，趁他们削弱的时候压他们一下！这已经成了我们敌人的口号。对此我们一刻也不应当忘记。……

我们要在党代表大会上，对大家提出来辩论过的数量极多的纲领和各种各样的细微的、极细微的、微乎其微的分歧意见都认真地审查一遍，然后对自己说：不管我们过去辩论得怎样激烈，不管我们曾经争论得怎样面红耳赤，现在我们面对这么多的敌人，在农民国家中实现无产阶级专政这一任务又是这么繁重而艰巨，如果我们只是在形式上比过去团结一致，——大家出席这次代表大会就证明是这样的——那是不够的，我们不仅要在形式上比过去团结一致，而且再也不能有一点派别活动了，不管过去派别活动表现在哪里，表现得怎么样，也要使派别活动完全绝迹。

> 列宁：《俄共（布）第十次代表大会文献》，
> 《列宁全集》第 41 卷第 3 页。

从资本主义过渡到共产主义是一整个历史时代。只要这个时代没有结束，剥削者就必然存着复辟希望，并把这种希望变为复辟尝试。被推翻的剥削者不曾料到自己会被推翻，他们不相信这一点，不愿想到这一点，所以他们在遭到第一次严重失败以后，就以十倍的努力、疯狂的热情、百倍的仇恨投入战斗，为恢复他们被夺去的"天堂"、为他们的家庭而斗争，他们的家庭从前过着那么甜蜜的生活，现在却被"平凡的贱民"弄得破产和贫困（或者只好从事"平凡的"劳动……）。而跟着剥削者资本家走的，还有广大的小资产阶级群众。世界各国几十年来的历史经验证明，小资产阶级总是犹豫不决，动摇不定，今天跟着无产阶级走，明天又因革命遭到困难而害怕起来，因工人遭受初次失败或挫折而张皇失措，他们心慌意乱，东奔西跑，叫苦连天，从这个营垒跑到那个营垒……就象我国的孟什维克和社会革命党人那样。

> 列宁：《无产阶级革命和叛徒考茨基》，
> 《列宁全集》第 35 卷第 255 页。

（3）绝大多数人的民主和对少数人的专政

工兵农代表苏维埃之所以特别可贵，就是因为它是一个无比高级的、无比民主的国家机构的新类型。

> 列宁：《革命的一个根本问题》，
> 《列宁全集》（第 1 版）第 25 卷第 360 页。

苏维埃所以是最高的民主制形式和类型，正因为它把工农群众联合起来，吸引他们参与政治，它是最接近"人民"（指马克思在 1871 年谈到真正人民革命时所说的"人民"的含义）、最灵敏地反映群众在政治上阶级上的成熟发展到什么程度的晴雨表。

> 列宁：《无产阶级革命和叛徒考茨基》，
> 《列宁全集》第 35 卷第 302 页。

苏维埃民主制，目前具体实施的无产阶级民主制的社会主义性质就在于：第一，选举人是劳动者被剥削劳动群众，没有资产阶级；第二，废除了选举上一切官僚主义形式的手续和限制，群众自己决定选举的程序和日期，选举人有撤销被选举人的完全自由；第三，建立了劳动者先锋队的、即大工业无产阶级的最优良的群众组织，这种组织使劳动者先锋队能够领导最广大的被剥削群众，吸收他们参加独立的政治生活，根据他们亲身的体验对他们进行政治教育，——因而是空前第一次使真正的全体人民都学习管理国家，并且开始管理国家。

这就是在俄国实行的民主制的主要特征，这种民主制是更高类型的民主制，与资产阶级所歪曲的民主制绝对不同，这是过渡到社会主义的民主制，是过渡到使国家能开始消亡的条件。

> 列宁：《苏维埃政权的当前任务》，
> 《列宁全集》（第 1 版）第 27 卷第 250 页。

我们有苏维埃政权这种新型的国家；我们力图描述它的任务和结构，力图说明为什么这是新型的民主（虽然在内部还有很多混乱和奇奇怪怪的情况），什么是它的灵魂——也就是政权转归劳动者，消灭剥削和镇压机构。国家是镇压机构。必须镇压剥削者，但是，用警察是镇压不了他们的，只有有群众自己才能镇压他们，这种机构应该像苏维埃那样和群众有联系，应该代表群众。

> 列宁：《关于修改党纲和更改党的名称的报告》，
> 《列宁全集》（第 1 版）第 27 卷第 122 页。

资本主义社会里的民主是一种残缺不全的、贫乏的和虚伪的民主，是只供富人、只供少数人享受的民主。无产阶级专政，即向共产主义过渡的时期，将第一次提供人民享受的，大多数人享受的民主，同时对少数即剥削者实行必要的镇压。只有共产主义才能提供真正完全的民主，而民主愈完全，它也就愈迅速地成为不需要的东西，愈迅速地自行消亡。

> 列宁：《国家与革命》，
> 《列宁全集》（第 1 版）第 25 卷第 449 页。

这个力量依靠什么呢？依靠人民群众。这就是新政权同过去一切旧政权的旧机关的基本区别。后者是少数人统治人民、统治工农群众的政权机关。前者则是人民即工人和农民统治少数人，统治一小撮警察暴徒，统治一小撮享有特权的贵族和官僚的政权机关。这就是统治人民的专政同革命人民的专政的区别。

新政权是绝大多数人的专政，它完全是靠广大群众的信任，完全是靠不加限制地、最广泛地、最有力地吸引全体群众参加政权来维持的。

> 列宁：《关于专政问题的历史》，
> 《列宁全集》第 39 卷第 378 页。

无产阶级专政就是对资产阶级即对少数居民实行镇压，同时，它又充分发扬民主，也就是使全体居民群众真正平等地、真正普遍地参与一切国家事务，参加对消灭资本主义的一切复杂问题的处理。

> 列宁：《答皮·基也夫斯基（尤·皮达可夫）》，
> 《列宁全集》（第 1 版）第 23 卷第 14 页。

在我国，无产阶级专政又叫作人民民主专政。

毛泽东在《关于正确处理人民内部矛盾的问题》里说：我们的国家是工人阶级领导的以工农联盟为基础的人民民主专政的国家。这个专政是干什么的呢？

专政的第一个作用，就是压迫国家内部的反动阶级、反动派和反抗社会主义革命的剥削者，压迫那些对于社会主义建设的破坏者，就是为了解决国内敌我之间的矛盾。例如逮捕某些反革命分子并且将他们判罪，在一个时期内不给地主阶级分子和官僚资产阶级分子以选举权，不给他们发表言论的自由权利，都是属于专政的范围。为了维护社会秩序和广大人民的利益，对于那些盗窃犯，诈骗犯、杀人放火犯、流氓集团和各种严重破坏社会秩序的坏分子，也必须实行专政。专政还有第二个作用，就是防御国家外部敌人的颠覆活动和可能的侵略。在这种情况出现的时候，专政就担负着对外解决敌我之间的矛盾的任务。专政的目的是为了保卫全体人民进行和平劳动，将我国建设成为一个具有现代工业、现代农业和现代科学文化的社会主义国家。谁来行使专政呢？当然是工人阶级在它领导下的人民。专政的制度不适用于人民内部。人民自己不能向自己专政，不能由一部分人民去压迫另一部分人民。人民中间的犯法分子也要受到法律的制裁，但是，这和压迫人民的敌人的专政是有原则有区别的。在人民内部是实行民主集中制。我们的宪法规定：中华人民共和国公民有言论、出版、集会、结社、游行、示威、宗教信仰等等自由。我们的宪法又规定，国家机关实行民主集中制，国家机关必须依靠人民群众，国家机关工作人员必须为人民服务。

我们的这个社会主义的民主是任何资产阶级国家所不可能有的最广大的民主。我们的专政，叫作工人阶级领导的以工农联盟为基础的人民民主专政。这就表明，在人民内部实行民主制度，而由工人阶级团结全体有公民权的人民，首先是农民，向着反动阶级、反动派和反抗社会主义改造和社会主义建设的分子实行专政。所谓有公民权，在政治方面，就是说有自由和民主的权利。

第五部分

法的意识形态性——法律观

社会意识总是由一定的形式表现出来。社会意识的表现形式，就是意识形态。法律观是关于反映统治阶级意志的意识形态，具有相对独立性。

马克思有这样的思想："我们所需研究的是人类史，因为几乎整个意识形态不是曲解人类史，就是完全排除人类史。意识形态本身只不过是人类史的一个方面"。马克思和恩格斯在《德志意识形态》的一般意识形态、德意志意识形态部分里，论述了①历史、关于意识的生产；②意识形态的现实基础，交往和生产力、国家和所有的关系、自然产生的和由文明创造的生产工具与所有制形式；③交往形式本身的生产。很显然，在马克思和恩格斯的论述中，意识形态是一个一般概念，不存在它是好的东西或坏的东西问题。

自列宁之后，西方马克思主义的代表人物格奥尔格·卢卡奇（Ceorg Lukaes）、卡尔·柯尔施（korsch kar）把意识形态同资产阶级的思想斗争联系起来阐释。这种阐释只能说明意识形态范畴本身的阶级专属性，不能说明意识形态的社会属性和阶级属性的类别。只是在分类学上，作为总合性概念的意识形态，可分为资本主义意识形态、社会主义意识形态等。意识形态同资本主义意识形态、社会主义意识形态在逻辑上是从属关系，是不能相互替代的。

然而，当今一些人对使用"意识形态"范畴迷惑不解，乃至被弄得混乱不堪。"普世主义意识形态"认为，意识形态是普世的或普适的。世界上没有普世的意识形态。普世主义的根本错误在于，抽掉了意识形态的主体性和具体化谈论意识形态。一位经典作家说过大致这样的话：谁看见过狗？谁都没有看见过狗。人们看见的是张家的狗、李家的狗，黄狗、黑狗。这种精致的唯物辩证法，完全可以应用到对意识形态的分析。在"普世主义"论者那里，意识形态是先验的、抽象的形式。然而，意识形态是社会的、时代的产物，而且以时间、地点为转移。我们分析意识形态，就是要分析它的主体性和具体化。离开了"主体性""具体化"，就离开了范畴、概念本身。

西方学者抛弃意识形态范畴的一般性共识，把意识形态政治化，专门指社会主义思想，乃至在社会科学领域推行"去意识形态化"。这是有特殊背景的。苏东解体后，西方资产阶级认为，社会主义、共产主义彻底崩溃，任何一种决心挑战本主义的政治潮流失去了斗志、失去了方向，随着陷入对社会主义的彻底怀疑，意识形态也宣告终结。西方学者把意识形态同政治直接等同起来，把意识形态同社会主义意识形态直接等同起来，因而所谓"去意识形态化"，就是去政治化、去社会主义意识形态化。这实际上本身就是政治，就是资本主义意识形态。在我国，一些人按照西方学者的理解，否定和取消法学的意识形态性，搞"纯粹法学"，反对所谓马克思主义法学的"政治思想统治"和"话语霸权"。

在明了上述意识形态范畴的一般性共识和背景之后，认识法的意识形态性就很容易了。

一、法律观是一种意识形态形式

大体上说，在人类社会生活中，作为观念形态的意识形态，包括政治观、法律观、道德观、艺术观、科学观、哲学观、宗教观等。这些观念的总和，便构成一定的意识形态。政治观是阶级统治作为第一支配人的意识形态；道德观依靠社会舆论的力量，以正义和非正义、公正和偏私、诚实和虚伪等原则评价人和人的行为的意识形态；艺术观是以文学和艺术作品反映社会生活的意识形态；科学观是以自然科学和社会科学表达理论形式的意识形态；哲学观是以世界观和方法论反映世界的意识形态；宗教观是以反映幻想的颠倒的支配人们日常生活的外部力量的意识形态。

法律观是关于法的总观念，是一种意识形态形式。这种意识形态，是围绕"什么是法"和"法的真谛是什么"展开的。

（一）法学是关于法律观的学说

1. 对法和法现象的总看法和根本观点

法学是关于法律观的学说。法律观是人们对于整个法和法现象的总看法和根本观点。人们开始是对个别法现象的具体认识和看法，如对各类现行立法、法律行为、法律事件、法律权利和法律义务等的看法，随着认识的深入，对法的本质和整体形成了一个总的看法和根本的观点，这就是法律观。对法律观进行概括和总结，使之形成系统化的、理论化的思想体系，就是法学。

在社会各种各样的法律观中，统治阶级的法律观居于主导地位。这是因为法律法规、法学理论，都是按照统治阶级的法律观制定和表现出来的。统治阶级的法律观具有指导性和引领性，对于整个社会的法律意识有决定性影响。

任何法律观都是社会的、历史的。社会条件是法律观形成的基础。不同的历史时期，有不同的法律观。

"法律观"术语是经典作家提出的，不是后人加上去的。

到十七世纪时宗教的旗帜最后一次在英国飘扬，过了不到五十年，新的世界观就不带任何掩饰地在法国出现了，这就是法学世界观，它应当成为资产阶级的经典世界观。

它是神学世界观的世俗化。代替教条和神权的是人权，代替教会的是国家。以前，经济关系和社会关系是由教会批准的，因此曾被认为是教会和教条所创造的，而现在这些关系则被认为是以权利为根据并由国家创造的。由于达到社会规模并且得到充分发展的商品交换产生了（尤其是由于预付和信贷制度）复杂的契约关系，从而要求只能由社会提供的公认的规章亦即国家规定的法律准则，于是人们以为，这些法律准则不是从经济事实中产生的，而是由国家正式规定的。由于竞争——这个自由商品生产者的基本交往形式——是平等化的最大创造者，因此法律面前的平等便成了资产阶级的决战口号。这个新的上升的阶级反对封建主和当时保护他们的君主专制的斗争，像一切阶级斗争那样，应当是政治斗争，是争取占有国家的斗争，应当为了法权要求而进行，——就是这一事实，促进了法学世界观的确立。

但是资产阶级产生了自己的对立物——无产阶级，跟着又引起了新的阶级斗争，这个斗争在资产阶级最终夺得政权之前就已爆发了。正如资产阶级在反对贵族的斗争中一度按照传统抱有神学世界观一样，无产阶级起初也从敌人那里学会了法学的思维方式，并从中寻找反对资产阶级的武器。

恩格斯：《法学家的社会主义》，

《马克思恩格斯全集》第21卷第546页。

从洛克到李嘉图的一般法律观念都是小资产阶级所有制的观念，而他们所阐述的生产关系则属于资本主义生产方式。使这一点成为可能的是：在这两种形式中买者与卖者的关系在形式上始终是一样的。

马克思：《资本论第一卷手稿其他各章的散页》，

《马克思恩格斯全集》第49卷第144页。

"当我占有某物时，理智立即推想到，不仅我直接占有的东西是我的，而且与此有联系的东西也是我的。实在法必须作出各种规定，因为从概念中已不能进一步作出推断。"（第91页）这是"概念"的异常天真的自白，并且证明这个概念对土地所有权的实际性质"一窍不通"，因为这个概念从一开始就错了，就把一个完全确定的、属于资产阶级社会的、关于土地所有权的法律观念，看作绝对的东西。

马克思：《资本论第三卷》，

《马克思恩格斯全集》第25卷下册第696页。

这种权力的利用，完全取决于不以他们的意志为转移的经济条件。法律观念本身只是说明，土地所有者可以像每个商品所有者处理自己的商品一样去处理土地；并且，这种观念，这种关于土地自由私有权的法律观念，在古代世界，只是在有机的社会秩序解体的时期才出现；在现代世界，只是随着资本主义生产的发展才出现。

马克思：《资本论第三卷》，

《马克思恩格斯全集》第25卷下册第696页。

即使是在英国人这个最尊重法律的民族那里，人民遵守法律的首要条件也是其他权力机关不越出法律的范围；否则，按照英国的法律观念，起义就成为公民的首要义务。

恩格斯：《给"社会民主党人报"读者的告别信》，

《马克思恩格斯全集》第22卷第91页。

最后，号召共和派律师、所有这些克雷米约们、马利们、赖德律－洛兰们、米歇尔们及其他人接受这种思想。据说，他们，这些法律观念的代表们，由于所负的使命，必须在这里开辟一条新的道路。

> 恩格斯：《对蒲鲁东的〈十九世纪革命的总观念〉一书的批判分析》，
> 《马克思恩格斯全集》第 44 卷第 192 页。

不言而喻，两种世界观的斗争还在继续进行；不仅在无产阶级和资产阶级之间进行，而且也在自由思考的工人和仍然受旧传统支配的工人之间进行。整个说来，维护旧世界观的是通常的政治家，他们提出的是通常的论据。但是还有一种所谓的博学的法学家，他们把法学当成一种特有的职业。

> 恩格斯：《法学家的社会主义》，
> 《马克思恩格斯全集》第 21 卷第 548 页。

有两个思想世界：一方面是无产阶级的阶级斗争观点，认为在一定的历史时期阶级斗争可以在资产阶级法制的基础上进行，但是阶级斗争不可避免地要导致最后的结局，要导致面对面的搏斗，要面临最后的抉择；或者是"彻底打碎"资产阶级国家，或者是自己被粉碎、被扼杀。另一方面是改良主义者、小资产者的观点，他们只见树木不见森林，只见虚有其表的立宪法制，不见残酷的阶级斗争，呆在某个小国的穷乡僻壤，忘记了当代伟大的历史问题。

> 列宁：《两个世界》，
> 《列宁全集》第 20 卷第 12 页。

经典作家认为，法律观是世界观的组成部分。而且，法学世界观，成为统治阶级的经典世界观。以资产阶级法学世界观为指导制定出来的法律，一定是资本主义的法律，审判案件的结果，一定是有利于资产阶级的结果。这样的立法和司法，将影响整个社会。这就是法学世界观成为"经典世界观"的含义所在。

法律观对于世界观如此重要，使我们不能不注重法律观问题，不能不注重法律观的正确与否和国家与法的命运的关系。

2. 具体法律观点

法律观是通过具体法律观点表现出来的，或者说，具体法律观点不能脱离法律观。任何具体法律观点，都表现了一定法律观。

经典作家下面的论述，是关于具体法律观点的论述。

王室国家检察官德朗克曼提出了以下新得出奇的盗窃理论，他声称：

"这些文件是否盗窃来的，这个问题可以暂且撇开不谈；从对被告判罪的观点来看，这没有意义。即使文件确实偷来的，那末对于用这种办法弄到文件的警务官员，从法律观点来说也不能指控为偷窃，至多只能说行为不道德。法律上的盗窃，需具备恶意欺骗性质，但这不适用于被迫让人去进行这种偷窃的警务官员，因为他们不是为了个人的好处，而是为了国家利益。"

《马克思致卡·济贝耳》，

《马克思恩格斯全集》第30卷下册第535页。

亨奈耳的演说从法律方面来说是最好的一篇。他指出，要求公民不仅在外表上，而且从内心里服从法律是荒谬的。这种要求意味着，仅仅是某种意图和公开说出这种意图，就被认为是犯罪，犯罪者就可以被宣布为处于法律保护之外。这种要求表明，资产阶级的一切法律观点在德国被践踏到何等地步——诚然，在那里只有资产阶级反对派才承认这些法律观点；实际上，经常起作用的是警察国家的无法制状态，而这种状态在其他国家只能以隐蔽的形式出现，并被看作是一种暴力行动（当然，爱尔兰除外）。

《恩格斯致奥·倍倍尔》，

《马克思恩格斯全集》第36卷第463~464页。

如果控告是引用刑法典第六十条，那就需要证明被告们是有意诽谤议员们，而检察机关却根本不打算举出这种证明。然而，这个宣言并不包含从法律观点来看的任何诽谤，其中没有任何事实足以成为对议员们实行司法追究或使他们受憎恨和鄙视的根据；宣言所表达的只是对关于休战的决议的批评。

马克思：《关于诽谤德国国民议会议员的审判案》，

《马克思恩格斯全集》第43卷第529页。

欧伦堡所鼓吹的是掌权者对正在经历着"和平阶段"的发展的暴力反动，而且这种反动，其目的是要防止以后（起自新兴社会阶级）的"暴力"冲突；这是暴力反革命对事实上的"和平"发展的战争叫嚣。实际上政府是企图以暴力镇压它所不喜欢的、而从法律观点是无懈可击的发展。这就必然要产生暴力革命。

马克思：《帝国国会关于反社会党人法的辩论》，

《马克思恩格斯全集》第45卷第195页。

几乎任何的离婚都是家庭的离散，就是纯粹从法律观点看来，子女及其财产也不能按照随心所欲的意愿和臆想来处理。如果婚姻不是家庭的基础，那么它也就会像友谊一样，不是立法的对象了。

马克思：《论离婚法草案》，

《马克思恩格斯全集》第1卷第347页。

蒲鲁东还说出下面这样一种想法："罗马的野心通过万民法（droitdes gens）而合法化了。"证明奴役法的这种方式完全符合罗马人的法律观点。

马克思恩格斯：《神圣家族》，

《马克思恩格斯全集》第2卷第36页。

保护弗·察贝尔以对抗我的合理报复，只是因为弗·察贝尔"简单地引证了"自己的诽谤。上诉法院说：不论是引证的或者不是引证的，从法律观点来看，侮辱荣誉都应受惩罚；但是它否认察贝尔的社论中有侮辱荣誉的话——引证的或者不是引证的、侮辱我个人的话。

马克思：《福格特先生》，

《马克思恩格斯全集》第 14 卷第 713 页。

鉴于我所追求的实际目的，我不想麻烦阁下再听我叙述这三个从法律观点来说是无可非议的论点，我同意，在我上一次呈文的末尾已向阁下陈述的那种意义上，照阁下所说，并通过重新入籍的手续，接受我的和我必须维护的权利。

马克思：《给警察总监冯·策德利茨的信》，

《马克思恩格斯全集》第 15 卷第 684 页。

从法律观点看来，似乎是不许可把共和国的要求直接写到纲领里去的，虽然这在法国甚至在路易·菲力浦统治下都可以办到，而在意大利甚至到今天也可以办到。

恩格斯：《1891 年社会民主党纲领草案批判》，

《马克思恩格斯全集》第 2 卷第 75 页。

资本家也由此节省了机器的维持费用。这种费用是由工人用自己的身体来支付的，这是资本自我维持的秘密之一。事实上，这些秘密构成工人对于机器的法律要求权，甚至从资产阶级的法律观点看，也使工人成为机器的共有者。

马克思：《资本论第二卷》，

《马克思恩格斯全集》第 24 卷第 194 页。

马克思在《关于诽谤德国国民议会议员的审判案》里，"如果控告是引用刑法典第六十条，那就需要证明被告们是有意诽谤议员们，而检察机关却根本不打算举出这种证明"的案件，是 1849 年 5 月 9 日由科伦王国地方违警法庭审判庭审理了诽谤德国国民议会议员的案件。传讯作家、报社编辑、印刷厂厂主、报刊发行负责人、印刷厂排字工人、见习法官等人，到法庭受审。其中 4 人出庭，其他人缺席审理。检察机关代表国家检察官伯林陈述了犯罪的要点，引用钦定宪法第 25 条第 26 条、莱茵刑法典第 60 条，企图证明他对被指控的文章负有责任。指控被告人有罪。代理律师法伊弗尔作了无罪辩护。

马克思在《帝国国会关于反社会党人法的辩论》里，说"但是'和平的'运动一遇到同旧秩序利害相关的人的反抗，仍然会变成'暴力的'"，是指当时的俾斯麦政府正是"企图以暴力镇压它所不喜欢的、而从法律观点是无懈可击的发展。这就必然要产生暴力革命"。马克思在揭露俾斯麦政府利用谋刺皇帝事件诬陷德国社会民主党时，强调指出无产阶级政党同无政府主义分子毫无共同之点，并对无政府主义进行斗争。

（二）两种法律观

1. 唯物主义的辩证法的法律观

唯物主义是在人们社会实践的基础之上产生和发展起来的。人类在长期实践中，认识到主观意志性的东西，只有符合客观实际，才能达到预期目的。法是主观意志性的东西，为了解释法和法现象，论证法律要求的合理性，就必须用唯物主义来认识客观社会条件与法的关系。这是马克思主义法学的基本要求。

唯物主义经历了朴素唯物主义、形而上学唯物主义几个历史时期，只有与大机器工业连在一起的历史唯物主义和辩证唯物主义才是真正科学的唯物主义。历史唯物主义和辩证唯物主义是马克思和恩格斯创立的。

辩证法，是客观世界发展变化的规律性和法的发展变化的规律性在人们头脑中全面真实反映的法律观。同古代自发的辩证法、18世纪末到19世纪初以黑格尔为代表的唯心主义辩证法不同，在大机器工业时代，马克思和恩格斯创立的唯物辩证法，真正揭示了自然、社会和人类思维发展的普遍规律。列宁在《唯物主义和经验批判主义》中指出，辩证唯物主义和历史唯物主义有机地结合起来，是"比以往一切形式的唯物主义丰富得不可估量和彻底得无可比拟的现代唯物主义"。马克思主义法律辩证法，是具有真正科学性质的唯物辩证法。

如果说，我们的法律的、哲学的和宗教的观念，都是在一定社会内占统治地位的经济关系的或近或远的枝叶，那末，这些观念终究抵抗不住因这种经济关系完全改变而产生的影响。除非我们相信超自然的奇迹，否则，我们就必须承认，任何宗教教义都不足以支持一个摇摇欲坠的社会。

马克思：《资本论第一卷"社会主义从空想到科学的发展"英文版导言》，
《马克思恩格斯全集》第22卷第360页。

无产阶级的第一批政党组织，以及它们的理论代表都是完全站在法学的"权利基础"之上的，只不过他们为自己奠立的"权利基础"和资产阶级的"权利基础"不同而已。一方面，就法律平等必用社会平等做补充这一点而言，平等的要求是扩大了；另一方面，从亚当.斯密的论点——劳动是一切财富的源泉，但劳动产品必须从劳动者手中分给地主和资本家共享——中得出了一个结论：这种分配是不正义的，必须彻底废除，或者至少把它改变得有利于劳动者。但是早期社会主义者中最杰出的思想家——圣西门、傅立叶和欧文——就已感觉到，在这个问题上如果单纯停留在法学的"权利基础"上，就不能消除资产阶级－资本主义的生产方式，特别是现代大工业生产方式所造成的灾难，这就使他们完全抛开法学政治领域，并宣称一切政治斗争都是无益的。

要适当表现和全面概括工人阶级因其经济状况而产生的求解放的愿望，上面两种见解都同样是不恰当的。平等的要求也好，十足劳动收入的要求也好，当需要从法学上来具体表述它们的时候，都会陷入无法解决的矛盾，而且问题的实质，即生产方式的改造，则多少没有被触及。伟大的空想主义者放弃了政治斗争同时就是放弃了阶级斗争，也就是放弃了他们捍卫其利益的那个阶级的唯一可能的活动方式。两种观点都脱离了它们赖以存在的历史背景；双方都诉诸感情；一方诉诸正义感，另一方诉诸人性感。双方都给自己的要求披上虔诚愿望的外衣，至于这些要求为什么恰恰应当在现在而不是在一千年以前或一千年以后实现，那是无法说的。

工人阶级由于封建主义的生产方式转变为资本主义的生产方式而被剥夺了生产资料的任何所有权，由于资本主义生产方式的机制而一代传一代地处于这种毫无财产的状态，他们是不能在资产阶级的法学幻影中充分表达自己生活状况的。只有当工人阶级不是带着有色的法学眼镜，而是如实地观察事物的时候，它才能亲自彻底认清自己的生活状况。在这方面马克思的唯物史观帮助了工人阶级，他证明：人们的一切法律、政治、哲学、宗教等等观念归根结蒂都是从他们的经济生活条件、从他们的生产方式和产品交换方式中引导出来的。由此便产生了适合于无产阶级的生活条件和斗争条件的世界观；和工人无财产相适应的只能是他们头脑中无幻想。现在这个无产阶级的世界观正在全球环行。

不言而喻，两种世界观的斗争还在继续进行；不仅在无产阶级和资产阶级之间进行，而且也在自由思考的工人和仍然受旧传统支配的工人之间进行。整个说来，维护旧世界观的是通常的政治家，他们提出的是通常的论据。但是还有一种所谓的博学的法学家，他们把法学当成一种特有的职业。

迄今为止，这班先生们都妄自尊大，不屑于研究工人运动的理论方面。因此，当终于有一位真正的法学教授安东·门格尔博士先生肯屈尊从"法哲学"的观点来"教条地详尽阐述"社会主义史的时候，我们真应当感谢不尽。

恩格斯：《法学家的社会主义》，
《马克思恩格斯全集》第 21 卷第 546～549 页。

事实上，社会主义者在此以前都误入歧途了。他们恰恰忽略了最重要的东西。"只有当社会主义思想从关于人民经济和慈善事业的无尽无休的议论中净化出来……变成清醒的法权概念"（第 111 页）的时候，只有当一切"国民经济的装饰物"（第 37 页）都被抛弃的时候，才能着手解决"当代法哲学最重要的任务，即社会主义的法学改造"。然而，在"社会主义思想"中谈的恰好就是人民经济关系，首先是雇佣劳动与资本之间的关系，这里关于人民经济的议论显然不单单是应予抛弃的纯粹"装饰物"。况且，经济学还是一门所谓的科学，而且比法哲学还要科学一些，因为它研究的是事实，而不像法哲学那样，单纯研究观念。但是对于职业法学家说来，这完全无所谓。经济研究在他看来跟慈善演说的价值一样。Fiat justitia, pereat mundus.〔只要法律得胜，哪怕世界毁灭。〕

其次，马克思的"国民经济的装饰物"——这是我们的法学家最厌恶的东西——不单纯是经济研究。它本质上是历史的。它表明了从中世纪的封建主义生产方式起到今天发达的资本主义生产方式止的社会发展进程，表明了旧有各阶级和阶级对立的消失，以及具有新的对立利益的新阶级的形成，这种对立的利益除了表现在其他方面外还表现在新的法权要求中。关于这一点我们的法学家似乎也有个模糊的概念，因为他在第 37 页上发现，现代的"法哲学……实际上不过是历史上遗留下来的法律程序的反映"，可以把它"称为资产阶级的法哲学"，同它"并列在一起的，是以社会主义为表现形式的无产的人民阶级的法哲学"。

恩格斯：《法学家的社会主义》，

《马克思恩格斯全集》第 21 卷第 549 页。

这些拥有特殊的、与各自的阶级地位相适应的法哲学的"资产者"和"无产的人民阶级"是从哪里来的呢？是从法中来的呢，还是从经济发展中来的呢？马克思曾告诉我们说，各大社会阶级的法的观点都是由它们当前的阶级状况来决定的，难道除此而外，他还说过别的什么吗？门格尔是怎样加入马克思主义者之列的呢？

当我们这位法学大师站在他自己的法权基础上的时候，他就流露出对经济史的蔑视。衰落的罗马帝国是他爱举的例子。他告诉我们说："生产资料从来没有像半个阿非利加行省都归六人所有的时期那样集中过……，劳动阶级的苦难从来没有像几乎每个生产劳动者都是奴隶的时期那样深重过。当时也不乏——尤其在教父们那里——对当时社会状态的激烈批评，这些批评可以和现代最优秀的社会主义文献相媲美，然而在西罗马帝国灭亡后，继之而来的却不是社会主义，而是中世纪的法律程序。"（第 108 页）

这为什么会发生呢？因为"在民族面前没有呈现出一幅鲜明的，不带任何夸张的关于未来状况的图画"。门格尔先生认为，在罗马帝国衰落时期现代社会主义的经济前提就已经存在了，缺少的只是对它的法学表述。因此封建主义便代替了社会主义，而唯物史观则被归结为 ad absurdum！〔荒谬绝伦！〕

衰落的罗马帝国的法学家们如此巧妙地搞出的一套东西，不是封建法，而是罗马法，即商品生产者的社会的法律。

恩格斯：《法学家的社会主义》，

《马克思恩格斯全集》第 21 卷第 549~550 页。

由于依照门格尔先生的假定，法学观念是历史的动力，因此他在这里向罗马的法学家们提出了一个不可思议的要求：他们不应提供当时的罗马社会的法权体系，而应提供恰恰相反的东西，即"鲜明的，不带任何夸张的"关于幻想的社会状况的"图画"。这就是应用于罗马法的门格尔法哲学！然而门格尔断言经济条件还从来没有像罗马历代皇帝时代那样对社会主义有利，这种说法简直荒诞极了。门格尔想驳倒的社会主义者认为，社会主义胜利的保证在于生产本身的发展中，一方面由于工农业中机械化大企业的发展，生产日益社会化，而劳动生产率也大大提高了。这就迫使人们要消灭阶级差别以及把私人企业的商品生产转化成直接由社会来进行并且为了社会而进行的生产。另一方面，现代生产方式产生了一个愈来愈有力量和愈来愈关心使这个发展变成现实的阶级，这个阶级就是自由的劳动无产阶级。

现在试把帝政时期的罗马的情况和这比较一下，当时的罗马无论在工业中或农业中都谈不上有什么大机器生产。当然我们可以看到地产的集中，然而要把这种现象和大企业中的社会化的劳动的发展等同起来，那就只有法学家才能做到。

恩格斯：《法学家的社会主义》，
《马克思恩格斯全集》第 21 卷第 551 页。

教授先生是力求用法哲学的精神来解释社会主义，就是说，把社会主义归结为一些简短的法权公式，社会主义的"基本权利"，人权的十九世纪的新版。先把一个强大运动的历史联系和历史内容取消，好单单给"法哲学"清出地方，然后，这个法哲学又被归结为实际上一钱不值的口号！这的确是费尽心机！这位教授先生发现，全部社会主义在法学上可以归结为三个这样的口号，三个基本权利，这就是：①十足劳动收入权，②生存权，③劳动权。劳动权只是临时性的要求，"初次概括无产阶级各种革命要求的笨拙公式"（马克思语）。因此它与此无关。相反，统治着从巴贝夫起到卡贝和蒲鲁东止的整个法国革命社会主义的平等的要求却被遗忘了。不过门格尔先生未必能从法学上来表述这个要求，尽管或者可能正因为这个要求是以上所提到的一切中最具有法学性质的东西。

恩格斯：《法学家的社会主义》，
《马克思恩格斯全集》第 21 卷第 553~554 页。

马克思也承认剥削，即占有他人劳动产品的暂时的历史正当性；但他同时证明，这种历史的正当性现在不仅消失了，而且剥削不论以什么形式继续保存下去，已经日益愈来愈妨碍而不是促进社会的发展，并使之卷入愈来愈激烈的冲突中。而门格尔把这些有划时代意义的历史研究拖上他的狭小的法学的普罗克拉斯提斯之床的企图，仅仅证明他自己完全不能理解超出狭隘的法学眼界以外的事物。他这样表述的第一号基本权利在马克思那里是绝对不存在的。

科学社会主义不在于发现经济事实，在门格尔看来，在他以前的经济学家已经为此操劳了，而简单地在于宣布这个经济事实是不公平的。这就是门格尔先生的观点。

恩格斯：《法学家的社会主义》，
《马克思恩格斯全集》第 21 卷第 558 页。

如果社会主义者真的如此轻易地看待自己的任务，那他们早就可以休矣，而门格尔先生也就免得因自己的法哲学而丢丑了。但是谁如果企图把世界历史性的运动归结为装在坎肩口袋里的法学口号，谁就会遭到这样的命运。

恩格斯：《法学家的社会主义》，
《马克思恩格斯全集》第 21 卷第 559 页。

既然社会主义运动的目的只有通过对社会发展及其动因的研究才能认识，而不是通过把社会主义思想变成清醒的法学概念才能认识，这全部研究就完全没有意义了。

门格尔先生的智慧归根到底就是声明，社会发展将朝着哪个方向进行，他无法断定，但有一点是无疑的，这就是不应人为地加深"我们今天的社会制度的弊病"（第166页），并且他建议为了使这些"弊病"能继续保存而实行自由贸易，避免继续发行国家和地方公债！

这些建议是门格尔先生的如此大叫大嚷和自我吹嘘的法哲学的全部具体结果！遗憾的是，教授先生没有向我们透露一个秘密：现代的国家和市镇不发行"国家公债和地方公债"如何能办好自己的事务。如果他掌握这个秘密，那就最好不要保守这个秘密。这将会比他在"法哲学"方面的成就更快地给他铺平"向上"攀登大臣位置的道路。

恩格斯：《法学家的社会主义》，

《马克思恩格斯全集》第21卷第567页。

自法产生以来，归根到底，人们的法律观就有唯物主义的法律观和唯心主义的法律观。反映在阶级上，统治阶级是唯心主义的法律观。在当代，法律观基本上只有两家，就是无产阶级的法律观和资产阶级的法律观。无产阶级要按照自己的法律观改造法律世界，资产阶级也要按照自己的法律观改造法律世界。不同阶级的法律观必然表现出来，支配自己阶级的言论和行动，成为本阶级认识法律世界和改造法律世界的向导。

马克思主义法学以前的法学，都是剥削阶级的法学，缺乏科学根据。有的部分正确，部分错误，有的根本错误。因而，有的对法律发展和社会进步起一定的积极促进作用，有的则起阻碍破坏作用。只有马克思主义法学才对法和法现象唯一科学的概括和总结，正确揭示了法学思维和法律发展的普遍规律，是唯一科学的法律观。

唯物主义的辩证法的法律观，是唯一科学的法律观。它是马克思恩格斯和列宁在批判形形色色的法学理论中创建的。在马克思主义法学真理面前，资产阶级学者的"小学生作业水平"的法学理论，早已显露落后的、伪科学的原型。

2. 唯心主义的形而上学的法律观

列宁《谈谈辩证法问题》里指出："哲学唯心主义是把认识的某一个特征、方面、部分片面地、夸大地、发展（膨胀、扩大）为脱离了物质、脱离了自然的、神化了的绝对。""直线性和片面性，死板和僵化，主观主义和主观盲目性就是唯心主义的认识论根源。"很显然，把法的能动作用片面地加以夸大，以至于认为法律可以不受客观的制约而随心所欲地规定一切、决定一切，就会陷入唯心主义泥潭。无论主观唯心主义，还是客观唯心主义，都是造成消极社会后果的立法的认识论原因。

形而上学是一种反辩证法的思维和认识的方法。这里所讲的形而上学，是指脱离具体科学，用纯思辨的方法来阐述经验以外的各种问题，如关于存在的始源，关于世界的实质，关于上帝，关于灵魂，关于意志自由等等。

形而上学也有认识论根源。客观物质世界是一个统一的整体，人们对它的认识不可能一下子完成。因此，为了把握它的一切方面和一切联系，不能不从事物和现象的个别方面入手。

恩格斯在《社会主义从空想到科学的发展》中说："为了认识这些细节，我们不得不把它们从自然的或历史的联系中抽出来，从它们的特性，它们的特殊的原因和结果等等方面来逐个地加以研究。"

把法和法现象个别方面与社会总的发展过程分离开来，孤立起来，看不到法律与各种事物的联系和制约，因而造成形而上学的错误。

绝对主义、相对主义、折衷主义、诡辩论等等，是立法者和法学家形而上学的基本表现。

从认识论说，各种形式的法学形而上学，都是从认识上的片面性造成的。当然，法学上的形而上学并不是没有阶级根源的。

由于全部传说的罗马上古史都被浓厚的黑暗所笼罩，这种黑暗又因后世受过法学教育的著作家们（他们的著作还是我们的材料来源的唯理主义－实用主义的解释和报告）而更加浓厚。

> 恩格斯：《家庭、私有制和国家的起源》，
> 《马克思恩格斯全集》第 21 卷第 146 页。

从亚里士多德的时候起，世界上就充满了大量有些是出色的，有些是胡说八道的学术著作，一齐来研究这个题目：谁应当被赋予政府的权力？但是，在历史上破天荒第一次有一个统治民族（它统治着另一个拥有 15600 万人口和 1368113 平方英里的民族）的贤明立法者的议会，在它的庄严和公开的会议上想来解决这样一个不平常的问题：在这些贤明的立法者中间是谁执掌管理 150000 万人口的异民族的实际权力？在不列颠的贤人议会中，并没有出现能解决这一难题的奥狄浦斯。

> 马克思：《土耳其战争问题。—"纽约论坛报"在下院。—印度的管理》，
> 《马克思恩格斯全集》第 9 卷第 202 页。

事实越是明显地反对政治经济学家的意识形态，政治经济学家就越是热心地起劲地把资本主义以前世界的法权观念和所有权观念应用到这个已经完成的资本世界。

> 马克思：《资本论第一卷》，
> 《马克思恩格斯全集》第 23 卷第 833 页。

现在谈一谈比·约·蒲鲁东的《十九世纪革命的总观念》。当我第一次在信中对你谈到这本书的时候，我只看过该书的摘要，而且还有很多被歪曲的地方。现在我可以把要点寄给你。先说一句：书中批驳卢梭、罗伯斯比尔和"山岳党"等等的地方写得好。用不朽的卢格的话来说，真实过程的力量是这样来的：……

绝对权力很快就被迫否定它自己，并且受法律和制度的限制。法律作为利益的外部表现，像利益本身一样，是数不清的。法律消失在恶无限性当中。法律是从外部强加于我们的桎梏。君主立宪制。非驴非马的无聊东西。普选权。多数人先知般的直觉是荒唐的东西。我既不需要代表，也不需要全权代表！选举、投票，即使全体一致，什么也解决不

了。如果从普选这一点来看，波拿巴倒是一个最适当的人物，等等。纯粹的民主或者直接的民权——这是里廷豪森、孔西得朗和赖德律-洛兰的臆想——几乎是不可能的和荒谬的。这种达到了顶点的国家观念充分表现了它的荒谬性。

《马克思致恩格斯》，

《马克思恩格斯全集》第 27 卷第 316~318 页。

我们现在要谈"真正的社会主义者"的最后一个支派，即柏林派。我们也只是从这一派中提出一个有代表性的人物，即恩斯特·德朗克先生。德朗克先生的才能显示出来了：他以蛇夫，"真正的社会主义"星空里的蛇夫的姿态，高高举起德国警察法这条蟠卷着的巨蟒，把它加工制成"警察故事集"中的许多极有趣的短篇小说。的确，这一套错综复杂的、像蛇一样光滑的法律，蕴藏着可供这类写作之用的无比丰富的材料。在每一节中都隐藏着一部长篇小说，在每一条中都隐藏着一部悲剧。

恩格斯：《"真正的社会主义者"》，

《马克思恩格斯全集》第 3 卷第 679 页。

蒲鲁东先生更不了解，适应自己的物质生产水平而生产出社会关系的人，也生产出各种观念、范畴，即这些社会关系的抽象的、观念的表现。所以，范畴也和它们所表现的关系一样不是永恒的。这是历史的和暂时的产物。而在蒲鲁东先生看来却刚刚相反，抽象、范畴是原始的原因。

《马克思致路德维希·费尔巴哈》，

《马克思恩格斯全集》第 27 卷第 484 页。

蒲鲁东的全部学说，都是建立在从经济现实向法律空话的这种救命的跳跃上的。每当勇敢的蒲鲁东看不出各种现象间的经济联系时——这是他在一切重大问题上都要遇到的情况，——他就逃到法权领域中去求助于永恒公平。

"蒲鲁东先从与商品生产相适应的法权关系中提取他的永恒公平的理想。顺便说一下，这就给一切庸人提供了一个使他们感到宽慰的论据，说商品生产形式像公平一样也是永恒的。然后，他反过来又想按照这种理想来改造现实的商品生产和与之相适应的现实的法权。"

恩格斯：《论住宅问题》，

《马克思恩格斯全集》第 18 卷第 242 页。

我们那位蒲鲁东主义者并不比他的老师高明些："租赁合同在现代社会生活中，就像血液循环在动物身体中一样，是必要的千百种交易之一。当然，使这一切交易都渗透着法权观念，即到处都按照严格的公平要求来进行，是有利于社会的。总之，社会的经济生活，应该像蒲鲁东所说的那样提到经济法权的高度。而实际上，大家都知道，情况恰好相反。"

　　马克思正是从这个有决定意义的方面极其扼要而精确地描述了蒲鲁东主义，难道资本主义生产方式不是"渗透着法权观念"，即自己有剥削工人的特权的观念吗？如果作者向我们声明这不是他的法权观念，难道我们就会前进一步吗？

恩格斯：《论住宅问题》，

《马克思恩格斯全集》第 18 卷第 243 页。

　　蒲鲁东从他的法学观点出发不是用社会生产的条件，而是用一般体现着这些条件的国家法律来解释利率以及一切经济现象。从这个同任何关于国家法律和社会生产条件有联系的概念格格不入的观点看来，这些国家法律就必然完全是任意的命令，随时能够顺利地用一些直接相反的命令来代替。因此，在蒲鲁东看来，最容易不过的就是颁布法令——如果他拥有这种权力的话——把利率降低为一厘。可是，如果其他一切社会条件照旧不变，蒲鲁东的这个法令也就只是一纸空文了。不管颁布怎样的法令，利率照旧将由现在支配它的经济规律来调节。能得到信用的人还会像以前那样依照情况按二厘、三厘、四厘和更高的利率借钱，不同的地方只是食利者会非常谨慎，只把金钱借给那些不会弄出讼案来的人。况且，这种使资本失去"生产率"的伟大计划来源极其久远，它同目的正是要限制利率的高利贷法一样古老，然而这些高利贷法现在到处都已经清除，因为实际上它们经常被破坏或规避，而国家不得不承认自己对社会生产规律无能为力。而现在只要恢复这些无法执行的中世纪法律，居然就可以"把资本生产率的双角握住加以驯服"！读者由此可以看到，愈是深入地考察蒲鲁东主义，就愈能看出它的反动性。

恩格斯：《论住宅问题》，

《马克思恩格斯全集》第 18 卷第 254～285 页。

　　米尔柏格对于我说他是蒲鲁东主义者这点特别感到冤屈，他断言他根本不是蒲鲁东主义者。我当然应该相信他才好；不过，我还是要提出证据来证明，这些论文——这里讲的也只是这些论文——中除了十足的蒲鲁东主义以外，没有别的东西。

恩格斯：《论住宅问题》，

《马克思恩格斯全集》第 18 卷第 296 页。

　　米尔柏格要求社会应当渗透着法权观念，并且把这叫做描述。如果法庭派一个法院执行吏来命令我偿还一笔债务，那末照米尔柏格看来，法庭所做的无非是把我描述为一个欠债未还的人！描述是一回事，要求则是另一回事。德国科学社会主义与蒲鲁东之间的主要区别正好就在这里。我们描述——而真实描述某一事物，与米尔柏格的说法相反，同时也就是说明这一事物，——我们描述经济关系，描述这些关系如何存在和如何发展，并且严格地从经济学上来证明这些关系的发展同时就是社会革命各种因素的发展：一方面是被本身的生活条件必然引向社会革命的那个阶级即无产阶级的发展，另一方面是生产力的发展，生产力一发展到超出资本主义社会范围时就必然要把它爆破，同时这些生产力又提供了为了社会进步本身而一举永远消灭阶级差别的可能性。相反，蒲鲁东则要求现代社会不是依照本身经济发展的规律，而是依照公平的规定（"法权观念"不是他的而是米尔柏格的东西）来改造自己。

恩格斯：《论住宅问题》，
《马克思恩格斯全集》第18卷第305页。

米尔柏格大概以为"蒲鲁东在德国几乎完全不为人知道"吧。蒲鲁东在其一切著作中都用"公平"的标准来衡量一切社会的、法权的、政治的、宗教的原理，他摒弃或承认这些原理是以它们是否符合他所谓的"公平"为依据的。在他的"经济矛盾"中，这个公平还被称为"永恒公平"，justice éternelle。后来永恒性就不再提起了，但实质上还是保存着。例如，在1858年出版的"论革命中和教会中的公平"这一著作中，下面的一段就表现着这整整三卷说教的内容（第1卷第42页）："各社会中的基本原则，有机的、统治的、最高主权的原则，支配其他一切原则的原则，指导、保护、排斥、惩戒、在必要时甚至镇压一切叛乱因素的原则究竟是什么呢？是宗教、理想、利益吗？……这个原则在我看来就是公平。什么是公平呢？这就是人类自身的本质。从世界创始以来，它曾是什么呢？曾是虚无。它将来应当是什么呢？应当是一切。"

恩格斯：《论住宅问题》，
《马克思恩格斯全集》第18卷第306页。

靠杜巴索夫之流养活的、拿学术做交易的立宪民主党教授们（如立宪民主党中央委员会的委员和杜马的候选人基泽韦捷尔先生），竟把"专政"译成"强化的警卫"！"学术界人士"为了贬低革命斗争的意义，竟不惜歪曲自己在中学里学的拉丁文。专政就是（请基泽韦捷尔、司徒卢威、伊兹哥耶夫之流的先生们永远记住）不受限制的、依靠强力而不是依靠法律的政权。在国内战争时期，任何获得胜利的政权都只能是一种专政。但是问题在于，有少数人对多数人的专政，一小撮警察对人民的专政，也有绝大多数人民对一小撮暴徒、强盗和人民政权篡夺者的专政。立宪民主党人先生们在右派无法无天地横行肆虐、卑鄙无耻地使用暴力的时代，庸俗地歪曲专政这个科学概念，哭哭啼啼地反对左派使用暴力，这就非常明显地表明了"妥协主义者"在激烈的革命斗争中站的是什么立场。

列宁：《立宪民主党人的胜利和工人政党的任务》，
《列宁全集》第12卷第258页。

绝对主义割裂法律的绝对和相对的联系，片面强调法律相对稳定的一面，否定绝对变化的一面，以维护某种立法的永恒性。相对主义则同绝对主义相反，认为一切法律的变化没有质的界限。折衷主义貌似公允，对不同社会形态的立法不加区别地混合在一起，片面强调法的趋同性，把两种根本不相容的法律无原则地、对等的综合起来。诡辩论，是打着辩证法旗号的形而上学。诡辩论对于一切立法和法学理论，以"我的需要"为转移。凡是符合"我的需要"的，奉为"良法"，抄来实施；凡是不符合"我的需要"的，称为"恶法"，加以鞭挞、抛弃。任意歪曲辩证法，否定了法的客观评价标准。有人说"司法独立是辩证唯物主义的表现"，把只属于资本主义的司法独立冠以"辩证唯物主义"的帽子；有人说"法的概念随着政治形势的变化而改变，过几年概念就要变一次"，这是典型的诡辩论。在某种社会条件下，法的内容可能有所变动，但法的"概念"的内容是长期形成的相对稳定的东西，是不能说变就变的。这类诡辩论真是"一条鱼腥了一锅汤"。难怪人们讥讽说："法学没有理论"。

如果法学领域的唯心主义和形而上学盛行，法学的科学性就是一句空话。

二、法学家的法律观

法学家的法律观是复杂的。法学家群体存在各种各样的法律观。但法和法学理论是有阶级性的，法律观也是有阶级性的。法学家不能创造出"超阶级"的独立的思想体系。因此，归根结底，法学家的法律观是阶级的法律观。资本主义时代以来，社会关系简单化了，集中表现为资产阶级和无产阶级两个阶级和两种思想的斗争。一个法学家，或者是资产阶级的和资本主义的思想体系，或者是无产阶级的和社会主义的思想体系。这里中间的东西是没有的。

阶级分析，是对法学家法律观进行理论分析的中心线索。从法律观的千头万绪理出头绪来，只有依靠阶级分析。这是必须肯定的。但不能对阶级分析做简单化理解，不能以为把法学思想贴上阶级的标签，便万事大吉。具体问题具体分析，是马克思主义的灵魂。经典作家深入分析法学家法律观形成的背景，在对属于分工的特殊部门、社会条件和阶级影响等条件的分析中，法律观形成的根据便确实地展现在人们面前。

（一）法学家法律观的形成背景

1. 属于分工的特殊部门

恩格斯在《致康拉德·施米特》里指出，职业法律家的新分工，开辟了一个新的独立部门，这个部门属于分工的特殊部门，这个社会分工之内的独立集团，影响经济发展，影响全部社会发展。

所谓"法律共同体"，是对属于职业法律家分工的特殊部门的概括。提出"法律共同体"的实质，不仅仅是将其同其他行业、职业区别开。应当指出，社会分工、社会阶层与所谓"共同体"是两回事。法律界和其他行业、职业只是一种社会分工，不可能形成独立的社会阶层，更不会形成"共同体"。在同一行业、职业内，其成员的社会地位不同、经济来源不同，因而立场和观点不可能相同，不会形成共同理念，不具有共同目的。"法律共同体"被定义为"法律职业和理念共同体"，被认为这是一个自治性、自律性群体。这样的"法律共同体"，不过是"自由法律人联盟"。参加这个联盟的，是"法律人"，是"自由的"法律人，他们具有西方法律观的共同理念。

司法是"法律共同体"中的独立集团，它不仅在社会关系中，而且在国家权力体系中，处于特殊地位。在美国，"最高法院在美国人生活中处于核心地位"，足以说明这种地位的特殊性。西方国家的"司法优位"，集中表现为司法权优越，就是承认法律审查权，所谓"防止议会通过立法解释改变宪法规定的含义"，以对抗立法权的专断。

　　"司法独立"是宪政的重要组成部分。在西方国家，"司法独立"又称司法权独立，是指"司法权从立法权和行政权分离出来，在赋予独立的国家机构场合，进行权力分立"。这个定义是有特定含义的。西方法学界关于"司法独立"的特定含义是：①独立行使司法权，只受宪法和法律的约束；②司法权完全独立，不受立法权、行政权的任何干预和束缚；③法律上司法不受其他国家机关（包括总统）和任何政党的监督和管理；④司法权行使时，不受其他任何事物和形势的牵制和影响；⑤在审判案件中审判权完全独立，不受任何人指挥和命令的拘束；⑥保障法官独立性，按照宪法法的规定，"所有的法官依据良心办案"，为维护司法权的独立，承认对法官特别强的地位保障和身份保障。这六个方面，完整涵盖了"司法独立"的要点。只有弄清楚司法权同宪法和法律的关系、司法权同立法权和行政权的关系、司法权同国家机关和政党的关系、司法权同事物和形势的关系、司法权同任何个人的关系、司法权同法官的地位和身份的关系，才能在这些相互关系中，理解什么是"司法独立"。

　　从上述特定含义可以看出，西方国家的"司法独立"，具有专属性特征。就是说，"司法独立"只属于资本主义国家的国体和政体，为资产阶级所专有，是西方国家的专利。专属性直接决定了对其解释的排他性，就是除了西方国家固有的解释，其他解释都是不能成立的。

　　"独立审判"与"审判独立"是不同的。我国的"独立审判"，是指人民法院对案件独自进行审判。法院的审判权不得放弃和转移，是"独立审判"的首要要求。人民法院是国家审判的专门机关，审判权是专门权力，任何其他国家机关、社会组织和个人都不得行使，这是"独立审判"的基本含义。而"审判独立"意指法院审判不受政党和其他国家机关的干预和影响。前者限定审判权的归属，讲职能划分，不排除对审判的领导、管理、监督等外部性，后者强调法官的审判权不受干涉，讲排除一切外部性。很显然，两者是根本不同的。

　　这里非常关键的一点，是审判权的主体问题。"独立审判"的主体是法院，而"审判独立"的主体是法官。"司法独立"的中心是"法官独立"，就是法官拥有独立审判权。把法院的审判权变成法官的审判权，正是西方国家"司法独立"的奥秘。

　　"审判独立"和"法官独立"是"司法独立"的构成要素。"审判独立"必然要求"法官独立"。"审判独立"——"法官独立"——"司法独立"，是西方国家司法体制逻辑的中心线索。

　　西方国家为了"保障法官独立性，按照宪法法的规定，'所有的法官依据良心办案'，为维护司法权的独立，承认对法官特别强的地位保障和身份保障"，把"法官身份"突出到不适当的地位。

　　西方国家的社会性质和法院的暴力职能，要求保障法官的特殊身份。西方法学认为，"法官是法律帝国的王侯""法官不服从任何权威"，法官的职权高于一切，"拒绝政治、道德渗入"。为保障法官的特殊身份，就要维护其职位特殊性：①排除选举制；②实行职位终身制或任职年限不受公务员那样的限制；③享有特殊待遇，实行高薪制；④要求法官非政治化、非政党化，对政治取中立立场。

　　法官的特殊身份，还要用服装和道具来表现。法庭建筑高大有别，堂内声音有回声，是用来恐吓人犯、保障法官威严的；审判台高出原告被告席和旁听席，以及高宽的座椅靠背，是抬高自己高大形象的；法官装备的法袍、法帽和法槌"三大法器"，都表明法官是口含天宪、一言九鼎的，谁都不敢在太岁头上动土。法袍肥大，是用于掩饰受贿物的。起初，法袍后背缝制一个兜子，是专门收藏当事人送的金丝细软的。法槌是什么？正是我国古代县太爷升堂时的"惊堂木"。法帽就是官帽，官帽为"官人定制"。这样，法官原本普通司法工作者的身份，变成高人一头的老爷身份了。

　　司法是国家政权的重要组成部分，是统治阶级的重要政治。然而，西方法学却标榜司法和法官独立于政治。一本书讲了美国现任大法官斯蒂芬·布雷耶（Stephen Breyer）这样一个故事："布雷耶非常在意自己的法官身份，即使不开庭，也常身披法袍在办公室工作。别人问他这么做的原因，他会笑着说：'穿上法袍就与政治绝缘了'。"美国的大法官不通过选举，而由总统提名、参议院批准、总统任命。这不仅是政治，而且是超级政治。说司法和法官脱离政治，不过是一种掩盖。

　　法也是如此：产生了职业法律家的新分工一旦成为必要，立刻就又开辟了一个新的独立部门，这个部门虽然一般地是完全依赖于生产和贸易的，但是它仍然具有反过来影响这两个部门的特殊能力。

恩格斯：《致康拉德·施米特》，
《马克思恩格斯全集》第37卷第488页。

　　从事于这件事情的人们又属于分工的特殊部门，而且他们自以为他们是在处理一个独立的领域。只要他们形成社会分工之内的独立集团，他们的产物，包括他们的错误在内，就要反过来影响全部社会发展，甚至影响经济发展。但是，尽管如此，他们本身又处于经济发展的起支配作用的影响之下。

恩格斯：《致康拉德·施米特》，
《马克思恩格斯全集》第37卷第489页。

　　僧侣是中世纪封建主义思想意识的代表，他们所感受到的历史转变的影响也不算小。印刷术的发明以及商业发展的迫切需要，不仅改变了只有僧侣才能读书写字的状况，而且也改变了只有僧侣才能受较高级的教育的状况。在知识领域中也出现劳动分工了。新出现的法学家把僧侣们从一系列很有势力的职位中排挤出去了。

恩格斯：《德国农民战争》，
《马克思恩格斯全集》第7卷第391页。

　　直到现在存在着的个人的生产关系也必须表现为法律的和政治的关系。（见以上所述。）在分工的范围里，这些关系必然取得对个人来说是独立的存在。一切关系表现在语言里只能是概念。相信这些一般性和概念是神秘力量，这是这些一般性和概念所表现的实际关系获得独立存在以后的必然结果。

马克思恩格斯：《德意志意识形态》，

《马克思恩格斯全集》第 3 卷第 421 页。

这是法学家的一种局限性，法学家创造了一个固定的法律术语，就继续一成不变地把它应用于早已不再适用的情况。

恩格斯：《关于原始家庭的历史（巴霍芬、麦克伦南、摩尔根）》，

《马克思恩格斯全集》第 22 卷第 253 页。

立宪民主党人所以是小市民的思想家，就因为他们把庸人的观点用到政治上、用到全民解放的问题和革命的问题上来了。这种庸人要是遇上我们举例说到的阿夫拉莫夫拷打斯皮里多诺娃这种事，就会出来阻止群众，劝他们不要违犯法律，不要急于把受害者从代表合法政权行事的刽子手手中拯救出来。当然，从我们的例子来看，这样的庸人简直是道德上的畸形儿，但是就整个社会生活来说，小市民的道德上的畸形——我再说一遍——决不是个人的品性，而是一种社会的品性，它也许是由头脑中根深蒂固的资产阶级庸俗法学的偏见造成的。

列宁：《立宪民主党人的胜利和工人政党的任务》，

《列宁全集》第 12 卷第 289 页。

在中国，鼓吹"司法独立"的实质，就是取消党对司法工作的领导，改变人民当家作主的政权性质，制造法院同全国人大和国务院的对立，从而将我国的司法体制引向西方国家那样的司法体制。对此，我们必须有一个清醒的认识，有一条马克思主义的认识路线。

在社会主义中国，不容许任何行业、任何职业和任何人拥有特权。法院是手握生杀大权和决定纠纷对错的地方，这是司法职业的特点，但职业特点绝不意味着职业特权化。搞职业特权化，必然排斥党的领导，排斥"外行人"介入，排斥国家部门的可靠监督。

在西方国家，认为法学家、法律家创造了法律，创造了司法制度，他们并不认为任何立法和司法的进步，都是人民群众推动和选择的结果。我国是社会主义国家。只要承认人民群众创造历史的基本事实，就必须反对"精英治法论"。

2. 社会条件

法学家的法律观，是在一定社会条件下形成的。有什么样的社会条件，就有什么样的法律观。经典作家说，历史从哪里开始，思想进程也应当从哪里开始。同样地，历史从哪里开始，法律观的思想进程也应当从哪里开始。

从资产阶级的法律观说，其思想进程有两次大的历史关节点。

资产阶级夺取政权后，成立"生意人"共和国，一定实行自由主义市场经济。这种经济，是自由放任经济。自由放任经济理论的一个基本理念，就是经济制度的自发性。这种理论，主张为提高生产力而规定的各种制度，应以个人尊严和个人自由为基本价值观，在

功利主义（以最小牺牲换取最大利益的心理结构）和合理主义（实现功利主义的最佳手段）的基础上，实行自由市场经济，在"看不见的手"的作用下，整个社会自然而然地处于调和和繁荣状态。这种理论，首先被西欧各国普遍采纳。

在国家与法的领域，实行自由放任主义立法。自由竞争、物权绝对、契约自由成为法的基本原则。自由放任主义法律观的典型表述，是"夜警国家论""小政府论"。这种法律观，主张国家与法在自由市场经济下的消极作用，即对社会经济生活不予干预、不予调节。

在自由主义市场经济条件下，个人主义、自由主义是社会思想观念的主流，其在法思想上的表现，是"个人本位"。个人本位的核心是个人权利本位，简称"权利本位"。权利本位论的基本主张和特征是：①把权利的地位放在实在法（制定法）之上，也放在国家最高权力之上。主张"自然人"的"自然权利"，亦即"天赋人权"，认为人性是自然法之父，自然法是实在法之父，认为私有财产权是从自然状态带进国家组织中去的自然权利，因而私有财产神圣不可侵犯，国家不能设置任何障碍，认为自由是人性的结果，人的自由、平等是不可剥夺的权利，国家权力应为保障自由、私有财产和交易安全服务。②权利是法律的中心概念。主张"法是客观的权利，权利是主观的法律"，"客观法""主观法"由此而分。③弘扬权利是法文化的核心和基本任务。认为权利不仅表现于法文化的各种程式化理论形态方面，还表现于人们的心理状态、思维特征和价值取向等非理论形态方面。"法学是权利之学"，充分表达了权利在法文化中的地位。④权利是现实的人进行社会活动的工具和出发点。认为"现实的人"在利益驱动下依据权利参加社会分工和商品交换活动，认为如果人们不依据权利去参加商品交换活动，在交换中不去实现权利，则商品就不成其为商品，交换亦不成其为交换。这里"现实的人"，是自由主义市场经济的参加人即所谓"经济人"。

权利本位法思想是历史的超越，是对国家义务本位论的否定。权利本位法思想的历史特定性在于：一是，其对权利的考察，不以封建等级特权为中心，而以平等权为中心；二是，不以自然经济为支柱，而以商品经济为支柱；三是，利益、自由、平等三要素是权利本位论的立论基础。

自由主义市场经济时期的立法，正是在权利本位法律观的指引下进行的。1789年的《人权和公民权利宣言》规定，在权利方面，人们生来而且始终是自由平等的。在以此为依据所制定的诸实体法体系里，个人权利占有中心地位。1804年制定的法国民法典，以个人主义、自由主义为基础，形成了私有权绝对、契约自由和私人自治三大法律原则。法国民法典是典型的权利本位法。

在权利法中，物权法和债权法是经济关系领域的基本法律形式。物权法是权利立法的核心。物权法一方面保障财产所有者占有财产不受他人侵犯，另一方面，保障财产所有者处分其财产的自由。由于所有权是对于物有绝对无限制地占有、使用、收益及处分的权利，这样，财产所有者得以集中财产和资本，发展商品交换关系，巩固自由主义市场经济秩序。债权法是权利法的重要组成部分。债权，是通过特定人要求特定人遵守债权债务关系实现的。债权的法律保护，将有力地促进私人财产的增加。除此之外的其他立法，也以维护并巩固个人权利为宗旨。

然而，在自由主义市场经济失去自律性的客观态势下，法学思想开始思考个人与社会的关系。1848 年爆发的欧洲大革命，把自由资本主义打得落花流水。经过"十年时代"的调整之后，竞争的主体、手段和后果都发生了变化。19 世纪下半叶起，开始转变为垄断资本主义，从而出现了新的法学思潮。认为自由放任、权利本位的弊害，在于在个人与社会的关系上采取了"个人中心主义"的立场，这已不适合时代要求，认为社会利益就是个人的真正利益，个人的生存、发展依赖社会的生存、发展。因此，在个人与社会的关系上，应以社会为本位。

在垄断资本主义条件下，资产阶级法律观的中心是社会本位。"社会本位"论的要点是：①把社会权概括为权利的首要含义。认为实现社会目的，在于通过维护权利来发挥社会全体成员的才能，因此主要权利是社会成员的生存权，保障生存权被确定为法律义务。②应对私人所有权作出明确的限制。保障生存权，是限制私人所有权的基本问题，私人所有权必须尊重他人的权利，法律所保护的所有权，是社会成员人人所有的所有权，认为法应是保障社会全体成员物质生存手段的法。③对"对压制的抵抗权"要从它所具有的全部权利的本质属性方面进行考察。"对压制的抵抗权"起初是作为自然权利之一而被概括的，其实它不是自然权利，而它的行使还关系到义务、责任等问题。④以人民主权原理为指导。主张人民是主权者，政府是人民的作品，政府工作人员是人民的仆人。⑤必须对自然权利论做出批判。其结论是：国家义务是对无限制的自由权、所有权的限制，不能把权利说成是人类社会"不能消灭""不能剥夺"的权利；无界限的权利不符合社会关系原理，个人无限制的自由权、无限制的所有权，必然因其行使而使人与人之间发生冲突，必然损害他人和社会的利益。

由上述可见，社会本位法思想，是以社会权为核心的权利思想，是以社会权为基础构建社会政治、经济和法律制度的法思想。社会本位法思想不是一般地排斥权利，而是权利不再处于本位地位。这种新的权利论，不再以社会契约论和自然权利论为前提。以自由权为中心的权利本位法思想向以社会权为中心的社会本位法思想的演变，反映了市场经济发展的一般进程，这是巨大的历史性进步。这种以"个人"为载体的传统法思想向以"社会"为载体的新法思想的转变，是法律观变化的基本思想背景。

伴随自由主义市场经济向垄断主义市场经济的过渡，开始了"法的社会化"进程。反映这一历史进程的，是从法国民法典到德国民法典和以魏玛宪法为演变中心线索的法律变迁。

德国民法典（1896 年制定，1900 年 1 月 1 日实施），是 20 世纪法律文化的代表，是反映社会关系新变化的一部基本法律。这部法律，不再以自由主义、个人主义为基础，而是以团体主义、社会连带思想为基础。德国民法典的这一特征，反映了社会化大生产条件下的客观实际及其对社会调节法的要求。

魏玛宪法是 1919 年制定的，其中相当多的法规范，具有社会经济调节法的性质。其特殊的宪法原则，称为"魏玛宪法三原则"：

其一，保障生存权原则。《魏玛宪法》第 15 条第 1 款规定，经济生活的秩序，以保障人们的生存权为目的、符合正义原则的要求。个人经济自由，只有在这个界限内方予以保障。这个规定表明，任何国民在生命、健康上都享有最低限度生活保障的权利。国家在国民生活方面，要努力提高和改进国民的社会福利、社会保障。

其二，所有权附以义务原则。《魏玛宪法》第153条第3款规定，所有权附以义务。在所有权行使的同时，要有益于公共福利的目的。这与以绝对所有权制度为中心、为个人利益而存在的个人权利法的市民法制度，有重大区别。所有权受到来自国家的、社会的种种限制与制约。

其三，国家对劳动力保护原则。《魏玛宪法》第157条规定，劳动力受到国家的特别保护。在自由竞争经济活动中，劳动力作为商品参加商品交换。《魏玛宪法》从劳动力所具有的社会意义的立场出发，对劳动力予以特别保护，以调节国民经济的运转。

由权利法向社会调节法的演变表明，权利法再也不能像先前那样占统治地位了，一种新的法律在摆脱传统法的束缚，为新的社会关系的发展开辟道路。这便是变化了的法律观的现实基础。

英国法学家所依据的是这样一种法的历史，这种历史经历了中世纪，它拯救了很大一份古日耳曼人的自由，它不知警察国家为何物（这种国家在萌芽状态中就被十七世纪的两次革命扼杀了），它在两百年来公民自由的不断发展中达到了最高峰。法国法学家所依据的是大革命，这一革命在彻底消灭了封建主义和专制的警察专横以后，把刚刚诞生的现代社会的经济生活条件，在拿破仑颁布的它的经典法典中译成了司法法规的语言。而我们德国法学家所依据的历史基础是怎样的呢？无非是延长了数世纪之久的、被动的、大部分由外来打击所推动的、至今还没有完成的那种中世纪残余的瓦解过程；无非是一个经济上落后的社会，在这个社会里，封建容克和行会师傅像幽灵一样在徘徊，在寻找新的躯体；无非是这样一种法律秩序，这种秩序，即使君主们的秘密司法在1848年已被消灭，但警察专横还是一天天在它上面打开缺口。

恩格斯：《暴力在历史中的作用》，
《马克思恩格斯全集》第21卷第523页。

封建的教会组织利用宗教把世俗的封建国家制度神圣化；而且，僧侣又是唯一的受过教育的阶级。因此，教会信条自然成了任何思想的出发点和基础。法学、自然科学、哲学，这一切都由其内容是否符合教会的教义来决定。

恩格斯：《法学家的社会主义》，
《马克思恩格斯全集》第21卷第545页。

中世纪是从粗野的原始状态发展而来的。它把古代文明、古代哲学、政治和法律一扫而光，以便一切都从头做起。它从没落了的古代世界承受下来的唯一事物就是基督教和一些残破不全而且失掉文明的城市。其结果正如一切原始发展阶段中的情形一样，僧侣们获得了知识教育的垄断地位，因而教育本身也渗透了神学的性质。政治和法律都掌握在僧侣手中，也和其他一切科学一样，成了神学的分枝，一切按照神学中通行的原则来处理。教会教条同时就是政治信条，圣经词句在各法庭中都有法律的效力。甚至在法学家已经形成一种阶层的时候，法学还久久处于神学控制之下。

> 恩格斯：《德国农民战争》，
> 《马克思恩格斯全集》第 7 卷第 400 页。

由于全部传说的罗马上古史都被浓厚的黑暗所笼罩，这种黑暗又因后世受过法学教育的著作家们（他们的著作还是我们的材料来源的唯理主义－实用主义的解释和报告）而更加浓厚。

> 恩格斯：《家庭、私有制和国家的起源》，
> 《马克思恩格斯全集》第 21 卷 146 页。

当教授们创造历史理论的时候，历史本身却继续急遽向前奔驰，根本不顾教授先生们的历史。

> 马克思：《法兰克福议会》，
> 《马克思恩格斯全集》第 6 卷第 49 页。

这些先生在他们的杂志上总是以真正"人民之友"的思想和策略的表达者自居，其实他们是社会民主党最凶恶的敌人。现在我们就把这些"人民之友"，把他们对马克思主义的批判、他们的思想、他们的策略仔细考察一下。

> 列宁：《什么是"人民之友"以及他们如何攻击社会民主党人?》，
> 《列宁全集》第 1 卷第 102 页。

马克思在将近 40 年前把德国国家制度称为"以议会形式粉饰门面的军事专制制度的国家"是十分正确的。就对德国"宪制"的真正实质的评价来说，马克思比数以百计的颂扬"法制国家"的资产阶级教授、神父和政论家要深刻十万倍！他们向横行一时的德国人所取得的成功和胜利顶礼膜拜。马克思在评价政治的阶级实质时，遵循的不是事件的某些"曲折细节"，而是国际民主运动和国际工人运动的全部经验。

> 列宁：《萨韦纳》，
> 《列宁全集》第 24 卷 192 页。

自由派资产阶级总是一只手搞改良，另一只手又收回这些改良，使之化为乌有，利用这些改良来奴役工人，把工人分成一个个集团，使劳动者永远当雇佣奴隶。因此，改良主义，即使是非常真诚的改良主义，实际上变成了资产阶级腐蚀和削弱工人的工具。

> 列宁：《马克思主义和改良主义》，
> 《列宁全集》第 24 卷第 1 页。

考察一下这种更替如何影响到我国官方的即学院式的政治经济学界对待马克思主义的态度的改变，这不是没有意义的。想当初，我国只有极右的御用教授们才干"消灭"马克思的勾当。自由主义民粹派教授们的学术界全都敬重马克思，"肯定"劳动价值论，因而引起了"左派民粹派"的天真幻想，以为资产阶级在俄国没有什么基础。

列宁：《又一次消灭社会主义》，
《列宁全集》第25卷第34页。

马克思的学说在今天的遭遇，正如历史上被压迫阶级在解放斗争中的革命思想家和领袖的学说常有的遭遇一样。当伟大的革命家在世时，压迫阶级总是不断迫害他们，以最恶毒的敌意、最疯狂的仇恨、最放肆的造谣和诽谤对待他们的学说。在他们逝世以后，便试图把他们变为无害的神像，可以说是把他们偶像化，赋予他们的名字某种荣誉，以便"安慰"和愚弄被压迫阶级，同时却阉割革命学说的内容，磨去它的革命锋芒，把它庸俗化。现在资产阶级和工人运动中的机会主义者在对马克思主义作这种"加工"的事情上正一致起来。他们忘记、抹杀和歪曲这个学说的革命方面，革命灵魂。他们把资产阶级可以接受或者觉得资产阶级可以接受的东西放在第一位来加以颂扬。

列宁：《国家与革命》，
《列宁全集》第31卷第4页。

恩格斯的《法学家的社会主义》，是恩格斯在1886年10月间计划写的，起因是当时出版了一本奥地利资产阶级社会学家和法学家安·门格尔的《十足劳动收入权的历史探讨》，该书企图证明马克思的经济理论"没有独创性"，他的结论似乎是从英国李嘉图学派空想社会主义者（汤普逊等人）那里抄袭来的。恩格斯认为不能对门格尔的这些诽谤谰言，以及他对马克思学说本身的实质的伪造置之不理，因此，决定在报刊上予以反击。但是，恩格斯考虑到，亲自出面反对门格尔，可能在某种程度上被人利用来替这个在资产阶级科学界也只属三流的人物吹嘘，所以他认为用"新时代"杂志编辑部文章的形式，或者用该杂志编辑考茨基的名义发表书评的形式回击门格尔是恰当的，因此恩格斯要后者写反对门格尔的文章。他本人起初打算写文章的基本部分，但是疾病中断了他已经开始的工作，文章也就由考茨基根据恩格斯的指示写成了。该文发表在1887年"新时代"杂志第2期上，没有署名，后来在1905年出版的"新时代"杂志索引中指出了文章作者是恩格斯和考茨基。1904年该文被译成法文作为恩格斯的文章发表在"社会主义运动"（《Mouvement socialiste》）杂志第132期上。在《马克思恩格斯全集》第一版中只发表了文章的开头，把它同文章的基本部分人为地分开了。由于不能可靠地判明文章的哪一部分是恩格斯写的，哪一部分是考茨基写的（文章的手稿没有保存下来），所以文章全文发表在"附录"部分。

3. 阶级影响

法律观恰恰是受阶级思想体系支配的。受资产阶级思想体系支配就排斥社会主义思想体系，因为这两种思想体系是互相否定的。一般说来，在为阶级矛盾所分裂的社会中，任何时候也不能有非阶级的或超阶级的法学家及其思想体系。对于社会主义法律观的任何轻视和任何脱离，都意味着资产阶级思想体系的加强。

法学家本身并不是一个阶级，他们是依附于一定阶级的职业层级。他们受到一定阶级的直接或间接的影响，为一定阶级服务。

在社会主义条件下，资产阶级的法学思想家并没有睡觉，他们往往把自己装扮成社会主义者，竭力传播资本主义法律观，想使广大人民群众受资产阶级法律思想体系的支配。因此，坚持社会主义法律观，反对资产阶级法律观，将是一场长期的艰苦的斗争。

无论国王或市民，都从成长着的法学家等级中找到了强大的支持。随着罗马法被重新发现，教士即封建时代的法律顾问和非宗教界的法学家之间确立了分工。不言而喻，这批新的法学家实质上属于市民等级；而且他们本身所学的，所教的和所应用的法律，按其性质来说实质上也是反封建的，在某些方面还是市民阶级的。

恩格斯：《论封建制度的瓦解和民族国家的产生》，
《马克思恩格斯全集》第 21 卷第 454 页。

个人力量（关系）由于分工转化为物的力量这一现象，不能靠从头脑里抛开关于这一现象的一般观念的办法来消灭，而只能靠个人重新驾驭这些物的力量并消灭分工的办法来消灭。没有集体，这是不可能实现的。只有在集体中，个人才能获得全面发展其才能的手段，也就是说，只有在集体中才可能有个人自由。在过去的种种冒充的集体中，如在国家等等中，个人自由只是对那些在统治阶级范围内发展的个人来说是存在的，他们之所以有个人自由，只是因为他们是这一阶级的个人。从前各个个人所结成的那种虚构的集体，总是作为某种独立的东西而使自己与各个个人对立起来；由于这种集体是一个阶级反对另一个阶级的联合，因此对于被支配的阶级说来，它不仅是完全虚幻的集体，而且是新的桎梏。在真实的集体的条件下，各个个人在自己的联合中并通过这种联合获得自由。

从上述一切中可以看出，某一阶级的个人所结成的、受他们反对另一阶级的那种共同利益所制约的社会关系，总是构成这样一种集体，而个人只是作为普通的个人隶属于这个集体，只是由他们还处在本阶级的生存条件下才隶属于这个集体；他们不是作为个人而是作为阶级的成员处于这种社会关系中的。

马克思恩格斯：《德意志意识形态》，
《马克思恩格斯全集》第 3 卷第 84 页。

单独的个人所以组成阶级只是因为他们必须进行共同的斗争来反对某一另外的阶级；在其他方面，他们本身就是相互敌对的竞争者。另一方面，阶级对各个人来说又是独立的，因此各个人可以看到自己的生活条件是早已确定了的：阶级决定他们的生活状况，同时也决定他们的个人命运，使他们受它支配。这和个人屈从于分工是同类的现象，这种现象只有通过消灭私有制和消灭劳动本身才能消除。

马克思恩格斯：《德意志意识形态》，
《马克思恩格斯全集》第 3 卷第 61 页。

怎样才能使这些互相矛盾的要求协调一致呢？怎样才能解决这个微妙的经济问题呢？怎样解开这个难解之结呢？波拿巴过去所积累的各方面的经验指出了一个帮助他摆脱最严重的经济困难的妙法——信用。正巧在法国出现了圣西门学派，这个学派在产生和衰落的时期都沉湎于一种幻想，以为随着普遍的幸福生活的到来，一切阶级矛盾就必定会消失，而这种幸福生活是可以靠某种新发明的社会信贷计划获得的。在 coup d'état 时期，这种类型的圣西门主义还没有彻底死亡。曾经有个米歇尔·舍伐利埃，"辩论日报"的一位经济学家；有个蒲鲁东，他企图用奇形怪状的假面具掩盖圣西门学说中最坏的部分；还有实际上同证券投机和路特希尔德都有关系的两个葡萄牙的犹太人，他们有一个时期是安凡丹天父的信徒，他们凭着自己的实际经验敢于透过社会主义认出证券投机，透过圣西门认出罗。这两个人——艾米尔·贝列拉和伊萨克·贝列拉都是 Crédit Mobilier 的创办人和波拿巴社会主义的倡始人。

马克思：《法国的 CRéDIT MOBILIER》，
《马克思恩格斯全集》第 12 卷第 31 页。

使他们成为小资产阶级代表人物的是下面这样一种情况：他们的思想不能越出小资产者的生活所越不出的界限，因此他们在理论上得出的任务和作出的决定，也就是他们的物质利益和社会地位在实际生活上引导他们得出的任务和作出的决定。一般说来，一个阶级的政治代表和著作方面的代表人物同他们所代表的阶级的关系，都是这样。

马克思：《路易·波拿巴的雾月十八日》，
《马克思恩格斯全集》第 8 卷第 152 页。

当然，阶级划分是政治派别划分的最根本的基础，它归根到底总是决定着政治派别的划分的。但是这个根本的基础，只是随着历史的发展，随着历史发展的参加者和创造者的觉悟程度的高低而显露出来的。这个"归根到底"，只有通过政治斗争，有时通过长期的、顽强的、以数年和数十年计算的斗争——这个斗争，有时剧烈地表现为各种政治危机，有时沉寂下来，好像暂时停止了——才得以实现。难怪例如在德国，政治斗争采取特别尖锐的形式，先进阶级——无产阶级的觉悟也特别高，但那里，仍然存在着像中派那样的政党（而且强有力的政党），它们以特殊的信仰标志掩盖自己的各不相同的（一般说来无疑都是反无产阶级的）阶级内容。至于俄国目前的政治派别的阶级根源，在很大的程度上被全体人民的政治上的无权地位，被组织得很好的、思想上一致的、一贯闭关自守的官僚派对人民的统治所掩盖，那就更不足为奇了。值得奇怪的倒是：尽管俄国的政治制度是亚洲式的，但是它的欧洲式的资本主义发展却给社会的政治派别划分打上了多么深的烙印。

列宁：《革命青年的任务》，
《列宁全集》第 7 卷第 31 页。

就斯卡尔金观点的性质说来，可以把他叫作资产者——启蒙者。他的观点很像 18 世纪经济学家的观点（当然是经过俄国条件的三棱镜而有相应的折射），而且他把 60 年代"遗产"的一般"启蒙"性质表达得相当清楚。像西欧的启蒙者和 60 年代的大多数著作家一样，斯卡尔金对于农奴制度及其在经济、社会和法律方面的一切产物充满着强烈的仇恨。这是"启蒙者"的第一个特征。俄国的一切启蒙者所共有的第二个特征，就是热烈拥护教育、自治、自由、西欧生活方式和整个俄国全盘欧化。最后，"启蒙者"的第三个特征就是坚持人民群众的利益，主要是农民的利益（农民在启蒙者时代还没有完全解放，或者刚刚得到解放），他们真诚相信农奴制度及其残余一经废除就会有普遍幸福，而且衷心想要促进这一事业。这三个特征就是我们所说的"60 年代遗产"的本质。重要的是要着重指出，在这个遗产里没有任何民粹派的东西。

列宁：《我们拒绝什么遗产?》，
《列宁全集》第 2 卷第 395 页。

我们在上面已经说过，斯卡尔金是一个资产者。关于这个评语，我们在上面已经举出相当多的证明，但是必须附带说明一下，我们往往极端不正确地、狭隘地、反历史地了解这个词，把它（不区分历史时代）同自私地保护少数人的利益联系在一起。不应忘记，在 18 世纪启蒙者（他们被公认为资产阶级的先驱）写作的时候，在我们的 40 年代至 60 年代的启蒙者写作的时候，一切社会问题都归结为与农奴制度及其残余作斗争。新的社会经济关系及其矛盾，当时还处于萌芽状态。因此，资产阶级的思想家在当时并没有表现出任何自私的观念；相反，不论在西欧或俄国，他们完全真诚地相信共同的幸福生活，而且真诚地期望共同的幸福生活，他们确实没有看出（从某种程度上说还不可能看出）从农奴制度产生出来的那个制度中的各种矛盾。难怪斯卡尔金在其书中的一个地方引证了亚当·斯密的话。我们看到，他的观点以及他的论据的性质在许多方面都在重复这位先进资产阶级的伟大思想家的论点。

列宁：《我们拒绝什么遗产?》，
《列宁全集》第 2 卷第 396 页。

学生们"攻击"的不是"遗产"（这是荒谬的捏造），而是民粹派分子加到遗产上面的浪漫主义的和小资产阶级的东西。

列宁：《我们拒绝什么遗产?》，
《列宁全集》第 2 卷第 397 页。

法律本身就是政治的一部分，法律观同政治观是紧密联系在一起的。法学队伍中的法律观问题，往往是其政治立场的体现，因而从政治上看法律观，不能不是一个十分重要的问题。实践证明，在社会主义条件下，法律观关系到社会主义政权的巩固和社会主义法制的真正建成。

为了使法学理论为无产阶级政治服务，应当着重解决以下三个认识问题：

第一，没有马克思主义法学原理的指导，就没有法学的科学性、真理性。

第二，没有一支忠诚的积极的人民法学理论的宏大队伍，就没有社会主义法律观的主流地位。

第三，没有对传统法学进行根本性改造和整体性超越，就没有社会主义法学本身。

第四，没有取得经过比较、鉴别和批判的吸收西方的法学中有益的东西，就没有法学的人类共同文明成果。

（二）法学家的法律观弊病

1. 把国家学说和法的学说弄得混乱不堪

国家学说和法的学说是体系化的，因而弄得混乱不堪的东西也是体系化的。

但法学家的理论混乱，总是集中在"国家和法的阶级性"这个焦点上。宣扬"超阶级"的国家和法，是混乱的法学家们的共同特征。

不过，对于"超阶级"的国家和法，在资本主义条件下，归结为"公共国家""公共法"，在社会主义条件下，归结为"全民国家""全民法"。两者还有些细微的差别，资本主义条件下是"掩盖阶级"，社会主义条件下说是"没有阶级"。

之所以把国家学说和法的学说弄得混乱不堪，究其原因，一是阶级立场原因，就是站在剥削阶级的立场上说话；二是认识论原因，就是唯心主义、形而上学；三是学术水平原因，就是不学无术。

随着立法发展为复杂和广泛的整体，出现了新的社会分工的必要性：一个职业法学者阶层形成起来了，同时也就产生了法学。法学在其进一步发展中把各民族和各时代的法权体系互相加以比较，不是把它们视为相应经济关系的反映，而是把它们视为本身包含有自己根据的体系。比较都是以具有某种共同点为前提的：这种共同点表现在法学家把这些法学体系中一切多少相同的东西统称为自然法权。而衡量什么算自然法权和什么又不算自然法权的标准，则是法权本身最抽象的表现，即公平。

恩格斯：《论住宅问题》，

《马克思恩格斯全集》第18卷第309~310页。

在这些事情上面，君主和贵族得到了罗马法学家的助力。这些法学家把罗马法的条文，应用到大半他们不了解的日耳曼关系中去，制造了极度的混乱，但是他们善于这样制造混乱，就是使地主永远从中得到便宜，农民总是吃亏。

恩格斯：《马尔克》，

《马克思恩格斯全集》第19卷第367页。

这个问题所以被人弄得这样混乱，这样复杂，是因为它比其他任何问题更加牵涉到统治阶级的利益（在这一点上它仅次于经济学中的基本问题）。国家学说被用来为社会特权辩护，为剥削的存在辩护，为资本主义的存在辩护，因此，在这个问题上指望人们公正无私，以为那些自称具有科学性的人会给你们拿出纯粹科学的见解，那是极端错误的。

列宁：《论国家》，

《列宁全集》第 37 卷第 61 页。

未必还能找到别的问题，会像国家问题那样，被资产阶级的科学家、哲学家、法学家、政治经济学家和政论家有意无意地弄得这样混乱不堪。

列宁：《论国家》，

《列宁全集》第 37 卷第 60 页。

列宁在《论国家》中集中论述了国家问题。

《论国家》透彻地阐述了马克思主义的国家学说和共产党对国家的态度。列宁指出，国家问题是关系全部政治的基本问题和根本问题，是一个最复杂最难弄清的问题，也是被资产阶级学者弄得最混乱的问题，因为它比其他任何问题更加牵涉到统治阶级的利益。列宁首先提出观察国家问题的科学方法。他指出："在社会科学问题上有一种最可靠的方法，它是真正养成正确分析这个问题的本领而不致淹没在一大堆细节或大量争执意见之中所必需的，对于用科学眼光分析这个问题来说是最重要的，那就是不要忘记基本的历史联系，考察每个问题都要看某种现象在历史上怎样产生、在发展中经过了哪些主要阶段，并根据它的这种发展去考察这一事物现在是怎样的。"列宁运用马克思主义的方法对国家的产生和发展情况作了概括的历史的考察。他指明，国家这种强制人的特殊机构，只是在社会划分为阶级的时候和地方才产生出来，国家是维护一个阶级对另一个阶级的统治的机器。因此，人们必须把社会划分为阶级和阶级统治形式改变的事实作为分析一切社会问题，即经济、政治、精神和宗教等问题的基本的指导线索。

列宁逐一分析了奴隶制国家、封建制国家和资本主义国家，说明了一种国家类型过渡到另一种国家类型的规律，从生产方式和社会阶级结构的变化解释了这种过渡的原因。他指出了资本主义国家的实质是资产阶级专政，揭露了资产阶级民主、自由和平等的虚伪性。他在批判第二国际领袖所宣扬的不要无产阶级专政而经过"一般民主"过渡到社会主义的机会主义论调之后，宣告共产党的观点是：从资本家那里把这个机器夺过来，由自己掌握，然后用这个机器去消灭一切剥削，只有到世界上再没有进行剥削的可能的时候，我们才会把这个机器毁掉，那时就不会有国家了，就不会有剥削了。

《论国家》是列宁 1919 年 7 月 11 日在斯维尔德洛夫大学讲演的记录，最初由苏联列宁研究院于 1929 年 1 月 18 日发表于《真理报》。按照该校学员别尔兹 1929 年给列宁研究院的信以及其他一些资料的说法，列宁还于 1919 年 8 月 29 日在该校作了第二次讲演，题目是"关于国家，国家的意义、产生及阶级的产生"，可是第二次讲演的记录至今没有找到。

2. 在坏风气中找到坏法律存在的理由

首先应当指出，马克思是从"普鲁士法的本质""新离婚法草案的性质"，推导出"坏法律"术语的。马克思主义经典作家把一切剥削人民、压迫人民的法律称为"坏法律"，主张废除旧法律，制定新法律。这个新法律，就是社会主义法律。

这里的"坏法律"，不是中国法学界炒作的"恶法"。在中国，一些人从固有的阶级立场和特定政治立场出发，把人民民主专政国家制定的法律说成"恶法"。而这些法律是刑事法律，这是专门用于对敌人实行专政、对人民实行民主的法律。与此同时，又把旧中国的《六法全书》视如圭臬，乃至捧出来临摹、描红。

"坏风气"，集中表现为坏的政治风气和学术风气。下面摘引中涉及"坏风气"的，有"他们所批判的不是普鲁士法的本质，而是它个别的外部表现"；"独断的玄想和曲解"；"把资本主义以前世界的法权观念和所有权观念应用到这个已经完成的资本世界"；"资产阶级的法学家和法官先生们大兴讨伐，反对人民参与审理案件"，等等。

"找到坏法律存在的理由"，是剥削阶级法学家的职业习惯。

法律是客观存在，法律的好坏，是主观评价。从"坏法律"找到它存在的理由，只能是"坏理由"。法学家提出"法律存在的理由"，必须是真实的充足的理由。从学理上说，理由不真实、不充足，命题是不能成立的。真实、充足的理由，能够保证思维的论证性、根据性。

"坏风气"—"坏法律"—"坏理由"，是剥削阶级法学家学术研究的恶性循环。

普鲁士法是建立在理性的抽象上的，这种理性的抽象本身是无内容的，它把自然的、法的和道德的内容看作外在的、没有内在规律性的实体。它试图按照外部的目的来改造、安排、调节这种没有精神、没有规律的实体。普鲁士法不是按照客观世界所固有的规律来对待客观世界，而是按照自己任意的主观臆想和自己的与事物本质无关的意向来对待客观世界。旧普鲁士法学家表现出他们对普鲁士法的这种本性了解很差。他们所批判的不是普鲁士法的本质，而是它个别的外部表现。因此，他们反对的也就不是新离婚法草案的性质和方式，而是反对它的改革倾向。他们大概想在坏风气中找到坏法律存在的理由。我们要求批判者的首先是他们要批判地对待自己，并且不要忽略批判对象的难点。

马克思：《〈论新离婚法草案〉一文的编辑部按语》，

《马克思恩格斯全集》第 40 卷第 310~311 页。

要说明这种曾经在德国占统治地位的历史方法，以及它为什么主要在德国占统治地位的原因，就必须从它与一切思想家的幻想，例如，与法学家、政治家（包括实际的国家活动家）的幻想的联系出发，就必须从这些家伙的独断的玄想和曲解出发。

马克思恩格斯：《德意志意识形态》，

《马克思恩格斯全集》第 3 卷第 56 页。

事实越是明显地反对政治经济学家的意识形态，政治经济学家就越是热心地起劲地把资本主义以前世界的法权观念和所有权观念应用到这个已经完成的资本世界。

马克思：《资本论第一卷》，

《马克思恩格斯全集》第 23 卷 833 页。

现在，在维也纳，正在举行国际法官第一次代表大会和德国法学家第三十一次代表大会。与会的达官显宦代表发表的演说，反动气焰极为嚣张。资产阶级的法学家和法官先生们大兴讨伐，反对人民参与审理案件。

列宁：《国际法官代表大会》，

《列宁全集》第 22 卷第 76 页。

马克思在《〈论新离婚法草案〉一文的编辑部按语》里的"普鲁士法"，是指《总普鲁士法》（《Allgemeines Landrecht für die Preuβischen Staaten》）。该法于 1794 年批准并颁布，包括刑法、教会法、国家法和行政法等，反映出封建普鲁士在司法方面的落后性。

3. 对法律作有利于有产者的解释

对法律作有利于有产者的解释，是剥削阶级法学家的本性。这完全可以理解。这一点，我们还可以从另外的角度去理解。就是从注释主义角度去理解。

第一，法学家坚持国家立法的正统性，排斥对法律解释的非正统思想。社会对法律存在各种各样的认识，但国家立法所表达的思想，是统治阶级的思想，这是要求社会认同的思想。法学家对法律的解释和对其他统治思想的解释一起，能够牵引整个社会的思想走向，以树立统治阶级的思想、理论、制度的权威性和统治地位。

第二，法学家对法律的解释，能够适应并符合治国安邦的需要。在依法治国的总背景下，法学家所阐释的问题，都是治国之道、社会稳定之策。通过解释，使社会普遍接受法的基本思想和观念，从而维系国家的政治和管理系统的稳定运行和社会生活的正常化。

第三，法律解释是法学家的唯一技能，以此成为自己的一种生存方式。注释和解释法律，是法学家的终身业志，通过注释形成对法律文本的依赖。使整个社会学习法律，熟悉法律，以统治阶级的统治思想和法律教义为己任，把个人命运同统治阶级和法律连在一起，法学家们的政治依附问题便从根本决定了。

法学家对法律作有利于有产者的解释，用尽各种手段。最常见的，是"学术"手段。如马克思在《关于社会主义、法学和政治学（民族性）的批判的发现》里说，里谢尔先生要求批判家"把法的范围以内的东西和法的范围以外的东西区分开来"。批判家对于法律上的这种蛮横无理的要求表示愤慨。他反驳说："可是直到目前，情感和良心都干涉了法，常常补充它，由于法的教条主义形式（因而不是法的教条主义本质？这句是马克思说的）所决定的法的性质，就必须常常补充它。"

另一方面，批判家只是忘了法本身非常明确地把自身同"情感和良心"区分开来；他忘了这种划分可以由法的片面本质和教条主义形式来说明，这种划分甚至成了法的主要教条之一；最后，他忘了这种划分一旦实现就构成法的发展的最高阶段，正像宗教从各种世俗内容中摆脱出来就使宗教成了抽象的、绝对的宗教一样。"情感和良心"干涉法这个事实使"批判家"有足够的根据在谈法的地方谈情感和良心，在谈法律教义的地方谈神学教义。绝对批判的"说明和划分"使我们有可能充分地领会它关于"社会"和"法"的最新"发现"。"批判准备了世界形式，甚至是第一次开始准备世界形式的观念。这种世界形式不单单是法的形式，而且是（读者，请你提起精神来！）社会的形式，关于这种形式至少（如此少吗？）可以说，谁对它的建立毫无贡献，谁在它那里不凭自己的良心和情感来生活，他就不会感到在它那里就像在自己家里一样，也不可能参与它的历史。"批判"所准备的世界形式被确定为不单单是法的形式，而且是社会的形式。这个定义可以有两种解释。或者这种说法应解释为世界形式"不是法的，而是社会的"形式；或者世界形式"不单单是法的，而且也是社会的形式"。我们考察一下这两种说法的内容，现在先谈第一种解释。绝对的批判把上述这个不同于"国家的"新"世界形式"说成是"社会"。现在它却把名词"社会"说成是形容词"社会的"。如果说辛利克斯先生和他的"政治的"一词相反，从批判那里三度获得了"社会的"这个词，那末里谢尔先生则和他的"法的"一词相反，而获得"社会的社会"这个词。

其次，那里对法（权利）的批判是与对德国哲学的批判联系在一起的，并且这种批判是从对宗教的批判中得出的结论（第72页）；同时，那里直接地强调指出：那些似乎一定能导向共产主义的法律上的公理，都是私有制的公理，而共同占有权是私有财产权的想象中的前提（第98、99页）。

以上参见《马克思恩格斯全集》第3卷第228～229页、第246～247页；《马克思恩格斯全集》第2卷第123～124页、第138～139页。

由此说来，法学家对法律作有利于有产者的解释，除了阶级性原因之外，也是注释主义的必然结果。

当然，法注释主义同法注释方法并不是一回事。法注释主义是方法论，是以法学方法论表达法律观。

法注释方法是对法律文本进行注解、解释的方法。通过法律注释，使社会成员知悉法律规定的内容，准确把握立法目的和立法精神，从而使法律达到一体遵行的效果。从这个意义上说，法注释方法是理解任何立法都不能离开的方法。我国是世界上最早使用法注释方法的国家，产生了开创性的、严谨性的、体系化的法注释文本。

如果说把哪一种财产称为盗窃更确切的话，那末不列颠贵族的财产就是名副其实的盗窃。掠夺教会的财产，掠夺公社的土地，通过欺诈和消灭兼施的办法把封建的宗法的财产变为私人财产，——这就是不列颠贵族占有领地的法律根据。

在这不久以前发生的过程中，奴颜婢膝的法学家阶级为贵族卖了多大力气，这从上世纪一位英国法学家达尔林普尔那儿就可以看到，他在自己的著作"封建所有制"中以极其坦率的态度证明：在为所有权进行的诉讼中，在资产阶级大发横财时期的英国，法学家对于有关财产的每一条法律和每一份文件就作有利于资产阶级的解释；在贵族阶级发财致富的苏格兰，则作有利于贵族阶级的解释，而在两种场合下，都充满着敌视人民的精神。

马克思：《选举。——财政困难。——萨特伦德公爵夫人和奴隶制》，
《马克思恩格斯全集》第8卷第575页。

亚当·斯密和李嘉图这样的经济学家是当代的历史学家，他们的使命只是表明在资产

阶级生产关系下如何获得财富，只是将这些关系表述为范畴和规律并证明这些规律和范畴比封建社会的规律和范畴更便于进行财富的生产。

马克思：《哲学的贫困》，

《马克思恩格斯全集》第 4 卷第 156 页。

我不想在这里给自己提出一个任务，即讨论土地私有制的拥护者们——法学家、哲学家、政治经济学家——所提出的全部论据，我仅仅指出，第一，他们都花了不少精力用"天然权利"来掩盖掠夺这一原始事实。既然掠夺给少数人造成了天然权利，那末多数人就只得积聚足够的力量，来取得夺回他们被夺去的一切的天然权利。

马克思：《论土地国有化》，

《马克思恩格斯全集》第 18 卷第 64 页。

好心的——即怀有维护和粉饰资本主义的好心的——教授和官员们用来吸引公众注意的种种有关监督、公布资产负债表、规定一定的资产负债表格式、设立监察机构等等的条例，在这里根本不能起什么作用。因为私有财产是神圣的，谁也不能禁止股票的买卖、交换和典押等等。

列宁：《帝国主义是资本主义的最高阶段》，

《列宁全集》第 27 卷第 366 页。

马克思在《选举。——财政困难。——萨特伦德公爵夫人和奴隶制》里提到的"封建所有制"著作，指上世纪英国法学家约·达尔林普尔的《大不列颠封建所有制通史概论》（J. Dalrymple.《An Essay towardsa General History of Feudal Property in Great Britain》. London，1759）。

4. 脱离学术操守

学术是法学家的终身事业，秉持学术操守应当是法学家义不容辞的义务。然而，法学家们总是不能摆脱统治阶级辩护士的命运。这是历史和现实的悖论。

在马克思那个时代的学者中，有掠夺成性的理论家，有首先是资产者而后从事研究的理论家，也有既利用理论为资产者创造利润又不惊扰统治者安宁的理论家。他们的品质、能力和处世哲学各不相同，但在为资产阶级服务这一点上却是相同的。在法学家中，卢梭出身贫苦，当过学徒、仆人等被认为低贱的职业。他对法国的封建专制制度充满了仇恨。但是，后来的写作和法学研究，却为资产阶级革命和资产阶级专政开辟了道路。边沁出身于伦敦一个富有的律师家庭，为了适应资产阶级的要求，鼓吹自由主义和功利主义法学。

看来，在法的领域，从来都存在政治与学术的关系问题。

"摆脱论"，就是标榜法学独立，主张学术摆脱政治；"替代论"，就是法学混同于政治，主张用政治代替学术。这两种论调，都不是法学发展的正确道路。

这里，认识学术与政治的关系的关键在于，政治是什么样的政治，学术是什么样的学术。在当代，替没落阶级、反动阶级卖力的法学，是落后的、没有前途的、反动的法学；为新生阶级、先进阶级服务的法学，是先进的、充满前途的、革命的法学。从学术上说，凡具备范畴和范畴体系、逻辑和逻辑体系、论证和论证体系的法学理论，才能称得上学术理论。所谓学术操守，指的是这种称得上学术理论的法学理论的学术操守。

马克思当年描绘的那种穿着十八世纪轻佻的服装，"用新创的辞藻来加以炫耀；虚伪的深奥，拜占庭式的夸张，感情的卖弄，色彩的变幻，文字的雕琢，矫揉造作，妄自尊大，总之，无论在形式上或在内容上，都是前所未有的谎言的大杂烩"的法学家，是典型的脱离学术操守的法学家。

在我们这个动荡不定的时代，也像十六世纪一样，在公共利益的范围内，只是在反动派方面还有单纯的理论家，正因为如此，这些先生们根本就不是真正的理论家，而只是反动派的辩护士。

恩格斯：《资本论第三卷序言》，

《马克思恩格斯全集》第 25 卷上册第 4 页。

有一大批所谓"高级"劳动者，如国家官吏、军人、艺术家、医生、牧师、法官、律师等等，他们的劳动有一部分不仅不是生产的，而且实质上是破坏性的，但他们善于依靠出卖自己的"非物质"商品或把这些商品强加于人，而占有很大部分的"物质"财富。对于这一批人来说，在经济学上被列入丑角、家仆一类，被说成靠真正的生产者（更确切地说，靠生产当事人）养活的食客、寄生者，决不是一件愉快的事。这对于那些向来显出灵光、备受膜拜的职务，恰恰是一种非同寻常的亵渎。

马克思：《资本论第四卷》，

《马克思恩格斯全集》第 26 卷第 1 册第 167～168 页。

政治家、一切法学家、警察、士兵孟德斯鸠自己都还拘泥于这种见解，他天真不过地把它表达如下（《论法的精神》第 7 篇第 4 章）："富人不多花费，穷人就要饿死。"

一旦资产阶级占领了地盘，一方面自己掌握国家，一方面又同以前掌握国家的人妥协；一旦资产阶级把意识形态阶层看作自己的亲骨肉，到处按照自己的本性把他们改造成为自己的伙计；一旦资产阶级自己不再作为生产劳动的代表来同这些人对立，而真正的生产工人起来反对资产阶级，并且同样说它是靠别人劳动生活的；一旦资产阶级有了足够的教养，不是一心一意从事生产，而是也想从事"有教养的"消费；一旦连精神劳动本身也愈来愈为资产阶级服务，为资本主义生产服务；——一旦发生了这些情况，事情就反过来了。这时资产阶级从自己的立场出发，力求"在经济学上"证明它从前批判过的东西是合理的。

马克思：《资本论第四卷》，

《马克思恩格斯全集》第 26 卷上册第 315 页。

随着德国反动势力的猖獗和哲学的英雄时代的结束，具有德国市民天性的"小资产者"又重新抬头——在哲学上是一片不亚于莫泽斯·门德尔森的空谈，是一片自作聪明、抑郁不满和自命不凡的抱怨之声。而现在，连政治经济学也蜕化为关于法权概念的无稽之谈！这甚至比"刺激对数"还要高明。正如这方面的权威裁判席勒早就指出的，小市民在解决一切问题时，总是把它归之于"良心方面"。

《马克思致恩格斯》，

《马克思恩格斯全集》第 33 卷第 6 页。

我看过圣贝夫关于沙多勃利昂的书，这个作家我一向是讨厌的。如果说这个人在法国这样有名，那只是因为他在各方面都是法国式虚荣的最典型的化身，这种虚荣不是穿着十八世纪轻佻的服装，而是换上了浪漫的外衣，用新创的辞藻来加以炫耀；虚伪的深奥，拜占庭式的夸张，感情的卖弄，色彩的变幻，文字的雕琢，矫揉造作，妄自尊大，总之，无论在形式上或在内容上，都是前所未有的谎言的大杂烩。

《马克思致恩格斯》，

《马克思恩格斯全集》第 33 卷第 102 页。

精神空虚的资产者为他自己的资本和利润欲所奴役；律师为他的僵化的法律观念所奴役，这种观念作为独立的力量支配着他。

恩格斯：《自然辩证法》，

《马克思恩格斯全集》第 20 卷第 317 页。

法律不管琐事，我把谄媚逢迎的杜埃也看作是这种"琐事"。

《马克思致弗里德里希·阿道夫·左尔格》，

《马克思恩格斯全集》第 34 卷第 431 页。

在《马克思致恩格斯》里说"现在，连政治经济学也蜕化为关于法权概念的无稽之谈！这甚至比'刺激对数'还要高明"的"刺激对数"，指 19 世纪中叶所创立的韦伯—费希纳定律，这是一种表示感觉强度和引起感觉的刺激力两者之间关系的心理物理学定律。这是马克思对政治经济学蜕化为关于法权概念的讽刺。

（三）苏维埃初期法学家法律观的某些状况

1. 旧法观点仍占据主导地位

列宁在 1917 年 9 月就说过，"苏维埃是新型的国家机构"。在"全部政权归苏维埃"的口号下，通过把苏维埃由动员群众的机关变为起义的机关，变为政权机关、变为新的无产阶级国家机构的斗争来实现的。马克思在给库格曼的信中谈到，摧毁官僚军事国家机构是大陆上任何一次真正的人民革命的先决条件。列宁坚持马克思主义的立场，指出"打碎这个机器，摧毁这个机器，——这就是'人民'，人民的大多数，即工人和大多数农民的真正利益，这就是贫苦农民同无产者自由联盟的‘先决条件’”。

旧法制同旧政权是一同被摧毁的。然而，旧法观点不可能同旧政权、旧法制一同摧毁。因为思想问题、理论问题即法律观问题，不能采用摧毁的方式。

所谓"旧法观点"，是指剥削阶级的法律观点。在当时的苏俄，既存在资产阶级法律观点，也存在封建阶级法律观点。当然主要是资产阶级法律观点。

资产阶级法学的教师教出资产阶级法学的学生，资产阶级法学的学生当了教师，又教出资产阶级法学的学生，这些学生年复一年地进入司法机关，进入法学教学和科研单位。这样，代代相传，相袭成制。教师们和法官们脑子里的资产阶级法学思想是根深蒂固的。它们一定要顽固地表现自己，不让它们表现是不行的。

苏维埃国家是在社会主义法制的"空地"上开始建设的。除了沙皇时代遗留下来的司法机构、法官、法律学校、法律教师和学生，以及数不清的法律和法学著作，苏维埃没有自己现成的东西。因此，进行社会主义法制建设，首先是反对旧法观点，努力改变旧法观点占据主导地位的状况。为此，开展社会主义法律教育活动，树立正确的法律观和司法观，改变资产阶级法占主导地位的状况，抵制资产阶级法学思想的侵蚀和毒害，则是法的领域的艰巨任务。让马克思主义法学占领教学和司法阵地，清除旧法学观点的影响，是司法改革的重要一环。

国家一旦成了对社会的独立力量，马上就产生了新的意识形态。这就是说，在职业政治家那里，在公法理论家和私法法学家那里，同经济事实的联系就完全消失了。因为经济事实要取得法律上的承认，必须在每一个别场合下采取法律动机的形式，而且，因为在这里，不言而喻地要考虑到现行的整个法律体系，所以，现在法律形式就是一切，而经济内容则什么也不是。公法和私法被看作两个独立的领域，两者各有自己的独立的历史发展，本身都可以系统地加以描述，并要求彻底根除一切内部矛盾，以便作出这种描述。

恩格斯：《路德维希·费尔巴哈和德国古典哲学的终结》，
《马克思恩格斯全集》第21卷第347~348页。

利己主义的利益在"十表法"中比在帝国时代的"发达的私法"中表现得还要露骨。在这个黑格尔词句的不幸的回忆里，私法因而是被看作利己主义的征象，而不是圣物的征象。在这里圣桑乔最好也思考一下，私法和私有财产究竟有什么联系，私法在什么程度上决定着其他许多法律关系（参看"私有制、国家和法"）。

马克思恩格斯：《德意志意识形态》，
《马克思恩格斯全集》第3卷第364页。

我们的历史观首先是进行研究工作的指南，并不是按照黑格尔学派的方式构造体系的方法。必须重新研究全部历史，必须详细研究各种社会形态存在的条件，然后设法从这些条件中找出相应的政治、私法、美学、哲学、宗教等等的观点。

恩格斯：《致康拉德·施米特》，
《马克思恩格斯全集》第37卷第432页。

柏西阿斯这样非常个别的哲学家，至少还挥动讽刺的鞭子，鞭笞他们那些蜕化的同时代人。至于另一类的思想家，即法学家，则对新秩序赞赏不已，因为一切等级差别的取消，使他们得以全面制定他们心爱的私法，因而他们就为皇帝制定了空前卑鄙的国家法。

恩格斯：《布鲁诺·鲍威尔和早期基督教》，

《马克思恩格斯全集》第 19 卷第 333 页。

现在我手里拿着的这本 Code Napoléon 〔拿破仑法典〕并没有创立现代的资产阶级社会。相反地，产生于十八世纪并在十九世纪继续发展的资产阶级社会，只是在这本法典中找到了它的法律的表现。这一法典一旦不再适应社会关系，它就会变成一叠不值钱的废纸。你们不能使旧法律成为新社会发展的基础，正像这些旧法律不能创立旧社会关系一样。

马克思：《对民主主义者莱茵区域委员会的审判》，

《马克思恩格斯全集》第 6 卷第 292 页。

"法发展"的进程大部分只在于首先设法消除那些由于将经济关系直接翻译为法律原则而产生的矛盾，建立和谐的法体系，然后是经济进一步发展的影响和强制力又经常摧毁这个体系，并使它陷入新的矛盾（这里我暂时只谈民法）。

经济关系反映为法原则，也同样必然使这种关系倒置过来。这种反映的发生过程，是活动者所意识不到的；法学家以为他是凭着先验的原理来活动，然而这只不过是经济的反映而已。这样一来，一切都倒置过来了。而这种颠倒——它在被认清以前是构成我们称之为思想观点的东西的——又对经济基础发生反作用，并且能在某种限度内改变它，我以为这是不言而喻的。

恩格斯：《致康拉德·施米特》，

《马克思恩格斯全集》第 37 卷第 488 页。

门格尔过去是、现在仍旧是头蠢驴。他对民法所做的全部评论无非是维护"警察国家"反对"法治国家"而已。法，尤其是民法，当然比警察专横更严格、更严厉，因为警察专横正因为是专横，有时还可能表现出一些仁慈来。

恩格斯：《致卡·考茨基》，

《马克思恩格斯全集》第 38 卷第 288 页。

德朗克的脑袋里装了足够的法律知识，所以在存在引渡条约的现时代，他会提防直接的刑事诉讼。此外，你知道，在商业中就是最直接的刑事案件，也可以在通常的民法形式的掩盖下处理的。

《恩格斯致马克思》，

《马克思恩格斯全集》第 31 卷上册第 367 页。

在马格德堡，人们曾经同这班领袖进行争论，谴责他们，向他们提出正式的最后通牒，因为他们代表的是伟大革命队伍里的切不可靠的软弱分子，这些人深受资产阶级法制的熏染，他们由于迷信这种法制，崇拜一个奴隶占有制时代即一个资产阶级统治时代的整个局限性而麻木不仁。

列宁：《两个世界》，

《列宁全集》第 20 卷第 16～17 页。

善于舞文弄法的法官首先利用的一点，就是法律对于在执行职务时进行拷打的人规定了好几种惩罚，让法官可以在两个月监禁和流放西伯利亚之间酌情处理。法官不受正式规定的过分约束，而有一定的伸缩余地，——这当然是一种很合理的原则，所以我国刑法学教授们才不止一次地称颂俄国的法律制度，强调它的自由主义。只是他们忘记了一件小事情：要运用合理的法规，就需要有其地位不同于一般官吏的法官，就需要社会代表参加审判和舆论界参加案件的讨论。

列宁：《时评》，

《列宁全集》第 4 卷第 358 页。

自由派资产阶级，尤其是自由派资产阶级知识分子，不能不追求自由和法制，因为没有自由和法制，资产阶级的统治就不彻底，不完整，没有保证。但是资产阶级害怕群众运动甚于害怕反动势力。因此，自由派在政治上就表现出惊人的、不可思议的软弱和十足的无能。

列宁：《两种乌托邦》，

《列宁全集》第 22 卷第 130 页。

我们不承认任何"私人"性质的东西，在我们看来，经济领域中的一切都属于公法范畴，而不是什么私人性质的东西。我们容许的资本主义只是国家资本主义，而国家，如上所述，就是我们。因此必须：对"私法"关系更广泛地运用国家干预；扩大国家废除"私人"契约的权力；不是把罗马法典，而是把我们的革命的法律意识运用到"民事法律关系"上去；通过一批示范性审判来经常地、坚持不懈地表明应当怎样动脑筋、花力气做这件事；通过党来抨击和撤换那些不学习这个本事和不愿理解这一点的革命法庭成员和人民审判员。

列宁：《关于司法人民委员部在新经济政策条件下的任务》，

《列宁全集》第 42 卷第 427 页。

决不能把政治方面和民法方面分开。

列宁：《致某人》，

《列宁全集》第 46 卷第 71 页。

目前正在制定新的民法。司法人民委员部在"随波逐流"，这种情况我看得出来。可是它是应当同潮流作斗争的。不要因袭（确切点说，不要被那些昏庸的资产阶级旧法学家所愚弄，他们总是因袭）陈旧的、资产阶级的民法概念，而要创造新的。不要受"因职责关系"沿用"适合欧洲"的行动方式的外交人民委员部的影响，而要同这种行动方式作斗争，制定新的民法，确定对"私人"契约的新的态度，等等。

列宁：《关于司法人民委员部在新经济政策条件下的任务》，
《列宁全集》第 42 卷第 426～427 页。

请注意，据哥尔布诺夫同志告诉我，昨天在人民委员会里把民法典弄得糟透了。我在给库尔斯基的信中提出的那些警告，实际上没有引起重视。责成全俄中央执行委员会主席团按照我给库尔斯基的信中提出的意见的精神对此事加以研究。

列宁：《就俄罗斯联邦民法典问题给政治局的信》，
《列宁全集》第 42 卷第 430 页。

在我国，1949 年 2 月，《中共中央关于废除国民党的六法全书与确定解放区的司法原则的指示》中指出："在人民民主专政的政权下，国民党的六法全书应该废除，人民的司法工作不能再以国民党的六法全书为依据，而应该以人民的新的法律作依据。……同时司法机关应该经常以蔑视和批判六法全书及国民党其他一切反动的法律、法令的精神，以蔑视和批判欧美日本资本主义国家一切反人民的法律、法令的精神，以学习掌握马列主义——毛泽东思想的国家观、法律观及新民主主义政策来教育、改造司法干部。"

这一《指示》是完全正义的，具有不容置疑的历史正当性。

有些人以该《指示》是王明主持起草的为借口，否定《指示》的精神和规定。这是行不通的。因为这是"中共中央"的指示，与谁起草的无关。

过了近半个世纪之后，我国出现了一股新的否定《指示》的思潮。他们有的借用某人说的"废除'六法全书'，并不意味着它的所有规定，我们一概不能加以利用"，来达到自己的目的。他们对"六法全书"顶礼膜拜，有人甚至提出我们要编"六法全书"。我国已经建立了社会主义法律体系，并有效地调整着社会生活的相应方面，没有必要也不能允许走旧法制的回头路。

与苏联不同，我们不是在社会主义法的"空白"上创建社会主义法制的。

早在工农民主政权时期，我们制定了《中华苏维埃共和国宪法大纲》《井冈山土地法》《兴国土地法》《中华苏维埃共和国土地法》《中华苏维埃共和国劳动法》《中华苏维埃共和国婚姻法》《中华苏维埃共和国惩治反革命条例》，等等；

抗日民主政权时期，制定了《陕甘宁边区施政纲领》《陕甘宁边区抗战时期惩治汉奸条例》《陕甘宁边区抗战时期惩治盗匪条例》《陕甘宁边区婚姻条例》《陕甘宁边区保障人权财权条例》《陕甘宁边区劳动保护条例》《陕甘宁边区地权条例》《陕甘宁边区土地租佃条例》，等等；

解放区民主政权时期，制定了《陕甘宁边区宪法原则》《中共中央关于土地问题的指示》《中国土地法大纲》《华北人民政府司法部关于婚姻问题的解答》，等等。

在执法和司法中，创建了巡回审判、就地办案、马锡五审判方式、人民调解制度、民间调解、犯人自治组织等司法审判和监狱管理等制度。这是具有中国特点的充满人民民主性的司法制度。

应当说，这些革命根据地时期的法律制度，已经具备国家法律制度的基本要素，为新中国的立法和司法准备了较为完整的基础。司法改革、反对旧法观点就是在这个背景下开始的。

1952 年 8 月 17 日《人民日报》发表《必须彻底改革司法工作》社论，明确指出了"司法改革"是反对旧法观点和改革整个司法机关的运动，其目的是从政治上、组织上、思想作风上纯洁各级司法机关，有系统地正确地逐步建立和健全司法制度。在《人民日报》发表的《肃清反人民的旧法观点》中，例举了五种"旧法观点"：违反巩固人民民主专政的原则，用敌我不分的所谓"法律面前人人平等"和"既往不咎"等谬论为人民的敌人服务；强调所谓"司法独立"；严重脱离群众，使司法机关"衙门化"，发展为压制人民的"老爷"作风；脱离群众运动，脱离中心工作，孤立办案，认为走群众路线办案有时对，是一般工作的路线和方法，而不是或不完全是司法工作的路线和方法；对国家和人民利益漠不关心。这五个方面的情况，符合实际。

与此同时，在 1952 年的院系调整中，对旧中国遗留下来的公私并立、中外共存的高教格局，进行了一次全国规模的改革。对当时的政法院系进行调整，从实际出发，采取了撤销、合并和重新组建等办法。

通过司法改革和院系调整，建立了新中国的司法和政法教育的制度和体制，从而保证了司法和政法教育的社会主义性质。实践证明，这样做，无论在理论上、制度上，还是方法步骤上，都是正确的科学的，是符合实际的。

现在，一些人站在历史虚无主义的立场上，按照西方的司法和法学观点，全面否定对旧法观点的批判，否定司法改革，否定院系调整，以彻底否定社会主法制。

2. 拒绝为苏维埃国家服务

苏维埃国家绝不排斥法学家，总是采取团结、教育的方针，争取他们为新生的苏维埃立法、司法和法学教育服务。然而，一些法学家拒绝这样做。他们为沙皇政府和资产阶级效劳惯了，怎么能指望他们突然在一个早上为"泥腿子"服务呢？

他们以为"死了张屠夫，人们就会吃混毛猪"，所以就怠工、罢工，等着看共产党的笑话。其实，死了张屠夫，人们也不会吃混毛猪。在马克思主义旗帜下，什么人间奇迹人民都能创造出来，何况立法和法学教育呢！

列宁下面的论述，醍醐灌顶，会使不谙世事的人迅速知道许多世事。

1921 年 10 月或 11 月我曾试图通过司法人民委员部吸收波斯托洛夫斯基参加工作。结果没有成功，据说，他拒绝了。似应审查一下：这位法学家是不是反动的？（大多数"法学家"是反动分子。）

列宁：《致亚·德·瞿鲁巴》，

《列宁全集》第 52 卷第 325 页。

这里动用了院士，而院士们又设法动用法学家。我记得倍倍尔说过：法学家是最反动的人，而且都是一些资产阶级的人物。当然，这一点我们可以设法纠正过来。但是这里并没有什么可怕之处。

> 列宁：《在全俄工会中央理事会共产党党团会议上关于租让问题的报告》，
> 《列宁全集》第 41 卷第 178 页。

我们不怕引起"有学问的"人的非难，更正确地说，是贩卖一星半点知识的没有学问的资产阶级拥护者的非难。

> 列宁：《全俄工兵农代表苏维埃第三次代表大会文献》，
> 《列宁全集》第 33 卷第 274 页。

在苏维埃政权下，在苏维埃内部，在苏维埃的行政机关内部，在苏维埃的"法律辩护员"当中会重新遇到（我们在俄国废除了资产阶级的律师制，这是做得很对的，可是它在"苏维埃的""法律辩护员"的名义下，又在我国复活起来）。在苏维埃的工程师当中，在苏维埃的教员当中，在苏维埃工厂内享受特权的，即技术最熟练、待遇最好的工人当中，我们可以看到，资产阶级议会制度所固有的一切弊端都在不断地复活着，我们只有用无产阶级的组织性和纪律性，作再接再厉的、坚持不懈的、长期的、顽强的斗争，才能逐渐地战胜这种祸害。

> 列宁：《共产主义运动中的"左派"幼稚病》，
> 《列宁全集》第 39 卷第 93 页。

在苏维埃政权下，会有更多的资产阶级知识分子出身的人钻到你们的和我们的无产阶级政党里来。他们将钻进苏维埃，钻进法院，钻进行政机关，因为我们不用资本主义所造就的人才，就不能建设也没有别的人才可用来建设共产主义，因为我们不能赶走和消灭资产阶级知识分子，而应当战胜他们，改造他们，重新陶冶和重新教育他们。

> 列宁：《共产主义运动中的"左派"幼稚病》，
> 《列宁全集》第 39 卷第 92 页。

我们必须知道并且记住，从法律上和事实上来说，苏维埃共和国宪法的基础都是：党在纠正缺点、制定措施和进行建设的时候，都是遵循这样一个原则，就是要使那些同无产阶级息息相关的共产主义分子能够引导无产阶级贯彻他们的精神，服从他们的领导，摆脱我们一直在努力铲除的资产阶级的欺骗。教师组织曾经长期抗拒社会主义革命，教育人民委员部进行了长期的斗争。教育界的资产阶级偏见特别顽固。这里进行了长期的斗争，其形式是公开怠工和顽固坚持资产阶级的偏见，我们只好慢慢地一步一步地夺取共产主义阵地。

> 列宁：《在全俄省、县国民教育局政治教育委员会工作会议上的讲话》，
> 《列宁全集》第 39 卷第 403 页。

工人和农民痛恨知识分子的怠工是必然的，如果可以"归咎于"谁的话，那只能"归咎于"资产阶级及其自觉和不自觉的帮凶。假如我们"唆使"人们去反对"知识分子"，那就应当把我们打死。但是我们不仅没有唆使人民去反对他们，而且还用党的名义和政权的名义宣传必须给知识分子以较好的工作条件。

> 列宁：《对一位专家的公开信的答复》，
> 《列宁全集》第 36 卷第 208 页。

他们——教授、教师、工程师将自己的知识变为剥削劳动者的工具，他们说，我要以自己的知识为资产阶级效劳，不然我就不工作。但他们的政权已经为工农革命所摧毁，一个同他们相对立的国家产生了，在这个国家内，群众自己可以自由选择自己的代表。

> 列宁：《全俄工兵农代表苏维埃第三次代表大会文献》，
> 《列宁全集》第 33 卷第 273 页。

列宁在《在全俄工会中央理事会共产党党团会议上关于租让问题的报告》里，说"这里动用了院士，而院士们又设法动用法学家。我记得倍倍尔说过：法学家是最反动的人，而且都是一些资产阶级的人物"，指的是签订租让合同的事。

合同将规定，外方应当提供哪些商品和按什么价格出售。苏维埃可以同意使用任何一种流通券和配售证。如果他们破坏合同，我们就有权立即废除合同。合同是一种民事契约。至于应该有什么样的仲裁，以及纠纷应由谁来解决的问题，列宁说自己至今没有去研究。为此，列宁想看一下同瑞典公司签订的合同草稿。关于租让合同问题，列宁认为同志们说得完全不对。在这种情况下，列宁想用院士们设法动用法学家参与此事。

列宁在《共产主义运动中的"左派"幼稚病》里提到的"苏维埃的'法律辩护员'"，是说 1918 年 2 月设立的隶属于工人、士兵、农民和哥萨克代表苏维埃的法律辩护员公会。资产阶级旧律师在许多法律辩护员公会中影响很大，他们歪曲苏维埃诉讼程序的原则，营私舞弊。因此早在 1920 年春就提出了取消法律辩护员公会的问题。1920 年 10 月，法律辩护员公会被撤销。

三、学说学派的法律观

学说学派的主体是集合体。学派是基于持有相同学说构成的理论派别。学说学派的法律观，是说这个集合体由以表现的法律观。这里的学说学派法律观，包括法学学说学派的法律观和法学相关学说学派的法律观。在同一学派中，各个学说的着力点总是存在某些差别，但其学者的法律观大体是相同的。

（一）法学学派的法律观

1. 自然法学派的法律观

自然法思想伴随人类走过了几千年。自然法不是一个"实在的定在"，就是说不存在作为实在法的自然法。根据坚持自然法的法学家们的诸多理论，可以把自然法概括为自然法则，即自然规律本身所规定的行为准则。无论不同历史时期的解释有怎样的不同，他们理论的核心总是"自然状态"—"自然人"—"自然权利"—"自然正义"。凡是肯定自然法的理论派别的法律观，就是自然法学派的法律观。

无论不同历史时期的解释有怎样的不同，他们理论的核心总是"自然状态"—"自然正义"。自然法被纳入资产阶级理论轨道后，"自然状态"复制为资本积累的"丛林法则"，"自然人"成为超阶级、超历史的生物体，主要是功利主义的"经济人""自然权利"变成有产者的权利，随之，"自然正义"被归结为统治阶级的正义了。

在古希腊古罗马时期，一些法学家认为存在一种凌驾于社会之上的自然界的规则，这种规则与正义性相联系。提出自然法是上帝的意志、人的理性或人的本性。人们履行义务或享有权利，都出自自然法的要求。亚里士多德认为，政治正义可分为自然正义与惯例正义两种。"自然正义"是出于自然而非人为，不以人的意志为转移，对一切都有同等效力的正义准则。柏拉图和亚里士多德提出的"自然正义"概念的含义，是认为"自然正义"产生了自然法，它是人类理性的体现。

到了中世纪，神学家托马斯·阿奎那把自然法神学化，用神学的观点解释自然法。认为自然法不是成文法，它只能凭理性去体会。

在17、18世纪时期，近代自然法学派代表人物格劳秀斯、霍布斯、洛克、卢梭等人发展了自然法理论，使"自然状态""自然权利""社会契约"成为自然法理论的核心概念。资产阶级利用这些思想，提出"天赋人权"并作为资产阶级革命的思想武器。资产阶级的法学理论，是以"天赋人权"为中心的。认为人的权利是上帝赋予的，是与生俱来的。弘扬"天赋人权"的目的，是同封建阶级争夺国家权力。

19 世纪中期后，随着自由资本主义危机的加深，特别是"欧洲革命"风暴的巨大影响，以实证主义为基础的功利主义法学派、分析法学派和历史法学派否定了自然法理论。他们认为自然法学派理论是虚假的。

从 19 世纪下半叶和 20 世纪初叶，就是从自由资本主义向垄断和国家垄断资本主义的过渡时期，"理性"和"正义"的自然法复活。这种复活，是由纳粹专制的不公正法律引发的。随着自由资本主义"非理性主义"的泛滥，产生了以"理性"和"正义"为基础的自然法理论的复活。他们提出了"内容可变的自然法"主张，以期自然法对法实证主义的胜利，使长期违反法律秩序的状态得以纠正和预防。

第二次世界大战后，"新自然法学派"主张"新自然法"。富勒和后来的罗尔斯、德沃金等人认为，存在着一种判断实在法正义与否的标准，这个标准，就是"新自然法"。富勒反对以实用主义哲学为思想基础的法学，也反对法实证主义。

富勒强调法律本身必须以法制原则为前提，这些法制原则就是法律的"内在道德"，即"程序自然法"。实际上，富勒没有改变自然法理论的"理性"传统。

"新自然法"理论有其政治经济背景，反映了时代的某些要求，但法社会学和现实主义法学仍占主流地位。这些法学理论，被认为是"想用意识形态的约束力取代法律的约束力"。

当代的自然法理论并没有绝迹。有的法学家认为，以自然法限制国家任意制定裁量权，以及哪些超实证主义的法律，可称之为自然法；认为自然法思想又重新归于预设生物本质和本性的决定作用；认为立法者应受到一切预设物的约束，它们是价值、规范、人的生物本质，以及人类共有的结构、历史情势、制度等等。当代自然法学派的法律观，就是"追寻一个具体的历史的自然法"。

在自然法的理论流脉里，空想社会主义者摩莱里的自然法理论和社会理想特别引人注目。他的理论和理想，表现在《自然法典》一书中。该书的全称为《自然法典或自然法律的真精神》。他探寻"一切被忽视或被蔑视的时代的自然法律的真正精神"。

摩莱里研究了"自然状态"。他认为这种"自然状态"是人人平等的"自然状态"，而不是动物世界里丛林法则下的"自然状态"；他认为有"上帝"的存在，"神"是自然界的动力，但反对"天赋观念"；他使用了"理性"和"自然规律"术语，但他把这些术语引向了公有制。他认为私有制是万恶之渊，是社会上一切罪恶和不道德的根源，他不认为应当利用"天赋人权"实行私有制。他反对孟德斯鸠的"三权分立"说，认为这种分权理论，在私有制和利益所造成的惊人不平等的状况下，没有改变国家的不幸和居民所受到的最大痛苦。

在《自然法典》里，摩莱里为理想社会描述了一个合乎自然规律的法律蓝图。他把实行公有制的实在法，分为基本法和单行法。基本法规定废除私有制，实行财产公有，规定人人各尽所能，各取所需。单行法规定社会生活的基本方面，包括土地法、分配法或经济法、城市规划法、公共秩序法、政府法、行政管理法、婚姻法等具体法律规定。

摩莱里从人类社会存在一种自然规律的自然法思想出发，引出消灭私制、引出未来社会的美好图景。这种社会主义学说和法律学说的伟大创造所表现的，正是摩莱里的法律观。

有人在某大报发文说马克思"有自然法倾向",这是不了解什么是自然法和对马克思否定自然法态度的无知。在《马克思恩格斯全集》中,马克思和恩格斯关于自然法的论述不多。

在《马克思恩格斯全集》中,马克思涉及自然法的论述约有 16 处。

其一,有 10 处是引文中出现的,马克思未加任何评注:

第一处,是马克思在《关于伊壁鸠哲学的笔记》的引文里出现的。马克思引自《比埃尔·伽桑狄评第欧根尼·拉尔修,第 10 卷:论述伊壁鸠鲁的生平、习惯和见解》(1649 年在里昂出版)。

第二处、第三处是马克思在《经济学手稿》里,引用托·霍吉斯金的话。引自托·霍吉斯金:《通俗政治经济学》(1827 年伦敦版)。

第四处,是马克思在《资本论》第 4 卷里,引用托·霍吉斯金的话。

第五处,是马克思恩格斯在《德意志意识形态》里,引用莫斯地方的主教博胥埃的话。引自博胥埃:《从圣经引伸出的政治学》。

第六处,是马克思在《附录》里,引用配第的话。

第七处、第八处、第九处,是马克思在《附录》里,引用洛克的话。

第十处,是马克思在《附录》里,引用路德的话。引自路德:《给牧师们的谕示:讲道时要反对高利贷》。

其二,有 6 处是马克思直接表明否定态度的:

第十一处,在《马克思致阿·卢格》中指出,"我为《德国年鉴》写的另一篇文章是在内部的国家制度问题上对黑格尔自然法的批判。"

第十二处,马克思在《历史法学派的哲学宣言》中指出,"返回到胡果的自然法去,这个学派肯定会认为是合情合理的。"

第十三处,马克思在《历史法学派的哲学宣言》中指出,"他的自然法教科书就是历史学派的旧约全书。"

第十四处,马克思在《历史法学派的哲学宣言》中指出,胡果"自称是康德的学生,并把自己的自然法称作康德哲学的支脉。"

第十五处,马克思在《历史法学派的哲学宣言》中指出,"应当把胡果的自然法看成是法国旧制度的德国理论。"

第十六处,马克思在《历史法学派的哲学宣言》中指出,"应当把哈勒、施塔尔、莱奥及其同伙的法律理论和历史理论看作只不过是胡果的自然法的旧版翻新,在经过几番考证辨析之后,在这里又可以看出旧的原文了,以后如有机会,我们将更为详细地来说明这一点。"

上述论述说明了什么?说明了马克思不仅没有"自然法倾向",而且是反对自然法主张的。

恩格斯明确指出:比较都是以具有某种共同点为前提的,这种共同点表现在法学家把这些法学体系中一切多少相同的东西统称为自然法权。而衡量什么算自然法权和什么又不算自然法权的标准,则是法权本身最抽象的表现,即公平。于是,从此以后,在法学家和盲目相信他们的人们眼中,法权的发展只在于力求使获得法律表现的人类生活条件愈益接近于公平理想，即接近于永恒公平。这就是经典作家对于自然法和自然法理论的立场和态度。至于自然法理论所鼓吹的"天赋人权""自然正义""自然法权""永恒公平"等等高超的胡说，早已被马克思和恩格斯批判得体无完肤。

需要指出，自然规律只是支配人类社会的客观规律之一。决定人类社会性质和面貌的客观规律，有自然规律、经济规律和社会发展规律。法律也有规律，是法律发展规律。社会的发展，是所有客观规律综合作用的结果。假设自然法理论所理解的自然规律是正确的，那么支配社会发展的规律也不仅仅是自然规律。

下述段落反映伊壁鸠鲁对精神的本质、对国家的看法。他把契约，συνοηχη，看作基础；从而只把有益的原则，σμφρ，看作目的。

[150] "自然法是一种求得互不伤害和都不受害的 [对双方] 有利的契约。"（第97页）"对于那些不能互相约定互不伤害和都不受害的人，是不存在正义和非正义的东西的。那些不能够，或不愿意订立不伤害和不受害的契约的民族的情况也是如此。"（第98页）
…………

[152] "在公认为正义的东西中，那种在人们交往的相互关系上被证明是有益的东西，要是它对人们一视同仁的话，就具有法的性质。如果有人颁布一条 [对大家] 都一视同仁的法律，可是这法律在人们交往的相互关系中并不带来好处，那么这条 [法规] 就没有法的性质。"（第99页）

马克思：《关于伊壁鸠鲁哲学的笔记》，
《马克思恩格斯全集》第40卷第34页。

我为《德国年鉴》写的另一篇文章是在内部的国家制度问题上对黑格尔自然法的批判。这篇文章的主要内容是同君主立宪制作斗争，同这个彻头彻尾自相矛盾和自我毁灭的混合物作斗争。

《马克思致阿·卢格》，
《马克思恩格斯全集》第27卷第421页。

关于市场商品充斥和必要劳动的界限有多大关系的问题：
"工人 [对工作的] 需求的增加不过是表明他们甘愿自己拿走产品中更小的份额，而把其中更大的份额留给他们的雇主；要是有人说，这会由于消费减少而加剧市场商品充斥，那我只能回答说：市场商品充斥是高额利润的同义语。"（《论马尔萨斯先生近来提倡的关于需求的性质和消费的必要性的原理》1821年伦敦版第59页）
在这些话里，[资本主义生产固有的] 矛盾的一个方面完全表达出来了。
"[资本] 使劳动停在除工人生活费用之外还能为资本家生产利润的那个点上的实践，是同调节生产的自然法相违背的。"（霍吉斯金，同上，第238页）

马克思：《经济学手稿》，
《马克思恩格斯全集》第46卷上册第401~402页。

如果一个工人虽然生产了可以出卖的商品，但是，他生产的数额仅仅相当于他自己的劳动能力的价值，因而没有为资本生产出剩余价值，那么，从资本主义生产的观点看来，这种工人不是生产的，这一点，在李嘉图那里已经可以看出，他的书中表明，这种人的存在本身就是一个累赘。这就是资本的理论和实践。

"关于资本的理论，以及使劳动停在除工人生活费用之外还能为资本家生产利润的那个点上的实践，是同调节生产的自然法相违背的。"（托·霍吉斯金《通俗政治经济学》1827 年伦敦版第 238 页）

马克思：《经济学手稿》，

《马克思恩格斯全集》第 48 卷第 472～473 页。

历史学派已把研究起源变成了自己的口号，它把自己对起源的爱好发展到了极端，以致要求船夫不在江河的干流上航行，而在江河的源头上航行。因此，要是我们返回到历史学派的起源去，返回到胡果的自然法去，这个学派肯定会认为是合情合理的。

马克思：《历史法学派的哲学宣言》，

《马克思恩格斯全集》第 1 卷第 229 页。

胡果就是还没有接触到浪漫主义文化的历史学派的自然人，他的自然法教科书就是历史学派的旧约全书。

马克思：《历史法学派的哲学宣言》，

《马克思恩格斯全集》第 1 卷第 229 页。

当我们认为胡果先生是 18 世纪的产儿的时候，我们甚至是按照胡果先生的意图行事的，这位先生本人也证实了这一点，他自称是康德的学生，并把自己的自然法称作康德哲学的支脉。

马克思：《历史法学派的哲学宣言》，

《马克思恩格斯全集》第 1 卷第 230 页。

如果说有理由把康德的哲学看成是法国革命的德国理论，那么，就应当把胡果的自然法看成是法国旧制度的德国理论。

马克思：《历史法学派的哲学宣言》，

《马克思恩格斯全集》第 1 卷第 233 页。

应当把哈勒、施塔尔、莱奥及其同伙的法律理论和历史理论看作只不过是胡果的自然法的旧版翻新，在经过几番考证辨析之后，在这里又可以看出旧的原文了，以后如有机会，我们将更为详细地来说明这一点。

马克思：《历史法学派的哲学宣言》，

《马克思恩格斯·全集》第 1 卷第 238～239 页。

莫斯地方的主教博胥埃在自己的著作"从圣经引伸出的政治学"中就已经写道:"如果没有政府,土地和一切财富就会像空气和阳光一样成为一切人的公共财产;根据固有的自然法,任何人都没有占有任何东西的特权。万物属于一切人,私有制是市民当权的结果。"

马克思恩格斯:《德意志意识形态》,

《马克思恩格斯全集》第3卷第619页。

比较都是以具有某种共同点为前提的:这种共同点表现在法学家把这些法学体系中一切多少相同的东西统称为自然法权。而衡量什么算自然法权和什么又不算自然法权的标准,则是法权本身最抽象的表现,即公平。于是,从此以后,在法学家和盲目相信他们的人们眼中,法权的发展只在于力求使获得法律表现的人类生活条件愈益接近于公平理想,即接近于永恒公平。

恩格斯:《论住宅问题》,

《马克思恩格斯全集》第18卷第310页。

1662年配第已在《赋税论》中把利息,即我们叫做高利贷的货币租金(rent of money-which we call usury)同土地的和房屋的租金(rent of land and houses)相对比,并且向那些想用法律来压低货币租金(自然不是地租)的地主解释,违反自然法而颁布成文民法是徒劳无益的(the vanity and fruitless ness of making civil positive law against the law of nature)

恩格斯:《反杜林论》,

《马克思恩格斯全集》第20卷第258页。

可是按照"自然法"说来,他们的真正职能正是在于"关心良好的管理和关心维持他们世袭财产所必需的费用",或者像后来所解释的,在于avances foncières,即用来准备土地并供给农场以一切必需东西的费用,这些费用,使租地农场主可以把其全部资本只用在真正的耕种事业上。

恩格斯:《反杜林论》,

《马克思恩格斯全集》第20卷第274页。

关于利率,配第说:"我在别处已经说到,制定违反自然法(就是由资产阶级生产本性产生的法律)的成文民法是徒劳无益的。"(第29页)

马克思:《附录》,

《马克思恩格斯全集》第26卷第1册第386页。

在洛克看来,如果劳动条件的数量大于一个人用自己的劳动所能利用的数量,那末,对这些劳动条件的所有权,就是一种同私有制的自然法基础相矛盾的〔1292a〕政治发明。

马克思:《附录》,

《马克思恩格斯全集》第26卷第1册第390页。

"以这种方式给予我们所有权的这一自然法，同时也限制了这个所有权的范围……一个人在对他的生活有某种用处的东西损坏之前能够使用它多少，他用自己的劳动可以使它变为自己所有的也就多少；超出这个限度的，就是超过他的份额而属于别人的东西。"

马克思：《附录》，
《马克思恩格斯全集》第 26 卷第 1 册第 391 页。

应该把这段话同洛克关于利息的著作中的下面一段话加以对比，不要忘记，照他看来，自然法使个人劳动成为所有权的界限。

马克思：《附录》，
《马克思恩格斯全集》第 26 卷第 1 册第 392 页。

关于货币对财富增加的影响，霍吉斯金正确地指出：

…"关于资本的理论，以及使劳动停在除工人生活费用之外还能为资本家生产利润的那个点上的实践，看来，都是同调节生产的自然法相违背的。"（第 238 页）

马克思：《资本论第四卷》，
《马克思恩格斯全集》第 26 卷第 3 册第 349～350 页。

因此，就是从理性和自然法来看，你赔偿我的一切，即本金和我所受的损失，也是公平的……这种损失在法律书上，拉丁文叫 interesse……

马克思：《附录》，
《马克思恩格斯全集》第 26 卷第 3 册第 594 页。

在《马克思致阿·卢格》里，"我为《德国年鉴》写的另一篇文章是在内部的国家制度问题上对黑格尔自然法的批判"的"另一篇文章"，是指《〈黑格尔法哲学批判〉导言》。在这篇文章中，马克思对黑格尔自然法思想作了批判。此文是 1843 年夏写的。

马克思在《历史法学派的哲学宣言》里提到"胡果的自然法"，指胡果的《作为实在法、特别是私法的哲学的自然法教科书》（民法讲座教科书第 2 卷）。马克思在这篇文章里引用的是该书修订版，即 1819 年柏林第 4 版。格劳修斯·胡果（Grotius Hugo 1583—1645），是荷兰学者，法学家，资产阶级自然法理论的创始人之一。

提到"历史学派的自然人"中的"自然人"，是 18 世纪流行过的一种虚构，认为自然状态是人类本性的真实状态。当时有人想用肉眼去看人的思想，因此就创造出自然人——巴巴盖诺，他们纯朴得居然身披羽毛。在 18 世纪最后几十年间，有人曾经设想，那些原始民族具有非凡的才智，那时到处都听到捕鸟者模仿易洛魁人和印第安人等的鸟鸣术，以为用这种办法就能诱鸟入彀。所有这些离奇的言行都是以这样一种正确的想法为根据的，即原始状态是一幅幅描绘人类真实状态的纯朴的尼德兰图画。

2. 历史法学派的法律观

历史法学派或称法的历史学派，是主张以历史主义研究法律的法学派别。产生于 19 世纪初叶，经过近一个世纪的发展后，渐其式微。

历史法学派是基于反对自然法理论而发展起来的。历史法学派理论不认为法律是"理性"的产物，不追求"自然正义"，而认为法律是自发地自然而然地形成的；认为法律不是空虚的自然界的规则，而是人类历史传统和民族精神、民族意志的体现。

应当说，用历史方法研究法律，或者像梅因那样用历史的比较方法研究法律，只是研究的一个方面；而法律与历史传统、民族精神的关系，也不是法的普遍联系的全部内容。历史法学派的理论显然是片面的。重要的是，法是统治阶级的意志，不是民族的共同信念和共同意志。历史法学派法律观错误的核心正在这里。

历史法学派不仅仅是理论错误。在《历史法学派的哲学宣言》中，马克思谴责了历史法学派和反动的浪漫主义的代表借口维护历史传统来为封建专制制度辩护的企图，指出人们有理由把康德的哲学看成是法国革命的德国理论，而自称是康德学生的历史法学派创始人胡果的自然法却是法国旧制度的德国理论。这样，马克思就清楚地表明，历史法学派的代表想通过修订普鲁士法律来恢复历史上已过时的制度。这种政治错误和理论错误，集中表现了历史法学派的法律观。

胡果说，"动物本性是人在法律上的特征"。照这样说来，法就是动物的法，而有教养的现代人则不说"动物的"这种粗野而坦率的字眼，而说"组织法"之类的术语了，因为在说到组织的时候，谁会立即想起动物的机体呢？胡果说，在婚姻以及其他道德法律制度中都没有理性，而现代的先生们则说，这些制度固然不是人类理性的创造物，但它们却是更高级的"实证"理性的反映，其他一切东西莫不如此。只有一个结论他们都是用同样粗野的语调来表达的，那就是：专制暴力的法。

马克思：《历史法学派的哲学宣言》，
《马克思恩格斯全集》第 1 卷上册第 238 页。

胡果的论据，也和他的原则一样，是实证的，也就是说，是非批判的。他不知道什么是差别。凡是存在的事物他都认为是权威，而每一个权威又都被他拿来当作一种根据。

马克思：《历史法学派的哲学宣言》，
《马克思恩格斯全集》第 1 卷上册第 231 页。

这样看来，胡果是一个十足的怀疑主义者。否认现存事物的理性的 18 世纪的怀疑主义，在胡果那里表现为否认理性存在的怀疑主义。胡果承袭了启蒙运动，他不认为实证的事物是合乎理性的事物，但这只是为了不把合乎理性的事物看作实证的事物。胡果认为，人们消除实证的事物中的理性假象，是为了承认没有理性假象的实证的事物；他认为，人们摘掉锁链上的虚假的花朵，是为了戴上没有花朵的真正锁链。

马克思：《历史法学派的哲学宣言》，
《马克思恩格斯全集》第 1 卷上册第 232 页。

我们认为，从历史学派的哲学宣言中引来的这几段摘要，足以给这一学派作出历史的评价，以取代那些非历史的臆想、模糊的空想和故意的虚构。这几段摘要足以用来判明胡果的继承者能不能承担当代的立法者的使命。

马克思：《历史法学派的哲学宣言》，

《马克思恩格斯全集》第 1 卷上册第 238 页。

法的历史学派所说的"历史"发展的民族有一个特点，就是经常忘记自己的历史。

马克思：《政治经济学批判》，

《马克思恩格斯全集》第 13 卷第 157 页。

有个学派以昨天的卑鄙行为来为今天的卑鄙行为进行辩护，把农奴反抗鞭子——只要它是陈旧的、祖传的、历史性的鞭子——的每个呼声宣布为叛乱……这个法的历史学派本身如果不是德国历史的产物，那它就是杜撰了德国的历史。

马克思：《黑格尔法哲学批判导言》，

《马克思恩格斯全集》第 1 卷第 454 页。

马克思在《政治经济学批判》里提到的"法的历史学派"，是 18 世纪末产生于德意志的历史学和法学中的一个反动流派。浪漫主义学派是 19 世纪上半叶的思想派别，它与法的历史学派有血缘关系。关于这一学派的特征，见马克思在《法的历史学派的哲学宣言》和《黑格尔法哲学批判导言》中的论述。

3. 法学相关学派的法律观

有诸多同法学相关的学科。这些学派在谈论自己学科内容时，往往涉及法学的内容，表现了这些学派的法律观。因此，在法学研究中，应当关心相关学科的研究动向和研究成果。政治经济学是与法学紧密相关的学科，政治经济学的理论派别是与法学相关的学派。

经典作家在论述法学相关学科时，有大量的关于法的论述。这些论述，是马克思主义法学理论的重要组成部分。

我们同意曼彻斯特学派的看法：法律上对工作时间的限制绝不能证明社会发展的水平很高。但是，我们认为祸根不在于法律，而在于使得法律成为必要的那些条件。

马克思：《工商业危机》，

《马克思恩格斯全集》第 10 卷第 644 页。

根据曼彻斯特学派的正统学说，粮价的高昂如果是自然进程造成的而不是保护关税制的措施、禁制法律和调节制造成的，那末它就会完全失去自己的破坏力量，甚至可能产生良好的影响，给农场主带来好处。

马克思：《英国工商业的危机》，

《马克思恩格斯全集》第 10 卷第 654 页。

朗格认为，沃尔弗的前定学说似乎会使士兵临阵脱逃，因而削弱军纪，以致瓦解整个国家。最后，无知还忘记了普鲁士邦法正是来源于"这个沃尔弗"的哲学学派，忘记法国拿破仑法典并不来源于旧约全书，而是来源于伏尔泰、卢梭、孔多塞、米拉波、孟德斯鸠这一思想学派，来源于法国革命。无知是一个魔鬼，因而我们担心它还会造成一些悲剧。

> 马克思：《〈科隆日报〉第 179 号的社论》，
> 《马克思恩格斯全集》第 1 卷上册第 227～228 页。

人道学派"这个学派的全部理论建立在理论和实践、原理和结果、观念和应用、内容和形式、本质和现实法和事实、好的方面和坏的方面之间无限的区别上面。"

> 马克思：《哲学的贫困》，
> 《马克思恩格斯全集》第 4 卷第 157 页。

"服从掌握权力的官府是神圣的道义上的责任。""至于政府权力的分配，那么实际上并没有一种国家制度是绝对合乎法理的，可是，不管权力如何分配，每一种制度又都是暂时合乎法理的。"

从历史学派的哲学宣言中引来的这几段摘要，足以给这一学派作出历史的评价，以取代那些非历史的臆想、模糊的空想和故意的虚构。这几段摘要足以用来判明胡果的继承者能不能承担当代的立法者的使命。

> 马克思：《历史法学派的哲学宣言》，
> 《马克思恩格斯全集》第 1 卷上册第 237～238 页。

当我们说胡果先生是历史学派的鼻祖和创始人的时候，我们是按照这个学派自己的意愿行事的，最著名的历史法学家所写的那篇纪念胡果的文章就证明了这一点。

> 马克思：《历史法学派的哲学宣言》，
> 《马克思恩格斯全集》第 1 卷上册第 230 页。

政治经济学是这种功利论的真正科学；它在重农学派那里获得了自己的真正的内容，因为重农学派最先把政治经济学变成一个体系。

> 马克思恩格斯：《德意志意识形态》，
> 《马克思恩格斯全集》第 3 卷第 479 页。

政治经济学，在以前无论是金融资本家、银行家、商人，即一切与经济关系直接有关的那些人所研究过的，无论是像霍布斯、洛克、休谟这些有全面教养的人们研究过的（在他们看来，它是百科全书的知识的一个部门），只是通过重农学派才变成一门特殊的科学，并且从那时起它才被作为一门科学加以探讨。作为一门独立的专门的科学，它还得包括其他一些关系，如政治关系、法律关系，等等，因为它常把这些关系归结于经济关系。但是它认为这一切关系对它的从属只是这些关系的一个方面，因而在其他方面仍旧让它们保留经济学以外的独立的意义。

马克思恩格斯:《德意志意识形态》,

《马克思恩格斯全集》第 3 卷第 483 页。

马克思在《工商业危机》里所说的"曼彻斯特学派"，是反映工业资产阶级利益的英国经济思想中的一派。这一派的拥护者，即自由贸易派，主张贸易自由和国家不干涉经济生活。自由贸易派的宣传中心是曼彻斯特，在曼彻斯特领导这一运动的是 1838 年组织反谷物法同盟的两个纺织厂厂主——科布顿和布莱特。在 40 年代至 50 年代自由贸易派组成了一个单独的政治集团，后来这个集团加入了英国自由党。

马克思在《历史法学派的哲学宣言》里说，"最著名的历史法学家所写的那篇纪念胡果的文章"，指德国法学家弗·卡·冯·萨维尼 1838 年为纪念胡果获得法学博士学位 50周年而写的小册子《1788 年 5 月 10 日。法学史论丛》（1838 年柏林版）。

历史学派，是资产阶级庸俗经济学的一个流派，产生于 19 世纪 40 年代的德国，代表人物是威·格·弗·罗雪尔、布·希尔德布兰德和卡·克尼斯。这一学派是资本主义发展较晚的德国的产物，代表德国资产阶级的利益。历史学派反对用抽象方法研究社会经济，否认有普遍适用的一般的经济规律，而提出所谓历史方法，即搜集大量的经济历史资料，特别是各民族古代的历史材料，进行表面的描述，企图建立有民族和历史特点的国民经济学。它也反对自由放任主义，主张由国家干涉经济生活，实行保护贸易，使国家机器进一步服从于资产阶级利益。历史学派发展到 19 世纪 70 年代，演变为新历史学派，其代表人物是阿·瓦格纳、古·施穆勒、路·约·布伦坦诺和威·桑巴特。新历史学派除了像旧历史学派一样主张所谓历史方法外，还特别强调心理因素、伦理道德在经济生活中的作用，因此又称历史伦理学派。新历史学派鼓吹可以通过社会改良政策消除劳资矛盾，硬说资产阶级国家是超阶级的组织，能够调和敌对的阶级，逐步实行"社会主义"而不触动资本家的利益。这种改良主义思想的宣扬者多为大学教授，故被称为讲坛社会主义。

马克思恩格斯在《德意志意识形态》里提到的"重农学派"，是资产阶级古典政治经济学的一个派别，产生于 18 世纪 50 年代的法国，创始人是弗·魁奈。该学派主张自由放任的经济政策，反对国家对经济的干预。它把对财富和剩余劳动源泉的研究从流通领域转到生产领域，在经济思想史上第一次探讨社会总产品再生产和分配的规律。

魁奈的《经济表》就是表现整个资本主义再生产过程的尝试。但是重农学派不理解价值的实体是人类一般劳动，而提出所谓"纯产品"的学说，认为工业只能改变原有物质财富的形式，只有农业才能创造"纯产品"，即总产量超过生产费用的多余产品（实际上就是剩余价值），并且认为"纯产品"乃是自然的恩赐。

（二）法学学说和法学相关学说的法律观

1. 法学相关学说的法律观表现

马克思在他所研究的每一个领域，甚至在数学领域，都有独到的发现，这样的领域是很多的，而且其中任何一个领域他都是深刻地研究的。

马克思在政治经济学、哲学、科学社会主义等等学科领域的研究中，都有法学研究雄居其中。这不是偶然的。因为法学同这些科学紧紧联在一起。在法学相关学说中，往往存在关于法的观点，这些观点，恰恰是法律观的直接表现。

资产阶级运动在其中进行的那些生产关系的性质绝不是一致的单纯的，而是两重的；在产生财富的那些关系中也产生贫困；在发展生产力的那些关系中也发展一种产生压迫的力量；只有在不断消灭资产阶级个别成员的财富和形成不断壮大的无产阶级的条件下，这些关系才能产生资产者的财富，即资产阶级的财富；这一切都一天比一天明显了。这种对抗性质表现得越明显，经济学家们，这些资产阶级生产的学术代表就越和他们自己的理论发生分歧，于是形成了各种学派。

马克思：《哲学的贫困》，
《马克思恩格斯全集》第4卷第155~156页。

有句俗话说：《Habent sua fata libelli》〔"书有自己的命运"〕。和书一样，学说也有自己的命运。圣西门成了巴黎交易所的庇护天使，欺诈行为的先知，普遍营私舞弊的救世主！

马克思：《法国的CR D I TMOB I L I ER》，
《马克思恩格斯全集》第12卷第31页。

反无产阶级的现代法学在那里——正如在任何别的地方一样——将会找到办法判他们以纵火罪的。

《恩格斯致劳·拉法格》，
《马克思恩格斯全集》第36卷第522页。

琼斯曾在海利贝里任政治经济学教授，是马尔萨斯的继任者。在这里我们看到，政治经济学这门实际科学是怎样结束的：资产阶级生产关系被看作仅仅是历史的关系，它们将导致更高级的关系，在那里，那种成为资产阶级生产关系的基础的对抗就会消失。政治经济学以自己的分析破坏了财富借以表现的那些表面上相互独立的形式。

马克思：《资本论第四卷》，
《马克思恩格斯全集》第26卷第3册第472~473页。

政治经济学在我国缺乏生存的基础。它作为成品从英国和法国输入；德国的政治经济学教授一直是学生。别国的现实在理论上的表现，在他们手中变成了教条集成，被他们用包围着他们的小资产阶级世界的精神去解释，就是说，被曲解了。他们不能把在科学上无能为力的感觉完全压制下去，他们不安地意识到，他们必须在一个实际上不熟悉的领域内充当先生，于是就企图用博通文史的美装，或用无关材料的混合物来加以掩饰。这种材料是从所谓官房学——各种知识的杂拌，满怀希望的德国官僚候补者必须通过的炼狱之火——抄袭来的。

马克思：《资本论第一卷第二版跋》，

《马克思恩格斯全集》第 23 卷第 15 页。

1848 年大陆的革命也在英国产生了反应。那些还要求有科学地位、不愿单纯充当统治阶级的诡辩家和献媚者的人，力图使资本的政治经济学同这时已不容忽视的无产阶级的要求调和起来。于是，以约翰·斯图亚特·穆勒为最著名代表的毫无生气的混合主义产生了。这宣告了"资产阶级"经济学的破产。

马克思：《资本论第一卷第二版跋》，

《马克思恩格斯全集》第 23 卷第 17 页。

德国无产阶级比德国资产阶级在理论上已经有了更明确的阶级意识。因此，当资产阶级政治经济学作为一门科学看来在德国有可能产生的时候，它又成为不可能了。

在这种情况下，资产阶级政治经济学的代表人物分成了两派。一派是精明的、贪利的实践家，他们聚集在庸俗经济学辩护论的最浅薄的因而也是最成功的代表巴师夏的旗帜下。另一派是以经济学教授资望自负的人，他们追随约·斯·穆勒，企图调和不能调和的东西。德国人在资产阶级经济学衰落时期，也同在它的古典时期一样，始终只是学生、盲从者和模仿者，是外国大商行的小贩。

所以，德国社会特殊的历史发展，排除了"资产阶级"经济学在德国取得任何独创的成就的可能性，但是没有排除对它进行批判的可能性。就这种批判代表一个阶级而论，它能代表的只是这样一个阶级，这个阶级的历史使命是推翻资本主义生产方式和最后消灭阶级。这个阶级就是无产阶级。

马克思：《资本论第一卷第二版跋》，

《马克思恩格斯全集》第 23 卷第 18 页。

应当承认，工厂工人的维护者完全没有本领驳倒经济学家的论据，甚至很少下决心和他们进行争论。这是因为在现存社会制度下，资本集中在少数人手里，无数的人都被迫向资本出卖自己的劳动，在这种情况下，这些论据都像对方所引用的事实一样，是无可辩驳的。

恩格斯：《10 小时工作制问题》，

《马克思恩格斯全集》第 7 卷第 271 页。

这里的问题涉及到一个大的争论，即构成资产阶级政治经济学实质的供求规律的盲目统治和构成工人阶级政治经济学实质的由社会预见指导社会生产之间的争论。因此，十小时工作日法案不仅是一个重大的实际的成功，而且是一个原则的胜利；资产阶级政治经济学第一次在工人阶级政治经济学面前公开投降了。

但是，劳动的政治经济学对财产的政治经济学还取得了一个更大的胜利。我们说的是合作运动，特别是由少数勇敢的"手"独力创办起来的合作工厂。对这些伟大的社会试验的意义不论给予多么高的估价都是不算过分的。工人们不是在口头上，而是用事实证明：大规模的生产，并且是按照现代科学要求进行的生产，在没有利用雇佣工人阶级劳动的雇主阶级参加的条件下是能够进行的；他们证明：为了有效地进行生产，劳动工具不应当被垄断起来作为统治和掠夺工人的工具；雇佣劳动也像奴隶劳动和农奴劳动一样，只是一种暂时的和低级的形式，它注定要让位于带着兴奋愉快心情自愿进行的联合劳动。

> 马克思：《国际工人协会成立宣言》，
> 《马克思恩格斯全集》第16卷第11~12页。

为了避免可能产生的误解，要说明一下。我决不用玫瑰色描绘资本家和地主的面貌。不过这里涉及到的人，只是经济范畴的人格化，是一定的阶级关系和利益的承担者。我的观点是：社会经济形态的发展是一种自然历史过程。不管个人在主观上怎样超脱各种关系，他在社会意义上总是这些关系的产物。同其他任何观点比起来，我的观点是更不能要个人对这些关系负责的。

在政治经济学领域内，自由的科学研究遇到的敌人，不只是它在一切其他领域内遇到的敌人。政治经济学所研究的材料的特殊性，把人们心中最激烈、最卑鄙、最恶劣的感情，把代表私人利益的复仇女神召唤到战场上来反对自由的科学研究。

> 马克思：《资本论第一卷第一版序言》，
> 《马克思恩格斯全集》第23卷第12页。

孟德维尔在他的《蜜蜂的寓言》（1705年版）中，已经证明任何一种职业都具有生产性等等，在他的书中，已经可以看到这全部议论的一般倾向："我们在这个世界上称之为恶的东西，不论道德上的恶，还是身体上的恶，都是使我们成为社会生物的伟大原则，是毫无例外的一切职业和事业的牢固基础、生命力和支柱；我们应当在这里寻找一切艺术和科学的真正源泉；一旦不再有恶，社会即使不完全毁灭，也一定要衰落。"

当然，只有孟德维尔才比充满庸人精神的资产阶级社会的辩护论者勇敢得多、诚实得多。［V—183］

> 马克思：《附录·关于一切职业都具有生产性的辩护论见解》，
> 《马克思恩格斯全集》第26卷第1册第416页。

在这些著作中，您（我不知道是否有意地）给社会主义提供了哲学基础，而共产主义者也就立刻这样理解了您的著作。建立在人们的现实差别基础上的人与人的统一，从抽象的天上下降到现实的地上的人类概念，——如果不是社会的概念，那是什么呢！

《马克思致路德维希·费尔巴哈》，

《马克思恩格斯全集》第 27 卷第 450 页。

针对不朽的德国理论的这种滑稽可笑的高傲态度，完全有必要向德国人指出他们从研究社会问题以来所有应该感谢外国人的地方。在德国人的著作中有些夸张的词句现在被吹嘘为真正的、纯粹的、德国的、理论上的共产主义和社会主义的基本原则，而到目前为止，所有这些夸张的词句中间还没有一种思想是从德国的土地上成长起来的。

恩格斯：《傅立叶论商业的片断》，

《马克思恩格斯全集》第 42 卷第 319 页。

傅立叶对现存的社会关系作了非常尖锐、非常机智和非常幽默的批判，所以他那也是建立在天才的宇宙观之上的关于宇宙的幻想是可以谅解的。这里发表的片断是从傅立叶的遗著中找出来的，曾刊载于傅立叶派在 1845 年初发行的《法郎吉》杂志第 1 册。

恩格斯：《傅立叶论商业的片断》，

《马克思恩格斯全集》第 42 卷第 320 页。

看来，只有美国人凯里和法国人巴师夏的著作是一个例外，巴师夏承认他是以凯里为依据的。他们两人都懂得，［资产阶级］政治经济学的对立面，即社会主义和共产主义，是在古典政治经济学本身的著作中，特别是在李嘉图的著作中找到自己的理论前提的，而后者应被看作古典政治经济学的最完备的和最后的表现。……

在那里，资产阶级社会不是在封建制度的基础上发展起来的，而是从自身开始的；在那里，它不是表现为一个长达数百年的运动的遗留下来的结果，而是表现为一个新的运动的起点；在那里，国家和一切以往的国家的形成不同，从一开始就从属于资产阶级社会，从属于这个社会的生产，并且从来未能用某种自我目的掩饰起来；最后，在那里，资产阶级社会本身把旧大陆的生产力和新大陆的巨大的自然疆域结合起来，以空前的规模和空前自由地发展着，在［Ⅲ—2］制服自然力方面远远超过了以往的一切成就，并且最后，在那里，资产阶级社会本身的对立仅仅表现为隐约不明的因素。

马克思：《经济学手稿》，

《马克思恩格斯全选》第 46 卷上册第 4 页。

德朗克先生所进行的不是社会主义的宣传，而是自由主义的宣传。在这一点上，"真正的社会主义"是可以原谅的，因为连德朗克先生自己也没有想到过这一切。

恩格斯：《"真正的社会主义者"》，

《马克思恩格斯全集》第 3 卷第 681 页。

只有意见相反才有争论，只有从相互矛盾的论断中才能得出历史的真实。

马克思：《致"人民报"编辑》，

《马克思恩格斯全集》第9卷第328页。

任何的科学批评的意见我都是欢迎的。而对于我从来就不让步的所谓舆论的偏见，我仍然遵守伟大的佛罗伦萨诗人的格言：走你的路，让人们去说罢！

马克思：《资本论第一卷·第一版序言》，

《马克思恩格斯全集》第23卷第13页。

凡是为某种事业进行斗争的人，都不可能不树立自己的敌人，因此他也有许多敌人。在他的大部分政治生涯中，他在欧洲是一个最遭嫉恨和最受诬蔑的人。但是他对诬蔑几乎并不在意。如果世界上有人能忍受诬蔑，这个人就是他，他还有许多敌人，但是个人的敌人恐怕连一个也没有。

恩格斯：《马克思墓前悼词草稿》，

《马克思恩格斯全集》第19卷第373页。

在俄国——《资本论》在那里比在其他任何地方都有更多的读者，受到更大的重视——我们得到了更大的成功。

《马克思致弗里德里希·阿道夫·左尔格》，

《马克思恩格斯全集》第34卷第452页。

我们完全以马克思的理论为依据，因为它第一次把社会主义从空想变成科学，给这个科学奠定了巩固的基础，指出了继续发展和详细研究这个科学所应遵循的道路。它教导我们透过那些积习、政治手腕、奥妙的法律和诡辩的学说看出阶级斗争，看出形形色色的有产阶级同广大的贫苦人民、同领导一切贫苦人民的无产阶级的斗争。

列宁：《书·评亚·波格丹诺夫〈经济学简明教程〉》，

《列宁全集》第4卷第160页。

马克思在《资本论第一卷第一版序言》《资本论第一卷第二版跋》和《国际工人协会成立宣言》里，论述"政治经济学"的场合很多。政治经济学是马克思科学研究工作的主要对象。马克思在1848年以前把注意力放在从哲学上论证科学共产主义，在1848～1849年，致力于政治思想的研究，而在50至60年代则把经济学说的研究提到首位。1850年底，马克思恢复了他早在40年代就开始的对资产阶级政治经济学进行批判的研究工作。

马克思指出资产阶级的政治经济学的全部秘密，"不过就在于把一个特定的历史时代独有的、适应当时物质生产水平的暂时的社会关系，变为永恒的、普遍的、不可动摇的规律，经济学家们称之为自然规律"。马克思认为，资产阶级政治经济学的基本缺陷在于，它的代表人物的眼光"超不出当前时代的经济界限，因而不懂得这些界限本身具有局限性，它们是历史发展造成的，同样它们必然要在历史发展的进程中消失"。马克思尖锐地评述了以英国的自由贸易论者为代表的经济自由主义，经济自由主义论者用关于"自由""和谐""繁荣"等伪善辞句来掩盖对雇佣工人的残酷剥削。马克思揭穿了作为资本主义辩护士和工人阶级敌人的经济自由主义论者的真面目。

《恩格斯致劳·拉法格》里"反无产阶级的现代法学在那里"，"现代法学"，指资产阶级法学。"在那里"，是指在警察那里。所指情况是：维也纳的无政府主义阴谋案纯粹是警察当局一手炮制出来的。其最好的证据就是自动燃烧瓶。有人命令一些可怜的糊涂虫把这些燃烧瓶藏在木材堆置场里，以便烧毁它们。装有硝酸的瓶子用蘸了硫酸的棉花塞住瓶口。硫酸渗下去，一接触到硝酸就会引起爆炸和火灾。因此，正是唆使无政府主义者去干这个阴谋的警察当局，采取了一切措施，使这些燃烧瓶根本不致为害。所以恩格斯说：反无产阶级的现代法学在那里——正如在任何别的地方一样——将会找到办法判他们以纵火罪的。

马克思《经济学手稿》里的"在那里"，指在美国。这部手稿是马克思对美国资产阶级社会的论述。

未完成的手稿《巴师夏和凯里》写于 1857 年 7 月。这一手稿标志着马克思对资产阶级政治经济学的批判的重大发展，他在这里第一次明确地指出资产阶级古典政治经济学和资产阶级庸俗经济学的根本区别。马克思分析了巴师夏和凯里这两个典型的资产阶级庸俗经济学家产生的社会根源和认识根源，批判了他们所鼓吹的阶级矛盾调和论，揭示了资本主义经济的客观规律性及其内在的对抗性矛盾。

马克思的《经济学手稿》在 1857 年 8 月底至 9 月中所写的"导言"是一篇没有完成的"总导言"草稿，"总导言"是为他计划中的一部经济学巨著而作的。马克思打算在这部经济学著作中研究资本主义生产方式的所有问题，同时对资产阶级政治经济学进行批判。这一巨著计划的要点，马克思在"导言"里已经提出来了。在继续研究的过程中，马克思多次改变自己的原订计划，并按照一再修改的方案写成了《政治经济学批判》和《资本论》。上述的 1857～1858 年手稿就像是这两部著作的草稿。"导言"是 1902 年在马克思的文稿中发现的。1903 年在柏林由"新时代"杂志（《Neue Zeit》）用德文发表。

马克思在《资本论第一卷第一版序言》里所说"伟大的佛罗伦萨诗人的格言：走你的路，让人们去说罢！"（Segui il tuo corso, e lascia dir le genti!），是套用但丁《神曲》炼狱篇第五首歌中的一句话。

2. 重商主义的法律观

在法律上，重商主义者主张国家干涉经济生活，用立法手段和行政措施严禁金银出口，并奖励出贸易口，限制和禁止外国商品进口，以确保本国金银货币的增加。这是西方国家经济干预法的最早雏形。

重商主义，是代表资本原始积累时期商业资产阶级利益的经济思想和经济政策的体系，15—17 世纪流行于欧洲一些国家。重商主义把表现为贵金属的货币与财富等同起来，认为有金银才是一国真正的财富，拥有货币的多少是一国富裕程度和实力大小的标志；除了开采金银矿，只有对外贸易才是财富的真正源泉，而增加一国财富的主要办法是发展顺差的对外贸易，通过贱买贵卖获取利润。

重商主义是对现代资本主义生产方式所进行的最早的理论考察。它从商业资本的表面现象出发，错误地认为利润产生于流通过程。它的积极意义在于为经济学发展成为一门独立的科学准备了条件。

资产者可以毫不费力地根据自己的语言证明重商主义的和个人的或者甚至全人类的关系是等同的，因为这种语言是资产阶级的产物，因此像在现实中一样，在语言中买卖关系也成了所有其他关系的基础。例如，propriété，Eigentum〔财产〕和 Eigenschaft〔特性〕，property，Eigentum〔财产〕和 Eigentümlichkeit〔独特性〕；重商主义意义上的和个人的意义上的《eigen》〔"自有"〕，valeur，value，Wert〔价值〕；commerce，Verkehr〔商业，交往〕échange，exchange，Austausch〔交换〕，等等。所有这些字眼即意味着商业关系，也意味着作为个人自身的特性和相互关系。

> 马克思恩格斯：《德意志意识形态》，
> 《马克思恩格斯全集》第 3 卷第 255 页。

重商主义者看重价值表现的质的方面，也就是看重在货币上取得完成形态的商品等价形式，相反地，必须以任何价格出售自己的商品的现代自由贸易贩子，则看重相对价值形式的量的方面。因此，在他们看来，商品的价值和价值量只存在于由交换关系引起的表现中，也就是只存在于每日行情表中。

> 马克思：《资本论第一卷》，
> 《马克思恩格斯全集》第 23 卷第 76 页。

价值成了处于过程中的价值，成了处于过程中的货币，从而也就成了资本。它离开流通，又进入流通，在流通中保存自己，扩大自己，扩大以后又从流通中返回来，并且不断重新开始同样的循环。G—G，生出货币的货币，——money which begets money，——资本的最初解释者重商主义者就是这样来描绘资本的。

> 马克思：《资本论第一卷》，
> 《马克思恩格斯全集》第 23 卷第 177 页。

重商主义者认为，产品的价格超过产品生产费用而形成的余额是从交换中，从产品高于其价值的出售中产生的。不过对这个问题，李嘉图学派也只是回避，而没有解决。这些资产阶级经济学家实际上具有正确的本能，懂得过于深入地研究剩余价值的起源这个爆炸性问题是非常危险的。

> 马克思：《资本论第一卷》，
> 《马克思恩格斯全集》第 23 卷第 564 页。

马克思在《资本论》第 1 卷里说，"G—G，生出货币的货币，——money which begets money，——资本的最初解释者重商主义者就是这样来描绘资本的"。马克思对于重商主义者的"G—G，生出货币的货币"，认为"G—W—G 事实上是直接在流通领域内表现出来的资本的总公式"。马克思的分析是：为卖而买，或者说得完整些，为了贵卖而买，即 G—W—G，似乎只是一种资本即商人资本所特有的形式。但产业资本也是这样一种货币，它转化为商品，然后通过商品的出售再转化为更多的货币。在买和卖的间歇，即在流通领域以外发生的行为，丝毫不会改变这种运动形式。最后，在生息资本的场合，G—W—G 的流通简化地表现为没有中介的结果，表现为一种简练的形式，G—G，表现为等于更多货币的货币，比本身价值更大的价值。因此，G—W—G 事实上是直接在流通领域内表现出来的资本的总公式。

3. 重农主义的法律观

重农主义法律观的核心思想，是"自然秩序"和"人为秩序"必须协调一致思想。重农主义反对重商主义者所奉行的国家干预经济政策。这实质上反映了当时新兴产业资产阶级的法律要求，但具有封建法律观的外观。

重农主义认为在自然界和人类社会中存在着"自然秩序"，即合乎理性的秩序。这种秩序，被说成是由上帝制定的秩序。这种"自然秩序"实质上是自由资本主义秩序。他们主张政治上实行开明专制，企图通过君主自上而下的改革使"积极秩序"适应"自然秩序"。

他们在承认存在客观规律的同时，实际上把资本主义看作是符合"自然秩序的永恒的社会制度"。认为政治经济学的任务在于阐明"自然规律"，使"人为秩序"符合"自然秩序"。而实现"自然秩序"的唯一途径则是实现经济自由。因此，他们提出"自由放任"原则，反对重商主义者所奉行的国家干预经济的政策，主张实行自由放任立法。

> 政治经济学……只是通过重农学派才变成一门特殊的科学，并且从那时起它才被作为一门科学加以探讨。作为一门独立的专门的科学，它还得包括其他一些关系，如政治关系、法律关系等等，因为它常把这些关系归结于经济关系。但是它认为这一切关系对它的从属只是这些关系的一个方面，因而在其他方面仍旧让它们保留经济学以外的独立的意义。我们第一次在边沁的学说里看到：一切现存的关系都完全从属于功利关系，而这种功利关系被无条件地推崇为其他一切关系的唯一内容；边沁认为，在法国革命和样一个阶级，即它的生存条件就是整个社会的生存条件。

> 马克思恩格斯：《德意志意识形态》，
> 《马克思恩格斯全集》第 3 卷第 483 页。

政治经济学是这种功利论的真正科学；它在重农学派那里获得了自己的真正的内容，因为重农学派最先把政治经济学变成一个体系。我们看到，爱尔维修和霍尔巴赫已经把这种学说理想化了，这种做法是和法国资产阶级在革命前的反封建的作用完全一致的。

　　马克思恩格斯：《德意志意识形态》，

　　《马克思恩格斯全集》第 3 卷第 479 页。

　　爱尔维修和霍尔巴赫所忽略的剥削理论的内容，被霍尔巴赫的同时代人——重农学派所发展和系统化了；但是重农学派所根据的是法国的尚不发达的经济关系，当时在法国，地产起着主要作用的封建制度还没有消灭，所以他们当了封建主义观点的俘虏，以致认为地产和农业劳动是决定整个社会制度的〔生产力〕。

　　马克思恩格斯：《德意志意识形态》，

　　《马克思恩格斯全集》第 3 卷第 482 页。

　　重农学派认为，只有农业劳动才是生产劳动，因为只有农业劳动才提供剩余价值。在重农学派看来，剩余价值只存在于地租形式中。

　　马克思恩格斯：《资本论第一卷》，

　　《马克思恩格斯全集》第 23 卷第 556～557 页。

　　重农学派最大的功劳，就在于他们在自己的《经济表》中，首次试图对通过流通表现出来的年生产的形式画出一幅图画。

　　马克思恩格斯：《资本论第一卷》，

　　《马克思恩格斯全集》第 23 卷第 648 页。

　　18 世纪下半叶，法国资产阶级古典政治经济学主要代表人物组成"重农学派"。创始人是魁奈·弗朗斯瓦（Quesray·FranQois）。

　　当时，法国封建剥削的加强以及柯尔培尔的重商主义政策的实行，造成农业衰落，农民生活极度贫困，国家财政濒于绝境。为了挽救法国面临的财政危机，出现了反对重商主义，提倡重视农业，发展农业经济的思想。后来，逐渐形成了较为完整的经济理论。重农学派在经济学说发展史上具有重要意义，它最早系统地研究了资本主义生产方式，是对资本主义生产的第一个系统的理解。它对亚当·斯密的经济理论体系的建立，有相当大的影响。它所鼓吹的经济自由思想，对法国资本主义的发展起了促进作用。

　　自由放任（laissez-faire, laissez-aller, 亦译听之任之）是重农学派的口号。重农学派认为，经济生活是受自然规律调节的，国家不得对经济事务进行干涉和监督；国家用各种法律、规章进行干涉，不仅无益，而且有害；他们要求实行自由主义的经济政策和立法。

4. 蒲鲁东主义的法律观

　　在法学上，蒲鲁东主义反对任何国家和政府，否定任何权威和法律，宣扬阶级调和，反对政治斗争和暴力革命。他提出"打倒政党，打倒政权，要求人和公民的充分自由"，要求把危害个性和个人绝对自由的国家和政权完全废除。

蒲鲁东没有什么真才实学，但名声却很大。在法国，人家认为他理应是一个拙劣的经济学家，因为他在那里以卓越的德国哲学家著称。在德国，人家却认为他理应是一个拙劣的哲学家，因为他在那里以最杰出的法国经济学家著称。在以经济学著称的法国是哲学家，在以哲学著称的德国是经济学家。这了不起的换身术是一个双重错误，因为他根本称不上哲学家和经济学家。这种人，不是经常在人们眼前晃来晃么。蒲鲁东还有几本著作，尽管是蹩脚的著作，可我们眼前的这类法学家，却是没有著作的法学家，比蒲鲁东要逊色些。

从前法国种植葡萄的人要求颁布一条法律来禁止开辟新的葡萄园，这和荷兰人烧毁亚洲的香料和铲除摩鹿加群岛的丁香树如出一辙，他们就是想减少众多来提高交换价值。整个中世纪人们都奉行了这个原则，他们以法律规定一个师傅只可以雇用多少帮工、使用多少工具。（见安德森"商业史"）

蒲鲁东先生把众多当作使用价值，把稀少当作交换价值（证明众多和稀少成反比是再容易不过的），就把使用价值和供给、把交换价值和需求混为一谈。

马克思：《哲学的贫困》，

《马克思恩格斯全集》第 4 卷第 83~84 页。

需要的整个体系究竟是建立在意见上还是建立在整个生产组织上？需要往往直接来自生产或以生产为基础的情况。世界贸易几乎完全不是由个人消费的需要所决定，而是由生产的需要所决定。同样，再举另一个例子来说，对公证人的需要难道不是以一定的民法（民法不过是所有制发展的一定阶段，即生产发展的一定阶段的表现）的存在为前提吗？

马克思：《哲学的贫困》，

《马克思恩格斯全集》第 4 卷第 87 页。

"经过君主的神圣化以后就产生了货币：君主们占有金银，并且在上面打了自己的印章。"

因此，在蒲鲁东先生看来，君主的专横就是政治经济学中的最高原因！

其实，只有毫无历史知识的人才不知道：君主们在任何时候都不得不服从经济条件，并且从来不能向经济条件发号施令。无论是政治的立法或市民的立法，都只是表明和记载经济关系的要求而已。

马克思：《哲学的贫困》，

《马克思恩格斯全集》第 4 卷第 121~122 页。

"任何商品，即使不是在事实上，至少在法律上具有交换能力"，金银所起的作用便是根据；其实这是不了解金银的作用。金银之所以在法律上具有交换能力，只是由于它们具有事实上的交换能力，而它们之所以具有事实上的交换能力，那是因为当前的生产组织需要普遍的交换手段。法律只是事实的公认。

马克思：《哲学的贫困》，

《马克思恩格斯全集》第 4 卷第 124 页。

既然把任何一种事物都归结为逻辑范畴，任何一个运动、任何一种生产行为都归结为方法，那末，由此自然得出一个结论，产品和生产、对象和运动的任何总和都可以归结为应用的形而上学。黑格尔为宗教、法等做过的事情，蒲鲁东先生也想在政治经济学上如法炮制。

马克思：《哲学的贫困》，

《马克思恩格斯全集》第4卷第142页。

"假如颁布一道法令，说从1847年1月1日起人人的劳动和工资都有保障，那末工业上的极端紧张状态立即就会转变为严重的停滞。"

现在我们看到的不是假定，不是肯定，也不是否定，而是蒲鲁东先生为了证明竞争的必然性、它的永恒性是一些范畴等等而专门颁布的一道法令。

如果我们以为只须颁布几道法令就可以摆脱竞争，那末我们就永远摆脱不了竞争。如果我们更进一步建议废除竞争而保留工资，那就等于建议用王室法令来做一些毫无意义的事。但是各民族并不是按照王室法令来发展的。各民族在求助于这些法令之前，至少必须彻底改变他们在工业上和政治上的一切生存条件，也就是要彻底改变他们的整个生活方式。

马克思：《哲学的贫困》，

《马克思恩格斯全集》第4卷第174页。

蒲鲁东主义，是以法国无政府主义者皮·约·蒲鲁东为代表的小资产阶级社会主义流派，产生于19世纪40年代。蒲鲁东主义从小资产阶级立场出发批判资本主义所有制，把小商品生产和交换理想化，幻想使小资产阶级私有制永世长存。

蒲鲁东，比埃尔·约瑟夫（Proudhon, Pierre Joseph），法国小资产阶级经学家，无政府主义的创始人之一。出身于一个酿造啤酒的小生产者家庭。蒲鲁东的主要著作有：《什么是财产》（《Qu'est-ce que laproprieté?》，1840）《经济矛盾体系或贫困的哲学》（《Sysestème des contradictions économiques，ou Philosophie de la misère》，1846）《十九世纪革命的总观念》（《Idée générale de la Révolution au XIX，siécle》，1851）等。

蒲鲁东不认为经济范畴是社会生产关系的理论表现，而是人们头脑里"纯理性"运动的产物。蒲鲁东认为"（交换）价值是经济结构的基石"，它决定各个经济范畴的矛盾运动。他用唯心主义的观点来解释使用价值和交换价值之的矛盾，认为这个矛盾是人的自由意志引起的，只有通过他所发现的"构成价值"或"综合价值"来取消货币，把所有商品都变成货币那样的等价物，能够随时随地根据生产它所耗费的劳动直接进行交换。这样，供求就可一致，"构成价值"就可得到实现。具体办法是设立"交换银行"，组织生产者耗费的劳动直接交换自己的产品；同时，向生产者发放无息贷款，使工人摆脱货币的奴役，拥有取得自己全部劳动产品的权利。他认为采取这些措施，就可以消除商人和高利贷者从中剥削，消灭一切非劳动收入。

蒲鲁东主义理论和主张的实质，就是妄图在保存资本主义制度的条件下，巩固小生产者的经济地位，幻想用改良主义的办法克服资本主义社会的矛盾。

5. 讲坛社会主义的法律观

讲坛社会主义的法律观，是资产阶级法律观。

讲坛社会主义认为，法律政治制度的来源和作用是"超阶级的"。讲坛社会主义反对自由放任主义，主张由国家干涉经济生活，实行保护贸易，使国家机器进一步服从于资产阶级利益。

讲坛社会主义，是新历史学派的改良主义思想。

历史学派发展到 19 世纪 70 年代，演变为新历史学派，其代表人物是阿·瓦格纳、古·施穆勒、路·约·布伦坦诺和威·桑巴特。新历史学派除了像旧历史学派一样主张所谓历史方法外，还特别强调心理因素、伦理道德在经济生活中的作用，因此又称历史伦理学派。新历史学派鼓吹可以通过社会改良政策消除劳资矛盾，硬说资产阶级国家是超阶级的组织，能够调和敌对的阶级，逐步实行"社会主义"而不触动资本家的利益。这种改良主义思想的宣扬者多为大学教授，故被称为讲坛社会主义。

作者十分公正地指出历史学派（第 284 页）和讲坛改良主义学派（即"现实主义学派"或"历史伦理学派"）同一定的阶级地位之间的联系，而讲坛改良主义学派应该认为是"折中学派"（第 287 页），它空洞地和虚伪地认为法律政治制度等等的来源和作用是"超阶级的"（第 288 页）。

列宁：《书评·亚·波格丹诺夫〈经济学简明教程〉》，
《列宁全集》第 4 卷第 3 页。

列宁在《书评·亚·波格丹诺夫〈经济学简明教程〉》里说，"作者十分公正地指出历史学派（第 284 页）和讲坛改良主义学派（即'现实主义学派'或'历史伦理学派'）同一定的阶级地位之间的联系"一句里的"作者"，指波格丹诺夫。列宁指出，波格丹诺夫先生的这本书是我国经济学著作中出色的作品。它不仅"不是一本多余的"入门书（像作者在序言里所"希望"的那样），而且确实是这类书中最出色的一本。《教程》的突出优点，正在于作者始终坚持了历史唯物主义。

6. 真正的社会主义的法律观

"真正的社会主义"的法律观，是小资产阶级法律观。

"真正的社会主义"者的"真正的所有制理论"，认为私有制只是一种假象，而"所有制观念"才是现实。这反映了小资产者要想改变自己没有更多私有财产的状况。"真正的社会主义"者认为"以对内在人类本性的意识即理性为基础"的社会，是理想的真正社会，因此要建立没有"外界的强制"的社会。

我没有看到"真正的社会主义"关于法律观的表述，但由于马克思主义经典作家批判它的大量论述说明，否定"真正的社会主义"的理论和实践是非常重要的。因此，在法学相关学说的法律观中，应当考虑"真正的社会主义"的有关言论。

所有这些恶劣的特性，我们在"真正的社会主义者"所惯用的字眼中、特别是在"真正的所有制"中都可以看到。…

这种真正的所有制的理论把至今存在着的一切现实的私有制只看成是一种假象，而把从这种现实的所有制中抽象出来的观念看成是这种假象的真理和现实；因而这种理论彻头彻尾是思辨的。这种理论只是更明确地表现了小资产者的观念，这些小资产者的博爱的意图和善良的愿望也就是要想消灭没有财产的状况。

马克思恩格斯：《德意志意识形态》，

《马克思恩格斯全集》第3卷第554页。

我们还偶然了解到，现在的社会是依靠"外界的强制"的。"真正的社会主义者"所理解的"外界的强制"不是一定的个人的带限制性的物质生活条件，而只是国家的强制，即刺刀、警察、大炮，而这些东西绝对不是社会的基础，只不过是社会本身分裂的结果而已。在"神圣家族"和本书第一卷中已经指出了这一点。

和现在的、"以外界的强制为基础"的社会相反，"真正的社会主义者"标榜一种"以对内在人类本性的意识即理性为基础"的理想的真正社会。因而，这种社会是以意识的意识、思维的思维为基础的。这位"真正的社会主义者"甚至在表达方法上也和哲学家没有区别了。他忘记了：不管是人们的"内在本性"，或者是人们的对这种本性的"意识"，"即"他们的"理性"，向来都是历史的产物；甚至当人们的社会在他看来是以"外界的强制"为基础的时候，他们的"内在本性"也是与这种"外界的强制"相适应的。

马克思恩格斯：《德意志意识形态》，

《马克思恩格斯全集》第3卷第567~568页。

"真正的社会主义者"的全部本领不过是把德国哲学、德国式的庸人伤感情绪和一些被歪曲了的共产主义口号掺混在一起。它标榜和平，以至在经受检查的书刊上它也可以倾吐肺腑，畅所欲言。甚至德国警察对它都很难有什么挑剔。这就足以证明它不是德国著作界的进步的革命的因素，而是守旧的反动的因素。这些"真正的社会主义者"不仅包括自封为 par excellence〔最道地的〕社会主义者的人们，而且还包括德国大部分盗用"共产主义者"名义的著作家。后者比前者更坏，如果他们之间可以比较好坏的话。

恩格斯：《德国的制宪问题》

《马克思恩格斯全集》第4卷第46页。

"真正的社会主义"，亦称"德国的社会主义"，是19世纪40年代在德国出现的小资产阶级社会主义流派。代表人物有莫·赫斯、卡·格律恩、奥·吕宁、赫·克利盖等。"真正的社会主义者"的理论基础是费尔巴哈的人本主义。他们认为社会主义并不是社会经济发展的结果，而是德国哲学发展的逻辑结论；他们用黑格尔和费尔巴哈的一些范畴对法国空想社会主义进行唯心主义的改造，把社会主义归结为实现真正的人的本质的无谓思辨；他们还把社会主义的要求同政治运动对立起来，拒绝进行政治活动，从小市民的利益出发反对资本主义的发展，反对在德国争取资产阶级的民主自由，而用超阶级的"博爱"和"人性"等道德说教来代替革命的阶级斗争。

7. 国家社会主义的法律观

国家社会主义的法律观，是一种企图利用国家权力进行社会改革的资产阶级改良主义法律观。国家社会主义的主要代表为约·卡·洛贝尔图斯和费·拉萨尔。洛贝尔图斯主张由普鲁士王朝制定工资标准，实施社会改革，以逐步实现土地和资本的国有化。拉萨尔主张工人依靠国家帮助建立生产合作社，和平地过渡到社会主义。他们抹杀国家的阶级性，企图加强资产阶级国家的统治，麻痹工人阶级的革命意志。国家社会主义的思想对讲坛社会主义有相当大的影响。

工人政党对其他反对派政党的态度更谈不到有什么重大变化。就是在这方面，马克思主义也指明了一个正确的立场，一方面反对夸大政治的意义，反对密谋主义（布朗基主义等等），另一方面又反对轻视政治，或者把政治缩小为对社会进行机会主义的、改良主义的修补（无政府主义，空想的和小资产阶级的社会主义，国家社会主义，教授社会主义等等）。无产阶级应该努力建立独立的工人政党，党的主要目的应该是由无产阶级夺取政权来组织社会主义社会。

> 列宁：《俄国社会民主党人抗议书》，
> 《列宁全集》第 4 卷第 152 页。

土地国有化则是另一回事。这个要求（如果从资产阶级意义上了解土地国有化）则是另一回事。这个要求（如果从资产阶级意义上，而不是从社会主义意义上了解）比归还割地的要求的确"更进一步"，因此在原则上我们完全赞同这个要求。在一定的革命时期，我们当然不会拒绝提出这个要求。但是，我们制定自己目前的纲领，不仅是为了革命起义时代，甚至与其说是为了革命起义时代，不如说是为了政治奴役的时代，即为了政治自由以前的时代。在这样的时代，用土地国有化的要求来表现反农奴制的民主运动的直接任务就太软弱无力了。设立农民委员会和归还割地的要求能直接激发当前农村中的阶级斗争，因而这个要求不会让任何以国家社会主义精神进行实验的人找到借口。

> 列宁：《俄国社会民主党的土地纲领》，
> 《列宁全集》第 6 卷第 310 页。

不仅在专制制度下，而且在半立宪君主制下，提出土地国有化的要求也是完全错误的，因为在没有十分牢靠的、深深扎根的民主政治制度的情况下，提出这个要求与其说有助于"农村阶级斗争的自由发展"，不如说会使人热衷于国家社会主义的荒谬试验。

> 列宁：《俄国社会民主党的土地纲领》，
> 《列宁全集》第 6 卷第 311 页。

列宁在《我们运动的迫切任务》中指出，各国都经历过工人运动和社会主义互不联系、各行其是的时期，这种相互脱节的现象，削弱了各国的社会主义和工人运动；在所有的国家里，只有社会主义和工人运动相结合，才奠定了二者的牢固基础。但是，每个国家社会主义和工人运动的结合，都是历史地形成的，都经过了独特的道路，都是以地点和时间为转移的。国家社会主义并不是社会主义和工人运动的结合，而是一种工人依靠资产阶级的国家来帮助建立生产合作社，和平地过渡到社会主义的改良主义。

8. 民粹主义的法律观

民粹主义的法律观，属于小资产阶级法律观。

在法学理论上，民粹主义否认法律制度与一定社会阶级的物质利益的联系。否认这种联系，直接导致与传统正相抵触的观点，这便自然产生出民粹派对于改革前的俄国生活法规的许多残余所持的态度，而这种态度是"遗产"代表者所绝对不能同意的。为了说明这种态度，列宁利用维·伊万诺夫在《笨拙的捏造》（1897年9月《新言论》）一文中所发表的精彩意见。作者讲到博博雷金的著名小说《改弦易辙》，并且揭穿他不了解民粹派与"学生们"之间的争论。博博雷金借自己小说中的主人公，一个民粹派分子的口来斥责"学生们"，说他们梦想建立"具有不堪忍受的专制法规的兵营"。

维·伊万诺夫先生就此指出："他们〈民粹派分子〉不仅没有把不堪忍受的专制'法规'当作自己论敌的'梦想'来谈论，而且只要他们依然是民粹派分子，就不能而且也不会这样谈论。他们在这方面与'经济唯物主义者'的争论的实质就在于：我们这里所保存下来的旧法规残余，据民粹派分子看来，可以作为法规进一步发展的基础。民粹派分子所以看不见这种旧法规是不堪忍受的，一方面是因为他们以为'农民的灵魂（统一而不可分的灵魂）'正在向法规方面'进化'，另一方面是因为他们确信'知识界'、'社会'或'领导阶级'已经具备或定将具备完美的道德。他们责备经济唯物主义者不去偏爱'法规'，而相反地去偏爱以没有法规为基础的西欧制度。经济唯物主义者的确断言：在自然经济基础上生长起来的旧法规残余，在一个已经转入货币经济的国家里，变得日益'不堪忍受'，因为货币经济无论在全国各个居民阶层的实际状况方面，还是在它们的智力和道德方面，都引起了无数的变化。因此他们深信：产生国家经济生活中有益的新'法规'所必需的条件，不可能从适合于自然经济和农奴制度的法规残余中发展起来，而只能在西欧和美洲先进国家那样广泛和普遍地没有这种旧法规的环境中发展起来。

民粹派分子与他们的论敌所争论的'法规'问题就是这样。"（上引书第11～12页）民粹派分子这种对"旧法规残余"的态度，可说是民粹派对"遗产"传统的最明显的背离。正如我们所看见的，这种遗产的代表的特点是对旧法规的所有一切残余进行坚决无情的谴责。因此，从这一方面看来，"学生们"同60年代的"传统"和"遗产"要比民粹派分子接近得多。

列宁：《我们拒绝什么遗产？》
《列宁全集》第2卷第413页。

　　民粹主义在一定程度上曾是一种完整的系统的学说。它否认资本主义在俄国的统治；否认工厂工人作为整个无产阶级的先进战士的作用；否认政治革命和资产阶级的政治自由的意义；鼓吹立刻从小农经济的农民村社出发来实行社会主义革命。

列宁：《小资产阶级社会主义和无产阶级社会主义》，
《列宁全集》第 12 卷第 38 页。

　　民粹派分子一心要遏止和制止资本主义对历代基石的破坏，便干出了历史上惊人的荒唐行为，他们忘记了：在这个资本主义后面，除了同样的剥削，再加上使劳动人民的状况恶化的各种各样的盘剥和人身依附而外，除了社会生产方面、因而社会生活各个领域的因循守旧和停滞不前而外，是没有别的什么东西的。民粹派分子从自己浪漫主义的、小资产阶级的观点出发同资本主义作战，便把任何历史现实主义都抛弃了，总是把资本主义的现实同对前资本主义制度的虚构加以比较。60 年代的"遗产"热诚地相信当时社会发展的进步性，把无情的仇恨倾注在旧时代的残余上，确信只要把这些残余扫除干净，一切都会尽如人意，

列宁：《我们拒绝什么遗产？》，
《列宁全集》第 2 卷第 408 页。

　　我们把民粹主义理解为一种观点体系，它包含以下三个特点：①认为资本主义在俄国是一种衰落，退步。因此便有"遏止""阻止""制止"资本主义"破坏"历代基石的意图和愿望以及诸如此类的反动狂叫。②认为整个俄国经济制度有独特性，特别是农民及其村社、劳动组合等等有独特性。人们并不认为必须把现代科学所制定的关于各个社会阶级及其冲突的概念应用于俄国经济关系。农民村社被看作是一种比资本主义更高、更好的东西，因此便产生了对"基石"的理想化。在农民中间否认和抹杀任何商品经济和资本主义经济所固有的矛盾，否认这些矛盾与它们在资本主义工农业中的更发展的形式有联系。③忽视"知识分子"和全国法律政治制度与一定社会阶级的物质利益有联系。否认这种联系，对这些社会因素不作唯物主义的解释，这就使人把这些因素看作是一种能"把历史拖到另一条路线上去"（瓦·沃·先生）、"越出轨道"（尼·逊、尤沙柯夫诸位先生）等等的力量。

　　我们所理解的"民粹主义"就是这样。因此读者可以看到，我们是在广义上使用这个术语的，正如一切"俄国学生们"使用它一样，他们反对的是整个观点体系，而不是这一观点体系的个别代表。当然，这些个别代表之间有差别，有时是不小的差别。这些差别谁也没有忽视。但是，上述世界观方面的特点则是民粹主义一切极不相同的代表，比方说，从……尤佐夫先生起到米海洛夫斯基先生止所共有的。尤佐夫、萨宗诺夫、瓦·沃·和其他先生们，在自己观点中除了上述否定的特点而外，还有其他一些否定的特点，而这些否定的特点，例如米海洛夫斯基先生和现在《俄国财富》的其他撰稿人则是没有的。当然，否定狭义的民粹派分子与一般的民粹派分子之间的差别是不对的，但是忽视所有一切民粹派分子的基本社会经济观点在上述基本要点方面相一致，那就更不对了。既然"俄国学生

们"所驳斥的正是这些基本观点,而不只是离开这些基本观点走到更坏方面去的"可悲的偏向",那么他们显然完全有权利在广义上使用"民粹主义"这个概念,他们不仅有权利这样做,而且也不能不这样做。

列宁:《我们拒绝什么遗产?》

《列宁全集》第 2 卷第 404~405 页。

那些基本上同我国民粹主义相似的社会主义:它们不懂得历史运动的唯物主义原理,不能分别说明资本主义社会中每个阶级的作用和意义,并且用各种貌似社会主义的关于"人民"、"正义"、"权利"等等的词句来掩盖各种民主变革的资产阶级实质。1848 年革命给了马克思以前的所有这些喧嚣一时、五花八门的社会主义形式以致命的打击。各国的革命使社会各阶级在行动中显露出自己的面目。

列宁:《马克思学说的历史命运》,

《列宁全集》第 23 卷第 1~2 页。

马克思主义在理论上的胜利,逼得它的敌人装扮成马克思主义者,历史的辩证法就是如此。内里腐朽的自由派,试图在社会主义的机会主义形态下复活起来。

列宁:《马克思学说的历史命运》,

《列宁全集》第 23 卷第 3 页。

19 世纪 90 年代后半期,是俄国社会民主主义运动的"童年时期和少年时期"。在这个时期中,随着俄国资本主义的迅猛发展,工人阶级的人数急剧增加,罢工运动不断扩大。社会民主党人原来只在少数先进工人中间宣传马克思主义,这时则开始进行群众性的政治鼓动和实际革命工作了。对俄国社会民主党人来说,当务之急是把各个马克思主义组织联合起来,建立一个有统一的中央和明确的纲领的无产阶级革命政党。而要建立这样的党,还必须大力批判民粹主义,因为民粹主义仍然是俄国社会民主主义运动前进道路上的严重障碍。

批判民粹主义,尤其是在经济问题上批判民粹主义,在列宁的著作占据中心地位。其中最重要的是《评经济浪漫主义(西斯蒙第和我国的西斯蒙第主义者)》一书。该书是针对 19 世纪前期瑞士经济学家西斯蒙第及其俄国追随者——民粹派分子瓦·沃(瓦·巴·沃龙佐夫)、尼古拉·逊(尼·弗·丹尼尔逊)等人的。列宁通过深入的分析、比较,揭露了前者和后者之间的思想渊源关系。西斯蒙第在政治经济学史上占有特殊地位,以小资产阶级经济学(或称"经济浪漫主义")的奠基人著称,他热烈拥护小生产,反对大企业经济的维护者和思想家。西斯蒙第学说中的空想和反动方面,正接近于俄国民粹派的观点,因而不仅被俄国民粹派所接受,而且被理想化。俄国民粹派根据西斯蒙第的这一错误理论认为,俄国经济走的是"独特的"发展道路。他们美化宗法式的小农经济和行会手工业。正如西斯蒙第一样,他们是十足的小资产阶级的思想代表。因此,列宁得出结论说:"民粹派的经济学说不过是全欧洲浪漫主义的俄国变种"。

（三）学术人物的法学观点

1. 洛克的法学观点

洛克·约翰（Locke John）——17 世纪著名的英国二元论哲学家，感觉论者，资产阶级经济学家。

在法学方面，洛克受霍布斯自然平等观和社会契约论的影响较大。著有《自然法论》《政府论》等。他的自然法观点，与自然法学派的主张大抵相同。他认为，在自然状态下，每个人都享有生命权、自由权和财产权的天赋权利，他认为这些权利是造物主赋予的，是与生俱来的。这些资产阶级的法学理论，对后世产生很大影响。

在马克思和恩格斯著作中，对洛克的哲学观点和经济学观点评论较多，法学则较少。

洛克恰好是货币制度的最早的科学保卫者之一，是对流浪者和穷人进行严惩的积极赞助者，是现代政治经济学的 doyens〔老前辈〕之一。

马克思恩格斯：《德意志意识形态》，

《马克思恩格斯全集》第 3 卷第 619 页。

在洛克看来，如果劳动条件的数量大于一个人用自己的劳动所能利用的数量，那末，对这些劳动条件的所有权，就是一种同私有制的自然法基础相矛盾的 [1292a] 政治发明。

马克思：《资本论第四卷》，

《马克思恩格斯全集》第 26 卷上册第 390 页。

照他看来，自然法使个人劳动成为所有权的界限：

"现在我们就来考察一下，货币怎么会具有同土地一样的性质，提供我们称作利钱或利息的一定年收入。因为土地自然地生产某种新的、有用的和对人类有价值的东西；相反，货币是不结果实的，它不会生产任何东西，但是，它通过相互协议，把作为一个人的劳动报酬的利润转入另一个人的口袋。这种情况是由货币分配的不均等引起的；这种不均等对土地产生的影响，同它对货币产生的影响一样……土地分配的这种不均等（你的土地多于你能够耕种或愿意耕种的，而另一个人的土地却少于他能够耕种或愿意耕种的）会为你招来一个租种你的土地的佃户；而货币分配的这种不均等……会为我招来一个借用我的货币的债户；这样一来，我的货币靠债务人的勤劳，能够在他的营业中为他带来多于 6% 的收入，正如你的土地靠佃户的劳动能够生产一个大于他的地租的收益。"（《约翰·洛克著作集》1740 年对开本版第 2 卷 ［第 19 页］）

马克思：《资本论第四卷》，

《马克思恩格斯全集》第 26 卷上册第 392～393 页。

因为洛克是同封建社会相对立的资产阶级社会的法权观念的经典表达者；此外，洛克哲学成了以后整个英国政治经济学的一切观念的基础，所以他的观点就更加重要。

《资本论第四卷》，

《马克思恩格斯全集》第 26 卷上册第 393 页。

开始，洛克的政治思想趋于保守，参加辉格党政治活动后，又反对保守党。1688 年"光荣革命"后，淡出政界，基本从事哲学等研究工作。

洛克是资产阶级理论家，但对资本主义现实也有某种不满。洛克在《市民政府》中说："谁要占有超过满足自己要求所必需的东西，他就是越出了理性的界限，并违犯了起码的正义，就是盗取别人的财产。任何的盈余都是篡夺，穷人的样子应当在富人的内心引起良心的苛责。发抖吧，腐化堕落、挥霍无度、贪图享乐的人们！要知道，不幸的、丧失了必需品的人总有一天会真正认识到人的权利。"说"欺骗、背信弃义、自私自利造成了财产不平等，财产不平等造成人类的不幸，同时，一方面把一切罪恶和财富堆集在一起，另一方面把灾难和贫穷堆集在一起。"

2. 奥斯丁的法学观点

奥斯丁·约翰（Austin，John），17 世纪英国法学家。曾在军队服役，当过律师，在英国学校中讲授法学，1826 年在伦敦大学讲授法理学课程。写有法学史方面的著作，著有《法学界说》《法理学讲义》等。奥斯丁采用分析方法，对法律进行比较研究，被认为是分析法学派的倡导者。

梅恩说：霍布斯的目的是政治的，而奥斯丁的目的是"严格科学的"。

［第 355 页。科学的！只不过是愚蠢的英国法学家的脑袋所能想象的科学，他们把老式的分类、定义等等都当作科学的。此外可比较（1）马基雅弗利和（2）兰盖］。

还有霍布斯想探讨国家（管理和统治的形式）的起源；对法学家奥斯丁说来不存在这个问题；对他说来这一事实在一定程度上是 a priori｛先验的｝存在。

马克思：《亨利·萨姆纳·梅恩〈古代法制史讲演录〉一书摘要》，

马克思：《马克思恩格斯全集》第 45 卷第 645 页。

奥斯丁还有一些教条：

"法学是关于实质法的科学。实质法是统治者对其臣民颁布的命令这些命令把本分，或者承担义务的条件，或者义务，加在他们身上，并且威吓他们如不服从命令就予以制裁或惩罚。权利是统治者授予某些社会成员对违反本分的同胞加以制裁的权力或力量"（第 362 页）。

所有这些都是幼稚可笑的扯淡：拥有强制力量的人就是最高权力；实质法就是统治者对其臣民下的命令；他这样把责任加到臣民身上，于是就成了义务，并以不服从命令将加以惩罚相威吓；权利是统治者授予某些社会成员惩罚违犯社会义务的社会成员的权力，——所有这些都是幼稚可笑的话，就连霍布斯本人也未必能从他那赤裸裸的权力暴力论中发掘出更多的东西来；梅恩把约翰·奥斯丁当作教条认真宣讲的东西称为分析法学家所遵循的"程序"，这种程序与数学、政治经济学所遵循的极为相似，而且是"严格科学的"！

这一切涉及的只是形式方面，这个方面对一个法学家说来自然到处都是重要的。

"对奥斯丁体系的目的来说，统治权除力量之外没有其他属性，因此，对'法律'、'义务'和'权利'的看法乃是由于把它们仅仅视为强制力量的产物的结果。于是，'制裁'（惩罚）就成为概念系列中的首要的和最重要的环节，并且使其他环节显得可信。"

马克思：《亨利·萨姆纳·梅恩〈古代法制史讲演录〉一书摘要》，
《马克思恩格斯全集》第 45 卷第 649 页。

在法学家看来，法律只有通过每一真正的法律所必需的条件才能与规律连在一起，即它必须规定某一类行为或失职行为或某些一般地予以确定的行为和失职行为。规定某一个行为的法律，不是真正的法律，而是"临时的"或"特别的"命令。经过这样规定和限制的法，才是分析法学家所认为的法学研究对象（第 375 页）。

奥斯丁在他的著作中考察了"某些现存的政体或（如他所说的）政治领导和服从｛superiority and inferiority｝的形式，目的在于确定统治权在每一个政体中的确切地位"（第 375、376 页）。

马克思：《亨利·萨姆纳·梅恩〈古代法制史讲演录〉一书摘要》，
《马克思恩格斯全集》第 45 卷第 652 页。

在《马克思恩格斯全集》中，中央编译局中译为"奥斯丁"，我国法学界因袭使用旧译"奥斯汀"。

马克思不赞同梅恩所言奥斯丁的理论是"严格科学的"，认为都是幼稚可笑的扯淡。

3. 黑格尔的法学观点

黑格尔反对自然法理论，其理由是认为法是实定法。

黑格尔的法哲学是法律思想的核心，他建立了国家、法律、道德、权利和市民社会等等法哲学体系。在法哲学研究中，引入了辩证法和历史方法，这是法哲学的重大突破。

对于黑格尔的法哲学，马克思认为是唯心主义哲学的法律表现。在"德法年鉴"（《Deutsch-Französische Jahrbücher》）上，马克思发表了《黑格尔法哲学批判导言》，这不仅仅是批判黑格尔法哲学的引言，它标志着马克思由革命民主主义转到了唯物主义和共产主义。

我们在"法哲学"的结尾发现，绝对观念应当在弗里德里希-威廉三世这么顽强而毫无结果地向他的臣民约许的那种等级制君主政体中得到实现，就是说，应当在有产阶级那种适应于当时德国小资产阶级关系的、有限的和温和的间接统治中得到实现；在这里还用思辨的方法给我们证明了贵族的必要性。

恩格斯：《路德维希·费尔巴哈和德国古典哲学的终结》，
《马克思恩格斯全集》第 21 卷第 309～310 页。

黑格尔是一个德国人而且和他的同时代人歌德一样地拖着一根庸人的辫子。歌德和黑格尔各在自己的领域中都是奥林帕斯山上的宙斯，但是两人都没有完全脱去德国的庸人气味。

但是这一切并没有妨碍黑格尔的体系包括了以前的任何体系所不可比拟的巨大领域，而且没有妨碍它在这一领域中发展了现在还令人惊奇的丰富思想。精神现象学（也可以叫做同精神胚胎学和精神古生物学类似的学问，是对个人意识各个发展阶段的阐述，这些阶段可以看作人的意识在历史上所经过的各个阶段的缩影）、逻辑学、自然哲学、精神哲学，而精神哲学又分成各个历史部门来研究，如历史哲学、法哲学、宗教哲学、哲学史、美学等等，——在所有这些不同的历史领域中，黑格尔都力求找出并指出贯穿这些领域的发展线素；同时，因为他不仅是一个富于创造性的天才，而且是一个学识渊博的人物，所以他在每一个领域中都起了划时代的作用。

恩格斯：《路德维希·费尔巴哈和德国古典哲学的终结》，
《马克思恩格斯全集》第21卷第310页。

经济学还是一门所谓的科学，而且比法哲学还要科学一些，因为它研究的是事实，而不像法哲学那样，单纯研究观念。但是对于职业法学家说来，这完全无所谓。经济研究在他看来跟慈善演说的价值一样。Fiat justitia, pereat mundus.〔只要法律得胜，哪怕世界毁灭。〕

恩格斯：《法学家的社会主义》，
《马克思恩格斯全集》第21卷第549页。

不论哪一个哲学命题都没有像黑格尔的一个著名命题那样引起近视的政府的感激和同样近视的自由派的愤怒，这个命题就是：

"凡是现实的都是合理的，凡是合理的都是现实的。"

这显然是把现存的一切神圣化，是在哲学上替专制制度、替警察国家、替王室司法、替书报检查制度祝福。弗里德里希－威廉三世是这样想的，他的臣民也是这样想的。但是，在黑格尔看来，凡是现存的决非无条件地也是现实的。在他看来，现实的属性仅仅属于那同时是必然的东西。

恩格斯：《路德维希·费尔巴哈和德国古典哲学的终结》，
《马克思恩格斯全集》第21卷第306页。

黑格尔的这个命题，由于黑格尔的辩证法本身，就转化为自己的反面：凡在人类历史领域中是现实的，随着时间的推移，都会成为不合理的，因而按其本性来说已经是不合理的，一开始就包含着不合理性；凡在人们头脑中是合理的，都注定要成为现实的，不管它和现存的、表面的现实多么矛盾。按照黑格尔的思维方法的一切规则，凡是现实的都是合理的这个命题，就变为另一个命题，凡是现存的，都是应当灭亡的。

恩格斯：《路德维希·费尔巴哈和德国古典哲学的终结》，
《马克思恩格斯全集》第21卷第307页。

黑格尔的伦理学或关于伦理的学说就是法哲学，其中包括：（1）抽象的法，（2）道德，（3）伦理，其中又包括家庭、市民社会、国家。在这里，形式是唯心的，内容是现实的。法律、经济、政治的全部领域连同道德都包括在这里。

恩格斯：《路德维希·费尔巴哈和德国古典哲学的终结》，

《马克思恩格斯全集》第 21 卷第 329 页。

黑格尔当时认为，他在他的法哲学中已奠定了普鲁士国家制度的基础，而且政府和德国公众也都这样认为。政府还以官方传布他的著作这个方式来证明这一点，而公众则谴责他充当普鲁士的御用哲学家，这可以在旧莱比锡百科辞典中读到。黑格尔当时所想的正是施塔尔今日所想的。黑格尔于 1831 年根据政府的一项特别命令讲授过法哲学课。

马克思：《评内阁训令的指控》，

《马克思恩格斯全集》第 40 卷第 350 页。

长子继承权是国家的法律。国家需要长子继承权的法律。因此，当黑格尔把国家观念的因素变成主语，而把国家存在的旧形式变成谓语时——可是，在历史真实中，情况恰恰相反：国家观念总是国家存在的［旧］形式的谓语——他实际上只是道出了时代的共同精神，道出了时代的政治神学。这里，情况也同他的哲学宗教泛神论完全一样。这样一来，一切非理性的形式也就变成了理性的形式。但是，原则上这里被当成决定性因素的在宗教方面是理性，在国家方面则是国家观念。这种形而上学是反动势力的形而上学的反映，对于反动势力来说，旧世界就是新世界观的真理。

马克思：《关于黑格尔对国家的观点》，

《马克思恩格斯全集》第 40 卷第 368～369 页。

黑格尔，乔治·威廉·弗里德里希（Hegel，Georg Wilhelm Friedrich），18 世纪德国古典哲学最大的代表，客观唯心主义者，全面地发展了唯心主义辩证法；德国资产阶级思想家。著有《精神现象学》《逻辑学》《哲学科学百科全书》等著作。

黑格尔的法学著作是《法哲学原理》（《Grundlinien der Philosophiedes Rechts》）。

4. 施蒂纳的法学观点

施蒂纳没有专门谈论法的著作。《唯一者及其所有物》是施蒂纳的主要著作。

施蒂纳认为，个体即"唯一者"的行为准则是利己主义，认为法律是非个体的东西奴役个体。他关于法的观点，是从这一点展开的。马克思和恩格斯对施蒂纳的批判，是对当时德国哲学和德国社会主义的批判。

马克思和恩格斯的《德意志意识形态》，是对费尔巴哈、布·鲍威尔和施蒂纳所代表的现代德国哲学以及各式各样先知所代表的德国社会主义的批判。在《德意志意识形态》中从他们新世界观的基本原理出发，完成了在《神圣家族》中对青年黑格尔分子鲍威尔的观点所进行的批判。

《德意志意识形态》剖析了施蒂纳的哲学观点、经济学观点和社会学观点和法学观点，揭露了这些观点的小资产阶级本质。马克思和恩格斯在批判鲍威尔和施蒂纳时，批判了整个青年黑格尔派的哲学以及黑格尔的哲学和一般唯心主义哲学，为科学共产主义的创建奠定了基础。

分工的结果使政治家和法学家注定要崇拜概念并认为一切实际的财产关系的真实基础不是生产关系，而是这些概念。圣桑乔不假思索地接受了这种幻想并且根据这一点宣称合法的财产是私有财产的基础，而法的概念又是合法的财产的基础，于是他就可以把他的全部批判局限于宣称法的概念是概念，是怪影。

马克思恩格斯：《德意志意识形态》，

《马克思恩格斯全集》第3卷第421页。

"否则，法也许会成为任意摆布的东西。向我猛扑的老虎是对的，而杀死它的我也是对的。我从它那里保全下来的不是我的法，而是我自己。"（第250页）

在这段话的第一部分中，圣桑乔变成了对老虎的法律关系；在第二部分中，他又觉察到在这里实际上没有任何法律关系。所以"法成为任意摆布的东西"。"人"的法溶化于"老虎"的法之中。

对法的批判就这样结束了。我们很早就从许多早期作家那里知道法是从暴力中产生的，现在又从圣桑乔那里知道"法"就是"人的暴力"，根据这一点他却把有关法同现实的人、同人们的关系的联系的一切问题推往一边，而制造了自己的对偶式。他限于把法如他所设定的那样，即作为圣物加以扬弃，也就是说，他扬弃了圣物，而保留了法。

马克思恩格斯：《德意志意识形态》，

《马克思恩格斯全集》第3卷第371~372页。

桑乔首先重复了他自己的命题：人权是"圣物"，因此从那时起就进行着争取人权的斗争。圣桑乔用这个圣物只证明了这场斗争的物质基础对于他是神圣的，也就是说，异己的。因为无论"人权"或"正当获得的权利"，二者都是"权利"。因此它们都是"同样有权的"，而且就历史的意义上来说是"有权的"。

因为这两种都是法律意义上的"权利"，所以它们在历史意义上也是"同样有权的"。即使对事情本身一无所知的人也可以用这种方法在最短的时间内解决一切。

马克思恩格斯：《德意志意识形态》，

《马克思恩格斯全集》第3卷第372~373页。

"凡是法，凡是在社会中被认为是对的东西，也就会在法律的字面中表述出来。"（第255页）

这句话是黑格尔下述说法的"笨拙的"的翻版：

"合乎法律规定，就是认识什么是法或者什么是真正对的源泉。"

圣桑乔所谓的"字面中表述出来"的东西，黑格尔也称为"设定的东西"，"意识到的东西"等等（"法哲学"第 211 节及以下各节）。

为什么圣桑乔必须把社会的"意志"或社会的"统治者的意志"从他的关于法的"论述"中排除出去，这是不难理解的。只有法被确定为人的权力，他才能把法作为自己的权力收回到自身中来。因此，为了讨好自己的对偶式，他就得抓住"权力"的唯物主义定义，而让"意志"的唯心主义定义"溜跑"。为什么现在当他谈到法律的时候又抓住了"意志"，这一点在我们研究关于法律的对偶式时就会明白的。

马克思恩格斯：《德意志意识形态》，
《马克思恩格斯全集》第 3 卷第 377 页。

圣桑乔对法的全部批判只限于把法律关系的文明的表现和文明的分工说成是"固定观念"、圣物的果实，而关于冲突的野蛮表现和调停冲突的野蛮方式，他反而为自己保留下来。对于他来说，全部问题只在于名称；至于问题本身他丝毫没有接触到，因为他不知道法的这些不同形式所赖以产生的现实关系，因为他只是把阶级关系在法律上的表现看作是过去野蛮关系观念化了的名称。

马克思恩格斯：《德意志意识形态》，
《马克思恩格斯全集》第 3 卷第 395 页。

在每一个国家中都有这样一些人，他们知道国家对他们有什么样的意义，也就是说在国家里并通过国家他们自己具有什么意义，桑乔由此得出结论：国家是凌驾于这些人之上的权力。在这里的问题仍旧是从自己的头脑中挤出来的国家的固定观念的问题。乡下佬雅各还始终在梦想，国家仅仅是一个观念，并相信这一国家观念的独立权力。他是真正的"国家狂信者，对国家着迷的人，是政治家"（第 309 页）。黑格尔把那些还是从个人——尽管仅是从这些个人的意志——出发的政治思想家的国家观念理想化了；黑格尔把这些个人的共同意志变为绝对意志，而乡下佬雅各则 bona fide〔真心诚意地〕把这种对意识形态的观念化看作是正确的国家观，并且在这种信念下，声称绝对就是绝对的，用这样的方法来评论这种国家观。

马克思恩格斯：《德意志意识形态》，
《马克思恩格斯全集》第 3 卷第 402 页。

由于圣桑乔竭诚接受把一切经验关系颠倒过来了的那些政治家、法学家和其他思想家的幻想，而且还以德意志方式又加上了一些他自己的东西，因此私有财产在他那里就变成了国家财产，从而变为合法的财产，于是他就可以用这种财产做实验来论证他在以上所列举的等式了。首先让我们仔细看一看私有财产向国家财产的转变。

"财产问题只决定于政权〈相反，政权问题现时还是决定于财产〉，既然只有国家是掌权者，不管这是市民的国家还是游民的国家〈施蒂纳的"联盟"〉或者只是人的国家，那末只有国家才是所有者。"（第 333 页）

马克思恩格斯：《德意志意识形态》，
《马克思恩格斯全集》第 3 卷第 411 页。

桑乔解释继承法不是根据积累的必然性和存在于法之前的家庭的必然性，而是根据权力一直延长到死后权力仍然保存的法学虚构。封建社会越是向资产阶级社会过渡，一切立法也就越来越多地抛弃这个法学虚构（例如，请参阅拿破仑法典）。这里用不着细说，绝对父权和长子继承权——包括自然形成的封建长子继承权，也包括它的后来形式——是以非常确定的物质关系为基础的。

马克思恩格斯：《德意志意识形态》，

《马克思恩格斯全集》 第 3 卷第 420 页。

施蒂纳·麦克斯（Max Stirner 1806—1856），是卡斯巴尔·施米特的笔名。德国哲学家，青年黑格尔分子，资产阶级个人主义和无政府主义的思想家之一。

马克思和恩格斯在称呼他的时候，常常把桑乔、麦克斯·施蒂纳或施蒂纳交替使用。在桑乔前面加个"圣"字，是讽刺他自以为是圣人。马克思和恩格斯还使用了许多尖刻讽刺的外号来挖苦他，如把他称为"圣师""柏林小市民""乡下佬雅各""教书匠""圣者""圣桑乔""堂吉诃德"等等。

桑乔摆出学者的面孔，却热衷于政治。他参加了"自由人"。"自由人"是 19 世纪 40 年代上半期由柏林著作家组成的青年黑格尔派小组的名称，该小组的核心是布·鲍威尔、爱·鲍威尔、爱·梅因、路·布尔、麦·施蒂纳等人。小组的成员对现存制度进行抽象的、缺乏实际革命内容的批判，他们的言论表面上十分激进，往往损害了民主运动的声誉。马克思成为《莱茵报》编辑后，便采取措施阻止"自由人"代表人物利用报纸作为他们发表假革命言论的讲台。

5. 拉萨尔的法学观点

拉萨尔·斐迪南（Ferdinand Lassalle），德国小资产阶级政论家，律师，1848—1849 年曾参加莱茵省的民主运动，60 年代初参加工人运动，是全德工人联合会（1863）创建人之一；支持在反革命普鲁士的霸权下"自上"统一德国的政策，在德国工人运动中创立了机会主义的派别。

拉萨尔涉及法的著作，是《既得权体系。成文法和法哲学的调和》一书。第一部分（F. Lassalle. 《Das System der erworbenen Rechte. Eine Versöhnung des postiven Rechts. und der Rechtsphi-losophie》. Th. I, Leipzig, 1861）。第二部分"罗马和日耳曼继承权在历史—哲学发展中的实质"（F. Lassalle. 《Das System der erworbenen Rechte》. Th. II. 《Das Wesen des Römischen und Germanis chen Erbrechts in historisch philosophischer Entwickelung》）。

拉萨尔的法学基本理论漏洞百出，但在以工人运动领袖自居的同时，又以法学家自居。

拉萨尔的"既得权体系"一书不仅陷于法学家的全部幻想中，而且还陷于老年黑格尔派的全部幻想中。拉萨尔在序言第 VII 页上明确地宣称："在经济方面，既得权概念也是推动一切继续向前发展的出发点"；他想证明："法权是一个从自身以内（这就是说不是从经济前提中）发展出来的合理的机体"（第 XII 页）；在拉萨尔看来，任务是要证明法权不是起源于经济关系，而是起源于"仅以法哲学为发展和反映的意志概念自身"（第 XI 页）。然而这部书在这里有什么相干呢？蒲鲁东和拉萨尔的差别只在于拉萨尔是一个真正的法学家和黑格尔主义者，而蒲鲁东在法学和哲学方面，也如在其他一切方面一样，却不过是一个涉猎者。

恩格斯：《论住宅问题》，

《马克思恩格斯全集》第 18 卷第 308～309 页。

"劳动所得"是拉萨尔为了代替明确的经济概念而提出的一个模糊观念。

什么是"公平的"分配呢？

难道资产者不是断定今天的分配是"公平的"吗？难道它事实上不是在现今的生产方式基础上唯一"公平的"分配吗？难道经济关系是由法权概念来调节，而不是相反地由经济关系产生出法权关系吗？难道各种社会主义宗派分子关于"公平的"分配不是有各种极为不同的观念吗？

马克思：《哥达纲领批判》，

《马克思恩格斯全集》第 19 卷第 18～19 页。

拉萨尔的"既得权体系"一书第二部的中心，主要是这样一个命题：罗马的遗嘱制同罗马本身一样古老，以致在罗马历史上，从来"没有过无遗嘱制的时代"，遗嘱制勿宁说是在罗马以前的时期从对死者的崇拜中产生的。拉萨尔作为一个虔诚的老年黑格尔派，不是从罗马人的社会关系中，而是从意志的"思辨概念"中引伸出罗马的法权规范，从而便得出了上述的完全违反历史的论断。这在该书中是不足为奇的，因为该书根据同一个思辨概念得出了一个结论，认为在罗马的继承制中财产的转移纯粹是次要的事情。拉萨尔不仅相信罗马法学家，特别是较早时期的罗马法学家的幻想，而且还比他们走得更远。

恩格斯：《家庭、私有制和国家的起源》，

《马克思恩格斯全集》第 21 卷第 201 页。

在德国，如果某人从一定的理论观点出发对某一点有所发展，这就足够了，并且法学家现在忘记了，拉萨尔所发展的理论，是逐字逐句地从黑格尔的法哲学和历史哲学中剽窃来的，况且在运用于罗马继承法时这种理论还是不正确的；罗马继承法不像黑格尔所说的是从"意志"中发展而来的，而是从罗马的 gens 即氏族家庭公社的历史中发展而来的，关于氏族家庭公社，大部分法学家也都知道得不多。其实，我只是想说，我得破除那种说拉萨尔是有创见的思想家的神话，而这是完全必要的。

《恩格斯致爱德华·伯恩施坦》，

《马克思恩格斯全集》第 35 卷第 383 页。

拉萨尔本人总是自认为他是马克思的学生，作为马克思的学生是站在《共产党宣言》

的立场上的。但是他在工人运动中，其纲领和派别活动，与马克思和恩格斯是有巨大距离的。如马克思和恩格斯反对他 1862～1864 年间进行的公开鼓动中，始终没有超出靠国家贷款建立生产合作社的要求。

全德工人联合会是工人阶级的全德政治性组织，但它是受拉萨尔及其追随者的机会主义观点的影响的，他们力图把工人运动导向改良主义道路，他们反对罢工斗争和组织工会，支持俾斯麦实行的从上面统一德国的政策，并企图同他达成协议。在 1875 年在哥达代表大会上，合并成了一个统一的党，这个党在 1890 年以前一直叫作德国社会主义工人党。这样就克服了德国工人阶级队伍中的分裂状态。可是，哥达代表大会所通过的统一党的纲领，却包含着严重的错误和对拉萨尔派的让步，因而遭到了马克思和恩格斯的尖锐批判。

6. 杜林的法学观点

杜林·欧根·卡尔（Dühring, Eugen Karl），德国折衷主义哲学家和庸俗经济学家，反动的小资产阶级社会主义的代表。在哲学上把唯心主义、庸俗唯物主义和实证论结合在一起，是个形而上学主义者。在自然科学和文学方面也有所著述。1863—1877 年曾任柏林大学讲师，后因激烈攻击柏林大学的教授们而被开除。

杜林没有关于法学的专门著作，但在哲学、经济学等著述中涉及一些法学理论和法律问题。对于杜林法学方面的言论，恩格斯评价为"高超的胡说"。

所谓科学的自由，就是人们可以撰写他们所没有学过的一切东西，而这被冒充是唯一严格的科学方法。杜林先生正是这种放肆的假科学的最典型的代表之一，这种假科学，现在在德国很流行，并把一切淹没在它的高超的胡说的喧嚷声中。诗歌、哲学、政治学、经济学、历史科学等方面有这种高超的胡说；教研室和讲台上有这种高超的胡说；到处都有这种高超的胡说；这种高超的胡说妄想出人头地并成为深刻思想，以别于其他民族的单纯平庸的胡说；这种高超的胡说是德国智力工业最标本和最大量的产品，它们价廉质劣，完全和德国其他的制造品一样，可惜它们没有和这些制造品一起在费拉得尔菲亚的博览会上陈列出来。甚至德国的社会主义，特别是在杜林先生的范例之后，近来也正在热中于大量的高超的胡说，造就出以"科学"自傲但对这种科学又"确实什么也没有学到"的各色人物。这是一种幼稚病，它说明德国大学生开始转向社会民主主义方面，它和这一过程是分不开的，可是由于我们工人的非常健康的本性，这种幼稚病无疑地将被克服。

恩格斯：《反杜林论》，
《马克思恩格斯全集》第 20 卷第 8～9 页。

当这样一位玄想家不是从他周围的人们的现实社会关系，而是从概念或所谓"社会"的最简单的要素构成道德和法的时候，可用于这种构造的材料是什么呢？显然有两种：第一，是在那些被当作基础的抽象中可能存在的现实内容的一点点残余，第二，是我们这位玄想家从他自己的意识中再次带进来的那种内容。而他在自己的意识中发现了什么呢？绝大部分是道德和法的观点，这些观点是或多或少地同他所处的社会关系和政治关系相适应的表现——肯定的或否定的，得到赞同的或遭到反对的；其次或许是从有关的文献上抄来的观念；最后，可能还有个人的狂想。我们的玄想家可以随心所欲地兜圈子，他从大门扔出去的历史现实，又从窗户进来了，而当他以为自己制定了适用于一切世界和一切时代的道德学说和法律学说的时候，他实际上是为他那个时代的保守潮流或革命潮流制作了一幅歪曲的（因为和它的现实的基础脱离）、头足倒置的映象，正如在凹面镜上的映象一样。

恩格斯：《反杜林论》，

《马克思恩格斯全集》第 20 卷第 105～106 页。

我们再稍微往下看看杜林先生的公理理论。两个意志中一方不能向另一方提出任何肯定的要求。如果一方竟然这样做了，并以暴力来实现他的要求，那就发生了不正义的情况，而杜林先生就是按照这一基本模式来说明不正义、暴力、奴役，一句话，说明全部过去的应受斥责的历史的。

恩格斯：《反杜林论》，

《马克思恩格斯全集》第 20 卷第 108 页。

我们不能不感到惊奇的是，带着这样的自信心出场的对私法关系的批判，只限于向我们陈述：

"在科学性上，法学……前进得不远"；成文的民法是不正义，因为它确认以暴力为基础的所有制；刑法的"自然基础"是复仇，——

在这种论断中，顶多只有"自然基础"这件神秘的外衣是新东西。但是，让我们往下看看我们这位自信的法学家的最深刻的专门研究和经过三年审判实践而加深的科学性吧。

恩格斯：《反杜林论》，

《马克思恩格斯全集》第 20 卷第 119 页。

从这里我们只能得出这样的结论：杜林先生的最深刻的专门研究是在于他用了三年时间在理论方面埋头于民法大全，以后又用了三年时间从实际方面埋头于高贵的普鲁士邦法。这肯定也已经是颇有功劳了，并且对一个极可尊敬的旧普鲁士地方法官或律师来说也足够用了。但是，如果要给一切世界和一切时代编写法哲学，那末总应当也稍微详细地知道些象法国人、英国人和美国人这样一些民族的法律关系，这些民族在历史上所起的作用完全不同于盛行普鲁士邦法的德国的一个角落。让我们再往下看。

"地方法、省法和邦法的杂乱混合（这些法以非常随意的方式按最不同的方向交叉起来，时而作为习惯法，时而作为成文法，经常的是使最重要的事务带上纯粹的规章形式），这种无秩序和矛盾的样本——其中个别使一般成为不充分的，而有时一般又使特殊成为不充分的，的确不适于在任何人那里造成清楚的法学意识。"

但是，这种混乱状态存在于什么地方呢？又是在通行普鲁士邦法的地域内，那里，在这种邦法的旁边、上面或者下面，还有省法、地方法令，有些地方还有普通法以及其他乱七八糟的东西，它们都具有各种各样的不同程度的效力，并且在一切实践的法学家中引起杜林先生在这里满怀同情地一再重复的呼救求援。他根本不需要离开他心爱的普鲁士，他只要到莱茵省走一趟，就可以确信，在那里七十年来这一切都已经被遗忘了——更不用说早已消除了这类过时状态的其他文明国家了。

恩格斯：《反杜林论》，

《马克思恩格斯全集》第20卷第122页。

这种对渊博的法学知识的夸耀，顶多也只是以一个最普通的旧普鲁士法学家的最平常的专门知识作为根据的。杜林先生前后一贯地向我们陈述其结论的法学和政治学领域，是和实施普鲁士邦法的地域相"吻合"的。除了目前甚至在英国每个法学家都相当熟悉的罗马法以外，他的法律知识就唯一地只限于普鲁士邦法这部启蒙的、宗法制的专制主义的法典，这部法典中所用的德语，似乎杜林先生就是从中开始识字的，这种带有道德方面的注释、法律上的不确定性和不稳固性、以鞭鞑作为刑讯和处罚手段的法典，还完全是属于革命以前的时代的。除此以外的一切，无论是现代的法兰西民法，还是具有自己的十分独特的发展和整个大陆都不知道的对个人自由的保障的英吉利法，在杜林先生看来都是邪恶的。

恩格斯：《反杜林论》，

《马克思恩格斯全集》第20卷第123～124页。

如果不谈谈所谓自由意志、人的责任、必然和自由的关系等问题，就不能很好地讨论道德和法的问题。

恩格斯：《反杜林论》，

《马克思恩格斯全集》第20卷第124页。

在道德和法的领域中，现实哲学对卢梭的庸俗化并不比前面对黑格尔的肤浅化更好一点；在法学方面也是如此，虽然尽了一切努力要人们相信相反的东西，还是表现了甚至在最平庸的旧普鲁士法学家中也很少见的无知。"不承认任何仅仅是假象的地平线"的哲学，在法律上却满足于和普鲁士邦法的实施范围相吻合的真实的地平线。

恩格斯：《反杜林论》，

《马克思恩格斯全集》第20卷第158页。

"新的思维方式"、"彻底独创的结论和观点"和"创造体系的思想"的确已经给我们提供了各种新的无稽之谈可是没有一行字能够使我们学到一些东西。这个人用吹号打鼓来吹嘘自己的手艺和商品，不亚于最鄙俗的市场叫卖者，而在他的那些大字眼后面却是空空如也，一无所有——这个人竟敢把费希特、谢林和黑格尔这样的人叫做江湖骗子，他们当中最渺小的人和杜林先生比起来也还是巨人。确实有江湖骗子，但是是谁呢？

恩格斯：《反杜林论》，

《马克思恩格斯全集》第20卷第159页。

杜林并没有什么真才实学，他的成名靠的是"高超的胡说"。杜林动不动就"创造体系"。在当时的德国，"理论创造""创造体系"蔚成风气，并不是个别现象。当时，天体演化学、自然哲学、政治学、经济学等等"体系"，在德国雨后春笋般地冒出来。最蹩脚的博士，甚至大学生，不动则已，一动至少就要"创造"，就要"创造"一个完整的"体系"。

恩格斯的经典著作《欧根杜林先生在科学中实行的变革》是以《反杜林论》这个名称载入史册的。

恩格斯的这部著作，是德国社会民主党内思想斗争的直接结果。70年代中期，杜林在社会民主党人中间的影响是相当大的。到1875年初，杜林体系的传播已经到了十分危险的程度。杜林的著作《国民经济学和社会主义批判史》第二版（1874年11月问世）和《哲学教程》（最后一册在1875年2月问世）的出版尤其助长了这一点。在这两本书中，自命为社会主义信徒的杜林，对马克思主义进行了特别猛烈的攻击。

杜林体系对刚刚合并的德国社会主义工人党（1875年5月在哥达代表大会上成立）部分党员影响的加强和在他们中间的传播，迫使恩格斯中断了《自然辩证法》的写作，以便反击这个新出现的"社会主义"学说，捍卫作为无产阶级政党的唯一正确世界观的马克思主义。

以上列了几个人的法学观点。经典著作中还对有些学术人物的法学观点，有所评述，因为考虑到这些观点影响力的限度，不再单独列出。

如马克思恩格斯在《共产党宣言》中，针对海因岑的法学观点指出："大家都很清楚，三年以前海因岑先生根本还不是激进派。他当时还是一个自由派，主张实行法律范围内的进步措施。因此，同他的分歧绝不意味着激进派内部的分裂"。指出："他说，那种应当被推翻、本身也无非是国家权力的政权，现在是而且永远都是一切无权现象的根源和支柱，他要'尽力'建立真正的法制国家（!），并在这个幻想的大厦的范围内'进行那些由于普遍的发展（!）而产生的理论上正确（!）而又实际可行的（!）社会改革'!!!"

列宁在《两个世界》中，针对弗兰克的法学观点指出："弗兰克为什么这样激愤呢？因为他对资产阶级'法制'和资产阶级'平权'信服得五体投地，而不懂得这种法制的历史局限性，不了解事情一旦涉及保存资产阶级所有制这个基本的和主要的问题时，这全部法制就一定会而且必然会化为乌有。弗兰克满脑子小资产阶级的立宪幻想；所以他不懂得，即使在德国这样的国家，实行立宪制度也有历史条件性；他相信德国资产阶级的（更确切地说：资产阶级的封建的）宪法的绝对作用和绝对效力，所以当立宪大臣不愿承认他弗兰克这位奉公守法的议员的'平权'时，他从内心感到受了侮辱。弗兰克陶醉于这种法制，竟然忘记资产阶级同无产阶级是不可调和的，他不自觉地站到那些认为这种资产阶级法制永世长存、认为社会主义可以装在资产阶级法制框子里的人的立场上去了。倍倍尔使问题摆脱了资产阶级民主派所固有的这种立宪幻想，把问题放到阶级斗争的实际基础上去。"

列宁在《致亚·尼·波特列索夫》中，针对施塔姆勒的法学观点指出："我坚决地站在一元论者这边。施塔姆勒特别使我愤怒，在他那里我根本看不到丝毫新颖的有内容的东西……。十足的认识论的经院哲学！这是最平庸的最糟糕的法学家的拙劣的'定义'以及由此得出的同样拙劣的'结论'。在读了施塔姆勒的著作以后，我读了《新言论》杂志上司徒卢威和布尔加柯夫的文章，发现的确需要认真地对待新康德主义。"

四、法律观的方法论表现

法律观是法的总观念，是关于整个法的根本观点的体系。以法律观为指导去研究和解决法学方法问题的观念，就是法学方法论。由于法学方法论的全部观念都是法律观观念，因此，法学方法论自然是法律观的组成部分。

法律观和法学方法论是构成法观念统一的不可分开的两个方面。它们是相互联系、相互依赖的。没有不具有法律观的法学方法论，也没有不具有法学方法论的法律观。法律观同法学方法论的差别，只在于法学方法论是法律观的方法论表现，也就是说，法的总观念用法学方法观念表达出来的，是法学方法论。法学方法论是法律观的方法论表现的科学表示法学方法论的，正是法律辩证法。法律辩证法是关于法的普遍联系的科学、法的矛盾的科学、法的发展的科学和法的实践的科学。

（一）辩证唯物主义的法律观和法学方法论

1. 法的辩证唯物主义的认识论原则

辩证唯物主义是我们认识法的指导思想。依靠它，我们能够把握客观事物和法的本质和规律性，科学的制定法律，正确的执行法律，合理的适用法律，推动社会发展和社会进步。

法是极其复杂的，要想认识客观事物和法的本质及其规律性，就必须坚持辩证唯物主义的认识论原则。

辩证唯物主义认识论是反映论。在法的领域，这种认识论，坚持社会物质生活条件的决定性和法的被决定性，主张列宁在《唯物主义和经验批判主义》里所说的"从物到感觉和思想"的认识路线，要求人们按照客观世界的本来面目，不附加任何主观因素地利用法来反映它们。这种认识论，是能动的反映论。人们对法的反映不是直观的、表面的、现象的反映，而是能动的、深入的、本质的反映。

对法律世界能动的反映，不仅采取感觉的形式，更重要的是采取思维的形式。

概念、判断和推理是思维形式，思维形式是抽象的，概括的。思维是一系列的抽象过程，经过思维抽象过程而形成的法学概念或理论，表面上离开了客观的具体的法，但它一定是法律世界的反映，而且是本质和规律的反映。从根本上说，注释法学、讲义法学更多的不表现为思维的抽象，而表现为法律法规的模写、复述。这是因为它们是对法律世界的一种直接的（无中间环节）、个别的反映。

马克思和恩格斯研究氏族制度时，去粗取精，集中了摩尔根著作的精华，而且使摩尔根的体系得到了科学的整理。例如，摩尔根原著的结构，是从生产技术的发展到政治观念的发展再到家庭形式的变化和私有制的产生，而马克思把这种结构，改造为从生产技术的发展和家庭形式的变化到私有制和国家的产生。恩格斯专门写了《家庭、私有制和国家的起源》，指出原始社会建立在两种生产即物质资料的生产和人本身的生产的基础之上；私有制产生了阶级和国家，导致了氏族制度的灭亡。这样，马克思和恩格斯就纠正了摩尔根唯物主义观点的不彻底性，体现了辩证唯物主义的观点。

列宁的《论所谓市场问题》一文，用马克思的经济理论分析了俄国的经济制度。市场问题曾是俄国马克思主义者和民粹派争论的焦点之一。当时有一种流行的民粹派观点认为，由于人民大众日益贫穷，市场有完全停闭的趋势，资本主义不可能充分发展，并且由此得出资本主义在俄国没有根基的结论。列宁详尽地描述了社会分工使自然经济转变为商品经济、进而转变为资本主义经济的过程，并且说明了这一经济演进过程同市场的关系。列宁指出，"市场不过是商品经济中社会分工的表现，因而它也和分工一样能够无止境地发展"，人民大众的贫穷并不构成资本主义发展的障碍，反而是资本主义发展的表现和条件。

列宁还批判了《市场问题》一文的作者格·勃·克拉辛的错误。克拉辛引述了《资本论》关于社会总资本再生产过程中两大部类之间交换的公式，却得出第一部类的积累不依赖消费品生产的错误结论。列宁在纠正这一错误时指出，作者忽略了技术进步的因素，如果把这一因素纳入马克思的公式，那就可以得出一个唯一正确的结论："在资本主义社会中，生产资料的生产比消费资料的生产增长得快。"此外，列宁还批判了克拉辛提出的在资本主义生产方式囊括全国各个经济领域之后，资本主义的发展完全依赖国外市场的论点，说明这种论点与民粹派的观点完全一致。

经典作家的辩证唯物主义认识论，正是法的认识论原则。

历史是这样创造的：最终的结果总是从许多单个的意志的相互冲突中产生出来的，而其中每一个意志，又是由于许多特殊的生活条件，才成为它所成为的那样。这样就有无数互相交错的力量，有无数个力的平行四边形，而由此就产生出一个总的结果，即历史事变，这个结果又可以看作一个作为整体的、不自觉地和不自主地起着作用的力量的产物。因为任何一个人的愿望都会受到任何另一个人的妨碍，而最后出现的结果就是谁都没有希望过的事物。所以以往的历史总是象一种自然过程一样地进行，而且实质上也是服从于同一运动规律的。但是，各个人的意志——其中的每一个都希望得到他的体质和外部的、终归是经济的情况（或是他个人的，或是一般社会性的）使他向往的东西——虽然都达不到自己的愿望，而是融合为一个总的平均数，一个总的合力，然而从这一事实中决不应作出结论说，这些意志等于零。相反地，每个意志都对合力有所贡献，因而是包括在这个合力里面的。

恩格斯：《致约瑟夫·布洛赫》，
《马克思恩格斯全集》第 37 卷第 462 页。

与此有关的还有思想家的一个荒谬观念，这就是：因为我们否认在历史上起作用的各种思想领域有独立的历史发展，所以我们也否认它们对历史有任何影响。这是由于把原因和结果刻板地、非辩证地看作永恒对立的两极，完全忽略了相互作用。这些先生常常故意忘却，当一种历史因素一旦被其他的、归根到底是经济的原因造成的时候，它也能够对周围环境甚至对产生它的原因发生反作用。

恩格斯：《致弗兰茨·梅林》，

《马克思恩格斯全集》第39卷上册第96页。

我们采用这种方法，是从历史上和实际上摆在我们面前的、最初的和最简单的关系出发，因而在这里是从我们所遇到的最初的经济关系出发。我们来分析这种关系。既然这是一种关系，这就表示其中包含着两个相互关联的方面。我们分别考察每一个方面；由此得出它们相互关联的性质，它们的相互作用。于是出现了需要解决的矛盾。但是因为我们这里考察的不是只在我们头脑中发生的抽象的思想过程，而是在某个时候确实发生过或者还在发生的现实过程，因此这些矛盾也是在实际中发展着的，并且可能已经得到了解决。我们研究这种解决的方式，发现这是由建立新关系来解决的，而这个新关系的两个对立面我们现在又需要加以说明，等等。

恩格斯：《卡尔·马克思"政治经济学批判"》，

《马克思恩格斯全集》第13卷第533页。

生产表现为起点，消费表现为终点，分配和交换表现为中间环节，这中间环节又是二重的，因为分配被规定为从社会出发的要素，交换被规定为从个人出发的要素。在生产中，人客体化，在人中，物主体化；在分配中，社会以一般的、居于支配地位的规定的形式，担任生产和消费之间的媒介；在交换中，生产和消费由偶然的个人的规定性来媒介。

马克思：《导言》，

《马克思恩格斯全集》第12卷第739页。

产品之所以是产品，不是它作为物化了的活动，而只是作为活动着的主体的对象。

马克思：《导言》，

《马克思恩格斯全集》第12卷第741页。

我们这位乡下佬不妨探索一下一本政治经济学教科书，其中有哪一位理论家曾断言，竞争的全部实质就在于要做出"良好的成绩"或者"尽可能把事情做好"，而不是在于"尽可能把事情做得合算"。

马克思恩格斯：《德意志意识形态》，

《马克思恩格斯全集》第3卷第427页。

等价物的交换好像是以个人劳动产品的所有权为前提的，因此好像把通过劳动的占有，即占有的现实经济过程，同对客体化的劳动的所有权等同起来了（过去表现为实际过程的东西，在这里表现为法律关系，也就是说，被承认为生产的一般条件，因而也就在法律上被承认，成为一般意志的表现），——这样的等价物的交换转向自己的反面，由于必然的辩证法而表现为劳动和所有权之间的绝对分离，表现为不通过交换不付给等价物而占有他人的劳动。以交换价值为基础的生产，即在表面上进行着上述那种自由和平等的等价物交换的生产，从根本上说，是作为交换价值的物化劳动同作为使用价值的活劳动之间的交换；或者可以换一种说法，是劳动把劳动客观条件——因而也是把劳动本身所创造的客体性——看作是他人财产的关系：劳动的异化。另一方面，交换价值的条件是，交换价值用劳动时间来计量，因此作为价值尺度的是活劳动，而不是活劳动的价值。如果认为，在一切生产形式中，生产，从而社会，都建立在单纯的劳动同劳动的交换上，那就错了。在劳动把它的生产条件看作是自己的财产的各种形式中，劳动者的再生产都不是由单纯的劳动所决定的，因为劳动者的所有权关系，不是他的劳动的结果，而是他的劳动的前提。这一点在土地所有权上是很明显的；在行会制度下也必然清楚的是，在这里由劳动所构成的特殊形式的财产，并不是建立在单纯的劳动或劳动的交换上，而是建立在劳动者同一定的共同体的客观联系上，建立在劳动者同他所遇到的、作为他的产生基础的一定条件的客观联系上。这种条件也是劳动的产物，是世界历史性的劳动的产物，共同体的劳动的产物，——是共同体的历史发展的产物，这种发展既不是从单个人的劳动出发，也不是从他们的劳动交换出发的。因此，价值增殖的前提也不是单纯的劳动。只是劳动同劳动发生交换的那种状态（不管是以直接的活劳动的形式进行交换，还是以产品的形式进行交换），其前提是劳动从它同它的客观条件的原始共生状态中脱离出来，由于这种脱离，一方面，劳动表现为单纯的劳动，另一方面，劳动的产品作为物化劳动，同［活］劳动相对立而获得作为价值的完全独立的存在。劳动同劳动相交换——这看起来是劳动者所有权的条件——是以劳动者一无所有为基础的。

马克思：《政治经济学批判》，

《马克思恩格斯全选》第 46 卷上册第 518～520 页。

在上述关于我对生产和商品贸易的关系以及两者和金融贸易的关系的见解的几点说明中，我基本上也已经回答了您关于整个的历史唯物主义的问题。问题从分工的观点来看是最容易理解的。社会产生着它所不能缺少的某些共同职能。被指定去执行这种职能的人，就形成社会内部分工的一个新部门。这样，他们就获得了也和授权给他们的人相对立的特殊利益，他们在对这些人的关系上成为独立的人，于是就出现了国家。然后便发生像在商品贸易中和后来在金融贸易中的那种情形：这新的独立的力量总的说来固然应当尾随生产的运动，然而它由于它本来具有的、即它一经获得便逐渐向前发展了的相对独立性，又反过来对生产的条件和进程发生影响。

恩格斯：《致康拉德·施米特》，

《马克思恩格斯全集》第 37 卷第 486 页。

在现在的资本主义社会中，每一个工业资本家都是完全由自己负责进行生产的，生产什么，怎样生产，生产多少，都随他的意。但是，对他说来，社会需要永远是一个未知数，无论是所需要的对象的质量、品种，还是它们的数量，都是这样。今天还不能充分迅速供应的东西，明天可能供应得大大超过需要。尽管如此，需要毕竟是这样那样地好坏得到了满足，而总的说来生产的毕竟也是需要的东西。矛盾是怎样解决的呢？通过竞争解决的竞争又怎样解决问题的呢？非常简单：凡是品种、数量不符合当前社会需要的商品，竞争就使它们的价格落到它们的劳动价值之下，通过这种曲折的途径，使生产者感觉到，他们或者是生产了根本不需要的东西，或者东西本身虽然需要，但生产的数量已经超过需要成为多余的了。

恩格斯：《马克思和洛贝尔图斯卡。"哲学的贫困"德文版序言》，
《马克思恩格斯全集》第 21 卷第 214～215 页。

青年们有时过分看重经济方面，这有一部分是马克思和我应当负责的。我们在反驳我们的论敌时，常常不得不强调被他们否认的主要原则，并且不是始终都有时间、地点和机会来给其他参预交互作用的因素以应有的重视。但是，只要问题一关系到描述某个历史时期，即关系到实际的应用，那情况就不同了，这里就不容许有任何错误了。可惜人们往往以为，只要掌握了主要原理，而且还并不总是掌握得正确，那就算已经充分地理解了新理论并且立刻就能够应用它了。在这方面，我是可以责备许多最新的"马克思主义者"的；这的确也引起过惊人的混乱。

恩格斯：《致海尔曼·恩格斯》，
《马克思恩格斯全集》第 37 卷第 463 页。

马克思究竟是怎样得出这个基本思想的呢？他做到这一点所用的方法，就是从社会生活的各种领域中划分出经济领域，从一切社会关系中划分出生产关系，即决定其余一切关系的基本的原始的关系。

马克思自己曾这样描写过他对这个问题的推论过程："为了解决使我苦恼的疑问，我写的第一部著作是对黑格尔法哲学的批判性的分析……我的研究得出这样一个结果：法的关系正像国家的形式一样，既不能从它们本身来理解，也不能从所谓人类精神的一般发展来理解，相反，它们根源于物质的生活关系。"

列宁：《什么是"人民之友"以及他们如何攻击社会民主党人?》，
《列宁全集》第 1 卷第 107 页。

为什么您把主要的注意力放在少上，而不放在卖上呢？

单是这种出卖和赎买的事实，就已说明用钱来买生产资料的原则是占统治地位的，在这种原则下，劳动者反正要失去生产资料，不管生产资料是卖得多还是卖得少。您抹杀这一事实，就等于抹杀资本主义生产方式，因为只有在资本主义生产方式的基础上才能产生这种出卖。您抹杀这一事实，您就是拥护这个资产阶级社会，您不过是变成一个议论土地

卖得多还是卖得少的政客。

列宁：《民粹主义的经济内容及其在司徒卢威先生的书中受到的批评》，
《列宁全集》第 1 卷第 329 页。

　　不能满足于资产阶级进步的"微小的努力"，决不等于完全否定局部的改良。马克思主义者决不否定这些措施的某些（虽然是微不足道的）好处，这就是它们能使劳动者的生活得到某些（虽然是微不足道的）改善，会加速高利贷、盘剥等等特别落后的资本形式的死亡，使它们更快地转化为更现代化的和人道的欧洲资本主义形式。因此，如果有人问马克思主义者应不应该采纳这种措施，那他们当然会回答说应该，但同时也会说明自己对这种措施所要改善的资本主义制度的根本态度，也会说明自己所以同意，是因为希望加速这个制度的发展，从而加速其末日的到来。

列宁：《民粹主义的经济内容及其在司徒卢威先生的书中受到的批评》，
《列宁全集》第 1 卷第 332 页。

　　这类措施丝毫不会触犯资本，就是说，不会触犯这样一种人与人之间的关系，在这种关系之下，一些人手中积累起了货币——商品经济组织起来的社会劳动的产品，而另一些人却一无所有，只有一双空"手"，一双失去了现在集中在前一类人手中的产品的空手。

列宁：《民粹主义的经济内容及其在司徒卢威先生的书中受到的批评》，
《列宁全集》第 1 卷第 337 页。

　　恩格斯在《卡尔·马克思"政治经济学批判"》里说，"我们采用这种方法，是从历史上和实际上摆在我们面前的、最初的和最简单的关系出发"，表明了马克思和恩格斯的辩证唯物主义认识论。

　　对于资产阶级经济学家割裂生产和分配等的内在联系，把资本主义生产看作永恒不变的"一般生产"，认为发生变化的只是分配方式，因而往往把分配关系当作政治经济学的研究对象。马克思批判了这种观点，从他在 40 年代已经创立的历史唯物主义出发，精辟地阐明了生产、分配、交换、消费的辩证关系，强调指出生产的决定性作用及其历史阶段性，并运用这一观点来研究资本主义社会，从而把生产关系当作政治经济学研究的对象。马克思在这里第一次详细地阐述了他的政治经济学的方法，说明他所使用的从抽象到具体方法同现实即同历史过程的一致性，并批判了黑格尔的逻辑方法的唯心主义外壳。马克思根据他关于政治经济学的对象和方法的思想，提出了他的经济学巨著的结构的初步方案。马克思从社会经济基础出发，还考察了上层建筑与经济基础的相互关系和作用，并作了重要的提示。

　　同样，在《经济学手稿》中，马克思在分析资产阶级经济学理论时，对经济学理论的发展作了唯物主义的解释，把它们的发展看作现实经济关系演变的反映。他肯定了亚当·斯密和李嘉图等资产阶级经济学家的功绩，又批判了他们的形而上学方法，揭露了他们为资本主义制度辩护的立场。

　　列宁在《民粹主义的经济内容及其在司徒卢威先生的书中受到的批评》里，说"另一些人却一无所有，只有一双空'手'"，是说群众仍将照旧为他人劳动，如果群众不是"空"手，那当然就不可能有这样的事了。因为他们虽然在法律上他们是"保证有份地"的，但事实上是空手。

2. 辩证唯物主义的法学应用

辩证唯物主义对于法学理论，对于立法、执法、司法具有巨大指导意义。

法学理论是理性认识。作为理性认识的前提条件，首先，必须占有国内外法的十分丰富的实际材料，既包括大陆法系的，也包括英美法系的；既有立法的，也有执法、司法。更重要的是占有社会实践材料和其他科学材料。这样，就有可能把握整个法的发展过程的全貌，有可能揭示法的本质和不同特点，识别法的作用的不同条件。掌握实际材料的办法，就是深入到实践之中，进行调查研究。其次，必须有正确的思维方法，经过"去粗取精，去伪存真，由此及彼，由表及里"的改造制作功夫，对实际材料进行思考、逻辑加工和理论抽象。只有经历主观过程与客观过程相统一的过程的理性认识，才能称得上法学理论。

在辩证唯物主义指导问题上，法的领域应当反对教条主义和经验主义。

当前，教条主义主要表现为洋教条主义。洋教条主义者轻视或否认中国的国情和实践，不从中国的实际出发，只从洋本本出发，"言必称罗马法"，把西方法和法学理论当作教条，当作包医百病的药方，以为只要有了现成的洋本本，就可以进行理论研究和指导立法、执法和司法工作了。经验主义者则轻视法学理论的指导作用，否认立法及其实施的经验上升为理论的必要。他们往往夸大对某一部法律理解的局部经验和关于某一时期法制状况的经验，以为局部经验、一时一地的经验就是普遍真理，将局部当作整体，把现象当作本质。这实际上是要个人意志服从于客观实际。

法的教条主义和法的经验主义都是违背马克思主义认识论的。

我们都把重点首先放在从作为基础的经济事实中探索出政治观念、法权观念和其他思想观念以及由这些观念所制约的行动，而当时是应当这样做的。但是我们这样做的时候为了内容而忽略了形式方面，即这些观念是由什么样的方式和方法产生的。这就给了敌人以称心的理由来进行曲解和歪曲，保尔·巴尔特就是个明显的例子。

恩格斯：《致弗兰茨·梅林》，

《马克思恩格斯全集》第39卷上册第94页。

意识形态是由所谓的思想家有意识地、但是以虚假的意识完成的过程。推动他行动的真正动力始终是他所不知道的，否则这就不是意识形态的过程了。因此，他想象出虚假的或表面的动力。因为这是思维过程，所以它的内容和形式都是他从纯粹的思维中不是从他自己的思维中，就是从他的先辈的思维中得出的。他和纯粹的思维材料打交道，他直率地认为这种材料是由思维产生的，而不去研究任何其他的、比较疏远的、不从属于思维的根源。而且这在他看来是不言而喻的，因为在他看来，任何人的行动既然都是通过思维进行的，最终似乎都是以思维为基础的了。

历史思想家（历史在这里只是政治的、法律的、哲学的、神学的——总之，一切属于社会而不仅仅属于自然界的领域的集合名词）在每一科学部门中都有一定的材料，这些材料是从以前的各代人的思维中独立形成的，并且在这些世代相继的人们的头脑中经过了自己的独立的发展道路。当然，属于这个或那个领域的外部事实作为并发的原因也能给这种发展以影响，但是这种事实又被默默地认为只是思维过程的果实，于是我们便始终停留在纯粹思维的范围之中，这种思维仿佛能顺利地消化甚至最顽强的事实。

正是宪法、法权体系、任何领域的思想观念的独立历史的这种外表，首先蒙蔽了大多数人。

恩格斯：《致弗兰茨·梅林》，

《马克思恩格斯全集》第 39 卷上册第 94～95 页。

这是两种不相等的力量的交互作用：一方面是经济运动，另一方面是追求尽可能多的独立性并且一经产生也就有了自己的运动的新的政治权力。总的说来，经济运动会替自己开辟道路，但是它也必定要经受它自己所造成的并具有相对独立性的政治运动的反作用，即国家权力的以及和它同时产生的反对派的运动的反作用。

正如在金融市场中，总的说来，并且在上述条件之下，是反映出，而且当然是头足倒置地反映出工业市场的运动一样，在政府和反对派之间的斗争中也反映出先前已经存在着并且在斗争着的各个阶级的斗争，但是这个斗争同样是头足倒置地、不再是直接地、而是间接地、不是作为阶级斗争、而是作为维护各种政治原则的斗争反映出来的，并且是这样头足倒置起来，以致需要经过几千年我们才终于把它的真相识破。

恩格斯：《致康拉德·施米特》，

《马克思恩格斯全集》第 37 卷第 487 页。

国家、私有财产等怎样把人化为抽象，或者它们怎样成为抽象的人的产物，而不成为单个的、具体的人的现实。最后，不言而喻，如果说黑格尔的"现象学"尽管有其思辨的原罪，但还是在许多方面提供了真实地评述人类关系的因素，那末鲍威尔先生及其伙伴却相反，他们只是提供了一幅毫无内容的漫画，这幅漫画只是满足于从某种精神产物中或从现实的关系和运动中撷取一种规定性，把这种规定性变为想象的规定性、变为范畴，并把这个范畴充作产物、关系或运动的观点。

马克思恩格斯：《神圣家族》，

《马克思恩格斯全集》第 2 卷第 246 页。

无论如何，在考察财富的分配时，我们最好还是遵循现实的客观的经济规律，而不要遵循杜林先生关于正义和非正义的一时的、易变的主观想象。这个大工业在资产阶级中造成了这样一个阶级，它享有全部生产工具和生活资料的垄断权，但是在每一个狂热投机的时期和接踵而来的每次崩溃中，都表明它已经无力继续支配那越出了它的权力。

恩格斯《反杜林论》，

《马克思恩格斯全集》第 20 卷第 171 页。

请设想一下，比如美国佬未能用武力废除奴隶制。那末，宣布废除奴隶继承权是多么愚蠢的行为！这种理论完全是以陈旧的唯心主义观点为依据的，这种观点认为现在的法学是我们经济制度的基础，而不是把我们的经济制度看作我们法学的基础和根源！

《马克思致保尔·拉法格》，

《马克思恩格斯全集》第 32 卷第 662 页。

在这个阶级的领导下，社会就像司机无力拉开紧闭的安全阀的一辆机车一样，迅速奔向毁灭。换句话说，这是因为：现代资本主义生产方式所造成的生产力和由它创立的财富分配制度，已经和这种生产方式本身发生激烈的矛盾，而且矛盾达到了这种程度，以致于如果要避免整个现代社会灭亡，就必须使生产方式和分配方式发生一个会消除一切阶级差别的变革。现代社会主义必获胜利的信心，正是基于这个以或多或少清楚的形式和不可抗拒的必然性印入被剥削的无产者的头脑中的、可以感触到的物质事实，而不是基于某一个蛰居书斋的学者的关于正义和非正义的观念。

恩格斯《反杜林论》，

《马克思恩格斯全集》第 20 卷第 172 页。

从学理上来说，这个理论是小资产阶级反动"社会主义者"的理论。这是因为认为在中国可以"防止"资本主义，认为中国既然落后就比较容易实行"社会革命"等等的看法，都是极其反动的空想。孙中山可以说是以其独特的少女般的天真粉碎了自己反动的民粹主义理论，承认了生活迫使他承认的东西："中国处在大规模的工业〈即资本主义〉发展的前夜"，中国"商业〈即资本主义〉也将大规模地发展起来"，"再过 50 年，我们将有许多上海"，即拥有几百万人口的资本家发财和无产阶级贫困的中心城市。

试问，孙中山有没有用自己反动的经济理论来捍卫真正反动的土地纲领呢？这是问题的全部关键所在，是最重要的一点，被掐头去尾和被阉割的自由派假马克思主义面对这个问题往往不知所措。没有，——问题也就在这里。中国社会关系的辩证法就在于：中国的民主主义者真挚地同情欧洲的社会主义，把它改造成为反动的理论，并根据这种"防止"资本主义的反动理论制定纯粹资本主义的、十足资本主义的土地纲领！

列宁：《中国的民主主义和民粹主义》，

《列宁全集》第 21 卷第 430 页。

当机会主义者还在对"社会和平"赞不绝口，还在对实行"民主制"可以避免风暴赞不绝口的时候，极大的世界风暴的新的发源地已在亚洲出现。

亚洲各国的革命同样向我们揭示了自由派的毫无气节和卑鄙无耻，民主派群众独立行动的特殊意义，无产阶级和一切资产阶级之间分明的界限。有了欧亚两洲的经验，谁若还说什么非阶级的政治和非阶级的社会主义，谁就只配关在笼子里，和澳洲袋鼠一起供人观赏。

列宁：《马克思学说的历史命运》，

《列宁全集》第 23 卷第 4 页。

恩格斯在《致弗兰茨·梅林》里，说"我们这样做的时候为了内容而忽略了形式方面，即这些观念是由什么样的方式和方法产生的。这就给了敌人以称心的理由来进行曲解和歪曲，保尔·巴尔特就是个明显的例子"，是指保尔·巴尔特出版的《黑格尔和包括马克思及哈特曼在内的黑格尔派的历史哲学》。保尔·巴尔特认为，内容和形式都是从纯粹的思维中，从先辈的思维中得出的，他认为材料是由思维产生的，人的行动是通过思维进行的，因而最终都是以思维为基础。

恩格斯说"我们这样做的时候为了内容而忽略了形式方面"，其实马克思和恩格斯并没有忽略形式方面，只是在强调内容方面时未及全面论述形式方面。在许多场合，他们详细地论述了形式方面。关于存在方面的思维问题、关于经济基础方面的上层建筑问题，关于社会方面的法律问题，等等。

列宁写《中国的民主主义和民粹主义》，是在他从布鲁塞尔的社会主义报纸《人民报》上看到转载来的孙中山的《中国革命的社会意义》一文后。孙中山的这篇文章是《在南京中国同盟会会员饯别会的演说》的前半部分。1912年7月15日（28日）《涅瓦明星报》第17号，把孙中山的这篇文章和列宁写《中国的民主主义和民粹主义》，同时刊登。

列宁在《中国的民主主义和民粹主义》里，说"中国的民主主义者真挚地同情欧洲的社会主义，把它改造成为反动的理论，并根据这种'防止'资本主义的反动理论制定纯粹资本主义的、十足资本主义的土地纲领"，是因为列宁认为：这位中国民主主义者的主观社会主义思想和纲领，事实上仅仅是"改变不动产的全部法权根据"的纲领，仅仅是消灭封建剥削的纲领。

实际上，列宁对于孙中山的民主主义革命和思想，给予很高的评价。说"孙中山的纲领的字里行间都充满了战斗的、真诚的民主主义。这是带有建立共和制度要求的完整的民主主义。它直接提出群众生活状况及群众斗争问题，热烈地同情被剥削劳动者，相信他们是正义的和有力量的"，说"以孙中山为代表的革命的资产阶级民主派，正在发挥农民群众在政治改革和土地改革方面的高度主动性、坚定性和果断精神，从中正确地寻找'振兴'中国的道路。"

列宁认为，不同的国家通过自己的资产阶级革命所实现的政治方面和土地方面的民主主义，在程度上是不同的，而且情况是错综复杂的。这要看国际形势和中国各种社会力量的对比而定。看来皇帝大概会把封建主、官僚、僧侣联合起来，准备复辟。刚刚从自由主义君主派变成自由主义共和派（能长久吗?）的资产阶级代表袁世凯，将在君主制和革命之间实行随风倒的政策。最后，由于在中国将出现更多的上海，中国无产阶级也将日益成长起来。

列宁认为，它一定会建立这样或那样的中国社会民主工党，而这个党在批判孙中山的小资产阶级空想和反动观点时，大概会细心地挑选出他的政治纲领和土地纲领中的革命民主主义内核，并加以保护和发展。

（二）法律观把法学方法论包括在其中

1. 法的普遍联系观

马克思时代及其以前的学者，提出过普遍联系的思想。

伊壁鸠鲁提出了关于天体和与天体相联系的过程的理论，或者说关于天象的理论（他用天象这一名称来总括天体和与天体相联系的过程）。亚里士多德把不死的东西和不死的东西联系起来，他认为，有时看起来是概念证实现象，而现象又证实概念。譬如，人人都有一个关于神的观念并把最高的处所划给神性的东西，无论异邦人还是希腊人，总之，凡是相信神的存在的人，莫不如此，他们显然是把不死的东西和不死的东西联系起来了。亚里士多德在《论产生和消灭》里说，"人们很少能够仔细观察公认的东西，其原因在于缺乏实践经验。因此，那些对自然科学比较内行的人，宁愿提出能够得出一般联系的基本原理。"

同其他任何联系观不同，经典作家的普遍联系观，是用辩证唯物主义来解释事物、现象之间的联系。辩证唯物主义是普遍联系观的精髓和灵魂。把联系观建立在科学的基础上，是经典作家普遍联系观的历史性功绩。

法的普遍联系观，正是客观世界普遍联系的反映。法的普遍联系观的根本性归纳，是法律辩证法。法同自然现象和社会现象有联系，从根本上说，这种联系，是通过法同法的调整对象的联系实现的。法律辩证法的普遍联系观，表达了法的联系的客观本性。

认识法律辩证法的普遍联系观，应当把握法与作为法的调整对象的联系的特点。当然，一部法律法规还存在这部立法本身及与其他立法的普遍联系。总体上说，法的普遍联系，包括法的全面联系、法的本质联系和法的继承性联系。

（1）法的全面联系

全面联系是指"联系的全部"，包括内在的、外在的联系；内部的、外部的联系；直接的、间接的联系。

"内在联系"是法的有机联系，它是法中最主要的起根本性作用的东西；"外在联系"是法的外部表现，是法表面的、易变的方面。

法的"内部联系"，是法体系系统内的联系，也就是所有法的调整范围内的联系；法的"外部联系"是法与法的调整范围以外的联系。

例如，婚姻家庭法的对象是婚姻家庭关系，婚姻制度及其结婚登记制度、离婚程序制度，以及亲属制度等，属于婚姻家庭法的调整范围，上述法规范之间的联系是婚姻家庭法的内部联系。婚姻法里不属于婚姻法调整对象的有关条款，是援引条款，即援引的是其他法律里规定的条款。这里，婚姻法与所援引条款的关系，属于婚姻法的外部联系。

法与法、一部法律法规的法规范与法规范之间，有直接联系，也有间接联系。所谓"直接联系"，是指不需要媒介而建立起来的联系；"间接联系"是指凭借媒介而建起来的联系。

调整客体的同一性，是形成直接联系的基本条件。这种法与法之间直接联系的形成，是基于同一调整客体。

调整客体是非同一的，通过媒介能够形成间接联系。这种法与法之间相互关系的形成，不是基于同一调整客体，但在它们的调整范围中一定存在相同的媒介（部分）。如合同法与运输法、建筑法、信托法、劳动法、国际贸易法等，法的调整客体并不相同，但它们之间确实存在合同媒介，从而产生在其规定的合同领域，以合同法为调整的根据问题。

间接联系一般表现为：某一法发生内容的变化和功能上的作用，其他媒介法会相应地发生内容的变化和功能上的作用。媒介的专有性、统一性，决定了法与法相互联系的特征。

（2）法的本质联系

法的联系是法的现实的联系，但不是所有的联系都是本质的。最根本、最本质的联系即是普遍联系的规律。

规律性是本质的东西的反映。在法现象的变化过程中，存在法现象的更替，在法的废、改、立变化过程中，存在法律法规的更替，但法的本质性的联系总是保存下来。因此，法的本质是巩固性的东西。奴隶制法、封建制法、资本主义法、社会主义法，其本质性的东西都是"上升为法律的统治阶级的意志"。无论"刚性法"和"柔性法"、习惯法和操作规程法、成文法和判例法、政治立法和经济立法，还是调整统治阶级内部关系的法和调整统治阶级与被统治阶级关系的法，其本质性的东西也总是上升为法律的统治阶级的意志。

（3）法的继承性联系

任何存在的事物，都具有继承性。所谓继承性，就是不把过去的完全抛弃，而是保留其中肯定的东西，用肯定的东西丰富自身，即一方面同旧东西决裂，另一方面同它联系，保留肯定的东西。黑格用"扬弃"这个词来表达这一观点。在黑格尔那里，扬弃有"继续"和"克服"两个含义。"继续"就是对应当肯定的东西的肯定，"克服"就是对应当否定的东西的否定。费尔巴哈把黑格尔哲学全部否定，他不能用辩证法的合理内核来丰富自己的唯物主义，而他的唯物主义是形而上学的唯物主义。

新法和旧法有继承性联系，存在"继续"和"克服"两个方面。

1949年2月发布《关于废除国民党的六法全书与确定解放区的司法原则的指示》（以下简称《指示》），宣布在人民民主专政的政权下，国民党的《六法全书》应当废除，人民司法工作不能再以《六法全书》为依据，必须以人民政府发布的新的法律为依据，纲领、法律、命令、条例、决议有规定者，从其规定，无规定者，从新民主主义政策。这是完全必要的。《六法全书》反映中国大地主、大资产阶级的意志，是广大劳动人民受剥削受压迫的锁链，是必须否定的。这是同旧东西决裂，是"克服"。新的法律，对于法的一般范畴、法的形式、法的合理分类、具体法的基本调整范围限定等等，应当继续采用，因为它们是人类法制文明的成果。这是用肯定的东西丰富自身，是"继续"。

当然，法的继承性同法的继受不是一回事。法的继受是本国法对外国法的认同和接受。在立法上，对外国法采取的模仿、移植等都属于法的继受范畴。如日本法对德国法的继受，台湾地区法对日本法的继受。法的继受的一个显著特点，是在法的体例、内容、立法技术，乃至名词术语、语言环境等几乎所有方面，继受法与被继受法都是相同或相似的。至于法的某些借鉴、参考等，是一国立法应当采用的比较方法所要求的，不属于继受范畴之内。

法的继受是有前提的。法的继受有三个条件：法的理念同一；社会制度相同；经济体制一致。我国同德国、日本，乃至台湾地区的法的理念、社会制度、经济体制具有本质的区别，因而根本不存在法的继受问题。

在当代，大陆法系国家和英美法系国家的立法，有某些趋同的趋势。联合国的立法，如联合国《国际货物销售合同公约》的诸多条款，都是针对大陆法系和英美法系的规定加以综合而规定的。这里的"趋同"，不是继受的产物，而是国家相互关系国际化的结果。这里应当明确，不存在我国立法同资本主义国家立法的"趋同"问题。如果真的"趋同"了，说明我国的国体和政体改变了。

法的普遍联系的核心和实质，是法的联系机制。"法律机制"表达了法律法规与法律法规之间联系的辩证关系。

"法律机制"术语，是前苏联法学界首先使用的，被理解为"法律制度及其形式"。我引入并采用了"法律机制"术语，但与前苏联等国学者有不同的理解。我始终把"法律机制"定义为："法律法规与法律法规之间相互联系、相互制约的机理"。

实际上，在每一个系统内，都有其存在和运行的机制，如生态机制、病理机制、经济机制等。老虎多了，狼就少了，狼少了，兔子就多了，兔子多了，好庄稼就少了，这是生态机制。法律系统同样存在机制问题。确立法的机制思想，深入研究社会运行的最佳法律调整问题，对于保障社会良性运行，保障立法的科学性，具有重要意义。

法律机制不是"法律规定"本身，也不是"法律规定"的简单相加。在当代社会，立法频繁，法律规定越来越多，而每部法律的方向、目的和作用后果各不相同。这些重叠、冲突乃至作用相互抵消的"法律规定"，不知不觉地存在，像天鹅、梭子鱼和虾拉车一样调整着社会运行。法乱则社会乱。法律机制概念正是基于"法律规定"的弊端提出来的。法律机制存在于法律法规的相互关系之中，它是研究法律法规相互关系的状况、性质和联系特征时所固有的概念。

法律机制的形成需要具备一定条件。法律机制是具有相关关系、整合性的法律规范按照大体系运行规律进行调整而形成的。形成法律机制，必须具备大体系、相关关系、整合性三个基本条件：

第一，大体系条件。作为完备形态的法律体系是"大体系"。这是指：①体系的合理性。这是大体系的根本特征。体系的各个组成部分，都有自己的目标、宗旨和功能，但整个法体系有共同的目标、共同的宗旨。这里的合理性，包括法体系存在的合理性和法体系结构的合理性。②法体系的规模大。体系具有大量的要素、部分、执行的职能和方法。法体系的内部构成都是有联系的，但仅有联系还不能形成机制，只有法体系的规模大，体系内有机联系才能形成机制。规模大体现在法律法规的数量，法律制度的全面性，法律规范分布的广度、深度。③体系要素反应的整体性。体系内要素间具有不可分割的相互联系，包括逆向联系，以及由一个要素的变化所引起的其他要素的变化。这些要素的变化，一定表现为体系的整体性反应。法律法规要素的变化，必然引起一系列立法的变动，引起立法调整的变化。④体系结构的从属性。体系组织本身具有诸多从属结构，这是体系的结构特征。体系组织是由若干部分构成的，每一部分又分为若干单元，在单元内部及单元间存在从属关系，即有属有从的关系。这是一种决定与被决定、控制与被控制关系。这种法的结构从属性有三种情况：法体系组成的从属性；法律法规相互间的从属性；法规范相互间的从属性。正是这样的从属结构，才能保证法的统一性和调整有效性。⑤体系内外因素的干扰性。任何大体系，均有体系内部和外部的干扰因素的存在和影响。干扰因素作用于体系，使体系受到直接或间接影响，发生变化。法体系的内部和外部，确实存在干扰因素。外部因素主要是政治力量对比、经济变动、政策措施、形势变化等；内部因素主要是冲突性、矛盾性。

第二，相关关系条件。大体系条件确立后，还存在大体系内诸要素相互关系的性质问题。法律法规之间必然存在一定的联系，但并不是所有的法律法规之间联系的性质是相同的。法调整机制的形成，还需要有相关性条件，即法律法规之间的关系是相关关系。所谓"法的相关关系"，是指法律法规之间客观存在的规范方面不固定的相互依存关系。这一定义包括两方面含义：一是一个法规范发生变化，另一些法规范亦会相应地发生变化；二是与一个法规范相对应的法规范的立法数量方面不确定。那么，究竟制定哪些方面的对应法规范，这取决于立法动机、立法技术乃至偶然因素等条件。这种法律法规之间相互依存的相关关系，存在功能上的统一性。有法的相关关系的存在，才存在调整机制问题。法的相关性，能够解决法律法规与法律法规之间联系的密切程度、表现形式、相互关系的类型及法规范的变化规律等问题，从而形成调整机制。

第三，整合性条件。每一法律法规都有自己的具体性质、功能和作用方向，如何使它们在整体上相互适合地统一调整，这就是整合性条件。这种整合性，有自己的基本特征和要求：法律法规的集合；逻辑地表现为一个统一整体；按法的总要求发挥作用；立法总目的的一致性。

法普遍联系的辩证关系，表现了法律辩证法形成的客观本性。法律辩证法从方法论的角度全面反映法的辩证关系，因而作为法学方法总观念的法学方法论是科学的。

这些习惯产生的时期，人类史还是自然史的一部分，根据埃及的传说，当时所有的神灵都以动物的形象出现。人类分成为若干特定的动物种属，决定他们之间的联系的不是平等，而是不平等，法律所确定的不平等。

马克思：《第六届莱茵省议会的辩论（第三篇论文）》，
《马克思恩格斯全集》第1卷上册第248页。

批判不能否认，连蒲鲁东也承认贫穷和财产这两个事实之间存在着内在的联系，并且正是由于这种内在联系的存在，他才要求废除财产，以便消灭贫困。

马克思恩格斯：《神圣家族》，
《马克思恩格斯全集》第2卷第42~43页。

私法和私有财产究竟有什么联系，私法在什么程度上决定着其他许多法律关系（参看"私有制、国家和法"）；关于这些关系，除了它们是圣物以外，圣麦克斯是什么也说不上来的。

马克思恩格斯：《德意志意识形态》，

《马克思恩格斯全集》第3卷第364页。

检察机关从该章那么多条款里恰好选择这样一个根本用不上第一〇二条的地方来和第一〇二条联系起来，这是怎么一回事呢？道理很简单。第八十七条所规定的罪名是要处死刑的。可是在全莱茵省也找不到一个陪审法庭会把拉萨尔判处死刑。因此他们宁愿使用第一〇二条，这一条规定在煽动"犯罪"未产生后果的情况下，死刑改为流刑。他们想这样便不难找到陪审员了。所以，为了摆脱拉萨尔这个难题，检察机关发明了一条莫须有的罪状，把法律上的两处地方凑在一起，而这样凑在一起除了纯粹胡闹而外毫无任何意义。

恩格斯：《拉萨尔》，

《马克思恩格斯全集》第6卷第555页。

若没有法兰西国家中的根本变革，就决不会有法国国家财政上的变革。而与国家财政必然联系着的有国家债务，与国家债务必然联系着的有国债投机买卖的统治，有国家债权人、银行家、银钱商和交易所豺狼的统治。

马克思：《1848年至1850年的法兰西阶级斗争》，

《马克思恩格斯全集》第7卷第91页。

单个人的封建特权被废除了，但是与这种特权相联系的无限权力却转到了整个阶级手里。通过类似的魔法，英国大地主变成了治安法官，变成了农村行政机关、警察机关和下级司法机关的主人，从而使自己在现代化的新称号下继续享有各种重要的、但用旧的封建形式已无法维持的权力地位。

恩格斯：《暴力在历史中的作用》，

《马克思恩格斯全集》第21卷第525页。

蒲鲁东从他的法学观点出发不是用社会生产的条件，而是用一般体现着这些条件的国家法律来解释利率以及一切经济现象。从这个同任何关于国家法律和社会生产条件有联系的概念格格不入的观点看来，这些国家法律就必然完全是任意的命令，随时能够顺利地用一些直接相反的命令来代替。

恩格斯：《论住宅问题》，

《马克思恩格斯全集》第18卷第254页。

现存的社会制度和工业资本家的统治是密切联系着的，而这种统治又和在降低生产成本的同时不断扩大生产是分不开的。但是，这样扩大生产是有一定限度的，它不可能摆脱现有市场的限制。当扩大生产超出了现有市场的限制的时候，就会产生危机，引起破产和贫困。

恩格斯：《10 小时工作制问题》，

《马克思恩格斯全集》第 7 卷第 274 页。

《honor》〔"荣誉"〕这个名词，在过去本来是指跟一些名誉权利相联系的官职说的，到了九世纪却具有同采邑一词完全相同的意义了。

恩格斯：《法兰克时代》，

《马克思恩格斯全集》第 19 卷第 559 页。

婚姻的不可离异性，部分地是一夫一妻制所赖以产生的经济状况的结果，部分地是这种经济状况和一夫一妻制之间的联系还没有被正确地理解并且被宗教加以夸大的那个时代留下的传统。在今天，这种不可离异性已经遭到千万次的破坏。

恩格斯：《家庭、私有制和国家的起源》，

《马克思恩格斯全集》第 21 卷第 96 页。

在这里，历史哲学、法哲学、宗教哲学等等也都是以哲学家头脑中臆造的联系来代替应当在事变中指出的现实的联系，把历史（其全部和各个部分）看作观念的逐渐实现，而且当然始终只是哲学家本人所喜爱的那些观念的逐渐实现。

恩格斯：《路德维希·费尔巴哈和德国古典哲学的终结》，

《马克思恩格斯全集》第 21 卷第 340 页。

辩证法是关于普遍联系的科学。主要规律：量和质的转化——两极对立的相互渗透和它们达到极端时的相互转化——由矛盾引起的发展，或否定的否定——发展的螺旋形式。

恩格斯：《自然辩证法》，

《马克思恩格斯全集》第 20 卷第 357 页。

请您不要过分推敲上面所说的每一字句，而要始终注意到总的联系。

恩格斯：《致理查·费舍》，

《马克思恩格斯全集》第 39 卷上册第 201 页。

我在这里发现了同一种陷入枝节问题的偏向，我把它归咎于 1848 年以来在德国大学中流行的抽象推论的折衷主义方法，这种方法丢掉了事物的总的概貌，过于经常地陷入一种几乎是无休止、无结果的对枝节问题的玄想中。

我认为您没有经常注意总的联系，所以您把价值规律贬为一种虚构，一种必要的虚构，差不多就像康德把神的存在贬为实践理性的一种假定一样。

这两者，即一个事物的概念和它的现实，就像两条渐近线一样，一齐向前延伸，彼此不断接近，是永远不会相交。两者的这种差别正好是这样一种差别，这种差别使得概念并不无条件地直接就是现实，而现实也不直接就是它自己的概念。由于概念都有概念的基本特性，因而它并不是直接地、明显地符合于它必须从中才能抽象出来的现实，因此，毕竟不能把它和虚构相提并论，除非您因为现实同一切思维成果的符合仅仅是非常间接的，而且也只是渐近线似地接近，就说这些思维成果都是虚构。

恩格斯：《致康拉德·施米特》，

《马克思恩格斯全集》第39卷上册第408页。

在社会科学问题上有一种最可靠的方法，它是真正养成正确分析这个问题的本领而不致淹没在一大堆细节或大量争执意见之中所必需的，对于用科学眼光分析这个问题来说是最重要的，那就是不要忘记基本的历史联系，考察每个问题都要看某种现象在历史上怎样产生、在发展中经过了哪些主要阶段，并根据它的这种发展去考察这一事物现在是怎样的。

列宁：《论国家》，

《列宁全集》第37卷第61页。

《资本论》不是别的，正是"把堆积如山的实际材料总结为几点概括性的、彼此紧相联系的思想"。如果谁读了《资本论》，竟看不出这些概括性的思想，那就怪不得马克思了。

列宁：《什么是"人民之友"以及他们如何攻击社会民主党人?》，

《列宁全集》第1卷第113页。

在社会现象领域，没有哪种方法比胡乱抽出一些个别事实和玩弄实例更普遍、更站不住脚的了。挑选任何例子是毫不费劲的，但这没有任何意义，或者有纯粹消极的意义，因为问题完全在于，每一个别情况都有其具体的历史环境。如果从事实的整体上、从它们的联系中去掌握事实，那么，事实不仅是"顽强的东西"，而且是绝对确凿的证据。如果不是从整体上、不是从联系中去掌握事实，如果事实是零碎的和随意挑出来的，那么它们就只能是一种儿戏，或者连儿戏也不如……

应当设法根据准确的和不容争辩的事实来建立一个基础，这个基础可以作为依据，可以用来同今天在某些国家中被恣意滥用的任何"空泛的"或"大致的"论断作对比。要使这成为真正的基础，就必须毫无例外地掌握与所研究的问题有关的全部事实，而不是抽取个别的事实，否则就必然会发生怀疑，而且是完全合理的怀疑，即怀疑那些事实是随意挑选出来的，怀疑可能是为了替卑鄙的勾当作辩护而以"主观"臆造的东西来代替全部历史现象的客观联系和相互依存关系。要知道，这样的事情是有的……是很常见的。

列宁：《统计学和社会学》，

《列宁全集》第28卷364～365页。

恩格斯在《拉萨尔》里，说"检察机关发明了一条莫须有的罪状，把法律上的两处地方凑在一起"，是指在拉萨尔案中，拉萨尔被控犯有触犯"刑法典第八十七和一○二条所指的罪行"。

第 87 条系针对"以 exciter〔煽动〕公民或居民武装反对王室为目的的侵害行为或密谋行为"。第 102 条规定，凡在公共场合和集会上发表的演说中或者在张贴的标票中 exciter〔煽动〕公众进行前述之罪行者，一律按本章前列各条（第八十七条也包括在内）所规定之刑罚（主要是死刑）惩处。只有在这种煽动未产生后果的情况下，死刑才可改为流刑。

拉萨尔被控的罪名是什么呢？按照检察机关的指控，拉萨尔在同一个时间内既触犯了第 87 条又触犯了第 102 条。他只能被控：违犯第 102 条，煽动进行第 87 条所规定的罪行，这就是说，煽动公民进行以武装反对王室为目的的侵害行为或密谋行为，也就是说，煽动公民去进行武装活动。对此，恩格斯评论道："总之，要么是拉萨尔触犯了第八十七条，如果这样，那就干脆大胆判他死刑好了；要么是他没有触犯第八十七条，在这种情况下他也就没有触犯第一○二条，那就应该被无条件地宣告无罪。同时触犯前面提到的第八十七条里面的那部分和第一○二条，这是不可能的。"

列宁的《统计学和社会学》，是一篇没有完成，尚未发表的，论述"民族运动的意义和作用，民族运动和国际运动的相互关系"问题的文章。署名为普·皮留切夫，这是列宁为了便于出版而用的新笔名。

2. 法的矛盾观

经典作家的开篇之作，也就是马克思的博士论文，便揭示了世界上事物和现象的矛盾。马克思指出，原子脱离直线作偏斜运动不是伊壁鸠鲁物理学中的一个特殊的、偶然的规定，而是被赋予了普遍意义的原子运动规律，它贯穿于伊壁鸠鲁的整个哲学。伊壁鸠鲁使原子的所有特性的规定都具有矛盾的性质，他把原子概念中形式和物质、本质和存在的矛盾客观化了。马克思认为，这里包含着古希腊哲学家思想中所固有的辩证因素，伊壁鸠鲁实质上提出了事物自我运动的辩证思想。

法的矛盾观是法律辩证法的根本观念。列宁称矛盾的对立统一，是"辩证法的核心"，是"辩证法的实质"。在法学抽象上，矛盾的对立统一，作为法律辩证法的核心和实质，回答了法律和法学发展的源泉和动力，它是理解法学范畴的钥匙，是认识法的根本方法论。

法的内部矛盾性，是法存在的根本动因，是法发展的源泉和动力。不是"上帝造法""法学家造法"，而是社会矛盾引起的法的矛盾，才推动了法律和法学的创制和发展。

认识法的矛盾观的核心和实质，是理解法学范畴和法学理论的钥匙，是"提供理解'飞跃''渐进过程的中断''向对立面的转化'"的钥匙，是提供理解一切法的"自己运动"的钥匙，提供理解旧法的消灭和新法的产生的钥匙。离开这一对立统一，就无法理解法学范畴，无法理解法现象。

矛盾是普遍存在的，但矛盾是通过各不相同的个性存在的。法的矛盾的特定性，是指法所具有的与其他事物、现象矛盾的不同特点。认识法的矛盾的特定性，是认识法之所以为法的根据。

那么，法的矛盾的特定性包括哪些方面呢？①法的表现形式的特定性。矛盾的特定性，使法存在的形式各不相同。法的表现形式包含着不同的矛盾，决定了法的形式的区别。在我国，法律法规以宪法、法律、行政法规和地方性法规的形式存在。这就决定了法的级别原则（"大法管小法"）、新法优于旧法原则。②法的地位的特定性。在全部社会规范中，法处于至上地位，神圣不可侵犯。在法与国家机关、社会组织和个人的关系上，法处于决定性地位。党在法律范围内活动，党的决议需要服从宪法和法律，党的政策以法为依据，党的领导人的讲话、指示不得与宪法和法律相抵触。③法的运行过程、运行阶段的特定性。在认识法的矛盾普遍性的基础上，要从法的运行过程的矛盾特定性和运行阶段的矛盾特定性，去认识法的特定性。法的运行过程的矛盾特定性，表现在运行过程的整体、各个方面、过程相互联结方面的矛盾特定性。法的运行阶段的矛盾特定性，表现在同一运行过程中，在其运行的各个阶段根本矛盾将贯穿始终，因而法的过程的基本规定性没有变化。但是，由于法的根本矛盾在状态、程度等情况的变动，以及被根本矛盾所制约和影响的法的其他矛盾的变动，使法的发展过程显现出阶段性来。法在运行过程中各个阶段的特点，是由不同阶段的法的特殊性决定的。④法自身矛盾的特定性。法的矛盾是社会矛盾的反映。如新法同旧法的矛盾、中国法同西方法的矛盾、法律法规同宪法的矛盾、法律同法规的矛盾、法律法规之间的矛盾、经济法同民法的矛盾、法的完善同不完善的矛盾，以及法的目的同内容的矛盾、法条同法条的矛盾，等等。这些矛盾都具有特定性。

法的主要矛盾和矛盾的主要方面，是基于法发展的不平衡性形成的。研究这一问题，能使我们在充分注意法的次要矛盾和矛盾的次要方面的同时，全力认识法的主要矛盾和矛盾的主要方面，从而把握法发展中的关键，研究对全局有决定意义的主要矛盾和直接影响发展趋势的矛盾的主要方面，以促进法的发展。为此，应当特别注意以下两点：

一是认识和把握处于主导和支配地位的法的矛盾。

在庞杂的法的体系中，同时有几对矛盾存在，其中必定有一对矛盾是主要矛盾，对法的发展起决定性作用，规定和制约其他矛盾的存在和发展，其他矛盾是次要矛盾，处于从属地位。主要矛盾是具有全局性的、有决定意义的矛盾，在诸矛盾中处于主导和支配地位。当然，主要矛盾和次要矛盾在一定条件下是可以转化的。

资产阶级革命成功后，法的主要矛盾是资产阶级法同封建法的矛盾，在资产阶级长期统治时期，法的主要矛盾是资本主义的传统法同"新社会因素"法的矛盾。在社会主义条件下，法的主要矛盾是社会主义法同资本主义法的矛盾。其他次要矛盾为社会主义法同资本主义法的矛盾所规定，其矛盾的性质、规模、程度和发展速度，受主要矛盾制约和影响。在社会主义法同资本主义法矛盾双方的彼消此长中，上述次要矛盾的双方亦随之彼消此长。

任何法的矛盾都是过程中矛盾。主要矛盾分为全过程的主要矛盾和局部过程的主要矛盾。局部过程的主要矛盾为全过程的主要矛盾所制约。社会主义法同资本主义法的矛盾，是整个社会主义时期法的主要矛盾。抓住这个主要矛盾，其他矛盾就容易解决了。

二是注意一种法的倾向掩盖另一种法的倾向。

主要矛盾和矛盾的主要方面是主要倾向。法的矛盾是极其复杂的，当一种矛盾或矛盾方面被突出出来，成为主要倾向时，其他一些次要矛盾或矛盾的次要方面，可能被忽视或掩盖。对此，我们在社会主义法制建设上是有经验教训的。

应当说，新中国的法律制度和法学研究，是在资本主义的法律废墟上建立和开始的。我国经过几十年的艰辛探索，建立了社会主义法律体系，有效地调整着经济建设和社会生活的相应方面。但在否定社会主义法的思潮中，无视新中国的法制建设，更无视革命根据地时期的法制建设，却认为我国的现状是"以党代法""党大于法"，乃至提出所谓"人治""恶法""只司政策不司法""有宪法而无宪政"等种种奇谈怪论，主张引入西方立法、与西方法"接轨"。为此，否定新中国立法，是当时的主要倾向。但在这一以否定为主要倾向的后面，掩盖着另一种"法律西化"的倾向，以致后来存在这种倾向发展成为一种主要倾向的巨大风险。在法的倾向问题上，就是要认识矛盾转化的规律，避免使本来不应当转化为主要倾向的不利倾向而转化为主要倾向。

我国的立法，并不拒绝对西方的法在比较、鉴别基础上的借鉴。"西方法"同"西方的法"是不同的。"西方法"是资产阶级法（在提法上，法学界有一个资产阶级法 - 西方法 - 现代法的改变过程），而"西方的法"是西方法制文明的成果，我们应当博采众长，以补自己之短。但对于"西方法"即资产阶级法，应当像马克思那样，采取拒绝和批判态度。否则，社会主义法就成为资产阶级法了。

绝对的批判在辛利克斯教授面前夸耀自己揭露了"系科学科的秘密"。难道批判没有揭露哲学、法学、政治学、医学、政治经济学等等的"秘密"吗？绝对不是。批判曾指出（请注意！），它在"自由的正义事业"中曾指出作为生财之道的科学和自由的科学之间、教学自由和系科章程之间是互相矛盾的。

马克思恩格斯：《神圣家族》，

《马克思恩格斯全集》第 2 卷第 119 页。

预防性法律本身并不包含任何尺度、任何合乎理性的准则，因为合乎理性的准则只能从事物的本性（在这里就是自由）中取得。预防性法律没有范围，因为为了预防自由，它应当同它的对象一样大，即不受限制。因此，预防性法律就是一种不受限制的限制的矛盾，这一法律所遇到的界限并不是由必然性产生，而是由任性的偶然性产生。

马克思：《关于新闻出版自由和公布省等级会议辩论情况的辩论》，

《马克思恩格斯全集》第 1 卷上册第 177 页。

批判在法国议院辩论中所发现的矛盾，不外是立宪主义的矛盾。如果批判把它了解为普遍的矛盾，那它就算是了解了立宪主义的一般矛盾。如果批判比它认为"应该"看到的还看得远一些，也就是说，如果它想到了必须消除这个普遍的矛盾，那末，它就会放弃立宪君主制而主张民主的代议制国家，主张完备的现代国家了。

马克思恩格斯：《神圣家族》，

《马克思恩格斯全集》第 2 卷第 146 页。

批判把"特权的实际势力"和"自由的理论"对立起来,把"公法状况"和"特权的立法效力"对立起来。

> 马克思恩格斯:《神圣家族》,
> 《马克思恩格斯全集》第 2 卷第 147 页。

资本的垄断,即不依靠立法和时常不顾立法而存在的垄断,对"科伦日报"的老爷们来说是不存在的。但实际上直接而无情地压迫工人,并且引起无产阶级和资产阶级之间的斗争的正是这种垄断!这种垄断正是产生现代阶级矛盾的特殊的现代的垄断,而解决这些矛盾是 19 世纪的特殊任务!

> 恩格斯:《"科伦日报"论英国秩序》,
> 《马克思恩格斯全集》第 5 卷第 336 页。

虽然手工业法废除了一切手工业税,可是按照 1845 年的手工业条例和根据赔偿法,在发生争执时,所有磨粉税不被看作手工业税,而被看作土地税。由于这种混乱状况和这些违法行为而发生了许多诉讼案件,各级法庭的判决互相矛盾,甚至最高法院也作出了一些极其矛盾的判决。

> 恩格斯:《关于现行赎买法案的辩论》,
> 《马克思恩格斯全集》第 5 卷第 366 页。

所谓钦定宪法的第九十五条宣称:"对因越职而违反法律之文武官员提出控诉,不需经当局预先批准。"

这同一宪法的第一〇八条又明文规定,废除一切与该条款相矛盾的法律。但是拉萨尔向国家检察官提出第九十五条也无济于事,——冯·阿蒙先生固执地坚持他对权限争议问题的看法,并且临走的时候向拉萨尔提出一个宝贵意见:"您大概忘记了,您是一个未决犯!"

> 马克思:《拉萨尔》,
> 《马克思恩格斯全集》第 6 卷第 318 页。

在整个宪法里,唯一无保留条件的肯定的条款,是关于总统选举的条款(第 45 条)和关于修改宪法的条款(第 111 条)。这是唯一可能破坏的条款,因为只有这些条款不包含任何矛盾。这两项条款是 1848 年的制宪议会用来直接对付波拿巴的,因为波拿巴用阴谋手段取得了总统的宝座,使议员们感到恐惧。

这个虚伪的宪法中常常出现的矛盾十分明显地证明,资产阶级口头上标榜是民主阶级,而实际上并不想成为民主阶级,它承认原则的正确性,但是从来不在实践中实现这种原则,

> 马克思:《1848 年 11 月 4 日通过的法兰西共和国宪法》,
> 《马克思恩格斯全集》第 7 卷第 589 页。

议会改革、国民教育改革和法权方面的改革(不算个别的细节)都拖延下去了。流放

苦役移民区法案、航运法案等等，是从得比内阁那里继承下来的。而加拿大预备基金法案提出几天以后便被政府自己改得面目全非。至于预算，那末，关于遗产税的法律在财政大臣提出以前，他本人就曾经投票反对过这种税。广告税法案也只是在议院两次推翻了财政大臣的提案以后才被财政大臣设法通过的。许可证制度的新条例经过各种各样的修改以后最后被束之高阁。格莱斯顿先生雄心勃勃地作为一个庞大计划提出来的、与整个预算的气魄相适应的这个条例，被议院通过时已成为一块可怜的补丁，成了各种不相干的、毫无联系的、彼此矛盾的琐碎条款的简单混合物了。

马克思：《大陆和英国的情况》，

《马克思恩格斯全集》第 9 卷第 317～318 页。

在法国的实际生活中，犹太人实际上并没有受到基督教特权之害，然而法律却不敢公开承认这种实际的平等。鲍威尔先生在"犹太人问题"里所举出的政治本质的一切矛盾，立宪主义的一切矛盾，就是如此。而立宪主义根本就是现代代议制国家和旧的特权国家之间的矛盾。

马克思恩格斯：《神圣家族》，

《马克思恩格斯全集》第 2 卷第 147～148 页。

由于私有财产的隐蔽的物质条件往往不得不与有关私有财产的法学幻想发生矛盾——例如在征用财产时可以看出这一点——于是这位乡下佬雅各得出结论说：

"这里清楚地显露出一个在其他场合下是隐蔽的原则，这个原则就是，只有国家是所有者，而个别的人只是受采邑之封的人。"（第 335 页）

"这里清楚地显露出"的只是我们这位可敬的市民的有眼看不到那隐蔽在"圣物"幕后的世俗的财产关系。

马克思恩格斯：《德意志意识形态》，

《马克思恩格斯全集》第 3 卷第 413 页。

罗马的私有财产（这个字源学的花招只在这里适用）和国家财产处于最直接的矛盾中。不错，国家给了平民以私有财产，但同时并未掠夺"其他"人的私有财产，而是掠夺了这些平民本身的国家财产（ager publicus）和他们的政治权利，因此正是这些平民，而不是圣桑乔所梦想的那些荒诞的"国家的其他成员"叫作 privati〔被掠夺的人〕。

马克思恩格斯：《德意志意识形态》，

《马克思恩格斯全集》第 3 卷第 414 页。

把私有制关系当作合乎人性的和合理的关系的政治经济学，不断地和自己的基本前提——私有制——发生矛盾，这种矛盾正像神学家所碰到的矛盾一样：神学家经常按人的方式来解释宗教观念，因而不断地违背自己的基本前提——宗教的超人性。

马克思恩格斯：《神圣家族》，

《马克思恩格斯全集》第 2 卷第 39 页。

每个国家的资产阶级都有他们自己的特殊利益，而且由于他们认为这些利益高于一切，他们无法越出民族的范围。他们的少数几个理论家即使把他们所有那些美妙的"原则"都搬出来也顶不了什么事，因为他们根本不触犯这些互相矛盾的利益和整个现存制度，他们只会说空话。

恩格斯：《在伦敦举行的各族人民庆祝大会》，

《马克思恩格斯全集》第 2 卷第 665～666 页。

正是由于私人利益和公共利益之间的这种矛盾，公共利益才以国家的姿态而采取一种和实际利益（不论是单个的还是共同的）脱离的独立形式，也就是说采取一种虚幻的共同体的形式。

马克思恩格斯：《德意志意识形态》，

《马克思恩格斯全集》第 3 卷第 37～38 页。

时而把这一面，时而把另一面当作主观的或客观的东西。这样矛盾似乎就被消除了，因为矛盾着的两个方面分别被分配给两个世界了。德谟克利特因而就把感性的现实变成主观的假象；不过，从客体的世界被驱逐出去的二律背反，却仍然存在于他自己的自我意识内，在自我意识里原子的概念和感性直观互相敌对地冲突着。

马克思：《德谟克利特的自然哲学和伊壁鸠鲁的自然哲学的差别》，

《马克思恩格斯全集》第 1 卷上册第 22 页。

整个伊壁鸠鲁的自然哲学是如何贯穿着本质和存在、形式和物质的矛盾。但是，在天体中这个矛盾消除了，这些互相争斗的环节和解了。在天体系统里，物质把形式纳入自身之中，把个别性包括在自身之内，因而获得它的独立性。但是，在达到这一点后，它也就不再是对抽象自我意识的肯定。在原子世界里，就像在现象世界里一样，形式同物质进行斗争；一个规定取消另一个规定，正是在这种矛盾中，抽象的、个别的自我意识感觉到它的本性对象化了。

马克思：《德谟克利特的自然哲学和伊壁鸠鲁的自然哲学的差别》，

《马克思恩格斯全集》第 1 卷上册第 61 页。

在黑格尔的体系中有三个因素：斯宾诺莎的实体，费希特的自我意识以及前两个因素在黑格尔那里的必然的矛盾的统一，即绝对精神。第一个因素是形而上学地改了装的、脱离人的自然。第二个因素是形而上学地改了装的、脱离自然的精神。第三个因素是形而上学地改了装的以上两个因素的统一，即现实的人和现实的人类。

马克思恩格斯：《神圣家族》，

《马克思恩格斯全集》第 2 卷第 177 页。

两个矛盾方面的共存、斗争以及融合成一个新范畴，就是辩证运动的实质。谁要给自已提出消除坏的方面的任务，就是立即使辩证运动终结。

马克思：《哲学的贫困》，
《马克思恩格斯全集》第 4 卷第 146 页。

黑格尔用以反映——以歪曲的形式反映——现实冲突的那种抽象的和神秘的词句，在这个"批判的"头脑看来就是现实冲突本身。布鲁诺接受了思辨的矛盾，并把这个矛盾的一部分同另一部分对立起来。

马克思恩格斯：《德意志意识形态》，
《马克思恩格斯全集》第 3 卷第 93 页。

生产力和交往形式之间的这种矛盾（正如我们所见到的，它在以往的历史中曾多次发生过，然而并没有威胁这种形式的基础）每一次都不免要爆发为革命，同时也采取各种附带形式——表现为冲突的总和，表现为各个阶级之间的冲突，表现为意识的矛盾、思想斗争等等、政治斗争等等。

马克思恩格斯：《德意志意识形态》，
《马克思恩格斯全集》第 3 卷第 83 ~ 84 页。

实际上，生产和消费往往处于互相矛盾之中。然而，据说只要能正确地解释这种矛盾，只要能理解生产和消费的真正的本质，就足以确立二者的统一和消除任何矛盾。这个德意志意识形态的理论原来是用以迁就现存世界的；生产和消费的统一，用现代社会的许多例子来证明，是存在于自身的。

马克思恩格斯：《德意志意识形态》，
《马克思恩格斯全集》第 3 卷第 610 ~ 611 页。

从灭亡了的封建社会里产生出来的现代资产阶级社会，并没有消灭阶级矛盾。它不过用新的阶级、新的压迫条件、新的斗争形式代替了旧的罢了。但是，现今的这个时代，即资产阶级时代，却有一个特点，就是它使阶级矛盾简单化了：社会日益分裂为两大敌对的阵营，即分裂为两大相互直接对立的阶级：资产阶级和无产阶级。

马克思恩格斯：《共产党宣言》，
《马克思恩格斯全集》第 4 卷第 466 页。

由继承和窃得的小块土地拼成的七零八落的奥地利君主国，这个由十种语言和民族构成的混乱局面，这堆由绝然矛盾的习惯和法律乱七八糟凑成的东西，终于开始土崩瓦解了。

恩格斯：《奥地利末日的开端》，
《马克思恩格斯全集》第 4 卷第 516 页。

不掩盖社会矛盾，不用强制的因而是人为的办法从表面上制止社会矛盾的国家形式才是最好的国家形式。能使这些矛盾进行公开斗争，从而获得解决的国家形式才是最好的国家形式。

马克思：《六月革命》，

《马克思恩格斯全集》第5卷第157页。

如果我们用产品实现的不可能性、用生产和消费之间的矛盾来解释危机，那我们就会否认现实，否认资本主义所走的那条道路是适当的，认为它是一条"错误的"道路而要去寻找"另外的道路"。如果从这个矛盾中引出危机，我们就一定会认为，这个矛盾愈向前发展，摆脱矛盾也就愈困难。

列宁：《评经济浪漫主义》，

《列宁全集》第2卷第141页。

资本主义所固有的生产和消费之间的矛盾就在于：在国民财富增长的时候，人民的贫困也在增长，在社会生产力增长的时候，人民的消费却没有相应增长，这些生产力没有被用来为劳动群众谋福利。

列宁：《答普·涅日丹诺夫先生》，

《列宁全集》第4卷第139页。

事实上，沃兹杜霍夫是坐马车来向省长控诉的，——这已经调查属实了。他要控诉什么呢？省长公署的侍卫普季岑说，沃兹杜霍夫控诉某某轮船码头不卖给他船票（？）。证人穆哈诺夫（曾任打过沃兹杜霍夫的那个区警察局的局长，现在弗拉基米尔市任省监狱的狱长）说，他听沃兹杜霍夫的妻子说，她和她丈夫在一块喝了酒，他们在下诺夫哥罗德的水上警察局和罗日杰斯特沃区警察局都挨过打，沃兹杜霍夫就是要向省长申诉这种情况的。

虽然这些证人的证词里有明显的矛盾，但是法庭竟没有采取任何办法来加以澄清。不这样做，任何人都有充分权利下结论说法庭不想弄清这个问题。

列宁：《时评》，

《列宁全集》第4卷第362页。

我们把农民一词放在引号内，为的是表明在这种场合存在着一种不容置疑的矛盾：在现代社会中，农民当然已经不是一个单一的阶级。但是，谁因这种矛盾而惶惑不安，他就是忘记了，这并不是叙述的矛盾，也不是学说的矛盾，而是生活本身的矛盾。这并不是臆造的矛盾，而是活生生的辩证的矛盾。正因为在我国农村中农奴制社会正在受到"现代"（资产阶级）社会的排挤，所以农民就不再是一个阶级，而是分裂成为农村无产阶级和农村资产阶级（大资产阶级、中等资产阶级、小资产阶级和最小的资产阶级）。

列宁：《俄国社会民主党的土地纲领》，

《列宁全集》第6卷第287页。

半立宪民主党人兼半孟什维克沃多沃佐夫先生，在 1906 年春天竭力主张参加选举和支持立宪民主党人。昨天（8 月 11 日）他在《同志报》上写道，立宪民主党人"想在没有议会的国家中做一个议会党，想在没有宪法的国家中做一个立宪党"，"激进的纲领和完全不激进的策略之间的根本矛盾，决定了立宪民主党的全部性质"。

列宁：《论抵制》，

《列宁全集》第 13 卷第 339 页。

每个觉悟的工人将会抓住恰恰是压迫他们的制度所固有的、当前对它最突出的那个矛盾，即在形式上承认法制和实际上否认法制之间、在"准"社会民主党杜马党团存在和"不准"社会民主党存在的尝试之间、在正式声明中承认工会和在实际生活中迫害工会之间的矛盾。

列宁：《合法派同反取消派的对话》，

《列宁全集》第 20 卷第 241 页。

恩格斯在《关于现行赎买法案的辩论》里说，"根据赔偿法"和"在发生争执时，所有磨粉税不被看作手工业税，而被看作土地税"，指的是柏林议会辩论中关于取消徭役制度的事。在 7 月 21 日的会议上谈到了封建义务。恩格斯认为，"徭役赔偿地主的利益并不在于徭役的货币价值，而在于徭役的强制性质；徭役的坏处不在于它在经济上对农民不利，而在于它使农民处于不自由的地位。"认为这些义务是"从领主权和世袭农奴的依附地位产生的"。从摩里茨先生所援引的事情中可以看出，过去的立法当局究竟把什么样的税当作"土地税"。萨克森有一家磨坊，它除了磨粉设备以外，还有水力，但没有田地，可是却被课 4 维斯佩尔谷物的"土地税"。

马克思在《拉萨尔》里，提出拉萨尔是"未决犯"问题。

拉萨尔被关在杜塞尔多夫监狱已经 11 个星期，属于"审前羁押"。

科伦各民主团体的代表团向总检察官尼科洛维乌斯呈递了一份由数千公民签名的请愿书，其中提出"加速对关在杜塞尔多夫狱中的政治犯案件的侦查"要求。然而，典狱长发怒了。他气势汹汹地向拉萨尔逼近，一直把他挤到窗口，并且挥动拳头，放开嗓门厉声喊道："听着，你在这里是我的一个犯人，仅仅是一个犯人；你必须服从监狱规则，如果你不愿意，那我就下令把你关进禁闭室，可能你还要受到更坏的待遇！"拉萨尔再也忍不住了，他向典狱长声明，典狱长没有任何权利根据监狱规则来处罚他，因为他是未决犯。拉萨尔就要求国家检察官冯·阿蒙对典狱长莫莱特提出控诉。此事的根据是，典狱长不仅是粗鲁的举动和严重的侮辱，更重要的是越职，就是典狱长无权对未决犯采取关进禁闭室等措施。

3. 法的发展观

法永远是发展的，不可能停留在固定不变的内容和水平上。对于发展原则，到 20 世纪（以及 19 世纪末），连持有形而上学观点的人都已经同意。不过，对"同意"要作具体分析。列宁在《哲学笔记》中说，"是的，不过这种表面的、未经过深思熟虑的、偶然的、庸俗的'同意'，是一种窒息真理、使真理庸俗化的同意。"列宁的话是有针对性的。庸俗发展观认为，发展是简单的量的增减，发展原则是纯粹数量的变化。反对庸俗发展观，就不能追求立法数量上的"完备化"，不能以为立法越多越好。其实，对于脱离客观实际的立法、阻碍社会进步的立法，越多越有害。我们应当主张立法"完善化"。"完善化"是在具有基本立法的基础上，讲求立法科学性，以建立起法与法相互联系、相互作用的机制。

法真正的发展原则是法的相互转化。法的发展是一个量变到质变和由质变到量变的转化过程。当量变发展到一定程度，超过一定限度，突破了自己的临界点或关节点时，就必然引起质变。发生旧法质变后，新法的新质产生。新法的新质随着量变到质变的转化，又出现一个新的发展过程，这时，新法又成为旧法了。

法的科学发展观体现了法律辩证法的辩证属性。法的发展必须与社会的发展相符合。那种建立法的"恒久体系"的观点、追求立法数量"完备化"的观点、法的"天不变道亦不变"的"固定性"观点，都是不符合实际的。

几百年来，资本主义法的发展经历了传统法向现代法演变的过程。私权绝对、契约自由和自由竞争，是自由市场经济立法的固有特征。西方国家在向垄断市场经济过渡中，这些基本法律制度发生了变异，而且，具有垄断市场经济性质的制度特征已逐步在法的各个方面形成。

其一，在自由竞争向垄断的演变及立法要求下，旧法变化了，也产生了新法。

自由竞争是自由放任市场经济的基石。自由竞争必然要求生产集中，而生产集中的前提是资本集中。资本集中的主要途径和方式是：资本积累使企业规模扩大，即个别资本通过剩余价值资本化而扩大自身规模；规模较小的资本合并为大资本；通过合伙和联合实现资本集中，通过股票联合经营股份公司，使个别资本转化为集中的、联合的社会化资本。生产集中、资本集中，必然走上垄断。从自由竞争中生长起来的垄断并不消灭竞争，而是凌驾于竞争之上，与之并存，因而产生出特别剧烈的经济矛盾和社会矛盾。在这样的矛盾面前，民法的作用越来越狭小，显得无能为力。

对于垄断和无限制的自由竞争，要求一种新的法律加以限制：

（1）对不正当竞争方法和交易方法的限制。西方经济学家认为，市场经济具有鼓励和助长人们破坏公平竞争的特质，如果没有对竞争对手采取进攻性和敌对性手段的能力，那么市场势力就很难获得。不正当竞争方法和交易方法正是在这种市场机制和心理机制的作用下形成的。这种行为"不正当"地进行，妨碍公平竞争，由此危及整个社会经济生活时，便要求有一种超越民法的新法律，对这种不正当竞争方法和交易方法又限制。不正当竞争方法和交易方法，是对于形成竞争关系的对手所采用的方法。我国《反不正当竞争法》规定的 11 种禁止的不正当竞争行为中，有些行为不属于"对形成竞争关系的对手"要义，因而法的对象范围是不确切的。

（2）对不正当限制交易的限制。这种"不正当限制交易"，是指在一定的交易领域，通过卡特尔组织等方式对竞争进行实质性限制。其主要是：对一定交易领域里的企业数量的限制；对组成企业的企业机能、企业活动的不正当限制；对一定交易地区的竞争进行实质性限制；在国际协定和国际合同里对竞争进行实质性限制。这种共谋性的不正当限制交易，是若干企业共同约束相互生产经营活动，使其他竞争者不能自由地从事经营活动，给他们进入市场造成困难。利用卡特尔方式对交易进行不正当限制，包括限制销售价格、条件、范围，也包括规定产量、分配利润等方面的限制。这种限制，是一种操纵市场的行为。对操纵市场行为进行限制，是新法产生的根据，也是它的基本任务之一。

（3）对私人垄断的限制。市场经济必然形成支配力过度集中的市场结构。这样的市场结构，一方面使某种商品充分占据大规模市场，实现该市场上某种商品的高度集中；另一方面使一个企业在各个市场上高度集中，自由出入多数市场，实现该企业或企业集团的经济力的高度集中。垄断性市场经济，是少数企业或集团形成对一个或几个经济部门的垄断，从而形成这些企业对市场的支配力或控制力。垄断企业的市场任务，主要是垄断组织的各成员企业规定统一价格及在各成员企业间分配总销售额。这就决定了垄断组织有相当高的市场占有率。这意味着非垄断企业在该市场被排挤出去，或重新进入该市场发生严重阻碍。与卡特尔操纵市场行为的限制不同，垄断是一种控制市场的行为。市场经济发展到这一地步，需要一种新法律，对"私人垄断"进行限制，包括对垄断状态的限制和垄断行为的限制。

其二，在私权绝对向私权限制的演变及立法要求下，旧法变化了，也产生了新法。

"私权绝对"是自由放任市场经济的立法支柱。私有权的绝对性，是指对于物有绝对和无限制地占有、使用、收益和处分的权利。其基本含义是"所有权绝对不可侵犯"和"自由的所有权"。它的根本要求和直接结果是利润最大化行动和所有权的滥用。

市场经济的首要前提是利润最大化原理。主体的利润最大化行动，必然使物的因素集中在一方，劳动力则与物的因素相分离，处在另一方，从而加剧人与物的矛盾、人与人的矛盾；而每一主体的利润最大化行动，又使主体间相互对立、恶性竞争，社会经济处于无序性和不可调和的状态。所有权的滥用，是私有权绝对化的必然结果。这种滥用，表现在交易关系、劳动关系、借贷关系等一切社会经济关系领域。

由于所有权的滥用，打乱了各市场、各经济部门之间的资源分配，造成生产资源的浪费；在分配上，收入和财富水平不平等，因大部分社会成员购买力下降而使生产过剩。这样，私有权实际上不只是对物的所有权，而且成为对直接生产者的统治权、对竞争对手的支配权和对社会经济的控制权。这样，作为所有权的财产权利，又转化为财产权力，并不断实现着财产权力的社会化。

私有权的绝对性引起的社会危机，说明"私权绝对"的市民法原理已不再适合市场经济发展的现实，社会不允许财产所有者得到所有权的全部自由权利，不允许所有权的滥用。为此，国家必须通过立法对所有权进行限制。西方国家对所有权进行限制的立法措施，主要包括以下方面：①对于私有财产权，必须为公共目的加以利用。私人所有权，是一种私人所有的所有权，但"社会的所有权"代替个人所有权，要求所有权附有义务，其行使应同时服从于、服务于公共利益，从而使所有权与社会发展相协调。②把对财产的支配权，限制在一定范围内。支配权是所有权的基本权能之一，但对私有财产的支配，特别是处分，不能损害他人利益和社会利益。随着财产权利向财产权力的转化，对财产的支配进一步地扩大为对人的支配。因此，必须对支配权进行限制，禁止所有权的滥用。③所有权的内容，必须符合社会利益的要求。在占有、使用、处分和收益权能中的具体事项中，不能为实现一己权利而损害社会利益。那种只有个人私利行为才能产生社会利益的法学主张，已不符合当代要求。

其三，在契约自由向契约限制的演变及立法要求下，旧法变化了，也产生了新法。

"契约自由"是自由放任市场经济的另一个立法支柱。契约自由，是市场经济的基本原则。依据这一原则，当事人可以自由地签订任何内容的合同。"自由协议"和"契约不是法定义务"是契约自由概念的基本含义。

契约自由的表现包括四个方面：一是订立契约的自由。包括订立或不订立的自由，要约、承诺也都是由当事人自由决定。二是选择契约对象的自由。同谁签订合同，可以根据当事人自身意志自由选择，不受约束。三是决定契约内容的自由。合同的内容、条款，合同的标的、价款、质量以及合同履行、合同责任等，都由当事人自由决定，不得干涉。四是契约成立方式的自由。只要当事人"合意"，合同便成立，不需要特定的成立方式和程序。

如果一项合同是自由签订的，便被认为是"神圣"的，法律、政府、他人均不得干涉。这就是"契约神圣"的含义。

"契约自由""契约神圣"，是传统民法学的普遍理论概括。然而，随着垄断市场经济的发展，自由契约关系发生了变化。

合同当事人在法律上尽管被规定为自由的、平等的，但经济力的强弱、经济上的依赖关系，决定了他们之间的合同关系不可能是自由的、平等的：首先，缔约能力不平等。大企业与中小企业、垄断体与非垄断体、经济发达地区与经济不发达及欠发达地区之间的当事人，签约的实力强弱不同，谈判中讨价还价的能力有差别，这不能不反映在合同上面。其次，双方权利义务不平等。在合同内容上，往往规定价格歧视、排他性条件，往往规定只适用于一方当事人的约束性条款等等。再次，合同履行不平等。即使这样内容不平等的合同，也得不到平等地履行，一方当事人往往利用合同谋取合同外利益或更大的合同利益。最后，合同裁判不平等。经济上的强者、有社会背景的当事人，一般会成为诉讼或仲裁中的强者或胜诉人。

契约自由和自由契约关系推动了社会危机和国民经济失调，社会要求一种不同于民法的法律对契约自由加以限制。这种限制，在西方国家主要表现在两个方面：①制定经济主体的自由意思表示。"超当事人意志""非自我目的""无选择性"改变了主体自由意志的内涵；法律规定合同条款，而不是由当事人商定，限制了合同内容的自由决定权；签订合同为法定义务，某些合同，如涉及公共利益的合同，是必须签订的，把签订合同确定为法律义务，这就限制了契约对象的自愿选择权；执行标准合同，即合同内容由一方当事人事先确定，制成条文式或表格式，另一方当事人只有按该内容签订，从而限制了合同成立方式的对等协商权。②依据法律解决合同争议。依据当事人的意思表示及合同本身解决争议的时代过去了，现在是依据法律和法律原则裁判合同的合法性、权利义务的有效性。合同是依法成立的，当事人的意思表示也须服从法律。这样，合同争议的解决只能依据法律。这是限制契约自由的鲜明表现。

在自由资本主义向垄断资本主义转化过程中，契约自由实现了向契约限制的转变。这是不以人们的意志为转移的，以至西方法学家们惊呼"合同法的死亡"。是的，契约自由的合同法确已死亡。在当代，如果谁人仍然抱残守缺，固守契约自由的理念，试图巩固自由资本主义的法律秩序，那便只能是唐·吉诃德式的勇敢了。

法的发展变化并不是杂乱无章的，而是有规律可循的。法的发展规律的一个最大特点，就是通过立法者的活动发挥作用。这就存在法的发展规律与人的主观目的之间的关系问题。在法的发展规律面前，不能夸大人的主观目的作用，但从根本上说，立法只有符合法的发展规律时，才能实现立法目的。如果违背规律，就必然产生不利的社会后果，使立法归于失败。

在法的发展中，有许多规律发生作用。可以说，在一般意义上，有法与社会互动规律、法的历史类型更替规律、法的结构变动规律等等。其中，法与社会互动规律，是法发展的基本规律，这是起主要作用的规律。

社会的决定性改变法律，法律的调整性改变社会，这就是法与社会互动规律。这一规律表明：社会是法律调整的决定性基础，法律调整是改变社会盲目性的有效途径。之所以为基本规律，是因为它决定法律调整的一切主要方面和主要过程，决定法与社会的本质联系，决定社会发展的方向。依据基本规律，法的调整必须满足社会需要，在有针对性立法基础上使立法不断增加和不断完善，保证满足整个社会发展的需要；法的制定和实现，都必须以"满足整个社会发展的需要"为出发点和归宿。

法的历史类型更替规律，是与社会形态历史类型更替相适应的法的类型更替的规律。马克思主义经典作家科学地揭示了原始氏族社会、奴隶制社会、封建社会、资本主义社会、共产主义社会五种社会类型的更替。这些历史类型是从社会形态意义上概括出来的。奴隶制法被封建制法所代替，封建制法被资本主义法所代替，这是历史上已经发生的客观事实。资本主义法被社会主义法所代替，在一部分国家已经成为客观事实，在其他国家也必定成为事实。这是法发展的历史类型更替规律所决定的。

这一规律使我们认识到，有什么样的社会形态就有什么样的法，法一定同社会形态相一致，那种脱离或违背社会形态的法是不存在的，如同不可能从牛身上长出草来一样。

法发展的结构变动规律，是立法结构的发展规律。诸法合体——部门法分立——法域融合，是法的结构变动的规律性表现。

"诸法合体"，实际上是各部门法的综合形式。古代的"五刑"，夏、商、西周具有代表性的《吕刑》，春秋战国时期的《法经》，都有一定的立法综合性，但均见于刑。自秦律始，已见诸法合体的雏形。中国古代立法并不明确划分法的门类，而是将行政、经济、民事、刑事、婚姻家庭、军事，以及诉讼等一并在"律"中加以规定。律是基本立法，法的体系以律为核心。律有缺失、疏漏，以"格"补充。诸法合体是由当时相对简单的社会关系决定的。同时，诸法合体也是同司法行政合一的政治体制适应的。

"部门法分立"，在大陆法系国家，传统法部门理论从法律法规出发，对法作"部门的”划分的结果。法律法规——法部门——法域——法体系，这是传统的法体系的基本结构。区分法域里的公法和私法，以国家与市民社会的二元性为前提，即一方面，认为公法是国家固有的法，调整国家与私人之间的关系，在权力与服从的基础上产生公法体系；另一方面，认为私法是市民社会的法，调整私人与私人间的关系，在权利义务与协商基础上产生私法体系。公法和私法界限分明，是部门法分立的基本特征。

"法域融合"，是法适应生产社会化、社会关系体系化和社会活动国际化的 客观发展，发生了法的结构性变动，部门法分立的基础被动摇了。实际上，在法的体系中不存在"国家固有的法"与"市民社会的法"的区分。所谓"私法公法化""公法私法化"，就是法的社会化。私法和公法融合的过程，是通过私法的公法化过程和部门法的跨部门化过程这两个媒介实现的。法的结构变动过程，是法体系内部法规范、法制度结构的变动过程。新法正是在这种法的结构性变动中积累、形成的。

生产方式是法发展的决定性基础。对于法的发展，不应当只是从法律和法律关系发展方面去寻找，应当首先研究生产力处于怎样的阶段和生产关系不平等达到了怎样的程度，然后再分析法的历史进步性。这应当是重要的方法论原则。法的历史进步性，归根结底，是以法同社会形态相互适应地演进表现出来的。法的发展总体上是法律体系的发展，因而每一发展阶段上的法律体系具有不同的性质和特征。这是研究法的历史进步性问题的重要方面。发展的历史进步性，从法的历史类型更替的进步性和法律体系演变的进步性集中表现出来。

"法发展"的进程大部分只在于首先设法消除那些由于将经济关系直接翻译为法律原则而产生的矛盾，建立和谐的法体系，然后是经济进一步发展的影响和强制力又经常摧毁这个体系，并使它陷入新的矛盾（这里我暂时只谈民法）。

恩格斯：《致康·施米特》，

《马克思恩格斯全集》第 37 卷第 488 页。

历史学派已把研究起源变成了自己的口号，它把自己对起源的爱好发展到了极端，以致要求船夫不在江河的干流上航行，而在江河的源头上航行。因此，要是我们返回到历史学派的起源去，返回到胡果的自然法去，这个学派肯定会认为是合情合理的。历史学派的哲学产生于历史学派的发展之前，所以，要在该学派的发展本身中去寻找哲学是徒劳无益的。

马克思：《历史法学派的哲学宣言》，

《马克思恩格斯全集》第 1 卷第 229 页。

因为合法的发展不可能没有法律的发展，因为法律的发展不可能没有对法律的批评，因为对法律的任何批评都会在公民的脑子里，因而也在他的内心，引起与现存法律的不协调，又因为这种不协调给人的感觉是不满，所以，如果报刊无权唤起人们对现存法定秩序的不满，它就不可能忠诚地参与国家的发展。

马克思：《评部颁指令的指控》，

《马克思恩格斯全集》第 1 卷上册第 427~428 页。

批判家只是忘了法本身非常明确地把自身同"情感和良心"区分开来；他忘了这种划分可以由法的片面本质和教条主义形式来说明，这种划分甚至成了法的主要教条之一；最后，他忘了这种划分一旦实现就构成法的发展的最高阶段，正像宗教从各种世俗内容中摆脱出来就使宗教成了抽象的、绝对的宗教一样。"情感和良心"干涉法这个事实使"批判家"有足够的根据在谈法的地方谈情感和良心，在谈法律教义的地方谈神学教义。

> 马克思恩格斯：《神圣家族》，
> 《马克思恩格斯全集》第 2 卷第 123～124 页。

黑格尔认为刑罚是罪犯自己给自己宣布的判决。甘斯更详细地发挥了这种理论。黑格尔的这种理论是对古代 jus talionis〔报复刑〕的思辨的掩饰，康德曾把这种刑罚发展为法律上唯一的刑罚理论。黑格尔所谓的罪犯自我定罪只不过是一种"理念"，只不过是对通行的经验刑罚的一种思辨解释。因此，他还是听凭国家在每一个发展阶段上选择刑罚的形式，也就是说，他听凭刑罚保持它的现状。

> 马克思恩格斯：《神圣家族》，
> 《马克思恩格斯全集》第 2 卷第 228～229 页。

报告还说，莱斯特的针织工人的待遇在当地所有的工人中是最坏的；他们每天工作十六小时到十八小时，每星期挣 6 先令，要费很大力气才能挣 7 先令。过去他们挣过 20—21 先令，但是大型织机的使用降低了他们的工资；大多数工人还在旧的简单的织机上工作，和改良了的机器进行着筋疲力尽的竞争。可见技术的发展每前进一步，工人的状况就倒退一步！

> 恩格斯：《英国工人阶级状况》，
> 《马克思恩格斯全集》第 2 卷第 476 页。

这种反抗心情的最早、最原始和最没有效果的形式就是犯罪。工人过着贫穷困苦的生活，同时看到别人的生活比他好。他想不通，为什么偏偏是他这个比有钱的懒虫们为社会付出更多劳动的人该受这些苦难。而且穷困战胜了他生来对私有财产的尊重，于是他偷窃了。我们已经看到，随着工业的发展，犯罪事件也在增加，每年被捕的人数和加工的棉花的包数经常成正比。

> 恩格斯：《英国工人阶级状况》，
> 《马克思恩格斯全集》第 2 卷第 501～502 页。

谷物法一旦被废除，自由竞争，现代社会经济制度就会发展到极端；谷物法废除后，在现存关系的范围内，进一步发展的任何可能性都将消失，而唯一可能的进步就是社会制度的根本变革。

> 恩格斯：《英国工人阶级状况》，
> 《马克思恩格斯全集》第 2 卷第 556 页。

　　私法和私有制是从自然形成的共同体形式的解体过程中同时发展起来的。在罗马人那里，私有制和私法的发展没有在工业和贸易方面引起进一步的后果，因为他们的生产方式没有改变。在现代各国人民那里，工业和贸易瓦解了封建的共同体形式，因此对他们说来，随着私有制和私法的产生，便开始了一个能够进一步发展的新阶段。在中世纪进行了广泛的海上贸易的第一个城市阿马尔非也制定了航海法。当工业和商业进一步发展了私有制（起初在意大利随后在其他国家）的时候，详细拟定的罗马私法便立即得到恢复并重新取得威信。后来资产阶级强大起来，国王开始保护它的利益，以便依靠它的帮助来摧毁封建贵族，这时候法便在一切国家里（法国是在 16 世纪）开始真正地发展起来了，除了英国以外，这种发展到处都是以罗马法典为基础的。但是即使在英国，为了私法（特别其中关于动产的那一部分）的进一步发展，也不得不参照罗马法的诸原则。（不应忘记法也和宗教一样是没有自己的历史的。）

马克思恩格斯：《德意志意识形态》，
《马克思恩格斯全集》第 3 卷第 71 页。

　　只要生产力还没有发展到足以使竞争成为多余的东西，因而还这样或那样地不断产生竞争，那末，尽管被统治阶级有消灭竞争、消灭国家和法律的"意志"，然而它们所想的毕竟是一种不可能的事。

马克思恩格斯：《德意志意识形态》，
《马克思恩格斯全集》第 3 卷第 378 页。

　　一切发展，不管其内容如何，都可以看作一系列不同的发展阶段，它们以一个否定另一个的方式彼此联系着。比方说，人民在自己的发展中从君主专制过渡到君主立宪，就是否定自己从前的政治存在。任何领域的发展不可能不否定自己从前的存在形式。

马克思：《道德化的批评和批评化的道德》，
《马克思恩格斯全集》第 4 卷第 329 页。

　　德国人在波兰却妨碍了波兰城市的建立和波兰资产阶级的形成！他们以自己独特的语言，以自己和波兰居民的疏远，以自己成千上万种特权和城市法规，妨碍了中央集权这个使一切国家迅速发展的最有力的政治手段的实现。差不多每一个城市都有自己的独特的法律；尤其是在民族杂居的城市里，都存在过而且往往还继续存在着对德国人、对波兰人、对犹太人的不同的法律。

恩格斯：《法兰克福关于波兰问题的辩论》，
《马克思恩格斯全集》第 5 卷第 374 页。

　　康普豪森作为一个责任首相的地位是非法的。这位从法律观点看来并不存在的官员竟召集了联合议会，以便利用它来通过法律，但是，这个议会本身并没有合法的权力来通过法律。这种自相矛盾、不驳自倒的玩弄形式的把戏竟被称为发展法律和保存法制基础！

马克思：《对民主主义者莱茵区域委员会的审判》，

《马克思恩格斯全集》第 6 卷第 290 页。

旧法律是从这些旧社会关系中产生出来的，它们也必然同旧社会关系一起消亡。它们不可避免地要随着生活条件的变化而变化。不顾社会发展的新的需要而保存旧法律，实质上不是别的，只是用冠冕堂皇的词句作掩护，维护那些与时代不相适应的私人利益，反对成熟了的共同利益。这种保存法制基础的做法，其目的在于使那些现在已经不占统治地位的私人利益成为占统治地位的利益。

马克思：《对民主主义者莱茵区域委员会的审判》，

《马克思恩格斯全集》第 6 卷第 292 页。

把无产阶级的贫困看作是它本身的罪过并主张因此惩罚它。它说什么无产阶级可以用理智抑制自然的本能，并用道德监督的办法来限制自然规律的有害发展。

济贫法可以说是这种理论的运用。

马克思：《工资》，

《马克思恩格斯全集》第 6 卷第 656 页。

既然保护 10 小时工作制法案的主要是反动派，既然 10 小时工作制法案完全是反动阶级通过议会来批准的，那末现在我们就知道，根据法案被通过的方式，它完全是反动的措施。英国整个社会的发展是和工业的发展、工业的进步有关的。一切阻碍这种发展的制度都要限制社会的发展或者采用外在力量来调节社会发展，并控制这种发展，——这些制度都是反动的，无能为力的，并将为这种发展所消灭。

恩格斯：《英国的 10 小时工作制法案》，

《马克思恩格斯全集》第 7 卷第 284 页。

人们按照自己的物质生产的发展建立相应的社会关系，正是这些人又按照自己的社会关系创造了相应的原理、观念和范畴。

马克思：《哲学的贫困》，

《马克思恩格斯全集》第 4 卷第 144 页。

这里涉及到的人，只是经济范畴的人格化，是一定的阶级关系和利益的承担者。我的观点是：社会经济形态的发展是一种自然历史过程。不管个人在主观上怎样超脱各种关系，他在社会意义上总是这些关系的产物。

马克思：《资本论第一卷》，

《马克思恩格斯全集》第 23 卷第 12 页。

"确切地和在散文的意义上说"，法国唯物主义有两个派别：一派起源于笛卡儿，一派起源于洛克。后一派主要是法国有教养的分子，它直接导向社会主义。前一派是机械唯物主义，它成为真正的法国自然科学的财产。这两个派别在发展过程中是相互交错的。

马克思恩格斯：《神圣家族》，

《马克思恩格斯全集》第2卷第160页。

鲍威尔先生还可以从黑格尔那里知道：如果实体不在其进一步的发展中过渡为概念和自我意识，那它就会成为"浪漫主义"的财产。"哈雷年鉴"当时也曾做过类似的论断。但是，"精神"无论如何总得给它的"敌人"唯物主义注定一种"愚钝的命运"。

马克思恩格斯：《神圣家族》，

《马克思恩格斯全集》第2卷第168页。

资本主义已经十分清楚地显露出自己的发展趋势，它把自己固有的对抗发展到了极点；利益的矛盾已开始具有一定的形式，甚至已反映到俄国的立法中。

列宁：《民粹主义的经济内容及其在司徒卢威先生的书中受到的批评》，

《列宁全集》第1卷第361页。

人类社会的发展也是受物质力量即生产力的发展所制约的。生产力的发展决定人们在生产人类必需的产品时彼此所发生的关系。用这种关系才能解释社会生活中的一切现象，人的意向、观念和法律。

列宁：《弗里德里希·恩格斯》，

《列宁全集》第2卷第6页。

实际上大臣们究竟可以颁布哪些"发展现行法令"（法令上就是这么说的。我们已经看到，财政部多么机智地"发展"法令。它认为，象这样发展法令，工人必需感谢政府不以工作过度的罪名惩办工人，也不"剥夺工人"一昼夜甚至做24小时的"权利"）的条例。

列宁：《新工厂法》，

《列宁全集》第2卷第349~350页。

要是让"巴拿马案件"发展，那就是犯罪。

列宁：《致约·维·斯大林》，

《列宁全集》第46卷第195页。

我们当前的任务是发展民事流转，这是新经济政策的要求，而这样就要求加强革命法制。显然，在军事进攻的情况下，在苏维埃政权被人掐住脖子的时候，如果我们把这项任务放在第一位，那我们就是书呆子，就是把革命当儿戏，而不是干革命。我们的政权愈趋向稳固，民事流转愈发展，就愈需要提出加强革命法制这个坚定不移的口号。

> 列宁：《全俄苏维埃第九次代表大会文献》，
> 《列宁全集》第 42 卷第 353 页。

在资本主义的历史发展中有两个重要关键：（1）直接生产者的自然经济转化为商品经济，（2）商品经济转化为资本主义经济。

> 列宁：《论所谓市场问题》，
> 《列宁全集》第 1 卷第 72 页。

无论资本主义的发展或人民的贫穷化都不是偶然的。这是以社会分工为基础的商品经济发展的必然伴侣。市场问题完全不存在了，因为市场不过是这种分工和商品生产的表现。

> 列宁：《论所谓市场问题》，
> 《列宁全集》第 1 卷第 86 页。

世界历史发展的一般规律，不仅丝毫不排斥个别发展阶段在发展的形式或顺序上表现出特殊性，反而是以此为前提的。他们甚至没有想到，例如，俄国是个介于文明国家和初次被这场战争最终卷入文明之列的整个东方各国即欧洲以外各国之间的国家，所以俄国能够表现出而且势必表现出某些特殊性，这些特殊性当然符合世界发展的总的路线，但却使俄国革命有别于以前西欧各国的革命，而且这些特殊性到了东方国家又会产生某些局部的新东西。

> 列宁：《论我国革命》，
> 《列宁全集》第 43 卷第 370 页。

这部分摘引了马克思恩格斯在《德意志意识形态》里，关于发展问题的两处论述。

《德意志意识形态》关于发展问题的论述，是非常丰富的。马克思和恩格斯当时由于创立关于自然和社会的发展规律的真正科学而完成的伟大革命变革，在这一著作中得到了鲜明的表现。

在《德意志意识形态》中，第一次阐述了生产力和生产关系发展的最一般的客观规律。在这部著作中已经包含着社会经济形态这个非常重要的概念，并对历史上相继更替的各经济形态的基本特点作了简短的分析。

马克思和恩格斯在分析社会发展的客观规律时指出，政治和思想的上层建筑，归根结底是由历史发展的每一阶段上所存在的经济关系来决定的。在《德意志意识形态》中揭示了国家的作用，指出国家是经济上占统治地位的阶级的权力工具。马克思和恩格斯指出，阶级斗争和革命是历史发展的动力。

马克思和恩格斯在《德意志意识形态》中揭示了城乡之间的对立以及脑力劳动和体力劳动之间的对立的产生和发展的原因，并指出这些对立将在通过无产阶级革命来改造社会的过程中被消灭掉。

马克思和恩格斯揭示了这些所有制形式之间的差别，同时指出了社会发展的承续性，这种承续是在一定时期的生产力的基础上产生的，它适合于生产力的性质，并构成生产力发展的条件，其后又逐渐成为阻碍生产力进一步发展的桎梏，与生产力发生矛盾。

马克思和恩格斯证明，生产力发展到一定程度时，生产资料的私有制就会成为束缚生产力的桎梏，而这种桎梏将必然为共产主义革命所摧毁。这种革命将使生产关系适合于生产力的状况。

马克思和恩格斯说明了人的思维、精神要求、兴趣、爱好和情绪的实质和作用，指出了它们的变化和发展的决定性原因在于社会的物质生活，从而奠定了马克思主义的辩证唯物主义心理学的基础。

列宁在《致约·维·斯大林》里提到的"巴拿马案件"，是法国 1892～1893 年揭露出来的与法国巴拿马运河公司有关的一起贪污贿赂案件，后来成了贪污、舞弊、诈骗行为的代称。

4. 法的实践观

法的实践观的根本问题，是思维与存在的关系问题。

恩格斯在《路德维希·费尔巴哈和德国古典哲学的终结》里说："我们关于我们周围世界的思想对这个世界本身的关系是怎样的？我们的思维能不能认识现实世界？我们能不能在我们关于现实世界的表象和概念中正确地反映现实？"对于这一思维和存在的同一性问题的设问，马克思主义作了科学的回答。经典作家把实践引入认识论，说明了认识和实践的辩证关系，揭示了实践—认识—再实践—再认识的认识发展规律，明确肯定了思维和存在的同一性。把法的实践引入法学认识论，能够在法的领域解决认识论中思维与存在关系的根本问题，能够摒弃先验论和不可知论，能够在法学理论领域坚持科学的能动的反映论。

马克思和恩格斯提出的辩证唯物主义的实践论，区别于一切其他理论派别的实践论，是唯一科学的实践论。辩证唯物主义认为，实践是人们改造客观世界的物质活动。它首先不是精神活动，也不是客观外界自身的运动，而是在一定思想指导下的一种变革世界的直接现实活动。正是实践，把主观过程与客观过程联结在一起。

列宁坚持马克思主义的实践观，着重论述了实践在认识过程中的作用和地位，指出实践是认识的基础，是检验真理的标准，"生活、实践的观点，应该是认识论的首先的和基本的观点。"列宁强调要辩证地看待实践标准，指出它既是"确定的"又是"不确定的"。实践是检验真理的唯一标准，除了它，没有任何东西能检验认识的真理性，因此它是"确定的"。这样就同唯心主义和不可知论划清界限。但实践本身也是不断发展的，每一具体历史阶段上的实践不可能完全地证实或推翻人的认识，因此它是"不确定的"。这样，可以防止人的认识僵化和绝对化。十月革命后，列宁总结俄国无产阶级专政和社会主义建设的实践经验，作出新的理论概括，进一步发展了实践观思想。列宁善于总结群众革命实践的经验，不断地丰富和发展马克思主义的实践观。

法的实践表现形式是多种多样的，但立法、执法、司法和守法是法的实践的基本表现形式。"徒法不足以自行"，法的实践是主观见之于客观的活动，因此，"客观活动"是法的实践的实现方式。正确的法的实践观，体现了法意识、法制度、法关系的辩证统一，立法、执法、司法、守法的辩证统一，法学方法论和具体法学方法的辩证统一。只有掌握法的实践观，才能从根本上掌握法的认识论，才能科学地理解法学理论。

照真正的蒲鲁东的看法，罗马"法经过千年来的法律实践或司法活动而神圣化了（ces droits consacrés par une justice dix fois séculaire）"；照批判的蒲鲁东的看法，在罗马存在着"被千年来的公平所神圣化了的法"。

马克思恩格斯：《神圣家族》，

《马克思恩格斯全集》第 2 卷第 35 页。

他不知道法的这些不同形式所赖以产生的现实关系，因为他只是把阶级关系在法律上的表现看作是过去野蛮关系观念化了的名称。例如，从施蒂纳式的意志表示中，我们又发现了决斗，从仇视、自卫等等中又发现了暴力统治的模版和古老封建习俗的实践，从赔罪、报仇等等中发现了 justalionis〔报复刑〕、古德意志的罚款、compensatio〔赔偿〕、satisfactio〔赔罪〕，总之，发现了 legesbarbarorum〔野蛮法典〕和 consuetudines feodorum〔封建习俗〕的主要内容，这些东西桑乔不是从图书馆中而是从他从前的主子所讲的关于高卢的阿马狄斯故事中得知并成为他心爱的东西的。

马克思恩格斯：《德意志意识形态》，

《马克思恩格斯全集》第 3 卷第 395 页。

卢格先生不去研究维也纳条约的真正的实际内容，他相信这些空洞的诺言也就是条约的真实内容，而把反动的实践仅仅解释为为非作歹！

恩格斯：《法兰克福关于波兰问题的辩论》

《马克思恩格斯全集》第 5 卷第 430 页。

资产阶级以为这个法律只有在市政条例公布和宪法颁布以后，即在它的统治巩固以后才会生效。普鲁士资产阶级从市民自卫团法所获得的经验，应当使它学会一些东西；它应当懂得：直到现在它所做的自以为是反对人民的一切，完全是反对它自己的。

这样，在人民看来，汉泽曼内阁的实质在实践上是实行旧普鲁士的警察专权，而在理论上则是按比利时的样式来对资产者和非资产者进行侮辱性的区分。

马克思：《资产阶级和反革命》，

《马克思恩格斯全集》第 6 卷第 140 页。

革命把公民蒲鲁东从理论领域推到了实践领域中，从他的斗室推到了讲坛上。这位固执的、高傲的无师自通的学者，对他以前的一切权威——法学家、院士、经济学家和社会主义者都持同样的轻蔑态度，他把过去的全部历史一概贬为荒诞无稽的东西，而把自己则誉为新的救世主。

恩格斯：《蒲鲁东》，

《马克思恩格斯全集》第 6 卷第 670 页。

这个新时代的第一个现象就是改革家的教皇。庇护九世手持圣经，想从梵蒂冈的高位上向基督教世界宣布"真理的法律"。

……

真理的法律业已颁布，西西里人

"是首先决定在实践中采用上帝所批准的这种新规则的民族：根据真理的法律我们不属于那不勒斯和这些那不勒斯的官吏。我们希望凭着上帝和教皇的恩典得到解放。"

因此发生了西西里的革命。

马克思恩格斯：《"新莱茵报。政治经济评论"第 4 期上发表的书评》，

《马克思恩格斯全集》第 7 卷第 302 页。

我们只要把这个法律和在这个法律通过之后紧接着进行的大选对比一下，就会看出这个法律使托利党获得了无可争辩的光荣：在他们执政期间，理论上宣布了最纯洁的选举，而在实践中却发生了最大规模的选举舞弊。

马克思：《选举中的舞弊》，

《马克思恩格斯全集》第 8 卷第 399 页。

帕麦斯顿就这个问题指出，买卖军官官衔证书的制度由来已久。这一点他说得对。我们已经说过，这种制度是在 1688 年"光荣"革命时期与建立国债、银行券和荷兰王朝等制度同时产生的。还在 1694 年惩治叛乱法中就曾指出必须防止"在皇家军队中买卖军衔的巨大罪恶活动"，同时规定"每个有官衔证书的军官〈只有军士没有官衔证书〉必须发誓：他的官衔证书不是买来的"。但是，这个规定没有应用到实践中去；相反地，1702 年，掌玺大臣纳·莱特爵士作出了相反的决定。1711 年 5 月 1 日，官衔证书制度直接得到了女王安的一项命令的承认。

马克思：《军衔买卖。——澳大利亚消息》，

《马克思恩格斯全集》第 11 卷第 118 页。

在英国，当普选权成为人民群众的口号以前，争取普选权的鼓动工作就已有了一个很长的历史发展时期。在法国，普选权先实行，然后才开始它的历史道路。在法国，遭到毁灭的是普选权的实践；而在英国，则是普选权的思想。在本世纪的最初几十年，在弗兰西斯·伯德特爵士、卡特赖特少校和科贝特时代，普选权还带有不明显的唯心主义性质；由于这种性质，普选权就成为一切不直接属于执政阶级的居民阶层的良好愿望。对于资产阶级来说，普选权实际上只是资产阶级在 1831 年通过议会改革所取得的那种东西的奇异的概

括性表现。而在 1838 年以后，对普选权的要求在英国就不具有真正的特殊的性质。

马克思：《行政改革协会。——人民宪章》，

《马克思恩格斯全集》第 11 卷第 300～301 页。

如果你从这些写在纸上的"普鲁士人的权利"转过来看看它们体现在现实中的可怜样子，那末你就会充分认识到——如果你过去从未有过丝毫认识的话——理想和现实之间、理论和实践之间存在着何等惊人的矛盾。

马克思：《普鲁士状况》，

《马克思恩格斯全集》第 12 卷第 655 页。

这里有多少事情应当去完成啊！这里有曼托伊费尔关于出版和结社权的全部立法；这里有原封不动地从君主专制那里承受来的警察和官吏权力；通过对法院权限的争论而取消了法院的裁判权；省和专区的等级会议，首先是在曼托伊费尔时代流行的对宪法的解释，为了与此对抗，需要确立新的宪法实践。

恩格斯：《普鲁士军事问题和德国工人政党》，

《马克思恩格斯全集》第 16 卷第 65 页。

根据理论上的假定，宪法自由是常规，而暂时取消宪法自由是例外；但根据英国在爱尔兰的统治的实践，非常状态法是常规，宪法倒是例外。

马克思：《附录》，

《马克思恩格斯全集》第 16 卷第 686 页。

英国一般法律固然认为，因授予某一国家职位而接受馈赠或"佣金"这种行为是非法的，正像国教会章程中规定必须把买卖宗教职位的人开除教籍一样。但是，历史的发展表明，任何法律都不能决定实践，任何实践也都不能取消同它矛盾的法律。

马克思：《军衔买卖。——澳大利亚消息》

《马克思恩格斯全集》第 11 卷第 119 页。

那些使一定的生产力能够得到利用的条件，是一定的社会阶级实行统治的条件，这个阶级的由其财产状况产生的社会权力，每一次都在相应的国家形式中获得实践的观念的表现，因此一切革命斗争的锋芒都是指向在此以前实行统治的阶级的。

马克思恩格斯：《德意志意识形态》，

《马克思恩格斯全集》第 3 卷第 78 页。

要明确地懂得理论，最好的道路就是从本身的错误中、从痛苦的经验中学习。我们的理论不是教条，而是对包含着一连串互相衔接的阶段的那种发展过程的阐明。他们就应当根据自己的理论去行动，他们应当参加工人阶级的一切真正的普遍性的运动，实事求是地

考虑运动的实际出发点，并通过下列办法逐步地把它提到理论高度：指出所犯的每一个错误、遭到的每一次失败都是原来纲领中的各种错误的理论观点的必然结果。

恩格斯：《致弗洛伦斯·凯利－威士涅威茨基夫人》，

《马克思恩格斯全集》第36卷第576页。

经济的、政治的和其他的反映同人眼睛中的反映是完全一样的，它们都通过聚光镜，因而都表现为倒立的影像——头足倒置。这里只缺少一个使它们在我们的观念中又正立起来的神经器官。金融市场上的人所看到的工业和世界市场的运动，恰好只是金融和证券市场的倒置的反映，所以在他们看来结果就变成了原因。

恩格斯：《致康拉德·施米特》，

《马克思恩格斯全集》第37卷第484页。

人的思维是否具有对象的真理性，这并不是一个理论的问题，而是一个实践的问题。人应该在实践中证明自己思维的真理性，即自己思维的现实性和力量，亦即自己思维的此岸性。关于离开实践的思维是否具有现实性的争论，是一个纯粹经院哲学的问题。

马克思：《关于费尔巴哈的提纲》，

《马克思恩格斯全集》第3卷第3~4页。

我们的出发点是从事实际活动的人，而且从他们的现实生活过程中我们还可以揭示出这一生活过程在意识形态上的反射和回声的发展。甚至人们头脑中模糊的东西也是他们的可以通过经验来确定的、与物质前提相联系的物质生活过程的必然升华物。

马克思恩格斯：《德意志意识形态》，

《马克思恩格斯全集》第3卷第30页。

从前的一切唯物主义（包括费尔巴哈的唯物主义）的主要缺点是：对事物、现实、感性，只是从客体的或者直观的形式去理解，而不是把它们当作感性的人的活动，当作实践去理解，不是从主观方面去理解。所以，和唯物主义相反，能动的方面却被唯心主义抽象地发展了，当然，唯心主义是不知道真正现实的、感性的活动的。费尔巴哈想要研究跟思维客体确实不同的感性客体：但是他没有把人的活动本身理解为客观的〔gegenständiche〕活动。

马克思：《关于费尔巴哈的提纲》，

《马克思恩格斯全集》第3卷第6页。

在资产阶级社会里，只有有产阶级出身的人（还有曾任"公职"，即当过下级警察而受过训练的农民）才能担任陪审员；一无所有的无产者只能听候别人来审判，自己却没有审判权！设立工业法庭，工人就可以选自己的伙伴担任审判员，并且定期改选；这样一来，被选出来的工人就可以亲自运用法律，就有可能在实践中熟悉法律，也就是说，不仅能够读一读书本上的法律条文（这还远不能算熟悉法律），而且还能够在实践中判断，在哪些场合应该运用哪些法律，对工人有什么影响。

列宁：《论工业法庭》，

《列宁全集》第 4 卷第 243 页。

十月党人就是把自己的资产阶级理论付诸实践的立宪民主党人。立宪民主党人就是在掠夺工农之余一心向往理想的资产阶级社会的十月党人。十月党人只须学会一点议会手腕和玩弄民主制的政治伪善。立宪民主党人只须学会一点资产阶级老练的钻营术，他们就会合流，而且不可避免地必定会合流。

列宁：《俄国政党分类尝试》，

《列宁全集》第 14 卷第 25 页。

土地国有化就是废除土地私有制，在实践上会给整个生产资料私有制以有力的打击，因此，无产阶级政党应当竭力促进这种改革。

列宁：《关于土地问题的决议》，

《列宁全集》第 29 卷第 419 页。

彻底发展民主，找出彻底发展的种种形式，用实践来检验这些形式等等，这一切都是为社会革命进行斗争的基本任务之一。任何单独存在的民主制度都不会产生社会主义，但在实际生活中民主制度永远不会是"单独存在"，而总是"共同存在"的，它也会影响经济，推动经济的改造，受经济发展的影响等等。这就是活生生的历史辩证法。

列宁：《国家与革命》，

《列宁全集》第 31 卷第 75 页。

恩格斯告诫德国人，叫他们在以共和制代替君主制的时候不要忘记社会主义关于一般国家问题的原理。他的告诫现在看起来好像是直接对策列铁里和切尔诺夫之流先生们的教训，因为他们在"联合的"实践中正好表现出对国家的迷信和盲目崇拜！

列宁：《国家与革命》，

《列宁全集》第 31 卷第 76 页。

要想办法满足正当的要求，修改法令，改组管理机构。尽管有挫折和失败的事例，有被资产阶级报刊抓住的种种事例，而这类事例当然是很多的，我们终究取得了一些成就，因为我们正是通过这些局部的挫折和错误，通过实践在学习建设社会主义大厦。

列宁：《在全俄苏维埃第五次代表大会上关于人民委员会工作的报告》，

《列宁全集》第 34 卷第 468 页。

马克思在《资产阶级和反革命》里说，汉泽曼内阁"在理论上则是按比利时的样式来对资产者和非资产者进行侮辱性的区分"，是指由于1830年资产阶级革命的胜利而通过的1831年比利时的资产阶级贵族宪法，给选民规定了高额的财产资格限制，从而剥夺了广大人民群众的选举权。

马克思恩格斯在《"新莱茵报。政治经济评论"第4期上发表的书评》里，提到"西西里的革命"的情况是：1848年，在获得了最充分发展的西里西亚，农民——特别是在大地产制度和与此相联系的强制地使居民变为做短工的无地农，袭击了城堡，烧毁了已经签订的赎免文契，并且迫使领主立据保证以后不再征收赋役。革命被军事力量镇压下去了，并且招致了严厉的惩罚。起初颁布了1848年10月9日法令，它规定停止办理一切至今尚未结束的赎免案件和与此有关的诉讼事务，以及领主和农民之间的一系列其他诉讼事务。因此，致使1807年以来全部有名的土地立法都遭到了这个法令的谴责。

（三）法的方法体系所体现的法律观

1. 法律辩证法是法学方法体系的法律观

法律观是由不同层级（类、子类等）、不同内容的类别构成的。在类的层级上，包括法的国家观、民主观、自由观、权力观、权利义务观、秩序观、责任观，以及历史观、法治观等。这些法律观，是通过不同的方式、途径表达的，可以通过概念、定义、原理表达，也可以通过同世界观的其他观念相互区别来表达。

法学方法论，是关于法学方法体系的学说或理论，因而理所当然属于法律观范畴，只是它是法律观的方法论表达。

法律辩证法，是作为法律观的法学方法论。

法律辩证法是关于法的联系和发展变化的科学，反映了法的内部和外部最普遍的辩证关系。法最普遍的辩证关系，表现了法律辩证法形成的客观本性。法律辩证法从方法论的角度全面反映法的辩证关系，因而关于法学方法的总观念是科学的、辩证的。辩证法中的"法"字，不是指方法，而是指"法则"。在黑格尔和恩格斯、列宁讲的辩证法是"原则""规律"之含义上，法律辩证法显然是方法论。

在第三类科学中，即在按历史顺序和现在的结果来研究的生活条件、社会关系、法律形式和国家形式以及它们的哲学、宗教、艺术等等这些观念的上层建筑的历史科学中，永恒真理的情况还更糟。

恩格斯：《反杜林论》，
《马克思恩格斯全集》第20卷第97页。

在黑格尔法哲学中，扬弃了的私人权利等于道德，扬弃了的道德等于家庭，扬弃了的家庭等于市民社会，扬弃了的市民社会等于国家，扬弃了的国家等于世界史。在现实中，私人权利、道德、家庭、市民社会、国家等等依然存在着，它们只是变成了环节，变成了人的存在和存在方式，这些存在方式不能孤立地发挥作用，而是互相消融，互相产生等等。它们是运动的环节。

马克思：《1844 年经济学哲学手稿》，

《马克思恩格斯全集》第 42 卷第 172 页。

这种扬弃是思想上的本质的扬弃，也就是说，思想上的私有财产在道德观念中的扬弃。而且因为思维自以为直接就是和自身不同的另一个东西，即感性的现实，从而认为自己的活动也是感性的现实的活动，所以这种思想上的扬弃，在现实中没有触动自己的对象，却以为已经实际上克服了自己的对象；另一方面，因为对象对于思维说来现在已成为一个思想环节，所以对象在自己的现实中也被思维看作思维本身的即自我意识的、抽象的自我确证。

黑格尔在哲学中加以扬弃的存在，并不是现实的宗教、国家、自然界，而是已经成为知识的对象的宗教本身，即教义学；法学、国家学、自然科学也是如此。因此，从一方面来说，黑格尔既同现实的本质相对立，也同直接的、非哲学的科学或这种本质的非哲学的概念相对立。因此，黑格尔是同它们的通用的概念相矛盾的。

马克思：《1844 年经济学哲学手稿》，

《马克思恩格斯全集》第 42 卷第 173 ~ 174 页。

倍倍尔具有杰出的理论才能，但党的实际工作只能让他在运用理论到实际活动中去这方面表现他的这种优良素质。所以到目前为止，就只有伯恩施坦和考茨基两个人了，而伯恩施坦又过多地忙于实际活动，在理论方面不可能象他愿意而且能够做的那样去进行研究和深造。要知道在理论方面还有很多工作需要做，特别是在经济史问题方面，以及它和政治史、法律史、宗教史、文学史和一般文化史的关系这些问题方面，只有清晰的理论分析才能在错综复杂的事实中指明正确的道路。因此您可以想象，我是多么庆幸自己有了新的同行。

恩格斯：《致康拉德·施米特》，

《马克思恩格斯全集》第 37 卷第 283 页。

我重读了毛勒的全部著作中一切与此有关的地方，在那里面几乎找到了我的全部论点，而且都有证据，此外，也有一些正好相反的论断，但它们不是缺乏证据的，就是从这里恰好没有涉及到的时代得出的。这种情况特别出现在第四卷《领主庄园》的结论中。在毛勒的著作中这些矛盾的产生是由于：①他习惯于不分主次地和杂乱无章地引用一切时代的证据和事例；②他具有法律偏见的残余，每当问题涉及对发展的理解时，这种偏见就对他起阻碍作用；③他对于暴力和它的作用注意得非常不够；④他具有"开明的"成见：似乎自从黑暗的中世纪以来必定会不断朝着更美好的方向进步，这不仅妨碍他认识真正进步的对抗性质，而且也妨碍他认识个别的倒退情况。

恩格斯：《恩格斯致马克思》，

《马克思恩格斯全集》第 35 卷第 122 ~ 123 页。

一方面，我读了——不加任何批判地，只是按学生的方式——海奈克齐乌斯和蒂博的著作以及各种文献（例如，我把罗马法全书头两卷译成德文），另一方面，我试图使某种法哲学体系贯穿整个法的领域。我在前面叙述了若干形而上学的原理作为导言，并且把这部倒霉的作品写到了公法部分，约有三百印张。

这里首先出现的严重障碍正是现实的东西和应有的东西之间的对立，这种对立是唯心主义所固有的；它又成了拙劣的、错误的划分的根源。开头我搞的是我慨然称为法的形而上学的东西，也就是脱离了任何实际的法和法的任何实际形式的原则、思维、定义，这一切都是按费希特的那一套，只不过我的东西比他的更现代化，内容更空洞而已。

马克思：《给父亲的信》，
《马克思恩格斯全集》第40卷第10页。

对同一对象采取的不同位置，就给三角形创造了各种不同的关系和真理。在生动的思想世界的具体表现方面，例如，在法、国家、自然界、全部哲学方面，情况就完全不同：在这里，我们必须从对象的发展上细心研究对象本身，决不应任意分割它们；事物本身的理性在这里应当作为一种自身矛盾的东西展开，并且在自身求得自己的统一。

第二部分是法哲学，按照我当时的观点，就是研究成文罗马法中的思想发展，好象成文法在自己的思想发展中（我说的不是在它的纯粹有限的规定中）竟会成为某种跟第一部分所应当研究的法概念的形成不同的东西！

此外，我又把这第二部分分成关于形式法和实体法的学说；其中关于形式法的学说，应当叙述体系在连贯性和联系方面的纯粹形式，它的分类和范围；关于实体法的学说，相反地，则应当叙述体系的内容，说明形式怎样凝缩在自己内容中。这也就是我后来也在冯·萨维尼先生关于占有权的学术著作中发现的那种错误，区别只是萨维尼认为概念的形式规定在于"找到某学说在（制定的）罗马体系中所占的地位"，而实体规定是"罗马人认定与这样规定的概念相联系的成文内容的学说"，我则认为形式是概念表述的必要结构，而实体是这些表述的必要性质。错误就在于，我认为实体和形式可以而且应当各不相干地发展，结果我所得到的不是实在的形式，而是像带抽屉的书桌一类的东西，而抽屉后来又被我装上了沙子。

概念也是形式和内容之间的中介环节。因此从哲学上说明法时，形式必然从内容中产生出来；而且，形式只能是内容的进一步的发展。因此我把材料作了其作者至多为了进行肤浅的和表面的分类所能够作出的划分。但这时法的精神和真理消失了。整个法分成契约法和非契约法。为了醒目起见，我冒昧提出了一份包括公法——其形式部分也经过整理——的分类的纲目。

马克思：《给父亲的信》，
《马克思恩格斯全集》第40卷第10~11页。

在实体的私法的结尾部分，我看到了全部体系的虚假，体系的纲目近似康德的纲目，而执行起来却完全不是那样。这又一次使我明白了，没有哲学我就不能前进。这样我就必须怀着我的良知重新投入她的怀抱，并写了一个新的形而上学原则的体系，但在这个体系的结尾我又一次不得不承认它和我以前的全部努力都是不恰当的。

马克思：《给父亲的信》，

《马克思恩格斯全集》第40卷第13～14页。

在形而上学者看来，事物及其在思想上的反映，即概念，是孤立的、应当逐个地和分别地加以考察的、固定的、僵硬的、一成不变的研究对象。他们在绝对不相容的对立中思维；他们的说法是："是就是，不是就不是；除此以外，都是鬼话。"在他们看来，一个事物要么存在，要么就不存在；同样，一个事物不能同时是自己又是别的东西。正和负是绝对互相排斥的；原因和结果也同样是处于固定的相互对立中。初看起来，这种思维方式对我们来说似乎是极为可取的，因为它是合乎所谓常识的。然而，常识在它自己的日常活动范围内虽然是极可尊敬的东西，但它一跨入广阔的研究领域，就会遇到最惊人的变故。形而上学的思维方式，虽然在相当广泛的、各依对象的性质而大小不同的领域中是正当的，甚至必要的，可是它每一次都迟早要达到一个界限，一超过这个界限，它就要变成片面的、狭隘的、抽象的，并且陷入不可解决的矛盾，因为它看到一个一个的事物，忘了它们互相间的联系；看到它们的存在，忘了它们的产生和消失；看到它们的静止，忘了它们的运动；因为它只见树木，不见森林。例如，在日常生活中，我们知道，并且可可以肯定地说某种动物存在还是不存在；但是在进行较精确的研究时，我们就发现这有时是极其复杂的事情。这一点法学家们知道得很清楚，他们绞尽脑汁去发现一条判定子宫内杀死胎儿是否算是谋杀的合理界限，结果总是徒劳。同样，要确定死的时刻也是不可能的，因为生理学证明，死并不是突然的、一瞬间的事情，而是一个很长的过程。同样，任何一个有机体，在每一瞬间都是它本身，又不是它本身；在每一瞬间，它同化着外界供给的物质，并排泄出其他物质；在每一瞬间，它的机体中都有细胞在死亡，也有新的细胞在形成；经过或长或短的一段时间，这个机体的物质便完全更新了，由其他物质的原子代替了，所以每个有机体永远是它本身，同时又是别的东西。在进行较精确的考察时，我们也发现，某种对立的两极，例如正和负，是彼此不可分离的，正如它们是彼此对立的一样，而且不管它们如何对立，它们总是互相渗透的；同样，原因和结果这两个观念，只有在应用于个别场合时才有其本来的意义；可是只要我们把这种个别场合放在它和世界整体的总联系中来考察，这两个观念就汇合在一起，融化在普遍相互作用的观念中，在这种相互作用中，原因和结果经常交换位置；在此时或此地是结果，在彼时或彼地就成了原因，反之亦然。

所有这些过程和思维方法都是形而上学思维的框子所容纳不下的。相反地，对辩证法来说，上述过程正好证明了它自己的方法是正确的，因为辩证法在考察事物及其在头脑中的反映时，本质上是从它们的联系、它们的连结，它们的运动、它们的产生和消失方面去考察的。

恩格斯：《反杜林论》，

《马克思恩格斯全集》第20卷第24～25页。

唯物辩证法是关于自然、社会、思维发展的"最一般规律"的科学。

恩格斯:《自然辩证法》,

《马克思恩格斯全集》第20卷第401页。

所谓客观辩证法是支配着整个自然界的,而所谓主观辩证法,即辩证的思维,不过是自然界中到处盛行的对立中的运动的反映而已。

恩格斯:《自然辩证法》,

《马克思恩格斯全集》第20卷第553页。

辩证法直到现在还只被亚里士多德和黑格尔这两个思想家比较精密地研究过。然而恰好辩证法对今天的自然科学来说是最重要的思维形式,因为只有它才能为自然界中所发生的发展过程,为自然界中的普遍联系,为从一个研究领域到另一个研究领域的过渡提供类比,并从而提供说明方法。

恩格斯:《自然辩证法》,

《马克思恩格斯集》第20卷第382~383页。

如果有了对辩证思维规律的领会,进而去了解那些事实的辩证性质,就可以比较容易地达到这种认识。

恩格斯:《〈反杜林论〉三版序言》,

《马克思恩格斯全集》第20卷第16~17页。

辩证逻辑和旧的纯粹的形式逻辑相反,不像后者满足于把各种思维运动形式,即各种不同的判断和推理的形式列举出来和毫无关联地排列起来。相反地,辩证逻辑由此及彼地推出这些形式,不把它们互相平列起来,而使它们互相隶属,从低级形式发展出高级形式。

恩格斯:《自然辩证法》,

《马克思恩格斯全集》第20卷第566页。

我的辩证方法,从根本上来说,不仅和黑格尔的辩证方法不同,而且和它截然相反。在黑格尔看来,思维过程,即他称为观念而甚至把它变成独立主体的思维过程,是现实事物的创造主,而现实事物只是思维过程的外部表现。我的看法则相反,观念的东西不外是移入人的头脑并在人的头脑中改造过的物质的东西而已。

辩证法,在其神秘形式上,成了德国的时髦东西,因为它似乎使现存事物显得光彩。辩证法,在其合理形态上,引起资产阶级及其夸夸其谈的代言人的恼怒和恐怖,因为辩证法在对现存事物的肯定的理解中同时包含对现存事物的否定的理解,即对现存事物的必然灭亡的理解;辩证法对每一种既成的形式都是从不断的运动中,因而也是从它的暂时性方面去理解;辩证法不崇拜任何东西,按其本质来说,它是批判的和革命的。

马克思:《资本论第一卷》,

《马克思恩格斯全集》第23卷第24页。

所有这些先生们所缺少的东西就是辩证法。他们总是只在这里看到原因，在那里看到结果。他们从来看不到：这是一种空洞的抽象，这种形而上学的两极对立在现实世界中只是在危机时期才有，整个伟大的发展过程是在相互作用的形式中进行的（虽然相互作用的力量很不均衡：其中经济运动是更有力得多的、最原始的、最有决定性的），这里没有任何绝对的东西，一切都是相对的。对他们说来，黑格尔是不存在的。

恩格斯：《致康拉德·施米特》，

《马克思恩格斯全集》第 37 卷第 491 页。

一个民族想要站在科学的最高峰，就一刻也不能没有理论思维。正当自然过程的辩证性质以不可抗拒的力量迫使人们不得不承认它，因而只有辩证法能够帮助科学战胜理论困难的时候，人们却把辩证法和黑格尔派一起抛到大海里去了，因而又无可奈何地沉溺于旧的形而上学。从此以后，在公众当中流行的一方面是叔本华的、后来甚至是哈特曼的适合于庸人的浅薄思想，另一方面是福格特和毕希纳之流的庸俗的巡回传教士的唯物主义。大学里有各式各样的折衷主义互相竞争，它们只在一点上是一致的，即它们都只是由已经过时的哲学的残渣杂凑而成，而且全都同样是形而上学的。从古典哲学的残余中保留下来的只有一种新康德主义，这种新康德主义的最高成就是那永远不可知的自在之物，即康德哲学中最不值得保存的那一部分。最终的结果是现在盛行的理论思维的纷扰和混乱。

要从康德那里学习辩证法，这是一个白费力气的和不值得做的工作，而在黑格尔的著作中却有一个广博的辩证法纲要，虽然它是从完全错误的出发点发展起来的。

恩格斯：《自然辩证法》，

《马克思恩格斯全集》第 20 卷第 384～386 页。

的确，蔑视辩证法是不能不受惩罚的。无论对一切理论思维多么轻视，可是没有理论思维，就会连两件自然的事实也联系不起来，或者连二者之所存在的联系都无法了解。在这里，唯一的问题是思维得正确或不正确，而轻视理论显然是自然主义地、因而是不正确地思维的最确实的道路。但是，根据一个老早就为大家所熟知的辩证法规律，错误的思维一旦贯彻到底，就必然要走到和它的出发点恰恰相反的地方去。所以，经验主义轻视辩证法便受到这样的惩罚：连某些最清醒的经验主义者也陷入最荒唐的迷信中，陷入现代降神术中去了。

恩格斯：《自然辩证法》，

《马克思恩格斯全集》第 20 卷第 398～399 页。

新物理学陷入唯心主义，主要就是因为物理学家不懂得辩证法。他们反对形而上学（是恩格斯所说的形而上学，不是实证论者即休谟主义者所说的形而上学）的唯物主义，反对它的片面的"机械性"，可是同时把小孩子和水一起从浴盆里泼出去了。他们在否定迄今已知的元素和物质特性的不变性时，竟否定了物质，即否定了物理世界的客观实在性。他们在否定一些最重要的和基本的规律的绝对性质时，竟否定了自然界中的一切客观规律性，竟宣称自然规律是单纯的约定、"对期待的限制"、"逻辑的必然性"等等。他们在坚持我们知识的近似的，相对的性质时，竟否定了不依赖于认识并为这个认识所近似真实地、相对正确地反映的客体。诸如此类，不一而足。

> 列宁：《唯物主义和经验批判主义》，
> 《列宁全集》第1版第14卷第276~277页。

马克思接受并发展了黑格尔哲学中这一革命的方面。辩证唯物主义"并不需要有什么凌驾于其他科学之上的哲学"。以往的哲学只留下了"关于思维及其规律的学说，即形式逻辑和辩证法"按照马克思的理解，根据黑格尔的看法，辩证法本身包括现时所谓的认识论，这种认识论同样应当历史地观察自己的对象，研究并概括认识的起源和发展即从不知到知的转化。

> 列宁：《卡尔·马克思》，
> 《列宁全集》第1版第21卷第36页。

就本来的意义说，辩证法就是研究对象的本质自身中的矛盾：不但现象是短暂的、运动的、流逝的、只是被假定的界限所划分的，而且事物的本质也是如此。

> 列宁：《黑格尔〈哲学史讲演录〉一书摘要》，
> 《列宁金集》第1版第38卷第278页。

任何一个命题中，好像在一个基层的"单位"（"细胞"）中一样，都可以（而且应当）发现辩证法一切要素的萌芽，这就表明辩证法是人类的全部认识所固有的。而自然科学则向我们揭明（这又是要用任何极简单的实例来揭明）客观自然界也具有同样的性质，揭明个别向一般的转变，偶然向必然的转变，对立面的转化、转换、相互联系。辩证法也就是（黑格尔和）马克思主义的认识论。

> 列宁：《谈谈辩证法问题》，
> 《列宁全集》第1版第38卷第410页。

如果一切都发展着，那么这点是否也同思维的最一般的概念和范畴有关？如果有关，那就是说，存在着具有客观意义的概念的辩证法和认识的辩证法。

> 列宁：《黑格尔〈哲学史讲演录〉一书摘要》，
> 《列宁全集》第1版第38卷第280页。

恩格斯在《〈反杜林论〉引论》里说，"法学家们知道得很清楚，他们绞尽脑汁去发现一条判定子宫内杀死胎儿是否算是谋杀的合理界限，结果总是徒劳。"

关于胎儿的生命权问题，国外争论即久。近年来，随着民法总则的起草，"胎儿的生命权"议题也开始热闹起来。主张法律规定者，说是民事权利，要自由、平等、博爱。不主张法律规定者，说根据医学定义，人脱离母体开始独立呼吸，为生命开始，故始有法律上的生命权。这又要争论什么是"胎儿"了。"阵痛说""发声说""脐带说""露出说"（"一部露出说""全部露出说"），等等，争先恐后地冒了出来。外国争论几百年的小儿科问题，我们却当作新的重大问题炒作。

胎儿的生命权问题不是一个理论问题，而是一个实践问题。胎儿的生命权同堕胎问题是联系在一起的。民法要保护胎儿的生命权，刑法就要规定堕胎罪。在我国，由于富人的任性和社会道德的堕落，私生子、单身母亲比比皆是，她们生活贫困，朝不保夕，已经成为严重的社会问题。如果把堕胎规定为犯罪，又会是怎样的情景呢？

那么，为什么法学家们企图确定是否算是谋杀的合理界限，结果总是徒劳呢？因为对象是有界限的，超过这个界限的认识，就是片面的、狭隘的、抽象的认识，并且陷入不可解决的矛盾。因为忘记事物互相间的联系；看到它的存在，忘记它的产生和消失；看到它的静止，忘了它的运动；只见树木，不见森林等等，不是辩证法，而是形而上学。

马克思给父亲的书信，对于我们研究马克思世界观的最初形成、他的思想发展以及他批判地掌握前人法学思想的过程，有重要的意义。那一时期，反映马克思不仅为激进的民主要求，而且为先进的世界观而斗争。尽管马克思在解释物质活动和精神活动的关系、国家的性质和作用方面还站在唯心主义立场上，但是在许多问题上已经表现出他从唯心主义向唯物主义的转变。他对法的问题的解释，虽然还带有黑格尔法哲学的印记，但是已经开始从黑格尔唯心的、抽象的、超阶级的观点向唯物主义的解释前进。他在《市政改革和〈科伦日报〉》一文中写道："法律只能是现实在观念和意识上的反映，只能是实际生命力在理论上的自我独立的表现。"

在《恩格斯致马克思》里，"我重读了毛勒的全部著作中一切与此有关的地方"，是格·路·毛勒用一个总题目联起来的一些著作。这是研究中世纪德国土地制度、城市制度和国家制度的。这些著作是：《马尔克制度、农户制度、乡村制度和城市制度以及公共政权的历史概论》1854 年慕尼黑版（《Einleitung zur Geschichte der Mark Hof, Dorf und Stad-verfassung》München, 1854）；《德国马尔克制度史》1856 年厄兰根版（《Geschichte der Markenverfassungin Deutschland》Erlangen, 1856）；《德国领主庄园、农户和农户制度史》1862—1863 年厄兰根版第 1—4 卷（《Geschichte der Fronhofe, derBauernhofe und der Hofver-fassung in Deutschland》Bd. Ⅰ-Ⅳ, Erlangen, 1862—1863）；《德国乡村制度史》1865—1866 年厄兰根版第 1—2 卷（《Geschichte der Dorfverfassungin Deutschland》Bd. Ⅰ-Ⅱ, Er-langen, 1865—1866）；《德国城市制度史》1869—1871 年厄兰根版第 1—4 卷（《Geschich-te der Stadteverfassung in Deutschland》Bd. Ⅰ-Ⅳ, Erlangen, 1869—1871）。

列宁在《黑格尔〈哲学史讲演录〉一书摘要》里，"就本来的意义说，辩证法就是研究对象的本质自身中的矛盾：不但现象是短暂的、运动的、流逝的、只是被假定的界限所划分的，而且事物的本质也是如此。"这段话，是黑格尔的原话。列宁在眉批上写到："黑格尔论辩证法"。

列宁在《黑格尔〈哲学史讲演录〉一书摘要》里"如果一切都发展着，那么这点是否也同思维的最一般的概念和范畴有关？如果有关，那就是说，存在着具有客观意义的概念的辩证法和认识的辩证法。"这段话，是黑格尔的原话。列宁在眉批上写道："关于辩证法及其客观意义的问题。"

2. 具体法学方法体现的法律观

为满足法学学科对方法论的要求，应当采用与之相适应的法学方法。这些方法，有反映法学学科特征的研究方法，也有各学科都必须采用的共同的研究方法。

任何法学方法都是在一定法律观的指引下选择和采用的，因而具体的法学分析过程必然是法律观的表现过程。

法学方法，有法的一般科学方法、基本法学方法、新法学方法和经过法学统合的科际方法。

法的一般科学方法，包括法的具体—抽象—具体方法、法的逻辑方法、法的归纳演绎方法和综合分析方法。基本法学方法，包括法注释方法、法实证方法、法比较方法。新法学方法，包括的横断学科方法（法的系统论方法、法的控制论方法、法的信息论方法）、法的定量分析方法（数学方法。其中法的相关分析方法、法的弹性分析方法、法的风险分析方法，都是可以采用的方法）。经过法学统合的科际方法，有法的价值分析方法、法的结构分析方法、法的历史与逻辑相统一的论证方法，等等。

在经过法学统合的科际方法中，经济学的价值分析方法，是对使用价值的分析方法，法学不能从使用价值论出发，而是从劳动价值论出发，把法的价值不是理解为法的"有用性"。马克思指出，事物的价值是"由事物本性中得出的客观规定"，是事物的"客观和本质的规定"。价值意味着"尺度"，价值而是量的规定性。结构分析方法始于语言学。因为每一学科的对象都存在结构问题，因而都需要进行结构分析。当把结构主义作为一种普遍方法论的时候，结构分析便不再作为一种方法了。法学引进不是结构主义方法论，而是语言学结构分析方法，把结构主义改造为法的结构分析方法。

我们采用史学方法的目的，在于研究法律制度发展变化的条件和规律。如在法的历史发展中，罗马法与日耳曼法并存，但在德国统一立法中，何以采用罗马法而没有采用日耳曼法，这就关系到研究"法律制度发展变化的条件和规律"。这样，我们就不能一般地谈论"历史方法"，而是要考虑史学方法中哪些方法适合于法学领域，并经过改造后使之成为为法学所用的方法。历史学研究的基本方法，是史料的搜集、校勘等整理方法。当法学引进史学方法时，需要把史料整理转换为法学的法史论证。"历史与逻辑相统一"方法，是历史分析方法与逻辑方法相一致的方法。"法历史的逻辑的论证"方法，是经过法学统合而形成的方法。这是重要的法学方法。

法学方法本身不是法律观，也不是法学方法论。但法学方法的选择和应用，是离不开法律观指引的。所谓"法律经济分析"方法，能够说明这一问题。

研究经济与法律的关系，对法作经济分析，以进行经济立法，肇始于中国，从古代就开始了。西方国家所称"法律经济分析"或"法律经济学"，是科斯（Ronald Coase）1960 年发表《社会成本问题》和卡拉布雷西（Guido Calabresi）1961 年发表《关于风险分配与侵权法的一些思考》后，经贝克（Gary Becker）、波斯纳（Richard Posner）等人的努力而被概括出来的。

应当说，法学研究采用对法进行经济分析的方法是可行的。问题在于，科斯和波斯纳的"法律经济分析"是否科学，是否在学术阐释的同时表达一种法律观。

西方学界命名的"科斯定理"，是从科斯的《企业的性质》和《社会成本问题》两篇文章提炼出来的。科斯的这两篇文章，从案例到案例，没有科学论证，没有抽象出命题。对此，西方学者将科斯于1959年《联邦通讯委员会》上的一句话即"权利的清晰界定是市场交易的基本前提"，抽出来作为命题，后由乔治·J·施蒂格勒以科斯在《社会成本问题》一文中叙述的养牛人和粮农的案例为据，将上述命题称为"科斯定理"。科斯定理的基本分析方法，是交易成本分析方法。其核心是解决"外部性"问题。

西方学者的传统观点认为，养牛人的牛损害了粮农的庄稼，养牛人应当赔偿，造成损害的外部性也应当赔偿，对于有害的外部性，政府应当干预。对此，科斯对"外部性"提出了新看法，认为养牛人赔偿，增大了养牛人的成本，粮农不去索赔，增大了粮农的成本，对于存在的这种外部性，由各方自行谈判解决，便可以达到帕累托最优，因而没有必要由政府干预。这就是所谓"科斯定理"。

科斯所举养牛人和粮农的案例，似乎过于古老，也没有什么学术味道。于是，研究者们将"科斯定理"概括为："交易成本为零时，私下交易（谈判）可以解决外部性问题；当交易成本不为零时，财产权的初始分配将影响最终资源配置。"对于后面一层意思的概括，科斯表示满意。这一点，他在1991年题为《生产的制度结构》的诺贝尔奖获奖演说中表达出来了。

在学术上，"科斯定理"不能成立。

第一，科斯未对"交易成本"作出界定，也未进行定量分析和定性分析。

"交易"是日常用语，经济学上的概念是"商品交换"。商品交换是商品的相互让渡和转手。其中，"转手"是商品交换的突出特征。商品交换过程中的成本是多种多样的，交易标的的性质和数量的增减，都属于交易成本之内，但科斯把"交易"归结为谈判。在"谈判"意义上理解，交易成本应当是当事人谈判中经济耗费的总和，包括谈判所需信息的成本、谈判制定策略和技巧的成本、谈判预防风险的成本等等。谁都知道，"交易"不可能没有成本，而科斯定理却认为只要交易成本为零，则能够私下达成解决外部性问题最有效率的协议。

第二，交易成本是否为零，与"财产权的初始分配将影响最终资源配置"毫无关系。

不能说"当交易成本不为零时，财产权的初始分配将影响最终资源配置"，也不能说"当交易成本为零时，财产权的初始分配将不影响最终资源配置"。我们知道，财产权是一种法律上的权利，不仅是"初始分配"，任何时候、任何条件下的分配，都影响资源配置。而且，对资源配置的影响是自始至终存在的，不存在"最终"与不"最终"的问题。这是命题本身的错误。科斯定理里的财产权是私人财产权。科斯定理旨在说明，私人财产权产生效率，而私人财产权的分配应当排除作为政府干预的外部性。实际上，任何性质和形式的财产权分配的根据，都是利害关系和规范意识，也就是说，财产权的分配和再分配，是由现实社会关系中"人"的利害关系决定的，是由立法者对是否需要规范这种利害关系的立法选择决定的，而不是由所谓"成本""效率"决定的。

第三，"私下交易（谈判）可以解决外部性问题"只是一种落后的假想。

科斯提出"外部性"问题的时间是 20 世纪。当时是垄断和国家垄断资本主义、社会主义的世界。在这样的经济形态下，无论是政府干预，还是对方当事人或第三人等的侵害，都是根据法律规定由法律解决，而即使有"私下交易"也只能依法进行。科斯的这一假想，或适用于法律尚未产生的原始社会和"合同优先于法律"的自由资本主义社会。在原始社会交换活动的进一步发展中，注入了诚实信用因素和责任因素。只有在产生这两个因素之后，才存在"私下交易（谈判）可以解决外部性问题"。前已阐述，自由资本主义社会以"契约自由""契约神圣"为原则，契约一经自由缔结成立，便至高无上，不得侵犯。在这种情况下，法律仅仅是执行当事人协议的工具；法律中大量的现实规则，都是以当事人的意思表示为根据的；把法律推定为当事人的意思表示，而法律规定只适用于合同无约定的场合，在一定情况下，即使有法律规定，也允许"合同优先"。在司法上，当事人之间的争议，被当作当事人双方的意思表示发生了争议来对待，法官只是公断人，他只是通过法律形式和程序而依据合同来帮助受损害的当事人。只有在"契约自由""契约神圣"的法律原则下，才存在"私下交易（谈判）可以解决外部性问题"，而在当代，这样的法律原则已经不复存在。

科斯定理提出后充满了争论，肯定者寥寥，但随着苏东国家的"私有化"却突然窜红。香港一位自称是科斯的学生的人说，科斯定理"使举世开始明白私有产权的重要，间接或直接地使共产党奄奄一息。"这恐怕是捅破了科斯之所以获得 1991 年诺贝尔经济学奖的奥秘。

为了实现科斯定理的"产权明晰"，据俄国学者披露，按照美国顾问的建议，俄罗斯通过破产、改制、拍卖等形式，向国内外资产者赠送了几乎全部国有资产，造成了严重后果。据报载，1992－1998 年，俄罗斯私有化的收入，绝大部分为寡头集团所侵占，在由此暴富的人群中，约 2/3 私人新企业的业主，是原党和政府的官员及国有企业的管理人员。所谓"产权明晰"，指的只是国有企业的"产权明晰"，因为私人企业的产权从来都是明晰的。原苏东国家宣扬"产权明晰"，进行"产权改革"，就是实行国有企业私有化。通过国有企业转轨、改制，致使国有资产严重流失，而改制后到境外上市、引进境外战略投资者等等，又将财富流向境外的国际垄断资本。

诺贝尔经济学奖获得者斯蒂格利茨在 1989 年《关于国家的经济作用》一文中明确指出：科斯定理是"科斯谬误"（The Coase Fallacy）。他指出："经济学中也许没有一种神话像我要说的产权神话那样影响深远。这种神话是一种危险的神话，因为它误导了许多转型国家把注意力集中在产权问题上，即集中在私有化上。"

科斯的"法律经济分析"方法，在 20 世纪，分析出了 18 世纪那样的私有财产、私有制，分析出了"转型国家"的"产权明晰""产权改革"和"国有企业私有化"。这正是法律观。

在法学方法上，"法的经济分析方法"，是马克思采用的方法，适用于法的领域，而西方的"法律经济分析"，无论从方法上还是从法律观上，都是不可取的。

定量分析方法的工具性特征十分鲜明。下面分析一下这种法学方法所体现的法律观。

社会科学与自然科学的"融合",是当代科学发展的显著特征。这种"融合",是定性分析和定量分析相互结合的原因和结果。对于社会科学,自然科学和社会科学"融合"的途径或方式,是在定性分析过程中引入定量分析。

定量分析方法（quantitative analysis method）,是用数学语言对分析对象所涉及的数量关系,通过数据、数学模型等进行分析的方法。定量分析能够反映出事物和社会现象的数量特征、数量关系和数量变化。采用定量分析方法,能够更准确、更科学地揭示和论证事物和社会现象的相互关系和社会发展趋势。定量分析包括图像和表格、数学方程、数理逻辑等。

定性分析与定量分析的统一,是重要的方法论原则。在这一原则的指导下,两种方法的相互关系特征是:定性分析是定量分析的基础和前提,如果没有定性分析,定量分析则是毫无意义的;而定量分析使定性分析具体化,增强定性分析的可靠性,使结论更为合理和有说服力。我在 1981 年出版的《经济法概论》一书中,采用重心法、数学模型方法,研究厂址选择法。依据选择厂址的 5 个定性条件,通过重心法原理,确定厂址的具体位置,从而为厂址选择法制度的科学性提供依据。

科学认识的发展规律表明,为了更深刻地认识事物的本质,只有定性分析是不够的,同时必须有定量分析。马克思认为,一切科学只有成功地运用数学时,才算达到了真正完善的地步。法学当然不能例外。

法的定量分析的基本思维方式是:第一,寻找联系的主线。"数学—社会数量关系—法学"这条主线,不仅是这两门学科联结的起点和前提,而且是联结的基础。这条主线应贯穿法学体系的始终。第二,寻找联系的媒介。法调整社会数量关系而形成的法律关系,是"数量法律关系"。数量法律关系是媒介,通过该媒介,把法学与数学综合起来,使之形成一个具有法学要素和数学要素新质的理论统一体。第三,寻找这个统一体的表现形式。新质不是数学和法学各自原质的机械复合,而是它们的相互关系在这里发生了转化,演变为由新质所规定的新的表现形式。这个表现形式,就是数量法学。

关于学科定名,1994 年在香港召开的《市场经济与法律学术讨论会》上,我提出建立"数量法学"学科,并对其建立的可行性,它的研究对象和方法、学科范围、学科体系框架,以及数学方法应用的原则和条件等问题作了说明。从法学分支学科的属性出发,考虑到该学科的逻辑起点、论证主线、结构和体例特点及其基本理论方面,最后定名为"数量法学"。

数量法学,是运用数学方法和计算技术研究社会关系的法律调整规律的科学。数量法学是相对独立的法学领域。与现在的一般法学部门不同,它不囿于本部门法律及其定性研究,而是对整个法律体系在定性研究的基础上进行定量研究。它的高度概括性和定量性以及与数学的紧密联系,使它能够深入到法的定量之中,回答许多场合超越法律形式之外法的内在根据问题。

数学在法学领域的应用,主要有两个方面:一是应用数学分析方法,处理资料,设计立法;二是应用系统论、控制论等方法建立数学模型,定量地解决立法及理论研究中遇到的问题。这两个方面不是彼此孤立的,而是密不可分的。

引进数学方法，主要利用数学方法表述社会数量关系。其重要性在于：其一，利用数学方法，掌握整个社会运行的优化和动态趋势，将大大提高立法的科学性和法律调整的可行性。其二，在当代依法治国中，不利用多种模型进行立法预测，是不可想象的。数学模型能够解决社会发展和未来立法的预测问题，确定多种社会和法律发展的概率，因而对立法预测提供了科学的依据。其三，对社会数量关系进行适当的数学描述，可以用来达到对运行过程进行控制的目的，这就为立法决策奠定了可靠基础。在立法决策中，无论是立法目的的确定和对社会关系的规范，还是立法方案的拟订和优选，都需要借助于数学模型对复杂的社会行为和法律行为进行定量分析，使之在此基础上，通过立法协调各种利益关系。

自然和社会相互融合的社会关系，是客观存在的事实。但作为人们认识对象的事实，不同学科有不同的规定性。在法的领域，有两个事实：科学事实是为科学所规定的客观事实，它解决在科学上是什么样的事实；法律事实是为法律所规定的客观事实，它解决在法律上是什么样的事实。法律事实的一个重要特征，是为法律所规定，并经有权机关认定。科学事实同法律事实之间，存在"临界判据"问题。临界判据或称标准值，是指区分科学事实与法律事实界限标准的数值。在科学事实上，无法区分事实的合法性问题。为解决其区分问题，便必然产生"临界判据"这一概念。"临界判据"由法律加以规定。临界判据的确定，建立在对科学事实充分论证的基础上。法律坚持用标准值把科学事实同法律事实分开，并明确将标准值规定为临界判据，使之规范化，作为合法与违法的法定界线。

通过"科学事实—临界判据—法规范"这一动态过程，我们看到，正是定量分析方法，揭示了法学与自然科学之间的联系，并在它们之间建起了一座"桥梁"。

恩格斯在《反杜林论》里说：数学方法在历史、道德和法方面的应用，应当在这些领域内使所获结果的真理也具有数学的确实性，使这些结果具有真正的不变的真理的性质。这不过是过去爱用的玄想的或者也称为先验主义的方法的另一种表现方式，按照这一方法，某一对象的特性不是从对象本身去认识，而是从对象的概念中逻辑地推论出来。首先，从对象构成对象的概念；然后颠倒过来，用对象的映象即概念去衡量对象。这时，已经不是概念应当和对象相适应，而是对象应当和概念相适应了。

恩格斯所揭示的数学方法在法方面的应用，恰恰是一种法律观。

经典作家关于具体法学方法的论述，是全面的。这里摘引的一些论述，只是其中很少的一部分。

（1）具体—抽象—具体方法

正是抽象、范畴，而不是人。抽象、范畴就本身来说，即把它们同人们及其物质活动分离开来，自然是不朽的、不变的、固定的。它不过是纯粹理性的产物。

《马克思致巴维尔·瓦西里也维奇·安年柯夫》，
《马克思恩格斯全集》第27卷第488页。

自然科学中通用的概念，它们绝不是永远和现实相符合，就都是虚构吗？自从我们接受了进化论的那个时刻起，我们关于有机体的生命的一切概念都只是近似地和现实相适应。否则就不会有任何变化；哪一天有机界的概念和现实绝对符合了，发展的终结也就到来了。鱼这个概念的内涵是在水中生活和用鳃呼吸；如果不突破这个概念，您想怎么能从鱼转到两栖动物呢？而这个概念已经被突破了，我们知道一系列的鱼，它们的鳔已经发展成肺并且可以呼吸空气。如果不让爬行动物和哺乳动物这两个概念中的一个或两个都和现实发生冲突，您想怎么能从卵生的爬行动物转到能生育活生生的幼儿的哺乳动物呢？实际上，单孔目动物有整整一个亚纲是卵生的哺乳动物，——1843年我在曼彻斯特看见过鸭嘴兽的蛋，并且傲慢无知地嘲笑过哺乳动物会下蛋这种愚蠢之见，而现在这却被证实了！因此，但愿您对价值概念不要做我事后不得不请求鸭嘴兽原谅的那种事情吧！

恩格斯：《致康拉德·施米特》，

《马克思恩格斯全集》第39卷上册第411页。

旧的研究方法和思维方法，黑格尔称之为"形而上学的"方法，主要是把事物当作一成不变的东西去研究，它的残余还牢牢地盘踞在人们的头脑中，这种方法在当时是有重大的历史根据的。必须先研究事物，而后才能研究过程。必须先知道一个事物是什么，而后才能觉察这个事物中所发生的变化。

恩格斯：《路德维希·费尔巴哈和德国古典哲学的终结》，

《马克思恩格斯全集》第21卷第338～339页。

（2）逻辑方法

在这里，那些后生之辈和庸庸碌碌的人总认为自己能够用轻视前辈和空谈哲理的办法来掩饰自己的落后。共产主义刚在德国出现，就被一大批投机分子视为奇货可居。这些人以为，他们把在法英两国已经不足为奇的论点翻译成黑格尔逻辑的语言，并把这种新的智慧当作某种前所未有的东西，当作"真正的德国理论"献之于世，以便将来可以尽情地诬蔑目光短浅的法国人和英国人的"拙劣的实践"和"可笑的"社会体系，就算是创造了奇迹。这种永远完备的德国理论极其幸运地有那么一点点黑格尔的历史哲学的味道，而且被柏林的某一个干瘪的教授列入了永恒范畴的模式，这种理论后来也许还参考过费尔巴哈的著作和几篇关于德国共产主义的文章以及施泰因先生关于法国社会主义的大作。这种最劣等的德国理论，按照施泰因先生的观点，毫无困难地给法国的社会主义和共产主义作了适当的解释，使它处于从属的地位，"制服了"它，把它"提高"到永远完备的"德国理论"的"更高的发展阶段"。

恩格斯：《傅立叶论商业的片断》

《马克思恩格斯全集》第42卷第318页。

对经济学的批判，即使按照已经得到的方法，也可以采用两种方式：按照历史或者按照逻辑。既然在历史上也像在它的文献的反映上一样，整个说来，发展也是从最简单的关系进到比较复杂的关系，那末，政治经济学文献的历史发展就提供了批判所能遵循的自然线索，而且，整个说来，经济范畴出现的顺序同它们在逻辑发展中的顺序也是一样的。这种形式看来有好处，就是比较明确，因为这正是跟随着现实的发展，但是实际上这种形式至多只是比较通俗而已。历史常常是跳跃式地和曲折地前进的，如果必须处处跟随着它，那就势必不仅会注意许多无关紧要的材料，而且也会常常打断思想进程；并且，写经济学史又不能撇开资产阶级社会的历史，这就会使工作漫无止境，因为一切准备工作都还没有作。因此，逻辑的研究方式是唯一适用的方式。但是，实际上这种方式无非是历史的研究方式，不过摆脱了历史的形式以及起扰乱作用的偶然性而已。历史从哪里开始，思想进程也应当从哪里开始，而思想进程的进一步发展不过是历史过程在抽象的、理论上前后一贯的形式上的反映；这种反映是经过修正的，然而是按照现实的历史过程本身的规律修正的，这时，每一个要素可以在它完全成熟而具有典范形式的发展点上加以考察。

恩格斯：《卡尔·马克思"政治经济学批判"》，

《马克思恩格斯全集》第13卷第532~533页。

（3）注释方法

只要，随便从布尔韦尔、大仲马或者欧仁·苏的任何一篇长篇小说中摘出一些细节添补上去，一篇短篇小说就做成了。这样一来，德国的市民和村民以及 studiosusjuris 或 camera-lium 〔研究法律或财政的大学生〕将来就有希望得到一整套关于现行法律的注释，使他们毫不费力地切实精通这门学问，而不沾染一点学究习气。

恩格斯：《"真正的社会主义者"》，

《马克思恩格斯全集》第3卷第680页。

（4）历史方法

即使只是在一个单独的历史实例上发展唯物主义的观点，也是一项要求多年冷静钻研的科学工作，因为很明显，在这里只说空话是无济于事的，只有靠大量的、批判地审查过的、充分地掌握了的历史资料，才能解决这样的任务。

恩格斯：《卡尔·马克思"政治经济学批判"》，

《马克思恩格斯全集》第13卷第527页。

要最科学地来看这个问题，至少应该对国家的产生和发展情况作一个概括的历史的考察。为了解决社会科学问题，为了真正获得正确处理这个问题的本领而不被一大堆细节或各种争执意见所迷惑，为了用科学眼光观察这个问题，最可靠、最必需、最重要的就是不要忘记基本的历史联系，考察每个问题都要看某种现象在历史上怎样产生，在发展中经过了哪些主要阶段，并根据它的这种发展去考察这一事物现在是怎样的。

我希望你们在研究国家问题的时候看看恩格斯的著作《家庭、私有制和国家的起源》。这是现代社会主义主要著作之一，其中每一句话都是可以相信的，每一句话都不是凭空说出，而都是根据大量的历史和政治材料写成的。当然，这部著作并不是全都浅显易懂，其中有几部分是要读者具有相当的历史和经济知识才能看懂的。我又要说，如果你们读这部著作时不能立刻全部了解，那也不必懊丧。这种情形几乎是每个人都会遇到的。可是，当你们以后一旦发生兴趣而再来研究时，即使不能全部了解，也会了解它的绝大部分。我所以提到这部著作，是因为它在这方面提供了正确观察问题的方法。它是从叙述国家产生的历史开始的。

列宁：《论国家》，

《列宁全集》第 1 版第 29 卷第 430～431 页。

（5）数学方法

数学方法在历史、道德和法方面的应用，应当在这些领域内使所获结果的真理也具有数学的确实性，使这些结果具有真正的不变的真理的性质。这不过是过去爱用的玄想的或者也称为先验主义的方法的另一种表现方式，按照这一方法，某一对象的特性不是从对象本身去认识，而是从对象的概念中逻辑地推论出来。首先，从对象构成对象的概念；然后颠倒过来，用对象的映象即概念去衡量对象。这时，已经不是概念应当和对象相适应，而是对象应当和概念相适应了。

恩格斯：《反杜林论》，

《马克思恩格斯全集》第 20 卷第 105 页。

昨天，我终于鼓起勇气，没用参考书便研究了你的数学手稿，我高兴地看到，我用不着其他书籍。为此我向你祝贺。事情是这样清楚，真是奇怪为什么数学家们要那样顽固地坚持把它搞得神秘莫测。不过这是那些先生们的思想方法的片面性造成的。肯定地、直截了当地令 $\dfrac{dy}{dx} = \dfrac{0}{0}$，这个概念在他们的头脑中是没有的。但是很明显，只有当量 x 和 y 的最后的痕迹消失，剩下的只是它们的变化过程的表示式而不带任何量时，$\dfrac{dy}{dx} = \dfrac{0}{0}$ 才能真正表示出在 x 和 y 上已经完成了的过程。

你无需害怕在这方面会有数学家走在你的前面。这种求微分的方法其实比所有其它的方法要简单得多，所以我刚才就运用它求出了一个我一时忘记了的公式，然后又用普通的方法对它进行了验证。这种方法很值得注意，尤其是因为它清楚地表明，通常的方法忽略了 dxdy 等是完全错误的。特别值得注意的是，只有当 $\dfrac{dy}{dx} = \dfrac{0}{0}$ 时，而且只有那时演算在数学上才是绝对正确的。

所以，老黑格尔猜得完全正确，他说，微分法作为一个基本条件要求两个变量都有不同的幂，并且至少其中的一个变量是二次或 1/2 次幂。现在我们也知道为什么了。

当我们说，在 y = f（x）这个公式中，x 和 y 是变量，但是如果我们只停留在这一步，那末这只是一个没有任何进一步结果的论断，而 x 和 y 暂时事实上仍然是常数。只有当它们真正地，也就是在函数内部变化时，它们才真正成为变量，而且只有那时，才能显示出隐藏于最初的方程式中的不只是两个量本身的关系，而是它们的可变性的关系。最初的微商 $\frac{\triangle y}{\triangle x}$ 表示在实际变化过程中，即在每一特定的变化当中，这种关系是如何发生的；最后的微商 $\frac{dy}{dx}$ 才表现出它的普遍的、纯粹的关系，因此我们可以由 $\frac{dx}{dy}$ 得出任何的 $\frac{\triangle y}{\triangle x'}$/，而 $\frac{\triangle y}{\triangle x}$ 本身永远只适应于个别场合。但为了从个别场合得出一般关系，个别场合本身应当予以抛弃。所以当函数完成由 x 到 x′的过程，并带着该过程的全部后果之后，可以放心地把 x′重新取做 x；这已不是原来的 x，只是按名称来说还是变量 x，它已经过了真正的变化，而且，即使我们重新把它本身抛弃，变化的结果仍保留着。

最后，这里一下子弄清了许多数学家早就断言过，但是他们未能提出合理论据来加以维护的一点，即：微商是最初的，而微分 dx 和 dy 是推导出来的：推出这个公式本身要求，这两个所谓无理因子首先构成方程的一方，只有等到使方程回到它的这一本来的形式 $\frac{dy}{dx}$ = f（x）的时候，才能用它来作点什么，才使无理的表示式被消除，而代之以有理的表示式。

恩格斯：《恩格斯致马克思》，

《马克思恩格斯全集》第 35 卷第 21~23 页。

（6）叙述方法与研究方法

在形式上，叙述方法必须与研究方法不同。研究必须充分地占有材料，分析它的各种发展形式，探寻这些形式的内在联系。只有这项工作完成以后，现实的运动才能适当地叙述出来。这点一旦做到，材料的生命一旦观念地反映出来，呈现在我们面前的就好像是一个先验的结构了。

马克思：《资本论第一卷》，

《马克思恩格斯全集》第 23 卷第 23 页。

（资料收集方法）

如果你在这里写这一著作，那末你就会找到完全不同的材料，即比较好的第二手材料和大批第一手材料。

恩格斯：《致卡尔·考茨基》，

《马克思恩格斯全集》第 37 卷第 145 页。

（定义方法）

"这些用语争论的另一个根源"，"一个人以为这是指"，"另一个人则以为这是指"——表明了这个自作聪明的拙劣作者的手法。

马克思：《资本论第四卷》，

《马克思恩格斯全集》第 26 卷第 3 册第 495 页。

某些术语的应用，不仅同它们在日常生活中的含义不同，而且和它们在普通政治经济学中的含义也不同。但这是不可避免的。一门科学提出的每一种新见解，都包含着这门科学的术语的革命。化学是最好的例证，它的全部术语大约每二十年就彻底变换一次，几乎很难找到一种有机化合物不是先后拥有一系列不同的名称的。

恩格斯：《资本论第一卷英文版序言》，

《马克思恩格斯全集》第 23 卷第 34 页。

（摘引方法）

李卜克内西刚刚和我开了一个很妙的玩笑。他从我给马克思关于 1848—1850 年的法国的几篇文章写的导言中，摘引了所有能为他的、无论如何是和平的和反暴力的策略进行辩护的东西。近来，特别是目前柏林正在准备非常法的时候，他喜欢宣传这个策略。但我谈的这个策略仅仅是针对今天的德国，而且还有重大的附带条件。对法国、比利时、意大利、奥地利来说，这个策略就不能整个采用。就是对德国，明天它也可能就不适用了。所以我请您等到全篇文章发表后再作评论（文章大概将登在《新时代》上），我天天等着小册子的样书。可惜李卜克内西看到的只是白或黑，色调的差别对他来说是不存在的。

恩格斯：《致保尔·拉法格》，

《马克思恩格斯全集》第 39 卷上册第 436 页。

（例证方法）

我们看到，采用这个方法时，逻辑的发展完全不必限于纯抽象的领域。相反，它需要历史的例证，需要不断接触现实。因此这里举出了各种各样的例证，有的指出各个社会发展阶段上的现实历史进程，有的指出经济文献，以便从头追溯明确作出经济关系的各种规定的过程。

恩格斯：《卡尔·马克思"政治经济学批判"》，

《马克思恩格斯全集》第 13 卷第 535 页。

（引证方法）

引文（例如引用英国蓝皮书）自然是作为简单的例证。而在引证其他经济学家的理论观点的地方，情况就不同了。这种引证只是为了确定：一种在发展过程中产生的经济思想，是什么地方、什么时候、什么人第一次明确地提出的。这里考虑的只是，所提到的经济见解在科学史上是有意义的，能够多少恰当地从理论上表现当时的经济状况。至于这种见解从作者的观点来看是否还有绝对的或相对的意义，或者完全成为历史上的东西，那是毫无关系的。因此，这些引证只是从经济科学的历史中摘引下来作为正文的注解，从时间和首倡者两方面说明经济理论中各个比较重要的成就。

恩格斯：《资本论第一卷第3版·序言》，

《马克思恩格斯全集》第23卷第32页。

要恢复真正的马克思的国家学说。为此，必须大段大段地引证马克思和恩格斯本人的著作。当然，大段的引证会使文章冗长，并且丝毫无助于通俗化。但是没有这样的引证是绝对不行的。马克思和恩格斯著作中所有谈到国家问题的地方，至少一切有决定意义的地方，一定要尽可能完整地加以引证，使读者能够独立地了解科学社会主义创始人的全部观点以及这些观点的发展。

恩格斯：《恩格斯致马克思》，

《列宁全集》第31卷第5页。

（7）翻译方法

顺便说一下：法文要正确表达 Schutzergebung〔保护〕这个法律上的专门术语，可用 commendation。

恩格斯：《致劳拉·拉法格》，

《马克思恩格斯全集》第38卷第126页。

地质学家，甚至像居维叶那样一些最优秀的地质学家也把某些事实完全解释错了，同样，像格林那样一些有才能的语言学家也把最简单的拉丁文句子译错了，因为他们完全处于麦捷尔（我记得，他所叹赏的是：德国人中从来没有"自由"，但是"空气造成占有"）等人的影响之下，例如，塔西佗的一句人所共知的话：《arvaper annos mutant, et superest ager》，意思是：他们更换（通过抽签，后来所有野蛮人法典中的 sortes〔抽签〕一词就是由此而来的）田地（arva），而仍然保留公有地（ager 同 arva 相反，是 ager publicus〔公有地〕），格林等人却译成：他们每年耕种生地，但仍有（荒）地存在！

马克思：《马克思致恩格斯》，

《马克思恩格斯全集》第32卷第52页。

库尔茨小姐必须把她从利沙加勒那里收到的全部原稿连同自己的译稿一起寄给您。在她以赫赫名家风度进行翻译的情况下（见写在背面的若干新例子），第 49 页：《A l'appel de son nom il a voulu répondre》，库尔茨小姐译成："他想要无愧于向他发出的号召"。纯粹是胡说八道！应译为："当喊到他的时候，他想回答……"同上：《les yeux… brillants de foi républicaine》；foi 在这里不是"诚实"的意思（这个字除了成语"真的！"（mafoi）外，根本没有这个意思），而是信念、信仰等等的意思。但是我没有改正，因为我根本不喜欢在德语中用这样的句子，所以不管怎么译，反正都是完全一样的。

第 51 页：《des intrigants bourgeois qui couraient après la députation》，库尔茨译成："追赶代表团的"。一年级小学生也不会翻译得这么糟糕。

第 54 页：《une permanence》她译成"常设会议"（这是什么鬼东西？）。应译为"常务委员会"。

第 59 页："逾期期票"她译成"逾期商品"（！！！）。

第 70 页：《l'intelligence etc. de la bourgeoisie de cetteépoque》，她译成："这个时刻的大资产阶级的"（！）。正如线不是空间的点一样，时代不是时间上的时刻。

第 75 页：《C'est que la première note est juste》她译成："由于第一次清算〈！〉是正确的"。应译为："由于他们一开始就采取了正确态度"。

第 90 页：《plumitifs》，"文丐"，她却译为法院记录！！！

马克思：《马克思致威廉·白拉克》，

《马克思恩格斯全集》第 34 卷第 254~256 页。

谈到法学方法，这里之所以以《资本论》表现的马克思的治学方法做结，是因为它是马克思综合的系统的最高水平的治学方法的典范。

我们通过恩格斯对《资本论》第 2 卷和第 3 卷最终定稿的说明，可以看出经典作家治学何等严谨和方法何等高超得当。

恩格斯说：个别重复的地方，我也没有划去，因为在那些地方，像马克思通常所做的那样，都是从不同的角度论述同一问题，或至少是用不同的说法阐明同一问题。一开始全是关于剩余价值率和利润率的关系的数学计算（构成本卷第 3 章），把第 1 卷的大部分译成英文的我的朋友赛米尔·穆尔，为我整理了这个笔记，他作为剑桥的一位老数学家，担任这项工作是更合适得多的。然后我就按照他的摘要，有时也利用主要的手稿，编成第 3 章。马克思通常总要留到快付印的时候再作最后的校订，因为那时最新的历史事件，按照必然的规律性为他的理论阐述提供最现实的例证。

马克思生前没有写成《资本论》第 2 卷和第 3 卷的最终定稿，遗留下大量手稿，恩格斯在这些手稿的基础上编成了现行的《资本论》第 2 卷和第 3 卷。

马克思在《资本论》第 1 卷的《第二版跋》中关于辩证法和他自己同黑格尔的关系曾作出著名的论述。在本手稿中，我们可以看到马克思的这些论述最初是如何形成的。马克思在回答欧·杜林的攻击时写道："杜林博士在对本著作第一卷所作的评论中指出，我太眷恋于黑格尔逻辑的骨架，即使是在流通的形式中，我也暴露出黑格尔的推理形式。我和黑格尔辩证法的关系很简单。黑格尔是我的老师，自认为已经和这位著名思想家决裂的那些自作聪明的模仿者们的废话，我感到简直是可笑的。但是，我敢于以批判的态度对待我的老师，剥去他的辩证法的神秘外壳，从而在本质上改变它，如此等等"。

第六部分

法的被决定性——法的物质生活条件

　　法与物质生活条件的关系，是精神与物质、社会存在与社会意识之间相互关系在法的领域的表现。物质的社会存在，是人们的物质生活，就是物质财富的生产和人们在这一生产过程中所发生的关系；精神的社会意识，是人们的精神生活，即观点和观念、政治、法律、道德和其他理论。社会物质生活同社会思想生活的关系问题，就是在社会生活中什么是第一性的、主要的并决定社会生活发展的，而什么是第二性的、派生的、从属的。

　　唯心主义法律观认为法律是第一性的，法律决定经济、社会和社会发展，把"法律万能论"推向顶峰，以为法律无所不能。这完全违反了辩证唯物主义的物质观。恩格斯在《自然辩证法》中指出，物质无非是各种实物的总和。列宁在《唯物主义和经验批判主义》中指出，物质标志客观实在，这种客观实在是人通过感觉感知的，它不依赖于我们的感觉而存在，为我们的感觉所复写、摄影、反映，物质的唯一"特性"就是：它是客观实在，它存在于我们的意识之外。因此，必须明确，作为客观实在的物质世界，存在于法律意识和法律之外。

　　那么，在社会物质生活条件的体系中，究竟什么是决定法律面貌、决定法律制度性质、决定法律从这一制度发展到另一制度的主要力量呢？历史唯物主义认为，这种力量就是人们生存所必需的生活资料的谋得方式，就是社会生存和发展所必需的物质资料的生产方式。社会的生产方式是怎样的，法律本身也就是怎样的，法律的思想及理论和法实施的设施也就是怎样的。这就是说，法律发展史源于生产方式的发展史、生产力和生产关系的发展史。

　　当然，辩证唯物主义也同时指出：精神与物质的关系、社会存在和社会意识的关系，是复杂的和矛盾的。在阶级社会里，社会存在并不直接作用于社会意识，而是通过国家的、政党的活动实现的。这就使法律关系、政治关系具有相对独立性，而这种相对独立性也同它的能动性联系着的。由于法律和法意识能够能动地作用于社会存在，因而可以变成物质力量。这样，一个重大问题便出现了：如果法律和法意识是进步的，就会推动社会发展；如果它们是落后的或反动的，就会阻碍社会发展。法律和法意识长期地、体系化地阻碍社会发展，深化和激化了社会矛盾，那时，社会革命便到来了。

一、法为物质生活条件所决定

从根本上说，物质生活条件是法现象发生的决定性基础，也是法现象变化的决定性基础。近代以来，法的转折性变化是从 19 世纪后期和 20 世纪初叶开始的。社会化大生产，是法的转折性变化的物质生活条件。

19 世纪后期，科技进步突出表现为电能取代蒸气能成为新能源、生产机械化过渡到自动化、用人工合成有机化合物代替自然物、电话电报的普及和无线电的出现。科学技术的划时代进步，造成了重大的全新的经济后果：一是，电能成为新能源，高压输电网形成，使企业接近原料产地，在拥有资源的偏远地区得以发展工业，使生产转移到劳动力廉价地区，使同类产品的生产在全国分散，这就扩大了生产力布局；在产业结构上打破了工业地区与农业地区的划分，农轻重的比例发生变化，这就使经济结构趋于平衡；促进了企业的兴建和企业生产的分散化，使企业分布于不同的城市和地区。二是，生产自动化，造成了不间断生产同种产品即批量生产，这是大规模生产的必要条件；加速了原材料供应和最终产品的销售，推动了垂直联合；极大地提高了经济效益，增大了资本有机构成；促进了剩余劳动力的转移、流动。三是，人工合成有机化合物，通过采用化学方法使生产过程加快，原材料得以充分利用；利用化学材料，增加了工业产品及其新种类，明显增加了农作物单位面积的产量。四是，新的通讯方式、手段，使中心城市与偏远地区联系起来，各个市场得以紧密联结；使企业经营状况、价格、股票市场行情等信息能迅速及时地传递到每一地区，提高了竞争能力。

社会的巨大变化，形成了社会化大生产。社会化大生产的主要表现是：

其一，在大规模生产的基础上，形成了生产社会化。大规模生产即企业按全社会通行的标准进行连续性设计和生产。产品生产乃至一种产品的各个部分的生产和工艺操作，都变成了专业化生产，实现了产品专业化、零部件专业化和工艺专业化。大规模生产的形成和发展，使生产过程越来越具有社会性。生产社会化，实现了生产资料使用社会化、生产过程社会化和产品社会化。资本社会化，实现了单个资本转变为集中的社会共同资本；劳动社会化，实现了单个人的劳动转变为社会共同劳动。

其二，社会分工不断深化，新的产业部门相继出现，各主体相互依存，形成国民经济体系化。

其三，完备的市场要素和市场竞争，使各地区、各国家之间的商品交换活动发生了量的扩大和质的变化，经济联系扩展到全球，形成了经济国际化。

在社会化大生产条件下，社会活动不再具有民事关系那种孤立的、分散的、任意的性质，经济关系不再局限于交易领域的民事买卖活动，整个社会交往也不再限于作为民法相对人主体私人间的事情。在这种情况下，要不要对这样的经济活动及由其形成的经济关系作统一调整？怎样进行统一调整？在国民经济体系化条件下，经济关系不再限于行业的、部门的、地区的，也不再是与国家（政府）分离的。在这种情况下，要不要对国民经济及其与国家的结合做协调调整？怎样进行协调调整？在经济国际化条件下，一国的社会经济不再是封闭的、独立的，不再局限于一般商品的输入和输出，也不再限于所谓纯粹经济形式本身。在这种情况下，要不要对对外经济关系（双边、多边和国际性）与国内经济关系的联系上做综合调整？怎样进行综合调整？这些问题，迫切要求立法做出回答，迫切要求法学理论做出回答。

在当代，社会化大生产的物质生活条件推动了社会关系的新变化，这种新变化，促进了法的结构性变动，冲破了传统法部门划分的界限，民法的局限性增大了，其继承法、婚姻家庭法以及自然人个人的财产法，发生了重大变动；刑法、行政法等法律亦发生新的变化。法适应时代要求，担负起对国民经济和社会关系进行统一、综合、协调调整的新法的功能。

由此可见，那种认为法是法学家和立法者头脑中固有的、是统治阶级随心所欲的产物的思想方法，显然头足倒置了。

（一）法的决定性条件中相关概念的相互关系

1. 物质、物质生活、物质生活条件

我们知道，作为客观实在的物质，在人类社会中首先是物质生产。物质生产是社会生活的基础，是决定社会制度性质、决定社会发展的主要力量。物质生产形成物质生活，物质生产是整个社会生活及整个现实历史的基础。经典作家关于物质生活的论述，完整表达了物质生活的含义。

物质生活是人们与物质为前提、与物质相联系的生活过程。这种物质生活过程的条件，是社会存在和发展的物质要素的总和，包括生产方式、地理和人口。这里，生产方式是决定性条件。

物质生活的生产方式制约着整个社会生活、精神生活和法律生活的过程。

在所有这些文献中，每个事件都证明，每次行动怎样从直接的物质动因产生，而不是从伴随着物质动因的辞句产生，相反地，政治辞句和法律辞句正像政治行动及其结果一样，倒是从物质动因产生的。

恩格斯：《卡尔·马克思"政治经济学批判"》，
《马克思恩格斯全集》第 13 卷第 527 页。

人们的社会历史始终只是他们的个体发展的历史，而不管他们是否意识到这一点。他们的物质关系形成他们的一切关系的基础。这些物质关系不过是他们的物质的和个体的活动所借以实现的必然形式罢了。

马克思：《马克思致巴维尔·瓦西里也维奇·安年柯夫》，
《马克思恩格斯全集》第 27 卷第 478 页。

他同空想主义者一起追求一种所谓"科学",以为由此就可以 apriori〔先验地〕构想出一个"解决社会问题"的公式,而不从历史运动的批判的认识中,即不从本身就产生了解放的物质条件的运动的批判的认识中引导出科学。

马克思:《论蒲鲁东(给约·巴·施韦泽的信)》,

《马克思恩格斯全集》第16卷第32页。

我们遇到的是一些没有任何前提的德国人,所以我们首先应当确定一切人类生存的第一个前提也就是一切历史的第一个前提,这个前提就是:人们为了能够"创造历史",必须能够生活。但是为了生活,首先就需要衣、食、住以及其他东西。因此第一个历史活动就是生产满足这些需要的资料,即生产物质生活本身。

同时这也是人们仅仅能够生活就必须每日每时都要进行的(现在也和几千年前一样)一种历史活动,即一切历史的基本条件。

马克思恩格斯:《德意志意识形态》,

《马克思恩格斯全集》第3卷第31~32页。

正像达尔文发现有机界的发展规律一样,马克思发现了人类历史的发展规律,即历来为繁茂芜杂的意识形态所掩盖着的一个简单事实:人们首先必须吃、喝、住、穿,然后才能从事政治、科学、艺术、宗教等等;所以,直接的物质的生活资料的生产,因而一个民族或一个时代的一定的经济发展阶段,便构成为基础,人们的国家制度、法的观点、艺术以至宗教观念,就是从这个基础上发展起来的,因而,也必须由这个基础来解释,而不是像过去那样做得相反。

恩格斯:《在马克思墓前的讲话》,

《马克思恩格斯全集》第19卷第374~375页。

据唯物史观,历史过程中的决定性因素归根到底是现实生活的生产和再生产。

恩格斯:《恩格斯致约·布洛赫》,

《马克思恩格斯全集》第37卷第460页。

私有财产是生产力发展一定阶段上必然的交往形式,这种交往形式在私有财产成为新出现的生产力的桎梏以前是不会消灭的,并且是直接的物质生活的生产所必不可少的条件。

于是读者也就不会看不到,桑乔就不得不研究物质关系,而不是使整个世界消失在一个神学道德的体系中,以便再把一个自称为利己主义道德的新道德体系和这个神学道德体系对立起来。

马克思恩格斯:《德意志意识形态》,

《马克思恩格斯全集》第3卷第410~411页。

我们开始要谈的前提并不是任意想出的，它们不是教条，而是一些只有在想象中才能加以抛开的现实的前提。这是一些现实的个人，是他们的活动和他们的物质生活条件，包括他们得到的现成的和由他们自己的活动所创造出来的物质生活条件。因此，这些前提可以用纯粹经验的方法来确定。

任何人类历史的第一个前提无疑是有生命的个人的存在。因此第一个需要确定的具体事实就是这些个人的肉体组织，以及受肉体组织制约的他们与自然界的关系。当然，我们在这里既不能深入研究人们自身的生理特性，也不能深入研究人们所遇到的各种自然条件、地质条件、地理条件、气候条件以及其他条件。任何历史记载都应当从这些自然基础以及它们的历史进程中由于人们的活动而发生的变更出发。

马克思恩格斯：《德意志意识形态》，

《马克思恩格斯全集》第 3 卷第 23～24 页。

人们用以生产自己必需的生活资料的方式，首先取决于他们得到的现成的和需要再生产的生活资料本身的特性。这种生产方式不仅应当从它是个人肉体存在的再生产这方面来加以考察。它在更大程度上是这些个人的一定的活动方式，表现他们生活的一定形式，他们的一定的生活方式。个人怎样表现自己的生活，他们自己也就怎样。因此，他们是什么样的，这同他们的生产是一致的——既和他们生产什么一致，又和他们怎样生产一致。因而，个人是什么样的，这取决于他们进行生产的物质条件。

马克思恩格斯：《德意志意识形态》，

《马克思恩格斯全集》第 3 卷第 24 页。

动物所能做到的最多是搜集，而人则从事生产，他制造最广义的生活资料，这是自然界离开了人便不能生产出来的。

恩格斯：《自然辩证法》，

《马克思恩格斯全集》第 20 卷第 652 页。

尽管直到现在，历史著作很少提到物质生产的发展，即整个社会生活以及整个现实历史的基础，但是，至少史前时期是在自然科学研究的基础上，而不是在所谓历史研究的基础上，按照制造工具和武器的材料，划分为石器时代、青铜时代和铁器时代的。

马克思：《资本论第一卷》，

《马克思恩格斯全集》第 23 卷第 204 页。

物质生活的生产方式制约着整个社会生活、政治生活和精神生活的过程。

马克思：《〈政治经济学批判〉序言》，

《马克思恩格斯全集》第 13 卷第 8 页。

这种历史观就在于：从直接生活的物质生产出发来考察现实的生产过程，并把与该生产方式相联系的、它所产生的交往形式，即各个不同阶段上的市民社会，理解为整个历史的基础；然后必须在国家生活的范围内描述市民社会的活动，同时从市民社会出发来阐明各种不同的理论产物和意识形式，如宗教、哲学，道德等等，并在这个基础上追溯它们产生的过程。

马克思恩格斯：《德意志意识形态》，

《马克思恩格斯全集》第 3 卷第 42～43 页。

唯物主义历史观从下述原理出发：生产以及随生产而来的产品交换是一切社会制度的基础，在每个历史地出现的社会中，产品分配以及和它相伴随的社会之划分为阶级或等级，是由生产什么、怎样生产以及怎样交换产品来决定的。所以，一切社会变迁和政治变革的终极原因，不应当在人们的头脑中，在人们对永恒的真理和正义的日益增进的认识中去寻找，而应当在生产方式和交换方式的变更中去寻找；不应当在有关的时代的哲学中去寻找，而应当在有关的时代的经济学中去寻找。对现存社会制度的不合理和不公平、对"理性化为无稽，幸福变成苦痛"的日益清醒的认识，只是一种征象，表示在生产方法和交换形式中已经静悄悄地发生了变化，适合于早先的经济条件的社会制度已经不再和这些变化相适应了。

恩格斯：《反杜林论》，

《马克思恩格斯全集》第 20 卷第 292 页。

我们视为社会历史的决定性基础的经济关系，是指一定社会的人们用以生产生活资料和彼此交换产品（在有分工的条件下）的方式说的。因此，这里面也包括生产和运输的全部技术装备。这种技术装备，照我们的观点看来，同时决定着产品的交换方式，以及分配方式，从而在氏族社会解体后也决定着阶级的划分，决定着统治和从属的关系，决定着国家、政治、法律等等。

恩格斯：《恩格斯致符·博尔吉乌斯》，

《马克思恩格斯全集》第 39 卷第 198 页。

根据唯物主义观点，历史中的决定性因素，归根结蒂是直接生活的生产和再生产。但是，生产本身又有两种。一方面是生活资料即食物、衣服、住房以及为此所必需的工具的生产；另一方面是人类自身的生产，即种的繁衍。一定历史时代和一定地区内的人们生活于其下的社会制度，受着两种生产的制约：一方面受劳动的发展阶段的制约，另一方面受家庭的发展阶段的制约。劳动愈不发展，劳动产品的数量、从而社会的财富愈受限制，社会制度就愈在较大程度上受血族关系的支配。

恩格斯：《家庭、私有制和国家的起源》，

《马克思恩格斯全集》第 21 卷第 29～30 页。

有两个自发产生的事实，支配着一切或者几乎一切民族的古代历史：民族按亲属关系的划分和土地公有制。日耳曼人的情况也是如此。他们从亚洲带来了这种按部落、亲族和氏族的划分，亲属关系较近的较大集团，分配到一定的地区，在这个地区里面，一些包括若干家庭的氏族，又按村的形式定居下来。几个有亲属关系的村，构成一个百户（古代高地德意志语为 huntari，古代斯堪的那维亚语为 heradh），几个百户构成一个区［Gau］。区的总和便是民族自身了。

恩格斯：《马尔克》，

《马克思恩格斯全集》第 19 卷第 353～354 页。

大机器工业与以前的工业形式不同的一些特点，可以用一句话来概括：劳动的社会化。事实上，为巨大的国内市场与国际市场的生产，在购买原料及辅助材料上同国内各个地区及各个国家的密切的商业联系的发展，巨大的技术进步，庞大的企业所造成的生产与人口的集中，宗法式生活的陈腐传统的被破坏，人口流动性的形成，工人的需求和开化水平的提高，——所有这些，都是使国内生产日益社会化，同时也使生产参加者日益社会化的资本主义过程中的各种要素。

列宁：《俄国资本主义的发展》，

《列宁全集》第 3 卷第 505 页。

经典作家论述的物质、物质生活、物质生活条件术语的完整定义，论述的三者之间准确的相互关系，不仅表明了经典作家具有辩证唯物主义和历史唯物主义的革命和批判精神，还表明了他们卓越的学术匠心和致密严谨的治学才能。无产阶级政治灵魂和科学学术精神集于一身，这才是马克思，才是马克思主义经典作家。

2. 生产关系、交往关系、分配关系

生产关系、交往关系、分配关系，就是生产、交换、分配、消费关系，即经济关系。它包括在社会存在和发展的物质要素的总和之中。

人们在自己生活的社会生产中发生一定的、必然的、不以他们的意志为转移的关系，即同他们的物质生产力的一定发展阶段相适合的生产关系。这些生产关系的总和构成社会的经济结构，即有法律的和政治的上层建筑竖立其上并有一定的社会意识形式与之相适应的现实基础。

马克思：《〈政治经济学批判〉序言》，

《马克思恩格斯全集》第 13 卷第 8 页。

每当工业和商业的发展创造出新的交往形式，例如保险公司等的时候，法便不得不承认它们是获得财产的新方式。

马克思恩格斯：《德意志意识形态》，

《马克思恩格斯全集》第 3 卷第 72 页。

生产本身又是以个人之间的交往（Verkehr）为前提的。这种交往的形式又是由生产决定的。

马克思恩格斯：《德意志意识形态》，

《马克思恩格斯全集》第 3 卷第 24 页。

在先前时代所传下来的各种因素中，也有与生产力发展的一定水平相适应的交往形式。生产力与交往形式的关系就是交往形式与个人的行动或活动的关系。

马克思恩格斯：《德意志意识形态》，

《马克思恩格斯全集》第 3 卷第 80 页。

一定的分配形式是以生产条件的一定的社会性质和生产当事人之间的一定的社会关系为前提的。因此，一定的分配关系只是历史规定的生产关系的表现。

马克思：《资本论第三卷》，

《马克思恩格斯全集》第 25 卷下册第 997 页。

所谓的分配关系，是同生产过程的历史规定的特殊社会形式，以及人们在他们生活的再生产过程中互相所处的关系相适应的，并且是由这些形式和关系产生的。这些分配关系的历史性质就是生产关系的历史性质，分配关系不过表示生产关系的一个方面。

马克思：《资本论第三卷》，

《马克思恩格斯全集》第 25 卷第 998～999 页。

所谓阶级，就是这样一些集团，这些集团在历史上一定社会产体系中所处的地位不同，对生产资料的关系（这种关系大部分是在法律上明文规定了的）不同，在社会劳动组织中所起的作用不同，因而领得自己所支配的那份社会财富的方式和多寡也不同。所谓阶级，就是这样一些集团，由于它们在一定社会经济结构中所处的地位不同，其中一个集团能够占有另一个集团的劳动。

列宁：《伟大的创举》，

《列宁全集》第 29 卷第 382～383 页。

《德意志意识形态》中所用的《Verkehrsform》（"交往形式"）、《Verkehrsweise》（"交往方式"）《Verkehrsverhaltnisse》（"交往关系"）这些术语，就是马克思和恩格斯在当时所形成的生产关系的概念。经典作家在其他一些著作中所说的交往、交往形式或交往关系，指的是生产关系。

经典作家有时将生产关系与交换关系和分配关系并列使用。

3. 生产力、生产关系和生产方式

生产方式是具有决定性意义的物质生活条件。

生产方式是人们生产物质资料的活动方式，是生产力和生产关系在物质资料生产过程中的统一。生产方式包括生产力和生产关系两个方面，即生产的物质要素和生产的社会形式。生产力是生产方式的物质内容，生产关系则是它的社会形式。生产力和生产关系存在不可分割的联系。

在社会生活的一切方面，物质资料的生产方式起决定作用。

生产关系和生产力之间是对立统一的辩证关系。两者之间的矛盾，构成生产方式的内部矛盾。这种矛盾，是生产方式发展和变革的根本原因。生产方式的变革，为生产关系一定要适合生产力性质的规律所决定。生产力对生产关系具有决定性作用，生产力发展的水平，决定生产关系状况。生产关系对生产力有反作用，它能够促进或延缓生产力的发展。

人们在物质资料生产过程中结成的相互关系，是生产关系。任何时候、任何条件下的生产都是社会的生产。在社会生产过程中，人们彼此结成一定的、必然的，不以他们的意志为转移的关系，即生产关系。人们只有在一定的生产关系中，才能进行生产。

生产关系的具体内容，马克思在《政治经济学批判》的导言里指出，包括人们在物质资料的生产、交换、分配、消费等方面的关系，它们构成一个总体的各个环节、一个统一体内部的差别。恩格斯在《反杜林论》中概括为"人类各种社会进行生产和交换并相应地进行产品分配的条件和形式。"

生产关系的各个方面相互联系，相互制约，构成一个统一的整体。生产资料所有制形式是生产关系的基础。一定的生产资料所有制形式，决定人们在生产中一定的地位和相互关系，一定的交换关系和分配关系。生产关系是最基本的社会关系。马克思主义将一定社会的生产关系的总和作为经济结构，指出对政治、法律、意识形态等关系起决定性作用。

生产力，是人们生产物质资料的那些自然对象和自然力的关系，就是生产过程中人与自然的关系。它是人们控制与征服自然的能力。生产力是由生产过程中的生产资料（劳动资料与劳动对象）和具有一定生产经验和劳动技能的并使用生产资料进行物质资料生产的劳动者构成的。生产力是物质因素与人的因素的总体能力。

各种经济时代的区别，不在于生产什么，而在于怎样生产，用什么劳动资料生产。

劳动资料、劳动对象、劳动者在生产力中具有不同的地位。劳动资料在生产力的物的因素中占有重要的地位，劳动对象是生产力的物质要素的一项内容，是人类劳动形成使用价值的物质条件。劳动者占有特殊重要地位。劳动者是社会生产的主体，是首要的生产力，是生产力中起主导作用的第一要素。

科学技术在生产过程中，引起生产力的物的因素与人的因素的发展变化，转化为直接的生产力。马克思指出，"生产力里面也包括科学在内"。科学技术是生产力，这是马克思主义的一贯观点。那么，科学技术在生产力诸要素中具有怎样的地位呢？科学技术转化为直接生产力，是需要一定条件的。首先，科学技术改进生产工具，带来生产力的发展；其次，增加劳动对象，提高劳动对象的品质、种类，提高生产力的质量和水平。第三，劳动者将科学技术转化为劳动的经验和技能，从而提高劳动生产率。以上三点，能够说明生产力包含科学技术的因素。

经典作家关于生产方式其他用法，有工厂生产方式、手工业生产方式、劳动方式、生产的社会形式等等。

（1）生产方式

到处都一样，社会上占统治地位的那部分人的利益，总是要把现状作为法律加以神圣化，并且要把习惯和传统对现状造成的各种限制，用法律固定下来。撇开其他一切情况不说，只要现状的基础即作为现状的基础的关系的不断再生产，随着时间的推移，取得了有规则的和有秩序的形式，这种情况就会自然产生；并且，这种规则和秩序本身，对任何要摆脱单纯的偶然性或任意性而取得社会的固定性和独立性的生产方式来说，是一个必不可少的要素。这种规则和秩序，正好是一种生产方式的社会固定的形式，因而是它相对地摆脱了单纯偶然性和单纯任意性的形式。在生产过程以及与之相适应的社会关系的停滞状态中，一种生产方式所以能取得这个形式，只是由于它本身的反复的再生产。如果一种生产方式持续一个时期，那末，它就会作为习惯和传统固定下来，最后被作为明文的法律加以神圣化。

马克思恩格斯：《资本论第三卷》，
《马克思恩格斯全集》第25卷下册第894页。

我们已经看到，资本主义生产过程是一般社会生产过程的一个历史规定的形式。而社会生产过程既是人类生活的物质生存条件的生产过程，又是一个在历史上经济上独特的生产关系中进行的过程，是生产和再生产着这些关系本身，因而生产和再生产着这个过程的承担者、他们的物质生存条件和他们的互相关系即他们的一定的社会经济形式的过程。因为，这种生产的承担者对自然的关系以及他们互相之间的关系，他们借以进行生产的各种关系的总和，就是从社会经济结构方面来看的社会。资本主义生产过程象它以前的所有生产过程一样，也是在一定的物质条件下进行的，但是，这些物质条件同时也是个人在他们的生命的再生产过程中所处的一定的社会关系的承担者。这些物质条件，和这些社会关系一样，一方面是资本主义生产过程的前提，另一方面又是资本主义生产过程的结果和创造物；它们是由资本主义生产过程生产和再生产的。我们还看到，资本——而资本家只是人格化的资本，他在生产过程中只是作为资本的承担者执行职能——会在与它相适应的社会生产过程中，从直接生产者即工人身上榨取一定量的剩余劳动，这种剩余劳动是资本未付等价物而得，到的，并且按它的本质来说，总是强制劳动，尽管它看起来非常像是自由协商同意的结果。

马克思：《资本论第三卷》，
《马克思恩格斯全集》第25卷第924~925页。

人们借以进行生产、消费和交换的经济形式是暂时的和历史性的形式。随着新的生产力的获得，人们便改变自己的生产方式，而随着生产方式的改变，他们便改变所有不过是这一特定生产方式的必然关系的经济关系。

《马克思致巴·瓦·安年柯夫》，
《马克思恩格斯全集》第27卷第478~479页。

一切生产都是个人在一定社会形式中并借这种社会形式而进行的对自然的占有。

马克思：《经济学手稿》，

《马克思恩格斯全集》第 46 卷上册第 24 页。

蒲鲁东先生很清楚地了解，人们生产呢子、麻布、丝绸，而了解这么点东西竟是一个大功劳！可是，蒲鲁东先生不了解，人们还适应自己的生产力而生产出他们在其中生产呢子和麻布的社会关系。

马克思：《马克思致巴·瓦·安年柯夫》，

《马克思恩格斯全集》第 27 卷第 484 页。

我的那部反驳他（指普鲁东——编者）的著作。在那里，我顺便指出了，由于他不是把经济范畴看作历史的、与物质生产的一定发展阶段相适应的生产关系的理论表现，而是荒谬地把它看作历来存在的、永恒的观念。

马克思：《论蒲鲁东（给约·巴·施韦泽的信）》，

《马克思恩格斯全集》第 16 卷第 31 页。

因此，我们称为资本主义生产的是这样一种社会生产方式，在这种生产方式下，生产过程从属于资本，或者说，这种生产方式以资本和雇佣劳动的关系为基础，而且这种关系是起决定作用的、占支配地位的生产方式。

马克思：《经济学手稿》，

《马克思恩格斯全集》第 47 卷第 151 页。

如果说资本主义生产方式以生产条件的这种一定的社会形式为前提，那末，它会不断地把这种形式再生产出来。它不仅生产出物质的产品，而且不断地再生产出产品在其中生产出来的那种生产关系，因而也不断地再生产出相应的分配关系。

马克思：《资本论第三卷》，

《马克思恩格斯全集》第 25 卷下册第 994 页。

（2）生产力

马克思和恩格斯是唯物主义者。他们用唯物主义观点观察世界和人类，看出自然界中一切现象都有物质原因作基础，同样，人类社会的发展也是由物质力量即生产力的发展所决定的。

列宁：《弗里德里希·恩格斯》，

《列宁全集》第 2 卷第 5~6 页。

生产力当然始终是有用的具体的劳动的生产力，它事实上只决定有目的的生产活动在一定时间内的效率。因此，有用劳动成为较富或较贫的产品源泉与有用劳动的生产力的提高或降低成正比。相反地，生产力的变化本身丝毫也不会影响表现为价值的劳动。既然生产力属于劳动的具体有用形式，它自然不再同抽去了具体有用形式的劳动有关。

> 马克思：《资本论第一卷》，
>
> 《马克思恩格斯全集》第 23 卷第 59 ~ 60 页。

人们不能自由选择自己的生产力——这是他们的全部历史的基础，因为任何生产力都是一种既得的力量，以往的活动的产物。所以生产力是人们的实践能力的结果，但是这种能力本身决定于人们所处的条件，决定于先前已经获得的生产力，决定于在他们以前已经存在、不是由他们创立而是由前一代人创立的社会形式。

> 马克思：《马克思致巴维尔·瓦西里也维奇·安年柯夫》，
>
> 《马克思恩格斯全集》第 27 卷第 477 ~ 478 页。

（3）生产关系

财产的非经济起源，无非就是资产阶级经济的历史起源，即在政治经济学各种范畴中得到理论或观念表现的那些生产形式的历史起源。可是，资产阶级以前的历史以及它的每一阶段也有自己的经济和运动的经济基础这一事实，归根到底不过是这样一个同义反复，即人们的生活自古以来就建立在生产上面，建立在这种或那种社会生产上面，这种社会生产的关系，我们恰恰就称之为经济关系。

> 马克思：《马克思致巴维尔·瓦西里也维奇·安年柯夫》，
>
> 《马克思恩格斯全集》第 46 卷上册第 487 ~ 488 页。

人们在生产中不仅仅同自然界发生关系。他们如果不以一定方式结合起来共同活动和互相交换其活动，便不能进行生产。为了进行生产，人们便发生一定的联系和关系；只有在这些社会联系和社会关系的范围内，才会有他们对自然界的关系，才会有生产。

> 马克思：《雇佣劳动与资本》，
>
> 《马克思恩格斯全集》第 6 卷第 486 页。

唯物主义历史观从下述原理出发：生产以及随生产而来的产品交换是一切社会制度的基础；在每个历史地出现的社会中，产品分配以及和它相伴随的社会之划分为阶级或等级，是由生产什么、怎样生产以及怎样交换产品来决定的。所以，一切社会变迁和政治变革的终极原因，不应当在人们的头脑中，在人们对永恒的真理和正义的日益增进的认识中去寻找，而应当在生产方式和交换方式的变更中去寻找；不应当在有关的时代的哲学中去寻找，而应当在有关的时代的经济学中去寻找。对现存社会制度的不合理和不公平、对"理性化为无稽，幸福变成苦痛"的日益清醒的认识，只是一种征象，表示在生产方法和交换形式中已经静悄悄地发生了变化，适合于早先的经济条件的社会制度已经不再和这些变化相适应了。同时这还说明，用来消除已经发现的弊病的手段，也必然以多少发展了的形式存在于已经发生变化的生产关系本身中。这些手段不应当从头脑中发明出来，而应当通过头脑从生产的现成物质事实中发现出来。

恩格斯：《反杜林论》，
《马克思恩格斯全集》第 20 卷第 292 页。

马克思究竟是怎样得出这个基本思想的呢？他做到这一点所用的方法，就是从社会生活的各种领域中划分出经济领域，从一切社会关系中划分出生产关系，即决定其余一切关系的基本的原始的关系。

列宁：《什么是"人民之友"以及他们如何攻击社会民主党人?》，
《列宁全集》第 1 卷第 107 页。

在对生产力的认识中，有必要指出两点，就是"资本的生产力"和生产力所包含的"科学技术"问题。

马克思指出："资本家换来劳动本身，这种劳动是创造价值的活动，是生产劳动；也就是说，资本家换来这样一种生产力，这种生产力使资本得以保存和增殖，从而变成了资本的生产力和再生产力，一种属于资本本身的力"（见马克思的《经济学手稿》《马克思恩格斯全集》第 46 卷上册第 231 页）；"资本的增殖，即资本所生产的超过自身价值的剩余价值，也就是资本的生产力，包含在被资本占为已有的剩余劳动中，关于这一点，例如，约·斯·穆勒说：'严格说来，资本并不具有生产力。唯一的生产力是劳动力，当然，它要依靠工具并作用于原料……资本的生产力不外是指资本家借助于他的资本所能支配的实际生产力（劳动）的数量。'"（约·斯·穆勒《略论政治经济学的某些有待解决的问题》1844 年伦敦版第 90~91 页）（见马克思的《经济学手稿》《马克思恩格斯全集》第 47 卷第 262 页）。

由此可见，马克思认为生产力包含资本，只是"包含在被资本占为已有的剩余劳动中"。这一点，是需要特别注意的。

同时，马克思也认为生产力包括科学的力量，认为科学作为一般知识形式的生产力，被运用于生产过程变成了直接的生产力。马克思指出："科学这种既是观念的财富同时又是实际的财富的发展，只不过是人的生产力的发展即财富的发展所表现的一个方面，一种形式"（见《经济学手稿》《马克思恩格斯全集》第 46 卷下册第 34~35 页）；"（不变资本的）这种再生产到处都以固定资本、原料和科学力量的作用为前提，而后者既包括科学力量本身，也包括为生产所占有的，并且已经在生产中实现的科学力量"（见《经济学手稿》《马克思恩格斯全集》第 46 卷下册第 285 页）。

马克思认为，劳动生产力是随着科学和技术的不断进步而不断发展的。马克思指出："大工业的原则是，首先不管人的手怎样，把每一个生产过程本身分解成各个构成要素，从而创立了工艺学这门完全现代的科学。社会生产过程的五光十色的、似无联系的和已经固定化的形态，分解成为自然科学的自觉按计划的和为取得预期有用效果而系统分类的应用"（见《资本论》第 1 卷，《马克思恩格斯全集》第 23 卷第 533 页）；"如果生产这些劳动资料的部门的劳动生产力发展了（劳动生产力是随着科学和技术的不断进步而不断发展的），旧的机器、工具、器具等等就为效率更高的、从功效来说更便宜的机器、工具和器具等等所代替"（见《资本论》第 1 卷，《马克思恩格斯全集》第 23 卷第 664 页）。恩格斯指出："大工业使科学作为一种独立的生产能力而同劳动分开，并使它为资本服务"（见《卡·马克思〈资本论〉第一卷提纲》，《马克思恩格斯全集》第 16 卷第 314 页）。

马克思特别指出，生产过程成了科学的应用，而科学反过来成了生产过程的因素即所谓职能。我们应当注意到，马克思用的是"职能"这个词，不是"序位"，"科学获得的使命是：成为生产财富的手段，成为致富的手段"。"随着大工业的发展，现实财富的创造较少地取决于劳动时间和已耗费的劳动量，较多地取决于在劳动时间内所运用的动因的力量，而这种动因自身——它们的巨大效率——又和生产它们所花费的直接劳动时间不成比例，相反地却取决于一般的科学水平技术进步，或者说取决于科学在生产上的应用。这种科学，特别是自然科学以及和它有关的其他一切科学的发展，又和物质生产的发展相适应。例如，农业将不过成为这样的物质代谢的科学的应用，这种物质代谢能加以最有利的调节以造福于整个社会体"（见《经济学手稿》，《马克思恩格斯全集》第 46 卷下册第 217～218 页）；"自然因素的应用——在一定程度上自然因素被列入资本的组成部分——是同科学作为生产过程的独立因素的发展相一致的。生产过程成了科学的应用，而科学反过来成了生产过程的因素即所谓职能。每一项发现都成了新的发明或生产方法的新的改进的基础。只有资本主义生产方式才第一次使自然科学为直接的生产过程服务，同时，生产的发展反过来又为从理论上征服自然提供手段。科学获得的使命是：成为生产财富的手段，成为致富的手段"（见《经济学手稿》，《马克思恩格斯全集》第 47 卷第 570 页）；"只有资本主义生产才第一次把物质生产过程变成科学在生产的应用，——变成运用于实践的科学，——但是，这只是通过使工人从属于资本，只是通过压制工人本身的智力和专业的发展来实现的"（见《经济学手稿》，《马克思恩格斯全集》第 47 卷第 576 页）。

马克思和恩格斯对有关生产力在各种场合的用法，采用了不同术语。在马克思的《经济学手稿》、《工资、价格和利润》、《资本论》第 1 卷、《剩余价值理论》和恩格斯的《反杜林论》中，提到"劳动生产力"；在马克思的《经济学手稿》《剩余价值理论》中，提到"一般生产力"、"直接生产力"；在马克思的《经济学手稿》《资本论》第 1 卷、《资本论》第 3 卷、《剩余价值理论》中，提到"社会的劳动生产力""劳动的社会生产力"；在马克思恩格斯的《共产党宣言》、马克思的《经济学手稿》《资本论》第 1 卷、《资本论》第 3 卷和恩格斯的《反杜林论》中，提到"社会生产力""联合生产力""个人生产力"；在马克思的《经济学手稿》中，提到"物化生产力""实际生产力""潜在生产力"；在马克思的《经济学手稿》和《剩余价值理论》中，提到"物质生产力""精神生产力"；在马克思的《经济学手稿》《资本论》第 3 卷、《剩余价值理论》中，提到"主观生产力""客观生产力""活劳动生产力""死的生产力""自然生产力"；在马克思的《经济学手稿》《资本论》第 1 卷、《剩余价值理论》中，提到"资本的生产力"。

生产关系是指人们在生产中以一定方式结合起来共同活和互相交换其活动的社会联系

和社会关系。生产资料的所有制形式；由此产生的各种不同社会集团在生产中的地位以及他们的相互关系；完全以它们为转移的产品分配形式，是对生产关系的概括解释。

4. 经济关系、经济条件和经济基础

经济基础是生产关系的总和。经济基础是同生产方式中的生产关系联系在一起的。

构成经济基础的生产关系的总和，是由一定的生产资料所有制形式和由此决定的交换关系、产品分配关系构成的统一体。

恩格斯指出：每一时代的社会经济结构形成现实基础，每一个历史时期由法律设施和政治设施以及宗教的、哲学的和其他的观点所构成的全部上层建筑，归根到底都是应由这个基础来说明的。当然，政治、法律、哲学、宗教、文学，艺术等的发展是以经济发展为基础的，但是，它们又都互相影响并对经济基础发生影响。并不是只有经济状况才是原因，才是积极的，而其余一切都不过是消极的结果。

经济范畴只不过是生产的社会关系的理论表现，即其抽象。

马克思：《哲学的贫困》，
《马克思恩格斯全集》第 4 卷第 143 页。

人们在自己生活的社会生产中发生一定的、必然的、不以他们的意志为转移的关系，即同他们的物质生产力的一定发展阶段相适合的生产关系。这些生产关系的总和构成社会的经济结构，即有法律的和政治的上层建筑竖立其上并有一定的社会意识形式与之相适应的现实基础。

马克思：《〈政治经济学批判〉序言》，
《马克思恩格斯全集》第 13 卷第 8 页。

以往的全部历史，除原始状态外，都是阶级斗争的历史；这些互相斗争的社会阶级在任何时候都是生产关系和交换关系的产物，一句话，都是自己时代的经济关系的产物；因而每一时代的社会经济结构形成现实基础，每一个历史时期由法律设施和政治设施以及宗教的、哲学的和其他的观点所构成的全部上层建筑，归根到底都是应由这个基础来说明的。

恩格斯：《〈反杜林论〉材料》，
《马克思恩格斯全集》第 20 卷第 701 页。

我们视为社会历史的决定性基础的经济关系，是指一定社会的人们用以生产生活资料和彼此交换产品（在有分工的条件下）的方式说的。因此，这里面也包括生产和运输的全部技术装备。这种技术装备，照我们的观点看来，同时决定着产品的交换方式，以及分配方式，从而在氏族社会解体后也决定着阶级的划分，决定着统治和从属的关系，决定着国家、政治、法律等等。此外，包括在经济关系中的还有这些关系赖以发展的地理基础和事

实上由过去沿袭下来的先前各经济发展阶段的残余（这些残余往往只是由于传统或惰力才继续保存下来），当然还有围绕着这一社会形式的外部环境。

如果像您所断言的，技术在很大程度上依赖于科学状况，那末科学却在更大的程度上依赖于技术的状况和需要。社会一旦有技术上的需要，则这种需要就会比十所大学更能把科学推向前进。整个流体静力学（托里拆利等）是由于十六和十七世纪调节意大利山洪的需要而产生的。关于电，只是在发现它能应用于技术上以后，我们才知道一些理性的东西。在德国，可惜人们写科学史时已惯于把科学看作是从天上掉下来的。

恩格斯：《致瓦·博尔吉乌斯》，

《马克思恩格斯全集》第39卷上册第198~199页。

我们认为，经济条件归根到底制约着历史的发展。种族本身就是一种经济因素。不过这里有两点不应当忽视：

（a）政治、法律、哲学、宗教、文学、艺术等的发展是以经济发展为基础的。但是，它们又都互相影响并对经济基础发生影响。并不是只有经济状况才是原因，才是积极的，而其余一切都不过是消极的结果。这是在归根到底不断为自己开辟道路的经济必然性的基础上的互相作用。例如，国家就是通过保护关税、贸易自由、好的或者坏的财政制度发生作用的。这并不象某些人为着简便起见而设想的那样是经济状况自动发生作用，而是人们自己创造着自己的历史，但他们是在制约着他们的一定环境中，是在既有的现实关系的基础上进行创造的，在这些现实关系中，尽管其他的条件——政治的和思想的——对于经济条件有很大的影响，但经济条件归根到底还是具有决定意义的，它构成一条贯穿于全部发展进程并唯一能使我们理解这个发展进程的红线。

（b）人们自己创造着自己的历史，但是到现在为止，他们并不是按照共同的意志，根据一个共同的计划，甚至不是在某个特定的局限的社会内来创造这个历史。他们的意向是相互交错着的，因此在所有这样的社会里，都是那种以偶然性为其补充和表现形式的

恩格斯：《致瓦·博尔吉乌斯》，

《马克思恩格斯全集》第39卷上册第199页。

关于第二个问题。我是这样来判定您的第一个主要论据的：根据唯物史观，历史过程中的决定性因素归根到底是现实生活的生产和再生产。无论马克思或我都从来没有肯定过比这更多的东西。如果有人在这里加以歪曲，说经济因素是唯一决定性的因素，那末他就是把这个命题变成毫无内容的、抽象的、荒诞无稽的空话。经济状况是基础，但是对历史斗争的进程发生影响并且在许多情况下主要是决定着这一斗争的形式的，还有上层建筑的各种因素：阶级斗争的各种政治形式和这个斗争的成果——由胜利了的阶级在获胜以后建立的宪法等等，各种法权形式以及所有这些实际斗争在参加者头脑中的反映，政治的、法律的和哲学的理论，宗教的观点以及它们向教义体系的进一步发展。这里表现出这一切因素间的交互作用，而在这种交互作用中归根到底是经济运动作为必然的东西通过无穷无尽的偶然事件（即这样一些事物，它们的内部联系是如此疏远或者是如此难于确定，以致我

们可以忘掉这种联系，认为这种联系并不存在）向前发展。否则把理论应用于任何历史时期，就会比解一个最简单的一次方程式更容易了。

我们自己创造着我们的历史，但是第一，我们是在十分确定的前提和条件下进行创造的。其中经济的前提和条件归根到底是决定性的。但是政治等等的前提和条件，甚至那些存在于人们头脑中的传统，也起着一定的作用，虽然不是决定性的作用。普鲁士国家也是由于历史的、归根到底是经济的原因而产生出来和发展起来的。但是，恐怕只有书呆子才会断定，在北德意志的许多小邦中，勃兰登堡成为一个体现了北部和南部之间的经济差异、语言差异、而自宗教改革以来也体现了宗教差异的强国，这只是由经济的必然性所决定，而不是也由其他因素所决定（在这里首先起作用的是这样一个情况：勃兰登堡由于掌握了普鲁士而卷入了波兰事件，并因而卷入了国际政治关系，后者在形成奥地利王室的威力时也起过决定的作用）。要从经济上说明每一个德意志小邦的过去和现在的存在，或者要从经济上说明那种把苏台德山脉至陶努斯山脉所形成的地理划分扩大成为贯穿全德意志的真正裂痕的高地德意志语的音变的起源，那末，要不闹笑话，是很不容易的。

恩格斯：《致约瑟夫·布洛赫》，

《马克思恩格斯全集》第 37 卷第 460～461 页。

这个理论制定了社会经济形态的概念。它以人类任何共同生活中的基本事实即生活资料的谋得方式为出发点，把这种生活资料谋得方式和在它影响下形成的人与人间的关系联系起来，并指出这些关系（即马克思的用语"生产关系"）的体系是为政治法律形式和某些社会思潮所包裹着的社会基础。

列宁：《民粹主义的经济内容及其在司徒卢威先生的书中受到的批评》，

《列宁全集》（第 1 版）第 1 卷第 388 页。

它们非常狭隘和孤立地理解经济问题的意义，把经济、政治、道德等等"因素"参杂在"诗意的混乱"之中。只有唯物史观才能澄清这种混乱，才能广泛地、有联系地、明白地观察社会经济的特定结构，把它看作人类全部社会生活特定结构的基础。

列宁：《书评。亚·波格丹诺夫"经济学简明教程"》，

《列宁全集》（第 1 版）第 4 卷第 34 页。

经济基础是和物质生产力的一定发展阶段相适合的生产关系的总和，是社会在其一定发展阶段上的经济制度、经济关系。

所谓经济基础，就是生产关系，主要是所有制。

经济基础、经济，经济关系，有时指社会生产、生产方式或社会物质生活条件；有时指物质基础、生产技术装备或一定的生产力水平；有时指国民经济、经济建设、经济工作、经济事业等等。

（二）地理环境和人口条件不是法的决定性条件

1. 地理环境条件

地理环境，是山川、气候等自然环境，是社会物质生活条件的组成部分。

"社会物质生活条件"这一概念无疑包括社会所处的地理环境，因为地理环境是社会物质生活必要的和经常的条件之一，它影响到社会的发展——加速或者延缓社会发展进程，也影响到法的发展进程。

地理环境对社会的影响，对法的影响，并不是决定性的。因为社会和法的变化和发展比地理环境的变化和发展快得不可同比。欧洲在几千年内已经更换过原始公社制、奴隶占有制，封建制三种不同的社会形态类型和法律类型，在欧洲东部的苏联，甚至更换了四种。可是，在同一时期内，欧洲的地理条件不是完全没有变化，但变化是极小的。由此应该得出结论，地理环境不可能成为社会和法发展的主要原因，决定性的原因。

毛泽东在《矛盾论》中指出：社会的发展，主要地不是由于外因而是由于内因。许多国家在差不多一样的地理和气候的条件下，它们发展的差异性和不平衡性，非常之大。同一个国家吧，在地理和气候并没有变化的情形下，社会的变化却是很大的。帝国主义的俄国变为社会主义的苏联，封建的闭关锁国的日本变为帝国主义的日本，这些国家的地理和气候并没有变化。长期地被封建制度统治的中国，近百年来发生了很大的变化，现在已经变化到一个自由解放的新中国的方向去，中国的地理和气候并没有变化。整个地球及地球各部分的地理和气候也是变化着的，但以它们的变化和社会的变化相比较，则显得很微小，前者是以若干万年为单位而显现其变化的，后者则在几千年，几百年，几十年、甚至几年或几个月（在革命时期）内就显现其变化了。

任何人类历史的第一个前提无疑是有生命的个人的存在。因此第一个需要确定的具体事实就是这些个人的肉体组织，以及受肉体组织制约的他们与自然界的关系。当然，我们在这里既不能深入研究人们自身的生理特性，也不能深入研究各种自然条件——地质条件、地理条件、气候条件以及人们所遇到的其他条件。任何历史记载都应当从这些自然基础以及它们在历史进程中由于人们的活动而发生的变更出发。

马克思恩格斯：《德意志意识形态》，

《马克思恩格斯全集》第3卷第23～24页。

不同的公社在各自的自然环境中，找到不同的生产资料和不同的生活资料。因此，它们的生产方式、生活方式和产品，也就各不相同。这种自然的差别，在公社互相接触时引起了产品的互相交换，从而使这些产品逐渐变成商品。

马克思：《资本论第一卷》，

《马克思恩格斯全集》第23卷第390页。

生产的原始条件表现为自然前提，即生产者生存的自然条件，正如他的活的躯体一样，尽管他再生产并发展这种躯体，但最初不是由他本身创造的，而是他本身的前提；他本身的存在（肉体存在），是一种并非由他创造的自然前提。被他当作属于他所有的无机体来看待的这些生存的自然条件，本身具有双重的性质：（1）是主体的自然，（2）是客体的自然。生产者作为家庭、部落、特里布斯等等（它们后来和别的家庭、部落、特里布斯等等相混合、相对立，而在历史上采取各种不同的形态）的一个成员而存在，并且作为这样一个成员，他把一定的自然（这里说的还是土地）看作是自身的无机存在，看作是自身的生产和再生产的条件。作为共同体的一个天然的成员，他在公共财产中有自己的一部分，并有特殊的一份为自己占有；正如他生来是罗马公民，对公有地有（至少是）观念上的要求权，而对于若干罗马亩的土地等等则有实际上的要求权一样。

马克思：《经济学手稿》，

《马克思恩格斯全集》第 46 卷上册第 488 ~ 489 页。

撇开社会生产的不同发展程度不说，劳动生产率是同自然条件相联系的。这些自然条件都可以归结为人本身的自然（如人种等等）和人的周围的自然。外界自然条件在经济上可以分为两大类：生活资料的自然富源，例如土壤的肥力，鱼产丰富的水等等；劳动资料的自然富源，如奔腾的瀑布、可以航行的河流、森林、金属、煤炭等等。在文化初期，第一类自然富源具有决定性的意义；在较高的发展阶段，第二类自然富源具有决定性的意义。例如，可以用英国同印度比较，或者在古代，用雅典、科林斯同黑海沿岸的地方比较。绝对必需满足的自然需要的数量越少，土壤自然肥力越大，气候越好，维持和再生产生产者所必需的劳动时间就越少。因而，生产者在为自己从事的劳动之外来为别人提供的剩余劳动就可以越多。

马克思：《资本论第一卷》，

《马克思恩格斯全集》第 23 卷第 560 页。

自然主义的历史观（例如，德莱柏和其他一些自然科学家都或多或少有这种见解）是片面的，它认为只是自然界作用于人，只是自然条件到处在决定人的历史发展，它忘记了人也反作用于自然界，改变自然界，为自己创造新的生存条件。日耳曼民族移入时期的德意志"自然界"，现在只剩下很少很少了。地球的表面、气候、植物界、动物界以及人类本身都不断地变化，而且这一切都是由于人的活动，可是德意志自然界在这个时期中没有人的干预而发生的变化，实在是微乎其微的。

恩格斯：《自然辩证法》，

《马克思恩格斯全集》第 20 卷第 574 页。

一些研究犯罪学的学者认为，气候是产生某种犯罪行为的原因，在不同气候条件下人们所实施的某种犯罪行为很大差别。孟德斯鸠在《论法的精神》中谈到，炎热的气候和寒冷的气候容易使人产生不同的心理感受。犯罪制图学派的凯特勒在《论人及其能力的发展》中，认为气候温和的地带会导致侵害人身的犯罪，寒冷的地带会导致财产型犯罪。实际上，这不过是中国民谚"饱暖思淫意，饥寒起盗心"的理论翻版。立法当然要考虑气候（季节）同人与人之间发生冲突的可能性的关系，但作为全国性的法律，必须作出统一规定。这个统一规定，不是由气候决定的，而是由生产方式和经济基础决定的。

其实，凯特勒关于侵犯公民人身权利的性犯罪同财产犯罪关系的说法，不能从气候变换得到说明。通过研究公安部门的犯罪白皮书，我得出如下结论：30 多年来，我国存在"财产犯罪增加、性犯罪（强奸罪等）减少"的趋势。这"一多一少"的原因，只能从人们的现实财产关系状况来回答。很显然，非法财产增加了，性交易可以通过金钱而非通过侵犯公民人身权利实现。

2. 人口条件

人口，是生活在特定社会制度、特定地域，具有一定数量和质量的人的总称。人口不仅是一切社会生活的基础和出发点，而且是社会生产力的和生产关系的构成要素。

人是自然界的一种物质，是有生命的肉体组织，人口具有自然的属性。这一点同其他生物一样。重要的在于，人口具有社会的属性。任何人类社会都是由一定数量的人口构成的，人们之间必然发生一定的相互关系。此外，人口的生产和再生产，是人类社会生活基础的基础。人口的生产和再生产是自然关系，但必定为一定的生产关系所制约。同动物不同，人类的增殖，是通过一定的历史的婚姻家庭制度实现的，而一定社会的生产关系的性质，决定着家庭关系的性质以及人口的生产和再生产。社会生产关系的发展规律决定着人口的发展规律，不存在适合一切社会制度的永恒的人口规律。

研究人口对于立法的影响，应当研究人口的自然构成和人口的地域构成，因为这些客观事实对立法发展有直接的关系。当然，人口的社会构成，从根本上说是阶级构成。马克思说，如果抛开构成人口的阶级，人口就是一个抽象。如果立法和法学研究从这种抽象出发，离开一定社会的物质生活条件和阶级关系，那么它什么都不是。

马尔萨斯创立的反科学的人口理论。这一理论通过臆造的"人口自然规律"，把资本主义制度下劳动群众的贫困归咎于人口增长快于生活资料的增长。经典著作家揭示了马尔萨斯主义的反动实质，称它为"资产阶级对无产阶级的最公开的宣战"。

人们生产他们所必需的生活资料，同时也就间接地生产着他们的物质生活本身。这种生产第一次是随着人口的增长而开始的。

马克思恩格斯：《德意志意识形态》，
《马克思恩格斯全集》第 3 卷第 24 页。

人口的增加会使劳动生产力提高，因为这会使劳动的更广泛的分工和结合等等成为可能。人口的增加是劳动的一种不用支付报酬的自然力。从这个观点出发我们把社会力量叫作自然力。所有社会劳动的自然力，本身都是历史的产物。

马克思：《经济学手稿》，
《马克思恩格斯全集》第 46 卷上册第 380 页。

每一种特殊的、历史的生产方式都有其特殊的、历史地起作用的人口规律。抽象的人口规律只存在于历史上还没有受过人干涉的动植物界。

马克思：《资本论第一卷》，

《马克思恩格斯全集》第 23 卷第 692 页。

不同的社会生产方式，有不同的人口增长规律和过剩人口增长规律，过剩人口同赤贫是一回事。这些不同的规律可以简单地归结为同生产条件发生关系的种种不同方式，或者就活的个体来说，可以简单地归结为同他作为社会成员（因为他只能在社会中从事劳动和占有）的再生产条件发生关系的种种不同方式。就个别的人或者某一部分人口来说，对生产条件的这种（传统）关系的解体，会把他们置于这种特定基础的再生产条件之外，因而也就把他们变成了过剩人口，他们不仅一无所有，而且无法依靠劳动为自己谋取生活资料，于是变成了赤贫。

只有在以资本为基础的生产方式下，赤贫才表现为劳动自身的结果，表现为劳动生产力发展的结果。因此，在一个社会生产阶段上可能是过剩人口的情况，在另一个阶段上却不是这样，而且过剩人口的作用可能是不同的。

马克思：《经济学手稿》，

《马克思恩格斯全集》第 46 卷下册第 104～106 页。

工人人口本身在生产出资本积累的同时，也以日益扩大的规模生产出使他们自身成为相对过剩人口的手段。这就是资本主义生产方式所特有的人口规律，事实上，每一种特殊的、历史的生产方式都有其特殊的、历史地起作用的人口规律。抽象的人口规律只存在于历史上还没有受过人干涉的动植物界。

马克思：《资本论第一卷》，

《马克思恩格斯全集》第 23 卷第 692 页。

资本主义生产方式越是发展，要使用同量劳动力，就需要越来越大的资本量，如果要使用更多的劳动力，那就更是如此。因此，在资本主义的基础上，劳动生产力的提高必然会产生永久性的显而易见的工人人口过剩。

马克思：《资本论第三卷》，

《马克思恩格斯全集》第 25 卷上册第 248～249 页。

马尔萨斯的理论，其实并不是他发明的，他窃取了这一理论发明者的荣誉，是由于他以牧师的狂热宣扬了这个理论；老实说，不过是由于他特别强调了这一理论。他的理论在两方面有意义：①因为他用残酷的说法来表达资本的残酷的观点；②因为他断言在一切社会形式下都有过剩人口这一事实。但他并没有证明这一点，因为再没有比把历史著作和游记杂乱无章地编纂在一起无批判力的东西了。马尔萨斯的见解十分荒谬和幼稚，这是因为：

（1）他把经济发展的不同历史阶段上的过剩人口看成是一样的，不了解它特有的差别，因而把这些极其复杂的和变化多端的关系愚蠢地归结为一种关系，归结为两个等式：一方面是人的自然繁殖，另一方面是植物（或生活资料）的自然繁殖，把它们作为两个自然级数互相对比，一个按几何级数增长，一个按算术级数长。这样一来，马尔萨斯便把历史上不同的关系变成一种抽象的数字关系。这纯粹是凭空捏造，既没有自然规律作根据，也没有历史规律作根据。似乎在人的繁殖和例如谷物的繁殖之间应当存在着天然的差别。这个盲目模仿者同时还认为：人数的增长是纯自然过程，它需要外部的限制，障碍，才不致按几何级数发展下去。……

（2）马尔萨斯愚蠢地把一定数量的人同一定数量的生活资料硬联系在一起。李嘉图当即正确地反驳他说，假如一个工人没有工作，现有的谷物数量就同他毫不相干，因而，决定是否把工人列入过剩人口范畴的，是雇佣资料，而不是生产资料。

马克思：《经济学手稿》，

《马克思恩格斯全集》第46卷下册第106~108页。

马克思把人和动植物加以对比是根据前者生活在各种不同的、历史地更替的、由社会生产制度因而由分配制度决定的社会机体中。人类的增殖条件直接决定于各种不同的社会机体的结构，因此应当分别研究每个社会机体的人口规律，不应当不管历史上有各种不同的社会结构形式而去"抽象地"研究人口规律。

列宁：《民粹主义的经济内容及其在司徒卢威先生的书中受到的批评》，

《列宁全集》第1卷第414页。

"社会物质生活条件"包括人口的增长、人口密度的大小，因为人是社会物质生活条件的必要因素，没有一定的最低限度的人口，就不可能有任何社会物质生活。当然，人口的增长和人口密度对社会的发展有影响，它促进或者延缓社会的发展，但是它不能说明为什么某种社会制度被一定的新制度所代替，而不是被其他某种制度所代替。由此应该认为，人口的增长和人口密度，不能决定社会制度和法律制度的性质、不能决定社会面貌和法律面貌，不是社会发展和法律发展的决定性因素。

（三）经济生活条件对法的决定性作用

1. 法的存在和发展应当从经济条件中得到解释

经济条件，是经济存在和发展的各种因素。经济条件术语所表达的，是所有经济现象和经济事实的总概括。经典作家把社会生产关系"恰恰称之为经济关系"，就是把与一定社会生产力相适应的社会生产关系，或适应于一定社会生产力发展的社会经济制度，等同于经济关系。经典作家之所以把社会生产关系称为经济关系，是因为它是物质资料的生产，以及相应的交换、分配、消费。生产和再生产过程，包括相应的交换，分配，消费环节。

生产关系，是人们在物质资料生产过程中以一定方式结合起来共同活动和互相交换其活动的社会联系和社会关系。狭义的生产关系，是指人们在直接生产过程中发生的关系。当人们生产出来产品后，产品进入交换、分配和消费领域，则构成产品生产总过程的各个环节，通过生产总过程体现人与人之间的关系，这便是广义生产关系，即社会生产关系。生产关系是政治经济学理论的重要范畴，在经济学理论里，经济关系术语与生产关系术语是在相同意义上使用的。

西方语言中的"经济"一词，来源于希腊语，原义是家庭管理的意思，始见于古希腊历史学家色诺芬（前430—前355）的《经济论》。我国古汉语"经济"一词，始见于隋人王通《文中子·礼乐》"经济之道"，具有"经邦济世""经国济民"的含义。19世纪后期，日本学者用日文汉字"经济"一词，对译西方著作中具有近代"经济"含义的 economy，此后，中国的"经济"的含义便沿用西方的这种含义了。

在法学上，涉及经济领域的术语，是经济主体、经济活动、经济关系和经济关系的法律调整，等等。

在社会发展某个很早的阶段，产生了这样的一种需要：把每天重复着的生产、分配和交换产品的行为用一个共同规则概括起来，设法使个人服从生产和交换的一般条件。这个规则首先表现为习惯，后来便成了法律。随着法律的产生，就必然产生出以维护法律为职责的机关——公共权力，即国家。

在社会进一步发展的进程中，法律便发展成或多或少广泛的立法。这种立法愈复杂，它的表现方式也就愈益不同于社会日常经济生活条件所借以表现的方式。立法就显得好像是一个独立的因素，这个因素并不是从经济关系中，而是从自己的内在基础中，例如从"意志概念"中，获得存在的理由和继续发展的根据。人们往往忘记他们的法权起源于他们的经济生活条件，正如他们忘记了他们自己起源于动物界一样。

恩格斯：《论住宅问题》，

《马克思恩格斯全集》第18卷第309~310页。

马克思究竟是怎样得出这个基本思想的呢？他做到这一点所用的方法，就是从社会生活的各种领域中划分出经济领域，从一切社会关系中划分出生产关系，即决定其余一切关系的基本的原始的关系。马克思自己曾这样描写过他对这个问题的推论过程：

"为了解决使我苦恼的疑问，我写的第一部著作是对黑格尔法哲学的批判性的分析……我的研究得出这样一个结果：法的关系正像国家的形式一样，既不能从它们本身来理解，也不能从所谓人类精神的一般发展来理解，相反，它们根源于物质的生活关系。"

列宁：《什么是"人民之友"以及他们如何攻击社会民主党人?》，

《列宁全集》第1卷第107页。

通过交易获得财物的契约。在这里这个蠢汉（virobscurus）完全本末倒置。在他看来，先有法，后有交易；而实际情况却相反：先有交易，后来才由交易发展为法制。我在分析商品流通时就指出，还在不发达的物物交换情况下，参加交换的个人就已经默认彼此是平等的个人，是他们用来交换的财物的所有者；他们还在彼此提供自己的财物，相互进行交易的时候，就已经做到这一点了。这种通过交换和在交换中才产生的实际关系，后来获得了契约这样的法的形式，等等，但是这一形式既不构成自己的内容，即交换，也不构成存在于这一形式中的人们的相互关系，而是相反。与此相反，瓦格纳写道："这种获得｛通过交易获得财物｝必须以一定的法制为前提，根据它〈！〉进行交易"，等等（第84页）。

马克思：《给维·伊·查苏利奇的复信草稿》，
《马克思恩格斯全集》第19卷第422~423页。

在宗法制度、种姓制度、封建制度和行会制度下，整个社会的分工都是按照一定的规则进行的。这些规则是由哪个立法者确定的吗？不是。它们最初来自物质生产条件，过了很久以后才上升为法律。

马克思：《哲学的贫困》，
《马克思恩格斯全集》第4卷第165页。

法律可以使一种生产资料，例如土地，永远属于一定家庭。这些法律，只有当大土地所有权适合于社会生产的时候，如象在英国那样，才有经济意义。在法国，尽管有大土地所有权，但经营的是小规模农业，因而大土地所有权就被革命摧毁了。但是，土地分成小块的状态是否例如通过法律永远固定下来了呢？尽管有这种法律，土地所有权却又集中起来了。法律在巩固分配关系方面的影响和它们由此对生产发生的作用，要专门加以确定。

马克思：《经济学手稿》，
《马克思恩格斯全集》第46卷上册第35~36页。

不论在法国或是在德国，哲学和那个时代的文学的普遍繁荣一样，都是经济高涨的结果。经济发展对这些领域的最终的支配作用，在我看来是无疑的，但是这种支配作用是发生在各该领域本身所限定的那些条件的范围内：例如在哲学中，它是发生在这样一种作用所限定的条件的范围内，这种作用就是各种经济影响（这些经济影响多半又只是在它的政治等等的外衣下起作用）对先驱者所提供的现有哲学资料发生的作用。经济在这里并不重新创造出任何东西，但是它决定着现有思想资料的改变和进一步发展的方式，而且这一作用多半也是间接发生的，而对哲学发生最大的直接影响的，则是政治的、法律的和道德的反映。

因此，如果巴尔特认为我们否认经济运动的政治等等反映对这个运动本身的任何反作用，那他就简直是跟风车作斗争了。他只须看看马克思的《雾月十八日》，那里谈到的几乎都是政治斗争和政治事件所起的特殊作用，当然是在它们普遍依赖于经济条件的范围内。或者看看《资本论》，例如关于工作日的那一篇，那里表明，肯定是政治行动的立法起着多么重大的作用。或者看看关于资产阶级的历史的那一篇（第二十四章）。如果政治权力在经济上是无能为力的，那末我们又为什么要为无产阶级的政治专政而斗争呢？暴力

（即国家权力）也是一种经济力量！

恩格斯：《致康拉德·施米特》，

《马克思恩格斯全集》第 37 卷第 490 页。

因此，在现代历史中至少已经证明：任何政治斗争都是阶级斗争，而任何争取解放的阶级斗争，尽管它必然地具有政治的形式（因为任何阶级斗争都是政治斗争），归根到底都是围绕着经济解放进行的。因此，至少在这里，国家，政治制度是从属的东西，而市民社会，经济关系的领域是决定性的因素。从传统的观点看来（这种观点也是黑格尔所尊崇的），国家是决定性的因素，市民社会是被国家决定的因素。表面现象是和这种看法符合的。就个别人说，他的行动的一切动力，都一定要通过他的头脑，一定要转变为他的愿望的动机，才能使他行动起来，同样，市民社会的一切要求（不管当时是哪一个阶级统治着），也一定要通过国家的愿望，才能以法律形式取得普遍效力。这是问题的形式方面，这方面是不言而喻的；不过要问一下，这个仅仅是形式上的愿望（不论是个别人的或国家的）有什么内容呢？这一内容是从哪里来的呢？为什么人们所期望的正是这个而不是别的呢？在寻求这个问题的答案时，我们就发现，在现代历史中，国家的愿望总的说来是由市民社会的不断变化的需要，是由某个阶级的优势地位，归根到底，是由生产力和交换关系的发展决定的。

但是，既然甚至在拥有巨量生产资料和交通工具的现代，国家都不是一个具有独立发展的独立领域，而它的存在和发展归根到底都应该从社会的经济生活条件中得到解释。

马克思恩格斯：《共产党宣言》，

《马克思恩格斯全集》第 21 卷第 345～346 页。

甚至在一个民族内各个个人都有各种完全不同的发展，即使撇开他们的财产关系不谈，而且较早时期的利益，在与之相适应的交往形式已经为适应于较晚时期的利益的交往形式所排挤之后，仍然在长时间内拥有一种表现为与个人隔离的虚幻共同体（国家、法）的传统权力，这种权力归根结底只有通过革命才能打倒。

马克思恩格斯：《德意志意识形态》，

《马克思恩格斯全集》第 3 卷第 81 页。

他相信堂吉诃德的话，他认为通过简单的道德诫条他就能把由于分工而产生的物质力量毫不费力地变为个人力量。法律关系与由于分工而引起的这些物质力量的发展，联系得多么紧密，这一点是从法院权力的历史发展和封建主对法的发展的抱怨中已经可以看清楚的（例如，参看前面所引证的蒙泰的著作，14、15 世纪）。正是在介于贵族统治和资产阶级统治之间的时期，当时两个阶级的利益彼此发生了冲突，欧洲各国之间的贸易关系开始重要起来，从而国际关系本身也带上了资产阶级的色彩，正是在这样一个时期，法院的权力开始获得重要的意义；而在资产阶级统治下，当这种广泛发展的分工成为绝对必要的时候，法院的权力达到了自己的最高峰。至于这些分工的臣仆、法官们、甚至是 professores juris〔法学教授们〕如何想法，那是完全无关紧要的。

马克思恩格斯:《德意志意识形态》，

《马克思恩格斯全集》第 3 卷第 396 页。

这里有一个问题。有人说，法学上的经济关系不是唯物史观上的经济关系，法不调整经济关系概念。

所称唯物史观即历史唯物主义。历史唯物主义是对历史的唯物主义解释，它是唯一科学的说明历史的理论和方法。经济关系是历史唯物主义是基本范畴。经经济关系是历史的、社会的，当它被唯物主义地解释和说明时，便获得了真理性特征。

这里应当明确，唯物史观上的经济关系概念，与作为法律直接规范对象客体的经济关系，两者实际上没有什么不同。这是因为:

其一，唯物史观上的经济关系和法学上的经济关系概念的含义是一致的。

唯物史观认为，经济关系，是一定社会的人们用以生产生产资料和生活资料及彼此交换产品的方式、是社会生产的关系、是物质生活条件、是生产方式。很显然，在唯物史观那里，经济关系概念是在不同场合、从不同角度概括的，但它的含义是确定的，即经济关系是生产、交换、分配和消费过程中所形成的经济活动主体间的关系。这一含义，与法学上的经济关系概念的含义没有差别。

其二，经济关系与经济关系的表现，实际上是一个问题的两个方面，而不是两个彼此独立的问题，经济关系的表现，正是经济法所调整的领域范围。

概念与概念的表现是同一个东西。离开概念的表现，概念是不存在的。黑格尔在《小逻辑》里讲过:力和力的表现是同一个东西，离开了"力的表现"，"力"就成了空洞的东西，也只有把力看成是"空洞的形式"，看成是脱离"力的表现"之物，力和力的表现才有区别，否则，两者正是一个东西。力之所以为力，只在于它的表现，从"力的表现"中认识到规律，即认识了力本身。一般人以为无法知道的东西，实际上是由于他们把力了解为"自身反映的空洞形式"，那种空洞的抽象的力，当然是无法知道的，而脱离了力的表现之力，是不符合力的概念的。由此说来，经济关系之所以为经济关系，只在于它的表现，只在于它是现实的经济关系在抽象思维上的再现。唯物史观上的经济关系概念，概括了它的所有方面，这些方面，正是法调整的具体范围。因此，把"法律规范直接调整对象的经济关系"与"唯物主义历史观的经济关系概念"，分割开来并相对立的看法，是把经济关系同经济关系的表现，分割开来并相对立了。

其三，法不调整经济关系概念，但要严格限定具体概念的内涵和外延，并通过这种限定来调整经济关系。

概念属于哲学范畴，法不可能调整抽象的概念。在法关系到概念问题时，总是通过限定概念来调整由概念所表现的主体、客体、关系和行为的。如法律规定"不准搞楼堂馆所"，就要规定什么是本法所称的"楼""堂""馆""所";规定"楼堂馆所"的类别、范围、建筑规格和标准;规定搞"楼堂馆所"所形成的经济关系中关于合同、投资、使用、销售等的处理;规定违禁行为的法律责任。因此，由法"不调整经济关系概念"得出

"法也不调整概念所表现的经济关系"的结论，显然是错误的。

2. 法律只是表明和记载经济关系的要求

法律表明和记载经济关系的要求，是马克思主义法学关于法和经济关系的相互关系原理。

"表明和记载"，就是法的制定。这里需要明确三个问题：

第一，"表明和记载"的时限，对经济关系的运行有决定性影响。

经济关系的变动性，必然要求立法目的的变动，这就带来调整客体、主体和调整方法的变动。这样，法的制定的适时性被提到首位。任何社会形态经济的发展，都具有阶段性特征，市场经济的发展也具有阶段性。不同经济阶段有不同的立法要求。"超前立法"，使法跑在经济过程特别是经济阶段的前面，"滞后立法"又使法跟着经济跑。两者都是立法的主观过程脱离客观过程，都不能按经济运行的内在机制组织社会经济生活。

第二，"表明和记载"受该法本身作用的制约。

由于每一经济部门、每一经济活动的经济过程期间是不同的，因而法在那里发生作用并不相同。如农业部门与工业部门的价格变动不是同步的。由于各地区农产品生产成本不同，又受自然条件影响和生长周期的限制，其价格变动不同于工业品。工业品价格（出厂、批发、零售）的变动，以生产成本、利润和税金为基础，又考虑到国计民生的重要程度及市场供需关系等因素。但价格立法中控制价格上涨的规范却同时在农产品、工业品价格那里发生作用。其结果是：合理的农产品提价要求受到该法的限制，从而使农村购买力下降，农业生产萎缩，农村劳动外流。因此，必须从经济总体运行的角度研究制止滥涨价立法的作用问题。立法者必须树立经济过程时间差决定法的作用时间差的观念。要求根据每一具体经济过程的期间，及时地有针对性地进行科学立法，做好法的废改立工作。我国现在的情况是，农产品价格偏低，工业品特别是农用工业品价格过高。这些状况迫切要求通过差别性立法加以改变。

法的强制力能够保证经济活动主体经济行为的合法性，但经济过程有其自身规律，它一定要冲破人为的限制而为自己的发展开辟道路。在经济与法背离的期间内，应采取政策的、行政的、经济的等各种手段和配套措施，最大限度地缩短背离的时间和幅度，以确保具体经济变动符合法的要求，并按法要求的方向发展。

第三，"表明和记载"的目的是法的实施，就是实现这种"表明和记载"的任务。

法的完成（执行）过程，是法"实施"过程。法的实现具有非均衡性特点。从根本上说，这是经济过程的规律决定的。法的实施机制，取决于下述三个条件：①经济活动主体在多大程度上依据法的要求自我规范、改变其不法经济行为；②完成经济监督、明确责任和执行责任措施（制裁）的合理性；③改变现实经济条件的过程。在法的实施提出"表明和记载"的目的，有利于强化执法和守法环节，有利于实现经济良性运行的保障条件，有利于弱化经济周期。

法也是如此：产生了职业法律家的新分工一旦成为必要，立刻就又开辟了一个新的独立部门，这个部门虽然一般地是完全依赖于生产和贸易的，但是它仍然具有反过来影响这两个部门的特殊能力。在现代国家中，法不仅必须适应于总的经济状况，不仅必须是它的表现，而且还必须是不因内在矛盾而自己推翻自己的内部和谐一致的表现。而为了达到这一点，经济关系的忠实反映便日益受到破坏。法典愈是很少把一个阶级的统治鲜明地、不加缓和地、不加歪曲地表现出来，这种现象就愈是常见：这或许已经违反了"法观念"。1792—1796 年时期革命资产阶级的纯粹而彻底的法观念，在许多方面已经在拿破仑法典中被歪曲了，而就这个法典所体现的这种法观念来说，它必然要由于无产阶级的不断增长的力量而日益得到各种缓和。但是这并不妨碍拿破仑法典成为世界各地编纂新法典时当作基础来使用的法典。这样，"法发展"的进程大部分只在于首先设法消除那些由于将经济关系直接翻译为法律原则而产生的矛盾，建立和谐的法体系，然后是经济进一步发展的影响和强制力又经常摧毁这个体系，并使它陷入新的矛盾（这里我暂时只谈民法）。

经济关系反映为法原则，也同样必然使这种关系倒置过来。这种反映的发生过程，是活动者所意识不到的；法学家以为他是凭着先验的原理来活动，然而这只不过是经济的反映而已。这样一来，一切都倒置过来了。而这种颠倒——它在被认清以前是构成我们称之为思想观点的东西的——又对经济基础发生反作用，并且能在某种限度内改变它，我以为这是不言而喻的。以家庭的同一发展阶段为前提的继承权的基础就是经济的。

恩格斯：《致康拉德·施米特》，
《马克思恩格斯全集》第 37 卷第 488 页。

下面这一段话足以说明我们的 vir obscurus 关于法对经济的创造性影响的臆想，虽然在这一段话中包含的荒谬观点，他在许多地方宣扬过：

"个体经济都由某个作为法的和经营的主体的个人来领导，以充当其技术和经济活动的器官……这不是一种纯经济现象，而同时取决于法的性质。因为法决定，谁被承认是这个个人，因而可以领导某个经济"，等等（第 65 页）。

马克思：《评阿·瓦格纳的"政治经济学教科书"》，
《马克思恩格斯全集》第 19 卷第 422 页。

有一种看法，似乎人们的观念和看法创造他们的生活条件，而不是相反，这种看法正被以往的全部历史所推翻，在历史上果总是与愿望不同的，而在进一步的发展进程中，甚至大多数是相反的。这种看法只有在比较遥远的将来才能在下述意义上实现，就是说：人们将会预先认识到由于关系的改变而引起社会状况（如果允许我这样说的话）改变的必然性，并且愿意实现这种改变，《反杜林论》的准备材料而不是无意识地被迫地这样认识和这样做。—— 这也同样适用于法的观念。

恩格斯：《〈反杜林论〉材料》，
《马克思恩格斯全集》第 20 卷第 671~672 页。

因为在资产阶级统治下和在其他一切时代一样，财产是和一定的条件，首先是同以生产力和交往的发展程度为转移的经济条件有联系的，而这种经济条件必然会在政治上和法律上表现出来。

马克思恩格斯：《德意志意识形态》，

《马克思恩格斯全集》第 3 卷第 412 页。

但是蒲鲁东先生还没有讲完他的所谓经济原因。下面就是那种至高无上和不可抗拒的力量的原因之一："经过君主的神圣化以后就产生了货币：君主们占有金银，并且在上面打了自己的印章。"因此，在蒲鲁东先生看来，君主的专横就是政治经济学中的最高原因！其实，只有毫无历史知识的人才不知道：君主们在任何时候都不得不服从经济条件，并且从来不能向经济条件发号施令。无论是政治的立法或市民的立法，都只是表明和记载经济关系的要求而已。

马克思：《哲学的贫困》，

《马克思恩格斯全集》第 4 卷第 121～122 页。

"任何商品，即使不是在事实上，至少在法律上具有交换能力"，金银所起的作用便是根据；其实这是不了解金银的作用。金银之所以在法律上具有交换能力，只是由于它们具有事实上的交换能力，而它们之所以具有事实上的交换能力，那是因为当前的生产组织需要普遍的交换手段。法律只是事实的公认。

马克思：《哲学的贫困》，

《马克思恩格斯全集》第 4 卷第 124 页。

社会主义的知识分子只有抛弃幻想，在俄国现实的而不是合乎心愿的发展中，在现实的而不是臆想的社会经济关系中去寻找立脚点，才能指望工作获得成效。同时，他们的理论工作的方向应当是具体地研究俄国经济对抗的一切形式，研究它们的联系和一贯发展，凡是这种对抗被政治史、法制特点和传统理论偏见所掩盖的地方，都应把它揭示出来。

列宁：《什么是"人民之友"以及他们如何攻击社会民主党人？》，

《列宁全集》第 1 卷第 260～261 页。

下面，我们根据这一原理，分析当代经济关系及其立法。

在当代条件下，经济关系包括经济组织关系、经济活动关系、经济竞争关系、经济调控关系、经济管理关系、经济监督关系和涉外经济关系。对于这七类经济关系的法律调整，产生了相应的法律制度。

经济组织法，是规范社会经济组织内部和外部组织关系的法律制度的体系。经济组织法是调整社会经济组织的法。非社会组织、社会组织中的非经济组织，都不是经济组织法的调整范围。

经济组织法是调整经济组织的组织关系的法。调整社会经济组织的法是多种多样的，不能认为凡是调整涉及社会经济组织的法都是经济组织法。经济组织的内部组织关系包括四个方面：设存关系、投资关系、结构及职权关系、生产经营等内部管理关系。经济组织的外部组织关系包括两个方面：经济组织同国家的关系，如财产运营和财产管理方面的关系；经济组织与其他经济组织、社会组织或个人的关系。

经济组织法是调整经济组织本身组织关系的法律规范的总和。既包括专门立法，如公司法，也包括其他涉及经济组织的法律法规中的法律规范。

经济活动法，是规范经济运行过程中形成的生产和制造产品、完成工作、提供服务活动的法律制度体系。经济活动十分复杂，范围广泛，主体各异，手段多种多样，而且随着社会经济的发展不断产生出新的经济活动形式。按经济活动的基本方式，经济活动法可分为商品贸易活动法、服务活动法、技术活动法和劳务活动法等。

经济活动是主体的基本社会活动。主体的经济活动是自觉的有目的活动，但当主体为自身特殊经济利益与社会其他组织建立不正当的经济关系，危害国民经济运行秩序时，则法必须承担起危害的排除责任。这是当代经济活动的显著特征。经济活动法规定主体的行为界限，规定具体经济活动的条件和范围，从而使主体间建立起合法的经济关系。

经济竞争法，是规范经济竞争关系的法律制度。包括竞争促进法、反不正当竞争法、反垄断法。

竞争是市场经济的产物，在社会经济已经形成国民经济运行条件下的竞争，是市场机制下的竞争。这种竞争，如西方经济学家所指出的，是主体为扩大或争夺市场势力而进行的具有进攻性、对抗性的经济活动。由此而论，经济竞争是经济活动的一种特殊形式。

在垄断和国家垄断条件下，垄断并没有消除竞争，而是凌驾于自由竞争之上并与之并存。这是因为，垄断并没改变市场经济性质，利润最大化仍是企业生产的目的，因而竞争必然存在；而且，垄断只是占统治地位，不存在对社会经济生活的全部垄断和绝对垄断。就是说，非垄断的经济组织、中小企业相互之间以及它们与垄断组织之间，还存在着竞争，况且全国不可能形成一个统一的垄断组织。在这种情况下，垄断组织与垄断组织之间、一国垄断组织与国际垄断组织之间，必然展开激烈的竞争。

应当认为，自由放任市场经济条件下的竞争关系与垄断市场经济条件下的竞争关系的性质是不同的。对于前者，是根据私人自治原则进行的，要求市民社会的市民法的调整，以期在竞争关系中形成市民法秩序；而对于后者的法律调整，必然超过市民法的界限。

经济竞争法的基本特点，一是根本立法目的是恢复有效竞争。无论是私人垄断，还是不正当竞争，都是"在一定交易领域里对竞争进行实质性限制"。这种实质性限制，使市场结构中出现了非有效竞争状态。经经济竞争法的根本目的，是恢复有效竞争。二是法的调整的客体不仅仅是行为。经济竞争法所调整的，包括行为，还包括状态、结构。对此，以人、物、行为来构成其理论结构的传统法学已经过时了。18世纪以来的法学，都是把行为作为法所调整的唯一客体，所谓"与权利和义务相关的行为""无行为即无犯罪亦无刑罚"等等。三是保护法益的公益性。经济竞争法保护的法益是公益，即社会公共利益和国家利益。经济竞争法保护公平竞争，旨在保护社会经济秩序，而不正当竞争行为和垄断竞争行为所侵害的客体，恰恰是社会经济秩序。

经济调控法，是规范经济调控关系的法律制度的体系。包括综合性经济调控法和手段性经济调控法两大类。

综合性经济调控法，主要规范经济调控的原则、目标、任务，以及国家和国家经济机关的经济权力、经济权利和权利义务、法律责任等，主要包括国民经济稳定增长法、经济结构调整法、计划法和预算法。在西方国家，这类立法比较突出。

手段性经济调控法，最重要、最基本的宏观调控手段是国家计划、财政政策和金融政策。除此之外还有产业政策、投资政策、收入政策、区域政策、价格政策、国际收支政策等；运用的经济杠杆大致有财政、信贷、利率、价格、税率、工资、汇率。其中，关于宏观调控手段或经济杠杆的法律制度，主要货币法、税法、固定资产投资法和外汇法等。西方国家的这类手段性经济调控立法，是比较发达的。

经济调控法与一国经济体制、经济运行模式及国家长远经济目标密切相关，但各国立法所要解决的基本问题是相同的，即市场机制的缺陷造成的国民经济运行失衡。对此，经济调控法既不是全部利用行政手段领导经济的法，也不是对微观经济行为和经济现象进行管理和处理的法，而是对国民经济进行"调节"（Adjust）和"控制"（control）的法。

经济管理法，是规范国民经济运行过程中形成的经济管理关系的法律制度。苏联把国家的经济职能集中于对整个国民经济的管理，而其计划经济条件下的国民经济管理主要是部门管理，即由国家经济部门对所隶属的企业进行直接行政管理。打破企业的部门隶属界限，实行国家职能性经济机关而不是部门性经济机关和企业的部门隶属界限，实行国家职能性经济机关而不是部门性经济机关和行业部门的经济管理，是经济管理的趋势。

很显然，不能把经济管理法归结为行政法含义上的部门经济的"行政管理法"，也不能归结为所谓调整整个市场经济的"市场监管法"。经济管理法是依照法律规定对在经济运行中的具体经济义务进行管辖处理的法。在我国已明确将国家经济行政管理部门改为"专业经济管理部门"，其职能也从一般的行政管理转变为宏观调控、社会经济管理和公共服务。

经济管理法的基本方面，分为市场管理法、专业经济管理法、行业管理法、国有资产管理法和自然资源管理法五部分。

经济监督法，是规范经济监督关系的法律制度。经济监督关系是相对独立的经济关系领域。在经济运行过程中，经济监督法对各项法律制度的实施和经济活动的有效性、合法性起监督作用。从这个意义上说，经济监督法不是监督行政法、行政监督法，也不是包括立法监督、司法监督在内的法。经济监督法不属于经济管理法的一部分。法学理论的科学分类上，应当将"监督法"与"管理法"分开。经济管理法是依据职权对具体经济事务管辖、处理的法，而经济监督法是依据法律规定对经济活动结果的真实性、有效性和合法性进行监督的法，两者均具有各自的独立性。经济监督法是依法对经济活动及其结果进行监督并予以矫正的法。

经济监督法包括：核算监督法、质量监督法、技术监督法、环境监督法、消费监督法。

涉外经济法，是规范在一国经济运行过程中形成的涉外经济关系的法律制度的体系。随着经济国际化的发展，国家间经济活动的依赖性明显增强。由于发展中国家国民经济总体运行中具有涉外因素的经济关系日益增多，因而涉外经济立法已经成为这些国家经济立法的重要组成部分。西方国家对国内经济立法和涉外经济立法不加区分，统一的经济立法，不分"对内"和"涉外"，是自由主义立法观念的产物。

涉外经济法的涉外属性，使之逐渐发展成相对独立的立法领域。经济活动具有超越国境进行的性质，但它毕竟是在一国的国民经济的基础上形成和发展的，涉外经济关系是"本国"的经济关系组成部分。由此，需要处理国家的涉外经济关系。这是涉外经济法产生的动因。

涉外经济法律制度，属于作为国内法的涉外法，它与国际经济法是有原则区别的。涉外经济活动是国内经济活动的扩大或延伸，涉外经济法正是规范这种扩大或延伸的经济活动的法律制度。

涉外经济立法的基本法律制度，有外贸法、外汇法、外资法、外税法。

3. 法律必须适应社会经济

法律适应经济，是马克思主义法学关于法与经济的相互关系的另一个原理。

生产—交换—分配—消费，是基本经济环节，也是经济运行的接续过程。这一接续过程，我们可以以货币关系—基本建设关系—企业关系—消费关系来说明。其立法，与这一接续过程是相应的。这是一种互为条件、互为因果的经济接续关系。调整接续经济关系的法，可概括为"促接续法"，其立法目的是，"促生产""促开发""促流通""促消费"。

适应货币关系要求的立法，是货币经济发行法。这种法要求纸币发行量与现金交易的商品价格总额相适应，从而使纸币所代表的单位价值量稳定。

货币是国民经济运行的"总闸门"。货币作为流通手段和支付手段，媒介社会经济的交换过程。货币流通的规律是：一定时期内流通的所需货币量，为该时期用现金交易的商品（劳务）价格总额和货币流通的平均速度所决定。其中，商品总待售量越大，所需货币量越大；待售商品总量的价格水平越高，所需货币量越大，两者成正比，而货币流通速越快，所需货币量就越少，两者成反比。

货币经济发行法，是适应货币关系规律的法。相反，货币财政发行立法，是用财政"透支"办法使国家财政收支暂时账面平衡，但会出现物价上涨、通货膨胀、国民经济运行不良或趋向恶化等状况。

在货币发行总量中，一部分转化为消费资料购买力，纳入消费资金，一部分投资形成流动资金积累。在正常情况下，固定资产积累与投资总额的比例大体持平。两者的关系是：固定资产投资合理化要求控制投资需求，而控制投资需求又有待于固定资产投资合理化。

基建规模适当法，是适应基本建设关系规律的法。基建规模适当法着眼于投资规模是否过大、投资结构是否合理、投资效益是否提高，强调投资主体的限定性，规定投资权限范围、法律责任和制裁措施，强调违法行为的可罚性。

不适应基本建设关系规律的法，是基建规模失控立法。这种立法的明显特征是：控制与失控的矛盾性，如国家确定了投资规模，但又有"适用除外"的规定，允许一些投资不列入投资规模计算，一些条文规定控制投资规模和基建规模，但另一些条文又规定对于扩大规模的奖励措施；有的法规规定不许乱上项目、乱批条子，由于缺乏程序立法、监督立法和责任立法，使批准权、决策权的规定形同虚设。立法的矛盾性，为基建规模失控打开了缺口。正是在这些意义上，我们把这类法称之为"规模失控立法"。

失控立法的后果是：刺激了投资需求和消费需求的双膨胀；影响国民收入的稳定增长；项目交付使用率低，停建、缓建项目不能发挥作用，造成财力、物力浪费；导致经济发展的周期性波动。

通过基本建设，能够不断建立新的产业部门，开发新资源，改变不合理的生产力布局和产业结构。无论是新增生产能力的新建，还是以内涵为主的扩大再生产的改建、扩建，都是为实现这一目的服务的。作为固定资产投资形成的企业，在其内部和外部经济关系中，均存在企业行为的约束与失禁问题。

适应企业经济关系的立法，是企业行为约束立法。这种立法，在注意对企业内部、外部经济关系调整的基础上，特别强调对企业运营机制的调整，包括对权限机制、决策机制、动力机制、行为机制、运行机制、分配机制、外部环境机制的调整。这样的立法，既能增强企业活力，又能保障企业守法经营。

不适应企业经济关系的立法，是企业行为失禁立法。其机制作用的结果是，企业为了追求最大限度的利润而破坏法制。这样的立法，必然导致企业短期行为；人均收入极大化软约束；单纯产值目标使成本虚拟化；形成投入品与产成品价格反差；粗制滥造，以次充好，乃至搞假冒伪劣；企业积累弱化；履约率低，三角债无法偿还；生产经营的盲目性；不合理的解雇职工的办法，以增加经济效益等等。

生产发展的源泉是社会消费。生产资料消费属于直接生产过程，因而这里的消费指生产资料消费。消费是通过分配这个中介环节实现的。社会成员分配所得，在消费领域形成的经济关系，是社会消费关系。社会消费关系存两种法律系统，即适度消费立法和超前消费立法。这两种立法，在消费需求、消费结构、消费水平、消费方式上会产生不同的社会经济后果。

对于不适当的劳动报酬和收入等经济立法，会形成过高收入、特权收入和非法收入，从而刺激消费需求，拉动社会消费的畸形膨胀。消费结构的重心和比例，反映两种立法的消长。在优先发展生存资料还是享受资料，重点生产高档品、奢侈品还是耐用生活品的立法选择上，在促进个人消费还是公共消费的立法选择上，都会形成不同的法律机制。影响消费水平的有国民收入的分配、积累与消费的比例、积累基金与消费基金的使用、控制人口增长、价格总水平和产品质量等因素，而这是一个综合作用的法律系统。

判断超前消费立法还是适度消费立法的依据是：与现实生产力发展水平是否适应；是否恰当反映人口规模和人口阶层构成状况；与国民收入、劳动生产率是否同步增长；是否有利于自然资源的开发利用，保持生态平衡。

看来，草案不同意说旧的农奴制社会制度，认为"农奴制"这种说法只适用于法律制度。我认为，这样区分是没有根据的："农奴制"当然是法律制度，但是它同单独的地主

（和农民）经济制度也是相适应的，它也表现在不是由"法律"固定下来的大量的生活关系中。因此，未必应当回避"资本主义以前的农奴制社会制度"的说法。

列宁：《对普列汉诺的第二个纲领草案的意见》，
《列宁全集》第 6 卷第 220～221 页。

现在我手里拿着的这本 Code Napoléon 〔拿破仑法典〕并没有创立现代的资产阶级社会。相反地，产生于十八世纪并在十九世纪继续发展的资产阶级社会，只是在这本法典中找到了它的法律的表现。这一法典一旦不再适应社会关系它就会变成一叠不值钱的废纸。

马克思：《对民主主义者莱茵区域委员会的审判》，
《马克思恩格斯全集》第 6 卷 291 页。

传统是一种巨大的阻力，是历史的 vis inertiae 〔惰性力〕，但是由于它只是消极的，所以一定要被摧毁；因此，宗教也不能长期成为资本主义社会的保护物。如果说，我们的法律的、哲学的和宗教的观念，都是在一定社会内占统治地位的经济关系的或近或远的枝叶，那末，这些观念终究抵抗不住因这种经济关系完全改变而产生的影响。

恩格斯：《"社会主义从空想到科学的发展"英文版导言》，
《马克思恩格斯全集》第 22 卷第 360 页。

1842—1843 年间，我作为"莱茵报"的主编，第一次遇到要对所谓物质利益发表意见的难事。

为了解决使我苦恼的疑问，我写的第一部著作是对黑格尔法哲学的批判性的分析，这部著作的导言曾发表在 1844 年巴黎出版的"德法年鉴"上。我的研究得出这样一个结果：法的关系正像国家的形式一样，既不能从它们本身来理解，也不能从所谓人类精神的一般发展来理解，相反，它们根源于物质的生活关系，这种物质的生活关系的总和，黑格尔按照十八世纪的英国人和法国人的先例，称之为"市民社会"，而对市民社会的解剖应该到政治经济学中去寻求。我在巴黎开始研究政治经济学，后来因基佐先生下令驱逐移居布鲁塞尔，在那里继续进行研究。我所得到的、并且一经得到就用于指导我的研究工作的总的结果，可以简要地表述如下：人们在自己生活的社会生产中发生一定的、必然的、不以他们的意志为转移的关系，即同他们的物质生产力的一定发展阶段相适合的生产关系。这些生产关系的总和构成社会的经济结构，即有法律的和政治的上层建筑坚立其上并有一定的社会意识形式与之相适应的现实基础。物质生活的生产方式制约着整个社会生活、政治生活和精神生活的过程。不是人们的意识决定人们的存在，相反，是人们的社会存在决定人们的意识。社会的物质生产力发展到一定阶段，便同它们一直在其中活动的现存生产关系或财产关系（这只是生产关系的法律用语）发生矛盾。于是这些关系便由生产力的发展形式变成生产力的桎梏。那时社会革命的时代就到来了。随着经济基础的变更，全部庞大的上层建筑也或慢或快地发生变革。在考察这些变革时，必须时刻把下面两者区别开来：一种是生产的经济条件方面所发生的物质的、可以用自然科学的精确性指明的变革，一种是人们借以意识到这个冲突并力求把它克服的那些法律的、政治的、宗教的、艺术的或哲学的，简言之，意识形态的形式。我们判断一个人不能以他对自己的看法为根据，同样，我们判断这样一个变革时代也不能以它的意识为根据，相反，这个意识必须从物质生活的矛盾中，从社会生产力和生产关系之间的现存冲突中去解释。无论哪一个社会形态，在它们所能容纳的全部生产力发挥出来以前，是决不会灭亡的；而新的更高的生产关系，在它存在的物质条件在旧社会的胎胞里成熟以前，是决不会出现的。

马克思：《政治经济学批判》，

《马克思恩格斯全集》第 13 卷第 8 ~ 9 页。

针对蒲鲁东：如果我们以为只须颁布几道法令就可以摆脱竞争，那末我们就永远摆脱不了竞争。如果我们更进一步建议废除竞争而保留工资，那就等于建议用王室法令来做一些毫无意义的事。但是各民族并不是按照王室法令来发展的。各民族在求助于这些法令之前，至少必须彻底改变他们在工业上和政治上的一切生存条件，也就是要彻底改变他们的整个生活方式。

马克思：《哲学的贫困》，

《马克思恩格斯全集》第 4 卷第 174 页。

"工人罢工是违法的；不仅刑法典上如此规定，而且经济体系、现存制度的必然性也说明这一点…… 每一个工人有单独支配自己的人身和双手的自由，这是可以容忍的，但是社会不能容许工人组织同盟来压制垄断。"（第一卷第 334、335 页）

蒲鲁东先生想把法国刑法典的条文说成是资产阶级生产关系的必然的和普遍的结果。

在英国，组织同盟是议会的法令所认可的，而且正是经济体系迫使议会批准了这种法律。1825 年，在哈斯基森大臣任内，议会必须修改法律才能更加适应自由竞争所造成的环境，在这个时候，议会不得不废除一切禁止工人组织同盟的法律。现代工业和竞争愈发展，产生同盟和促进其活动的因素也就愈多，而同盟一经成为经济事实并日益稳定，它们也必然很快地成为合法的事实。

因此，法国刑法典的有关条文至多只能证明，在制宪会议和帝制时期，现代工业和竞争还没有得到充分发展。

马克思：《哲学的贫困》，

《马克思恩格斯全集》第 4 卷第 194 页。

海因岑先生当然以为，财产关系、继承权等等可以任意改变和调整。海因岑先生（本世纪最无知的蠢汉之一）当然可以不知道，每个时代的财产关系是该时代所具有的生产方式和交换方式的必然结果。

恩格斯：《共产主义者和卡尔·海因岑》，

《马克思恩格斯全集》第 4 卷第 303 页。

资本的垄断，即不依靠立法和时常不顾立法而存在的垄断，对"科伦日报"的老爷们来说是不存在的。但实际上直接而无情地压迫工人，并且引起无产阶级和资产阶级之间的斗争的正是这种垄断！这种垄断正是产生现代阶级矛盾的特殊的现代的垄断，而解决这些矛盾是19世纪的特殊任务！

恩格斯：《"科伦日报"论英国秩序》，
《马克思恩格斯全集》第5卷第336页。

旧的政权机构——天赋国王、监护一切的官僚和独立的军队——感到：一旦侵犯了旧社会的基础，即享有特权的贵族土地占有制、贵族本身、乡村对城市的统治、乡村居民的依附地位以及和这一切生活条件相适应的法律，如市政条例，刑事立法等等，它自己的物质基础就会从它的脚下消失。

马克思：《对民主主义者莱茵区域委员会的审判》，
《马克思恩格斯全集》第6卷第301页。

通过1848—1849年德国的事例，恩格斯指出了社会的经济基础在历史上的决定性作用，分析社会的经济基础对于了解政治历史和社会思想历史的必要性，阶级斗争在对抗性社会的发展中的作用，以及革命的一个规律性：革命反映人民的迫切需要和要求，而衰朽的社会制度和政治制度则不让这些需要和要求得到满足。

法律可以使一种生产资料，例如土地，永远属于一定家庭。这些法律，只有当大土地所有权适合于社会生产的时候，如像在英国那样，才有经济意义。在法国，尽管有大土地所有权，但经营的是小规模农业，因而大土地所有权就被革命摧毁了。但是，土地析分的状态是否例如通过法律永远固定下来了呢？尽管有这种法律，土地所有权却又集中起来了。法律在巩固分配关系方面的影响和它们由此对生产发生的作用，要专门加以确定。

《卡·马克思的遗稿（导言）》，
《马克思恩格斯全集》第12卷第748页。

对于适当化的法与非适当化的法，不能理解为是关于某项经济关系单一立法，而应理解为是调整某项经济关系的形成同一作用机制的法规范的总和。如基建关系领域的"规模适当法"，不只是基建立法，而是货币发行法、固定资产投资法、劳动力招用法、信贷法、企业积累资金使用法、基建程序法、计划法、利用外资法、国家机关经济权限法、企业债券法、自筹资金审计制度法、差别税率法、基建合同法等一整套匹配联系、内在统一的适当化法规范的体系。

如非适当化法的成因是复杂的。应当说，不是立法机关要专门制定这种非适当化法，而是立法技术等原因使然，如法制不完善，法规范之间缺乏有机联系，有些法规本身既产生积极结果也产生消极结果；法的超前性或滞后性；法的调整空白领域；法的作用方向不一致；法与法的矛盾和冲突，等等。

这里应当指出，假如单项法规或若干法规是合理的，但以上几种立法形成合力，形成作用机制，则整个立法是不合理的。这样的立法，会给经济运行带来消极影响。

二、法为客观规律所规定

客观规律是物质生活条件决定性作用的表现。在这个前提下，法为客观规律所规定。

客观规律，是自然、人类社会和思维的现象和过程本质的、必然的联系。对于自然规律、社会规律和思维规律，法是不能创造也不能违反的，只能符合和利用。

法是一种主观形式，规律是客观要求，法与客观规律的关系，是主观形式与客观要求的关系。两者相互关系的这种基本特性，决定了法利用规律的某些特点。

第一，客观规律在先，立法利用规律在后。规律不是法律"制订""创造"出来的，规律是一种客观过程、客观关系。只是因为这种客观过程、客观关系的存在，才存在法律反映规律的问题。法律只是对规律的反映，是遵守规律的要求。因此，法律是在自觉认识客观规律的基础上所制定的规范。规律在先，法律在后，这是法利用社会规律的基本出发点。如果法律在先，用立法来创造"规律"，只能使社会生活陷于混乱。

第二，法以法律规范的形式利用规律。规律是以概念、范畴、原理、定律等科学理论形式表述出来的。基于这种科学表述和实践要求，法律通过具体法律条文规定人们行为的界限来表达规律。因此，法利用规律与其他主观形式利用规律是不同的。自然科学利用规律，是通过自然科学理论的形式，以定理、公式、图形、模型等形式来表达。文学艺术利用规律，是以形象思维、文艺形式来表达。

第三，法利用规律有即时遵守特征。客观规律的作用有强制力，国家、国家机关和公民个人都要遵守，但这种遵守表现为"最终遵守"；而法利用规律表现为即时遵守。如货币流通规律，它是决定商品流通中所需要的货币量的规律：当货币流通速度不变时，流通中货币量同商品价格差额成正比；当商品价格总额不变时，流通中的货币量同货币流通速度成反比。国家发行强制通用的纸币进行干预，似乎是废除了货币流通规律。可是，国家这种权力纯粹是假象。国家固然可以把印有任意铸币名称的任意数量的纸币投入流通，但纸币一经流通，就受货币流通的内在规律的支配。纸币的财政发行（货币量背离实物量）而非经济发行，（货币量与实物量相当），必然引发通货膨胀，使国民经济非正常运转。这是货币流通规律对人的报复。但这种规律所要求人们遵守，表现为不是立即遵守，而是最终遵守。也就是说，人们可以不去立即遵守货币发行规律，而采取"发票子""透支"等财政手段，使货币充足、经济"繁荣"，但最终会受到这一规律的惩罚，造成货币贬值、物价飞涨，引发经济危机。法律遵循货币流通规律，规定货币必须经济发行，则国家机关对法律的遵守，是即时遵守，滥发纸币将追究法律责仟。

第四，法利用客观规律是可修正的意志化过程。规律是客观存在的，法不是规律的"映像"，不是"复述"规律。但人们对规律的认识不可能一致，也不可能一次完成，随着人们认识的深化，法也要有相应的变化，这就是法的废改立，而这是一个过程系统。在一定的社会形态下，社会规律是不可修正的非意志化过程。然而，与自然规律不同，社会规律形成的深刻根源在于人们的社会活动，而这种活动是人类有目的的活动。这就说明社会规律虽然是客观的，但不是自然的，是具有人的因素作用其中的规律。因此，总的来说，不同的社会形态存在不同的社会规律。规律是不可修正的，而法对规律的利用本身则是可修正的，这是由法的主观过程特性决定的。

这里需要说明，"法为物质生活条件所决定"这一命题中的"决定"，是指先决条件，即根本的条件、最后决定的条件。在决定法的条件中，有客观规律和所有制关系，但他们仍为物质生活条件所决定。在这个意义上，把客观规律和所有制关系条件，统一用"规定"术语表述，即"法为客观规律所规定""法为所有制关系所规定"。

（一）法与自然规律

1. 法要服从于自然规律

自然规律，是自然界运动的规律。自然界是整个客观物质世界。自然规律与社会规律不同，它不是人作用于其间的规律，而是自然界的物质与物质之间相互关系的规律。

法无法改变自然规律，只能利用自然规律。社会规律包括经济规律，法也不能改变，但社会形态改变了，由此产生了新的社会形态类型，则形成属于该类型的社会规律，由此也产生了新法。

绝对的准则是：一切扰乱心灵的宁静、引起危险的东西，不可能属于不可毁灭的和永恒的自然。意识必须明白，这是一条绝对的规律。

马克思：《德谟克利特的自然哲学和伊壁鸠鲁的自然哲学的差别》，《马克思恩格斯全集》第1卷第59页。

我们在考察原子脱离直线而偏斜的结论之前，还必须着重指出一个极其重要、至今完全被忽视的环节。这就是，原子脱离直线而偏斜不是特殊的、偶然出现在伊壁鸠鲁物理学中的规定。相反，偏斜所表现的规律贯穿于整个伊壁鸠鲁哲学，因此，不言而喻，这一规律出现时的规定性，取决于它被应用的范围。

马克思：《德谟克利特的自然哲学和伊壁鸠鲁的自然哲学的差别》，《马克思恩格斯全集》第1卷第35页。

他不仅同占星术进行斗争，而且也同天文学本身，同天体系统中的永恒规律和理性进行斗争。最后，伊壁鸠鲁同斯多亚派的对立并不能说明什么问题。当天体被说成是原子的偶然复合，天体中发生的过程被说成是这些原子的偶然运动时，斯多亚派的迷信和他们的整个观点就已经被驳倒了。

马克思：《德谟克利特的自然哲学和伊壁鸠鲁的自然哲学的差别》，《马克思恩格斯全集》第1卷第60页。

对自然哲学的研究不应依据空洞的公理和规律。

马克思:《德谟克利特的自然哲学和伊壁鸠鲁的自然哲学的差别》,
《马克思恩格斯全集》第 1 卷第 58 页。

这大量的解释、众多的可能性不仅要使意识平静下来,消除引起恐惧的原因,而且同时还要否定天体本身中的统一性,即与自身同一的和绝对的规律。各个天体可以时而这样时而那样地运行。这种没有规律的可能性就是它们的现实性的特性。在天体中一切都不是固定的、不变的。

马克思:《德谟克利特的自然哲学和伊壁鸠鲁的自然哲学的差别》,
《马克思恩格斯全集》第 1 卷第 58 页。

众多原子的排斥,就是卢克莱修称之为偏斜的那个"原子规律"的必然实现。

马克思:《德谟克利特的自然哲学和伊壁鸠鲁的自然哲学的差别》,
《马克思恩格斯全集》第 1 卷第 36 页。

自然界中的普遍性的形式就是规律,而关于自然规律的永恒性,谁也没有自然科学家谈得多。……对自然界的一切真实的认识,都是对永恒的东西、对无限的东西的认识,因而本质上是绝对的。

恩格斯:《自然辩证法》,
《马克思恩格斯全集》第 20 卷第 577 页。

当力学早已能够用那些对非生物界也有效的规律来适当地说明动物体中因肌肉收缩而引起的骨骼的杠杆作用时,其他生命现象的物理化学的论证,几乎还处于发展的最初阶段。

恩格斯:《自然辩证法》,
《马克思恩格斯全集》第 20 卷第 408 页。

门得列耶夫不自觉地应用黑格尔的量转化为质的规律,完成了科学上的一个勋业,这个勋业可以和勒维烈计算尚未知道的行星海王星的轨道的勋业居于同等地位。

恩格斯:《自然辩证法》,
《马克思恩格斯全集》第 20 卷第 407 页。

人的一切情欲都是正在结束或正在开始的机械运动。追求的对象就是我们谓之幸福的东西。人和自然都服从于同样的规律。强力和自由是同一的。

马克思恩格斯:《神圣家族》,
《马克思恩格斯全集》第 2 卷 164 页。

如果桑乔认为，这样就消灭了现存的社会关系，或者只消灭了自然规律，那末未免太天真了，他所以会这样天真只是因为：哲学家们把社会关系不是看成这些与自身同一的个人之间的相互关系，而且把自然规律不是看成这些一定物体之间的相互关系。

马克思恩格斯：《德意志意识形态第一卷》，
《马克思恩格斯全集》第3卷第520页。

承认自然界的必然性，并从其中引出思维的必然性，这是唯物主义。从思维中引出必然性、因果性、规律性等等，这是唯心主义。

列宁：《唯物主义和经验批判主义》，
《列宁全集》第18卷第170页。

马克思对自然和自然规律的研究，首见于1841年3月完稿的《德谟克利特的自然哲学和伊壁鸠鲁的自然哲学的差别》博士论文。这是《马克思恩格斯全集》的开篇之作。当时作为革命民主主义者的马克思，深刻地分析了人和客观现实的辩证关系，指出了"在自身中变得自由的理论精神成为实践力量，作为意志走出阿门塞斯冥国（古埃及人把'冥国'称为阿门塞斯），面向那存在于理论精神之外的尘世的现实"。马克思进一步指出，我们在考察原子脱离直线而偏斜的结论之前，还必须着重指出一个极其重要、至今完全被忽视的环节。这就是，原子脱离直线而偏斜不是特殊的、偶然出现在伊壁鸠鲁物理学中的规定。相反，偏斜所表现的规律贯穿于整个伊壁鸠鲁哲学，因此，不言而喻，这一规律出现时的规定性，取决于它被应用的范围。指出众多原子的排斥，就是卢克莱修称之为偏斜的那个"原子规律"的必然实现。"原子规律"这一术语在卢克莱修的《物性论》中并未出现，显然是马克思自己提出来的。他在写《关于伊壁鸠鲁哲学的笔记》时，为了给伊壁鸠鲁的"原子偏离直线"下定义，曾研究卢克莱修的观点，并使用了这个术语。

马克思还研究了天体运行问题。认为大量的解释、众多的可能性不仅要使意识平静下来，消除引起恐惧的原因，而且同时还要否定天体本身中的统一性，即与自身同一的和绝对的规律。认为各个天体可以时而这样时而那样地运行，这种没有规律的可能性就是它们的现实性的特性，在天体中一切都不是固定的、不变的。认为当天体被说成是原子的偶然复合，天体中发生的过程被说成是这些原子的偶然运动时，斯多亚派的迷信和他们的整个观点就已经被驳倒了。

马克思深刻地分析了人和客观现实、哲学和世界的辩证关系，指出："在自身中变得自由的理论精神成为实践力量，作为意志走出阿门塞斯冥国，面向那存在于理论精神之外的尘世的现实——这是一条心理学规律。"

马克思关于"对自然哲学的研究不应依据空洞的公理和规律"的观点，对法学研究具有巨大的启示意义。

列宁对恩格斯关于自由和必然的思想作了发挥，阐明了客观规律性和主观能动性的辩证关系，指出自由是对必然的认识，人的意志自由必须建立在对客观规律的认识上。人在没有认识自然规律以前，是"盲目的必然性"的奴隶，人认识了自然规律，就成为自然界的主人。

　　列宁揭露和批判了马赫主义否定世界的物质性，否定物质世界内在规律和时间空间的客观性等唯心主义观点，论述了世界的物质统一性、作为物质存在形式的时间空间的客观实在性、物质与运动的不可分割的联系、客观规律与主观能动性的辩证关系等问题。揭露马赫主义在社会历史领域中的主观唯心主义，批判波格丹诺夫的唯心主义的社会存在和社会意识的"同一论"，揭穿马赫主义者想用"社会唯能论"以及生物学的和其他自然科学的规律来代替社会发展规律的反科学企图。

　　2. 利用自然规律为一定的立法目的服务

　　自然规律是永恒的，不可改变的，人们只能利用。法利用自然规律，一方面是为人类造福，另一方面是防灾减灾。利用江河水位差的规律，发电、灌溉，制定水电站和发电、送电、变电、用电的法律和农田灌溉等法律；利用空气动力规律，制定航空飞行等法律；利用风向和风速变化的规律，制定风力发电、配送电的法律等等。这是法利用自然规律，为人类造福。有些自然规律会对人类社会造成灾害，如地震、火山喷发、自然火灾、洪水、地质、气象等灾害，因此制定防灾减灾的法律。

　　对于自然规律造成的灾害，各国制定了相应的法律。如防震减灾法、消防法、防洪法、地质灾害防治法、气象灾害防御法等等。这些立法的宗旨是满足社会公共利益的需要。

　　法受自然规律的支配，同时利用自然规律为立法服务。没有同自然规律无关的法律，特别是科技立法，如标准化法、产品质量法、商品检验法、专利法、食品安全法等等，都是受自然规律的支配并直接利用自然规律的法律。

　　我们统治自然界，决不像征服者统治异民族一样，决不象站在自然界以外的人一样，——相反地，我们连同我们的肉、血和头脑都是属于自然界，存在于自然界的；我们对自然界的整个统治，是在于我们比其他一切动物强，能够认识和正确运用自然规律。

　　　　　　　　　　恩格斯：《自然辩证法》，

　　　　　　　　　　《马克思恩格斯全集》第 20 卷第 519 页。

　　自由不在于幻想中摆脱自然规律而独立，而在于认识这些规律，从而能够计划地使自然规律为一定的目的服务。这无论对外部自然界的规律，或对支配人本身的肉体存在和精神存在的有规律来说，都是一样的。这两类规律，我们最多只能在观念中而不能在现实中把它们互相分开。因此，意志自由只是借助于对事物的认识来作出决定的那种能力。因此，人对一定问题的判断愈是自由，这个判断的内容所具有的必然性就愈大；而犹豫不决是以不知为基础的，它看来好象是在许多不同的和相互矛盾的可能的决定中任意进行选择，但恰好由此证明它的不自由，证明它被正好应该由它支配的对象所支配因此，自由是在于根据对自然界的必然性的认识来支配我们自己和外部自然界；因此它必然是历史发展的产物。

　　　　　　　　　　恩格斯：《反杜林论》，

　　　　　　　　　　《马克思恩格斯全集》第 20 卷第 125～126 页。

世界是物质的有规律的运动，而我们的认识是自然界的最高产物，只能反映这个规律性。

> 列宁：《唯物主义和经验批判主义》，
> 《列宁全集》第 18 卷第 173 页。

恩格斯承认自然界的客观规律性、因果性、必然性，同时着重指出我们人类用某些概念对这个规律性所作的近似的反映具有相对性。

> 列宁：《唯物主义和经验批判主义》，
> 《列宁全集》第 18 卷第 160 页。

康德和休谟共同的基本思想：否认自然界的客观规律性，从主体、从人的意识中而不是从自然界中引出某些"经验的条件"，引出某些原则、公设、前提。恩格斯说得对，实质不在于一个哲学家归附于唯物主义或唯心主义的许多学派中的哪一派，而在于他把自然界、外部世界、运动着的物质看作第一性的呢，还是把精神、理性、意识等等看作第一性的。

> 列宁：《唯物主义和经验批判主义》，
> 《列宁全集》第 18 卷第 169~170 页。

恩格斯说："黑格尔第一个正确地叙述了自由和必然之间的关系。在他看来，自由是对必然的认识。'必然只是在它没有被了解的时候才是盲目的。'自由不在于幻想中摆脱自然规律而独立，而在于认识这些规律，从而能够有计划地使自然规律为一定的目的服务。这无论对外部自然界的规律，或对支配人本身的肉体存在和精神存在的规律来说，都是一样的。这两类规律，我们最多只能在观念中而不能在现实中把它们互相分开。因此，意志自由只是借助于对事物的认识来作出决定的那种能力。"

> 列宁：《唯物主义和经验批判主义》，
> 《列宁全集》第 18 卷第 193 页。

不管没有重量的以太变成有重量的物质和有重量的物质变成没有重量的以太，从"常识"看来是多么稀奇；不管电子除了电磁的质量外再没有任何其他的质量，是多么"奇怪"；不管力学的运动规律只适用于自然现象的一个领域并且服从于更深刻的电磁现象规律，是多么奇异，等等，——这一切不过是再一次证实了辩证唯物主义。

> 列宁：《唯物主义和经验批判主义》，
> 《列宁全集》第 18 卷第 274 页。

把自然科学的总结，把已经找到的规律（这些规律是大家公认的，尽管在繁杂的事物中有许多看来似乎是违背规律、不合规律的现象），把修正和补充这些规律的探索都说成是一种幻影，这是最轻而易举的事。

> 列宁：《又一次消灭社会主义》，
> 《列宁全集》第 25 卷第 48 页。

列宁在《唯物主义和经验批判主义》里说，"不管没有重量的以太变成有重量的物质和有重量的物质变成没有重量的以太"。这里的"以太"（Ether），被认为是物质世界的最基本元素，作为空间（space）供物体占用，物质的一切元素以及物质都由以太构成。自然科学界对以太的认识，有种种反复，有时被抛弃，有时又复活。目前，科学界认为影响并决定整个宇宙的力量不是引力和重力等作用力，而是以"宇宙常量"形式存在的"暗能量"和"暗物质"。随着对"暗能量"和"暗物质"研究的深入，"以太说"在某种程度上开始复活，但不是研究传统意义上的"以太"。

列宁对"以太说"的引进和认识充分证明，经典作家密切关注自然科学的每一新发现和新成果，使唯物主义和辩证法学说永葆青春活力。

19世纪末20世纪初，自然科学，特别是物理学，取得了一系列具有划时代意义的新成果，先后创立了电子论，发现了X射线、柏克勒尔射线和放射性元素镭等等。这些新发现在物理学领域引起了一场革命，使人类认识从宏观世界深入到微观世界。这些新发现打破了传统物理学关于物质结构和特性的旧观念，缩小了经典物理学某些定律的适用范围，动摇了形而上学唯物主义的机械自然观，为辩证唯物主义自然观提供了新的科学论据。

可是，唯心主义哲学家却歪曲这些新发现的哲学意义，利用它们来宣扬唯心主义和不可知论，攻击唯物主义的认识论。某些科学家也从这些新发现中作出唯心主义的认识论结论。他们宣扬"物质在消失"，否定客观世界的实在性；夸大认识的相对性，把科学规律说成是人们为了"方便"和"思维经济""任意"制定的，从而否定科学规律的客观性，否定认识客观世界及其规律的可知性。面对自然科学中的这些伟大发现和唯心主义对这些发现的歪曲，马克思主义者必须作出新的概括，澄清唯心主义者制造的思想混乱，捍卫和发展辩证唯物主义的科学世界观和方法论。为了批判马赫主义等唯心主义哲学，揭露哲学修正主义对马克思主义的歪曲，从哲学上总结和概括19世纪末20世纪初自然科学的新成果，捍卫和发展马克思主义哲学，特别是辩证唯物主义的认识论，列宁写了《唯物主义和经验批判主义》这部重要著作。

（二）法与社会发展规律

1. 社会发展规律不以法的意志为转移

规律是一个相互关系中的概念。社会是一个整体，人与人的相互关系是社会关系。社会关系的存在、发展和变化是有规律的。如社会生活规律、社会交往规律、社会流动规律、社会变迁规律、社会控制规律等等。这是从社会整体本身所概括的规律。在社会整体所包含的类别关系方面，社会规律包括经济规律、政治规律、法律规律、教育规律等等。由于经济规律的基础性和特出地位，故在社会规律部分之外，单独列出。

这里从社会规律的基本方面，摘引了经典作家关于社会形态更替规律、阶级斗争规律、社会变革规律、战争规律、资本主义一般规律、资本主义总危机规律的论述。限于篇幅，经典作家论述的大量具体规律及其细节，未及摘引。

（1）社会形态更替规律

发现唯物主义历史观，或者更确切地说，把唯物主义贯彻和推广运用于社会现象领域，消除了以往的历史理论的两个主要缺点。第一，以往的历史理论至多只是考察了人们历史活动的思想动机，而没有研究产生这些动机的原因，没有探索社会关系体系发展的客观规律性，没有把物质生产的发展程度看作这些关系的根源；第二，以往的理论从来忽视居民群众的活动，只有历史唯物主义才第一次使我们能以自然科学的精确性去研究群众生活的社会条件以及这些条件的变更。

列宁：《马克思的学说》，
《列宁全集》第 26 卷第 59 页。

一种社会活动，一系列社会过程，愈是越出人们的自觉的控制，愈是越出他们支配的范围，愈是显得受纯粹的偶然性的摆布，它所固有的内在规律就愈是以自然的必然性在这种偶然性中为自己开辟道路。

恩格斯：《家庭、私有制和国家的起源》，
《马克思恩格斯全集》第 21 卷第 199 页。

野蛮的征服者总是被那些他们所征服的民族的较高文明所征服，这是一条永恒的历史规律。不列颠人是第一批发展程度高于印度的征服者，因此印度的文明就影响不了他们。他们破坏了本地的公社，摧毁了本地的工业，夷平了本地社会中伟大和突出的一切，从而消灭了印度的文明。

马克思：《不列颠在印度统治的未来结果》，
《马克思恩格斯全集》第 9 卷第 247 页。

当文明一开始的时候，生产就开始建立在级别、等级和阶级的对抗上，最后建立在积累的劳动和直接的劳动的对抗上。没有对抗就没有进步。这是文明直到今天所遵循的规律。到目前为止，生产力就是由于这种阶级对抗的规律而发展起来的。

马克思：《哲学的贫困》，
《马克思恩格斯全集》第 4 卷第 104 页。

过分严格的历史规律造成了批判的政治上的弱点，但是——它恳求说——不能不同时承认，它虽不是在实际当中，但至少是在本身之内超出了这些弱点。

马克思恩格斯：《神圣家族》，
《马克思恩格斯全集》第 2 卷第 135 页。

首先从历史上给予限定，强调它只适用于能够谈得上价值的那个社会经济发展阶段，即存在有商品交换，相应地也存在有商品生产的那些社会形态。原始共产主义不知道什么价值。

恩格斯：《致威纳尔·桑巴特》，
《马克思恩格斯全集》第 39 卷上册第 404 页。

这种物质的、直接感性的私有财产，是异化了的、人的生命的物质的、感性的表现。私有财产的运动——生产和消费——是以往全部生产的运动的感性表现，也就是说，是人的实现或现实。宗教、家庭、国家、法、道德、科学、艺术等等，都不过是生产的一些特殊的方式，并且受生产的普遍规律的支配。

马克思：《1844 年经济学哲学手稿》，

《马克思恩格斯全集》第 42 卷第 121 页。

它们作为异己的、起初甚至是莫名其妙的、其本性尚待努力研究和认识的力量，同各个生产者和交换的参加者相对立。商品生产的这些经济规律，在这个生产形式的各个不同的发展阶段上都有所变化，但是总的说来，整个文明期都处在这些规律的支配之下。直到今天，产品仍然支配着生产者；直到今天，社会的全部生产仍然不是由共同制定的计划，而是由盲目的规律来调节，这些盲目规律，以自发的力量，终归是在周期性商业危机的风暴中，起着自己的作用。

恩格斯：《家庭、私有制和国家的起源》，

《马克思恩格斯全集》第 21 卷第 199 页。

由于阶级对立的发展是同工业的发展步调一致的，所以这些发明家也不可能看到无产阶级解放的物质条件，于是他们就去探求某种社会科学、社会规律，以便创造这些条件。这样，社会的活动就要由他们个人的发明活动来代替，解放的历史条件就要由幻想的条件来代替，无产阶级的逐步组织成为阶级就要由他们特意设计出来的社会组织来代替。

马克思：《福格特先生》，

《马克思恩格斯全集》第 14 卷上册第 475 页。

在一定阶段上，资产阶级使用的新的生产力——首先是分工和许多局部工人在一个综合性手工工场里的联合——以及通过生产力发展起来的交换条件和交换需要，同现存的、历史上继承下来的而且被法律神圣化的生产秩序不相容了，就是说，同封建社会制度的行会特权以及许多其他的个人特权和地方特权（这些特权对于非特权等级来说都是桎梏）不相容了。

恩格斯：《路德维希·费尔巴哈和德国古典哲学的终结》，

《马克思恩格斯全集》第 21 卷第 344 页。

正像工场手工业在一定发展阶段上曾经和封建的生产秩序发生冲突一样，大工业现在已经同代替封建生产秩序的资产阶级生产秩序相冲突了。被这种秩序、被资本主义生产方式的狭隘范围所束缚的大工业，一方面使全体广大人民群众愈来愈无产阶级化，另一方面生产出愈来愈多的没有销路的产品。生产过剩和大众的贫困，两者互为因果，这就是大工业所陷入的荒谬的矛盾，这个矛盾必然地要求通过改变生产方式来使生产力摆脱桎梏。

恩格斯：《路德维希·费尔巴哈和德国古典哲学的终结》，

《马克思恩格斯全集》第 21 卷第 345 页。

资本主义生产方式同时为一种新的更高级的综合，即农业和工业在它们对立发展的形式的基础上的联合，创造了物质前提。资本主义生产使它汇集在各大中心的城市人口越来越占优势，这样一来，它一方面聚集着社会的历史动力，另一方面又破坏着人和土地之间的物质变换，也就是使人以衣食形式消费掉的地的组成部分不能回到土地，从而破坏土地持久肥力的永恒的自然条件。这样，它同时就破坏城市工人的身体健康和农村工人的精神生活。但是资本主义生产在破坏这种物质变换的纯粹自发形成的状况的同时，又强制地把这种物质变换作为调节社会生产的规律，并在一种同人的充分发展相适合的形式上系统地建立起来。

在现代农业中，也和在城市工业中一样，劳动生产力的提高和劳动量的增大是以劳动力本身的破坏和衰退为代价的。此外，资本主义农业的任何进步，都不仅是掠夺劳动者的技巧的进步，而且是掠夺土地的技巧的进步，在一定时期内提高土地肥力的任何进步，同时也是破坏土地。

马克思恩格斯：《资本论第一卷》，

《马克思恩格斯全集》第 23 卷第 552 页。

现在，工业上的霸权带来商业上的霸权。在真正的工场手工业时期，却是商业上的霸权造成了工业上的优势。所以殖民制度在当时起着决定性的作用。和欧洲各个旧神并列于祭坛上的"一位陌生的神"，有一天一下子把所有的旧神都打倒了。殖民制度宣布，赚钱是人类最终的和唯一的目的。

马克思恩格斯：《资本论第一卷》，

《马克思恩格斯全集》第 23 卷第 822 页。

现在的统治阶级，不管有没有较高尚的动机，也不得不为了自己的切身利益，把一切可以由法律控制的、妨害工人阶级发展的障碍除去。因此，我在本卷中用了很大的篇幅来叙述英国工厂法的历史、内容和结果。一个国家应该而且可以向其他国家学习。一个社会即使探索到了本身运动的自然规律，——本书的最终目的就是揭示现代社会的经济运动规律，——它还是既不能跳过也不能用法令取消自然的发展阶段。

马克思：《资本论第一版序言》，

《马克思恩格斯全集》第 23 卷第 11 页。

1859 年约翰·布朗在哈帕尔斯渡口暴动的时候，同一个"经济学家"就曾发表一连串精心制作的文章来证明：由于一种经济规律的力量，美国的奴隶制度一旦不可能扩展，就注定要逐渐消亡。

马克思：《美国问题在英国》，

《马克思恩格斯全集》第 15 卷第 327 页。

一个国家，例如北美合众国，越是以大工业作为自己发展的起点，这个破坏过程就越迅速。因此，资本主义生产发展了社会生产过程的技术和结合，只是由于它同时破坏了一切财富的源泉——土地和工人。

在雇佣劳动下，甚至剩余劳动或无酬劳动也表现为有酬劳动。在奴隶劳动下，所有权关系掩盖了奴隶为自己的劳动，而在雇佣劳动下，货币关系掩盖了雇佣工人的无偿劳动。因此可以懂得，为什么劳动力的价值和价格转化为工资形式，即转化为劳动本身的价值和价格，会具有决定性的重要意义。这种表现形式掩盖了现实关系，正好显示出它的反面。工人和资本家的一切法权观念，资本主义生产方式的一切神秘性，这一生产方式所产生的一切自由幻觉，庸俗经济学的一切辩护遁词，都是以这个表现形式为依据的。

原始积累的不同因素，多少是按时间顺序特别分配在西班牙葡萄牙、荷兰、法国和英国。在英国，这些因素在十七世纪末系统地综合为殖民制度、国债制度、现代税收制度和保护关税制度。这些方法一部分是以最残酷的暴力为基础，例如殖民制度就是这样。但所有这些方法都利用国家权力，也就是利用集中的有组织的社会暴力，来大力促进从封建生产方式向资本主义生产方式的转变过程，缩短过渡时间。暴力是每一个孕育着新社会的旧社会的助产婆。暴力本身就是一种经济力。

马克思恩格斯《资本论第一卷》，
《马克思恩格斯全集》第 23 卷第 819 页。

"达到这一点时，批判本应该或者停留下来，或者立即前进，探讨政治的本质并把它当作自己的敌人，——只要批判有可能停留在当时的斗争中，同时，只要不存在过分严格的历史规律；因为依据这种历史规律，在同自己的对立面的斗争中初次体验到本身力量的原则必然要使它的对立面压倒自己……"

好漂亮的辩护词！"批判应该停留下来"，只要可能……"有可能停留下来"！谁"应该"停留下来呢？谁必须做那种"不可能……"做到的事情呢？同时！批判必须前进，"同时，只要不存在过分严格的历史规律"等等。历史规律对绝对的批判也"过分严格"了！如果这种规律不站在相反的方面，批判的批判向前迈进该是多么耀武扬威！然而，à la guerre comme àla guerre〔打仗就应当像个打仗的样子〕！批判在历史上必将使自己成为可悲的"历史"！

马克思恩格斯：《神圣家族》，
《马克思恩格斯全集》第 2 卷第 135 页。

从前的研究国家法的哲学家是根据本能，例如功名心、善交际，或者虽然是根据理性，但并不是社会的而是个人的理性来构想国家的。现代哲学持有更加理想和更加深刻的观点，它是根据整体观念来构想国家的。它认为国家是一个庞大的机构，在这里，必须实现法律的、伦理的、政治的自由，同时，个别公民服从国家的法律也就是服从他自己的理性即人类理性的自然规律。

马克思：《〈科隆日报〉第 179 号的社论》，
《马克思恩格斯全集》第 1 卷第 228 页。

如果法院遵循它自己固有的法规而不遵循其他领域（如宗教）的规律的话，审判自由就是审判自由。自由的每一特定领域就是特定领域的自由，同样，每一特定的生活方式就是特定自然的生活方式。要狮子遵循水螅的生命规律，这难道不是反常的要求吧？如果我这样去推论，即既然手和脚以其独特的方式发挥职能，那么眼睛和耳朵这两种使人摆脱他的个体性的羁绊而成为宇宙的镜子和回声的器官，就应当有更大的活动权利，因而也就应当具有强化的手和脚的职能；如果我这样去推论，我对人体各种器官的联系和统一的理解将是多么错误呵！

> 马克思：《关于新闻出版自由和公布省等级会议辩论情况的辩论》，
> 《马克思恩格斯全集》第 1 卷第 190～191 页。

新闻出版向行业说道：你的自由并不就是我的自由。你愿服从你的领域的规律，同样，我也愿意服从我的领域的规律。按你的方式成为自由人，对我说来就等于不自由；因为如果木匠要求他的行业自由，而人们把哲学家的自由作为等价物给了他，他是很难感到满意的。

> 马克思：《关于新闻出版自由和公布省等级会议辩论情况的辩论》，
> 《马克思恩格斯全集》第 1 卷第 191 页。

他还要求新闻出版自由不受本身的规律支配，而受行业自由的规律支配。他甚至同委员会的那位对新闻出版自由评价较高的报告人进行辩论，并提出了一些只能使人觉得滑稽可笑的要求。当较低级领域的规律被应用到较高级的领域时，立刻会产生这种可笑的感觉；倒过来也一样，当小孩子激昂慷慨时，也会使人觉得滑稽可笑的。

> 马克思：《关于新闻出版自由和公布省等级会议辩论情况的辩论》，
> 《马克思恩格斯全集》第 1 卷第 193 页。

欧洲各国政府企图在确立国家间的均势方面运用这个结论，当然带有实践的最初的肤浅特点，不过先是马基雅弗利、康帕内拉，后是霍布斯、斯宾诺莎、许霍·格劳秀斯，直至卢梭、费希特、黑格尔则已经开始用人的眼光来观察国家了，他们从理性和经验出发，而不是从神学出发来阐明国家的自然规律，就像哥白尼并没有因为约书亚命令太阳停止在基遍、月亮停止在亚雅仑谷而却步不前一样。

> 马克思：《〈科隆日报〉第 179 号的社论》，
> 《马克思恩格斯全集》第 1 卷第 227 页。

要使报刊完成自己的使命，首先必须不从外部为它规定任何使命，必须承认它具有连植物也具有的那种通常为人们所承认的东西，即承认它具有自己的内在规律，这些规律是它所不应该而且也不可能任意摆脱的。

> 马克思：《〈莱比锡总汇报〉的查禁和〈科隆日报〉》，
> 《马克思恩格斯全集》第 1 卷第 397 页。

由于阶级对立的发展是同工业的发展步调一致的，所以这些发明家也不可能看到无产阶级解放的物质条件，于是他们就去探求某种社会科学、社会规律，以便创造这些条件。这样，社会的活动就要由他们个人的发明活动来代替，解放的历史条件就要由幻想的条件来代替，无产阶级的逐步组织成为阶级就要由他们特意设计出来的社会组织来代替。

马克思：《福格特先生》，

《马克思恩格斯全集》第 14 卷上册第 475 页。

由于阶级对立的发展是同工业的发展步调一致的，所以这些发明家也不可能看到无产阶级解放的物质条件，于是他们就去探求某种社会科学、社会规律，以便创造这些条件。这样，社会的活动就要由他们个人的发明活动来代替，解放的历史条件就要由幻想的条件来代替，无产阶级的逐步组织成为阶级就要由他们特意设计出来的社会组织来代替。

马克思：《福格特先生》，

《马克思恩格斯全集》第 14 卷上册第 475 页。

批判的批判死不承认，原则通过自身的否定而实现的规律是蒲鲁东发现的，这个光荣应该属于他。具有如此自觉的形式的这种思想，对法国人确是一个真正的启示。

马克思恩格斯：《神圣家族》，

《马克思恩格斯全集》第 2 卷第 39 页。

无产阶级文化应当是人类在资本主义社会、地主社会和官僚社会压迫下创造出来的全部知识合乎规律的发展。

列宁：《青年团的任务》，

《列宁全集》第 39 卷第 299 页。

（2）阶级斗争规律

这些罢工总是成功的，这一方面促使罢工遍及全国，另一方面也再好不过地证明了罢工是符合规律的；而在同一个工业部门里一再罢工，同一些"干活的"一次又一次要求再增加工资充分说明，按照供求规律，工人们早已有权得到更高的工资，他们之所以没有得到更高的工资，只是由于企业主们钻了工人们不熟悉劳动市场状况的空子罢了。

马克思：《伦敦交易所的恐慌。—— 罢工》，

《马克思恩格斯全集》第 9 卷第 377 页。

在一定的历史时期，在一定的吸引和结合的规律的作用之下，人民组成先前所没有的政治联合。

马克思：《俄法同盟》，

《马克思恩格斯全集》第 15 卷第 122 页。

当社会总劳动所提供的产品除了满足社会全体成员最起码的生活需要以外只有少量剩余，因而劳动还占去社会大多数成员的全部或几乎全部时间的时候，这个社会就必然划分为阶级。在这个完全委身于劳动的大多数人之旁，形成了一个摆脱直接生产劳动的阶级，它从事于社会的共同事务：劳动管理、政务、司法、科学、艺术等等。因此，分工的规律就是阶级划分的基础。

> 恩格斯：《社会主义从空想到科学的发展》，
> 《马克思恩格斯全集》第19卷第243页。

阶级斗争理论所以是社会科学取得的巨大成就，正是因为它十分确切而肯定地规定了把个人因素归结为社会根源的方法。

这个理论制定了社会经济形态的概念。它以人类任何共同生活中的基本事实即生活资料的谋得方式为出发点，把这种生活资料谋得方式和在它影响下形成的人与人间的关系联系起来，并指出这些关系（按马克思的术语是"生产关系"）的体系是社会的基础，政治法律形式和某些社会思潮则是这个基础的外表。

它有自己的产生、活动和向更高形式过渡即转化为另一种社会机体的特殊规律。

> 列宁：《民粹主义的经济内容及其在司徒卢威先生的书中受到的批评》，
> 《列宁全集》第1卷第372页。

这个一般规律就是，在资本主义国家内会产生社会主义的工党。这个例外就是，由于特殊的、对整个资本主义来说是不正常的条件，才会在某个时期产生自由主义的工党。

> 列宁：《在澳大利亚》，
> 《列宁全集》第23卷第303页。

在资本主义存在的情况下，工会不仅是合乎规律的现象，而且是必然的现象；认为工会对于组织工人阶级进行反对资本的日常斗争和消灭雇佣劳动，都是非常重要的。

> 列宁：《俄国社会民主党人抗议书》，
> 《列宁全集》第4卷第151页。

资本主义社会里的群众运动，只能是阶级的工人的运动。这种运动在俄国正依照它的独有的规律发展，它走着自己的道路，而且愈来愈深入和广泛，从暂时的平静走向新的高潮。

> 列宁：《专制制度和无产阶级》，
> 《列宁全集》第9卷第108页。

商品生产渗入农业愈深，农民之间的竞争、争夺土地的斗争、争取经济独立的斗争愈加剧烈，促使农民资产阶级排挤中等农民和贫苦农民的这一规律就必定愈加有力地表现出来。

> 列宁：《俄国资本主义的发展》，
> 《列宁全集》第3卷第58页。

由于古典经济学家发现了价值规律和社会划分为阶级这一基本现象，创立了这门科学，由于 18 世纪的启蒙运动者同前者一起用反封建主义反僧侣主义的斗争进一步丰富了这门科学，由于 19 世纪初的历史学家和哲学家们（尽管他们抱有反动观点）进一步阐明了阶级斗争的问题，发展了辩证方法，并把它用于或开始用于社会生活，从而把这门科学推向前进，马克思主义正是在这条道路上又向前跨出了几大步，所以它是欧洲整个历史科学、经济科学和哲学科学的最高发展。

列宁：《又一次消灭社会主义》，
《列宁全集》第 25 卷第 51 页。

马克思主义提供了一条指导性的线索，使我们能在这种看来扑朔迷离、一团混乱的状态中发现规律性。这条线索就是阶级斗争的理论。

列宁：《马克思的学说》，
《列宁全集》第 26 卷第 60 页。

这是一条世界性的规律。在任何时候和任何地方，人民总是缓慢而艰难地分成两个营垒：一个是贫困的受侮辱的营垒，即为全体劳动者美好的将来而奋斗的营垒；一个是以各种方式拥护地主资本家的营垒。

列宁：《在全俄农民代表苏维埃第二次代表大会上的讲话》，
《列宁全集》第 33 卷第 137 页。

没有哪条历史规律说：迟缓的危机不能变成好的震动。没有这种规律。一切取决于形势，取决于贫苦的农民群众（斯托雷平压迫他们，但是没有满足他们），取决于工人政党的力量，取决于条件，取决于古契柯夫"各界"之间的摩擦和冲突，如此等等。

列宁：《致伊·伊·斯克沃尔佐夫 – 斯捷潘诺夫》，
《列宁全集》第 45 卷第 292 页。

当问题触及阶级利益的时候，资产阶级就出卖祖国，就同随便什么样的外国人做损害本国人民的交易。一百多年来的革命史告诉我们，在任何时代和任何国家，资产阶级的阶级利益、阶级政策的规律就是这样，而俄国革命史也一再证明了这一真理。

列宁：《在联席会议上的讲话》，
《列宁全集》第 35 卷第 9 页。

这三年的规律是，罢工浪潮的高涨标志着国家整个社会政治演进的决定性的转折点。罢工统计清楚地向我们指出了这个演进的主要动力。

列宁：《论俄国罢工统计》，
《列宁全集》第 19 卷第 384 页。

（3）社会变革规律

武装起义是受特殊规律支配的一种特殊的政治斗争形式，必须仔细考虑这些规律。

列宁：《局外人的意见》，

《列宁全集》第 32 卷第 373 页。

我国革命比任何其他革命都更有力地证实了这个规律：革命的力量、革命进攻的力量、革命的毅力、坚决性和革命胜利的成果愈大，资产阶级的抵抗力也就愈大。我们的胜利愈多，资本主义剥削者也就愈努力学习怎样联合起来，转而采取更坚决的进攻。

列宁：《俄共（布）第九次代表大会文献》，

《列宁全集》第 38 卷第 272 页。

一切革命，尤其是 20 世纪俄国三次革命所证实了的一条革命基本规律就是：要举行革命，单是被剥削被压迫群众认识到不能照旧生活下去而要求变革，还是不够的；要举行革命，还必须要剥削者也不能照旧生活和统治下去。

列宁：《共产主义运动中的"左派"幼稚病》，

《列宁全集》第 39 卷第 64 页。

到今年第二季度，这种情绪已经大大增长，进而表现为群众的行动并造成革命的高涨。最近一年半来的事态发展，清楚地表明这次高涨决不是偶然的，而是完全合乎规律的，是由俄国整个前一阶段的发展所必然引起的。

列宁：《革命的高涨》，

《列宁全集》第 21 卷第 343 页。

（4）战争规律

老拿破仑也曾抱有庸俗的纯理性主义的偏见，认为只是在战争费用由其他国家负担，而战争果实由法国享受的时候，战争对法国才是合算的。与此相反，他的滑稽可笑的继承者得出一个意义深刻的结论，认为法国自己应当为自己的军事荣誉付出代价，保持法国的旧疆界是自然规律，他进行的一切战争都应该是"局部性的"，即在欧洲每次恩准他扮演他的角色的有限范围内进行。

马克思：《QUID PRO QUO》（"偷梁换柱，混淆视听"），

《马克思恩格斯全集》第 13 卷第 504 页。

在装甲和火炮之间的竞赛中，军舰达到这样的技术的高峰，以致它造价昂贵又不适于战争；我们看到，由于这种竞赛在海战领域里也揭示了内在的辩证的运动规律，按照这种规律，军国主义将同任何其他历史现象一样，由于它自己的发展而趋于灭亡。

恩格斯：《反杜林论》，

《马克思恩格斯全集》第 20 卷第 189 页。

资本主义的一般规律，运用在强盗分赃战争上就是：谁最富最强，他聚敛的财富就最多，掠夺的就最多；谁最弱，他遭到的掠夺、蹂躏、压榨和扼杀就最厉害。

列宁：《给美国工人的信》，

《列宁全集》第 35 卷第 48 页。

战争并不是偶然现象，也不是基督教牧师（他们在宣扬爱国主义、博爱与和平方面并不比机会主义者差）所认为的"罪恶"，而是资本主义的一个不可避免的阶段，它与和平一样，也是资本主义生活的一种合乎规律的形式。

列宁：《社会党国际的状况和任务》，

《列宁全集》第 26 卷第 44 页。

在决定性时机和决定性地点在力量上占压倒优势，这个取得军事胜利的"规律"也是取得政治胜利的规律，特别是在残酷的、激烈的、称为革命的阶级战争中取得政治胜利的规律。

列宁：《立宪会议选举和无产阶级专政》，

《列宁全集》第 38 卷第 7 页。

（5）资本主义一般规律

"随着劳动的社会性的发展，以及由此而来的劳动之成为财富和文化的源泉，劳动者方面的贫穷和愚昧、非劳动者方面的财富和文化也发展起来。"这是到现时为止的全部历史的规律。

马克思：《哥达纲领批判》，

《马克思恩格斯全集》第 19 卷第 17 页。

随着商品生产的扩展，特别是随着资本主义生产方式的出现，以前潜伏着的商品生产规律也就愈来愈公开、愈来愈有力地发挥作用了。旧日的束缚已经松弛，旧日的壁障已经突破，生产者日益变为独立的、分散的商品生产者了。

恩格斯：《反杜林论》，

《马克思恩格斯全集》第 20 卷第 298 页。

劳动军相比，产业后备军越大，则经常的过剩人口，或者说，其穷困与其劳动的痛苦成反比例的工人阶层也就越大。最后，工人阶级的贫苦阶层和产业后备军越扩大，则官方正式认为应予救恤的贫民也就越多。这就是资本主义积累的绝对的普遍规律。

恩格斯：《卡·马克思"资本论"第一卷书评》，

《马克思恩格斯全集》第 16 卷第 271 页。

只要存在资本主义生产，它的规律对容克们来说，也像对犹太人一样，是铁面无情的。

> 恩格斯：《德意志帝国国会中的普鲁士烧酒》，
> 《马克思恩格斯全集》第 19 卷第 58 页。

给这个资本家做事的工人，不仅再生产着他那由资本家付酬的劳动力的价值，而且还额外地生产剩余价值，这种剩余价值起先被这个资本家所占有，然后按一定的经济规律在整个资本家阶级中进行分配，组成为地租、利润、资本积累的源泉，即非劳动阶级所消费或积累的一切财富的源泉。这样也就证明了，现代资本家，也像奴隶主或剥削农奴劳动的封建主一样，是靠占有他人无偿劳动发财致富的，而所有这些剥削形式彼此不同的地方只在于占有这种无偿劳动的方式有所不同罢了。

> 恩格斯：《卡尔·马克思》，
> 《马克思恩格斯全集》第 19 卷第 125 页。

马克思还发现了现代资本主义生产方式和它所产生的资产阶级社会的特殊的运动规律。

> 恩格斯：《卡尔·马克思的葬仪》，
> 《马克思恩格斯全集》第 19 卷第 375 页。

现在要剥夺的已经不再是独立经营的劳动者，而是剥削许多工人的资本家了。这种剥夺是通过资本主义生产本身的内在规律的作用，即通过资本的集中进行的。一个资本家打倒许多资本家随着这种集中或少数资本家对多数资本家的剥夺，规模不断扩大的劳动过程的协作形式日益发展，科学日益被自觉地应用于工艺方面，土地日益被有计划地共同利用，劳动资料日益转化为只能共同使用的劳动资料，一切生产资料因作为结合的社会劳动的共同生产资料使用而日益节省。随着那些掠夺和垄断这一转化过程的全部利益的资本巨头不断减少，贫困、压迫、奴役、退化和剥削的程度不断加深，而日益壮大的、由资本主义生产过程本身的机构所训练、联合和组织起来的工人阶级的反抗也不断增长。

> 恩格斯：《反杜林论》，
> 《马克思恩格斯全集》第 20 卷第 145～146 页。

根据上面得出的各类农户间关系的规律性，我们现在可以确定这些资料的真实意义。既然 1/5 的农户集中了马匹总数的一半，那么由此可以正确地得出结论说，这部分农户至少握有农民全部农业生产的一半（也许还多些）。生产之如此集中，只有在这些殷实农民手里集中了大部分购买地与农民的非份地租地和份地租地的情况下才是可能的。

> 列宁：《俄国资本主义的发展》，
> 《列宁全集》第 3 卷第 119 页。

资本在土地价格上的支出，势必夺去用于耕种的资本。生产资料无止境地分散，生产者本身无止境地分离。人力发生巨大的浪费。生产条件日趋恶化和生产资料日益昂贵是小块土地所有制的必然规律。

> 列宁：《俄国资本主义的发展》，
> 《列宁全集》第 3 卷第 292 页。

"家庭协作"是资本主义协作的基础。当然，不言而喻，这个"规律"只适用于最小的商品生产者，只适用于资本主义的萌芽；这个规律证明，农民的趋势是变成小资产者。只要建立起有相当多雇佣工人的作坊，"家庭协作"的意义就必然下降。

> 列宁：《俄国资本主义的发展》，
> 《列宁全集》第 3 卷第 314 页。

在有关俄国工场手工业的资料中，就非常突出地显示出《资本论》作者所确定的那个规律：商业资本的发展程度同产业资本的发展程度成反比例。

> 列宁：《俄国资本主义的发展》，
> 《列宁全集》第 3 卷第 400 页。

资本主义的发展必然引起全体居民和工人无产阶级需要水平的增长。这种增长的造成，一般是由于产品交换的频繁，而产品交换的频繁又使城市和乡村间、各个不同地区间的居民的接触更为频繁。造成这种情形的，还有工人无产阶级的密集，这种密集提高着这个阶级的觉悟程度和人的尊严感，使他们有可能同资本主义制度的掠夺趋向作有效的斗争。欧洲的历史十分有力地说明了这一需要增长的规律，例如把 18 世纪末和 19 世纪末的法国无产者，或者把 19 世纪 40 年代和现代的英国工人比较一下就可知道。这个规律在俄国也显出了自己的作用：商品经济和资本主义在改革后时代的迅速发展也引起了"农民"需要水平的提高，农民比从前"干净些"了（在衣着、住房等方面）。

> 列宁：《论所谓市场问题》，
> 《列宁全集》第 1 卷第 84~85 页。

当资本主义还处在较低的发展阶段时，在任何地方它都不能使工人同土地完全分离。马克思根据西欧情况探明了这样一个规律：只有大机器工业才彻底剥夺了工人。

> 列宁：《什么是"人民之友"以及他们如何攻击社会民主党人?》，
> 《列宁全集》第 1 卷第 177 页。

俄国资本主义的发展（他自己也承认这种发展确实是资本主义的）将使农村人口日益减少，而这正是资本主义的一般规律。

> 列宁：《什么是"人民之友"以及他们如何攻击社会民主党人?》，
> 《列宁全集》第 1 卷第 276 页。

研究美国农业演进的形式和规律也是比较方便的，因为美国每 10 年进行一次人口普查（"census"），对所有工农业企业也连带作极其详尽的调查。这就提供了世界上任何一个国家都没有的确切而丰富的材料。

列宁：《关于农业中资本主义发展规律的新材料》，

《列宁全集》第 27 卷第 146 页。

美国的例子就向我们表明了近 10 年来大资本主义农场增长和小农场被排挤是一个普遍的规律。

资产阶级经济学家说什么工业绝对地、无例外地证实了大生产排挤小生产这个规律，而农业却推翻了这个规律，他们的这种流行的说法是毫无根据的。在美国农业中，不仅大生产排挤小生产，而且这个过程要比工业中进行得更有规律，或者说更正常。

列宁：《关于农业中资本主义发展规律的新材料》，

《列宁全集》第 27 卷第 235 页。

总的说来，把同一时间关于工业和农业的同类材料加以比较，我们就会看到：尽管农业极端落后，然而工业和农业的演进规律却非常一致；无论在工业中还是在农业中，小生产都受到排挤。

列宁：《关于农业中资本主义发展规律的新材料》，

《列宁全集》第 27 卷第 238 页。

手工业调查的材料证明，在颇负盛名的"手工业"生产中，存在着纯粹的资本主义规律和关系；以雇佣工人协作为基础的资本主义作坊，无论在劳动生产率方面或者甚至在雇佣工人的劳动报酬方面，都比单干的本户工人和小手工业者占绝对优势。

列宁：《彼尔姆省手工业调查》，

《列宁全集》第 2 卷第 287 页。

俄国整个社会经济制度所保证的是劳动最少的人得到的成果最多。在资本主义制度下不可能不是这样。这是资本的规律，它不但支配经济生活，而且还支配政治生活。

列宁：《政治诡辩》，

《列宁全集》第 10 卷第 192 页。

（6）资本主义总危机规律

这个规律就是：虽然由于生产过剩和过度的投机活动而发生了危机，可是国内的生产力和世界市场的容量毕竟增长到了这样的程度，以致它们只是暂时离开已经达到的最高点，经过持续几年的若干波动以后，在商业周期的一个时期中繁荣的最高点所达到的生产水平就成为下一个时期的起点。

马克思：《工厂工业和贸易》，

《马克思恩格斯全集》第 13 卷第 556 页。

当法国人想到一个虽然不无机智但是毫无原则的冒险家篡夺了统治人民的权力时，强烈的屈辱感会使他们的意识感到压抑；但是当他们看到其他国家的人民和统治者即使不是实质上，而只是表面上也屈服于这同一个最高权力时，这种屈辱感便暂时得到减轻。大大缩减了的生产现在按照弹性规律获得了新的推动。骤然中断了的生意加倍兴隆起来了，突然瘫痪了的投机活动达到了前所未有的规模。

马克思：《法国在裁军》，

《马克思恩格斯全集》第 13 卷第 501 页。

"使相对的过剩人口或产业后备军同资本积累的规模和能力始终保持平衡的规律把工人钉在资本上，比赫斐斯塔司的楔子把普罗米修斯钉在岩石上钉得更牢。这一规律制约着同资本积累相适应的贫困积累。

因此，在一极是财富的积累，同时在另一极，即在把自己的产品作为资本来生产的阶级方面，是贫困、劳动折磨、受奴役、无知、粗野和道德堕落的积累。"（马克思"资本论"第 671 页）。

恩格斯：《社会主义从空想到科学的发展》，

《马克思恩格斯全集》第 19 卷第 236 页。

市场向广和深方面扩张的能力首先是受完全不同的、力量弱得多的规律支配的。市场的扩张赶不上生产的扩张。冲突成为不可避免的了，而且，因为它在把资本主义生产方式本身炸毁以前不能使矛盾得到解决，所以它也成为周期性的了。资本主义生产产生了新的"恶性循环"。

恩格斯：《社会主义从空想到科学的发展》，

《马克思恩格斯全集》第 19 卷第 236～237 页。

资产阶级的政治和精神的破产甚至对他们自己也未必是一种秘密了，而他们的经济破产则有规律地每十年重复一次。在每次危机中，社会在属于它自己而又不能为它自己所利用的生产力和产品的重压下奄奄一息，面对着生产者没有什么可以消费是因为缺乏消费者这种荒谬的矛盾而束手无策。生产资料的扩张力撑破了资本主义生产方式所加给它的桎梏。生产资料从这种桎梏下解放出来，是生产力不断地加速发展的唯一先决条件，因而也是生产本身实际上无限增长的唯一先决条件。

恩格斯：《社会主义从空想到科学的发展》，

《马克思恩格斯全集》第 19 卷第 244 页。

生产资料和产品的社会性反过来反对生产者本身，周期性地突破生产方式和交换方式，并且只是作为盲目起作用的自然规律强制性地和破坏性地为自己开辟道路，而随着社会对生产力的占有，这种社会性就将为生产者完全自觉地运用，并且从造成混乱和周期性崩溃的原因变为生产本身的最有力的杠杆。

恩格斯：《反杜林论》，

《马克思恩格斯全集》第 20 卷第 301 页。

英国所患的社会病的过程和身体生病的过程是一样的；它按照一定的规律发展，它有它的危机，危机中最后和最厉害的一次就决定患者的命运。

恩格斯：《英国工人阶级状况》，

《马克思恩格斯全集》第 2 卷第 409 页。

除酗酒外，许多英国工人的另一个大毛病就是纵欲。这个阶级既然处于无人照管的情况下，又没有正当地享受他们的自由所必需的手段，那末，这种毛病的产生，就是无可避免的，就是铁的规律。资产阶级只留给他们这两种享乐，同时却把大量的沉重的劳动和苦痛加到他们身上。结果是，工人为了还想从生活中得到点什么，就把全部热情集中在这两种享乐上，过度地极端放纵地沉溺在里面。

恩格斯：《英国工人阶级状况》，

《马克思恩格斯全集》第 2 卷第 414 页。

在资产阶级的粗暴野蛮、摧残人性的待遇的影响之下，工人逐渐变成了像水一样缺乏自己意志的东西，而且也同样必然地受自然规律的支配——到了某一点他的一切行动就会不由自主。因此，随着无产阶级人数的增长，英国的犯罪的数字也增加了，不列颠民族已成为世界上罪犯最多的民族。从内务部每年公布的"犯罪统计表"中可以看出，犯罪的数字在英国是以不可思议的速度增加着。

恩格斯：《英国工人阶级状况》，

《马克思恩格斯全集》第 2 卷第 416 页。

工作没有规律、常常做夜工以及由此产生的不正常的生活方式，所有这些都在许多方面损害了身体，败坏了道德，特别是像大家一致指出的，引起了混乱而过早的性关系。

恩格斯：《英国工人阶级状况》，

《马克思恩格斯全集》第 2 卷第 478 页。

只有用这条规律才能够说明资本主义的一个最深刻的矛盾：国民财富增长得异常迅速，而人民消费却增长（如果增长的话）得极其缓慢。

列宁：《再论实现论问题》，

《列宁全集》第 4 卷第 65 页。

关于社会形态更替规律：

在《马克思恩格斯全集》第 3 卷，马克思和恩格斯当时由于创立关于自然和社会的发展规律的真正科学而完成的伟大革命变革，在《德意志意识形态》这一著作中得到了鲜明的表现。这是一部思想内容非常丰富的著作。

《德意志意识形态》描绘了未来共产主义社会的某些基本轮廓。马克思和恩格斯认为这个社会的特点是：在共产主义制度下，人们将自觉地利用客观经济规律，从而有能力支配生产，支配交换，支配自己的社会关系。

在《马克思恩格斯全集》第 4 卷，在《贫困的哲学》这部马克思主义的极其重要的理论著作之一里，马克思第一次以论战的形式在报刊上详细地阐述了他关于社会发展规律的唯物主义学说的基础，阐述了他在政治经济学方面的研究成果。

在《马克思恩格斯》第 3 卷，马克思和恩格斯在分析社会发展的客观规律时指出，政治和思想的上层建筑，归根结底是由历史发展的每一阶段上所存在的经济关系来决定的。

关于阶级斗争规律：

在《马克思恩格斯全集》第 3 卷，《德意志意识形态》中揭示了国家的作用，指出国家是经济上占统治地位的阶级的权力工具。马克思和恩格斯指出，阶级斗争和革命是历史发展的动力。

在《马克思恩格斯全集》第 14 卷，马克思和恩格斯对革命理论的制定，他们为建立无产阶级政党而进行的斗争，他们对无产阶级在各个不同国家的国内和国际形势的根本问题上的策略的论证，对国际冲突和战争的起因和阶级性质的阐述，对武装斗争的规律性的揭示，以及他们对工人阶级的思想敌人的猛烈驳斥，具有特别重要的意义。

在《马克思恩格斯全集》第 9 卷，马克思认为罢工是资本主义社会中的阶级战争，即劳动和资本之间的战争的鲜明表现。马克思证明，罢工在资本主义制度的条件下是合乎规律的现象；罢工是制止工厂主的专横、保障工人的必要生存条件的手段。

在《马克思恩格斯全集》第 13 卷，马克思在"人民报"上发表的《政治评论》论证了对罢工的革命观点，认为罢工是无产阶级阶级斗争的合乎规律的和重要的形式之一。

在《列宁全集》第 44 卷，列宁指出，修正主义者对马克思的学说不进行任何历史研究，不作任何新的分析，只根据个别公式中的错误，把极个别现象作为一般规律，以此来提出"新理论"，宣布马克思错了，要求对马克思主义进行改造。

关于社会变革规律：

在《马克思恩格斯全集》第 3 卷，马克思和恩格斯指出，"一切历史冲突……都根源于生产力和交往形式之间的矛盾"，而这个矛盾"每一次都不免要爆发为革命"。可见，在这里已经表明了马克思和恩格斯所发现的生产关系必须适合于生产力的性质这一经济规律的一些基本原理，这一规律在马克思的"政治经济学批判"中获得了经典性的表述。

在《马克思恩格斯全集》第 8 卷，恩格斯指出了社会的经济基础在历史上的决定性作用，分析社会的经济基础对于了解政治历史和社会思想历史的必要性，阶级斗争在对抗性社会的发展中的作用，以及革命的一个规律性：革命反映人民的迫切需要和要求，而衰朽的社会制度和政治制度则不让这些需要和要求得到满足。

在《马克思恩格斯全集》第 10 卷，马克思拿 19 世纪西班牙革命作例子，揭示了以前一切资产阶级革命特有的一系列规律性。他指出了作为这些革命的动力的人民群众的作用，同时也揭露了领导这些革命的、与人民利益格格不入的、自由资产阶级领导者的不彻底性和阶级局限性（这一点使革命斗争的整个发展受到深刻的影响）。

在《马克思恩格斯全集》第 4 卷，在《共产主义原理》中包含着恩格斯关于社会主义不可能在单独一个国家内获得胜利的著名公式。这个对垄断前的资本主义来说是正确的。

在第 3 卷的注释中进一步解释为：在垄断资本主义时代，因为各资本主义无产阶级革命的成熟时间在不同的国家里是各不相同的。在新的历史条件下，列宁根据他所发现的帝国主义时代资本主义的经济政治发展不平衡的规律，做出了新的结论：社会主义可能首先在少数或者甚至在单独一个国家内获得胜利和社会主义不可能在一切国家或大部分国家内同时获得胜利的新结论。这个新的结论是在列宁《论欧洲联邦口号》（1915）论文中第一次提出来的。

在《马克思恩格斯全集》第 13 卷，马克思在序言中表述了生产关系适合生产力性质的规律，以及关于在阶级社会发展的一定阶段上产生的生产力和生产关系之间的矛盾是社会革命、一种社会经济形态为另一种比较进步的社会经济形态革命地代替的主要原因这一极其重要的马克思主义原理。"社会的物质生产力发展到一定阶段，便同它们一直在其中活动的现存生产关系或财产关系（这只是生产关系的法律用语）发生矛盾。于是这些关系便由生产力的发展形式变成生产力的桎梏。那时社会革命的时代就到来了。"

在《列宁全集》第 11 卷，列宁在《社会民主党在民主革命中的两种策略》中阐述的关于无产阶级在资产阶级民主革命中的领导权，关于工农联盟，关于资产阶级民主革命可以直接转变为社会主义革命，关于在社会主义革命中无产阶级必须同半无产者结成联盟等一系列重要原理，丰富和发展了马克思主义关于民主革命和社会主义革命的理论。这些原理经受了俄国三次革命的检验，并在革命实践中不断得到充实和发展。列宁正是依据这些原理，并根据他发现的帝国主义时代资本主义政治和经济发展不平衡的规律，在 1915 年作出了社会主义可能首先在几个或者甚至在单独一个资本主义国家内获得胜利的结论。

在《列宁全集》第 23 卷，列宁说："民族生活和民族运动的觉醒，反对一切民族压迫的斗争，民族国家的建立，这是其一。各民族彼此间各种交往的发展和日益频繁，民族隔阂的消除，资本、一般经济生活、政治、科学等等的国际统一的形成，这是其二。"第一种趋势在资本主义发展初期占主导地位，第二种趋势则标志着资本主义已经成熟，正在向社会主义社会转化。列宁认为，这两种趋势都是资本主义的世界性规律，都是进步的。布尔什维克党就是依据这一客观规律来制定民族纲领和政策的。

在《列宁全集》第 39 卷，列宁强调，社会主义革命是各国国内各种矛盾激化的结果。革命要求得成功，必须具备两个条件：一是被剥削群众充分认识到革命的必要性，有为革命而牺牲的决心；另一是剥削阶级陷入深重的危机，无法照旧生活和统治下去。列宁认为这是革命的一条基本规律。

在《列宁全集》第 1 卷，列宁指出，历史唯物主义确认人的行为的必然性，屏弃所谓意志自由的荒唐神话，但丝毫不取消人的理性、人的良心以及对人的行动的评价；历史必然性的思想也丝毫不否定个人在历史上的作用，但是个人的活动只有符合历史规律，而且汇合到人民群众的斗争中去，才能取得重大成果。

列宁用马克思主义的立场、观点和方法分析了俄国现实的社会经济制度，阐明了俄国资本主义发展的规律和特点，提出了建立无产阶级革命政党的任务，指明了俄国革命发展的道路，对自由主义民粹主义和合法马克思主义作了深刻的批判。

关于战争规律：

在《马克思恩格斯全集》第 14 卷，恩格斯与那些不能把武装力量的发展看作规律性的过程的资产阶级唯心主义历史学家不同，他指出，这种发展和其他社会现象一样，归根到底是由构成社会经济基础的物质生产方式的变化决定的。马克思读了恩格斯的"军队"一文后，于 1857 年 9 月 25 日写信给恩格斯说："军队的历史比任何东西都更加清楚地表明，我们对生产力和社会关系之间的联系的理解是正确的。"

恩格斯在揭示战略和战术所固有的辩证的规律性时强调指出，适合于一定历史条件的战略和战术规则，如果运用到已经变化的情况中就要破产。

恩格斯指出，战术对军事技术的从属性，战斗的战术形式随着新式的大规模武器的出现而必然产生的变化，是反映着社会经济发展、社会生产力发展对军事的作用的规律之一。

关于资本主义一般规律：

在《马克思恩格斯全集》第 2 卷，恩格斯研究了英国的经济制度和政治制度，并以这个当时最发达的国家为例阐明了资本主义生产的一系列的规律。他揭明了引起工厂无产阶级出现的产业革命的全部奥秘，并且强调指出工人和资本家的利益是不可调和的。

在《马克思恩格斯全集》第 4 卷，马克思强调说，生产的无政府状态、危机、群众的贫困化是资本主义必不可免的伴侣；他揭露了雇佣劳动制度的剥削实质，大体上表述了资本主义积累的普遍规律，指出在资本主义制度下，"在产生财富的那些关系中也产生贫困"。

在《马克思恩格斯全集》第 10 卷，马克思根据他所发现的资本主义发展的一般规律，证明资产阶级的政治经济学是站不住脚的。他强调指出，在英国出现的危机现象是具有对抗性矛盾的资本主义生产方式所固有的。

2. 法取决于社会必然性

立法反映社会必然性的要求，就是正确而有效地利用社会规律。

诸社会规律是相互联系、相互制约的，共同发挥作用。法利用社会规律的机制是综合利用机制。综合利用机制，是对客观存在的诸多社会规律有机综合加以利用的机制。"有机综合"，是综合利用机制的固有特征。

法利用规律的方式是多种多样的，大体包括五个方面：

第一，法引导社会规律作用到另一方面。

法能够改变社会规律的作用领域。譬如，按劳分配规律是社会主义社会特有规律。按劳分配把劳动作为个人消费品分配的唯一尺度，这对劳动者是从未有过的平等，但同一尺度在条件不同的劳动者那里，由于劳动能力、技术水平、提供产品的质量、数量以及劳动者婚姻家庭情况、赡养人口数量等会出现事实上的不平等。因此，按劳分配所体现的平等权利，仍是"资产阶级权利"。在立法上，"上不封顶，下不保底""工资奖金与企业效益挂钩"的规定，则使按劳分配规律的作用方向沿不同行业间工资差距拉大、同一行业中不同工种的工资差距拉大的方向走。为使经济规律作用到另一方面，应采取立法措施，改变劳动者工资过低的初次分配格局；增设利润所得税、遗产税等，扭转资产者剥削率过高的状况；限制垄断性行业、旅游服务行业、金融行业等工资过高过快增长；推行个人收入申报制度；改变工资、奖金发放混乱现象；调整工资结构（把一部分福利性补贴纳入工资之中）等。这就是将规律的作用引导到另一方面。

第二，法限制社会规律发生作用的范围。

社会规律的作用是有一定范围的，但法律可以使其作用范围受到一定的限制。如价值规律，是商品经济的规律，具有自发性、盲目性特征。价值是价格的基础，但不是决定价格的唯一因素，其他经济规律对价格都有影响，因此价值规律的作用范围是有限度的。法对关系国计民生的重要生产资料、生活资料实行政府定价，如电、天然气、水以及粮、棉、油的定购部分，军工商品（军工生产的民用产品实行市场价格）、战略物资实行政府定价。法调节比价、差价，实行最高限价、最低保护价。法律上打击制造、销售假冒伪劣商品，禁止暴利行为。物价上涨幅度上升到超过居民承受能力时，则实行管制。对于超过公认的价格水平的，要追究责任，如日本"狂乱物价"时期曾采取过这类法律措施。

第三，法控制社会规律作用的程度。

从社会运行角度说，任何社会规律都有积极作用，也有消极作用，如国民经济统筹发展规律。这一规律反映了生产社会化的一般要求，是当代社会的普遍规律。法律不可能把所有的产品生产和交换都纳入统筹管理的轨道，而且经济均衡关系也不可能整齐划一。立法的目的，是保证动态平衡、动态比例，从而把这一规律的消极作用控到最低限度。

第四，法纠正社会规律作用的消极后果。

社会规律的自发性，决定了它的作用有积极后果和消极后果两种结果。法利用社会规律，必须避免其消极后果。如社会主义基本规律，是作为与资本主义基本规律的剩余价值规律的对立规律而产生的。这个基本规律，是社会生产不断满足人民日益增长的物质文化需要，为此必须加速扩大再生产，这就要在国民收入中提取较多的积累基金，但积累基金又相应地限制人民生活的改善。相反，如果一味将国民收入用于增长消费基金，则从根本上动摇国家综合国力的基础。高速度、高消费的消极后果应利用法加以纠正，以防止"为不良消费而生产"的倾向。

第五，法开辟社会规律作用的空间。

法为社会规律发挥作用开辟道路，提供作用空间，是法利用社会规律的主要任务。如生产关系一定要适合生产力性质和状况规律。当生产关系束缚生产力发展时，应改革生产关系，使新的生产关系空间适应经济规律。生产关系的部分、环节、关系链等，都是生产关系空间。新的生产关系产生以后，法则要促进生产力的发展，为生产力发展提供新的空间，这时，法应稳定新的生产关系，进一步发展社会生产力。

他不是在创造法律，不是在发明法律，而仅仅是在表述法律，他用有意识的实在法把精神关系的内在规律表现出来。如果一个立法者用自己的臆想来代替事情的本质，那么人们就应该责备他极端任性。谁也不是被迫结婚的，但是任何人只要结了婚，那他就得服从婚姻法。结婚的人既不是在创造，也不是在发明婚姻，正如游泳者不是在发明水和重力的本性和规律一样。

马克思：《论离婚法草案》，

《马克思恩格斯全集》第 1 卷第 347 页。

社会的迫切需要必须而且一定会得到满足，社会必然性所要求的变化一定会给自己开辟道路，并且迟早总会使立法适应这些变化。

马克思：《论土地国有化》，

《马克思恩格斯全集》第 18 卷第 65 页。

邦法是建立在理智的抽象上的，这种理智的抽象本身是无内容的，它把自然的、法的和合乎伦理的内容当作外在的、没有内在规律的质料加以吸收，它试图按照外部的目的来改造、安排、调节这种没有精神、没有规律的质料。邦法不是按照对象世界所固有的规律来对待对象世界，而是按照任意的主观臆想和与事物本身无关的意图来对待对象世界。

马克思：《〈莱茵报〉编辑部为〈论新婚姻法草案〉一文所加的按语》，

《马克思恩格斯全集》第 1 卷第 317 页。

只要我们对这些社会条件哪怕进行一次细心的观察，我们就会得出一个很简单的结论。二者必居其一：或者是社会能够控制这些社会条件，或者是这些社会条件是现在的生产制度所固有的。在前一种情况下，社会能够防止危机；在后一种情况下，只要这个制度还存在，危机就必然会由它产生出来，就好像一年四季的自然更迭一样。

马克思：《英国的贸易和金融》，

《马克思恩格斯全集》第 12 卷第 607 页。

如果诉讼无非是一种毫无内容的形式，那么这种形式上的琐事就没有任何独立的价值了。在这种观点看来，只要把中国法套上法国诉讼程序的形式，它就变成法国法了。但是，实体法却具有本身特有的必要的诉讼形式，正如中国法里面一定有笞杖，拷问作为诉讼形式一定是同严厉的刑罚法规的内容连在一起的一样，本质上公开的、受自由支配而不受私人利益支配的内容，一定是属于公开的自由的诉讼的。

马克思：《第六届莱茵省议会的辩论（第 3 篇论文）》，

《马克思恩格斯全集》第 1 卷上册第 287 页。

因此，如果根据拿破仑法典，"未经教会认可的婚姻"在莱茵河流域被看作"婚姻"，而根据普鲁士邦法，在施普雷河流域则被认为是"非法同居"，那么，根据海尔梅斯的意见，"违警的"处罚就给"哲学家们"提供了一种论据，即在这里是合法的东西在别处却被看作违法的，这一论据证明，科学的、道德的和合理的婚姻概念不是表现在拿破仑法典里，而是表现在普鲁士邦法里。这种"违警处罚的哲学"也许在别的什么地方能够使人信服，但在普鲁士是不能使任何人信服的。而且普鲁士邦法并不重视"圣洁的"婚姻，该法第2部分第1章第12216节就说："不过，邦的法律所认可之婚姻，并不因其未经宗教当局之许可或为其所拒绝而丧失民法效力。"可见，在普鲁士，婚姻也部分地摆脱了"宗教当局"，婚姻的"民法"效力和"教会"效力之间也有了差别。

马克思：《〈科隆日报〉第179号的社论》，

《马克思恩格斯全集》第1卷上册第216~217页。

取消这些要素的政治存在，譬如说，通过选举资格的废除来取消财产的政治存在，通过国教的废除来从政治上取消宗教，—— 伴随着宣布它们的政治死亡而来的，便是这些要素的生命的蓬勃发展，这个生命从此便顺利无阻地服从于自身的规律并十分广泛地展现出来。无政府状态是摆脱了使社会解体的那种特权的市民社会的规律，而市民社会的无政府状态则是现代公法状况的基础，正像公法状况本身也是这种无政府状态的保障一样。它们怎样互相对立，也就怎样互相制约。

马克思恩格斯：《神圣家族》，

《马克思恩格斯全集》第2卷第150页。

关于拉萨尔，杜林先生对我们说，

他是"由于策动盗窃首饰匣的企图"而被控告的，"但是没有作出判决，因为那时还可能所谓由法院宣判无罪……这种半宣判无罪"。这里所说的拉萨尔案件是1848年夏天在科伦陪审法庭审理的，那里和几乎整个莱茵省一样，通用法兰西刑法。仅仅对政治上的不法和犯罪才例外地实施普鲁士邦法，但是早在1848年4月，这种例外规定又被康普豪森取消了。法兰西法根本没有象普鲁士邦法中所说的"策动"犯罪这种肤浅的范畴，更不用说什么策动犯罪企图了。法兰西法只有教唆犯罪，而这只有"通过送礼、许愿、威胁、滥用威信或权力、狡猾的挑拨或犯罪的勾当"（刑法典［68］第六十条）来进行时才可以判罪。埋头于普鲁士邦法的检察机关，完全和杜林先生一样，忽略了规定得很明确的法兰西法律和含糊的普鲁士邦法的不确定性之间的本质差别，对拉萨尔提出了带有倾向性的诉讼并引人注目地失败了。因为只有对法兰西现代法领域完全无知的人，才敢断言法国的刑事诉讼有普鲁士邦法那样的"由法院宣判无罪"，这种半宣判无罪；法兰西现代法在刑事诉讼中只有判罪或宣判无罪，而没有介于两者之间的判决。

这样，我们不得不说，如果杜林先生手头有一本拿破仑法典，那末，他肯定不能以同样的自信心对拉萨尔作出这种"具有伟大风格的历史记述"。因此，我们必须断定，杜林先生对于以法国大革命的社会成果为依据并把这些成果转为法律的唯一的现代民法典，即法兰西现代法，是完全无知的。

恩格斯：《反杜林论》，

《马克思恩格斯全集》第20卷第120页。

当杜林先生批判整个大陆上按照法国的典范来实行的、以陪审员的多数票作出判决的那种陪审法庭的时候，我们受到这样的教导：

"是的，甚至可以去熟悉那再说在历史上也不是没有先例的思想：在完美的社会里，有反对票的判罪应当属于不可能的制度……但是，这种极其严肃的和思想深刻的理解方式，正象上面已经说过的，对传统的形式因而好象是不适当的，因为对这种形式来说，它是太好了。"

杜林先生又一次不懂得，按照英国的普通法，即从远古以来至少是从十四世纪以来就通行的不成文的习惯法，陪审员的一致，不仅在刑事判罪上，而且在民事诉讼的判决上都是绝对必要的。因此，在杜林先生看来，对于当今的世界是太好了的这种极其严肃的和思想深刻的理解方式，早在最黑暗的中世纪就已经在英国具有了法律效力，并且从英国被推行到爱尔兰、美国以至英国的一切殖民地，而关于这一点，最深刻的专门研究竟连一个字也没有向杜林先生透露！由此可见，以陪审员的一致来实行判决的地区，不但比通行普鲁士邦法的狭小区域大得无可比拟，而且比所有以陪审员的多数来实行判决的地区的总和还要广大。杜林先生不但对唯一的现代法即法兰西法完全无知，而且他对直到现在仍然独立于法律权威罗马法之外而向前发展的、传播于世界各大洲的唯一的日耳曼法，即英吉利法，也同样无知。

恩格斯：《反杜林论》，
《马克思恩格斯全集》第 20 卷第 120～121 页。

杜林先生的最深刻的专门研究是在于他用了三年时间在理论方面埋头于民法大全，以后又用了三年时间从实际方面埋头于高贵的普鲁士邦法。这肯定也已经是颇有功劳了，并且对一个极可尊敬的旧普鲁士地方法官或律师来说也足够用了。但是，如果要给一切世界和一切时代编写法哲学，那末总应当也稍微详细地知道些象法国人、英国人和美国人这样一些民族的法律关系，这些民族在历史上所起的作用完全不同于盛行普鲁士邦法的德国的一个角落。

恩格斯：《反杜林论》，
《马克思恩格斯全集》第 20 卷第 122 页。

德国的哲学家、半哲学家和才子们，贪婪地抓住了这种文献，不过他们忘记了：在这种著作从法国搬到德国的时候，法国的生活条件却没有同时搬过去。在德国的条件下，法国的文献完全失去了直接实践的意义，而只具有纯粹文献的形式。它必然表现为于真正的社会、关于实现人的本质的无谓思辨。这样，第一次法国革命的要求，在十八世纪的德国哲学家看来，不过是一般'实践理性'的要求，而革命的法国资产阶级的意志的表现，在他们心目中就是纯粹意志、本来面目的意志、真正人的意志的规律。

马克思恩格斯：《共产党宣言》，
《马克思恩格斯全集》第 4 卷第 495 页。

例如在英国立遗嘱的绝对自由，在法国对这种自由的严格限制，在一切细节上都只是出于经济的原因。但是二者都反过来对经济起着很大的作用，因为二者都对财产的分配有影响。

恩格斯：《致康拉德·施米特》，

《马克思恩格斯全集》第 37 卷第 488 页。

在塞尔维亚曾经有斯拉夫主义、因此也是俄罗斯主义的倾向，但是自从它解放以来，它沿袭了奥地利资产阶级发展的全部办法。年轻人到奥地利的大学上学，官僚制度、法典、诉讼程序、学校，都照抄奥地利的样子。这是很自然的。但是俄国不能让保加利亚也这样效法他人，它不愿意为奥地利火中取栗。因此保加利亚就被建成为俄国的总督管辖区。

恩格斯：《关于共产主义者同盟的历史》，

《马克思恩格斯全集》第 21 卷第 356 页。

可惜，瓦鲁斯和他这个文明传播者的使命，走在历史前面差不多有一千五百年左右，因为大约经过了这么多的岁月之后，德意志方才成熟到能够"接受罗马法"的地步。事实上，罗马法及其对私有财产关系的经典分析，在日耳曼人看来简直是荒谬的，因为在他们中间开始发展起来的少量私有财产，只在他们土地公社所有制的基础上才能拥有。同样，日耳曼人习惯于根据祖传的风习，在公开的民众法庭上面，在几小时以内就可以自己作出判决，所以罗马审判程序上的隆重仪式、抗辩和无休止的延期，在他们看来，不外是一种拒绝审判的花招，而围绕着总督的一群辩护士和百般习难的家伙，不过是一帮十足的强盗——实际上他们也正是一帮强盗。这样，日耳曼人就必须放弃他们同伴审判同伴的自由法庭，服从于这样一个人的武断判决，这个人用外国话来审理案件，用至少是他们所不熟悉的甚至可说是完全不适用的法律作为根据，而且他本人就是当事人。依照塔西佗的报道，自由的日耳曼人只有僧侣才在极少的情况下有权殴打他们，他们只有在背叛自己的部落时才被处死，在其他的场合，任何过失，甚至杀人也可以用罚金（Wergeld）来赎罪，他们还惯于替自己及自己的亲人报血仇，这样的日耳曼人现在却要屈服于罗马扈从的木棍和斧钺之下。

恩格斯：《论日耳曼人的古代历史》，

《马克思恩格斯全集》第 19 卷第 500 页。

如果我们告诉杜林先生：在通行英吉利法的地区，审判庭的每一个成员必须在公开开庭时单独提出自己的判决并陈述其理由；不经过选举、不公开审理和不公开表决的行政集议机构，主要是普鲁士的制度，在大多数其他国家里是没有的，所以他的要求只有在普鲁士才可能被认为是惊人的和极端苛刻的，那末，对这种对渊博的法学知识的夸耀，顶多也只是以一个最普通的旧普鲁士法学家的最平常的专门知识作为根据的。

恩格斯：《反杜林论》，

《马克思恩格斯全集》第 20 卷第 123 页。

国际协会的会员应该竭力使他们本国的分散的工人团体联合成由全国性中央机关来代表的全国性组织。但是，不言而喻，章程中这一条的运用要取决于每一国家法律的特点，同时不管是否存在法律造成的障碍，并不排斥独立的地方性团体同伦敦的中央委员会发生直接的联系。

马克思：《协会临时章程》，

《马克思恩格斯全集》第 16 卷第 17 页。

因此每个正在进行斗争的阶级都必须在纲领中用法权要求的形式来表述自己的要求。但是每个阶级的要求在社会和政治的改造进程中不断变化，在每个国家中，由于各自的特点和社会发展的水平，这些要求是不同的。因此，各个政党提出的法权要求，尽管最终目的完全一致，但在各个时代和各个民族中并不完全相同。它们是可变因素，并且有时重新修改，这种情况在不同国家的社会主义政党那里可以看到。在进行这种修改时考虑到的是实际关系；相反，在现存的社会主义政党中还没有一个政党想到要从自己的纲领中造出一个新的法哲学来，就是在将来也不会想到要这样做。

恩格斯：《法学家的社会主义》，

《马克思恩格斯全集》第 21 卷第 568 页。

法的历史表明，在最早的和原始的时代，这些个人的、实际的关系是以最粗鲁的形态直接地表现出来的。随着市民社会的发展，即随着个人利益之发展到阶级利益，法律关系改变了，它们的表现方式也变文明了。它们不再被看作是个人的关系，而被看作是一般的关系了。与此同时，对彼此冲突着的个人利益的维护也由于分工而转入少数人手中，从而法的野蛮的行使方式也就消失了。在以上所引的对偶式中，圣桑乔对法的全部批判只限于把法律关系的文明的表现和文明的分工说成是"固定观念"、圣物的果实，而关于冲突的野蛮表现和调停冲突的野蛮方式，他反而为自己保留下来。对于他来说，全部问题只在于名称；至于问题本身他丝毫没有接触到，因为他不知道法的这些不同形式所赖以产生的现实关系，因为他只是把阶级关系在法律上的表现看作是过去野蛮关系观念化了的名称。例如，从施蒂纳式的意志表示中，我们又发现了决斗，从仇视、自卫等等中又发现了暴力统治的模版和古老封建习俗的实践，从赔罪、报仇等等中发现了 jus talionis〔报复刑〕、古德意志的罚款、compensatio〔赔偿〕、satisfactio〔赔罪〕，总之，发现了 leges barbarorum〔野蛮法典〕和 consuetudines feodorum〔封建习俗〕的主要内容，这些东西桑乔不是从图书馆中而是从他从前的主子所讲的关于高卢的阿马狄斯故事中得知并成为他心爱的东西的。因此，归根结底，圣桑乔所得出的结论仍是一个无力的道德诚条，即每个人应为自己找求满足并由自己来执行刑罚。

马克思恩格斯：《德意志意识形态》，

《马克思恩格斯全集》第 3 卷第 395～396 页。

资产阶级是很愿意通过友好的协商把封建王国变成资产阶级王国的。资产阶级在剥夺了封建党派的有辱资产阶级尊严的徽志和封号以及和封建所有制相关联的、破坏资产阶级占有方式的收入之后，它是很愿意同封建党派结成联盟并同它一起奴役人民的。但是旧官僚不甘沦为资产阶级的奴仆，因为到目前为止，它一直是资产阶级的专横导师。封建党派不愿为资产阶级牺牲自己的特权和利益。最后，国王把旧的封建社会（他作为这个社会的畸形产物而高踞于这个社会之上）的因素看作是自己的真正的、和他有血缘关系的社会基础，而把资产阶级看作是异己的、人为的基础，在这个基础上它只能凋萎。

马克思:《柏林的反革命》，
《马克思恩格斯全集》第6卷第16页。

这种乌托邦，这种空论的社会主义，想使全部运动整个都服从于运动中的一个段落，用个别学究的头脑活动来代替全部社会生产，而主要是幻想借一些细小手法和巨大伤感情怀来消除完全必要的阶级革命斗争，其实它只是把现代社会理想化，把这个社会描绘成一幅没有阴暗面的图画，并且力求违抗这个社会的现实去实现自己的理想。所以，当无产阶级把这种社会主义让给小资产阶级，而各种社会主义首领间的斗争又表明每个所谓体系都是特意强制社会变革中一个过渡段落以与其他各个段落相对抗时，无产阶级就愈益团结在革命社会主义周围，团结在被资产阶级叫作布朗基思想的共产主义周围。这种社会主义就是宣布不间断革命，就是实现无产阶级的阶级专政，把这种专政作为必经的过渡阶段，以求达到根本消灭阶级差别，消灭一切产生这些差别的生产关系，消灭一切和这些生产关系相适应的社会关系，改变一切由这些社会关系产生出来的观念。

马克思:《1848年至1850年的法兰西阶级斗争》，
《马克思恩格斯全集》第7卷第104页。

罗马军团在营垒的长期驻扎，使这里的人民习惯于罗马人的统治和罗马人的习俗，用狄奥的话来说，这就使野蛮人"好像转变过来了"。在这里，围绕着守备部队的营盘，形成了这位历史学家谈到过的城市和市场；它们的和平的贸易关系，首先加强了外国的统治。一切看来都很好，但是结局却全然两样。

昆提利乌斯·瓦鲁斯被任命为驻日耳曼尼亚军队总司令。这是一个开始进入衰退的时代的罗马人，首先要尽快使日耳曼尼亚被占领的地方变成罗马的行省，以罗马的政权代替那原来处在军人统治下的本地政权，从而把这个国家变为国库和总督收入的源泉。因此，瓦鲁斯企图"用更快的速度和更大的压力把日耳曼人改造过来"，他"像对奴隶一样对他们发布命令，像对臣民一样对他们索取金钱"（狄奥语）。但他在这里所使用的久经考验的压迫和论日耳曼人的古代历史勒索的主要手段，是罗马行省总督的最高司法权。他在这里攫取了这种权力，并利用这种权力想把罗马法强加到日耳曼人身上。

恩格斯:《论日耳曼人的古代历史》，
《马克思恩格斯全集》第19卷第499~500页。

人们在生产和交换时所处的条件，各个国家各不相同，而在每一个国家里，各个世代又各不相同。因此，政治经济学不可能对一切国家和一切历史时代都是一样的。从野蛮人的弓和箭、石刀和仅仅是例外地出现的交换往来，到千匹马力的蒸汽机，到纺织机、铁路和英格兰银行，有一段很大的距离。火地岛的居民没有达到进行大规模生产和世界贸易的程度，也没有达到出现票据投机或交易所破产的程度。谁要想把火地岛的政治经济学和现代英国的政治经济学置于同一规律之下，那末，除了最陈腐的老生常谈以外，他显然不能揭示出任何东西。

> 恩格斯：《反杜林论》，
> 《马克思恩格斯全集》第 20 卷第 160 页。

我们所说的"商品生产"，是指经济发展中的这样一个阶段，在这个阶段上，物品生产出来不仅是为了供生产者使用，而且也是为了交换的目的；就是说，是作为商品，而不是作为使用价值来生产的。这个阶段从开始为交换而生产的时候起，一直延续到现在；这个阶段只是在资本主义生产下，即在占有生产资料的资本家出资雇用那些除自己的劳动力以外没有任何生产资料的工作者并把产品的卖价超出其支出的赢余部分纳入腰包的条件下，才获得充分的发展。

> 恩格斯：《"社会主义从空想到科学的发展"英文版导言》，
> 《马克思恩格斯全集》第 22 卷第 338 页。

一切产业，除了农业和手工业以外，都一概被包括在制造业（manufacture）这个术语中，这样，经济史上两个重大的本质不同的时期即以手工分工为基础的真正工场手工业时期和以使用机器为基础的现代工业时期的区别，就被抹杀了。不言而喻，把现代资本主义生产只看作是人类经济史上一个暂时阶段的理论所使用的术语，和把这种生产形式看作是永恒的最终阶段的那些作者所惯用的术语，必然是不同的。

> 恩格斯：《资本论第一卷英文版序言》，
> 《马克思恩格斯全集》第 23 卷第 35 页。

机器在农业中的使用在造成工人"过剩"方面却发生了更为强烈的作用，而且没有遇到什么抵抗，这一点我们在以后将会详细谈到。例如，在剑桥郡和萨福克郡，最近二十年来耕地面积大大扩大了，但是在这一时期农村人口不但相对地减少了，而且绝对地减少了。在北美合众国，农业机器目前只是潜在地代替工人，也就是说，它使生产者有可能耕种更大的面积，但是并没有在实际上驱逐在业工人。1861 年，英格兰和威尔士参加农业机器制造的人数总计有 1034 人，而在蒸汽机和工作机上干活的农业工人总共只有 1205 人。

> 马克思恩格斯《资本论第一卷》，
> 《马克思恩格斯全集》第 23 卷第 551 页。

下述情况的的确确是事实：金融市场也会有自己的危机，工业中的直接的紊乱对这种危机只起从属的作用，或者甚至根本不起作用。在这里，还需要确定和研究一些东西，特别是要根据近二十年的历史来加以确定和研究。

恩格斯:《致康拉德·施米特》,

《马克思恩格斯全集》第 37 卷第 381 页。

十四世纪和十五世纪的蓬勃发展的欧洲工业以及与之相适应的贸易,都要求有更多的交换手段,而这是德国——1450—1550 年的白银大国——所提供不出来的。葡萄牙人、荷兰人和英国人在 1500—1800 年间侵占印度,目的是要从印度输入,谁也没有想到要向那里输出。但是这些纯粹由贸易利益促成的发现和侵略,终归还是对工业起了很大的反作用:只是由于有向这些国家输出的需要,才创立和发展了大工业。

金融市场也是如此。金融贸易和商品贸易一分离,它就有了——在生产和商品贸易所决定的一定条件下和在这一范围内——它自己的发展,它自己的本性所决定的特殊的规律和阶段。加之金融贸易在这种进一步的发展中扩大到证券贸易,这些证券不仅是国家证券,而且也包括工业和运输业的股票,因而总的说来支配着金融贸易的生产,有一部分就为金融贸易所直接支配,这样金融贸易对于生产的反作用就变得更为厉害而复杂了。

恩格斯:《致康拉德·施米特》,

《马克思恩格斯全集》第 37 卷第 485~486 页。

全部区别在于我国法律制度有自己的特点(农民公民权利的不平等,土地占有形式),由于我国资本主义不够发展而比较完整地保留着"旧制度"的痕迹。但是,这些特点丝毫不妨碍我国农民制度和西欧农民制度同属一个类型。

列宁:《民粹主义的经济内容及其在司徒卢威先生的书中受到的批评》,

《列宁全集》第 1 卷第 456 页。

俄国农民问题和西欧农民问题有重大的差别,然而差别仅在于:在西欧所谈的农民几乎都是资本主义社会、资产阶级社会中的农民,在俄国所谈的,主要是受资本主义前的制度和关系的压迫、受农奴制残余的压迫并不比受资本主义压迫轻(甚至更重)的农民。在西欧,农民作为阶级已经完成了为反对专制制度和农奴制残余提供战士的使命,在俄国则还没有完成。在西欧,工业无产阶级早就同农村截然分离,而且这种分离已经由相应的法制固定下来。在俄国,"工业无产阶级按其成分和生活条件来说,还同农村保持着极其密切的联系"(上引帕·波·阿克雪里罗得的小册子第 11 页)。

列宁:《我们党的纲领草案》,

《列宁全集》第 4 卷第 197 页。

在有政治自由的国家里,职业组织和政治组织之间的区别也像工联和社会民主党之间的区别一样,是十分明显的。当然,后者同前者的关系,在不同的国家里不免要因历史、法律以及其他种种条件不同而有所不同,这种关系的密切程度和复杂程度等等可能是各不相同的。

列宁:《怎么办?我们运动中的迫切问题》,

《列宁全集》第 6 卷第 107 页。

这里需要说明两点：

一是上述利用社会规律的内容，大多引用的是社会规律中的经济规律。因为本人缺乏对具体社会规律的分类研究，虽偶有所得，亦恐失之得当。

二是法受制于国情社情的内容，虽然不是直接论述法与社会必然性的关系，但仍属于法取决于社会必然性的内容，只是从不同国家、同一国家的不同社会情况的角度论述的，故纳入这部分内容里面。

从本节的第 5 个论述之后的论述，是经典作家关于是法受制于国情社情的论述。

3. 法本身不是规律，但法的运行是有规律的

法律本身的发展也是有规律的。如社会形态立法转变规律；法发生——发展——消亡规律；约束性规则——习惯法——成文法的发展规律；习俗——习惯法——判例法——成文法的法律本体发展规律等等。

奴隶制社会的法替代原始社会的约束性规则、封建社会的法替代奴隶制社会的法、资本主义社会的法替代封建社会的法，这是同社会形态相适应的法的类型的更替规律，是历史已经证明了的。当代的社会过程，是社会主义社会的法替代资本主义社会的法的过程，这是一个长期历史阶段，但也是曾经证明或经过反复而证明了的。

法律运行规律属于社会规律的重要组成部分。

在自身中变得自由的理论精神成为实践力量，作为意志走出阿门塞斯冥国，面向那存在于理论精神之外的尘世的现实，—— 这是一条心理学规律。

马克思：《德谟克利特的自然哲学和伊壁鸠鲁的自然哲学的差别》，
《马克思恩格斯全集》第 1 卷第 75 页。

我们可以看到，作为道德的道德，作为这个世界（它受自己的规律支配）的原则的道德正在消失，而代替本质的却是外表的现象、警察的尊严和传统的礼仪。

马克思：《评普鲁士最近的书报检查令》，
《马克思恩格斯全集》第 1 卷第 119 页。

既然学术才能和品格都是极其不确定的东西，相反，地位却是一种极其确定的东西；那么，我们为什么不可以得出结论说，根据必然的逻辑规律，不确定的东西要依赖确定的东西，并从它那里得到支持和内容呢？由此可见，如果书报检查官在解释检查令时说，地位是学术才能和品格借以在社会中表现出来的外在形式，尤其因为书报检查官本身的职位就保证他们的这种观点就是国家的观点，难道这样一来他们就算是犯了一个严重的错误吗？

马克思：《评普鲁士最近的书报检查令》，
《马克思恩格斯全集》第 1 卷第 129～130 页。

这一根本缺陷贯穿在我们的一切制度之中。譬如在刑事诉讼中，法官、原告和辩护人都集中在一个人身上。这种集中是同心理学的全部规律相矛盾的。可是，官员是超乎心理学规律之上的，而公众则是处于这种规律之下的。不过，有缺陷的国家原则还是情有可原的，但当它不够正直因而表现得不彻底时，那就是不可原谅的了。

马克思：《评普鲁士最近的书报检查令》，
《马克思恩格斯全集》第1卷第133页。

现实的预防性法律是不存在的。法律只是作为命令才起预防作用。法律只是在受到践踏时才成为实际有效的法律，因为法律只是在自由的无意识的自然规律变成有意识的国家法律时，才成为真正的法律。哪里法律成为实际的法律，即成为自由的存在，哪里法律就成为人的实际的自由存在。因此，法律是不能预防人的行为的，因为它是人的行为本身的内在的生命规律，是人的生活的自觉反映。

马克思：《关于新闻出版自由和公布省等级会议辩论情况的辩论》，
《马克思恩格斯全集》第1卷第176页。

法律在人的生活即自由的生活面前是退让的，而且只是当人的实际行为表明人不再服从自由的自然规律时，自然规律作为国家法律才强迫人成为自由的人；同样，只是在我的生命已不再是符合生理规律的生命，即患病的时候，这些规律才作为异己的东西同我相对立。可见，预防性法律是一种毫无意义的矛盾。

因此，预防性法律本身并不包含任何尺度、任何合乎理性的准则，因为合乎理性的准则只能从事物的本性（在这里就是自由）中取得。预防性法律没有范围，因为为了预防自由，它应当同它的对象一样大，即不受限制。因此，预防性法律就是一种不受限制的限制的矛盾，这一法律所遇到的界限并不是由必然性产生，而是由任性的偶然性产生，书报检查制度每日都明显地证实着这一点。

马克思：《关于新闻出版自由和公布省等级会议辩论情况的辩论》，
《马克思恩格斯全集》第1卷第176～177页。

对自己得救感到绝望，这种绝望把个人的弱点变成了人类的弱点，为的是从自己的良心上去掉这一负担；这是对人类得救感到绝望，这种绝望阻止人类遵循天生的自然规律，宣扬不成熟是一种必然现象；这是伪善，它借口有一个上帝，却既不相信上帝的现实性，也不相信善的全能；这是利己心，它把个人得救置于整体得救之上。

马克思：《关于新闻出版自由和公布省等级会议辩论情况的辩论》，
《马克思恩格斯全集》第1卷第184页。

如果说较高级的权利形式必须由较低级的权利形式来证实这一结论是正确的，那么把较低级的领域用作衡量较高级领域的尺度则是错误的了；这样一来，就会把在一定限度内是合理的规律歪曲成为可笑的东西，因为这是硬要要求这些规律不成为该领域的规律，而成为另一个更高级领域的规律。这正像我想强迫一个巨人住在侏儒的屋子里一样。

马克思：《关于新闻出版自由和公布省等级会议辩论情况的辩论》，
《马克思恩格斯全集》第 1 卷第 190 页。

如果法院遵循它自己固有的法规而不遵循其他领域（如宗教）的规律的话，审判自由就是审判自由。自由的每一特定领域就是特定领域的自由，同样，每一特定的生活方式就是特定自然的生活方式。要狮子遵循水螅的生命规律，这难道不是反常的要求吧？如果我这样去推论，即既然手和脚以其独特的方式发挥职能，那么眼睛和耳朵这两种使人摆脱他的个体性的羁绊而成为宇宙的镜子和回声的器官，就应当有更大的活动权利，因而也就应当具有强化的手和脚的职能；如果我这样去推论，我对人体各种器官的联系和统一的理解将是多么错误呵！

马克思：《关于新闻出版自由和公布省等级会议辩论情况的辩论》，
《马克思恩格斯全集》第 1 卷第 190～191 页。

新闻出版向行业说道：你的自由并不就是我的自由。你愿服从你的领域的规律，同样，我也愿意服从我的领域的规律。按你的方式成为自由人，对我说来就等于不自由；因为如果木匠要求他的行业自由，而人们把哲学家的自由作为等价物给了他，他是很难感到满意的。

马克思：《关于新闻出版自由和公布省等级会议辩论情况的辩论》，
《马克思恩格斯全集》第 1 卷第 191 页。

他还要求新闻出版自由不受本身的规律支配，而受行业自由的规律支配。他甚至同委员会的那位对新闻出版自由评价较高的报告人进行辩论，并提出了一些只能使人觉得滑稽可笑的要求。当较低级领域的规律被应用到较高级的领域时，立刻会产生这种可笑的感觉；倒过来也一样，当小孩子激昂慷慨时，也会使人觉得滑稽可笑的。

马克思：《关于新闻出版自由和公布省等级会议辩论情况的辩论》，
《马克思恩格斯全集》第 1 卷第 193 页。

邦法是建立在理智的抽象上的，这种理智的抽象本身是无内容的，它把自然的、法的和合乎伦理的内容当作外在的、没有内在规律的质料加以吸收，它试图按照外部的目的来改造、安排、调节这种没有精神、没有规律的质料。邦法不是按照对象世界所固有的规律来对待对象世界，而是按照任意的主观臆想和与事物本身无关的意图来对待对象世界。

马克思：《〈莱茵报〉编辑部为〈论新婚姻法草案〉一文所加的按语》，
《马克思恩格斯全集》第 1 卷第 317 页。

如果特殊利益在政治上的这种独立化是国家必然性，那么这只是国家内部疾病的表现，正如不健康的机体，按照自然规律，必然会长出肿瘤一样。

马克思：《评奥格斯堡〈总汇报〉论普鲁士等级委员会的文章》，

《马克思恩格斯全集》第 1 卷第 344 页。

他不是在创造法律，不是在发明法律，而仅仅是在表述法律，他用有意识的实在法把精神关系的内在规律表现出来。如果一个立法者用自己的臆想来代替事情的本质，那么人们就应该责备他极端任性。谁也不是被迫结婚的，但是任何人只要结了婚，那他就得服从婚姻法。结婚的人既不是在创造，也不是在发明婚姻，正如游泳者不是在发明水和重力的本性和规律一样。

马克思：《论离婚法草案》，

《马克思恩格斯全集》第 1 卷第 347 页。

要使报刊完成自己的使命，首先必须不从外部为它规定任何使命，必须承认它具有连植物也具有的那种通常为人们所承认的东西，即承认它具有自己的内在规律，这些规律是它所不应该而且也不可能任意摆脱的。

马克思：《〈莱比锡总汇报〉的查禁和〈科隆日报〉》，

《马克思恩格斯全集》第 1 卷第 397 页。

只要彻底遵循蒲鲁东自己所提出的规律，即公平通过对自身的否定而实现的规律，就足以摆脱这个历史上的绝对者。如果说蒲鲁东没有得出这种彻底的结论，那末这应当归咎于他生为法国人而不是德国人的这种可悲的情况。

马克思恩格斯：《神圣家族》，

《马克思恩格斯全集》第 2 卷第 41 页。

取消这些要素的政治存在，譬如说，通过选举资格的废除来取消财产的政治存在，通过国教的废除来从政治上取消宗教，——伴随着宣布它们的政治死亡而来的，便是这些要素的生命的蓬勃发展，这个生命从此便顺利无阻地服从于自身的规律并十分广泛地展现出来。无政府状态是摆脱了使社会解体的那种特权的市民社会的规律，而市民社会的无政府状态则是现代公法状况的基础，正像公法状况本身也是这种无政府状态的保障一样。它们怎样互相对立，也就怎样互相制约。

马克思恩格斯：《神圣家族》，

《马克思恩格斯全集》第 2 卷第 150 页。

法的发展规律和运行规律，不仅作用于包括立法、执法、司法和守法的所有环节和过程说，还作用于法实现的所有环节和过程。

在立法方面，为了有效地解决社会正常运行问题，使社会保持稳定发展，必须符合法的规律。而且，具体法律法规的制定、修改、补充，都要体现法的规律的作用和制约。

在执法方面，国家机关是执法机关，其执法活动必须依法进行，它们的职能、权限范围、活动方式等不但要符合法律法规的规定，而且受法的规律的具体作用和制约。

在司法方面，法院行使审判权，进行司法活动，不仅依照诉讼法的规定及其他法律法规的规定，而且受法的作用和制约，违法的司法审判活动为违法活动，也是违反法的规律的活动。法院司法遵守法的规律，要求正确审理案件，通过司法活动，维护正常社会关系，保护国家利益和公民个人利益不受侵犯，保障社会秩序。"关系案"和"人情案"、冤假错案、下级法院人员与上级法院人员串通案等等，都是违法的，也是违反法的规律的。

在守法方面，公民个人、社会组织、国家机关必须守法，这就要求这些个人、组织的活动和国家机关的监管组织活动要依法进行，也要依法的规律进行。

依法进行活动与依法的规律进行活动，并不完全一致。有一种观点认为，依照法律条文（法律规范）进行活动就是依照法的规律进行活动，是遵行法律而不是遵行法的规律。这种认识是片面的。实际上，有的法律条文和立法原则以及立法精神、立法宗旨等，存在背离法的规律的现实性。把法律条文与法的规律等同起来，不仅误解了合法性的概念内涵，而且不利于全面加强社会法制建设。

社会活动的多样性、变化性及社会关系的复杂性、广泛性，决定了法律不可能也没有必要对社会活动统统进行具体规范。无论是在存在法律规范的或没有法律规范的社会活动和社会关系领域，尊重法的规律都有突出意义。

在法的领域，一系列持续的、普遍的、造成严重后果的问题表明，尊重和遵守法的规律何等重要。我们必须在法的所有领域尊重客观规律的要求。

4. 玄想家在随心所欲地兜圈子

玄想家，就是秉持唯心主义和形而上学的所谓"理论家"。

在法的领域，是用唯物的辩证的观点还是用唯心的形而上学的观点，去观察、分析法的历史、现象和问题，是资产阶级法学玄想家和马克思主义法学家的分水岭。凡是按照法和社会历史的本来面貌去认识法，把法看作是一个客观的充满矛盾的有规律的发展过程的，都是唯物主义的辩证的法学理论。

社会存在和社会意识的关系问题，是法学的出发点。正是对这一问题做出不同回答而划分唯物主义法学和唯心主义法学两大派别。

法律和法学是社会意识，而社会存在是指社会物质生活条件的总和，它首先是物质资料的生产方式，它是一定社会性质和社会发展变化的最后决定力量。法学家们不能自由选择它，也不能随心所欲地改变它，它是不以人们的意志为转移的社会存在。

辩证唯物主义认为：第一，社会存在、社会生产是人类社会生存和发展的基础，也是社会意识产生的物质前提。第二、社会存在决定社会意识的内容，社会意识是社会存在的反映。第三，一定的社会意识只有社会存在发展需要时才能产生，才能变为现实。我们应当以辩证唯物主义为指导，作好法学研究工作，而不能像资产阶级玄想家那样，随心所欲地塑造法的历史，随心所欲地解释一切立法，随心所欲地堆积理论积木。

历史从哪里开始,思想进程也应当从哪里开始,而思想进程的进一步发展不过是历史过程在抽象的、理论上前后一贯的形式上的反映;这种反映是经过修正的,然而是按照现实的历史过程本身的规律修正的,这时,每一个要素可以在它完全成熟而具有典范形式的发展点上加以考察。

> 马克思:《政治经济学批判》,
> 《马克思恩格斯全集》第13卷第532~533页。

这难道不是说,生产方式、生产力在其中发展的那些关系并不是永恒的规律,而是同人们及其生产力发展的一定水平相适应的东西,人们生产力的一切变化必然引起他们的生产关系的变化吗?

> 马克思:《哲学的贫困》,
> 《马克思恩格斯全集》第4卷第155页。

重农学派的巨大功绩是,他们把这些形式看成社会的生理形式,即从生产本身的自然必然性产生的,不以意志、政策等等为转移的形式。这是物质规律;错误只在于,他们把社会的一个特定历史阶段的物质规律看成同样支配着一切社会形式的抽象规律。

> 马克思:《资本论第四卷》,
> 《马克思恩格斯全集》第26卷第1册第15页。

如果我们回想一下马尔萨斯,那末现代政治经济学的全部秘密就暴露在我们面前了。这个秘密不过就在于把一个特定的历史时代独有的、适应当时物质生产水平的暂时的社会关系,变为永恒的、普遍的、不可动摇的规律,经济学家们称之为自然规律。

> 马克思:《战争问题。——英国的人口和商业报告书。——议会动态》,
> 《马克思恩格斯全集》第9卷第280页。

辩证法的规律是从自然界和人类社会的历史中抽象出来的。辩证法的规律不是别的,正是历史发展的这两个方面和思维本身的最一般的规律。实质上它们归结为下面三个规律:量转化为质和质转化为量的规律;对立的相互渗透的规律;否定之否定的规律。

> 恩格斯:《自然辩证法》,
> 《马克思恩格斯全集》第20卷第401页。

正如同在其他一切思维领域中一样,从现实世界抽象出来的规律,在一定的发展阶段上就和现实世界脱离,并且作为某种独立的东西,作为世界必须适应的外来的规律而与现实世界相对立。

> 恩格斯:《反杜林论》,
> 《马克思恩格斯全集》第20卷第42页。

　　包罗万象的、最终完成的关于自然和历史的认识的体系是和辩证思维的基本规律相矛盾的；但是这决不排斥，反而肯定，对于整个外部世界的有系统的认识是可以一代一代地得到巨大进展的。

恩格斯：《社会主义从空想到科学的发展》，
《马克思恩格斯全集》第 19 卷第 224 页。

　　否定的否定这个规律在自然界和历史中起着作用，而在它被认识以前，它也在我们头脑中不自觉地起着作用；这个规律只是被黑格尔第一次明确地表述出来而已。

恩格斯：《反杜林论》，
《马克思恩格斯全集》第 20 卷第 155 页。

　　我们的玄想家可以随心所欲地兜圈子，他从大门扔出去的历史现实，又从窗户进来了，而当他以为自己制定了适用于一切世界和一切时代的道德学说和法律学说的时候，他实际上是为他那个时代的保守潮流或革命潮流制作了一幅歪曲的（因为和它的现实的基础脱离）、头足倒置的映像，正如在凹面镜上的映像一样。

恩格斯：《反杜林论》，
《马克思恩格斯全集》第 20 卷第 97 页。

　　在第三类科学中，即在按历史顺序和现在的结果来研究人的生活条件、社会关系、法律形式和国家形式以及它们的哲学、宗教、艺术等等这些观念的上层建筑的历史科学中，永恒真理的情况还更糟。

恩格斯：《反杜林论》，
《马克思恩格斯全集》第 20 卷第 97 页。

　　人类社会和动物社会的本质区别在于，动物最多是搜集，而人则能从事生产。仅仅由于这个唯一的然而是基本的区别，就不可能把动物社会的规律直接搬到人类社会中来。

《恩格斯致彼·拉·拉甫罗夫》，
《马克思恩格斯全集》第 34 卷第 163 页。

　　整个历史的过程不是由活生生的人民群众（他们自然为一定的、也在历史上产生和变化着的条件所左右）本身的发展所决定，——整个的历史过程是由永恒的永远不变的自然规律所决定，它今天离开这一规律，明天又接近这一规律，一切都以是否正确地认识这一规律为转移。这种对永恒的自然规律的正确认识是永恒的真理，其他一切都是假的。根据这种观点，一切实际的阶级矛盾，尽管因时代不同而各异，都可以归结为一个巨大的永恒的矛盾，即认识了永恒的自然规律并依照它行动的人（贤人与贵人）和误解它曲解它并和它背道而驰的人（愚人与贱人）的矛盾。

马克思恩格斯：《"新莱茵报。政治经济评论"第 4 期上发表的书评》，
《马克思恩格斯全集》第 7 卷第 306～307 页。

政治经济学本质上是一门历史的科学。它所涉及的是历史性的即经常变化的材料；它首先研究生产和交换的每一个发展阶段的特殊规律，而且只有在完成这种研究以后，它才能确立为数不多的、适合于一切生产和交换的、最普遍的规律。

恩格斯：《反杜林论》，

《马克思恩格斯全集》第 20 卷第 161 页。

既然阶级对抗是随着工业的发展而发展的，所以这些发明家同样也还不可能发现无产阶级解放的物质条件，于是他们就去探求那应该能够造成这种条件的社会科学、社会规律。这样，社会的活动就要由他们个人的发明活动来代替，实现解放的历史条件就要由幻想的条件来代替，无产阶级逐步向前组织成为阶级的进程就要由按照他们臆想出来的方案组织社会的努力来代替。在他们看来，今后全世界的历史都归结为他们那些社会计划的宣传和实现。

马克思恩格斯：《共产党宣言》，

《马克思恩格斯全集》第 4 卷第 500 页。

你们的偏颇观念，驱使你们把自己的生产关系和所有制关系从生产发展过程中暂时的历史性的关系夸大成为永久的自然规律和理性规律，而你们的这种偏颇观念原是过去一切灭亡了的统治阶级所共有的。

马克思恩格斯：《共产党宣言》，

《马克思恩格斯全集》第 4 卷第 485 页。

如果桑乔认为，这样就消灭了现存的社会关系，或者只消灭了自然规律，那末未免太天真了，他所以会这样天真只是因为：哲学家们把社会关系不是看成这些与自身同一的个人之间的相互关系，而且把自然规律不是看成这些一定物体之间的相互关系。

马克思恩格斯：《德意志意识形态》，

《马克思恩格斯全集》第 3 卷第 520 页。

正如医学上的妙手回春的神医和起死回生的仙丹是以对自然界规律的无知作为自己的基础一样，社会领域中的庸医和万应灵药也是以对社会规律的无知作为自己的基础，而我们的霍尔施坦的庸医正是一位来自尼德尔埃普特的社会主义的创造奇迹的牧师。

马克思恩格斯：《德意志意识形态》，

《马克思恩格斯全集》第 3 卷第 632 页。

主观主义者虽然承认历史现象的规律性，但不能把这些现象的演进看作自然历史过程，这是因为他们只限于指出人的社会思想和目的，而不善于把这些思想和目的归结于物质的社会关系。

列宁：《什么是"人民之友"以及他们如何攻击社会民主党人?》，

《列宁全集》第 1 卷第 110 页。

在无产阶级革命道路上，马克思恩格斯首先同蒲鲁东的唯心主义做斗争。蒲鲁东不是从现实生产的发展出发，而是从主观愿望出发，他认为资本主义不好，资本主义的"财产就是盗窃"，于是他幻想成立"国民银行"，发放无息贷款。这是他的小私有制。

蒲鲁东的改良主义破产之后，巴枯宁以"左"的无府主义面目出现，他打着"废除继承权"，"立即消灭国家"的旗号进行招摇。马克思恩格斯批判了巴枯宁颠倒继承权和私有制、国家和资本的关系，即不是私有制产生继承权，而是继承权产生了私有制，不是资本创造国家，而是国家创造资本，从而颠倒了经济基础和上层建筑、社会存在和社会意识的关系。

19世纪60年代马克思恩格斯对拉萨尔的"公平分配"论和杜林的"暴力论"进行了批判。同拉萨尔斗争的实质是所有制、生产决定分配还是要求公平和平等的愿望决定分配，暴力是第一性的还是经济关系是第一性的，涉及的仍然是政治和经济、社会意识和社会存在何者是第一性的、谁决定谁的问题。马克思恩格斯在批判拉萨尔的斗争中，写了《哥达纲领批判》《反杜林论》等重要著作。

列宁继承马克思恩格斯的遗志。在垄断资本主义条件下，被资产阶级收买的工人贵族的代表伯恩斯坦、考茨基竭力鼓吹"自发论""和平长入论"，宣扬只要生产力高度发展，无产阶级占了人口的多数，资本主义就会自然而然地过渡到社会主义。列宁批判了他们的谬论，指出他们宣扬的是一种庸俗化了的"生产力论"。托洛茨基是形"左"实右的两面派。说"我们今天的经济水平及社会文化条件接近资本主义——而且是落后的不文明的资本主义——的程度远甚于接近社会主义的程度"。列宁根据唯物史观分析研究了帝国主义的本质特征，写出《帝国主义论》，得出了社会主义革命的新结论，发展了唯物主义。

历史唯物主义从创立到现在一百多年，是在一直同唯心主义的斗争中发展的一百多年。回顾这一历史，对于我们如何在新的历史条件下坚持历史唯物主义和辩证唯物主义这一马克思主义世界观和方法论，具有巨大启示意义。

（三）法与经济规律

1. 不管颁布怎样的法律，经济照旧由现在支配它的经济规律来调节

经济规律是经济现象间的本质联系，是在社会经济发展过程中对经济现象普遍起作用的经济必然性。经济规律不以人们的意志为转移。经济规律成因于一定经济条件，经济条件变化了或消失了，它的作用便改变或消失。旧的经济规律由于新的经济条件的产生而消失，不是人和法律去消灭的结果；新的经济规律由于新的经济条件的产生而产生，也不是人和法律制造出来的。恩格斯在谈到经济规律的这种改变时指出：当社会占有了生产资料，社会生产内部的无政府状态将为有计划、有组织的社会主义社会代替时，人们自己的社会行动的规律，将替代异己的、统治着人们的、与人们相对立的规律而熟练地运用起来，并服从它们的统治。

经济规律分为三类：社会经济形态一般规律，这是在一切社会经济形态中都存在和发生作用的规律；若干社会经济形态的共有规律，这种规律，只为几个社会经济形态所共

有；特有规律，这是只在某一社会经济形态存在并起作用的规律。

在任何一种社会经济形态中，都存在一些规律同时发生作用，但总有基本规律起主导作用。基本规律，是决定社会发展的一切主要方面和一切主要过程的规律。基本规律体现某一社会经济生活本质的特征，也决定社会经济发展的根本方向。在社会生产力与生产关系、经济基础与上层建筑相互关系中的所有经济现象、环节和过程所形成的本质的必然联系，便构成该社会基本经济规律的基础。

法律与经济规律的关系，是被决定与决定的关系。在一定经济形态下，法律不能改变经济条件，因而不能改变经济规律。

在政治经济学中，任何时候都绝不能仅仅根据一年的统计材料就得出一般规律。常常需要引证六、七年来的平均数字，也就是说，需要引证在现代工业经过各个阶段（繁荣、生产过剩、停滞、危机）而完成它必然的周期这一段时期内的一些平均数字。

马克思：《关于自由贸易的演说》，

《马克思恩格斯全集》第4卷第450页。

"经济学家所以说现存的关系（资产阶级生产关系）是天然的，是想以此说明，这些关系正是使生产财富和发展生产力得以按照自然规律进行的那些关系。因此，这些关系是不受时间影响的自然规律。这是应当永远支配社会的永恒规律。于是，以前是有历史的，现在再也没有历史了。"（见我的著作第113页）

马克思：《论蒲鲁东》，

《马克思恩格斯全集》第16卷第32页。

亚当·斯密和李嘉图这样的经济学家是当代的历史学家，他们的使命只是表明在资产阶级生产关系下如何获得财富，只是将这些关系表述为范畴和规律并证明这些规律和范畴比封建社会的规律和范畴更便于进行财富的生产。在他们看来，贫困只不过是一种暂时的病痛，正如自然界中新生出东西来和工业上新东西出现时的情况一样。

马克思：《哲学的贫困》，

《马克思恩格斯全集》第4卷第156页。

蒲鲁东从他的法学观点出发不是用社会生产的条件，而是用一般体现着这些条件的国家法律来解释利率以及一切经济现象。从这个同任何关于国家法律和社会生产条件有联系的概念格格不入的观点看来，这些国家法律就必然完全是任意的命令，随时能够顺利地用一些直接相反的命令来代替。因此，在蒲鲁东看来，最容易不过的就是颁布法令——如果他拥有这种权力的话——把利率降低为一厘。可是，如果其他一切社会条件照旧不变，蒲鲁东的这个法令也就只是一纸空文了。不管颁布怎样的法令，利率照旧将由现在支配它的经济规律来调节。

恩格斯：《论住宅问题》，

《马克思恩格斯全集》第18卷第254页。

这是政治经济学的规律，或者换句话说，这是目前社会经济组织的规律，它比英国所有的成文法和不成文法加在一起，包括大法官法庭在内，还更有力量。

恩格斯：《雇佣劳动制度》，

《马克思恩格斯全集》第 19 卷第 277 页。

由此可以清楚地看到，和经济发展相比，暴力在历史中起着什么样的作用。第一，一切政治权力起先总是以某种经济的、社会公共职能的执行者更加疏远，这种权力加强了。第二，社会的政治职能为基础的，随着社会成员由于原始公社的瓦解而变为私人生产者，因而和社在政治权力对社会独立起来并且从公仆变为主人以后，它可以朝两个方向起作用。或者按照合乎规律的经济发展的精神和方向去起作用，在这种情况下，它和经济发展之间就没有任何冲突，经济发展就加速了。或者违反经济发展而起作用，在这种情况下，除去少数例外，它照例总是在经济发展的压力下陷于崩溃。

恩格斯：《反杜林论》，

《马克思恩格斯全集》第 20 卷第 198～199 页。

蒲鲁东既然从未考虑过造成某种经济现象的真正实际条件，当然也就弄不清楚，为什么原先建筑房屋的费用在一定情况下竟会在五十年内以房租形式得到十倍的偿还。对于这个并不困难的问题，他不是从经济方面去研究，并确切查明它是否真正同经济规律相抵触以及怎样相抵触，却以大胆地从经济学领域跳到法律领域的办法来挽救自己说："房屋一旦建造起来，就成为一种永恒的法权理由"每年获取一定的款项。至于这究竟是怎样发生，房屋究竟怎样成为法权理由，蒲鲁东却默不作声。

恩格斯：《论住宅问题》，

《马克思恩格斯全集》第 18 卷第 242 页。

只要彻底遵循蒲鲁东自己所提出的规律，即公平通过对自身的否定而实现的规律，就足以摆脱这个历史上的绝对者。如果说蒲鲁东没有得出这种彻底的结论，那末这应当归咎于他生为法国人而不是德国人的这种可悲的情况。

马克思恩格斯：《神圣家族》，

《马克思恩格斯全集》第 2 卷第 41 页。

在古典政治经济学著作里所阐述的一切规律，只有在贸易的一切束缚都被解除、竞争不仅在某一个国家内而且在全世界范围内获得绝对自由的前提下，才是完全正确的。自由贸易实行得愈广泛，亚当·斯密、萨伊和李嘉图所阐述的这些支配物质财富的生产和分配的规律，就愈加灵验、愈加准确，愈不会是空洞的抽象。

恩格斯：《讨论自由贸易问题的布鲁塞尔会议》，

《马克思恩格斯全集》第 4 卷第 294 页。

经济学家把"经济"变成了一个超验的范畴，他们在这个范畴中发现了他们所想要发现的那些规律，即"资本"、"劳动"、"地租"、"工资"、"利润"的"规律"。经济学家把人变成了"资本家"、"人"等等柏拉图式的概念。社会主义把"唯利是图"这个特性加给"资本家"，自由主义把"贪得无厌"这个特性加给工人，并且这两个特性可以从资本的"合乎规律的作用"中得到说明。

列宁：《唯物主义和经验批判主义》，
《列宁全集》第18卷第330页。

"劳动生产率递降的著名规律"是资产阶级的不学无术之徒和雇佣学者用来为资本主义辩护的资产阶级陈词滥调。马克思早就推翻了这个"规律"，—— 这个"规律"把罪过推在自然界身上（据说，劳动生产率的降低势所必然，对之毫无办法！），而实际上，罪过在于资本主义的社会制度。"农业劳动生产率递降的规律"是资产阶级的谎言。在资本主义制度下，地租即土地占有者的收入增加的规律，才是事实。

列宁：《一位立宪民主党教授》，
《列宁全集》第22卷第167页。

马克思在确定了物质生活的生产方式制约着社会的社会生活、政治生活和精神生活的过程以后，就着手研究生产方式发展的规律，特别是资本主义社会运动的经济规律问题。

马克思科学地研究社会经济形态的发生、发展和衰落的过程，把人类社会的历史当作一个十分复杂并充满矛盾但毕竟是有规律的统一过程来研究。

马克思和恩格斯应用这一规律来分析资本主义。在说明资本主义社会时，他们把它看作是一种客观上必然的同时也是历史上暂时的"交往形式"。

马克思认为探讨经济学说对于用经济发展规律的知识武装工人阶级具有巨大的意义，所以他继续从事政治经济学的研究。他整天都在英国博物馆阅览室里研究土地所有制的历史、殖民问题、人口问题、信贷问题、银行体系问题以及其他问题。他从萨默斯、劳顿、威克菲尔德、普莱斯科特、霍吉斯金、凯特勒、唐森、马尔萨斯、休谟、格雷、达布耳德、威巴艾利生、阿艾利生、哈德卡斯耳、普莱斯、孚赫、麦克库洛赫以及其他人的著作中作了许多摘录，并作了评注。同时，马克思还研究农艺学和农业化学问题，阅读了李比希和约翰斯顿的著作。

列宁广泛研究了经济规律问题。在帝国主义战争时期，还继续研究土地和农业问题。他的《关于农业中资本主义发展规律的新材料》，论证了资本主义在农业中发展的不可逆转的普遍规律。他以美国农业的发展为例，说明这一普遍规律具有特别意义。

列宁指出，历史学派反对用抽象方法研究社会经济，否认有普遍适用的一般的经济规律，而提出所谓历史方法，即搜集大量的经济历史资料，特别是各民族古代的历史材料，进行表面的描述，企图建立有民族和历史特点的国民经济学。

2. 经济规律不是支配社会的永恒规律

马克思的《资本论》，是打开经济规律之门的一把钥匙。第1卷表明，资本家怎样从工人那里榨取剩余价值；第2卷表明，这个最初包含在商品里的剩余价值怎样实现为货币；第3卷所阐述的是剩余价值的分配规律；第4卷是对剩余价值理论作历史的批判的概述。《资本论》清楚地说明，资本主义经济形态下的经济规律，不是支配社会的永恒规律，它会同资产阶级法律一起，随着资本主义的灭亡而消失。

在《马克思恩格斯全集》第3卷，《德意志意识形态》第一次阐述了生产力和生产关系发展的最一般的客观规律，在这部著作中已经包含着社会经济形态这个非常重要的概念，并对历史上相继更替的各经济形态的基本特点作了简短的分析。

《德意志意识形态》表现了对经济规律和范畴的客观性质的明确理解。资产阶级的经济学家把资产阶级社会的经济规律和范畴看作是永恒不变的。与资产阶级经济学家相反，马克思和恩格斯认为这些经济规律和范畴是受到历史限制的、暂时性的社会关系在理论上的表现。"地租、利润等这些私有财产的现实存在形式是与生产的一定阶段相适应的社会关系"。

在《马克思恩格斯全集》第4卷，马克思在《哲学的贫困》里在阐明物质生产发展的客观规律方面前进了一大步。在揭示"生产力"这个概念的内容时，他指出它不仅包括生产工具，而且还包括劳动者本身；"最强大的一种生产力是革命阶级本身"。马克思指出生产力在社会发展中的决定作用，揭示了生产力和生产关系之间的辩证关系和相互作用。

马克思驳斥了资产阶级经济学家关于资本主义经济规律是永恒的不可动摇的这种形而上学的观念。马克思用唯物主义辩证法分析了经济的现实，从而揭露了资本主义经济关系的对抗性和历史短暂性。

在《马克思恩格斯全集》第13卷，马克思在确定了物质生活的生产方式制约着社会的社会生活、政治生活和精神生活的过程以后，就着手研究生产方式发展的规律，特别是资本主义社会运动的经济规律。马克思表述了生产关系适合生产力性质的规律，以及关于在阶级社会发展的一定阶段上产生的生产力和生产关系之间的矛盾是社会革命、一种社会经济形态为另一种比较进步的社会经济形态革命地代替的主要原因。"社会的物质生产力发展到一定阶段，便同它们一直在其中活动的现存生产关系或财产关系（这只是生产关系的法律用语）发生矛盾。于是这些关系便由生产力的发展形式变成生产力的桎梏。那时社会革命的时代就到来了。"

在《马克思恩格斯全集》第8卷，马克思在写给"纽约每日论坛报"的最初几篇论文中，就已通过英国的例子指出了一系列的资本主义经济规律的作用，揭示了资本主义所固有的矛盾。马克思指出了资本主义生产发展的周期性，证明了经济危机的必然性。

在《马克思恩格斯全集》第2卷，恩格斯研究了英国的经济制度和政治制度，并以这个当时最发达的国家为例阐明了资本主义生产的一系列的规律。他揭开了引起工厂无产阶级出现的产业革命的全部奥秘，并且强调指出工人和资本家的利益是不可调和的。

在《马克思恩格斯全集》第4卷，马克思指出生产的无政府状态、危机、群众的贫困化是资本主义必不可免的伴侣；揭露了雇佣劳动制度的剥削实质，大体上表述了资本主义积累的普遍规律，指出在资本主义制度下，"在产生财富的那些关系中也产生贫困"。

在《马克思恩格斯全集》第9卷，马克思通过许多实例考察了当前工商业周期的各个阶段，并且把他早在40年代的经济学著作中就已提出的关于资本主义生产发展的周期性的原理具体化。马克思在文章中揭示了资本主义经济的规律，驳斥了资产阶级经济学家和政论家的谰言，这些人把资本主义描绘成建立在和谐基础上的、能使所有阶级繁荣昌盛并且符合自然规律的制度。

在《马克思恩格斯全集》第13卷，马克思从自己的价值学说出发，对货币问题也作了详尽的研究。在经济科学中他最先阐明了价值的货币形式的起源，指出了价值和货币的有机联系，认为货币是价值形式的历史发展的最终结果。他揭示了货币的本质，研究了货币在资产阶级社会中的经济作用，科学地确定并阐明了货币的各种职能，以及金属货币和纸币流通的规律。

马克思根据对英国官方统计资料的分析，深入地探讨了资本主义经济许多极其重要的规律性的作用——生产积聚的加强和生产发展的周期性。

马克思指出，任何危机的真正原因都不是像自由贸易派所说的那样在于过度的投机和信贷的滥用，而是在于资本主义本性所固有的社会经济条件。他指出，危机"是现在的生产制度所固有的"，"只要这个制度还存在，危机就必然会由它产生出来，就好像一年四季的自然更迭一样"。

在《马克思致阿道夫·克路斯》里的"当利润增长百分之二十时，工人必须通过罢工才能提高工资的百分之二"，指出了工资与利润关系的规律。马克思在这个结论之前，批评了生产增长各个阶级就会均等分享的观点，指出"如果认为，只要劳动总产品增长，应参加分配这种产品的三个阶级就会均等地分享这种增长，那就太幼稚了。"马克思认为，凯里关于劳动总产品增长会使资本家、地主和工人均等受益地说法，是幼稚的。一个利润增长20%，一个工资提高2%，充分说明了资本主义生产关系的对抗性质。

在《马克思恩格斯全集》第13卷，马克思在《对华贸易》中揭露了英国资产阶级政策的近视性，他们不了解经济的规律性，指责中国政府在国内对英国贸易制造人为的障碍，从而要求通过掠夺性的军事冒险来消除这些障碍。

在《列宁全集》第3卷，列宁在《俄国资本主义的发展》里谈道："资本主义国家必须有国外市场，决不取决于社会产品（特别是额外价值）的实现规律，而取决于下面几点：第一，资本主义只是超出国家界限的广阔发展的商品流通的结果。……第二，社会生产各部分之间的比例（按价值和按实物形式），是社会资本再生产理论所必须有的假定，并且事实上只是从一系列经常波动中得出的平均数，……第三，前资本主义生产方式的规律，是生产过程在原有规模上、原有技术基础上的重复。地主的徭役经济、农民的自然经济和手工业者的手艺生产就是如此。相反，资本主义生产的规律，是生产方式的经常改造和生产规模的无限扩大。"

因此，资本主义必须寻求国外市场，但这决不像民粹派经济学家所描述的那样，是证明资本主义无力维持下去。完全相反，这种需要明显地表明资本主义进步的历史作用，资本主义破坏了旧时经济体系的孤立和闭关自守的状态（因而也破坏了精神生活和政治生活的狭隘性），把世界上所有的国家联结成统一的经济整体。

（1）竞争规律

不管一个资本家运用了效率多么高的生产资料，竞争总使这种生产资料的采用成为普遍的现象，而当这种生产资料的采用一旦成为普遍的现象时，他的资本具有更大效率的唯一后果就只能是：要取得原有的价格，他就必须供给比以前多十倍、二十倍、一百倍的商品。可是，因为现在他必须售出也许比以前多一千倍的商品，才能靠增加所售产品数量的办法来弥补由于售价降低所受的损失；因为他现在必须卖出更多的商品不仅是为了得到利润，并且也是为了抵补生产费用（我们已经说过，生产工具本身也日益昂贵）；因为此时这种大量出卖不仅对于他而且对于他的竞争对方都成了生死问题，所以先前的斗争就因已经发明的生产资料的生产效率愈大而愈残酷无情地激烈起来。所以，分工和机器的采用又将以更大得无比的规模发展起来。

马克思：《雇佣劳动与资本》，

《马克思恩格斯全集》第 6 卷第 501～502 页。

虽然竞争经常以其生产费用的规律迫使资本家坐卧不宁，把他制造出来对付竞争者的一切武器倒转来针对着他自己，但资本家总是想方设法在竞争中取胜，孜孜不倦地采用价钱较贵但能进行廉价生产的新机器，实行新分工，以代替旧机器和旧分工，并且不等到竞争使这些新措施过时，就这样做了。

马克思：《雇佣劳动与资本》，

《马克思恩格斯全集》第 6 卷第 502 页。

随着更迅速的交通工具的出现和流通速度的加快即资本的急剧周转，生产力的提高，就表现在同一时间内能够生产出更多的产品，也就是说，根据竞争规律，必定生产出更多的产品。

马克思和恩格斯的遗稿：《工资》，

《马克思恩格斯全集》第 6 卷第 651 页。

一般说来，不能有两种市场价格，正是更低的市场价格（在质量相同的情况下）占上风，这是普遍规律。

马克思和恩格斯的遗稿：《工资》，

《马克思恩格斯全集》第 6 卷第 637 页。

资产者把这个不过是由工人和资本的关系产生出来的、甚至使对工人最有利的状况——生产资本不断增加——变为不利的状况的规律，由社会规律变成了自然规律，硬说根据自然规律，人口比就业手段即生活资料增长得快。

马克思和恩格斯的遗稿：《工资》，

《马克思恩格斯全集》第 6 卷第 654 页。

竞争实现了产品的相对价值由生产它的必要劳动时间来确定这一规律。劳动时间成为交换价值的尺度这一情况因而也就成了劳动不断跌价的规律。不仅如此，跌价的不仅是运到市场上去的商品，而且连生产工具以及整个企业也都在内。

马克思：《哲学的贫困》，

《马克思恩格斯全集》第 4 卷第 106 页。

（2）生产和分配规律

地租（超额利润）的差别比较固定，这是农业和工业不同的地方。然而，使平均生产条件决定市场价格，从而把低于这种平均水平的产品价格提到高于该产品的价格，甚至高于它的价值的原因，决不是土地，而是竞争，是资本主义生产；因此，这不是自然规律，而是社会规律。

马克思：《资本论第四卷》，

《马克思恩格斯全集》第 26 卷第 2 册第 99 页。

无论在不同社会阶段上分配如何不同，总是可以像在生产中那样提出一些共同的规定来，可以把一切历史差别混合和融化在一般人类规律之中

马克思：《经济学手稿导言》，

《马克思恩格斯全集》第 12 卷第 735 页。

靠贡赋生活的征服者、靠租税生活的官吏、靠地租生活的土地占有者、靠施舍生活的僧侣，或者靠什一税生活的教士，都得到一份社会产品，而决定这一份产品的规律不同于决定奴隶等等那一份产品的规律。

马克思：《经济学手稿导言》，

《马克思恩格斯全集》第 12 卷第 737 页。

生产创造出适合需要的对象；分配依照社会规律把它们分配；交换依照个人需要把已经分配的东西再分配；最后，在消费中，产品脱离这种社会运动，直接变成个人需要的对象和仆役，被享受而满足个人需要。

马克思：《经济学手稿导言》，

《马克思恩格斯全集》第 12 卷第 739 页。

生产决定于一般的自然规律；分配决定于社会的偶然情况，因此它能够或多或少地对生产起促进作用；交换作为形式上的社会运动介于两者之间；而消费这个不仅被看成终点而且被看成最后目的的结束行为，除了它又会反过来作用于起点并重新引起整个过程之外，本来不属于经济学的范围。

马克思：《经济学手稿导言》，

《马克思恩格斯全集》第 12 卷第 739 页。

在单个的个人面前，分配自然表现为一种社会规律，这种规律决定他在生产中——指他在其中进行生产的那个生产——的地位，因而分配先于生产。

马克思：《经济学手稿导言》，

《马克思恩格斯全集》第 12 卷第 746 页。

生产一般是一个抽象，但是只要它真正把共同点提出来，定下来，免得我们重复，它就是一个合理的抽象。不过，这个一般，或者说，经过比较而抽出来的共同点，本身就是有许多组成部分的、分别有不同规定的东西。其中有些属于一切时代，另一些是几个时代共有的，[有些] 规定是最新时代和最古时代共有的。没有它们，任何生产都无从设想；如果说最发达语言的有些规律和规定也是最不发达语言所有的，但是构成语言发展的恰恰是有别于这一般和共同点的差别，那末，对生产一般适用的种种规定所以要抽出来，也正是为了不致因见到统一（主体是人，客体是自然，这总是一样的，这里已经出现了统一）就忘记本质的差别。而忘记这种差别，正是那些证明现存社会关系永存与和谐的现代经济学家的全部智慧所在。

马克思：《经济学手稿导言》，

《马克思恩格斯全集》第 12 卷第 735 页。

如果说劳动的变换现在只是作为不可克服的自然规律，并且带着自然规律在任何地方遇到障碍时都有的那种盲目破坏作用而为自己开辟道路，那末，大工业又通过它的灾难本身使下面这一点成为生死攸关的问题：承认劳动的变换从而承认工人尽可能多方面的发展是社会的生产的普遍规律，并且使各种关系适应于这个规律的正常实现。

恩格斯：《反杜林论》，

《马克思恩格斯全集》第 20 卷第 319 页。

商品生产同任何其他生产形式一样，有其特殊的、固有的、和它分不开的规律；这些规律不顾无政府状态、在无政府状态中、通过无政府状态来为自己开辟道路。这些规律在唯一保留下来的社会联系形式即交换中表现出来，并且作为强制性的竞争规律作用于各个生产者。

恩格斯：《社会主义从空想到科学的发展》，

《马克思恩格斯全集》第 19 卷第 233 页。

这些规律起初连这些生产者也不知道，只是由于长期的经验才逐渐被他们揭示出来。所以，这些规律是在不经过生产者并且和生产者对立的情况下，作为他们的生产形式的盲目起作用的自然规律为自己开辟道路的。产品支配着生产者。

恩格斯：《社会主义从空想到科学的发展》，

《马克思恩格斯全集》第 19 卷第 233 页。

大工业愈发展，对工人需求的波动就愈大，而波动的情况如何，则要看整个国民生产或其每个部门是处于危机时期还是繁荣时期而定。这种波动是资本主义生产的规律，如果没有随时都能给任何工业部门或任何企业提供劳动力的过剩人口（也就是超过了资本主义对工人的平均需求的人口），资本主义生产就不可能存在。

列宁：《评经济浪漫主义》，

《列宁全集》第2卷第148~149页。

（3）供需规律

至于谈到劳动价值的界限，那末，这种界限的实际确定总是依供给和需求为转移。我所说的是资本方面对劳动的需求和工人方面对劳动的供给。在殖民地国家里，供求规律有利于工人。因此，美国的工资水平是比较高的。在那里，资本用尽一切办法，也不能制止劳动市场往往因雇佣工人经常转化为独立自耕农而陷于空虚的情况。对于很大一部分美国人民说来，当雇佣工人仅仅是一种过渡状态，他们希望迟早总能脱离这种状态。

马克思：《工资、价格和利润》，

《马克思恩格斯全集》第16卷第166页。

最初"暴动者"想用"他们认为合适的"价格出卖他们的尊敬，然后他们把"价钱公道"作为价格的标准。最初是任意的价格，然后是由不取决于任意的商业规律决定的、由生产成本和供求关系决定的价格。

马克思恩格斯：《德意志意识形态》，

《马克思恩格斯全集》第3卷第447页。

这一整套伟大的组织计划归根到底完全是对供求规律的小资产阶级的理解，这一规律现在还存在着并曾为所有的经济学家们解释过。关于那个决定桑乔所认为的唯一者的劳动（例如舞蹈家、著名医生或律师的劳动）的价格的规律，桑乔可以从亚当·斯密那里找到解释，从美国人库伯那里找到数量方面的表述。现代经济学家根据这一规律来解释他们所谓的 travail improductif〔非生产劳动〕所得的高额工资和从事农业的短工所得的微薄报酬，以及工资方面的一切不平等现象。

马克思恩格斯：《德意志意识形态》，

《马克思恩格斯全集》第3卷第457~458页。

正如上面提到的人的工作和唯一者的工作之间的差别只不过是对供求规律的可怜了解一样，现在，自由和独自性之间的差别也只不过是对国家和市民社会之间的关系。

马克思恩格斯：《德意志意识形态》，

《马克思恩格斯全集》第3卷第469页。

牧夫用极端笨拙和混乱的萨克森语——不能把它叫作德语——告诉我们，莱比锡的"房屋建造者"是超脱一切竞争规律的。他们建造了一些非房客所必需的房租比较昂贵的房屋，他们所考虑的不是市场状况，而是"高额的租金"。

恩格斯：《真正的社会主义者》，

《马克思恩格斯全集》第 3 卷第 663 页。

(4) 商品交换规律

交换价值规律也适用于金的价值变动。如果商品的交换价值保持不变，那末它们的金价格只有在金的交换价值跌落的时候才能普遍上涨。如果金的交换价值保持不变，那末金价格只有在一切商品的交换价值上涨的时候才能普遍上涨。

马克思：《政治经济学批判》，

《马克思恩格斯全集》第 13 卷第 57 页。

"劳动货币"、"国家银行"和"商品堆栈"的"有机"结构不过是一种幻影，使人误认为这种教条是支配世界的规律。关于商品直接就是货币或商品中的私人特殊劳动直接就是社会劳动的这种教条，当然不会因为有一个银行相信它并按照它经营就会变成现实。相反，在这种情形下，破产会来扮演实际批评家的角色。

马克思：《政治经济学批判》，

《马克思恩格斯全集》第 13 卷第 76 页。

黑格尔说，Wechsel〔变换；期票〕作为变换，是现象的规律。

马克思恩格斯：《德意志意识形态》，

《马克思恩格斯全集》第 3 卷第 311 页。

商品交换的规律，要求工作日的长度不致超过与工人的正常消耗相适合的程度。然而什么是正常消耗呢？每天劳动几小时才符合正常的消耗呢？在这里，资本家的见解同工人的见解是大不相同的，但是因为这方面没有更高的权威，所以问题是靠力量来解决的。

恩格斯：《卡·马克思"资本论"第一卷书评——为"双周评论"作》，

《马克思恩格斯全集》第 16 卷第 341 页。

劳动和任何其他商品一样，也是一种商品，它的价格和其他商品的价格一样，也是由同样的规律决定的。

恩格斯：《共产主义原理》，

《马克思恩格斯全集》第 4 卷第 359 页。

我们在这里看到的是两个公民之间的完全平常的商品交易，而这种交易是按照调节一般商品买卖以及"土地占有权"这一商品买卖的经济规律进行的。

恩格斯：《论住宅问题》，
《马克思恩格斯全集》第 18 卷第 241 页。

（5）价值规律

一般调节商品价格的那些最一般的规律，当然也调节工资，即调节劳动价格。

马克思：《雇佣劳动与资本》，
《马克思恩格斯全集》第 6 卷第 484 页。

在李嘉图看来，劳动时间确定价值这是交换价值的规律，而蒲鲁东先生却认为这是使用价值和交换价值的综合。李嘉图的价值论是对现代经济生活的科学解释；而蒲鲁东先生的价值论却是对李嘉图理论的乌托邦式的解释。

马克思：《哲学的贫困》，
《马克思恩格斯全集》第 4 卷第 93 页。

劳动生产力愈低，消耗在同量产品上的劳动就愈多，因而产品的价值也愈高。因此，我们可以把下面这一点确定为一般的规律：商品的价值与生产这些商品所耗费的劳动时间成正比，而与所耗费的劳动的生产力成反比。

马克思：《工资、价格和利润》，
《马克思恩格斯全集》第 16 卷第 141 页。

我前面所提到的那个事实，即支付得高的劳动可能生产出低廉的商品，而支付得低的劳动可能生产出昂贵的商品这一事实，也就仿佛不再是不近情理的了。这一事实只是反映一个一般的规律，即商品的价值由消耗在商品中的劳动量来决定，而且这个劳动量完全依所用劳动的生产力为转移，因而也随劳动生产率的每一变化而变化。

马克思：《工资、价格和利润》，
《马克思恩格斯全集》第 16 卷第 156~157 页。

工人周期地反抗降低工资以及他们周期地力图提高工资，同雇佣劳动制度有密切的联系，并且也正是受下面这一事实所制约，即劳动既然等同于商品，因而也就受那些支配着一般价格变动的规律的支配。其次，我又已经指出，工资的普遍提高会引起一般利润率的降低，但却不会影响到商品的平均价格，也不会影响到商品的价值。

马克思：《工资、价格和利润》，
《马克思恩格斯全集》第 16 卷第 163 页。

还不是研究那些支配这种简化的规律的地方。但是这种简化在进行是很清楚的，因为作为交换价值，复杂劳动的产品在一定比例上是简单平均劳动的产品的等价物，因而等于一定量的这种简单劳动。

马克思：《政治经济学批判》，

《马克思恩格斯全集》第 13 卷第 19 页。

本杰明·富兰克林，他在 1719 年所写而在 1721 年付印的一本青年时代的著作中，表述了现代政治经济学的基本规律。他说必须撇开贵金属而寻找另一种价值尺度。这种尺度就是劳动。

马克思：《政治经济学批判》，

《马克思恩格斯全集》第 13 卷第 45 页．

大卫·李嘉图与亚当·斯密相反，他十分清楚地作出了商品价值决定于劳动时间这一规定，并且指出，这个规律也支配着似乎同它矛盾最大的资产阶级生产关系。李嘉图的研究只限于价值量，在这方面他至少推测到这个规律的实现有赖于一定的历史前提。

马克思：《政治经济学批判》，

《马克思恩格斯全集》第 13 卷第 45 页。

什么是劳动力的价值？根据众所周知的规律来说，这就是依照该国和该时代在历史上形成的水平，工人维持生存和延续后代所必要的那些生活资料的价值。

恩格斯：《卡·马克思"资本论"第一卷书评——为"莱茵报"作》

《马克思恩格斯全集》第 16 卷第 238 页。

这样，价格离开价值和利润平均化这一众所周知的、无可争辩的事实，就被马克思根据价值规律充分说明了，因为全部商品的价值总量是同价格总量相符的。然而价值（社会的）变为价格（个别的），不是经过简单的直接的途径，而是经过极其复杂的途径，因为很自然，在完全靠市场联系起来的分散的商品生产者的社会中，规律性只能表现为平均的、社会的、普遍的规律性，而不同方向的个别的偏离则相互抵销。

列宁：《卡尔·马克思（传略和马克思主义概述）》，

《列宁全集》第 26 卷第 69 页。

（6）剩余价值规律

对于利润来说，并不存在任何一种可以决定其最低限度的规律。我们不能说，利润降低的极限是怎样的。

马克思：《工资、价格和利润》，

《马克思恩格斯全集》第 16 卷第 164 页。

这同一规律还以另一种形式来实现。随着劳动生产力的发展，即使工资的水平相当高，资本的积累也是愈来愈快。由此可以作出结论，——正如亚当·斯密（在他生活的时代，近代工业还处于幼年时期）所作过的那样，——资本的这种加速积累，由于能保证对工人劳动的需求日益增长而必然会使情况对工人有利。

> 马克思：《工资、价格和利润》，
>
> 《马克思恩格斯全集》第16卷第167页。

科学界人士应该保卫他们那些在这里被从根本上驳斥的经济理论的规律，他们应该证明，资本固然是积累起来的劳动，但不是积累起来的无偿劳动。

> 恩格斯：《卡·马克思"资本论"第一卷书评——为爱北斐特日报作》
>
> 《马克思恩格斯全集》第16卷第242页。

劳动力生产费用的任何降低，即工人生活必需品价格的任何长期降低，"根据国民经济学的铁的规律"，就等于劳动力价值的降低，所以归根到底会引起工资的相应降低。

> 恩格斯：《论住宅问题》，
>
> 《马克思恩格斯全集》第18卷第269页。

调整利率的经济规律对决定剩余价值率的规律独立的程度，就像同一个社会形态中各种规律之间一般可能有的互相独立程度一样。至于说到这种剩余价值在各个资本家间的分配，那末很明显，对于自己企业中有其他资本家大量投资的工业家或商人说来，在其他条件相同的时候，利润率的提高应当与利率的下降成正比。

> 恩格斯：《论住宅问题》，
>
> 《马克思恩格斯全集》第18卷第254页。

资本是不关心工人的健康和寿命的，除非社会迫使它去关心。在自由竞争中，资本主义生产的内在规律是作为外在的强制规律对各个资本家发生作用的。（第243页）

> 恩格斯：《卡·马克思"资本论"第一卷提纲》，
>
> 《马克思恩格斯全集》第16卷第301页。

按照资本主义生产的一般规律，不变资本比可变资本增长得快。因而，消费品中的不变资本应该比消费品中的可变资本和额外价值增长得快，而生产资料中的不变资本应该增长得最快，它既要超过生产资料中的可变资本（＋额外价值）的增长，也要超过消费品中的不变资本的增长。

> 列宁：《俄国资本主义的发展》，
>
> 《列宁全集》第3卷第36页。

（7）货币流通规律

委员会认定"任何货币流通制度都不能使一个商业国家不遭受到它本身冒失从事的后果"，这是完全正确的。但是这个英明的意见并没有击中要害。问题不如说是在另一方面：立法措施是否能人为地加剧只是作为贸易危机的一个阶段的金融恐慌。

委员会在为银行法辩护时说道：

"毫无疑问，所说的这个法案的主要目的，是保证联合王国纸币流通量的变化符合于金属货币流通量所据以变化的规律。绝不会有人说这个目的没有达到。"

我们首先要指出，委员会没有对金属货币流通量所据以变化的规律表示自己的意见；原因是委员会担心它"不能得出某种没有重大意见分歧的结论"。

马克思：《一八四四年的英格兰银行法》，

《马克思恩格斯全集》第 12 卷第 576 页。

如果纸币的名称是从金或银得来的，那末，银行券可以兑现、即可以兑换为金或银，总是一条经济规律，不论法律如何规定。

马克思：《政治经济学批判》，

《马克思恩格斯全集》第 13 卷第 73 页。

已知货币流通速度，已知商品价格总额，流通手段量就已决定，这一规律也可以表述如下：已知商品的交换价值，已知商品形态变化的平均速度，流通的金量就决定于金本身的价值。

马克思：《政治经济学批判》，

《马克思恩格斯全集》第 13 卷第 96 页。

货币在作为价值尺度和作为流通手段这两种职能上受到不仅是相反的、而且似乎是同这两种职能的对立相矛盾的规律所支配。

马克思：《政治经济学批判》，

《马克思恩格斯全集》第 13 卷第 110 页。

那些片面地根据强制通用的纸币流通来研究货币流通现象的观察家为什么必定对货币流通的一切内在规律发生误解。实际上，这些规律在价值符号的流通中不仅颠倒了，并且消失了，因为，当纸币发行数量适当时，纸币完成的并不是它作为价值符号所特有的运动，而它特有的运动不是从商品形态变化直接产生的，而是由于它同金的正确比例遭到破坏产生的。

马克思：《政治经济学批判》，

《马克思恩格斯全集》第 13 卷第 112 页。

按照价值符号的流通规律，商品价格决定于流通中的货币量而不是相反地流通中的货币量决定于商品价格这一原理就被提出来了。

马克思：《政治经济学批判》，

《马克思恩格斯全集》第 13 卷第 150 页。

古代世界所特有的用暴力把积累起来的货币财宝突然从一国运到另一国的现象，某一国家的贵金属生产费用由于单纯的劫掠而暂时降低的现象，并不涉及货币流通的内在规律，正如在罗马免费分配埃及和西西里谷物并不涉及支配谷物价格的一般规律一样。

马克思：《政治经济学批判》，

《马克思恩格斯全集》第13卷第150页。

如果金银有自己的价值，那末撇开其他一切流通规律不谈，作为一定商品价值总额的等价物来流通的只能是一定数量的金银。因此，如果一国中偶然存在的任何数量的金银，不顾商品价值总额如何，都必然作为流通手段参加商品交换，那末金银就没有什么内在的价值，因此实际上也就不是真正的商品。这是休谟的第三个"必然的结论"。

马克思：《政治经济学批判》，

《马克思恩格斯全集》第13卷第154页。

尽管这种普遍的价格波动产生于李嘉图式的金属流通的性质本身，但是它的尖锐的和急剧的形式即危机形式属于发达的信用事业时期，所以十分明显，银行券的发行不是完全按照金属流通的规律来调节的。金属流通以贵金属的输入和输出作为补救手段，而贵金属是立即当作铸币进入流通的，因此，它们的流进或流出使商品价格跌落或上涨。对商品价格的这种作用，现在必须人为地由银行仿照金属流通规律来进行了。如果金从国外输入，那末这就证明流通中货币不足，货币价值太高，商品价格太低，因而银行券必须同新输入的金成比例地投入流通。反之，它必须同金的流出国外成比例地从流通中收回。换句话说，必须依照贵金属的输入和输出或依照汇率来调节银行券的发行。

马克思：《政治经济学批判》，

《马克思恩格斯全集》第13卷第174页。

既然纸币在实际上是代替金币而流通，它们就受金币流通规律的支配。只有纸币代替金的那个比例，才受一个特殊规律支配，这个规律就是：纸币的发行额应当限于它所代替的金的实际流通量。

恩格斯：《卡·马克思"资本论"第一卷提纲》，

《马克思恩格斯全集》第16卷第283页。

货币转化为资本，应当根据商品交换的内在规律来说明，所以，等价物的交换应当是出发点。

恩格斯：《卡·马克思"资本论"第一卷提纲》，

《马克思恩格斯全集》第16卷第292页。

这种使资本失去"生产率"的伟大计划来源极其久远，它同目的正是要限制利率的高利贷法一样古老，然而这些高利贷法现在到处都已经清除，因为实际上它们经常被破坏或规避，而国家不得不承认自己对社会生产规律无能为力。

恩格斯：《论住宅问题。—— 第一篇》，

《马克思恩格斯全集》第 18 卷第 254～255 页。

（8）工资波动规律

工资是一定商品—— 劳动的价格。所以，工资是由那些决定其他一切商品价格的规律决定的。

马克思：《雇佣劳动与资本》，

《马克思恩格斯全集》第 6 卷第 479 页。

当利润增长百分之二十时，工人必须通过罢工才能提高工资的百分之二。

《马克思致阿道夫·克路斯》，

《马克思恩格斯全集》第 28 卷第 422 页。

随着自由贸易（经济学家们的基本前提）的逐渐实现和成为生活现实，劳动商品的这一规律，即最低工资的规律也就愈益明显地显现出来。

马克思：《关于自由贸易的演说》，

《马克思恩格斯全集》第 4 卷第 456 页。

决定工资和利润在其相互关系上的降低和增加的一般规律究竟是怎样的呢？工资和利润是互成反比的。资本的交换价值即利润愈增加，则劳动的交换价值即按日工资就愈降低；反之亦然。利润增加多少，工资就降低多少；而利润降低多少，则工资就增加多少。

马克思：《雇佣劳动与资本》，

《马克思恩格斯全集》第 6 卷第 495 页。

他不懂得，工资的不断波动把他那全部的美妙理论打得粉碎；如果比较仔细地研究一下工业关系，当然会找得出例证给他看，说明如果不是在竞争问题上的这些法学的和道德的说法已经失去任何意义的话，那末一个厂主就会按照一般的竞争规律而成为被他的工人们"豪夺"和"克扣"的人。

马克思恩格斯：《德意志意识形态》，

《马克思恩格斯全集》第 3 卷第 429 页。

我们的人已经让拉萨尔的"铁的工资规律"强加在自己头上，这个规律的基础是一种陈腐不堪的经济学观点，即工人平均只能得到最低的工资，而所以如此，是因为根据马尔萨斯的人口论工人总是太多了（这就是拉萨尔的论据）。但是，马克思在"资本论"里已经详细地证明，调节工资的各种规律是非常复杂的，随着情况的不同，时而这个规律占优势，时而那个规律占优势，所以它们绝对不是铁的，反而是很有弹性的，这个问题根本不可能像拉萨尔所想象的那样用三言两语来了结。

> 恩格斯：《给奥·倍倍尔的信》，
> 《马克思恩格斯全集》第19卷第5～6页。

工资规律并不是一种固定不变的东西。它在一定限度内并不是毫无伸缩性的。在任何时期（严重的萧条时期除外），每一行业都有一个一定的范围，在这个范围内，工资额可以因斗争双方的斗争结果而变动。

> 恩格斯：《雇佣劳动制度》，
> 《马克思恩格斯全集》第19卷第278页。

工资规律并没有被工联的斗争推翻。相反，它是在这些斗争的压力下实现的。如果没有工联的抵抗手段，工人甚至连按照雇佣劳动制度规则应得的也得不到。资本家只是由于害怕他眼前的工联，才会不得已而付出他的工人的劳动力的全部市场价值

> 恩格斯：《雇佣劳动制度》，
> 《马克思恩格斯全集》第19卷第279页。

工资的经济规律是存在的，而且是推翻不了的。但是，我们看到，它是有伸缩性的，这种伸缩性表现为两种形式。在某一个行业中，工资水平或者可以直接降低，使该行业的工人逐渐习惯于更低的生活水平，或者可以间接降低，即增加每天的劳动时间（或同一时间内的劳动强度）而不增加工资。

> 恩格斯：《工联》，
> 《马克思恩格斯全集》第19卷第280～281页。

因此工资额是由工人日常必需消费的那些商品的价格决定的。换句话说，如果其他一切情况保持不变，工资是随着生活必需品的价格而涨落的。这是政治经济学的一个规律，

> 恩格斯：《反谷物法同盟的工资理论》，
> 《马克思恩格斯全集》第19卷第302页。

是做一天公平的工作，得一天公平的工资吗？可是什么是一天公平的工资和一天公平的工作呢？它们是怎样由现代社会生存和发展的规律决定的呢？要回答这个问题，我们不应当应用道德学或法学，也不应当诉诸任何人道、正义甚至慈悲之类的温情。在道德上是公平的甚至在法律上是公平的，而从社会上来看很可能是很不公平的。社会的公平或不公平，只能用一种科学来断定，那就是研究生产和交换的物质事实的科学——政治经济学。

> 恩格斯：《做一天公平的工作，得一天公平的工资》，
> 《马克思恩格斯全集》第19卷第273页。

　　当工人下定决心不再让别人买卖他们的时候，当工人弄清了劳动的价值究竟是什么，工人不再作为物件而作为一个不仅具有劳动力并且具有意志的人出现的时候，到那时，全部现代政治经济学在工资规律就完蛋了。假使工人在达到消灭彼此之间的竞争后就停止前进，工资规律归根到底还会重新发生效力。

恩格斯：《英国工人阶级状况》，

《马克思恩格斯全集》第 2 卷 507 页。

（9）经济周期规律

　　随着大工业的产生，这种正确比例必然消失；由于自然规律的必然性，生产一定要经过繁荣、衰退、危机、停滞、新的繁荣等等周而复始的更替。

马克思：《哲学的贫困》，

《马克思恩格斯全集》第 4 卷第 109 页。

　　生产方式和生产资料总在不断变更，不断革命化；分工必然要引起更进一步的分工；机器的采用必然要引起机器的更广泛的采用；大规模的生产必然要引起更大规模的生产。这是一个规律，这个规律一次又一次地把资产阶级的生产甩出原先的轨道，并迫使资本加强劳动的生产力，因为它以前就加强过劳动的生产力；这个规律不让资本有片刻的停息，老是在它耳边催促说：前进！前进！这个规律正就是那个在商业的周期性波动中必然使商品价格和商品生产费用趋于一致的规律。

马克思：《雇佣劳动与资本》，

《马克思恩格斯全集》第 6 卷第 501 页。

　　在这一规律的作用下，工人阶级有时也有较幸运的时候。有时他的所得也会多于这种最低工资，但这种多余部分不过是补充了他在工业停滞时期所得低于最低工资的不足部分而已。这就是说，工业接连地经过繁荣、生产过剩、停滞、危机诸阶段而形成一种反复循环的周期，在这一定的周期内，如果把工人阶级高于必需的全部所得和低于必需的全部所得合计起来，那末它所得的总额不多不少，恰好是这个最低额。

马克思：《关于自由贸易的演说》，

《马克思恩格斯全集》第 4 卷第 455～456 页。

　　降低利润在危机时期是根本谈不到的，因为这时即使折本出售也都愿意。工资也是如此，同时工资还和利润一样，为不以厂主的意志和愿望为转移的规律所左右。

恩格斯：《英国的 10 小时工作制法案》，

《马克思恩格斯全集》第 7 卷第 282 页。

　　在上述经济规律中，生产关系一定适合生产力性质规律、商品交换规律、价值规律，是所有社会经济形态的共有规律，竞争规律、剩余价值规律、经济周期规律，是资本主义社会经济形态的特有规律。

这里摘引的经济规律，只是经典作家论述的很少部分，其他经济规律及大量的论述虽有摘引，但限于篇幅，未及纳入。

法与经济规律的关系具体怎样？下面以对经济周期的法律调整加以说明。

国民经济并不是一个绝对稳定的运行系统。在市场经济条件下，经济发展具有周期性或周期性波动，因而法应当从这一规律出发，进行有针对性的调整。调整周期性经济关系的法，可概括为"反周期法"，其重点是"反过热"、"反衰退"和"反滞胀"。

这里，作为"反周期法"的经济法机制，是反周期机制。

在经济过热期、经济萧条期、经济危机期、经济复苏期，均存在两种不同的法律系统，因而存在两种不同的法律调整机制。

其一，经济过热运行期的法律系统。

经济过热的主要表现是：全社会固定资产投资特别是基建规模过大；消费需求高速膨胀；产业结构和生产结构明显不合理；物价上涨幅度过高；明显通货膨胀；国际收支状况不良。经济过热集中表现为国民经济增长速度（国民生产总值 GDP）过高过快。

在经济过热运行期，存在两种法律系统：

一种是限制增长速度立法，这是为防止和控制经济过热而采取限制措施的立法。主要包括限产法、限销法、限税法、限利法和限贷法、限制进口法。限产法将避免企业靠拼设备、争原料、攀比速度而单纯追求产品数量（产值）；限销法将避免企业在原材料、能源和劳动力高消耗水平上，粗制滥造产品，乃至推销假冒伪劣商品；限税法可以避免通过种种不合理的优惠措施让税让利，以刺激生产的"弹性税收"；限利法和限贷法避免通过降低贷款利率、降低储蓄利率以及不合理的贷款结构而诱发企业争贷款以盲目扩大再生产；限制进口法避免盲目进口、盲目引进技术和资金，从而造成国际收支恶化。限制国民经济增长速度立法是上述等一整套法律规范的体系。

另一种是相反的法律系统即促进增长速度立法。这种立法，不是对过热的经济进行控制，而是促使过热的经济继续升温，而且，这种立法的直接后果是缩短了萧条期时间，从而使国民经济经过短暂萧条迅速走向危机。促进增长速度立法也是一整套规范在起作用。

其二，经济萧条运行期的法律系统。

经济过热期之后是经济萧条期。经济萧条的主要表现是：农产品生产趋紧，不能充足供应市场；工业产成品库存积压严重，企业资金短缺，生产速度跌落；停产半停产企业增多，停工待业人员和失业人员增多。整个国民经济萧条，形式上表现为市场萧条，实质上是国民经济失衡。

针对国民经济低速增长、零增长或负增长，应采取改善经济结构的立法措施。其立法主要包括产品结构改善法、企业结构改善法、农业结构改善法、产业结构改善法。

产品结构改善法，能保证企业开发新产品、新品种，增产名牌优质产品、市场紧缺产品和适用农村需要的日用消费品，增产出口产品和替代进口产品，规定限制生产、淘汰生产和保证生产的产品目录；

企业结构改善法，以改善结构为手段，引导企业扭亏增盈，对中小型企业和农村企业进行整备；

农业结构改善法，促进和保证粮、棉、油等主要农产品的稳定生产，调整粮食作物与经济作物以及农、林、牧、副、渔等业的比例关系；

产业结构改善法，调整三次产业间的比例关系，重点保证能源、重要原材料和交通运输部门的稳定和发展。

为适应改善经济结构的需要，应制定与之配套的法规，如倾斜政策立法、一定的资金流向立法以及有利于扶植企业生产经营的法律。这一时期立法的主要任务，是调整经济结构，缓解国民经济失衡的矛盾，使经济稳定、健康发展。

与之相反的立法是采取财政金融上过于紧缩的措施，以控制投资需求和消费需求的双膨胀。这种立法的缺点是：不能适当松动银根，增加主要用于企业，流动资金和商业、物资、外贸收购资金；不能适当调整存款、贷款利率；不能适当增加重点建设项目、企业技术改造项目的资金；不能适当调整商品价格和劳务费用。

这种财政金融过于紧缩的立法，在国民经济失衡面前采用"大砍大落"办法，无法刺激生产和经济增长速度的回升，不能有效改变短缺与过剩并存的局面，缓解不了产业结构与需求结构的矛盾，而且可能导致"经济滑坡"，使国民经济状况迅速恶化。

其三，经济危机运行期的法律系统。

经济萧条期之后是经济危机期。经济危机期的主要特征是国民经济运行混乱，出现严重困难。其主要表现是：工农业生产大幅度下降；国民经济各部门比例严重失调；失业率在高位增长；市场紧张，人民生活水平明显下降。

在经济危机期，应采取危机对策立法，包括金融紧缩法、物价抑制法、企业组织化法、经济管制法、商品专营和配给法、劳动组合法和失业救济法、居民生活紧急措施法等。经济危机对策法的目的，在于阻止国民经济的进一步恶化和生产大滑坡，减轻困难严重程度，推动经济恢复。

与之相反的立法是刺激经济立法。之所以采用这种立法，是认为造成经济困难的原因是需求不足，以刺激社会生产。从这一理论出发，求助于赤字预算、商品倾销、通货膨胀、离职和失业、企业停产或破产等措施。赤字预算不能控制，生产滑坡，而且使财政赤字继续扩大，从而使经济矛盾深化。通货膨胀在一定意义上可以刺激生产，掩盖比例失调，但却使物价居高不下，从而阻碍商品流通和货币周转，使"过剩"商品的滞销越来越严重。这一时期既可表现为商品普遍短缺，也可表现为结构性过剩。对于前者，往往实行高价政策，以期货币迅速回笼。后者一般会出现"甩卖"局面。甩卖可在一定时期、一定程度上收集社会闲散。资金，但人为地扩大需求，不能解脱企业清偿债务的困境，反而动摇了国家信贷基础。大量离职、失业，会产生社会动荡，而企业破产使经济失去恢复的基础。

其四，经济复苏运行期的法律系统。

采取经济危机对策立法可以缓解经济困难，把运行期时间缩短到最低限度，使国民经济尽快走上恢复、发展的道路。经济恢复期的主要特点是，生产走出"低谷"，国民经济趋向好转。

在这一时期，应采用经济助成立法。这是扶助国民经济全面恢复和发展的立法。主要包括产业助成法、企业生产经营扶植法、合理化法。经济助成立法的主要目标是：恢复企业生产，促进停工待业人员和失业人员再就业；提高产品质量和数量，降低成本；重要经济比例关系在新的基础上实现平衡发展；积累和消费比例恢复正常，人民生活水平逐步提高；市场状况明显改善，物价趋于稳定；货币流通恢复正常，币值稳定；财政收支实现新的平衡；出口扩大，国际收支状况明显改善；经济管理体制得到调整。

与上述立法相反的立法是经济扩张法，这是过分刺激经济复苏的立法。国民经济稍一恢复，就引起国家行为和企业行为的扩张冲动。采用经济扩张立法的问题是：增大投资，扩大基建规模，使投资增长速度超过工农业总产值和国民收入的增长速度，超过财政年度财政收入的增长速度；企业急速扩大再生产，提高对劳动力吸纳能力，使农村劳动力迅速转移；优先发展轻工业、加工工业和第三产业，使刚刚恢复的比例关系失调，大规模引进成套设备、技术和高档消费品，使国际收支逆差拉大。

限制增长速度立法——经济结构改善立法——经济危机对策立法——经济助成立法，是反周期立法系统，反周期法的规范是"逆风规则"。这一立法系统法律机制作用的结果，使国民经济良性循环。它不能改变经济周期，但可以弱化周期，保证国民经济稳定、健康发展。

相反的立法是促进经济增长速度立法——财政金融紧缩立法——刺激经济立法——经济扩张立法系统。这一立法系统的法律规范，是"顺风规则"。机制作用的结果，是国民经济恶性循环，使国民经济在"大起大落""大放大收"中付出代价。

这里有一个问题，是否是"顺风则规"符合经济规律而"逆风规则"不符合经济规律呢？经济规律是客观的，法是主观的，但经济规律本身与如何利用经济规律并不是一个问题。法属于利用经济规律范畴。"逆风规则"是正确利用经济规律，而"顺风规则"是不正确地利用经济规律。

三、法为所有制关系所规定

所有制关系是物质生活条件决定性作用的表现。在这个前提下，法为所有制关系所规定。

法的基础，是作为生产关系核心的所有制关系。这种所有制关系，是对财产的实际占有和由此产生的社会关系。马克思指出，只有当商品所有者彼此承认为私有者，他们能够按照自己的意志和平等的契约，在让渡自己的商品时占有别人的商品。这种具有契约形式的（不管这种契约是不是用法固定下来的）法权关系，是一种反映着经济关系的意志关系。

法的形式同所有制关系存在历史地必然地联系。这种联系，是建立在生产资料归谁所有及在其基础上形成的人与人之间的不同地位之上的。法的形式同所有制关系特别紧密，法律制度受所有制关系的制约特别强烈。这样，为了维护占统治地位的所有制关系和由此产生的经济制度的存在和正常运转，法律必须固化为国家同所有制联系的中介，并且在立法、执法、司法和国家管理中得到实现。

那么在"后工业时代"，在科学技术成为改变社会的强大动力的情势下，法为所有制关系所规定的原理是否过时了呢？西方国家流行的"轴心"说认为，人类文明发展以工业阶段为"轴心"，在经历前工业阶段、工业阶段之后的后工业阶段中，财产关系不起决定性作用，法与财产关系无关。认为后工业阶段的统治，是"高等级知识分子统治"（meritocracy），这种高等级知识分子统治，使社会一切人都会"结果平等"，社会的不平等、不公正已经过去了。

事情并不是这样。应当看到，垄断使资本主义所有制形式发生了某些变化。垄断企业控制国民经济，并同国家相结合，垄断企业的意志成为国家意志，国有企业参与经济活动，以国家目的为目的。这一切变化表明，自由资本主义所有制形式确实发生了某些变化，但所有制私人占有形式并没有任何变化。

资产阶级学者利用各种不能自圆其说的"学说"，企图把所有制问题掩盖起来，将人们引向歧途，以防止一切社会财富转归生产它的劳动者手中。

所有制关系参加者的地位和权利义务，构成所有制关系的内容和结构，当所有权被法律所规范时，法律只是所有制关系的外部形式。我们必须坚持经典作家关于法与所有制的相互关系原理，否定法律形式不具有经济内容和法律脱离所有制现实基础的奇谈怪论。

"法为所有制关系所规定"这一命题所体现的，是法与经济的关系问题，集中表现为法律上的所有权与经济上的所有制的关系。

在法学领域，这个问题由经济法学或法经济学解决。西方学者认为，法经济学属于经济学领域，因为是对法律制度作经济学分析。我国学者也跟着这样认为，并说法经济学同经济法学有原则区别。其实，这些认识，都是没有理解法与经济的相互关系的理论表述的确当性。在把经济法学当作注释法学、讲义法学的情况下，因为不存在对法律规定的经济分析，因而说经济法学同法经济学有区别，是有些理由的。应当说，同法哲学是法学而不是哲学一样，法经济学是法学而不是经济学。截至目前，法经济学表述模式是混合模式，即经济学理论＋案例和法学理论＋经济学结论。在这里，明显存在法和经济"两层皮"。注释法学的表述是"三段论"：法律是大前提，事实是小前提，最后得出结论；法经济学的表述是"三加论"：经济＋法＋案例。这类表述的缺陷在于，法学与经济学脱节，不能揭示法与经济的有机联系，而且，没有建立起理论的论证环节和论证体系。由此说来，中外法学界和经济学界占据主流的无论是"法经济学"还是"经济法学"，都未能进入理论领域。

（一）所有权是所有制的法律表现

1. 用所有权的归属区分财富和财产

财富和财产都是物质，在这一点上两者是没有区别的。

只是因为人们的某种动机需要，财富被用于强调它的物质方面，财产被用于强调它的所有方面。就是在物质方面，物质财富是由使用价值构成，而物质财产是由交换价值构成。

在马克思那个时代，关于"财富"和"财产"的争论是很激烈的，争论是资产者挑起的。在社会贫富两极分化极为严重和突出的情况下，为了转移目标，资产者闭口不谈财产。说什么我们为社会创造了财富，我们的触角深入到国土的每一个角落，高楼大厦、工具机器是我们创造的，天上飞的、地上跑的，哪一个不是我们创造的？这都是财富。就这样，"财富"一词满天飞。无产者说，这不是财富，是财产。财产是我们创造的，可我们却一无所有。马克思愤怒地站出来，替劳动人民说话，论述了究竟什么是财产。

任何财富都存在所有问题，在"归谁所有"上，财富和财产是同一个东西。

不存在没有主体的财产，也没有不进入社会关系的财产。离开财产的主体性和社会性，财产没有什么意义。谁都记得莎士比亚笔下那使人们如醉如痴、神魂颠倒的"黄灿灿的金子"。如果黄金永远不流通，不过是一块块无用的石头。

在法律上，财富就是财产，一律称之为"财产"。

财产是法律关系的构成要素之一。如果没有财产客体，法律关系就不可能形成。那么，我们应当怎样理解财产客体呢？

第一，财产客体是建立法律关系的基础。法律关系是以主体相互间的权利、义务关系。主体建立法律关系的目的，是为了取得一定的财产利益，但财产利益本身并不是权利、义务联系的中介。譬如，购销关系的建立，以一定物质资料为中介，这一定物质资料的出售或购入，是为了实现各自的财产利益，但离开具体的该物质资料，则财产利益无法实现。

第二，对于法律关系的财产客体，不能仅从权利客体方面去理解，应从主体相互权利、义务的对象上去理解。权利客体是权利的对象，作为单独的、静态的权利的对象，还没有进入法律关系领域，它只是为主体进入法律关系提供了可能。主体间的权利、义务具有相互性质，在双向法律关系中，有两个义务，即一方的权利即对方的义务、一方的义务即是对方的权利。而法律关系客体，是两个权利、两个义务共同指向的对象。因此，即使是作为法律关系客体的权利客体，如果离开义务客体，也不能称其为权利客体了。在法律关系中，权利客体与义务客体，是同一个东西。

第三，财产客体的历史性和时代性。当代的财产客体，与自由放任资本主义时期及以前诸历史时期不同了，不是简单的、分散的客体，而是社会化客体。

一是，当代法律对生产、交换、分配、消费各经济过程中的财产客体，采取鼓励、限制、禁止等措施。在社会化条件下，这种对客体的规范性，实际上体现了法律与客体的客观条件的关系，而不再只是先前那种法律与客体本身的关系。

二是客体具有私人性与公共性的二重属性。先前那种私人对财产无限制地占有、使用、收益和处分的绝对权利不复存在。

三是，先前的财产客体是自然物，当代则是社会化大生产的产物，即自然资源、产品资料和信息资源。传统民法上的"物"是自然物，现代的"物"是人工合成物，而离开社会化大生产，这种"物"，不可能产生。自然资源，是自然界中一切有利用价值的物质资源。自然资源的可利用性，是由人类认识能力的状况决定的。随着人类认识能力的不断提高，可利用的自然资源的范围逐渐扩大。自然资源，是法在调整自然资源的开发、利用和保护过程中所形成的法律关系的客体。产品资料，是在社会生产过程中用于生产产品的资料。社会生产过程，是将劳动同物质相结合，生产物质资料的过程。产品资料，有的构成生产资料，成为进行生产必须具备的物质条件；有的构成生活资料，成为人们生存所必需的衣、食、住、行等方面物质条件。信息资源，是智力创造的以一定载体表现的知识成果资源。如专利、专有技术、技术改进方案、合理化建议、商标、生产经营标记、著作以及电子商务、电子邮件、虚拟现实等。在当代，信息资源已成为与物质资源同等重要的资源。网络信息高速、广泛传输的特点，使世界形成了没有边界的信息空间。信息资源不是有形体，也不是人的思维活动本身，而是思维成果的一定物化形式。将信息资源由潜在的经济价值转化为现实财产价值，由一般物化客体转化为具体财产关系客体时，它便成为财产法律关系客体。

在当代，财产关系是基于社会化的财产客体建立起来的。社会化财产客体的上述属性和特征，决定了法律关系客体必然与传统法律关系客体具有不同的属性和特征。在当代，法律关系客体是生产社会化、国民经济体系化和经济国际化条件下的财产客体，它与传统法律关系客体、传统民法上的财产有重大区别。

（1）财富强调物的物质方面，财产强调物的所有方面

无产阶级执行着雇佣劳动因替别人生产财富、替自己生产贫困而给自己做出的判决，同样地，它也执行着私有制因产生无产阶级而给自己做出的判决。

马克思恩格斯：《神圣家族》，
《马克思恩格斯全集》第2卷第44页。

批判的蒲鲁东硬要萨伊把"自然的占有物"理解为《richesse naturelle》〔"自然的财富"〕，虽然萨伊为了消除任何的误解，曾在他那本"论政治经济学"的"概论"中十分明确地宣称，他所理解的财富既不是财产，也不是占有物，而是"价值的总和"。当然，批判的蒲鲁东也像埃德加尔先生改造他那样改造了萨伊。在批判的蒲鲁东看来，萨伊从土地比空气和水易于占有这个事实，"立即引伸出把田野变为财产的权利"。可是萨伊根本没有从土地比较容易占有这个事实引伸出土地所有权，相反地，他毫不含糊地说：《Les droits des propriétaires de terrses——remontent à vne spoliation》〔"土地所有者的权利是由掠夺而来的"〕（"论政治经济学"第三版第一卷第136页注释）。所以，根据萨伊的看法，土地所有权的确立需要《concours de la legislation》和《droit positif》〔"立法"和"实在法"的"促成"〕。真正的蒲鲁东并没有强迫萨伊从土地比较容易占有这个事实"立即"引伸出土地所有权来。他之责难萨伊，是因为萨伊用可能性来代替权利，把可能性的问题和权利的问题混为一谈。

马克思恩格斯：《神圣家族》，

《马克思恩格斯全集》第2卷第53页。

人权并没有使人摆脱财产，而是使人有占有财产的自由；人权并没有使人放弃追求财富的龌龊行为，而只是使人有经营的自由。

马克思恩格斯：《神圣家族》，

《马克思恩格斯全集》第2卷第145页。

现在，正当实在的本质和尘世的事物开始把人们的全部注意力集中到自己身上的时候，形而上学的全部财富只剩下想像的本质和神灵的事物了。

马克思恩格斯：《神圣家族》，

《马克思恩格斯全集》第2卷第161~162页。

布阿吉尔贝尔实际上只看到财富的物质内容、使用价值、享受，他把劳动的资产阶级形式、使用价值作为商品生产以及商品的交换过程，看成是个人劳动借以达到它的目的的合乎自然的社会形式。因此，一遇到资产阶级财富的特殊性质，例如在货币上，他就认为有强挤进来的外来因素的干涉，并对一种形式的资产阶级劳动进行激烈的攻击，对另一种形式的资产阶级劳动却空想地加以赞美。

马克思：《政治经济学批判》，

《马克思恩格斯全集》第13卷第44~45页。

哪一种土地财产等等的形式最有生产效能，能创造最大财富呢？我们在古代人当中不曾见到有谁研究过这个问题。在古代人那里，财富不表现为生产的目的，尽管卡托能够很好地研究哪一种土地耕作法最有利，布鲁土斯甚至能够按最高的利率放债。人们研究的问题总是，哪一种所有制形式会造就最好的国家公民。财富表现为目的本身，这只是少数商业民族——转运贸易的垄断者——中才有的情形，这些商业民族生活在古代世界的缝隙中，正象犹太人在中世纪社会中的情形一样。问题在于，一方面，财富是物，它体现在人作为主体与之相对立的那种物即物质产品中；而另一方面，财富作为价值，是对他人劳动的单纯支配权，不过不是以统治为目的，而是以私人享受等等为目的。在所有这一切形式中，财富都以物的形式出现，不管它是物也好，还是以存在于个人之外并偶然地同他并存的物为媒介的关系也好。

马克思：《政治经济学批判（1857－1858年草稿）》，

《马克思恩格斯全集》第46卷上册第485～486页。

财产意味着：个人属于某一部落（共同体）（意味着在其中有着主客体的存在），而以这个共同体把土地看作是它的无机体这种关系为媒介，个人把土地、把外在的原始生产条件（因为土地同时既是原料，又是工具，又是果实）看作属于他的个体的前提、看作是他的个体的存在方式。我们把这种财产归结为对生产条件的关系。

马克思：《政治经济学批判（1857－1858年草稿）》，

《马克思恩格斯全集》第46卷上册第492页。

财产最初意味着（在亚细亚的、斯拉夫的、古代的，日耳曼的有制形式中就是这样），劳动的（进行生产的）主体（或再生产自身的主体）把自己的生产或再生产的条件看作是自己的东西。

马克思：《政治经济学批判（1857－1858年草稿）》，

《马克思恩格斯全集》第46卷上册第496页。

人类社会的原始群状态，没有婚姻和家庭；他们之间的关系是：共同生活和相同的营生（如战争、狩猎、捕鱼）；另一方面，则是母亲及其亲生子女之间的骨肉关系。后来，从这种原始群状态中，由于这种状态逐渐自行瓦解，就发展出氏族和家庭（第26页）。随着单个家庭的形成，也产生了个人财产，而且最初只限于动产（第27页）。他们的狩猎物不是私有财产，而是整个狩猎者集团的共同财富。每人都获得"相等的"一份。

在达科塔人（Lakota）那里，被认为是私有财产的，只有他们身上穿的衣服，还有他们在同有机界和无机界的斗争中当作工具使用的比较原始的武器。在博托库多人那里，私有财产也只有武器。

马克思：《马·柯瓦列夫斯基〈公社土地占有制，其解体的原因、进程和结果〉一书摘要》，

《马克思恩格斯全集》第45卷第208页。

实际上，对法的历史的最新研究判明，在罗马，在日耳曼、赛尔特和斯拉夫各族人民中，财产发展的起点都是公社财产或部族财产，而真正的私有财产到处都是因篡夺而产生的；这一点圣桑乔自然不能从法的概念就是概念这个深刻的灼见中引伸出来。

马克思恩格斯：《德意志意识形态》，

《马克思恩格斯全集》第3卷第422页。

关于普赫塔等人对"财产"的法律概念，根据他们的看法，作为负数组成部分的债务，也是财产。…关于古罗马负债的原因（贫困的原因：收成不稳定，兵役，奴隶的竞争）。

> 马克思：《评阿·瓦格纳的"政治经济学教科书"》，
> 《马克思恩格斯全集》第 19 卷第 423 页。

在东方专制制度下以及那里从法律上看似乎并不存在财产的情况下，这种部落的或公社的财产事实上是作为基础而存在的，这种财产大部分是在一个小公社范围内通过手工业和农业相结合而创造出来的，因此，这种公社完全能够独立存在，而且在自身中包含着再生产和扩大生产的一切条件。公社的一部分剩余劳动属于最终作为个人而存在的更高的共同体，而这种剩余劳动既表现在贡赋等等的形式上，也表现在为了颂扬统一体——部分地是为了颂扬现实的专制君主，部分地为了颂扬想象的部落体即神——而共同完成的工程上。

> 马克思：《政治经济学批判（1857－1858 年草稿）》（Ⅱ）资本章，
> 《马克思恩格斯全集》第 46 卷上册第 473 页。

到现在为止的经济学的主要概念叫做财富，而财富，正像它直到现在真正地在世界历史上被理解的那样，像它的支配范围被扩大的那样，总是"对人和物的经济权力"。

这是双重的错误。第一，古代氏族公社和农村公社的财富决不是对人的支配。第二，就是在那些在阶级对立中运动的社会里，财富只要包含着对人的支配，它就主要地、几乎完全地依靠和通过对物的支配来进行对人的支配。自从猎取奴隶和剥削奴隶成为彼此分开的行业的最初时期起，奴隶劳动的剥削者就不得不购买奴隶，就是说，只有通过对物的支配，对购买价格的支配，对奴隶的生活资料和劳动资料的支配，才能获得对人的支配。在整个中世纪，大土地占有制是封建贵族借以获得代役租农民和徭役租农民的先决条件。现在，甚至六岁的小孩也可以看到，财富对人的支配完全要借助它所掌握的物来进行。

但是，为什么杜林先生要对财富下这种错误的定义呢？为什么他要扯断存在于直到目前的一切阶级社会中的事实上的联系呢？为的是要把财富从经济领域拖到道德领域中来。对物的支配完全是好事，但是对人的支配是坏事；杜林先生既然禁止自己以对物的支配去解释对人的支配，所以他又可以采取勇敢的步骤，立即以他心爱的暴力去解释这种支配。财富作为人的支配者就是"掠夺"，于是，我们又碰到了蒲鲁东的"财产就是盗窃"这一陈腐观点更坏的翻版。

这样，我们就幸运地从生产和分配这两个主要的观点来看财富了：作为对物的支配的财富，即生产的财富，是好的方面；作为对人的支配的财富，即到现在为止的分配的财富，是坏的方面，应该扔掉它！用于今天的关系，那就是：资本主义的生产方式是很好的，可以继续存在，但是资本主义的分配方式完全不适用，必须消灭掉。在写关于经济学的东西时，连生产和分配之间的联系都没有理解，自然就会得出这样的谬论。

> 恩格斯：《反杜林论》，
> 《马克思恩格斯全集》第 20 卷第 202～203 页。

马克思在《政治经济学批判》里，说"布阿吉尔贝尔实际上只看到财富的物质内容、使用价值、享受"，是布阿吉尔贝尔说"真正的财富……不仅是生活必需品的充分享受，而且是剩余物品和一切足以引起快感的东西的充分享受。"Boisguillebert.《Dissertation sur la nature de la richesse etc.》，1. c.，p. 403〔布阿吉尔贝尔"论财富的本性"，载于欧仁·德尔"十八世纪的财政经济学家"1843 年巴黎版第 1 卷第 403 页〕。马克思认为，配第是个轻浮的、掠夺成性的、毫无气节的冒险家，而布阿吉尔贝尔虽然身为路易十四的法官，却既热情又勇敢地替被压迫阶级声辩。

（2）社会财富、个人财富与所有权

如果说把哪一种财产称为盗窃更确切的话，那末不列颠贵族的财产就是名副其实的盗窃。掠夺教会的财产，掠夺公社的土地，通过欺诈和消灭兼施的办法把封建的宗法的财产变为私人财产，——这就是不列颠贵族占有领地的法律根据。在这不久以前发生的过程中，奴颜婢膝的法学家阶级为贵族卖了多大力气，这从上世纪一位英国法学家达尔林普尔那儿就可以看到，他在自己的著作"封建所有制"中以极其坦率的态度证明：在为所有权进行的诉讼中，在资产阶级大发横财时期的英国，法学家对于有关财产的每一条法律和每一份文件就作有利于资产阶级的解释；在贵族阶级发财致富的苏格兰，则作有利于贵族阶级的解释，而在两种场合下，都充满着敌视人民的精神。

马克思：《选举。——财政困难。——萨特伦德公爵夫人和奴隶制》，
《马克思恩格斯全集》第 8 卷第 575 页。

卑劣的贪欲是文明时代从它存在的第一日起直至今日的动力；财富，财富，第三还是财富，——不是社会的财富，而是这个微不足道的单个的个人的财富，这就是文明时代唯一的、具有决定意义的目的。如果说在这个社会内部，科学曾经日益发展，艺术高度繁荣的时期一再出现，那也不过是因为在积累财富方面的现代一切成就不这样就不可能获得罢了。

恩格斯：《家庭、私有制和国家的起源》，
《马克思恩格斯全集》第 21 卷第 201 页。

我们的好心而轻信的雅各学资产者玩弄 Eigentum〔财产〕和 Eigenschaft〔特性〕这两个字眼，竟如此认真、如此庄严肃穆，以至于他力求作为一个私有者来对待他自己的特性，这一点我们在下面将会看到。最后，在第 412 页上，"施蒂纳"用这样的话来教训共产主义："实际上，某人〈实指共产主义者〉所攻击的不是财产，而是财产的转让。"

马克思恩格斯：《德意志意识形态》，
《马克思恩格斯全集》第 3 卷第 256 页。

工人阶级的状况也就是绝大多数英国人民的状况。这几百万穷困不堪的人，他们昨天挣得的今天就吃光，他们用自己的发明和自己的劳动创造了英国的伟大，他们一天天地更

加意识到自己的力量，一天天地更加迫切要求取得社会财富中的自己的一份。

恩格斯：《英国工人阶级状况》，

《马克思恩格斯全集》第 2 卷第 286～287 页。

然而更不公平的是，他的这些利益是从必须珍惜每一个小钱的一无所有的阶级的口袋中取得的；但是这种事情说已是家常便饭，他的全部财富本来就都是靠牺牲工人而获得的。

恩格斯：《英国工人阶级状况》，

《马克思恩格斯全集》第 2 卷第 470 页。

到处都因为不得不采用机器，结果大资本家掌握了企业，同时也掌握了工人。财富不可遏制地日益集中，社会划分为大资本家和一无所有的工人的情形日益明显。

恩格斯：《英国工人阶级状况》，

《马克思恩格斯全集》第 2 卷第 495 页。

商业和工业已经扩展到每一个角落，并使大腹便便的资产者财富巨增；资产阶级财富的增长表现在投机倒把的活跃上，表现在对舒适品和奢侈品的日益增长的需求上。

恩格斯：《德国状况》，

《马克思恩格斯全集》第 2 卷第 647 页。

（3）国民财富的归属

国民财富这个概念，在十七世纪经济学家看来，无形中是说财富的创造仅仅是为了国家，而国家的实力是与这种财富成比例的，——这种观念在十八世纪的经济学家中还部分地保留着。这是一种还不自觉的伪善形式，在这种形式下财富本身和财富的生产被宣布为现代国家的目的，而现代国家被看成只是生产财富的手段。

马克思：《导言（摘自 1857—1858 年经济学手稿）》，

《马克思恩格斯全集》第 12 卷第 759 页。

由于这些发明（这些发明后来年年都有改进），机器劳动在英国工业的各主要部门中战胜了手工劳动，而英国工业后来的全部历史所叙述的，只是手工劳动如何把自己的阵地一个跟一个地让给了机器。结果，一方面是一切纺织品迅速跌价，商业和工业日益繁荣，差不多夺得了一切没有实行保护关税的国外市场，资本和国民财富迅速增长，而另一方面是无产阶级的人数更加迅速地增长，工人阶级失去一切财产，失去获得工作的任何信心。

恩格斯：《英国工人阶级状况》，

《马克思恩格斯全集》第 2 卷第 286～287 页。

资本主义生产方式占统治地位的社会的财富，表现为"庞大的商品堆积"，单个的商品表现为这种财富的元素形式。因此，我们的研究就从分析商品开始。

马克思：《资本论第一卷》，

《马克思恩格斯全集》第 23 卷第 47 页。

资本（人们把它叫做社会财富、"国民财富"等等）

马克思：《资本论第一卷》，

《马克思恩格斯全集》第 23 卷第 403 页。

社会的财富，只是作为私有者个人的财富存在的。它之所以表现为社会的财富，只是因为这些个人为了满足自己的需要，而互相交换不同质的使用价值。在资本主义生产中，他们只有用货币作媒介才能做到这点。所以，只是由于用货币作媒介，个人的财富才实现为社会的财富。

马克思：《资本论第三卷》，

《马克思恩格斯全集》第 25 卷下册第 649 页。

工人群众的贫困在 1848 年到 1864 年间没有减轻，这是不容争辩的事实，但是这个时期就工业的发展和贸易的增长来说却是史无前例的。1850 年，不列颠资产阶级一家温和的、消息灵通的机关报曾经预言，只要英国的进出口贸易增加 50%，这个国家里的贫困现象就会消灭。其实不然！1864 年 4 月 7 日，财政大臣曾用下面这样的声明取悦他的议会听众：英国进出口贸易总额在 1863 年已经增加"到 443955000 英镑！这个惊人的数额几乎比刚刚过去的 1848 年时代的贸易周转额多两倍！"

马克思：《国际工人协会成立宣言》，

《马克思恩格斯全集》第 16 卷第 5 页。

财政大臣被"国家进步"的统计数字弄得眼花缭乱，他得意忘形地喊道："从 1842 年到 1852 年，国内应该课税的收入增加了 6%……在从 1853 年到 1861 年的八年内，如以 1853 年的收入为基础，则增加了 20%！事实令人惊奇得几乎到了难以置信的程度！……财富和实力这样令人陶醉的增长，"——格莱斯顿先生补充说，——"完全限于有产阶级！"

如果你们想知道，这种"完全限于有产阶级的财富和实力的令人陶醉的增长"过去和现在都是由工人阶级在怎样的引起健康损坏、道德堕落和智力衰退的条件下造成的，那就请你们看一看最近一次"公共卫生报告书"关于印刷厂和男女服装缝纫厂情况的描绘吧！

马克思：《国际工人协会成立宣言》，

《马克思恩格斯全集》第 16 卷第 7 页。

立法被这一变革吓住了。它还没有达到这样的文明程度：把"国民财富"，也就是把资本的形成、对人民群众的残酷剥削和他们的贫困化当作全部国策的极限。

> 马克思:《资本论第一卷》,
> 《马克思恩格斯全集》第23卷第787页。

"现在,社会的一切财富首先落入资本家手中,甚至大部分土地也被资本家买去。他对土地所有者支付地租,对工人支付工资,对赋税和什一税的征收者支付他们要求的东西,而留给自己的是年劳动产品的很大一部分,其实是最大的而且日益增长的一部分。现在,资本家可以看作是全部社会财富的最先所有者,虽然没有任何一项法律给予他这种所有权。"

"所有权方面的这种变化是由于资本的取息、由于复利的增长而产生的,同样值得注意的是,整个欧洲的立法者都想用取缔高利贷的法律来阻止这件事。"

"资本家支配国家的全部财富的权力是所有权上的一种彻底的革命;然而这个革命是靠哪一项法律或者哪一套法律来实行的呢?"

> 马克思:《资本论第四卷》,
> 《马克思恩格斯全集》第26卷第3册第352~353页。

十八世纪的人还不像十九世纪的人那样清楚地了解到,国民财富和人民贫困是一回事。

> 马克思:《资本论第一卷》,
> 《马克思恩格斯全集》第23卷第793页。

由于圣桑乔竭诚接受把一切经验关系颠倒过来了的那些政治家、法学家和其他思想家的幻想,而且还以德意志方式又加上了一些他自己的东西,因此私有财产在他那里就变成了国家财产,从而变为合法的财产。

> 马克思恩格斯:《德意志意识形态》,
> 《马克思恩格斯全集》第3卷第411页。

由于私有财产的隐蔽的物质条件往往不得不与有关私有财产的法学幻想发生矛盾——例如在征用财产时可以看出这一点——于是这位乡下佬雅各得出结论说:

"这里清楚地显露出一个在其他场合下是隐蔽的原则,这个原则就是,只有国家是所有者,而个别的人只是受采邑之封的人。"

"这里清楚地显露出"的只是我们这位可敬的市民的有眼看不到那隐蔽在"圣物"幕后的世俗的财产关系,他还得去向中国借一架"天梯"来,以便"攀登"到甚至是文明国家的教书匠所达到的那个"文化阶段"。桑乔在这里把由于私有财产的存在而产生的矛盾变成对私有财产的否定,

资产者、资产阶级社会的一切成员被迫结合成"我们"、法人、国家,以便保证他们的共同利益,并把由此获得的集体权力赋予——由于分工需要这样做——少数人。

> 马克思恩格斯:《德意志意识形态》,
> 《马克思恩格斯全集》第3卷第413页。

"我的 Privateigentum〔私有财产〕不过是国家从它自己的财富中拨给我的，同时国家却因此掠夺（Priviert）了国家的其他成员：我的私有财产就是国家财产。"

然而恰巧情况正好相反。罗马的私有财产（这个字源学的花招只在这里适用）和国家财产处于最直接的矛盾中。不错，国家给了平民以私有财产，但同时并未掠夺"其他"人的私有财产，而是掠夺了这些平民本身的国家财产（ager publicus）和他们的政治权利，因此正是这些平民，而不是圣桑乔所梦想的那些荒诞的"国家的其他成员"叫作 privati〔被掠夺的人〕。

> 马克思恩格斯：《德意志意识形态》，
> 《马克思恩格斯全集》第 3 卷第 414 页。

私有财产变成国家财产的看法最终归结为这样的想法：资产者只是作为属于资产者类的一分子而占有财产，而这个资产者类的总称就是国家，它把财产作为采邑分给个别的人。这里事情又弄颠倒了。在资产阶级中，如在其他任何阶级中一样，只有本阶级的每一单个成员赖以占有和生活的那些发展了的个人条件才成为共同的、一般的条件。如果说这种哲学幻觉过去在德国还能流行，那末在现在，当世界贸易已经充分证明资产阶级的发财致富丝毫也不决定于政治，而是政治完全决定于资产阶级的发财致富的时候，这种幻觉就是十分可笑的了。早在 18 世纪，政治就决定于贸易，例如法国想要向荷兰人借债就非要有一个私人出面为国家担保不可。

> 马克思恩格斯：《德意志意识形态》，
> 《马克思恩格斯全集》第 3 卷第 415～416 页。

施蒂纳的想法就是：如果个人在资产阶级私有财产的基础上发财致富了，只是意味着国家发财致富了；或者，迄今任何私有财产都是国家财产。这种想法又把历史关系颠倒了。随着资产阶级财产的发展与积累，即商业和工业的发展，个人越来越富，而国家则弄得到处负债。这一事实在最初的意大利的商业共和国里已经出现，后来从上一世纪起在荷兰表现得更明显，荷兰的股票投机商人品托还在 1750 年就注意到这个现象，而目前在英国又可以看到这样的事实。因此我们才看到，一旦资产阶级积累了钱，国家就不得不向他们求乞，最后则干脆被他们收买去了。这种现象也发生在有另一个阶级和资产阶级对立而国家可以在二者之间保持一定的独立性的假象的时期。甚至在出卖自己以后，国家仍需要钱，因此继续依赖资产者，但是，如果资产阶级的利益需要这样做的话，这个国家还可以比其他较不发达因而债务较少的国家获得更多的资金归自己掌握。

> 马克思恩格斯：《德意志意识形态》，
> 《马克思恩格斯全集》第 3 卷第 418 页。

工人阶级的状况也就是绝大多数英国人民的状况。这几百万穷困不堪的人，他们昨天挣得的今天就吃光，他们用自己的发明和自己的劳动创造了英国的伟大，他们一天天地更加意识到自己的力量，一天天地更加迫切要求取得社会财富中的自己的一份，这些人的命运应该如何，这个问题，从改革法案通过时起已成了全国性的问题。

恩格斯:《英国工人阶级状况》，

《马克思恩格斯全集》第2卷第297页。

总有一天无产阶级的力量会强大起来，觉悟会提高起来，他们再也不愿载负着一直压在他们肩上的整个社会大厦的重担，他们会要求更公平地分配社会的负担和权利。那时，如果人的本性还不改变的话，社会革命就不可避免了。

这个问题我们的经济学家直到现在还丝毫没有加以研究。他们感兴趣的并不是国民财富的分配，而仅仅是国民财富的创造。

恩格斯:《在爱北斐特的演说》，

《马克思恩格斯全集》第2卷第618~619页。

马克思恩格斯在《德意志意识形态》里，谈到桑乔时说"私有财产在他那里就变成了国家财产，从而变为合法的财产"。这是怎么回事呢？首先让我们仔细看一看私有财产向国家财产的转变。桑乔认为，"财产问题只决定于政权〈相反，政权问题现时还是决定于财产〉，既然只有国家是掌权者，不管这是市民的国家还是游民的国家（施蒂纳的'联盟'）或者只是人的国家，那末只有国家才是所有者。"除了德意志"市民国家"，这里又出现了桑乔和鲍威尔的相同构思的幻想，而历史上起作用的各种国家结构却只字未提。他先把国家变成一个人，变成"掌权者"。至于统治阶级把本阶级的共同的统治组成公开的政权、组成国家这一事实，桑乔却把它理解为并且以德意志小资产阶级的方式曲解为："国家"是作为第三种力量组成起来反对这个统治阶级，并为对付这个统治阶级而攫取全部权力的。

马克思在《资本论》第1卷里"立法被这一变革吓住了。它还没有达到这样的文明程度：把'国民财富'，也就是把资本的形成、对人民群众的残酷剥削和他们的贫困化当作全部国策的极限"，指出了人民群众的贫困化。马克思曾列举了许多实例来说明工人阶级日益贫困化的趋势。他引用了许多事实和数字，证明英国工人特别是女工和童工的劳动条件在日益恶化，由于缺乏最起码的安全技术设备，生产中的不幸事故在不断增加，同时随着工业生产和贸易的发展，赤贫现象和犯罪率也在不断增加。马克思分析了这一切事实，得出了下述结论："这种一方面扩大自己财富，但贫困现象又不见减少，而且犯罪率甚至增加得比人口数目还快的社会制度内部，一定有某种腐朽的东西。"

恩格斯在《英国工人阶级状况》里说，工人阶级"一天天地更加迫切要求取得社会财富中的自己的一份，这些人的命运应该如何，这个问题，从改革法案95通过时起已成了全国性的问题。"这里的"改革法案"，指1832年6月英国议会所进行的选举法的改革。这次改革是反对土地贵族和金融贵族的政治垄断，并为工业资产阶级的代表打开了进入议会的方便之门。在争取改革的斗争中成为主要力量的无产阶级和小资产阶级被自由资产阶级所欺骗，没有获得选举权。

马克思在《资本论》第4卷里，引用并加注页码的霍吉斯金的三段话，出自霍吉斯金所著 1832 年伦敦版的《财产的自然权利和人为权利的比较》一书。

(4) 占有是财产和财富的共同特征

私有财产的真正基础，即占有，是一个事实，是不可解释的事实，而不是权利。只是由于社会赋予实际占有以法律的规定，实际占有才具有合法占有的性质，才具有私有财产的性质。

马克思：《黑格尔法哲学批判》，

《马克思恩格斯全集》第 1 卷第 382 页。

立法者在两部法典中都特别重视事实上的占有即耕种情况。一方面［《耶遮尼雅瓦勒基雅》和《那罗陀》］，立法者不承认非法占有的事实亦即不与耕种相结合的占有——纵然连续三代——为所有权的根据；另一方面，对于被先前的所有者［即占有者］抛弃了的地段，立法者承认× 谁在这一地段上花了劳力谁就是占有者在《那罗陀法典》中提到："如果某一地段的占有者因贫穷而无力耕种，或者占有者身故或失踪，该地段的收益就属于直接从事耕种的人"。"一连五年没有耕种的土地，就被认为是无主的土地［亦即 ödes，иустоиоржная｛荒地｝］"。另一方面，在《摩奴法典》中就已有土地私有制的痕迹；例如在《那罗陀法典》第 2 编第 11 章中，都载有关于私人占有地地界的争执；有许多细节谈到划定私人地界和恢复被侵占的占有地地界的规定。

马克思：《马·柯瓦列夫斯基〈公社土地占有制，

其解体的原因进积和结果〉一书摘要》，

《马克思恩格斯全集》第 45 卷第 252 ~ 253 页。

黑格尔论法哲学，是从主体的最简单的法的关系即占有开始的，这是对的。但是，在家庭或主奴关系这些具体得多的关系之前，占有并不存在。相反，如果说存在着还只是占有，而没有所有权的家庭和氏族，这倒是对的。所以，同所有权相比，这种比较简单的范畴，表现为比较简单的家庭团体或氏族团体的关系。它在比较高级的社会中表现为一个发达的组织的比较简单的关系。但是那个以占有为关系的比较具体的基础总是前提。可以设想有一个孤独的野人占有东西。但是在这种情况下，有并不是法的关系。说占有在历史上发展为家庭，是错误的。占有倒总是以这个"比较具体的法的范畴"为前提的。

马克思：《政治经济学批判（1857 – 1858）草稿》（Ⅰ）货币章，

《马克思恩格斯全集》第 46 卷上册第 39 页。

一些人所以能把一部分社会剩余劳动作为贡赋来占有，并且随着生产的发展，占有得越来越多，只是由于他们拥有土地所有权，而这个事实却被以下的情况掩盖了：资本化的地租，从而，正是这个资本化的贡赋，表现为土地价格，因此土地也象任何其他交易品一样可以出售。因此对购买者来说，他对地租的索取权，好像不是白白自得到的，不是不出劳动，不冒风险，不具有资本的事业精神，就白白自得到的，而是支付了它的等价物才得到的。象以前已经指出的那样，在购买者看来，地租不过表现为他用以购买土地以及地租索取权的那个资本的利息。对已经购买黑人的奴隶主来说也完全是这样，他对黑人的所有权，好象不是由于奴隶制度本身，而是通过商品的买卖而获得的。不过，这个权利本身并不是由出售产生，而只是由出售转移。这个权利在它能被出售以前，必须已经存在；不论是一次出售，还是一系列这样的出售，不断反复出售，都不能创造这种权利。总之，创造这种权利的，是生产关系。

一旦生产关系达到必须改变外壳的程度，这种权利和一切以它为依据的交易的物质源泉，即一种有经济上和历史上的存在理由的、从社会生活的生产过程产生的源泉，就会消失。从一个较高级的社会经济形态的角度来看，个别人对土地的私有权，和一个人对另一个人的私有权一样，是十分荒谬的。甚至整个社会，一个民族，以至一切同时存在的社会加在一起，都不是土地的所有者。他们只是土地的占有者，土地的利用者，并且他们必须象好家长那样，把土地改良后传给后代。

马克思：《资本论第三卷》，

《马克思恩格斯全集》第25卷下册第874～875页。

资本离开它的所有者（和自己的所有者分离）无非表示在交换行为中发生的所有权或占有权的转让，因为资本通过转让成为它的占有者的价值，这是一切交换价值的本性，从而也是一切资本的本性。

马克思：《政治经济学批判（1857－1858年草稿)》，

《马克思恩格斯全集》第46卷下册第193页。

在实行货币地租时，占有并耕种一部分土地的隶属农民和土地所有者之间的传统的合乎习惯法的关系，必然会转化为一种由契约规定的，即按成文法的固定规则确定的纯粹的货币关系。因此，从事耕作的土地占有者实际上变成了单纯的租佃者。这种转化，一方面会在其他方面适合的一般生产关系下，被利用来逐渐剥夺占有土地的旧式农民，而代之以资本主义租地农场主；另一方面，这种转化又使从前的占有者得以赎免交租的义务，转化为一个对他所耕种的土地取得完全所有权的独立农民。

马克思：《资本论第三卷》，

《马克思恩格斯全集》第25卷下册第899～900页。

在劳动地租、产品地租、货币地租（只是产品地租的转化形式）这一切地租形式上，支付地租的人都被假定是土地的实际耕作者和占有者，他们的无酬剩余劳动直接落入土地所有者手里。

马克思：《资本论第三卷》，

《马克思恩格斯全集》第26卷第904页。

这种把权利归结为纯粹意志的法律幻想，在所有制关系进一步发展的情况下，必然会造成这样的现象：某人在法律上可以享有对某物的占有权，但实际上并没有占有某物。例如，假定由于竞争的缘故，某一块土地不再提供地租，可是这块土地的所有者在法律上仍然享有占有权利以及使用和滥用的权利。但是这种权利对他毫无用处：他作为这块土地的所有者，如果除此之外没有足够的资本来经营他的土地，就一无所有。

马克思恩格斯：《德意志意识形态》，
《马克思恩格斯全集》第 3 卷第 72 页。

批判的蒲鲁东硬要萨伊把"自然的占有物"理解为《richessenaturelle》〔"自然的财富"〕，虽然萨伊为了消除任何的误解，曾在他那本"论政治经济学"的"概论"中十分明确地宣称，他所理解的财富既不是财产，也不是占有物，而是"价值的总和"。当然，批判的蒲鲁东也像埃德加尔先生改造他那样改造了萨伊。在批判的蒲鲁东看来，萨伊从土地比空气和水易于占有这个事实，"立即引伸出把田野变为财产的权利"。可是萨伊根本没有从土地比较容易占有这个事实引伸出土地所有权，相反地，他毫不含糊地说：《Les droitsdespropriétaires deterres—remontentaunespoliation》（"土地所有者的权利是由掠夺而来的"）（"论政治经济学"第三版第一卷第 136 页注释 18）。所以，根据萨伊的看法，土地所有权的确立需要《concours delalégislation》和《droitpositif》（"立法"和"实在法"的"促成"）。真正的蒲鲁东并没有强迫萨伊从土地比较容易占有这个事实"立即"引伸出土地所有权来。他之责难萨伊，是因为萨伊用可能性来代替权利，把可能性的问题和权利的问题混为一谈。

马克思恩格斯：《神圣家族》，
《马克思恩格斯全集》第 2 卷第 53 页。

"因此，按照法律，财产是由时效造成的；劳动不过是占有赖以表现的一种显著的标志、一种物质的行为而已。"蒲鲁东继续说道："可见，通过劳动来占有物品的制度是和法律相抵触的。如果这种制度的拥护者硬说他们是用这种制度来解释法律，那末他们就会自相矛盾。"

其次，按照这种看法，如果说对土地的开垦"创造充分的土地所有权"，那末这种论断就正是 petitio principil。其实，这里只创造了物质的新的生产能力。至于说因此也创造了对物质本身的所有权，那还需要加以证明。人并没有创造物质本身。甚至人创造物质的这种或那种生产能力，也只是在物质本身预先存在的条件下才能进行。

马克思恩格斯：《神圣家族》，
《马克思恩格斯全集》第 2 卷第 57～58 页。

跟胡果·格劳修斯一样，蒲鲁东也发挥了这样的思想：时效不能作为变占有为财产、变一种"法律原则"为另一种"法律原则"的根据，这就像时间不能把三角形三内角之和等于二直角这样一个真理变为另一个真理，即三角形三内角之和等于三直角一样。

蒲鲁东大声疾呼地说："你们决不可能使那本身什么都不能创造、什么都不能改变、什么都不能革新的时间把使用某物品的人变为该物品的所有者。"

于是埃德加尔先生就推而言之：因为蒲鲁东说，单是时间不能把一种法律原则变为另一种法律原则，而且时间本身又根本不能改变成革新任何东西，所以他把劳动时间当作劳动产品的政治经济学上的价值的量度，就表明他不是始终如一的。

> 马克思恩格斯：《神圣家族》，
>
> 《马克思恩格斯全集》第2卷第60页。

黑格尔在1820年提出了这样的思想：

"就对待外在事物的关系而言，我占有财产，是合乎理性的〈即适合于作为理性、作为人的我〉……至于我占有什么和数量多少，这可以说是法律上的偶然性。"（"法哲学"75第49节）黑格尔的特点是：他把资产者的词句变为真正的概念，变为财产的本质。

> 马克思恩格斯：《德意志意识形态》，
>
> 《马克思恩格斯全集》第3卷第227页。

生产资料和生产实质上已经变成社会化的了。但是，它们仍然服从于这样一种占有形式，这种占有形式是以个体的私人生产为前提，因而在这种形式下每个人都占有自己的产品并把这个产品拿到市场上去出卖。生产方式虽然已经消灭了这一占有形式的前提，但是它仍然服从于这一占有形式。这个使新的生产方式有资本主义性质的矛盾，已经包含着现代的一切冲突的萌芽。新的生产方式愈是在一切有决定意义的生产部门和一切在经济上起决定作用的国家里占统治地位，并从而把个体生产排挤到无足轻重的残余地位，社会化生产和资本主义占有的不相容性，也必然愈加鲜明地表现出来。

> 恩格斯：《反杜林论》，
>
> 《马克思恩格斯全集》第20卷第295~296页。

在中世纪得到发展的那种商品生产中，劳动产品应当属于谁的问题根本不可能发生。当时个体生产者通常都用自己所有的、往往是自己生产的原料，用自己的劳动资料，用自己或家属的手工劳动来制造产品。这样的产品根本用不着他去占有，它自然是属于他的。因此，产品的所有权是以自己的劳动为基础的。即使利用过别人的帮助，这种帮助通常也是次要的，而且往往除工资以外还得到别的报酬：行会的帮工与其说是为了吃饭和挣钱而劳动，不如说是为了自己学成手艺当师傅而劳动。后来生产资料开始集中于大的作坊和手工工场，开始变为真正社会化的生产资料。但是这些社会化的生产资料和产品还象从前一样被当做个人的生产资料和产品来处理。从前，劳动资料的占有者占有产品，因为这些产品通常是他自己的产品，别人的辅助劳动是一种例外，而现在，劳动资料的占有者还继续占有产品，虽然这些产品已经不是他的产品，而完全是别人劳动的产品了。这样，现在由社会化劳动所生产的产品已经不是为那些真正使用生产资料和真正生产这些产品的人所占有，而是为资本家所占有。

> 恩格斯：《反杜林论》，
>
> 《马克思恩格斯全集》第20卷第295页。

完全的、自由的土地所有权，不仅意味着毫无阻碍和毫无限制地占有土地的可能性，而且也意味着把它出让的可能性。

恩格斯：《家庭，私有制和国家的起源》，

《马克思恩格斯全集》第 21 卷第 190 页。

占用还不是占有。占用是一种暂时的措施，而且年年发生变化。租得一小块土地的农民不能说土地是他的。

列宁：《全俄农民第一次代表大会》，

《列宁全集》第 1 版第 24 卷第 456～457 页。

马克思恩格斯在《神圣家族》里，"按照这种看法，如果说对土地的开垦'创造充分的土地所有权'，那末这种论断就正是 petitio principii"的"petitio principii"，指一种逻辑上的错误，即在证明某个论点时使用这样的论据，该论据本身只有在假定待证明的论点正确的条件下方才有效。

马克思恩格斯在《神圣家族》里引用蒲鲁东的话，出自蒲鲁东的《什么是财产？或关于法和权力的原理的研究》（P. J. Proudhon. 《Qu'estce que la propriété? ou Recherches sur le principe du droit et du gouvernement》）。该书第一版于 1840 年在巴黎问世。这本书是用矛盾的小资产阶级观点写成的，由于它对私有制进行了尖锐的攻击，出版后曾经轰动一时。马克思在《论蒲鲁东》一文中曾对该书做了全面的批判的评价。

2. 所有制是经济形态，所有权是法律形态

这部分分别摘引了经典作家关于所有制和所有权的论述。目的在于弄清楚它们各自的含义。这是理解所有制和所有权相互关系原理的前提。

所有制是基于占有生产资料所形成的关系，就是对生产条件的所有关系和对他人劳动力或他人劳动的支配关系。这种关系，不是人和物的关系，而是人和人之间的关系。

生产资料所有制是生产关系的基础。一定的生产资料所有制形式，决定人们在生产中的一定地位和相互关系，决定一定的交换关系和一定的产品分配关系。所以，所有制的根本问题，是生产资料在谁手里的问题。

生产在任何时候和任何条件下都是社会的生产。人们在物质资料生产的时候，在生产内部彼此建立这种或那种相互关系，即这种或那种生产关系。这些关系可能是不受剥削的人们彼此间的合作和互助关系，可能是统治和服从的关系，最后，也可能是从一种生产关系形式过渡到另一种生产关系形式的关系。可是，不管生产关系带有怎样的性质，它们在任何时候和任何制度下，都同社会的生产力一样，是生产的必要因素。

由此可见，所有制关系，是以财产所有为基础，人们在生产中以一定方式结合起来共同活动和互相交换其活动的社会联系和社会关系的社会经济制度。

所有权是一种权利形态，属于法律范畴。所有权有占有、使用、收益、处分四种权能。法国民法典解释所有权，说包括"所有、占有"等等。这里，资产阶级私法理论先驱

们犯了一个低级错误，定义项与被定义项不能同义反复，他们却同义反复了。即使现在，那些被称为通晓西方法学的人，仍然在犯这类低级错误。在解释"财产的法律概念"时，说财产权利"可能占有、使用、改变、馈赠、转让或阻止他人侵犯其财产的范围"。这"改变""馈赠""转让"属于"处分"，而且，只并列"改变""馈赠""转让"三种行为，不能穷尽"处分"概念的外延。装在"处分"这个箩筐里的，还有好多好多行为，有谁能够装满一箩筐呢。况且，在"占有""使用""收益"的箩筐里，也有好多好多的行为，谁都不能装满一箩筐。"阻止他人侵犯其财产"，不属于财产权本身，"阻止"属于侵权行为法的范围。看来，在一些法学家那里，做学问还得从学习下定义的规则开始。

生产资料归谁所有，不仅是经济问题，也是法律问题。只有法律上确认所有权，才能保障经济上的所有。

所有往往从占有开始，占有是所有的前提，因而占有是所有权最重要的基础权能。黑格尔讲法首先从占有开始，马克思也是从占有开始。利用占有权能排斥并且替代所有权，把所有权架空，是改变所有权归属的惯常方法。谈到所有权的取得，始于西方法学的"先占说"。法上的"先占"，是指取得所有权的方式。罗马法认为，对于动产和不动产，可因"先占"而取得。日耳曼法则认为"先占"必须经法律认可。

把所有权归结为产权，是当代西方法学的重要做法。在西方经济学那里，关于产权的定义，不下数十种，哪个都没有说清楚。在这种情况下，把产权概念引入法学，其理论后果和实践后果是可想而知的。问题在于，如果经济学对于产权说法尚有研究余地的话，那在法上没有确定的说法，则是不得了的事情，因为法律是要执行的，关系到权利义务的行使和履行，关系到责任的追究。

"所有制"、"所有权"，是中外法学界和经济学界通用的术语。由于大陆法系通常不采用"所有权"术语而采用"物权"术语，这就存在一个问题，就是哪个术语更科学、更符合当代实际的问题。

《马克思恩格斯全集》只有3处出现"物权"字样。其采用的情形是：

第一处："整个法分成契约法和非契约法。为了醒目起见，我冒昧提出了一份包括公法——其形式部分也经过整理——的分类的纲目。（A）关于有条件的契约的私法（a）人对人的权利；（b）物权；（c）在物上人对人的权利。"以上见《马克思恩格斯全集》第40卷第11～12页。

这处出现的"物权"，出自马克思1837年11月于柏林《给父亲的信》。这封信，是保存下来的马克思学生时代唯一的也是最早的一封信。信中，在法的"分类的纲目"里出现了"（b）物权"。这个"分类的纲目"，是马克思根据现行法整理的，而这个包括"物权"在内的"分类的纲目"，在信中便否定了。

马克思写道："开头我搞的是我慨然称为法的形而上学的东西，也就是脱离了任何实际的法和法的任何实际形式的原则、思维、定义，这一切都是按费希特的那一套，只不过我的东西比他的更现代化，内容更空洞而已。""为什么还要连篇累牍地列满我自己后来加以摒弃的东西呢？整个体系贯穿着三分法，叙述得令人厌倦的冗长，而对于罗马概念，为了能把它们塞进我的体系，也随便乱用。"

"在实体的私法的结尾部分，我看到了全部体系的虚假，体系的纲目近似康德的纲目，而执行起来却完全不是那样。这又一次使我明白了，没有哲学我就不能前进。""这样我就必须怀着我的良知重新投入她的怀抱，并写了一个新的形而上学原则的体系，但在这个体系的结尾我又一次不得不承认它和我以前的全部努力都是不恰当的。"

上列文字足以说明，马克思是排斥使用"物权"和"物权法"术语的，这与后来一直否定它们的思想相一致。

第二处："被赐予这种军功田（第二和第三类）并没有物权的性质〔不是 jus in re {实际的权利}〕，而只是使受田者能够暂时地、最多是终身地享用某个地区向国库缴纳的实物税或货币税的一部或全部（第 127、128 页）。"以上见《马克思恩格斯全集》第 45 卷第 268 页。

第三处："在将荒地交给愿意耕种的人的时候，那就是确立'物权'的问题，即确立不得收回并可以继承的土地所有权——'米尔克'或'莫尔克'——的问题（第 146 页）。"以上见《马克思恩格斯全集》第 45 卷第 279 页。

这两处文字，是马克思对马．柯瓦列夫斯基《公社土地占有制》一书的复写，引文的出处标记得很明确。这是说，"物权"字样是马．柯瓦列夫斯基《公社土地占有制》书上原有的。

柯瓦列夫斯基的著作受到马克思的注意，是由于它取材广泛，对公社在不同国家中的历史命运作了比较研究，用新的事实证实了马克思关于人类社会发展的最初阶段即原始公社的实质的结论。马克思同作者从 1876 年起就保持着学术上的友好联系。这部书，是柯瓦列夫斯基在 1879 年夏天送给马克思的。

我们再看看列宁。《列宁全集》中，没有使用"物权"术语，仅在第 6 卷编者的注释中出现"物权"字样。

列宁在《俄国社会民主党的土地纲领》里提到："第 4 条第 2 项授权农民委员会消灭在我国个别地方还保留下来的农奴制残余（地役权，土地没有完全分出，没有划定地界，等等）"，见《列宁全集》第 6 卷第 299 页。

关于地役权，本卷编者注释的提法如下："如步行或乘车马通过邻近地段的权利等，起源于罗马法。西方封建社会和资本主义社会都保留和发展了这种权利。这里说的是俄国 1861 年改革后农村中公共道路、割草场、牧场、池塘等等的使用权。由于这些地方被地主霸占，农民要为地主服额外劳役，才能取得这种使用权。"

编者注释中"地役权是使用他人土地的有限物权"的解释，源于大陆法系的物权法理论。

结论是什么呢？第一，恩格斯的著作中没有任何"物权""物权法"字样；第二，马克思的著作中三处"物权"字样，来自当时的现行法和摘录他人著述，没有做任何批注、评论和说明；第三，列宁的著作中没有任何"物权""物权法"字样。

我国法学界对于"物权"的解释令人费解。有 5 种定义式说法，大体说是人身之外的什么的什么物质的。"什么的"，包括"满足需要的""能支配的""占有一定空间的"等三种说法；"什么物质的"，包括物质产品、物质生产、物质资料、物质实体、物质对象等五种说法。

先看"人身之外的"。罗马法时代，奴隶的"人身"是客体，是买卖的对象，因而是法的客体。"人身"是物，也是物质的，对于"人身"而言，存在"人身"的物权问题。而在当代，"人身"的器官，可以买卖，这个器官本身又是物了，也存在物权问题了。看来，定义者排除"人身"的概括，似不周延。

在"什么的"里，说"满足需要的"是物，臭虫不是能"满足需要的"，是不是物呢？说"能支配的"是物，暗物质是比中子、质子还小的物质，不能为人所支配，是不是物呢？说"占有一定空间的"是物，空气占有一定空间，是不是物呢？空气不是物，只有从空气中提取的氧气才是物，氧气可以出售。

至于在"什么物质的"说法中，说"物"是"物质生产"，指的是"生产"。"生产"是一种行为、活动，不是物质；"物质产品"只是物的一种形式，其他物的形式还有很多；"物质资料"分生产资料、生活资料，除资料之外，还大量存在着物质的东西；"物质实体"是物，但作为物质虚体的电子影像等也是物；"物质对象"是人的对应面，而物质的对象化则是它的人格化，人格化的物质便成为非物质了。看来，法学界至今还没有弄清楚什么是"物"，那就难怪100多年前的马克思没有使用或肯定物权、物权法术语了。

马克思之所以采用"所有权"和"所有权法"术语，是因为所有权和所有权法能够科学地界定占有、使用、处分、收益这四种所有的形态和权能。

(1) 所有制属于经济范畴

所有制的最初形式无论是在古代世界或中世纪都是部落所有制，这种所有制在罗马人那里主要是由战争决定的，而在日耳曼人那里则是由畜牧业所决的。在古代民族中，由于一个城市里同时居住着几个部落，因此部落所有制就具有国家所有制的形式，而个人的所有权则局限于简单 possessio〔占有〕，但是这种占有也和一般部落所有制一样，仅仅涉及到地产。无论在古代或现代民族中，真正的私有制只是随着动产的出现才出现的。——（奴隶制和共同体）（dominium ex jure Quiritum〔以罗马公民法为依据的占有〕）。

马克思恩格斯：《德意志意识形态》，

《马克思恩格斯全集》第3卷第69~70页。

ad〔关于〕(1) 一切生产都是个人在一定社会形式中并借这种社会形式而进行的对自然的占有。在这个意义上，说所有制（占有）是生产的一个条件，那是同义反复。但是，可笑的是从这里一步就跳到所有制的一定形式，如私有制。（而且还把对立的形式即无所有作为条件。）历史却表明，公有制是原始形式（如印度人、斯拉夫人、古克尔特人，等等），这种形式在公社所有制形式下还长期起着显著的作用。至于财富在这种还是那种所有制形式下能更好地发展的问题，还根本不是这里所要谈的。可是，如果说在任何所有制形式都不存在的地方，就谈不到任何生产，因此也就谈不到任何社会，那末，这是同义反复。什么也不据为己有的占有，是 contradictioinsubjecto〔自相矛盾〕。

马克思：《〈政治经济学批判〉导言》，

《马克思恩格斯全集》第12卷第737~738页。

梭伦揭开了一系列所谓政治革命，而且是以侵犯所有制来揭开的，至于他在公元前594年实现改革的方式，我们在这里可以不谈。迄今所发生的一切革命，都是为了保护一种所有制以反对另一种所有制的革命。它们如果不侵犯另一种所有制，便不能保护这一种所有制。在法国大革命时期，是牺牲封建的所有制以拯救资产阶级的所有制；在梭伦所进行的革命中，应当是损害债权人的财产以保护债务人的财产。

　　　　　　　　　　　　　　恩格斯：《家庭、私有制和国家的起源》，

　　　　　　　　　　　　《马克思恩格斯全集》第 21 卷第 131 页。

从洛克到李嘉图的一般法律观念都是小资产阶级所有制的观念，而他们所阐述的生产关系则属于资本主义生产方式。使这一点成为可能的是：在这两种形式中买者与卖者的关系在形式上始终是一样的。在所有这些作者身上都可以发现两重性的东西：①在经济上，他们都反对以劳动为基础的私有制，证明对群众的剥夺的优越性和资本主义生产方式的优越性；②在意识形态和法律上，他们把以劳动为基础的私有制的意识形态硬搬到以剥夺直接生产者为基础的所有制上来。

　　　　　　　　　　　　　　　　　　　　马克思：《资本论第一卷》，

　　　　　　　　　　　　《马克思恩格斯全选》第 49 卷第 144 页。

人们在生产中不仅仅同自然界发生关系。他们如果不以一定方式结合起来共同活动和互相交换其活动，便不能进行生产。为了进行生产，人们便发生一定的联系和关系；只有在这些社会联系和社会关系的范围内，才会有他们对自然界的关系，才会有生产。

　　　　　　　　　　　　　　　　　　　　马克思：《雇佣劳动与资本》，

　　　　　　　　　　　　《马克思恩格斯全集》第 6 卷第 486 页。

生产关系本身，那些他借以进行生产并且在他看来是既定的自然关系的社会形式，是这一特殊社会生产方式经常的产物，并只是由此才成为经常的前提。不同的关系和因素不仅变成一种独立的东西，并取得一种奇异的、似乎彼此无关的存在方式，而且表现为物的直接属性，取得物的形态。

　　由此可见，资本主义生产的当事人是生活在一个由魔法控制的世界里，而他们本身的关系在他们看来是物的属性，是生产的物质要素的属性。但正是在最后的、最间接的形式上（同时在这些形式上中介过程不仅变得看不见了，而且甚至变成自己直接的对立面），资本的不同形态表现为生产的实际因素和直接承担者。生息资本在货币资本家身上人格化了，产业资本在产业资本家身上人格化了，提供地租的资本在作为土地所有者的地主身上人格化了，最后，劳动在雇佣工人身上人格化了。

　　　　　　　　　　　　　　　　　　　　马克思：《资本论第四卷》，

　　　　　　　　　　　　《马克思恩格斯全集》第 26 卷第 3 册第 571 页。

人们的生活自古以来就建立在生产上面，建立在这种或那种社会生产上面，这种社会生产的关系，我们恰恰就称之为经济关系。

马克思：《政治经济学批判（1857－1858年草稿）》，

《马克思恩格斯全集》第46卷上册第488页。

利润像工资一样，表现为分配的形式。但是，因为资本只有通过利润再转化为资本，再转化为追加资本，才能增长，所以利润也是资本的生产的形式，这和下面这种情况完全一样：从资本的观点看来，工资是单纯的生产关系，而从工人的观点看来，却是分配关系。

这里表明，分配关系本身是由生产关系产生的，并且是从另一个角度代表生产关系本身的。其次还表明，生产同消费的关系是由生产本身造成的。所有的资产阶经济学家都有一种荒谬的观点，例如约翰·斯图亚特·穆勒也是这样，他认为资产阶级的生产关系是永恒的，而这种生产关系的分配形式则是历史的，这种荒谬观点表明，穆勒既不懂前者，也不懂后者。

马克思：《政治经济学批判（1857－1858年草稿）》，

《马克思恩格斯全集》第46卷下册第279页。

如果说资本主义生产方式以生产条件的这种一定的社会形式为前提，那末，它会不断地把这种形式再生产出来。它不仅生产出物质的产品，而且不断地再生产出产品在其中生产出来的那种生产关系，因而也不断地再生产出相应的分配关系。

马克思：《资本论第三卷》，

《马克思恩格斯全集》第25卷第994页。

每一个社会中的生产关系都形成一个统一的整体。蒲鲁东先生把种种经济关系看作同等数量的社会阶段，认为这些阶段一个产生一个，一个来自一个，正如反题来自正题一样；认为这些阶段在自己的逻辑顺序中实现着人类的无人身的理性。

这个方法的唯一短处就是：蒲鲁东先生在考察其中任何一个阶段时，都不能不靠其他一些社会关系来说明，可是当时这些社会关系尚未被他用辩证产生出来。当蒲鲁东先生后来借助纯粹理性使其他阶段产生出来时，却又把它们当成初生的婴儿，忘记它们和第一个阶段是同样年老了。

马克思：《哲学的贫困》，

《马克思恩格斯集》第4卷第144～145页。

我们得到的结论并不是说，生产、分配、交换、消费是同的东西，而是说，它们构成一个总体的各个环节、一个统一体内部的差别。生产既支配着与其他要素相对而言的生产自身，也支配着其他要素。过程总是从生产重新开始。交换和消费不能是起支配作用的东西，这是不言而喻的。分配，作为产品的分配，也是这样。而作为生产要素的分配，它本身就是生产的一个要素。因此，一定的生产决定一定的消费、分配、交换和这些不同要素相互间的一定关系。当然，生产就其单方面形式来说也决定于其他要素。例如，当市场扩大，即交换范围扩大时，生产的规模也就增大，生产也就分得更细。随着分配的变动，例如，随着资本的集中，随着城乡人口的不同的分配等等，生产也就发生变动。最后，消费的需要决定着生产。不同要素之间存在着相互作用。每一个有机整体都是这样。

马克思：《政治经济学批判（1857 – 1858 年草稿）》，

《马克思恩格斯全集》第 46 卷上册第 36 ~ 37 页。

每当工业和商业的发展创造出新的交往形式，例如保险公司等等的时候，法便不得不承认它们是获得财产的新方式。

马克思恩格斯：《德意志意识形态》，

《马克思恩格斯全集》第 3 卷第 72 页。

政治经济学的对象决不像通常所说的那样是"物质的生产"（这是工艺学的对象），而是人们在生产中的社会关系。只有按前一个意思来了解"生产"，才会把"分配"从"生产"中划分出来，而在谈论生产的"部分"中，不是运用历史上一定的社会经济形式的范畴，而是运用属于一般劳动过程的范畴，用这种空洞的废话来抹杀历史的和社会的条件（例如拿资本的概念来说就是这样）。如果我们一贯把"生产"看作生产中的社会关系，那末无论"分配"或"消费"都会丧失任何独立的意义。如果生产中的关系阐明了，各个阶级获得的产品份额也就清楚了，因而，"分配"和"消费"也就清楚了。相反地，如果生产关系没有阐明（例如，不了解整个社会总资本的生产过程），关于消费和分配的任何论断都会变成废话，或者变成天真的浪漫主义的愿望。

列宁：《评经济浪漫主义》，

《列宁全集》第 2 卷第 171 页。

马克思在《雇佣劳动与资本》里的"对自然界的关系"，在 1891 年版本中，改为"对自然界的影响"。

（2）所有权属于法律范畴

真正的蒲鲁东没有说所有权"产生" jus utendi et abutendi （使用和滥用的权利）。他是过于群众化了，所以不谈什么产生所有权的所有权。jus utendi et abutendi re sua （使用和滥用自己财物的权利）也就是所有权本身。因此，蒲鲁东直截了当地否认人民对自己领土的所有权。他反驳那些认为这是夸大其词的人们说，在各个时代，人们都从这个臆造的民族所有权中引出了诸如宗主权、贡税、王侯的专卖权、徭役等等一类的东西。

马克思恩格斯：《神圣家族》，

《马克思恩格斯全集》第 2 卷第 56 页。

其实，这里只创造了物质的新的生产能力。至于说因此也创造了对物质本身的所有权，那还需要加以证明。人并没有创造物质本身。甚至人创造物质的这种或那种生产能力，也只是在物质本身预先存在的条件下才能进行。

马克思恩格斯：《神圣家族》，

《马克思恩格斯全集》第 2 卷第 58 页。

蒲鲁东先生断言，所有权的起源包含有某种神秘的和玄妙的因素。但是，硬使所有权的起源神秘化也就是使生产本身和生产工具的分配之间的关系神秘化，用蒲鲁东先生的话来说，这不是放弃对经济科学的一切要求了吗？

马克思：《哲学的贫困》，

《马克思恩格斯全集》第 4 卷第 181 页。

李嘉图所说的地租就是把宗法式的农业变成商业性的企业，把经营资本投入土地，使城市资产阶级移到乡村。地租并不把人束缚于自然，它只是把土地的经营同竞争联在一起。土地所有权一旦构成了地租的来源，它本身就成为竞争的结果，因为从这时起土地所有权就依附于农产品的市场价值。作为地租，土地所有权丧失了不动产的性质，变成一种交易品。只有在城市工业的发展和由此产生的社会组织迫使土地所有者只去追求商业利润，只去追求农产品给他带来的货币收入，教他把自己的土地所有权看成仅仅是一架为他铸造货币的机器以后，才可能有地租。

马克思：《哲学的贫困》，

《马克思恩格斯全集》第 4 卷第 185 页。

尽管李嘉图已经假定资产阶级的生产是地租存在的必要条件，但是他仍然把他的地租概念用于一切时代和一切国家的土地所有权。这就是把资产阶级的生产关系当作永恒范畴的一切经济学家的通病。

马克思：《哲学的贫困》，

《马克思恩格斯全集》第 4 卷第 186 页。

印度同亚洲大多数国家一样，土地的最高所有权是属于国家的。但是争论的一方认为，应该把国家看作土地的所有者，它把土地按分成制租给农人；另一方则认为，实质上土地在印度就同在任何其他国家一样，是私人所有，而所谓国家所有不外是指土地由君主封赠——这种封赠在所有以封建权利为法律基础的国度中都得到理论上的承认，并且还毫无例外地在所有一切国度中被实际实行着，因为政府有权按自己的需要征收土地税，除政治上的考虑以外，丝毫不照顾占有者的方便。

马克思：《坎宁的公告和印度的土地占有问题》，

《马克思恩格斯全集》第 12 卷第 516 页。

法律可以使一种生产资料，例如土地，永远属于一定家庭。这些法律，只有当大土地所有权适合于社会生产的时候，如像在英国那样，才有经济意义。在法国，尽管有大土地所有权，但经营的是小规模农业，因而大土地所有权就被革命摧毁了。但是，土地析分的状态是否例如通过法律永远固定下来了呢？尽管有这种法律，土地所有权却又集中起来了。法律在巩固分配关系方面的影响和它们由此对生产发生的作用，要专门加以确定。

马克思：《〈政治经济学批判〉导言》，

《马克思恩格斯全集》第 12 卷第 748 页。

在使用货币购买商品之后，出现了货币借贷，随着货币借贷出现了利息和高利贷。后世的立法，没有一个像古雅典和古罗马的立法那样残酷无情地、无可挽救地把债务者投在高利贷债权者的脚下，——这两种立法，都是纯粹由于经济强制，作为习惯法而自发地产生的。

恩格斯：《家庭、私有制和国家的起源》，

《马克思恩格斯全集》第 21 卷第 190 页。

土地现在可以成为出卖和抵押的商品了。土地所有权刚一确立，抵押制就被发明出来了（见关于雅典的一节）。像杂婚和卖淫紧紧跟着一夫一妻制而来一样，如今抵押制也紧紧跟着土地所有权而来了。得到它了——tu L'as voulu, Georeg Dandin！（这就是你所希望的，乔治·唐丹！）

恩格斯：《家庭、私有制和国家的起源》，

《马克思恩格斯全集》第 21 卷第 191 页。

在关于罗马共和国内部斗争的古代史料中，只有阿庇安一人清楚明白地告诉我们，这一斗争归根到底是为什么进行的，即为土地所有权进行的。

马克思：《路德维希·费尔巴哈和德国古典哲学的终结》，

《马克思恩格斯全集》第 21 卷第 347 页。

土地所有权的正当性，和一定生产方式下的一切其他所有权形式的正当性一样，要由生产方式本身具有的历史的暂时的必然性来说明，因而也要由那些由此产生的生产关系和交换关系具有的历史的暂时的必然性来说明。当然，像我们以后会看到的那样，土地所有权同其他各种所有权的区别在于：在一定的发展阶段，甚至从资本主义生产方式的观点来看，土地所有权也是多余而且有害的。

马克思：《资本论第三卷》，

《马克思恩格斯全集》第 25 卷下册第 702 页。

"社会"本身——人生活在社会中，而不是作为独立自主的个人——是所有权、建立在所有权基础上的法律以及由所有权必然产生的奴隶制的根源。

马克思：《资本论第四卷》，

《马克思恩格斯全集》第 26 卷第 1 册第 368 页。

下面是洛克著作中与此有关的几段话：

"虽然土地和一切低等生物是一切人所共有的，但是每一个人仍然有一个所有物，就是他自己的人身，对于这个所有物，除了他自己以外，别人是没有任何权利的。他的身体的劳动和他的双手的创作，我们可以说，是理应属于他的。他把他从自然创造并提供给他的东西中取得的一切，同自己的劳动溶合起来，同一种属于他的东西溶合起来；他以这种方式使这一切成为自己所有。"

"这一切在自然手里，都是公共所有，都一视同仁地属于自然的全体子女；人的劳动把这一切从自然手里拿过来，从而把它们据为己有。"

"以这种方式给予我们所有权的这一自然法，同时也限制了这个所有权的范围…… 一个人在对他的生活有某种用处的东西损坏之前能够使用它多少，他用自己的劳动可以使它变为自己所有的也就多少；超出这个限度的，就是超过他的份额而属于别人的东西。"

"自然已经按照人的劳动以及人的生活方便所能达到的程度，正确地确定了所有权的尺度：谁都不可能用自己的劳动征服或占有一切；谁都不可能为了满足自己的需要而消费比这一小部分更多的东西；因此谁都不可能用这种形式侵犯别人的权利，或者为自己取得所有权而损害邻人的利益…… 早先，这个尺度使每个人的占有限于非常小的一份，限于他自己能够占有而不损害别人利益的范围…… 就是现在，尽管全世界似乎挤满了人，仍然可以承认同一尺度而不损害任何人的利益。"

劳动几乎提供了一切东西的全部价值（在洛克那里，价值等于使用价值，劳动是指具体劳动，不是指劳动的量；但是，交换价值以劳动为尺度，实际上是以劳动者创造使用价值为基础的）。不能归结为劳动的使用价值余额，在洛克看来，是自然的赐予，因而，就它本身来说是公共所有物。因此，洛克想要证明的，不是除劳动之外还可以通过其他办法获得所有权这个同他原来的观点相矛盾的论题，而是怎样才能通过个人劳动创造个人所有权，尽管自然是公共所有物。

马克思：《资本论第四卷》，

《马克思恩格斯全集》第26卷第1册第390~391页。

"人们之所以可能超过社会确定的界限，不经协议，把财物分成不均等的私人财产，只是因为他们使金银具有了价值，默认货币的使用。"

应该把这段话同洛克关于利息的著作中的下面一段话加以对比，不要忘记，照他看来，自然法使个人劳动成为所有权的界限。

"现在我们就来考察一下，货币怎么会具有同土地一样的性质，提供我们称作利钱或利息的一定年收入。因为土地自然地生产某种新的、有用的和对人类有价值的东西；相反，货币是不结果实的，它不会生产任何东西，但是，它通过相互协议，把作为一个人的劳动报酬的利润转入另一个人的口袋。这种情况是由货币分配的不均等引起的；这种不均等对土地产生的影响，同它对货币产生的影响一样……土地分配的这种不均等（你的土地多于你能够耕种或愿意耕种的，而另一个人的土地却少于他能够耕种或愿意耕种的）会为你招来一个租种你的土地的佃户；而货币分配的这种不均等……会为我招来一个借用我的货币的债户；这样一来，我的货币靠债务人的勤劳，能够在他的营业中为他带来多于 6%的收入，正如你的土地靠佃户的劳动能够生产一个大于他的地租的收益。"（《约翰·洛克著作集》1740 年对开本版第 2 卷［第 19 页］）

因为洛克是同封建社会相对立的资产阶级社会的法权观念的经典表达者；此外，洛克哲学成了以后整个英国政治经济学的一切观念的基础，所以他的观点就更加重要。

马克思：《资本论第四卷》，

《马克思恩格斯全集》第 26 卷第 1 册第 392 ~ 393 页。

按照这种看法，如果说对土地的开垦"创造充分的土地所有权"，那末这种论断就正是 petitioprincipii。其实，这里只创造了物质的新的生产能力。至于说因此也创造了对物质本身的所有权，那还需要加以证明。人并没有创造物质本身。甚至人创造物质的这种或那种生产能力，也只是在物质本身预先存在的条件下才能进行。

马克思恩格斯：《神圣家族》，

《马克思恩格斯全集》第 2 卷第 58 页。

劳动者同土地和土地所有权的分离是资本主义生产和资本的生产的基本条件。

马克思：《剩余价值理论》，

《马克思恩格斯全集》第 26 卷第 1 册第 25 页。

这个生产方式的前提，一方面是直接生产者从土地的单纯附属物（在依附农、农奴、奴隶等形式上）的地位解放出来，另一方面是人民群众的土地被剥夺。在这个意义上，土地所有权的垄断是资本主义生产方式的历史前提，并且始终是它的基础，正像这种垄断曾是所有以前的，建立在对群众的某种剥削形式上的生产方式的历史前提和基础一样。不过，资本主义生产方式产生时遇到的土地所有权形式，是同它不相适应的。同它相适应的形式，是它自己使农业从属于资本之后才创造出来的；因此，封建的土地所有权，克兰的所有权，或马尔克公社的小农所有权，不管它们的法律形式如何不同，都转化为同这种生产方式相适应的经济形式。

马克思：《资本论第三卷》，

《马克思恩格斯全集》第 25 卷下册第 696 页。

自耕农的自由所有权，对小生产来说，也就是对下述生产方式来说，显然是土地所有权的最正常的形式，——在这种生产方式中，土地的占有是劳动者对本人的劳动产品拥有所有权的一个条件；在这种生产方式中，耕者不管是一个自由的土地所有者，还是一个隶属农民，总是独立地作为孤立的劳动者，同他的家人一起生产自己的生活资料。土地的所有权是这种生产方式充分发展的必要条件，正如工具的所有权是手工业生产自由发展的必要条件一样。在这里，土地的所有权是个人独立发展的基础。

马克思：《资本论第三卷》，

《马克思恩格斯全集》第 25 卷下册第 909 页。

雇佣奴隶和真正的奴隶一样，由于所处的地位，不能成为债务奴隶，至少作为生产者不能成为债务奴隶；他至多只是作为消费者才能成为债务奴隶。这种形式的高利贷资本，实际上会占有直接生产者的全部剩余劳动，而不改变生产方式；在这里，生产者对劳动条件的所有权或占有权以及与此相适应的个体小生产，是根本的前提；因而，在这里，资本不是直接支配劳动，不是作为产业资本和劳动相对立。

马克思：《资本论第三卷》，

《马克思恩格斯全集》第 25 卷下册第 674 页。

"独占这些财宝的富人，只有取得这种代价，才同意把财宝的极小部分还给大家使用。为了得到分享他的财宝的许可，必须努力劳动来增加财宝。""这样，就必须放弃自由的幻想。"法律的存在是为了"批准〈对私有财产〉最初的夺取"，并"防止以后的夺取"。"法律可以说是一种反对人类最大多数〈即无产者〉的阴谋。""是社会创造了法律，而不是法律创造了社会。""所有权先于法律。""社会"本身——人生活在社会中，而不是作为独立自主的个人—— 是所有权、建立在所有权基础上的法律以及由所有权必然产生的奴隶制的根源。

马克思：《资本论第四卷》，

《马克思恩格斯全集》第 26 卷第 1 册第 368 页。

在奥普戴克先生那里，土地所有权或地租是"资本价值的合法反映"，这是美国佬所特有的。

马克思：《资本论第四卷》，

《马克思恩格斯全集》第 26 卷第 2 册第 26 页。

这样，按照我们所谈的理论，对于自然对象如土地、水、矿山等的私有权，对于这些生产条件，对于自然所提供的这种或那种生产条件的所有权，不是价值的源泉，因为价值只等于物化劳动时间；这种所有权也不是超额剩余价值即无酬劳动中超过利润所包含的无酬劳动的余额的源泉。但是，这种所有权是收入的一个源泉。它是一种权利，一种手段，使这一生产条件的所有者能够在他的所有物作为生产条件加入的生产领域中占有被资本家榨取的无酬劳动的一部分。

马克思：《剩余价值理论》，

《马克思恩格斯全集》第 26 卷第 2 册第 36 页。

因为资本和资本主义生产的独特的社会规定性的因素—— 这种独特的社会规定性在法律上通过资本表现为一种所有权，通过资本所有权表现为一种独特的所有权形式——已经固定下来，利息又因此表现为资本在这种规定性上（与作为一般生产过程的规定性的这种规定性无关）生出的剩余价值的一部分，所以很明显，剩余价值的另一部分，即利润中超过利息的余额，即产业利润，就必然表现为这样一种价值，这种价值不是由作为资本的资本生出的，而是由同它的、已经以"资本利息"这个名称取得独特存在方式的社会规定性相分离的生产过程生出的。

马克思：《资本论第四卷》，

《马克思恩格斯全集》第 26 卷第 3 册第 546~547 页。

　　恩格斯在《家庭、私有制和国家的起源》里，"如今抵押制也紧紧跟着土地所有权而来了。得到它了——tu L'as voulu, Georeg Dandin！（这就是你所希望的，乔治·唐丹！）"，是借用莫里哀：《乔治·唐丹》第 1 幕第 9 场里的话。

　　马克思恩格斯在《神圣家族》里，"按照这种看法，如果说对土地的开垦'创造充分的土地所有权'，那末这种论断就正是 petitio principii"的"petitio principi"，一种逻辑上的错误，即在证明某个论点时使用这样的论据，该论据本身只有在假定待证明的论点正确的条件下方才有效。

　　马克思在《资本论第四卷》里，引用的"独占这些财宝的富人，只有取得这种代价，才同意把财宝的极小部分还给大家使用。为了得到分享他的财宝的许可，必须努力劳动来增加财宝"等几处，均出自兰盖．尼：《民法论，或社会的基本原理》，1767 年伦敦版。

　　在考察剩余价值时，马克思说："我把布里索、葛德文等等这样的十八世纪著作家，以及十九世纪的社会主义者和共产主义者，都放在一边了。至于我在这个评论中以后要说到的少数几个社会主义著作家，他们不是本身站在资产阶级政治经济学的立场上，便是从资产阶级政治经济学的观点出发去同资产阶级政治经济学作斗争。"

　　马克思认为，兰盖并不是社会主义者。他反对他同时代的启蒙运动者的资产阶级自由主义理想，反对资产阶级刚刚开始的统治，他的抨击半是认真半是嘲弄地采取反动的世界观。他维护亚洲的专制主义，反对文明的欧洲形式的专制主义，他捍卫奴隶制，反对雇佣劳动。他反对孟德斯鸠的"法律的精神就是所有权"，表明了他的见解的深刻。兰盖碰到的和他对立的唯一的一批政治经济学家，是重农学派。兰盖证明，富人占有一切生产条件。

　　马克思在《资本论第四卷》里，"在奥普戴克先生那里，土地所有权或地租是'资本价值的合法反映'"，是说奥普戴克把土地所有权称为"资本价值的合法反映"，资本同样是"别人劳动的合法反映"。

　　马克思是在评价李嘉图、霍普金斯等的理论之后，评价奥普戴克的理论的。

　　李嘉图认为：因为给租地农场主提供超额利润的上涨了的小麦价格，给租地农场主提供的甚至不是原来的利润率，而是较低的利润率，所以，很清楚，产品包含的价值大于的产品，或者说，产品是较多劳动时间的产品，它包含较多的劳动量；因此，为了生产同样多的产品，例如一夸特小麦，就要花费较多的劳动时间。地租的增长，将同土地肥力的这种不断降低的情况相适应，或者说，将同生产例如一夸特小麦所必需花费的劳动量的增加相适应。对此，马克思评论说，当然，如果增加的只是支付地租的夸特数，李嘉图是不会说地租"增长"的，在李嘉图看来，只有同样一夸特的价格增长，例如从 30 先令涨到 60 先令，地租才是增长了。诚然，李嘉图有时忘记了，地租的绝对量在地租率下降的情况下可能增长，正如利润的绝对量在利润率下降的情况下可能增长一样。

另外一些人（例如凯里）想绕过这个认识上的困难。说地租只是以前投入土地的资本的利息，所以地租也只是利润的一种形式。对此，马克思认为，这里，地租的存在被否定了，从而地租实际上就被解释掉了。还有另外一些人，例如布坎南，把地租看成纯粹是垄断的后果。

3. 所有制关系向所有权关系的转化

所有形态转化为所有权形态，这是范畴的转换。

西方法学认为，所有，是经济关系的原点，也是法律关系的原点，正是从"所有"出发，形成了经济体系、法律体系。大陆法系给出的关系线路是：所有—阶级—权力—公法；所有—交换—权利—私法。私法和公法两个法域，构成一国的法律体系。因为所有是经济关系和法律关系形成的共同基础，故存在两种范畴形式的相互转化问题。

在范畴转换的基础上，它们各自的内容的转化，表现为经济行为转化为法律行为。就是说，经济上的所有所包含的占有、使用、收益、处分四种经济行为形式，对应转化为占有、使用、收益、处分四种权能法律形式。

法律行为（juristic acts），是一种能够形成某种法律后果的行为。主体的占有、使用、收益、处分具体行为，为法律所规范，能够相应地形成法律上的具体权能，从而形成法律后果。"法律行为"术语，自18世纪德国法学家丹尼尔·奈特尔布拉德（Daniel Nettel-Bladt）提出后，沿用至今。其含义内容有所不同，但合法行为和违法行为、犯罪行为的含义所指，基本上为学界接受。

所有权，是指主体依据法律规定或合同约定所获得的实现经济目的，满足物质利益需要的权利。权利具有法律规定性质。权利是被法律所规范并在一定法律关系中实现的，法律是权利的可能行为的尺度。

首先，所有权是被法律设定的，法定性是所有权的根本特征。这里的"被法律设定"，是指经法律规定出来的；主体的权利主张依据于法律；权利可能性的界限为法律所制约。从这个意义上说，任何所有权都是法定权利。

其次，当某种所有权利益被确定为法益时，才能受到法律的保护。因此，所有权法益的自主实现，是所有权的显著特征。"自主实现法益"的含义是：意思决定的自主性；行为方式的选择自由；享有取得利益的资格。因为这种自主性是法律承认的自主性，所以主体能得以能动地去追求并实现自身法益。

最后，所有权是主体活动的法律界限，法律界限限定了所有权的基本内容。主体把意思力、经济活动表现为权利，取决于法律上的可能性。就是说，只有符合法律规定范围内的活动方式，主体才能实现自身权益。这种法律上的可能性，包括有一定所有行为的可实现性；履行相应义务要求的可实现性；借助于国家强制力实现自身权益的可实现性。

所有权是一种法律资格。其意义是：主体凭借这种资格，①可调节或进行一定的经济活动，参加具体法律关系；②可要求义务主体为一定行为或不一定行为，以实现自己的所有权益和要求；③在义务主体不履行义务时，有权要求仲裁机构、司法机关强制执行，以保护自身权益。

所有权是法律等规范性文件直接规定的权利。它不必服从于其他社会组织或公民个人的意志，也不依赖其他社会组织或公民个人的行为而存在。这种权利，是法律关系形成的基础，以此为基础参加法律关系，以实现具体的权利。而且，具体的所有权，是主体通过参加具体法律关系，由特定义务主体实施一定行为时获得的，因而必须参加具体法律关系，从而实现或获得权利。具体的所有权，不借助于法律关系不能实现。

魏玛宪法是1919年制定的，其中规定"所有权附以义务"原则，具有划时代意义。在所有权行使的同时，要有益于社会公共目的。这与以绝对所有权制度为中心、为个人利益而存在的民法制度有重大区别。所有权受到来自国家的、社会的种种限制与制约，是魏玛宪法制定以来，资本主义国家所有权立法的惯例。令人不解的是，至今我国法学界一些人仍固守自由资本主义时期"物权绝对"的理念，排斥物权应当受国家和社会干涉的惯例。这是非常有趣的事。

应当认为，所有制关系是一个体系，所有权关系也是一个体系。

从所有出发，占有、使用、收益、处分行为与其他经济行为紧密相连，形成了经济关系网。所有制关系本身是一个体系，而以所有制关系为基础的社会经济关系又是一个庞大的体系。从所有权出发，占有、使用、收益、处分的权能与其他经济权利紧密相连，形成了权利关系网。所有权关系本身是一个体系，而以所有权关系为基础的权利关系又是一个庞大的体系。很显然，认识所有制关系和所有权关系体系化的重要性，是不言而喻的。

（1）财产关系是生产关系的法律用语

社会的物质生产力发展到一定阶段，便同它们一直在其中活动的现存生产关系或财产关系（这只是生产关系的法律用语）发生矛盾。于是这些关系便由生产力的发展形式变成生产力的桎梏。那时社会革命的时代就到来了。

马克思：《〈政治经济学批判〉序言》，
《马克思恩格斯全集》第13卷第8～9页。

财产的各种原始形式，必然归结为把各种制约着生产的客观因素看作归自己所有这样一种关系；这些原始形式构成各种形式的共同体的经济基础，同样它们又以一定形式的共同体作为前提。这些形式由于劳动本身被列入生产的客观条件（农奴制和奴隶制）之内而在本质上发生变化，于是属于第一种状态的一切财产形式的单纯肯定性质便丧失了，发生变化了。它们全都包含着奴隶制这种可能性，因而包含着这种对自身的扬弃。

马克思：《政治经济学批判（1857－1858年草稿）》，
《马克思恩格斯全集》第46卷上册第502页。

古代的"财产关系"在封建的财产关系中没落了，封建的财产关系又在"资产阶级的"财产关系中没落了。这样，历史本身就已经对过去的财产关系进行了批判。蒲鲁东实际上所谈的是现存的现代资产阶级财产。这是什么财产？——对这一问题，只能通过批判地分析"政治经济学"来给予答复,政治经济学不是把财产关系的总和从它们的法律表现上即作为意志关系包括起来,而是从它们的现实形态即作为生产关系包括起来。但是,由于蒲鲁东把这些经济关系的总和同"财产"《la propriété》这个一般的法律概念纠缠在一起,他也就不能超出布里索早在1789年以前在类似的著作中用同样的话所作的回答:《La propriété c'est le vol》〔"财产就是盗窃"〕。

在最好的情况下也只能从这里得出结论说,"盗窃"这个资产阶级法律概念也适用于资产者本人的"诚实的"收入。另一方面,由于"盗窃"作为对财产的暴力侵犯,是以财产为前提的,所以蒲鲁东就纠缠在连他自己也模模糊糊的关于真正资产阶级财产的种种幻想里面。

马克思:《论蒲鲁东》,

《马克思恩格斯全集》第16卷第30页。

资产阶级运动在其中进行的那些生产关系的性质绝不是一致的单纯的,而是两重的;在产生财富的那些关系中也产生贫困;在发展生产力的那些关系中也发展一种产生压迫的力量;只有在不断消灭资产阶级个别成员的财富和形成不断壮大的无产阶级的条件下,这些关系才能产生资产者的财富,即资产阶级的财富;这一切都一天比一天明显了。

马克思:《哲学的贫困》,

《马克思恩格斯全集》第4卷第155~156页。

劳动不是一切财富的源泉。自然界和劳动一样也是使用价值(而物质财富本来就是由使用价值构成的!)的源泉,劳动本身不过是一种自然力的表现,即人的劳动力的表现。上面那句话在一切儿童识字课本里都可以找到,但是这句话只是在它包含着劳动具备了相应的对象和资料这层意思的时候才是正确的。

马克思:《哥达纲领批判》,

《马克思恩格斯全集》第19卷第15页。

现在已经实现的脱离封建桎梏的"财产自由",对小资产者和小农说来,就是把他们的被大资本和大地产的强大竞争所压垮的小财产出卖给这些大财主的自由,于是这种"自由"对小资产者和小农说来就变成了失去财产的自由;工业在资本主义基础上的迅速发展,使劳动群众的贫穷和困苦成了社会的生存条件。

恩格斯:《〈反杜林论〉材料》,

《马克思恩格斯全集》第20卷第702页。

(2)所有制关系和所有权关系不是个人意志关系,也不是独立的关系

在私法中,现存的所有制关系表现为普遍意志的结果。仅仅使用和滥用的权利就一方面表明私有制已经完全不依赖于共同体,另一方面表明了一个幻想,仿佛私有制本身仅仅是以

个人意志，即以对物的任意支配为基础的。实际上滥用这个概念对于所有者具有极为明确的经济界限，如果他不希望他的财产即他的滥用的权利转入他人之手的话；因为仅仅从对他的意志的关系来考察的物根本不是物；物只有在交往的过程中并且不以权利（一种关系，哲学家们称之为观念）为转移时，才成为物，即成为真正的财产。这种把权利归结为纯粹意志的法律幻想，在所有制关系进一步发展的情况下，必然会造成这样的现象：某人在法律上可以享有对某物的占有权，但实际上并没有占有某物。例如，假定由于竞争的缘故，某一块土地不再提供地租，可是这块土地的所有者在法律上仍然享有占有权利以及使用和滥用的权利。但是这种权利对他毫无用处：他作为这块土地的所有者，如果除此之外没有足够的资本来经营他的土地，就一无所有。学们的这种幻想说明：在法学家们以及任何法典看来，各个个人之间的关系，例如缔结契约这类事情，一般是纯粹偶然的现象；这些关系被他们看作是可以随意建立或不建立的关系，它们的内容完全取决于缔约双方的个人意愿。

马克思恩格斯：《德意志意识形态》，

《马克思恩格斯全集》第 3 卷第 71～72 页。

土地所有权的前提是，一些人垄断一定量的土地，把它作为排斥其他一切人的、只服从自己个人意志的领域。在这个前提下，问题就在于说明这种垄断在资本主义生产基础上的经济价值，即这种垄断在资本主义生产基础上的实现。用这些人利用或滥用一定量土地的法律权力来说明，是什么问题也解决不了的。这种权力的利用，完全取决于不以他们的意志为转移的经济条件。法律观念本身只是说明，土地所有者可以象每个商品所有者处理自己的商品一样去处理土地；并且，这种观念，这种关于土地自由私有权的法律观念，在古代世界，只是在有机的社会秩序解体的时期才出现；在现代世界，只是随着资本主义生产的发展才出现。在亚洲，这种观念只是在某些地方由欧洲人输入的。

马克思：《资本论第三卷》，

《马克思恩格斯全集》第 25 卷下册第 695～696 页。

在每个历史时代中所有权以各种不同的方式、在完全不同的社会关系下面发展着。因此，给资产阶级的所有权下定义不外是把资产阶级生产的全部社会关系描述一番。想把所有权作为一种独立的关系、一种特殊的范畴，一种特殊的范畴，一种抽象的和永恒的观念来下定义，这只能是形而上学或法学的幻想。

马克思：《哲学的贫困》，

《马克思恩格斯全集》第 4 卷第 180 页。

所有制形成蒲鲁东先生的体系中的最后一个范畴。在现实世界中，情形恰恰相反：分工和蒲鲁东先生的所有其他范畴是总合起来构成现在称之为所有制的社会关系；在这些关系之外，资产阶级所有制不过是形而上学的或法学的幻想。另一时代的所有制，封建主义的所有制，是在一系列完全不同的社会关系中发展起来的。蒲鲁东先生把所有制规定为独立的关系，就不只是犯了方法上的错误：他清楚地表明自己没有理解把资产阶级生产所具有的各种形式结合起来的联系，他不懂得一定时代中生产所具有的各种形式的历史的和暂时的性质。蒲鲁东先生看不到现代种种社会体制是历史的产物，既不懂得它们的起源，也不懂得它们的发展，所以他只能对它们作教条式的批判。

《马克思致巴·瓦·安年柯夫》，

《马克思恩格斯全集》第27卷第481~482页。

（3）所有权的正当性源于所有制关系暂时的必然性

土地所有权的正当性，和一定生产方式下的一切其他所有权形式的正当性一样，要由生产方式本身具有的历史的暂时的必然性来说明，因而也要由那些由此产生的生产关系和交换关系具有的历史的暂时的必然性来说明。

马克思：《资本论第三卷》，

《马克思恩格斯全集》第25卷下册第702页。

考察一下现代的土地所有权形式，对我们来说是必要的，因为这里的任务总的来说是考察资本投入农业而产生的一定的生产关系和交换关系。

马克思：《资本论第三卷》，

《马克思恩格斯全集》第25卷下册第694页。

自然界不是一方面造成货币所有者或商品所有者，而另一方面造成只是自己劳动力的所有者。这种关系既不是自然史上的关系，也不是一切历史时期所共有的社会关系。它本身显然是已往历史发展的结果，是许多次经济变革的产物，是一系列陈旧的社会生产形态灭亡的产物。

马克思：《资本论第一卷》，

《马克思恩格斯全集》第23卷第192页。

我们已经看到，在简单流通本身中（即处于运动状态的交价值中），个人相互间的行为，按其内容来说，只是彼此关心满足自身的需要，按其形式来说，只是交换，设定为等同物（等价物），所以在这里，所有权也只是表现为通过劳动占有劳动产品，以及通过自己的劳动占有他人劳动的产品，只要自己劳动的产品被他人的劳动购买便是如此。对他人劳动的所有权是通过自己劳动的等价物取得的。所有权的这种形式，正像自由和平等一样，就是建立在这种简单关系上的。

在交换价值进一步的发展中，这种情况发生了变化，并且最终表明，对自己劳动产品的私人所有权也就是劳动和所有权的分离，而这样一来，劳动将创造他人的所有权，所有权将支配他人的劳动。

马克思：《政治经济学批判（1857－1858年草稿）》，

《马克思恩格斯全集》第46卷上册第189页。

为了把资本同雇佣劳动的关系表述为所有权的关系或规律，我们只需要把双方在价值增殖过程中的关系表述为占有的过程。例如，剩余劳动变为资本的剩余价值，这一点意味着：工人并不占有他自己劳动的产品，这个产品对他来说表现为他人的财产，反过来说，他人的劳动表现为资本的财产。资产阶级所有权的这第二条规律是第一条规律（即对自己劳动的产品拥有所有权的规律）转变来的，并通过继承权等等而长期存在下去，不受单个资本家的易逝性的影响；它同第一条规律一样被承认为规律。第一条是劳动和所有权的同一性；第二条是劳动表现为被否定的所有权，或者说所有权表现为对他人劳动的异己性的否定。

马克思：《政治经济学批判（1857－1858年草稿）》，

《马克思恩格斯全集》第46卷上册第468～469页。

（4）所有制改变了，所有权也随之改变

历史的发展表明，任何法律都不能决定实践，任何实践也都不能取消同它矛盾的法律。

马克思：《军衔买卖。——澳大利亚消息》，

《马克思恩格斯全集》第11卷第119页。

迄今所发生的一切革命，都是为了保护一种所有制以反对另一种所有制的革命。它们如果不侵犯另一种所有制，便不能保护这一种所有制。在法国大革命时期，是牺牲封建的所有制以拯救资产阶级的所有制；在梭伦所进行的革命中，应当是损害债权人的财产以保护债务人的财产。债务简单地被宣布无效了。详情我们虽然不太清楚，但是梭伦在他的诗中自夸说，他清除了负债土地上的抵押柱，使那些因债务而被出卖和逃亡到海外的人都重返家园。这只有通过公开侵犯财产所有权才能做到。的确，一切所谓政治革命，从头一个起到末一个止，都是为了保护一种财产而实行的，都是通过没收（或者也叫做盗窃）另一种财产而进行的。所以毫无疑问，二千五百年来私有制之所以能保存下来，只是由于侵犯了财产所有权的缘故。

恩格斯：《家庭、私有制和国家的起源》，

《马克思恩格斯全集》第21卷第131页。

共产党人到处都支持一切反对现存的社会制度和政治制度的革命运动。所有这些运动中，他们都特别强调所有制问题，把它作为运动的基本问题，不管这个问题当时的发展程度怎样。

马克思恩格斯：《共产党宣言》，

《马克思恩格斯全集》第4卷第504页。

当一个阶级代替了另一个阶级的时候，它也改变了所有制的关系。资产阶级代替了封

建阶级之后，也就改变了所有制的关系，资产阶级的宪法上说："拥有私有财产的人和乞丐是平等的。"这就是资产阶级的自由。这种"平等"把国家统治权交给了资产阶级。

列宁：《俄共（布）第九次代表大会》，
《列宁全集》第30卷第418页。

马克思在《哥达纲领批判》里，不同意说劳动是一切财富的源泉，而认为"劳动不是一切财富的源泉"。

《哥达纲领批判》，于1875年4~5月初写成，并于1875年5月5日寄给了爱森纳赫派的领导人威·白拉克。这一著作包含了对将要合并的社会民主党的纲领草案的批评意见，这些意见是为在哥达举行的合并大会而准备的。《哥达纲领批判》是恩格斯于1891年不顾德国社会民主党的机会主义领导的反对而首先发表的，刊登在德国社会民主党的理论性机关刊物"新时代"杂志1891年第1卷第18期上，并附有恩格斯的说明。恩格斯在发表《哥达纲领批判》的同时，也一起发表了直接同它有关的马克思在1875年5月5日给威·白拉克的信。正如大家从恩格斯1891年2月23日给卡·考茨基的信中所知道的，在发表《哥达纲领批判》时，恩格斯不得不同意缓和某些最尖锐的地方。

马克思在《资本论》第3卷里，对"土地所有权的前提是，一些人垄断一定量的土地，把它作为排斥其他一切人的、只服从自己个人意志的领域"这段话评论说：没有什么比黑格尔关于土地私有权的说法更可笑的了。他认为，人作为人格，必须使自己的意志这个外在自然界的灵魂，具有现实性，因此，他必须把这个自然界作为自己的私有财产来占有。如果这就是"人格"的规定，就是人作为人格的规定，那末，由此可以说，每个人就都必须是土地所有者，以便作为人格而实现。土地的自由私有权，——一种十分现代的产物，——据黑格尔说，不是一种确定的社会关系，而是人作为人格对于"自然界"的关系，是"人对一切物的绝对占有权"（黑格尔《法哲学》1840年柏林版第79页）。首先，很明显，一个人格不能单凭自己的"意志"硬说自己是一块土地的所有者，而不顾他人也要在这块土地上体现的意志。这里要的是和善良的意志完全不同的东西。此外，"人格"在什么地方确立实现自己意志的界限，他的意志的存在是在整个一个国家内实现，还是需要占有一大批国家，以便"表示我的意志对物的至高无上"［第80页］，这是绝对不能看出的。黑格尔在这里是完全碰壁了。"占有完全是零星的；我不能占有比我的身体所接触到的更多的东西，但是，另一方面，外界的东西比我所能把握的更为广大。因此我占有某物时，总有他物与之相联系。我用手占有，但手的范围可以扩大。"（第90、91页）但是，和这个他物相联系的，又有另一个他物。因此，我的意志作为灵魂注入土地的界限，就消失了。"当我占有某物时，理智立即推想到，不仅我直接占有的东西是我的，而且与此有联系的东西也是我的。实在法必须作出各种规定，因为从概念中已不能进一步作出推断。"（第91页）这是"概念"的异常天真的自白，并且证明这个概念对土地所有权的实际性质"一窍不通"，因为这个概念从一开始就错了，就把一个完全确定的、属于资产阶级社会的、关于土地所有权的法律观念，看作绝对的东西。同时其中还包含这样的自白：随着社会发展即经济发展的需要的变化，"实在法"能够而且必须改变自己的各种规定。

（二）法与私有制

1. 私有制的基础是私有财产

生产资料私有制，是生产资料归私人占有的形式。马克思指出，"私有制作为公共的、集体的所有制的对立物，只是在劳动资料和劳动的外部条件属于私人的地方才存在"。"劳动资料和劳动的外部条件属于私人"，这是形成私有财产的强大基础。

私有财产是私有制的基础，也是市场经济的基础。

1988 年，美国《综合贸易和竞争法》提出判断"非市场经济国家"的六条标准：①货币与其他国家货币可兑换程度；②企业与劳工通过自由谈判确定工资率的程度；③容许外国公司在国内举办合营企业或进行其他投资的程度；④政府对生产资料所有或控制的程度；⑤政府对资源配置以及对企业价格、产量决定权的控制程度；⑥商务部认为适当的其他因素。

这六条标准，实际上也是判断是否属于市场经济的标准。在西方国家那里，一个国家的经济是否属于市场经济，只能按私有财产、私有制标准进行判断。

（1）私有财产的形成

（在氏族制度内部）凡是共同制作和使用的东西，都是共同财产：如房屋、园圃、小船。这样，在这里，而且也只有在这里，才真正存在着文明社会的法学家和经济学家所捏造的"自己劳动所得的财产"—— 现代资本主义所有制还依恃着的最后的虚伪的法律根据。

恩格斯：《家庭、私有制和国家的起源》，
《马克思恩格斯全集》第 21 卷第 180 页。

实际上，对法的历史的最新研究判明，在罗马，在日耳曼、赛尔特和斯拉夫各族人民中，财产发展的起点都是公社财产或部族财产，而真正的私有财产到处都是因篡夺而产生的；这一点圣桑乔自然不能从法的概念就是概念这个深刻的灼见中引伸出来。

马克思恩格斯：《德意志意识形态》，
《马克思恩格斯全集》第 3 卷第 422 页。

暴力仅仅保护剥削，但是并不引起剥削；资本和雇佣劳动的关系才是他受剥削的基础，这种关系是通过纯经济的途径而绝不是通过暴力的途径产生的。

恩格斯：《反杜林论》，
《马克思恩格斯全集》第 20 卷第 167 页。

私有财产在历史上的出现，决不是掠夺和暴力的结果。相反地，在一切文明民族的古代的自发的公社中，私有财产已经存在了，虽然只限于某几种物品。早在这种公社的内部，最初是在同外地人进行交换时，它就发展成商品的形式。公社的产品愈是采取商品的形式，就是说，产品中为自己消费的部分愈小，为交换目的而生产的部分愈大，在公社内部，原始的自发的分工被交换排挤得愈多，公社各个社员的财产状况就愈加不平等，旧的土地公有制就被埋葬得愈深，公社也就愈加迅速地瓦解为小农的乡村。东方的专制制度和东征西讨的游牧民族交相更替的统治，几千年来都对这些旧的公社无可奈何；由大工业产品的竞争引起的自发的家庭工业的逐渐破坏，却使公社日益瓦解。

在私有财产形成的任何地方，这都是由于改变了的生产关系和交换关系，是为了提高生产和促进交流——因而是由于经济的原因产生的。在这里，暴力根本没有起任何作用。很显然，在掠夺者能够占有他人的财物以前，私有财产的制度必须是已经存在了；因此，暴力虽然可以改变占有状况，但是不能创造私有财产本身。

恩格斯：《反杜林论》，

《马克思恩格斯全集》第20卷第176～177页。

通过异化的、外化的劳动，工人生产出一个跟劳动格格不入的、站在劳动之外的人同这个劳动的关系。工人同劳动的关系，生产出资本家（或者不管人们给雇主起个什么别的名字）同这个劳动的关系。从而，私有财产是外化劳动即工人同自然界和自身的外在关系的产物、结果和必然后果。

因此，我们通过分析，从外化劳动这一概念，即从外化的人、异化劳动、异化的生命、异化的人这一概念得出私有财产这一概念。

诚然，我们从国民经济学得到作为私有财产运动之结果的外化劳动（外化的生命）这一概念。但是对这一概念的分胡，与其说私有财产表现为外化劳动的根据和原因，还不如说它是外化劳动的结果，正像神原先不是人类理性迷误的原因，而是人类理性迷误的结果一样。后来，这种关系就变成相互作用的关系。

私有财产只有发展到最后的、最高的阶段，它的这个秘密才重新暴露出来，私有财产一方面是外化劳动的产物，另一方面又是劳动借以外化的手段，是这一外化的实现。

马克思：《1844年经济学哲学手稿》，

《马克思恩格斯全集》第42卷第99～100页。

这种物质的、直接感性的私有财产，是异化了的、人的生命的物质的、感性的表现。私有财产的运动——生产和消费——是以往全部生产的运动的感性表现，也就是说，是人的实现或现实。宗教、家庭、国家、法、道德、科学、艺术等等，都不过是生产的一些特殊的方式，并且受生产的普遍规律的支配。因此，私有财产的积极的扬弃，作为对人的生命的占有，是一切异化的积极的扬弃，从而是人从宗教、家庭、国家等等向自己的人的即社会的存在的复归。宗教的异化本身只是发生在人内心深处的意识领域中，而经济的异化则是现实生活的异化，——因此异化的扬弃包括两个方面。不言而喻，在不同的民族那里，这一运动从哪个领域开始，这要看一个民族的真正的、公认的生活主要是在意识领域中还是在外部世界中进行，这种生活更多地是观念的生活还是现实的生活。

马克思：《1844 年经济学哲学手稿》，

《马克思恩格斯全集》第 42 卷第 121 页。

我们已经看到，在被积极扬弃的私有财产的前提下，人如何生产人——他自己和别人；直接体现他的个性的对象如何是他自己为别人的存在，同时是这个别人的存在，而且也是这个别人为他的存在。但是，同样，无论劳动的材料还是作为主体的人，都是运动的结果，又是运动的出发点（并且二者必须是出发点，私有财产的历史必然性就在于此）。因此，社会性质是整个运动的一般性质；正像社会本身生产作为人的人一样，人也生产社会。活动和享受，无论就其内容或就其存在方式来说，都是社会的，是社会的活动和社会的享受。自然界的人的本质只有对社会的人来说才是存在的；因为只有在社会中，自然界对人说来才是人与人联系的纽带，才是他为别人的存在和别人为他的存在，才是人的现实的生活要素；只有在社会中，自然界才是人自己的人的存在的基础。只有在社会中，人的自然的存在对他说来才是他的人的存在，而自然界对他说来才成为人。因此，社会是人同自然界的完成了的本质的统一，是自然界的真正复活，是人的实现了的自然主义和自然界的实现了的人道主义。

马克思：《1844 年经济学哲学手稿》，

《马克思恩格斯全集》第 42 卷第 121～122 页。

私有财产不过是下述情况的感性表现：人变成了对自己说来是对象性的，同时变成了异己的和非人的对象；他的生命表现就是他的生命的外化，他的现实化就是他失去现实性，就是异己的现实。同样，私有财产的积极的扬弃，也就是说，为了人并且通过人对人的本质和人的生命、对象性的人和人的产品的感性的占有，不应当仅仅被理解为直接的、片面的享受，不应当仅仅被理解为占有、拥有。人以一种全面的方式，也就是说，作为一个完整的人，占有自己的全面的本质。人同世界的任何一种人的关系——视觉、听觉、嗅觉、味觉，触觉、思维、直观、感觉、愿望、活动、爱，——总之，他的个体的一切器官，正像在形式上直接是社会的器官的那些器官一样，通过自己的对象性关系，即通过自己同对象的关系而占有对象。对人的现实性的占有，它同对象的关系，是人的现实性的实现，是人的能动和人的受动，因为按人的含义来理解的受动，是人的一种自我享受。

马克思：《1844 年经济学哲学手稿》，

《马克思恩格斯全集》第 42 卷第 123～124 页。

（2）私有财产的本质

对资产者来说，只有一种关系——剥削关系——才具有独立自在的意义；对资产者来说，其他一切关系都只有在他能够把这些关系归结到这种唯一的关系中去时才有意义，甚至在他发现了有不能直接从属于剥削关系的关系时,他最少也要在自己的想象中使这些关系从属于剥削关系。

马克思恩格斯:《德意志意识形态》,
《马克思恩格斯全集》第3卷第480页。

说分工和交换以私有财产为基础,等于说劳动是私有财产的本质,国民经济学家不能证明这个论断而我们则愿意替他证明。分工和交换是私有财产的形式这一情况恰恰包含着双重证明:一方面人的生命为了本身的实现曾经需要私有财产;另一方面人的生命现在需要消灭私有财产。

马克思:《1844年经济学哲学手稿》,
《马克思恩格斯全集》第42卷第148页。

英国国民经济学的一个合乎逻辑的大进步是,它把劳动提高为国民经济学的唯一原则,同时十分清楚地揭示了工资和资本利息之间的反比例关系,指出资本家通常只有通过降低工资才能增加收益,反之则降低收益。不是对消费者诈取,而是资本家和工人彼此诈取,才是正常的关系。——私有财产的关系潜在地包含着作为劳动的私有财产的关系和作为资本的私有财产的关系,以及这两种表现的相互关系。一方面是作为劳动的人类活动的生产,即作为对自身、对人和自然界,因而也对意识和生命表现说来完全异己的活动的生产;人作为单纯的劳动人的抽象存在,因而这种劳动人每天都可能由他的充实的无沦为绝对的无,沦为他的社会的因而也是现实的非存在。另一方面是作为资本的人类活动的对象的生产,在这里对象的一切自然的和社会的规定性都消失了,在这里私有财产丧失了自己的自然的和社会的性质(因而也丧失了一切政治的和社会的幻想,甚至连表面上的人的关系也没有了),在这里同一个资本在各种不同的自然的和社会的存在中始终是同一的,而完全不管它的现实内容如何。劳动和资本的这种对立一达到极限,就必然成为全部私有财产关系的顶点、最高阶段和灭亡。

马克思:《1844年经济学哲学手稿》,
《马克思恩格斯全集》第42卷第105~106页。

马克思在《资本论》中再清楚不过地证明——杜林先生小心翼翼地对此甚至一字不提,——商品生产达到一定的发展程度,就转变为资本主义的生产;在这个阶段上"以商品生产和商品流通为基础的占有规律或私有权规律,通过它本身的、内在的、不可避免的辩证法转变为自己的对立物:表现为最初行为的等价交换,已经变得仅仅在外表上是交换,因为,第一,用来交换劳动力的那部分资本本身,只是不付而占有的别人劳动产品的一部分;第二,这部分资本不仅必须由它的生产者即工人来补偿,而且在补偿时还加上新的剩余额〈余额〉……最初,在我们看来,所有权似乎是以自己的劳动为基础的……现在〈据马克思分析的结果〉,所有权对于资本家来说,表现为占有别人无酬劳动的权利,对于工人来说,则表现为不能占有自己的产品。所有权和劳动的分离,成了似乎是一个以它们的同一为出发点的规律的必然结果"。换句话说，即使我们排除任何掠夺、任何暴力和任何欺骗的可能性，即使假定一切私有财产起初都基于占有者自己的劳动，而且在往后的全部进程中，都只是相等的价值和相等的价值进行交换，那末，在生产和交换的进一步发展中也必然要产生现代资本主义的生产方式，出现生产资料和生活资料被一个人数很少的阶级所垄断，而另一个构成人口绝大多数的阶级被降低到无产者的地位，出现狂热生产和商业危机的周期交替，出现整个现在的生产无政府状态。全部过程都为纯经济原因所说明，而毫不需要任何掠夺、暴力、国家或其他的政治干预。

恩格斯：《反杜林论》，

《马克思恩格斯全集》第 20 卷第 177～178 页。

但是，只有当资产阶级理论家出场，把这种论断作一般的表达时，只有当他们在理论上把资产者的财产和个性等同起来，并在逻辑上为这种等同作论证时，这种谬论才变得庄严而神圣。

"施蒂纳"在上面驳斥共产主义消灭私有财产这一观点，其办法是：首先把私有财产变为"有"，然后又把"有"这个动词说成是不可缺少的字眼、是永恒真理，因为在共产主义社会中也可能发生施蒂纳"有"胃痛这样的事。现在他也是完全这样地论证私有财产的不可消灭，他把私有财产变为财产的概念，利用记 Eigentum〔财产〕和 eigen〔自有的〕这两个词的字源学上的联系，把"自有的"这个词说成是永恒真理，因为在共产主义制度下也可能发生他"自有"胃痛这样的事。如果不是把共产主义者所要消灭的现实的私有财产变为"财产"的抽象概念，那末，这种在字源学中寻找避难所的谬论，是完全不能成立的。这样一转化，一方面关于现实的私有财产就可以不必费事去讲什么甚至只知道什么，另一方面，也就可以很容易地在共产主义中发现矛盾，因为，在消灭（现实的）财产之后当然不难在共产主义中发现许多可以归入"财产"这一概念的东西。实际上，事情当然恰恰相反。实际上，我只有在有可以出卖的东西的时候才有私有财产，而我固有的独自性却是根本不能出卖的物品。我的大礼服，只有当我还能处理、抵押或出卖它时，只有当它还是买卖的物品时，才是我的私有财产。它失去这一特性并成为破衣服之后，对我来说，它还可能保留一些特性，这些特性使它成为对我还有价值的东西，它甚至能成为我的特性，把我变成衣衫褴褛的人。不过任何经济学家也不会想到把这件大礼服列为我的私有财产，因为它不能使我支配任何甚至是最少量的他人劳动。也许只有私有财产的法律家和思想家还能瞎扯这类东西。私有财产不仅夺去人的个性，而且也夺去物的个性。土地与地租没有任何共同之处，机器与利润没有共同之处。对于土地占有者来说，土地只有地租的意义，他把他的土地出租，并收取租金；土地可以失去这一特性，但并不失去它的任何内部固有的特性，不失去例如任何一点肥力；这一特性的程度以至它的存在，都取决于社会关系，而这些社会关系都是不依赖于个别土地占有者的作用而产生和消灭的。

马克思恩格斯：《德意志意识形态》，

《马克思恩格斯全集》第 3 卷第 253～254 页。

如果说把哪一种财产称为盗窃更确切的话，那末不列颠贵族的财产就是名副其实的盗窃。掠夺教会的财产，掠夺公社的土地，通过欺诈和消灭兼施的办法把封建的宗法的财产变为私人财产，—— 这就是不列颠贵族占有领地的法律根据。在这不久以前发生的过程中，奴颜婢膝的法学家阶级为贵族卖了多大力气，这从上世纪一位英国法学家达尔林普尔那儿就可以看到，他在自己的著作"封建所有制"中以极其坦率的态度证明：在为所有权进行的诉讼中，在资产阶级大发横财时期的英国，法学家对于有关财产的每一条法律和每一份文件就作有利于资产阶级的解释；在贵族阶级发财致富的苏格兰，则作有利于贵族阶级的解释，而在两种场合下，都充满着敌视人民的精神。

马克思：《选举。——财政困难。——萨特伦德公爵夫人和奴隶制》，
《马克思恩格斯全集》第 8 卷第 575 页。

马克思在《1844 年经济学哲学手稿》中，详尽地论述了异化私有财产和异化劳动问题。"异化"概念在马克思以前的德国哲学著作中曾广泛使用过。马克思首先把异化同私有制的统治和私有制统治下的社会制度联系起来，用异化来分析劳动与资本的关系。马克思分析了异化劳动的产生以及它同私有财产的关系，强调指出，要消灭异化劳动、结束人的相互异化，必须废除私有财产。

马克思往往并列使用"Entfremdung"（异化）和"Entauβerung"（外化）两个术语，来表示"异化"这一概念。有时也把"Entauβerung"术语用于另一种意义，如用于表示交换活动、从一种状态向另一种状态转化、获得等，也就是说，用于表示那些并不意味着敌对性和异己性的关系的经济和社会现象。除了"Entfremdung"术语外，马克思还使用"Selbstentfremdung"（直译是"自我异化"）这个术语。他用这个术语来表示工人在资本主义基础上的活动、劳动是回过来反对工人自己的、不以工人为转移的和不属于工人的活动。

马克思在《选举。——财政困难。——萨特伦德公爵夫人和奴隶制》里说，"如果说把哪一种财产称为盗窃更确切的话，那末不列颠贵族的财产就是名副其实的盗窃。"财产盗窃，是英国资本主义原始积累过程的主要特征之一。用残酷地剥夺农民土地的办法，用掠夺教会的财产和掠夺公社的土地的办法，用欺诈和消灭兼施的办法，等等，把农民的财产、封建的宗法的财产等等，变为私人财产。

2. 私有制产生私人强制权力

所有权是一种财产权利，是当事人之间具有相互权利义务关系的平等的权利。然而，在资本权利转化为资本权力的情况下，所有权亦由财产权利转变为财产权力了。资本权力使所有权成为对经济事务的支配权、对劳动者的强制权、对国民经济的控制权。

在当代，为了掩盖私有制和私人强制权力，西方法学家找到了新借口，就是将法律问题经济化，从"纯经济"问题入手，使法律范畴、法的价值"空壳化"，从而在法的领域"去意识形态化"。实际上，这本身就是一种意识形态斗争。

我国翻译了美国的罗伯特·考特（Robert Cooter）和托马斯．尤伦（Thomas Ulen）

1988 年出版的《法和经济学》。作者认为，"在现代生活中，私人所有权和公共所有权的问题走进了某些深奥莫测的意识形态的争论和领域之中。然而，我们将试图进行一个强调分析和深思而不是强调意识形态的关于公私之争的讨论。"

在"产权为什么应该私有"一节里，作者阐述了"以经济效率为目标"，选择"私人所有权，而不是公共或社团所有权"的理由。

作者认为，"公地的悲剧"在于，自然资源的公共所有权导致了过度使用和破坏。如果草地是私人财产而不是社团财产，那么土地以及社会的其他资源将更能得到有效的利用。这是因为私人所有者不会让他人无偿使用他们的财产。他会对他人把其财产用作牧场索取一个正值价格，并且他们索取的这个价格应该能使把土地作为牧场出租所获得的利润大于对土地的其他使用所获得的利润。这个定价方式将导致对财产的有效使用。私人产权比其他权利安排更为有效。

从作者的主张可以看出，"公地的悲剧"的解决办法，是出卖和出租一些政府所有的土地，结束公共所有权，就是解散集体经济，卖田卖地；"企业的悲剧"的解决办法，是通过转让、解散和破产、私营等，结束国营企业的公共所有权。这一切办法的理由，就是公共所有权没有经济效率，只有私人所有权才有经济效率。西方法学家提出"唯经济效率论"的核心和秘密，正是维护私人所有权。因为私人所有权，是他们的法学理论的动因和源泉。

经济效率，是社会生产和再生产过程中，劳动占用和劳动消耗量同劳动成果的比率。劳动占用量，是劳动过程中占用的物化劳动量，包括厂房、机器以及生产正常进行所必需的原材料储备等。劳动消耗量，是生产所消耗的劳动量，包括活劳动消耗和物化劳动消耗。

经济效率有多种表示方式。社会生产是商品生产，劳动和劳动成果的比率，主要是通过价值形式来表示，即通常所说的投入与产出的比率，或费用与收入的比率。从根本上说，生产同样数量和质量的产品，占用劳动和消耗劳动少的，经济效率就大；占用劳动和消耗劳动多的，经济效率就小。

资本主义生产目的是获取剩余价值及其转化形态——利润，资本家关心的只是所得的利润和预付资的比较。"用最小限度的预付资本生产最大限度的剩余价值或剩余产品，是推动资本主义生产的唯一动机。"马克思说过，资本主义生产方式按照它的矛盾的、对立的性质，还把浪费工人的生命和健康，工人的生存条件本身，看作不变资本使用上的节约，从而看作提高利润率的手段。

生产资料归私人所有，社会生产是无政府状态的，资本家不会从全社会的角度考虑经济效率。资本主义个别企业经济效率的提高，一定带来社会范围的巨大浪费。

社会主义公有制的建立，为提高经济效率提供了最可靠的生产力保障和生产关系保障。不仅企业要讲求经济效率，整个社会生产也必须而且可能当作整体来考虑经济效率。社会主义个别企业的经济效率是同整个社会生产的经济效率相一致的。

（1）私有制是剥削阶级生产关系的总和

这里要说明的真正困难之点是：生产关系作为法的关系怎样进入了不平衡的发展。例如罗马私法（在刑法和公法中这种情形较少）同现代生产的关系。

马克思：《导言》，

《马克思恩格斯全集》第12卷第760页。

劳动产品转化为商品，即不是为自身消费而是为交换所进行的产品生产，对古代公社的瓦解，因而对私有制的直接或间接的普遍化，起了怎样的作用。

恩格斯：《反杜林论》，

《马克思恩格斯全集》第20卷第177～178页。

靠自己劳动挣得的私有制，即以各个独立劳动者与其劳动条件相结合为基础的私有制，被资本主义私有制，即以剥削他人的但形式上是自由的劳动为基础的私有制所排挤。

马克思：《资本论第一卷》，

《马克思恩格斯全集》第23卷第830～831页。

政治经济学在原则上把两种极不相同的私有制混同起来了。其中一种是以生产者自己的劳动为基础，另一种是以剥削别人的劳动为基础。它忘记了，后者不仅与前者直接对立，而且只是在前者的坟墓上成长起来的。

马克思：《资本论第一卷》，

《马克思恩格斯全集》第23卷833页。

私有制并非一向就有；在中世纪末期，产生了一种手工工场那样的新的生产方式，这种新的生产方式已经超越了当时封建和行会所有制的范围，于是这种已经超越旧的所有制关系的手工工场便为自己创造了新的所有制形式——私有制。

对于手工工场和大工业发展的最初阶段来说，除了私有制，不可能有其他任何所有制形式，除了以私有制为基础的社会制度，不可能有其他任何社会制度。

恩格斯：《共产主义原理》，

《马克思恩格斯全集》第4卷第365页。

私有制不是一种简单的关系，也绝不是什么抽象概念或原理，而是资产阶级生产关系的总和（不是指从属的、已趋没落的，而正是指现存的资产阶级私有制）。

马克思：《道德化的批判和批判化的道德》，

《马克思恩格斯全集》第4卷第352页。

只有同时预付实现这种劳动的条件，即劳动资料和劳动对象，机器和原料，也就是说，他只有把他所占有的一个价值额转化为生产条件的形式，才能对这种劳动进行剥削；他所以是一个资本家，能完成对劳动的剥削过程，也只是因为他作为劳动条件的所有者同只是作为劳动力的占有者的工人相对立。……正是非劳动者对这种生产资料的占有，使劳动者变成雇佣工人，使非劳动者变成资本家。

> 马克思：《资本论第三卷》，
> 《马克思恩格斯全集》第 25 卷上册第 49 页。

总之，地租、利润等这些私有财产的现实存在形式是与生产的一定阶段相适应的社会关系，只有当这些关系还没有成为现有生产力的桎梏时，它们才是"个人的"。

> 马克思恩格斯：《德意志意识形态》，
> 《马克思恩格斯全集》第 3 卷第 255 页。

私有财产是生产力发展一定阶段上必然的交往形式，这种交往形式在私有财产成为新出现的生产力的桎梏以前是不会消灭的，并且是直接的物质生活的生产所必不可少的条件。

> 马克思恩格斯：《德意志意识形态》，
> 《马克思恩格斯全集》第 3 卷第 410～411 页。

政治经济学的一切论断都以私有制为前提。这个基本前提政治经济学当作确定不移的事实，而不加以任何进一步的研究，并且正如萨伊所坦率承认的，甚至被当作只是"偶然"为政治经济学所涉及的事实。蒲鲁东则对政治经济学的基础即私有制作了批判的考察，而且是第一次带有决定性的、严峻而又科学的考察。

这就是蒲鲁东在科学上所完成的巨大进步，这个进步使政治经济学革命化了，并且第一次使政治经济学有可能成为真正的科学。蒲鲁东的"什么是财产？"这部著作对现代政治经济学的意义，正如同西哀士的著作"什么是第三等级？"对现代政治学的意义一样。如果说蒲鲁东本人还没有把私有制的各种进一步的形式，如工资、商业、价值、价格、货币等等，像"德法年鉴"那样看作私有制的形式（见弗·恩格斯的"政治经济学批判大纲"），而是用这些政治经济学的前提来反驳经济学家，那末这就完全符合他那从历史上说来可以原宥的上述观点。

> 马克思恩格斯：《神圣家族》，
> 《马克思恩格斯全集》第 2 卷第 38～39 页。

蒲鲁东不同于其余的经济学家，他不是把私有制的这种或那种个别形式、而是把整个私有制十分透澈地描述为经济关系的伪造者。从政治经济学观点出发对政治经济学进行批判时所能做的一切，他都已经做了。

想说明"什么是财产？"这部著作的观点的特征的埃德加尔先生，当然是既丝毫没有谈到政治经济学，也丝毫没有谈到蒲鲁东的著作所具有的特点，而这种特点正是在于把私有制的实质看作政治经济学和法学的根本问题。对于批判的批判说来，所有这一切都是不言而喻的。蒲鲁东并未因他否定私有制而有了任何新的发现。他不过是泄露了批判的批判所讳莫如深的秘密罢了。

马克思恩格斯：《神圣家族》，

《马克思恩格斯全集》第 2 卷第 40～41 页。

批判的批判硬要蒲鲁东以拥有来反对不拥有：而蒲鲁东则相反，他以占有来反对拥有的旧形式——私有制。他宣称占有是"社会的职能"。在这种职能中"利益"不是要"排斥"别人，而是要把自己的力量、自己的本质力量使用出来和发挥出来。

蒲鲁东未能用恰当的话来表达自己的这个思想。"平等占有"是政治经济的观念，因而还是下面这个事实的异化表现：实物是为人的存在，是人的实物存在，同时也就是人为他人的定在，是他对他人的人的关系，是人对人的社会关系。

马克思恩格斯：《神圣家族》，

《马克思恩格斯全集》第 2 卷第 52 页。

自由竞争是私有制最后的、最高的、最发达的存在形式。因此一切以保存私有制为前提同时又反对自由竞争的措施，都是反动的，都有恢复私有制的低级发展阶段的趋势。

恩格斯：《共产主义者和卡尔·海因岑》，

《马克思恩格斯全集》第 4 卷第 302 页。

资本主义生产关系下，最重要的和大部分的生产资料和流通资料归一个人数不多的阶级所有，绝大多数的居民是无产者和半无产者，他们由于自己的经济地位不得不经常地或定期地出卖自己的劳动力，即受雇于资本家，并以自己的劳动为社会的上层阶级创造收入。

列宁：《修改党纲的材料》，

《列宁全集》（第 1 版）第 24 卷第 433 页。

（2）财产权力是私有财产制度的必然结果

在我们面前有两种权力：一种是财产权力，也就是所有者的权力，另一种是政治权力，即国家的权力。

马克思：《道德化的批判和批判化的道德》，

《马克思恩格斯全集》第 4 卷第 330 页。

这种民主共和国已经不再正式讲什么财产差别了。在这种国家中，财富是间接地但也是更可靠地运用它的权力的：其形式一方面是直接收买官吏（美国是这方面典型例子），另一方面是政府和交易所结成联盟，而公债愈增长，股份公司愈是不仅把运输业而且把生产本身集中在自己手中，愈是把交易所变成自己的中心，这一联盟就愈容易实现。

　　　　　　　　　　　　　恩格斯：《家庭、私有制和国家的起源》，

　　　　　　　　　　　　　《马克思恩格斯全集》第 21 卷第 197 页。

　　资本发展成了对劳动的指挥权，它进行监督，要工人守规矩地紧张地工作。其次，它强制工人超过维持自己生活的需要而从事更多的劳动。在榨取剩余价值上，它超过了过去任何以直接强制劳动为基础的生产制度。

　　　　　　　　　　　　　恩格斯：《〈资本论〉第一卷提纲》，

　　　　　　　　　　　　　《马克思恩格斯全集》第 16 卷第 305 页。

　　其实这种为桑乔所敌视的每个人独断地把自己排斥于别人的财产之外的做法，纯粹是一种法学幻想。在现代的生产方式和交往方式的条件下每个人都在打这种幻想的嘴巴，因为每个人所想到的恰恰是怎样把一切其他的人从隶属于他们的财产中排斥出去。

　　　　　　　　　　　　　马克思恩格斯：《德意志意识形态》，

　　　　　　　　　　　　　《马克思恩格斯全集》第 3 卷第 425 页。

　　我们将发现，他的利己主义的财产、非通常理解的财产，不外是被他的神化一切的幻想变了形的普通的或资产阶级的财产而已。

　　　　　　　　　　　　　马克思恩格斯：《德意志意识形态》，

　　　　　　　　　　　　　《马克思恩格斯全集》第 3 卷第 425～426 页。

　　正是从劳动所受的自然制约性中才产生出如下的情况：一个除自己的劳动力外没有任何其他财产的人，在任何社会的和文化的状态中，都不得不为占有劳动的物质条件的他人做奴隶。

　　　　　　　　　　　　　马克思：《哥达纲领批判》，

　　　　　　　　　　　　　《马克思恩格斯全集》第 19 卷第 15 页。

　　在原始积累的历史中，对正在形成的资本家阶级起过推动作用的一切变革，都是历史上划时代的事情；但是首要的因素是：大量的人突然被强制地同自己的生存资料分离，被当作不受法律保护的无产者抛向劳动市场。对农业生产者即农民的土地的剥夺，形成全部过程的基础。这种剥夺的历史在不同的国家带有不同的色彩，按不同的顺序、在不同的历史时代通过不同的阶段。只有在英国，它才具有典型的形式，因此我们拿英国作例子。

　　　　　　　　　　　　　马克思：《资本论第一卷》，

　　　　　　　　　　　　　《马克思恩格斯全集》第 23 卷第 784 页。

　　"光荣革命"把地主、资本家这些谋利者同奥伦治的威廉三世一起推上了统治地位。他们开辟了一个新时代，使以前只是有节度地行的对国有土地的盗窃达到了巨大的规模。

这些土地被赠送出去了，被非常便宜地卖掉了，或者被用直接掠夺的办法合并到私人地产中去了。所有这一切都是在丝毫不遵守法律成规的情况下完成的。用这种欺骗的方法攫取的国有土地和从教会夺来的土地，既然在共和革命中没有再度失去，就构成现今英国寡头政治的贵族领地的基础。市民资本家鼓励这种做法，为的是把土地变成纯粹的商品，扩大农业大规模生产的范围，增加来自农村的不受法律保护的无产者的供给等等。并且，新土地贵族又是新银行巨头这一刚刚孵化出来的金融显贵和当时靠保护关税支持的大手工工场主的自然盟友。

马克思：《资本论第一卷》，
《马克思恩格斯全集》第 23 卷第 791～792 页。

（3）私有制产生一种御使他人服从的强制权力

资本发展成了对劳动的指挥权，它进行监督，要工人守规矩地紧张地工作。其次，它强制工人超过维持自己生活的需要而从事更多的劳动。在榨取剩余价值上，它超过了过去任何以直接强制劳动为基础的生产制度。

恩格斯：《卡·马克思"资本论"第一卷提纲》，
《马克思恩格斯全集》第 16 卷第 305 页。

生产资料成了吸取他人劳动的手段。于是不再是工人使用生产资料，而是生产资料使用工人。不是工人把生产资料……消费，而是生产资料把工人当作它们自身生活过程的酵母来消费；而资本的生活过程只是资本作为自行增殖的价值的运动……单是货币转化为生产资料，就使生产资料转化为取得他人劳动和剩余劳动的合法权和强制权。

恩格斯：《卡·马克思"资本论"第一卷提纲》，
《马克思恩格斯全集》第 16 卷第 305 页。

土地所有权——一切财富的原始源泉，现在成了一个大问题，工人阶级的未来将取决于这个问题如何解决。

我不想在这里给自己提出一个任务，即讨论土地私有制的拥护者们——法学家、哲学家、政治经济学家——所提出的全部论据，我仅仅指出，第一，他们都花了不少精力用"天然权利"来掩盖掠夺这一原始事实。既然掠夺给少数人造成了天然权利，那末多数人就只得积聚足够的力量，来取得夺回他们被夺去的一切的天然权利。

在历史进程中，掠夺者都认为需要通过他们自己硬性规定的法律，来赋予他们凭暴力得到的原始权利以某种社会稳定性。于是出现了一些哲学家，他们宣称，这些法律是得到人类公认的。如果土地私有制确实是以这种公认为基础的，那末，当社会的大多数人不愿意再保存这种私有制的时候，显然它就应当被取消。

马克思：《论土地国有化》，
《马克思恩格斯全集》第 18 卷第 64 页。

买者是资本家，卖者是雇佣工人。而这种关系所以会发生，是因为劳动力实现的条件——生活资料和生产资料——已经作为别人的财产而和劳动力的所有者相分离了。

马克思：《资本论第二卷》，

《马克思恩格斯全集》第 24 卷第 38 页。

创造资本关系的过程，只能是劳动者和他的劳动条件的所有权分离的过程，这个过程一方面使社会的生活资料和生产资料转化为资本，另一方面使直接生产者转化为雇佣工人。因此，所谓原始积累只不过是生产者和生产资料分离的历史过程。这个过程所以表现为"原始的"，因为它形成资本及与之相适应的生产方式的前史。

马克思：《资本论第一卷》，

《马克思恩格斯全集》第 23 卷第 782～783 页。

在这以前，生产力还没有发展到能以足够的产品来满足所有人的需要，同时私有制也还没有成为这些生产力发展的桎梏和障碍。但是现在由于大工业的发展：第一，有了资本和规模空前的生产力，并且具备了能在短时期内无限提高生产力的手段；第二，生产力集中在少数资产者手里，而广大的人民群众却愈来愈多地变成了无产者，并且资产者的财富愈是增加，无产者的境遇就愈加悲惨和难以忍受；第三，这种强大的容易增长的生产力的发展，已经大大超出了私有制和资产阶级的范围，以致经常引起社会制度极其剧烈的震动。因此，现在废除私有制不仅可能，而且完全必要。

恩格斯：《共产主义原理》，

《马克思恩格斯全集》第 4 卷第 366 页。

把私有制关系当作合乎人性的和合理的关系的政治经济学，不断地和自己的基本前提——私有制——发生矛盾，这种矛盾正像神学家所碰到的矛盾一样：神学家经常按人的方式来解释宗教观念，因而不断地违背自己的基本前提——宗教的超人性。例如在政治经济学中，工资最初看来是同消耗在产品上的劳动相称的份额。工资和资本的利润彼此处在最友好的、互惠的、好像是最合乎人性的关系中。后来却发现，这二者是处在最敌对的、相反的关系中的。最初，价值看起来确定得很合理：它是由物品的生产费用和物品的社会效用来确定的。后来却发现，价值纯粹是偶然确定的，它无论和生产费用或者和社会效用都没有任何关系。工资的数额起初是由自由的工人和自由的资本家自由协商来确定的。后来却发现，工人是被迫同意资本家所规定的工资，而资本家则是被迫把工资压到尽可能低的水平。强制代替了立约双方的自由。在商业和其他一切经济关系方面的情形也都是这样。有时经济学家们自己也感觉到这些矛盾，而且揭露这些矛盾成了他们之间的斗争的主要内容。但是，在经济学家们意识到这些矛盾的情况下，他们自己也攻击表现在某种个别形式中的私有制，把私有制的某些个别形式斥责为本来合理的（即他们认为合理的）工资、本来合理的价值、本来合理的商业的伪造者。例如，亚当·斯密有时攻击资本家，德斯杜特·德·特拉西攻击银行家，西蒙·德．西斯蒙第攻击工厂制度，李嘉图攻击土地所有所有制，而几乎所有近代的经济学家都攻击非产业资本家，即仅仅作为消费者来体现私有制的资本家。

马克思恩格斯：《神圣家族》，

《马克思恩格斯全集》第2卷第39~40页。

的确，私有制在自己的经济运动中自己把自己推向灭亡，但是它只有通过不以它为转移的、不自觉的、同它的意志相违背的、为客观事物的本性所制约的发展，只有通过无产阶级作为无产阶级——这种意识到自己在精神上和肉体上贫困的贫困、这种意识到自己的非人性从而把自己消灭的非人性——的产生，才能做到这点。无产阶级执行着雇佣劳动因替别人生产财富、替自己生产贫困而给自己做出的判决，同样地，它也执行着私有制因产生无产阶级而给自己做出的判决。无产阶级在获得胜利之后，无论怎样都不会成为社会的绝对方面，因为它只有消灭自己本身和自己的对立面才能获得胜利。随着无产阶级的胜利，无产阶级本身以及制约着它的对立面——私有制都趋于消灭。

马克思恩格斯：《神圣家族》，

《马克思恩格斯全集》第2卷第44页。

如果关于这一切还可能发生什么误会，那或者是由于不了解所有权、占有权、支配权、使用权等概念的区别，或者由于蛊惑人心地玩弄省区自治和联省自治。土地地方公有和土地国有的基本区别并不在于中央和地方之间权限的划分，更不在于中央的所谓"官僚主义"（只有十分无知的人们才会这样想，这样说），而在于实行土地地方公有化还保存某一类土地的私有制，实行土地国有化则完全废除这种私有制。基本区别是在于前一种纲领容许"土地复本位制"，而后一纲领则排斥"土地复本位制"。

列宁：《社会民主党在俄国第一次革命中的土地纲领》，

《列宁全集》（第1版）第13卷第314~315页。

马克思在《资本论第一卷》里，说"'光荣革命'把地主、资本家这些谋利者同奥伦治的威廉三世一起推上了统治地位"的"光荣革命"，是英国资产阶级历史著作把1688年的政变称为"光荣革命"。由于这次政变，在英国推翻了斯图亚特王朝，确立了建立在土地贵族和大资产阶级妥协基础上的、以奥伦治的威廉（从1689年起）为首的君主立宪制。

3. 旧法律对私有制的全面保护

私有制及其存在条件，占统治地位的生产关系及其基础所决定的法律关系，都依靠法的实现来维持。

我们知道，被法所规范的现实社会关系，必然转化为客观实在的法律关系。这样，物质的生产关系外在化了，主体间的意志关系被赋予了权利义务关系的规定性。法律是抽象的财产关系中权利、义务的予定，而依照法律予定而为的财产行为，使具体的权利，义务关系得以形成。刑法是通过对财产犯罪行为适用罚则实现的；民法是对私有财产的不法侵害行为的制止实现的，如此等等。因此，保障财产主体毫无障碍地实现权利，是法的目的和直接内容。

所谓全面保护，是从立法到执法、司法的保护，立法是从宪法到经济法、民法、刑法等法律法规的保护。

（1）宪法保护

整个立法首先就是为了保护有产者反对无产者，这是显而易见的。只是因为有了无产者，所以才必须有法律。这一点虽然只是在少数法律条文里直接表现出来，——例如取缔流浪汉和露宿者的法律便宣布无产阶级不受法律的保护，——但是敌视无产阶级却是法律的不可动摇的基础，因此法官，特别是本身就是资产者并且和无产阶级接触最多的治安法官，不用思考就会看出法律本身所包含的这种意图。

恩格斯：《英国工人阶级状况》，

《马克思恩格斯全集》第 2 卷第 570 页。

以前所有一切宪法，以至最民主的共和宪法的精神和基本内容都归结在所有制这一点上。我们的宪法之所以有权在历史上存在，所以争取到了这个权利，就是因为废除这一所有制不是仅仅在纸上写写而已。获得胜利的无产阶级废除并彻底破坏了这一所有制，阶级统治也就表现在这里。首先就表现在所有制问题上。我们实际解决了所有制问题，这样也就保证了阶级统治。

列宁：《俄共（布）第九次代表大会文献》，

《列宁全集》第 38 卷第 281 页。

（2）工厂法保护

强制性立法最初始于爱德华三世的法律，这项法律规定了工作日的长度（同时试图把工资保持在低水平上），其精神同现代的工厂法恰好相反。前一种立法同资本主义生产的形成时期相适应，那时这种生产的条件正在逐渐成熟；后一种立法适用于资本主义生产方式取得统治地位的时期，这时这一生产方式已扫清了它的前进路上的一切障碍，并造成了"自然规律"自由发挥作用的条件。前一种立法就工作日作出规定，旨在依靠不受经济规律制约的强制手段迫使工人每天完成一定量劳动；这是对付工人阶级的所谓"怠惰和偷懒"的法律。相反地，后一种立法，即禁止过度劳动的法律，是对经济规律的"自然作用"的侵犯。前一种法律同后一种法律的相反的性质，表明了资本主义生产借以实行强制劳动的方法的特征：一种法律实行强制劳动，另一种法律则强制限制工作日。

马克思：《经济学手稿》，

《马克思恩格斯全集》第 48 卷第 111~112 页。

同时，机器由于使被排挤的工人遭到失业，并由于吸收妇女和儿童，就造成了过剩的劳动人口，使他们被迫听命于资本所定下的法律。因此，它打破了工作日的一切道德界限和自然界限。由此就产生了一种反常的现象：缩短劳动时间的最有力的手段，竟成为把工人及其家庭的全部生活时间变成可以增殖资本价值的劳动时间的最可靠的手段。（第398页）我们已经看到，社会的反应怎样表现为要求确立标准的工作日；而现在，在这个基础上又发展起来了劳动的强化。

恩格斯：《卡·马克思"资本论"第一卷提纲》，

《马克思恩格斯全集》第16卷第319页。

（3）土地法保护

虽然在《摩奴法典》时代土地共同所有制是占统治地位的形式，可是也已有了私有制；关于栅栏、关于有人掠夺他人田地等等的记载，就证明了这一点（第92页）。这部法典也提到家庭财产的转让，还不是用赠予或立遗嘱的方法——这是与财产不可分的原则不相容的，而是用出卖的方法，只是需要得到同族人、亲属和邻人的同意；但是这就说明从公社土地的个体份地中产生了单独占有地。另一方面，《摩奴法典》承认劳动是财产的基础；它的这种承认，就直接说明财产是通过耕种公社荒地而产生的，这种制度至今仍在旁遮普拥有很多土地的"胞族社"中存在。

马克思：《马·柯瓦列夫斯基〈公社土地占有制〉一书摘要》，

《马克思恩格斯全集》第45卷第245~246页。

从《摩奴法典》时代起至《耶遮尼雅瓦勒基雅法典》和《那罗陀法典》时代止这个时期，财产关系个体化的日益加强，还有一个证明，这就是在后两部法典中，私人支配其所属财产的自由要广泛得多。根据《摩奴法典》，要出让土地，须经邻人即氏族公社成员事先同意；而在《那罗陀法典》中，只要求公开成立卖契。但它也远远没有把这一条规定推广到全部土地所有权。根据《那罗陀》等法典，共同财产不能成为赠送的东西。

所谓共同财产，在这里应当理解为氏族的（ancestral {祖传的}）财产，正因为如此，也就是家庭的不可分的财产。家长只能支配这份财产的收入，而且只是在保证家庭的一切必要开支以后，才可以加以支配（《那罗陀》）（第111页）。

马克思：《马·柯瓦列夫斯基〈公社土地占有制〉一书摘要》，

《马克思恩格斯全集》第45卷第256~257页。

在爱尔兰，大地主对农民及其家庭的掠夺和歼灭称为财产权，而绝望的农民为反抗残酷的迫害者而举行的起义则叫做土地暴乱。

Land Bill〔土地法案〕是以帮助农民之名，行巩固大地主统治之实。然而，格莱斯顿为了迷惑人心和安慰一下自己的良心，不得不在必须履行某些法律手续的条件下才批准重新延长农业中现存的专制秩序。只须指出下面一点就足以说明一切了：只要大地主能将无法偿付的荒诞的地租强加于随时都可以使之退佃的佃农（Tenants at will）身上，或者在根据契约出租土地时强使农民签订自愿被奴役的条约，那末在将来，大地主的专横仍会像过去一样具有法律的效力！

《燕妮·马克思关于爱尔兰问题的文章》，
《马克思恩格斯全集》第 16 卷第 692 页。

十八世纪的进步表现为：法律本身现在成了掠夺人民土地的工具，虽然大租地农场主同时也使用自己独立的私人小办法。这种掠夺的议会形式就是"公有地圈围法"，换句话说，是地主借以把人民的土地当作私有财产赠送给自己的法令，是剥夺人民的法令。弗·摩·伊登爵士企图把公有地说成是代替封建主的大土地所有者的私有地，但是他自己把这种狡黠的辩护词否定了，因为他要求"为公有地的圈围制定一般性的议会法令"，即承认要把公有地变成私有地必须由议会采取非常措施，另一方面，他又要求立法对被剥夺的贫苦者给予"赔偿"。当任意租户，即按一年期限租佃土地的小租地农民，一群奴隶般地完全听大地主摆布的人，代替独立的自耕农时，对国有土地的掠夺，特别是对公有地的不断的盗窃，促使在十八世纪叫做资本租地农场或商人租地农场的大租地农场增长，并且促使农村居民变成无产阶级，把他们"游离"出来投向工业。但是，十八世纪的人还不像十九世纪的人那样清楚地了解到，国民财富和人民贫困是一回事。

马克思：《资本论第一卷》，
《马克思恩格斯全集》第 23 卷第 792～793 页。

单纯法律上的土地所有权，不会为土地所有者创造任何地租。但这种所有权使他有权不让别人去经营他的土地，直到经济关系能使土地的利用给他提供一个余额，而不论土地是用于真正的农业还是用于其他生产目的（例如建筑等等）。

马克思：《资本论第三卷》，
《马克思恩格斯全集》第 25 卷下册第 853 页。

已故的斯托雷平在说明自己的土地政策并为它辩护时，高声喊道："我们寄希望于强者"。这句话值得注意并且值得记住，因为这是一句出自大臣口中的不可多得的老实话，绝无仅有的老实话。农民很清楚地理解这句老实话，并且根据亲身的经历领会了这句老实话。这句话的意思就是：新法律是为了富人并由富人所制定的法律；新土地政策是为了富人并由富人所执行的政策。农民懂得了这么一个"并不奥妙的"诀窍：老爷们的杜马只会制定老爷们的法律，政府是体现农奴主－地主意志的机关，是他们统治俄国的机关。

列宁：《论现政府的（一般的）土地政策问题》，
《列宁全集》第 23 卷第 281～282 页。

（4）劳动法保护

自始就是为了剥削工人，而在其发展中一直与工人为敌的关于雇佣劳动的立法，在英国开始于1349年爱德华三世的劳工法。在法国，与此相当的，是1350年以国王约翰名义颁布的敕令。英法两国的立法齐头并进，内容也相同。关于劳工法企图强制延长工作日这一点，我就不再谈了，因为前面（第8章第5节）已经讲过了。

劳工法是由于下院的迫切要求而颁布的。

马克思：《资本论第一卷》，

《马克思恩格斯全集》第23卷第806～807页。

（5）合同法保护

豪绅显贵是怎样获得这些侍从的，这可以从当日的契约程式中看出来。例如，在一张这样的契约程式（西尔蒙契约程式集第43号）中说：

"众所周知，我无衣无食，所以请求您（主人）开恩，我希望受您的庇护（mundeburdum——等于监护）并投靠于您，条件如下：您按照我为您服务的情况和应得的报酬负责供给我衣食；而我只要还活着，就要按照一个自由人（ingenuili ordine）的样子，听候您的使唤；并且我终生都不脱离您的权力和保护，一辈子留在您的权力和保护之下。"

这一契约程式充分说明了单纯的、丝毫没有掺杂外来成分的侍从关系如何产生和具有怎样的性质，尤其是说明了一个完全破产的穷人贫困到了极点的情况。给领主当侍从的关系的产生，乃是出于双方自由的协议——所谓自由，乃是罗马的和现代的法学上的自由——它往往跟现代工人为工厂主服务的情况是一样的。"人"投靠主人，主人接受他的投靠。投靠的仪式用握手和宣誓效忠表示出来。协议是终身的，只有在缔约双方有一方死亡的时候，方能解除。

恩格斯：《法兰克时代》，

《马克思恩格斯全集》第19卷第554～555页。

劳动契约仿佛是由双方自愿缔结的。但是，这种契约的缔结之所以被认为出于自愿，只是因为法律在纸面上规定双方处于平等地位而已。至于不同的阶级地位给予一方的权力，以及这一权力加于另一方的压迫，即双方实际的经济地位，——这是与法律毫不相干的。而在劳动契约有效期间，只要任何一方没有明白表示抛弃自己的权利，双方仍然被认为是权利平等的。至于经济地位迫使工人甚至把最后一点表面上的平等权利也抛弃掉，这仍然与法律毫不相干。而在劳动契约有效期间，只要任何一方没有明白表示抛弃自己的权利，双方仍然被认为是权利平等的。至于经济地位迫使工人甚至把最后一点表面上的平等权利也抛弃掉，这仍然与法律毫不相干。

恩格斯：《家庭、私有制和国家的起源》，

《马克思恩格斯全集》第21卷第86页。

（6）刑法保护

资本无论在其发达的形式上或不发达的形式上，性质都是一样的。在美国南北战争爆发前不久，由于奴隶主的影响，有一项法典被强加在新墨西哥的领土上了，其中写道：只要资本家购买了工人的劳动力，工人就"成为他的〈资本家的〉货币"。在罗马的贵族中也流行过这种看法。他们借给平民债务人的钱，先变成债务人的生活资料，然后变成债务人的血和肉。因此，这种"血和肉"是"他们的货币"。由此就产生了夏洛克式的十表法！兰盖关于贵族债权人时常在台伯河彼岸用煮熟了的债务人的肉来大张筵席的臆说，和道梅尔关于基督教圣餐的臆说一样，始终是未解之谜。

马克思：《资本论第一卷》，

《马克思恩格斯全集》第 23 卷第 319 页。

像通常所做的那样：如果罪犯是资产阶级就释放，而贫穷的无产者如果偷了 5 英镑以上的钱而被拿获，那就非判处苦役不可。

马克思：《政治动态。——欧洲缺粮》，

《马克思恩格斯全集》第 9 卷第 344 页。

罢工不仅使工人认清了资本家，而且也认清了政府和法律。厂主总想冒充工人的恩人，当官的和他们的狗腿子也像厂主一样总想让工人相信，沙皇和沙皇政府对厂主和工人是一视同仁的。工人不懂法律，他们同当官的，特别是同大官没有打过交道，所以往往相信了这一切。

但是罢工发生了。工厂里出现了检察官、工厂视察员、警察，往往还有军队。工人才发觉原来自己犯了法：法律允许厂主聚会和公开谈论怎样降低工人的工资，而工人要共同提出条件，却被宣布为犯法！于是工人被赶出住宅，警察封闭工人可以赊购食品的店铺，就是在工人安分守己地工作的时候，也往往要唆使士兵去迫害他们。士兵甚至受命向工人开枪，当他们向赤手空拳的工人开枪，打死逃跑的工人的时候，沙皇还会亲自向他们表示感谢（沙皇就曾这样感谢过 1895 年枪杀雅罗斯拉夫尔罢工工人的士兵）。每一个工人都开始明白，沙皇政府是工人的死敌，它保护资本家，束缚工人的手脚。工人开始懂得，法律只是为富人的利益制定的，当官的也是保护富人的利益的，工人大众则不准随便讲话，不能说出自己的疾苦，工人阶级必须争取到罢工、出版工人报纸和参加人民代表机关的权利，由这个代表机关颁布法律和监督法律的执行。

列宁：《谈谈罢工》，

《列宁全集》第 4 卷第 257 页。

（7）司法的保护

因此法官，特别是本身就是资产者并且和无产阶级接触最多的治安法官，不用思考就会看出法律本身所包含的这种意图。如果阔佬被传到，或者更正确些说，被请到法庭上来，法官便会因为打搅了他而向他深致歉意，并且尽力使诉讼变得对他有利；如果不得不给他判罪，那末法官又要对此表示极大的歉意如此等等。

恩格斯：《英国工人阶级状况》，

《马克思恩格斯全集》第 2 卷第 570 页。

特别是这样一条：凡口头上或书面上同意替雇主做某种工作（即使是临时工作）的工人，如果拒绝工作或者有其他任何不良行为（misbehaviour），雇主有权把他送到任何一个（any）治安法官那里去；法官根据雇主或他的代理人和监工在宣誓后所提出的证词——即根据原告的证词—— 可以判处工人两个月以下的徒刑或劳役。

恩格斯：《英国工人阶级状况》，

《马克思恩格斯全集》第 2 卷第 572 页。

恩格斯在《法兰克时代》提到的"契约程式"，是把各种各样有关财产和其他性质的契约和协定在法律上固定下来的具体文书的标准样式。流传到现在的几本契约程式集，使我们能够了解 6 世纪末至 9 世纪末法兰克王国各地区的社会经济关系。恩格斯引用的这个契约程式，收在名为"西尔蒙通俗叙述的图尔契约程式集"（《Formulae Turonenses vulgo Sirmondicate dictae》）里。

马克思在《资本论第一卷》提到"十表法""用煮熟了的债务人的肉来大张筵席的臆说""道梅尔关于基督教圣餐的臆说"。"十表法"，是罗马奴隶制国家最古老的立法文献——"十二铜表法"的最初的方案。这一法律维护私有制，规定凡无法偿还债务者应被剥夺自由，降为奴隶或碎尸分身。指出关于贵族债权人时常在台伯河彼岸用煮熟了的债务人的肉来大张筵席的臆说和道梅尔关于基督教圣餐的臆说一样，始终是未解之谜。

（三）法与社会主义所有制

1. 夺取政权，依法废除生产资料私有制

列宁领导十月革命夺取政权后，立即废除生产资料私有制，以改造旧社会。

经典作家认为，如资本主义的基础是私有制一样，苏维埃制度的基础是公有制。如果说资本家宣布私有财产神圣不可侵犯而在当时达到了巩固资本主义制度的目的，那末我们就应当宣布废除生产资料私有制，宣布公共财产神圣不可侵犯，来巩固一切生产部门和商业部门中的新的社会主义经济形式。

苏俄废除生产资料私有制，以立法为先导。这是重要的立法经验。

（1）首先通过立法把生产资料变为国家财产

资本主义生产方式日益把大多数居民变为无产者，同时就造成一种在死亡的威胁下不得不去完成这个变革的力量。这种生产方式迫使人们日益把巨大的社会化的生产资料变为

国家财产,同时它本身就指明完成这个变革的道路。无产阶级将取得国家政权,并且首先把生产资料变为国家财产。

> 恩格斯:《反杜林论》,
> 《马克思恩格斯全集》第 20 卷第 305 页。

由于存在这种客观情况,当前的迫切任务就是从各方面直接准备无产阶级去夺取政权,以实现包含社会主义革命内容的经济措施和政治措施。

> 列宁:《修改党纲的材料》,
> 《列宁全集》第 1 版第 24 卷第 427 页。

工人阶级要获得真正的解放,必须进行资本主义全部发展所准备起来的社会革命,即消灭生产资料私有制,把它们变为公有财产,组织由整个社会承担的社会主义的产品生产代替资本主义商品生产,以充分保证社会全体成员的福利和使他们获得自由的全面发展。

> 列宁:《俄国社会民主工党纲领草案》,
> 《列宁全集》第 1 版第 6 卷第 11 页。

(2) 废除资本主义私有制

现在由于大工业的发展:第一,有了资本和规模空前的生产力,并且具备了能在短时期内无限提高生产力的手段;第二,生产力集中在少数资产者手里,而广大的人民群众却愈来愈多地变成了无产者,并且资产者的财富愈是增加,无产者的境遇就愈加悲惨和难以忍受;第三,这种强大的容易增长的生产力的发展,已经大大超出了私有制和资产阶级的范围,以致经常引起社会制度极其剧烈的震动。因此,现在废除私有制不仅可能,而且完全必要。

> 恩格斯:《共产主义原理》,
> 《马克思恩格斯全集》第 4 卷第 366 页。

工人阶级夺取政权之后,像任何阶级一样,要通过改变所有制和实行新宪法来掌握和保持政权,巩固政权。

> 列宁:《俄共(布)第九次代表大会》,
> 《列宁全集》第 1 版第 30 卷第 433 页。

现在的阶级统治表现在什么地方呢?无产阶级的统治就表现在取消了地主资本家的私有制。以前所有一切宪法,以至最民主共和的宪法的精神和基本内容都归结在一个私有制上。我们宪法之所以争取到在历史上的存在权利,就是因为废除私有制不仅是在纸上写写而已。获得胜利的无产阶级废除了私有制,并彻底破坏了私有制,阶级统治也就表现在这里。首先就表现在私有制问题上。我们实际解决了私有制问题，就这样也就保证了阶级统治。

列宁：《俄共（布）第九次代表大会》，

《列宁全集》第30卷第1版第417页。

我们是说俄国共产主义的"最初步骤"（1919年3月所通过的我党党纲也是这样说的），因为这些条件在我国还只实现了一部分，换句话说，这些条件的实现还处在开始的阶段。我们用革命的打击手段立刻办到了一般可以立即办到的事情。例如，在无产阶级专政的第一天，即1917年10月26日（1917年11月8日），就废除了土地私有制，无偿地剥夺了大土地所有者。在几个月内，又无偿地剥夺了几乎所有的大资本家即工厂、股份公司、银行、铁路等等的私有主。

列宁：《无产阶级专政时代的经济和政治》，

《列宁全集》第30卷第1版第89页。

颁布废除私有制的法令是容易的，但是要实行这个法令就必须由而且只能由工人自己动手，即使会犯错误，那也是新阶级在创造新生活过程中的错误。

列宁：《在彼得格勒工兵代表苏维埃工人部的会议上的报告》，

《列宁全集》第33卷第144页。

恩格斯在《现代兴起的今日尚存的共产主义移民区记述》一文中，利用关于在美国建立共产主义移民区的报道材料，驳斥了那种认为共产主义思想实际上是不可能实现的论断，指出以集体所有制为基础的社会制度比以私有制为基础的社会制度优越。这种移民区只是证明在集体所有制的基础上可以更合理地组织经济生活，而不是改造社会的手段。

"改造社会的手段"的第一步，是废除资本主义私有制。这是改造社会的前提。

2. 实行生产资料公有制的立法措施

社会主义公有制是对私有制的根本否定。取代资本主义私有制的客观必然性，是由生产关系一定要适合生产力性质的规律决定的。社会主义公有制不可能在资本主义社会内部产生。只有通过无产阶级革命，建立起无产阶级专政的国家政权以后，才有可能逐步建立起社会主义公有制。在中国，社会主义公有制的建立，是通过没收官僚资本，对民族资本主义工商业、个体农业和手工业进行社会主义改造而逐步实现的。

社会主义公有制使劳动者同生产资料直接结合，使生产资料不再是获取剩余价值的手段，而不断发展社会生产力、满足人们日益增长的物质和文化生活需要，则是这种直接结合的目的和条件。社会主义公有制的建立，必然使社会生产、分配、交换、消费等方面的经济关系发生根本性变化。

在中国，社会主义公有制的基本形式，是全民所有制和集体所有制。这是国民经济的主体。在新的历史时期，我国实行公有制经济为主体、多种经济形式并存的经济制度。这种经济制度的立法，反映在宪法上，也反映在经济立法、民事立法和其他有关立法上。

（1）实行生产资料公有制的必要性

　　土地所有权——一切财富的原始源泉，现在成了一个大问题，工人阶级的未来将取决于这个问题如何解决。

　　我不想在这里给自己提出一个任务，即讨论土地私有制的拥护者们——法学家、哲学家、政治经济学家——所提出的全部论据，我仅仅指出，第一，他们都花了不少精力用"天然权利"来掩盖掠夺这一原始事实。既然掠夺给少数人造成了天然权利，那末多数人就只得积聚足够的力量，来取得夺回他们被夺去的一切的天然权利。

马克思：《论土地国有化》，
《马克思恩格斯全集》第 18 卷第 64 页。

　　通过把一切劳动资料转交给生产者的办法消灭现存的压迫条件，从而迫使每一个体力适合于工作的人为保证自己的生存而工作，这样，我们就会消灭阶级统治和阶级压迫的唯一的基础。但是，必须先实行无产阶级专政，才可能实现这种变革，而无产阶级专政的首要条件就是无产阶级的军队。工人阶级必须在战场上争得自身解放的权利。

马克思：《纪念国际成立七周年》，
《马克思恩格斯全集》第 17 卷第 468 页。

　　如果土地所有权归人民所有，资本主义生产的整个基础，使劳动条件变成一种独立于工人之外并同工人相对立的力量的基础，就不再存在了。

马克思：《剩余价值理论》，
《马克思恩格斯全集》第 26 卷第 2 册第 108 页。

　　所谓"社会主义社会"不是一种一成不变的东西，……它同现存制度的具有决定意义的差别当然在于，在实行全部生产资料公有制（先是单个国家实行）的基础上组织生产。

《恩格斯致奥托·伯尼克》，
《马克思恩格斯全集》第 37 卷第 443 页。

　　当社会成为全部生产资料的主人，可以按照社会计划来利用这些生产资料的时候，社会就消灭了人直到现在受他们自己的生产资料奴役的状况。自然，要不是每一个人都得到解放，社会本身也不能得到解放。因此，旧的生产方式必须彻底变革，特别是旧的分工必须消灭。代之而起的应该是这样的生产组织：在这个组织中，一方面，任何个人都不能把自己在生产劳动这个人类生存的自然条件中所应参加的部分推到别人身上；另一方面，生产劳动给每一个人提供全面发展和表现自己全部的即体力的和脑力的能力的机会，这样，生产劳动就不再是奴役人的手段，而成了解放人的手段，因此，生产劳动就从一种负担变成一种快乐。

恩格斯：《反杜林论》，

《马克思恩格斯全集》第20卷第318页。

人类从资本主义只能直接过渡到社会主义，即过渡到生产资料公有和按劳分配。

列宁：《无产阶级在我国革命中的任务》，

《列宁全集》第24卷第1版第63页。

（2）建立和维护社会主义公有制的立法措施

大多数共产党员（布尔什维克）通过了并十分忠实地执行着土地社会化法令；把粮价提高了两倍（1918年8月……的法令）。关于农业机器问题的法令等等，其用意也在此。各级工人、农民和红军代表苏维埃务必严格遵守上述政策。

列宁：《关于工农联盟问题给各级工人、农民和红军代表苏维埃的电报的草稿》，

《列宁全集》第35卷第44页。

任何重大变革提到人民面前的任务显然不仅是利用现有法规，而且要制定新的相应的法规。

列宁：《在全俄中央执行委员会会议上关于罢免权的报告》，

《列宁全集》第33卷第106页。

社会主义革命所必需的不是资产阶级议会制的所谓"全民"机关，而是被剥削劳动群众的阶级机关。

列宁：《〈解散立宪会议的法令草案〉的提纲》，

《列宁全集》第33卷第455页。

致司法人民委员部（4月15日）请司法人民委员部部务委员（最好是全体）到我这里来（日期和时间另行商定），座谈在下列几方面做了哪些工作：

（1）出版《法令汇编》，（2）编纂法典，（3）更迅速更无情地审判资产阶级和贪污犯等，（4）向居民，向工人和贫苦农民宣传法律，

（a）通过印刷品，（b）通过讲演（或举办训练班，等等），

（5）吸收贫民参加审判工作（做陪审员）和侦查工作，（6）使用施雷德尔等人的力量。

列宁：《致司法人民委员部》，

《列宁全集》第48卷第111～112页。

我们通过"法案按号排列",就可以看到对于维护社会主义公有制立法的重视程度:第一个,即第 384 号,关于农民代表问题,第 928 号,关于农业公有地产问题。第 933 号,关于国营企业工人八小时工作日和最低工资等问题,第 939 号,关于劳动部等问题。

苏维埃颁布了土地法令、和平法令、工人监督法令等等。

列宁高度重视立法工作。通过专门起草的《关于实行银行国有化及有关必要措施的法令草案》的草稿和提纲,专门公布的关于银行现金支付以及银行结算私人账户和贷款合同等账目的业务细则,《关于消费公社的法令草案》的提纲初稿等等,人们完全领略了在刚刚夺权的千头万绪中,很难想象立法能如此细致入微。

3. 社会主义条件下所有制的两个问题

经典作家的著作中,有"大私有制"和"小私有制"的提法。"大私有制",指生产资料为资产阶级占有的所有制,或称资本主义私有制;"小私有制",是以个人劳动和家庭劳动为主的占有生产资料的所有制形式。农村的小农经济、城镇的个体工商业如"五小企业"等等,都属于小私有制。在资本主义条件下,小私有制受到资本主义私有制的打压,处于破产或半破产状态。

社会主义条件下的所有制问题,是一个极端复杂的问题。在废除了"大私有制"之后,仍然存在"小私有制"。由于社会生产力水平的限制和人们私有观念的影响,"小私有制"在短期内不可能消失。如何对待"小私有制",一直是理论上和实践上争论的焦点。

"重建个人所有制"是马克思提出的。这是马克思对于社会主义公有制形式的一种设想。在我国,一些人打着"重建个人所有制"的旗号,全面否认社会主义公有制,企图建立清一色的资本主义私有制。对此,我们看一看马克思和恩格斯怎么说的,他们的目的就十分清楚了。

(1) 关于"大私有制"和"小私有制"

生产资料的占有只能有两种形式:或者是个人占有,这一形式无论何时何地都从未作为一切生产者共同的形式存在过,而且一天天地愈来愈被工业的进步所排除着;或者是公共占有,这一形式的物质的和精神的前提都已由资本主义社会的发展本身所造成了;所以,必须以无产阶级所有的一切手段来为生产资料转归公共占有而斗争。

……

个人占有无论何时何地都从未作为一切生产者共同的形式存在过;正因为如此,并且还因为个人占有本来就被工业的进步所排除着,所以社会主义的利益决不在于维护个人占有,而是在于排除它,因为凡是个人占有还存在的地方,公共占有就成为不可能。

恩格斯:《法德农民问题》,
《马克思恩格斯全集》第 22 卷第 572 页。

一切文明民族都是从土地公有制开始的。在已经经历了一定的原始阶段的一切民族那里，这种公有制在农业的发展进程中变成生产的桎梏。它被废除，被否定，经过了或短或长的中间阶段之后转变为私有制。但是在土地私有制本身所导致的较高的农业发展阶段上，私有制又反过来成为生产的桎梏——目前小土地占有制和大土地占有制方面的情况就是这样。因此就必然地产生出把私有制同样地加以否定并把它重新变为公有制的要求。但是，这一要求并不是要恢复原始的公有制，而是要建立高级得多、发达得多的公共占有形式，它远不会成为生产的障碍，相反地将第一次使生产摆脱桎梏，并且将使现代化学上的发现和力学上的发明在生产中得到充分的利用。

恩格斯：《反杜林论》，

《马克思恩格斯全集》第20卷第151页。

同志们，没有一个社会主义者会不承认这样一个明显的真理：在社会主义和资本主义之间，隔着一个长久的、比较困难的无产阶级专政的过渡时期；这个时期的形式，在很多方面将取决于占统治地位的是大私有制还是小私有制，是大农业还是小农业。不言而喻，在爱斯兰这样一个人人识字和全国都是大农业的小国家里，向社会主义过渡的情形，和俄国这样一个小资产阶级占优势的国家向社会主义过渡的情形，不可能是相同的。我们应该估计到这一点。

列宁：《全俄工农兵代表苏维埃第三次代表大会》，

《列宁全集》第26卷第1版第428~429页。

那末过渡这个词到底是什么意思呢？它在经济上是不是说，在这制度内既有资本主义的也有社会主义的成分、部分和因素呢？谁都承认是这样的。但并不是所有承认这点的人都考虑到：俄国有各种社会经济结构的成分究竟是怎样的。问题的全部关键就在这里。

列宁：《论"左派"幼稚性和小资产阶级性》，

《列宁全集》第27卷第1版第310页。

(2) 关于"重建个人所有制"

从资本主义生产方式产生的资本主义占有方式，从而资本主义的私有制，是对个人的、以自己劳动为基础的私有制的第一个否定。但资本主义生产由于自然过程的必然性，造成了对自身的否定。这是否定的否定。这种否定不是重新建立私有制，而是在资本主义时代的成就的基础上，也就是说，在协作和对土地及靠劳动本身生产的生产资料的共同占有的基础上，重新建立个人所有制。

马克思：《资本论第一卷》，

《马克思恩格斯全集》第23卷第832页。

马克思是说："这是否定的否定。这种否定重新建立个人所有制，但这是以资本主义时代的成就，即以自由劳动者的协作以及他们对土地和靠劳动本身生产的生产资料的共同占有为基础的。以自己劳动为基础的分散的个人私有制转变为资本主义私有制，同事实上已经以社会化生产为基础的资本主义私有制转变为公有制比较起来，自然是一个长久得多、艰苦得多、困难得多的过程。"这就是一切。可见，靠剥夺剥夺者而建立起来的状态，被称为以土地和靠劳动本身生产的生产资料的公有制为基础的个人所有制的恢复。对任何一个懂德语的人来说，这就是，公有制包括土地和其他生产资料，个人所有制包括产品即消费品。为了使甚至六岁的儿童也能明白这一点，马克思在第56页设想了一个"自由人联合体，他们用公有的生产资料进行劳动，并且自觉地把他们的许多的个人劳动力当做一个社会劳动力来使用"，也就是设想了一个按社会主义原则组织起来的联合体，并且说："这个联合体的总产品是社会的产品"。

恩格斯：《反杜林论》，

《马克思恩格斯全集》第 20 卷第 143 ~ 144 页。

"这些产品的一部分重新用作生产资料。这一部分依旧是社会的。而另一部分则作为生活资料由联合体成员消费。因此，这一部分要在他们之间进行分配。"这些话甚至对杜林先生的黑格尔化的头脑来说，也是足够清楚的了。

恩格斯：《反杜林论》，

《马克思恩格斯全集》第 20 卷第 144 页。

对于"重建个人所有制"的提法和思想，我们不能认为是资本主义私有制的复归，也不能认为它就是社会主义公有制的传统做法。这一点，恩格斯在批判杜林的谬论中解释得非常明确。

恩格斯说：既是个人的又是公共的所有制，这个混乱的杂种，这种从黑格尔辩证法中一定能得出的谬论，这个混沌世界，这个马克思叫他的信徒们自己去解的深奥的辩证法之谜——这又是杜林先生的自由创造和臆想。据称是黑格尔主义者的马克思，本来有责任提出一个真正的更高的统一作为否定之否定的结果，可是由于他作得不合杜林先生的口味，所以杜林先生只得又表现出崇高而尊贵的风格，并且为了完全真理的利益而把他一手制造的东西硬加给马克思。

如果我们考虑到：第一，马克思书中的这个地方本身就十分清楚，而且同一书中还有其他绝不可能引起任何误解的地方加以补充；第二，不论在上面所引的登载于《补充材料》的对《资本论》的批判中，还是在《批判史》第一版所载的对该书的批判中，杜林先生都没有发现"既是个人的又是公共的所有制"这样一个怪物，而只是在这本书的第二版中，就是说在三读《资本论》的时候才发现的；在这个按照社会主义精神修订的第二版中，杜林先生才急需让马克思就未来社会组织发表尽可能荒唐的荒唐意见，以便能够与之对立地更加得意地提出"我在我的《教程》中从经济上和法律上加以概述的经济公社"（他也是这样做的）；——如果我们考虑到这一切，那末就不得不得出一个结论：杜林先生在这里迫使我们几乎作出假定，认为他在这里故意"有益地扩展"——对杜林先生有益地——马克思的思想。

马克思只是历史地证明并在这里简略地概述：正像以往小生产由于自身的发展而必然造成消灭自身、即剥夺小私有者的条件一样，现在资本主义生产方式也自己造成使自己必然走向灭亡的物质条件。

马克思只是在作了自己的历史的和经济的证明之后才继续说："资本主义的生产方式和占有方式，从而资本主义的私有制，是对个人的、以自己劳动为基础的私有制的第一个否定。对资本主义生产的否定，是它自己由于自然过程的必然性而造成的。这是否定的否定"等等。

后 记
一篇读罢头飞雪　半是硝烟半是霞

　　马克思主义法学是马克思主义的重要组成部分。体系化地学习和领会马克思主义法学原理的全貌和细节，是我国几代法学学人的夙愿。

　　笔者不揣浅陋，整理自己的读书笔记，主要基于三点考虑：在我国法学教材和著述中，关于马克思主义经典著作的法学引文，寥寥无几，而在《马克思恩格斯全集》《列宁全集》中对于法的直接论述就一百多万字。这几处抄来抄去的引文，文字和出处等也大都有错。"标签式"的、"穿靴戴帽式"的思维范式，影响我们对经典作家法学思想的理解和掌握。可以说，没有马克思主义原理的"马克思主义法学"，动摇了法学理论的科学文献基础。因此，读原著，通读原著，是我们以马克思主义指导法学研究的必要前提。这是第一点。第二点，学习经典著作的目的，在于探讨马克思主义法学思想体系并加以应用。这一任务，首先是通过解读完成的。解读既是"我注六经"过程，也是"六经注我"过程，而"六经注我"是艰苦的创新过程。当然，"六经注我"绝不是离经叛道。如果把自己的叙述加上"六经"词句，"六经"便面目全非了。第三点，理论联系实际，充分认识马克思主义法学的当代地位和意义，寻找经典作家法学论述与现实世界的本质关联性。我们应当从实际出发，针对法学领域存在的问题，特别是普遍的、持续性的问题，给予马克思主义的回答，从而跟着时代前进，跟着马克思主义法学原理前进。

　　马克思主义经典作家关于法的论述，是在哲学、政治经济学和科学社会主义三大部分的论述中表达出来的，而其三大部分的论述，也同样是在百科全书式的其他论述中表达出来的。本书整理的结构框架，是为了逻辑地表述其中的法学原理，努力反映法的全部理论和体系，无意建立什么原理模式。

　　如果这个读书笔记能够呈现马克思主义法学原理，揭示它的原创性、真理性、文献性、时代性，本书的目的便达到了。我想，忠实于马克思主义原理，创造性地发展马克思主义法学理论，不走胶柱鼓瑟、寻章择句的老路，也不走歪曲阉割、攻击诋毁的邪路，应当是法学理论研究的康庄大道。

　　我学习马克思主义法学理论有一个过程。1962 年进入大学学习后，买了《马克思恩格斯文选》（两卷集 1962 年 6 月版），随着一年级开设的《国家和法的理论》课程的结束，大致读完了。虽然有些内容一时还读不懂，但文中广博的知识、无懈可击的逻辑思维、激扬雄辩的语言，带给我强大的心灵震撼。像被关了一夜的羊突然闯进菜园，疯狂地咀嚼着。我被征服了，开始大段大段地背诵。其实，死记硬背并不是学术成长的应然之路。此后，斯大林的《列宁主义问题》《马克思恩格斯选集》《列宁选集》《斯大林选集》

陆续问世，我坚持读完。大学毕业有工资了，买了一套校图书馆下架的《列宁全集》，通读一遍。后来，又开始通读《马克思恩格斯全集》。这些著作，是在长期全民"学毛选"过程中同毛主席著作一起读完的。就这样，一路走来，对经典著作从感佩、崇拜到信仰。几十年来，采用卡片摘录、读书汇总、原著随记等方法，积累了大量心得。可以说，自1981 年起，已出版的书稿，都是在马克思主义法学理论指导下写作的。

读书笔记是我独立完成的。对经典作家论述的抄写、录入、核对，笔记的构思、修改，乃至字词的使用等等，凝聚了夫人刘闻旭先生无量心血。夫人是高级工程师，获得过发明专利，却以耄耋之躯完成这些繁琐的法学工作。应当说，没有夫人的努力，便没有这三部读书笔记本身。"要不要命了"，夫人每每推门大声呵斥，催我休息一会儿，因我多次晕倒在地。生命是宝贵的，可人世间还有更宝贵的东西。血战强梁，在八路军冀中战场和东北抗日联军隐蔽战线艰苦斗争的父亲，崇高信仰和出生入死的革命精神鼓舞着我奋力前行；历经苦难，带着年幼的我们兄姐四人在死亡线上挣扎的母亲，绝不向命运屈服的气节和风骨鼓舞着我奋力前行。

书稿终于完成了。掩卷沉思，深感力不从心。囿于学识和年龄，尽管昼夜兼程，不敢懈怠，仍恐多有误谬之处，选录和分类也未必得当。每念及此，惴慄之心，实难平复。殊请读者批评指正。

本书的出版，得益于中国政法大学副校长时建中教授的精心组织安排和出版社领导以及编辑们的忘我工作，令人感奋。

一篇读罢头飞雪，半是硝烟半是霞。马克思主义经典作家实现了对旧法学的根本性改造和整体性超越，创建了科学的闪烁着真理光芒的新法学。这是人们取之不尽、用之不竭的思想源泉，而马克思主义法学的中国化、时代化、大众化使其获得了新的生命力，永葆美妙之青春。

刘瑞复
识于 2016 年 7 月 1 日北大蓝旗营寓所